DV 92

Geschenk der
Autoren und des
Verlages.

BV-Nr. 93/14

Kemper · Kisters-Kölkes · Berenz · Huber
BetrAVG
Kommentar zum Betriebsrentengesetz mit
Insolvenzsicherung und Versorgungsausgleich

Reihe Luchterhand Taschenkommentare

herausgegeben von Hans-Jürgen Dörner,
Vizepräsident des Bundesarbeitsgerichts a.D.

Kemper · Kisters-Kölkes · Berenz · Huber

BetrAVG

Kommentar zum Betriebsrentengesetz
mit Insolvenzsicherung
und Versorgungsausgleich

von

Dr. jur. Kurt Kemper
Rechtsanwalt in Düsseldorf

Margret Kisters-Kölkes
Rechtsanwältin und Steuerberaterin in Mülheim an der Ruhr

Dr. jur. Claus Berenz
Prokurist und Leiter der Abteilung Recht und Personal des PSVaG in Köln

Dr. jur. Brigitte Huber
Rechtsanwältin in München

6. überarbeitete und erweiterte Auflage

Luchterhand Verlag 2014

Zitiervorschlag: *Kemper/Kisters-Kölkes/Berenz/Huber* BetrAVG, § ... Rdn. ...

Bibliografische Information der Deutschen Nationalbibliothek

Die Deutsche Nationalbibliothek verzeichnet diese Publikation in der Deutschen Nationalbibliografie; detaillierte bibliografische Daten sind im Internet über http://dnb.d-nb.de abrufbar.

ISBN 978-3-472-08863-9

www.wolterskluwer.de
www.luchterhand-fachverlag.de

Umschlagkonzeption: Martina Busch, Grafikdesign, Homburg Kirrberg
Druck und Weiterverarbeitung: Williams Lea & Tag GmbH, München

Gedruckt auf säurefreiem, alterungsbeständigem und chlorfreiem Papier.

Vorwort zur 6. Auflage

In regelmäßigen Abständen von zwei Jahren erfolgt eine Neuauflage, um dem Praktiker eine jeweils aktuelle Fassung zur Verfügung zu stellen. Auch wenn sich das gesetzliche Umfeld nur wenig verändert hat, ist auch dieses nicht gleich geblieben. Für neu aus dem Unternehmen ausscheidende Arbeitnehmer richtet sich die gesetzliche Unverfallbarkeit nur noch nach § 1b BetrAVG, d. h. der Arbeitnehmer muss das 25. Lebensjahr vollendet und die Versorgungszusage muss 5 Jahre bestanden haben. Die Übergangsregelung des § 30f Abs. 2 BetrAVG hat ihre Bedeutung verloren. Sie ist nur noch auf Altfälle anzuwenden.

Eine gesetzliche Änderung hat es auch für den Durchführungsweg Pensionsfonds gegeben. Während ursprünglich der Gesetzgeber in § 112 VAG vorgegeben hatte, dass der Pensionsfonds eine Altersrente zahlen muss, ist § 112 VAG durch den Gesetzgeber dahingehend ergänzt worden, dass der Pensionsfonds auch ein Alterskapital oder eine Altersrente mit einem Kapitalwahlrecht aufsichtsrechtlich im Pensionsplan zusagen darf. In Kraft getreten ist diese Regelung ab dem 4. Juli 2013. Ob damit allerdings der Gestaltungsfreiraum für den Pensionsfonds erheblich erweitert wurde, muss in Frage gestellt werden, da die steuerlichen Regelungen engere Grenzen ziehen.

Das BMF-Schreiben vom 24. Juli 2013 wurde eingearbeitet. Es hat keine wesentlichen Änderungen gebracht, jedoch wurden die Randnummern neu durchgezählt, so dass die »alten« Randnummern nicht mehr verwendet werden können.

Wesentliche Auswirkungen ergaben sich auch aus der Rechtsprechung des Bundesarbeitsgerichts, die zum Allgemeinen Gleichbehandlungsgesetz, zum Berechnungsdurchgriff im Konzern, zur gespaltenen Rentenformel und zu Unverfallbarkeitsregelungen ergangen sind.

Wie für die Vorauflagen gilt auch für diese Auflage, dass jeder Autor für sich und für seinen Bereich die Verantwortung für die Auswahl des Stoffes, die Textfassungen und die fachlichen Wertungen trägt.

Aus dem Autorenkreis ist aufgrund eigener Entscheidung Herr Dr. Kurt Kemper ausgeschieden. Seine Nachfolge wurde in der Form geregelt, dass die anderen Autoren seinen Part übernommen haben. Die Koautoren danken Herrn Dr. Kemper für seine langjährige, konstruktive Mitarbeit an diesem Kommentar, dessen Mitinitiator Herr Dr. Kemper war.

Mülheim an der Ruhr/Köln/München, im Juni 2014

Kisters-Kölkes/Dr. Berenz/Dr. Huber

Inhaltsverzeichnis

Gesetz zur Verbesserung der betrieblichen Altersversorgung
(Betriebsrentengesetz – BetrAVG)

Erster Teil Arbeitsrechtliche Vorschriften

Erster Abschnitt Durchführung der betrieblichen Altersversorgung

Zweiter Abschnitt Auszehrungsverbot

Dritter Abschnitt Altersgrenze

Vierter Abschnitt Insolvenzsicherung

Inhaltsverzeichnis

Anhänge

Abkürzungsverzeichnis

Abkürzungsverzeichnis

ArbN	Arbeitnehmer
ArbNähnl.Pers.	Arbeitnehmerähnliche Personen
ArbPlSchG	Arbeitsplatzschutzgesetz
ArEV	Arbeitsentgelt-Verordnung
arg.	argumentum
Art.	Artikel
ArVNG	Arbeiterrentenversicherungs-Neuregelungsgesetz
aRW	aktueller Rentenwert
AT	außertariflich
ATO	Allgemeine Tarifordnung für Arbeitnehmer des öffentlichen Dienstes
Aufl.	Auflage
AV	Angestelltenversicherung
AVAVG	Gesetz über Arbeitsvermittlung und Arbeitslosenversicherung
AVG	Angestelltenversicherungsgesetz
AVO	Ausführungsverordnung
AVV	Allgemeine Verwaltungsvorschriften
BA	Bundesagentur für Arbeit
BABl.	Bundesarbeitsblatt (Zeitschrift)
BaFin	Bundesanstalt für Finanzdienstleistungsaufsicht
BAG	Bundesarbeitsgericht
BAGE	Amtliche Sammlung der Entscheidungen des Bundesarbeitsgerichts
BAnz.	Bundesanzeiger
BAT	Bundes-Angestelltentarifvertrag
BB	Betriebs-Berater (Zeitschrift)
BBG	Bundesbeamtengesetz
Bd.	Band
BDA	Bundesvereinigung Deutscher Arbeitgeberverbände
BDI	Bundesverband der Deutschen Industrie
BDSG	Bundesdatenschutzgesetz
Begr.	Begründung
Beil.	Beilage
Bek.	Bekanntmachung
Bem.	Bemerkung
ber.	berichtigt
bes.	besonders
Beschl.	Beschluss
betr.	betrifft
BetrAV	Betriebliche Altersversorgung (Zeitschrift)
BetrAVG	Gesetz zur Verbesserung der betrieblichen Altersversorgung (Betriebsrentengesetz – BetrAVG)

BetrVG	Betriebsverfassungsgesetz
BewDV	Durchführungsverordnung zum Bewertungsgesetz
BewG	Bewertungsgesetz
BFH	Bundesfinanzhof
BFHE	Amtliche Sammlung der Entscheidungen des Bundesfinanzhofs
BGB	Bürgerliches Gesetzbuch
BGBl.	Bundesgesetzblatt
BGH	Bundesgerichtshof
BGHZ	Amtliche Sammlung der Entscheidungen des Bundesgerichtshofs in Zivilsachen
Bl.	Blatt
BMF	Bundesminister(ium) der Finanzen
BMI	Bundesminister(ium) des Innern
BMT	Bundes-Manteltarif
BMTV	Bundesmanteltarifvertrag
BPersVG	Bundespersonalvertretungsgesetz
BR-Drucks.	Bundesrats-Drucksache
BRRG	Beamtenrechtsrahmengesetz
BRT	Bundesrahmentarif
BRTV	Bundesrahmentarifvertrag
Bsp.	Beispiel
BStBl.	Bundessteuerblatt
BT	Bundestag
BT-Drucks.	Drucksache des Deutschen Bundestages
Buchst.	Buchstabe
BundesbeamtenG	Bundesbeamtengesetz
BPersVG	Personalvertretungsgesetz des Bundes
BVerfG	Bundesverfassungsgericht
BVerfGE	Amtliche Sammlung der Entscheidungen des Bundesverfassungsgerichts
BVerwG	Bundesverwaltungsgericht
BvS	Bundesanstalt für vereinigungsbedingte Sonderaufgaben
BVG	Bundesversorgungsgesetz
BVV	Beamtenversicherungsverein des deutschen Bank- und Bankiersgewerbes
bzgl.	bezüglich
bzw.	beziehungsweise
ca.	circa
DB	Der Betrieb (Zeitschrift)

Abkürzungsverzeichnis

ders.	derselbe
DEÜV	Datenerfassungs- und Übermittlungsverordnung
DGB	Deutscher Gewerkschaftsbund
dgl.	desgleichen
d. h.	das heißt
dies.	dieselben
Diss.	Dissertation
DLW	Dörner/Luczak/Wildschütz, Handbuch Fachanwalt Arbeitsrecht
Drucks.	Drucksache
EG	Europäische Gemeinschaft
e.G.	eingetragene Genossenschaft
EGBGB	Einführungsgesetz zum Bürgerlichen Gesetzbuch
EGInsO	Einführungsgesetz zur Insolvenzordnung
Einf.	Einführung
EinfG	Einführungsgesetz
EinigungsV	Einigungsvertrag
Einl.	Einleitung
einschl.	einschließlich
EP	Entgeltpunkte
E-RAG 1982	Entwurf eines Gesetzes über die Anpassung der Renten der gesetzlichen Rentenversicherung im Jahr 1982
Erg.	Ergänzung
Erl.	Erlass, Erläuterungen
EStDV	Einkommensteuer-Durchführungsverordnung
EStG	Einkommensteuergesetz
EStR	Einkommensteuer-Richtlinien
etc.	et cetera
EU	Europäische Union
EuGH	Europäischer Gerichtshof
EV	Einigungsvertrag
e. V.	eingetragener Verein
evtl.	eventuell
EzA	Entscheidungssammlung zum Arbeitsrecht (Loseblattausgabe)
f.	folgende
ff.	fortfolgende
FK-InsO	Wimmer (Hrsg.), Frankfurter Kommentar zur Insolvenzordnung
Fn.	Fußnote
FinMin	Finanzminister(ium)
FS	Festschrift

GBl.	Gesetzblatt
GbR	Gesellschaft bürgerlichen Rechts
gem.	gemäß
ggf.	gegebenenfalls
GleiBG	Gleichberechtigungsgesetz
GmbH	Gesellschaft mit beschränkter Haftung
GmbHG	Gesetz betreffend die Gesellschaft mit beschränkter Haftung
GmBl.	Gemeinsames Ministerialblatt
grds.	grundsätzlich
GS	Großer Senat
GVBl.	Gesetz- und Verordnungsblatt
HambGVBl	Hamburgisches Gesetz- und Verordnungsblatt
HambPersVG	Hamburgisches Personalvertretungsgesetz
HBG	Hessisches Beamtengesetz
HGB	Handelsgesetzbuch
h. L.	herrschende Lehre
h. M.	herrschende Meinung
Hrsg.	Herausgeber
IASC	International Accounting Standards Committee
IAR	Internationales Arbeitsrecht
i. d. F.	in der Fassung
i. d. R.	in der Regel
IdW	Institut der Wirtschaftsprüfer e. V.
i. E.	im Einzelnen
i. e. S.	im engeren Sinne
IHK	Industrie- und Handelskammer
insbes.	insbesondere
InsO	Insolvenzordnung
i. S.	im Sinne
i. S. d.	im Sinne des/der
i. S. v.	im Sinne von
i. V. m.	in Verbindung mit
Kap.	Kapitel
KnVNG	Knappschaftsrentenversicherungs-Neuregelungsgesetz
KO	Konkursordnung
krit.	kritisch
KSchG	Kündigungsschutzgesetz
KSI	Krisen-, Sanierungs- und Insolvenzberatung (Zeitschrift)

XV

KVdR	Krankenversicherung der Rentner
LAG	Landesarbeitsgericht
LAGE	Entscheidungen der Landesarbeitsgerichte (Loseblattausgabe)
LFZG, LohnFG	Gesetz über die Fortzahlung des Arbeitsentgelts im Krankheitsfalle (Lohnfortzahlungsgesetz)
LG	Landgericht
lit.	Litera, Buchstabe(n)
LPVG, LPersVG	Landespersonalvertretungsgesetz
LS	Leitsatz
LSG	Landessozialgericht
LStDV	Lohnsteuerdurchführungsverordnung
LStR	Lohnsteuer-Richtlinien
max.	maximal
MBG	Mitbestimmungsgesetz
m. E.	meines Erachtens
Min.Bl.	Ministerialblatt
Mio.	Million
m. N.	mit Nachweisen
NZI	Neue Zeitschrift für das Recht der Insolvenz und Sanierung
Mrd.	Milliarde
MTB	Manteltarifvertrag für Arbeiter des Bundes
MTL	Manteltarifvertrag für Arbeiter der Länder
MTV	Manteltarifvertrag
MünchArbR	Münchener Handbuch zum Arbeitsrecht
MünchKomm	Münchener Kommentar
MuSchG	Mutterschutzgesetz
m. w. N.	mit weiteren Nachweisen
m. z. N.	mit zahlreichen Nachweisen
NachhBG	Nachhaftungsbegrenzungsgesetz
Nachw.	Nachweise
NachwG	Nachweisgesetz
n. F.	neue Fassung
NJW	Neue Juristische Wochenschrift (Zeitschrift)
Nr.	Nummer
n. v.	nicht veröffentlicht
NZA	Neue Zeitschrift für Arbeitsrecht (Zeitschrift)
o. g.	oben genannten

OGH	Oberster Gerichtshof
oHG	offene Handelsgesellschaft
OLG	Oberlandesgericht
OVG	Oberverwaltungsgericht
OWiG	Gesetz über Ordnungswidrigkeiten
PersV	Die Personalvertretung (Zeitschrift)
pFV	positive Forderungsverletzung
PK	Pensionskasse
Prot.	Protokoll
PSVaG	Pensions-Sicherungs-Verein auf Gegenseitigkeit
PublG	Publizitätsgesetz
RAG	Reichsarbeitsgericht
rd.	rund
RdA	Recht der Arbeit (Zeitschrift)
RdErl.	Runderlass
RegE	Regierungsentwurf
RG	Reichsgericht
RGBl.	Reichsgesetzblatt
RL	Richtlinie
Rpfleger	Der Deutsche Rechtspfleger (Zeitschrift)
RRG	Rentenreformgesetz
Rspr.	Rechtsprechung
RTV	Rahmentarifvertrag
RückAbzinsV	Rückstellungsabzinsungsverordnung
RÜG	Rentenüberleitungsgesetz
RV	Rentenversicherung
RVO	Reichsversicherungsordnung
Rn.	Randnummer
s.	siehe
S.	Seite
s. a.	siehe auch
SG	Sozialgericht
SGB IV	Sozialgesetzbuch, IV. Buch: Gemeinsame Vorschriften für die Sozialversicherung
SGB VI	Sozialgesetzbuch, VI. Buch: Gesetzliche Rentenversicherung
SGB IX	Sozialgesetzbuch, IX. Buch: Rehabilitation und Teilhabe behinderter Menschen
SGG	Sozialgerichtsgesetz

Abkürzungsverzeichnis

Slg.	Sammlung der Rechtsprechung des Gerichtshofes der Europäischen Gemeinschaft
sog.	so genannt (~e, ~er, ~es)
SprAuG	Sprecherausschussgesetz
str.	streitig
st.Rspr.	ständige Rechtsprechung
SvEV	Verordnung über die sozialversicherungsrechtliche Beurteilung von Zuwendungen des Arbeitgebers als Arbeitsentgelt – Sozialversicherungsentgeltverordnung
SVG	Soldatenversorgungsgesetz
teilw.	teilweise
TO	Tarifordnung
TOA	Tarifordnung A für Angestellte im Öffentlichen Dienst
TOB	Tarifordnung B für Arbeiter im Öffentlichen Dienst
TV	Tarifvertrag
TVG	Tarifvertragsgesetz
Tz.	Textzahl
TzBfG	Gesetz über Teilzeitarbeit und befristete Arbeitsverträge (Teilzeit- und Befristungsgesetz)
u.	und
u. a.	und andere
UK	Unterstützungskasse
UmwG	Umwandlungsgesetz
unstr.	unstreitig
u.v.	unveröffentlicht
Urt.	Urteil
usw.	und so weiter
u. U.	unter Umständen
v.	von, vom
VAG	Versicherungsaufsichtsgesetz
VAHRG	Gesetz zur Regelung von Härten im Versorgungsausgleich
VBL	Versorgungsanstalt des Bundes und der Länder
Verf.	Verfassung
VersAusglG	Gesetz über den Versorgungsausgleich
VersR	Versicherungsrecht (Zeitschrift)
VG	Verwaltungsgericht
VGH	Verwaltungsgerichtshof
vgl.	vergleiche

VglO	Vergleichsordnung
v. H.	vom Hundert
VO	Verordnung
VOBl.	Verordnungsblatt
Voraufl.	Vorauflage
Vorbem.	Vorbemerkung
VRG	Vorruhestandsgesetz
VVaG	Versicherungsverein auf Gegenseitigkeit
VVG	Versicherungsvertragsgesetz
VVG-E	Entwurf eines Gesetzes zur Reform des Versicherungsvertragsrechts, BT-Drucks. 16/5862 vom 28.6.2007
VwGO	Verwaltungsgerichtsordnung
VwVfG	Verwaltungsverfahrensgesetz
VwZG	Verwaltungszustellungsgesetz
WE	Werteinheiten in der gesetzlichen Rentenversicherung
z. B.	zum Beispiel
ZBR	Zeitschrift für Beamtenrecht
ZGR	Zeitschrift für Unternehmens- und Gesellschaftsrecht
ZHR	Zeitschrift für das gesamte Handels- und Wirtschaftsrecht
Ziff.	Ziffer
ZInsO	Zeitschrift für das gesamte Insolvenzrecht
ZIP	Zeitschrift für Wirtschaftsrecht und Insolvenzpraxis
zit.	zitiert
ZPO	Zivilprozessordnung
z. T.	zum Teil
ZTR	Zeitschrift für Tarif-, Arbeits- und Sozialrecht des öffentlichen Dienstes
zust.	zustimmend
zutr.	zutreffend
z. Zt.	zurzeit, zur Zeit

Literaturverzeichnis

Ahrend/Förster/Rößler Steuerrecht der betrieblichen Altersversorgung, Loseblattausgabe.

Andresen Insolvenzsicherung für Betriebsrenten als politische Aufgabe, BetrAV 2006, 211.

Andresen/Förster/Rößler/Rühmann Arbeitsrecht der betrieblichen Altersversorgung, Loseblattausgabe (jetzt: Schlewing/Henssler/Schipp/Schnitker [Hrsg.])

Batz Betriebliche Altersversorgung aus Sicht eines Unternehmens, Festschrift für Kemper 2005, S. 1 ff.

Baumeister Auswirkungen europäischer Entwicklungen auf deutsche Betriebsrentensysteme, BetrAV 2003, 14.

Baumeister/Merten Rente ab 67 – Neue Altersgrenzen in der gesetzlichen und zusätzlichen Altersvorsorge, DB 2007, 1306.

Bepler Die vorgezogene Betriebsrente des vorzeitig Ausgeschiedenen, Festschrift für W. Förster, 2001, S. 237.

Berenz »Sondervermögen« aus Sicht des PSVaG – CTA und rückgedeckte Unterstützungskassen, BetrAV 2010, 322.

ders. Contractual Trust Arrangements (CTA) und die gesetzliche Insolvenzsicherung der betrieblichen Altersversorgung durch den PSVaG, DB 2006, 2125.

ders. Abwicklung von Anwartschaften aufgrund Entgeltumwandlungszusagen über eine rückgedeckte Gruppen-Unterstützungskasse nach Eintritt der Insolvenz des Arbeitgebers, BetrAV 2006, 514.

ders. Übergang des Vermögens einer Unterstützungskasse auf den PSVaG bei Insolvenz des Trägerunternehmens – Systematik des § 9 Abs. 3 BetrAVG, DB 2006, 1006.

ders. Pflichten des Arbeitgebers im Zusammenhang mit der gesetzlichen Insolvenzsicherung der betrieblichen Altersversorgung – Systematik des § 11 BetrAVG, BetrAV 2006, 225.

ders. Abwicklung von Anwartschaften aufgrund Entgeltumwandlungszusagen über eine rückgedeckte Gruppen-Unterstützungskasse nach Eintritt der Insolvenz des Arbeitgebers, BetrAV 2006, 514.

ders. Der Schutz des Pensions-Sicherungs-Vereins vor missbräuchlicher Inanspruchnahme seiner Leistungen: Systematik des § 7 Abs. 5 BetrAVG, Festschrift für Kemper 2005, S. 5 ff.

ders. Betriebliche Altersversorgung – Schutz bei Insolvenz, Arbeit und Arbeitsrecht 2005, 488.

ders. Der Schutz des PSVaG gemäß § 7 Abs. 5 BetrAVG vor missbräuchlicher Inanspruchnahme seiner Leistungen, BetrAV 2005, 518.

ders. Insolvenzsicherung der betrieblichen Altersversorgung: Systematik des Anspruchsübergangs nach § 9 Abs. 2 auf den PSVaG, DB 2004, 1098 = BetrAV 2004, 455.

ders. Gesetzesmaterialien zum Betriebsrentengesetz, hrsg. von der Arbeitsgemeinschaft für betriebliche Altersversorgung, 2003.

ders. Die Berechnung von vorzeitigen Altersversorgungsleistungen bei Insolvenzsicherung durch den PSVaG, DB 2001, 2346 = BetrAV 2001, 749.

ders. Nochmals: Fehlende Unverfallbarkeitsregelung in der Versorgungsordnung, BB 2001, 1093.

ders. Überblick über die neue Insolvenzordnung – Auswirkungen auf die betriebliche Altersversorgung, BetrAV 1999, 149.

ders. Gleichbehandlung und Altersgrenze in der betrieblichen Altersversorgung – Besitzstandsschutz bei Vereinheitlichung auf das bisherige Endalter der Männer, BB 1996, 530.

Berger/Kiefer/Langenbrinck Betriebliche Altersversorgung im öffentlichen Dienst, Kommentar, Loseblattausgabe.

Birk Diskriminierung von Frauen und älteren Arbeitnehmern in der betrieblichen Altersversorgung bei beitragsorientierter Gestaltung, BetrAV 2003, 197.

ders. Leistungen der betrieblichen Altersversorgung auch bei Pflegebedürftigkeit, BetrAV 2008, 43.

Birkenbeul Praxisgesichtspunkte für die Sicherung betrieblicher Versorgungszusagen in einer Großinsolvenz, BetrAV 2006, 227.

Blomeyer Der Entgeltumwandlungsanspruch des Arbeitnehmers in individual- und kollektivrechtlicher Sicht, DB 2001, 1413 = BetrAV 2001, 501.

ders. Neue arbeitsrechtliche Rahmenbedingungen für die Betriebsrente, BetrAV 2001, 430.

ders. Direktversicherung und Gehaltsumwandlung, DB 1994, 882.

Blomeyer/Rolfs/Otto Betriebsrentengesetz: BetrAVG, Kommentar, 5. Aufl. 2010.

Blumenstein Neues Abkommen zur Übertragung von Direktversicherungen oder Versicherungen in einer Pensionskasse bei Arbeitgeberwechsel, BetrAV 2006, 252.

ders. Vergleichende Darstellung der beitragsorientierten Leistungszusage und der Beitragszusage mit Mindestleistung, Festschrift für Kemper 2005, S. 25 ff.

ders. Änderung des Gesetzes zur Verbesserung der betrieblichen Altersversorgung im Rahmen des Entwurfes eines Alterseinkünftegesetzes, BetrAV 2004, 236.

Bode Innovative Modelle und aktuelle Tendenzen moderner Versorgungswerke, BetrAV 2001, 1.

ders. Gehaltsumwandlung im Tarifbereich, DB 1997, 1769.

ders. Die organschaftliche Mitbestimmung des Betriebsrates nach § 87 Abs. 1 Nr. 8 BetrVG bei betrieblichen Pensionskassen, Diss., Erlangen/Nürnberg 1977.

Bode/Grabner Anpassung von Betriebsrenten nach § 16 BetrAVG – Rechtsentwicklung, Prüfungsverfahren, Lasten und Finanzierung, Festschrift für Kemper 2005, S. 41 ff.

dies. (Hrsg.) Pensionsfonds und Entgeltumwandlung in der betrieblichen Altersversorgung, 2002, mit Nachtrag 2003.

dies. Auswirkungen des Altersvermögensgesetzes auf die betriebliche Altersversorgung, DStR 2002, 679.

dies. Betriebliche Altersversorgung aus Entgeltumwandlung, DB 2001, 481.

Bode/Grabner/Stein Brutto-Entgeltumwandlung vs. »Riester-Förderung«, DB 2001, 1893.

Bode/Saunders Neue Änderungen im Betriebsrentenrecht, DB 2002, 1378.

Bormann Außerplanmäßige BBG-Erhöhung: Ergänzende Auslegung von Versorgungszusagen mit gespaltener Rentenformel?, BetrAV 2011, 596.

Borth Versorgungsausgleich in anwaltlicher und familiengerichtlicher Praxis, 7. Aufl. 2014.

Bremer Insolvenzplan: Fortführung betrieblicher Altersversorgung durch den Arbeitgeber – Praktische Erfahrungen aus Sicht des PSVaG, DB 2011, 875.

ders. Aspekte der Insolvenzsicherung durch den PSVaG im Insolvenzplan, BetrAV 2006, 230.

Bruns Lebenspartner und die betriebliche Altersversorgung, NZA 2009, 596.

Cisch Das Prinzip der Einheit von Versorgungszusagen und die verschiedenen Zusageformen betrieblicher Altersversorgung nach dem Altersvermögensgesetz (AVmG) und dem Hüttenknappschaftlichen Zusatzversicherungs- Neuregelungs- Gesetz (HZvNG), Festschrift für Kemper 2005, S. 61 ff.

ders. Aktuelle Rentenreform – Die arbeitsrechtlichen Konsequenzen, Beilage 3, DB 2005, 12.

Cisch/Hufer Umsetzungs- und Gestaltungsmöglichkeiten nach der Strukturreform des Versorgungsausgleichs, BetrAV 2009, 1368.

Dierkes/Geyer Willkür oder rechtliche Bindungen bei der Berechnung des Ausgleichsbetrages? – Zu den Berechnungsgrundlagen des Ausgleichsbetrages der Mitgliedschaft in den öffentlich-rechtlichen Zusatzversorgungskassen unter besonderer Berücksichtigung der kommunalen Zusatzversorgungskassen in den neuen Bundesländern –, Festschrift für Kemper 2005, S. 75 ff.

Diller/Beck Neues von der ablösenden Betriebsvereinbarung: Abschied vom Großen Senat!, BetrAV 2014, 345.

Doetsch Differenzierte Gestaltung der betrieblichen Altersversorgung ohne Verletzung des Gleichbehandlungsgrundsatzes, Festschrift für Kemper 2005, S. 91 ff.

ders. Auskunfts- und Informationspflichten von Arbeitgebern und externen Versorgungsträgern bei der betrieblichen Altersversorgung, BetrAV 2003, 48.

Döring/Grau Überkreuz mit der Überkreuzablösung – Kein Vorrang von Betriebsvereinbarungen gegenüber »transformierten« tariflichen Ansprüchen beim Betriebsübergang?, BB 2009, 158.

Döring/Weppler Betriebsrentenanpassung gemäß § 16 BetrAVG nach dem BilMoG, BB 2009, 1403.

Dörner/Luczak/Wildschütz/Baeck/Hoß Handbuch des Fachanwalts Arbeitsrecht, 11. Aufl. 2014 (zitiert: DLW-Autor).

Dresp Die regulierte Deregulierung der Pensionskassen, Festschrift für Kemper 2005, S. 111 ff.

ders. Träger der betrieblichen Altersversorgung im Spannungsfeld von Arbeits-, Aufsichts- und Versicherungsrecht – aktuelle Problemkreise, BetrAV 2009, 324.

Drochner/Hill/Uebelhack Betriebsrentenanpassung – eine unendliche Geschichte, Festschrift für Kemper 2005, S. 125 ff.

Engbroks/Heubeck Aktuarielle Aspekte zum Übertragungswert und zum ehezeitbezogenen Ausgleichswert, BetrAV 2009, 16.

Engelstädter Versorgungsbesitzstände nach verschlechternder Neuregelung von Versorgungszusagen, Festschrift für Kemper 2005, S. 143 ff.

Etzel u. a. Gemeinschaftskommentar zum Kündigungsschutzgesetz und zu sonstigen kündigungsschutzrechtlichen Vorschriften (KR), 10. Aufl. 2013.

Eulering/Viefhues Der reformierte Versorgungsausgleich – praktische Umsetzung durch die Familiengerichte, FamRZ 2009, 1368.

Feder Vereinfachungen für den Arbeitgeber bei Meldungen und Beitragszahlungen an den PSVaG, BetrAV 2006, 224.

Feldkamp Die Rolle der Versicherungsmathematik beim PSVaG, BetrAV 2006, 232.

Festschrift für Wolfgang Förster zum 60. Geburtstag Betriebliche Altersversorgung im 21. Jahrhundert: Rechtliche, personalpolitische und finanztechnische Herausforderungen, hrsg. von Andresen/Rößler/Rühmann, 2001.

Feudner Nachholende Rentenanpassung gem. § 16 BetrAVG – Wie weit ist nachzuholen?, DB 2005, 50.

ders. Zur Mitbestimmung bei der Durchführung des Altersvermögensgesetzes (»Riester-Rente«), DB 2001, 2047.

Fitting Betriebsverfassungsgesetz, 26. Aufl. 2012.

Förster Ausgliederung von Pensionsverpflichtungen auf eine Pensionsgesellschaft, BetrAV 2001, 133.

Förster/Cisch Die Änderungen im Betriebsrentengesetz durch das Alterseinkünftegesetz und deren Bedeutung für die Praxis, BB 2004, 2126.

dies. Rechtsprechung des Bundesarbeitsgerichts zur betrieblichen Altersversorgung im Jahr 2004, BB 2005, 773.

Förster/Cisch/Karst Betriebsrentengesetz, Kommentar, 13. Aufl. 2012.

Förster/Meier Betriebswirtschaftlicher Vergleich der Durchführungswege für die betriebliche Altersversorgung, Festschrift für Kemper 2005, S. 153 ff.

Friederici Neue Änderungen im Betriebsrentenrecht, Forum-Familienrecht 2005, 140.

Friedrich/Kovac/Werner Beitragsorientierte Leistungszusage und Beitragszusage mit Mindestleistung – strikt getrennt oder doch eng miteinander verwandt?, BB 2007, 1557.

Gareis Insolvenzrechtliche Regelungen betreffend den PSVaG im Betriebsrentengesetz (BetrAVG), ZInsO 2007, 23 = BetrAV 2007, 219.

Gehrke/Heubeck Gutachten zur künftigen Funktionsfähigkeit der Insolvenzsicherung durch den Pensions-Sicherungs-Verein VVaG, BetrAV 2002, 433.

Goldbach/Obenberger Die betriebliche Altersversorgung nach dem Betriebsrentengesetz, 3. Aufl. 2013.

Götsche/Rehbein/Breuers Versorgungsausgleichrecht, VersAusglG - BGB - FamFG - BVersTG - SGB VI, Handkommentar, 2012.

Grabner Entgeltumwandlung in der betrieblichen Altersversorgung, BetrAV 2003, 1.

Grabner/Bode Neue BAG-Rechtsprechung zur vorgezogenen betrieblichen Altersrente im Widerspruch zur arbeitsrechtlichen Gleichbehandlung, BB 2001, 2425.

dies. Betriebliche Altersversorgung aus Entgeltumwandlung, DB 2001, 481.

Granetzny Die Informationspflichten von Arbeitgebern gegenüber Arbeitnehmern in der betrieblichen Altersversorgung, 2011.

Groeger Nochmals: Gehaltsumwandlungsversicherungen als betriebliche oder private Altersversorgung, DB 1992, 2086.

Gunkel BDA-Konzept für eine stärker risikoorientierte PSV-Beitragsstruktur, BetrAV 2012, 97.

ders. Bewährtes System vor neuen Herausforderungen, BetrAV 2006, 213.

Hahne Neue Rechtsprechung des Bundesgerichtshofs zum Ausgleich betrieblicher Altersversorgungen, BetrAV 2012, 189.

Hanau Gleichbehandlung geringfügig Beschäftigter beim Entgelt, DB 2005, 946.

ders. Probleme der betrieblichen Altersversorgung in Konzernen, Festschrift für Kemper 2005, S. 165 ff.

Hanau/Arteaga/Rieble/Veit Entgeltumwandlung, 3. Aufl. 2014.

Hanau/Goertz Versorgungsbezüge bei vorzeitigem Ausscheiden aus dem öffentlichen Dienst – zum Beschluss des Bundesverfassungsgerichts vom 15. Juli 1998, ZBR 1999, 361 ff.

Hartsoe Aktueller Stand der Diskussion zur Zillmerung und Anmerkungen dazu, BetrAV 2006, 323.

Heither Gestaltung des Anspruchs eines Arbeitnehmers auf Gehaltsumwandlung (§ 1a BetrAVG) durch Tarifverträge, NZA 2001, 1275.

Henning Die betriebliche Mitbestimmung bei der Entgeltumwandlung, 2003.

Henssler/Willemsen/Kalb Arbeitsrecht Kommentar, 5. Aufl. 2012.

Herrmann Risikoorientierte Beitragsgestaltung der Insolvenzsicherung der betrieblichen Altersversorgung, BetrAV 2012, 1.

ders. Unisex in der betreiblichen Altersversorgung. Auswirkungen auf Kalkulation, Vertrieb und Verwaltung, BetrAV 2012, 289.

ders. Zillmerung und Verbraucherschutz, BetrAV 2006, 318.

Heubeck/Oster Zur mehrfachen Kürzung bei vorzeitiger Altersrente und bei Besitzständen, BetrAV 2001, 230.

Hill Das neue Umwandlungsrecht – seine Auswirkungen auf die betriebliche Altersversorgung, BetrAV 1995, 114.

Höfer Betriebliche Altersversorgung – Beibehalten Durchführungsweg, Ausschlussfrist, Verjährung, Verzinsung Beitragsrückstände – Besprechung des Urteils BAG v. 12.6.2007 – 3 AZR 186/06, RdA 2009, 55.

ders. Gesetz zur Verbesserung der betrieblichen Altersversorgung, Kommentar, Loseblattausgabe, Band I: Arbeitsrecht (zit.: BetrAVG).

ders. Gesetz zur Verbesserung der betrieblichen Altersversorgung, Band II: Steuerrecht, Kommentar, Loseblattausgabe (zit.: BetrAVG, Steuerrecht, Rn.).

ders. Das neue Betriebsrentenrecht, Erg.-Bd. zum BetrAVG, 2003.

ders. Neues vom BAG zur Unverfallbarkeit – sind die neuen Rechenregeln für die Bemessung der unverfallbaren Anwartschaft auf »vorzeitige Altersleistungen« sinnvoll?, DB 2001, 2045.

ders. Die Neuregelung des Betriebsrentengesetzes durch das Alterseinkünftegesetz, DB 2004, 1426.

ders. Die Neuregelung des Betriebsrentengesetzes durch das Altersvermögensgesetz, DB 2001, 1146.

ders. Entgeltumwandlungszusagen im novellierten Betriebsrentengesetz, DB 1998, 2266.

Höfer/Meier Tarifvertragliche Altersversorgung und Entgeltumwandlung, BB 1998, 1894.

Hölscher Umsetzung der europäischen Pensionsfondsrichtlinie – das letzte Mosaiksteinchen eines grenzüberschreitenden betrieblichen Altersversorgungssystems?, Festschrift für Kemper 2005, S. 177 ff.

Hoppach Betriebliche Altersversorgung und Zeitkonten – Gegensatz oder sinnvolle Ergänzung?, Festschrift für Kemper 2005, S. 193 ff.

Hoppenrath Die Insolvenzsicherung beim Durchführungsweg Unterstützungskasse, BetrAV 2010, 220.

ders. Das Finanzierungsverfahren für die gesetzliche Insolvenzsicherung der betrieblichen Altersversorgung durch den PSVaG nach 30 Jahren auf dem Prüfstand, Festschrift für Kemper 2005, S. 211 ff.

ders. Die Insolvenzsicherung der betriebliche Altersversorgung nach geltendem Recht, BetrAV 2002, 731.

ders. Pensionsfonds und Insolvenzsicherung, BetrAV 2001, 114.

ders. Ermittlung der Forderung des PSVaG im Konkurs, BetrAV 1982, 7.

Hoppenrath/Berenz Das neue Finanzierungsverfahren des PSVaG, DB 2007, 630 = BetrAV 2007, 215.

Hoppenrath/Wohlleben Möglichkeiten der Insolvenzsicherung, Festschrift für Förster, 2001, S. 285 ff.

Huber Wertgleichheit einer Entgeltumwandlung beim Pensionsfonds, BetrAV 2008, 35.

Huber/Burg Herausforderungen des neuen Versorgungsausgleichs für Betriebsrentensysteme, BB 2009, 2534 ff.

Hundt Der PSVaG in seiner vielfältigen Gestalt als Element der sozialen Sicherung – Aufwärtstrend festigen, BetrAV 2006, 209.

Jaeger Zillmerung und Entgeltumwandlung, BetrAV 2006, 517.

ders. Die rückgedeckte Pensionszusage durch Gehaltsumwandlung aus Sicht des Arbeitnehmers, BB 1997, 1474.

Johannsen/Henrich/Holzwarth Familienrecht, 5. Aufl. 2010.

Jürgens Riesterförderfähigkeit von Arbeitnehmerbeiträgen an eine Pensionskasse, BetrAV 2002, 788.

Karst/Paulweber Wandel der Unverfallbarkeitssystematik in der betrieblichen Altersversorgung für beitragsorientierte Zusagen mit variablen Überschussanteilen, BetrAV 2005, 524 = BB 2005, 1498.

Kemper Aktuelle Aspekte in der Rechtsprechung des Bundesarbeitsgerichts zur betrieblichen Altersversorgung, Festschrift für Andresen, 2006, S. 463 ff.

ders. Buchbesprechung, BetrAV 2003, 372.

ders. Arbeitsrechtliche Anmerkungen zu den Auswirkungen der Erhöhung der Beitragsbemessungsgrenze in der gesetzlichen Rentenversicherung im Jahr 2003 auf betriebliche Versorgungssysteme, BetrAV 2003, 431.

ders. Einzelfragen zur Mitbestimmung des Betriebsrats bei einer Pensionskasse, Gedenkschrift für Blomeyer, 2003, S. 157 ff.

ders. Entgeltumwandlung und Mitbestimmung, BetrAV 2002, 751.

ders. Entgeltumwandlung und erzwingbare Mitbestimmung, Festschrift für Förster, 2001, S. 207 ff.

ders. Neuordnung der Berufs- und Erwerbsunfähigkeit – Auswirkungen auf die Invalidenrente in der betrieblichen Altersversorgung, BetrAV 1998, 289.

ders. Neue Abfindungs- und Übernahmemöglichkeiten (§§ 3 und 4 BetrAVG) in: Höfer (Hrsg.) Neue Chancen für Betriebsrenten, 1998.

ders. Bericht aus der Arbeit des Fachausschusses Arbeitsrecht, BetrAV 1992, 250.

ders. Zusammentreffen unterschiedlicher Versorgungsregelungen anlässlich eines Betriebsübergangs, BB 1990, 785 = BetrAV 1990, 7.

ders. Die Unverfallbarkeit betrieblicher Versorgungsanwartschaften von Arbeitnehmern, 1977.

Kemper/Hey Folgen einer Gesamtrechtsnachfolge für das Trägerunternehmen einer Unterstützungskasse, BB 2009, 720.

Kemper/Kisters-Kölkes Arbeitsrechtliche Grundzüge der betrieblichen Altersversorgung, 7. Aufl. 2013 (zit.: Kemper/Kisters-Kölkes Grundzüge).

dies. Betriebliche Altersversorgung, 2. Aufl. 1999 (zit.: Kemper/Kisters-Kölkes Musterverträge)

Kisters-Kölkes Aktuelles aus dem Arbeitsrecht, BetrAV 2011, 451.

dies. Opting-out in der betrieblichen Altersversorgung, Festschrift für Höfer 2011, S. 107 ff.

dies. Informationspflichten beim Betriebsübergang, Festschrift für Kemper 2005, S. 227 ff.

Klein, R. Die Pensionskasse im Spannungsfeld zwischen Arbeits- und Versicherungsrecht – Die Änderungen des Betriebsrentengesetzes durch das AltEinkG und deren Auswirkungen auf die Pensionskassen –, Festschrift für Kemper 2005, S. 243 ff.

Klemm Sicherung von Ansprüchen und Anwartschaften auf Leistungen der betrieblichen Altersversorgung durch Contractual Trust Agreements (»CTA«) – What's new?, BetrAV 2006, 132.

ders. Abfindung und Übertragung von Versorgungsanwartschaften auf betriebliche Altersvorsorge im Lichte des Altersvermögensgesetzes, NZA 2002, 416.

Koch Begriff der Pensionskasse, BetrAV 2003, 418.

Kollroß/Frank Anmerkungen zum Urteil des LAG München vom 15.3.2007 (4 Sa 1152/06), DB 2007, 1146.

Kompenhans/Devlin/Roß Die Erhöhung der Pensionsrückstellungen durch die Zinsschmelze, DB 2013, 297.

Konzen Kollektivrechtliche Grundlagen und Grenzen der Entgeltumwandlung in der betrieblichen Altersversorgung, Gedenkschrift für Blomeyer, 2003, S. 173 ff.

Kort Bestandssicherung betrieblicher Altersversorgung beim Betriebsübergang, Gedenkschrift für Blomeyer, 2003, S. 199 ff.

Kremhelmer/Cisch Neue Rechtsprechung des Bundesarbeitsgerichts zur Betriebsrente, DB Beilage 3/2005 zu Heft 23, 25.

Kümmerle/Keller Betriebliche Zeitwertkonten, Einführung und Gestaltung in der Praxis, 3. Aufl. 2013.

Küpper P. Rentnerdeputate, Festschrift für Höfer, 2011, S. 127 ff.

ders. Der Rechtsweg bei mittelbaren Versorgungszusagen, Festschrift für Kemper 2005, S. 273 ff.

Küpper St. Aktuelle Tarifpolitik, BetrAV 2002, 9.

ders. Tarifvertragliche Vereinbarungen zur Altervorsorge auf Basis des AVmG, RdA 2002, 379.

Küppers/Louven Outsourcing und Insolvenzsicherung von Pensionsverpflichtungen durch Contractual Trust Arrangements (CTA's), BB 2004, 337.

Lackner Auskunftsansprüche des PSV gegenüber Unterstützungskassen, BB 2009, 2601.

Langenbrinck/Mühlstädt Betriebsrente der Beschäftigten des öffentlichen Dienstes, Einführung, 3. Aufl. 2007.

Langohr-Plato Der betriebsrentenrechtliche Verschaffungsanspruch: die unterschätzte Haftungsnorm, Festschrift für Höfer, 2011, S. 159 ff.

ders. Betriebliche Altersversorgung, 6. Aufl. 2014.

ders. Steuerrechtliche Anforderung an die betriebliche Altersversorgung von Gesellschafter-Geschäftsführern einer GmbH – Eine kritische Analyse aus arbeitsrechtlicher Sicht –, Festschrift für Kemper 2005, S. 283 ff.

Langohr-Plato/Teslau Beitragsorientierte Leistungszusagen versus Beitragszusagen mit Mindestleistung - der Versuch der Abgrenzung, BetrAV 2006, 503.

dies. Das Alterseinkünftegesetz und seine arbeitsrechtlichen Konsequenzen für die betriebliche Altersversorgung, NZA 2005, 1297.

dies. Die Beitragszusage mit Mindestleistung, DB 2003, 661.

Meisner Strukturreform des Versorgungsausgleichs: Auswirkungen auf die bAV, PBA 2009, 339.

Menzel/Albert/Schumann/Sieben Betriebliche und private Altersversorgung nach der Rentenreform 2001, 2002.

Merten/Baumeister Der neue Versorgungsausgleich in der betrieblichen Altersversorgung, DB 2009, 957.

Meyer Modifikation von Tarifrecht durch Betriebsvereinbarungen beim Betriebsübergang NZA 2001, 751.

Mittelsten Scheid Die einkommensteuerrechtliche Einordnung der Gegenwertzahlung, BetrAV 2005, 452.

Mühlstädt Portabilität in der Zusatzversorgung des öffentlichen Dienstes im Vergleich zur gesetzlichen Regelung in § 4 BetrAVG, Festschrift für Kemper 2005, S. 303 ff.

Müller-Glöge/Preis/Schmidt Erfurter Kommentar zum Arbeitsrecht, 14. Aufl. 2014.

Murmann Die Bedeutung des PSVaG im Wandel der betrieblichen Altersvorsorge, BetrAV 2006, 210.

Neise Die Mitnahme von unmittelbaren Versorgungszusagen beim Wechsel des Arbeitsgebers – Erfahrungen aus 15 Jahren Portabilität im Konzern –, Festschrift für Kemper 2005, S. 325 ff.

Neufeld Besonderheiten der betrieblichen Altersversorgung bei der übertragenden Sanierung, BB 2008, 2346 ff.

Neumann Invaliditätsversorgung für Gesellschafter-Geschäftsführer, BFH-Urteil vom 28.1.2004 – ein Auslegungsproblem?, Festschrift für Kemper 2005, S. 337 ff.

ders. Einmal betriebliches Ausscheiden – zweimal Betriebsrentenkürzung, Festschrift für W. Förster, 2001, S. 219.

Niehaus Versorgungsausgleich und bAV: Kosten und Kostenersatz, BetrAV 2011, 140.

Niermann/Risthaus Zwei wichtige Verwaltungsanweisungen zu den steuerlichen Änderungen bei der privaten Altersvorsorge sowie der betrieblichen Altersversorgung durch das Alterseinkünftegesetz, DB Beilage Nr. 2/2005 zu Heft 18 v. 6.5.2005.

Passarge Aktuelle Fragen zur Auslagerung von Pensionsverpflichtungen mittels Contractual Trust Agreements, BetrAV 2006, 127.

Paulsdorff Kommentar zur Insolvenzsicherung der betrieblichen Altersversorgung, 2. Aufl. 1999.

Paulsdorff/Wohlleben Die Rechtsstellung des Pensions-Sicherungs-Vereins auf Gegenseitigkeit (PSVaG) nach neuem Insolvenzrecht, Kölner Schrift zur Insolvenzordnung, 2. Aufl. 2000, S. 1655 ff.

Perreng Mitbestimmungsrechte des Betriebsrates bei Entgeltumwandlung, Festschrift für Kemper 2005, S. 347 ff.

Pophal Wie ist die Beitragszusage mit Mindestleistung von der beitragsorientierten Leistungszusage abzugrenzen?, Festschrift für Kemper 2005, S. 355 ff.

ders. Aktuelle Fragen zur rückgedeckten Unterstützungskasse, BetrAV 2003, 412.

Preis Altersdiskriminierung im Betriebsrentenrecht, BetrAV 2010, 515.

Raulf Unisex in der betrieblichen Altersversorgung oder: Nach dem Urteil ist vor dem Urteil, NZA Beilage 2012, Nr. 3, 88 = BetrAV 2012, 641.

Reichel/Heger Betriebliche Altersversorgung, Grundriss, 2003.

Reichenbach Outsourcing von Pensionsverpflichtungen, Festschrift für Kemper 2005, S. 365 ff.

Reichenbach/Cramer Mitbestimmung des Betriebsrats beim Ausgleich betrieblicher Versorgungsanrechte?, BetrAV 2010, 620.

Reinecke Der Begriff der betrieblichen Altersversorgung in der Rechtsprechung des Bundesarbeitsgerichts, BB 2011, 245.

ders. Betriebliche Altersversorgung: Wechsel des Durchführungswegs gegen den Willen des Arbeitnehmers?, DB 2010, 2392.

ders. Arbeitsrechtliche Rahmenbedingungen bei Unterstützungskassenzusagen, BetrAV 2009, 385 = DB 2009, 1182.

ders. Hinweis-, Aufklärungs- und Beratungspflichten im Betriebsrentenrecht nach der Reform des Versicherungsvertragsrechts, RdA 2009, 13.

ders. Neue Rechtsprechung des Bundesarbeitsgerichts zum Betriebsrentenrecht, BetrAV 2008, 241.

ders. Schutz des Arbeitnehmers im Betriebsrentenrecht: Informationspflichten des Arbeitgebers und Kontrolle von Versorgungsvereinbarungen, DB 2006, 555.

ders. Der betriebsrentenrechtliche Verschaffungsanspruch oder der richtige Beklagte im Betriebsrentenrecht, Festschrift für Kemper 2005, S. 383 ff.

ders. Hinweis-, Aufklärungs- und Beratungspflichten im Betriebsrentenrecht, RdA 2005, 129.

ders. Neue Rechtsprechung des Bundesarbeitsgerichts zum Betriebsrentenrecht, BetrAV 2003, 25.

Reinsch/Novara/Stratmann Übertragung von unverfallbaren Anwartschaften beim Arbeitgeberwechsel, NZA 2011, 10.

Rieble Die Entgeltumwandlung, BetrAV 2001, 584.

Rieble/Klumpp Naturalleistungszusagen als betriebliche Altersversorgung, Gedenkschrift für Blomeyer, 2003, S. 317 ff.

Riehl Bilanzierung bei Mitgliedern/Beteiligten in Zusatzversorgungskassen, BetrAV 2006, 521.

ders. Voraussetzungen für die Anerkennung von Vermögenswerten als Plan Assets nach US-GAAP und IAS, BetrAV 2002, 636.

Rieger Verpflichtungen aus betrieblicher Altersversorgung in Insolvenzplänen, NZI 2013, 671.

Rößler Anpassung betrieblicher Versorgungssysteme an die geänderte Lebensarbeitszeit, BetrAV 2007, 599.

ders. Der triftige Grund in der Besitzstandsschutzrechtsprechung des Ruhegeldsenats des Bundesarbeitsgerichts (Zur Übertragbarkeit der wirtschaftlichen Lage im Sinne des § 16), 2005.

ders. Die Übertragung von Versorgungsanwartschaften und der Irrtum über den Umfang der Anwartschaft, NZA 2005, 745.

Rolfs Die betriebliche Altersversorgung beim Betriebsübergang, BetrAV 2008, 468.

Rürup, B. Zukunft der betrieblichen Altersvorsorge im Lichte der Rentenreformen und des Alterseinkünftegesetzes, Festschrift für Kemper 2005, S. 395 ff.

Sarazin Leistungen der neuen Zusatzversorgung und ihre steuerliche Behandlung, BetrAV 2003, 189.

Sasdrich Die deutsche Insolvenzsicherung hat sich bewährt, BetrAV 2002, 727.

ders. Betriebliche Altersversorgung gestärkt, BetrAV 2001, 403.

Sasdrich/Wirth Betriebliche Altersversorgung gestärkt, BetrAV 2001, 401, BABl. 6–7/2001, 16.

Saunders Emanzipation der Frau im Rahmen der betrieblichen Altersversorgung, Festschrift für Kemper 2005, S. 405 ff.

Schack/Tacke/Thau (Hrsg.) Praktiker-Handbuch zur Umsetzung der betrieblichen Altersversorgung, 2. Aufl. 2005.

Schipp Neue Regeln zur Anpassung von Betriebsrenten im Konzern, DB 2010, 112.

Schleusener/Suckow/Voigt AGG, Kommentar zum Allgemeinen Gleichbehandlungsgesetz, 4. Aufl. 2013.

Schlewing Die Rechtsprechung des Bundesarbeitsgerichts zur AGB-Kontrolle im Betriebsrentenrecht, Festschrift für Höfer, 2011, S. 243 ff.

dies. Fortgeltung oder Nachwirkung gekündigter Betriebsvereinbarungen über Leistungen der betrieblichen Altersversorgung?, NZA 2010, 529.

Schlewing/Henssler/Schlipp/Schnittker Arbeitsrecht der betrieblichen Altersversorgung und Zeitwertkonten, Loseblattausgabe.

Schliemann Tarifrecht für die Entgeltumwandlung bei Betriebsrenten, DB 2001, 2554.

Schnitker/Grau Neue Rahmenbedingungen für das Recht der betrieblichen Altersversorgung durch das Alterseinkünftegesetz, NJW 2005, 11.

dies. Mitbestimmungsrechte des Betriebsrats bei der Einführung einer betrieblichen Altersversorgung im Wege der Entgeltumwandlung nach § 1a BetrAVG, BB 2003, 1061.

Schoden BetrAVG – Betriebliche Altersversorgung, Kommentar, Loseblattwerk.

ders. Zur Anwendung der BAG-Entscheidungen (Urteile vom 21.04.2009 – 2 AZR 695/08, 3 AZR 471/07) zu Versorgungsordnungen mit »gespaltener Renten-formel« auf beitragsorientierte Leistungszusagen, Festschrift für Höfer, 2011, S. 259 ff.

ders. Besteht eine Ausgleichspflicht des Arbeitgebers für Nachteile durch § 275c SGB VI in Art. 2 des Beitragssatzsicherungsgesetzes – BSSichG – in Bezug auf die betriebliche Altersversorgung?, BetrAV 2003, 434.

Schulte Vermögensübergang auf den PSVaG nach dem Betriebsrentengesetz – Grund-vermögen einer Unterstützungskasse, Rpfleger 2007, 365 = BetrAV 2007, 527.

Schwark/Raulf Beitragszusage mit Mindestleistung bei Direktzusagen in der betrieb-lichen Altersversorgung?, DB 2003, 940.

Schwind Die Deckungsmittel der betrieblichen Altersversorgung in 2011, BetrAV 2013, 346.

ders. Die Deckungsmittel der betrieblichen Altersversorgung 2008, BetrAV 2010, 383.

ders. Die Deckungsmittel der betrieblichen Altersversorgung in 2006, BetrAV 2008, 401.

Seeger Lohnsteuerpflicht von Umlage- und Gegenwertzahlungen an Zusatzversor-gungseinrichtungen?, DB 2005, 1588.

Sievers TzBfG, Kommentar zum Teilzeit- und Befristungsgesetz, 4. Aufl. 2012.

Staier Aktuelle Entwicklungen bei Unterstützungskassenzusagen aus Sicht der gesetz-lichen Insolvenzsicherung durch den PSVaG, BetrAV 2006, 220.

Stark Rentnergesellschaften, 2011.

Steinmeyer Arbeitgeberhaftung und Beratungspflichten in der betrieblichen Altersver-sorgung, BetrAV 2008, 531.

ders. Das Allgemeine Gleichbehandlungsgesetz und die betriebliche Altersversorgung, ZfA 2007, 27.

ders. Einstandspflicht von Pensionskassen für Arbeitgeberzusagen, BetrAV 2004, 436.

ders. Die Reichweite tariflicher Regelungsmacht nach dem neuen Altersvermögens-gesetz, BetrAV 2001, 727.

Stöhr Pensionsverpflichtungen als Funded Plan – Möglichkeiten zur Bilanzverkürzung nach internationalem Handelsrecht, BetrAV 2000, 430.

Teichmann in: Soergel, Bürgerliches Gesetzbuch mit Einführungsgesetz und Neben-gesetzen, 11. Aufl. 1978 ff.

Tenbrock Die betriebliche Altersversorgung im Betriebsübergang bei konkurrierenden Versorgungszusagen, 2006.

Teslau Der Einfluss des Versicherungsrechts auf das Arbeitsrecht der betrieblichen Altersversorgung, Festschrift für Kemper 2005, S. 415 ff.

Thüsing Auswirkungen des AGG auf die betriebliche Altersversorgung, BetrAV 2006, 704.

Thüsing/Granetzky Der Wechsel des Durchführungsweges in der betrieblichen Altersversorgung, BetrAV 2009, 485.

Uebelhack Beitragszusagen mit Mindestleistung – Eine neue Zusageform für Betriebsrenten, Gedenkschrift für Blomeyer, 2003, S. 467 ff.

Uhlenbruck, Jan Auskunftspflicht von Gruppen-Unterstützungskassen gegenüber dem PSVaG, BetrAV 2007, 226.

Uhlenbruck, Wilhelm Widerruf von betrieblichen Versorgungszusagen wegen wirtschaftlicher Notlage? Zur Rechtsstellung des PSVaG im außergerichtlichen Vergleich und im Insolvenzplanverfahren, KSI 2006, 121.

Uttlinger/Breier/Kiefer/Hoffmann/Dassau Bundes-Angestelltentarifvertrag, Loseblattausgabe.

Wick Erste Rechtsprechung zum neuen Versorgungsausgleich unter besonderer Berücksichtigung der betrieblichen Altersversorgung, BetrAV 2011, 131.

Willemsen/Döring Der Einfluss des europäischen Rechts auf die Gestaltung der betrieblichen Altersversorgung, BetrAV 2011, 432.

Windel/Hoppenrath Die Insolvenzsicherung der betrieblichen Altersversorgung, Handbuch der betrieblichen Altersversorgung, hrsg. von der Arbeitsgemeinschaft für betriebliche Altersversorgung, Loseblattausgabe.

Wimmer (Hrsg.) FK-InsO, Frankfurter Kommentar zu Insolvenzordnung, 7. Aufl. 2013.

Wohlleben Betriebliche Altersversorgung in der Insolvenz, Handbuch: Betriebsfortführung in der Insolvenz, 2. Aufl. 2014, Hrsg. Rolf-Dieter Mönning.

ders. Aktuelle Rechtsprechung des Bundesverwaltungsgerichts zur Insolvenzsicherung der betrieblichen Altersversorgung, Festschrift für Höfer 2011, S. 313 ff.

ders. Insolvenzplan zur Fortführung von Unternehmen mit betrieblicher Altersversorgung, Festschrift für Wellensiek, 2011, S. 691 ff.

ders. Unterstützungskasse und der PSVaG – Neuere Entwicklungen, BetrAV 2011, 232.

ders. Die Insolvenzsicherung durch den PSVaG nach dem Krisenjahr 2009, BetrAV 2010, 497.

ders. Verfassungsrechtliche Bedenken gegen Beitragsbescheide des PSVaG, BB 2010, 1659.

ders. Die Rechtsstellung des PSVaG vor und in der Unternehmensinsolvenz, BetrAV 2006, 217.

ders. Neuregelungen zur Insolvenzsicherung der Betriebsrenten, DB 1998, 1230.

Ziegler Einstandspflicht von Pensionskassen bei einer Geschlechtsdiskriminierung in der Satzung – Besprechung des BAG-Urteils 3 AZR 550/03 –, Festschrift für Kemper 2005, S. 429 ff.

Zmudzinski Zwangsgeld bei Nichterfüllung der Meldepflicht zur Insolvenzsicherung der betrieblichen Altersversorgung, Anmerkung zum Beschluss des VG Gießen vom 16.01.2009 – 1 N 4613/08.GI, BetrAV 2009, 472.

Gesetz zur Verbesserung der betrieblichen Altersversorgung (Betriebsrentengesetz – BetrAVG)

vom 19. Dezember 1974 (BGBl. I S. 3610),
zuletzt geändert durch das Gesetz über Leistungsverbesserungen in der
gesetzlichen Rentenversicherung (RV-Leistungsverbesserungsgesetz) vom
23. Juni 2014 (BGBl. I S. 787).

Erster Teil Arbeitsrechtliche Vorschriften

Erster Abschnitt Durchführung der betrieblichen Altersversorgung

§ 1 Zusage des Arbeitgebers auf betriebliche Altersversorgung

(1) [1]Werden einem Arbeitnehmer Leistungen der Alters-, Invaliditäts- oder Hinterbliebenenversorgung aus Anlass seines Arbeitsverhältnisses vom Arbeitgeber zugesagt (betriebliche Altersversorgung), gelten die Vorschriften dieses Gesetzes. [2]Die Durchführung der betrieblichen Altersversorgung kann unmittelbar über den Arbeitgeber oder über einen der in § 1b Abs. 2 bis 4 genannten Versorgungsträger erfolgen. [3]Der Arbeitgeber steht für die Erfüllung der von ihm zugesagten Leistungen auch dann ein, wenn die Durchführung nicht unmittelbar über ihn erfolgt.

(2) Betriebliche Altersversorgung liegt auch vor, wenn
1. der Arbeitgeber sich verpflichtet, bestimmte Beiträge in eine Anwartschaft auf Alters-, Invaliditäts- oder Hinterbliebenenversorgung umzuwandeln (beitragsorientierte Leistungszusage),
2. der Arbeitgeber sich verpflichtet, Beiträge zur Finanzierung von Leistungen der betrieblichen Altersversorgung an einen Pensionsfonds, eine Pensionskasse oder eine Direktversicherung zu zahlen und für Leistungen zur Altersversorgung das planmäßig zuzurechnende Versorgungskapital auf der Grundlage der gezahlten Beiträge (Beiträge und die daraus erzielten Erträge), mindestens die Summe der zugesagten Beiträge, soweit sie nicht rechnungsmäßig für einen biometrischen Risikoaus-

gleich verbraucht wurden, hierfür zur Verfügung zu stellen (Beitragszusage mit Mindestleistung),

3. künftige Entgeltansprüche in eine wertgleiche Anwartschaft auf Versorgungsleistungen umgewandelt werden (Entgeltumwandlung) oder

4. der Arbeitnehmer Beiträge aus seinem Arbeitsentgelt zur Finanzierung
von Leistungen der betrieblichen Altersversorgung an einen Pensionsfonds, eine Pensionskasse oder eine Direktversicherung leistet und
die Zusage des Arbeitgebers auch die Leistungen aus diesen Beiträgen
umfasst; die Regelungen für Entgeltumwandlung sind hierbei entsprechend anzuwenden, soweit die zugesagten Leistungen aus diesen Beiträgen im Wege der Kapitaldeckung finanziert werden.

A. Regelungsgegenstand des § 1 Abs. 1 BetrAVG

§ 1 Abs. 1 BetrAVG[1] enthält den gesetzgeberischen Versuch, einige Grund- 1
lagen des Arbeitsrechts der betrieblichen Altersversorgung zu beschreiben,
und zwar
– den Begriff »betriebliche Altersversorgung« verkoppelt mit der »Zusage
   des Arbeitgebers«,
– die »unmittelbare und mittelbare Durchführung« der betrieblichen Altersversorgung und
– die »Einstandspflicht des Arbeitgebers« für die Erfüllung der von ihm
   zugesagten Leistungen auch dann, wenn die Durchführung der betrieblichen Altersversorgung »mittelbar« erfolgt.

Der Gesetzgeber geht im Wesentlichen von dem bisher durch Rechtsprechung 2
und Schrifttum geschaffenen Rechtszustand aus und bestätigt ihn als Basis
für die im BetrAVG getroffenen Einzelregelungen. Eine umfassende gesetzliche Regelung des Arbeitsrechts der betrieblichen Altersversorgung erfolgt
nicht und war auch nicht beabsichtigt. Nur so lassen sich einige Formulierungen verstehen. Der »Erste Abschnitt« des BetrAVG behandelt zwar auch
die »Durchführung der betrieblichen Altersversorgung«, aber – wie vor dem
1.1.2001[2] – im Kern die Unverfallbarkeit dem Grunde und der Höhe nach
verbunden mit Regelungen über Abfindung und Übertragung unverfallbarer
Anwartschaften und laufender Leistungen (§§ 3–4 BetrAVG) und zu Aus-
kunftsansprüchen (§ 4a BetrAVG), ergänzt um den Anspruch auf betriebliche
Altersversorgung durch Entgeltumwandlung in § 1a BetrAVG. In § 1 Abs. 2
BetrAVG wird auch nur scheinbar der Begriff betriebliche Altersversorgung
erweitert. Im Grunde genommen handelt es sich um Beschreibungen von
Strukturen, in denen betriebliche Versorgungsleistungen erbracht werden
können (z.B. beitragsorientierte Leistungszusage, Beitragszusage mit Mindestleistung).[3]

§ 1 Abs. 1 BetrAVG gibt – einschließlich der Definition des Begriffes betrieb- 3
liche Altersversorgung – nur einige Hinweise auf der Basis der bisherigen

1 Gesetz zur Verbesserung der betrieblichen Altersversorgung v. 19.12.1974 BGBl. I
   S. 3610 zuletzt geändert durch Gesetz v. 21.12.2008 BGBl. I S. 2940.
2 Vgl. Fassung des BetrAVG ab 1.1.1999 – Art. 8 des Rentenreformgesetzes 1999 v.
   11.12.1997 BGBl. I S. 2998, 3025, mit Änderung von § 4 BetrAVG durch Art. 15
   Steuerbereinigungsgesetz 1999 v. 22.12.1999 BGBl. I S. 2601, 2618.
3 S. dazu Rdn. 447 ff.

Rechtslage, ohne wesentliche konstitutive Regelungen zu treffen. Dies gilt auch für die erstmals normierte Einstandspflicht des Arbeitgebers bei mittelbaren Versorgungszusagen gem. § 1 Abs. 1 S. 3 BetrAVG.[4]

4 Es erscheint deshalb gerechtfertigt, bei der Kommentierung zu § 1 Abs. 1 BetrAVG ebenfalls auf die nicht ausdrücklich oder an anderer Stelle im BetrAVG geregelten arbeitsrechtlichen Grundlagen der betrieblichen Altersversorgung einzugehen. Dazu gehören auch die Grundsätze der Insolvenzsicherung der betrieblichen Altersversorgung[5] sowie die Behandlung aktueller Gesetze in ihrer Bedeutung für die betriebliche Altersversorgung, also des inzwischen ausdrücklich für auf die betriebliche Altersversorgung anwendbar erklärten[6] AGG[7] und des RV-Altersgrenzenanpassungsgesetzes.[8] Ferner ist das am 1.1.2009 in Kraft getretene »Gesetz zur Förderung der zusätzlichen Altersversorgung und zur Änderung des Dritten Buches Sozialgesetzbuch«[9] zu erwähnen. Wichtig erscheint zudem, steuerliche Hinweise bei den einzelnen Durchführungswegen zu geben, zumal die steuerliche Behandlung der betrieblichen Altersversorgung durch das Alterseinkünftegesetz[10] eine grundlegende Neuordnung erfahren hat.[11]

5 Das BetrAVG ist in den alten Bundesländern am 22.12.1974 in Kraft getreten.[12] Die Anwendbarkeit in den neuen Bundesländern ab dem 1.1.1992 ist im Einigungsvertrag[13] geregelt. Nach dieser Regelung finden §§ 1 bis 18 des BetrAVG auf Zusagen über Leistungen der betrieblichen Altersversorgung,

---

4 S. dazu Rdn. 247 ff.

5 S. dazu auch §§ 7 ff. einschließlich Kommentierung.

6 BAG 11.12.2007, 3 AZR 249/06, EzA § 2 AGG Nr. 1 = DB 2008, 766; s. dazu Rdn. 52.

7 Allgemeines Gleichbehandlungsgesetz v. 14.8.2006 BGBl. I S. 1897, i. d. F. des SEPA-Begleitgesetzes vom 3.4.2013 BGBl. I S. 610.

8 V. 20.4.2007 BGBl. I S. 554, das am 1.1.2008 in Kraft getreten ist.

9 V. 10.12.2007 BGBl. I S. 2838.

10 V. 5.7.2004 BGBl. I S. 1427.

11 Hierzu auch BMF-Schreiben v. 24.7.2013 BStBl. I S. 1022 ff. (s. Anh. III).

12 S. dazu § 32.

13 Anlage I, Kapitel VIII, Sachgebiet A, Abschn. III. Nr. 16 Buchst. a und b des Einigungsvertrags; Vertrag zwischen der Bundesrepublik Deutschland und der Deutschen Demokratischen Republik über die Herstellung der Einheit Deutschlands vom 31. August 1990, BGBl. II S. 889, zuletzt angepasst durch Art. 12 G v. 30.10.2008 BGBl. I S. 2130 i. V. m. Art. 6 Nr. 5 G v. 21.12.2008 BGBl. I S. 294.

die nach dem 31.12.1991 erteilt wurden, Anwendung. Die »Erteilung« setzt die Begründung einer neuen Verpflichtung voraus. Die bloße Erfüllung einer bestehenden Rechtspflicht genügt nicht.[14]

B. Zusage des Arbeitgebers auf betriebliche Altersversorgung

§ 1 Abs. 1 S. 1 BetrAVG bestimmt den **sachlichen Geltungsbereich** des 6
BetrAVG. Nur wenn »betriebliche Altersversorgung« vom Arbeitgeber zugesagt wird, gelten die Vorschriften des BetrAVG, von denen, abgesehen von den in § 17 Abs. 3 BetrAVG für Tarifverträge aufgezeigten Ausnahmen, nicht zuungunsten der Arbeitnehmer abgewichen werden kann.[15]

Für den Begriff betriebliche Altersversorgung[16] sind nach der gesetzlichen 7
Klammerdefinition maßgebend
– die Veranlassung der Zusage des Arbeitgebers durch das Arbeitsverhältnis,
– die Auslösung der Leistung durch ein biologisches Ereignis und
– der Versorgungszweck der Leistung.

Damit wiederholt das Gesetz die Kriterien, welche die BAG-Rechtsprechung 8
seit Langem beschrieben hat.[17] Diese Kriterien sind abschließend. Insbesondere genügt der Versorgungszweck der Leistung. Auf die Form der versprochenen Leistung (z. B. Kapital oder Rente) kommt es nicht an.[18] Fehlt eines dieser Begriffselemente, handelt es sich möglicherweise um eine andere betriebliche Sozialleistung, z. B. Sterbegeld. Die Schutzbestimmungen des BetrAVG sind aber dann nicht anzuwenden (z. B. Insolvenzschutz).

Unerheblich ist, ob der Arbeitgeber die Leistung wegen einer schon erbrach- 9
ten oder noch zu erbringenden Betriebstreue zusagt.[19]

---

14 BAG 29.1.2008, 3 AZR 522/06, EzA § 7 BetrAVG Nr. 73 = DB 2008, 1867.
15 S. dazu § 17 Rdn. 25 ff.
16 S. dazu Rdn. 35 ff.
17 BAG 8.5.1990, 3 AZR 121/89, EzA § 7 BetrAVG Nr. 35 = DB 1990, 2375;
   3.11.1998, 3 AZR 454/97, EzA § 7 BetrAVG Nr. 56 = DB 1998, 2428; 18.2.2003,
   3 AZR 81/02, EzA § 1 BetrAVG Ablösung Nr. 35 = DB 2003, 2395; zusammenfassend BAG 16.3.2010, 3 AZR 594/09, EzA § 1 BetrAVG Nr. 93 = DB 2010, 1834;
   dazu *Reinecke* BB 2011, 245.
18 BAG 18.3.2003, 3 AZR 315/02, DB 2004, 1624.
19 BAG 8.5.1990, 3 AZR 121/89, EzA § 7 BetrAVG Nr. 35 = DB 1990, 2375.

10 Die Bezeichnung der Leistung als betriebliche Altersversorgung reicht nicht aus, um den Schutz des BetrAVG beanspruchen zu können.[20]

11 Es gibt kein zusätzliches ungeschriebenes Tatbestandsmerkmal, dass die wirtschaftliche Last der betrieblichen Altersversorgung vom Arbeitgeber getragen werden muss.[21] Seit dem 1.1.1999 enthält das BetrAVG den Hinweis, dass betriebliche Altersversorgung auch vorliegt, wenn künftige Entgeltansprüche in eine wertgleiche Anwartschaft auf Versorgungsleistung umgewandelt werden (**Entgeltumwandlung**; § 1 Abs. 2 Nr. 3 BetrAVG). Diese Vorschrift ist deklaratorisch. Auch Entgeltumwandlungszusagen vor dem 1.1.1999 sind betriebliche Altersversorgung i. S. d. BetrAVG.[22]

12 Unabhängig davon, dass sowohl die arbeitgeber- als auch die arbeitnehmerfinanzierte betriebliche Altersversorgung dem gesetzlichen Begriff der betrieblichen Altersversorgung unterfällt, gibt es im BetrAVG Unterschiede in der rechtlichen Behandlung dieser beiden Finanzierungsformen der betrieblichen Altersversorgung, z. B. bei der Unverfallbarkeit[23] und dem Insolvenzschutz.[24] Dies gilt auch für rechtliche Wertungen außerhalb des BetrAVG, z. B. bei Mitbestimmungsrechten des Betriebsrats.[25]

13 Bei Eigenbeiträgen des Arbeitnehmers kann betriebliche Altersversorgung vorliegen, wenn die Zusage des Arbeitgebers auch die Leistungen aus diesen Beiträgen umfasst (**Umfassungszusagen** gem. § 1 Abs. 2 Nr. 4 BetrAVG).[26] Eigenbeiträge liegen dann vor, wenn der Arbeitnehmer aus versteuertem und verbeitragtem Einkommen private Vorsorge betreibt. Hier wird der Unterschied zwischen der arbeitgeber- und arbeitnehmerfinanzierten betrieblichen Altersversorgung innerhalb einer Versorgungsstruktur besonders deutlich. Trotz der Umfassung durch den Arbeitgeber gelten für die Eigenbeiträge des Arbeitnehmers bei Kapitaldeckung die Regelungen für Entgeltumwandlung, was eigentlich systemwidrig ist.

---

20 BAG 3.11.1998, 3 AZR 454/97, EzA § 7 BetrAVG Nr. 56 = DB 1999, 1403; 18.2.2003, 3 AZR 81/02, EzA § 1 BetrAVG Ablösung Nr. 35 = DB 2003, 2395.

21 BAG 26.6.1991, 3 AZR 641/88, EzA § 1 BetrAVG Nr. 59 = DB 1990, 2475.

22 S. dazu Rdn. 473 ff.

23 S. dazu § 1b Rdn. 10 ff.

24 S. dazu § 7 Rdn. 111 ff.

25 S. dazu Rdn. 380 ff.

26 S. dazu Rdn. 531 ff.

§ 1 Abs. 2 Nr. 1 und 2 BetrAVG (**beitragsorientierte Leistungszusage** und 14 **Beitragszusage mit Mindestleistung**) erweitern nicht den Begriff der betrieblichen Altersversorgung des § 1 Abs. 1 S. 1 BetrAVG. Es handelt sich um eine gesetzliche Beschreibung von Leistungsplanstrukturen. § 1 Abs. 2 S. 1 BetrAVG hat deklaratorische Bedeutung. Beitragsorientierte Leistungszusagen sind auch schon vor der Aufnahme in das BetrAVG erteilt worden.[27]

Die Beitragszusage mit Mindestleistung des § 1 Abs. 2 Nr. 2 BetrAVG, die es 15 seit dem 1.1.2002 gibt, ist eine neue gesetzlich zugelassene Leistungsstruktur. Mit Ausnahme der Mindestleistung, d.h. der Summe der zugesagten Beiträge (abzüglich Risikobeiträge), werden keine Leistungen garantiert.[28] Ziel dieser Zusagegestaltung ist die Begrenzung des Finanzierungsrisikos für den Arbeitgeber auf die Summe der (unverzinst) zugesagten Beiträge. Soweit das Anlagerisiko hinsichtlich des Versorgungskapitals über die Mindestleistung hinausgeht, wird es auf den Arbeitnehmer verlagert.[29] Eine reine Beitragszusage ist möglich. Sie unterfällt jedoch nicht dem Recht der betrieblichen Altersversorgung.[30]

Der Leistungsbegriff des § 1 Abs. 1 S. 1 BetrAVG ist weit auszulegen. Neben 16 Geldleistungen, Nutzungsrechten und Sachleistungen (Deputaten) können auch geldwerte Vorteile und Vergünstigungen, z.B. in Form von im Ruhestand gewährten Personalrabatten, betriebliche Altersversorgung darstellen,

---

27 BAG 18.9.2001, AZR 728/00, EzA § 1 BetrAVG Ablösung Nr. 31 = DB 2002, 1114; s. dazu § 1 Rdn. 449 ff.

28 S. dazu § 1 Rdn. 463 ff.

29 *Kemper/Kisters-Kölkes* Grundzüge Rn. 12 und Rn. 172 ff.

30 BAG 13.11.2007, 3 AZR 635/06, AP Nr. 49 zu § 1 BetrAVG; a. A. *Höfer* DB 2013, 288.

da diese grundsätzlich geeignet sind, den Lebensstandard zu verbessern und somit dem Versorgungszweck dienen.[31]

17 Soweit nach der gesetzlichen Formulierung in § 1 Abs. 1 S. 1 BetrAVG die Zusage des Arbeitgebers als Begriffselement für die betriebliche Altersversorgung erscheint, ist dies konsequent. Denn die betriebliche Altersversorgung setzt eine Zusage des Arbeitgebers voraus.

I. Grundsatz der Vertragsfreiheit

18 Betriebliche Altersversorgung muss vom Arbeitgeber zugesagt werden. Dies ist nach der Formulierung im BetrAVG die sog. »**Versorgungszusage**« (vgl. z. B. § 1b BetrAVG). Er muss sich verpflichten, selbst oder über einen Versorgungsträger Leistungen der betrieblichen Altersversorgung erbringen zu wollen.

19 Zu einer Versorgungszusage kann kein Arbeitgeber gezwungen werden. Es gilt der Grundsatz der **Vertragsfreiheit** in der Ausformung der »**Entschlussfreiheit**«.[32]

20 Die Entschlussfreiheit beinhaltet auch das Recht des Arbeitgebers, eine betriebliche Altersversorgung wieder abzuschaffen, natürlich unter Wahrung möglicherweise entstandener arbeitsrechtlicher Besitzstände. Gibt es solche nicht, z. B. bei der Schließung eines Versorgungssystems für Neuzugänge[33],

---

31 BAG 19.2.2008, 3 AZR 61/06, EzA § 1 Betriebliche Übung Nr. 9 (Personalrabatte), das die anderslautende Spezifizierung des Pensions-Sicherungs-Vereins (Merkblatt 300/M 4 unter Ziff. 1.2), wonach lediglich Geldleistungen, Nutzungsrechte und Sachleistungen Leistungen der betrieblichen Altersversorgung sind, für unerheblich hält; BAG 12.12.2007, 3 AZR 476/05, EzA § 1 BetrAVG Nr. 89 = DB 2007, 2043 (Deputate); Hess. LAG 22.4.1998, 8 Sa 2150/96, BB 1999, 591, = BetrAV 1999, 101, 205 (Krankenversicherungsbeiträge); BAG 10.2.2009, 3 AZR 652/07, n. v. und 3 AZR 653/07, EzA § 1 BetrAVG Betriebsvereinbarung Nr 6 = DB 2009, 1303 (Beihilfe in Krankheits-, Geburts- und Todesfällen, insbes. zum Sterbegeld); BAG 16.3.2010, 3 AZR 594/09, EzA § 1 BetrAVG Nr. 93 = DB 2010, 1834; keine betriebliche Altersversorgung sind Anpassungs- und Ausgleichsleistungen im Bergbau: BAG 14.2.2012, 3 AZR 260/10, EzA § 1 BetrAVG Nr. 94 = DB 2012, 2527; zu Deputatsregelungen insgesamt *Küpper* FS Höfer, S. 127.

32 *Kemper/Kisters-Kölkes* Grundzüge Rn. 6 ff.; Ausnahme: Allgemeinverbindlich erklärte Tarifverträge oder Gesetze, z. B. Hamburgisches Zusatzversorgungsgesetz i. d. F. v. 7.3.1995 (HmbGVBl. 53), zuletzt geändert am 25.1.2011 (HmbGVBl. 43).

33 S. dazu Rdn. 265 ff.

Kemper/Kisters-Kölkes

ist die Entschlussfreiheit des Arbeitgebers, für diesen Kreis der Versorgungsberechtigten die bisherige betriebliche Altersversorgung abzuschaffen, grundsätzlich gegeben. Das verstößt auch nicht gegen den arbeitsrechtlichen Gleichbehandlungsgrundsatz.[34]

Die Entschlussfreiheit des Arbeitgebers ist eingeschränkt, wenn es sich nicht um eine arbeitgeberfinanzierte, sondern um eine arbeitnehmerfinanzierte betriebliche Altersversorgung durch Entgeltumwandlung gem. § 1a BetrAVG handelt. Bestimmte Arbeitnehmer (§ 17 Abs. 1 S. 3 BetrAVG)[35] können vom Arbeitgeber verlangen, dass von ihren künftigen Entgeltansprüchen Teile durch Entgeltumwandlung für die betriebliche Altersversorgung verwendet werden.[36] Diese Regelung ist verfassungskonform.[37] Gem. § 17 Abs. 3 S. 1 BetrAVG kann jedoch ein Anspruch auf Entgeltumwandlung nach § 1a BetrAVG durch Tarifvertrag ausgeschlossen werden.[38]   **21**

Bei der arbeitnehmerfinanzierten betrieblichen Altersversorgung ist die Entschlussfreiheit des Arbeitgebers aber dann unbeschränkt, wenn die Entgeltumwandlung außerhalb des gesetzlichen Rahmens des § 1a BetrAVG erfolgt, z. B. die Höchstgrenzen für den Umwandlungsanspruch überschritten werden oder bei einem Arbeitnehmer keine Sozialversicherungspflicht besteht. Darauf braucht sich der Arbeitgeber nicht einzulassen.   **22**

Nach dem Entschluss des Arbeitgebers, eine betriebliche Altersversorgung einzuführen, gilt ebenfalls der Grundsatz der Vertragsfreiheit, dann in der Ausformung der »**Gestaltungsfreiheit**«. So kann der Arbeitgeber – anknüpfend an unterschiedliche Versorgungsinteressen des Arbeitnehmers und dabei an ein Näheverhältnis zwischen dem Arbeitnehmer und den aus der betrieblichen Altersversorgung berechtigten Personen – den Kreis der berechtigten Hinter-   **23**

---

34 S. dazu Rdn. 167 ff.
35 S. dazu § 17 Rdn. 18 f.
36 S. dazu § 1a Rdn. 6 ff.
37 BAG 12.6.2007, 3 AZR 14/06, EzA § 1a BetrAVG Nr. 2 = DB 2007, 2722. Die eingelegte Verfassungsbeschwerde wurde nicht zur Entscheidung angenommen, BVerfG 15.11.2007, 1 BvR 2664/07. Die Verpflichtung gilt auch für öffentlich-rechtliche Arbeitgeber, EuGH 15.7.2010, C-271/08, BetrAV 2010, 571 = NJW 2011, 206.
38 BAG 19.4.2011, 3 AZR 154/09, EzA § 1 BetrAVG Nr. 3 = DB 2011, 2210.

bliebenen innerhalb der gesetzlichen Möglichkeiten gestalten.[39] Entscheidend ist lediglich, dass dem Arbeitnehmer bezogen auf den gewählten Begünstigtenkreis bei typisierender Betrachtung ein allgemeines Versorgungsinteresse unterstellt werden kann.

24 Hat der Arbeitgeber sich entschlossen, eine betriebliche Altersversorgung einzuführen, ist die Gestaltungsfreiheit jedoch nicht unbegrenzt. Es setzen arbeitsrechtliche Bindungen ein. So sind z. B. bei der inhaltlichen Ausgestaltung der betrieblichen Altersversorgung die Vorschriften des BetrAVG für die Unverfallbarkeit und die Anpassung oder andere Regelungen als Mindestbedingungen maßgebend. Von den Bestimmungen des BetrAVG kann nur in Ausnahmefällen zuungunsten des Arbeitnehmers abgewichen werden.[40] Natürlich gelten für die betriebliche Altersversorgung auch die allgemeinen arbeitsrechtlichen Vorschriften. Dabei sind Gesetze wie das AGG und das RV-Altersgrenzenanpassungsgesetz von Bedeutung.[41]

25 Unklarheiten bei der Leistungsplangestaltung gehen zulasten des Arbeitgebers. Es gilt die **Unklarheitenregel** des § 305c Abs. 2 BGB.[42]

26 Wie bei der **Entschlussfreiheit** ist auch bei der **Gestaltungsfreiheit** zwischen **arbeitgeberfinanzierter** und **arbeitnehmerfinanzierter** betrieblicher Altersversorgung zu unterscheiden. Bei einer betrieblichen Altersversorgung durch Entgeltumwandlung hat der Arbeitgeber die gesetzlichen Voraussetzungen des § 1a BetrAVG so lange zu beachten, wie sich die Entgeltumwandlung im Rahmen des § 1a BetrAVG bewegt. Für Entgeltumwandlungen außerhalb von § 1a BetrAVG verbleibt es bei der Gestaltungsfreiheit innerhalb allgemeiner arbeitsrechtlicher Bindungen, soweit Wertgleichheit gegeben ist.

II. Versorgungsverhältnis

27 Gegenstand der **Versorgungszusage** des Arbeitgebers ist die betriebliche Altersversorgung. Durch die Versorgungszusage wird das **Versorgungsver-**

---

39 BAG 18.11.2008, 3 AZR 277/07, EzA § 1 BetrAVG Hinterbliebenenversorgung Nr. 13 = DB 2009, 294.

40 Vgl. § 17 Abs. 3 BetrAVG insbes. Satz 1.

41 S. dazu Rdn. 53.

42 BAG 12.6.2007, 3 AZR 83/06, EzA § 16 BetrAVG Nr. 50 = DB 2008, 480; 18.11.2008, 3 AZR 277/07, EzA § 1 BetrAVG Hinterbliebenenversorgung Nr. 13 = DB 2009, 294; zur AGB-Kontrolle des BAG bei betrieblicher Altersversorgung umfassend *Schlewing* FS Höfer, S. 243 f.

hältnis begründet. Wenn eine Versorgungszusage erteilt ist, aber noch keine Leistungen gewährt werden, ist eine **Versorgungsanwartschaft** entstanden. Tritt nach Begründung der Versorgungsanwartschaft ein Versorgungsfall ein, entsteht der **Versorgungsanspruch**. Der **Versorgungsanwärter** oder seine Hinterbliebenen werden zum **Versorgungsempfänger**.[43]

Leistungen an die Versorgungsempfänger werden ebenso wie Arbeitsentgelt **28** nach Zeitabschnitten erbracht. Sie werden nach Ablauf der jeweiligen Zeitabschnitte fällig (§ 614 BGB).[44] Folglich sind Verzugszinsen erst nach Ablauf der jeweiligen Zeitabschnitte zu zahlen (§ 286 BGB).

Die Versorgungszusage ist ein rechtlicher Vorgang. Versorgungsverpflichtun- **29** gen entstehen »nicht von selbst«.[45] Die Versorgungszusage beruht auf dem arbeitsrechtlichen Grundverhältnis zwischen Arbeitgeber und Arbeitnehmer, dem Grundgeschäft (= »Valutageschäft«) für die betriebliche Altersversorgung.[46] Das gilt gleichermaßen für die unmittelbare und mittelbare Durchführung der betrieblichen Altersversorgung gem. § 1 Abs. 1 S. 2 BetrAVG. Diese »Grundverpflichtung« hat der Arbeitgeber zu erfüllen, wenn und soweit er eine Zusage erteilt hat und diese kann er nicht auf andere Versorgungsträger, die mittelbaren Durchführungswege oder z. B. auf eine Bank oder ein Contractual Trust Arrangement (CTA) übertragen.[47] Der Arbeitgeber soll für eine von ihm zu vertretende Unmöglichkeit einstehen.[48] Bei der mittelbaren Durchführung kommt das Deckungsverhältnis hinzu, z. B. bei einer Direktversicherung das Versicherungsverhältnis, das zwischen dem Arbeitgeber und dem Lebensversicherer besteht.

Die Versorgungszusage ist Basis für alle rechtlich relevanten Umstände des **30** Versorgungsverhältnisses. Sie kann alle Durchführungswege, sämtliche konkrete Verpflichtungstatbestände (Rechtsbegründungsakte) und unterschiedliche Regelwerke (Leistungspläne) umfassen.

---

43 Vgl. die Wortwahl in § 7 Abs. 1 und 2 BetrAVG.
44 BAG 31.7.2007, 3 AZR 372/06, DB 2008, 1505.
45 *Höfer* BetrAVG, Rn. 207 zu ART.
46 *Blomeyer/Rolfs/Otto* Rn. 268 zu § 1; *Höfer* BetrAVG, Rn. 117 zu ART, dazu auch *Langohr/Plato* FS Höfer, S. 159.
47 Vgl. Gesetzesmaterialien, BT-Drucks. 14/4595, 67.
48 *Blomeyer/Rolfs/Otto* § 1 Rn. 268.

31 Elemente des durch die Versorgungszusage begründeten Versorgungsverhältnisses sind unabhängig voneinander
  – der Durchführungsweg,
  – der Rechtsbegründungsakt und
  – der Leistungsplan.

32 Das bedeutet, dass im Rahmen eines Versorgungsverhältnisses grundsätzlich
für jeden Durchführungsweg jeder Rechtsbegründungsakt gewählt und auch
der Leistungsplan unabhängig vom Durchführungsweg und dem Rechtsbegründungsakt festgelegt werden kann, wobei die Beitragszusage mit Mindestleistung nur in den versicherungsförmigen Durchführungswegen verwendet
werden kann.[49]

33 Die Zusage als solche enthält – unabhängig davon, ob sie inhaltlich näher
auf einen Durchführungsweg der betrieblichen Altersversorgung eingeht –
zunächst einmal ein schlichtes Versorgungsversprechen ohne Bindung an
den Durchführungsweg. Hat der Arbeitgeber in der Versorgungszusage einen
bestimmten Durchführungsweg vorgegeben, ist er an diesen Durchführungsweg gebunden.[50] Maßgeblich sollen jeweils die Festlegungen sein, die im
Verhältnis zwischen Arbeitgeber und Arbeitnehmer getroffen wurden. Daher
empfiehlt es sich bei der Formulierung einer Versorgungszusage genau darauf
zu achten, dass der gewünschte Verpflichtungsumfang des Arbeitgebers nicht
überschritten wird, da selbst ein wertneutraler Wechsel des Durchführungswegs aus steuerlichen, rechtlichen oder wirtschaftlichen Erwägungen – je nach
Zusage – nur in arbeitsrechtlich zulässiger Weise erfolgen kann.[51]

34 Die Rechtsprechung des BAG geht zu weit. Die Zusage betrieblicher Altersversorgung nach einem Leistungsplan als solche ist von der Zusage eines
bestimmten Durchführungswegs i. d. R. abgekoppelt. Ein Anspruch auf die
Einhaltung eines bestimmten Durchführungswegs kann sich nur aus den
individuellen Einzelumständen ergeben. Es ist für den Versorgungsanspruch
des Arbeitnehmers unerheblich, über welchen Durchführungsweg die zugesagten Versorgungsleistungen abgewickelt werden, solange die Leistung gleich

---

49 Pensionsfonds, Pensionskasse und Direktversicherung; dazu Rdn. 463 ff.
50 BAG 12.6.2007, 3 AZR 186/06, EzA § 1 BetrAVG Nr. 90 = DB 2008, 2034; dazu
auch *Thüsing/Granetzny* BetrAV 2009, 485.
51 S. dazu Rdn. 259 ff.

bleibt, d.h. er im Versorgungsfall die gleiche Leistung bekommt, die ihm ohne Änderung des Durchführungswegs zugeflossen wäre.[52]

1. Begriff der betrieblichen Altersversorgung

Betriebliche Altersversorgung ist Gegenleistung für die Betriebstreue des Arbeitnehmers.[53] Erst muss der Arbeitnehmer grundsätzlich diese »Vorleistung« erbringen, dann setzen nach Eintritt des Versorgungsfalles die Leistungen des Arbeitgebers ein. Das Austauschverhältnis von Leistung und Gegenleistung ist also zeitlich versetzt, was z.B. für die Auslegung der Anpassungsvorschrift in § 16 BetrAVG von Bedeutung ist.[54] **35**

Betriebliche Altersversorgung ist jedoch nicht ausschließlich »aufgeschobener Arbeitslohn«, hat also nicht nur Entgeltcharakter. Die Verknüpfung der betrieblichen Altersversorgung mit der »Betriebstreue« macht deutlich, dass es sich um eine Leistung auch mit Versorgungscharakter handelt. Dieses Spannungsfeld zwischen Entgelt- und Versorgungscharakter wird z.B. deutlich bei Änderungen von Versorgungsanwartschaften oder -ansprüchen. Einerseits sind die Rechtspositionen aus einer Versorgungszusage zu wahren und zu erfüllen, andererseits gibt es bei Pflichtverletzungen des Arbeitnehmers oder wirtschaftlich schwierigen Situationen des Arbeitgebers grds. Veränderungsmöglichkeiten.[55] **36**

§ 1 Abs. 1 S. 1 BetrVG fasst die drei Elemente der betrieblichen Altersversorgung in einer Legaldefinition zusammen: Veranlassung durch das Arbeitsverhältnis, biologisches Ereignis als Leistungsvoraussetzung (Alter, Invalidität oder Tod) und den Versorgungszweck der Leistung. Bei Fehlen eines dieser Begriffselemente kann eine andere betriebliche Sozialleistung z.B. Sterbegeld oder Krankheitsbeihilfe[56] vorliegen, die nicht vom Schutzbereich des **37**

---

52 S. dazu auch Rdn. 272.
53 BAG 10.3.1972, 3 AZR 278/71, EzA § 242 BGB Ruhegeld Nr. 11 = DB 1972, 1486.
54 BAG 28.4.1992, 3 AZR 142/91, EzA § 16 BetrAVG Nr. 22; 28.4.1992; 3 AZR 244/91, EzA § 16 BetrAVG Nr. 23; 23.10.1996, 3 AZR 514/95, EzA § 16 BetrAVG Nr. 31; 25.6.2002, 3 AZR 226/01, EzA BetrAVG § 16 Nr. 40 = DB 2003, 1584.
55 S. dazu Rdn. 256 ff.
56 BAG 12.12.2006, 3 AZR 475/05, AiB 2008, 114; 3 AZR 476/05, EzA § 1 BetrAVG Nr. 89 = DB 2007, 2043; 10.2.2009, 3 AZR 652/07, n. v.; 3 AZR 653/07, EzA § 1 BetrAVG Betriebsvereinbarung Nr. 6 = DB 2009, 1303.

BetrAVG umfasst ist. Nur wenn diese drei Elemente **kummulativ** erfüllt sind, liegt betriebliche Altersversorgung vor und das BetrAVG findet Anwendung.

38 Die Art und die Bezeichnung der Leistung sind unschädlich.[57] So führt die Bezeichnung einer Leistung als »Ruhegeld« nicht dazu, dass eine Sozialleistung, die nicht betriebliche Altersversorgung ist, in den Schutzbereich des BetrAVG einbezogen wird.

39 Die Gewährung von »Deputaten« an altersbedingt ausgeschiedene Arbeitnehmer kann eine Leistung der betrieblichen Altersversorgung darstellen[58], während Deputate, die im bestehenden Arbeitsverhältnis gewährt werden, keine betriebliche Altersversorgung, sondern Entgelt sind. Auch wenn die Erbringung von Deputaten an altersbedingt ausgeschiedene Arbeitnehmer bzw. deren Hinterbliebene von weiteren Voraussetzungen abhängig gemacht wird, die nicht vom Begriff der betrieblichen Altersversorgung in § 1 Abs. 1 S. 1 BetrAVG erfasst sind (z. B. Bestehen eines eigenen Hausstandes, Wohnsitz innerhalb des Belieferungsgebietes, etc.), sind die Deputate betriebliche Altersversorgung.[59] Anpassungs- und Ausgleichsleistungen im Bergbau sind allerdings keine betriebliche Altersversorgung.[60]

a) Arbeitsverhältnis als Anlass für eine betriebliche Altersversorgung

40 Gem. § 1 Abs. 1 S. 1 BetrAVG muss betriebliche Altersversorgung »**aus Anlass**« eines Arbeitsverhältnisses zugesagt werden. Ein Arbeitsverhältnis beruht i. d. R. auf einem Arbeitsvertrag zwischen Arbeitgeber und Arbeitnehmer. Der Arbeitsvertrag kann vor dem Arbeitsantritt geschlossen werden. Das Arbeitsverhältnis wird durch den Arbeitsvertrag begründet, allerdings erst mit Arbeitsantritt, dem rechtlichen Beginn des Arbeitsverhältnisses, in Vollzug gesetzt.

---

57 BAG 18.3.2003, 3 AZR 315/02, DB 2004, 1624 und 3 AZR 316/02 n. v.; dazu auch Rdn. 10.

58 BAG 12.12.2006, 3 AZR 76/05 EzA § 1 BetrAVG Nr. 89 = DB 2007, 2043 und 19.2.2008, 3 AZR 61/06, EzA § 1 BetrAVG Betriebliche Übung Nr. 9 = FA 2008, 216; dazu *Küpper* FS Höfer, S. 127.

59 BAG 16.3.2010, 3 AZR 594/09, EzA § 1 BetrAVG Nr 93 = DB 2010, 1834; 14.12.2010, 3 AZR 799/08, BetrAV 2011, 106.

60 BAG 14.2.2012, 3 AZR 260/10, EzA § 1 BetrAVG Nr. 94 = DB 2012, 2527.

Kemper/Kisters-Kölkes

Auch ein Dienstverhältnis gem. § 611 BGB kann Anlass für eine betriebliche 41
Altersversorgung sein.[61] Gleiches gilt für andere Rechtsverhältnisse, wenn man
für ein fremdes Unternehmen tätig ist, z. B. als Handelsvertreter oder in einem
freien Beruf.[62] Voraussetzung ist, dass es eine vertragliche Beziehung zwischen
dem zusagenden Unternehmen und dem Begünstigten gibt. Es reicht nicht
aus, dass dem Zusagenden die Arbeitsleistung mittelbar wirtschaftlich zugute
kommt.[63]

Gem. § 17 Abs. 1 S. 1 BetrAVG sind Arbeitnehmer i. S. d. §§ 1 bis 16 BetrAVG 42
Arbeiter und Angestellte einschließlich der zu ihrer Berufsausbildung Beschäftigten; ein Berufsausbildungsverhältnis steht einem Arbeitsverhältnis gleich.
Das BetrAVG geht von dem im Arbeitsrecht üblichen Begriff des Arbeitnehmers aus. Der persönliche Geltungsbereich des BetrAVG wird also in der für
Arbeitnehmerschutzgesetze üblichen Weise beschrieben.[64] In § 17 Abs. 1 S. 2
BetrAVG wird folglich der Schutzbereich der betrieblichen Altersversorgung
auf »Nichtarbeitnehmer« ausgedehnt, wenn ihnen eine Versorgungszusage
erteilt wurde.[65]

Für das BetrAVG gilt der allgemeine Arbeitgeberbegriff.[66] Arbeitgeber ist 43
»jeder, der die Dienstleistungen vom Arbeitnehmer kraft Arbeitsvertrages
fordern kann«,[67] also z. B. auch eine OHG oder KG als Personengesellschaft.
Bei einer BGB-Gesellschaft ist jeder einzelne Gesellschafter Arbeitgeber. Die
Gesellschafter haften als Gesamtschuldner (§ 426 BGB).

Die Rechtsform des Arbeitgebers ist unerheblich.[68] 44

Die zugesagte betriebliche Altersversorgung muss durch das Arbeitsverhältnis 45
veranlasst sein. Damit wird klargestellt, dass zwischen der Versorgungszusage

---

61 Vgl. § 17 Abs. 1 S. 2 BetrAVG; dazu auch BAG 20.4.2004, 3 AZR 297/03, EzA § 17
BetrAVG Nr. 10 = DB 2004, 2432.
62 BGH 13.7.2006, IX ZR 90/05, DB 2006, 1951.
63 BAG 20.4.2004, 3 AZR 297/03, EzA § 17 BetrAVG Nr. 10 = DB 2004, 2432.
64 *Blomeyer/Rolfs/Otto* Rn. 4 ff. zu § 17 BetrAVG; *Höfer* BetrAVG, Rn. 5517 ff. zu § 17;
BAG 25.1.2000, 3 AZR 769/98, EzA § 17 BetrAVG Nr. 9 = DB 2001, 2102; s. § 17
Rdn. 2.
65 S. dazu § 17 Rdn. 3 ff.
66 *Blomeyer/Rolfs/Otto* Rn. 37 ff. zu § 1.
67 BAG 9.9.1982, 2 AZR 253/80, EzA § 23 KSchG Nr. 5 = AP Nr. 1 zu § 611 BGB
Hausmeister.
68 *Blomeyer/Rolfs/Otto* Rn. 38 zu § 1.

und dem Arbeitsverhältnis ein Kausalzusammenhang bestehen muss. Versorgungszusagen, die aus anderen Gründen erteilt werden, z. B. aus verwandtschaftlichen, ehelichen oder freundschaftlichen oder sonstigen außerbetrieblichen Motiven, sind keine betriebliche Altersversorgung.[69] Bei Arbeitnehmern, die in einem Konzern tätig sind, fordert die Rechtsprechung jedenfalls eine Restbeziehung zum zusagenden Unternehmen. Bei Auslandstätigkeit ist diese Restbeziehung auch für die Frage der Anwendbarkeit deutschen Rechts wie für den gesetzlichen Insolvenzschutz von Bedeutung.[70]

46 Sagt ein Unternehmen allen Gesellschaftern und nur ihnen eine Versorgung zu, so spricht das gegen eine Veranlassung durch das Arbeitsverhältnis.[71] Anlass ist vielmehr das Gesellschaftsverhältnis mit der Folge, dass kein gesetzlicher Insolvenzschutz besteht, wenn das zusagende Unternehmen insolvent wird. Sind dagegen bei einer GmbH, die ihren Gesellschaftern eine Zusage erteilt hat, die Gesellschaftsanteile angesichts der Zahl der Gesellschafter in »Streubesitz«, so ist i. d. R. die Versorgungszusage durch das Arbeitsverhältnis veranlasst.[72]

47 Voraussetzung für betriebliche Altersversorgung ist nicht das Schon- oder Noch-Bestehen eines Arbeitsverhältnisses (= Arbeitsvertrag). Das Arbeitsverhältnis muss lediglich der Anlass für die Versorgungszusage sein. Deshalb können Versorgungszusagen vor und nach dem Beginn des Arbeitsverhältnisses erteilt werden, z. B. auch noch im »Rentnerstadium« nach Ausscheiden des Arbeitnehmers aus dem Arbeitsverhältnis oder anlässlich der Beendigung des Arbeitsverhältnisses als Aktiver.

b) Biologisches Ereignis (Alter, Invalidität, Tod)

48 Betriebliche Altersversorgung liegt nur dann vor, wenn sie durch die in § 1 Abs. 1 S. 1 BetrAVG genannten biologischen Ereignisse Alter, Invalidität oder Tod ausgelöst wird. Die betriebliche Altersversorgung knüpft an das gesetzliche Rentenversicherungsrecht an und verlangt die Übernahme bestimmter biometrischer Risiken, bei Altersversorgung **das** »Langlebigkeitsrisiko«, bei Hinterbliebenenversorgung **ein** »Todesfallrisiko«, bei Invaliditätsversorgung

---

69 *Blomeyer/Rolfs/Otto* Rn. 30 zu § 1.
70 BAG 25.10.1983, 3 AZR 64/87, EzA § 7 BetrAVG Nr. 26 = DB 1989, 278; 6.8.1985, 3 AZR 185/83, EzA § 7 BetrAVG Nr. 16 = DB 1986, 131.
71 BAG 19.1.2010, 3 AZR 42/08, EzA § 17 BetrAVG Nr. 11 = DB 2010, 1411.
72 BAG 19.1.2010, 3 AZR 660/09, EzA § 7 BetrAVG Nr. 75 = BetrAV 2010, 177.

einen Teil der »Invaliditätsrisiken«.[73] Andere Ereignisse, die zu Arbeitgeberleistungen im Arbeitsverhältnis führen können, z. B. Jubiläen, Heirat, Geburt, Weihnachten oder allgemeines Ausscheiden aus dem Arbeitsverhältnis, erfüllen nicht den Begriff der betrieblichen Altersversorgung.[74]

Ein **Alter** bei der betrieblichen Altersversorgung ist nicht jedes Lebensalter. Es muss ein »**Pensionsalter**« sein. Dies ist i. d. R. nur erfüllt, wenn mindestens das 60. Lebensjahr vollendet ist. Ausnahmen sind möglich, z. B. bei bestimmten Berufsgruppen, wenn berufsspezifische Besonderheiten vorliegen und sich diese aus Gesetz, Tarifvertrag oder Betriebsvereinbarung ergeben.[75]   49

Steuerlich wird gefordert, dass für Versorgungszusagen, die nach dem 31.12.2011 erteilt werden, an die Stelle des 60. Lebensjahres regelmäßig das 62. Lebensjahr tritt.[76] Dies ist arbeitsrechtlich ohne Belang, so dass auch weiterhin arbeitsrechtlich bei Neuzusagen auf das Alter 60 abgestellt werden könnte. Da aber die Sorge besteht, dass eine solche Zusage steuerlich nicht anerkannt wird, sollte als frühestes Pensionsalter auf das Alter 62 abgestellt werden.   50

Eine Leistung, die durch ein Alter vor Vollendung des 60. Lebensjahres ausgelöst worden ist, z. B. ein Übergangsgeld, wird dann betriebliche Altersversorgung, wenn das »normale Pensionsalter«, z. B. 60, erreicht ist.[77]   51

Die Festlegung eines Pensionsalters ist eine zulässige unterschiedliche Behandlung wegen des Alters gem. § 10 S. 3 Nr. 4 AGG, weil die betriebliche Altersversorgung ein »betriebliches System der sozialen Sicherheit« ist. Die Festlegung differenzierender Altersgrenzen für verschiedene Gruppen von Beschäftigten wird ausdrücklich für zulässig erklärt.[78] § 2 Abs. 2 S. 2 AGG ist   52

---

73 BAG 10.2.2009, 3 AZR 652/07, n. v. und 3 AZR 653/07, § 1 EzA BetrAVG Nr. 6 = DB 2009, 1303; 16.3.2010, 3 AZR 594/09, EzA § 1 BetrAVG § 1 Nr. 93 = DB 2010, 1834; 14.2.2010, 3 AZR 799/08, BetrAV 2011, 106 = FA 2011, 58.

74 S. dazu Aufstellung unter Rdn. 70 f. und BAG 12.12.2006, 3 AZR 475/05, AiB 2008, 114 = FA 2007, 57; 12.12.2006, 3 AZR 476/05, EzA § 1 BetrAVG Nr. 89 = DB 2007, 2043.

75 Dazu Merkblatt des PSVaG 300/M4, das im Internet unter www.psvag.de zur Verfügung steht. BMF-Schreiben v. 24.7.2013, BStBl. I, S. 1022 ff., Rn. 286 (s. Anh. III).

76 BMF-Schreiben v. 24.7.2013, BStBl. I, S. 1022 ff., Rn. 286 (s. Anh. III).

77 Auch mit Insolvenzschutz, s. § 7 Rdn. 13 ff.

78 Dazu *Voigt* in Schleusener/Suckow/Voigt, AGG Rn. 34 zu § 10.

so zu verstehen, dass für Betriebsrenten das BetrAVG als lex specialis gilt. Das AGG ist auch auf die betriebliche Altersversorgung anzuwenden, soweit das Betriebsrentenrecht keine vorrangigen speziellen Regelungen enthält.[79] Damit ist § 2 Abs. 2 S. 2 AGG keine Bereichsausnahme, sondern eine Kollisionsregel.

53   Die Gestaltungsfreiheit beim Pensionsalter wird auch nicht durch das am 1.1.2008 in Kraft getretene RV-Altersgrenzenanpassungsgesetz[80] eingeschränkt. Dieses Gesetz betrifft nur die gesetzliche Rentenversicherung,[81] jedoch hat das BAG für Versorgungsregelungen, die vor dem 1.1.2008 geschaffen wurden und eine Altersgrenze von 65 Jahren vorsehen, die Auslegungsregel aufgestellt, dass die Altersgrenze in der betrieblichen Altersversorgung entsprechend § 235 SGB VI automatisch ansteigt, so dass für Geburtsjahrgänge ab Jahrgang 1964 die Regelaltersgrenze 67 gilt. Für die Geburtsjahrgänge von 1947 bis 1963 steigt sie in ein Monats- bzw. zwei Monatsschritten. Sieht eine ältere Versorgungsregelung eine Altersgrenze von 60 oder 63 Jahren vor, gilt diese Auslegungsregel nicht, da sich der Arbeitgeber nicht an die gesetzliche Rentenversicherung angelehnt hatte. Sie gilt auch nicht für individuelle Versorgungszusagen. Wurde in Kenntnis der Anhebung der Altersgrenzen in der gesetzlichen Rentenversicherung für neu eintretende Arbeitnehmer die Altersgrenze von 65 Jahren beibehalten, stellt sich die Frage, ob der Arbeitgeber für alle seine Arbeitnehmer es bei einer Altersgrenze von 65 Jahren belassen wollte. Wurde nach dem 31.12.2007 für die bestehenden Arbeitsverhältnisse das Regelwerk geändert, aber die Altersgrenze von 65 Jahren beibehalten, muss einzelfallbezogen geprüft werden, ob sich das Unternehmen bewusst für eine Altersgrenze 65 und gegen eine Altersgrenze 67 entschieden hat. Für neu zu erteilende Zusagen sollte jedenfalls auf die jeweils in der gesetzlichen Rentenversicherung geltende Regelaltersgrenze abgestellt werden, weil nicht ausgeschlossen werden kann, dass die Altersgrenzen erneut angehoben werden. Vom BAG wird noch zu klären sein, ob diese Auslegungsregel in allen Durchführungswegen und bei allen Zusagegestaltungen zur Anwendung kommt.

---

79 BAG 11.12.2007, 3 AZR 249/06, EzA § 2 AGG Nr. 1 = DB 2008, 766; 17.4.2012, 3 AZR 481/10, BB 2012, 2695 = DB 2012, 2947; 17.4.2012, 3 AZR 481/10, BB 2012, 2695 = NZA 2012, 929; a. A. ErfK/*Steinmeyer* BetrAVG, Vorbem. Rn. 41a und *Steinmeyer* ZfA 2007, 27.

80 V. 20.4.2007, BGBl. I S. 554.

81 §§ 35, 235 SGB VI.

Weder das BetrAVG noch andere Gesetze definieren den Begriff **Invalidität**. 54
Insoweit besteht Gestaltungsfreiheit, die allerdings dort ihre Grenzen findet,
wenn der Versorgungszweck nicht erfüllt ist, z. B. wenn der Arbeitgeber eine
kurzfristige Arbeitsunfähigkeit des Arbeitnehmers zum Anlass nimmt, eine
lebenslange Rente zu zahlen. Es muss immer ein Teil der Invaliditätsrisiken
übernommen werden.[82]

Üblich ist es, in Leistungsplänen[83] Begriffe der gesetzlichen Rentenver- 55
sicherung zu übernehmen, also z. B. mit Invalidität die teilweise oder volle
Erwerbsminderung i. S. v. § 43 SGB VI zu definieren. Bei versicherungsförmi-
ger betrieblicher Altersversorgung (z. B. Direktversicherungen oder Pensionskassen) wird häufig Invalidität gem. der Definition der Berufsunfähigkeit in
den allgemeinen Versicherungsbedingungen vereinbart.

Es kann auch ein unternehmensindividueller Begriff der Invalidität, z. B. die 56
fehlende Fähigkeit, den Arbeitsplatz ordnungsgemäß auszufüllen, gewählt
werden, wenn dies nicht dazu führt, dass der Invaliditätsbegriff missbraucht
wird, um die Schutzwirkungen des BetrAVG (z. B. Insolvenzsicherung) eintreten zu lassen.[84]

Der Invaliditätsbegriff führt bei Auslegung von Leistungsplänen für die 57
betriebliche Altersversorgung zu Schwierigkeiten, wenn man sich in der Vergangenheit an die Begriffsbildung der gesetzlichen Rentenversicherung angelehnt hat. Die früheren Begriffe Berufs- und Erwerbsunfähigkeit sind zum
01.01.2001 geändert worden. Nunmehr wird zwischen teilweiser und voller
Erwerbsminderung unterschieden.[85]

Durch die Gesetzesänderung kann ein Nachweis für die Berufs- oder Erwerbs- 58
unfähigkeit nach altem Recht nicht mehr erbracht werden. Das wird aber in
den Leistungsplänen üblicherweise gefordert. Dadurch ist eine planwidrige
Unvollständigkeit aufgetreten. Es ist eine Regelungslücke entstanden, die so zu

---

82 BAG 10.2.2009, 3 AZR 652/07, n. v. und 3 AZR 653/07, EzA § 1 BetrAVG
Betriebsvereinbarung Nr. 6 = DB 2009, 1303; 16.3.2010, 3 AZR 594/09, EzA
BetrAVG § 1 Nr. 93 = DB 2010, 1834; 14.2.2010, 3 AZR 799/08, BetrAV 2011,
106 = FA 2011, 58.
83 S. dazu Rdn. 185 ff.
84 Zum Begriff Dienstunfähigkeit i. S. d. Leistungsordnung des Bochumer Verbandes
BAG 20.4.2010, 3 AZR 553/08, DB 2010, 2176 = FA 2011, 23.
85 Gesetz zur Reform der Renten wegen verminderter Erwerbsfähigkeit v. 20.12.2000,
BGBl. I S. 1827.

schließen ist, dass ein (amts)ärztliches Attest für den Nachweis der Invalidität i. S. d. früheren Rechts der Berufs- und Erwerbsunfähigkeit notwendig ist.[86] Sagt der Arbeitgeber dem Arbeitnehmer die Zahlung einer Invaliditätsleistung für den Fall der Erwerbsunfähigkeit oder voraussichtlich dauernder Berufsunfähigkeit i. S. d. jeweiligen Sozialversicherungsrechts zu, so ist er auch dann zur Leistung verpflichtet, wenn der Sozialversicherungsträger dem Arbeitnehmer eine lediglich befristete Rente wegen voller Erwerbsminderung nach § 43 Abs. 2 SGB VI bewilligt.[87] Definiert die Versorgungsregelung nicht selbst die Voraussetzungen für die Invaliditätsleistung, sondern wird die sozialversicherungsrechtliche Terminologie übernommen, entspricht die Rente wegen teilweiser Erwerbsminderung i. S. v. § 43 SGB VI der früheren Rente wegen Berufsunfähigkeit. Auch wenn sich die Rente wegen teilweiser Erwerbsminderung wesentlich von der Rente wegen Berufsunfähigkeit unterscheidet, ist die Versorgungsregelung nicht lückenhaft geworden, weil eine inhaltsdynamische Verweisung auf die sozialversicherungsrechtlichen Tatbestände vorliegt.[88] Ob dies auch für Gesamtversorgungszusagen gilt, ist offen. Jedenfalls bei Gesamtversorgungszusagen, die auf einem Tarifvertrag beruhen, müssen die Tarifvertragsparteien eine neue Regelung schaffen. Die Gerichte sind hierzu nicht befugt.[89]

59 Für seit dem 1.1.2008 neu abzuschließende Berufsunfähigkeitsversicherungen enthält § 172 Abs. 2 VVG[90] nunmehr eine eigenständige Definition der Berufsunfähigkeit, die die berufliche Entwicklung des Arbeitnehmers mitberücksichtigt, indem sie auf den zuletzt ausgeübten Beruf abstellt. Dieser Begriff ist auf neu abzuschließende Versicherungsverträge anwendbar, wenn keine abweichende Regelung vereinbart ist. Er kann wegen des Grundsatzes der Vertragsfreiheit auch für die betriebliche Altersversorgung übernommen werden.

60 § 1 AGG will Benachteiligungen aus Gründen einer Behinderung verhindern oder beseitigen. Art. 21 der Europäischen Grundrechtscharta[91] verbietet eine Benachteiligung wegen einer Behinderung. Der Invaliditätsbegriff in der

---

86 BAG 16.3.2010, 3 AZR 594/09, EzA § 1 BetrAVG Nr. 93 = DB 2010, 1834.

87 So Leitsatz BAG 19.1.2011, 3 AZR 83/09, EzA § 1 BetrAVG Invalidität Nr. 4 = DB 2011, 2499; zum Invaliditätsbegriff umfassend auch BAG 28.6.2011, 3 AZR 385/09, EzA § 9 BetrAVG Nr. 9 = BetrAV 2011, 662.

88 BAG 9.10.2012, 3 AZR 539/10, DB 2013, 942.

89 BAG 15.11.2005, 3 AZR 520/04, DB 2006, 2076.

90 Gesetz zur Reform des Versicherungsvertragsrechts vom 23.11.2007, BGBl. I S. 2631.

91 In Kraft getreten zum 1.12.2009, BGBl. II S. 1223.

betrieblichen Altersversorgung ist zu unterscheiden von einer Behinderung i. S. v. § 2 Abs. 1 S. 1 SGB IX und ist nicht deckungsgleich. Eine Behinderung kann zur teilweisen oder vollen Erwerbsminderung führen. Im Umkehrschluss setzt aber nicht jede Erwerbsminderung eine Behinderung voraus.[92] Es genügt also, wenn Behinderte grundsätzlich eine Versorgungszusage erhalten und eine Invaliditätsleistung unabhängig von der Behinderung beanspruchen können.[93] Sobald Behinderte aus der betrieblichen Altersversorgung ausgeschlossen oder im Leistungsumfang beeinträchtigt werden, liegt ein Verstoß gegen das AGG vor.

Wird betriebliche Altersversorgung durch **Tod** des Arbeitnehmers ausgelöst, gibt es bei der Feststellung des biologischen Ereignisses Tod keine Schwierigkeiten. Es entstehen jedoch häufig Abgrenzungsfragen zu anderen betrieblichen Sozialleistungen, die ebenfalls durch den Tod ausgelöst werden können, z. B. Sterbegeld und Übergangsgeld an Hinterbliebene. Diese sind keine betriebliche Altersversorgung und unterfallen damit nicht dem Schutzbereich des BetrAVG. In derartigen Fällen ist Abgrenzungskriterium der Versorgungszweck,[94] den z. B. Sterbe- und Übergangsgeld nicht verfolgen. Dabei ist bei Übergangsgeldern nur der Teil keine betriebliche Altersversorgung, der über die Hinterbliebenenrente hinausgeht.   **61**

▶ **Beispiel:**   **62**

Es wird für 3 Monate das volle Gehalt weitergezahlt, erst danach reduziert es sich auf die Hinterbliebenenrente. Der in den 3 Monaten überschießende Betrag ist keine betriebliche Rente, wohl aber die hierin aufgehende Hinterbliebenenrente.

Bei der Bestimmung des **Hinterbliebenenbegriffs** gilt ebenfalls der Grundsatz der Vertragsfreiheit. Aus arbeitsrechtlichen Gesichtspunkten gibt es kaum Einschränkungen.[95] Üblicherweise werden der überlebende Ehegatte und die Kinder (Halbwaisen, Vollwaisen) begünstigt, Kinder jedoch nur solange, wie sie sich in der Schul- oder Berufsausbildung befinden (§ 32 EStG). Dabei kann ganz allgemein vom überlebenden Ehegatten gesprochen werden, es kann aber   **63**

---

92 *Schleusener* in Schleusener/Suckow/Voigt, AGG Rn. 63 zu § 1.
93 So auch *Kemper/Kisters-Kölkes* Grundzüge Rn. 32 f.
94 S. dazu Rdn. 68 f.
95 BAG 18.11.2008, 3 AZR 277/07, EzA § 1 BetrAVG Hinterbliebenenversorgung Nr. 13 = DB 2009, 294.

auch der Ehegatte namentlich benannt werden. Auch Lebenspartner können begünstigt sein. Ob gesetzliche Unterhaltspflichten bestehen, ist unerheblich. Offen gelassen hat das BAG[96], ob Eltern oder Erben begünstigt sein können. Ersteres ist zu bejahen, letzteres ist zu verneinen.

64 Getrennt lebende Ehegatten können als Begünstigte ausgeschlossen werden.[97]

65 Partner einer eingetragenen Lebenspartnerschaft haben dieselben Hinterbliebenenleistungen wie Ehegatten zu erhalten.[98] Ihr Ausschluss von der Hinterbliebenenversorgung stellt eine unmittelbare Benachteiligung des Versorgungsberechtigten wegen der sexuellen Identität dar, wenn überlebenden Ehegatten eine Hinterbliebenenversorgung zugesagt ist. Denn nach deutschem Recht sind die Lebensverhältnisse von hinterbliebenen Partnern gleichen Geschlechts in einer eingetragenen Lebenspartnerschaft seit dem 1.1.2005 in Bezug auf die Hinterbliebenenversorgung der Situation von hinterbliebenen Ehegatten vergleichbar.[99] Voraussetzung ist, dass am 1.1.2005 ein Arbeits- oder Dienstverhältnis bestand bzw. dass am 1.1.2005 eine Versorgungsleistung bezogen wurde oder eine unverfallbare Anwartschaft bestand.[100] Dies gilt auch für Dienstordnungsangestellte.[101]

66 Auch steuerlich sind Hinterbliebenenleistungen in gewissem Umfang anerkannt, wobei dies auch Stiefkinder, faktische Stiefkinder und Enkel umfasst, die dauerhaft im Haushalt der Großeltern leben.[102] Kein Arbeitgeber ist jedoch verpflichtet, einen solchen erweiterten Hinterbliebenenbegriff zu verwenden. Er muss gar keine Hinterbliebenenversorgung zusagen.

---

96 BAG 19.1.2010, 3 AZR 660/09, EzA § 7 BetrAVG Nr. 75.

97 BAG 28.3.1995, 3 AZR 343/94, EzA § 1 BetrAVG Hinterbliebenenversorgung Nr. 4 = DB 1995, 1666.

98 BAG 14.1.2009, 3 AZR 20/07, AP Nr. 315 zu Art. 3 GG = DB 2009, 1545.

99 EuGH 1.4.2008, C 267/06, EzA Richtlinie 2000/78 EG-Vertrag 1999 Nr. 4 = DB 2008, 996; BAG 14.1.2009, 3 AZR 20/07, DB 2009, 1545 = BetrAV 2009, 259. Die Angleichung des Rechts der Lebenspartnerschaft an die Ehe erfolgte durch das Gesetz zur Überarbeitung des Lebenspartnerschaftsrechts v. 15.12.2004, BGBl. I S. 3396, vgl. auch Rdn. 180.

100 BAG 15.9.2009, 3 AZR 294/09, EzA § 2 AGG Nr. 5 = FA 2010, 87.

101 BAG 11.12.2012, 3 AZR 684/10, EzA Richtlinie 2000/78 EG-Vertrag 1999 Nr. 33 = DB 2013, 1063.

102 Vgl. dazu i. E. BMF-Schreiben v. 24.7.2013, BStBl. I, S. 1022 ff., Rn. 287 (s. Anh. III), das allerdings den Hinterbliebenenbegriff im steuerlichen Sinne einschränkt.

Betriebliche Altersversorgung liegt auch vor, wenn nur **ein** biologisches Ereig- 67
nis zu Versorgungsleistungen führt, wenn also z. B. nur Altersleistungen, aber
keine Invaliditäts- oder Hinterbliebenenleistungen zugesagt werden. Dies gilt
auch für eine betriebliche Altersversorgung, die durch Entgeltumwandlung
finanziert wird.[103]

c) Versorgungszweck

Hat die Arbeitgeberleistung einen anderen Zweck als die Versorgung des 68
Arbeitnehmers im Alter, bei Invalidität und der Hinterbliebenen bei Tod des
Arbeitnehmers zu gewährleisten, liegt keine betriebliche Altersversorgung
vor.[104] Zielt die Leistung z. B. auf Unterstützung bei Arbeitslosigkeit, Krankheit und zur Begleichung von Beerdigungskosten (Sterbegeld),[105] handelt es
sich nicht um betriebliche Altersversorgung. Das BetrAVG ist dann mit seinen
Schutzbestimmungen nicht anwendbar.

Die Form der zugesagten Leistungen hat mit der Erfüllung des Versorgungs- 69
zweckes nichts zu tun. Rentenzahlungen und Kapitalleistungen können in
gleicher Weise Versorgungszwecke erfüllen.[106] Auch Deputate, z.B. Personalrabatte und Sachleistungen, sind geeignet, den Versorgungszweck zu
erfüllen.[107] Die Höhe der Versorgungsleistung ist nicht entscheidend, es sei
denn, die Leistungen sind so gering, dass ein Versorgungsbeitrag nicht mehr
erbracht wird. Dabei ist jedoch zu berücksichtigen, dass insbesondere bei Fest-
betragszusagen im Laufe der Anwartschaftszeit eine Geldentwertung eintritt,
so dass aus einer »angemessenen« Ausgangsversorgung eine Miniversorgung
werden kann. Das BetrAVG hält Renten, die unter 1 % der Bezugsgröße gem.
§ 18 SGB IV liegen, für nicht so schutzwürdig (§ 3 BetrAVG), aber es handelt

---

103 BAG 12.6.2007, 3 AZR 14/06, EzA § 1a BetrAVG = DB 2007, 2722.
104 BAG 18.3.2003, 3 AZR 315/02, DB 2004, 1624; 12.12.2006, 3 AZR 475/05,
   FA 2007, 57; 12.12.2006, 3 AZR 476/05, EzA § 1 BetrAVG Nr. 88 = DB 2007,
   2043.
105 BAG 19.9.2006, 1 ABR 58/05, EzA § 77 BetrVG 2001 Nr. 16; 10.2.2009, 3 AZR
   653/07, EzA § 1 BetrAVG Betriebsvereinbarung Nr. 6 = DB 2009, 1303.
106 BAG 18.11.2008, 3 AZR 277/07, EzA § 1 BetrAVG Hinterbliebenenversorgung
   Nr. 13 = DB 2009, 294; 15.5.2012, 3 AZR 11/10, EzA § 2 BetrAVG Nr. 33 = DB
   2012, 1756.
107 BAG 19.2.2008, 3 AZR 61/06, EzA § 1 BetrAVG Betriebliche Übung Nr. 9;
   16.3.2010, 3 AZR 594/09, EzA § 1 BetrAVG Nr. 93 = DB 2010, 1834.

sich auch um betriebliche Altersversorgung i. S. d. Gesetzes (2014: monatlich 27,65 € alte Bundesländer; 23,45 € neue Bundesländer).

d) Abgrenzung zu anderen Arbeitgeberleistungen

70   In der nachfolgenden Aufstellung wird versucht, anhand der gesetzlichen Definition der betrieblichen Altersversorgung einige sonstige Arbeitgeberleistungen danach einzuordnen, ob sie den Begriff der betrieblichen Altersversorgung erfüllen oder nicht.

71   – **Abfindungen aus Anlass einer Kündigung**
       keine betriebliche Altersversorgung.[108]
     – **Altersteilzeit**
       keine betriebliche Altersversorgung.[109]
     – **Arbeitszeitkonten (Zeitguthaben)**
       keine betriebliche Altersversorgung.[110]
     – **Ausgleichsanspruch des Handelsvertreters**
       keine betriebliche Altersversorgung.[111]
     – **Deputate**
       können betriebliche Altersversorgung sein[112]; wenn sie nicht durch ein biologisches Ereignis ausgelöst werden, liegt keine betriebliche Altersversorgung vor.
     – **Gewinnbeteiligungen**
       können betriebliche Altersversorgung sein.[113]
     – **Handelsvertreterzusagen**
       betriebliche Altersversorgung.[114]
     – **Jubiläumsgelder**
       keine betriebliche Altersversorgung.[115]
     – **Kaufpreisrente**
       keine betriebliche Altersversorgung.[116]

---

108 *Förster/Cisch/Karst* Rn. 33 zu § 1.
109 *Reichel/Heger* Rn. 128 ff.
110 Dazu *Hoppach* FS Kemper, S. 193 ff.
111 *Blomeyer/Rolfs/Otto* Rn. 54 zu § 1.
112 BAG 16.3.2010, 3 AZR 594/09, EzA § 1 BetrAVG Nr. 93 = DB 2010, 1834.
113 BAG 30.10.1980, 3 AZR 805/79, EzA § 1 BetrAVG Nr. 12 = DB 1981, 644.
114 BGH 18.2.1982, I ZR 20/80, DB 1982, 1269 = BetrAV 1982, 217.
115 *Höfer* BetrAVG, Rn. 68 ff. zu ART.
116 *Blomeyer/Rolfs/Otto* Rn. 58 zu § 1; *Höfer* BetrAVG, Rn. 108 ff. zu ART.

– **Krankheitsbeihilfen**
  keine betriebliche Altersversorgung.[117]
– **Krankenversicherungsbeiträge**
  können ausnahmsweise betriebliche Altersversorgung sein.[118]
– **Notfallleistungen**
  keine betriebliche Altersversorgung.[119]
– **Nutzungsrechte (Werkswohnung)**
  können ausnahmsweise betriebliche Altersversorgung sein.[120]
– **Pflegeleistungen**
  ob eine erhöhte betriebliche Altersrente nach Eintritt der Pflegebedürftigkeit auch hinsichtlich des Erhöhungsteils vorliegt, ist offen, jedoch hat das BAG[121] entschieden, dass immer dann keine betriebliche Altersversorgung vorliegt, wenn für die Leistungen ein anderer Versicherungszweig als die gesetzliche Rentenversicherung zuständig ist. Dies ist bei der Pflegeversicherung der Fall. Da der Erhöhungsteil durch Krankheit ausgelöst wird, ist nicht auszuschließen, dass dieser Teil nicht zur betrieblichen Altersversorgung gehört.[122]
– **Rückdeckungsversicherungen**
  keine betriebliche Altersversorgung.[123]
– **Sterbegelder**
  keine betriebliche Altersversorgung[124], lediglich Beitrag zu anfallenden Bestattungskosten (max. 8.000 €).

---

117 BAG 14.6.2005, 3 AZR 301/04, DB 2006, 288; 12.12.2006, 3 AZR 476/05, EzA § 1 BetrAVG Nr. 89 = DB 2007, 2043; 10.2.2009, 3 AZR 653/07, EzA § 1 BetrAVG Betriebsvereinbarung Nr. 6 = DB 2009, 1303.
118 Hess. LAG 22.4.1998, 8 Sa 2150/96, BB 1999, 591 = BetrAV 1999, 101.
119 BAG 25.10.1994, 3 AZR 279/94, EzA § 1 BetrAVG Nr. 68 = BB 1995, 573.
120 Dazu *Höfer* BetrAVG, Rn. 45 zu ART.
121 BAG 12.12.2006, 3 AZR 476/05, EzA § 1 BetrAVG Nr. 89 = DB 2007, 2043.
122 Hierzu auch *Birk* BetrAV 2008, 43; BMF-Schreiben vom 17.6.2009, BStBl. I, S. 1286; *Schlewing/Henssler/Schipp/Schnitker* Teil 4A Rn. 51 ff.
123 BAG 14.10.1972, 3 AZR 63/72, EzA § 242 BGB Ruhegeld Nr. 16 = DB 1972, 2068; 17.1.2012, 3 AZR 10/10, BetrAV 2012, 368 = BB 2012, 1099.
124 BAG 19.9.2006, 1 ABR 58/05, EzA § 77 BetrVG 2001 Nr. 16; 10.2.2009, 3 AZR 653/07, EzA § 1 BetrAVG Betriebsvereinbarung Nr. 6 = DB 2009, 1303; *Förster/Cisch/Karst* Rn. 36 zu § 1.

- **Treueprämien**
  keine betriebliche Altersversorgung.[125]
- **Übergangsgelder (Übergangszuschuss)**
  i. d. R. keine betriebliche Altersversorgung,[126] hinsichtlich des Teiles, der die eigentliche Versorgungsleistung übersteigt.
- **Vermögensbildung**
  keine betriebliche Altersversorgung.[127]
- **Vorruhestandsleistungen**
  keine betriebliche Altersversorgung.[128]
- **Weihnachtsgeld an Rentner**
  betriebliche Altersversorgung bei Einbringung in ein betriebliches Versorgungssystem.[129]
- **Wertguthaben**
  keine betriebliche Altersversorgung.
- **Zeitguthaben (Arbeitszeitkonten)**
  können nur nach Umwandlung in betriebliche Altersversorgung Altersversorgung sein.[130]

2. Durchführungswege

72 § 1 Abs. 1 S. 2 BetrAVG stellt fest, dass die Durchführung der betrieblichen Altersversorgung unmittelbar über den Arbeitgeber, aber auch mittelbar über einen Versorgungsträger erfolgen kann. Der Gesetzgeber differenziert damit entsprechend dem üblichen Sprachgebrauch zwischen **unmittelbar** und

---

125 BAG 27.7.1972, 5 AZR 141/72, EzA § 611 BGB Gratifikation, Prämie Nr. 32 = DB 1972, 2114; *Blomeyer/Rolfs/Otto* Rn. 66 zu § 1 m. w. N.
126 BAG 18.3.2003, 3 AZR 315/02 = DB 2004, 1624.
127 *Höfer* BetrAVG, Rn. 89 zu ART.
128 *Reichel/Heger* Rn. 128 ff.
129 BAG 19.5.1981, 3 AZR 308/80, EzA § 16 BetrAVG Nr. 11 = DB 1981, 2333; 18.2.2003, 3 AZR 81/02, EzA § 1 BetrAVG Ablösung Nr. 35 = DB 2003, 2395; 29.4.2003, 3 AZR 247/02, EzA § 1 BetrAVG Betriebliche Übung Nr. 4; 12.12.2006, 3 AZR 475/05, AiB 2008, 114; 12.12.2006, 3 AZR 57/06, EzA § 1 BetrAVG Betriebliche Übung Nr. 8 = DB 2007, 2435; 31.7.2007, 3 AZR 189/06, AP Nr. 79 zu § 242 BGB Betriebliche Übung.
130 *Höfer* BetrAVG, Rn. 73 ff. zu ART; *Reichel/Heger* Rn. 134 ff.; *Kümmerle/Keller* A6 Rn. 89; zu Zeitkonten und betriebliche Altersversorgung *Hoppach* FS Kemper, S. 193 ff.; s. a. unter Arbeitszeitkonten.

mittelbar durchgeführten Versorgungszusagen. Auch bei einer mittelbaren Durchführung wird die Versorgungsleistung vom Arbeitgeber versprochen. Er hat für die von ihm zugesagte Versorgungsleistung einzustehen, d. h. er muss für eine von ihm zu vertretende Unmöglichkeit der Leistung einstehen, wenn der externe Versorgungsträger z. B. die Leistungen deshalb nicht erbringt, weil der Arbeitgeber ihn nicht oder nicht ausreichend finanziert hat.[131]

Neben der unmittelbaren Versorgungszusage gibt es vier mittelbare Durchführungswege: Direktversicherung, Pensionskasse, Pensionsfonds und Unterstützungskasse (§ 1b Abs. 2–4 BetrAVG). Werden diese Durchführungswege nicht beschritten, ist das BetrAVG nicht einschlägig. Deshalb sind auch Arbeitszeitkonten keine betriebliche Altersversorgung i. S. d. BetrAVG.[132] Gleiches gilt für den Fall, dass sich der Arbeitgeber Mittel für die betriebliche Altersversorgung über eine Treuhand verschafft. Eine solche Contractual Trust-Lösung ist ein Finanzierungsinstrument, kein Durchführungsweg der betrieblichen Altersversorgung (CTA). Es bleibt beim Durchführungsweg unmittelbare Versorgungszusage.   73

Aus Gesichtspunkten des individuellen Arbeitsrechts bestehen kaum Unterschiede zwischen den Durchführungswegen. In allen Durchführungswegen ist der Arbeitgeber in vergleichbarer Weise verpflichtet. Unterschiede ergeben sich im kollektiven Arbeitsrecht (Mitbestimmung des Betriebsrats[133]) und im Wesentlichen aus betriebswirtschaftlich-steuerlicher Sicht.[134]   74

Die **unmittelbare Versorgungszusage**, auch Direktzusage oder Pensionszusage (§ 6a EStG) genannt, wird direkt (unmittelbar) vom Arbeitgeber dem Arbeitnehmer erteilt, die Versorgungsleistungen werden an den ehemaligen Arbeitnehmer oder die Hinterbliebenen nach Eintritt des Versorgungsfalles direkt (unmittelbar) vom Arbeitgeber erbracht. Das Versorgungsverhältnis beschränkt sich auf die Zweierbeziehung zwischen Arbeitgeber und Arbeitnehmer, sowohl beim Verpflichtungs- als auch beim Erfüllungsgeschäft.[135] Der Arbeitgeber ist nicht nur Zusagender, sondern auch Versorgungsträger.   75

---

131 *Blomeyer/Rolfs/Otto* § 1 Rn. 268.
132 Die Anregung, einen sechsten Durchführungsweg zu schaffen, der investmentorientiert ist, hat die Bundesregierung abgelehnt, BT-Drs. 16/6539, S. 12 zu Nrn. 5 und 6.
133 S. dazu Rdn. 380 ff.
134 Zum Verbreitungsgrad der Durchführungswege *Schwind* BetrAV 2013, 346.
135 *Blomeyer/Rolfs/Otto* Rn. 202 zu § 1.

76 Bei einer **mittelbaren Durchführung** wird bei der Begründung des Versorgungsverhältnisses zwischen Arbeitgeber und Arbeitnehmer ein externer rechtlich selbstständiger Versorgungsträger zwischengeschaltet. Rechtlich zulässig – wenn es sich um betriebliche Altersversorgung innerhalb des BetrAVG handeln soll – sind nur die in § 1b Abs. 2 bis 4 BetrAVG abschließend genannten Versorgungsträger, also bei einer Direktversicherung eine Lebensversicherung und die sog. rechtsfähigen Versorgungseinrichtungen Pensionskasse, Pensionsfonds und Unterstützungskasse.[136] Es entsteht somit eine Dreiecksbeziehung zwischen Arbeitgeber, Arbeitnehmer und Versorgungsträger. Der Versorgungträger erhält vom Arbeitgeber die Mittel, aus denen bei Eintritt eines Versorgungsfalls Leistungen an die Begünstigten erbracht werden. Bleiben die Leistungen des Versorgungsträgers hinter den vom Arbeitgeber zugesagten Leistungen zurück, haftet der Arbeitgeber den Begünstigten nach § 1 Abs. 1 S. 3 BetrAVG subsidiär.[137]

77 Der Durchführungsweg ist wie der Rechtsbegründungsakt und der Leistungsplan ein selbstständiges Element des Versorgungsverhältnisses, das heißt, grundsätzlich kann für jeden Durchführungsweg jeder Rechtsbegründungsakt und jeder Leistungsplan gewählt werden.[138] Der Durchführungsweg ist scharf vom Leistungsplan und dem Rechtsbegründungsakt zu trennen als ein weiterer Bestandteil des Versorgungsverhältnisses:

78 ▶ **Beispiel:**

Der Abschluss eines Kollektivlebensversicherungsvertrags bestimmt nur den Durchführungsweg (Direktversicherung) und den Versicherungsumfang (Allgemeine Versicherungsbedingungen), legt aber den Rechtsbegründungsakt (z.B. Gesamtzusage, Betriebsvereinbarung, Tarifvertrag) nicht fest.

a) Unmittelbare Versorgungszusage

79 Eine unmittelbare Versorgungszusage ist dann Durchführungsweg für die betriebliche Altersversorgung, wenn kein externer Versorgungträger existiert,

---

136 Zum Rechtsweg bei mittelbaren Versorgungszusagen *Küpper* FS Kemper, S. 273.
137 S. dazu Rdn. 247 ff.
138 Ausnahme: Beitragszusage mit Mindestleistung gem. § 1 Abs. 2 Nr. 2 BetrAVG, die nur bei den Durchführungswegen Pensionsfonds, Pensionskasse und Direktversicherung zulässig ist; s. Rdn. 463 ff.

Kemper/Kisters-Kölkes

also die **Zweierbeziehung** zwischen Arbeitgeber und Arbeitnehmer gegeben ist. In der Regel räumt der Arbeitgeber dem Arbeitnehmer einen Rechtsanspruch auf die zugesagten Leistungen ein.[139]

80

Immer wenn bislang in einer Unternehmensbilanz Pensionsrückstellungen gem. §§249, 253 Abs. 2 S. 2 HGB oder §6a EStG ausgewiesen waren/sind, handelt es sich um den Durchführungsweg unmittelbare Versorgungszusage. Die Rückstellungshöhe in der Handelsbilanz weicht dabei von der Rückstellungshöhe in der Steuerbilanz ab, weil die handelsrechtliche Rückstellung mit einem Marktzins[140] abzuzinsen ist, der monatlich von der Bundesbank vorgegeben wird. Zudem ist bei Rentenzusagen ein Rententrend und bei gehaltsabhängigen Zusagen ein Gehaltstrend sowie die Fluktuation zu berücksichtigen. Bei dem handelsrechtlichen Bilanzausweis ist zu beachten, dass nach §246 Abs. 2 S. 2 HGB etwaige Vermögensgegenstände, die dem Zugriff aller übrigen Gläubiger entzogen sind und ausschließlich der Erfüllung von Schulden aus Altersversorgungsverpflichtungen dienen (z. B. Rückdeckungsversicherungen, CTA-Lösungen), mit den Verpflichtungen saldiert werden müssen. Diese Vermögensgegenstände stellen jedoch selbst keinen Durchführungsweg der betrieblichen Altersversorgung i. S. d. BetrAVG dar. Durch die Saldierung können die Rückstellungen gemindert oder ganz entfallen sein. 81

Im Ertragsteuerrecht müssen für unmittelbare Versorgungszusagen Pensionsrückstellungen mit dem steuerlichen Wertansatz gem. §6a EStG gebildet werden. Dieser sieht einen festen Zins von 6 % vor und berücksichtigt weder einen Renten- noch einen Gehaltstrend. In der Anwartschaftsphase wird die Pensionsrückstellung Gewinn mindernd durch Zuführungen (Aufwand) aufgebaut. Hierdurch entsteht beim Unternehmen ein Innenfinanzierungseffekt (Steuerstundung). Eine Saldierung mit vorhandenen Vermögenswerten ist nicht zulässig. Die ausgezahlte Versorgungsleistung selbst ist Betriebsausgabe. Die sukzessive Auflösung von Pensionsrückstellungen in der Versorgungsphase ist Ertrag. 82

---

139 Vgl. §6a EStG.
140 *Kompenhans/Devlin/Roß* DB 2013, 297.

83   In der Anwartschaftsphase gibt es beim Arbeitnehmer keine steuerlichen Auswirkungen. Es findet kein steuerlicher Lohnzufluss statt. Die Zahlung der Versorgungsleistung ist vom Versorgungsempfänger als nachträgliche Einkunft aus nicht selbstständiger Arbeit gem. § 19 Abs. 1 S. 1 Nr. 2 EStG zu versteuern. Der Versorgungsfreibetrag gem. § 19 Abs. 2 S. 1 EStG kann geltend gemacht werden. Dasselbe gilt für den Arbeitnehmerpauschbetrag gem. § 9a S. 1 Nr. 1 EStG. Die Besteuerung findet also nachgelagert statt.[141]

84   Durch das Alterseinkünftegesetz[142] ist die Besteuerung von Leistungen der gesetzlichen Rentenversicherung grundlegend geändert worden. Die Ertragsanteilbesteuerung wurde ersetzt durch eine volle Besteuerung der Sozialversicherungsrenten, wobei jedoch für eine Übergangszeit, die 2040 ausläuft, der Besteuerungsanteil je nach Rentenbeginn sukzessive ansteigt.[143] Da die gesetzlichen Renten künftig mit einem höheren Besteuerungsanteil in die steuerliche Bemessungsgrundlage einfließen und zudem der Versorgungsfreibetrag – ergänzt um einen Zuschlag zum Versorgungsfreibetrag – sukzessiv bis 2040 abgeschmolzen wird, werden künftig Betriebsrenten in weitergehendem Umfang einer Besteuerung unterliegen. Die Nettoversorgung sinkt. Der Versorgungsbedarf steigt.[144]

b) Direktversicherung

85   Wird für die betriebliche Altersversorgung eine Lebensversicherung auf das Leben des Arbeitnehmers (versicherte Person) durch den Arbeitgeber (Versicherungsnehmer) abgeschlossen und sind der Arbeitnehmer oder seine Hinterbliebenen hinsichtlich der Leistungen des Versicherers ganz oder teilweise bezugsberechtigt, so handelt es sich nach der Definition in § 1b Abs. 2 BetrAVG um eine Direktversicherung.

86   Bei einer Direktversicherung überlagern sich arbeitsrechtliche und versicherungsrechtliche Beziehungen. Die Grundverpflichtung des Arbeitgebers ergibt sich aus der Zusage auf Direktversicherungsleistungen, dem Valutaverhältnis. Das Deckungsverhältnis besteht zwischen dem Arbeitgeber als Versicherungs-

---

141   Einzelheiten bei *Langohr-Plato* Rn. 143 ff.

142   V. 5.7.2004 BGBl. I S. 1427.

143   § 22 EStG; dazu auch BMF-Schreiben v. 24.2.2005 – IV C 3 S 2255–51/05 – BetrAV 2005, 254; dazu auch *Niermann/Risthaus* DB Beilage Nr. 2/2005 zu Heft Nr. 18 v. 6.5.2005.

144   *Kemper/Kisters-Kölkes* Grundzüge Rn. 46.

nehmer und der Lebensversicherungsgesellschaft aufgrund des abgeschlossenen Versicherungsvertrags. Bezugsberechtigte sind der Arbeitnehmer oder seine Hinterbliebenen.[145] Für das Valutaverhältnis gilt das Arbeitsrecht, für das Deckungsverhältnis ausschließlich das Versicherungsrecht.

Der Abschluss der Direktversicherung bedarf der Einwilligung des Arbeit- 87
nehmers. Dies gilt nicht mehr für Kollektivversicherungen, die ab dem 1.1.2008 abgeschlossen werden. § 150 Abs. 2 S. 1 VVG enthält im Bereich der betrieblichen Altersversorgung eine ausdrückliche Ausnahme, indem auf die Einwilligung verzichtet wird. Dies ist nachvollziehbar, weil der mit der Einwilligung verbundene Schutz der versicherten Person bei diesen Verträgen nicht erforderlich ist.[146]

Das Bezugsrecht kann widerruflich, eingeschränkt und uneingeschränkt unwi- 88
derruflich sein i. S. d. VVG.[147] Das in § 1b Abs. 2 S. 1 BetrAVG genannte Verbot des Widerrufs eines Bezugsrechts ist nur arbeitsrechtlich zu verstehen: Ein arbeitsrechtliches unwiderrufliches Bezugsrecht wegen Erfüllung der Unverfallbarkeitsfristen dem Grunde nach führt nicht automatisch zu einem unwiderruflichen versicherungsvertraglichen Bezugsrecht. Das besteht nur, wenn die Voraussetzungen dafür gem. VVG erfüllt sind. Hat der Arbeitnehmer nach dem Versicherungsrecht ein widerrufliches Bezugsrecht, kann der Arbeitgeber die bezugsberechtigte Person jederzeit und ohne Angabe von Gründen ersetzen. Der Arbeitnehmer hat lediglich eine Hoffnung auf die Versicherungsleistung. Hat der Arbeitnehmer dagegen ein unwiderrufliches Bezugsrecht, stehen ihm Rechte aus dem Versicherungsvertrag uneingeschränkt zu. Das Bezugsrecht hat dingliche Wirkung. Bei einem unwiderruflichen Bezugsrecht mit Widerrufsvorbehalt kommt es darauf an, ob die Voraussetzungen des Widerrufsvorbehaltes erfüllt sind oder nicht. Diese Unterscheidung hat eine besondere Bedeutung in der Insolvenz des Arbeitgebers. Liegt ein widerrufliches Bezugsrecht vor oder

---

145 BAG 8.9.1999, 3 AZR 136/98, EzA § 1 BetrAVG Lebensversicherung Nr. 8 = DB 1999, 2069; zu weiteren Einzelheiten und Abgrenzungen *Blomeyer/Rolfs/Otto* Rn. 163 ff. zu § 1b.

146 Vgl. zur Rechtslage bis zum 31.12.2007: BGH 7.5.1997, IV ZR 35/96, NJW 1997, 2381.

147 Zur Auslegung von Bezugrechtsgestaltungen BAG 16.2.2010, 3 AZR 479/08, FA 2010, 345; 15.6.2010, 3 AZR 334/06, EzA § 1 Lebensversicherung Nr. 9 = DB 2010, 699, insbes. im Insolvenzfall BAG 15.6.2010, 3 AZR 31/07, EzA § 1 BetrAVG Lebensversicherung Nr. 10 = DB 2010, 2678; 17.1.2012, 3 AZR 776/09.

sind die Voraussetzungen des Widerrufvorbehaltes erfüllt, kann und muss der Insolvenzverwalter widerrufen. Er zieht die Direktversicherung zur Masse. Bei einem unwiderruflichen Bezugsrecht oder bei einem Bezugsrecht mit Widerrufsvorbehalt, bei dem die Widerrufsvoraussetzungen nicht erfüllt sind, gehört die Versicherung zum Vermögen des Arbeitnehmers. Er hat ein Aussonderungsrecht. Widerruft der Insolvenzverwalter, obwohl arbeitsrechtlich ein unwiderrufliches Bezugsrecht bestehen müsste, können Schadensersatzansprüche bestehen. Dies sind die bei Eintritt des Versicherungsfalles fällig werdenden Leistungen, nicht die gezahlten Prämien und auch nicht der Rückkaufswert.[148] Bei einer Direktversicherung, die durch Entgeltumwandlung finanziert wird und die ab dem 01.01.2001 erteilt wurde, muss immer ein unwiderrufliches Bezugsrecht bestehen (§ 1b Abs. 5 i. V. m. § 30f Abs. 1 BetrAVG).

89   Zudem ist bei einem gespaltenen Bezugsrecht danach zu unterscheiden, wem welche Leistung zusteht. Wählt der Arbeitgeber eine Bardividende, stehen ihm die Überschüsse zu.[149] Hat der Arbeitnehmer nur ein Bezugsrecht für die Erlebensfallleistung, nicht für die Todesfallleistung, ist ihm nur eine Altersversorgung und nicht auch eine Hinterbliebenenversorgung zugesagt.

90   Das arbeitsrechtliche Grundverhältnis kann zu einer Einstandspflicht des Arbeitgebers gem. § 1 Abs. 1 S. 3 BetrAVG führen, wenn mehr zugesagt als versichert ist oder wenn der Arbeitgeber z. B. die Versicherung beitragsfrei gestellt hat, obwohl sie hätte weiter finanziert werden müssen.[150]

91   Im Gegensatz zur Direktversicherung ist die **Rückdeckungsversicherung** kein Durchführungsweg der betrieblichen Altersversorgung.[151] Eine Rückdeckungsversicherung ist häufig nur eine Finanzierungsmaßnahme des Arbeitgebers bei den Durchführungswegen unmittelbare Versorgungszusage und Unterstützungskasse. Man spricht bei in voller Höhe rückversicherten Leistungen von einer kongruenten Rückdeckungsversicherung und bei der Rückversicherung von Teilleistungen von einer partiellen Rückdeckungsversicherung. Versicherungsnehmer ist immer der Arbeitgeber oder die Unterstützungskasse. Bezugsberechtigter bei einer Rückdeckungsversicherung sind nicht – anders als bei einer Direktversicherung – der Arbeitnehmer

---

148 BAG 18.9.2012, 3 AZR 176/10, BetrAV 2012, 636 = DB 2013, 407.
149 BAG 16.12.2010, 3 AZR 479/08, BB 2010, 1961 = FA 2010, 345.
150 S. dazu Rdn. 247 ff.
151 BAG 14.10.1972, 3 AZR 63/72, EzA § 242 BGB Ruhegeld Nr. 16 = DB 1972, 2068; 17.1.2012, 3 AZR 10/10, BetrAV 2012, 368 = BB 2012, 1099.

oder seine Hinterbliebenen, sondern der Arbeitgeber selbst oder bei einer Unterstützungskasse die Unterstützungskasse. Räumt der Arbeitgeber dem Arbeitnehmer das Bezugsrecht ein, wird aus der Rückdeckungsversicherung eine Direktversicherung. Die Beiträge zu einer Rückdeckungsversicherung sind Betriebsausgaben. Der Wert der Versicherung ist im Betriebsvermögen des Arbeitgebers zu aktivieren. Ihr Wert ist nicht zwingend zweckgebunden für betriebliche Altersversorgung. Rückdeckungsversicherungen können zum privatrechtlichen Insolvenzschutz, z. B. bei Verpfändung, genutzt werden.[152]

92

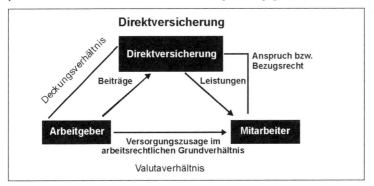

Ertragsteuerlich sind die Beiträge, die der Arbeitgeber bei einer Direktver- 93
sicherung an das Lebensversicherungsunternehmen zahlt, Betriebsausgaben
(§ 4b EStG).[153]

Beim Arbeitnehmer findet bei Direktversicherungen, die vor dem 1.1.2005 94
abgeschlossen worden sind, eine **vorgelagerte Besteuerung** statt. Die Versicherungsbeiträge sind in der Anwartschaftsphase grds. lohnsteuerpflichtig. Über
die Anwendung von § 40b EStG a. F., der einen Pauschalsteuersatz von 20 %
(zuzüglich Kirchensteuer, Solidaritätszuschlag) vorsieht, kann die Besteuerung
gemindert werden. Allerdings können maximal pro Kalenderjahr 1.752,– €
(bei Durchschnittsbildung 2.148,– €) pauschal besteuert werden. Die vorgelagerte Besteuerung gem. § 40b EStG ist bei Renten- und Kapitalversicherungen, die vor dem 1.1.2005 abgeschlossen worden sind, weiter möglich.

---

152 Dazu *Kemper/Kisters-Kölkes* Grundzüge Rn. 432.
153 Dazu i. E.: *Kemper/Kisters-Kölkes* Grundzüge Rn. 65 ff.

Sie führt dazu, dass das später ausgezahlte Kapital i. d. R. steuerfrei bleibt.[154] Bei »alten« Rentendirektversicherungen bestand ein Wahlrecht, auf die »neue« Besteuerung gem. § 3 Nr. 63 EStG überzugehen.[155] Wurde bei Rentendirektversicherungen weiterhin § 40b EStG a. F. angewendet, sind die ausgezahlten Renten gem. § 22 EStG nur mit dem Ertragsanteil zu versteuern.

95 Für Direktversicherungen, die nach dem 31.12.2004 abgeschlossen worden sind oder werden, gilt gem. § 3 Nr. 63 EStG im Rahmen der dort festgelegten Voraussetzungen die Steuerfreiheit der Beiträge, wenn der Beitrag 4 % der Beitragsbemessungsgrenze (West) zuzüglich eines festen Betrages von 1.800,– € nicht übersteigt.[156] Werden die Höchstbeträge überschritten, setzt die individuelle Besteuerung beim Arbeitnehmer ein. Die Erhöhung um 1.800 € jährlich setzt eine Neuzusage ab dem 1.1.2005 voraus.

96 Bei Beitragszahlung zu einer Direktversicherung anlässlich der Beendigung des Dienstverhältnisses gilt die Vervielfältigungsregel des § 40b Abs. 2 S. 3 und 4 EStG a. F. Der Höchstbetrag der pauschalierungsfähigen Beiträge von 1.752,– € pro Kalenderjahr darf mit der Anzahl der Dienstjahre im Unternehmen multipliziert werden. Von diesem Gesamtbetrag sind pauschal versteuerte Beiträge, die im Jahr des Ausscheidens und den sechs vorangegangenen Jahren geleistet wurden, abzuziehen.

97 § 3 Nr. 63 S. 4 EStG löst ab dem Jahre 2005 die alte Vervielfältigungsregel des § 40b Abs. 2 S. 3 und 4 EStG a. F. ab, wobei die Berechnungsmethode insoweit verändert wurde, dass nur die Dienstjahre ab 2005 zu berücksichtigen sind. Für Leistungen aus Direktversicherungen, die über § 3 Nr. 63 EStG steuerfrei finanziert worden sind, gilt die **nachgelagerte Besteuerung gem. § 22 EStG.**

c) Pensionskasse

98 Wird die betriebliche Altersversorgung von einer rechtsfähigen Versorgungseinrichtung durchgeführt, die dem Arbeitnehmer oder seinen Hinterbliebenen auf ihre Leistungen einen Rechtsanspruch gewährt, handelt es sich gem. § 1b Abs. 3 BetrAVG um eine Pensionskasse. Der Gesetzgeber geht im BetrAVG dabei als selbstverständlich davon aus, dass es sich bei der Pensions-

---

154 § 20 EStG.
155 § 52 Abs. 52b EStG.
156 Dazu i. E. BMF-Schreiben v. 24.07.2013, BStBl. I, S. 1022 ff., Rn. 303 ff. (s. Anh. III).

kasse um eine Sonderform eines Lebensversicherungsunternehmens handelt, weil sie nur betriebliche Altersversorgung betreibt. Die weiteren Einzelheiten zur Definition einer Pensionskasse finden sich in § 118a VAG.

Pensionskassen können in der Rechtsform eines Versicherungsvereins auf Gegenseitigkeit oder einer Aktiengesellschaft geführt werden.[157] **99**

Wie bei einer Direktversicherung überlagern sich bei einer Pensionskasse arbeitsrechtliche und versicherungsrechtliche Beziehungen. Das Valutaverhältnis beinhaltet die Grundverpflichtung des Arbeitgebers aus der Versorgungszusage. Das Deckungsverhältnis besteht zwischen dem Arbeitgeber und der Pensionskasse, wenn der Arbeitgeber Versicherungsnehmer ist. Dies gilt nicht, wenn der Arbeitnehmer Mitglied der Pensionskasse ist, also i. d. R. beim VVaG. Dem Arbeitnehmer oder seinen Hinterbliebenen wird von der Pensionskasse ein Rechtsanspruch eingeräumt.[158] Pensionskassen unterstehen der Versicherungsaufsicht durch die Bundesanstalt für Finanzdienstleistungsaufsicht (BaFin). Die Aufsicht umfasst die Rechts- und Finanzaufsicht, so dass Pensionskassen so sicher sind, dass der Gesetzgeber davon ausgegangen ist, dass kein gesetzlicher Insolvenzschutz erforderlich ist. **100**

Das arbeitsrechtliche Grundverhältnis kann zu einer Einstandspflicht des Arbeitgebers gem. § 1 Abs. 1 S. 3 BetrAVG führen, wenn die Leistungen der Pensionskasse hinter dem zurückbleiben, was der Arbeitgeber zugesagt hat.[159] **101**

102

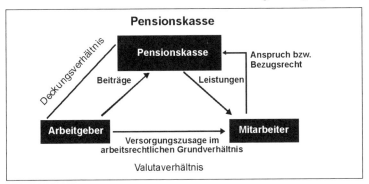

---

157 Zum Wesen der Pensionskasse *Dresp* FS Kemper, S. 111 ff.
158 § 118a VAG.
159 S. dazu Rdn. 247 ff.

103 Die Zuwendungen des Arbeitgebers an die Pensionskasse sind Betriebsausgaben (§ 4c EStG).[160]

104 Pensionskassenbeiträge sind lohnsteuerlich den Direktversicherungsbeiträgen bis zum 31.12.2001 gleichgestellt gewesen. Es galt der Grundsatz der vorgelagerten Besteuerung. § 40b a. F. EStG war anwendbar.

105 Seit dem 1.1.2002 wurde gem. § 3 Nr. 63 EStG eine begrenzte Lohnsteuerfreiheit gewährt. Beiträge, die der Arbeitgeber an eine Pensionskasse zahlt, sind bis zu 4 % der jeweiligen Beitragsbemessungsgrenze in der gesetzlichen Rentenversicherung (West) einkommensteuerfrei. Dabei sind arbeitgeber- und arbeitnehmerfinanzierte Beiträge zusammenzurechnen. Beiträge, die diese Grenze übersteigen, konnten im Rahmen von § 40b EStG a. F. pauschal versteuert werden. Ab dem 1.1.2005 sind Pensionskassen und Direktversicherungen gem. der erweiterten Fassung des § 3 Nr. 63 EStG durch das Alterseinkünftegesetz steuerlich gleichgestellt. § 3 Nr. 63 EStG ist nur auf Pensionskassen anwendbar, die kapitalgedeckt finanziert sind und wenn die zugesagten Alters-, Invaliditäts- oder Hinterbliebenenversorgungsleistungen in Form einer Rente oder über einen Auszahlungsplan erbracht werden.[161]

d) Pensionsfonds

106 § 1b Abs. 3 BetrAVG definiert den Pensionsfonds gleichlautend wie eine Pensionskasse. Der Pensionsfonds ist seit dem 1.1.2002 ein neuer Durchführungsweg der betrieblichen Altersversorgung. Der Pensionsfonds ist kein Versicherungsunternehmen, untersteht aber der Aufsicht durch die BaFin.

107 Wie bei Direktversicherung und Pensionskasse überlagern sich auch beim Pensionsfonds arbeitsrechtliche Beziehungen und Beziehungen, die versicherungsähnlich sind. Das Valutaverhältnis beinhaltet die Grundverpflichtung des Arbeitgebers aus der Versorgungszusage. Das Deckungsverhältnis besteht zwischen dem Arbeitgeber und dem Pensionsfonds, wenn dieser als Aktiengesellschaft betrieben wird.

108 Das arbeitsrechtliche Grundverhältnis kann zu einer Einstandspflicht des Arbeitgebers gem. § 1 Abs. 1 S. 3 BetrAVG führen, wenn die Leistungen des Pensionsfonds hinter dem zurückbleiben, was der Arbeitgeber zugesagt hat.[162]

---

160 Zur steuerlichen Behandlung i. E. *Kemper/Kisters-Kölkes* Grundzüge Rn. 72 f.
161 BMF-Schreiben v. 24.07.2013, BStBl. I, S. 1022 ff., Rn. 303 ff. (s. Anh. III).
162 S. dazu Rdn. 247 ff.

Kemper/Kisters-Kölkes

Die Einzelheiten zur Definition des Pensionsfonds enthält § 112 VAG. Der **109** Pensionsfonds ist eine rechtlich selbstständige Versorgungseinrichtung in der Rechtsform einer Aktiengesellschaft oder eines Pensionsfondsvereins auf Gegenseitigkeit. Er erbringt ausschließlich Leistungen der betrieblichen Altersversorgung im Wege des Kapitaldeckungsverfahrens. Im Unterschied zu Direktversicherung und Pensionskasse darf der Pensionsfonds nicht für alle Leistungsfälle eine Beitrags- oder Leistungsgarantie abgeben (§ 112 Abs. 1 Nr. 2 VAG).[163] Den Arbeitnehmern wird ein Rechtsanspruch auf Leistung gegenüber dem Pensionsfonds eingeräumt (§ 112 Abs. 1 Nr. 3 VAG). Bei der Leistungsform war der Pensionsfonds zunächst beschränkt: er war verpflichtet, eine lebenslange Altersrente oder einen Auszahlungsplan vorzusehen (§ 112 Abs. 1 Nr. 4 VAG). Dies wurde 2013[164] dahingehend geändert, dass er nunmehr auch eine einmalige Kapitalleistung oder eine Rentenleistung mit einem Kapitalwahlrecht vorsehen kann.[165] Die Pensionspläne können beitrags- und leistungsbezogen sein. Ein Pensionsfonds kann seit der 9. VAG-Novelle[166] vorübergehend »untergedeckt« sein, wenn ein Sanierungsplan vereinbart und dieser von der Aufsichtsbehörde (BaFin) genehmigt wird. Die Genehmigung ist zu erteilen, wenn durch den Arbeitgeber die Erfüllung der Nachteilsausgleichspflicht zur vollständigen Bedeckung der Rückstellungen durch Bürgschaft oder Garantie eines geeigneten Kreditinstituts oder in anderer geeigneter Weise sichergestellt ist (§ 115 Abs. 2a S. 3 VAG).

Für den Pensionsfonds gelten im Wesentlichen die auf ein Lebensversicherungs- **110** unternehmen anzuwendenden Vorschriften des VAG (§§ 113 ff. VAG).[167] Der Pensionsfonds hat freiere Möglichkeiten bei der Vermögensanlage als Lebensversicherungsunternehmen (Pensionskassen), was höhere Renditechancen und ein höheres Risiko beinhaltet, sowohl für die Arbeitgeber als auch für die

---

163 Dazu *Höfer* BetrAVG, Rn. 1530 ff. zu ART.

164 Mit Wirkung vom 4.7.2013.

165 Art. 3 des Gesetzes zur Umsetzung der Richtlinie 2011/89/EU des Europäischen Parlaments und des Rates vom 16. November 2011 zur Änderung der Richtlinien 98/78/EG, 2002/87/EG, 2006/48/EG und 2009/138/EG hinsichtlich der zusätzlichen Beaufsichtigung der Finanzunternehmen eines Finanzkonglomerats vom 27.6.2013, BGBl. I S. 1862.

166 Gesetz zur Änderung des Versicherungsaufsichtsrechts v. 23.12.2007, BGBl. I S. 3248.

167 Dazu *Reichel/Heger* S. 46 ff. und *Höfer* BetrAVG, Rn. 1514 ff. zu ART.

Arbeitnehmer.[168] Das Risiko des Arbeitnehmers wird allerdings begrenzt. Der Arbeitgeber muss sicherstellen, dass die Mindestleistung bei einer Beitragszusage mit Mindestleistung gem. § 1 Abs. 2 Nr. 2 BetrAVG oder die Leistung bei einer Leistungszusage gem. § 1 Abs. 1 S. 3 BetrAVG gewährleistet ist.

111

Pensionsfonds

Ggf. Nachschuss-
verpflichtung ┄┄┄ **Pensionsfonds** ←── **Anspruch**

Deckungsverhältnis
Beiträge **Leistungen**

Arbeitgeber ──→ **Mitarbeiter**
Versorgungszusage im
arbeitsrechtlichen Grundverhältnis

Valutaverhältnis

112 Ertragsteuerlich sind die Beiträge des Arbeitgebers an den Pensionsfonds Betriebsausgaben (§ 4e EStG).[169] Eine Sonderregelung gibt es gem. § 4e Abs. 3 EStG bei der Auslagerung von Versorgungsverpflichtungen auf einen Pensionsfonds.[170]

113 Die Beiträge des Arbeitgebers sind im Rahmen des § 3 Nr. 63 EStG – wie bei Pensionskassen und (seit 1.1.2005) bei Direktversicherungen – steuerfrei. Ebenso wie für Direktversicherungen wurde für den Pensionsfonds ab dem 1.1.2005 die Dotierungsmöglichkeit erweitert, indem der Höchstbetrag von 4% der Beitragsbemessungsgrenze (West) um einen Betrag von jährlich 1.800,– € aufgestockt werden kann, wenn die Beiträge aufgrund einer Versorgungszusage geleistet wurden, die nach dem 31.12.2004 erteilt wurde. Keine Lohnsteuerpflicht entsteht bei Übertragungen von in der Vergangenheit erdienten Anwartschaften aus unmittelbaren Versorgungszusagen und Unterstützungskassen gegen Zahlung eines Einmalbetrages auf einen Pensionsfonds (§ 3 Nr. 66 EStG). Künftig noch zu erdienende Teile der Anwartschaft können nach Auffassung der Finanzverwaltung über den Pensionsfonds steuerfrei nur

---

168 Vgl. § 115 VAG; dazu *Langohr-Plato* Rn. 192 ff.
169 Zur steuerlichen Behandlung i. E. *Kemper/Kisters-Kölkes*, Grundzüge Rn. 79 ff.
170 § 3 Nr. 66 EStG.

im Rahmen des § 3 Nr. 63 EStG finanziert werden.[171] Dies gilt auch für einen Past-Service, der im Rahmen eines Gesamtplans regelmäßig wiederkehrend nachfinanziert werden soll.

Unter diesen steuerrechtlichen Rahmenbedingungen besteht die Möglichkeit einer für Arbeitnehmer und Arbeitgeber steuerneutralen Übertragung bestehender Versorgungsverpflichtungen aus unmittelbaren Versorgungszusagen und Unterstützungskassen. Eine steuerneutrale Übertragung ist bei anderen Durchführungswegen nicht möglich. Deshalb kommt der Pensionsfonds in der Praxis häufig bei der Restrukturierung von Versorgungssystemen zum Einsatz, um die Bilanz zu entlasten und den Beitrag an den PSVaG zu reduzieren (von 100 % auf 20 % gem. § 10 Abs. 3 BetrAVG).   **114**

Die Versorgungsleistungen, die aus lohnsteuerfreien Beiträgen gem. § 3 Nr. 63 und Nr. 66 EStG resultieren, sind vom Arbeitnehmer gem. § 22 Nr. 5 EStG zu versteuern.[172] Sie unterliegen damit der vollen Einkommensbesteuerung (**nachgelagerte Besteuerung**).   **115**

e) Unterstützungskasse

Wird die betriebliche Altersversorgung von einer rechtsfähigen Versorgungseinrichtung durchgeführt, die auf ihre Leistungen keinen Rechtsanspruch gewährt, so handelt es sich gem. § 1b Abs. 4 BetrAVG um eine Unterstützungskasse.   **116**

Der formelle Ausschluss des Rechtsanspruchs auf Leistungen der betrieblichen Altersversorgung ist historisch bedingt. Der arbeitsrechtliche Verpflichtungsumfang des Arbeitgebers ist in vergleichbarer Weise verfestigt wie bei rechtsverbindlichen unmittelbaren Versorgungszusagen oder mittelbaren Versorgungszusagen über eine Direktversicherung, eine Pensionskasse oder einen Pensionsfonds. Das BAG hat den Ausschluss des Rechtsanspruchs und den Freiwilligkeitsvorbehalt in Satzungen oder Leistungsrichtlinien von Unterstützungskassen umgedeutet in ein an sachliche Gründe gebundenes Widerrufsrecht.[173] Arbeitnehmer   **117**

---

171 BMF-Schreiben v. 24.7.2013, BStBl. I, S. 1022 ff., Rn. 321 (s. Anh. III).

172 Dazu auch § 52 Abs. 34c EStG, § 9a S. 1 Nr. 1 EStG (Arbeitnehmer-Pauschbetrag), § 19 Abs. 2 EStG (Versorgungsfreibeträge).

173 BAG 17.11.1992, 3 AZR 76/92, EzA § 1 BetrAVG Unterstützungskasse Nr. 10 = DB 1993, 1241; 26.8.1997, 3 AZR 235/96, EzA § 1 BetrAVG Ablösung Nr. 17 = DB 1998, 1190 und 11.12.2001, 3 AZR 512/00, EzA § 1 BetrAVG Ablösung Nr. 33 = DB 2003, 293; dazu auch Rdn. 372 ff.

müssen jedoch aufgrund des Ausschlusses des Rechtsanspruchs stets mit einer Abänderung der Versorgungsordnung rechnen (dynamische Bezugnahme).[174]

118 Unterstützungskassen haben i. d. R. die Rechtsform eines eingetragenen Vereins oder einer GmbH. Es gibt auch Unterstützungskassen in der Rechtsform einer Stiftung.

119 Wie bei allen mittelbaren Durchführungswegen besteht auch bei einer Unterstützungskasse eine entsprechende Einstandsverpflichtung des Arbeitgebers gem. § 1 Abs. 1 S. 3 BetrAVG.[175] Das BAG[176] geht bei Arbeitgeber (Trägerunternehmen) und Unterstützungskasse von einer Gesamtschuldnerschaft aus. Die Unterstützungskasse hat einen Anspruch gegen das Trägerunternehmen auf Vorschuss und Aufwendungsersatz gem. §§ 669, 670 BGB.

120

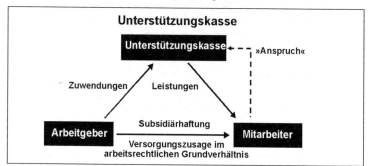

121 Unterstützungskassen können ihr Vermögen, das ihnen vom Arbeitgeber zugewandt worden ist, als Darlehen beim Arbeitgeber anlegen (reservepolsterdotierte Unterstützungskasse).

122 Weit verbreitet sind Unterstützungskassen, die als Finanzierungsinstrument eine Rückdeckungsversicherung nutzen, die also ihr Vermögen zur Ausfinanzierung der zu erbringenden Versorgungsleistungen verwenden (rückgedeckte

---

174 BAG 16.2.2010, 3 AZR 181/08, EzA § 1 BetrAVG Ablösung Nr. 48 = DB 2010, 1833.

175 S. dazu Rdn. 247 ff.; zum »richtigen« Beklagten und Rechtsweg bei Unterstützungskasse i. E. *Reinecke* und *Küpper*, jeweils in FS Kemper, S. 383 ff. und 273 ff.

176 BAG 16.2.2010, 3 AZR 216/09, EzA § 1 BetrAVG Gleichbehandlung Nr. 35 = BetrAV 2010, 178.

Unterstützungskasse). Wird dadurch der gesamte Verpflichtungsumfang abgedeckt, handelt es sich um kongruent rückgedeckte Unterstützungskassen. Wird nur ein Teil der Verpflichtungen abgedeckt, bezeichnet man diese als partiell rückgedeckte Unterstützungskassen.[177] Zu beachten ist, dass das BetrAVG diese Unterscheidung nicht kennt. Sie ergibt sich nur aus dem Steuerrecht. Arbeitsrechtlich werden beide Formen von Unterstützungskassen gleichbehandelt. Unabhängig vom Ausfinanzierungsgrad sind beide Arten im gleichen Umfang dem gesetzlichen Insolvenzschutz unterstellt.

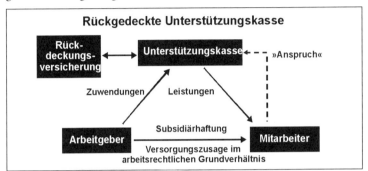

123

Beim Arbeitgeber sind die Zuwendungen an die Unterstützungskasse 124 Betriebsausgaben (§ 4d EStG), wenn die engen steuerlichen Voraussetzungen erfüllt sind. So ist eine reservepolsterfinanzierte Unterstützungskasse immer unterdotiert, weil ihr maximal 2 Jahresrenten zugewendet werden können. Bei einer rückgedeckten Unterstützungskasse können dieser die Prämien für die Rückdeckungsversicherung zugewendet werden, jedoch nur als gleich bleibende oder steigende Jahresbeiträge, nicht als Einmalbeiträge, soweit die Finanzierung für einen Anwärter erfolgt.[178]

Beim Arbeitnehmer findet eine **nachgelagerte Besteuerung** statt. Es gelten 125 dieselben Grundsätze wie bei unmittelbaren Versorgungszusagen.

---

177 So auch BAG 17.1.2012, 3 AZR 10/10, BetrAV 2012, 368 = BB 2012, 1099.
178 § 4d EStG.

3. Rechtsbegründungsakte

126 Der Rechtsbegründungsakt ist der Verpflichtungstatbestand für die Begründung des Versorgungsverhältnisses. Der Rechtsbegründungsakt ist vom Durchführungsweg und vom Leistungsplan zu unterscheiden. Für jeden Rechtsbegründungsakt können grds. alle Durchführungswege gewählt, ein Leistungsplan kann unabhängig vom Rechtsbegründungsakt und Durchführungsweg entwickelt werden.[179]

127 Der Rechtsbegründungsakt ist nicht nur maßgebend für die Begründung der Arbeitgeberverpflichtung, sondern auch rechtliche Basis für deren Änderung oder Aufhebung. Bei den einzelnen Rechtsbegründungsakten gibt es unterschiedliche rechtliche Änderungs- und Aufhebungsmodalitäten.[180]

128 Rechtsbegründungsakte können sein
   – individualrechtliche Vereinbarungen (Einzelzusage, Gesamtzusage, vertragliche Einheitsregelung),
   – Kollektivverträge (Betriebsvereinbarung, Vereinbarungen nach dem Sprecherausschussgesetz, Tarifvertrag) oder
   – Gesetze.

129 Betriebliche Altersversorgung kann auch auf betrieblicher Übung oder dem Grundsatz der Gleichbehandlung beruhen (so deklaratorisch § 1b Abs. 1 S. 4 BetrAVG). Diese Rechtsbegründungsakte haben individualrechtlichen Charakter und sind einer ausdrücklich erteilten Versorgungszusage gleichgestellt.[181]

a) Individuelle Einzelzusage

130 Bei der Einzelzusage beruht die Versorgungsverpflichtung des Arbeitgebers auf einem individuell ausgehandelten Vertrag über den Durchführungsweg und den Inhalt des Leistungsplanes als Bestandteile des Versorgungsverhältnisses. Für das Zustandekommen einer Einzelzusage gelten die allgemeinen Bestimmungen über Angebot und Annahme (§§ 145ff. BGB). Die Einzelzusage wird Bestandteil des Arbeitsvertrages und teilt dessen rechtliches Schicksal.

---

179 Ausnahme: Beitragszusage mit Mindestleistung gem. § 1 Abs. 2 Nr. 2 BetrAVG.
180 S. dazu Rdn. 256 ff.
181 BAG 16.9.1986, GS 1/82, EzA § 77 BetrVG 1972 Nr. 17 = DB 1987, 383; 27.7.1988, 5 AZR 244/87, EzA § 242 BGB Gleichbehandlung Nr. 47 = BB 1988, 2178.

Die Einzelzusage ist bei der Begründung nicht formbedürftig. Das steuerrechtlich in § 6a Abs. 1 Nr. 3 EStG bei unmittelbaren Versorgungszusagen geforderte Schriftformerfordernis ist arbeitsrechtlich irrelevant.[182] **131**

Voraussetzung für die Wirksamkeit des Arbeitgeberangebots ist ein Bindungswille. Das bloße Inaussichtstellen oder die Vorankündigung einer Versorgungszusage ist rechtlich nicht bindend. Es genügt aber der objektiv erkennbare Wille des Arbeitgebers, überhaupt eine Versorgungszusage erteilen zu wollen. Dazu gehört nicht ein im Detail ausgearbeiteter Leistungsplan. Es genügt ein »**Blankettangebot**«. Dieses hat der Arbeitgeber nach billigem Ermessen gem. § 315 BGB auszufüllen. Tut er dies nicht oder entspricht die Festlegung nicht den Billigkeitsgrundsätzen, wird die Regelungslücke durch eine gerichtliche Entscheidung geschlossen.[183] Der Arbeitgeber muss bei seiner verbindlichen Festlegung nicht nur die rechtsgeschäftlich verbindlichen Vorgaben berücksichtigen, sondern auch die bei seinem »Blankettangebot« von ihm geweckten Vorstellungen und Erwartungen.[184] Zur Klarstellung sei darauf hingewiesen, dass ein verbindliches Arbeitgeberangebot (auch in der Form eines »Blankettangebots«) noch keine Versorgungszusage darstellt. Hinzukommen muss immer die Annahme des Arbeitgeberangebotes durch den Arbeitnehmer. **132**

Rechtlich unverbindlich ist eine interne Willensbildung des Arbeitgebers, z. B. die Billigung einer beabsichtigten Versorgungszusage an einen Arbeitnehmer durch den Aufsichtsrat einer Aktiengesellschaft. Erst wenn der Vorstand als Organ der Aktiengesellschaft eine entsprechende Verpflichtungserklärung gegenüber dem Arbeitnehmer abgegeben hat, liegt ein Angebot vor, das der Arbeitnehmer annehmen kann.[185] **133**

Durch eine Jeweiligkeitsklausel kann in einer Einzelzusage, z. B. bei leitenden Angestellten, über eine dynamische Verweisung eine allgemeine betriebliche **134**

---

182 BAG 5.2.1981, 3 AZR 748/79, BB 1981, 1708 = AP Nr. 188 zu § 242 BGB Ruhegehalt.
183 BAG 13.3.1973, 3 AZR 446/74, EzA § 242 BGB Ruhegeld Nr. 41 = DB 1975, 1563 und 23.11.1978, 3 AZR 708/77, EzA § 242 BGB Ruhegeld Nr. 77 = DB 1979, 364; 19.11.2002, 3 AZR 406/01, EzA § 1 BetrAVG Nr. 85; eine betriebliche Übung kann einer kollektiven Blankettzusage ähneln: BAG 25.6.2002, 3 AZR 360/01, EzA § 1 BetrAVG Betriebliche Übung Nr. 3 = DB 2003, 1004.
184 BAG 19.11.2002, 3 AZR 406/01, EzA § 1 BetrAVG Nr. 85; 19.7.2005, 3 AZR 472/04, EzA § 1 BetrAVG Betriebliche Übung Nr. 7 = DB 2006, 343.
185 BAG 22.12.2009, 3 AZR 136/08, EzA § 1b BetrAVG Nr. 7 = DB 2010, 1074.

Versorgungsregel (z. B. Betriebsvereinbarung oder Tarifvertrag) zur Anwendung gebracht werden.[186]

b) Gesamtzusage

135 Eine Gesamtzusage ist ein Bündel gleichstrukturierter, nicht notwendigerweise gleichhoher Versorgungszusagen und richtet sich an alle Arbeitnehmer eines Unternehmens oder an nach sachlichen Kriterien abgrenzbare Arbeitnehmergruppen. Das Angebot des Arbeitgebers wird in allgemeiner Form, etwa am »Schwarzen Brett«, durch das Aushängen einer »Versorgungsordnung«, bekannt gemacht. Eine ausdrückliche Annahmeerklärung der begünstigten Arbeitnehmer wird nicht erwartet, sie wird stillschweigend gem. § 151 BGB unterstellt.[187] Akte der inneren Willensbildung bei einem Arbeitgeber, z. B. bei einer GmbH ein Beschluss der Gesellschafterversammlung, reichen nicht aus.[188]

136 Die Versorgungszusagen werden bei einer Gesamtzusage Bestandteile der einzelnen Arbeitsverträge.[189] Den individualrechtlichen Charakter einer Gesamtzusage hat der Große Senat des BAG in seinem Beschluss vom 16.9.1986[190] herausgestellt. Dies gilt unabhängig von dem kollektiven Bezug der zugesagten Leistungen, der i. d. R. für die Arbeitnehmer erkennbar ist. Der kollektive Bezug der Gesamtzusage kann aber dann entscheidend sein, wenn sie später abgelöst oder geändert werden soll.[191]

137 Im Übrigen gelten dieselben Grundsätze wie bei der Begründung einer Einzelzusage, wobei jedoch ein bloßes Inaussichtstellen nicht in Betracht kommt, wohl eine Blankettzusage.[192]

---

186 BAG 27.6.2006, 3 AZR 255/05, EzA § 1 BetrAVG Ablösung Nr. 45 = DB 2007, 118; 27.6.2006, 3 AZR 212/05, DB 2007, 2491; dazu *Kemper/Kisters-Kölkes* Grundzüge Rn. 98.

187 BAG 18.3.2003, 3 AZR 101/02, EzA § 1 BetrAVG Nr. 39 = DB 2004, 327; 31.5.2011, 3 AZR 387/09, AP Nr. 23 zu § 1 BetrAVG Auslegung.

188 BAG 22.12.2009, 3 AZR 136/08, EzA § 1b BetrAVG Nr. 7 = DB 2010, 1074.

189 Zur Auslegung von Gesamtzusagen: BAG 18.5.2010, 3 AZR 373/08, EzA § 310 BGB 2002 Nr. 9 = BB 2010, 1852; 31.5.2011, 3 AZR 387/09, AP Nr. 23 zu § 1 BetrAVG Auslegung.

190 BAG 16.9.1986, GS 1/82, EzA § 77 BetrVG 1972 Nr. 17 = DB 1987, 383.

191 S. dazu Rdn. 349 ff.

192 S. dazu Rdn. 132.

c) Vertragliche Einheitsregelung

Wie bei einer Gesamtzusage handelt es sich auch bei einer vertraglichen   138
Einheitsregelung um ein Bündel gleichstrukturierter, nicht notwendigerweise gleichhoher Versorgungszusagen an Gesamtbelegschaften oder objektiv abgrenzbare Arbeitnehmergruppen. Der allgemein geltenden Regelung gehen die Arbeitgeberentscheidungen über die Höhe der einzusetzenden Mittel (Dotierungsrahmen[193]) und über die Verteilungsgrundsätze in einem Leistungsplan voraus.[194] Auch bei einer vertraglichen Einheitsregelung entstehen vertragliche Ansprüche wie bei einer Gesamtzusage und einer Einzelzusage. Die Versorgungszusagen werden Bestandteil der einzelnen Arbeitsverträge und teilen deren rechtliches Schicksal. Auch entsteht ein kollektiver Bezug wie bei der Gesamtzusage, was bedeutsam ist für etwaige Änderungen, z. B. auch durch kollektivrechtliche Regelungen, z. B. Betriebsvereinbarungen.[195]

Im Übrigen gelten dieselben Grundsätze wie bei der Begründung einer   139
Gesamtzusage.[196]

Der Unterschied zwischen vertraglicher Einheitsregelung und Gesamtzusage   140
ist nicht rechtlicher Natur – in beiden Fällen werden die Versorgungszusagen Bestandteile der einzelnen Arbeitsverträge –, sondern liegt in den Formalien des Zusageaktes. Im Gegensatz zur Gesamtzusage werden das Angebot und die Annahme des »Versorgungsvertrages« bei einer vertraglichen Einheitsregelung ausdrücklich dokumentiert, z. B. durch persönliche Anschreiben, die vom begünstigten Arbeitnehmer auch konkludent angenommen werden können. Der Unterschied besteht in der Vorgehensweise: bei der Gesamtzusage gibt es eine Erklärung für eine Vielzahl von Arbeitnehmern, bei der vertraglichen Einheitsregelung eine Vielzahl gleichlautender Erklärungen mit im Wesentlichen gleichen Inhalt.

d) Betriebsvereinbarung (und Dienstvereinbarung)

Die Betriebsvereinbarung ist ein Vertrag, der zwischen Arbeitgeber und   141
Betriebsrat im Rahmen seiner Zuständigkeit zur Festsetzung von Rechtsnormen über den Inhalt, den Abschluss und die Beendigung von Arbeitsver-

---

193 S. dazu Rdn. 400.
194 BAG 16.9.1986, GS 1/82, EzA § 77 BetrVG 1972 Nr. 17 = DB 1987, 383.
195 S. dazu Rdn. 349 ff.
196 S. dazu Rdn. 130 ff.

hältnissen sowie über betriebliche und betriebsverfassungsrechtliche Fragen schriftlich für einen oder mehrere Betriebe (dann Gesamt- oder Konzernbetriebsvereinbarung) geschlossen wird.[197] Regelungsgegenstand einer Betriebsvereinbarung kann auch die betriebliche Altersversorgung sein.

142   Eine Betriebsvereinbarung liegt nur vor, wenn die Voraussetzungen des § 77 Abs. 2 BetrVG formal eingehalten sind. Arbeitgeber und Betriebsrat müssen einen gemeinsamen Beschluss fassen und diesen schriftlich niederlegen. Beide Seiten müssen gemeinsam unterzeichnen. Die Verpflichtung des Arbeitgebers, die Betriebsvereinbarung an geeigneter Stelle im Betrieb auszulegen, hat keine konstitutive Bedeutung, verhindert also nicht die Wirksamkeit einer Betriebsvereinbarung.[198] Eine »gemeinsame« Erklärung von Arbeitgeber und Betriebsrat kann eine Betriebsvereinbarung sein.

143   Betriebsvereinbarungen gelten unmittelbar und zwingend (§ 77 Abs. 4 BetrVG). Sie gestalten unmittelbar das Versorgungsverhältnis. Sie sind nicht Bestandteil des einzelnen Arbeitsvertrages, sondern haben eigenen Rechtsnormcharakter. Sie gelten nur für Arbeitnehmer, die den Betriebsrat wählen können,[199] also z. B. nicht für leitende Angestellte und ehemalige Arbeitnehmer (Versorgungsempfänger, mit unverfallbarer Anwartschaft ausgeschiedene Versorgungsanwärter)[200], es sei denn, es wurde eine Jeweiligkeitsklausel vereinbart, mit der diese Personen dem Arbeitnehmerkreis gleichgestellt werden, der direkt von der Betriebsvereinbarung erfasst wird.[201]

---

197 § 77 BetrVG und *Blomeyer/Rolfs/Otto* Rn. 89 ff. zu Anh. § 1.

198 *Blomeyer/Rolfs/Otto* Rn. 94 zu Anh. § 1; BAG 17.4.2012, 3 AZR 400/10, BB 2013, 57.

199 § 7 BetrVG.

200 BAG 25.10.1988, 3 AZR 483/86, EzA § 77 BetrVG 1972 Nr. 26 = DB 1989, 1195. In den diversen Entscheidungen hat das BAG ausdrücklich offen gelassen, ob an dieser Rechtsprechung festzuhalten ist: BAG 17.8.2004, 3 AZR 318/03, EzA § 2 BetrAVG Nr. 22 = DB 2005, 536, 12.10.2004, 3 AZR 557/03, EzA § 1 Hinterbliebenenversorgung Nr. 11 = DB 2005, 783; 12.12.2006, 3 AZR 476/05, EzA § 1 BetrAVG Nr. 89 = DB 2007, 2043 und 10.2.2009, 3 AZR 653/07, NZA 2009, 796, zuletzt BAG 28.9.2012, 3 AZR 431/10, BetrAV 2013, 167 = DB 2013, 884.

201 BAG 23.9.1997, 3 AZR 529/96, EzA § 1 BetrAVG Ablösung Nr. 14 = DB 1998, 318.

Kemper/Kisters-Kölkes

Betriebsvereinbarungen sind wie Tarifverträge und Gesetze auszulegen.[202]   **144**

Die Arbeitnehmer brauchen dem Abschluss einer Betriebsvereinbarung nicht   **145**
zuzustimmen. Sie sind automatisch erfasst, wenn sie unter den persönlichen
Geltungsbereich der Betriebsvereinbarung fallen.

Parteien der Betriebsvereinbarung sind der Arbeitgeber und auf der Beleg-   **146**
schaftsseite der Betriebsrat. Ist ein **Gesamtbetriebsrat** vorhanden, so ist dieser gem. §50 BetrVG für die betriebliche Altersversorgung zuständig.[203] Die
Zuständigkeit des Gesamtbetriebsrates ist zwingend. Sie kann weder durch
Tarifvertrag noch durch Betriebsvereinbarung abbedungen werden. Wird auf
betrieblicher Ebene eine freiwillige Betriebsvereinbarung abgeschlossen, um
einer betriebsübergreifenden Regelung zu entgehen, ist dies unzulässig. Durch
eine solche Handlungsweise können die Betriebsräte nicht die Zuständigkeit des
Gesamtbetriebsrates auch für die einzelnen Betriebe unterlaufen.[204] Existiert in
einem Konzern ein **Konzernbetriebsrat** (§54 BetrVG), so ist dieser zuständig.
Es gelten dieselben Abgrenzungskriterien wie bei einem Gesamtbetriebsrat.[205]
Einen unternehmensübergreifenden Gesamtbetriebsrat gibt es nicht. Hätte ein
solcher eine Betriebsvereinbarung abgeschlossen, wäre diese nichtig.[206]

Besteht ein Tarifvertrag über die betriebliche Altersversorgung, kann eine   **147**
Betriebsvereinbarung nicht geschlossen werden (§77 Abs.3 BetrVG). Dies
gilt auch, wenn betriebliche Altersversorgung »üblicherweise« durch Tarifvertrag geregelt wird. Dies ist in bestimmten Tarifbereichen bei der betrieblichen
Altersversorgung durch Entgeltumwandlung der Fall.[207]

Betriebliche Altersversorgung kann – in öffentlich-rechtlichen Einrichtun-   **148**
gen, z.B. Rundfunkanstalten – auch Gegenstand einer **Dienstvereinbarung**

---

202 BAG 31.5.2011, 3AZR 387/09, EzA §1 BetrAVG Hinterbliebenenversorgung
Nr.8 = DB 2000, 2075; 9.10.2012, 3AZR 539/10, DB 2013, 942.
203 BAG 8.12.1981, 3 ABR 53/80, EzA §242 BGB Ruhegeld Nr.96 = DB 1982, 46.
Verzicht auf eine vorhersehbare und bestimmbare Gestaltung durch dynamische
Blankettverweisung ist nicht zulässig, BAG 22.8.2006, 3AZR 319/05, EzA §77
BetrVG 2001 Nr.17 = DB 2007, 639.
204 BAG 21.1.2003, 3 ABR 26/02, EzA §50 BetrVG 2001 Nr.2 = DB 2003, 2131.
205 BAG 29.1.2008, 3AZR 42/06, EzA §87 BetrVG 2001 Betriebliche Lohngestaltung Nr.14 = DB 2008, 1980.
206 BAG 17.4.2012, 3AZR 400/10, BB 2013, 57.
207 *Küpper* BetrAV 2002, 9 und RdA 2002, 379, zur Sperrwirkung des §77 Abs.3
BetrVG i.*E. Blomeyer/Rolfs/Otto* Rn.95 zu Anh. §1.

zwischen Personalrat und Arbeitgeber sein. Insoweit gelten ähnliche Bedingungen wie bei Betriebsvereinbarungen. Um eine einheitliche Regelung der Versorgungsleistungen zu gewährleisten, können auch hier Jeweiligkeitsklauseln Anwendung finden.[208] Zu beachten ist jedoch, dass die Personalvertretungsgesetze der einzelnen Bundesländer eigenständige Regelungen enthalten können, die insbesondere bei Änderungen zu beachten sind.

e) Sprecherausschussgesetz

149　Bei leitenden Angestellten gem. § 5 BetrVG, die nicht vom Betriebsrat vertreten werden, können als Rechtsbegründungsakte für eine betriebliche Altersversorgung Vereinbarungen nach § 28 Abs. 2 SprAuG[209] gewählt werden.[210] Nur derartige Vereinbarungen mit unmittelbarer und zwingender Wirkung haben ebenso wie Betriebsvereinbarungen eigenen Normcharakter. Die Versorgungszusagen werden also nicht Bestandteile der einzelnen Arbeitsverträge. Richtlinien nach § 28 Abs. 1 SprAuG reichen nicht aus, weil sie keine normativen Wirkungen haben.[211]

f) Tarifvertrag

150　Durch einen schriftlichen Vertrag zwischen einer Gewerkschaft und einem oder mehreren Arbeitgebern oder einem Arbeitgeberverband können Rechtsnormen zur Regelung von Arbeits- und Wirtschaftsbedingungen festgesetzt werden. Das sind entweder Firmen- oder Verbandstarifverträge. Inhalt von Tarifverträgen kann auch die betriebliche Altersversorgung sein.

151　Das Zustandekommen richtet sich nach § 1 Abs. 2 TVG. Es ist eine schriftliche Vereinbarung erforderlich. Die Vertragsparteien müssen tariffähig sein.

152　Der Tarifvertrag hat normative Wirkung (§ 4 Abs. 2 und 4 TVG). Er wird nicht zum Inhalt der einzelnen Arbeitsverträge. Die Regelungen eines Tarifvertrages gelten unmittelbar und zwingend für tarifgebundene Arbeitgeber

---

208　BAG 23.9.1997, 3 AZR 529/96, EzA § 1 BetrVG Ablösung Nr. 14 = DB 1998, 318.; 18.9.2012, 3 AZR 415/10, EzA § 17 BetrAVG Nr. 12 = BetrAV 2013, 65.

209　Gesetz über Sprecherausschüsse der leitenden Angestellten – Sprecherausschussgesetz vom 20.12.1988, BGBl. I S. 2312, zuletzt geändert durch Art. 222 der Verordnung vom 31.10.2006, BGBl. I S. 2407.

210　Dazu i. E. *Blomeyer/Rolfs/Otto* Rn. 113 ff. zu Anh. § 1 und *Höfer* BetrAVG, Rn. 269 ff. zu ART.

211　*Blomeyer/Rolfs/Otto* Rn. 116 zu Anh. § 1; *Höfer* BetrAVG, Rn. 271 zu ART.

(Mitglieder eines Arbeitgeberverbandes) und tarifgebundene Arbeitnehmer (Gewerkschaftsmitglieder). Wenn zwischen nicht tarifgebundenen Arbeitgebern und Arbeitnehmern arbeitsvertraglich, z. B. durch Bezugnahme und Verweisung auf den jeweiligen Tarifvertrag, die Geltung eines Tarifvertrages vereinbart wird, handelt es sich nicht um den Rechtsbegründungsakt Tarifvertrag, sondern um eine vertragliche Einheitsregelung.

Es gibt Verbandstarifverträge zwischen Gewerkschaften und Arbeitgeberverbänden, aber auch Haustarifverträge für einzelne Arbeitgeber oder Konzerne.[212] **153**

Auch durch eine Allgemeinverbindlicherklärung nach § 5 TVG kann eine Bindung an den Tarifvertrag entstehen. Eine Allgemeinverbindlichkeitserklärung bewirkt, dass auch nicht tarifgebundene Arbeitgeber den Tarifvertrag gegen sich gelten lassen müssen. Allgemeinverbindliche Tarifverträge für eine arbeitgeberfinanzierte betriebliche Altersversorgung gibt es in der Bauindustrie. **154**

Durch eine Individualvereinbarung kann von Tarifverträgen zugunsten des Arbeitnehmers abgewichen werden (Günstigkeitsprinzip § 4 Abs. 3 TVG). Im Verhältnis zur Betriebsvereinbarung gilt das Günstigkeitsprinzip nicht, wenn die Sperrwirkung des § 77 Abs. 3 BetrVG eingreift.[213] **155**

Blankettzusagen[214] auf Leistungen der betrieblichen Altersversorgung in **Tarifverträgen** sind nicht möglich. Es reicht auch nicht aus, wenn ein Tarifvertrag eine Betriebsvereinbarung lediglich billigt.[215] Vielmehr müssen die Tarifvertragsparteien von ihrer Regelungsbefugnis selbst Gebrauch machen, wenn sie gem. § 17 Abs. 3 S. 1 BetrAVG abweichende Regelungen treffen wollen. **156**

g) Gesetz

Ausnahmsweise kann eine betriebliche Altersversorgung auch durch ein Gesetz begründet werden.[216] **157**

---

212 Zur Tarifkonkurrenz i. E. *Blomeyer/Rolfs/Otto* Rn. 124 zu Anh. § 1.
213 I. E. *Blomeyer/Rolfs/Otto* Rn. 129 zu Anh. § 1.
214 S. dazu Rdn. 132.
215 BAG 18.9.2012, 3 AZR 415/10, EzA § 17 BetrAVG Nr. 12 = FA 2013, 36.
216 Z. B. für die Arbeiter und Angestellten der Stadt Hamburg: Hamburgisches Zusatzversorgungsgesetz i. d. F. v. 7.3.1995 (HmbGVBl. 53).

h) Betriebliche Übung

158   Ein Anspruch auf betriebliche Altersversorgung kann sich aufgrund einer betrieblichen Übung ergeben (so deklaratorisch § 1b Abs. 1 S. 4 BetrAVG).[217]

159   Unter einer betrieblichen Übung ist ein gleichförmiges und wiederholtes Verhalten des Arbeitgebers zu verstehen, aus dem die Arbeitnehmer schließen können, ihnen solle eine Leistung oder Vergünstigung auf Dauer eingeräumt werden.[218] Nach herrschender Auffassung stellt die betriebliche Übung eine Willenserklärung des Arbeitgebers dar, die von den Arbeitnehmern konkludent angenommen wird, ohne dass es darauf ankommt, ob der Arbeitgeber einen Verpflichtungswillen hatte. Maßgebend ist vielmehr, ob die Arbeitnehmer aus dem Erklärungsverhalten des Arbeitgebers unter Berücksichtigung von Treu und Glauben unter Berücksichtigung der Verkehrssitte sowie aller Begleitumstände auf einen Bindungswillen des Arbeitgebers schließen durften und das entsprechende Angebot stillschweigend annehmen konnten.[219] Ob ein Annahmewille vorlag, ist einzelfallbezogen zu prüfen. Auf einen Annahmewillen ist zu schließen, wenn das für den Arbeitnehmer vorteilhafte Angebot nicht durch eine nach außen erkennbare Willensäußerung abgelehnt wurde. Wann von einer betrieblichen Übung ausgegangen werden kann, ist offen. Jedenfalls muss sich die Gewährung von Vorteilen verdichtet haben. Wann ein Vertrauen der Arbeitnehmer entsteht, dass die Vorteilsgewährung fortgesetzt

---

217   BAG 19.7.2005, 3 AZR 472/04, EzA BetrAVG § 1 Betriebliche Übung Nr. 7 = DB 2006, 343; 12.12.2006, 3 AZR 57/06, EzA § 1 BetrAVG Betriebliche Übung Nr. 8 = DB 2007, 2435.

218   BAG 29.4.2003, 3 AZR 247/02, EzA § 1 BetrAVG Betriebliche Übung Nr. 4 = NZA 2004, 1182; 12.12.2006, 3 AZR 57/06, EzA § 1 BetrAVG Betriebliche Übung Nr. 8 = DB 2007, 2435; 19.2.2008, 3 AZR 61/06, EzA § 1 BetrAVG Betriebliche Übung Nr. 9 = FA 2008, 216; 19.8.2008, 3 AZR 194/07, EzA § 1 BetrAVG Gleichbehandlung Nr. 32 = DB 2009, 463; 15.5.2012, 3 AZR 610/11, EzA § 1 BetrAVG Betriebliche Übung Nr. 12 = FA 2012, 345.

219   BAG 22.1.2002, 3 AZR 454/00, und 21.1.1997, 1 AZR 572/96, EzA BGB § 242 Betriebliche Übung Nr. 36 und § 77 BetrVG 1972 Nr. 57 = BB 1997, 1368; 17.11.1998, 1 AZR 147/98, EzA § 242 BGB Gleichbehandlung Nr. 79 = DB 1999, 637; 25.6.2002, 3 AZR 360/01, EzA § 1 BetrAVG Betriebliche Übung Nr. 3 = DB 2003, 1004; 29.4.2003, 3 AZR 247/02, EzA § 1 BetrAVG Betriebliche Übung Nr. 4 = FA 2004, 53; 19.7.2005, 3 AZR 472/04, EzA § 1 BetrAVG Betriebliche Übung Nr. 7 = DB 2006, 343; 31.7.2007, 3 AZR 189/06, AP Nr. 79 zu § 242 BGB Betriebliche Übung.

wird, ist davon abhängig, wie häufig die Leistungen erbracht wurden und in wievielen Fällen die Leistungen bezogen auf die Belegschaftstärke erbracht wurden. Sind es weniger gewichtige Vorteile, ist an die Zahl der Wiederholungen eine höhere Anforderung zu stellen als bei wichtigen Leistungen. Auch bei Einmalleistungen kann eine betriebliche Übung entstehen. Bei laufenden Leistungen reicht ein Zeitraum von 5 bis 8 Jahren. Von einer betrieblichen Übung werden auch solche Arbeitnehmer erfasst, die unter der Geltung der betrieblichen Übung im Unternehmen gearbeitet haben, selbst wenn sie die Vergünstigung noch nicht erhalten haben, weil sie die Voraussetzungen für die Gewährung noch nicht erfüllt haben. Dabei ist es nicht erforderlich, dass die noch nicht begünstigten Arbeitnehmer über die bestehende Übung informiert wurden oder diese gar im Betrieb bekanntgemacht wurde. Folglich kann bereits mit Beginn des Arbeitsverhältnisses der Arbeitnehmer von einer betrieblichen Übung erfasst werden.[220]

Besteht eine betriebliche Übung, kann sie folglich nur für neu in das Unternehmen eintretende Arbeitnehmer »abgeschafft« werden, indem diesen Arbeitnehmern bei der Einstellung erklärt wird, dass sie von der betrieblichen Übung nicht mehr erfasst werden. Dann kann kein Vertrauen entstehen. **160**

Bei einer betrieblichen Übung wird die betriebliche Altersversorgung Bestandteil der einzelnen Arbeitsverträge wie bei einer Einzelzusage, Gesamtzusage oder vertraglichen Einheitsregelung und teilt deren rechtliches Schicksal. **161**

Wird ohne Vorbehalt und unabhängig vom Leistungsplan jahrelang ein Rentnerweihnachtsgeld gezahlt, wird eine Versorgungsanwartschaft erworben, und zwar ab Diensteintritt und nicht erst bei oder nach Eintritt des Versorgungsfalls.[221] **162**

Dasselbe gilt, wenn allen Arbeitnehmern innerhalb bestimmter Fristen übereinstimmend Versorgungszusagen erteilt werden.[222] **163**

Bei entsprechendem Vorbehalt entsteht keine betriebliche Übung. Das ist der Fall, wenn z. B. eine Weihnachtsgratifikation für Betriebsrentner nur auf das **164**

---

220 BAG 15.5.2012, 3 AZR 610/11, EzA § 1 BetrAVG Betriebliche Übung Nr. 12 = FA 2012, 345.
221 BAG 16.2.2010, 3 AZR 118/08, EzA § 1 BetrAVG Betriebliche Übung Nr. 10 = DB 2010, 1947.
222 BAG 29.10.1985, 3 AZR 462/83, EzA § 242 BGB Betriebliche Übung Nr. 17 = DB 1986, 2189.

jeweilige Kalenderjahr bezogen gewährt wird.[223] Der Vorbehalt muss klar und unmissverständlich erklärt werden. Er kann auf 1 Jahr beschränkt werden. Er kann von einer Entscheidung im jeweiligen Einzelfall abhängig gemacht werden. Er kann so erklärt werden, dass man in jedem Jahr neu entscheiden will.

165 Eine betriebliche Übung entsteht nicht, wenn der Arbeitgeber durch sein Verhalten lediglich einer ohnehin bestehenden Verpflichtung nachkommen will.[224]

166 Eine betriebliche Übung kann überhaupt nur entstehen, wenn es an einer vertraglichen Grundlage fehlt. Liegt eine kollektivrechtliche oder einzelvertragliche Anspruchsgrundlage vor, kann keine betriebliche Übung entstehen.[225]

i) Gleichbehandlung und Gleichberechtigung

167 Der Verpflichtung aus einer Versorgungszusage stehen Versorgungsverpflichtungen gleich, die auf dem **Grundsatz der Gleichbehandlung** beruhen (so deklaratorisch § 1b Abs. 1 S. 4 BetrAVG). Die Verpflichtung ist Bestandteil des Arbeitsvertrages und teilt dessen rechtliches Schicksal. Da neben dem BetrAVG das AGG gilt, kann auch aus diesem ein Anspruch abgeleitet werden, wenn z. B. Behinderte von der betrieblichen Altersversorgung ausgeschlossen sind.

168 Die Verletzung des Gleichbehandlungsgrundsatzes setzt voraus, dass einzelne Arbeitnehmer oder Gruppen von Arbeitnehmern ohne sachlichen Grund von begünstigenden Regelungen ausgeschlossen oder schlechtergestellt werden.[226]

169 Wird der Gleichbehandlungsgrundsatz verletzt, führt dies nicht zur Nichtigkeit der bestehenden Versorgungsregelungen. Vielmehr ist die ohne sachlichen Grund benachteiligte Arbeitnehmergruppe so zu behandeln wie die

---

223 BAG 16.4.1997, 10 AZR 705/96, EzA § 242 BGB Betriebliche Übung Nr. 39 = DB 1997, 1927.

224 BAG 22.1.2002, 3 AZR 554/00, EzA § 77 BetrVG Ruhestand Nr. 2 = DB 2002, 1896; *Doetsch* FS Kemper, S. 91 ff.

225 BAG 15.5.2012, 3 AZR 610/11, EzA § 1 BetrAVG Betriebliche Übung Nr. 12 = FA 2012, 345; 10.12.2013, 3 AZR 832/11.

226 BAG 27.7.1988, 5 AZR 244/87, EzA § 242 BGB Gleichbehandlung Nr. 47 = DB 1988, 2519; 29.9.2004, 5 AZR 43/04, EzA § 242 BGB 2002 Gleichbehandlung Nr. 4 = FA 2005, 110; 25.5.2004, 3 AZR 15/03, n. v.; 15.7.2008, 3 AZR 61/07, NZA-RR 2009, 323 = AP Nr. 6 zu § 1 BetrAVG Auslegung.

begünstigten Arbeitnehmer (»Gleichbehandlung nach oben«).[227] Allgemein verstoßen Regelungen in der betrieblichen Altersversorgung gegen den Gleichbehandlungsgrundsatz, wenn sie nach Abstammung, Herkunft, Religion, politischer Betätigung oder Einstellung differenzieren (§ 75 BetrVG). Dasselbe gilt bei einer Unterscheidung mit oder ohne Gewerkschaftsbezug (Art. 9 Abs. 3 S. 2 GG). Art. 21 der Europäischen Grundrechtscharta[228] enthält einen umfangreichen Katalog von Verboten, die auch für die betriebliche Altersversorgung von Bedeutung sein können.

Will der Arbeitgeber im Einzelfall bestimmte Mitglieder einer grundsätzlich **170** begünstigten Gruppe von Leistungen der betrieblichen Altersversorgung ausnehmen, so muss er in einer allgemeinen Ordnung die Voraussetzungen festlegen, nach denen sich die Entscheidung richten soll. Dabei müssen die Voraussetzungen nach sachgerechten und objektiven Merkmalen bestimmt und abgestuft werden. Nur in diesem Rahmen steht dem Arbeitgeber in der Auswahl der Bedingungen ein Ermessensspielraum zu.[229] Danach darf der Arbeitgeber Leistungen der betrieblichen Altersversorgung beispielsweise davon abhängig machen, dass in den einzelnen Betrieben eine Betriebsvereinbarung über Regelungen zur flexibleren Gestaltung der Arbeitszeit zustande kommt.[230] Auch das Stichtagsprinzip ist ein zulässiger Differenzierungsgrund. So ist z. B. eine Schließung der betrieblichen Altersversorgung für Neuzugänge jederzeit möglich.[231] Dasselbe gilt bei der Unterscheidung nach Betriebsübergängen gem. § 613a BGB oder Umwandlungen (Verschmelzungen).[232]

Gerechtfertigt ist auch eine Differenzierung nach dem Versorgungsbedarf **171** sowie danach, ob sich der Arbeitnehmer anteilig mit eigenen Mitteln an der Finanzierung der betrieblichen Altersversorgung beteiligt. Wer nicht selbst erkannt hat, dass Eigenvorsorge notwendig ist, verzichtet sachlich gerecht-

---

227 BAG 9.12.1997, 3 AZR 661/96, EzA § 1 BetrAVG Nr. 16 = DB 1998, 1823; 16.2.2010, 3 AZR 216/09, EzA § 1 BetrAVG Gleichbehandlung Nr. 35 = BetrAV 2010, 178.

228 ABlEG Nr. C 303, S. 1.

229 BAG 19.8.2008, 3 AZR 194/07, EzA § 1 BetrAVG Gleichbehandlung Nr. 32 = DB 2009, 463.

230 BAG 18.9.2007, 3 AZR 639/06, EzA § 1 BetrAVG Gleichbehandlung Nr. 30, DB 2008, 823.

231 Dazu i. E. *Kemper/Kisters-Kölkes* Grundzüge Rn. 618 m. w. N.

232 Weitere Nachweise bei *Blomeyer/Rolfs/Otto* Rn. 81 zu Anh. § 1; BAG 19.1.2010, 3 ABR 19/08, EzA § 1 BetrAVG Betriebsvereinbarung Nr. 7 = DB 2010, 1131.

fertigt auf eine Anschub- oder Ergänzungsfinanzierung durch den Arbeitgeber.[233] Auf jeden Fall ist es zulässig, entsprechende Verpflichtungen zur Eigenbeteiligung an betrieblicher Altersversorgung bei Einstellung in den Arbeitsvertrag aufzunehmen. Der Arbeitnehmer hat im Rahmen eines solchen Opting-out-Modells dann die Möglichkeit, jederzeit zu sagen, dass er keine oder eine verringerte Entgeltumwandlung will.[234]

172   Der maßgebliche Differenzierungsgrund muss nicht in der Versorgungsordnung genannt sein. Ob eine Verletzung des Gleichbehandlungsgrundsatzes vorliegt, richtet sich ausschließlich danach, ob die Ungleichbehandlung in der Sache gerechtfertigt ist.[235] Allerdings darf der geltend gemachte Differenzierungsgrund nicht in Widerspruch zur Versorgungsordnung stehen.

173   Für den Bereich der betrieblichen Altersversorgung haben sich besondere Problemkreise in Bezug auf den Gleichbehandlungs- und Gleichberechtigungsgrundsatz herausgebildet, z. B. in Bezug auf Männer und Frauen, Ehegatten und eingetragene Lebenspartner,[236] Vollzeit- und Teilzeitkräfte, Arbeiter und Angestellte,[237] Außen- und Innendienstler,[238] Poliere und kaufmännische

---

233   Ebenso *Langohr-Plato* Rn. 1452 ff. und *Doetsch* FS Kemper, S. 91 ff., 100; a. A. *Blomeyer/Rolfs/Otto* Rn. 82 zu Anh. § 1.

234   So ausdrücklich *Blomeyer/Rolfs/Otto* Rn. 82 zu Anh. § 1; *Kisters-Kölkes* FS Höfer, S. 107 ff.

235   BAG 21.8.2007, 3 AZR 269/06, EzA § 1 BetrAVG Gleichbehandlung Nr. 29 = DB 2008, 710; 30.11.2010, 3 AZR 754/08, EzA § 16 BetrAVG Nr. 57 = DB 2011, 1002.

236   BAG 14.1.2009, 3 AZR 20/07, EzA § 2 AGG Nr. 2 = DB 2009, 1545; 15.9.2009, 3 AZR 294/09, EzA § 2 AGG Nr. 5 = BB 2010, 179; 15.9.2009, 3 AZR 797/08, EzA § 2 AGG Nr. 4 = DB 2010, 231; dies gilt auch für Dienstordnungsangestellte BAG 11.12.2012, 3 AZR 684/10, EzA Richtlinie 2000/78/EG-Vertrag 1999 Nr 33 = DB 2013, 1063.

237   BAG 16.2.2010, 3 AZR 216/09, EzA § 1 BetrAVG Gleichbehandlung Nr. 35 = BetrAV 2010, 178.

238   BAG 17.2.1998, 3 AZR 783/96, EzA § 1 BetrAVG Gleichbehandlung Nr. 14 = DB 1998, 1139; 9.12.1997, 3 AZR 661/96, EzA § 1 BetrAVG Gleichbehandlung Nr. 16 = DB 1998, 1823.

Angestellte[239] sowie sog. Auslandskräfte.[240] Auch können Arbeitnehmer, die einer Flexibilisierung ihrer Arbeitszeit zugestimmt haben, eine höhere BAV erhalten.[241] Auch wenn ursprünglich eine Arbeitnehmergruppe gleich behandelt wurde und später einem Teil dieser Gruppe eine verbesserte Versorgungsleistung zugesagt wurde, kann eine Verletzung des Gleichbehandlungsgrundsatzes vorliegen. Dies ist dann der Fall, wenn eine sachfremde Gruppenbildung vorgenommen wird.[242]

Bei Männern und Frauen gelten der Gleichbehandlungsgrundsatz und der   **174** Grundsatz der Gleichberechtigung der Geschlechter (gem. Art. 3 Abs. 2 und 3 GG). Dabei ist zwischen unmittelbarer und mittelbarer Diskriminierung zu unterscheiden. Eine unmittelbare Diskriminierung liegt vor, wenn erkennbar zwischen den Geschlechtern unterschieden wird, z. B. eine Witwen-, aber keine Witwerversorgung zugesagt ist. Mittelbar ist die Diskriminierung z. B., wenn mehr Frauen als Männer durch eine Regelung benachteiligt werden, z. B. bei Teilzeitarbeit, die überwiegend Frauenarbeit ist und war.[243] Eine Diskriminierung kann auch durch einen mittelbaren Durchführungsweg bewirkt werden, z. B. wenn ein Leistungsplan einer Pensionskasse Männer gegenüber Frauen benachteiligt[244] oder wenn bei der Kalkulation einer Direktversicherung zwischen Männern und Frauen unterschieden wird.[245] Das gilt i. d. R. auch in Bezug auf sog. Unisextarife, auch wenn das Urteil des EuGH[246] für

---

239 BAG 19.3.2002, 3 AZR 229/01, n. v.; Fortführung BAG 18.11.2003, 3 AZR 655/02, NZA 2004, 1296.

240 BAG 21.8.2007, 3 AZR 269/06, EzA § 1 BetrAVG Gleichbehandlung Nr. 29 = DB 2008, 710.

241 BAG 18.9.2007, 3 AZR 639/06, EzA § 1 BetrAVG Gleichbehandlung Nr. 30 = DB 2008, 823.

242 BAG 28.6.2011, 3 AZR 448/09, AP Nr. 64 zu § 1 BetrAVG Gleichbehandlung.

243 Dazu i. E. *Höfer* BetrAVG, Rn. 777 ff. zu ART und *Saunders* FS Kemper, S. 405 ff.

244 Dazu BAG 7.9.2004, 3 AZR 550/03, EzA Art. 141 EG-Vertrag 1999 Nr. 16 = DB 2005, 507.

245 EuGH 1.3.2011, C-236/09, EzA Richtlinie 2004/113 EG-Vertrag 1999 Nr. 1 = BetrAV 2011, 168.

246 EuGH 1.3.2011, C-236/09, EzA Richtlinie 2004/113 EG-Vertrag 1999 Nr. 1 = BetrAV 2011, 168.

die betriebliche Altersversorgung nicht unmittelbar gilt.[247] Denn Art. 23 der Europäischen Grundrechtecharta verbietet jede Diskriminierung wegen des Geschlechts, auch wenn die Diskriminierung im Arbeitsverhältnis erfolgt. Dies kann in Anlehnung an die Entscheidung des EuGH jedoch nur für Versicherungsverträge gelten, die ab dem 21.12.2012 abgeschlossen werden. Über die Versicherungsverhältnisse hinausgehend gilt das Diskriminierungsverbot aber auch z. B. für unmittelbare Versorgungszusagen, die beitragsorientiert ausgestaltet sind, wenn für Männer und Frauen unterschiedliche Transformationstabellen verwendet werden. Auch hier gilt dies nur für Zusagen, die in der Zeit ab dem 21.12.2012 erteilt werden.[248]

175 **Männer und Frauen** dürfen in Leistungsplänen nicht unterschiedlich behandelt werden. So ist es unzulässig, dass bei Zusage einer Witwenleistung eine Witwerleistung nicht erbracht werden soll.[249] Eine Entgeltdiskriminierung wegen des Geschlechts liegt auch dann vor, wenn eine Witwerleistung nur gezahlt werden soll, wenn die Arbeitnehmerin den Unterhalt überwiegend bestritten hat. Die Bestimmung ist wegen Verstoßes gegen das Lohngleichheitsgebot in Art. 157 AEUV (früher Art. 141 EG) nicht anzuwenden.[250] Mangels Existenz einer Übergangsregel bei der Gleichbehandlung in der Hinterbliebenenversorgung sind Arbeitnehmerinnen und Arbeitnehmer rückwirkend gleichzustellen. Keine Übergangsfrist gilt, wenn nur eine Witwenversorgung und keine Witwerversorgung zugesagt wurde.[251]

176 Das Lohngleichheitsgebot von Mann und Frau des Art. 157 AEUV gilt auch bei unterschiedlichen Altersgrenzenregelungen für Männer und Frauen. Diese sind unwirksam. Es liegt – ungeachtet einer möglichen Rechtfertigung nach Art. 3 Abs. 2 GG – z. B. eine unmittelbare Diskriminierung von Männern vor, wenn Frauen mit Vollendung des 60. Lebensjahres, Männer jedoch erst mit Vollendung des 63. Lebensjahres eine betriebliche Altersleistung beanspru-

---

247 Dazu und zu weiteren Einzelheiten Mitteilung der EU-Kommission v. 22.12.2011, BetrAV 2012, 78, *Kisters-Kölkes* BetrAV 2011, 451 und *Willemsen/Döring* BetrAV 2011, 432 m. w. N.

248 *Raulf* NZA Beilage 2012, Nr. 3, 88; *Hessling* BetrAV 2012, 289.

249 BAG 5.9.1989, 3 AZR 575/88, EzA Art. 3 GG Nr. 25 = DB 1989, 2615; 7.9.2004, 3 AZR 550/03, EzA Art. 141 EGV Nr. 16 = DB 2005, 507.

250 BAG 11.12.2007, 3 AZR 249/03, EzA § 1 BetrAVG Gleichbehandlung Nr. 31 = DB 2008, 766.

251 BAG 5.9.1989, 3 AZR 575/88, EzA Art. 3 GG Nr. 25 = DB 1989, 2615.

chen können.[252] Gleiches gilt für die unterschiedliche Festlegung versicherungsmathematischer Abschläge für Männer und Frauen im Fall vorgezogener Inanspruchnahme der Altersrente.[253]

Dies gilt bei unterschiedlichen Altersgrenzen oder versicherungsmathematischen Abschlägen allerdings nur für Leistungen für nach dem **17.5.1990** (Datum der sog. Barber-Entscheidung des EuGH[254]) zurückgelegte Beschäftigungszeiten.[255] Für Beschäftigungszeiten davor wird weder gegen Art. 157 AEUV (früher Art. 141 EG) noch gegen Art. 3 Abs. 2 GG verstoßen: Nach Art. 3 Abs. 2 GG durften die bisher noch für Frauen bestehenden Nachteile in der beruflichen Entwicklung durch die Festsetzung eines früheren Rentenalters ausgeglichen werden.[256]   **177**

Auf die Rechtsprechung des EuGH und des BAG hat der Gesetzgeber reagiert. Er stellt über § 30a BetrAVG die Männer fiktiv den Frauen bei vorzeitigen Altersleistungen in der betrieblichen Altersversorgung gleich, soweit Versorgungsleistungen nach dem 17.5.1990 erdient wurden.[257]   **178**

Nach der Rechtsprechung des EuGH[258] ist auch eine Pensionskasse verpflichtet, den Grundsatz des gleichen Entgelts für Männer und Frauen gem. Art. 157 AEUV unmittelbar anzuwenden, selbst wenn die entsprechenden Zuwendungen des Arbeitgebers als Trägerunternehmen nicht geleistet wor-   **179**

---

252 EuGH 17.5.1990, Rs. C-262/88, EzA Art. 119 EG-Vertrag Nr. 4 (Barber) = DB 1990, 1824; dazu auch BAG 7.9.2004, 3 AZR 550/03, EzA Art. 141 EG-Vertrag 1999 Nr. 16.

253 BAG 23.9.2003, 3 AZR 304/02, EzA § 1 BetrAVG Gleichberechtigung Nr. 13 = DB 2004, 2645; 19.8.2008, 3 AZR 530/06, EzA Art. 141 EG-Vertrag 1999 Nr. 22 = DB 2009, 1770.

254 EuGH 17.5.1990, Rs. C-262/88, EzA Art. 119 EG-Vertrag Nr. 4 (Barber) = DB 1990, 1824.

255 BAG 19.8.2008, 3 AZR 530/06, EzA Art. 141 EG-Vertrag 1999 Nr. 22 = DB 2009, 1770. Dies gilt auch für schwerbehinderte Arbeitnehmer: BAG 23.5.2000, 3 AZR 228/99, EzA § 1 BetrAVG Gleichbehandlung Nr. 20 = BB 2001, 154.

256 BAG 18.3.1997, 3 AZR 759/95, EzA Art. 3 GG Nr. 61 = BB 1997, 1417; 3.6.1997, 3 AZR 910/95, EzA Art. 119 EG-Vertrag Nr. 45 = DB 1997, 1778; 19.8. 2008, 3 AZR 530/06, EzA Art. 141 EG-Vertrag 1999 Nr. 22 = DB 2009, 1770.

257 S. dazu Kommentierung zu § 30a.

258 EuGH 9.10.2001, Rs. C-379/99, EzA Art. 141 EG-Vertrag 1999 Nr. 7 = DB 2002, 279.

den sind oder versicherungsrechtlich bei der Pensionskasse dafür die Voraussetzungen nicht bestehen. Dem benachteiligten Arbeitnehmer steht also sowohl gegenüber dem Arbeitgeber als auch gegenüber der Pensionskasse ein Erfüllungsanspruch zu.[259] Dies führt im Außenverhältnis zur gemeinsamen Haftung des Trägerunternehmens und der Pensionskasse gegenüber dem begünstigten Arbeitnehmer.[260] Der EuGH[261] hat angedeutet, dass es Sache des nationalen Gesetzgebers ist, die Widersprüchlichkeiten, die auch das BAG[262] gesehen hat, im nationalen Rechtskreis zu lösen. Dies führt dazu, dass im »Innenverhältnis« die Pensionskasse in einem solchen Fall nicht endgültig die entsprechenden Verpflichtungen übernehmen muss, sondern gem. § 1 Abs. 1 S. 3 BetrAVG das Trägerunternehmen bzw. der Arbeitgeber. Der Arbeitgeber steht bei mittelbarer Durchführung der betrieblichen Altersversorgung letztlich für die Erfüllung der von ihm zugesagten Leistungen ein. Dies ist der Fall, wenn eine Pensionskasse in derartigen Fällen vom Arbeitnehmer unmittelbar in Anspruch genommen wird und der Arbeitgeber keine entsprechenden Zuwendungen an die Pensionskasse geleistet hat.[263] Die Verhältnisse dürften identisch sein wie beim Durchführungsweg Unterstützungskasse. Hier besteht gegen das Trägerunternehmen ein Anspruch auf Vorschuss- und Aufwendungsersatz gem. §§ 669, 670 BGB.[264]

180   **Eingetragene Lebenspartner** sind Ehegatten gleichzustellen, da sie sich im Hinblick auf die Hinterbliebenenversorgung in einer vergleichbaren Situa-

---

259 BAG 19.11.2002, 3 AZR 631/97, EzA Art. 141 EG-Vertrag 1999 Nr. 11 = DB 2003, 398; 7.9.2004, 3 AZR 550/03, EzA Art. 141 EG-Vertrag 1999 Nr. 16 = DB 2005, 507. Das BAG lässt offen, ob der »mittelbare Versorgungsträger« (Pensionskasse) letztlich die »Zahllast« zu tragen hat. Dem benachteiligten Arbeitnehmer steht es frei, ob er gegen den Arbeitgeber oder – so im konkreten Fall (BAG 19.11.2002) – gegen die Pensionskasse vorgeht; dazu auch BAG 23.3.2004, 3 AZR 279/03, AP Nr. 28 zu BetrAVG § 1 Berechnung = FA 2004, 344; s. a. Rdn. 201 ff.

260 Zum »richtigen« Beklagten in diesen Fällen *Reinecke* FS Kemper, S. 383 ff.

261 EuGH 9.10.2001, Rs. C-379/99, EzA Art. 141 EG-Vertrag 1999 Nr. 7 = DB 2002, 279.

262 BAG 23.3.1999, 3 AZR 631/97 (A), EzA Art. 119 EWG-Vertrag Nr. 58 = DB 1999, 2654.

263 *Steinmeyer* BetrAV 2004, 436.

264 BAG 16.2.2010, 3 AZR 216/09, EzA § 1 BetrAVG Gleichbehandlung Nr. 35 = BB 2010, 499.

tion befinden.[265] Voraussetzung ist, dass am 1.1.2005, dem Zeitpunkt der Gleichstellung von Ehe und Lebenspartnerschaft hinsichtlich der Altersversorgung durch Einführung des § 20 Lebenspartnerschaftsgesetz – LPartG[266], zwischen dem Versorgungsberechtigten und dem Versorgungsschuldner noch ein Rechtsverhältnis bestand. Dies erfordert das Bestehen eines Arbeitsverhältnisses. Es reicht aber auch aus, wenn der Arbeitnehmer mit Betriebsrentenansprüchen bzw. unverfallbaren Anwartschaften ausgeschieden ist.[267]

Ein Verstoß gegen den Gleichbehandlungsgrundsatz liegt vor, wenn **teilzeitbeschäftigte Arbeitnehmer** nicht entsprechend ihrem Beschäftigungsgrad eine Teilversorgung erhalten (vgl. auch § 4 TzBfG).[268] Der Arbeitgeber kann eine den Verwaltungsaufwand reduzierende Gruppenbildung vornehmen, z.B. eine Unterteilung in vollzeitig, halbzeitig und unterhalbzeitig Beschäftigte.[269]   **181**

Bei Gesamtversorgungssystemen können geringfügig Beschäftigte (Rechtszustand vor dem 1.4.1999!) von einer arbeitgeberfinanzierten betrieblichen Altersversorgung ausgeschlossen werden.[270] Für Versorgungssysteme, die nicht in Abhängigkeit von der gesetzlichen Rentenversicherung ausgestaltet sind, liegen keine höchstrichterlichen Entscheidungen vor, jedoch ist zu berücksichtigen, dass in § 2 Abs. 2 TzBfG geregelt ist, dass geringfügig Beschäftigte den Teilzeitbeschäftigten gleichgestellt sind.[271]   **182**

---

265 EuGH 1.4.2008, C 267/06, EzA Richtlinie 2000/78 EG-Vertrag 1999 Nr. 4 = DB 2008, 996; BAG 14.1.2009, 3 AZR 20/07, EzA § 2 AGG Nr. 3 = DB 2009, 1545; vgl. auch Rdn. 65.

266 § 20 wurde durch Art. 1 des Gesetzes zur Überarbeitung des Lebenspartnerschaftsrechts vom 15.12.2004, BGBl. I S. 3396 in das LPartG eingefügt.

267 BAG 15.9.2009, 3 AZR 294/09, EzA § 2 AGG Nr. 5 = BB 2010, 179.

268 BAG 13.12.1994, 3 AZR 367/94, EzA § 1 BetrAVG Gleichbehandlung Nr. 5 = DB 1995, 931.

269 BAG 5.10.1993, 3 AZR 695/92, EzA Art. 119 EWG-Vertrag Nr. 14 = DB 1994, 739.

270 BAG 22.2.2000, 3 AZR 845/98, EzA § 1 BetrAVG Gleichbehandlung Nr. 16 = DB 2000, 1083; s.a. *Hanau* DB 2005, 946. zu dem Spezialproblem der Gleichbehandlung geringfügig Beschäftigter beim Entgelt.

271 Zu weiteren Einzelheiten zum Gleichbehandlungsgrundsatz und betrieblicher Altersversorgung *Langohr-Plato* Rn. 1332 ff. und *Doetsch* FS Kemper, S. 91 ff.

183 **Arbeiter und Angestellte** dürfen für Dienstzeiten ab dem **1.7.1993** in der betrieblichen Altersversorgung nicht unterschiedlich behandelt werden.[272]

184 Bei **Außen- und Innendienstlern** ist eine unterschiedliche Behandlung bei der betrieblichen Altersversorgung denkbar.[273] Es kommt darauf an, ob es dafür sachliche Gründe gibt, z.B. den Wunsch des Arbeitgebers, Außendienstler in besonderer Weise an das Unternehmen zu binden, weil diese Mitarbeiter zeit- und kostenaufwendig geschult werden müssen und der gesamte Vertriebs- erfolg im Wesentlichen von den Außendienstlern abhängig ist.[274]

4. Leistungsplan

185 Der Leistungsplan bestimmt die konkreten Rechte und Pflichten von Arbeit- geber und Arbeitnehmer im Versorgungsverhältnis.

186 Der Leistungsplan ist wie der Rechtsbegründungsakt und der Durchführungs- weg ein selbstständiges Element des Versorgungsverhältnisses. Grundsätzlich kann jeder Leistungsplan in jedem Durchführungsweg und in jedem Rechts- begründungsakt verwirklicht werden.[275]

---

272 BAG 23.4.2002, 3 AZR 268/01, EzA § 1 BetrAVG Gleichbehandlung Nr. 24 = FA 2002, 213; 10.12.2002, 3 AZR 3/02, EzA § 1 BetrAVG Gleichbehandlung Nr. 26 = DB 2003, 2018; 16.2.2010, 3 AZR 216/09, EzA § 1 BetrAVG Gleich- behandlung Nr. 35 = BB 2010, 499; zur Gleichbehandlung von Arbeitern und Angestellten bei einem Tarifvertrag BAG 22.12.2009, 3 AZR 895/07, EzA § 1 BetrAVG Gleichbehandlung Nr. 34 = DB 2010, 2816.

273 BAG 17.2.1998, 3 AZR 783/96, EzA § 1 BetrAVG Gleichbehandlung Nr. 14 = DB 1998, 1139; 9.12.1997, 3 AZR 661/96, EzA § 1 BetrAVG Gleichbehandlung Nr. 16 = DB 1998, 1823; 20.7.2004, 3 AZR 316/03, EzA § 1 BetrAVG Gleichbe- handlung Nr. 27 = DB 2005, 508 und 3 AZR 552/03, AP Nr. 49 zu § 5 BetrAVG.

274 Zu weiteren Einzelheiten zum Gleichbehandlungsgrundsatz *Höfer* BetrAVG, Rn. 659 ff. zu ART, *Blomeyer/Rolfs/Otto* Rn. 36 ff. zu Anh. § 1 und *Doetsch* FS Kemper, S. 91 ff.

275 Die Beitragszusage mit Mindestleistung ist gem. § 1 Abs. 2 Nr. 2 BetrAVG nur bei den Durchführungswegen Pensionsfonds, Pensionskasse und Direktversicherung zulässig, s. Rdn. 463 ff.

Bei der inhaltlichen Gestaltung des Leistungsplans gilt der Grundsatz der Vertragsfreiheit in der Ausformung der Gestaltungsfreiheit.[276] Zusätzlich sind Mitbestimmungsrechte des Betriebsrates zu beachten.[277]   **187**

Sind die einzelnen Elemente des Leistungsplans nicht eindeutig gestaltet, sondern ergeben sich Auslegungszweifel, so gehen diese zulasten desjenigen, der die Formulierungskompetenz hatte (**Unklarheitenregel**).[278] Das ist üblicherweise der Arbeitgeber. Von Bedeutung sind ebenfalls §§ 305c Abs. 2 und § 310 Abs. 3 Nr. 2 BGB, die auch bei einer Versorgungsregelung einschlägig sind.[279] Etwas anderes gilt bei Betriebsvereinbarung, Tarifvertrag und Richtlinien gem. § 28 Abs. 2 S. 1 SprAuG, bei denen die Unklarheitenregelung des § 305c Abs. 2 BGB wegen § 310 Abs. 4 S. 1 BGB nicht gilt. Hier dürfte die »allgemeine« Unklarheitenregelung Anwendung finden. Das hat die Rechtsprechung[280] aber offen gelassen.[281]   **188**

Die Unklarheitenregel kommt aber erst dann zum Zuge, wenn nach Ausschöpfung aller in Betracht kommender Auslegungsmethoden ein nicht behebbarer Zweifel bleibt.[282]   **189**

a) Teilnahmeberechtigung

Die Teilnahmeberechtigung umschreibt den persönlichen Geltungsbereich, also die konkret begünstigten Mitarbeiter, die versorgungsberechtigten   **190**

---

276 S. dazu Rdn. 18 ff.

277 S. dazu Rdn. 380 ff.

278 BAG 27.1.1998, 3 AZR 444/96, EzA § 1 BetrAVG Unterstützungskasse Nr. 11 = DB 1998, 1671; 12.6.2007, 3 AZR 83/06, EzA § 16 BetrAVG Nr. 50 = DB 2008, 480; 2.7.2009, 3 AZR 501/07, DB 2009, 1939.

279 Dazu BAG 23.9.2003, 3 AZR 551/02, EzA § 305c BGB 2002 Nr. 1 = FA 2004, 310; 12.6.2007, 3 AZR 83/06, EzA § 16 BetrAVG Nr. 53 = DB 2008, 480; 18.5.2010, 3 AZR 373/08, EzA § 310 BGB 2002 Nr. 9 = BB 2010, 1852.

280 BAG 22.1.2002, 3 AZR 554/00, EzA § 77 BetrVG 1972 Ruhestand Nr. 2 = BB 2002, 2333.

281 Dazu i. E. *Blomeyer/Rolfs/Otto* Rn. 258 ff. zu Anh. § 1.

282 BAG 22.1.2002, 3 AZR 554/00, EzA § 77 BetrVG 1972 Ruhestand Nr. 2 = BB 2002, 2333; 16.4.1997, 3 AZR 28/96, EzA § 1 BetrAVG Hinterbliebenenversorgung Nr. 5 = DB 1997, 1575 und 19.12.2000, 3 AZR 174/00, EzA § 1 BetrAVG Wartezeit Nr. 1 = DB 2002, 226.

Arbeitnehmer oder sonstige von der Versorgungsregelung erfasste Personen (§ 17 Abs. 1 S. 2 BetrAVG).

191   Ein Hinweis darauf, dass sowohl männliche als auch weibliche Beschäftigte gemeint sind, ist nicht notwendig. Es kann bei der Formulierung auch nur die »übliche« männliche Form gewählt werden. Dies stellt keine Diskriminierung der weiblichen Beschäftigten dar.[283]

192   Bei der Bestimmung der Teilnahmeberechtigung hat der Arbeitgeber grundsätzlich – natürlich unter Beachtung der entsprechenden erzwingbaren Mitbestimmungsrechte des Betriebsrats[284] – im Rahmen der Vertragsfreiheit Gestaltungsfreiheit, jedoch muss immer der Gleichbehandlungs- und Gleichberechtigungsgrundsatz beachtet werden.[285] Es liegt keine Diskriminierung wegen des Alters vor, wenn Arbeitnehmer nicht mehr teilnahmeberechtigt sind, wenn sie bei Beginn des Arbeitsverhältnisses das 50. Lebensjahr überschritten haben.[286] Dagegen kann ein Arbeitnehmer nicht ausgeschlossen werden, wenn er bei Beginn des Arbeitsverhältnisses 45 Jahre alt ist.[287]

b) Leistungssystem

193   In der betrieblichen Altersversorgung gibt es eine Vielzahl unterschiedlicher Leistungssysteme. Üblich ist es, sowohl eine Dienstzeit- als auch eine Entgeltkomponente vorzusehen. Wer länger arbeitet und/oder mehr verdient, erhält höhere Versorgungsleistungen. Das ist keine Diskriminierung wegen Alters nach dem AGG. Bei einer dienstzeitabhängigen Ausgestaltung soll die Teilzeitbeschäftigung entsprechend dem Teilzeitgrad berücksichtigt werden.[288]

194   Die Leistungsplanstruktur eines Versorgungssystems kann innerhalb des Betriebsrentenrechts von einer **Leistungszusage** bis zu einer **Beitragszusage** mit Mindestleistung reichen. Außerhalb des Schutzbereiches des Betriebsrentengesetzes sind aufgrund der Vertragsfreiheit auch reine Beitragszusagen

---

283 BAG 11.11.1986, 3 ABR 74/85, EzA § 1 BetrAVG Gleichberechtigung Nr. 2 = DB 1987, 994.

284 S. dazu Rdn. 380 ff.

285 S. dazu i. E. Rdn. 158 ff.

286 BAG 12.11.2013, 3 AZR 356/12, BetrAV 2014, 285 = BB 2014, 562.

287 BAG 18.3.2014, 3 AZR 69/12, BetrAV 2014, 293 = BB 2014, 1268.

288 BAG 3.11.1998, 3 AZR 432/97, EzA § 3 TVG Auslegung Nr. 31 = DB 1999, 1809; 24.7.2001, 3 AZR 567/00, EzA § 6 BetrAVG Nr. 25 = DB 2002, 588.

denkbar,[289] z. B. wenn nur Beitragszahlungen an eine Lebensversicherungsgesellschaft oder an eine Pensionskasse zugesagt werden.

Bei der **Leistungszusage** steht im Vordergrund die dem Arbeitnehmer durch den Arbeitgeber zugesagte Leistung im Versorgungsfall. Die Leistung kann nach ganz unterschiedlichen Regeln ermittelt werden. Entscheidend ist, dass es nicht darauf ankommt, wie der Arbeitgeber die zugesagte Leistung finanziert. Es gilt bei Eintritt des Versorgungsfalls der Grundsatz, dass man Geld zu haben hat, also die Versorgungsleistung erbringen muss.   195

Reine Beitragszusagen kennt das Arbeitsrecht der betrieblichen Altersversorgung **innerhalb** des Betriebsrentengesetzes nicht.[290]   196

Das Spektrum der Leistungsplanstrukturen bei einer Leistungszusage reicht von **Festbetragssystemen** (z. B. 10,- € pro Dienstjahr) über **dynamische Systeme** (z. B. 0,5 % vom rentenfähigen Arbeitseinkommen pro Dienstjahr) zu **Gesamtversorgungssystemen** (z. B. 70 % des Bruttoeinkommens abzüglich der individuellen Sozialversicherungsrente).   197

Verbreitet sind dynamische Systeme mit **gespaltener Leistungsformel**, bei denen Entgeltbestandteile bis zur Beitragsbemessungsgrenze anders bewertet werden als Entgeltbestandteile oberhalb der Beitragsbemessungsgrenze. I. d. R. sehen entsprechend ausgestaltete Versorgungsordnungen für Entgeltbestandteile oberhalb der Beitragsbemessungsgrenze höhere Leistungen der betrieblichen Altersversorgung vor und tragen damit dem unterschiedlichen Versorgungsbedarf Rechnung, der dadurch entsteht, dass das Arbeitsentgelt oberhalb dieser Grenze nicht zu einem Anspruch auf eine höhere gesetzliche Rente führt.[291] Es existieren auch Leistungsstrukturen, bei denen nur Einkommensbestandteile oberhalb der Beitragsbemessungsgrenze berücksichtigt werden. Seit der außerplanmäßigen Erhöhung der Beitragsbemessungsgrenze in 2003 war aufgrund der damit verbundenen nachteiligen Auswirkungen für Versorgungsempfänger umstritten, ob und unter welchen rechtlichen   198

---

289 BAG 7.9.2004, 3 AZR 550/03, EzA Art. 141 EGV Nr. 16 = BetrAV 2005, 201; 13.11.2007, 3 AZR 635/06, AP Nr. 49 zu § 1 BetrAVG.

290 S. dazu Rdn. 194 und BAG 7.9.2004, 3 AZR 550/03, EzA Art. 141 EG-Vertrag 1999 Nr. 16 = DB 2005, 507; dazu auch *Reichel/Heger* S. 54.

291 BAG 21.4.2009, 3 AZR 640/07, DB 2009, 2499 = BetrAV 2009, 559; 21.4.2009, 3 AZR 695/08, EzA § 1 BetrAVG Auslegung Nr. 1 = DB 2009, 2162.

Gesichtspunkten solche Versorgungsordnungen anzupassen sind.[292] Nachdem das BAG zunächst entschieden hatte, dass lückenhaft gewordene Versorgungsordnungen dahingehend ergänzt werden, dass sich die Betriebsrente ohne Berücksichtigung der außerordentlichen Anhebung der Beitragsbemessungsgrenze berechnet, aber der Betrag in Abzug zu bringen ist, um den sich die gesetzliche Rente infolge höherer Beitragszahlungen erhöht hat,[293] hat es zwischenzeitlich diese Rechtsprechung wieder aufgegeben und nimmt nur dann eine Anpassung bei der Versorgungsleistung vor, wenn eine Störung der Geschäftsgrundlage vorliegt, wobei es offen gelassen hat, wann die Störung so gravierend ist, dass Anpassungsbedarf besteht. Jedenfalls reicht eine Absenkung der Betriebsrente um 8 % oder 15 % nicht aus.[294]

199 Arbeiten Versorgungsberechtigte sowohl unter Geltung der Beitragsbemessungsgrenze Ost als auch der Beitragsbemessungsgrenze West, ist eine Versorgungsordnung mit gespaltener Rentenformel ergänzend dahin auszulegen, dass bei Anwendung der Rentenformel statt nur einer Beitragsbemessungsgrenze ein nach zeitlichen Anteilen der Anwendung der unterschiedlichen Beitragsbemessungsgrenzen gewichteter Mittelwert zwischen beiden Beitragsbemessungsgrenzen West und Ost zugrunde zu legen ist.[295] Es gilt dasselbe wie beim Wechsel von Vollzeit- und Teilzeitbeschäftigung.[296]

200 Verbreitet sind auch sog. Pläne mit persönlicher Verdienstrelation (**Renteneckwertsysteme**) als Festbetragssystem (z. B. der Festbetrag pro Dienstjahr richtet sich nach einem bestimmten Normeinkommen z. B. einem Tarifgehalt × zugeordnetem Eckwert; der individuelle Festbetrag wird dann aus dem Verhältnis des individuellen Arbeitseinkommens zu dem »Normeinkommen« bestimmt).

---

292 Vgl. *Kemper*, BetrAV 2003, 431; *Schoden* BetrAV 2003, 434.

293 BAG 21.4.2009, 3 AZR 695/08, EzA § 1 BetrAVG Auslegung Nr. 1 = DB 2009, 2162; 17.1.2012, 3 AZR 135/10, AP Nr. 30 zu § 1 BetrAVG Auslegung.

294 BAG 23.4.2013, 3 AZR 512/11, BetrAV 2013, 362; 23.4.2013, 3 AZR 475/11, EzA § 1 BetrAVG Auslegung Nr. 2 = DB 2013, 2157; 18.3.2014, 3 AZR 952/11.

295 BAG 21.4.2009, 3 AZR 640/07, DB 2009, 2499 = BetrAV 2009, 559.

296 BAG 24.7.2001, 3 AZR 567/00, AP Nr. 27 zu § 6 BetrAVG = DB 2002, 997.

▶ **Beispiel:** 201

Persönliche Verdienstrelation:	individueller rentenfähiger Arbeitsverdienst einheitlicher Vergleichsverdienst
Vergleichsverdienst:	1.300 €
Individueller rentenfähiger Arbeitsverdienst:	1.500 €
vordefinierte Altersrente:	300 €
Persönliche Altersrente:	$\dfrac{1.500\,€}{1.300\,€} \times 300\,€ = 346{,}15\,€$

Üblich sind auch **gehaltsabhängige Gestaltungen**, bei denen die Leistungs- 202
bemessung sich nicht nach dem Endgehalt bei Eintritt des Versorgungsfalles,
sondern nach dem Lebensdurchschnittseinkommen (wie in der gesetzlichen
Rentenversicherung) richtet (z. B. 0,5 % vom rentenfähigen Arbeitseinkommen im Monat Juli eines jeden Dienstjahres).

▶ **Beispiel:** 203

0,5 % × rentenfähiger Arbeitsverdienst im Monat Juli des jeweiligen Jahres

	rentenfähiger Arbeitsverdienst	Baustein	Erdiente Summe
01	1.000 €	5,00 €	5,00 €
02	1.030 €	5,15 €	10,15 €
03	1.061 €	5,30 €	15,45 €
04	1.093 €	5,46 €	20,91 €
05	1.126 €	5,63 €	26,54 €
:			
35	2.732 €	13,66 €	302,31 €
36	2.814 €	14,07 €	316,38 €
37	2.898 €	14,49 €	330,87 €
38	2.985 €	14,93 €	345,80 €
39	3.075 €	15,37 €	361,17 €
40	3.167 €	15,84 €	377,01 €

204 Besondere Leistungsplanstrukturen enthalten die beitragsorientierte Leistungszusage und die Beitragszusage mit Mindestleistung.[297] Die beitragsorientierte Leistungszusage wird in Abs. 2 Nr. 1 und die Beitragszusage mit Mindestleistung in Abs. 2 Nr. 2 definiert, sodass auf die dortigen Ausführungen verwiesen werden kann.[298]

c) Leistungsform

205 Die Gestaltungsfreiheit als Ausfluss der Vertragsfreiheit gilt auch bei den Leistungsformen.

206 Versorgungsleistungen können im Spektrum von **lebenslänglich laufenden Renten** bis zu **Einmalbeträgen** zugesagt werden. Alle Zwischenformen sind denkbar, z. B. ratenweise Auszahlung eines Kapitals oder abgekürzte Leibrenten. Dies gilt arbeitsrechtlich für alle Durchführungswege der betrieblichen Altersversorgung.

207 Sollen bei Direktversicherung, Pensionskasse und Pensionsfonds die steuerlichen Rahmenbedingungen des § 3 Nr. 63 EStG genutzt werden, ist die Gestaltungsfreiheit eingeschränkt. Es muss eine lebenslange Rente gezahlt werden. Auch ist ein Auszahlungsplan denkbar. Eine Teilkapitalisierung ist zulässig.[299] Auch kann eine Rentenzusage mit einem Kapitalwahlrecht versehen sein, das steuerunschädlich ausgeübt werden kann im letzten Jahr vor Rentenbeginn.[300]

208 Als Leistungsform sind Geldleistungen üblich. Betriebliche Altersversorgung liegt aber auch vor, wenn Sachleistungen, z. B. Deputate[301] oder sonstige Vergünstigungen[302] erbracht werden. Ob eine Deputatleistung jedoch eine Leis-

---

297 S. dazu Rdn. 447 ff. und Rdn. 533; s. a. *Blumenstein* FS Kemper, S. 25 ff. und *Pophal* FS Kemper, S. 355 ff.

298 Rdn. 444.

299 Dazu i. E. *Kemper/Kisters-Kölkes* Grundzüge Rn. 177 f.; für den Pensionsfonds i. E. wird verwiesen auf § 112 VAG, für die Pensionskasse auf § 118a VAG.

300 BMF-Schreiben v. 24.7.2013, a. a. O., Rn. 312.

301 BAG 2.12.1986, 3 AZR 123/86, EzA § 611 BGB Fürsorgepflicht Nr. 46; 16.3.2010, 3 AZR 594/09, EzA § 1 BetrAVG Nr. 93 = DB 2010, 1834; 14.12.2010, 3 AZR 799/08, BetrAV 2011, 106 = FA 2011, 58; dazu *Küpper* FS Höfer, S. 127.

302 Zum Personalrabatt BAG 19.2.2008, 3 AZR 61/06, EzA § 1 BetrAVG Betriebliche Übung Nr. 9 = FA 2008, 216.

tung der betrieblichen Altersversorgung darstellt, muss anhand der gegebenen Zusage im Einzelfall entschieden werden.[303]

Die Einordnung von Sachleistungen als betriebliche Altersversorgung hat erhebliche Konsequenzen für die Eingriffsmöglichkeiten in bestehende Ansprüche. Soweit Deputate an aktive Arbeitnehmer bis zum Eintritt in das Rentenalter gezahlt werden, handelt es sich um Entgeltbestandteile, in die nach den für den jeweiligen Rechtsbegründungsakt geltenden allgemeinen Regeln eingegriffen werden kann. Davon zu unterscheiden sind die den aktiven Arbeitnehmern zeitgleich bereits im aktiven Stadium gegebenen Zusagen auf den Erhalt von Deputatleistungen im Versorgungsfall sowie die Deputate an Betriebsrentner, Hinterbliebene und unverfallbar ausgeschiedene Arbeitnehmer. Diese unterfallen den besonderen Regeln für Eingriffe in Versorgungsanwartschaften und laufende betriebliche Altersversorgungsleistungen.[304] **209**

Auf Probleme stößt auch die spätere Umwandlung von Deputatsleistungen in Geldleistungen. Offen ist insoweit, ob dabei zukünftige, insbesondere für Energieleistungen zu erwartende, Preiserhöhungen auszugleichen sind. Arbeitgeber, die ihren Versorgungsberechtigten Deputats- und andere Sachleistungen gewähren, werden diese und alternative Überlegungen (wie z. B. Fremdeinkauf) immer dann anstellen müssen, wenn sie die Eigenproduktion von Deputatsleistungen aufgrund von Änderungen des Unternehmenszwecks, Ausgliederung oder Veräußerung von Betriebsteilen etc. einstellen und daher zur Erbringung der zugesagten Sachleistung nicht mehr ohne Weiteres selbst in der Lage sind. **210**

d) Bemessungsgrößen (Dienstzeit, versorgungsfähiges Einkommen)

Die wichtigsten Bemessungsgrößen für Versorgungsleistungen sind die versorgungsfähige Dienstzeit und das versorgungsfähige Einkommen. Auch bei diesen Leistungsplanelementen gilt der Grundsatz der Vertragsfreiheit in der Ausformung der Gestaltungsfreiheit, natürlich unter Beachtung des Gleichbehandlungsgrundsatzes.[305] **211**

---

303 BAG 12.12.2006, 3 AZR 475/05, AiB 2008,114;12.12.2006, 3 AZR 476/05, EzA § 1 BetrAVG Nr. 89 = DB 2007, 2043.

304 BAG 12.12.2006, 3 AZR 475/05, AiB 2008, 114; 12.12.2006, 3 AZR 476/05, EzA § 1 BetrAVG Nr. 89 = DB 2007, 2043; s. dazu Rdn. 256 ff.

305 Einzelheiten hierzu *Höfer* BetrAVG, Rn. 921 ff. zu ART.

212　Bei Formulierungen dieser Leistungsplanelemente muss besondere Sorgfalt walten, da auch hier die Unklarheitenregel gilt.

213　Es ist nicht erforderlich, die gesamte Betriebszugehörigkeit oder das gesamte Einkommen als versorgungsfähig zu erklären.

214　Bei der **versorgungsfähigen Dienstzeit** können Ausbildungs-, Ruhens- oder Probezeiten ausgenommen werden. Die Berücksichtigung von Zeiten einer abgeschlossenen Fachhochschul- oder Hochschulausbildung kann an Bedingungen geknüpft werden.[306] Die Anzahl der Dienstjahre kann der Höhe nach begrenzt sein. So liegt jedenfalls dann keine Altersdiskriminierung i. S. d. AGG vor, wenn maximal 40 Dienstjahre zu berücksichtigen sind.[307]

215　Es ist möglich, nur die Dienstzeit für versorgungsfähig zu erklären, die ab einem bestimmten Stichtag, z. B. nach einem Betriebsübergang gem. § 613a BGB oder nach Erwerb einer bestimmten Funktion, im Unternehmen verbracht wurde.

216　Beim **versorgungsfähigen Einkommen** können nicht regelmäßig gewährte Einkommensteile ausgenommen werden, z. B. Weihnachtsgeld, Urlaubsgeld[308], Überstundenzuschläge, Tantiemen und Ähnliches.[309]

217　Fehlt eine genaue, nicht auslegungsfähige Definition des versorgungsfähigen Einkommens, wird z. B. das »Bruttoentgelt« für versorgungsfähig erklärt, ergibt sich eine Vielzahl von Auslegungszweifeln:
  – Der Begriff Bruttoentgelt beinhaltet nicht notwendigerweise alle Bruttobezüge.[310]

306　LAG Hamm 15.4.2008, 4 Sa 1638/07, n. v.

307　BAG 11.12.2012, 3 AZR 634/10, DB 2013, 1002 = BetrAV 2013, 245.

308　Zum tariflichen Urlaubsgeld und tariflichen Sonderzahlungen i. E. BAG 24.1.2006, 3 AZR 479/04, AP Nr. 27 zu § 77 BetrVG Betriebsvereinbarung = DB 2006, 1120.

309　Zur Auslegung des Begriffs »rentenfähiger Arbeitsverdienst« BAG 15.2.2005, 3 AZR 237/04, EzA § 4 TVG Metallindustrie Nr. 131; 18.10.2005, 3 AZR 48/05, EzA § 1 BetrAVG Nr. 86 = DB 2006, 224; 10.12.2013, 3 AZR 832/11.

310　BAG 14.8.1990, 3 AZR 321/89, EzA § 1 BetrAVG Nr. 58 = DB 1991, 343; 18.10.2005, 3 AZR 48/05, EzA § 1 BetrAVG Nr. 86 = DB 2006 224. Zur Ruhegeldfähigkeit einer Flugzulage LAG München 8.11.2006, 9 Sa 272/06, n. v.; BAG 19.4.2011, 3 AZR 272/09, unterscheidet zwischen ruhegeldfähigem Bruttogehalt und Tarifgehalt; zum »pensionsfähigen Diensteinkommen«: BAG 19.1.2011, 3 AZR 6/09, n. v.

– Unter dem Begriff »Tariflohn« sind normalerweise nicht tarifliche Vergütungszuschläge für Mehr-, Nacht-, Sonn- und Feiertagsarbeit sowie Gratifikationen und vermögenswirksame Leistungen zu verstehen.[311]
– Das Bruttogehalt umfasst nicht den Arbeitgeberanteil zur gesetzlichen Kranken- und Rentenversicherung.[312]
– Der Einkommensvorteil aus der Privatnutzung eines Dienstwagens kann zum versorgungsfähigen Einkommen zählen. Stellt die Versorgungsordnung hinsichtlich des zu berücksichtigenden ruhegeldfähigen Einkommens aber ausdrücklich auf das so genannte »(Brutto-)monatsgehalt« oder »Grundgehalt« ab, so werden nur Geldleistungen erfasst.[313]
– Vergütungen für Rufbereitschaften sind i. d. R. keine versorgungsfähigen Bezüge.[314]

Im Übrigen kommt es bei der Bestimmung des versorgungsfähigen Einkommens immer auf die Interpretation der konkreten Formulierungen an.[315]

e) Allgemeine Leistungsvoraussetzungen

Allgemeine Leistungsvoraussetzungen sind Bestimmungen in Leistungsplänen, nach denen ein Teil der Belegschaft nicht oder erst ab einem bestimmten Zeitpunkt begünstigt werden soll. **218**

Zulässig sind **Höchstaufnahmealter**, auch in der Form, dass bis zur Regelaltersgrenze eine 15 jährige Dienstzeit abgeleistet werden muss. Dies ist weder eine Alters- noch eine Geschlechterdiskriminierung.[316] Sie führen dazu, dass Mitarbeiter, die bei Dienstbeginn das Höchstalter überschritten haben, keine **219**

---

311 LAG Hamm 6.4.1982, 6 Sa 412/81, DB 1982, 1523; BAG 24.1.2006, 3 AZR 479/04, DB 2006, 1120; vgl. zu tariflichen Zulagen auch BAG 27.3.2007, 3 AZR 60/06, AP Nr. 57 zu § 2 BetrAVG = BB 2007, 2522.
312 Dazu und weitere Einzelheiten zum versorgungsfähigen Einkommen *Höfer* BetrAVG, Rn. 933 ff. zu ART und *Blomeyer/Rolfs/Otto* Rn. 220 zu Anh. § 1.
313 BAG 21.8.2001, 3 AZR 746/00, EzA § 1 BetrAVG Nr. 78 = DB 2002, 851; Hess. LAG 8.9.2004, 8 Sa 2110/03, n. v.; 12.11.2008, 8 Sa 188/08, BetrAV 2009, 475; LAG Rheinland-Pfalz 7.12.2006, 11 Sa 629/06, n. v.; LAG Köln 9.02.2006, 10 Sa 1027/05, n. v.
314 BAG 18.11.2003, 3 AZR 628/02.
315 Vgl. z. B. BAG 20.10.2010, 3 AZR 683/08, AP Nr. 9 zu § 1 BetrAVG Auslegung.
316 BAG 14.1.1986, 3 AZR 456/84, EzA § 1 BetrAVG Nr. 40 = DB 1986, 2030; 12.2.2013, 3 AZR 100/11, EzA § 10 AGG Nr. 7 = DB 2013, 84.

Versorgungszusage erhalten. Nach § 7 Abs. 2 AGG ist jedoch eine Regelung unwirksam, die Arbeitnehmer von einer betrieblichen Versorgungsleistung ausnehmen soll, die noch mindestens 20 Jahre betriebstreu sein können. Ein solches Höchstaufnahmealter von 45 Jahren ist unangemessen.[317]

220 **Stellungsbezogene Kriterien** können im Rahmen des Gleichbehandlungs- und Gleichberechtigungsgrundsatzes den Kreis der Teilnahmeberechtigten eines Versorgungssystems bestimmen. Differenzierungsgründe sind z. B. der Versorgungsbedarf oder die Bindung an ein Unternehmen.[318]

221 Vor Erreichen der Stellung, z. B. der Erteilung der Prokura, oder eines bestimmten Tätigkeitsbereiches im Unternehmen, besteht keine Versorgungs- zusage.[319] Wird bei Erreichen einer bestimmten hierarchischen Ebene im Unternehmen die bestehende Zusage aufgestockt, besteht ein Anspruch auf die erhöhte Zusage, wenn die Beförderung vorgenommen wurde.[320]

222 Befristet beschäftigte Arbeitnehmer können von einer Versorgung ausge- schlossen werden.[321] Auf den Grund für die Befristung kommt es nicht an. Auch Auszubildende können von einer Versorgung ausgeschlossen werden.

223 Leistungspläne können **Wartezeiten** vorsehen. Diese bedeuten zur Risikobe- grenzung einen Leistungsausschluss. Bei Eintritt eines Versorgungsfalles vor Ablauf der Wartezeit entsteht kein Anspruch auf eine vorzeitige Invaliditäts- oder Todesfallleistung, obwohl die Versorgungszusage besteht. Nur wenn der Versorgungsfall nach Ablauf der Wartezeit eintritt, sind Versorgungsleistun- gen zu bezahlen. Es gilt das »Alles-oder-Nichts«-Prinzip. Deshalb beziehen sich Wartezeiten nur auf den Ausschluss von vorzeitigen Leistungsfällen bei Invalidität oder Tod. Bei einer reinen Altersleistung läuft die Wartezeit immer bis zum Eintritt des Versorgungsfalls.

224 Die Dauer einer Wartezeit kann unabhängig von Unverfallbarkeitsfristen bestimmt werden (§ 1b Abs. 1 S. 5 BetrAVG).[322] Der Arbeitgeber kann die Dauer der Wartezeit festlegen, solange er sich dabei nicht in Widerspruch

---

317 BAG 18.3.2014, 3 AZR 69/12.

318 BAG 17.2.1998, 3 AZR 783/96, EzA § 1 BetrAVG Gleichbehandlung Nr. 14 = DB 1998, 1139 und 19.3.2002, 3 AZR 229/01, n. v.

319 S. dazu § 1b Rdn. 60 ff.

320 BAG 21.8.2012, 3 AZR 81/10.

321 BAG 15.1.2013, 3 AZR 4/11, EzA § 2 BetrAVG Nr. 33 = DB 2012, 1756.

322 S. dazu § 1b Rdn. 108 ff.

zu höherrangigem Recht setzt.[323] So ist eine Wartezeit von zwanzig Jahren rechtlich nicht zu beanstanden.[324] Dies gilt auch für eine Wartezeit, die eine Leistung nur vorsieht, wenn der Versorgungsfall nach Vollendung des 50. Lebensjahres eintritt.[325]

Wartezeiten können rechtlich wie ein Höchstaufnahmealter wirken, wenn sie **225** spätestens bis zur Vollendung des 65. Lebensjahres erfüllt sein müssen und z. B. 10 Jahre betragen. Dies bedeutet im Ergebnis ein Höchstaufnahmealter von 55 Jahren.[326] Insoweit ist auch die Rechtsprechung zur steigenden Altersgrenze zu berücksichtigen.[327]

Etwas anderes gilt, wenn nach dem Leistungsplan die Wartezeit noch nach **226** Vollendung des 65. Lebensjahres abgeleistet werden kann.[328]

Sog. Mindestaufnahmealter- und/oder Mindestdienstzeitbestimmungen (Vor- **227** schaltzeiten)[329] sind in leistungsausschließende Wartezeiten umzudeuten.[330]

f) Spezielle Leistungsvoraussetzungen

Die speziellen Leistungsvoraussetzungen beziehen sich auf die einzelnen Leis- **228** tungsarten, also die Alters-, Invaliditäts- und Todesfallleistung.

Bei der **Altersleistung** sind übliche Leistungsvoraussetzungen die Voll- **229** endung eines Pensionsalters und das Ausscheiden aus dem Arbeitsverhältnis bzw. Erwerbsleben.[331] Ein Pensionsalter kann frühestens die Vollendung des 60. Lebensjahres sein, wobei für die steuerliche Behandlung des Versorgungs-

---

323 BAG 24.2.2004, 3 AZR 5/03, EzA § 1b BetrAVG Nr. 2 = DB 2004, 1158.

324 BAG 9.3.1982, 3 AZR 389/79, EzA § 1 BetrAVG Nr. 18 = DB 1982, 2089.

325 BAG 10.12.2013, 3 AZR 796/11, BB 2014, 51 = BetrAV 2014, 90.

326 BAG 7.7.1977, 3 AZR 570/76, EzA § 1 BetrAVG Nr. 1 = DB 1977, 1608; 18.3.2014, 3 AZR 69/12, BB 2014, 819 = BetrAV 2014, 293.

327 BAG 15.5.2012, 3 AZR 11/10, EzA § 2 BetrAVG Nr. 33 = DB 2012, 1756.

328 BAG 7.7.1977, 3 AZR 422/76, EzA § 1 BetrAVG Nr. 2 = DB 1977, 1607.

329 BAG 24.2.2004, 3 AZR 5/03, EzA § 1b BetrAVG Nr. 2 = DB 2004, 1158; s. dazu auch § 1b Rdn. 52 ff.

330 BAG 7.7.1977, 3 AZR 572/76, EzA § 1 BetrAVG Wartezeit Nr. 3 = DB 1977, 1704; 24.2.2004, 3 AZR 5/03, EzA § 1b BetrAVG Nr. 2 = DB 2004, 1158.

331 Die Beendigung des Arbeitsverhältnisses muss nicht mit dem Zahlungsbeginn der Leistung übereinstimmen BAG 15.6.2004, 3 AZR 403/03, EzA § 4 TVG Bundespost Nr. 16 = DB 2005, 292.

aufwandes zu berücksichtigen ist, dass die Finanzverwaltung für ab dem 1.1.2012 erteilte Zusagen ein Alter 62 verlangt.[332] Eine Ausnahme kann bei bestimmten Berufsgruppen, z. B. bei Piloten, gelten, wenn berufsspezifische Besonderheiten zu berücksichtigen sind. Für solche Personengruppen kann ein früheres Pensionsalter, z. B. die Vollendung des 55. Lebensjahres, durch Tarifvertrag, Betriebsvereinbarung oder ein Gesetz vorgegeben sein.[333]

230 Mit der sukzessiven Anhebung der Regelaltersgrenze von 65 auf 67 in der gesetzlichen Rentenversicherung durch das RV-Altersgrenzenanpassungsgesetz[334] und der vom BAG aufgestellten Auslegungsregel[335] kann das Pensionsalter für die ungekürzte Inanspruchnahme einer gesetzlichen Altersrente steigen, sodass entsprechende Kürzungen auch in der betrieblichen Altersversorgung vorzunehmen sind.

231 Bei den **vorzeitigen Altersleistungen** wird i. d. R. an die Inanspruchnahme einer Altersrente aus der gesetzlichen Rentenversicherung vor Vollendung des 65. bzw. nunmehr des 67. Lebensjahres und an das Ausscheiden aus dem Arbeitsverhältnis bzw. aus dem Erwerbsleben angeknüpft.[336]

232 Es bestehen keine Bedenken, vorzeitige Altersleistungen auch ohne die Voraussetzungen des § 6 BetrAVG zuzusagen, z. B. bei Arbeitnehmern, die über berufsständische Versorgungswerke versorgt werden (angestellte Rechtsanwälte, Ärzte, Apotheker u. Ä.).

233 Für die Altersleistung in den Durchführungswegen Direktversicherung, Pensionskasse und Pensionsfonds ist es nach Auffassung der Finanzverwaltung unschädlich, wenn der Arbeitnehmer trotz des Bezugs der Versorgungsleistung weiterarbeitet.[337] Dabei wird wohl die Regelung in § 118a VAG übersehen. Soweit die Finanzverwaltung andeutet, dass dies in den Durchführungswegen Direktzusage und Unterstützungskasse anders sein könnte, also Versorgungsleistungen nur bezogen werden könnten, wenn ein Ausscheiden aus dem Arbeitsverhältnis oder ganz aus dem Erwerbsleben erfolgen müsste,

---

332 BMF-Schreiben v. 24.7.2013, a. a. O., Rn. 286.

333 BMF-Schreiben v. 24.7.2013, a. a. O., Rn. 286; dazu auch BAG 17.4.2012, 3 AZR 481/10, DB 2012, 2947 = BB 2012, 2695.

334 V. 20.4.2007, BGBl. I S. 554.

335 BAG 15.5.2012, 3 AZR 11/10, EzA § 2 BetrAVG Nr. 33 = DB 2012, 1756.

336 S. dazu § 6 Rdn. 1 ff.

337 BFH 5.3.2008, I R 12/07, BFHE 220 = DB 2008, 1183.

missachtet die Finanzverwaltung die eindeutige Aussage des BAG: »Es ist unschädlich, wenn der Arbeitnehmer über diese Altersgrenze hinaus weiter arbeitet und sogar noch zusätzliche Steigerungsraten erdienen kann.«[338] Da sich das Steuerrecht nach dem Zivilrecht richten muss, wenn keine abweichende steuergesetzliche Regelung besteht, sind die Wertungen rechtswidrig. Sie sind auch nicht durch die Rechtsprechung des BFH gedeckt. Der BFH sieht nur dann ein Doppelzahlungsverbot, wenn ein beherrschender Gesellschafter-Geschäftsführer neben einer Aktivenvergütung eine Versorgungsleistung erhält. Dann ist dies eine verdeckte Gewinnausschüttung. Eine solche kann bei einem normalen Arbeitnehmer nicht vorliegen.[339]

Bei einer **Invaliditätsleistung** sind üblicherweise die im Rahmen der Gestaltungsfreiheit definierte Invalidität und die Beendigung des Arbeitsverhältnisses Leistungsvoraussetzungen.[340] Tritt die Invalidität während der Wartezeit ein, entsteht kein Anspruch auf Invaliditätsleistung, möglicherweise kann später ein Anspruch auf Altersleistung entstehen, wenn bei Beendigung des Arbeitsverhältnisses eine gesetzlich unverfallbare Anwartschaft entstanden war.[341] Es ist zulässig, eine Invaliditätsleistung nur zu gewähren, wenn das Arbeitsverhältnis beendet wird.[342] **234**

Eine betriebliche Versorgungsordnung kann vorsehen, dass eine Invaliditätsleistung nur geschuldet wird, wenn die Invalidität nach Vollendung eines bestimmten Mindestalters (z. B. 50. Lebensjahr) eintritt.[343] **235**

Die Invalidität wird häufig entsprechend den Regelungen in der gesetzlichen Rentenversicherung definiert.[344] **236**

---

338 BAG 17.9.2008, 3 AZR 865/06, EzA § 1 BetrAVG Nr. 91 = BetrAV 2009, 165.

339 BMF-Schreiben v. 24.7.2013, a. a. O., Rn. 286.

340 Vgl. BAG 5.6.1984, 3 AZR 376/82, EzA § 242 BGB Ruhegeld Nr. 108 = DB 1984, 2412; 15.10.1985, 3 AZR 93/84, EzA § 1 BetrAVG Nr. 35; 14.1.1986, 3 AZR 473/84, EzA § 1 BetrAVG Nr. 36.

341 BAG 18.3.1986, 3 AZR 641/84, EzA BetrAVG § 1 Nr. 41 = DB 1986, 1930; dazu krit. *Höfer* BetrAVG Rn. 2952 zu § 1b.

342 BAG 9.1.1990, 3 AZR 319/88, EzA § 1 BetrAVG Nr. 54 = DB 1990, 1195.

343 BAG 20.10.1987, 3 AZR 208/86, EzA § 1 BetrAVG Nr. 50 = DB 1988, 815; 10.12.2013, 3 AZR 796/11.

344 S. dazu Rdn. 54 ff.

237 Die **Todesfallleistung**[345] (Witwen-, Witwer-, Waisenleistung bzw. Leistung an eingetragenen Lebenspartner) wird durch den Tod des Versorgungsanwärters oder des Versorgungsempfängers ausgelöst. Auch hierfür gilt, dass kein Anspruch entsteht, wenn die Wartezeit im Zeitpunkt des Todes nicht erfüllt ist.

238 Bei Todesfallleistungen sind die begünstigten Hinterbliebenen (z. B. überlebender Ehegatte, Kind des Verstorbenen) zu bestimmen. Es besteht grundsätzlich Vertragsfreiheit in Form von Gestaltungsfreiheit, wobei sich der Arbeitgeber aber an den unterschiedlichen Versorgungsinteressen des Arbeitnehmers zu orientieren hat.[346] Es kann ein Ehegatte namentlich benannt werden oder allgemein von der Witwe/dem Witwer die Rede sein. Es kann auch vorgesehen sein, dass nur der Ehegatte begünstigt ist, mit dem der verstorbene Arbeitnehmer während seines Beschäftigungsverhältnisses verheiratet war. Wird in einem solchen Fall die Ehe erst nach dem Ausscheiden geschlossen, werden keine Hinterbliebenenleistungen fällig,[347] auch dann nicht, wenn nach Scheidung ein Ehegatte wieder geheiratet wird, mit dem der Arbeitnehmer während des bestehenden Arbeitsverhältnisses verheiratet war.[348] Auch Lebensgefährten/Lebenspartner können begünstigt sein, wenn dies in der Versorgungszusage vorgesehen ist. Es besteht aber keine Verpflichtung des Arbeitgebers zum Einbezug von Lebensgefährten in ein Versorgungsversprechen. Partner einer eingetragenen Lebenspartnerschaft sind jedoch – wenn eine Witwen-/Witwerversorgung vorgesehen ist – ebenso wie Ehegatten zu versorgen.[349]

239 Das Risiko bei Hinterbliebenenleistungen für den Arbeitgeber kann im Leistungsplan begrenzt werden durch Spätehenklauseln[350], Ehedauerklau-

---

345 Dazu i. E. *Langohr-Plato* Rn. 51 ff.

346 BAG 18.11.2008, 3 AZR 277/07, EzA § 1 BetrVG Hinterbliebenenversorgung Nr. 13 = DB 2009, 294.

347 BAG 19.12.2000, 3 AZR 186/00, EzA § 1 BetrAVG Hinterbliebenenversorgung Nr. 9 = DB 2001, 2303; 20.4.2010, 3 AZR 509/08, EzA § 1 BetrAVG Hinterbliebenenversorgung Nr. 14 = DB 2010, 2000; das ist kein Verstoß gegen das AGG.

348 BAG 15.10.2013, 3 AZR 294/11, BB 2013, 2611 = BetrAV 2013, 652; 15.10.2013, 3 AZR 707/11, FamRZ 2014, 656.

349 EuGH 1.4.2008, C 267/06, EzA Richtlinie 2000/78 EG-Vertrag 1999 Nr 4 = DB 2008, 996; BAG 14.1.2009, 3 AZR 20/07, EzA § 2 AGG Nr. 2 = DB 2009, 1545; 15.9.2009, 3 AZR 294/09, EzA § 2 AGG Nr. 5 = BB 2010, 179 und 3 AZR 797/08, EzA § 2 AGG Nr. 4 = DB 2010, 231.

350 BAG 20.4.2010, 3 AZR 509/08, EzA § 1 BetrAVG Hinterbliebenenversorgung Nr. 14 = DB 2010, 2000.

seln[351] und Altersdifferenzklauseln.[352] Ob eine gleichermaßen für männliche wie weibliche Versorgungsberechtigte anwendbare »Haupternährerklausel« zulässig ist, ist offen.[353] Wird aber männlichen Arbeitnehmern eine betriebliche Altersversorgung einschließlich einer unbedingten Witwenversorgung gewährt, während weiblichen Arbeitnehmern zugleich eine Witwerversorgung zugesagt wird, die unter der Bedingung steht, dass die Ehefrau den überwiegenden Teil des Unterhalts bestritten hat, so liegt eine unmittelbare Geschlechterdiskriminierung bei der Entlohnung vor.[354] Ein Verstoß gegen den Gleichheitsgrundsatz ist auch dann gegeben, wenn eine Versorgungsordnung bestimmt, dass zwar ein Arbeitseinkommen des Hinterbliebenen, das beim Versorgungsschuldner erzielt wird, die Hinterbliebenenrente mindert, ein Einkommen aus einer Tätigkeit für einen anderen Arbeitgeber aber unberücksichtigt bleibt.[355]

Bei der Witwenversorgung ist eine Mindestaltersklausel zulässig.[356] Dasselbe gilt für die Witwerversorgung und die Versorgung von eingetragenen Lebenspartnern. **240**

Waisenleistungen sind üblicherweise zeitlich begrenzte Leistungen, die nur bis zur Vollendung des 18. oder 21. Lebensjahres gewährt werden. Bei längeren Bezugszeiten wird die Gewährung der Waisenleistung häufig an die Dauer einer Berufsausbildung geknüpft. Bei Versorgungszusagen, die vor dem 1.1.2007 erteilt wurden, kann in diesen Fällen maximal bis zum Alter **241**

---

351 BAG 11.8.1987, 3 AZR 6/86, EzA § 1 BetrAVG Hinterbliebenenversorgung Nr. 2 = DB 1988, 347.

352 BAG 18.7.1972, 3 AZR 472/71, EzA § 242 BGB Ruhegeld Nr. 17 = DB 1972, 1372; 26.8.1997, 3 AZR 235/96, EzA § 1 BetrAVG Ablösung Nr. 17 = DB 1998, 1190; EuGH 23.9.2008, C-427/06, EzA Richtlinie 2000/78 EG-Vertrag 1999 Nr. 7 = BetrAV 2008, 406; zu einem möglichen Verstoß gegen AGG: *Preis* BetrAV 2010, 515.

353 BAG 26.9.2000, 3 AZR 387/99, EzA § 1 BetrAVG Hinterbliebenenversorgung Nr. 8. Insoweit kommt ein Verstoß gegen das Verbot der mittelbaren Geschlechterdiskriminierung in Betracht.

354 BAG 11.12.2007, 3 AZR 249/06, EzA § 1 BetrAVG Gleichbehandlung Nr. 31 = DB 2008, 766.

355 BAG 19.7.2011, 3 AZR 398/09, EzA § 1 BetrAVG Hinterbliebenenversorgung Nr 15 = BB 2012, 188.

356 BAG 19.2.2002, 3 AZR 99/01, EzA § 1 BetrAVG Hinterbliebenenversorgung Nr. 10 = DB 2000, 2075.

27   eine Versorgungszahlung erfolgen, bei später erteilten Versorgungszusagen maximal bis zum Alter 25. Üblicherweise wird auf § 32 Abs. 3, 4 S. 1 Nr. 1 bis 3 und Abs. 5 EStG abgestellt.

242   Ein Ausschluss nichtehelicher Kinder von Waisenrenten ist gem. Art. 6 Abs. 5 GG unwirksam.

243   Ein Entfallen der Waisenrente bei Heirat der Waise verstößt gegen Art. 6 GG.[357]

244   Problematisch ist es, wenn Eltern oder Erben begünstigt sind.[358]

245   Zu betonen ist, dass kein Arbeitgeber überhaupt verpflichtet ist, eine Hinterbliebenenleistung zuzusagen. Folglich sind Einschränkungen des begünstigten Personenkreises ebenso möglich wie haftungsbegrenzende Klauseln. Deshalb ist es üblich, die Leistungspflicht zu begrenzen. Dies gilt auch für eine betriebliche Altersversorgung, die durch Entgeltumwandlung finanziert wurde. Hat der Arbeitgeber nur eine Leistung an den Ehegatten, den Lebensgefährten und die Kinder zugesagt, verstirbt der Arbeitnehmer ohne einen begünstigten Hinterbliebenen zu hinterlassen, verfällt die Leistung ersatzlos. Dies verstößt nicht gegen das Wertgleichheitsgebot des § 1 Abs. 2 Nr. 3 BetrAVG.[359]

5. Gesamtrechtsnachfolge und Betriebsübergang

246   Betriebliche Altersversorgung wirft bei Gesamtrechtsnachfolge und Betriebsübergängen gem. § 613a BGB besondere Probleme auf. Dazu wird auf die Ausführungen zu § 1b Rdn. 73 ff. verwiesen.

C. Einstandspflicht des Arbeitgebers

247   Bei mittelbaren Versorgungszusagen, also Direktversicherung, Pensionskasse, Pensionsfonds und Unterstützungskasse, hat der Arbeitgeber gem. § 1 Abs. 1 S. 3 BetrAVG für die Erfüllung der von ihm zugesagten Leistungen »einzustehen«. Der Gesetzgeber geht damit von einer »generellen Erfüllungspflicht« des Arbeitgebers aus, der die betriebliche Altersversorgung zugesagt hat. Er

---

357 So LAG Hamm 20.5.1980, 6 Sa 177/80, EzA Art. 6 GG Nr. 1 = DB 1980, 1550.

358 BAG 19.1.2010, 3 AZR 42/08, EzA § 17 Nr. 11 = DB 2010, 1411; 19.1.2010, 3 AZR 660/09, EzA § 7 BetrAVG Nr. 75 = BB 2010, 243.

359 BAG 18.11.2008, 3 AZR 277/07, EzA § 1 BetrAVG Hinterbliebenenversorgung Nr 13 = DB 2009, 153.

soll für die von ihm zu vertretenden Unmöglichkeiten eintreten.[360] In diesem Zusammenhang wird auch vom Verschaffungsanspruch[361] oder von der Subsidiärhaftung des Arbeitgebers gesprochen. Durch die Subsidiärhaftung soll Gesamtschuldnerschaft zwischen Arbeitgeber und Versorgungträger entstehen.[362] Dabei kann der Arbeitgeber jedenfalls zur Effektuierung von Diskriminierungsverboten aufgrund des EU-Rechts auch unmittelbar neben einer Pensionskasse in Anspruch genommen werden.[363] Der Arbeitgeber (Trägerunternehmen) muss der Pensionskasse in einem solchen Fall zusätzliche Zuwendungen zukommen lassen. Dasselbe gilt auch für konzernübergreifende Unterstützungskassen. Auch zwischen Unterstützungskasse und Arbeitgeber soll nach Auffassung des BAG[364] Gesamtschuldnerschaft gem. § 421 BGB bestehen. Die Unterstützungskasse hat einen Vorschuss- und Aufwendungsersatzanspruch gem. §§ 669, 670 BGB.

Voraussetzung für die Einstandspflicht des Arbeitgebers ist, dass er eine Versorgungszusage erteilt hat, denn nur hierfür hat der Arbeitgeber einzustehen. Hat er sich lediglich verpflichtet, Beiträge zu zahlen, liegt eine reine Beitragszusage vor, die keine Einstandspflicht auslöst, weil das Betriebsrentengesetz auf reine Beitragszusagen nicht anzuwenden ist.[365]

248

---

360 *Blomeyer/Rolfs/Otto* § 1 Rn. 268.

361 BAG 29.8.2000, 3 AZR 201/00, EzA § 1 BetrAVG Zusatzversorgung Nr. 12 = BB 2000, 2527; 18.9.2001, 3 AZR 689/00, EzA § 613a BGB Nr. 205 = DB 2002, 1279. Der Verschaffungsanspruch ergibt sich heute aus § 1 Abs. 1 S. 3 BetrAVG: BAG 7.9.2004, 3 AZR 550/03, EzA EG-Vertrag 1999 Art. 141 Nr. 16 = BetrAV 2005, 201; vgl. auch BAG 7.3.1995, 3 AZR 282/94, EzA § 1 BetrAVG Gleichbehandlung Nr. 9 = DB 1995, 2020; BAG 16.3.2010, 3 AZR 744/08, DB 2011, 248; zum Verschaffungsanspruch i. E. *Reinecke* FS Kemper, S. 383 ff.; *Langohr-Plato* FS Höfer, S. 159 ff.

362 BAG 11.12.2007, 3 AZR 249/06, EzA § 2 AGG Nr. 1 = DB 2008, 766.

363 BAG 7.9.2004, 3 AZR 550/03, EzA Art. 141 EG-Vertrag 1999 Nr. 16 = BetrAV 2005, 201; dazu auch *Blomeyer/Rolfs/Otto* Rn. 272 zu § 1; zur Rechtslage bei Unterstützungskassen: *Reinecke* BetrAV 2009, 385 = DB 2009, 1182.

364 BAG 16.2.2010, 3 AZR 216/09, EzA § 1 BetrAVG Gleichbehandlung Nr. 35 = BetrAV 2010, 178.

365 BAG 7.9.2004, 3 AZR 550/03, EzA EG-Vertrag 1999 Nr. 16 = DB 2005, 507.

249 Die Einstandspflicht besteht bei allen Leistungsplanstrukturen, also z. B. gleichermaßen bei »normalen« Leistungszusagen, bei beitragsorientierten Leistungszusagen und bei Beitragszusagen mit Mindestleistung.[366]

250 Die gesetzliche Regelung in § 1 Abs. 1 S. 3 BetrAVG dokumentiert die bisherige Rechtslage.[367] Auch bei mittelbar abgewickelten Versorgungszusagen beruhen die Rechte des Arbeitnehmers gegenüber dem Arbeitgeber auf dem arbeitsrechtlichen Grundverhältnis, wenn eine Zusage des Arbeitgebers vorliegt. Das bedeutet: Bleiben die Leistungen des externen Versorgungsträgers hinter den vom Arbeitgeber zugesagten Leistungen zurück, z. B. weil nicht oder nicht in ausreichendem Umfang Versicherungsbeiträge in eine Direktversicherung gezahlt wurden, richten sich die Differenzansprüche unmittelbar gegen den Arbeitgeber.[368] In Sonderfällen soll es auch möglich sein, dass die Einstandspflicht nicht den Arbeitgeber, sondern den mittelbaren Versorgungsträger (z. B. Konzernpensionskasse) trifft.[369] Das widerspricht § 1 Abs. 1 S. 3 BetrAVG und ist im Übrigen auch nicht mit dem Versicherungsprinzip vereinbar. Eine Pensionskasse kann nur »einstehen«, wenn der Arbeitgeber die entsprechenden Deckungsmittel zur Verfügung gestellt hat, nicht schon dann, wenn dies möglicherweise der Fall sein sollte, weil eine Einbindung der Pensionskasse in einen Konzern besteht.[370]

251 Das Entsprechende gilt, wenn eine Unterstützungskasse mangels Zuwendungen des Arbeitgebers nicht in der Lage ist, die Leistungen, die im Leistungsplan oder in der Satzung vorgesehen sind, zu erbringen.[371]

---

366 S. dazu i. E. Rdn. 533.

367 BAG 7.9.2004, 3 AZR 550/03, EzA Art 141 EGV Nr. 16 = BetrAV 2005, 201; dazu *Ziegler* FS Kemper, S. 429 ff.

368 BAG 17.11.1992, 3 AZR 51/92, EzA § 7 BetrAVG Nr. 45 = DB 1993, 986; dazu *Reinecke* FS Kemper, S. 383 ff.

369 BAG 23.3.2004, 3 AZR 279/03, AP Nr. 28 zu BetrAVG § 1 Berechnung.

370 *Dresp* BetrAV 2009, 324.

371 BAG 17.5.1973, 3 AZR 381/72, EzA § 242 BGB Ruhegeld Nr. 23 = DB 1973, 1704; 25.1.2000, 3 AZR 908/98, EzA § 1 BetrAVG Unterstützungskasse Nr. 1; *Reinecke* BetrAV 2009, 385 meint, die Unterstützungskasse habe einen Anspruch auf angemessene Dotierung; dazu auch BAG 16.2.2010, 3 AZR 216/09, EzA § 1 BetrAVG Gleichbehandlung Nr. 35 = BetrAV 2010, 178.

Der Arbeitgeber hat auch dann einzustehen, wenn eine Nachversicherung   252
des Arbeitnehmers aufgrund der Satzungsbestimmungen nicht möglich ist[372]
oder wegen eines Betriebsübergangs die Möglichkeit entfällt, den zugesagten
Durchführungsweg (hier die VBL) einzuhalten.[373]

Der Arbeitgeber hat also auch bei mittelbarer Durchführung der betrieblichen   253
Altersversorgung das Versorgungsrisiko in dem Umfang, in dem er eine Versorgungszusage erteilt hat. Jede mittelbare Versorgungszusage beinhaltet eine
unmittelbare Leistungspflicht des Arbeitgebers, die aber erst dann auflebt,
wenn der externe Versorgungsträger die Leistungen aus der mittelbaren Versorgungszusage nicht erbringt.

Dies ist unstreitig, wenn der externe Versorgungsträger aus Gründen, die der   254
Arbeitgeber zu vertreten hat, nicht in der Lage ist, die Versorgungsleistungen
zu erbringen, z. B. weil der Arbeitgeber keine Zuwendungen oder Versiche-
rungsprämien erbracht hat.[374]

Problematisch ist die Einstandspflicht des Arbeitgebers, wenn es dem Ver-   255
sorgungsträger nicht möglich ist, die vom Arbeitgeber schon finanzierten
Leistungen zu erbringen, weil der Versorgungsträger sich in einer schlechten
wirtschaftlichen Lage befindet. Soweit das BAG mit Urteil vom 19.6.2012[375]
entschieden hat, der Arbeitgeber habe einzustehen, wenn eine Pensionskasse
satzungsgemäß von ihrem Recht Gebrauch gemacht habe, die Leistungen
herabzusetzen, kann dem nicht gefolgt werden, weil keine verfassungskon-
forme Auslegung vorgenommen wurde. Der Arbeitgeber kann nicht für etwas
einstehen müssen, was er nicht zu verantworten hat. Die Unmöglichkeit war
ausschließlich darauf zurückzuführen, dass die Arbeitnehmer als alleinige Mitglieder der Pensionskasse ihre Aufsichtsrechte und Aufsichtspflichten verletzt
hatten. Die Arbeitnehmer haben auch selbst den Herabsetzungsbeschluss
gefasst. Sie selbst haben in dem Beschluss die Rechtsauffassung vertreten, dass
sie selbst ausgleichspflichtig sind.

---

372 BAG 16.3.2010, 3 AZR 744/08, DB 2010, 248 = FA 2010, 313.
373 BAG 15.2.2011, 3 AZR 54/09, EzA § 3 TVG Bezugnahme auf Tarifvertrag Nr. 52
     = BB 2011, 2941.
374 S. für eine Pensionskasse zum Spezialproblem des Art. 141 EG-Vertrag auch
     Rdn. 179 und BAG 7.9.2004, 3 AZR 550/03, EzA Art. 141 EGV Nr. 16 = BetrAV
     2005, 201.
375 BAG 19.6.2012, 3 AZR 408/10, EzA § 1 BetrAVG Nr 95 = DB 2012, 2818.

D. Änderung des Versorgungsverhältnisses

256   Das auf einer Versorgungszusage beruhende ursprüngliche Versorgungsverhältnis kann auf mehrfache Weise Änderungen erfahren. Diese können
–   den Durchführungsweg,
–   den Rechtsbegründungsakt und
–   den Leistungsplan
betreffen.

257   Die Änderungen können verbunden sein bei bestehenden Versorgungsverhältnissen mit Verbesserungen oder Verschlechterungen von Versorgungsanwartschaften bzw. Versorgungsansprüchen der Versorgungsberechtigten. Wenn
sich die Änderungen nur auf noch nicht begründete Versorgungsverhältnisse
beziehen, also nur für neu eintretende Arbeitnehmer eine Änderung erfolgt,
spricht man von der Schließung des Versorgungswerkes oder der Änderung
eines Versorgungssystems für Neuzugänge.

258   Die rechtlichen Änderungsmöglichkeiten richten sich im Grundsatz nach
dem Rechtsbegründungsakt des zu ändernden Versorgungssystems. Darüber
hinaus sind die Grundsätze von der Störung der Geschäftsgrundlage (§ 313
BGB) anwendbar.

I. Änderung des Durchführungsweges

259   Soll lediglich ein Wechsel des Durchführungsweges vorgenommen werden
ohne Änderung oder **mit Verbesserung des Leistungsplanes**, richtet sich das
Änderungsinstrumentarium nach dem gewählten Rechtsbegründungsakt.[376]
Dabei ist zunächst zu berücksichtigen, dass der Arbeitgeber mitbestimmung-
frei den Durchführungsweg bestimmt. Folglich kann er stets für neu in das
Unternehmen eintretende Arbeitnehmer einen anderen Durchführungsweg vorgeben als für die schon erteilten Versorgungszusagen. Deshalb ist
die entscheidende Frage, ob auch bei bereits erteilten Versorgungszusagen
der Arbeitgeber einen anderen Durchführungsweg vorgeben kann. Solange
sich beim Leistungsspektrum nichts ändert, muss ein einseitiger Wechsel
des Durchführungsweges möglich sein, da die Finanzierung einer betrieblichen Altersversorgung unmittelbar die unternehmerische Handlungsfreiheit
betrifft und betriebswirtschaftliche Auswirkungen hat. Etwas anderes kann
nur gelten, wenn sich der Arbeitgeber im Arbeitsvertrag verpflichtet hat, die

---

376   S. dazu Rdn. 126 ff.

betriebliche Altersversorgung über einen bestimmten namentlich genannten Versorgungsträger abzuwickeln.[377] In diesem Fall ist die Zustimmung des Arbeitnehmers erforderlich. Ist – wie üblich – ein konkreter Versorgungsträger nicht vereinbart, muss der Arbeitgeber das Recht haben, einseitig einen anderen Durchführungsweg oder einen anderen Versorgungsträger in demselben Durchführungsweg vorzugeben.[378] Insoweit bestehen aus gutem Grund auch keine Mitbestimmungsrechte des Betriebsrates,[379] weil dies eine ureigene Unternehmensentscheidung ist.

In der Regel ergibt sich eine Zustimmungspflicht des Versorgungsberechtigten bei individualrechtlichen Rechtsbegründungsakten, des Betriebsrats oder des Tarifpartners bei Betriebsvereinbarungen und Tarifverträgen, soweit die Änderung im überwiegenden Interesse des Arbeitgebers liegt und das Interesse des Arbeitnehmers bzw. des Betriebsrats oder des Tarifpartners (Gewerkschaft) nicht beeinträchtigt wird. Der Partner des Arbeitgebers bei dem jeweils gewählten Rechtsbegründungsakt wird sich zudem i. d. R. mit einer solchen Änderung einverstanden erklären.[380] Im Übrigen unterliegt der Wechsel des Durchführungsweges und auch des speziellen Versorgungsträgers (z. B. die konkrete Versicherungsgesellschaft) der Entscheidungsfreiheit des Arbeitgebers.[381] Es bestehen auch keine erzwingbaren Mitbestimmungsrechte des Betriebsrates.[382] **260**

Wird durch die Änderung des Durchführungsweges die Rechtsqualität des Versorgungsverhältnisses verändert, soll also anstelle der mit Rechtsanspruch versehenen Durchführungswege unmittelbare Versorgungszusage, Pensionskasse/Pensionsfonds und Direktversicherung eine Unterstützungskasse treten, die ihre Leistungen formal ohne Rechtsanspruch gewährt (§ 1b Abs. 4 BetrAVG), **261**

---

377 BAG 12.6.2007, 3 AZR 186/06, EzA § 1 BetrAVG Nr. 90 = DB 2008, 537.

378 Offen gelassen bei *Schlewing/Henssler/Schipp/Schnitker* Teil 5 H Rn. 22 ff.

379 BAG 16.2.1993, 3 AZR 29/92, EzA § 87 BetrVG 1972 Betriebliche Lohngestaltung Nr. 41 = DB 1992, 1240.

380 Dazu *Höfer* BetrAVG, Rn. 1297 ff. zu ART.

381 BAG 16.2.1993, 3 ABR 29/92, EzA § 87 BetrAVG 1972 Betriebliche Lohngestaltung Nr. 41 = DB 1993, 1240; 29.7.2003, 3 ABR 34/02, EzA § 87 BetrVG 2001 Betriebliche Lohngestaltung Nr. 2 = DB 2004, 883; enger, d. h. für Anspruch auf Einhaltung eines Durchführungswegs bei Nennung des Versorgungsträgers 12.6.2007, 3 AZR 186/06, EzA § 1 BetrAVG Nr. 90 = DB 2008, 2034.

382 BAG 29.7.2003, 3 ABR 34/02, EzA § 87 BetrVG 2001 Betriebliche Lohngestaltung Nr. 2 = DB 2004, 883.

so ist die Einverständniserklärung des Versorgungsberechtigten notwendig, da sich formal die rechtliche Qualität der Versorgungszusage ändert, obwohl das BAG in ständiger Rechtsprechung auch bei Unterstützungskassen die gleichen Maßstäbe bei der Besitzstandswahrung anlegt wie bei Zusagen mit Rechtsanspruch.[383] Die Verpflichtung zur Einverständniserklärung ergibt sich aber aus der arbeitsrechtlichen Einstandspflicht des Arbeitgebers gem. § 1 Abs. 1 S. 3 BetrAVG für die über die Unterstützungskasse zugesagten Versorgungsleistungen. Für den Anspruch des Arbeitnehmers ist es unerheblich, über welchen Durchführungsweg die zugesagten Versorgungsleistungen abgewickelt werden, solange die Leistung gleichbleibend ist, d. h. der Arbeitnehmer im Versorgungsfall das bekommt, was ihm ohne Änderung des Durchführungswegs zugeflossen wäre. Es kommt deshalb nicht darauf an, ob und in welchem Umfang steuerliche und sozialversicherungsrechtliche Unterschiede bei den einzelnen Durchführungswegen bestehen. Wechselt der Arbeitgeber von einer Unterstützungskassenzusage in einen Pensionsfonds oder in eine unmittelbare Versorgungszusage, verbessert sich die Rechtsposition des Arbeitnehmers/ Versorgungsempfängers. Seine Zustimmung ist nicht einzuholen. Wechselt der Arbeitgeber den Durchführungsweg, um für ihn günstigere steuerliche Rahmenbedingungen zu nutzen, ist dies zulässig. Arbeitnehmer, die wählen können, ob sie im bisherigen Durchführungsweg bleiben wollen oder nicht, müssen die steuerlichen Konsequenzen tragen, die sich für sie ergeben, wenn sie im bisherigen Durchführungsweg bleiben wollen.[384]

262 Die Rechtsprechung des BAG[385] führt nur scheinbar zu anderen Wertungen. I. d. R. ist nämlich bei Versorgungszusagen ein konkreter Durchführungsweg nicht vereinbart. Nur in diesem Fall muss natürlich bei einer Änderung des Durchführungsweges das Einverständnis des Versorgungsberechtigten eingeholt werden. Die Einverständniserklärung wird vom Arbeitnehmer aber geschuldet, wenn der Leistungsplan erhalten bleibt. Ist dies nicht der Fall, so liegt arbeitsrechtlich eine Änderung des Leistungsplans vor.[386] Dabei muss man sich darüber klar sein, dass bei Transformation eines individuellen Rechtsbegründungsaktes (z. B. einer Gesamtzusage) in eine Betriebsverein-

---

383 Z. B. wegen einseitiger Widerrufsmöglichkeiten, s. dazu Rdn. 372.

384 BAG 10.12.2002, 3 AZR 92/02, EzA § 1 BetrAVG Ablösung Nr. 37 = DB 2004, 1566.

385 BAG 12.6.2007, 3 AZR 186/06, EzA § 1 BetrAVG Nr. 90 = DB 2008, 2034.

386 Dazu Rdn. 272 ff.

barung erhebliche arbeitsrechtliche Unterschiede bei künftigen Änderungen eines Leistungsplans bestehen.[387]

II. Änderung des Rechtsbegründungsaktes

Soll der Rechtsbegründungsakt ausgetauscht werden, z. B. von einer Gesamtzusage zu einer Betriebsvereinbarung gewechselt werden, gilt in Bezug auf Änderungen **ohne Verschlechterung** des Leistungsplans bzw. bei **Verbesserungen** des Leistungsplans ein identisches Änderungsschema wie bei dem Wechsel des Durchführungsweges. **263**

Bei individualrechtlichen Rechtsbegründungsakten, z. B. Gesamtzusage, vertragliche Einheitsregelung oder betriebliche Übung, die in einen Kollektivvertrag (Betriebsvereinbarung) »umgeformt« werden sollen, ist jedoch eine ausdrückliche Zustimmung des Versorgungsberechtigten nicht notwendig. Liegen die Voraussetzungen vor, nach denen der Große Senat des BAG[388] eine Änderung mittels einer Betriebsvereinbarung zulässt, wird die Gesamzusage/vertragliche Einheitsregelung automatisch zur Betriebsvereinbarung. Nach der Rechtsprechung des BAG kann eine Gesamtzusage, vertragliche Einheitsregelung oder eine betriebliche Übung durch eine Betriebsvereinbarung »umstrukturiert« werden.[389] Fraglich ist, ob eine solche Umstrukturierung auch vorliegt, wenn der Leistungsplan lediglich eins zu eins in eine Betriebsvereinbarung überführt wird. Dies ist noch nicht höchstrichterlich entschieden, wohl aber eher kritisch zu sehen, wenn es ausschließlich das Ziel ist, anschließend mittels einer reduzierenden Betriebsvereinbarung Reduzierungen vorzunehmen, um die vom Großern Senat geforderte Betriebsvereinbarungsoffenheit zu umgehen. Es stellt sich allerdings hinsichtlich der jüngsten Entwicklungen in der Rechtsprechung des BAG die Frage, ob der Begriff der Betriebsvereinbarungsoffenheit nicht so verwässert wird, dass nahezu jede Gesamtzusage/vertragliche Einheitsregelung/betriebliche Übung mittels einer Betriebsvereinbarung abgeändert werden kann. Denn das BAG will die Betriebsvereinbarungsoffenheit aus dem Freiwilligkeitsvorbehalt ableiten, der bei Unterstützungskassen üblich ist.[390] In einem weiteren Fall wird die Betriebsvereinbarungsoffenheit mit einer dynamischen Verweisung **264**

---

387 Dazu Rdn. 267 ff.
388 BAG 16.9.1986, GS 1/82, EzA § 77 BetrVG Nr. 17 = DB 1987, 383.
389 S. dazu i. E. Rdn. 349 ff.
390 BAG 15.2.2011, 3 AZR 45/09, AP Nr. 20 zu § 1 BetrAVG Ablösung.

erklärt.[391] Der Erste Senat geht noch weiter, indem er arbeitsvertragliche Vereinbarungen zu Allgemeinen Geschäftsbedingungen erklärt und daraus die Betriebsvereinbarungsoffenheit ableitet.[392]

III. Schließung eines Versorgungssystems für Neuzugänge

265 Es ist grundsätzlich ohne Verstoß gegen den arbeitsrechtlichen Gleichbehandlungsgrundsatz möglich, ein Versorgungssystem für Neuzugänge zu schließen oder zu ändern.[393] Mitbestimmungsrechte des Betriebsrates bestehen nicht.[394] Das rechtliche Instrumentarium richtet sich nach dem gewählten Rechtsbegründungsakt.

266 Schließungen von Versorgungssystemen sind nur bei einheitlichen Regelwerken für die betriebliche Altersversorgung von Gesamtbelegschaften oder von größeren Mitarbeitergruppen denkbar, also nur dann, wenn für das Versorgungsverhältnis als Rechtsbegründungsakt eine Gesamtzusage, vertragliche Einheitsregelung, betriebliche Übung, der Grundsatz der Gleichbehandlung (Gleichberechtigung) oder eine Betriebsvereinbarung/Tarifvertrag gewählt worden ist.

1. Individualrechtliche Rechtsbegründungsakte

267 Die Schließung eines Versorgungswerkes bei den individualrechtlichen Rechtsbegründungsakten geschieht dadurch, dass den neu eintretenden Mitarbeitern ab einem bestimmten Stichtag keine Versorgungszusagen mehr oder andere Versorgungszusagen erteilt werden und dies ausdrücklich in den Arbeitsverträgen mit den Neuzugängen dokumentiert ist. Bei einer Gesamtzusage ist auch ein entsprechender Aushang am schwarzen Brett möglich. Mitbestimmungsrechte des Betriebsrats sind bei einer Schließung nicht zu beachten, wohl aber bei Änderungen für Neuzugänge.[395]

---

391 BAG 18.9.2012, 3 AZR 415/10, EzA § 17 BetrAVG Nr. 12 = BB 2013, 51.
392 BAG 5.3.2013, 1 AZR 417/12, EzA § 77 BetrVG 2001 Nr. 35 = DB 2013, 1852; *Diller/Beck* BetrAV 2014, 345.
393 BAG 8.12.1977, 3 AZR 530/76, EzA § 242 BGB Ruhegeld Nr. 68 = DB 1978, 991 und 11.9.1980, 3 AZR 606/79, EzA § 242 BGB Gleichbehandlung Nr 22 = DB 1981, 943; dazu auch die Grundsätze zusammenfassend BAG 15.2.2011, 3 AZR 35/09, EzA § 1 BetrAVG Betriebsvereinbarung Nr. 9 = DB 2011, 1928.
394 S. dazu Rdn. 397.
395 S. dazu Rdn. 380 ff.

Das Entsprechende gilt bei der Beendigung einer betrieblichen Übung, aber auch beim Grundsatz der Gleichbehandlung (Gleichberechtigung), da nach dem Stichtagsprinzip kein Verstoß anzunehmen ist, wenn Neuzugänge keine Versorgungszusage erhalten. Allerdings kann eine betriebliche Übung nicht für solche Arbeitnehmer geschlossen werden, die unter der Geltung der betrieblichen Übung in dem Unternehmen bereits gearbeitet haben.[396] Eine Schließung ist nur für Neuzugänge möglich. **268**

2. Kollektivrechtliche Rechtsbegründungsakte

Bei Betriebsvereinbarungen und Tarifverträgen müssen neue Betriebsvereinbarungen und Tarifverträge über die Schließung des Versorgungssystems geschlossen oder entsprechende Kündigungen ausgesprochen werden. Die nach dem Abschluss der neuen Betriebsvereinbarungen oder Tarifverträge oder dem Ablauf der Kündigungsfrist eintretenden Neuzugänge fallen dann nicht mehr unter den persönlichen Geltungsbereich dieser Kollektivverträge, unabhängig von der Nachwirkung eines Tarifvertrages gem. § 4 Abs. 5 TVG. Die Nachwirkungsphase erfasst keine Neuzugänge nach Auslaufen eines Tarifvertrages.[397] **269**

Bei einer beendeten Betriebsvereinbarung entfällt die Nachwirkung für Neuzugänge schon aufgrund § 77 Abs. 6 BetrVG, weil es sich bei der Gesamtdotierung einer betrieblichen Altersversorgung nicht um einen erzwingbaren Tatbestand handelt, der Gegenstand des Spruches einer Einigungsstelle sein kann.[398] Durch die Schließung des Versorgungssystems nach Ablauf der Kündigungsfrist wird der Dotierungsrahmen mitbestimmungsfrei herabgesetzt. Die Frage nach einer Neu- oder Umverteilung der Mittel stellt sich dabei nicht. **270**

Bei Vereinbarungen nach dem Sprecherausschussgesetz (§ 28 Abs. 2) gelten die gleichen Voraussetzungen wie bei einer Betriebsvereinbarung.[399] Eine Nachwirkung wie gem. § 77 Abs. 6 BetrVG bei Betriebsvereinbarungen enthält § 28 SprAuG jedoch nicht. **271**

---

396 BAG 15.5.2012, 3 AZR 610/11, EzA § 1 BetrAVG Betriebliche Übung Nr. 12 = FA 2012, 345.

397 Für Betriebsvereinbarungen BAG 17.8.1999, 3 ABR 55/98, EzA § 1 BetrVG Betriebsvereinbarung Nr. 2 = DB 2000, 774.

398 S. dazu Rdn. 380 ff.

399 Dazu *Blomeyer/Rolfs/Otto* Rn. 119 zu Anh. § 1.

IV. Änderung des Leistungsplans

272   **Verbesserungen des Leistungsplans** sind im Rahmen eines Durchführungswegs und/oder eines Rechtsbegründungsakts unschwer möglich. Die Regelungsinstrumente sind dieselben wie bei Begründung der Versorgungszusage und richten sich nach dem gewählten Rechtsbegründungsakt.

273   Bei der **Verschlechterung des Leistungsplans** richten sich die rechtlichen Änderungsmöglichkeiten ebenfalls nach dem gewählten Rechtsbegründungsakt. Dabei gilt im Grundsatz sowohl bei kollektivrechtlichen als auch bei individualrechtlichen Rechtsbegründungsakten das **Ablösungsprinzip**: die alte Regelung kann durch eine neue abgelöst werden, selbst wenn diese für die Versorgungsberechtigten zu Nachteilen bei den bisherigen Versorgungsverhältnissen führt.[400]

274   Zusätzlich sind Mitbestimmungsrechte des Betriebsrats zu beachten.[401]

1. Betriebsvereinbarung

275   Eine Betriebsvereinbarung über betriebliche Altersversorgung kann grundsätzlich nach dem Ablösungsprinzip durch eine neue Betriebsvereinbarung verändert werden. Dabei können Arbeitnehmer, die das 63. Lebensjahr vollendet haben, von einer Neuregelung ausgenommen werden. Dies stellt keine Diskriminierung wegen des Alters dar.[402]

276   Die Regelungsmacht der Betriebspartner ist jedoch begrenzt, zum einen durch die Vertretungskompetenz des Betriebsrats, zum anderen unterliegt die neue Betriebsvereinbarung einer Rechts- oder Billigkeitskontrolle.

a) Umstrukturierende oder verschlechternde Betriebsvereinbarung

277   Die neue ablösende Betriebsvereinbarung kann Verschlechterungen nur für einzelne begünstigte Arbeitnehmer enthalten. Die bisher bereitgestellten Ver-

---

400   BAG 16.9.1986, GS 1/82, EzA § 77 BetrVG 1972 Nr. 17 = DB 1987, 383; 22.5.1990, 3 AZR 128/89, EzA § 1 BetrAVG Ablösung Nr. 2 = BB 1990, 2047; 17.6.2003, 3 ABR 43/02, EzA § 1 BetrAVG Ablösung Nr. 40 = DB 2004, 714; 21.4.2009, 3 AZR 674/07 = DB 2009, 2386, mit Hinweisen zum Vertrauensschutzgedanken.
401   S. dazu Rdn. 380 ff.
402   BAG 17.9.2013, 3 AZR 686/11, BetrAV 2014, 84 = BB 2013, 3059.

sorgungsmittel (Dotierungsrahmen[403]) werden also nicht verringert, sondern nur umverteilt: ein Teil der Versorgungsberechtigten wird schlechter, ein anderer besser gestellt als bisher (kollektives Günstigkeitsprinzip). In einem solchen Fall spricht man von einer ablösenden **umstrukturierenden** Betriebsvereinbarung.

Wird der Dotierungsrahmen verkleinert, sollen also im Prinzip alle bisher begünstigten Versorgungsberechtigten oder ein Teil von ihnen weniger betriebliche Altersversorgung erhalten als bisher, spricht man von einer ablösenden **verschlechternden** Betriebsvereinbarung. **278**

Die Unterscheidung zwischen umstrukturierenden und verschlechternden Betriebsvereinbarungen ist z.B. von Bedeutung bei den Mitbestimmungsrechten des Betriebsrats und bei der Zuständigkeit einer Einigungsstelle.[404] **279**

b) Vertretungskompetenz des Betriebsrats

Eine neue ablösende Betriebsvereinbarung kann nur die Versorgungsberechtigten erfassen, die betriebsverfassungsrechtlich von dem Betriebsrat vertreten werden können, der Abschlusspartner der neuen Betriebsvereinbarung ist. Das bedeutet, dass grds. schon ausgeschiedene Arbeitnehmer, seien sie Rentner oder Inhaber von aufrechterhaltenen Anwartschaften, von der ablösenden neuen Betriebsvereinbarung nicht erfasst werden.[405] Das Entsprechende gilt für leitende Angestellte gem. §5 BetrVG. **280**

Eine Ausnahme besteht, wenn in den Arbeitsverträgen mit diesem Personenkreis **Jeweiligkeitsklauseln** enthalten bzw. enthalten gewesen sind, die auf die Geltung der alten Betriebsvereinbarung in der jeweils gültigen Fassung verwiesen haben. Eine solche Jeweiligkeitsklausel gilt nämlich auch über das Ende des Arbeitsverhältnisses hinaus. Insoweit handelt es sich um eine dynamische Verweisung auf die allgemeine betriebliche Versorgungsregelung in **281**

---

403 S. dazu Rdn. 397.
404 S. dazu Rdn. 380 ff.
405 Dazu BAG 17.8.2004, 3 AZR 318/03, EzA §2 BetrAVG Nr. 22 = BB 2005, 720; 12.10.2004, 3 AZR 557/03, EzA §1 BetrAVG Hinterbliebenenversorgung Nr. 11 = BetrAV 2005, 297; 10.2.2009, 3 AZR 653/07, EzA §1 BetrAVG Betriebsvereinbarung Nr. 6 = DB 2009, 1303.

Form einer Betriebsvereinbarung.[406] Bei einer derartigen Jeweiligkeitsklausel entstehen keine Probleme der AGB-Kontrolle, auch nicht hinsichtlich § 308 Nr. 4 BGB und § 307 Abs. 1 S. 2 BGB. Die Verweisung bewirkt lediglich eine Gleichstellung mit den von der Betriebsvereinbarung erfassten Arbeitnehmern,[407] die nicht ausdrücklich erklärt werden muss, sondern sich aus dem Inhalt der Vereinbarung ergeben kann.[408]

282 Offen ist die Frage, ob eine ablösende Betriebsvereinbarung auch dann Rentner und mit aufrechterhaltener Anwartschaft schon ausgeschiedene Mitarbeiter (keine leitenden Angestellten) erfassen kann, wenn in den früheren Arbeitsverträgen keine Jeweiligkeitsklausel in Bezug auf Betriebsvereinbarungen enthalten gewesen ist. Zurzeit geht die Rechtsprechung dahin, dass dann eine entsprechende Vertretungskompetenz des Betriebsrats fehlt. Es mehren sich aber die Stimmen, die auch in diesen Fällen eine Regelungskompetenz bejahen, weil eine Betriebsvereinbarung über betriebliche Altersversorgung immer nur Auswirkungen in dem Zeitraum entwickelt, wenn der begünstigte Mitarbeiter sein Arbeitsverhältnis beendet hat und somit nicht mehr vom Betriebsrat vertreten werden kann. Man argumentiert deshalb, die Jeweiligkeitsklausel sei bei Betriebsvereinbarungen über betriebliche Altersversorgung immer stillschweigend vereinbart.[409]

c) Drei-Stufen-Theorie (Rechts- oder Billigkeitskontrolle)

283 Eine ablösende umstrukturierende oder verschlechternde Betriebsvereinbarung unterliegt einer arbeitsgerichtlichen Rechts- oder Billigkeitskontrolle.

---

406 Vgl. i. E. *Kemper/Kisters-Kölkes* Grundzüge Rn. 136; s. BAG 25.10.1988, 3 AZR 483/86, EzA § 77 BetrVG 1972 Nr. 26 = DB 1989, 1195; 18.4.1989, 3 AZR 688/87, EzA § 77 BetrVG 1972 Nr. 28 = DB 1989, 2232; 23.9.1997, 3 AZR 529/96, EzA § 1 BetrAVG Ablösung Nr. 14 =,DB 1998, 318. Zum Verhältnis Jeweiligkeitsklausel und Veränderungssperre gem. § 2 Abs. 5 BetrAVG BAG 17.8.2004, 3 AZR 318/03, EzA § 2 BetrAVG Nr. 22 = BB 2005, 720.

407 Dazu i. E. *Blomeyer/Rolfs/Otto* Rn. 549 ff zu Anh. § 1.

408 BAG 10.2.2009, 3 AZR 653/07, EzA § 1 BetrAVG Betriebsvereinbarung Nr. 6 = DB 2009, 1303.

409 Dazu BAG 12.10.2004, 3 AZR 557/03, EzA § 1 BetrAVG Hinterbliebenenversorgung Nr. 11 = DB 2005, 783; 10.2.2009, 3 AZR 653/07, EzA § 1 BetrAVG Betriebsvereinbarung Nr. 6 = DB 2009, 1303; das BAG hat diese Fragen im Urteil v. 14.12.2010, 3 AZR 799/08, BetrAV 2011, 106 = FA 2011, 58 erneut offen gelassen; 18.9.2012, 3 AZR 415/10, EzA § 17 BetrAVG Nr. 12 = FA 2013, 55.

Kemper/Kisters-Kölkes

Dies lässt sich damit begründen, dass die Bestandsinteressen der nach der alten Regelung begünstigten Arbeitnehmer abzuwägen sind mit den Änderungsinteressen der Betriebspartner. Hierbei gelten die Grundsätze der Verhältnismäßigkeit und des Vertrauensschutzes. Je dringender die Änderungsinteressen auf Unternehmensseite sind, desto tiefer dürfen die Einschnitte in den bisherigen Leistungsplan sein. In diesem Zusammenhang hat das BAG ein Prüfungsschema entwickelt, das den »Besitzstand« der alten Regelung in maximal drei Stufen aufteilt und jeder Stufe Eingriffsgründe zuordnet.[410]

Neben diese abstrakte Kontrolle kann eine konkrete Kontrollmöglichkeit für jeden einzelnen Versorgungsberechtigten auf Betroffenheit als Härtefall treten.[411] Bei der Rechtskontrolle prüft das Gericht, ob die an sich zulässige Änderung deshalb im Einzelfall nachteilig für den einzelnen Arbeitnehmer wirkt, weil die Betriebsparteien seine besondere Position nicht bedacht und folglich nicht geregelt haben.[412]   **284**

Die Drei-Stufen-Theorie hat keinen monolithischen Charakter, sondern kann nur als Orientierungsmaßstab für Arbeitgeber und Betriebsrat angesehen werden, weil Prüfungsgrundlage die allgemeinen Grundsätze der Verhältnismäßigkeit und des Vertrauensschutzes sind. Dies erklärt Modifizierungen des BAG in Bezug auf die Drei-Stufen-Theorie. Nicht anwendbar ist der 3-stufige Besitzstand, wenn eine Rentenzusage in eine Kapitalzusage überführt werden soll. Weil die Rechtsposition des Arbeitnehmers verschlechtert wird, muss es für einen solchen strukturellen Wechsel einen eigenständigen Rechtfertigungsgrund geben.[413] Nicht anwendbar ist der 3-stufige Besitzstand auch, wenn Rentner von einer Änderung erfasst werden sollen. Rentner haben die volle Gegenleistung in   **285**

---

410 So grundlegend BAG 17.4.1985, 3 AZR 72/83, EzA § 1 BetrAVG Unterstützungskasse Nr. 2 = DB 1986, 228; 11.9.1990, 3 AZR 380/89, EzA § 1 BetrAVG Ablösung Nr. 3 = DB 1991, 503; 17.11.1992, 3 AZR 76/92, EzA § 1 BetrAVG Unterstützungskasse Nr. 10 = DB 1993, 1241; bestätigend BAG 11.12.2001, 3 AZR 512/00, EzA § 1 BetrAVG Ablösung Nr. 33 = DB 2003, 293, 11.12.2001, 3 AZR 128/01, EzA § 1 BetrAVG Ablösung Nr. 32 = DB 2003, 214 und 10.9.2002, 3 AZR 635/01, EzA § 1 BetrAVG Ablösung Nr. 34 = DB 2003, 1525 m. Anm. *Schumann*; BAG 21.4.2009, 3 AZR 674/07, DB 2009, 2386 = FA 2009, 312, 12.11.2013, 3 AZR 510/12 und 3 AZR 601/12.
411 BAG 17.3.1987, 3 AZR 64/84, EzA § 1 BetrAVG Nr. 48 = DB 1987, 1639.
412 BAG 5.6.1984, 3 AZR 33/84, EzA § 242 BGB Ruhegeld Nr. 105 = DB 1984, 2461.
413 BAG 15.5.2012, 3 AZR 11/10, EzA § 2 BetrAVG Nr. 33 = DB 2012, 1756.

Form von geforderter Betriebstreue bereits erbracht. Deshalb sind überhaupt nur geringfügige, nicht einschneidende Änderungen möglich.[414]

286   Ausgangspunkt für die Rechts- oder Billigkeitskontrolle der neuen ablösenden Betriebsvereinbarung für die aktiven Arbeitnehmer ist der **totale Besitzstand** der alten Regelung, also eine »fiktive« Fortgeltung des bisherigen Leistungsplans. Zu diesem Besitzstand gehört also nicht nur die bis zum Änderungszeitpunkt »erdiente«, sondern auch die bei Fortgeltung der alten Regelung nach dem Änderungszeitpunkt »erdienbare« Versorgung.

287   Die **erste Besitzstandsstufe** ist der am Änderungsstichtag gem. § 2 BetrAVG erdiente Teilbetrag, mit Beachtung des Festschreibungseffektes der Bemessungsgrundlagen gem. § 2 Abs. 5 BetrAVG.[415]

288   Die erste Besitzstandsstufe ist so zu ermitteln, als ob der Arbeitnehmer am Änderungsstichtag ausgeschieden wäre, unabhängig davon, ob er zu diesem Zeitpunkt die Unverfallbarkeitsmodalitäten des § 1b Abs. 1 BetrAVG erfüllt hat oder nicht.[416] Auch wenn der Arbeitnehmer nach dem alten Leistungsplan erst zwei Jahre im Änderungszeitpunkt begünstigt ist, hat er einen »erdienten« Teilbetrag.

289   Der Teilbetrag ist nach dem Quotierungsprinzip gem. § 2 Abs. 1 BetrAVG zu ermitteln, soweit dieses Prinzip für die Unverfallbarkeit der Höhe nach maßgebend ist.[417]

290   ▶ **Beispiel:**

Die Altersleistung beträgt für die ersten zehn versorgungsfähigen Jahre 200,– € (Sockelbetrag) und steigt für jedes zusätzliche Jahr um 5,– €. Der Arbeitnehmer ist im Alter von 25 Jahren in das Unternehmen eingetreten. Pensionsalter ist das Alter 65. Die Änderung erfolgt, als der Arbeitnehmer 35 Jahre alt ist.

Erste Besitzstandsstufe: $10/40 \times (200\,€ + 30 \times 5\,€) = 350\,€ \times 10/40 = 87{,}50\,€$[418]

---

414   BAG 28.6.2011, 3 AZR 282/09, EzA § 16 BetrAVG Nr. 59 = DB 2011, 2923.

415   S. dazu § 2 Rdn. 119 ff.

416   BAG 15.1.2013, 3 AZR 169/10, EzA § 1 Ablösung Nr. 50 = FA 2013, 248.

417   S. dazu § 2 Rdn. 17 ff.

418   Es wird also immer »durchquotiert«. Im Beispielsfall sind also nicht etwa 200 € der ersten Besitzstandsstufe zuzuordnen, BAG 25.5.2004, 3 AZR 145/03, EzA § 2 BetrAVG Nr. 21 = FA 2005, 121.

Bei dynamischen Leistungsplanstrukturen (z. B. bei einer endgehaltsabhän- 291
gigen Leistungszusage) ist nicht nur das Quotierungsprinzip des § 2 Abs. 1
BetrAVG maßgebend, sondern auch die Festschreibung der Bemessungsgrundlagen im Änderungszeitpunkt gem. § 2 Abs. 5 BetrAVG. Damit ergibt
sich auch bei dynamischen Leistungsplanstrukturen für die erste Besitzstandstufe immer ein Festbetrag.

Bei **beitragsorientierten Leistungszusagen** (§ 1 Abs. 2 Nr. 1 BetrAVG) und 292
Beitragszusagen mit Mindestleistung (§ 1 Abs. 1 Nr. 2 BetrAVG) gelten zur
Ermittlung der ersten Besitzstandsstufe die Sonderregelungen in § 2 Abs. 5a
BetrAVG und in § 2 Abs. 5b BetrAVG, jedoch nur für die beitragsorientierten
Leistungszusagen, die ab dem 1.1.2001 erteilt wurden.[419]

Bei unmittelbaren Versorgungszusagen, Unterstützungskassenzusagen und 293
Pensionsfondszusagen mit der Leistungsstruktur einer beitragsorientierten
Leistungszusage bedeutet dies also, dass zur ersten Besitzstandsstufe der
erdiente Besitzstand zählt, der bis zum Änderungsstichtag aus den zugeteilten
Beiträgen finanziert wurde.

Das Entsprechende gilt für Beitragszusagen mit Mindestleistung bei den 294
Durchführungswegen Pensionskasse, Pensionsfonds und Direktversicherung.
Zur ersten Besitzstandsstufe gehört in diesen Fällen immer das planmäßig
zuzurechnende Versorgungskapital, das sich aus den bis zum Änderungsstichtag geleisteten Beiträgen (Beiträge und die daraus bis zum Eintritt des Versorgungsfalles erzielten Erträge) ergibt.

Die **zweite Besitzstandsstufe** (»erdiente Dynamik«, »prozentualer Besitz- 295
stand«) gibt es nur bei dynamischen Leistungsplanstrukturen. Sie erfasst den
bis zum Änderungsstichtag erdienten Besitzstand unter Berücksichtigung der
Dynamik des Gehaltes bis zum Eintritt des Versorgungsfalles.

▶ **Beispiel:** 296

Sieht der Leistungsplan einen jährlichen Steigerungsprozentsatz von 0,4 %
des versorgungsfähigen Arbeitseinkommens vor und sind im Änderungszeitpunkt 12 Dienstjahre abgeleistet, so beträgt der erdiente dynamische
Besitzstandteil der zweiten Stufe 4,8 % des versorgungsfähigen Arbeitseinkommens bei Eintritt des Versorgungsfalls und nicht wie bei der ersten
Besitzstandsstufe des maßgebenden Einkommens im Änderungsstichtag

---

419 S. dazu § 2 Rdn. 189 ff.

entsprechend § 2 Abs. 5 BetrAVG. Dies gilt allerdings nur, wenn alle Dienstjahre leistungssteigernd zu berücksichtigen sind. Die Rechnung lautet:

$$40 \times 0{,}4\,\% = 16\,\%$$

$$16\,\% \times 10/40 = 4\,\%$$

297 Auch hier wird wie bei der ersten Besitzstandsstufe bei nicht gleichmäßig steigenden Leistungsplanstrukturen (z. B. Sockelbetrag 5 % züglich Steigerungsbetrag 0,2 % des maßgebenden Einkommens) nach der Quotierungsmethode des § 2 Abs. 1 S. 1 BetrAVG verfahren, also »durchquotiert«.[420] Dies gilt auch dann, wenn nicht alle Dienstjahre leistungssteigernd zu berücksichtigen sind.

298 ▶ Beispiel:

Es zählen maximal 30 Dienstjahre:

$$30 \times 0{,}4\,\% = 12\,\%$$

$$12\,\% \times 10/40 = 3\,\%$$

299 Diese Definition der erdienten Dynamik für die zweite Besitzstandsstufe ist nur dann richtig, wenn die dynamische Versorgungszusage für die Zukunft gänzlich aufgehoben wird, nach dem Änderungszeitpunkt keine Anwartschaftssteigerung mehr erfolgt, also **nur** der sich aus § 2 Abs. 1 BetrAVG ergebende und entsprechend § 2 Abs. 5 BetrAVG errechnete Versorgungsbesitzstand – die erste Besitzstandsstufe zuzüglich darauf entfallender Dynamik – aufrechterhalten wird. Anders verhält es sich aber, wenn zwar in den Faktor »Endgehalt« – auch für die vor dem Änderungszeitpunkt liegende Zeit – verschlechternd eingegriffen, aber zugleich die Möglichkeit eröffnet wird, nach veränderten Berechnungsmaßstäben für die Zukunft weitere dienstzeitabhängige Zuwächse zu erwerben. In einem solchen Fall kann erst beim Ausscheiden aus dem Arbeitsverhältnis festgestellt werden, ob mit der ablösenden Neuregelung in die vom begünstigten Arbeitnehmer erdiente Dynamik eingegriffen worden ist.[421]

---

420 BAG 25.5.2004, 3 AZR 145/03, EzA § 2 BetrAVG Nr. 21 = FA 2005, 121.
421 So z. B. BAG 11.12.2001, 3 AZR 128/01, EzA § 1 BetrAVG Ablösung Nr. 32 = DB 2003, 214 und 10.9.2002, 3 AZR 635/01, EzA § 1 BetrAVG Ablösung Nr. 34 = DB 2003, 1525 m. Anm. *Schumann*; vgl. dazu z. B. *Kemper/Kisters-Kölkes* Grundzüge Rn. 637.

Das BAG ist der Auffassung, Besitzstandswahrung bedeute nicht, dass der 300
Arbeitnehmer Anspruch darauf hat, den dynamisch bis zum Ausscheiden
fortgeschriebenen Besitzstand im Änderungszeitpunkt erhalten zu bekommen
und zusätzlich Zuwächse nach der Neuregelung zu erwerben. Der Besitzstand
aus einer erdienten Dynamik ist bereits dann aufrechterhalten, wenn der
begünstigte Arbeitnehmer **im Versorgungsfall** zumindest den Betrag oder den
Rentenwert erhält, den er zum Änderungsstichtag bei Aufrechterhaltung der
bisherigen Dynamik der dienstzeitunabhängigen Bemessungsfaktoren erreicht
hatte. Dies ist Ausdruck des Vertrauensschutzes. Verbleibt dem Arbeitnehmer
in jedem Fall das, worauf er zum Änderungszeitpunkt vertrauen durfte, verletzt eine verschlechternde Neuordnung schützenswertes Vertrauen nicht.

▶ **Beispiel:** 301

Der Arbeitnehmer ist mit dem 25. Lebensjahr in das Unternehmen eingetreten. Feste Altersgrenze ist das 65. Lebensjahr. Die Neuordnung sieht
vor, dass bei einer dynamischen Leistungsplanstruktur (0,5 % des versorgungsfähigen Einkommens pro Dienstjahr) die erste Besitzstandsstufe
gewahrt bleibt, und zwar €-fest:

Bei einem versorgungsfähigen Einkommen im Änderungszeitpunkt von
2.000,– € monatlich nach 15 Dienstjahren bei 40 möglichen Dienstjahren
sind das also:

400 € × 15/40 = 150 € (§ 2 Abs. 1 und 5 BetrAVG)

Für künftige Dienstjahre sollen nach der Neuordnung 10,– € pro Dienstjahr als Steigerungsbetrag gewährt werden.

Es ist dann **im Versorgungsfall** festzustellen, ob in die bis zum Änderungszeitpunkt erdiente Dynamik eingegriffen worden ist. Dabei ist die Summe
der künftigen Steigerungsbeträge von 10,– € pro Dienstjahr als »Dynamik«
der im Änderungszeitpunkt erdienten 150,– € zu werten. In den zukünftigen 25 Dienstjahren soll das Gehalt auf 4.000 € gestiegen sein. Ohne
Änderung würde der Arbeitnehmer 800 € erhalten. Nach der Änderung
erhält er 150 € + 250 € = 400 €. Der dynamische Besitzstand würde 800 €
x 15/40 = 300 € betragen.

302 Gegen eine solche Regelung bestehen keine Bedenken wegen Verstoßes gegen den arbeitsrechtlichen Gleichbehandlungsgrundsatz.[422]

303 Prozessual ist in derartigen Fällen eine etwa beeinträchtigte erdiente Dynamisierung des bis zum Abänderungszeitpunktes erdienten Besitzstandes als Mindestanspruch anzuerkennen. Das Beispiel zeigt, dass weder in die erste noch in die zweite Besitzstandsstufe eingegriffen wurde. Für die Reduzierung von 800 € auf 400 € müssten adäquate sachlich-proportionale Gründe vorliegen. Dem Begünstigten muss im Ergebnis als Betriebsrente zumindest das Produkt aus dem bis zum Ablösestichtag erdienten Prozentsatz und dem tatsächlichen Endgehalt bei Ausscheiden zuerkannt werden. Im Beispiel sind 150 € 7,5 % von 2.000 €. 7,5 % von 4.000 € sind die genannten 300 €. Wird der Besitzstand von Anfang an so definiert, dass der erdiente Prozentsatz vom letzten Einkommen erhalten bleibt, sind immer die erste und die zweite Besitzstandsstufe gewahrt, wenn das letzte Einkommen die Bemessungsgrundlage ist.

304 Dasselbe gilt für die Höhe der »unverfallbaren Anwartschaft nach einer verschlechternden Neuordnung«.[423] Grundsätzlich gilt auch nach einer Neuordnung das Quotierungsprinzip gem. § 2 Abs. 1 BetrAVG. Es ist aber sodann zu prüfen, ob der so ermittelte Betrag hinter der garantierten Mindestrente zurückbleibt. Ist dies der Fall, muss die garantierte Mindestrente gezahlt werden.[424]

305 Die **dritte Besitzstandsstufe** bezieht sich auf die noch erdienbaren Versorgungsteilbeträge, die in der Zeit nach dem Änderungsstichtag erworben werden können (Steigerungsbeträge).

306 Den einzelnen Besitzstandsstufen sind Eingriffsgründe von unterschiedlicher Intensität zugeordnet. Für Eingriffe in die erste Besitzstandsstufe müssen **zwingende Gründe** vorliegen. Das BAG hatte dies für eine **wirtschaftliche Notlage** angenommen, die seit dem 1.1.1999 nicht mehr existiert und nur für

---

422 BAG 11.12.2001, 3 AZR 128/01, EzA § 1 BetrAVG Ablösung Nr. 32 = DB 2003, 214 und 10.9.2002, 3 AZR 635/01, EzA § 1 BetrAVG Ablösung Nr. 34 = DB 2003, 1525 m. Anm. *Schumann*; 15.7.2008, 3 AZR 669/06, FA 2009, 216.

423 So *Förster/Cisch* BB 2005, 773.

424 BAG 16.12.2003, 3 AZR 39/03, EzA § 1 BetrAVG Ablösung Nr. 41 = DB 2004, 1051; dazu auch *Förster/Cisch* BB 2005, 773, *Kemper/Kisters-Kölkes* Grundzüge Rn. 680 f. und *Engelstädter* FS Kemper, S. 143 ff.

Änderungen von Bedeutung sein kann, die vor diesem Stichtag vorgenommen wurden.[425]

Dies ist heute nicht mehr so, nachdem der Insolvenzsicherungsfall der wirtschaftlichen Notlage in §7 BetrAVG mit Wirkung vom 1.1.1999 ersatzlos gestrichen worden ist.[426] Stellt eine wirtschaftliche Notlage einen zwingenden Grund dar, könnte der Arbeitgeber z.B. schon insolvenzgeschützte Rechtspositionen ersatzlos entziehen, ohne dass der Versorgungsberechtigte durch eine Eintrittspflicht des PSVaG geschützt wäre. Ab 1.1.1999 ist deshalb eine wirtschaftliche Notlage kein zwingender Änderungsgrund mehr.[427] Dem steht der Grundsatz des Vertrauensschutzes nicht entgegen.[428] In derartigen Fällen besteht für den Arbeitgeber die Möglichkeit, im Rahmen eines außergerichtlichen Vergleichs unter Beteiligung des PSVaG eine Lösung herbeizuführen (§7 Abs. 1 S. 3 Nr. 3 BetrAVG). Der Arbeitgeber kann bei einer wirtschaftlichen Notlage aber auch nach §18 InsO einen Insolvenzantrag wegen drohender Zahlungsunfähigkeit stellen und damit zu einem Zeitpunkt, in dem er noch handlungsfähig ist. Ggf. kann ein Insolvenzplan vereinbart werden, der das Unternehmen wieder auf eine wirtschaftlich tragfähige Basis stellt. | 307

Zwingende Gründe sind anzunehmen, wenn die bestehende Versorgungsregelung zu einer **absoluten** oder auch nur **planwidrigen Überversorgung** führt. Dann liegt eine Störung der Geschäftsgrundlage vor (§313 BGB).[429] | 308

Von einer absoluten Überversorgung spricht man, wenn die Versorgung aus der gesetzlichen Rentenversicherung und der betrieblichen Altersversorgung | 309

---

425 BAG 6.12.1979, 3 AZR 274/78, EzA §7 BetrAVG Nr. 4 = DB 1980, 1172 und 20.1.1987, 3 AZR 313/85, EzA §7 BetrAVG Nr. 23 = DB 1987, 1947.

426 Art. 91 des Einführungsgesetzes zur Insolvenzordnung vom 5.10.1994, BGBl. I S. 2911, 2947.

427 BAG 17.6.2003, 3 AZR 396/02, EzA §7 BetrAVG Nr. 69 = DB 2004, 324; 31.7.2007, 3 AZR 373/06, EzA §7 BetrAVG Nr. 72 = DB 2007, 2849 und 31.7.2007, 3 AZR 372/06, DB 2008, 1505 = FA 2008, 92; s. dazu auch die Begründung des Gesetzesentwurfs der Bundesregierung, BT-Drucks. 12/3803, S. 109 f. sowie §7 Rdn. 22.

428 BAG 31.7.2007, 3 AZR 373/06, EzA §7 BetrAVG Nr. 72 = DB 2007, 2849.

429 BAG 24.1.2006, 3 AZR 583/04, DB 2006, 1621; 17.1.2012, 3 AZR 555/09, EzA §1 BetrAVG Ablösung Nr. 49 = BB 2012, 1599; 17.1.2012, 3 AZR 555/09, EzA §1 BetrAVG Ablösung Nr. 49 = FA 2012, 245.

höher ist als das letzte Nettoeinkommen in der Aktivitätszeit oder bei vergleichbaren Aktiven (»Nettoversorgungsgrad« über 100).

310   Unter planwidriger Überversorgung versteht man eine Situation, bei der das ursprünglich angestrebte Versorgungsziel deshalb verfehlt wird, weil sich externe Verhältnisse (Steuer- und Abgabelast der aktiven Arbeitnehmer) seit Installierung des alten Versorgungssystems wesentlich geändert haben. Dies ist z. B. bei Gesamtversorgungssystemen anzutreffen, bei denen die Höhe der betrieblichen Altersversorgung unter Berücksichtigung der Sozialversicherungsrente ermittelt wird, z. B. eine Gesamtversorgung von 70 % des letzten Bruttoeinkommens zugesagt ist.[430]

311   Enthält ein Leistungsplan eine Bruttogesamtversorgungsobergrenze, nach der die Betriebsrente niedriger ist als das Nettoeinkommen vergleichbarer Arbeitnehmer, tritt eine Störung der Geschäftsgrundlage jedenfalls dann ein, wenn dieses Nettoeinkommen durch spätere tatsächliche und rechtliche Änderungen überschritten wird.[431]

312   Der Arbeitgeber, der ein Gesamtversorgungssystem eingeführt hat, kann eine Anpassung wegen Störung der Geschäftsgrundlage erst verlangen, wenn der bei Schaffung des Versorgungssystems zugrunde gelegte Dotierungsrahmen aufgrund von Änderungen bei den steuerlichen und abgabenrechtlichen Verhältnissen zum Anpassungsstichtag um mehr als 50 % überschritten wird.[432]

313   Für Eingriffe in die zweite Besitzstandsstufe sind **triftige Gründe** erforderlich. Diese sind dann gegeben, wenn der Arbeitgeber eine Anpassung der laufenden Leistungen gem. § 16 Abs. 1 BetrAVG wegen einer schlechten wirtschaftli-

---

430   BAG 23.10.1990, 3 AZR 260/89, EzA § 1 BetrAVG Ablösung Nr. 4 = DB 1991, 449; 9.4.1991, 3 AZR 598/89, EzA § 1 BetrAVG Nr. 5 = DB 1991, 2040; 28.7.1998, 3 AZR 100/98, EzA § 1 BetrAVG Ablösung Nr. 18 = DB 1999, 389; 23.9.1997, 3 ABR 85/96, EzA § 77 BetrVG 1972 Nr. 60 = DB 1998, 779; zur »Störung der Geschäftsgrundlage« auch BAG 11.12.2001, 3 AZR 512/00, EzA § 1 BetrAVG Ablösung Nr. 33 = DB 2003, 293.

431   BAG 13.11.2007, 3 AZR 455/06, EzA § 1 BetrAVG Geschäftsgrundlage Nr. 3 = DB 2008, 994.

432   BAG 19.2.2008, 3 AZR 290/06, EzA § 1 BetrAVG Geschäftsgrundlage Nr. 4 = DB 2008, 1387; und 19.2.2008, 3 AZR 743/06, BB 2008, 441 = BetrAV 2008, 214; s. a. Rdn. 356.

chen Lage verweigern kann.[433] Ein triftiger Grund, der einen Eingriff in die erdiente Dynamik rechtfertigen kann, liegt damit vor, wenn ein unveränderter Fortbestand des Versorgungswerks langfristig zu einer Substanzgefährdung des Versorgungsschuldners führen würde. Dies ist dann der Fall, wenn die Kosten des bisherigen Versorgungswerks nicht mehr aus den Unternehmenserträgen und etwaigen Wertzuwächsen des Unternehmensvermögens erwirtschaftet werden können, sodass eine die Entwicklung des Unternehmens beeinträchtigende Substanzaufzehrung droht.[434] Eine Substanzgefährdung liegt immer vor, wenn keine angemessene Eigenkapitalverzinsung vorliegt oder gar schon das Eigenkapital aufgezehrt wird.[435]

Bei steuerbefreiten Berufsverbänden in der Rechtsform eines nicht eingetragenen oder eingetragenen Vereins (z. B. Gewerkschaften und Unternehmerverbände), die nicht am Markt zur Gewinnerzielung tätig sind, gelten Besonderheiten. Hier kommt es nicht in erster Linie auf die Vermögenssituation und deren Entwicklung an, sondern auf die künftige Entwicklung des Beitragseinkommens einerseits und der Versorgungsverbindlichkeiten andererseits.[436]   **314**

Dabei sind die sog. ungedeckten Verpflichtungen auch bei nicht rechtsfähigen, nicht bilanzierungspflichtigen Idealvereinen nach handelsrechtlichen Bestimmungen zu ermitteln, unabhängig davon, ob ein handels- oder steuerrechtlicher Passivierungszwang besteht.   **315**

Eine zutreffende Abbildung der wirtschaftlichen Lage nach bilanzrechtlichen Regeln kann einem Versorgungsschuldner auch nicht deshalb versagt werden, weil dieser hierauf in der Vergangenheit unter Außerachtlassung wirtschaft-   **316**

---

433 BAG 23.4.1985, 3 AZR 156/83, EzA § 16 BetrAVG Nr. 16 = DB 1985, 1642; 17.4.1985, 3 AZR 72/83, EzA § 1 BetrAVG Unterstützungskasse Nr. 2 = DB 1986, 228; 11.5.1999, 3 AZR 380/98EzA § 1 BetrAVG Ablösung Nr. 20 = DB 2000, 525; 11.12.2001, 3 AZR 512/00, EzA § 1 BetrAVG Ablösung Nr. 33 = DB 2003, 293; einschränkend: *Rößler* Der triftige Grund in der Bestandsrechtsprechung des BAG, Zur Übertragung der wirschaftlichen Lage i. S. d. § 16 BetrAVG – Frankfurt 2005, hierzu auch Kommentierung zu § 16 BetrAVG.

434 So BAG 11.12.2001, 3 AZR 128/01, EzA § 1 BetrAVG Ablösung Nr. 32 = DB 2003, 214; 10.9.2002, 3 AZR 635/01, EzA § 1 BetrAVG Ablösung Nr. 34 = DB 2003, 1525 m. Anm. *Schumann*; 13.12.2005, 3 AZR 217/05, EzA Art. 9 GG Nr. 86 = RdA 2007, 182 ff. m. Anm. *Steinmeyer*.

435 BAG 11.12.2012, 3 AZR 615/10, DB 2013, 1559 = FA 2013, 182.

436 BAG 13.12.2005, 3 AZR 217/05, EzA § 16 BetrAVG Nr. 44 = DB 2006, 1687; 12.2.2013, 3 AZR 414/12 und 3 AZR 636/10, DB 2013,1796.

licher Vernunft verzichtet und so die wahre Vermögenslage objektiv falsch dargestellt hat. An einer solchen Verhaltensweise, die Gläubiger und Arbeitsplätze gefährdet, kann niemand von Rechts wegen festgehalten werden.[437] Kaufmännisches Fehlverhalten hindert also nicht die Eingriffsmöglichkeit seitens des Arbeitgebers.[438]

317   Dies gilt auch, wenn eine Unterstützungskassenversorgung reduziert werden soll. Bei Unterstützungskassen entstehen schon aus steuerlichen Gesichtspunkten i. d. R. Kassenvermögen, die nicht den vollen Gegenwert der Versorgungsverbindlichkeiten erreichen, sodass das hinter der Unterstützungskasse stehende Trägerunternehmen regelmäßig selbst für die Deckung eines Teils der künftigen Versorgungsverbindlichkeiten sorgen muss.[439]

318   Anhaltspunkte für das Vorliegen triftiger Gründe können sich aus einem erheblichen Personalabbau ergeben, insbesondere bei Arbeitnehmer- oder Arbeitgeberorganisationen, die keinen Gewinn anstreben, aber auch bei operativ tätigen Unternehmen. In diesem Fall ist zu prüfen, ob der Personalabbau auf wirtschaftlichen Gründen beruht oder ob Synergieeffekte genutzt werden. Insoweit ist ein erheblicher Personalabbau ein starkes Indiz für wirtschaftliche Schwierigkeiten. Das Personal ist auch Substanz eines Unternehmens. Das Entsprechende gilt bei signifikanten Beitragsrückgängen und rückläufigen Mitgliederzahlen.[440]

319   **Indizwirkung** für das Vorliegen triftiger Gründe und auch sonstiger Änderungsgründe hat eine Betriebsvereinbarung, die verdeutlicht, dass bei dem Unternehmen Änderungsgründe vorliegen.[441] Eine derartige Betriebsvereinbarung ist eine freiwillige Betriebsvereinbarung, da die Herabsetzung des Dotierungsrahmens mitbestimmungsfrei durch den Arbeitgeber bewirkt

---

437   BAG 11.12.2001, 3 AZR 512/00, EzA § 1 BetrAVG Ablösung Nr. 33 = DB 2003, 293.

438   BAG 18.9.2001, 3 AZR 728/00, EzA § 1 BetrAVG Ablösung Nr. 31 = DB 2002, 1114.

439   BAG 11.12.2001, 3 AZR 512/00, EzA BetrAVG § 1 Ablösung Nr. 33 = DB 2003, 293.

440   BAG 13.12.2005, 3 AZR 217/05, EzA § 16 BetrAVG Nr. 44 = DB 2006, 1687.

441   BAG 11.12.2001, 3 AZR 128/01, EzA § 1 BetrAVG Ablösung Nr. 32 = DB 2003, 214 und 10.9.2002, 3 AZR 635/01, EzA § 1 BetrAVG Ablösung Nr. 34 = DB 2003, 1525 m. Anm. *Schumann*.

werden kann.[442] Ein Mitbestimmungsrecht besteht jedoch hinsichtlich eines noch verteilungsfähigen (Rest-)Dotierungsrahmens. Auch wenn der Betriebsvereinbarung Indizwirkung zukommt, ist damit nicht gesagt, dass die Gründe auch tatsächlich mit dem angenommenen Gewicht vorgelegen haben. Im Rahmen der Rechtskontrolle ist das Vorliegen der Gründe und deren Gewichtigkeit zu prüfen.[443]

Auch nichtwirtschaftliche Gründe können triftige Eingriffsgründe sein,[444] z. B. »Umverteilung« bei den Leistungsarten. So kann eine Altersleistung reduziert werden, um eine Invaliditätsleistung zu finanzieren oder um eine solche aufzustocken. Wird eine Gesamtversorgungszusage durch eine endgehaltsabhängige Zusage abgelöst und die Sozialversicherungsrente auf den Ablösestichtag festgeschrieben, ist zu prüfen, ob ein Eingriff in die zweite oder nur in die dritte Besitzstandsstufe erfolgt ist. Denn nach dem Ablösestichtag kann die Sozialversicherungsrente tatsächlich weiter abgesunken sein, sodass hieraus eine Differenz entsteht, die im Rahmen des Besitzstandes zu berücksichtigen ist.[445] **320**

Auf der dritten Eingriffsstufe, bei Eingriffen in noch nicht erdiente Zuwachsraten, reichen **sachlich-proportionale Gründe**. Solche Eingriffe dürfen nicht willkürlich sein. Sie müssen nachvollziehbar erkennen lassen, welche Umstände und Erwägungen zur Änderung der Versorgungszusage Anlass gegeben haben. Das Vertrauen der Arbeitnehmer in den Fortbestand der bisherigen Regelung darf nicht über Gebühr beeinträchtigt werden.[446] **321**

Sachlich-proportionale Eingriffsgründe liegen z. B. vor, **322**
— wenn sich unterschiedliche Versorgungssysteme in einem Unternehmen herausgebildet haben und diese nunmehr harmonisiert werden sollen[447]; das soll auch gelten bei einer Harmonisierung, die deshalb notwendig

442 S. dazu Rdn. 397.

443 S. dazu Rdn. 284.

444 BAG 11.9.1990, 3 AZR 380/89, EzA § 1 BetrAVG Ablösung Nr. 3 = DB 1991, 503; 7.7.1992, 3 AZR 522/91, EzA § 1 BetrAVG Ablösung Nr. 9 = DB 1992, 2451.

445 BAG 15.1.2013, 3 AZR 705/10, BB 2013, 1396 = FA 2013, 212.

446 BAG 11.12.2001, 3 AZR 128/01, EzA § 1 BetrAVG Ablösung Nr. 32 = DB 2003, 214 und 10.9.2002, 3 AZR 635/01, EzA § 1 BetrAVG Ablösung Nr. 34 = DB 2003, 1525 m. Anm. *Schumann*.

447 BAG 8.12.1981, 3 ABR 53/80, EzA § 242 BGB Ruhegeld Nr. 96 = DB 1982, 46.

wird, weil anlässlich eines Betriebsübergangs gem. § 613a Abs. 1 S. 3 BGB unterschiedliche Versorgungssysteme entstanden sind.[448] Das ist zumindest dann zu überdenken, wenn die Neuordnung in unmittelbarem zeitlichen Zusammenhang mit dem Betriebsübergang steht.[449] Es kann aber auch für jeden Betrieb oder Betriebsteil das bisherige System fortgeführt werden, ohne dass der Gleichbehandlungsgrundsatz verletzt wird.[450]

– wenn eine wirtschaftlich ungünstige Entwicklung des Unternehmens absehbar ist, ohne dass bereits eine wirtschaftliche Schieflage im Sinne von § 16 BetrAVG entsprechend den Verhältnissen bei triftigen Gründen vorliegen muss[451],

– wenn »Modernisierungen« der alten betrieblichen Altersversorgung wegen möglicher Verstöße gegen den Gleichbehandlungsgrundsatz oder den Gleichberechtigungsgrundsatz oder wegen veränderter Sozialversicherungsverhältnisse notwendig erscheinen,

– wenn veränderte rechtliche Rahmenbedingungen eingetreten sind.[452]

323 Ob die Öffnung eines für den Neuzugang geschlossenen Versorgungssystems ein sachlich-proportionaler Eingriffsgrund in bestehende Versorgungsanwartschaften ist,[453] erscheint fraglich. Dann müsste logischerweise auch der Verzicht auf eine Schließung ein Eingriffsgrund sein. In derartigen Fällen dürfte es generell um eine Änderung aus wirtschaftlichen Gründen gehen, also um eine Verkleinerung des Dotierungsrahmens mit neuen Verteilungsgrundsätzen. Es ist sozial- und personalpolitisch nicht hinnehmbar, wenn ein steigender Anteil der Mitarbeiter, der im Wesentlichen die Anpassungslasten durch Erträge des Unternehmens mit erwirtschaftet, unversorgt bleibt.

---

448 BAG 29.7.2003, 3 AZR 630/02, EzA § 1 BetrAVG Ablösung Nr. 42 = FA 2004, 311; s. dazu auch *Kemper/Kisters-Kölkes* Grundzüge Rn. 731 ff.

449 Dazu *Kemper* BB 1990, 785.

450 BAG 19.1.2010, 3 ABR 19/08, EzA § 1 BetrAVG Betriebsvereinbarung Nr. 7 = DB 2010, 1131.

451 BAG 11.5.1999, 3 AZR 21/98, EzA § 1 BetrAVG Ablösung Nr. 20, DB 2000, 525; 18.9.2001, 3 AZR 728/00, EzA § 1 BetrAVG Ablösung Nr. 31 = DB 2002, 1114.

452 BAG 22.4.1986, 3 AZR 496/83, EzA § 1 BetrAVG Unterstützungskasse Nr. 3 = DB 1986, 1526; dazu auch *Langohr-Plato* Rn. 1440 ff.

453 So wohl BAG 8.12.1981, 3 ABR 53/80, EzA BGB § 242 Nr. 96 Ruhegeld = DB 1982, 46; 17.6.2003, 3 ABR 43/02, EzA § 1 BetrAVG Ablösung Nr. 40 = DB 2004, 714.

Auf den dreistufigen Besitzstand kann nicht abgestellt werden, wenn eine   324
bisherige Rentenzusage in eine Kapitalzusage mittels Betriebsvereinbarung
überführt werden soll und den Anwärtern kein Wahlrecht dahingehend eingeräumt wird, bei der Rentenzusage zu bleiben. In diesen Fällen verlangt
das BAG einen eigenständigen Rechtfertigungsgrund, weil bei einer solchen
Systemumstellung zulasten der betroffenen Arbeitnehmer erhebliche Nachteile entstehen können. So wird das Langlebigkeitsrisiko vom Arbeitgeber
auf den Arbeitnehmer verlagert. Es können steuerliche Nachteile entstehen,
weil ein Kapital in einem Betrag zufließt und dann voll zu versteuern ist.
Dadurch steigt die Progression. Auch wenn ein Kapital über mehrere Jahre
in Teilbeträgen ausgezahlt wird, entsteht in aller Regel eine höhere steuerliche
Belastung. Ein Nachteil besteht auch darin, dass die Inflation nicht ausgeglichen wird, denn Renten wären i. d. R. gem. § 16 BetrAVG anzupassen, ein
Kapital dagegen nicht. Insoweit kommt hinzu, dass das ausgezahlte Kapital
in einer Niedrigzinsphase nicht so angelegt werden kann, dass dieser Nachteil
ausgeglichen wird. Des Weiteren können sich Nachteile im Pfändungsschutz
ergeben.[454]

Welche Gründe einen solchen Systemumstieg rechtfertigen können, lässt das   325
BAG in seiner Entscheidung im Ergebnis offen. Es deutet lediglich an, dass
wirtschaftliche Gründe vorliegen könnten, wenn der Arbeitgeber auf Dauer
nicht in der Lage sei, die Kosten des bisherigen Versorgungswerks einschließlich der Anpassung zu tragen. Auch Vorteile in der Bilanzierung und Finanzierung könnten vielleicht Rechtfertigungsgründe sein oder auch Leistungsverbesserungen durch Anhebung des Dotierungsrahmens.

Bei den Aspekten, die das BAG angesprochen hat, wird ein wesentlicher   326
Aspekt noch nicht berücksichtigt. Denn offen ist nach wie vor die Frage, ob
ein Kapital, welches in jährlichen Raten ausgezahlt wird, insolvenzgeschützt
ist, soweit die Raten noch nicht ausgezahlt sind. Ist vorgesehen, dass die erste
Rate im Januar des Jahres ausgezahlt wird, welches dem Eintritt des Versorgungsfalles folgt, stellt sich die Frage, ob dann das gesamte Kapital fällig wird
und lediglich die noch ausstehenden Raten gestundet werden oder ob jede
Rate für sich einen »Versorgungsfall« auslöst. Wenn ersteres der Fall ist, dann
wären bei einer Insolvenz des Unternehmens die ausstehenden Raten nicht
insolvenzgeschützt, weil das gesamte Kapital schon zum Vermögen des Versorgungsempfängers gehört und damit vererblich wird.

---

454 BAG 15.5.2012, 3 AZR 11/10, EzA § 2 BetrAVG Nr. 33 = DB 2012, 1756.

327 Die Drei-Stufen-Theorie als Maßstab für eine Rechts- oder Billigkeitskontrolle ist für Eingriffe in Versorgungsanwartschaften entwickelt worden. Bei **Beziehern von Versorgungsleistungen** (Rentnern) sind ebenfalls Eingriffe möglich, z. B. in Bezug auf vereinbarte Spannen- und Wertsicherungsklauseln, zumindest wenn in dem Arbeitsvertrag vereinbart wurde, dass die Betriebsvereinbarungen »in der jeweils gültigen Fassung« maßgebend sein sollen.[455] Darunter fällt z. B. die Veränderung einer volldynamischen Leistungsplanstruktur, wenn einsichtige Gründe bestehen, zu einer Garantiedynamik in Anlehnung (nicht in Anwendung!) von § 16 Abs. 3 Nr. 1 BetrAVG in Zukunft überzugehen. Ähnlich stellt sich auch der Übergang von günstigeren Anpassungsregelungen auf die Anpassungsvarianten gem. § 16 Abs. 1 und Abs. 3 BetrAVG dar. Eingriffe in Versorgungsregelungen hinsichtlich laufender Leistungen bedürfen tragfähiger Gründe. I. d. R. können nur noch geringfügige Verschlechterungen gerechtfertigt sein. Dazu bedarf es sachlich nachvollziehbarer, Willkür ausschließender Gründe. Ein mehr als geringfügiger Eingriff bedarf darüber hinausgehender Gründe.[456] Im Rentnerstadium darf es in keinem Fall zu Umstrukturierungen oder Verwirklichung von veränderten Gerechtigkeitsvorstellungen kommen.[457] So ist es nicht mehr möglich, eine Hinterbliebenenversorgung abzuschaffen[458] oder den Rentnern eine Garantieanpassung von 1 % aufzuerlegen.[459] Wenn entsprechende Übergangsregelungen geschaffen werden, kann aber von einer vorschüssigen Zahlung auf eine nachschüssige Zahlung umgestellt werden.[460]

328 Anwärter, die mit einer gesetzlich unverfallbaren Anwartschaft aus dem Arbeitsverhältnis ausgeschieden sind, können nicht von einer abändernden

---

455 BAG 25.10.1988, 3 AZR 483/86, EzA § 77 BetrVG 1972 Nr. 26 = DB 1989, 1195; 18.4.1989, 3 AZR 688/87, EzA § 77 BetrVG 1972 Nr. 28 = DB 1989, 2232; s. dazu auch Rdn. 280 ff.

456 BAG 28.6.2011, 3 AZR 282/09, EzA § 16 BetrAVG Nr. 59 = DB 2011, 2923.

457 BAG 12.10.2004, 3 AZR 557/03, EzA § 1 BetrAVG Hinterbliebenenversorgung Nr. 11 = BetrAV 2005, 297; 13.11.2007, 3 AZR 455/06, EzA § 1 BetrAVG Geschäftsgrundlage Nr. 3 = DB 2008, 994; 29.1.2008, 3 AZR 42/06, EzA § 87 BetrVG 2001 Betriebliche Lohngestaltung Nr. 14 = DB 2008, 1980.

458 BAG 12.10.2004, 3 AZR 557/03, EzA § 1 BetrAVG Hinterbliebenenversorgung Nr. 11 = DB 2005, 783.

459 BAG 28.6.2011, 3 AZR 282/09, EzA § 16 BetrAVG Nr. 59 = DB 2011, 293.

460 BAG 23.9.1997, 3 AZR 529/96, EzA § 1 BetrAVG Ablösung Nr. 14 = DB 1998, 318.

Kemper/Kisters-Kölkes

Betriebsvereinbarung erfasst werden, wenn diese nach dem Ausscheiden abgeschlossen wird. Dies gilt sowohl für verbessernde als auch für verschlechternde Betriebsvereinbarungen. Insoweit greift der Festschreibeeffekt des § 2 Abs. 5 BetrAVG.

d) Kündigung

Eine Betriebsvereinbarung über betriebliche Altersversorgung kann von den Betriebspartnern – soweit nichts anderes vereinbart ist – mit einer Frist von drei Monaten gekündigt werden (§ 77 Abs. 5 BetrVG). Eine Nachwirkung gem. § 77 Abs. 6 BetrVG tritt nicht ein. Die Herabsetzung des Dotierungsrahmens ist mitbestimmungsfrei. Dafür ist eine Einigungsstelle nicht zuständig.[461] Offen ist, ob eine Nachwirkung angenommen werden kann, wenn der Arbeitgeber mit der Kündigung nur eine Kürzung des Dotierungsrahmens mit verändertem Leistungsplan erreichen will. Mitbestimmungsrechte bestehen dann, wenn ein verteilungsfähiger Dotierungsrahmen verbleibt.[462]   329

Die Kündigung ist eine einseitige empfangsbedürftige Willenserklärung. Sie bedarf keiner Begründung und unterliegt keiner inhaltlichen Kontrolle.[463]   330

Die Kündigung einer Betriebsvereinbarung über betriebliche Altersversorgung bewirkt zunächst die Schließung des Versorgungswerkes für künftig eintretende Mitarbeiter.[464]   331

Kündigungswirkungen treten auch für die von der gekündigten Betriebsvereinbarung begünstigten Arbeitnehmer ein. Das BAG unterscheidet zwischen der Kündbarkeit einer Betriebsvereinbarung und den Rechtsfolgen einer Kündigung. Die aufgrund der gekündigten Betriebsvereinbarung erworbenen Besitzstände der betroffenen Arbeitnehmer werden kraft Gesetzes nach den Grundsätzen der Verhältnismäßigkeit und des Vertrauensschutzes geschützt.   332

---

461 S. dazu i. E. Rdn. 380 ff.
462 Dazu BAG 18.9.2001, 3 AZR 728/00, EzA § 1 BetrAVG Ablösung Nr. 31 = NZA 2002, 1164 und *Blomeyer/Rolfs/Otto* Rn. 594 zu Anh. § 1.
463 BAG 17.8.2004, 3 AZR 189/03, EzA § 1 BetrAVG Betriebsvereinbarung Nr. 5 = NZA 2005, 128.
464 S. dazu Rdn. 269 f.; auch BAG 15.2.2011, 3 AZR 35/09, EzA § 1 BetrAVG Betriebsvereinbarung Nr. 9 = DB 2011, 1928.

Damit tritt faktisch eine besondere Art der »Nachwirkung« der gekündigten Betriebsvereinbarung ein.[465]

333   Die aufgrund der gekündigten Betriebsvereinbarung erworbenen Besitzstände können in derselben Weise verändert werden, wie dies im Rahmen der Drei-Stufen-Theorie bei einer ablösenden neuen Betriebsvereinbarung der Fall ist. Durch die Kündigung kann der Arbeitgeber also nicht mehr erreichen, als der Abschluss einer ablösenden Betriebsvereinbarung bewirken könnte. Allerdings kann der Arbeitgeber bei einer Kündigung einer Betriebsvereinbarung die Änderungswirkung einseitig erreichen, ohne den Betriebsrat einzuschalten. Dabei sind natürlich die erzwingbaren Mitbestimmungsrechte des Betriebsrates bei den Verteilungsgrundsätzen auf dem abgesenkten Dotierungsniveau zu beachten.[466]

334   Soweit hiernach die Wirkungen der Kündigung einer Betriebsvereinbarung über betriebliche Altersversorgung beschränkt sind, bleibt die Betriebsvereinbarung als Rechtsgrundlage erhalten. Die nach der Kündigung der Betriebsvereinbarung verbleibenden Rechtspositionen genießen unverändert den Schutz des § 77 BetrVG. Für die Teile der Versorgungsbesitzstände, die unangetastet bleiben, ist weiterhin die gekündigte Betriebsvereinbarung maßgebend und Rechtsbegründungsakt.[467]

335   Der Betriebsrat hat das Recht, in einem arbeitsgerichtlichen Beschlussverfahren klären zu lassen, welche Wirkungen mit der Kündigung der Betriebsvereinbarung eingetreten sind. Wurden mit der Kündigung Eingriffe in Besitzstände vorgenommen, wird in diesem Verfahren für alle betroffenen Arbeitnehmer geklärt, ob Gründe vorlagen, wie gewichtig diese Gründe waren und welche

---

465 BAG 15.2.2011, 3 AZR 35/09, EzA § 1 BetrAVG Betriebsvereinbarung Nr. 9 = DB 2011, 1928.

466 S. dazu Rdn. 400.

467 BAG 11.5.1999, 3 AZR 21/98, EzA § 1 BetrAVG Betriebsvereinbarung Nr. 1 = DB 2000, 525; 17.8.1999, 3 ABR 55/98, EzA § 1 BetrAVG Betriebsvereinbarung Nr. 2; 21.8.2002, 3 ABR 44/00, EzA § 1 BetrAVG Betriebsvereinbarung Nr. 4 = DB 2002, 952; 17.8.2004, 3 AZR 189/03, EzA § 1 BetrAVG Betriebsvereinbarung Nr. 5 = NZA 2005, 128; 25.5.2004, 3 AZR 145/03, EzA § 2 BetrAVG Nr. 21 = FA 2005, 121; zu den Kündigungswirkungen einer Betriebsvereinbarung über betriebliche Altersversorgung auch BAG 19.9.2006, 1 ABR 58/05, EzA § 77 BetrVG 2001 Nr. 16 = NZA 2007, 1128; 15.2.2011, 3 AZR 35/09, EzA § 1 BetrAVG Betriebsvereinbarung Nr. 9 = DB 2011, 1928.

Besitzstandstufe von der Kündigung betroffen ist. Der Arbeitgeber hat die Darlegungs- und Beweislast.[468] Unabhängig davon verbleibt dem einzelnen betroffenen Arbeitnehmer die Klagemöglichkeit im Urteilsverfahren.[469]

2. Tarifvertrag

Tarifverträge können grundsätzlich gekündigt werden, unabhängig von der **336** Nachwirkung gem. §4 Abs. 5 TVG, oder durch einen neuen Tarifvertrag abgeändert werden. Für das Verhältnis des späteren zum früheren Tarifvertrag gilt das Ablösungsprinzip. Versorgungstarifverträge können auch zum Nachteil der Versorgungsberechtigten geändert werden.[470]

Tritt ein Tarifvertrag, der dynamisch auf die jeweils geltende Fassung eines **337** anderen Tarifvertrags verweist, in das Stadium der Nachwirkung nach §4 Abs. 5 TVG ein, so endet diese Dynamik. Aus der dynamischen Verweisung wird eine statische mit der Folge, dass der in Bezug genommene Tarifvertrag genauso wie der Bezug nehmende lediglich in der Fassung weiter gilt, wie er bei seinem Ablauf galt.[471]

Im Gegensatz zu den Verhältnissen bei ablösenden Betriebsvereinbarungen[472] **338** findet bei der Änderung von Tarifverträgen eine arbeitsgerichtliche Rechts- oder Billigkeitskontrolle nicht statt. Bei Änderung eines Versorgungstarifvertrages bezieht sich die gerichtliche Überprüfung nur auf Verstöße gegen das Grundgesetz, gegen zwingendes Gesetzesrecht, gegen die guten Sitten und gegen tragende Grundsätze des Arbeitsrechts.[473] Anders als bei den Betriebspartnern erstreckt sich die Regelungsbefugnis der Tarifvertragsparteien nicht

---

468 BAG 17.8.1999, 3 AZR 55/98, EzA §1 BetrAVG Betriebsvereinbarung Nr. 2 = DB 2000, 774.

469 S. dazu Rdn. 284.

470 BAG 24.8.1993, 3 AZR 313/93, EzA §1 BetrAVG Ablösung Nr. 10 = DB 1994, 891; 27.2.2007, 3 AZR 734/05, EzA Art. 9 GG Nr. 90 = DB 2007, 1763.

471 BAG 29.1.2008, 3 AZR 426/06, AP Nr. 49 zu §4 TVG Nachwirkung = DB 2008, 2434.

472 S. dazu Rdn. 275 ff.

473 BAG 14.12.1982, 3 AZR 251/80, EzA §242 BGB Ruhegeld Nr. 100 = DB 1983, 944 und 24.8.1993, 3 AZR 313/93, EzA §1 BetrAVG Ablösung Nr. 10 = DB 1994, 891; zur Grundrechtsbindung eines Tarifvertrages BAG 12.10.2004, 3 AZR 571/03, EzA Art. 3 GG Nr. 102 = NZA 2005, 1127; 28.7.2005, 3 AZR 14/05, EzA §1 BetrAVG Ablösung Nr. 44 = DB 2006, 166.

nur auf aktive Arbeitsverhältnisse, sondern auch auf Ruhestandsverhältnisse, wenn der Versorgungsempfänger tarifgebunden ist.[474] Das gilt auch für mit unverfallbarer Anwartschaft ausgeschiedene ehemalige Arbeitnehmer.[475]

339   Offen ist, in welchem Umfang ein Besitzstandsschutz von Versorgungsanwartschaften und Versorgungsansprüchen zu den tragenden Grundsätzen des Arbeitsrechts gehört. Da der Besitzstand aus den Grundsätzen des Vertrauensschutzes und der Verhältnismäßigkeit abgeleitet wird, gehört der Besitzstand zu den Grundsätzen des Arbeits- und Verfassungsrechts.

340   Ein neuer Versorgungstarifvertrag verstößt zumindest dann nicht gegen tragende Grundsätze des Arbeitsrechts, wenn die »Drei-Stufen-Theorie«, die das BAG für ablösende Betriebsvereinbarungen entwickelt hat, beachtet wird. Andererseits darf die »Drei-Stufen-Theorie« nicht »unbesehen« bei Tarifverträgen angewandt werden, ihre Maßstäbe können lediglich als Anhaltspunkt dienen.[476] Tarifverträge sind in Bezug auf Änderungen der betrieblichen Altersversorgung sehr flexibel.[477] Die Kontrolldichte durch die Rechtsprechung ist bei Tarifverträgen erheblich geringer als bei Betriebsvereinbarungen. Dies ist mit der Koalitionsfreiheit gem. Art. 9 Abs. 3 GG begründbar.

341   Das BAG hat den Abbau einer Überversorgung durch Tarifvertrag für zulässig gehalten, und zwar derart, dass Lohnerhöhungen der aktiven Arbeitnehmer so lange nicht zur Anpassung einer dynamischen Rente führen, bis der Betrag der nettolohnbezogenen Obergrenze erreicht ist.[478] Nicht beanstandet wurde auch eine Regelung über das Abschmelzen der Versorgungsleistungen im öffentlichen Dienst durch Einführung einer nettolohnbezogenen Ver-

---

474   BAG 27.2.2007, 3 AZR 734/05, EzA Art. 9 GG Nr. 90 = DB 2007, 1763.

475   BAG 13.12.2005, 3 AZR 478/04, DB 2006, 1013 = BetrAV 2006, 487.

476   BAG 28.7.2005, 3 AZR 14/05, EzA § 1 BetrAVG Ablösung Nr. 44 = DB 2006, 166; in neueren Urteilen wendet sich das BAG ausdrücklich auch gegen die Anwendung der Grundgedanken der Drei-Stufen-Theorie auf tarifvertragliche Eingriffe in Versorgungsanwartschaften 27.2.2007, 3 AZR 734/05, EzA Art. 9 GG Nr. 90 = DB 2007, 1763; 17.6.2008, 3 AZR 409/06, DB 2008, 2314 = BetrAV 2008, 806; a. A. *Blomeyer/Rolfs/Otto* Rn. 610 f. zu Anh. § 1.

477   Dazu *Reinecke* BetrAV 2008, 241.

478   BAG 24.8.1993, 3 AZR 313/93, EzA § 1 BetrAVG Ablösung Nr. 10 = DB 1994, 891; auch die Reduzierung einer tariflich vereinbarten Rente im öffentlichen Dienst ist bei planmäßiger Überversorgung zulässig BAG 25.5.2004, 3 AZR 123/03, DB 2005, 1801.

sorgungsobergrenze.[479] Das Entsprechende gilt für die Neuregelung bei der Zusatzversorgung im öffentlichen Dienst.[480]

Es gibt einen Eigentumsschutz gem. Art. 14 GG für tarifvertraglich erworbene Versorgungsanwartschaften und Versorgungsansprüche, da die Tarifvertragsparteien an die Verfassung gebunden sind.

342

Die »erdiente Anwartschaftsdynamik« und die künftigen Zuwachsraten stehen unter dem Vorbehalt der Änderung des Tarifvertrages. Dies gilt im Zweifel auch, wenn der Versorgungsfall bereits eingetreten ist. Ein Tarifvertrag über eine betriebliche Altersversorgung kann also durch einen neuen Tarifvertrag zu Änderungen bei den Versorgungsempfängern führen.[481]

343

Tariflich geregelte Versorgungsansprüche können bei einem Betriebsübergang nicht durch eine beim Erwerber bestehende, die betriebliche Altersversorgung regelnde Betriebsvereinbarung abgelöst werden (**sog. Über-Kreuz-Ablösung**).[482] Dies gilt jedenfalls außerhalb des Bereichs der erzwingbaren Mitbestimmung und auch dann, wenn mangels Sperrwirkung eines Tarifvertrags nicht schon § 77 Abs. 3 S. 1 BetrVG einer solchen Ablösung entgegensteht.[483]

344

---

479 BAG 24.4.1990, 3 AZR 259/88, EzA § 1 BetrAVG Zusatzversorgung Nr. 3 = DB 1990, 2171.

480 BAG 19.11.2002, 3 AZR 167/02, EzA § 1 BetrVG Ablösung Nr. 38 = DB 2003, 2131 und 25.2.2004, 3 AZR 123/03, DB 2005, 1801; OLG Karlsruhe 22.9.2005, 12 U 99/04, ZTR 2005, 586 und 7.12.2006, 12 U 91/05, ZTR 2007, 317; BGH 14.11.2007, IV ZR 74/06, BetrAV 2008, 203 = BB 2008, 508.

481 BAG 24.8.1993, 3 AZR 313/93, EzA § 1 BetrAVG Ablösung Nr. 10 = DB 1994, 891; 27.2.2007, 3 AZR 734/05, EzA Art. 9 GG Nr. 90 = DB 2007, 1763; das gilt auch für mit unverfallbarer Anwartschaft ausgeschiedene ehemalige Arbeitnehmer: BAG 13.12.2005, 3 AZR 478/04, BetrAV 2006, 487 = DB 2006, 1013.

482 BAG 6.11.2007, 1 AZR 862/06, EzA § 613a BGB 2002 Nr. 83 = DB 2008, 935; 13.11.2007, 3 AZR 191/06, EzA § 613a BGB 2002 Nr. 87 = DB 2008, 1506; a. A. *Döring/Grau* BB 2009, 158; HWK/*Willemsen/Müller-Bonanni* § 613a BGB Rn. 269; *Meyer* NZA 2001, 751. Zum Betriebsübergang vgl. § 1b Rdn. 78 ff.

483 Da die betriebliche Altersversorgung teilmitbestimmt ist, der Betriebsrat im Wesentlichen nur Einfluss auf die Gestaltung des Leistungsplans und die Heranziehung der Arbeitnehmer zu Beiträgen hat, fehlt es für den Regelungsgegenstand der betrieblichen Altersversorgung an der erforderlichen Kongruenz des Umfangs der »erzwingbaren« Mitbestimmung, BAG 13.11.2007, 3 AZR 191/06, EzA § 613a BGB 2002 Nr. 87 = DB 2008, 1506.

3. Individualrechtliche Rechtsbegründungsakte

345   Bei den individualrechtlichen Rechtsbegründungsakten gilt im Grundsatz auch das Ablösungsprinzip. Die Versorgungszusagen sind Bestandteil der einzelnen Arbeitsverträge geworden und teilen deren rechtliches Schicksal.

a) Einzelzusage

346   Eine Einzelzusage kann geändert werden durch Abänderungsvertrag oder Änderungskündigung.[484]

347   Ein Abänderungsvertrag während eines bestehenden Arbeitsverhältnisses ist nur wirksam, wenn der Begünstigte ausdrücklich zugestimmt hat. Das Schweigen auf einen entsprechenden Antrag des Arbeitgebers gilt als Ablehnung.[485] Ein Widerspruch ist nicht notwendig. Ein Änderungsvertrag erfordert eine unmissverständliche Erklärung des Arbeitnehmers.[486]

348   Eine Änderungskündigung unterliegt den Kündigungsschutzvorschriften gem. §§ 1 und 2 KSchG. Dies führt dazu, dass i. d. R. eine sozial gerechtfertigte Kündigung nicht vorliegt. Personen- und verhaltensbedingte Gründe entfallen.[487] Denkbar sind möglicherweise betriebsbedingte Gründe.

b) Gesamtzusage/vertragliche Einheitsregelung

349   Bei Gesamtzusagen und vertraglichen Einheitsregelungen werden die Versorgungszusagen wie bei einer Einzelzusage Bestandteil der Einzelarbeitsverträge und können im Prinzip nur durch Änderungsvertrag und Änderungskündigung modifiziert werden. Es liegt auf der Hand, dass bei einer Vielzahl gleichstrukturierter Versorgungszusagen diese Änderungsmodalitäten kaum zu einem einheitlichen neuen Regelwerk führen.[488]

350   In Ausnahmefällen ist es möglich, trotz des Ablösungsprinzips, das sich immer auf identische arbeitsrechtliche Rechtsquellen bezieht, und ohne Verstoß

---

484   BAG 14.8.1990, 3 AZR 301/89, EzA § 17 BetrAVG Nr. 5 = DB 1991, 501; 3.7.1990, 3 AZR 382/89, EzA § 611 BGB Aufhebungsvertrag Nr. 7 = DB 1990, 2431.

485   *Höfer* BetrAVG, Rn. 318 ff. zu ART m. w. N.

486   BAG 28.6.2011, 3 AZR 448/09, AP Nr. 64 zu § 1 BetrAVG Gleichbehandlung.

487   *Höfer* BetrAVG, Rn. 362 ff. zu ART m. w. N.

488   BAG 16.9.1986, GS 1/82, EzA § 77 BetrVG 1972 Nr. 17 = DB 1987, 383.

gegen das Günstigkeitsprinzip Gesamtzusagen und vertragliche Einheitsregelungen durch eine ablösende Betriebsvereinbarung zu verändern.[489]

Das gilt zum einen für eine **Umstrukturierung** des Versorgungssystems unter Wahrung oder Ausweitung des ursprünglichen Dotierungsrahmens. Kollektiv gesehen wird also das Günstigkeitsprinzip eingehalten. Auch bei einer derartigen Umstrukturierung einer Gesamtzusage/vertraglichen Einheitsregelung unterliegt die ablösende Betriebsvereinbarung einer Rechts- oder Billigkeitskontrolle entsprechend der »Drei-Stufen-Theorie«.[490]   **351**

Ist in der Gesamtzusage oder vertraglichen Einheitsregelung ein **Vorbehalt der Betriebsvereinbarungsoffenheit**[491] enthalten, kann ebenfalls eine Ablösung durch eine Betriebsvereinbarung erfolgen, auch wenn es sich um eine reduzierende Betriebsvereinbarung handelt. Auch eine derartige Betriebsvereinbarung unterliegt der Rechts- oder Billigkeitskontrolle entsprechend der »Drei-Stufen-Theorie«.[492]   **352**

Der Vorbehalt der Betriebsvereinbarungsoffenheit braucht nicht schriftlich oder ausdrücklich in den Gesamtzusagen und vertraglichen Einheitsregelungen fixiert zu sein, es genügt, wenn sich Anhaltspunkte hierfür aus dem Regelwerk oder sonstigen Umständen ergeben.[493] Maßgeblich ist dabei, ob für den Arbeitnehmer erkennbar ist, dass die Leistung in der Zukunft Abänderungen durch Betriebsvereinbarung zugänglich sein soll.[494] Ob jüngeren Entscheidungen des BAG entnommen werden kann, dass schon dann eine   **353**

---

489 Dazu BAG 17.6.2003, 3 ABR 43/02, BetrAV 2004, 794 = RdA 2004, 305 m. Anm. *Däubler*; BAG 17.6.2008, 3 AZR 553/06, AP Nr. 55 zu § 133 BGB = BB 2008, 2804; 21.4.2009, 3 AZR 674/07, DB 2009, 2386.

490 S. dazu Rdn. 283–327 ff; BAG 24.1.2006, 3 AZR 483/04, EzA § 1 BetrAVG Ablösung Nr. 46 = FA 2007, 86.

491 Muster dazu bei *Kemper/Kisters-Kölkes* Musterverträge, S. 13 f. und 34 ff.; dazu m. w. N. *Blomeyer/Rolfs/Otto* Rn. 566 zu Anh. § 1.

492 BAG 24.1.2006, 3 AZR 483/04, EzA § 1 BetrAVG Ablösung Nr. 46 = FA 2007, 86; 21.4.2009, 3 AZR 674/07, DB 2009, 2386; s. dazu Rdn. 283 ff.

493 BAG 16.9.1986, GS 1/82, EzA § 77 BetrVG 1972 Nr. 17 = DB 1987, 383; 17.6.2008, 3 AZR 553/06, AP Nr. 55 zu § 133 BGB = BB 2008, 2804; 21.4.2009, 3 AZR 674/07, DB 2009, 2386 = AP Nr 53 zu § 1 BetrAVG Ablösung; 15.2.2011, 3 AZR 35/09, EzA § 1 BetrAVG Betriebsvereinbarung Nr. 9 = DB 2011, 1928; 21.4.2009, 3 AZR 674/07, DB 2009, 548 = FA 2009, 312.

494 BAG 10.12.2002, 3 AZR 92/02, EzA § 1 BetrAVG Ablösung Nr. 37 = DB 2004, 1566.

Betriebsvereinbarungsoffenheit besteht, wenn im Arbeitsvertrag arbeitsvertragliche Vereinbarungen als Allgemeine Geschäftsbedingungen behandelt werden und damit als betriebsvereinbarungsoffen angesehen werden,[495] wird in der weiteren Entwicklung der Rechtsprechung abzuwarten sein. Wäre dies der Fall, würde sich die Rechtsfrage stellen, ob die Senate des BAG sich von den grundsätzlichen Aussagen des Großen Senats lösen können, ohne diesen erneut angerufen zu haben.

354 So hat das BAG bei Gewährung von Jubiläumsleistungen durch Gesamtzusagen den Vorbehalt der Betriebsvereinbarungsoffenheit anerkannt, wenn der Begünstigte aus den Umständen erkennen konnte, dass diese Sozialleistung nur unter dem Vorbehalt der Ausübung des Mitbestimmungsrechts des Betriebsrates gewährt werden sollte.[496] Weiteres Indiz für eine stillschweigende Betriebsvereinbarungsoffenheit kann im Einzelfall sein, wenn Nachträge zu Gesamtzusagen durch Betriebsvereinbarungen erfolgt sind, allerdings nur dann, wenn sie materielle Änderungen enthalten und nicht bloß ein Komma eingesetzt wurde.[497] Eine Zusage, die anlässlich eines Betriebsübergangs gem. § 613a Abs. 1 S. 2 BGB aus einer Betriebsvereinbarung beim Veräußerer entstanden ist, ist beim Erwerber betriebsvereinbarungsoffen.[498]

355 Unabhängig davon ist es möglich, Gesamtzusagen und vertragliche Einheitsregelungen überzuleiten in Betriebsvereinbarungen, wenn z.B. materielle Überarbeitungen des Leistungsplanes vorgenommen werden und das Ergebnis eine Betriebsvereinbarung ist. Insoweit handelt es sich um eine Umstrukturierung, die nach dem kollektiven Günstigkeitsprinzip durch eine ablösende Betriebsvereinbarung zulässig ist. Für diese neue umstrukturierende Betriebsvereinbarung gilt dann wieder das Ablösungsprinzip wie bei »normalen« Betriebsvereinbarungen, durch die betriebliche Altersversorgung begründet worden ist.

356 Eine Gesamtzusage/vertragliche Einheitsregelung kann auch dann durch eine Betriebsvereinbarung verändert werden, wenn die Geschäftsgrundlage

---

495 BAG 5.3.2013, 1 AZR 417/12, EzA § 77 BetrVG 2001 Nr. 35 = DB 2013, 1852.
496 BAG 3.11.1987, 8 AZR 316/81, EzA § 77 BetrVG 1972 Nr. 20 = DB 1988, 966.
497 *Höfer* BetrAVG, Rn. 353 zu ART m.w.N.
498 BAG 14.8.2001, 1 AZR 619/00, EzA § 87 BetrVG 1972 Betriebliche Lohngestaltung Nr. 73 = DB 2002, 380; 29.7.2003, 3 AZR 630/02, EzA § 1 BetrAVG Ablösung Nr. 42 = FA 2004, 311; 28.6.2005, 1 AZR 213/04, EzA § 77 BetrVG 2001 Nr. 12 = NZA 2005, 1431; dazu auch *Kemper/Kisters-Kölkes* Grundzüge Rn. 670.

der bisherigen betrieblichen Altersversorgung entfallen oder erschüttert ist, nach dem Wortlaut des § 313 BGB also eine »**Störung der Geschäftsgrundlage**« vorliegt. Eine solche Störung der Geschäftsgrundlage kommt unter den Gesichtspunkten der Zweckverfehlung oder der Äquivalenzstörung in Betracht. Bei Gesamtversorgungszusagen, die hinsichtlich der anrechenbaren Sozialversicherungsrente von der Entwicklung der Sozialgesetzgebung abhängen, kann eine Anpassung wegen Äquivalenzstörung jedoch nur verlangt werden, wenn der ursprüngliche bei Schaffung des Versorgungssystems zugrunde gelegte Dotierungsrahmen aufgrund von Änderungen der Rechtslage (z.B. des Steuer- oder Sozialversicherungsrechts) zum Anpassungsstichtag um mehr als 50 % überschritten wird.[499] In diesem Fall hat der Arbeitgeber ein einseitiges Widerrufsrecht, das zu einer Anpassung des Leistungsplanes führen kann. Da bei diesem Anpassungsrecht Mitbestimmungsrechte des Betriebsrats gewahrt werden müssen, sieht der Große Senat des BAG auch eine Betriebsvereinbarung als geeignetes Ablösungsinstrument.[500]

Unabhängig von den vorstehend geschilderten Einschränkungen sind Ablösungen von Gesamtzusagen und vertraglichen Einheitsregelungen durch Betriebsvereinbarungen rechtlich zulässig gewesen, soweit sie vor dem 31.12.1982 vorgenommen worden sind.[501] Auch derartige Betriebsvereinbarungen unterliegen der Rechts- oder Billigkeitskontrolle nach der »Drei-Stufen-Theorie«.[502] **357**

Grundsätzlich sind bei Änderungen von Gesamtzusagen/vertraglichen Einheitsregelungen Mitbestimmungsrechte des Betriebsrats zu beachten.[503] **358**

---

499 BAG 19.2.2008, 3 AZR 290/06, EzA § 1 BetrAVG Geschäftsgrundlage Nr. 4 = DB 2008, 1387. Die Höhe der Überschreitung ist unternehmensbezogen anhand eines Barwertvergleichs zu bestimmen.

500 BAG 16.9.1986, GS 1/82, EzA § 77 BetrVG 1972 Nr. 17 = DB 1987, 383; 10.12.2002, 3 AZR 92/02, EzA § 1 BetrAVG Ablösung Nr. 37 = DB 2004, 1566.

501 So BAG 20.11.1990, 3 AZR 573/89, EzA § 77 BetrVG 1972 Nr. 38 = DB 1991, 915 und LAG Hamm 17.12.2002, 6 Sa 727/01, n. v.

502 BAG 17.11.1992, 3 AZR 76/92, EzA § 1 BetrAVG Unterstützungskasse Nr. 10 = DB 1993, 1241; 10.9.2002, 3 AZR 635/01, EzA § 1 BetrAVG Ablösung Nr. 34 = DB 2003, 1525; 14.6.2005, 3 AZR 185/04, EzA § 3 BetrAVG Nr. 10 = DB 2006, 959.

503 BAG 29.1.2008, 3 AZR 42/06, EzA § 87 BetrVG 2001 Betriebliche Lohngestaltung Nr. 14 = DB 2008, 1980; s. dazu Rdn. 395 ff.

c) Betriebliche Übung/Gleichbehandlung

359 Bei betrieblicher Altersversorgung, die auf einer betrieblichen Übung oder dem Verstoß gegen den Gleichbehandlungsgrundsatz beruht, gelten im Grundsatz dieselben Änderungsmöglichkeiten wie bei den Rechtsbegründungsakten Gesamtzusage und vertragliche Einheitsregelung, also Abänderungsvertrag oder Änderungskündigung.[504]

360 Auch wenn der 10. Senat des BAG die Auffassung vertreten hatte, eine betriebliche Übung könne bei einem Jubiläumsgeld durch eine gegenläufige betriebliche Übung geändert werden,[505] er diese Rechtsauffassung in 2009 wieder aufgegeben hat,[506] hat der 3. Senat diese Rechtsauffassung nie vertreten.[507] Die unterschiedliche Struktur der Rechtsbeziehung verbiete es, den Rechtsgedanken der gegenläufigen Übung auf das Betriebsrentenrecht zu übertragen.

d) Sprecherausschussgesetz

361 Für die Änderung von betrieblicher Altersversorgung, die auf dem Sprecherausschussgesetz beruht, gelten die gleichen Voraussetzungen wie für eine Betriebsvereinbarung, wenn es sich um eine Vereinbarung gem. § 28 Abs. 2 S. 1 SprAuG handelt.[508]

4. Widerrufsmöglichkeiten

362 Unter bestimmten Voraussetzungen kann ein Leistungsplan durch einen einseitigen Akt des Arbeitgebers, einen sog. Widerruf, zum Nachteil der Versorgungsberechtigten verändert werden. Man unterscheidet:
- die steuerunschädlichen Widerrufsvorbehalte mit Einschluss des Treupflichtvorbehaltes,

---

504 BAG 18.3.2003, 3 AZR 101/02, EzA § 1 BetrAVG Ablösung Nr. 39 = DB 2004, 327.

505 BAG 28.5.2008, 10 AZR 274/07, EzA § 242 BGB 2002 Betriebliche Übung Nr. 8 = DB 2008, 1808.

506 BAG 18.3.2009, 10 AZR 281/08, EzA § 242 BGB 2002 Betriebliche Übung Nr. 9 = DB 2009, 1186.

507 BAG 16.2.2010, 3 AZR 118/08, EzA § 1 BetrAVG Betriebliche Übung Nr. 10 = DB 2010, 1947.

508 So *Höfer* BetrAVG, Rn. 2358 zu ART; zweifelnd *Blomeyer/Rolfs/Otto* Rn. 574 zu Anh. § 1.

- den besonderen Freiwilligkeitsvorbehalt beim Durchführungsweg Unterstützungskasse,
- Widerrufsvorbehalte bei Deputats- und Sachleistungen, die unter der Voraussetzung der Fortsetzung der Eigenproduktion dieser Leistungen gewährt werden und
- die Herabsetzung von Vorstandsruhegehältern bei Verschlechterung der wirtschaftlichen Lage gem. § 87 AktG nach dessen Änderung durch das VorstAG.[509]

a) Steuerunschädliche Widerrufsvorbehalte

In R6a Abs. 3f der Einkommensteuer-Richtlinien sind Widerrufsvorbehalte **363** formuliert. Sie werden als steuerunschädlich bezeichnet, weil sie der Bildung von Pensionsrückstellungen gem. § 6a EStG für entsprechend formulierte Leistungspläne bei unmittelbaren Versorgungszusagen nicht entgegenstehen. Nach ihrem Wortlaut lassen diese steuerunschädlichen Widerrufsvorbehalte die Kürzung und Einstellung von zugesagten Versorgungsleistungen zu, wenn sich nachhaltige Veränderungen der wirtschaftlichen, sozialversicherungs- und rechtlichen Verhältnisse, insbesondere der steuerrechtlichen Verhältnisse, beim Arbeitgeber seit Erteilung der Versorgungszusage ergeben haben.

Die von der Finanzverwaltung vorgegebenen Formulierungen haben arbeits- **364** rechtlich keine konstitutive Wirkung, sondern lediglich deklaratorische Bedeutung. Sie sollen nur die Rechtsgrundsätze der Störung der Geschäftsgrundlage (§ 313 BGB) umschreiben und gelten also materiell auch dann, wenn sie im Leistungsplan nicht ausdrücklich enthalten sind.[510] An die geänderten zivilrechtlichen Rahmenbedingungen sind sie bis heute nicht angepasst worden.

b) Treupflichtvorbehalt

Nach seinem Wortlaut lässt der Treupflichtvorbehalt Widerrufsmöglichkeiten **365** des Arbeitgebers zu, wenn der Versorgungsberechtigte in grober Weise gegen Treu und Glauben verstoßen hat oder Handlungen begeht, die zu einer fristlosen Entlassung berechtigen würden.

---

509 Gesetz zur Angemessenheit der Vorstandsvergütung vom 31.7.2009, BGBl. I S. 2509.
510 BAG 17.6.2003, 3 AZR 396/02, EzA § 7 BetrAVG Nr. 69 = DB 2004, 324.

366 Diese Formulierung ist ebenfalls nicht konstitutiv, sondern deklaratorisch. Auch wenn dieser Treupflichtvorbehalt in Leistungsplänen nicht ausdrücklich aufgenommen worden ist, können Treupflichtverletzungen zu einem Widerruf führen.

367 Es ist jedoch zu beachten, dass nicht jeder Grund für eine fristlose Entlassung den Widerruf einer Versorgungsanwartschaft oder eines Versorgungsanspruchs rechtfertigt. Es muss sich immer um eine besonders verwerfliche schwerwiegende Treupflichtverletzung handeln.[511]

368 Der Arbeitnehmer darf die Unverfallbarkeit nicht erschlichen haben.[512] Dabei reicht jede Treupflichtverletzung aus, die eine fristlose Entlassung oder auch eine fristgemäße Kündigung rechtfertigen kann. Insoweit braucht es sich nicht um eine »besonders verwerfliche schwerwiegende« Treupflichtverletzung zu handeln. Es geht nur darum, ob die Unverfallbarkeitsmodalitäten bei der fiktiven Beendigung des Arbeitsverhältnisses erfüllt gewesen wären.

369 ▶ **Beispiel:**

Der Arbeitnehmer beginnt im 3. Dienstjahr (bei Erteilung der Versorgungszusage zu Beginn des Arbeitsverhältnisses im Jahr 2008) mit Unterschlagungen. Diese werden erst im 6. Dienstjahr entdeckt.

Die Anwartschaft kann widerrufen werden und entfällt. Hätte nämlich der Arbeitgeber im 3. Dienstjahr die Unterschlagungen schon entdeckt, hätte er das Arbeitsverhältnis fristlos im Jahr 2011 kündigen können. Dann wäre die Anwartschaft verfallen (§ 30f BetrAVG i. V. m. § 1b BetrAVG).

370 Zeitanteilig kann die Anwartschaft erhalten bleiben, wenn ohne Pflichtverletzung die Unverfallbarkeit erreicht ist.[513] In diesem Fall ist einzelfallbezogen zu prüfen, ob die Treupflichtverletzung so schwerwiegend ist, dass ein teilweiser Entzug von Versorgungsleistungen gerechtfertigt ist.

---

511 BAG 8.2.1983, 3 AZR 463/80, EzA § 1 BetrAVG Rechtsmissbrauch Nr. 1 = DB 1983, 1770; 13.11.2012, 3 AZR 444/10, EzA § 1 BetrAVG Rechtsmissbrauch Nr. 6 = BetrAV 2013, 242; 12.11.2013, 3 AZR 274/12, BB 2014, 562; i. E. *Blomeyer/Rolfs/Otto* Rn. 527 ff. zu Anh. § 1.

512 BAG 11.5.1982, 3 AZR 1239/79, EzA § 1 BetrAVG Nr. 23 = DB 1982, 2411; 13.11.2012, 3 AZR 444/10, EzA § 1 BetrAVG Rechtsmissbrauch Nr. 6 = BetrAV 2013, 242.

513 BAG 8.5.1990, 3 AZR 152/88, EzA § 1 BetrAVG Rechtsmissbrauch Nr. 3 = DB 1990, 2173.

▶ **Beispiel:** 371

Wie vorstehendes Beispiel. Der Arbeitnehmer beginnt im 12. Dienstjahr mit den Unterschlagungen, die erst im 16. Dienstjahr entdeckt werden. Die für 12 Dienstjahre ermittelte unverfallbare Anwartschaft bleibt trotz Widerrufs erhalten, wenn es sich nicht um eine besonders gravierende Treupflichtverletzung bei den Unterschlagungen gehandelt hat.

c) Freiwilligkeitsvorbehalt bei Unterstützungskassen

Gem. §1b Abs. 4 BetrAVG gewähren Unterstützungskassen auf ihre Leistungen keinen Rechtsanspruch. Aus diesem Grunde enthalten die Leistungspläne und Satzungen/Gesellschaftsverträge dieses Durchführungsweges den Vorbehalt der Freiwilligkeit der Leistungen und des Ausschlusses des Rechtsanspruches. Diese Klauseln hat das BAG umgedeutet in ein an ausreichende sachliche Gründe gebundenes Widerrufsrecht und im Ergebnis die Leistungen und Leistungserwartungen bei Unterstützungskassen in Richtung eines »Quasi-Rechtsanspruchs« arbeitsrechtlich verfestigt.[514] 372

Unabhängig davon besteht aufgrund dieses Freiwilligkeitsvorbehaltes in Satzungen oder Leistungsrichtlinien von Unterstützungskassen im Verhältnis zu rechtsverbindlichen Versorgungszusagen in den Durchführungswegen unmittelbare Versorgungszusage, Direktversicherung, Pensionskasse und Pensionsfonds ein wesentlicher Unterschied. Der Freiwilligkeitsvorbehalt gibt bei Unterstützungskassen dem Arbeitgeber unter bestimmten Voraussetzungen[515] ein einseitiges Widerrufsrecht für den Leistungsplan entsprechend den Grundsätzen der »Drei-Stufen-Theorie«[516], während der Arbeitgeber bei mit Rechtsanspruch versehenen Versorgungszusagen darauf angewiesen ist, dass Änderungsinstrumentarium einverständlich mit dem Partner des Versor- 373

---

514 BAG 17.11.1992, 3 AZR 76/92, EzA §1 BetrAVG Unterstützungskasse Nr. 10 = DB 1993, 1241; 26.8.1997, 3 AZR 235/96, EzA §1 BetrAVG Ablösung Nr. 17 = DB 1998, 1190. Zum Widerruf von Leistungen einer Unterstützungskasse in Übergangsfällen BAG 18.11.2008, 3 AZR 417/07, EzA §7 BetrAVG Nr. 74 = DB 2009, 1079.

515 Dazu BAG 11.12.2001, 3 AZR 512/00, EzA §1 BetrAVG Ablösung Nr. 33 = DB 2003, 293; 11.12.2001, 3 AZR 128/01, EzA §1 BetrAVG Ablösung Nr. 32 = DB 2003, 214.

516 BAG 11.12.2001, 3 AZR 512/00, EzA §1 BetrAVG Ablösung Nr. 33 = DB 2003, 293; s. dazu auch Rdn. 283 ff.

gungsvertrages, dem Tarifpartner oder dem Betriebspartner, zu nutzen, wenn man einmal von dem einseitigen Kündigungsrecht bei Betriebsvereinbarung und Tarifvertrag absieht.

374 Wird z. B. bei dem Durchführungsweg unmittelbare Versorgungszusage eine rechtsverbindliche Gesamtzusage als Rechtsbegründungsakt gewählt, so kommen als Änderungsmöglichkeiten nur ein mit jedem einzelnen Arbeitnehmer abzuschließender Abänderungsvertrag, eine Änderungskündigung und in Ausnahmefällen eine ablösende Betriebsvereinbarung infrage.[517] Wird dagegen bei einer Gesamtzusage als Durchführungsweg eine Unterstützungskasse gewählt, so bewirken der Freiwilligkeitsvorbehalt und der Ausschluss des Rechtsanspruches, dass der Arbeitgeber einseitig sein Widerrufsrecht im Rahmen der Drei-Stufen-Theorie ausüben kann, ohne eine Einigung mit den Versorgungsberechtigten oder dem Betriebsrat über die Absenkung des Versorgungsniveaus herbeiführen zu müssen. Diese einseitigen Handlungsmöglichkeiten gibt es sonst nur bei den Rechtsbegründungsakten Betriebsvereinbarung und Tarifvertrag wegen des arbeitgeberseitigen Kündigungsrechts. Unabhängig davon sind natürlich auch bei einem Widerruf von Unterstützungskassenzusagen die entsprechenden Mitbestimmungsrechte des Betriebsrates in Bezug auf die neuen Verteilungsgrundsätze auf dem abgesenkten Versorgungsniveau zu beachten.[518] Wird also in einer Gesamtzusage als Durchführungsweg eine Unterstützungskasse gewählt, so bedeutet dies, dass sich der Arbeitgeber den Widerruf der Gesamtzusage vorbehalten hat.[519] Werden Satzung und Richtlinien einer Unterstützungskasse – ausdrücklich oder stillschweigend – in Bezug genommen, so müssen die Arbeitnehmer stets mit einer Abänderung der Versorgungsordnung rechnen. Es liegt eine dynamische Bezugnahme auf die Versorgungsrichtlinien einer Unterstützungskasse vor. Es handelt sich nicht um eine überraschende Klausel i. S. v. § 305c Abs. 1 BGB. Diese Klausel ist wirksam und kein Verstoß gegen das Transparenzgebot des § 307 Abs. 1 S. 2 BGB.[520]

---

517 S. dazu Rdn. 349 ff.

518 BAG 11.12.2001, 3 AZR 512/00, EzA § 1 BetrAVG Ablösung Nr. 33 = DB 2003, 293; auch schon BAG 17.4.1985, 3 AZR 72/83, EzA § 1 BetrAVG Unterstützungskasse Nr. 2 = DB 1986, 228; s. dazu auch Rdn. 380 ff.

519 BAG 15.2.2011, 3 AZR 35/09, EzA § 1 BetrAVG Betriebsvereinbarung Nr. 9 = DB 2011, 1928.

520 So BAG 16.2.2010, 3 AZR 181/08, EzA § 1 BetrAVG Ablösung Nr. 48 = DB 2010, 1833.

d) Widerrufsvorbehalte bei Deputats- und Sachleistungen für den Fall des Wegfalls der Eigenproduktion

Die Gewährung von Deputatsleistungen und Personalrabatten kann unter dem ausdrücklichen vertraglichen Vorbehalt stehen, dass der Versorgungsverpflichtete die Eigenproduktion und/oder den Vertrieb der entsprechenden Waren und Leistungen selbst fortführt.[521] Der Anspruch auf Verschaffung der Leistung fällt ersatzlos weg, wenn diese Waren und Leistungen nicht mehr vom Arbeitgeber produziert oder vertrieben werden (z. B. Elektrizitätsnetzbetreiber, die keine Erzeugungstätigkeiten ausüben und sich nicht als Energielieferanten betätigen dürfen). Dabei finden die Grundsätze der Störung der Geschäftsgrundlage Anwendung.[522] Allerdings muss der Vorbehalt deutlich zum Ausdruck gebracht werden. 375

e) Herabsetzung von Vorstandsruhegehältern bei Verschlechterung der wirtschaftlichen Lage

§ 87 Abs. 2 AktG in der Fassung des VorstAG[523] schafft die Möglichkeit, Ruhegehälter eines Vorstandsmitglieds innerhalb von drei Jahren nach dem Ausscheiden aus der Gesellschaft herabzusetzen. Die Verminderung kann auch dauerhaft gelten, wenn dies verhältnismäßig ist. Voraussetzung ist, dass sich die Lage der Gesellschaft nach der »Festsetzung« so verschlechtert, dass eine Weitergewährung der Bezüge für die Gesellschaft unbillig wäre. 376

Entgegen der in der Vorauflage vertretenen Auffassung kommt es nicht darauf an, ob § 87 Abs. 2 AktG den besonderen Charakter der betrieblichen Altersversorgung erfasst, sondern ausschließlich darauf, dass Ruhegelder ausdrücklich in Satz 2 angesprochen werden. Folglich können und müssen sie angepasst werden. Der Schutz der Vorstandsmitglieder erfolgt durch die Dreijahresfrist. 377

Es liegt auch kein Widerspruch vor. Tritt die Insolvenz ein, ist der Insolvenzschutz immer auf das 3-fache der Bezugsgröße gem. § 18 SGB IV beschränkt, 378

---

521 Im Hinblick auf Personalrabatte: BAG 7.9.2004, 9 AZR 631/03, EzA § 611 BGB 2002 Personalrabatt Nr. 1 = BB 2005, 1909; 13.12.2006, 10 AZR 792/05, EzA § 611 BGB 2002 Personalrabatt Nr. 2 = NZA 2007, 325; 19.2.2008, 3 AZR 61/06, EzA § 1 BetrAVG Betriebliche Übung Nr. 9 = FA 2008, 216.

522 BAG 19.2.2008, 3 AZR 61/06, EzA § 1 BetrAVG Betriebliche Übung Nr. 9 = FA 2008, 216, dazu i. E. *Küpper* FS Höfer, S. 127.

523 Gesetz zur Angemessenheit der Vorstandsvergütung vom 31.7.2009, BGBl. I S. 2509.

unabhängig davon, ob zuvor eine Herabsetzung gem. § 87 Abs. 2 AktG erfolgt ist oder nicht.

379 Der Überforderungsschutz besteht auch unabhängig davon, ob das betroffene Vorstandsmitglied einverstanden ist oder nicht. Dies gilt auch für die Leistungsphase. Anhaltspunkte dafür, dass diese Vorschrift verfassungswidrig ist, bestehen nicht.

E. Erzwingbare Mitbestimmung des Betriebsrats bei der betrieblichen Altersversorgung

380 Betriebliche Altersversorgung ist die bedeutendste und »teuerste« betriebliche Sozialleistung und sollte deshalb gemeinsam von den Betriebspartnern (Betriebsrat, Arbeitgeber) und den Sozialpartnern (Gewerkschaften, Arbeitgeberverbände) getragen werden. Andererseits ist betriebliche Altersversorgung eine freiwillige Leistung, soweit sie arbeitgeberfinanziert ist. Deshalb können alle Aspekte der betrieblichen Altersversorgung zwischen Betriebsrat und Arbeitgeber nur auf freiwilliger Basis geregelt werden. Nur in begrenztem Umfang bestehen erzwingbare Mitbestimmungsrechte des Betriebsrats.

381 Gesetzliche Grundlage für die erzwingbare Mitbestimmung des Betriebsrats bei der betrieblichen Altersversorgung sind die Nrn. 8 und 10 von § 87 BetrVG einschließlich des Einleitungssatzes. Der Betriebsrat kann nicht auf seine Mitbestimmungsrechte verzichten.[524]

382 Der Betriebsrat hat, soweit eine gesetzliche oder tarifliche Regelung nicht besteht, mitzubestimmen bei Form, Ausgestaltung und Verwaltung von Sozialeinrichtungen, deren Wirkungsbereich auf den Betrieb, das Unternehmen oder den Konzern beschränkt ist (§ 87 Abs. 1 Nr. 8 BetrVG) und bei Fragen der betrieblichen Lohngestaltung, insbesondere bei der Aufstellung von Entlohnungsgrundsätzen und der Einführung und Anwendung von neuen Entlohnungsmethoden sowie deren Änderung (§ 87 Abs. 1 Nr. 10 BetrVG). Nr. 10 des § 87 Abs. 1 BetrVG ist bei den Sozialeinrichtungen Pensionskasse, Pensionsfonds und Unterstützungskasse Auffangtatbestand zu Nr. 8.[525]

---

524 BAG 29.1.2008, 3 AZR 42/06, EzA § 87 BetrVG 2001 Betriebliche Lohngestaltung Nr. 14 = DB 2008, 1980.

525 *Blomeyer/Rolfs/Otto* Rn. 854 zu Anh. § 1 z. B. für die Pensionskasse.

Kemper/Kisters-Kölkes

Betriebliche Altersversorgung ist Soziallohn und unterfällt deshalb § 87 Abs. 1 **383** Nr. 10 BetrVG. Insoweit geht es um erzwingbare Mitbestimmungsrechte des Betriebsrats.

Freiwillige Betriebsvereinbarungen über betriebliche Altersversorgung sind **384** immer möglich (§ 88 BetrVG, insbesondere Nr. 2).[526]

Wird als Rechtsbegründungsakt für eine betriebliche Altersversorgung eine **385** Betriebsvereinbarung gewählt, so handelt es sich um eine teilmitbestimmte Betriebsvereinbarung.[527] Die erzwingbaren Mitbestimmungsrechte des Betriebsrates sind also bei diesem Rechtsbegründungsakt bei der Leistungsplangestaltung immer gewahrt. Hinzukommt die freiwillige Festlegung des Dotierungsrahmens.

Die erzwingbaren Mitbestimmungsrechte des Betriebsrats bei der betriebli- **386** chen Altersversorgung sind unterschiedlich bei einer arbeitgeber- und arbeitnehmerfinanzierten betrieblichen Altersversorgung. Dies gilt nicht, wenn freiwillige Betriebsvereinbarungen abgeschlossen werden, was sowohl bei der arbeitgeberfinanzierten als auch bei der arbeitnehmerfinanzierten betriebli chen Altersversorgung möglich und empfehlenswert ist.[528]

I. Arbeitgeberfinanzierte betriebliche Altersversorgung

1. Sperrwirkung des Einleitungssatzes von § 87 Abs. 1 BetrVG

Mitbestimmungsrechte des Betriebsrats entfallen, soweit eine gesetzliche oder **387** tarifliche Regelung besteht (Einleitungssatz von § 87 Abs. 1 BetrVG).

Die Sperrwirkung in Bezug auf eine vorrangige gesetzliche oder tarifvertrag- **388** liche Regelung setzt verbindliche Regelungen voraus. Bei Vorliegen einer gesetzlichen oder tariflichen Regelung wird unterstellt, dass damit dem Schutzbedürfnis der Arbeitnehmer, das die Grundlage der Mitbestimmung darstellt, bereits ausreichend Rechnung getragen ist.

Entscheidend ist, ob die gesetzliche bzw. tarifliche Bestimmung einen zwin- **389** genden Mindestschutz gewährt und sie auch inhaltlich eine ausreichende

---

526 *Blomeyer/Rolfs/Otto* Rn. 404 zu Anh. § 1.
527 BAG 11.5.1999, 3 AZR 21/98, EzA § 1 BetrAVG Betriebsvereinbarung Nr. 1 = DB 2000, 525 und 17.8.1999, 3 ABR 55/98, EzA § 1 BetrAVG Betriebsvereinbarung Nr. 2 = DB 2000, 774.
528 So auch *Perreng* FS Kemper, S. 347 ff.

Regelung enthält. Für das Mitbestimmungsrecht ist unbeachtlich, ob das Gesetz eine günstigere Regelung durch die Betriebspartner zulässt, wie das z. B. nach § 17 Abs. 3 S. 1 BetrAVG der Fall ist.[529]

390   Die Sperrwirkung bezieht sich auf sämtliche einseitig zwingende Schutzbestimmungen für die Arbeitnehmer im BetrAVG, z. B. die Unverfallbarkeitsmodalitäten dem Grunde und der Höhe nach, die Insolvensicherung, nicht jedoch auf die Anpassungsvorschrift des § 16 BetrAVG, da Versorgungsempfänger nach der herrschenden Auffassung nicht vom Betriebsrat vertreten werden können.[530]

391   Keine Mitbestimmungssperre tritt ein, wenn das BetrAVG Regelungslücken enthält, z. B. in Bezug auf die Ermittlung der Höhe vorzeitiger Altersleistungen gem. § 6 BetrAVG.[531]

392   Im Übrigen ist immer da Raum für erzwingbare Mitbestimmungsrechte des Betriebsrats, wenn für Arbeitnehmer günstigere Regelungen als im BetrAVG enthalten geschaffen werden, z. B. bei einer vertraglichen Unverfallbarkeit, die günstigere Modalitäten aufweist als die gesetzliche.

393   Bei einem Tarifvertrag geht die Sperrwirkung nur so weit wie die tarifliche Regelung reicht. Günstigere Regelungen als im Tarifvertrag können ebenfalls Mitbestimmungsrechte des Betriebsrats begründen.[532] Die Sperrwirkung eines Tarifvertrags besteht nicht, wenn eine Tariföffnungsklausel eine betriebliche Regelung ausdrücklich erlaubt.[533]

394   Wenn Öffnungsklauseln für Betriebsvereinbarungen gem. § 77 Abs. 3 BetrVG in Tarifverträgen enthalten sind, geht es um die Ausfüllung der Tarifverträge, nicht um erzwingbare Mitbestimmungsrechte des Betriebsrats.

---

529   *Blomeyer/Rolfs/Otto* Rn. 398 ff. zu Anh. § 1.
530   *Blomeyer/Rolfs/Otto* Rn. 399 zu Anh. § 1; *Höfer* BetrAVG, Rn. 1018 ff. zu ART.
531   S. dazu i. E. § 6 Rdn. 54 ff.
532   *Blomeyer/Rolfs/Otto* Rn. 401 f. zu Anh. § 1; zu Auskunftsrechten des Betriebsrats in derartigen Fällen BAG 19.3.1981, 3 ABR 38/80, EzA § 80 BetrVG 1972 Nr. 18 = AP Nr. 14 zu § 80 BetrVG 1972 m. Anm. *Kemper/Küpper*.
533   *Blomeyer/Rolfs/Otto* Rn. 401 zu Anh. § 1.

2. Mitbestimmung bei unmittelbaren Versorgungszusagen und Direktversicherungen

Unmittelbare Versorgungszusagen und Direktversicherungen sind keine Sozialeinrichtungen gem. § 87 Abs. 1 Nr. 8 BetrVG. Sie sind nur im Rahmen der Nr. 10 dieser Vorschrift mitbestimmungspflichtig, weil es bei der betrieblichen Altersversorgung um Fragen der betrieblichen Lohngestaltung geht. **395**

Betriebliche Altersversorgung ist, wenn sie arbeitgeberfinanziert ist, in vollem Umfang eine freiwillige betriebliche Sozialleistung. Deshalb unterscheidet die Rechtsprechung bei der arbeitgeberfinanzierten betrieblichen Altersversorgung mitbestimmungsfreie und mitbestimmungspflichtige Räume. Nur Teilbereiche der betrieblichen Altersversorgung unterliegen der erzwingbaren Mitbestimmung. Dies gilt für alle Durchführungswege gleichermaßen.[534] Die Änderung bestehender Versorgungszusagen löst unabhängig von der rechtlichen Grundlage ein Mitbestimmungsrecht nach § 87 Abs. 1 Nr. 10 BetrVG aus.[535] **396**

a) Mitbestimmungsfreie Räume

Bei der arbeitgeberfinanzierten betrieblichen Altersversorgung gibt es nach der gefestigten Rechtsprechung des BAG[536] folgende mitbestimmungsfreie Räume: **397**
–   Mitbestimmungsfrei ist die **Einführung** oder **Abschaffung** einer betrieblichen Altersversorgung. Dabei müssen natürlich die individualrechtlichen Besitzstände gewahrt werden. Gibt es keine individualrechtlichen Besitzstände, z. B. bei der Schließung eines Versorgungssystems für Neuzugänge[537], gibt es keine Mitbestimmungsrechte des Betriebsrats.

---

534 Zu den Einzelheiten für die Durchführungswege Pensionskasse, Pensionsfonds und Unterstützungskasse s. Rdn. 401 ff.

535 BAG 29.1.2008, 3 AZR 42/06, EzA § 87 BetrVG 2001 Betriebliche Lohngestaltung Nr. 14 = DB 2008, 1980.

536 Dazu die grundlegenden BAG-Beschlüsse v. 12.6.1975, 3 ABR 13/74, EzA § 87 BetrVG 1972 Lohn- und Arbeitsentgelt Nr. 4 = DB 1975, 1559, 3 ABR 137/73, EzA § 87 BetrVG 1972 Lohn- und Arbeitsentgelt Nr. 2 = BB 1975, 1064 und 3 ABR 66/74, EzA § 87 BetrVG 1972 Lohn- und Arbeitsentgelt Nr. 3 = BB 1975, 1065; bestätigt in BAG 11.12.2001, 3 AZR 512/00, EzA § 1 BetrAVG Ablösung Nr. 33.

537 S. dazu Rdn. 265 ff.

- Mitbestimmungsfrei ist nur die Grundentscheidung über die Einführung oder Abschaffung einer betrieblichen Altersversorgung. Hat der Arbeitgeber z. B. einen Entschluss zur Einführung einer betrieblichen Altersversorgung gefasst, kann er diesen nicht mehr einseitig zurücknehmen, wenn es über mitbestimmungspflichtige Einzelheiten (z. B. den Leistungsplan) mit dem Betriebsrat keine Einigung gibt. Hier muss notfalls ein Einigungsstellenspruch herbeigeführt werden. Das Entsprechende gilt, wenn ein Versorgungssystem für Neuzugänge nicht abgeschafft werden soll, sondern lediglich eine Herabsetzung des Dotierungsrahmens geplant ist.

- Mitbestimmungsfrei ist die **Wahl des Durchführungsweges** (einschließlich der Wahl des konkreten Versorgungsträgers, z. B. bei einer Direktversicherung die konkrete Lebensversicherungsgesellschaft).[538] Dies gilt auch für einen **Wechsel** des Durchführungsweges.[539] Das bedeutet, dass häufig mit der mitbestimmungsfreien Änderung des Durchführungswegs inhaltliche Änderungen des Leistungsplanes verbunden sind, weil im neuen Durchführungsweg der bisherige Leistungsplan nicht 1:1 abgebildet werden kann. Insoweit muss eine Änderung des Leistungsplanes erfolgen und das dafür zulässige arbeitsrechtliche Instrumentarium angewandt werden.[540] Bleibt aber bei einem Wechsel des Durchführungsweges die bisherige Versorgungszusage erhalten, so gibt es kein Mitbestimmungsrecht. Möglicherweise ist jedoch individualrechtlich eine Einverständniserklärung des Versorgungsberechtigten notwendig, wenn mit ihm im Arbeitsvertrag ein bestimmter Versorgungsträger vereinbart wurde.[541]

- Mitbestimmungsfrei ist die **Auswahl des Begünstigtenkreises** für eine betriebliche Altersversorgung. Dabei muss selbstverständlich der Gleichbehandlungsgrundsatz[542] gewahrt werden, der aber keinen kollektivrechtlichen, sondern individualrechtlichen Charakter hat.

---

538 BAG 29.7.2003, 3 ABR 34/02, EzA § 87 BetrVG 2001 Betriebliche Lohngestaltung Nr. 2 = DB 2004, 883.

539 *Höfer* BetrAVG, Rn. 1058 zu ART, der zu Recht darauf hinweist, dass faktisch bei Wechsel des Durchführungsweges ein Mitbestimmungsrecht besteht, weil sich üblicherweise auch der Leistungsplan ändert. Das ist aber mitbestimmungspflichtig.

540 Dazu Rdn. 272 ff.

541 Dazu BAG 27.6.2007, 3 AZR 186/06, EzA § 1 BetrAVG Nr. 90 = DB 2008, 2034; *Reinecke* DB 2010, 2392; dazu Rdn. 259 ff.

542 S. dazu Rdn. 167 ff.

Kemper/Kisters-Kölkes

– Mitbestimmungsfrei ist die gesamte Höhe der Mittel, die der Arbeitgeber für eine betriebliche Altersversorgung bereitstellen will, der sog. **Dotierungsrahmen.** Der Dotierungsrahmen eines betrieblichen Versorgungssystems ist keine feststehende Größe, sondern hängt von vielen unternehmensinternen und -externen Umständen ab, z. B. der Fluktuation der Mitarbeiter, der Schrumpfung der Belegschaft, der Entgeltsteigerung. Ferner können Änderungen von Gesetzen, z. B. die Verkürzung der Unverfallbarkeitsfristen seit dem 1.1.2001 in § 1b BetrAVG, oder die Rechtsprechung, z. B. zur Anpassung laufender Versorgungsleistungen gem. § 16 BetrAVG, die Höhe des Gesamtaufwandes für die betriebliche Altersversorgung verändern.

Üblicherweise wird der Dotierungsrahmen nach versicherungsmathematischen Grundsätzen ermittelt.[543] Dabei ist eine Vielzahl von Prämissen zu berücksichtigen. Ob diese Prämissen in Bezug auf die tatsächliche Entwicklung der Versorgungslasten im Einzelnen oder insgesamt zutreffend festgelegt werden, ist für die Frage der Bestimmung des Dotierungsrahmens in Bezug auf Mitbestimmungsrechte des Betriebsrats häufig unerheblich. Es reicht aus, wenn sich Arbeitgeber und Betriebsrat auf bestimmte Berechnungsprämissen verständigen. Unter identischen Prämissen ist dann die mitbestimmungsrechtlich relevante Frage zu beantworten, ob ein Dotierungsrahmen bei einer berechtigten Änderung überschritten oder verringert wird oder gleich bleibt. **398**

Die Reduzierung des Dotierungsrahmens ist grundsätzlich mitbestimmungsfrei. Auf dem abgesenkten Niveau setzt aber die erzwingbare Mitbestimmung bei der Leistungsplangestaltung ein. Nur wenn bei Kürzung oder Einstellung von Versorgungsleistungen aus tatsächlichen und rechtlichen Gründen kein Verteilungsspielraum für die reduzierten Versorgungsmittel bleibt, ein abweichender Leistungsplan also nicht aufgestellt werden kann, sind derartige Eingriffe mitbestimmungsfrei. Das ist z. B. der Fall, wenn eine Reduzierung entsprechend der Drei-Stufen-Theorie[544] erfolgt und sowohl sachlich-proportionale als auch triftige Eingriffsgründe vorliegen und nur die erste Besitzstandsstufe erhalten bleiben kann.[545] **399**

---

543 *Blomeyer/Rolfs/Otto* Rn. 409 ff. zu Anh. § 1; *Höfer* BetrAVG, Rn. 1039 ff. zu ART.
544 S. dazu Rdn. 283 ff.
545 BAG 9.12.2008, 3 AZR 384/07, EzA § 1 BetrAVG Ablösung Nr. 47 = DB 2009, 1548 und 3 AZR 385/07 = GWR 2009, 181; dazu auch *Schlewing* NZA 2010, 529.

b) Mitbestimmungspflichtige Räume

400 Zum mitbestimmungspflichtigen Bereich gehören:
- umfassende **Informationsrechte** des Betriebsrats über die betriebliche Altersversorgung;
- ein **Initiativrecht** des Betriebsrats in Fragen der betrieblichen Altersversorgung. Dies stößt naturgemäß an Grenzen, wenn die Initiative des Betriebsrats auf eine Ausweitung des Dotierungsrahmens gerichtet ist. Dies kann der Betriebsrat nicht verlangen. Der Betriebsrat muss in einem solchen Fall Vorschläge unterbreiten, welche Reduzierungen bei anderen Leistungsplanelementen vorgenommen werden sollen;[546]
- Kernbereich der erzwingbaren Mitbestimmung bei der arbeitgeberfinanzierten betrieblichen Altersversorgung sind die Verteilungsgrundsätze der vom Arbeitgeber zur Verfügung gestellten gesamten Versorgungsmittel, also die **Leistungsplangestaltung**,[547] soweit der vom Arbeitgeber vorgegebene Dotierungsrahmen eingehalten wird. Es geht um die **Verteilungsgerechtigkeit** des vom Arbeitgeber bestimmten Gesamtaufwandes für die betriebliche Altersversorgung.[548]

3. Mitbestimmung bei Pensionskassen, Pensionsfonds und Unterstützungskassen

401 Pensionskassen, Pensionsfonds und Unterstützungskassen sind **Sozialeinrichtungen** gem. § 87 Abs. 1 Nr. 8 BetrVG. Der Betriebsrat hat bei Form, Ausgestaltung und Verwaltung mitzubestimmen.

402 Eine Sozialeinrichtung ist eine abgesonderte Vermögensmasse, die sozialen Zwecken dient und einer eigenen Organisation bedarf.[549] Dies ist unstreitig bei den rechtlich selbstständigen Versorgungsträgern Pensionskasse, Pensions-

---

546 BAG 12.6.1975, 3 ABR 137/73, EzA § 87 BetrVG 1972 Lohn- und Arbeitsentgelt Nr. 2 = BB 1975, 1064.

547 Dazu BAG 29.7.2004, 3 ABR 34/02, EzA § 87 BetrVG 2001 Betriebliche Lohngestaltung Nr. 2 = DB 2004, 883.

548 BAG 11.12.2001, 3 AZR 512/00, EzA § 1 BetrAVG Ablösung Nr. 33 = DB 2003, 293; 21.1.2003, 3 AZR 30/02, EzA § 3 BetrAVG Nr. 9 = DB 2003, 2130.

549 BAG 12.6.1975, 3 ABR 13/74, EzA § 87 BetrVG 1972 Lohn- und Arbeitsentgelt Nr. 4 = DB 1975, 1559; 9.12.1980, 1 ABR 80/77, EzA § 87 BetrVG 1972 Betriebliche Lohngestaltung Nr. 1 = DB 1981, 996; 18.11.2008, 3 AZR 417/07, EzA § 7 BetrAVG Nr. 74 = DB 2009, 1079.

Kemper/Kisters-Kölkes

fonds und Unterstützungskasse. Treuhandlösungen (Contractual Trust Arrangements – CTA)[550] sind kein zweckgebundenes Sondervermögen und damit keine Sozialeinrichtung gem. §87 Abs.1 Nr.8 BetrAVG. Es besteht kein Raum für eine erzwingbare Mitbestimmung des Betriebsrates bei Einrichtung und Verwaltung eines CTA besteht.[551]

Unmittelbare Versorgungszusagen ohne und mit Rückdeckungsversicherungen erfüllen ebenso wie Direktversicherungen nicht das Kriterium der Sozialeinrichtung. Pensionsrückstellungen sind Bilanzposten und keine abgesonderte Vermögensmasse. Die Rückdeckungsversicherung ist nicht zweckgebunden für die Erfüllung von unmittelbaren Versorgungszusagen. Das in einer Direktversicherung angesammelte Kapital liegt nicht beim Arbeitgeber, sondern bei der Lebensversicherungsgesellschaft.[552] Eine Rückdeckungsversicherung ist ein reines Finanzierungsinstrument, welches im Vermögen und in der alleinigen Verfügungsmacht des Arbeitgebers steht.[553] **403**

Pensionskassen, Pensionsfonds und Unterstützungskassen unterfallen allerdings nur dann §87 Abs.1 Nr.8 BetrVG, wenn sie sich in ihrem Wirkungsbereich auf den Betrieb, das Unternehmen oder den Konzern beschränken, es sich also z.B. um Konzernpensionskassen, Konzernpensionsfonds oder Konzernunterstützungskassen handelt. **404**

Überbetriebliche Pensionskassen, Pensionsfonds und Unterstützungskassen unterfallen nicht unmittelbar der erzwingbaren Mitbestimmung der Betriebsräte der einzelnen Trägerunternehmen. Es ist nur möglich, dass die Betriebsräte der einzelnen nicht miteinander verbundenen Trägerunternehmen mittelbar Einfluss auf die Willensbildung dieser überbetrieblichen Einrichtungen nehmen können.[554] **405**

---

550 Dazu *Höfer* BetrAVG, Rn.4599 ff. zu §7.

551 So auch *Höfer* BetrAVG, Rn.1142 zu ART; zum Outsourcing von Pensionsverpflichtungen *Reichenbach* FS Kemper, S.365 ff.; *Klemm* BetrAV 2006, 132; *Passarge* BetrAV 2006, 127.

552 BAG 18.3.1976, 3 ABR 32/75, EzA §87 BetrVG 1972 Lohn- und Arbeitsentgelt Nr.5 = DB 1976, 1631.

553 BAG 17.1.2012, 3 AZR 10/10, FA 2012, 155 = BetrAV 2012, 368.

554 BAG 22.4.1986, 3 AZR 100/83, EzA §87 BetrVG 1972 Altersversorgung Nr.1 = DB 1986, 1343 und 9.5.1989, 3 AZR 439/88, EzA §87 BetrVG 1972 Altersversorgung Nr.3 = DB 1989, 2491.

406 Handelt es sich um eine mitbestimmungspflichtige Pensionskasse, Pensionsfonds oder Unterstützungskasse entspricht die Mitbestimmung bei der **Ausgestaltung**, das ist der Leistungsplan, derjenigen gem. § 87 Abs. 1 Nr. 10 BetrVG bei unmittelbaren Versorgungszusagen und Direktversicherungen.[555] § 87 Abs. 1 Nr. 10 BetrVG stellt insoweit einen Auffangtatbestand zu § 87 Abs. 1 Nr. 8 BetrVG dar.[556]

407 Hinzu kommt die Mitbestimmung bei der **Form** und **Verwaltung** der Pensionskasse, des Pensionsfonds und der Unterstützungskasse.

408 Unter Form wird zunächst die Rechtsform verstanden. Insoweit ist die Mitbestimmung aus der Sicht des Betriebsrats im Wesentlichen inhaltsleer, da die Rechtsformen dieser Versorgungsträger abschließend z. T. durch Gesetz vorgeschrieben sind und arbeitsrechtlich keine wesentliche Bedeutung haben.

409 Zur Form der Sozialeinrichtung gehört aber auch die **Organisationsform** der Mitbestimmung.[557]

410 Es gibt bei Sozialeinrichtungen zwei Organisationsformen, die **zweistufige** und die **organschaftliche Form**.

411 Die **zweistufige** Form entspricht der Betriebsverfassung. Das Mitbestimmungsrecht des Betriebsrats besteht nicht gegenüber der Sozialeinrichtung, sondern gegenüber dem Arbeitgeber. Deshalb muss der Betriebsrat Mitbestimmungsrechte bei einer Pensionskasse, einem Pensionsfonds oder einer Unterstützungskasse zunächst in einer ersten Stufe gegenüber dem Arbeitgeber (Trägerunternehmen) reklamieren und eine Regelungsabrede[558] oder eine Betriebsvereinbarung herbeiführen und notfalls einen Spruch der Einigungsstelle erwirken. In einer zweiten Stufe hat der Arbeitgeber die Inhalte der Absprache mit dem Betriebsrat in die Sozialeinrichtung zu transformieren. Er hat die von ihm beherrschten Organe der Sozialeinrichtung anzuweisen, die mit dem Betriebsrat vereinbarten Regelungen in der Sozialeinrichtung umzusetzen. Diese Form der Mitbestimmung ist zwingend, wenn die Organe der Versorgungseinrichtung bestimmte qualitative Anforderungen erfüllen müssen, z. B. gem. § 7a VAG.

---

555 S. dazu Rdn. 400.
556 So auch *Blomeyer/Rolfs/Otto* Rn. 854 zu Anh. § 1 für die Pensionskasse.
557 Dazu *Kemper* Gedenkschrift für Blomeyer, S. 157, 161 ff.
558 BAG 27.8.1996, 3 ABR 38/95, n. v.

Bei der **organschaftlichen** Form einigen sich Arbeitgeber und Betriebsrat darauf, die Organe der Sozialeinrichtung paritätisch zu besetzen. Dies setzt voraus, dass die Sozialeinrichtung in den maßgebenden Organen nach Satzung oder Gesellschaftsvertrag paritätisch besetzt wird. Wird z. B. eine Unterstützungskasse in der Rechtsform eines eingetragenen Vereins geführt, muss der Vorstand aus einer gleichen Anzahl von Arbeitgeber- und Arbeitnehmervertretern bestehen. Bei Pensionskassen und Pensionsfonds führt dies zu Schwierigkeiten, weil Betriebsräte häufig nicht die Anforderungen der Finanzaufsicht für die Qualifikation von Organmitgliedern erfüllen.[559]   412

Solange die organschaftliche Lösung praktiziert wird, sind Arbeitgeber und Betriebsrat an sie gebunden.[560]   413

Ob die zweistufige oder organschaftliche Organisationsform der Mitbestimmung gewählt wird, kann Gegenstand eines Spruches der Einigungsstelle sein.[561]   414

Unter **Verwaltung** einer Sozialeinrichtung können verstanden werden   415
– die Organisation der Sozialeinrichtung,
– die Aufstellung der Grundsätze für die Geschäftsführung,
– die Überwachung der Einhaltung der Satzungsbestimmungen,
– die Prüfung der Pensionsanträge und die Entscheidung hierüber und
– die Entscheidung über Streitfragen aus Anlass von Beschwerden.

Der wesentliche Bereich der Verwaltung besteht in der **Vermögensverwaltung**.[562] Bei einer Unterstützungskasse geht es z. B. um die Frage, ob eine reservepolsterfinanzierte oder eine versicherungsförmige Finanzierung erfolgt (bei betrieblichen Unterstützungskassen!), aber auch um konkrete Anlageentscheidungen, z. B. Darlehn beim Trägerunternehmen, Festgeld, Aktien, Anleihen etc. und um den Wechsel der ursprünglichen Anlageentscheidung, nicht nur grds., sondern auch im Einzelfall. Handelt es sich bei der Sozialeinrichtung um eine Pensionskasse oder einen Pensionsfonds, sind jedoch   416

---

559 Dazu *Bode* Die organschaftliche Mitbestimmung des Betriebsrates nach § 87 Abs. 1 Nr. 8 BetrVG bei betrieblichen Pensionskassen, S. 152 ff.
560 BAG 13.7.1978, 3 ABR 108/77, EzA § 87 BetrVG 1972 Sozialeinrichtung Nr. 9 = DB 1978, 2129.
561 BAG 13.7.1978, 3 ABR 108/77, EzA § 87 BetrVG 1972 Sozialeinrichtung Nr. 9 = DB 1978, 2129; dazu *Kemper* Gedenkschrift für Blomeyer, S. 157, 161.
562 *Höfer* BetrAVG, Rn. 1115 ff. zu ART und *Bode* a. a. O., S. 52 ff. m. w. N.

Arbeitgeber und Betriebsrat nicht frei, über die Anlage der Vermögensmittel der mittelbaren Versorgungsträger zu entscheiden. Es müssen die einschlägigen versicherungsaufsichtsrechtlichen Bestimmungen beachtet werden. Das Mitbestimmungsrecht des Betriebsrats tritt insoweit hinter das Versicherungsrecht zurück, weil ja auch der Arbeitgeber daran gebunden ist.

417   Alle Vermögensanlagen, die den aufsichtsrechtlichen Bestimmungen widersprechen, können demnach nicht im Rahmen der erzwingbaren oder auch freiwilligen Mitbestimmung durchgesetzt werden. Es sind immer die Anlagevorschriften bei Pensionskassen und Pensionsfonds zu beachten.[563]

418   Eine weitere Beschränkung der Entscheidungsfreiheit von Arbeitgeber und Betriebsrat bei der Vermögensanlage einer Pensionskasse oder eines Pensionsfonds und damit auch des erzwingbaren Mitbestimmungsrechts des Betriebsrats ergibt sich daraus, dass nach § 7a VAG die Vorstände von Versicherungsunternehmen[564] zuverlässig und fachlich geeignet sein müssen. Diese Qualifikationserfordernisse des Vorstandes dienen dem Schutz der Versicherten. Es soll die Gefahr verringert werden, dass vom Vorstand Fehlentscheidungen getroffen werden. Das Versicherungsaufsichtsgesetz geht also von einer Entscheidungskompetenz des Vorstandes zum Wohle des Versicherten aus. Aus diesem Grunde lässt es sich mit den Grundsätzen des Versicherungsaufsichtsrechts nicht vereinbaren, wenn außenstehende Stellen, z. B. Arbeitgeber und Betriebsrat, unmittelbar Einfluss auf das Tagesgeschäft des Vorstandes nehmen können. Der Vorstand muss in der Lage sein, selbstständige Anlageentscheidungen zu treffen.

419   Damit ist der Begriff der Verwaltung gem. § 87 Abs. 1 Nr. 8 BetrVG bei Pensionskassen und Pensionsfonds insoweit einzuschränken, als nicht jede einzelne Verwaltungsmaßnahme und Vermögensanlage mitbestimmungspflichtig ist.

420   Andererseits darf die Mitbestimmung des Betriebsrats bei der Verwaltung, insbesondere der Vermögensanlage, nicht »ausgehebelt« werden. Handelt es sich um die Grundsatzfrage, wie groß der Anteil des Vermögens sein soll, der im Rahmen der aufsichtsrechtlichen Bestimmungen in Aktien oder sonstigen

---

563 *Kemper* Gedenkschrift für Blomeyer, S. 157, 164 ff.
564 Der Pensionsfonds ist kein Versicherungsunternehmen. Dennoch ist über § 113 VAG § 7a VAG anwendbar.

Wertpapieren angelegt werden soll, besteht insoweit ein Mitbestimmungsrecht.

Ein Mitbestimmungsrecht des Betriebsrats bei der **Besetzung des Vorstandes** 421
einer Pensionskasse oder Pensionsfonds ist im Rahmen der zweistufigen Organisationsform nicht denkbar. Bei der Besetzung des Vorstandes geht es weder um die Ausgestaltung noch um die Verwaltung einer Pensionskasse oder eines Pensionsfonds, sondern um die Bestimmung eines Handlungsorgans der Sozialeinrichtung selbst. Diese Kompetenz hat ausschließlich der Arbeitgeber, weil die zweistufige Organisationsform der Mitbestimmung bei der Sozialeinrichtung denklogisch voraussetzt, dass der Arbeitgeber in der Lage ist, mitbestimmungspflichtige Tatbestände in »seiner« Sozialeinrichtung umzusetzen. Dies setzt voraus, dass er entsprechende Weisungen dem Vorstand einer Pensionskasse oder eines Pensionsfonds – natürlich im Rahmen des Versicherungsaufsichtsrechts – geben kann.[565] Insoweit ist jedoch zu beachten, dass es Pensionskassen gibt, bei denen zu mehr als der Hälfte die Arbeitnehmer Mitglied sein müssen. Hier wird der Vorstand i. d. R. nicht vom Arbeitgeber bestimmt. Es sind die Vorgaben der Satzung anzuwenden.

4. Zuständigkeiten

Existiert ein **Gesamtbetriebsrat**, sind nicht die einzelnen Betriebsräte für 422
Fragen der betrieblichen Altersversorgung zuständig, sondern der Gesamtbetriebsrat (§ 50 Abs. 1 S. 1 BetrVG). Für Fragen der betrieblichen Altersversorgung gibt es die Notwendigkeit einer unternehmenseinheitlichen Regelung.[566]

Die Zuständigkeit des Gesamtbetriebsrats kann weder durch Tarifvertrag noch 423
durch Betriebsvereinbarung abbedungen werden. Eine freiwillige Betriebsvereinbarung, die einer betriebsübergreifenden Regelung vorgreift, geht ins Leere, sie entfaltet keine Sperrwirkung.[567]

---

565 Zu weiteren Einzelfragen bei den Mitbestimmungsrechten des Betriebsrats bei einer Pensionskasse *Kemper* Gedenkschrift für Blomeyer, S. 157 ff.
566 BAG 8.12.1981, 3 ABR 53/80, EzA § 242 BGB Ruhegeld Nr. 96 = DB 1982, 46; 21.1.2003, 3 ABR 26/02, EzA § 50 BetrVG 2001 Nr. 2 = DB 2003, 2131; 9.12.2003, 1 ABR 49/02, EzA § 50 BetrVG 2001 Nr. 3 = FA 2004, 247.
567 BAG 21.1.2003, 3 ABR 26/02, EzA § 50 BetrVG 2001 Nr. 2 = DB 2003, 2131.

424 Einen unternehmensübergreifenden Gesamtbetriebsrat sieht das Gesetz nicht vor. Folglich sind Betriebsvereinbarungen, »die von einem solchen Gremium« abgeschlossen worden sind, unwirksam.[568]

425 Erhält ein **Konzernbetriebsrat** von Gesamtbetriebsräten die Regelungskompetenz für Fragen der betrieblichen Altersversorgung übertragen, so ist er für eine konzerneinheitliche betriebliche Altersversorgung zuständig.[569] Im Übrigen ist die originäre Zuständigkeit des Konzernbetriebsrats nach denselben Kriterien zu bestimmen wie die Zuständigkeit des Gesamtbetriebsrats. Zwingende Erfordernisse für eine konzerneinheitliche Regelung genügen. Mit dem Begriff des »Nichtregelnkönnens« (§ 58 Abs. 1 BetrVG) ist sowohl die objektive als auch die subjektive Unmöglichkeit gemeint.[570]

5. Verletzung des Mitbestimmungsrechts

426 Der Betriebsrat kann die Verletzung des Mitbestimmungsrechts im Beschlussverfahren vor den Arbeitsgerichten geltend machen.[571]

427 Die Verletzung des Mitbestimmungsrechts des Betriebsrats hat die Unwirksamkeit der einseitig vom Arbeitgeber getroffenen Maßnahme zur Folge. Die Beachtung des Mitbestimmungsrechts des Betriebsrats ist Wirksamkeitsvoraussetzung für jede mitbestimmungspflichtige Maßnahme.[572] Diese Unwirksamkeit kann sich zum Nachteil der Arbeitnehmer auswirken. Eine unter Verletzung des Mitbestimmungsrechts einseitig vom Arbeitgeber vorgenommene Verbesserung der bestehenden Versorgungszusage kann unwirksam sein. Die Versorgungsanwartschaften der betroffenen Arbeitnehmer bleiben so bestehen, wie sie ohne die einseitige Maßnahme des Arbeitgebers zuvor bestanden haben. Die Verletzung von Mitbestimmungsrechten des Betriebs-

---

568 BAG 17.4.2012, 3 AZR 400/10, BB 2013, 57.
569 BAG 19.3.1981, 3 ABR 38/80, AP Nr. 14 zu § 80 BetrVG 1972 m. Anm. *Kemper/Küpper*, EzA § 80 BetrVG 1972 Nr. 18; dazu auch *Hanau* FS Kemper, S. 165 ff.
570 BAG 24.1.2006, 3 AZR 483/04, EzA § 1 BetrAVG Ablösung Nr. 46 = FA 2007, 86; zur Abgrenzung der Zuständigkeiten von Gesamtbetriebsrat und Konzernbetriebsrat vgl. BAG 29.1.2008, 3 AZR 42/06, EzA § 87 BetrVG 2001 Betriebliche Lohngestaltung Nr. 14 = DB 2008, 1980.
571 BAG 3.5.1994, 1 ABR 24/93, EzA § 23 BetrVG 1972 Nr. 36 = DB 1994, 2450.
572 BAG 19.7.2005, 3 AZR 472/04, EzA § 1 BetrAVG Betriebliche Übung Nr. 7 = DB 2006, 343; dazu auch *Höfer* BetrAVG, Rn. 1152 ff. zu ART.

rats führt nicht dazu, dass sich individualrechtliche Ansprüche ergeben, die noch nicht bestanden haben.[573]

Eine Verletzung des Mitbestimmungsrechts kann sich auch auf Betriebsrent- 428
ner auswirken. Die Unwirksamkeit der Maßnahme gilt wegen §139 BGB
nämlich auch gegenüber den Betriebsrentnern. Damit ist nicht entschieden,
dass die Betriebspartner auch für Betriebsrentner und ausgeschiedene Anwärter eine Regelungskompetenz haben.[574]

Das BAG hat jedoch entschieden, dass es dem Arbeitgeber aus Gründen des 429
Vertrauensschutzes unter Umständen verwehrt sein kann, sich auf die Unwirksamkeit zu berufen. Dies soll aber nur insoweit gelten, wenn der Arbeitnehmer
auf der Grundlage der unwirksamen Vertragsregelung bereits Vorkehrungen
getroffen hat, die nicht mehr rückgängig gemacht werden können.[575]

II. Arbeitnehmerfinanzierte betriebliche Altersversorgung

Bei der arbeitnehmerfinanzierten betrieblichen Altersversorgung ist in Bezug 430
auf die erzwingbaren Mitbestimmungsrechte des Betriebsrats zu unterscheiden, ob es sich um eine Entgeltumwandlung gem. §1 Abs. 2 Nr. 3 BetrAVG
innerhalb des §1a BetrAVG oder außerhalb dieser Bestimmung handelt.[576]

1. Entgeltumwandlung außerhalb §1a BetrAVG

Bei einer Entgeltumwandlung gem. §1 Abs. 2 Nr. 3 BetrAVG außerhalb der 431
gesetzlichen Regelung des §1a BetrAVG gelten im Grundsatz vergleichbare
Abgrenzungen von mitbestimmungsfreien und mitbestimmungspflichtigen
Räumen, wie sie bei der arbeitgeberfinanzierten betrieblichen Altersversorgung bestehen.

---

573 BAG 19.7.2005, 3AZR 472/04, EzA BetrAVG §1 Betriebliche Übung Nr.7 =
DB 2006, 343.
574 BAG 18.11.2008, 3AZR 417/07, EzA §7 BetrAVG Nr.74 = DB 2009, 1079.
575 BAG 4.5.1982, 3AZR 1202/79, EzA §87 BetrVG Lohn- und Arbeitsentgelt
Nr.13 = DB 1982, 2579, dazu auch *Höfer* BetrAVG, Rn. 1154 ff. zu ART.
576 Dazu i.E. *Kemper* BetrAV 2002, 751.; *Konzen* Gedenkschrift für Blomeyer, S. 173,
192 f.; *Schnitker/Grau* BB 2003, 1061; dazu auch *Perreng* FS Kemper, S. 347 ff.;
Förster/Cisch/Karst Rn. 188 ff. zu §1; *Hanau/Arteaga/Riebe/Veit* Entgeltumwandlung, A Rn. 385 ff.

432 Der Arbeitgeber entscheidet mitbestimmungsfrei, ob er sich auf eine derartige Entgeltumwandlung einlässt, in welchem Durchführungsweg dies geschehen soll, welcher Personenkreis davon Gebrauch machen darf und in welchem Umfang er Entgeltumwandlungen zulässt.

433 Grundsätzlich ist der Betriebsrat über derartige Entgeltumwandlungen zu informieren. Der Betriebsrat hat auch ein Initiativrecht gegenüber dem Arbeitgeber, derartige Entgeltumwandlungen anzuregen.

434 Entscheidend ist, dass es bei der arbeitnehmerfinanzierten betrieblichen Altersversorgung keinen vom Arbeitgeber gesetzten Dotierungsrahmen gibt. Die bei der arbeitgeberfinanzierten betrieblichen Altersversorgung sinnvolle erzwingbare Mitbestimmung bei den Verteilungsgrundsätzen der vom Arbeitgeber bereitgestellten Versorgungsmittel geht ins Leere. Der Gesichtspunkt der Verteilungsgerechtigkeit hat bei der Entgeltumwandlung keine Bedeutung. Die Mittel, die für die betriebliche Altersversorgung eingesetzt werden, werden vom Versorgungsberechtigten selbst aufgebracht und sind ausschließlich für seine eigene betriebliche Altersversorgung zu verwenden. Eine andere »Verteilung« ist nicht denkbar.[577]

435 Es gibt auch keine Mitbestimmung bei der sog. Leistungsplangestaltung der Entgeltumwandlung, also z. B. bei der Frage, unter welchen Prämissen die vom Arbeitnehmer bereitgestellten Entgeltbestandteile in betriebliche Altersversorgung »wertgleich« umgewandelt werden.[578] Die abweichende Auffassung übersieht, dass es sich um eine Rechtsfrage handelt, ob künftige Entgeltansprüche in eine wertgleiche Anwartschaft auf Versorgungsleistungen im Sinne von § 1 Abs. 2 Nr. 3 BetrAVG umgewandelt werden. »Wertgleich« ist ein Rechtsbegriff, der möglicherweise auszulegen ist. Das hat mit Mitbestimmung nichts zu tun. Es geht nicht um die Verteilungsgerechtigkeit. Es spielt auch keine Rolle, dass der Arbeitnehmer sich grundsätzlich frei entscheiden kann, ob er das Entgeltumwandlungsangebot zu den vom Arbeitgeber mit dem Betriebsrat ausgehandelten Konditionen nutzt oder nicht.[579] Es geht lediglich um die Frage, ob die vom Arbeitgeber einseitig gesetzten Konditionen dem Wertgleichheitsgebot des § 1 Abs. 2 Nr. 3 BetrAVG entsprechen oder nicht. An dieser Rechtsfrage ändert sich auch nichts dadurch, dass der

---

577 Dazu i. E. *Kemper* FS Förster, S. 207, 213; a. A. *Perreng* FS Kemper, S. 347, 350 ff.

578 So aber *Schumann* in Albert/Schumann/Sieben/Menzel Rn. 449 und ihm folgend *Höfer* BetrAVG, Rn. 1094 ff. zu ART.

579 So aber *Höfer* BetrAVG, Rn. 1095 zu ART.

Betriebsrat an der Arbeitgeberentscheidung mitwirkt. Dies ist nicht Ausfluss der erzwingbaren Mitbestimmung, die sich auf Verteilungsgerechtigkeit und nicht auf die Ausfüllung des Begriffes Wertgleichheit bezieht. Auch aus diesem Grunde geht es nicht um mitbestimmungsrelevante Fragen der Entgeltauszahlung gem. § 87 Abs. 1 Nr. 4 BetrVG.[580]

2. Entgeltumwandlung innerhalb § 1a BetrAVG

Bei einer betrieblichen Altersversorgung durch Entgeltumwandlung gem. § 1a **436** BetrAVG sind wegen der Sperrwirkung des Einleitungssatzes von § 87 Abs. 1 BetrVG die erzwingbaren Mitbestimmungsrechte des Betriebsrats praktisch ausgeschlossen. Die entscheidenden Gestaltungsrechte haben der einzelne Arbeitnehmer, der konkrete Arbeitgeber und die Tarifvertragsparteien.[581]

Besteht ein Tarifvertrag über eine Entgeltumwandlung nach § 1a BetrAVG, **437** so sind dessen Regeln maßgebend. Mitbestimmungsrechte des Betriebsrats entfallen gem. § 77 Abs. 3 BetrVG. Wenn Öffnungsklauseln für Betriebsvereinbarungen gem. § 77 Abs. 3 BetrVG vorhanden sind, geht es nicht um erzwingbare Mitbestimmungsrechte des Betriebsrats, sondern um die Ausfüllung des Tarifvertrages.

Wird die Entgeltumwandlung nach § 1a BetrAVG nicht durch einen Tarif- **438** vertrag geregelt, greifen wesentliche Mitbestimmungssperren gem. § 87 Abs. 1 Einleitungssatz BetrVG wegen der gesetzlichen Regelung der Entgeltumwandlung.[582]

§ 1a BetrAVG beschränkt sowohl die mitbestimmungsfreien Räume des **439** Arbeitgebers als auch die mitbestimmungspflichtigen Räume des Betriebsrats.

---

580 *Fitting* § 87 Rn. 468 f. bestätigt, dass die wichtigsten Entscheidungen im Rahmen des § 1a BetrAVG durch Gesetz oder Tarifvertrag vorgegeben sind. Warum eine Mitbestimmung »hinsichtlich einer solchen kollektiven Entscheidung« nach § 87 Abs. 1 Nr. 4 BetrVG in Betracht kommen soll, wird nicht begründet. Die einseitige Vorgabe des Durchführungsweges hat mit der Rechtsfrage der Wertgleichheit gem. § 1 Abs. 2 Nr. 3 BetrAVG nichts zu tun; wie hier auch *Hanau/Arteaga/Rieble/Veit* Entgeltumwandlung A Rn. 390.

581 So auch *Förster/Cisch/Karst* Rn. 188f zu § 1; *Henning* Die betriebliche Mitbestimmung bei der Entgeltumwandlung, S. 134 ff., insbes. S. 163, versucht einige mitbestimmungsfähige »Randbereiche« aufzuzeigen; dazu auch *Kemper* BetrAV 2003, 372 und *Hanau/Arteaga/Rieble/Veit* A Rn. 394 ff.

582 Dazu *Kemper* BetrAV 2002, 751.

440 Der Arbeitgeber hat keine Entscheidungsfreiheit, wenn der einzelne Arbeitnehmer den Anspruch gem. § 1a BetrAVG geltend macht.

441 § 1a BetrAVG bestimmt auch im Einzelnen die Art und Weise der Durchführung des Anspruchs. Der Arbeitgeber kann zum Teil einseitig den Durchführungsweg der betrieblichen Altersversorgung bei der Entgeltumwandlung bestimmen. Folglich ergeben sich insoweit keine Rechte des Betriebsrats. Selbst wenn man unter Vereinbarung gem. § 1a Abs. 1 S. 2 BetrAVG eine Betriebsvereinbarung versteht[583], handelt es sich nicht um eine erzwingbare Betriebsvereinbarung. Wenn der Arbeitgeber einseitig die Durchführung des Anspruchs bestimmen kann, zählt dazu zwangsläufig auch die Auswahl des Versorgungsträgers gem. § 1a Abs. 1 S. 3 BetrAVG einschließlich z. B. des konkreten Versorgungsträgers und dessen konkreter Leistungsplanstruktur (z. B. Beitragszusage mit Mindestleistung). Das ist naturgemäß keine mitbestimmungsrelevante Frage der Entgeltauszahlung gem. § 87 Abs. 1 Nr. 4 BetrVG.[584] Auch § 87 Abs. 1 Nr. 11 BetrVG ist nicht einschlägig.[585]

442 Der Arbeitgeber kann bei der Entgeltumwandlung nach § 1a BetrAVG den anspruchsberechtigten Personenkreis nicht bestimmen, da ein individualrechtlicher Anspruch des einzelnen Arbeitnehmers besteht, wenn dieser die Voraussetzungen des § 17 Abs. 1 S. 3 BetrAVG erfüllt. Auch hier ist der Betriebsrat nicht einzuschalten.

443 Naturgemäß gibt es auch bei der Entgeltumwandlung nach § 1a BetrAVG keinen vom Arbeitgeber mitbestimmungsfrei zu bestimmenden Dotierungsrahmen. § 1a BetrAVG bestimmt im Einzelnen, in welchem Umfang ein Arbeitnehmer seine künftigen Entgeltansprüche in betriebliche Altersversorgung umwandeln kann.

444 In Bezug auf die mitbestimmungspflichtigen Räume ist der Arbeitgeber verpflichtet, den Betriebsrat über die Rahmenbedingungen einer Entgeltumwandlung nach § 1a BetrAVG zu informieren.

445 Ein Initiativrecht des Betriebsrats bei der Entgeltumwandlung nach § 1a BetrAVG besteht nicht, da es allein in der Entscheidung des einzelnen Arbeit-

---

583 So *Berenz* Gesetzesmaterialien BetrAVG § 1a, S. 65.

584 A.A. wohl *Fitting* § 87 Rn. 469 ohne erkennbare Begründung; s. dazu auch Rdn. 435; wie hier auch *Hanau/Arteaga/Rieble/Veit* Entgeltumwandlung A Rn. 390.

585 *Hanau/Arteaga/Rieble/Veit* Entgeltumwandlung A Rn. 390; *Perreng* FS Kemper, S. 347.

Kemper/Kisters-Kölkes

nehmers liegt, ob er von dem gesetzlichen Anspruch Gebrauch macht oder nicht.

Letztlich gibt es auch bei der Entgeltumwandlung gem. § 1a BetrAVG keinen 446 vom Arbeitgeber gesetzten Gesamtdotierungsrahmen. Der Gesichtspunkt der Verteilungsgerechtigkeit hat keine Bedeutung. Ob das Wertgleichheitsgebot des § 1 Abs. 2 Nr. 3 BetrAVG eingehalten ist, ist eine Rechtsfrage, die nicht der Mitbestimmung unterliegt.[586] Unabhängig davon ist es natürlich sinnvoll, bei Entgeltumwandlungen den Betriebsrat »freiwillig« einzuschalten. Dies kann zu höheren Beteiligungsquoten bei den berechtigten, nicht aber verpflichteten Arbeitnehmern führen, was sozialpolitisch erforderlich ist.

F. Regelungsgegenstand des § 1 Abs. 2 BetrAVG

Die Regelung des § 1 Abs. 2 BetrAVG ist das Ergebnis umfangreicher und 447 teilweise kontroverser Diskussionen über Wesen und Natur der betrieblichen Altersversorgung, die zu einer ersten Aufnahme der beitragsorientierten Leistungszusage sowie der Entgeltumwandlung durch das Rentenreformgesetz 1999[587] führten. Durch das Altervermögensgesetz (AVmG)[588] wurde weiterhin die Beitragszusage mit Mindestleistung als Form der betrieblichen Altersversorgung im BetrAVG verankert. Mit dem Hüttenknappschaftlichen Zusatzversicherungs-Neuregelungs-Gesetz (HZvNG)[589] wurde schließlich zum 1.7.2002 eine gesonderte Regelung für die sog. Eigenbeiträge und deren Einordnung in das Recht der betrieblichen Altersversorgung getroffen.

§ 1 Abs. 2 BetrAVG stellt keine einheitliche, homogene Regelung dar, son- 448 dern gibt Antworten des Gesetzgebers auf Grundsatzfragen zur betrieblichen Altersversorgung. Dies zeigt sich daran, dass die Nrn. 1 und 2 Gestaltungsformen einer Versorgungszusage behandeln, während die Nrn. 3 und 4 sich

---

586 S. dazu auch vorstehend Rdn. 431 ff.

587 Gesetz zur Reform der gesetzlichen Rentenversicherung (Rentenreformgesetz 1999) v. 16.12.1997, Art. 8, BGBl. I S. 2998.

588 Gesetz zur Reform der gesetzlichen Rentenversicherung und zur Förderung eines kapitalgedeckten Altersvorsorgevermögens (Altersvermögensgesetz – AVmG) v. 26.6.2001, Art. 9, BGBl. I S. 1310.

589 Gesetz zur Einführung einer kapitalgedeckten Hüttenknappschaftlichen Zusatzversicherung und zur Änderung anderer Gesetze (Hüttenknappschaftliches Zusatzversicherungs-Neuregelung-Gesetz – HZvNG) v. 21.6.2002, Art. 3, BGBl. I S. 2167.

damit befassen, unter welchen Bedingungen Leistungen, welche aus einer Umwandlung von Entgeltansprüchen oder aus Eigenbeiträgen finanziert werden, als Leistungen der betrieblichen Altersversorgung anzusehen sind.

G. Die beitragsorientierte Leistungszusage, § 1 Abs. 2 Nr. 1 BetrAVG

449   Die beitragsorientierte Leistungszusage hat sich aus der Leistungszusage entwickelt, welche als traditionelle Zusageform in § 1 Abs. 1 BetrAVG geregelt ist. Bei einer derartigen einfachen Leistungszusage wird für den Arbeitnehmer eine Leistung nach bestimmten Formeln ohne Berücksichtigung des hierfür erforderlichen Versorgungsaufwands definiert:

450   ▶ **Beispiel:**

Ein Versorgungswerk enthält eine Regelung, wonach die Höhe der Altersrente für jedes Dienstjahr 0,25 % des zuletzt bezogenen versorgungsfähigen Einkommens bis zur Beitragsbemessungsgrenze und 1 % des zuletzt bezogenen versorgungsfähigen Einkommens oberhalb der Beitragsbemessungsgrenze beträgt (klassische endgehaltsbezogene Leistungszusage mit gespaltener Rentenformel).

Bei einem solchen Versorgungssystem ergibt sich der Versorgungsaufwand des Arbeitgebers aus den zur Finanzierung der definierten Leistung nötigen Aufwendungen.

451   Im Laufe der Jahre stellte sich ein verstärktes Bedürfnis der Unternehmen nach mehr Kostentransparenz in der betrieblichen Altersversorgung ein. Dies führte dazu, dass der Wirkungszusammenhang zwischen der Leistung und dem Versorgungsaufwand umgekehrt wurde. An die Stelle der definierten Leistung, die den Aufwand bzw. den Beitrag bestimmte, trat der vom Arbeitgeber definierte Beitrag, aus dem die Leistung zu ermitteln ist. Bei einer beitragsorientierten Versorgungsgestaltung steht mithin der **Versorgungsaufwand (Beitrag)** im Vordergrund, den der Arbeitgeber für die Altersversorgung einsetzen will, und weniger die Leistung, welche hieraus finanziert wird.[590]

452   Diese besondere Versorgungsgestaltung wurde bereits lange vor Inkrafttreten des Rentenreformgesetzes 1999 entwickelt und zunehmend praktiziert. Sie stellt heute die maßgebende Gestaltungsform für eine Vielzahl von Versor-

---

590 *Bode/Grabner* S. 25; *Hanau/Arteaga/Rieble/Veit* Teil B Rn. 506 ff.; vgl. i. E. auch Rdn. 193 f.

gungsregelungen dar. In der konkreten Ausgestaltung sagt der Arbeitgeber zumeist einen bestimmten Prozentsatz des Einkommens als Versorgungsaufwand zu. Dieser kann in Abhängigkeit von bestimmten Bemessungsgrößen, wie beispielsweise der Beitragsbemessungsgrenze in der gesetzlichen Rentenversicherung, gestaffelt sein.

▷ **Beispiel:** 453

Das Versorgungswerk sieht vor, dass für jedes versorgungsfähige Dienstjahr ein Versorgungsaufwand im Umfang von 2 % des im jeweiligen Dienstjahr bezogenen versorgungsfähigen Einkommens bis zur Beitragsbemessungsgrenze und im Umfang von 16 % des im jeweiligen Dienstjahr bezogenen versorgungsfähigen Einkommens oberhalb der Beitragsbemessungsgrenze für betriebliche Versorgungsleistungen erbracht wird.

Im Hinblick auf die Leistungsermittlung gibt es im Wesentlichen zwei alternative Berechnungsmethoden. 454

Bei Anwendung des sog. **Versicherungsprinzips** werden aus dem jeweiligen 455 Versorgungsaufwand sofort im Zeitpunkt der Einbringung durch Anwendung eines alters- und ggf. geschlechtsabhängigen Umrechnungsfaktors versicherungsmathematisch gleichwertige Renten- oder auch Kapitalbausteine ermittelt. In die Umrechnungsfaktoren sind u. a. der zugrunde gelegte Zinssatz, die ggf. garantierte bzw. erwartete Rentenanpassung und die Sterbe- und Invalidisierungswahrscheinlichkeiten eingearbeitet. Die Versorgungsleistung ergibt sich aus der Summe der bis zum Eintritt des Versorgungsfalls insgesamt erworbenen Bausteine.

Alternativ ist es nach dem sog. **Sparprinzip** möglich, den jeweiligen Versor- 456 gungsaufwand auf einem betriebsinternen Versorgungskonto, i. d. R. unter Anwendung eines Mindestzinses, anzusammeln, welches für jeden Mitarbeiter (real oder fiktiv) geführt wird. Erst bei Eintritt des Versorgungsfalles wird aus dem auf diesem Konto befindlichen Versorgungskapital die maßgebliche Versorgungsleistung abgeleitet, indem das angesammelte Kapital unmittelbar ausgekehrt oder versicherungsmathematisch – unter Anwendung einer Umrechnungstabelle – eine Rente ermittelt wird.[591]

---

591 Vgl. *Bode/Grabner* S. 111 f., 163 f.; *Gerstenberg* BetrAV 1994, 120.

457

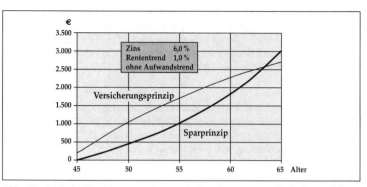

Abb.: Vergleich des Versicherungsprinzips mit dem Sparprinzip – Verlauf einer Jahresrentenanwartschaft

458 Die Grafik zeigt den Beispielsfall eines Mitarbeiters, dem im Alter 45 eine Versorgungszusage erteilt wird und für der der Arbeitgeber einen anfänglichen Versorgungsaufwand von 1.000,– € p. a. erbringt. Für den Aufwand wird unterstellt, dass er sich über den Zeitablauf nicht verändert. Die unterschiedlichen Verlaufskurven zeigen den grundsätzlichen Unterschied zwischen Versicherungsprinzip und Sparprinzip. Beim Versicherungsprinzip wird das Risiko vorzeitig eintretender Versorgungsfälle durch die sofortige Bildung von Renten- bzw. Kapitalbausteinen (und die damit verbundene Abführung fiktiver Risikoprämien) stärker abgesichert als beim Sparprinzip. Im Gegenzug fällt die Höhe der Altersleistung beim Versicherungsprinzip geringer aus, da die höhere vorzeitige Risikoversorgung die Altersrente bzw. das Alterskapital ermäßigt. Das Sparprinzip hingegen unterstellt, dass bei vorzeitig eintretenden Versorgungsfällen nur das jeweils angesammelte Versorgungskapital für die Versorgungsleistung verwendet wird. Eine Versicherung vorzeitig eintretender Risiken erfolgt mithin nicht, sodass die Altersleistung relativ umfangreicher ausfällt.

459 Die beitragsorientierte Leistungszusage ist **keine reine Beitragszusage**. Eine solche würde dann vorliegen, wenn die Verpflichtung des Arbeitgebers gegenüber dem Arbeitnehmer sich allein darauf beschränken würde, einen festgelegten Beitrag an einen Versorgungsträger zu entrichten und er für die spätere

Versorgungsleistung nicht einzustehen hätte. Eine derartige Form der betrieblichen Altersversorgung kennt das deutsche Recht nicht.[592]

Die beitragsorientierte Leistungszusage enthält daher das Versprechen, eine (in Abhängigkeit vom zugesagten Beitrag) definierte Versorgungsleistung zu erbringen. Daher wird sie im internationalen Vergleich trotz der Beitragsorientierung, welche u. a. in der durch das AVmG geschaffenen Regelung des § 2 Abs. 5a BetrAVG reflektiert wird, als eine sog. »defined benefit« – Gestaltung beurteilt.[593]   460

▶ **Beispiel:**   461

Nachfolgend wird – in Mehrjahresschritten – der Verlauf einer beitragsorientierten Versorgungszusage dargestellt, welche am Sparprinzip ausgerichtet ist. Zur Vereinfachung wird ein gleich bleibender jährlicher Beitrag von 1.000,–€ unterstellt, der sich in der Anwartschaftsphase mit 4 % p. a. verzinst. Der Versorgungsberechtigte nimmt die Rentenleistung mit Vollendung des regulären Pensionsalters 65 in Anspruch. Zur Ermittlung des Umrechnungsfaktors für die Rentenleistung im Alter 65 wird erneut eine Verzinsung während der Rentenbezugsphase von 4 %, eine Hinterbliebenenrentenanwartschaft im Umfang von 60 % und eine garantierte Mindestanpassung der laufenden Rentenleistung von 1 % jährlich unterstellt. Es wird der Umrechnungsfaktor für einen männlichen Mitarbeiter verwendet.

Alter (zu Beginn des Jahres)	Versorgungsaufwand	Stand Versorgungskonto zum Ende des Jahres
35	1.000	1.000
36	1.000	2.040
40	1.000	6.634
41	1.000	7.899

---

592 S. dazu auch Rdn. 195 ff., 384. Das BAG sieht die reine Beitragszusage als rechtlich zulässig an, ordnet sie aber dem Bereich vermögensbildender Maßnahmen, nicht der betrieblichen Altersversorgung zu BAG 13.11.2007, 3 AZR 635/06, n. v., zu beziehen unter www.bundesarbeitsgericht.de bzw. www.lexetius.com; BAG 7.9.2004, 3 AZR 550/03, EzA Art. 141 EG-Vertrag 1999 Nr. 16 = BAGE 112, 1.
593 *Blomeyer* BetrAV 2001, 430.

Alter (zu Beginn des Jahres)	Versorgungsaufwand	Stand Versorgungskonto zum Ende des Jahres
45	1.000	13.487
46	1.000	15.026
50	1.000	21.825
51	1.000	23.698
55	1.000	31.970
56	1.000	34.249
60	1.000	44.313
61	1.000	47.086
64	1.000	56.087
65	0	58.330

462   Die Höhe der Altersrente im Alter 65 ergibt sich aus der Multiplikation des aufgelaufenen Betrages mit dem versicherungsmathematischen Umrechnungsfaktor:

$$58.330,-€ \times 6,38\% = 3.721,-€ \text{ (Jahresrente)}$$

H. Die Beitragszusage mit Mindestleistung, § 1 Abs. 2 Nr. 2 BetrAVG

463   Von Gesetzes wegen ist die Beitragszusage mit Mindestleistung nicht für alle fünf Durchführungswege der betrieblichen Altersversorgung eröffnet. Vielmehr kann dieser Zusagetyp nur im Durchführungsweg der Pensionskasse, der Direktversicherung oder des Pensionsfonds gewählt werden.[594] Die Beitragszusage mit Mindestleistung stellt in mehrfacher Hinsicht eine Kompromisslösung des Gesetzgebers dar. So ist sie als eine Form der betrieblichen Altersversorgung zu sehen, welche sich am Kapitalmarkt orientiert, indem sie Chancen und Risiken des Kapitalmarkts in besonderer Weise für die betriebliche Altersversorgung zulässt.[595]

---

594 Eine abw. Ansicht vertritt *Höfer* BetrAVG, Rn. 2538 ff. zu § 1; vgl. hierzu nachfolgend unter Rdn. 471 ff.

595 *Blomeyer* BetrAV 2001, 430; *Höfer* DB 2001, 1146; *Sasdrich/Wirth* BetrAV 2001, 401; *Schwark/Raulf* DB 2003, 940; *Langohr-Plato/Teslau* BetrAV 2006, 503.

Entscheidet sich der Arbeitgeber dafür, eine Beitragszusage mit Mindestleis- **464** tung gem. § 1 Abs. 2 Nr. 2 BetrAVG zu erteilen, so wird während der Aktivitätsphase des Mitarbeiters ein Versorgungskapital aus Beiträgen des Arbeitgebers oder des Arbeitnehmers für die Altersversorgung des Mitarbeiters bei einer Pensionskasse, einer Direktversicherung oder einem Pensionsfonds aufgebaut. Die Höhe dieses Versorgungskapitals ist nicht nur von den Beiträgen abhängig, sondern auch von den Erträgen, welche auf das jeweilige Kapital bis zum Eintritt des Versorgungsfalles erwirtschaftet werden. Mithin ist die Versorgungsleistung vor Eintritt des Versorgungsfalles nicht endgültig festgelegt.[596]

Konzeptionell trägt der Mitarbeiter im Rahmen der Beitragszusage mit **465** Mindestleistung das Anlagerisiko. Dieses Risiko ist jedoch begrenzt, da der Arbeitnehmer in jedem Fall die sog. Mindestleistung erwarten kann. Diese Mindestleistung besteht in der Summe der Beiträge, welche der Arbeitgeber dem Mitarbeiter zugesagt hat. Hiervon abzuziehen sind ggf. Risikoprämien, mit denen vorzeitige Versorgungsfälle abgedeckt werden, wie beispielsweise eine Erwerbsminderungsleistung bzw. eine Hinterbliebenenleistung bei vorzeitigem Tod.

▶ **Beispiel:** **466**

Der Arbeitgeber erteilt eine Beitragszusage mit Mindestleistung, welche einen Beitrag für jedes anrechnungsfähige Dienstjahr im Umfang von 1 % des jeweiligen versorgungsfähigen Einkommens vorsieht. Der 32-jährige Mitarbeiter im Jahr 2009 im Jahreseinkommen von 40.000,– €, sodass dies einen jährlichen Beitrag im Umfang von 400,– € an den Pensionsfonds ergibt. Über einen Zeitraum von 35 Jahren, bis zum Eintritt in den Ruhestand im Alter 67, würde der Mitarbeiter vom Arbeitgeber eine Summe von insgesamt 14.000,– € erhalten. Dies stellt grundsätzlich die Mindestleistung dar. Zieht der Arbeitgeber jedoch von dem jährlichen Beitrag eine Prämie ab, um damit vorzeitige Versorgungsfälle abzudecken, beispielsweise im Umfang von jährlich 50,– €, so verbleibt als Mindestversorgungsleistung für den Mitarbeiter ein Betrag in Höhe von 12.250,– € (14.000,– € abzgl. 35 × 50,– €). Erwirtschaftet demgegenüber die jeweilige Versorgungseinrichtung eine durchschnittliche Verzinsung des jährlich eingebrachten Sparbeitrags von 6 % p. a., so ergibt sich für den Mitarbeiter ein Versorgungskapital im Alter 65 im Umfang von ca. 39.000,– €.

---

596 Ebenso *Kemper/Kisters-Kölkes* Grundzüge Rn. 134 f.

467 Aus dem Versorgungskapital, das im Rahmen der Mindestleistung bei Eintritt des Versorgungsfalles vorhanden ist, können auch laufende Rentenleistungen finanziert werden. Die Ermittlung der jeweiligen Rentenleistung erfolgt nach ähnlichen Grundsätzen wie im Rahmen einer beitragsorientierten Leistungszusage bei Vorliegen des Sparprinzips durch Anwendung eines versicherungsmathematisch ermittelten Verrentungsfaktors auf das jeweils vorhandene Versorgungskapital.[597]

468 Die Tatsache, dass der Gesetzgeber auch im Rahmen der Beitragszusage eine Mindestleistung vorgesehen hat, lässt darauf schließen, dass der Arbeitnehmer das Anlagerisiko nicht vollständig tragen soll. Eine reine Beitragszusage ist daher im deutschen Rechtsraum als Form der betrieblichen Altersversorgung nicht möglich,[598] sondern im Zweifelsfall in eine Beitragszusage mit Mindestleistung oder eine beitragsorientierte Leistungszusage umzudeuten.[599]

469 Nach Sinn und Zweck des Gesetzes müsste die Beitragszusage mit Mindestleistung auch für Versorgungszusagen eröffnet sein, welche die Zahlung von Arbeitnehmerbeiträgen gem. § 1 Abs. 2 Nr. 4 BetrAVG vorsehen.[600]

470 Bisher ist noch nicht geklärt, ob die Rentenleistung, welche sich aus dem Versorgungskapital einer Beitragszusage mit Mindestleistung ergibt, in ihrer Höhe umfassend zu garantieren ist. Es lässt sich vertreten, dass zumindest derjenige Teil der Rentenleistung, der auf das Mindestkapital entfällt, zu garantieren ist, während der Teil der Rente, der sich aus dem die Mindestleistung überschreitenden Versorgungskapital ergibt, auch Schwankungen in Abhängigkeit von den Erträgen des Kapitalmarkts unterworfen sein kann. Hierfür spricht, dass Leistungen aus einer Beitragszusage mit Mindestleistung gem. § 16 Abs. 3 Nr. 3 BetrAVG nicht anzupassen sind. Dies gilt gem. § 16 Abs. 3 Nr. 3 Hs. 2 BetrAVG sogar dann, wenn eine Beitragszusage mit Mindestleistung aus einer Entgeltumwandlung herrührt. Mithin hat der Gesetzgeber von einem Anpassungsmodus der klassischen Art abgesehen und es stattdessen vorgezogen, die Erhöhung von Leistungen aus einer Beitragszusage mit Mindestleistung wei-

---

597 *Sasdrich/Wirth* BetrAV 2001, 401; vgl. hierzu Rdn. 455.

598 Vgl. Rdn. 3.

599 *Blomeyer/Rolfs/Otto* BetrAVG § 1 Rn. 89 für die Umdeutung in eine Beitragszusage mit Mindestleistung; BAG 13.11.2007, 3 AZR 635/06, n. v., zu beziehen unter www.bundesarbeitsgericht.de, für die Umdeutung in eine beitragsorientierte Leistungszusage.

600 Vgl. hierzu nachfolgend Rdn. 531 ff.

terhin von der Erwirtschaftung von Erträgen aus dem Kapitalmarkt abhängig zu machen.[601]

Teile der Literatur sehen die Beitragszusage mit Mindestleistung als Unterfall der beitragsorientierten Leistungszusage an. Man beruft sich auf die Gesetzesbegründung, welche auf die Mindestleistung als wesentliches Schutzelement für den Arbeitnehmer abstellt.[602] Gestützt auf den Gesetzeswortlaut des § 2 Abs. 5b BetrAVG wird ferner argumentiert, dass die Beitragszusage mit Mindestleistung nicht nur für versicherungsförmige (kapitalgedeckte) Durchführungswege zulässig sei, sondern auch im Rahmen einer unmittelbaren Versorgungszusage oder der Zusage über eine Unterstützungskasse gewählt werden könne.[603] Dem ist nicht zuzustimmen. So ist die Beitragszusage mit Mindestleistung eine typische Versorgungsgestaltung für ein Versorgungskonzept, welches näher am Kapitalmarkt orientiert ist. Die hierfür erforderliche Auslagerung von Vermögensmitteln und deren Anlage am Kapitalmarkt ist charakteristisch für die der Versicherungsaufsicht unterstehenden Durchführungswege Pensionskasse, Direktversicherung oder Pensionsfonds. Demgegenüber ist bei einer Direktzusage oder einer Unterstützungskassenzusage eine Versicherungsaufsicht gerade nicht gegeben. Des Weiteren ist in den Gesetzesmaterialien festgehalten, dass die Beitragszusage mit Mindestleistung nicht allen Durchführungswegen zugänglich ist.[604]

471

In der Praxis existieren allerdings Zusagegestaltungen insbesondere bei Direktzusagen, bei denen eine beitragsorientierte Leistungszusage im Ergebnis die Gestaltungsform einer Beitragszusage mit Mindestleistung weitgehend nachbildet. In der Regel werden hierbei die im Rahmen der beitragsorientierten Leistungszusage erbrachten Beiträge als Mindestkapital garantiert und zusätzliche Erträge, welche über spezielle Anlageinstrumente (beispielsweise durch Anlage der Beiträge am Kapitalmarkt) erzielt werden, als zusätzliche Leistungen gewährt.[605] Diese Zusagegestaltung wirft einige rechtliche Fragen

472

---

601 *Sasdrich/Wirth* BetrAV 2001, 401; *Blomeyer* BetrAV 2001, 430.
602 *Langohr-Plato/Teslau* DB 2003, 662; *Höfer* BetrAVG, Rn. 2528 zu § 1.
603 *Höfer* BetrAVG, Rn. 2538 ff. zu § 1.
604 *Berenz* Gesetzesmaterialien BetrAVG, § 1, S. 56; *Doetsch* FS Höfer, S. 19; *Schwark/Raulf* DB 2003, 940.
605 Vgl. *Bode/Grabner* S. 163; *Bode* BetrAV 2001, 1; *Schwark/Raulf* DB 2003, 940 f.

wie das Gebot einer Mindestverzinsung,[606] die Zuschreibung von Kapitalerträgen auch nach dem Ausscheiden aus dem Unternehmen und andere Fragen auf, die bisher noch nicht richterlich geklärt sind.

I. Die Entgeltumwandlung, § 1 Abs. 2 Nr. 3 BetrAVG

473 Die Entgeltumwandlung ist keine Gestaltungsform und kein Zusagetypus der betrieblichen Altersversorgung, sondern eine besondere Art der Finanzierung, an welche der Gesetzgeber einige spezielle gesetzliche Regelungen geknüpft hat. Bei der Entgeltumwandlung einigen sich der Arbeitgeber und der Arbeitnehmer darauf, künftige Entgeltansprüche nicht bar zu vergüten, sondern in eine Anwartschaft auf Leistungen der betrieblichen Altersversorgung umzuwandeln bzw. einzutauschen. Die Entgeltumwandlung kann in besonderer Weise einen bestehenden Bedarf abdecken, nämlich

- die individuelle Besteuerung und Verbeitragung von Teilen der Barvergütung von der aktiven Tätigkeitsphase auf die Rentenbezugsphase verlagern, sowie
- bestehende Versorgungslücken schließen.

474 Nachdem die Entgeltumwandlung seit den 80er Jahren des vorigen Jahrhunderts kontinuierlich an Bedeutung zunahm und auf breiter Ebene diskutiert wurde,[607] nahm der Gesetzgeber sie als besondere Erscheinungsform der betrieblichen Altersversorgung mit dem Rentenreformgesetz 1999 ausdrücklich in das Gesetz auf.[608]

475 Zuvor hatte das Bundesarbeitsgericht bereits die Entgeltumwandlung ausdrücklich als betriebliche Altersversorgung anerkannt und die gegenteiligen Äußerungen des PSVaG, welcher Versorgungsleistungen aus Entgeltumwandlung als Spar- bzw. Gutschriftenmodell außerhalb der betrieblichen Altersversorgung ansah, ausdrücklich abgelehnt.[609]

---

606 Für eine Mindestverzinsung sprechen sich *Schwark/Raulf* DB 2003, 940 aus; ablehnend dagegen *Karst/Paulweber* BB 2005, 1499.

607 Beispielhaft *Blomeyer* DB 1994, 882; *Bode* DB 1997, 1769; *Bode/Grabner* DB 2001, 481; *Bode* DB 1997, 1769; *Groeger* DB 1992, 2086; *Jaeger* BB 1997, 1474; *Höfer* DB 1998, 2266.

608 § 1 Abs. 5 BetrAVG (a. F.).

609 Vgl. BAG 26.6.1990, 3 AZR 641/88, EzA § 1 BetrAVG Nr. 59 = DB 1990, 2475.

Im Zuge des AVmG wurde die gesetzliche Regelung zur Entgeltumwandlung   476
nicht inhaltlich abgeändert, jedoch systematisch umgestellt und in § 1 Abs. 2
Nr. 3 BetrAVG eingeordnet.

In der heutigen Praxis wird die Entgeltumwandlung in jedem Durchführungs-   477
weg praktiziert. Die Wahl des jeweiligen Durchführungsweges ist hierbei von
vielfältigen Motiven geprägt. In Betracht kommen u. a.:

– eine konkrete tarifvertragliche Festlegung (insbesondere im Hinblick auf
  den Anspruch auf Entgeltumwandlung gem. § 1a BetrAVG);
– die lohnsteuerliche Behandlung des Versorgungsaufwands aus Entgeltumwandlung während der Aktivitätsphase und der Leistungen aus Entgeltumwandlung in der Rentenbezugsphase;
– die sozialversicherungsrechtliche Behandlung des Versorgungsaufwands
  aus Entgeltumwandlung während der Aktivitätsphase und der Leistungen
  aus Entgeltumwandlung in der Rentenbezugsphase;
– die Finanzierung der aus der Entgeltumwandlung fließenden Versorgungsleistungen (betriebsinterne Finanzierung über Pensionsrückstellungen oder Auslagerung der Vermögenswerte an eine Unterstützungskasse,
  Pensionskasse, Direktversicherung oder einen Pensionsfonds);
– die Insolvenzsicherung des jeweiligen Durchführungsweges;
– der Verwaltungsaufwand im Zusammenhang mit dem jeweiligen Durchführungsweg;
– die Frage der Riesterförderung (nur im Durchführungsweg der Pensionskasse, der Direktversicherung oder des Pensionsfonds).

I. Inhalt der Entgeltumwandlung

Damit eine Entgeltumwandlung der Natur der Sache nach vorliegen kann,   478
ist stets zu prüfen, ob sie überhaupt die Umwandlung vertraglich bereits
vereinbarter Entgeltbestandteile betrifft oder ob der Versorgungsaufwand
im Vorfeld einer arbeitsvertraglichen Absprache anstelle einer Barvergütung
zugesagt wird. Ist Letzteres der Fall, so entsteht die betriebliche Altersversorgung sozusagen **originär** und es liegt keine Entgeltumwandlung im Sinne des
Gesetzes vor.

Wird eine neue Vereinbarung über die Umwandlung von Entgeltansprüchen   479
in Leistungen der betrieblichen Altersversorgung demgegenüber erst später
während eines bereits bestehenden Arbeitsverhältnisses für künftige Ansprüche geschlossen, dann wird ein Teil der bislang bar erfolgten Vergütung durch
eine andere Vergütungsform, nämlich eine Anwartschaft auf betriebliche

Altersversorgung, ausgetauscht. Die betriebliche Altersversorgung entsteht dann **abgeleitet** aus einer Entgeltumwandlung.[610]

480 Die Entgeltumwandlung setzt sich im Wesentlichen aus zwei Vertragsbestandteilen zusammen.[611] Dies sind:
– eine **Vereinbarung zur Entgeltumwandlung**, in welcher eine Herabsetzung der Barvergütung künftig fälliger Entgeltansprüche vereinbart wird, und
– eine **Versorgungszusage** auf Leistungen der betrieblichen Altersversorgung.

481 Im Regelfall werden die vorgenannten Vertragsbestandteile miteinander verbunden und bedingen sich gegenseitig.

482 **Arbeitsrechtlich** ist zu beachten, dass die Herabsetzung der Entgeltansprüche regelmäßig allein für die betriebliche Altersversorgung gelten soll. Andere Sozialleistungen, wie beispielsweise Jubiläumsleistungen etc., werden i. d. R. weiterhin nach dem Stand der Barvergütung bemessen, der vor der Vereinbarung zur Entgeltumwandlung bestand. Aus diesem Grunde wird für den Mitarbeiter vielfach ein sog. **Schattengehalt** fortgeführt, welches ausschlaggebend für die Bemessung sonstiger Sozialleistungen des Arbeitgebers oder künftiger Gehaltssteigerungen ist.[612]

483 Aus **steuerlichen Gründen** (Zuflussprinzip!) ist die Vereinbarung zur Entgeltumwandlung abzuschließen, bevor die jeweiligen Entgeltansprüche zur Zahlung fällig werden.[613]

II. Gestaltungsvarianten der Entgeltumwandlung

484 In der praktischen Umsetzung der Entgeltumwandlung bestehen einige Gestaltungsvarianten, deren wesentliche Aspekte in der nachfolgenden Grafik aufgezeigt sind.

---

610 *Grabner* BetrAV 2003, 1.
611 *Blomeyer* BetrAV 2001, 430.
612 Zur steuerlichen Unbedenklichkeit einer solchen Schattengehaltsregelung vgl. BMF-Schreiben v. 31.3.2010, BStBl. I, S. 420 ff., Rn. 257 (s. Anh. III) sowie nachfolgend Rdn. 518 ff.
613 Vgl. hierzu nachfolgend Rdn. 518 ff.

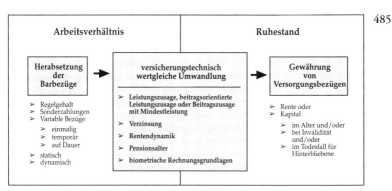

Abb.: Gestaltungsvarianten der Entgeltumwandlung

1. Herabsetzung der Barbezüge

Wie die vorstehende Grafik zeigt, kann der Arbeitnehmer grundsätzlich Entgeltansprüche jeder Art umwandeln. Hierzu zählen Teile der Regelvergütung oder variable Bezüge ebenso wie einmalige oder wiederkehrende Sonderzahlungen. Auch künftige vermögenswirksame Leistungen können Gegenstand einer Entgeltumwandlung sein.[614] Der Verzicht auf zukünftige Urlaubsansprüche ist, soweit die Umwandlung nicht den gesetzlichen oder tariflichen Mindesturlaub betrifft, ebenfalls möglich. Wertguthaben aus der Ansammlung nicht vergüteter Arbeitszeiten auf sog. Zeitwertkonten (vgl. §7 Abs.1a SGB IV) können unter Beachtung bestimmter steuerlicher Anforderungen in eine Anwartschaft auf betriebliche Altersversorgung umgewandelt werden.[615]

486

---

614 Vgl. beispielhaft den seit 1.10.2006 geltenden Tarifvertrag Altersvorsorgewirksame Leistungen (TV AVWL) für die Metall- und Elektroindustrie; im November 2008 hat die IG Metall einen neuen Tarifvertrag Altersvorsorge aus vermögenswirksamen Leistungen für die Holz und Kunststoff verarbeitende Industrie abgeschlossen, vgl. www.igmetall.de/arbeitslexikon-2351-altersvorsorgewirksame-leistungen-avwl-3000.htm.

615 *Hanau/Arteaga/Rieble/Veit* Teil A Rn. 69 ff.; BMF-Schreiben v. 17.6.2009, Lohn-/einkommensteuerliche Behandlung sowie Voraussetzungen für die steuerliche Anerkennung von Zeitwertmodellen, IV C 5 – S 2332/07/0004, BStBl. I 2009, 1286, Ziff. III.

Mit dem sog. Flexi II-Gesetz[616] wurde allerdings die sozialversicherungsfreie Einbringung von Wertguthaben für die betriebliche Altersversorgung gem. § 23b Abs. 3a SGB IV für nach dem 13. November 2008 geschlossene Vereinbarungen nunmehr ausgeschlossen.

487   Im Rahmen der Entgeltumwandlungsvereinbarung kann dem Arbeitnehmer grundsätzlich die Wahl eingeräumt werden, ob ein Verzicht auf die Barvergütung von Entgeltansprüchen dauerhaft, über einige Umwandlungsperioden oder einmalig erfolgen soll. Allerdings ist zu beachten, dass eine flexible Umwandlung u. U. bei den unterschiedlichen Durchführungswegen steuerlich beschränkt ist.[617]

488   Schließlich kann der Arbeitnehmer dynamisch oder statisch Teile seines Einkommens umwandeln. Eine **dynamische** Umwandlung liegt beispielsweise dann vor, wenn der Arbeitnehmer eine Reduzierung von 50 % seiner jährlichen Sonderzahlung vereinbart, welche variabel sein kann. Eine **statische** Entgeltumwandlung ist gegeben, wenn ein fester Betrag, beispielsweise jährlich 4.000,– €, umgewandelt wird.

489   Sofern Entgeltansprüche **tariflich geregelt** sind, liegt es gem. § 17 Abs. 5 BetrAVG allein in der Kompetenz der Tarifvertragsparteien, derartige Ansprüche einer Entgeltumwandlung zugänglich zu machen.[618]

2. Versicherungstechnisch wertgleiche Umwandlung

490   Gemäß § 1 Abs. 2 Nr. 3 BetrAVG setzt Entgeltumwandlung als betriebliche Altersversorgung voraus, dass im Austausch für die Herabsetzung der Barbezüge eine wertgleiche Versorgungszusage erteilt wird. Bisher ist noch nicht abschließend geklärt, wann und unter welchen Umständen eine Wertgleichheit anzunehmen ist. Das Bundesfinanzministerium hat mit Schreiben vom

---

616 Gesetz zur Verbesserung der Rahmenbedingungen für die Absicherung flexibler Arbeitszeitregelungen und zur Änderung anderer Gesetze v. 21.12.2008, BGBl. I S. 2940.

617 So setzt beispielsweise der Betriebsausgabenabzug von Beiträgen an eine kongruent rückgedeckte Unterstützungskasse voraus, dass die Beiträge (aus Entgeltumwandlung) laufend entrichtet werden und entweder gleich bleiben oder steigen (§ 4d Abs. 1 Satz 1 Nr. 1c EStG); vgl. BMF-Schreiben v. 31.1.2002 – IV A 6 – S 2144c – 9/01, DB 2002, 294.

618 Vgl. hierzu auch § 17 Rdn. 41 ff.

24.07.2013[619] für die lohnsteuerliche Anerkennung einer Entgeltumwandlungsvereinbarung festgestellt, dass diese eine versicherungsmathematisch wertgleiche Umrechnung des aus der Entgeltumwandlungsvereinbarung fließenden Versorgungsaufwands nicht voraussetzt.

Diese (lohnsteuerlich relevante) Feststellung bedeutet jedoch nicht, dass **491** Entgeltumwandlung ohne versicherungsmathematische Methoden erfolgen könnte bzw. müsste. Die Anwendung versicherungsmathematischer Grundsätze und Regeln ist stets erforderlich, um betriebliche Versorgungsleistungen aus dem Versorgungsaufwand einer Entgeltumwandlung ermitteln zu können.[620]

Die Versicherungsmathematik spielt bei der Festlegung der Verrentungsfaktoren zur Umrechnung in Versorgungsleistungen eine entscheidende Rolle. **492** Zu diesem Zweck sind in der im Gegenzug für die Entgeltumwandlung zu erteilenden Versorgungszusage die wesentlichen Parameter der Versorgung festzulegen. Hierzu zählt die exakte Zusageform, in der Praxis wohl zumeist eine beitragsorientierte Leistungszusage oder eine Beitragszusage mit Mindestleistung.

Des Weiteren müssen Festlegungen zum Pensionsalter, zum Rechnungszins, **493** zur Rentenanpassung und zu sonstigen biometrischen Rechnungsgrundlagen (beispielsweise Invalidisierungswahrscheinlichkeiten) getroffen werden.

Eine noch nicht endgültig geklärte Problematik stellt die Frage dar, ob der **494** Arbeitgeber im Rahmen einer Entgeltumwandlung eine **Mindestverzinsung** des Versorgungsaufwandes gewähren muss, welcher über die Entgeltumwandlung in das Versorgungssystem fließt. Diese Frage sollte für die jeweiligen Durchführungsformen der Altersversorgung einheitlich behandelt werden. Einige Auffassungen tendieren dazu, eine Wertgleichheit nur dann zu bestätigen, wenn eine Mindestverzinsung zugesagt wurde.[621] Dies ist jedoch sachlich zumindest nach der heutigen Gesetzeslage nicht mehr zutreffend.

In der Literatur wird teilweise vertreten, dass ein bestimmter Mindestzins in **495** Anlehnung an die Wertentwicklung festverzinslicher Wertpapiere, an einen

---

619 BMF-Schreiben v. 24.7.2013 i.d.F. v. 13.1.2014, BStBl. I, S. 1022 ff.
620 Vgl. *Hanau/Arteaga/Rieble/Veit* Teil A Rn. 100 ff.; *Schack/Tacke/Thau* S. 342 ff.
621 *Höfer/Meier* BB 1998, 1894, welche eine sachlich nicht begründbare Verzinsung von 5,5% verlangten, um eine Wertgleichheit herzustellen; *Schwark/Raulf* DB 2003, 940 f.

durchschnittlichen Kapitalmarktzins oder an den für die Lebensversicherung jeweils maßgeblichen Höchstgarantiezins zu gewähren sei.[622] Die Vertreter dieser Auffassung gründen diese auf Billigkeitserwägungen, was sachlich nicht zufriedenstellt. Die Konzeption der Beitragszusage mit Mindestleistung lässt vielmehr den Rückschluss zu, dass auch für die anderen Zusagetypen, insbesondere für die beitragsorientierte Leistungszusage keine gesetzliche Verpflichtung zur Gewährung eines Mindestzinses besteht, selbst wenn eine Entgeltumwandlung vorliegt. Im Rahmen der Beitragszusage mit Mindestleistung hat der Arbeitgeber nur dafür einzustehen, dass bei Eintritt des Versorgungsfalles ein Mindestversorgungskapital im Umfang der nominell zugesagten Beiträge abzüglich eines biometrischen Risikoausgleichs zur Verfügung steht. Die Gewähr eines Mindestzinses auf diese zugesagten Beiträge wird nicht gefordert. Diese Grundsätze sollten auch bei der (beitragsorientierten) Leistungszusage ausschlaggebend sein, da der Gesetzgeber keinen Wettbewerb zwischen den Zusageformen beabsichtigt.[623] Allerdings muss der Arbeitgeber den Mitarbeiter über die jeweiligen Chancen und Risiken umfassend aufklären, um seiner arbeitsvertraglichen Fürsorgepflicht zu genügen.[624]

496 Ferner stellt sich die Frage, ob der Arbeitgeber **Verwaltungskosten**, die im Zusammenhang mit der Administration und Abwicklung einer Versorgung aus Entgeltumwandlung entstehen und die im Einzelfall auch sachlich begründbar und angemessen sind, von dem Versorgungsaufwand aus einer Entgeltumwandlung abziehen kann oder ob er hierfür selbst einstehen muss. Eine Minderung des Aufwands ist als zulässig anzusehen, da der Arbeitgeber aus der Entgeltumwandlung heraus keine zusätzlichen Kosten tragen soll. Im Bereich der versicherungsförmigen Durchführungswege Pensionskasse, Pensionsfonds oder Direktversicherung sind Verwaltungskosten in der Praxis regelmäßig im jeweiligen Tarif berücksichtigt. Auch bei einer unmittelbaren Versorgungszusage oder im Bereich einer Unterstützungskasse besteht kein sachliches Argument, dem Arbeitgeber Verwaltungsaufwand aus der Entgeltumwandlung anzulasten.

---

622 *Höfer* BetrAVG Rn. 2568 zu § 1; *Hanau/Arteaga/Rieble/Veit* Teil A Rn. 513 ff. krit. hierzu *Friedrich/Kovac/Werner* BB 2007, 1557; *Huber* BetrAV 2008, 35.

623 Vgl. *Huber* BetrAV 2008, 35; *Hanau/Arteaga/Rieble/Veit* Teil A Rn. 114; *Doetsch* FS Höfer, S. 23.

624 Vgl. *Huber* BetrAV 2008, 36; *Reinecke* RdA 2005, 142; BetrAV 2005, 625.

Besonderheiten sind im Hinblick auf die Verwaltungskosten insoweit zu   497
beachten, als es sich um **einmalige Abschlusskosten bei den versicherungsförmigen Durchführungswegen** handelt, die im sog. **Zillmerungsverfahren** bei
den Versicherungstarifen berücksichtigt werden. Unter gezillmerten Tarifen
versteht man dabei solche Tarife, bei denen mit den eingezahlten Beiträgen
zunächst sämtliche Abschlusskosten vollständig getilgt werden, bevor die
Beiträge erst danach zum Aufbau eines Deckungskapitals für die Altersversorgung führen.[625]

Nachdem die Verwendung von gezillmerten Verträgen im Zusammenhang   498
mit der Entgeltumwandlung bereits in den letzten Jahren – allerdings in ganz
anderem Kontext, nämlich der Frage des Bestehens einer Aufklärungspflicht
des Arbeitgebers bzw. des Vorliegens transparenter Versicherungsbedingungen – Gegenstand der Rechtsprechung[626] war, hat das LAG München mit
Urteil vom 15.3.2007[627] ausdrücklich entschieden, dass gezillmerte Lebens-
versicherungstarife im Rahmen der Entgeltumwandlung unzulässig seien, da
es sich **nicht** um eine gem. § 1 Abs. 2 Nr. 3 BetrAVG erforderliche Umwandlung in eine **wertgleiche Anwartschaft** handele. Da die Revision zum Bundesarbeitsgericht zurückgenommen wurde, ist das Urteil zwar rechtskräftig.
Jedoch wurde es in der Literatur[628] kritisiert und mehrere Arbeitsgerichte[629],
darunter eine Schwesterkammer des LAG München[630] distanzierten sich von
seiner Argumentation. Zuletzt hat das LAG Köln in einer Entscheidung vom
13.8.2008 einen Zillmerungstarif für rechtswirksam erklärt.[631]

Das BAG hat hierzu am 15.9.2009 erstmals Stellung genommen. Nach Auf-   499
fassung des Ruhegeldsenats gebe es Anhaltspunkte dafür, dass bei einer Entgeltumwandlung die Verwendung (voll) gezillmerter Versicherungsverträge
nicht gegen das Wertgleichheitsgebot des § 1 Abs. 2 Nr. 3 BetrAVG verstoße,
jedoch eine unangemessene Benachteiligung gem. § 307 BGB darstelle. Ange-

---

625 Vgl. *Jaeger* BetrAV 2006, 517; *Hessling* BetrAV 2006, 318.

626 ArbG Stuttgart 17.1.2005, 19 Ca 3152/04, BetrAV 2005, 692; LG Stuttgart
22.3.2005, 20 O 541/04, BetrAV 2005, 792; vgl. auch *Hartsoe* BetrAV 2006,
323 m. w. N.

627 LAG München 15.3.2007, 4 Sa 1152/06, DB 2007, 1143.

628 Vgl. *Kollroß/Frank* DB 2007, 1146.

629 ArbG Siegburg 27.2.2008, 2 Ca 2831/07; ArbG Elmshorn 5.8.2008, 3 Ca
1824/07.

630 LAG München 11.7.2007, 10 Sa 12/07, NZA 2008, 362.

631 LAG Köln 13.8.2008, 7 Sa 454/08, DB 2009, 237 m.Anm. *Neumann.*

messen könne es sein, die Abschluss- und Vertriebskosten auf fünf Jahre zu verteilen. Eine derartige Verteilung schreibt auch § 1 Abs. 1 Nr. 8 AltZertG vor. Soweit die vorgesehene Verrechnung der Abschluss- und Vertriebskosten einer Rechtskontrolle nicht standhalte, führe dies nicht zur Unwirksamkeit der Entgeltumwandlungsvereinbarung, sondern zu einer höheren betrieblichen Altersversorgung.[632]

500   Im Gegenzug zu den unter den obigen Einschränkungen abziehbaren Verwaltungskosten sind dem Arbeitnehmer sämtliche Erträge und Überschüsse, welche in der jeweiligen Versorgungsgestaltung mit dem aus der Entgeltumwandlung fließenden Versorgungsaufwand erzielt werden und nicht zur Abdeckung von Verwaltungskosten benötigt werden, leistungserhöhend zu gewähren.

3. Gewährung von Versorgungsbezügen

501   Abgesehen von der Festlegung der versicherungsmathematischen Parameter zur Umrechnung des Versorgungsaufwandes in eine wertgleiche Versorgungsleistung können im Rahmen der Entgeltumwandlung als Leistungsform Renten- oder Kapitalleistungen, als Leistungsart Alters-, Invaliden- und/oder Hinterbliebenenleistungen zugesagt werden, wobei jedoch der Risikocharakter betrieblicher Altersversorgung beachtet werden muss.

III. Arbeitsrechtliche Rahmenbedingungen der Entgeltumwandlung

502   Die besondere Eigenart der Entgeltumwandlung, welche auf einer Reduzierung der Barvergütung von Entgeltansprüchen beruht, hat bereits vor der Verankerung ausdrücklicher gesetzlicher Regelungen das Bundesarbeitsgericht dazu veranlasst, dem Arbeitgeber die Pflicht aufzuerlegen, Versorgungsrechte aus entsprechenden Vereinbarungen vertraglich sofort unverfallbar zu stellen.[633] Mit dem AVmG wurde die Entgeltumwandlung sodann in mehrfacher Beziehung besonderen gesetzlichen Schutzbestimmungen unterworfen.

---

632   BAG 15.9.2009, 3 AZR 17/09, vgl. www. Bundesarbeitsgericht.de; das ArbG Herne hat in einer nachfolgenden Entscheidung eine Aufstockung zugesprochen, ArbG Herne 22.7.2010, 4 Ca 915/08, NZA-RR 2011, 97.

633   BAG 8.6.1993, 3 AZR 670/92, EzA § 1 BetrAVG Lebensversicherung Nr. 4 = DB 1993, 2538.

1. Sonderregelungen des § 1b Abs. 5 BetrAVG

Zu den speziellen Bestimmungen für die Entgeltumwandlungsversorgung[634] **503**
zählen

— die sofortige gesetzliche Unverfallbarkeit gem. §1b Abs. 5 S. 1 Hs. 1
  BetrAVG;

— die Pflicht, bei Durchführung über eine Direktversicherung, eine Pensionskasse oder einen Pensionsfonds anfallende Überschussanteile nur
  zur Verbesserung der Leistung zu verwenden, §1b Abs. 5 S. 1 Hs. 2 Nr. 1
  BetrAVG;

— die Einräumung des Rechtes, bei Durchführung über eine Direktversicherung, eine Pensionskasse oder einen Pensionsfonds die Versicherung oder
  Versorgung mit eigenen Beiträgen nach Ausscheiden aus dem Arbeitsverhältnis fortzusetzen, §1b Abs. 5 S. 1 Hs. 2 Nr. 2 BetrAVG;

— der Ausschluss des Rechtes, die Versorgung aus Entgeltumwandlung bei
  Durchführung über eine Direktversicherung, eine Pensionskasse oder
  einen Pensionsfonds zu verpfänden, abzutreten oder zu beleihen, §1b
  Abs. 5 S. 1 Hs. 2 Nr. 3 BetrAVG;

— die Einräumung eines unwiderruflichen Bezugsrechtes bei Durchführung
  der Entgeltumwandlung über eine Direktversicherung, §1b Abs. 5 S. 2
  BetrAVG.[635]

2. Ermittlung der unverfallbaren Versorgungsanwartschaft

Im Hinblick auf die Höhe einer unverfallbaren Versorgungsanwartschaft **504**
aus Entgeltumwandlung hat der Gesetzgeber in §2 Abs. 5a BetrAVG eine
Sonderregelung vorgesehen, wonach bei den Durchführungswegen Direktzusage, Unterstützungskasse und Pensionsfonds anstelle der zeitlich-ratier-
lichen Versorgungsanwartschaft die bis zum Zeitpunkt des Ausscheidens
erreichte Anwartschaft auf Versorgungsleistungen aus den bis zu diesem Zeitpunkt umgewandelten Entgeltbestandteilen aufrechtzuerhalten ist.[636] Diese
Regelung gilt gem. §30g Abs. 1 BetrAVG nur für Zusagen, welche ab dem
1.1.2001 erteilt worden sind bzw. erteilt werden. Für zuvor erteilte Versor-

---

634 Zu den früheren (durch das Alterseinkünftegesetz aufgehobenen) Besonderheiten
     im Hinblick auf die Abfindung und die Übertragung von Versorgungsanwart-
     schaften aus Entgeltumwandlung vgl. 2. Aufl. §1 Rn. 422 ff.

635 Vgl. dazu §1b Rdn. 117 ff.

636 Vgl. zur Ermittlung einer unverfallbaren Versorgungsanwartschaft §2 Rdn. 185 ff.

gungszusagen kann die Anwendung des § 2 Abs. 5a BetrAVG einvernehmlich zwischen Arbeitgeber und Arbeitnehmer vereinbart werden. Ansonsten gelten die Regelungen des § 2 Abs. 1 BetrAVG zur zeitratierlichen Anwartschafts-berechnung bzw. – soweit einschlägig – die Regelungen des § 2 Abs. 2 und 3 BetrAVG zur versicherungsvertraglichen Lösung.[637]

3. Anpassung von laufenden Rentenleistungen aus einer Entgeltumwandlung

505   Sofern eine Entgeltumwandlung nicht über eine Beitragszusage mit Mindest-leistung abgewickelt wird, besteht gem. § 16 Abs. 5 Alternative 1, Abs. 3 Nr. 1 i. V. m. § 30c Abs. 3 BetrAVG für ab dem 1.1.2001 erteilte Entgeltumwand-lungszusagen die Verpflichtung, mindestens eine **garantierte Anpassung** im Umfang von 1 % p. a. vorzunehmen. Im Rahmen der Durchführung über eine Pensionskasse oder eine Direktversicherung sind sämtliche Überschussanteile gem. § 16 Abs. 5 Alternative 2, Abs. 3 Nr. 2 BetrAVG ab Rentenbeginn zur Erhöhung der laufenden Leistungen zu verwenden, wobei zur Berechnung der garantierten Leistung der jeweils nach § 65 Abs. 1 Nr. 1a VAG festgesetzte Höchstzinssatz zur Berechnung der Deckungsrückstellung nicht überschritten werden darf.[638]

4. Insolvenzschutz für Versorgungsrechte aus Entgeltumwandlung

506   Seit dem 1.7.2002 gilt sowohl für arbeitgeberfinanzierte Zusagen als auch für Entgeltumwandlungszusagen eine einheitliche **Höchstgrenze** des gesetz-lichen Insolvenzschutzes.[639] Nach § 7 Abs. 3 S. 1 BetrAVG sind die Leistungen der gesetzlichen Insolvensicherung auf das Dreifache der im Zeitpunkt der

---

637   Vgl. i. E. § 2 Rdn. 17 f., 132 f.; für Pensionskassen, deren Leistungen durch Bei-träge der Arbeitnehmer und Arbeitgeber gemeinsam finanziert und die als bei-tragsorientierte Leistungszusage oder als Leistungszusage durchgeführt werden, steht die versicherungsvertragliche Lösung aufgrund der gewählten Leistungsfi-nanzierung nicht zur Verfügung; daher gilt für diese Pensionskassen ebenfalls § 2 Abs. 5a BetrAVG, vgl. § 30e Abs. 2 BetrAVG.

638   Vgl. dazu § 16 Rdn. 116; diese Voraussetzung ist auch dann erfüllt, wenn zwar der nach § 65 Abs. 1 Nr. 1a VAG festgesetzte Zinssatz zur Berechnung der Deckungs-rückstellung überschritten wird, dieser höhere Zinssatz jedoch seinerseits auf einem aufsichtsbehördlich genehmigten Technischen Geschäftsplan beruht.

639   Vgl. hierzu § 7 Rdn. 129.

ersten Fälligkeit maßgebenden monatlichen Bezugsgröße gem. §18 SGB IV begrenzt.[640]

Zu beachten ist jedoch, dass der PSVaG Versorgungsrechte aus Entgeltum- **507** wandlungszusagen und Erhöhungen von Entgeltumwandlungszusagen gem. §7 Abs. 5 S. 3 BetrAVG grds. erst dann schützt, wenn ein Zeitraum von mindestens 2 Jahren ab Erteilung bzw. Erhöhung der Versorgungszusage bis zum Eintritt der Insolvenz vergangen ist. Dies gilt gem. §7 Abs. 5 S. 3 Nr. 1 BetrAVG nicht für Versorgungszusagen, welche ab dem 1.1.2002 erteilt wor- den sind, soweit Versorgungsrechte durch Beiträge im Umfang von bis zu 4% der Beitragsbemessungsgrenze in der allgemeinen Rentenversicherung finan- ziert worden sind. Insoweit besteht sofortiger gesetzlicher Insolvenzschutz.[641]

IV. Übergangsregelungen – Abgrenzung zwischen Alt- und Neuzusage

1. Übergangsregelungen

Die Tatsache, dass die Entgeltumwandlung vor dem 1.1.1999 überhaupt **508** nicht gesetzlich normiert war, bevor erste gesetzliche Regelungen durch das RRG 1999 und detaillierte Bestimmungen durch das AVmG in das BetrAVG eingefügt wurden, hat dazu geführt, dass eine Vielzahl von **Übergangsbestim- mungen** im Rahmen der Entgeltumwandlung zu beachten ist. Diese differen- zieren danach, wann eine Versorgungszusage aus Entgeltumwandlung jeweils erteilt wurde.

Stichtage sind hier der 1.1.1999, der 1.1.2001, der 1.1.2002 sowie der **509** 1.1.2005.

---

640 Zu den früheren Sonderregelungen zur Höchstgrenze des gesetzlichen Insolvenz- schutzes bei Entgeltumwandlung vgl. 2. Aufl. §1 Rn. 501 ff.
641 Vgl. hierzu im Detail §7 Rdn. 171 ff.

Übergangsregelungen des BetrAVG im Rahmen der Entgeltumwandlung

Versorgungs- zusage erteilt	Vor dem 1.1.1999	Ab dem 1.1.1999	Ab dem 1.1.2001	Ab dem 1.1.2002	Ab dem 1.1.2005
Gesetzliche Unverfallbarkeit	Allgemeine Unverfallbarkeitsfristen, § 1b BetrAVG i. V. m. § 30f BetrAVG; – Mindestalter 35 Jahre und 10 Jahre Bestand der Zusage oder 3 Jahre Bestand der Zusage und 12 Jahre Betriebs- zugehörigkeit alternativ (gerechnet ab 1.1.2001) – Mindestalter 30 Jahre und Bestand der Zusage 5 Jahre	Sofortige gesetzliche Unverfallbarkeit ab Erteilung der Zusage[1]			
Höhe der unverfallbaren Anwartschaft	Ermittlung gem. § 2 Abs. 1 BetrAVG: Zeitratierliche Berechnung für alle Durchführungswege bei Vereinbarung zwischen Arbeitgeber und Arbeit- nehmer in den Durchführungswegen Direktzusage und Unterstützungskasse auch bis zum Ausscheiden erreichte Anwartschaft (§ 30g Abs. 1 S.2 BetrAVG)	Ermittlung gem. § 2 Abs. 5a BetrAVG bei Direktzusagen, Unterstützungskassen und (ab. 1.1.2002) Pensionsfonds: Die bis zum Ausscheiden erreichte Anwartschaft aus den bis dahin umgewandelten Engeltbestandteilen (ausnahms- weise auch anwendbar für Pensionskassen, § 30e Abs. 2 S. 2 BetrAVG)			

1 Die Herabsetzung des Mindestalters von 30 Jahren auf 25 Jahren ab dem 1.1.2009 hat auf die sofortige gesetzliche Unver- fallbarkeit von Entgeltumwandlungszusagen keinen Einfluss.

Huber

Versorgungs-zusage erteilt	Vor dem 1.1.1999	Ab dem 1.1.1999	Ab dem 1.1.2001	Ab dem 1.1.2002	Ab dem 1.1.2005
				Bei Beitragszusagen mit Mindestleistung gilt § 2 Abs. 5b BetrAVG: Planmäßig zuzurechnendes Versorgungskapital auf der Grundlage der bis zum Ausscheiden geleisteten Beiträge (Beiträge und die bis zum Eintritt des Versorgungsfalls erzielten Erträge), mindestens die Summe der bis dahin zugesagten Beiträge, soweit sie nicht rechnungsmäßig für einen biometrischen Risikoausgleich verbraucht wurden	
	alternativ versicherungsvertragliche Lösung gem. § 2 Abs. 2 bzw. 3 BetrAVG für Direktversicherungen und Pensionskassen				
Abfindung bei Beendigung des Arbeitsverhältnisses/ Übertragung einer gesetzlich unverfallbaren Anwartschaft	Abfindung gem. § 3 BetrAVG: Keine Sonderregelung für Entgeltumwandlung Übertragung im Rahmen der generellen Regelungen des § 4 BetrAVG möglich				

Versorgungs-zusage erteilt	Vor dem 1.1.1999	Ab dem 1.1.1999	Ab dem 1.1.2001	Ab dem 1.1.2002	Ab dem 1.1.2005
Rentenanpassung	§ 16 Abs. 1 BetrAVG: Anpassungsüberprüfung und -entscheidung im Drei-Jahres-Turnus. Anpassungsmaßstab: Anstieg des Verbraucherpreisindexes oder der Nettolöhne vergleichbarer Arbeitnehmer	§ 16 Abs. 1 und 2 BetrAVG: Verpflichtung entfällt bei Erteilung einer Anpassungsgarantie von 1 % p. a. gem. § 16 Abs. 3 Nr. 1 BetrAVG	Verpflichtung gem. § 16 Abs. 5 BetrAVG d. h. mindestens Anpassungsgarantie von 1 % gem. § 16 Abs. 3 Nr. 1 BetrAVG bzw. bei Direktversicherung oder Pensionskasse Verwendung sämtlicher ab Rentenbeginn anfallender Überschüsse zur Erhöhung der laufenden Leistungen		
				§ 16 Abs. 3 Nr. 3 BetrAVG: Beitragszusage mit Mindestleistung ist nicht anzupassen	
	Verpflichtung entfällt nach § 16 Abs. 3 Nr. 2 BetrAVG bei Direktversicherung und Pensionskasse bei Verwendung sämtlicher seit Rentenbeginn auf den Rentnerbestand anfallenden Überschüsse zur Erhöhung der laufenden Leistungen, wenn der durch § 65 VAG festgesetzte Höchstzinssatz zur Berechnung der Deckungsrückstellung eingehalten wird.				

Huber

Versorgungs- zusage erteilt	Vor dem 1.1.1999	Ab dem 1.1.1999	Ab dem 1.1.2001	Ab dem 1.1.2002	Ab dem 1.1.2005
Insolvenzschutz dem Grunde nach	Rechtsprechung: Bei Erfüllung der allgemeinen Unverfallbarkeitsfristen Insolvenzschutz wie für sonstige Zusagen		Trotz sofortiger gesetzlicher Unverfallbarkeit besteht Insolvenzschutz grundsätzlich erst nach Ablauf von zwei Jahren ab Zusageerteilung, §7 Abs. 5 Satz 3 BetrAVG		
				Ausnahme: Sofortiger Insolvenzschutz, soweit durch Beträge bis zu 4% der Beitragsbemessungsgrenze in der allgemeinen Rentenversicherung (West bzw. Ost) finanziert	
Insolvenzschutz der Höhe nach	Beachtung der allgemeinen Höchstgrenzen gem. §7 Abs. 3 BetrAVG				

510   Die Abgrenzung im Hinblick auf die Erteilung der jeweiligen Entgeltumwandlungszusage vor oder nach einem bestimmten Stichtag kann hierbei im
Einzelfall Probleme bereiten.

2. Grundsätze zur Abgrenzung einer Alt- von einer Neuzusage

511   Grundsätzlich gelten die mit dem AVmG eingeführten Änderungen des
Betriebsrentengesetzes nur für Versorgungszusagen, welche ab dem 1.1.2001
oder dem 1.1.2002 »neu« erteilt wurden. Die Abgrenzung von sog. Alt- und
Neuzusagen bezieht sich also im Rahmen der Entgeltumwandlungszusagen
i.d.R. auf den Stichtag 1.1.2001. Allerdings hat der Gesetzgeber eine klare
Festlegung, wann eine Neuzusage anzunehmen ist, nicht getroffen.

512   So stellt die arbeitsrechtliche Übergangsvorschrift des § 30f BetrAVG auf den
Zeitpunkt der Erteilung der Versorgungszusage ab, während sich die steuerrechtliche Übergangsvorschrift in § 52 Abs. 16b EStG z.T. auf den Zeitpunkt
der Vereinbarung der Entgeltumwandlung bezieht.

513   Das Bundesarbeitsgericht hat bisher das Prinzip der »**Einheit der Versorgungszusage**« vertreten, wonach eine neue Zusage insbesondere dann nicht
erteilt werde, wenn zwischen der bisherigen und der neuen Zusage ein sachlicher Zusammenhang bestünde. Jedoch könne ein Arbeitnehmer durchaus
über mehrere Versorgungszusagen des Arbeitgebers verfügen.[642]

514   Die Finanzverwaltung nimmt demgegenüber zuletzt mit BMF-Schreiben vom
24.7.2013 eine detaillierte Abgrenzung zwischen Alt- und Neuzusagen vor,
welche insbesondere für die Anwendbarkeit der Bestimmungen des § 3 Nr. 63
EStG bzw. § 40b EStG in der Fassung vom 31.12.2004 von Bedeutung ist.[643]

515   Besonders problematisch sind die Fälle, in denen Zusagen aus Entgeltumwandlung bestehen, die vor einem bestimmten Stichtag erteilt wurden, und
bei denen später (nach diesem Stichtag) die Umwandlungsvereinbarung dem
Betrage nach erhöht oder verlängert wird.

---

642 Vgl. BAG 12.2.1981, 3 AZR 163/80, EzA § 1 BetrAVG Nr. 13, DB 1981, 1622;
28.4.1992, 3 AZR 354/91, BetrAV 1992, 229.
643 BMF-Schreiben v. 24.7.2013, BStBl. I, S. 1022 ff. Rn. 349 f. (s. Anh. III).

3. Problematische Fallgruppen

Als mögliche Problemsachverhalte kommen – bezogen auf den Stichtag 516
1.1.2002 – folgende Konstellationen in Betracht:

1	Dauerhafte Ent-geltumwandlung	Erhöhung des jährlichen Umwand-lungsbetrages ab dem 1.1.2002		
2	Zeitlich befristete Entgeltumwand-lung	Erhöhung des jährlichen Umwand-lungsbetrages ab dem 1.1.2002 vor Ablauf der Befristung	oder	Verlängerung des Umwandlungszeitraums ab dem 1.1.2002
3	Wiederholte einmalige Entgelt-umwandlung	Änderung des Umwand-lungsbetrages bei erneuter Umwandlung	oder	Verlängerung des Umwandlungszeitraums ab dem 1.1.2002

Der Fall unter (1) stellt in Anlehnung an die vorhandene Rechtsprechung 517
des BAG[644] zur Unverfallbarkeit relativ eindeutig eine Altzusage dar; bei den
Fällen unter (2) und unter (3) ist eine eindeutige Zuordnung hingegen nicht
möglich.[645]

V. Einige steuerliche Aspekte der Entgeltumwandlung

1. Steuerliche Anerkennung einer Entgeltumwandlungsvereinbarung

Ein tragendes Motiv der Entgeltumwandlung ist die Vermeidung lohnsteuer- 518
lichen Zuflusses während der aktiven Beschäftigungszeit. Mit der rechtzeitigen
Herabsetzung der Barvergütung entfällt der Zufluss des von der Umwandlung
betroffenen Entgeltes gem. § 19 Abs. 1 EStG. Vielmehr wird ein der Reduzierung der Barvergütung entsprechender Versorgungsaufwand in die Finanzierung betrieblicher Versorgungsleistungen für den Arbeitnehmer eingebracht,
deren Besteuerung ab Eintritt in den Ruhestand erfolgt.

Damit eine Entgeltumwandlung steuerlich anerkannt wird, sind spezielle 519
Anforderungen zu beachten, welche das Bundesfinanzministerium in einigen Schreiben konkretisiert hat. Erhebliche Bedeutung kommt hierbei dem

---

644 Vgl. BAG 12.2.1981, 3 AZR 163/80, EzA § 1 BetrAVG Nr. 13 = DB 1981, 1622.
645 *Schack/Tacke/Thau* S. 336 ff.

Schreiben des Bundesfinanzministeriums vom 24.7.2013 zur steuerlichen Förderung der privaten Altersvorsorge und betrieblichen Altersversorgung zu.[646]

520   Hiernach wird eine Vereinbarung zur Herabsetzung von Arbeitslohn steuerlich anerkannt, wenn die Vereinbarung bereits erdiente, aber noch nicht fällig gewordene Entgeltanteile umfasst (Fälligkeitsprinzip). Dies gilt selbst dann, wenn eine Sonder- bzw. Einmalzahlung einen Zeitraum von mehr als einem Jahr betrifft.[647]

521   Abgesehen hiervon kann der bisherige ungekürzte Arbeitslohn weiterhin Bemessungsgrundlage für künftige Erhöhungen des Arbeitslohns oder andere Arbeitgeberleistungen sein (sog. Schattengehaltsregelung).

522   Für die steuerliche Anerkennung als betriebliche Altersversorgung sind folgende Anforderungen maßgebend:[648]
   – als Mindestaltersgrenze sollte grundsätzlich die Vollendung des 62. Lebensjahres vorgesehen werden. Ausnahmen sind dort zulässig, wo eine niedrigere Altersgrenze betriebsüblich ist (bspw. Piloten); für Versorgungszusagen, die vor dem 31. Dezember 2011 erteilt wurden, wird als früheste Altersgrenze das 60. Lebensjahr zugelassen;
   – im Rahmen der Hinterbliebenenversorgung ist zu beachten, dass grundsätzlich nur die Witwe/der Witwer und die Kinder[649] berücksichtigt werden dürfen. Darüber hinaus sind aber auch Lebensgefährten als Versorgungsberechtigte zulässig.

---

646 BMF-Schreiben v. 24.7.2013, BStBl. I, S. 1022 ff. (s. Anh. III).
647 BMF-Schreiben v. 24.7.2013, BStBl. I, S. 1022 ff. Rn. 294 (s. Anh. III).
648 BMF-Schreiben v. 24.7.2013, BStBl. I, S. 1022 ff. Rn. 286 (s. Anh. III); vgl. zur Anhebung der Altersgrenzen auch BMF-Schreiben v. 6.3.2012, Anhebung der Altersgrenzen; Erhöhungen im Bereich Versicherungen i. S. d. § 20 Abs. 1 Nr. 6 EStG, Altersvorsorgeverträge, Basisrentenverträge, betriebliche Altersversorgung, IV C 3 – S 2220/11/10002 IV C 1 – S 2252/07/0001.
649 Als versorgungsberechtigte Waisen kommen nur Kinder i. S. d. § 32 Abs. 3 und 4 S. 1 Nr. 1 bis 3 EStG in Betracht (vgl. BMF-Schreiben v. 24.7.2013, BStBl. I, S. 1022 ff. Rn. 287 [s. Anh. III]).

Der **Begriff des Lebensgefährten** umfasst gem. dem BMF-Schreiben vom   523
24.7.2013[650] zum einen die nach dem Lebenspartnerschaftsgesetz[651] eingetragenen (gleichgeschlechtlichen) Lebenspartner. Zum anderen werden auch
die sonstigen nicht eingetragenen gleichgeschlechtlichen und die nicht ehelichen verschieden geschlechtlichen Partner erfasst, wenn sie in eheähnlicher
Gemeinschaft mit dem Mitarbeiter leben und die Voraussetzungen des BMF-
Schreibens vom 25.7.2002 erfüllt sind.[652]

Danach reicht es regelmäßig aus, wenn   524
– der versorgungsberechtigte Partner namentlich mit Anschrift und
  Geburtsdatum in der schriftlichen Vereinbarung gegenüber dem Arbeitgeber benannt wird,
– der benannte Partner schriftlich die Kenntnisnahme der in Aussicht
  gestellten Versorgungsleistungen bestätigt und
– eine Versicherung erfolgt, dass eine gemeinsame Haushaltsführung besteht.

Eine Vererbung von Anwartschaften ist generell nicht zulässig, wobei für   525
Direktversicherungen gewisse Ausnahmen bestehen.[653]

2. Steuerliche Förderung gem. § 10a, Abschnitt XI EStG

Eine besondere Förderung der Entgeltumwandlung hat der Gesetzgeber im   526
Altersvermögensgesetz über die Einführung der sog. Riester-Förderung vorgesehen. Diese in § 10a, Abschnitt XI EStG enthaltene steuerliche Förderung
ist sehr komplex und kommt insbesondere den in der gesetzlichen Rentenversicherung pflichtversicherten Personen zu.

Im Rahmen der betrieblichen Altersversorgung hat der Gesetzgeber die   527
Durchführungswege Pensionsfonds, Pensionskasse und Direktversicherung
für eine derartige steuerliche Förderung privilegiert. Der einschlägige § 82
Abs. 2 EStG sieht vor, dass zu den förderungsfähigen Altersvorsorgebeiträgen
auch die aus dem individuell versteuerten Arbeitslohn des Arbeitnehmers
geleisteten Zahlungen an einen Pensionsfonds, eine Pensionskasse oder eine
Direktversicherung gehören, wenn diese Einrichtungen für den Zulage-

---

650 BMF-Schreiben v. 24.7.2013, BStBl. I, S. 1022 ff. Rn. 287 (s. Anh. III).
651 Gesetz zur Überarbeitung des Lebenspartnerschaftsrechts vom 15.12.2004,
     BGBl. I 2004 S. 3396.
652 BMF-Schreiben v. 25.7.2002 – IV A 6 – S 2176–28/02 – DB 2002, 1690.
653 BMF-Schreiben v. 24.7.2013, BStBl. I, S. 1022 ff. Rn. 288 (s. Anh. III).

berechtigten eine Altersversorgungsleistung in Form einer Rente oder eines Auszahlungsplans i. S. d. § 1 Abs. 1 S. 1 Nr. 4 AltZertG gewährleisten und die Beiträge dem Aufbau einer kapitalgedeckten betrieblichen Altersversorgung dienen.[654] Mithin erfolgt in diesen Fällen eine vorgelagerte Besteuerung und Verbeitragung der Entgeltumwandlungsbeträge.[655]

VI. Sozialversicherungsrechtliche Aspekte

528 Hinsichtlich der Beitragspflicht zur Sozialversicherung für Leistungen der betrieblichen Altersversorgung aus Entgeltumwandlung ist zwischen der Anwartschafts- und der Leistungsphase zu unterscheiden.

1. Anwartschaftsphase

529 Das Gesetz zur Förderung der zusätzlichen Altersvorsorge und zur Änderung des Dritten Buches Sozialgesetzbuch[656] hat die Beitragspflicht der betrieblichen Altersversorgung aus Entgeltumwandlung in der Anwartschaftsphase ab 2009 aufgehoben. Nach Art. 1 bis 3 des Gesetzes wird die ursprünglich nur bis 2008 geltende grundsätzliche Beitragsfreiheit beibehalten.

Durchführungsweg	
Direktzusage/ Unterstützungskasse	beitragsfrei bis zu 4% der BBG (§ 115 SGB IV)
Direktversicherung	– im Rahmen des § 40b EStG und bei Umwandlung aus einer Sonderzahlung beitragsfrei (§ 1 Abs. 1 S. 1 Nr. 4 SvEV) **für Altverträge** – beitragsfrei bis 4% der BBG (§ 1 Abs. 1 S. 1 Nr. 9 SvEV) für **Neuverträge** **ab 1.1.2005** unabhängig davon, ob eine Einmalzahlung oder eine laufende Entgeltumwandlung vorliegt

---

654 Zur bis zum Alterseinkünftegesetz bestehenden Unklarheit, ob Pensionskassen, Pensionsfonds oder Direktversicherungen im Zuge des § 82 Abs. 2 EStG stets eine betriebliche Altersversorgung gewähren müssen, vgl. 2. Aufl. § 1 Rn. 445.

655 Vgl. hierzu § 1a Rdn. 51 ff.; BMF-Schreiben v. 24.7.2013 BStBl. I, S. 1022 ff. Rn. 332 (s. Anh. III).

656 BGBl. I 2007, S. 2838.

Pensionskasse	– bis zu 4 % der BBG beitragsfrei (§ 1 Abs. 1 S. 1 Nr. 9 SvEV), darüber hinausgehende Zuwendungen beitragsfrei, soweit Pauschalbesteuerung nach § 40b EStG und Umwandlung von Sonderzahlung (§ 1 Abs. 1 S. 1 Nr. 4 SvEV) **für Altverträge** – beitragsfrei bis 4 % der BBG (§ 1 Abs. 1 S. 1 Nr. 9 SvEV) für **Neuverträge ab 1.1.2005**; SV-Pflicht für Aufstockungsbetrag nach § 3 Nr. 63 S. 3 EStG
Pensionsfonds	beitragsfrei bis zu 4 % der BBG (§ 1 Abs. 1 S. 1 Nr. 9 SvEV)

2. Leistungsbezugsphase

In der Leistungsbezugsphase gibt es keine sozialversicherungsrechtlichen Unterschiede zur reinen arbeitgeberfinanzierten betrieblichen Altersversorgung. **530**

J. Beiträge des Arbeitnehmers aus seinem Arbeitsentgelt, § 1 Abs. 2 Nr. 4 BetrAVG

I. Hintergrund der gesetzlichen Neuregelung

Im Zuge der Einführung der steuerlichen Förderung nach § 10a, Abschnitt XI EStG durch das Altersvermögensgesetz war weiterhin die Frage offen, ob sog. Eigenbeiträge der Arbeitnehmer steuerlich gem. § 82 Abs. 2 EStG gefördert werden konnten. Eigenbeiträge sind insbesondere bei betrieblichen Pensionskassen weit verbreitet. Traditionell werden sie aufgrund einer arbeitsvertraglichen Verpflichtung auf Nettobasis aus dem versteuerten und verbeitragten Einkommen des Arbeitnehmers vom Arbeitgeber an die Pensionskasse abgeführt. Diese Beiträge und die daraus resultierenden Leistungen wurden grundsätzlich eher als eine besondere Form der privaten Altersversorgung betrachtet.[657] Der Arbeitnehmer konnte hierdurch seine Altersversorgung verbessern und gleichzeitig kostengünstig den externen Versorgungsträger, den der Arbeitgeber nutzte, für diese zusätzlichen Versorgungsleistungen verwenden. Die Leistungen aus derartigen Beiträgen wurden ferner nicht immer **531**

---

657 *Blomeyer/Rolfs/Otto* § 1 BetrAVG Rn. 197; *Höfer* BetrAVG, Arbeitsrecht, Rn. 2582 zu § 1.

nach den Regeln des Betriebsrentengesetzes behandelt, bspw. nicht gem. § 16 BetrAVG angepasst, da eine klare Zuordnung zur betrieblichen Altersversorgung nicht bestand.

532   Im Rahmen der Riester-Förderung wurde diese unklare Situation hinsichtlich der Zuordnung von Leistungen aus derartigen Arbeitnehmerbeiträgen zur betrieblichen Altersversorgung offensichtlich. Der Gesetzgeber hat diese Frage im Zuge des HZvNG mit der Regelung des § 1 Abs. 2 Nr. 4 BetrAVG dahin gehend gelöst, dass Beiträge, welche der Arbeitnehmer aus seinem versteuerten und verbeitragten Einkommen an eine Pensionskasse, einen Pensionsfonds oder eine Direktversicherung zahlt, zu Leistungen der betrieblichen Altersversorgung führen, wenn der Arbeitgeber sich dazu entschließt, eine sog. Umfassungszusage zu erteilen. Tut der Arbeitgeber dies nicht, sind entsprechende Beiträge keine betriebliche Altersversorgung und daher nicht gem. § 82 Abs. 2 EStG förderungsfähig.[658]

II. Umfassungszusage

533   Bisher ist noch nicht eindeutig geklärt, unter welchen Umständen eine Umfassungszusage erfolgt. Sofern der Arbeitgeber sich klar dazu bekennt, Leistungen aus Eigenbeiträgen des Mitarbeiters, welche dieser in einen versicherungsförmigen Durchführungsweg (Pensionskasse, Pensionsfonds, Direktversicherung) einzahlt, als Leistungen der betrieblichen Altersvorsorge zu umfassen, wie dies einige Unternehmen erklärt haben, bestehen keine Interpretationsschwierigkeiten. Solche treten vornehmlich dann auf, wenn eine eindeutige Erklärung des Arbeitgebers nicht vorliegt, sodass aus sonstigen Umständen ermittelt werden muss, ob eine Umfassungszusage gem. § 1 Abs. 2 Nr. 4 BetrAVG vorliegt oder nicht. Hier sollte der Arbeitgeber jeweils abwägen, ob er durch eine ausdrückliche Erklärung gegebenenfalls klare Verhältnisse schaffen sollte.

III. Anwendung der Regelungen zur Entgeltumwandlung auf die Versorgungsleistungen aus Eigenbeiträgen

534   Als Konsequenz einer Umfassungszusage werden die Leistungen, welche aus Eigenbeiträgen finanziert werden, gem. § 1 Abs. 2 Nr. 4 2. Hs. BetrAVG nicht nur wie Leistungen der betrieblichen Altersversorgung behandelt, sondern darüber hinaus wie Versorgungsleistungen aus Entgeltumwandlung. Dies

---

658 So auch *Jürgens* BetrAV 2002, 788.

bedeutet, dass die Sonderregelungen, welche im Bereich der Entgeltumwandlung maßgeblich sind (sofortige gesetzliche Unverfallbarkeit, Möglichkeit zur Fortführung der Versorgung bzw. Versicherung mit eigenen Beiträgen etc.[659]), auch auf Versorgungsleistungen aus Eigenbeiträgen angewandt werden.[660]

Dies gilt allerdings nur, soweit die zugesagten Leistungen im Wege der **Kapitaldeckung** finanziert werden. Diese besondere gesetzliche Abgrenzung dient dazu, im Bereich des öffentlichen Dienstes die Beiträge, welche an die Zusatzversorgungskassen im sog. Umlageverfahren geleistet werden, aus dem Bereich der Riester-Förderung auszunehmen.[661]   535

IV. Übergangsbestimmungen und Sonderregelungen zur Versorgung aus Eigenbeiträgen

Des Weiteren enthält § 30e BetrAVG spezielle Übergangs- und Sonderregelungen für Versorgungsleistungen aus Eigenbeiträgen.   536

Grundsätzlich stellen Leistungen aus derartigen Versorgungszusagen betriebliche Altersversorgung dar, wenn diese ab dem 1.7.2002 erteilt werden.   537

Die Bestimmungen zur **Entgeltumwandlung** gelten gem. § 30e Abs. 1 BetrAVG nur für solche umfasste Versorgungszusagen, welche ab dem 1.1.2003 erteilt werden.   538

§ 30e Abs. 2 BetrAVG sieht zusätzliche Spezialbestimmungen für besondere Arten von **Pensionskassen** vor, welche traditionell die Leistungen aus Eigenbeiträgen und Leistungen aus Arbeitgeberbeiträgen in einem einheitlichen Tarif bündeln, mithin die Leistungen gemeinsam finanzieren. Derartige Pensionskassen sind verwaltungstechnisch nicht darauf eingerichtet, für die Eigenbeiträge eine gesonderte Erfassung und Finanzierung in einem eigenen Tarif einzurichten. Hier gelten die Sonderregelungen des § 30e Abs. 2 BetrAVG, wenn die Versorgungszusage als (beitragsorientierte) Leistungszusage konzipiert ist.   539

In derartigen Fällen ist das Recht auf eine Fortführung der Versorgung mit eigenen Beiträgen gem. § 1b Abs. 5 Satz 1 Hs. 2 Nr. 2 BetrAVG ebenso aus-   540

---

659 Vgl. hierzu Rdn. 502 ff.
660 Vgl. hierzu allerdings die Übergangsregelung in § 30e Abs. 1 BetrAVG sowie nachfolgend Rdn. 538.
661 *Bode/Saunders* DB 2002, 1378.

geschlossen wie die Pflicht zur gesonderten Überschussverwendung gem. § 1b Abs. 5 S. 1 Hs. 2 Nr. 1 BetrAVG.

541 Da den betreffenden Pensionskassen aufgrund der gewählten Leistungsfinanzierung die ansonsten für Pensionskassen mögliche Ermittlung gesetzlich unverfallbarer Anwartschaften anhand der versicherungsvertraglichen Lösung nicht zur Verfügung steht, hat der Gesetzgeber im Zuge des Alterseinkünftegesetzes auch für diese Pensionskassen die Bestimmung der unverfallbaren Versorgungsrechte gem. § 2 Abs. 5a BetrAVG zugelassen.

542 Auch im Bereich der Rentenanpassung hat der Gesetzgeber die tatsächlichen Notwendigkeiten akzeptiert, indem er die Kassen von der für die Entgeltumwandlung geltenden gesonderten Leistungsanpassung durch Überschusszuweisung gem. § 16 Abs. 5 BetrAVG befreit hat.

§ 1a Anspruch auf betriebliche Altersversorgung durch Entgeltumwandlung

(1) [1]Der Arbeitnehmer kann vom Arbeitgeber verlangen, dass von seinen künftigen Entgeltansprüchen bis zu 4 vom Hundert der jeweiligen Beitragsbemessungsgrenze in der allgemeinen Rentenversicherung durch Entgeltumwandlung für seine betriebliche Altersversorgung verwendet werden. [2]Die Durchführung des Anspruchs des Arbeitnehmers wird durch Vereinbarung geregelt. [3]Ist der Arbeitgeber zu einer Durchführung über einen Pensionsfonds oder eine Pensionskasse (§ 1b Abs. 3) bereit, ist die betriebliche Altersversorgung dort durchzuführen; andernfalls kann der Arbeitnehmer verlangen, dass der Arbeitgeber für ihn eine Direktversicherung (§ 1b Abs. 2) abschließt. [4]Soweit der Anspruch geltend gemacht wird, muss der Arbeitnehmer jährlich einen Betrag in Höhe von mindestens einem Hundertsechzigstel der Bezugsgröße nach § 18 Abs. 1 des Vierten Buches Sozialgesetzbuch für seine betriebliche Altersversorgung verwenden. [5]Soweit der Arbeitnehmer Teile seines regelmäßigen Entgelts für betriebliche Altersversorgung verwendet, kann der Arbeitgeber verlangen, dass während eines laufenden Kalenderjahres gleich bleibende monatliche Beträge verwendet werden.

(2) Soweit eine durch Entgeltumwandlung finanzierte betriebliche Altersversorgung besteht, ist der Anspruch des Arbeitnehmers auf Entgeltumwandlung ausgeschlossen.

(3) Soweit der Arbeitnehmer einen Anspruch auf Entgeltumwandlung für betriebliche Altersversorgung nach Abs. 1 hat, kann er verlangen, dass die Voraussetzungen für eine Förderung nach den §§ 10a, 82 Abs. 2 des Einkommensteuergesetzes erfüllt werden, wenn die betriebliche Altersversorgung über einen Pensionsfonds, eine Pensionskasse oder eine Direktversicherung durchgeführt wird.

(4) Falls der Arbeitnehmer bei fortbestehendem Arbeitsverhältnis kein Entgelt erhält, hat er das Recht, die Versicherung oder Versorgung mit eigenen Beiträgen fortzusetzen. Der Arbeitgeber steht auch für die Leistungen aus diesen Beiträgen ein. Die Regelungen über Entgeltumwandlung gelten entsprechend.

A. Rechtslage bis zum 31.12.2001

1 Bis einschließlich 31.12.2001 konnte der Arbeitgeber frei darüber entscheiden, ob und ggf. in welcher Form und Höhe er in seinem Unternehmen eine betriebliche Altersversorgung einführt bzw. anbietet. Dieser Grundsatz war hinsichtlich des »Ob« der betrieblichen Altersversorgung ausnahmsweise in den Fällen durchbrochen, in denen der Arbeitgeber tarifgebunden war und ein Tarifvertrag den Arbeitgeber zur Gewährung von Leistungen der betrieblichen Altersversorgung verpflichtete. Eine weitere – allerdings sehr seltene – Einschränkung des Grundsatzes der Freiwilligkeit bestand, wenn die Gewährung der betrieblichen Altersversorgung gesetzlich vorgeschrieben war (vgl. z.B. Zusatzversorgung der deutschen Kulturorchester und der deutschen Bühnen).

2 Ausgehend von dieser **Entscheidungsfreiheit des Arbeitgebers** bestand nach dem bis Ende 2001 geltenden Recht **kein individualrechtlicher Anspruch des Arbeitnehmers** gegenüber dem Arbeitgeber auf Entgeltumwandlung zugunsten von betrieblicher Altersversorgung. Dementsprechend bedurfte es bis zum genannten Zeitpunkt zur Durchführung einer Entgeltumwandlung nicht nur der Bereitschaft des Arbeitnehmers, auf Teile seines Barlohns zugunsten der Einräumung von betrieblichen Versorgungsrechten zu verzichten; vielmehr musste der Arbeitgeber mit dem beabsichtigten Vorgehen ebenfalls einverstanden sein und seinerseits eine entsprechende Versorgungszusage erteilen.

B. Rechtslage ab dem 1.1.2002

3 Die mit Wirkung zum 1.1.2002 neu eingeführte Vorschrift des § 1a BetrAVG,[1] wonach grds. jedem in der gesetzlichen Rentenversicherung pflichtversicherten Arbeitnehmer ein **Anspruch auf Entgeltumwandlung von jährlich bis zu 4 % der jeweiligen Beitragsbemessungsgrenze in der allgemeinen Rentenversicherung (BBG)** zusteht, schränkt die bis zum 31.12.2001 bestehende grds. Entscheidungs- und Vertragsfreiheit nunmehr wesentlich ein. Eine Verletzung von Grundrechtspositionen des Arbeitgebers ist damit jedoch nicht verbunden.[2]

4 Der betreffende Arbeitnehmer ist zur Umwandlung von bestimmten Vergütungsansprüchen in betriebliche Versorgungsrechte berechtigt. Entgegen einer ursprünglich vom Gesetzgeber angedachten Variante (»Obligatorium« ggf.

---

1 Vgl. Art. 35 Abs. 1 des Altersvermögensgesetzes v. 26.6.2001 BGBl. I S. 1310 ff.
2 BAG 12.6.2007, 3 AZR 14/06, EzA § 1a BetrAVG Nr. 2 = DB 2007, 2722.

mit Möglichkeit zum »Opting-Out«) ist er hierzu aber nicht verpflichtet. Der betreffende Arbeitnehmer kann vielmehr eigenverantwortlich zum Aufbau einer betrieblichen Altersversorgung beitragen und damit die auf lange Sicht bereits absehbaren Lücken in der gesetzlichen Rentenversicherung zu schließen versuchen. Dies entspricht auch der Intention des Gesetzgebers, wonach über den Rechtsanspruch auf Entgeltumwandlung das mit dem Inkrafttreten des Altersvermögensgesetzes beschlossene Absenken des Leistungsniveaus in der gesetzlichen Rentenversicherung zumindest teilweise kompensiert werden soll.

C. Anspruch auf betriebliche Altersversorgung durch Entgeltumwandlung

Nach § 1a Abs. 1 S. 1 BetrAVG kann **jeder in der gesetzlichen Rentenversicherung pflichtversicherte Arbeitnehmer** von seinem Arbeitgeber verlangen, dass bis zu 4 % der jeweiligen BBG von seinen künftigen Entgeltansprüchen durch Entgeltumwandlung für seine betriebliche Altersversorgung verwendet werden. 5

I. Anspruchsberechtigter Personenkreis

Der Rechtsanspruch auf Entgeltumwandlung steht gem. § 17 Abs. 1 S. 3 BetrAVG den unter den persönlichen Geltungsbereich des Betriebsrentengesetzes fallenden Personen zu, sofern sie aufgrund ihrer Beschäftigung bei einem Arbeitgeber, gegen den sich der Anspruch auf Entgeltumwandlung richten würde, in der gesetzlichen Rentenversicherung pflichtversichert sind. Nach der Legaldefinition der gesetzlichen Rentenversicherung in § 125 Abs. 1 SGB VI werden hiervon sowohl die allgemeine Rentenversicherung als auch die knappschaftliche Rentenversicherung erfasst. 6

Diese Einschränkung auf die in der gesetzlichen Rentenversicherung Pflichtversicherten ist konsequent, denn der Rechtsanspruch auf Entgeltumwandlung stellt neben der staatlichen Förderung der privaten, kapitalgedeckten Eigenvorsorge eine flankierende Maßnahme zur Kompensation der relativen Leistungsabsenkung in der gesetzlichen Rentenversicherung durch das Altersvermögensgesetz dar. 7

Weitergehende Beschränkungen sieht das Gesetz in persönlicher Hinsicht nicht vor, sodass Arbeitnehmer und Nicht-Arbeitnehmer i. S. d. § 17 Abs. 1 S. 1 und 2 BetrAVG anspruchsberechtigt sind, und zwar unabhängig davon, ob sie beispielsweise **voll- oder teilzeitbeschäftigt** sind, bzw. ob ein lediglich **befristetes Arbeitsverhältnis** besteht. Der Anspruch steht nach § 17 Abs. 1 S. 1 Hs. 2 BetrAVG auch den zu ihrer **Berufsausbildung** beschäftigten Arbeitneh- 8 mern zu. **Geringfügig Beschäftigte**, die von der Möglichkeit des Verzichts auf die Versicherungsfreiheit in der gesetzlichen Rentenversicherung durch eine entsprechende schriftliche Erklärung gegenüber ihrem Arbeitgeber Gebrauch gemacht haben,[3] sind in der gesetzlichen Rentenversicherung pflichtversichert und somit ebenfalls anspruchsberechtigt.

9   Mit der o. g. Einschränkung geht einher, dass den nicht der Sozialversicherungspflicht in der gesetzlichen Rentenversicherung unterliegenden Beschäftigten kein gesetzlicher Anspruch auf Entgeltumwandlung zusteht. Damit sind insbesondere in der gesetzlichen Rentenversicherung freiwillig Versicherte sowie Arbeitnehmer, die einem berufsständischen Versorgungswerk angehören (Ärzte, Architekten, Steuerberater, Rechtsanwälte etc.), vom gesetzlichen Anspruch auf Entgeltumwandlung ausgeschlossen. An einer freiwilligen Vereinbarung einer Entgeltumwandlung sind die Vertragsparteien jedoch nicht gehindert.

II. Anspruchsverpflichteter Arbeitgeber

10 Der Anspruch des Arbeitnehmers richtet sich gegen jeden Arbeitgeber, mit dem ein zur Sozialversicherungspflicht in der gesetzlichen Rentenversicherung führendes Beschäftigungsverhältnis besteht, vgl. § 17 Abs. 1 S. 3 BetrAVG.

11 Die Anspruchsverpflichtung besteht dabei **unabhängig von** der **Rechtsform**. Die **Größe** des Arbeitgebers sowie die **Anzahl der beschäftigten Arbeitnehmer** sind ebenso unerheblich. Ist der Arbeitgeber in einen Konzern eingebunden, so richtet sich der Anspruch gegen das Unternehmen, bei dem der Arbeitnehmer beschäftigt ist, nicht gegen die Konzernmutter.[4]

12 Der Arbeitgeber ist nicht verpflichtet, den Arbeitnehmer auf das Bestehen des gesetzlichen Anspruchs auf Entgeltumwandlung hinzuweisen.[5]

III. Anspruchsinhalt und Anspruchshöhe

1. Anspruchsinhalt

13 Der Arbeitnehmer kann von seinem Arbeitgeber den **Abschluss einer Vereinbarung über Entgeltumwandlung** verlangen.

---

3 Vgl. § 5 Abs. 2 S. 2 SGB VI.

4 Vgl. *Kemper/Kisters-Kölkes* Grundzüge, Rn. 422 f.

5 BAG 21.1.2014, 3 AZR 807/11, Pressemitteilung des Bundesarbeitsgerichts 03/14, www.bundesarbeitsgericht.de.

Nach Ansicht des Bundesarbeitsgerichts zerfällt die Entgeltumwandlung in   14
zwei Bestandteile:[6]
– Zum einen wird für einen bestimmten Teil des Entgeltanspruchs des
  Arbeitnehmers mit Wirkung für die Zukunft ein Erlassvertrag gem. § 397
  BGB geschlossen. Der bisherige Anspruch des Arbeitnehmers auf Entgelt
  geht insoweit vollständig unter.
– Zum anderen erfolgt für den untergegangenen Teilanspruch eine Schul-
  dersetzung durch die Erteilung einer Versorgungszusage.

Im Hinblick auf die **Ausgestaltung** der zu erteilenden betrieblichen Versor-   15
gungszusage ist der Arbeitgeber grds. **frei.**[7] In Betracht kommen insbesondere
beitragsorientierte Leistungszusagen als auch Beitragszusagen mit Mindestleistung. Letzteres kann aus § 16 Abs. 3 Nr. 3 BetrAVG entnommen werden,
aus dem sich ergibt, dass bei einer Beitragszusage mit Mindestleistung eine
Verpflichtung zur Anpassungsprüfung und -entscheidung selbst dann nicht
besteht, wenn die betriebliche Altersversorgung auf Entgeltumwandlung
beruht. Auch die Voraussetzungen für den Bezug der Leistungen sowie über Art
und Umfang der zu gewährenden Versorgungsleistungen können vom Arbeitgeber einseitig festgelegt werden. Bei der Ausgestaltung der Versorgungszusage
muss der Arbeitgeber allerdings das Gebot der Wertgleichheit beachten.[8]

Gegenstand der Entgeltumwandlung können grds. künftige, laufende Lohn-   16
und Gehaltsansprüche jeder Art sowie künftige Ansprüche auf einmalige
Entgeltzahlungen sein. Auch Sachbezüge[9] oder künftige vermögenswirksame
Leistungen können grundsätzlich Gegenstand der Entgeltumwandlung sein.[10]

2. Anspruchshöhe

Der Höhe nach ist der Anspruch auf Entgeltumwandlung gem. § 1a Abs. 1   17
S. 1 BetrAVG **unabhängig vom individuellen Einkommen** des Anspruchs-

---

6 BAG 26.6.1990, 3 AZR 641/88, EzA § 1 BetrAVG Nr. 59 = DB 1990, 2475.
7 Vgl. aber die Ausführungen zur Mitbestimmung des Betriebsrates unter Rdn. 65–69.
8 Vgl. hierzu i. E. § 1 Rdn. 490 f.
9 *Rieble* BetrAV 2001, S. 584 (586).
10 Vgl. beispielhaft den seit 1.10.2006 geltenden Tarifvertrag Altersvorsorgewirksame
   Leistungen (TV AVWL) für die Metall- und Elektroindustrie; im November 2008
   hat die IG Metall einen neuen Tarifvertrag Altersvorsorge aus vermögenswirksamen
   Leistungen für die Holz und Kunststoff verarbeitende Industrie abgeschlossen; vgl.
   ferner i. E. § 1 Rdn. 486.

berechtigten auf einen **Höchstbetrag von jährlich 4 % der jeweiligen BBG** begrenzt, auch für knappschaftlich versicherte Arbeitnehmer.

18 Hierbei ist nicht völlig geklärt, ob die für die alten Bundesländer geltende BBG (West) oder die für die neuen Bundesländer geltende BBG (Ost) Anwendung finden soll. Die BBG (West) ist in § 159 SGB VI geregelt, die BBG (Ost) in § 228a SGB VI. Da die Vorschrift des § 1a BetrAVG keine ausdrückliche Regelung trifft, ließe sich mithin grds. annehmen, dass beide Beitragsbemessungsgrenzen Anwendung finden sollen. Ein solches Ergebnis wäre allerdings nicht sachgerecht und ist vom Gesetzgeber wohl auch nicht gewollt. Im Übrigen steht es im Gegensatz zu der Regelung des § 1a Abs. 1 Satz 4 BetrAVG, welche vorsieht, dass der Mindestumwandlungsbetrag für den Arbeitnehmer 1/160 der Bezugsgröße nach § 18 Abs. 1 SGB IV betragen muss. § 18 Abs. 1 SGB IV enthält jedoch die Bezugsgröße (West), welche für die alten Bundesländer gilt. Angesichts dieses Widerspruchs liegt die Annahme nahe, dass der Gesetzgeber tatsächlich auf die BBG (West) abstellen wollte.[11] Dies wird auch dadurch gestützt, dass im Referentenentwurf zum HZvNG eine Klarstellung erfolgen sollte, indem die Beitragsbemessungsgrenze durch den Zusatz »nach § 159 SGB IV« als BBG (West) der alten Bundesländer festgeschrieben worden wäre. Diese Regelung wurde jedoch nicht Gesetz.

19 Unter Anwendung der **BBG (West)** beträgt der maximale jährliche Entgeltumwandlungsbetrag nach § 1a Abs. 1 BetrAVG im Jahr 2014 2.856,– €.

20 Selbstverständlich steht es den Vertragsparteien offen, Vergütungsbestandteile in einer Höhe von mehr als 4 % der jeweils maßgeblichen Beitragsbemessungsgrenze umzuwandeln. Dies ergibt sich zum einen bereits aus dem Gesetzeswortlaut, welcher dem Arbeitnehmer lediglich in der genannten Höhe einen einseitig durchsetzbaren Anspruch zugesteht. Zum anderen ergibt sich aus dem Charakter des Betriebsrentengesetzes als Arbeitnehmerschutzgesetz, dass lediglich die im Zusammenhang mit betrieblichen Versorgungsversprechen stehenden Mindestanforderungen geregelt werden.

21 Bei dem **Höchstbetrag von 4 % der BBG** handelt es sich um einen **Jahresbetrag**. Die Anspruchshöhe ist daher unabhängig davon, ob der Anspruchsbe-

---

11 Vgl. *Sasdrich/Wirth* BABl. 6–7/2001, S. 16; *Höfer* BetrAVG, Rn. 2623 zu § 1a; *Blomeyer/Rolfs/Otto*, § 1a Rn. 22; a. A. *PSVaG* Merkblatt 300/M12, Ziff. 3.1.2, der nach der jeweils für die betreffende Person maßgeblichen Beitragsbemessungsgrenze unterscheidet.

rechtigte während des gesamten Kalenderjahres beim Anspruchsverpflichteten beschäftigt war oder nicht. Eine zeitanteilige Kürzung des Höchstbetrages bei unterjährigem Beginn oder Ende des Arbeitsverhältnisses lässt sich dem Gesetzeswortlaut nicht entnehmen. Diese Auffassung wird auch von der Finanzverwaltung – allerdings im Zusammenhang mit der Vorschrift des § 3 Nr. 63 EStG – geteilt.[12] Dies bedeutet, dass der Höchstbetrag unterjährig erneut in Anspruch genommen werden kann, auch wenn der Arbeitnehmer ihn in einem vorangegangenen Dienstverhältnis bereits ausgeschöpft hat.

Gemäß § 1a Abs. 1 S. 4 BetrAVG muss ein Arbeitnehmer, sofern er seinen Anspruch auf Entgeltumwandlung geltend macht, einen **Mindestbetrag von jährlich 1/160stel der Bezugsgröße nach § 18 Abs. 1 SGB IV** für den Aufbau von betrieblichen Versorgungsanwartschaften verwenden. Im Jahr 2009 beträgt dieser Mindestbetrag 189 €. Die genannte Bestimmung soll den Aufbau sinnvoller Anwartschaften gewährleisten und zugleich dem Entstehen von Kleinstrenten vorbeugen.[13]   **22**

Des Weiteren kann der Arbeitgeber nach § 1a Abs. 1 S. 5 BetrAVG verlangen, dass im Fall der **Umwandlung von Teilen der regelmäßigen Monatsvergütung** während des laufenden Kalenderjahres **stets gleich bleibende monatliche Beträge** umgewandelt werden. Die genannte Vorschrift soll den Arbeitgeber vor unnötigem Verwaltungsaufwand schützen, der ihm entstünde, wenn während des Kalenderjahres ständig wechselnde Entgeltumwandlungsbeträge festgelegt werden könnten. Selbstverständlich muss sich der Arbeitgeber nicht auf die ihn schützende Bestimmung berufen und kann für die den Anspruch auf Entgeltumwandlung geltend machenden Arbeitnehmer auch flexible Umwandlungsmodalitäten zulassen.   **23**

IV. Durchführung des Anspruchs auf Entgeltumwandlung

Nach § 1a Abs. 1 S. 2 BetrAVG wird die Durchführung des Anspruchs des Arbeitnehmers durch Vereinbarung geregelt.   **24**

Dabei kommen sowohl **Vereinbarungen auf individualrechtlicher Ebene** zwischen Arbeitgeber und Arbeitnehmer als **auch kollektivrechtliche Vereinbarungen** – d. h. Betriebsvereinbarungen oder Tarifverträge – in Betracht,   **25**

---

12 BMF-Schreiben v. 24.7.2013 i. d. F. v. 13.1.2014, BStBl I, S. 1022 Rn. 307 (Anh. III).

13 *Berenz* Gesetzesmaterialien BetrAVG § 1a, S. 65.

um die näheren Einzelheiten, wie beispielsweise einen bestimmten Durchführungsweg für die betriebliche Altersversorgung oder auch die umzuwandelnden Entgeltansprüche festzulegen.[14]

26 Im Fall von kollektivrechtlich geregelten Vorgaben sind die tarifgebundenen Arbeitsvertragsparteien und bei Vorliegen einer Betriebsvereinbarung der Arbeitgeber und alle Belegschaftsmitglieder gebunden.[15] Sofern daher durch Betriebsvereinbarung sämtliche unter den Geltungsbereich des Betriebsverfassungsgesetzes fallenden Arbeitnehmer hinsichtlich ihres Anspruchs auf Entgeltumwandlung auf einen einheitlichen Durchführungsweg verwiesen werden, besteht ein Mitspracherecht des einzelnen Arbeitnehmers nicht mehr, insbesondere kann der Arbeitnehmer nicht verlangen, dass die betriebliche Altersversorgung für ihn auf einem anderen Durchführungsweg umgesetzt wird.[16]

27 Als **mögliche Durchführungswege** bei Abschluss einer kollektivrechtlichen Regelung können **alle fünf Finanzierungsformen der betrieblichen Altersversorgung** (Direktzusage, Unterstützungskasse, Pensionskasse, Pensionsfonds, Direktversicherung) in Betracht gezogen werden.

28 Sofern keine kollektivrechtliche Vereinbarung getroffen wird, kommt lediglich eine einzelvertragliche Regelung in Betracht, welche gem. § 2 Abs. 1 S. 2 Nr. 6 NachwG der Schriftform bedarf.

29 Grundsätzlich können sich der Arbeitgeber und der Arbeitnehmer ebenfalls für jeden der fünf zur Verfügung stehenden Durchführungswege der betrieblichen Altersversorgung frei entscheiden. Das Gesetz enthält jedoch eine gewisse **Abstufung** bzw. Privilegierung der versicherungsförmigen Durchführungswege gegenüber einer Durchführung über eine Direktzusage oder eine Unterstützungskasse:
   – Der Arbeitnehmer ist nicht verpflichtet, ein Angebot des Arbeitgebers auf unmittelbare Versorgung (Direktzusage) oder auf Unterstützungskassenversorgung anzunehmen.
   – Wenn eine individualrechtliche Vereinbarung nicht zustande kommt, hat der Arbeitgeber nach § 1a Abs. 1 S. 3 Hs. 1 BetrAVG das seinerseits Erfor-

---

14 Vgl. *Sasdrich* BetrAV 2001, 403.
15 So auch *Ahrend/Förster/Rühmann* 10. Aufl., § 1a Rn. 15; *Albert/Schumann/Sieben/ Menzel* Rn. 325.
16 Vgl. die abw. Auffassung hierzu unter Rdn. 47 ff.

Huber

derliche im Rahmen des Anspruchs auf Entgeltumwandlung getan, wenn er entweder den Durchführungsweg der Pensionskasse oder denjenigen des Pensionsfonds anbietet. Nimmt der Arbeitnehmer ein entsprechendes Angebot des Arbeitgebers nicht an, so wird eine Entgeltumwandlung nicht durchgeführt.

– Sofern der Arbeitgeber überhaupt kein Angebot zur Durchführung der Entgeltumwandlung unterbreitet, verbleibt dem Arbeitnehmer gem. § 1a Abs. 1 S. 3 Hs. 2 BetrAVG als Auffanglösung die Umsetzung der Entgeltumwandlung über eine Direktversicherung. Hierzu ist der Arbeitgeber gesetzlich verpflichtet.

Aus dieser abgestuften gesetzlichen Regelung ergibt sich, dass seitens des **30** anspruchsverpflichteten Arbeitgebers die Wahl eines versicherungsförmigen Durchführungsweges, nämlich des Pensionsfonds, der Pensionskasse oder einer Direktversicherung, auch einseitig durchgesetzt werden kann. Somit kann dem Arbeitgeber gegen seinen Willen ein insolvenzsicherungspflichtiger Durchführungsweg nicht aufgezwungen werden, weil er sich für die Durchführungswege Pensionskasse und Direktversicherung entscheiden kann.

Die konkrete Wahl des jeweiligen externen Versorgungsträgers trifft dabei, **31** wie sich aus der Gesetzesbegründung ergibt, der Arbeitgeber. Ein gesetzliches Recht, dass der Arbeitnehmer im Fall des § 1a Abs. 1 S. 3 BetrAVG nicht nur die Durchführung der Altersversorgung über eine Direktversicherung verlangen, sondern auch den Versicherungsträger auswählen darf, findet sich also nicht.[17] Hierdurch soll Verwaltungsaufwand des Arbeitgebers vermieden werden, welcher sich ergäbe, wenn mit einer Vielzahl von externen Versorgungsträgern unterschiedlich zu behandelnde Verträge bestünden.

---

17 BAG 19.7.2005, 3 AZR 502/04 (A), EzA § 1a BetrAVG Nr. 1 = DB 2005, 2252. Nach BAG 29.7.2003, 3 ABR 34/02, EzA § 87 BetrVG 2001 Betriebliche Lohngestaltung Nr. 2 = DB 2004, 883 ist die konkrete Auswahl eines bestimmten Versorgungsträgers auch nicht mitbestimmungspflichtig.

32 Aus der Regelung des § 1a BetrAVG ergibt sich mithin folgendes **Prüfungs-schema:**

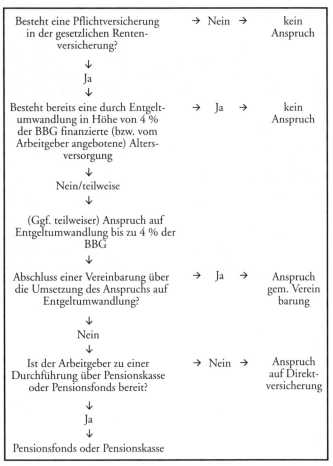

Besteht eine Pflichtversicherung → Nein → kein
in der gesetzlichen Renten- Anspruch
versicherung?

↓
Ja
↓

Besteht bereits eine durch Entgelt- → Ja → kein
umwandlung in Höhe von 4 % Anspruch
der BBG finanzierte (bzw. vom
Arbeitgeber angebotene) Altersversorgung

↓
Nein/teilweise
↓

(Ggf. teilweiser) Anspruch auf
Entgeltumwandlung bis zu 4 % der
BBG

↓

Abschluss einer Vereinbarung über → Ja → Anspruch
die Umsetzung des Anspruchs auf gem. Verein
Entgeltumwandlung? barung

↓
Nein
↓

Ist der Arbeitgeber zu einer → Nein → Anspruch
Durchführung über Pensionskasse auf Direkt-
oder Pensionsfonds bereit? versicherung

↓
Ja
↓

Pensionsfonds oder Pensionskasse

Abb.: Prüfungsschema zum Anspruch auf Entgeltumwandlung

D. Anspruchsbegrenzungen

Der Anspruch des Arbeitnehmers auf Entgeltumwandlung besteht nicht uneingeschränkt; er unterliegt vielmehr gewissen generellen Ausschlusstatbeständen und kann darüber hinaus auch hinsichtlich der Höhe beschränkt sein. 33

I. Ausschluss wegen Tarifvorrangs

Mit der im Zuge des Altersvermögensgesetzes neu geschaffenen Regelung des § 17 Abs. 5 BetrAVG wurde die vor der Gesetzesänderung bestehende Rechtsunsicherheit, ob die Umwandlung tarifvertraglich geregelter Entgeltansprüche nach dem Tarifvertragsgesetz generell untersagt oder aber – unter Verweis auf das Günstigkeitsprinzip des § 4 Abs. 3 TVG – zulässig ist, beseitigt.[18] 34

Nach der neuen Vorschrift können **tarifvertragliche Entgeltansprüche** nur dann Gegenstand einer Entgeltumwandlung sein, **soweit** dies **durch Tarifvertrag unmittelbar geregelt** wird oder über eine **Öffnungsklausel** zugelassen ist. 35

Auf Tarifvertrag beruhende Entgeltansprüche liegen regelmäßig nur dann vor, wenn sowohl der Arbeitgeber – als Mitglied des vertragschließenden Arbeitgeberverbandes oder als Vertragspartner eines Haustarifvertrages – als auch der Arbeitnehmer tarifgebunden sind. Aufseiten des Arbeitnehmers besteht eine Tarifbindung nur, wenn der Arbeitnehmer Mitglied in einer Gewerkschaft ist. Dies bedeutet, dass in Fällen, in denen im Hinblick auf die Vergütung lediglich im Rahmen einer individualrechtlichen Vereinbarung auf tarifvertragliche Regelungen Bezug genommen wird, der Tarifvorrang mangels Tarifbindung nicht einschlägig ist. Vereinbaren der Arbeitgeber und der Arbeitnehmer die Geltung der einschlägigen tariflichen Regelung, ist der Tarifvertrag anwendbar. Erforderlich ist hierfür, dass die Vertragsparteien sich auf den Tarifvertrag beziehen, der bei einer unterstellten Tarifbindung räumlich, zeitlich, fachlich und persönlich anwendbar wäre.[19] 36

Ein tarifgebundener Arbeitnehmer kann daher seinen Entgeltumwandlungsanspruch nicht durchsetzen, wenn er ausschließlich Tarifeinkommen bezieht und eine entsprechende Öffnungsklausel im Tarifvertrag fehlt. Bezieht der tarifgebundene Arbeitnehmer dagegen neben seinem tariflichen Entgelt auch 37

---

18 *Höfer* BetrAVG, Rn. 5673 zu § 17.
19 BAG 19.4.2011, 3 AZR 154/09, EzA § 1a BetrAVG Nr. 3 = NZA 2011, 982. Im entschiedenen Fall hatte das BAG die Tarifanwendung wegen fehlender persönlicher Anwendbarkeit des in Bezug genommenen Tarifvertrages verneint.

noch **über- oder außertarifliches Entgelt**, so kann er insoweit von seinem Anspruch auf Entgeltumwandlung Gebrauch machen, ohne dass die Einschränkungen des § 17 Abs. 5 BetrAVG zu berücksichtigen sind.

38 Für einen **nicht tarifgebundenen Arbeitnehmer** ist der **Tarifvorbehalt** dagegen **ohne Belang**. Er kann seinen Anspruch auf Entgeltumwandlung grds. auch dann verwirklichen, wenn sein Arbeitgeber tarifgebunden ist, sofern keine einschlägige Inbezugnahme der Tarifregelung vorliegt. Dies kann in Unternehmen, in denen die Löhne und Gehälter grds. nach Tarifvertrag bemessen werden, dazu führen, dass Arbeitnehmer, die nicht Gewerkschaftsmitglieder sind, ihren Anspruch auf Entgeltumwandlung gegenüber dem Arbeitgeber geltend machen können, während gewerkschaftlich organisierten Arbeitnehmern dieses Recht bei fehlender Tariföffnungsklausel verwehrt ist. Hierin liegt kein Verstoß gegen den arbeitsrechtlichen Gleichbehandlungsgrundsatz.

39 Nach § 30h BetrAVG gilt die Neuregelung in § 17 Abs. 5 BetrAVG nur in den Fällen, in denen die Entgeltumwandlung auf einer Zusage beruht, die nach dem 29.6.2001 erteilt wurde. Dies bedeutet, dass für bis zum genannten Zeitpunkt erteilte Entgeltumwandlungszusagen das bis dahin geltende Recht maßgeblich bleibt.

II. Tarifdispositivität des Anspruchs auf Entgeltumwandlung

40 Gemäß **§ 17 Abs. 3 S. 1 BetrAVG** kann nach wie vor von den meisten Vorschriften des Betriebsrentengesetzes **durch Tarifvertrag abgewichen** werden. Im Zuge der Einführung des gesetzlichen Anspruchs auf Entgeltumwandlung wurde auch der abschließende Katalog der tarifdispositiven Vorschriften um die den Entgeltumwandlungsanspruch regelnde Vorschrift des § 1a BetrAVG erweitert.

41 Daher ist jeweils vorab zu prüfen, ob hinsichtlich des Entgeltumwandlungsanspruchs eine einschlägige Tarifvertragsregelung vorliegt, welche von der gesetzlichen Regelung des § 1a BetrAVG abweichende Bestimmungen enthält, denn diese Regelungen gehen der gesetzlichen Anspruchsgrundlage vor. So kann von den Tarifvertragsparteien beispielsweise der Entgeltumwandlungsanspruch selbst teilweise oder vollständig ausgeschlossen werden.[20] Daneben können auch weitere, vom Gesetz abweichende Bestimmungen vorgesehen

---

20 BAG 19.4.2011, 3 AZR 154/09, EzA § 1a BetrAVG Nr. 3 = NZA 2011, 982; *Schliemann* DB 2001, 2554; eingrenzend hierzu § 17 Rn. 24 f.

sein, welche die Umsetzung des Umwandlungsanspruches betreffen. Insoweit kommt z. B. die Festlegung eines staatlich nicht geförderten Durchführungswegs oder aber die Festlegung eines versicherungsförmigen Durchführungswegs unter Ausschluss des Rechtsanspruchs auf riesterförderungsfähige Ausgestaltung der betrieblichen Altersversorgung gem. § 1a Abs. 3 BetrAVG[21] in Betracht.

III. Ausschluss durch bereits bestehende Entgeltumwandlung

Gemäß § 1a Abs. 2 BetrAVG ist der **Anspruch** auf Entgeltumwandlung **42** auch **insoweit ausgeschlossen, als bereits** eine durch **Entgeltumwandlung** finanzierte betriebliche Altersversorgung für den Arbeitnehmer **besteht.** Der Gesetzgeber wollte damit diejenigen Unternehmen, welche bereits Versorgungssysteme aus Entgeltumwandlung betreiben, vor einer zusätzlichen Inanspruchnahme schützen.

Fraglich ist, wann dieser Ausschlusstatbestand anzunehmen ist. Nach Sinn **43** und Zweck der Gesetzesregelung bietet es sich an, den neuen gesetzlichen Anspruch auf Entgeltumwandlung insoweit zu verneinen, als für den Arbeitnehmer schon vor dem 1.1.2002 ein Rechtsanspruch auf Umwandlung von Arbeitsentgelt in Höhe von bis zu 4 % der jeweils maßgeblichen Beitragsbemessungsgrenze begründet wurde und dieser Anspruch über den 1.1.2002 hinaus fortbesteht. Unternehmen sollen damit nicht gezwungen werden, zusätzlich zu einem bereits etablierten System ein weiteres Versorgungssystem einzurichten. Allerdings muss das jeweilige System auch die anspruchsberechtigten Mitarbeiter mit einschließen.[22] Mithin würde es ausreichen, wenn ein Versorgungssystem beim Arbeitgeber eingerichtet ist, welches eine durch Entgeltumwandlung finanzierte betriebliche Altersversorgung im gesetzlich geregelten Umfang ermöglicht.[23]

Dass der Arbeitnehmer von einem derartigen Anspruch auch im Einzel- **44** fall Gebrauch gemacht hat, sollte nicht als zusätzliches Kriterium gefordert werden, da die individuelle Nutzung des Anspruchs nicht vom Arbeitgeber vorgegeben werden kann. Zwar wird eine derartige individuelle Betrachtung teilweise unter Hinweis auf den Wortlaut der Vorschrift (»soweit«) vorge-

---

21 S. dazu Rdn. 46 f.
22 Vgl. *Goldbach/Obenberger* Betriebsrentengesetz 2008, Rn. 474.
23 Vgl. auch *Kemper/Kisters-Kölkes* Grundzüge, Rn. 479 ff.

nommen,[24] letztlich handelt es sich hierbei jedoch nur um eine Klarstellung, dass der Arbeitnehmer bei bereits vorhandener geringerer Umwandlungsmöglichkeit (z. B. weil nur 1 % des Grundgehaltes in das bestehende System eingebracht werden kann) die Auffüllung einer etwaigen bis zur Obergrenze von 4 % der BBG bestehenden Differenz durch Abschluss einer Direktversicherung verlangen kann.[25]

45 Die anspruchsausschließende Wirkung des § 1a Abs. 2 BetrAVG kommt auch dann zum Tragen, wenn von einer Zusage des Arbeitgebers umfasste Eigenbeitragszusagen vorliegen, die nach § 1 Abs. 2 Nr. 4 Hs. 2 i. V. m. § 30e Abs. 1 BetrAVG wie Entgeltumwandlungszusagen zu behandeln sind.[26]

E. Anspruch des Arbeitnehmers auf staatliche Förderung

I. Anspruch nur bei Umsetzung der Entgeltumwandlung über versicherungsförmige Durchführungswege

46 **Sofern** für die Umsetzung der Entgeltumwandlung die Wahl auf einen **versicherungsförmigen Durchführungsweg** gefallen ist, kann der Arbeitnehmer vom Arbeitgeber gem. **§ 1a Abs. 3 BetrAVG** verlangen, dass dieser die **Voraussetzungen für die sog. Riester-Förderung** schafft. Der Arbeitgeber muss daher in diesem Fall auf entsprechendes Verlangen des Arbeitnehmers dafür Sorge tragen, dass die Entgeltumwandlung – nach Abzug von Lohnsteuern und Sozialabgaben – aus Netto-Beträgen und nicht wie sonst üblich aus Brutto-Beträgen erfolgt.

47 Teile der Literatur[27] vertreten in diesem Zusammenhang die Auffassung, auch bei einer durch Betriebsvereinbarung geregelten Durchführung der Entgeltumwandlung zugunsten einer Direktzusage könne sich der Mitarbeiter im Hinblick auf § 1a Abs. 3 BetrAVG für einen anderen, nach § 10a, Abschnitt XI EStG förderfähigen Durchführungsweg entscheiden.

48 Diese Ansicht verkennt jedoch, dass dieses Gestaltungsrecht des Mitarbeiters nach dem eindeutigen Wortlaut des § 1a Abs. 3 BetrAVG gerade voraussetzt,

---

24 *Blomeyer/Rolfs/Otto* § 1a Rn. 8.

25 Vgl. *Kemper/Kisters-Kölkes* Grundzüge Rn. 485.

26 *Höfer* BetrAVG, Rn. 2647 zu § 1a.

27 Vgl. *Ahrend/Förster/Rühmann* 10. Aufl., § 1 Rn. 166; *Blomeyer* DB 2001, 1413 sowie *Blomeyer/Rolfs/Otto* § 1a Rn. 60f (der diese Ansicht in der Vorauflage zwischenzeitlich aufgegeben hatte).

dass die betriebliche Altersversorgung über einen Pensionsfonds, eine Pensionskasse oder eine Direktversicherung durchgeführt wird.[28] Nur wenn diese Bedingung erfüllt ist, besteht somit auch ein Recht des Mitarbeiters auf förderfähige Ausgestaltung der betrieblichen Altersversorgung. Hätte der Gesetzgeber einen Anspruch auf förderfähigen Bezügeaustausch etablieren wollen, hätte es näher gelegen, von der expliziten Formulierung der Bedingung – nämlich dass die betriebliche Altersversorgung über einen Pensionsfonds, eine Pensionskasse oder eine Direktversicherung durchgeführt wird – abzusehen. Da dies nicht geschehen ist, kann nicht von einem unbedingten Anspruch auf förderfähig ausgestaltete Entgeltumwandlung ausgegangen werden.

Darüber hinaus werden auch die Durchführungswege der Direktzusage und der Unterstützungskasse seit jeher staatlich insoweit gefördert, als der in der Anwartschaftsphase erbrachte Versorgungsaufwand beim versorgungsberechtigten Mitarbeiter keinen lohnsteuerbaren Zufluss auslöst und erst die ab Eintritt des Versorgungsfalles gewährten betrieblichen Versorgungsleistungen der Lohnbesteuerung unterliegen. Ebenso wie bspw. die für Beiträge an die versicherungsförmigen Versorgungsträger nach § 3 Nr. 63 EStG vorgesehene Lohnsteuerfreiheit in der Anwartschaftsphase als Teil der staatlichen Förderung verstanden werden darf, so muss Gleiches auch für die bei Direktzusagen und Unterstützungskassen a priori gegebene nachgelagerte Besteuerung gelten. Die Annahme eines Anspruches auf Entgeltumwandlung in einem versicherungsförmigen Durchführungsweg kann somit nicht damit begründet werden, dass im Fall der Direktzusage oder der Unterstützungskasse dem Mitarbeiter die aus einer staatlichen Förderung resultierenden Vorteile entgingen. Vielmehr bestehen auch bei einem Bezügeaustausch auf Basis einer Direktzusage bzw. Unterstützungskasse lohnsteuerbezogene Vorteile, die es im Hinblick auf die staatliche Förderung der kapitalgedeckten Altersvorsorge zu berücksichtigen gilt. 49

Schließlich folgt auch aus § 1a Abs. 2 BetrAVG mittelbar, dass durch Kollektivvereinbarung die Direktzusage als Durchführungsweg und damit der Ausschluss der Riester-Förderung festgeschrieben werden kann. Soweit nämlich eine durch Entgeltumwandlung finanzierte betriebliche Altersversorgung besteht, ist nach der genannten Vorschrift der Anspruch des Arbeitnehmers auf Entgeltumwandlung ausgeschlossen. Da der Gesetzgeber dabei jedoch nicht weiter danach differenziert, auf welchem Durchführungsweg die betriebliche Altersversorgung umgesetzt wurde, bedeutet dies im Umkehrschluss, dass 50

---

28 Vgl. hierzu § 1a Abs. 3 (letzter Teilsatz) BetrAVG.

insbesondere auch ein durch unmittelbare Versorgungszusagen umgesetzter Bezügeaustausch für ein Entfallen des Anspruches auf Entgeltumwandlung nach § 1a Abs. 2 BetrAVG qualifiziert.

II. Steuerliche Förderung nach § 10a Abschnitt XI EStG

51   Soweit dem Arbeitnehmer ein Anspruch auf Entgeltumwandlung nach § 1a Abs. 1 BetrAVG zusteht und eine Durchführung über einen versicherungsförmigen Durchführungsweg vereinbart wird, besteht für den Arbeitnehmer zusätzlich ein Anspruch gegen den Arbeitgeber, die Voraussetzungen für die mit dem Altersvermögensgesetz eingeführte staatliche Förderung der kapitalgedeckten Altersversorgung, welche durch eine kombinierte Zulagen- und Sonderausgabenregelung die Einbußen in der gesetzlichen Rentenversicherung kompensieren soll, zu schaffen.

52   Die **Voraussetzungen für** die Gewährung der **staatlichen Förderung** sind in § 82 Abs. 2 EStG normiert. Danach müssen sog. **Altersvorsorgebeiträge** zum Aufbau einer kapitalgedeckten betrieblichen Altersversorgung an den externen betrieblichen Versorgungsträger (Pensionskasse, Pensionsfonds, Direktversicherung) gezahlt werden. Zudem müssen die Leistungsrichtlinien der betrieblichen Versorgungsträger eine Auszahlung der zugesagten Altersversorgungsleistung in Form einer **Rente** oder eines **Auszahlungsplans** i. S. v. § 1 Abs. 1 Nr. 4 AltZertG vorsehen. Eine Zertifizierung nach Maßgabe von § 5 AltZertG ist dagegen anders als bei Altersvorsorgeverträgen im Rahmen der privaten Vorsorge (vgl. § 82 Abs. 1 EStG) nicht erforderlich.

53   Nach § 1 Abs. 1 Nr. 4 AltZertG liegt eine Rente oder ein Auszahlungsplan auch dann noch vor, wenn bis zu 30 % des zu Beginn der Auszahlungsphase zur Verfügung stehenden Kapitals außerhalb der monatlichen Leistungen ausgezahlt werden. Die zu Beginn der Auszahlungsphase zu treffende Entscheidung und Entnahme des Teilkapitalbetrags aus dem Vertrag führt zur Besteuerung nach § 22 Nr. 5 S. 1 EStG. Auch steht der Förderung nach Ansicht des BMF allein die Möglichkeit, anstelle dieser Auszahlungsformen eine Einmalkapitalauszahlung (100 % des zu Beginn der Auszahlungsphase zur Verfügung stehenden Kapitals) zu wählen, noch nicht entgegen.[29]

54   Entscheidet sich der Arbeitnehmer für eine Einmalkapitalauszahlung, so sind von diesem Zeitpunkt an die Voraussetzungen des § 10a und Abschnitt

---

29   BMF-Schreiben v. 24.7.2013, BStBl. I, S. 1022 Rn. 312 (Anh. III).

XI EStG nicht mehr erfüllt und die Beitragsleistungen können nicht mehr gefördert werden. Erfolgt die Ausübung des Wahlrechtes jedoch innerhalb des letzten Jahres vor dem altersbedingten Ausscheiden aus dem Erwerbsleben, so wird es aus Vereinfachungsgründen von der Finanzverwaltung nicht beanstandet, wenn die Beitragsleistungen weiterhin nach § 10a und Abschnitt XI EStG gefördert werden. Bei Auszahlung des Einmalkapitalbetrags handelt es sich um eine schädliche Verwendung i. S. d. § 93 EStG, soweit sie auf steuerlich gefördertem Altersvorsorgevermögen beruht, mit der Folge, dass die auf das ausgezahlte geförderte Altersvorsorgevermögen gewährten Steuervorteile (Zulagen, Sonderausgabenabzug) zurückzuzahlen sind.

Als **Altersvorsorgebeiträge** gelten die Umwandlungsbeträge, wenn sie – anders als bei der klassischen Entgeltumwandlung – aus dem Nettolohn, also nach Abzug von Steuern und ggf. anfallenden Sozialabgaben, entrichtet werden. Dies gilt auch, soweit der Arbeitnehmer trotz eines weiter bestehenden Arbeitsverhältnisses keinen Anspruch auf Arbeitslohn mehr hat und anstelle der Beiträge aus einer Entgeltumwandlung die Beiträge gem. § 1a Abs. 4 BetrAVG selbst erbringt. Altersvorsorgebeiträge i. S. d. § 82 Abs. 2 EStG sind ferner auch die Beiträge des ehemaligen Arbeitnehmers, die dieser im Fall einer zunächst ganz oder teilweise durch Entgeltumwandlung oder durch Eigenbeiträge finanzierten und nach § 3 Nr. 63 oder § 10a Abschnitt XI EStG geförderten betrieblichen Altersversorgung nach der Beendigung des Arbeitsverhältnisses nach Maßgabe des § 1b Abs. 5 S. 1 Hs. 2 Nr. 2 BetrAVG selbst erbringt.[30] Voraussetzung für die Förderung durch Sonderausgabenabzug nach § 10a EStG und Zulage nach Abschnitt XI EStG ist in diesen Fällen, dass der Steuerpflichtige zum begünstigten Personenkreis gehört.[31] **55**

Der Altersvorsorgebeitrag wird durch den Staat – von der sog. Zentralen Zulagenstelle für Altersvermögen – **in Form eines Sonderausgabenvorteils bzw. einer Zulage steuerlich gefördert** (§§ 10a, 79 bis 99 EStG). Die steuerliche Förderung ergibt sich dabei aus dem **Günstigkeitsvergleich** der beiden Förderungsinstrumente.[32] **56**

---

30 BMF-Schreiben v. 24.7.2013, BStBl. I, S. 1022 Rn. 336 (Anh. III).

31 BMF-Schreiben v. 24.7.2013, BStBl. I, S. 1022 Rn. 337 (Anh. III).

32 Vgl. zu den Details der Riesterförderung Bundesministerium für Arbeit und Soziales, Zusätzliche Altersvorsorge, Broschüre Stand Januar 2012, als Download verfügbar unter www.bmas.de, sowie die grundsätzlichen Erläuterungen in der 3. Auflage, § 1a Rn. 50 bis 54.

F. Fortsetzung der Versicherung oder Versorgung mit eigenen Beiträgen

I. Anspruchsinhalt

57 Mit dem Alterseinkünftegesetz hat der Gesetzgeber eine Sonderbestimmung in § 1a Abs. 4 BetrAVG aufgenommen, nach der dem Arbeitnehmer das Recht eingeräumt wird, die Versicherung oder Versorgung mit eigenen Beiträgen fortzusetzen, wenn er aufgrund eines fortbestehenden, ruhenden Arbeitsverhältnisses kein Entgelt erhält. Das Ruhen des Arbeitsverhältnisses entsteht regelmäßig **kraft Gesetzes** oder kraft ausdrücklicher oder stillschweigender **Vereinbarung** zwischen Arbeitgeber und Arbeitnehmer (z.B. wegen Wehrdienst, Elternzeit, Langzeiterkrankung oder der Entsendung eines Arbeitnehmers ins Ausland). Obwohl die Hauptpflichten des Arbeitsverhältnisses ruhen, soll weiterhin sichergestellt werden, dass die bislang aufgebaute Altersversorgung lückenlos fortgeführt werden kann.

58 Arbeitnehmer, deren Arbeitsverhältnis ruht, können ab dem Inkrafttreten der Vorschrift zum 1.1.2005 von ihrem Recht auf Fortsetzung der Versicherung oder Versorgung Gebrauch machen und dementsprechend auch ab diesem Zeitpunkt Beiträge entrichten. Dies dürfte mangels entsprechender Übergangsregelung auch für Arbeitnehmer gelten, bei denen das Ruhen des Arbeitsverhältnisses bereits vor dem 1.1.2005 begonnen hatte, sofern bereits im aktiven Stadium ein Anspruch auf Entgeltumwandlung i.S.v. § 1a BetrAVG bestanden hatte und von diesem Recht auch vor Beginn der Ruhensphase Gebrauch gemacht wurde.

II. Einschränkungen

59 Aus der Formulierung des Gesetzes geht nicht zwingend hervor, dass ein Recht des Arbeitnehmers auf Fortsetzung der Altersversorgung mit eigenen Beiträgen nur bei bestimmten Durchführungswegen und nur bei arbeitnehmerfinanzierten Systemen zulässig wäre. Ausweislich der Gesetzesbegründung[33] ist die Regelung jedoch nur für externe Durchführungswege und damit nicht für Direktzusagen maßgeblich.[34] Teilweise wird in diesem Zusammenhang unter Hinweis auf die Systematik des Gesetzes sowie auf die Ausgestaltung des Anspruchs auf Fortsetzung der Versicherung oder Versorgung nach Ausscheiden i.S.v. § 1b Abs. 5 S. 1 Hs. 2 Nr. 2 BetrAVG vertreten, auch die Unter-

---

33 BT-Drucks. 15/2150, S. 52.

34 *Goldbach/Obenberger* Betriebsrentengesetz 2005, Rn. 479.

stützungskassenzusage sei vom Anwendungsbereich des § 1a Abs. 4 BetrAVG ausgeschlossen.[35] Einer derartigen Auslegung der Vorschrift steht allerdings zunächst die klare Fassung der Gesetzesmaterialien entgegen.

Auch stehen die Regelungen zur Steuerfreiheit der Unterstützungskasse nach § 3 Nr. 1 KStDV einer »Beitragsleistung« des Arbeitnehmers nicht zwingend entgegen, da nach dem Wortlaut der Vorschrift lediglich eine Verpflichtung der Leistungsempfänger zu laufenden Beiträgen oder zu sonstigen Zuschüssen steuerschädlich wäre.[36] Freiwillige Zuwendungen der Leistungsempfänger an die Unterstützungskasse sowie Zuwendungen aufgrund einer Entgeltumwandlung sind dagegen nach allgemeiner Ansicht zulässig.[37] Dabei wären selbst Zuwendungen, zu denen der Arbeitnehmer im Verhältnis zu einem Dritten, wie beispielsweise dem Arbeitgeber, verpflichtet ist, im Verhältnis zur Unterstützungskasse als freiwillige Zuwendungen zu qualifizieren. **60**

Gleichwohl wird man zu einer Fortsetzung der Versorgung durch Beiträge des Arbeitnehmers i. S. v. § 1a Abs. 4 BetrAVG im Rahmen einer Unterstützungskassenzusage weder aus Arbeitgeber- noch aus Arbeitnehmersicht raten können. So ist letztlich weder die Struktur der sog. rückgedeckten Unterstützungskasse, bei der die vom Arbeitgeber vereinnahmten Beiträge von der Unterstützungskasse zur Finanzierung der Altersversorgung in eine Versicherung eingebracht werden, und noch weniger die Struktur einer klassischen polsterfinanzierten Unterstützungskasse auf die Umsetzung dieses Anspruchs ausgerichtet. Aus Arbeitnehmersicht spricht ferner vor allem die steuerliche Belastung sowohl der Beiträge, die vollumfänglich aus seinem Nettovermögen zu erbringen wären, als auch die spätere Vollbesteuerung der Leistungen als nicht selbstständige Einkünfte i. S. v. § 19 EStG gegen eine Inanspruchnahme dieses Rechts, welches mithin bei der Unterstützungskasse wohl nur als theoretische Möglichkeit zu bewerten ist. **61**

Aus der Gesetzesbegründung geht ferner hervor, dass das Beitragsfortsetzungsrecht nur für Entgeltumwandlungszusagen und Zusagen, die aus Eigenbeiträgen des Arbeitnehmers i. S. d. § 1 Abs. 2 Nr. 4 BetrAVG finanziert werden, **62**

---

35 Vgl. *Förster/Cisch* BB 2004, 2126, 2133; *Höfer* BetrAVG, Rn. 2668.13 f. zu § 1a.
36 A. A. *Höfer* BetrAVG, Rn. 2668.14 zu § 1a; zur Steuerschädlichkeit der Entgeltumwandlung bei bereits zugeflossenem Arbeitsentgelt vgl. auch OFD Münster Verfügung v. 3.9.1998 – S 2723 – 13 St – 31, DB 1998, 1940.
37 *Höfer* BetrAVG, Steuerrecht Rn. 2161.

gelten soll.[38] Ein Anspruch auf Fortsetzung einer bisher allein vom Arbeitgeber finanzierten Altersversorgung besteht daher während des Ruhens des Arbeitsverhältnisses nicht.[39] Ebenso wenig ist der Arbeitgeber verpflichtet, im Rahmen sog. »matching contribution«-Systeme seine Beitragsleistungen weiter zu erbringen.

63   Fraglich ist, ob die Beiträge während des Ruhens des Arbeitsverhältnisses verändert werden können, oder ob eine »Fortsetzung« der Versicherung oder Versorgung ein Abweichen von der ursprünglichen Beitragshöhe ausschließt. In Anlehnung an die Entscheidungsfreiheit des Arbeitnehmers bei der Geltendmachung des Entgeltumwandlungsanspruchs selbst dürfte Ersteres wohl grundsätzlich in den durch § 1a Abs. 1 BetrAVG gesetzten Grenzen zulässig sein. Es ist allerdings durch Auslegung der jeweiligen Zusage zu klären, ob bei Versorgungsregelungen mit dynamisch ausgestalteter Beitragsbemessung oder grundsätzlich fest vereinbarten Umwandlungsbeträgen die Beiträge auch während des Ruhens des Arbeitsverhältnisses einer Veränderung unterliegen können.

III. Rechtsfolgen

64   Wegen des engen Bezugs zum bestehenden Beschäftigungsverhältnis sieht die Gesetzesbegründung eine Einstandspflicht des Arbeitgebers nach § 1 Abs. 1 S. 3 BetrAVG auch für den aus eigenen Beiträgen des Arbeitnehmers während der Ruhensphase finanzierten Versorgungsteil vor.[40] Insoweit gelten die Sonderregelungen zur Entgeltumwandlung, z. B. hinsichtlich der sofortigen Unverfallbarkeit (§ 1b Abs. 5 BetrAVG), des sofortigen Insolvenzschutzes (§ 7 Abs. 2 BetrAVG) sowie der Rentenanpassung (§ 16 Abs. 5 BetrAVG) entsprechend.

G. Mitbestimmung des Betriebsrats

65   Ein Mitbestimmungsrecht des Betriebsrats im Zusammenhang mit den Fragen der betrieblichen Altersversorgung kann sich grds. aus § 87 Abs. 1 Nr. 8 bzw. Nr. 10 BetrVG ergeben.[41] Insoweit ist einerseits zwischen der arbeitgeberfinanzierten und der durch Entgeltumwandlung finanzierten betrieblichen

---

38 BT-Drucks. 15/2150, S. 52.
39 Vgl. hierzu auch die Kritik von *Höfer* BetrAVG, Rn. 2668.11 f. zu § 1a.
40 BT-Drucks. 15/2150, S. 52.
41 Vgl. § 1 Rdn. 380 f.

Altersversorgung zu unterscheiden und muss andererseits im Rahmen der zuletzt genannten Fallgruppe danach differenziert werden, ob eine Entgeltumwandlung innerhalb des Rahmens des § 1a BetrAVG oder außerhalb dieser Bestimmung vorliegt.[42]

Bei einer den Anspruch nach § 1a BetrAVG umsetzenden Entgeltumwandlung besteht **praktisch keine erzwingbare Mitbestimmung,** da insoweit die Sperrwirkung des Einleitungssatzes in § 87 Abs. 1 BetrVG (»soweit eine gesetzliche oder tarifliche Regelung nicht besteht«) ein Gestaltungsrecht des Betriebsrats verhindert. **66**

Soweit eine von § 1a BetrAVG abweichende tarifvertragliche Regelung besteht, sind allein diese Bestimmungen bei der Umsetzung der Entgeltumwandlung maßgeblich und kommt eine Mitbestimmung des Betriebsrats aufgrund der Vorschrift des § 77 Abs. 3 BetrVG nicht in Betracht. Aber auch dann, wenn der Tarifvertrag eine Öffnungsklausel zugunsten einer kollektivrechtlichen Regelung auf Basis einer Betriebsvereinbarung enthält, steht dem Betriebsrat kein erzwingbares Mitbestimmungsrecht zu, weil es dann lediglich um die Ausfüllung der tariflichen Regelungen geht. **67**

Sofern kein Tarifvertrag zur Durchführung des Anspruchs auf Entgeltumwandlung besteht, gibt das Gesetz mit der in § 1a BetrAVG enthaltenen Regelung zur Umsetzung der Entgeltumwandlung so wesentliche Schranken für die infrage stehenden Mitbestimmungsrechte vor, dass von einer erzwingbaren Mitbestimmung des Betriebsrats keine Rede mehr sein kann.[43] **68**

Die vorstehenden Ausführungen betreffen lediglich die Mitbestimmung des Betriebsrates i. S. einer Mitentscheidung. Die **Initiativ- und Informationsrechte des Betriebsrates bestehen dagegen** auch im Rahmen des Anspruchs auf Entgeltumwandlung nach § 1a BetrAVG. **69**

---

42 Vgl. § 1 Rdn. 430 f.
43 So auch *Blomeyer* BetrAV 2001, 501 = DB 2001, 1413; *Feudner* Zur Mitbestimmung bei der Durchführung des Altersvermögensgesetzes (»Riester-Rente«), DB 2001, 2047.

§ 1b Unverfallbarkeit und Durchführung der betrieblichen Altersversorgung

(1) [1]Einem Arbeitnehmer, dem Leistungen aus der betrieblichen Altersversorgung zugesagt worden sind, bleibt die Anwartschaft erhalten, wenn das Arbeitsverhältnis vor Eintritt des Versorgungsfalls, jedoch nach Vollendung des 25. Lebensjahres endet und die Versorgungszusage zu diesem Zeitpunkt mindestens fünf Jahre bestanden hat (unverfallbare Anwartschaft). [2]Ein Arbeitnehmer behält seine Anwartschaft auch dann, wenn er aufgrund einer Vorruhestandsregelung ausscheidet und ohne das vorherige Ausscheiden die Wartezeit und die sonstigen Voraussetzungen für den Bezug von Leistungen der betrieblichen Altersversorgung hätte erfüllen können. [3]Eine Änderung der Versorgungszusage oder ihre Übernahme durch eine andere Person unterbricht nicht den Ablauf der Fristen nach Satz 1. [4]Der Verpflichtung aus einer Versorgungszusage stehen Versorgungsverpflichtungen gleich, die auf betrieblicher Übung oder dem Grundsatz der Gleichbehandlung beruhen [5]Der Ablauf einer vorgesehenen Wartezeit wird durch die Beendigung des Arbeitsverhältnisses nach Erfüllung der Voraussetzungen der Sätze 1 und 2 nicht berührt. [6]Wechselt ein Arbeitnehmer vom Geltungsbereich dieses Gesetzes in einen anderen Mitgliedstaat der Europäischen Union, bleibt die Anwartschaft in gleichem Umfange wie für Personen erhalten, die auch nach Beendigung eines Arbeitsverhältnisses innerhalb des Geltungsbereichs dieses Gesetzes verbleiben.

(2) [1]Wird für die betriebliche Altersversorgung eine Lebensversicherung auf das Leben des Arbeitnehmers durch den Arbeitgeber abgeschlossen und sind der Arbeitnehmer oder seine Hinterbliebenen hinsichtlich der Leistungen des Versicherers ganz oder teilweise bezugsberechtigt (Direktversicherung), so ist der Arbeitgeber verpflichtet, wegen Beendigung des Arbeitsverhältnisses nach Erfüllung der in Absatz 1 Satz 1 und 2 genannten Voraussetzungen das Bezugsrecht nicht mehr zu widerrufen. [2]Eine Vereinbarung, nach der das Bezugsrecht durch die Beendigung des Arbeitsverhältnisses nach Erfüllung der in den Absatz 1 Satz 1 und 2 genannten Voraussetzungen auflösend bedingt ist, ist unwirksam. [3]Hat der Arbeitgeber die Ansprüche aus dem Versicherungsvertrag abgetreten oder beliehen, so ist er verpflichtet, den Arbeitnehmer, dessen Arbeitsverhältnis nach Erfüllung der in Absatz 1 Satz 1 und 2 genannten Voraussetzungen geendet hat, bei Eintritt des Versicherungsfalles so zu stellen, als ob die Abtretung oder Beleihung nicht erfolgt wäre. [4]Als Zeitpunkt der Erteilung der Versorgungszusage im Sinne

des Absatzes 1 gilt der Versicherungsbeginn, frühestens jedoch der Beginn der Betriebszugehörigkeit.

(3) Wird die betriebliche Altersversorgung von einer rechtsfähigen Versorgungseinrichtung durchgeführt, die dem Arbeitnehmer oder seinen Hinterbliebenen auf ihre Leistungen einen Rechtsanspruch gewährt (Pensionskasse und Pensionsfonds), so gilt Absatz 1 entsprechend. Als Zeitpunkt der Erteilung der Versorgungszusage im Sinne des Absatz 1 gilt der Versicherungsbeginn, frühestens jedoch der Beginn der Betriebszugehörigkeit.

(4) ¹Wird die betriebliche Altersversorgung von einer rechtsfähigen Versorgungseinrichtung durchgeführt, die auf ihre Leistungen keinen Rechtsanspruch gewährt (Unterstützungskasse), so sind die nach Erfüllung der in Absatz 1 Satz 1 und 2 genannten Voraussetzungen und vor Eintritt des Versorgungsfalles aus dem Unternehmen ausgeschiedenen Arbeitnehmer und ihre Hinterbliebenen den bis zum Eintritt des Versorgungsfalles dem Unternehmen angehörenden Arbeitnehmern und deren Hinterbliebenen gleichgestellt. ²Die Versorgungszusage gilt in dem Zeitpunkt als erteilt im Sinne des Absatz 1, von dem an der Arbeitnehmer zum Kreis der Begünstigten der Unterstützungskasse gehört.

(5) ¹Soweit betriebliche Altersversorgung durch Entgeltumwandlung erfolgt, behält der Arbeitnehmer seine Anwartschaft, wenn sein Arbeitsverhältnis vor Eintritt des Versorgungsfalles endet; in den Fällen der Absätze 2 und 3
1. dürfen die Überschussanteile nur zur Verbesserung der Leistung verwendet,
2. muss dem ausgeschiedenen Arbeitnehmer das Recht zur Fortsetzung der Versicherung oder Versorgung mit eigenen Beiträgen eingeräumt und
3. muss das Recht zur Verpfändung, Abtretung oder Beleihung durch den Arbeitgeber ausgeschlossen werden.

²Im Falle einer Direktversicherung ist dem Arbeitnehmer darüber hinaus mit Beginn der Entgeltumwandlung ein unwiderrufliches Bezugsrecht einzuräumen.

A. Regelungsgehalt

§ 1b BetrAVG regelt getrennt nach den einzelnen Durchführungswegen die **1**
gesetzlichen Unverfallbarkeitsmodalitäten, die **Unverfallbarkeit dem Grunde
nach.** Die Übergangsregelung in § 30f BetrAVG differenziert die Unverfallbarkeitsmodalitäten nach dem Zeitpunkt der Erteilung der Versorgungszusage.[1]

§ 1b BetrAVG beschreibt zudem die Versorgungsträger bei mittelbaren Ver- **2**
sorgungszusagen (Direktversicherung, Pensionskasse, Pensionsfonds und
Unterstützungskasse) in gesetzlichen Klammerdefinitionen.[2]

§ 1b Abs. 1 S. 4 BetrAVG stellt deklaratorisch fest, dass betriebliche Alters- **3**
versorgung auch auf den Rechtsbegründungsakten einer betrieblichen Übung
und dem Grundsatz der Gleichbehandlung beruhen kann.[3]

I. Begriff Unverfallbarkeit

Unverfallbarkeit umschreibt die Frage nach dem Schicksal einer betrieblichen **4**
Versorgungszusage in der Anwartschaftsphase, wenn der Anlass hierfür, nämlich die arbeitsrechtliche Beziehung zwischen Zusagendem und Begünstigtem,
nicht bis zum Eintritt eines Versorgungsfalles Bestand gehabt hat, sondern
vorzeitig weggefallen ist. Grundsätzlich würde der Wegfall des Arbeitsverhältnisses auch zum Wegfall der Versorgungsanwartschaft führen, wenn dies im
Leistungsplan so bestimmt ist. Dem sollen die Regelungen zur Unverfallbarkeit zugunsten der Arbeitnehmer entgegenwirken. Aus der Verknüpfung
der Unverfallbarkeitsphase mit dem Bestehen oder Nichtbestehen eines
Arbeits- oder Dienstverhältnisses[4] folgt auch zwangsläufig, dass Unverfallbarkeitsfragen nach dem Eintritt des Versorgungsfalls nicht auftreten. Eine Versorgungsleistung ist nach Eintritt des Versorgungsfalles »immer unverfallbar«,
unabhängig davon, dass unter bestimmten Voraussetzungen, z. B. aufgrund

---

1 S. dazu i. E. Rdn. 11 ff.

2 S. dazu Kommentierung zu den Durchführungswegen der betrieblichen Altersversorgung bei § 1 Rdn. 72–125.

3 S. dazu Kommentierung zu den Rechtsbegründungsakten der betrieblichen Altersversorgung bei § 1 Rdn. 126–184, insbes. Rdn. 158–184.

4 § 17 Abs. 1 S. 2 BetrAVG.

eines einseitigen Widerrufs, eine Einstellung oder Kürzung der Zahlungen rechtlich möglich ist.[5]

5 Die Unverfallbarkeit einer Versorgungsanwartschaft führt bei Beendigung des Arbeitsverhältnisses nicht zu einem Versorgungsanspruch, sondern nur zur **Aufrechterhaltung der Anwartschaft**, allerdings der Höhe nach gekürzt.[6] Ein Versorgungsanspruch entsteht bei Ausscheiden nach Erfüllung der Unverfallbarkeitsmodalitäten erst, wenn nach Beendigung des Arbeitsverhältnisses ein Versorgungsfall eintritt.[7]

II. Gesetzliche und vertragliche Unverfallbarkeit

6 § 1b BetrAVG regelt die **gesetzliche** Unverfallbarkeit.[8] Die gesetzlichen Unverfallbarkeitsmodalitäten gelten unabhängig davon, ob sie im Leistungsplan erwähnt worden sind oder nicht. Sie sind für den Arbeitgeber einseitig zwingend und begrenzen die Gestaltungsfreiheit bei Leistungsplänen. Fehlt eine Unverfallbarkeitsklausel in der Versorgungszusage, ist i.d.R. zugunsten des Arbeitgebers anzunehmen, dass die gesetzlichen Unverfallbarkeitsmodalitäten gelten sollen.[9]

7 Von den Unverfallbarkeitsmodalitäten des § 1b BetrAVG kann nicht zuungunsten des Arbeitnehmers abgewichen werden, auch nicht durch Tarifvertrag (§ 17 Abs. 3 BetrAVG). Das ist anders bei der Unverfallbarkeit der Höhe nach gem. § 2 BetrAVG. Diese Vorschrift ist tarifdispositiv (§ 17 Abs. 3 S. 1 BetrAVG).

8 Sind günstigere als die gesetzlichen Unverfallbarkeitsmodalitäten vorgesehen – was aufgrund der Gestaltungsfreiheit bei Leistungsplänen möglich

---

5 *Kemper* Die Unverfallbarkeit betrieblicher Versorgungsanwartschaften von Arbeitnehmern, S. 23; zu den Widerrufsmöglichkeiten s. § 1 Rdn. 362–374. »Verfallbare« Anwartschaften können grundsätzlich im Rahmen einer Kündigungsschutzabfindung nach §§ 9, 10 KSchG berücksichtigt werden. Daneben besteht aber kein Schadensersatzanspruch gem. § 628 Abs. 2 BGB, so BAG 12.6.2003, 8 AZR 341/02, EzA § 628 BGB 2002 Nr. 1; dazu auch *Kemper* RdA 2004, 310, BetrAV 2005, 302.

6 Dazu i. E. Kommentierung zu § 2 BetrAVG.

7 Zur Bedeutung einer Wartezeit im Leistungsplan s. § 1 Rdn. 218–227; zum Verhältnis von Unverfallbarkeitsmodalitäten und Wartezeit § 1b Abs. 1 S. 5 BetrAVG und dazu Rdn. 108 ff.; s. a. BAG 24.2.2004, 3 AZR 5/03, EzA § 1b BetrAVG Nr. 2.

8 Zur richterrechtlichen Unverfallbarkeit vgl. 4. Auflage § 1b Rn. 9 ff.

9 *Blomeyer/Rolfs/Otto* Rn. 98 zu § 1b; *Höfer* BetrAVG, Rn. 2674 zu § 1b, m. w. N.

ist – handelt es sich um eine **vertragliche** Unverfallbarkeit.[10] Ob günstigere Unverfallbarkeitsmodalitäten vereinbart sind, richtet sich nach den allgemeinen Auslegungsregeln für Leistungspläne. Die Darlegungs- und Beweislast dafür hat der begünstigte Versorgungsberechtigte. Im Zweifel sind nur die gesetzlichen Regelungen maßgebend.[11]

Im Gegensatz zur gesetzlichen Unverfallbarkeit ist die vertragliche Unverfall- **9** barkeit bis zum Eintritt des Versorgungsfalls nicht durch den PSVaG insolvenzgeschützt (§ 7 Abs. 2 BetrAVG).[12]

III. Arbeitgeber- und arbeitnehmerfinanzierte betriebliche Altersversorgung

Bei der gesetzlichen Unverfallbarkeit ist zu unterscheiden zwischen der **arbeit- 10 geber-** und der **arbeitnehmerfinanzierten** betrieblichen Altersversorgung.

Bei der **arbeitgeberfinanzierten** betrieblichen Altersversorgung gelten die **11** Unverfallbarkeitsmodalitäten des § 1b Abs. 1 BetrAVG mit der Übergangsregelung des § 30f BetrAVG.

Für Versorgungszusagen, die nach dem 31.12.2008 erteilt worden sind oder **12** erteilt werden, muss die Versorgungszusage mindestens fünf Jahre Bestand gehabt haben und bei Beendigung des Arbeitsverhältnisses mindestens das 25. Lebensjahr vollendet sein (§ 1b Abs. 1 BetrAVG).

Für Versorgungszusagen, die vor dem 1.1.2009 und nach dem 31.12.2000 **13** erteilt worden sind, muss die Versorgungszusage mindestens fünf Jahre Bestand gehabt haben und bei Beendigung des Arbeitsverhältnisses mindestens das 30. Lebensjahr vollendet sein. Um die Arbeitnehmer im Einzelfall auch von dem auf 25 abgesenkten Mindestalter profitieren zu lassen, bleibt die Anwartschaft auch dann erhalten, wenn die Zusage ab dem 1. Januar 2009 fünf Jahre bestanden hat und bei Beendigung des Arbeitsverhältnisses das 25. Lebensjahr vollendet ist (§ 30f Abs. 2 BetrAVG). Das bedeutet, bei Beendigung des Arbeitsverhältnisses zwischen dem 1.1.2009 und dem 30.12.2013 gilt das

10 Zur Auslegung einer Versorgungszusage im Sinne einer vertraglichen Unverfallbarkeit – BAG 2.7.2009, 3 AZR 501/07.
11 BAG 11.12.2001, 3 AZR 334/00, EzA § 1 BetrAVG Nr. 80; dazu auch *Höfer* BetrAVG, Rn. 2688 ff. zu § 1b.
12 S. dazu § 7 Rdn. 72 ff.

Mindestalter 30, bei Beendigung des Arbeitsverhältnisses am 31.12.2013[13] oder danach gilt für diese Versorgungszusagen das Mindestalter 25.

14 Für Versorgungszusagen, die vor dem 1.1.2001 erteilt worden sind, galten die »uralten« Unverfallbarkeitsmodalitäten: Mindestalter 35, mindestens 10jähriger Bestand der Versorgungszusage oder mindestens 3jähriger Bestand der Versorgungszusage und mindestens 12jährige Betriebszugehörigkeit.[14] Entsprechend der Übergangsregelung blieben und bleiben diese Anwartschaften auch dann erhalten, wenn die Zusage ab dem 1. Januar 2000 fünf Jahre bestanden hatte und bei Beendigung des Arbeitsverhältnisses das 30. Lebensjahr vollendet war (§ 30f Abs. 1 BetrAVG). Das bedeutete für die am 1.1.2001 aktiven Arbeitnehmer mit »Uraltzusagen«, die bis zum 30.12.2005 ausgeschieden sind, dass es bei den vor dem 1.1.2001 geltenden gesetzlichen Unverfallbarkeitsmodalitäten geblieben ist. Beim Ausscheiden dieser Arbeitnehmer am 31.12.2005 und danach galten die Unverfallbarkeitsmodalitäten in der bis zum 31.12.2008 gültigen Fassung des § 1b BetrAVG (§ 30f Abs. 1 BetrAVG).[15]

15 Eine noch weitergehende Herabsetzung der Unverfallbarkeitsmodalitäten auf drei Jahre Betriebszugehörigkeit und eine Altersgrenze von 21 Jahren findet

---

13 Entsprechend BAG 14.1.2009, 3 AZR 529/07, FA 2009, 118; 26.5.2009, 3 AZR 816/07, EzA § 1b BetrAVG Nr. 6 = DB 2010, 287.

14 Handelt es sich um die Unverfallbarkeitsmodalität »mindestens 12jährige Betriebszugehörigkeit«, die bis zum 30.12.2005 gegolten hat, ist bei der gesetzlichen Unverfallbarkeit in »Uraltzusagen« noch die sog. »Heranreichungsrechtsprechung« zu beachten. BAG 15.6.2010, 3 AZR 31/07, EzA § 1 BetrAVG Lebensversicherung Nr. 10 = DB 2010, 2498. Bei der Berechnung der gesetzlichen Unverfallbarkeit ist bei der Dauer der Betriebszugehörigkeit grds. zwar auf jedes Arbeitsverhältnis für sich abzustellen. Eine Ausnahme gilt bei zugesagter Anrechnung von Dienstzeiten bei einem früheren Arbeitgeber und wenn die Betriebszugehörigkeit von einer Versorgungszusage begleitet war. Die Heranreichungsrechtsprechung ist aber im Wesentlichen bei der Unverfallbarkeit der Höhe nach zu beachten, s. dazu Kommentierung zu § 2.

15 BAG 14.1.2009, 3 AZR 529/07, FA 2009, 118; 26.5.2009, 3 AZR 816/07, EzA § 1b BetrAVG Nr. 6 = DB 2010, 287.

sich in dem unionsrechtlichen Entwurf der sog. Mobilitätsrichtlinie (früher: Portabilitätsrichtlinie).[16]

Handelt es sich um **Entgeltumwandlungszusagen** gem. § 1 Abs. 2 Nr. 3 BetrAVG, gilt als gesetzliche Unverfallbarkeitsmodalität die sofortige Unverfallbarkeit gem. § 1b Abs. 5 BetrAVG, wenn diese Versorgungszusagen nach dem 31.12.2000 erteilt worden sind (§ 30f Abs. 1 S. 2 BetrAVG). Dasselbe gilt bei **Umfassungszusagen** gem. § 1 Abs. 2 Nr. 4 BetrAVG, wenn sie nach dem 31.12.2002 erteilt worden sind (§ 30e BetrAVG). **16**

Für Entgeltumwandlungszusagen, die vor dem 1.1.2001 erteilt worden sind, galt die sofortige gesetzliche Unverfallbarkeit zunächst nicht. Sie fallen aber auch unter die Übergangsregelung des § 30f Abs. 1 BetrAVG.[17] **17**

Hinzu kommt eine besondere Unverfallbarkeitsmodalität bei Ausscheiden aufgrund einer **Vorruhestandsregelung** (§ 1b Abs. 1 S. 2 BetrAVG).[18] **18**

B. Die gesetzlichen Unverfallbarkeitsmodalitäten bei der arbeitgeberfinanzierten betrieblichen Altersversorgung

I. Beendigung des Arbeitsverhältnisses

Unter Arbeitsverhältnis ist das Rechtsverhältnis zu verstehen, das zwischen dem einzelnen Arbeitnehmer und dem Arbeitgeber aufgrund des Arbeitsvertrages besteht. Das Arbeitsverhältnis endet stets mit der Beendigung des Arbeitsvertrages.[19] »Arbeitsverhältnisse« können auch Rechtsverhältnisse zwischen Unternehmen und Personen sein, die für ein Unternehmen tätig sind (§ 17 Abs. 1 S. 2 BetrAVG[20]), z. B. aufgrund von Dienstverträgen als Geschäftsführer einer GmbH oder als Vorstand einer Aktiengesellschaft bzw. aufgrund von Beratungsverträgen als Freiberufler.[21] **19**

---

16 Dazu geänderter Vorschlag für eine RICHTLINIE DES EUROPÄISCHEN PARLAMENTS UND DES RATES über Mindestvorschriften zur Erhöhung der Mobilität von Arbeitnehmern zwischen den Mitgliedstaaten durch Verbesserung der Begründung und Wahrung von Zusatzrentenansprüchen 17221/13 v. 10.12.2013.

17 Vgl. i. E. Rdn. 114 ff.

18 S. dazu Rdn. 106 ff.

19 *Blomeyer/Rolfs/Otto* Rn. 74 ff. zu § 1b; *Höfer* BetrAVG, Rn. 2937 ff. zu § 1b.

20 S. dazu § 17 Rdn. 3 ff.

21 Dazu BAG 20.4.2004, 3 AZR 297/03, EzA § 17 BetrAVG Nr. 10.

20 Als Beendigungsgründe kommen alle Formen der Vertragsbeendigung in Betracht, also Aufhebungsvertrag, Kündigung, Zeitablauf bei zulässiger Befristung, Tod des Arbeitnehmers. Der Grund für die Beendigung des Arbeitsverhältnisses ist unerheblich. Bei einer fristlosen Beendigung, bei einer fristlosen Kündigung oder bei besonders schweren Treuepflichtverletzungen kann sich das Problem des Widerrufs der Versorgungsanwartschaft stellen.[22]

21 Maßgebend ist der Zeitpunkt, zu dem das Arbeitsverhältnis endet bzw. die Beendigung vorgesehen ist, nicht der Zeitpunkt des Abschlusses eines Aufhebungsvertrages oder der Zeitpunkt der Kündigungserklärung.

22 Bei einem Betriebsübergang nach § 613a BGB endet das Arbeitsverhältnis nicht.[23] Dasselbe gilt **betriebsrentenrechtlich**, wenn das Arbeitsverhältnis zu einem Dienstverhältnis wird, z. B. weil der Arbeitnehmer in die Geschäftsführung berufen wird. Dies gilt unabhängig davon, dass in einem solchen Fall das Arbeitsverhältnis endet.[24] Begründung hierfür ist § 17 Abs. 1 S. 2 BetrAVG.

23 Eine Beendigung des Arbeitsverhältnisses tritt auch nicht ein, wenn das Arbeitsverhältnis ruht, z. B. bei einer Elternzeit.[25] Das Arbeitsverhältnis wird aber i. d. R. beendet, wenn eine Vorruhestandsregelung getroffen wird. Dasselbe gilt bei Inanspruchnahme der Leistungen aus der gesetzlichen Rentenversicherung.[26]

24 Unverfallbarkeitsfragen treten nicht auf, wenn ein Arbeitnehmer die Unverfallbarkeitsmodalitäten während eines bestehenden Arbeitsverhältnisses erfüllt hat und ohne Beendigung des Arbeitsverhältnisses die Versorgungsanwartschaft verändert, abgefunden oder von einem anderen Rechtssubjekt übernommen werden soll.[27]

II. Vollendung des Mindestalters von 25

25 Es gilt die bürgerlich-rechtliche Altersbestimmung des § 187 Abs. 2 S. 2 BGB. Nicht maßgebend ist eine versicherungstechnische Altersbestimmung.

---

22 S. dazu § 1 Rdn. 362 ff.

23 S. dazu Rdn. 78 ff.

24 BAG 19.7.2007, 6 AZR 774/06, DB 2007, 2093.

25 S. dazu § 2 Rdn. 65.

26 Zu den Rechtsfolgen bei Inanspruchnahme der vorzeitigen Altersleistungen aus der gesetzlichen Rentenversicherung s. § 6 Rdn. 6 ff.

27 S. hierzu Kommentierung zu §§ 3 und 4.

Kemper/Huber

▶ **Beispiel:** 26

Wer z.B. am 1.1.1989 geboren ist, hat am 31.12. um 24.00 Uhr des Jahres 2013 das 25. Lebensjahr vollendet, sodass bei einem Ausscheiden zu diesem Zeitpunkt die Anwartschaft aufrechtzuerhalten ist, wenn auch die andere Unverfallbarkeitsvoraussetzung (mindestens 5 Jahre Bestandsdauer der Versorgungszusage) erfüllt ist. Für den Zeitraum bis zum 30.12.2013 gilt noch das Mindestalter 30 (§ 30f Abs. 2 BetrAVG).

Das Mindestalter 25 oder 30 (bis 30.12.2013) bedeutet keine mittelbare 27 Diskriminierung von Frauen und keinen Verstoß gegen das Grundgesetz und den EU-Vertrag (Art. 157 AEUV).[28] Auch ist keine Verletzung des AGG gegeben.[29] Die Altersgrenzen von 30 und 35 Jahren wurden vom BAG für unionsrechtlich zulässig erklärt.[30]

Scheidet ein Arbeitnehmer wenige Wochen oder Tage vor der Vollendung des 28 maßgeblichen Lebensalters aus, verfällt die Versorgungsanwartschaft ersatzlos. Der Arbeitgeber muss über die Konsequenzen der Nichterfüllung der Unverfallbarkeitsvoraussetzungen nicht aufklären.[31] Wenn der Arbeitnehmer aber den Arbeitgeber fragt, muss die Auskunft richtig sein.[32]

---

28 So für das frühere Mindestalter 35: BAG 18.10.2005, 3 AZR 506/04, EzA Art. 141 EG-Vertrag 1999 Nr. 19. Das gilt erst recht für die jetzigen Mindestalter 25 oder 30.

29 Dazu *Beitze* in Hey, AGG § 10 Rn. 85 ff.

30 BAG 18.10.2005, 3 AZR 506/04, Art. 141 EG-Vertrag 1999 Nr. 19 = NZA 2006, 1159; LAG Köln 11.10.2012, 7 Sa 194/12, NZA-RR 2013, 488; BAG 9.10.2012, 3 AZR 477/10, NZA-RR 2013, 150; 28.5.2013, 3 AZR 235/11; 28.5.2013, 3 AZR 210/11, FA 2013, 314.

31 BAG 3.7.1990, 3 AZR 382/89, EzA §611 BGB Aufhebungsvertrag Nr. 7; 22.2.2000, 3 AZR 4/99, EzA § 1 BetrAVG Nr. 72; 17.10.2000, 3 AZR 605/99, EzA §611 BGB Fürsorgepflicht Nr. 59 = AP Nr. 116 zu BGB §611 Fürsorgepflicht; 11.12.2001, 3 AZR 329/00, EzA §611 BGB Fürsorgepflicht Nr. 62.

32 *Reinecke* RdA 2005, 219 und DB 2006, 555.

III. Bestandsdauer der Versorgungszusage

29 Die Versorgungszusage muss mindestens fünf Jahre bestanden haben. Die Frist muss immer gem. §§ 187ff. BGB voll erfüllt sein. Ein auch nur geringes Unterschreiten führt zur Verfallbarkeit der Anwartschaft.[33]

30 Den Fristbeginn bezeichnet das BetrAVG als Zeitpunkt der Erteilung der Versorgungszusage (vgl. § 1b Abs. 2 S. 4, Abs. 3 S. 2 und Abs. 4 S. 2 BetrAVG).

1. Ende der Bestandsdauer der Versorgungszusage

31 Die Bestandsdauer der Versorgungszusage endet üblicherweise mit dem rechtlichen Ende des Arbeitsverhältnisses.

32 Für den Zusagebestand kommt es darauf an, dass das Arbeitsverhältnis nicht unterbrochen wurde.[34] Jede auch nur kurzfristige Unterbrechung führt dazu, dass die Frist nicht erfüllt ist, sondern von Neuem beginnt. Die Grundsätze über die Zusammenrechnung bei einem inneren sachlichen Zusammenhang der Arbeitsverhältnisse können nicht herangezogen werden.[35] Die Unverfallbarkeitsmodalitäten müssen grds. im Letzten, dem neuen Arbeitsverhältnis erfüllt sein.[36] Ob diese Grundsätze auch für Saisonarbeitnehmer gelten, ist fraglich.[37]

33 Die Bestandsdauer der Versorgungszusage endet – auch ohne Beendigung des Arbeitsverhältnisses –, wenn die Arbeitgeberverpflichtung entfallen ist, z. B. durch eine Aufhebung des Versorgungsverhältnisses während eines bestehenden Arbeitsverhältnisses gegen Zahlung einer Abfindung, was nicht gegen § 3 BetrAVG verstößt.[38]

---

33 BAG 7.8.1975, 3 AZR 12/75, EzA § 242 BGB Ruhegeld Nr. 44; 29.3.1983, 3 AZR 26/81, EzA § 1 BetrAVG Nr. 26; 22.2.2000, 3 AZR 4/99, EzA § 1 BetrAVG Nr. 72 = DB 2001, 2203.

34 BAG 22.2.2000, 3 AZR 4/99, EzA § 1 BetrAVG Nr. 72.

35 BAG 22.2.2000, 3 AZR 4/99, EzA § 1 BetrAVG Nr. 72.

36 So schon BAG 19.7.1993, 3 AZR 397/81, DB 1983, 2255.

37 Offen gelassen: BAG 20.2.2001, 3 AZR 407/99, EzA § 1 BetrAVG Nr. 74.

38 Dazu s. Kommentierung zu § 3 Rdn. 26 ff.

Kemper/Huber

2. Zeitpunkt der Erteilung der Versorgungszusage

Eine Versorgungszusage ist dann erteilt, wenn die Arbeitgeberverpflichtung 34 gegenüber den Begünstigten erstmals entstanden ist. Das richtet sich nach dem gewählten Rechtsbegründungsakt.[39]

Allgemein wird angenommen, dass frühester Zusagezeitpunkt der Beginn der 35 Betriebszugehörigkeit ist, selbst wenn die Versorgungsregelung vor Beginn des Arbeitsverhältnisses erfolgt.[40]

a) Einzelzusage

Eine Einzelzusage ist erteilt, wenn der Versorgungsvertrag zustande gekom- 36 men ist. Dieses richtet sich nach allgemeinem Vertragsrecht. Das gilt auch für eine **Blankettzusage**.[41] Bei einer Blankettzusage ist die Versorgungszusage also schon erteilt, obwohl die Einzelheiten des Leistungsplanes noch nicht feststehen. Ein Versorgungsvertrag (und damit eine Versorgungszusage) ist jedoch noch nicht zustande gekommen, wenn der Arbeitgeber lediglich ein Angebot gem. § 145 BGB abgegeben hat, das der Arbeitnehmer innerhalb einer bestimmten Zeit annehmen kann oder nicht. Dann ist die Versorgungszusage erst erteilt, wenn das Angebot angenommen wird.

Die Wirksamkeit der Vereinbarung eines fiktiven Zusagezeitpunkts für die 37 gesetzlichen Unverfallbarkeitsmodalitäten ist individualvertraglich je nach Sachlage unterschiedlich zu bewerten. Der Zusagezeitpunkt kann vertraglich mit Wirkung für die gesetzlichen Unverfallbarkeitsmodalitäten nicht rückdatiert werden. Die gesetzlichen Zusagezeitpunkte sind nicht disponibel, schon aus Gründen des damit verbundenen Insolvenzschutzes.[42] Jedoch kann in einem solchen Fall eine vertragliche Verbesserung der Unverfallbarkeitsmodalitäten vorliegen.[43] Das BAG hat bei Betriebsvereinbarungen in engen

---

39 S. dazu § 1 Rdn. 126 ff.

40 BAG 21.1.2003, 3 AZR 121/02, EzA § 1b BetrAVG Nr. 1; *Blomeyer/Rolfs/Otto* Rn. 58 zu § 1b; *Höfer* BetrAVG, Rn. 2718 ff. zu § 1b.

41 S. dazu § 1 Rdn. 130 ff.

42 BAG 21.1.2003, 3 AZR 121/02, EzA § 1b BetrAVG Nr. 1; zur Auslegung einer Versorgungszusage i. S. einer vertraglichen Unverfallbarkeit BAG 2.7.2009, 3 AZR 501/07, DB 2009, 1939.

43 So auch *Höfer* BetrAVG, Rn. 2717 zu § 1b.

Grenzen eine Rückdatierung des Zusagezeitpunktes sogar mit Wirkung für die gesetzliche Unverfallbarkeit anerkannt.[44]

38 Bei Vordatierungen kann es sich um eine den Zusagezeitpunkt nicht berührende Vorschaltzeit handeln.[45]

b) Gesamtzusagen/vertragliche Einheitsregelungen

39 Gesamtzusagen und vertragliche Einheitsregelungen werden i.d.R. schon lange in einem Unternehmen praktiziert. In diesem Fall stimmen Zusagezeitpunkt und rechtlicher Beginn des Arbeitsverhältnisses überein, wenn die Gesamtbelegschaft begünstigt ist.[46]

40 Bei neu eingeführten Versorgungssystemen gilt der Zeitpunkt als Zusagezeitpunkt, in dem die Arbeitgeberverpflichtung entstanden ist, bei einer Gesamtzusage z. B. der Aushang am »Schwarzen Brett« oder bei einer vertraglichen Einheitsregelung die Übergabe der Versorgungsordnung.[47]

41 Wird die Zusage an das Erreichen einer bestimmten Stellung im Unternehmen geknüpft, z. B. bei Erreichen einer bestimmten Hierarchiestufe, so ist die Zusage erst bei Erreichen des Status erteilt.[48]

42 Soll die Zusage erst nach Ablauf einer bestimmten Dienstzeit und/oder nach Vollendung eines Mindestalters erteilt werden, ist der Zusagezeitpunkt »vorverlegt« (Vorschaltzeiten).[49]

c) Betriebliche Übung/Gleichbehandlung

43 Bei einer betrieblichen Altersversorgung, die auf einer betrieblichen Übung oder dem Grundsatz der Gleichbehandlung beruht (deklaratorischer Hinweis auf Rechtsbegründungsakte dieser Art in § 1b Abs. 1 S. 4 BetrAVG), ist die Zusage dann erteilt, wenn die betriebliche Übung entstanden ist und sich für den kon-

---

44 BAG 6.3.1984, 3 AZR 82/82, EzA § 1 BetrAVG Nr. 31.

45 S. dazu nachfolgend Rdn. 52 f.

46 *Blomeyer/Rolfs/Otto* Rn. 29 zu § 1b; BAG 20.2.2001, 3 AZR 671/99, DB 2004, 1568; 10.12.2002, 3 AZR 92/02, EzA § 1 BetrAVG Ablösung Nr. 37 = DB 2004, 1566.

47 S. dazu § 1 Rdn. 135 f. und Rdn. 138 f.

48 BAG 20.4.1982, 3 AZR 1118/79, EzA § 1 BetrAVG Nr. 20; 17.2.1998, 3 AZR 783/96, EzA § 1 BetrAVG Gleichbehandlung Nr. 14; 28.7.1992, 3 AZR 173/92, EzA § 1 BetrAVG Gleichbehandlung Nr. 2; s. dazu nachfolgend Rdn. 60 ff.

49 S. dazu nachfolgend Rdn. 52 ff.

kreten Arbeitnehmer auswirkt oder wenn ein Verstoß gegen den Gleichbehandlungsgrundsatz vorliegt, der einen willkürlich ausgeschlossenen Arbeitnehmer betrifft.[50] Besteht bei dem Arbeitgeber eine betriebliche Übung, so gilt für Neueintritte als Zusagezeitpunkt der rechtliche Beginn des Arbeitsverhältnisses.

Eine Versorgungszusage durch betriebliche Übung kann inhaltlich einer kollektiven Blankettzusage[51] ähneln, was auch für den Zeitpunkt der Erteilung der Versorgungszusage maßgebend ist. Schon vor Ausfüllung einer derartigen betrieblichen Übung gem. § 315 BGB durch den Arbeitgeber ist die Versorgungszusage erteilt.[52] **44**

d) Betriebsvereinbarung

Zeitpunkt der Erteilung der Versorgungszusage bei einer Betriebsvereinbarung ist der Zeitpunkt, in dem die formellen Voraussetzungen des § 77 Abs. 2 BetrVG (mit Ausnahme des Aushangs am »Schwarzen Brett«) kumulativ erfüllt sind, wenn also erstmals eine Betriebsvereinbarung für die betriebliche Altersversorgung abgeschlossen wird.[53] **45**

Besteht bei Eintritt eines Arbeitnehmers in ein Unternehmen bereits eine Betriebsvereinbarung und wird der Arbeitnehmer von ihr erfasst, hat er i. d. R. ab rechtlichem Beginn des Arbeitsverhältnisses eine Versorgungszusage.[54] Die Betriebsvereinbarung kann jedoch auch einen anderen Zeitpunkt des Inkrafttretens vorsehen.[55] **46**

e) Sprecherausschussvereinbarung

Bei Vereinbarungen gem. § 28 Abs. 2 SprAuG ist die Versorgungszusage erteilt, wenn die Unterschriften der Vereinbarung geleistet werden.[56] Richtlinien gem. § 28 Abs. 1 SprAuG haben keine normativen Wirkungen, begründen also unmittelbar keine Versorgungszusagen.[57] **47**

---

50 Dazu *Höfer* BetrAVG, Rn. 2767 ff. zu § 1b m. w. N. und *Blomeyer/Rolfs/Otto* Rn. 30 ff.
51 S. dazu § 1 Rdn. 130–133.
52 BAG 25.6.2002, 3 AZR 360/01, EzA § 1 BetrAVG Betriebliche Übung Nr. 3.
53 S. dazu § 1 Rdn. 141–147.
54 *Blomeyer/Rolfs/Otto* Rn. 40 zu § 1b.
55 BAG 6.3.1984, 3 AZR 82/82, EzA § 1 BetrAVG Nr. 31.
56 *Blomeyer/Rolfs/Otto* Rn. 41 zu § 1b.
57 *Blomeyer/Rolfs/Otto*, Anh. zu § 1 BetrAVG, Rn. 113 ff.

48   Bestehen bei Eintritt eines leitenden Angestellten in das Unternehmen gem. § 28 Abs. 2 SprAuG Vereinbarungen, ist Zusagezeitpunkt i. d. R. der rechtliche Beginn des Arbeitsverhältnisses, wenn alle leitenden Angestellten begünstigt sind.

f) Tarifvertrag

49   Bei einem Tarifvertrag ist die Versorgungszusage erteilt, wenn er zustande gekommen und der Arbeitnehmer von seinem persönlichen Geltungsbereich erfasst ist.[58] Dies gilt auch, wenn im Tarifvertrag »Vorschaltzeiten«[59] vorgesehen sind.[60]

50   Bei Allgemeinverbindlicherklärungen (§ 5 TVG) ist der Tag der öffentlichen Bekanntmachung gem. § 5 Abs. 7 TVG der maßgebende Zusagezeitpunkt, wenn das Arbeitsverhältnis bereits besteht, sonst der Beginn des Arbeitsverhältnisses.[61]

g) Gesetz

51   Beruht die betriebliche Altersversorgung auf einem Gesetz, ist die Versorgungszusage erteilt, wenn der Arbeitnehmer vom persönlichen Geltungsbereich des Gesetzes erfasst ist.

3. Vorschaltzeiten

52   In Leistungsplänen wird als Leistungsvoraussetzung häufig vorgesehen, dass eine Aufnahme in das Versorgungssystem erst erfolgen soll, wenn eine **Mindestdienstzeit** abgeleistet und/oder ein **Mindestalter** erreicht ist. Derartige **Vorschaltzeiten** können grundsätzlich bei allen Rechtsbegründungsakten vorgesehen werden.[62]

53   Nach feststehender Rechtsprechung des BAG führen derartige Regelungen nicht zum Hinausschieben des Zeitpunktes der Erteilung der Versorgungszusage. Eine »**Zusage auf eine Zusage**« wird als Versorgungszusage i. S. d. § 1b BetrAVG behandelt, weil das Erstarken einer Anwartschaft zum Vollrecht

---

58   S. dazu i. E. *Blomeyer/Rolfs/Otto* Rn. 42 ff. zu § 1b.
59   S. dazu Rdn. 52 ff.
60   A. A. *Blomeyer/Rolfs/Otto* Rn. 43 zu § 1b; wie hier *Höfer* BetrAVG, Rn. 2784 zu § 1b.
61   *Höfer* BetrAVG, Rn. 2783 zu § 1b.
62   Zu den denkbaren Unterschieden bei den Durchführungswegen s. Rdn. 57 f.

Kemper/Huber

nur noch vom Fortbestand des Arbeitsverhältnisses und vom Eintritt des Versorgungsfalles abhängt.[63] Auf die Länge der Vorschaltzeit kommt es nicht an. Dies gilt auch dann, wenn eine arbeitsvertragliche Probezeit innerhalb eines unbefristeten Arbeitsverhältnisses als Vorschaltzeit festgelegt ist.[64] Bei Befristung eines Arbeitsverhältnisses handelt es sich nicht um Vorschaltzeiten, sondern um ein statusbezogenes Kriterium.[65] Werden nur Arbeitnehmer mit unbefristeten Arbeitsverhältnissen begünstigt, ist bei einem »vorgeschalteten« befristeten Arbeitsverhältnis die Versorgungszusage erst erteilt, wenn aus dem befristeten ein unbefristetes Arbeitsverhältnis geworden ist.[66]

▶ **Beispiel:** 54

Sollen Arbeitnehmer nach den Bestimmungen im Leistungsplan erst ab Vollendung des 30. Lebensjahres (Mindestalter) in ein Versorgungssystem aufgenommen werden, so hat ein Arbeitnehmer, der mit 25 Jahren in das Arbeitsverhältnis eintritt, sofort eine Versorgungszusage. Nach dem Grundsatz der Gestaltungsfreiheit kann jedoch für die versorgungsfähige Dienstzeit (Leistungshöhe) und die Erfüllung der Wartezeit erst die Zeit ab Vollendung des 30. Lebensjahres zählen.

Vorschaltzeiten sind in leistungsausschließende Wartezeiten umzudeuten.[67] 55 Wartezeiten sind ein Element des Leistungsplanes und setzen den Bestand einer Versorgungszusage voraus.

Im Gegensatz zu einem Mindestalter kann ein **Höchstaufnahmealter** dazu 56 führen, dass eine Versorgungszusage überhaupt nicht erteilt wird. Das ist je nach den Umständen des Einzelfalls und der vorliegenden Sachgründe zulässig.[68] Ein »faktisches« Höchstaufnahmealter von 45 Jahren hat das LAG

---

63 So grundlegend BAG 7.7.1977, 3 AZR 572/76, EzA § 1 BetrAVG Wartezeit Nr. 3; bestätigt durch BAG 24.2.2004, 3 AZR 5/03, EzA § 1b BetrAVG Nr. 2.

64 BAG 24.2.2004, 3 AZR 5/03, EzA § 1b BetrAVG Nr. 2.

65 S. dazu Rdn. 60 ff.

66 Dazu *Kemper* FS Andresen, S. 463, 470.

67 BAG 24.2.2004, 3 AZR 5/03, EzA § 1b BetrAVG Nr. 2; s. dazu auch § 1 Rdn. 218–227.

68 BAG 7.7.1977, 3 AZR 570/76, EzA § 1 BetrAVG Nr. 1; dazu auch *Höfer* BetrAVG, Rn. 822 zu ART und *Blomeyer/Rolfs/Otto* Rn. 168 zu Anh. § 1 jeweils m. w. N. Zur Bedeutung des AGG bei einem Höchstaufnahmealter s. § 1 Rdn. 219.

Baden-Württemberg für unwirksam angesehen.[69] Das BAG wiederum lässt eine Höchstaltersgrenze von 50 Jahren zu.[70]

57 ▶ **Beispiel:**

Es ist möglich, durch ein Höchstaufnahmealter von z. B. 50 Jahren alle Mitarbeiter ab dieser Altersstufe aus einem Versorgungssystem auszuschließen, selbst wenn diese bis zum Pensionsalter von z. B. 65 Jahren noch 15 Jahre Betriebstreue erbringen können. Unzulässig ist es dagegen vorzusehen, dass ein Mitarbeiter, der mit 25 Jahren in dasselbe Unternehmen eintritt, die Versorgungszusage erst nach Ableistung einer Mindestdienstzeit von z. B. 10 Jahren und/oder nach Vollendung eines Mindestalters von z. B. 30 Jahren erhält.[71]

58 Vorschaltzeiten beeinträchtigen den Zusagezeitpunkt unstreitig nicht bei den Durchführungswegen unmittelbare Versorgungszusage[72] und Unterstützungskasse.[73]

59 Problematisch ist, ob dies auch bei den Durchführungswegen Direktversicherung, Pensionskasse und Pensionsfonds gilt. Bei diesen Durchführungswegen wird in § 1b Abs. 2 S. 4 und Abs. 3 S. 2 BetrAVG für den Zeitpunkt der Zusageerteilung auf den Versicherungsbeginn (frühestens auf den Beginn der Betriebszugehörigkeit) abgestellt. Folglich kann der Versicherungsbeginn nach dem Eintritt in das Arbeitsverhältnis liegen.[74]

4. Statusbezogene Kriterien

60 Ist die Versorgungszusage an das Erreichen einer bestimmten **Stellung** (z. B. Abteilungsleiter, Meister) im Unternehmen geknüpft, ist die Zusage erst bei Erreichen des Status erteilt. Derartige statusbezogene Kriterien können grundsätzlich bei allen Rechtsbegründungsakten vorgesehen werden.

61 Voraussetzung ist, dass dem Arbeitgeber bis zum Erreichen des Status ein Entscheidungsspielraum bleibt, ob er die Versorgungszusage erteilt oder

---

69 LAG Baden-Württemberg 23.11.2011, 2 Sa 77/11, BeckRS 2011, 79226.

70 BAG 12.2.2013, 3 AZR 100/11, NJW 2013, 2540 m. Anm. *Rolfs.*

71 Zur AGG-Problematik s. § 1 Rdn. 220.

72 BAG 7.7.1977, 3 AZR 572/76, EzA § 1 BetrAVG Nr. 3.

73 BAG 13.7.1978, 3 AZR 278/77, EzA § 1 BetrAVG Nr. 4.

74 S. dazu Rdn. 127 ff.

Kemper/Huber

nicht.[75] Fehlt der Entscheidungsspielraum, gelten dieselben Grundsätze wie bei den Vorschaltzeiten,[76] z. B. wenn die Versorgungsregelung nur Prokuristen begünstigen soll und sich der Arbeitgeber verpflichtet hat, nach zweijähriger Betriebszugehörigkeit Prokura zu erteilen. Zeitpunkt der Erteilung der Versorgungszusage ist in einem solchen Fall der Beginn des Arbeitsverhältnisses.[77]

Dasselbe gilt bei einer Blankettzusage.[78] Der Arbeitgeber hat keinen Entscheidungsspielraum.[79] **62**

Es sind alle statusbezogenen Abgrenzungen in Bezug auf den Kreis der Versorgungsberechtigten möglich, die nach dem Gleichbehandlungs- oder Gleichberechtigungsgrundsatz[80] oder nach dem AGG zulässig sind. **63**

5. Inkrafttretensbestimmungen

Insbesondere bei den Rechtsbegründungsakten Betriebsvereinbarung und Tarifvertrag kommt es vor, dass vereinbart wird, diese Regelungen erst zu einem künftigen Zeitpunkt oder rückwirkend Inkrafttreten zu lassen. Das BAG hat es zugelassen, dass derartige Regelungen bei ausdrücklich angeordnetem rückwirkenden Inkrafttreten auf den gesetzlichen Zusagezeitpunkt Einfluss nehmen können.[81] Sofern eine ausdrückliche Regelung fehlt, ist Zusagezeitpunkt der Abschlusszeitpunkt der Betriebsvereinbarung oder des Tarifvertrages. **64**

Ist ein Inkrafttreten der Regelung erst für die Zukunft vorgesehen, handelt es sich insoweit um leistungsausschließende Wartezeiten.[82] **65**

---

75 BAG 17.2.1998, 3 AZR 783/96, EzA § 1 BetrAVG Gleichbehandlung Nr. 14; 28.7.1992, 3 AZR 173/92, EzA § 1 BetrAVG Gleichbehandlung Nr. 2; 20.4.1982, 3 AZR 1118/79, EzA § 1 BetrAVG Nr. 20; dazu auch *Blomeyer/Rolfs/Otto* Rn. 51 ff. zu § 1b.

76 S. dazu Rdn. 52 ff.

77 BAG 20.4.1982, 3 AZR 1118/79, EzA § 1 BetrAVG Nr. 20.

78 S. dazu § 1 Rdn. 130–133.

79 BAG 23.11.1978, 3 AZR 708/77, EzA § 242 BGB Ruhegeld Nr. 77.

80 S. dazu § 1 Rdn. 167–184.

81 BAG 6.3.1984, 3 AZR 82/82, EzA § 1 BetrAVG Nr. 31. Dazu m. w. N. und zu § 1b teilw. krit. *Höfer* BetrAVG, Rn. 2776 ff. zu § 1b und *Blomeyer/Rolfs/Otto* Rn. 35 ff. zu § 1b.

82 S. dazu § 1 Rdn. 223 ff.

6. Zusagezeitpunkt und Änderung der Versorgungszusage

66 Eine Änderung der Versorgungszusage unterbricht nicht den Ablauf der Fristen für den Zusagebestand (§ 1b Abs. 1 S. 3 BetrAVG).

67 Das BetrAVG geht – zumindest für die Bestimmung der Unverfallbarkeitsmodalitäten – vom Grundsatz der **Einheit der Versorgungszusage** aus.[83] Bei einer Änderung der Versorgungszusage gibt es i. d. R. keine zwei Zusagezeitpunkte, maßgebend bleibt der erste Zeitpunkt der Erteilung einer Versorgungszusage, unabhängig davon, in welcher Weise die Änderungen der Versorgungszusage geschehen, also unabhängig vom Rechtsbegründungsakt und dem Durchführungsweg. Es kann sich dabei um Veränderungen (Erhöhungen oder Reduzierungen) im selben Rechtsbegründungsakt und in verschiedenen Rechtsbegründungsakten, im selben Durchführungsweg und in verschiedenen Durchführungswegen handeln.

68 Es können auch Versorgungszusagen ausgetauscht werden.

69 ▶ **Beispiel:**

Die ursprüngliche Versorgungszusage beruht auf einer Unterstützungskasse. Diese wird abgelöst durch eine unmittelbare Versorgungszusage (Austausch des Durchführungsweges). **Oder:** Die ursprüngliche Versorgungszusage beruht auf einer Gesamtzusage. Diese wird durch eine Betriebsvereinbarung abgelöst (Austausch des Rechtsbegründungsaktes). **Oder:** Die Festbetragszusage in Höhe von € 200,00 wird durch Betriebsvereinbarung auf einen Betrag von € 210,00 erhöht.

70 Greift der Grundsatz der Einheit der Versorgungszusage, so handelt es sich trotz Änderung der Versorgungszusage nicht um eine Neuzusage, sondern die geänderte Zusage bleibt eine Altzusage. Dieser Unterschied ist für viele Bestimmungen des BetrAVG von Bedeutung, nicht nur bei der Übergangsvorschrift in § 30f BetrAVG, sondern auch bei der Anwendung der Übergangsregeln in §§ 30b ff. BetrAVG, z. B. zum Insolvenzschutz bei Entgeltumwandlung gem. § 7 Abs. 3 BetrAVG und bei der Anpassungsprüfungspflicht gem. § 16 BetrAVG. Ob der Grundsatz der Einheit der Versorgungszusage

---

83 *Höfer* BetrAVG, Rn. 2785 zu § 1b; BAG 12.2.1981, 3 AZR 163/80, EzA § 1 BetrAVG Nr. 13; 28.4.1981, 3 AZR 184/80, EzA § 1 BetrAVG Nr. 22; nach *Blomeyer/Rolfs/Otto* Rn. 114 ff. zu § 1b handelt es sich beim Prinzip der »Einheit der Versorgung« lediglich um eine Auslegungsregel.

bei der Abgrenzung von Alt- und Neuzusagen in allen Rechtsgebieten der betrieblichen Altersversorgung gilt, ist offen. Es erscheint durchaus sinnvoll, bei der Anpassungsbestimmung des § 16 BetrAVG oder im Steuerrecht andere Abgrenzungskriterien aufzustellen als bei der Unverfallbarkeit.[84]

Eine Ausnahme vom Grundsatz der Einheit der Versorgungszusage ist **71** dann anzunehmen, wenn die verschiedenen Versorgungszusagen nicht in einem sachlichen Zusammenhang stehen.[85] Dies ist z. B. der Fall, wenn eine arbeitgeberfinanzierte betriebliche Altersversorgung auf eine arbeitnehmerfinanzierte betriebliche Altersversorgung trifft. Hier laufen für jede Versorgungszusage eigenständige Unverfallbarkeitsfristen.[86] Umstritten ist dies für den Fall eines Karrieresprungs, wenn z. B. mit der Vorstandsbestellung eines ehemaligen leitenden Angestellten einer Aktiengesellschaft eine Erhöhungszusage von erheblichem Umfang erteilt wird.[87]

Ob Versorgungszusagen ersichtlich in keinem inneren Zusammenhang zuein- **72** anderstehen, richtet sich nach objektiven Kriterien. Es reicht nicht aus, lediglich in die Versorgungszusage einen Hinweis aufzunehmen, dass die »neue« Versorgungszusage in keinem unmittelbaren sachlichen oder rechtlichen Zusammenhang zu etwa schon bestehenden oder künftigen Versorgungszusagen steht.[88] Würde man dieser Auffassung folgen, wäre der Grundsatz der Einheit der Versorgungszusage der Gestaltungsfreiheit der Parteien des Versorgungsverhältnisses unterworfen und die gesetzlichen Unverfallbarkeitsmodalitäten – einschließlich der Insolvenzsicherung – in gewissem Rahmen gestaltbar.

7. Zusagezeitpunkt und Übernahme der Versorgungszusage durch eine andere Person, Gesamtrechtsnachfolge und Betriebsübergang

Die Übernahme der Versorgungszusage durch eine andere Person unterbricht **73** nicht die Bestandsdauer der Versorgungszusage (§ 1b Abs. 1 S. 3 BetrAVG).

---

84 Dazu *Kemper* FS Andresen, S. 463, 470 ff.; s. a. BMF-Schreiben v. 24.7.2013 i. d. F. v. 13.1.2014, BStBl. I, S. 1022, Rn. 349 ff. (s. Anh. III).

85 So BAG 28.4.1992, 3 AZR 354/91, BetrAV 1992, 229; dazu *Cisch* FS Kemper, S. 61 ff.

86 *Kemper* BetrAV 1992, 250; *Höfer* BetrAVG, Rn. 2795 zu § 1b.

87 Dazu *Hanau* Gedenkschrift für Blomeyer, S. 114 ff. und *Blomeyer/Rolfs/Otto* Rn. 126 zu § 1b.

88 So aber *Langohr-Plato* Rn. 388; dazu auch *Höfer* BetrAVG, Rn. 2795 ff. zu § 1b.

74 Unter Übernahme ist i. d. R. ein Arbeitgeberwechsel zu verstehen. Dieser kann bewirkt werden durch eine Gesamtrechtsnachfolge, einen Betriebsübergang gem. § 613a BGB oder durch eine Schuldübernahme bei einem dreiseitigen Vertrag zwischen dem bisherigen und dem neuen Arbeitgeber und dem Arbeitnehmer. Eine derartige Schuldübernahme richtet sich nach § 415 BGB. Bei einer Schuldübernahme sind die Sonderbestimmungen des § 4 BetrAVG zu beachten.[89]

75 **§ 1b Abs. 1 S. 3 BetrAVG und § 4 BetrAVG betreffen nur die rechtsgeschäftliche Schuld- und Vertragsübernahme[90]und beziehen sich nicht auf Fälle der Gesamtrechtsnachfolge oder des Betriebsübergangs gem. § 613a BGB, weil hier die Auswechslung des Versorgungsschuldners kraft Gesetzes geschieht und damit die Unverfallbarkeitsfrist ohnehin nicht unterbrochen wird.[91]Trotzdem sollen die Fälle der Gesamtrechtsnachfolge und des Betriebsübergangs als Einzelrechtsnachfolge gem. § 613a BGB in Bezug auf die Auswirkungen auf die Unverfallbarkeitsmodalitäten und darüber hinaus dargestellt werden, da diese in der Praxis oft als Unterfälle von § 4 BetrAVG begriffen werden.[92]**

a) Gesamtrechtsnachfolge

76 Von Gesamtrechtsnachfolge spricht man, wenn alle Rechte und Pflichten eines Rechtsträgers durch **einen** Rechtsakt auf einen neuen Rechtsträger übergehen. Eine Gesamtrechtsnachfolge geschieht bei Erbfolge (§§ 1922 ff. BGB), bei einem Anteilserwerb (share deal) oder bei Umwandlungen gem. dem handelsrechtlichen Umwandlungsgesetz, z. B. bei Verschmelzungen und Spaltungen.

77 Bei einer Gesamtrechtsnachfolge gehen grundsätzlich alle Arbeitsverhältnisse und Versorgungsverhältnisse auf den neuen Rechtsträger über, also bei der betrieblichen Altersversorgung die Versorgungsanwartschaften von aktiven und ehemaligen Arbeitnehmern und auch die Versorgungsansprüche ehemaliger Arbeitnehmer und ihrer Hinterbliebenen. Bei einer Abspaltung oder Aufspaltung muss im Spaltungsvertrag geregelt werden, welche Ver-

---

89 Dazu s. Kommentierung zu § 4.
90 *Kemper/Kisters-Kölkes* Grundzüge Rn. 258.
91 *Kemper/Kisters-Kölkes* Grundzüge Rn. 731 ff.
92 Dazu auch *Reichenbach* FS Kemper, S. 365 ff.

sorgungsverhältnisse von inaktiven ehemaligen Arbeitnehmern übergehen.[93]
Bei Gesamtrechtsnachfolgen nach dem Umwandlungsgesetz ist gem. §324
UmwG, §613a BGB mit seinen Abs. 1 und 4 bis 6 zu beachten.

b) Betriebsübergang

§613a BGB regelt den Gesamtkomplex des Schicksals von Arbeitsverhältnis- 78
sen beim Übergang eines Betriebs oder Betriebsteils (Betriebsübergang) von
einem bisherigen Inhaber (Veräußerer) auf einen neuen Inhaber (Erwerber).
Sinn der Vorschrift ist es, die Gesamtheit der Arbeitsverhältnisse zu erhalten,
die an den Betriebsmitteln »hängen«, wenn diese vom Veräußerer auf den
Erwerber übergehen. Auch der Verschaffungsanspruch gem. §1 Abs. 1 S. 3
BetrAVG geht über.[94]

Gemäß §613a Abs. 5 BGB müssen der bisherige Arbeitgeber oder der neue 79
Inhaber die von einem Übergang betroffenen Arbeitnehmer vor dem Übergang in Textform unterrichten, u. a. über die rechtlichen, wirtschaftlichen und
sozialen Folgen des Übergangs und die hinsichtlich der Arbeitnehmer in Aussicht genommenen Maßnahmen. Zum Inhalt dieser Unterrichtungspflicht
gehören nach der Rechtsprechung des BAG[95] nicht Informationen über die
Auswirkungen des Betriebsübergangs auf die betriebliche Altersversorgung.[96]
Das BAG meint, dass die Voraussetzungen des §613a Abs. 5 BGB nicht
vorliegen. Ansprüche aus betrieblicher Altersversorgung seien keine Folge
des Übergangs, da sie bis zum Zeitpunkt des Übergangs ohne Rücksicht auf
diesen entstanden seien. Ebenso wenig seien sie hinsichtlich der Arbeitnehmer
in Aussicht genommene Maßnahmen, da sie unabhängig vom Handeln des
Veräußerers oder des Erwerbers bestehen würden.

§613a Abs. 6 BGB bestimmt, dass der Arbeitnehmer dem Übergang des 80
Arbeitsverhältnisses innerhalb eines Monats nach Zugang der Unterrichtung

---

93 Dazu BAG 22.2.2005, 3 AZR 499/03 (A), EzA §126 UmwG Nr. 1; der Spaltungs-
    plan ist nicht von einer Zustimmung des Versorgungsberechtigten und/oder des
    Pensions-Sicherungs-Vereins abhängig BAG 11.3.2008, 3 AZR 358/06, EzA §4
    BetrAVG Nr. 7; umfassende Darstellung bei *Stark* Rentnergesellschaften.
94 BAG 15.2.2011, 3 AZR 54/09, EzA §3 TVG Bezugnahme auf Tarifvertrag Nr. 52
    = NZA 2011, 928.
95 BAG 22.5.2007, 3 AZR 357/06, FA 2007, 217 = DB 2008, 192; zu einem Ausnah-
    mefall: BAG 22.5.2007, 3 AZR 834/05, EzA §2 BetrAVG Nr. 29 = DB 2008, 191.
96 S. dazu i. E. *Kisters-Kölkes* FS Kemper, S. 227.

gem. Abs. 5 schriftlich widersprechen kann, und zwar gegenüber dem bisherigen Arbeitgeber oder dem neuen Inhaber.

81   Der Betriebsübergang betrifft nur die Rechte und Pflichten aus den im Zeitpunkt des Übergangs bestehenden Arbeitsverhältnissen. Dazu gehört auch das Versorgungsverhältnis. Es handelt sich im Gegensatz zur Gesamtrechtsnachfolge um eine Einzelrechtsnachfolge. Durch § 613a BGB wird der Erwerber verpflichtet, alle bestehenden Arbeitsverhältnisse, die dem Betrieb oder Betriebsteil beim Veräußerer zugeordnet waren, zu übernehmen. Der Erwerber kann keine Auswahl treffen, also z. B. nur Arbeitnehmer übernehmen, die er für besonders qualifiziert und leistungsfähig hält. Es handelt sich insoweit um ein Arbeitnehmerschutzgesetz.[97]

82   Zu den Rechten und Pflichten aus dem Arbeitsverhältnis gehört auch die bei dem Veräußerer verbrachte Betriebszugehörigkeit.[98] Das gilt auch für Beschäftigungszeiten in der ehemaligen DDR.[99]

83 ▶ **Beispiel (alte Unverfallbarkeitsmodalitäten):**

Hat der Arbeitnehmer bei dem Veräußerer bis zum Betriebsübergang, ohne im Besitz einer Versorgungszusage zu sein, eine Betriebszugehörigkeit von neun Jahren abgeleistet und erteilt der Erwerber ab dem Zeitpunkt des Betriebsübergangs erstmals eine Versorgungszusage, so ist diese nach den »alten« Unverfallbarkeitsmodalitäten bei Beendigung des Arbeitsverhältnisses vor dem 1.1.2006 gesetzlich unverfallbar, wenn der Arbeitnehmer drei Jahre nach dem Betriebsübergang ausscheidet.

84   Gemäß § 613a BGB gehen die **Versorgungsverhältnisse der aktiven Arbeitnehmer** über. Zu den Rechten und Pflichten aus bestehenden Versorgungsverhältnissen zählen also nur die Versorgungsanwartschaften der aktiven Arbeitnehmer, unabhängig davon, ob sie sich in der Verfallbarkeitsphase befinden oder ob im Übergangszeitpunkt die Unverfallbarkeitsmodalitäten schon erfüllt sind.[100]

---

97 S. dazu auch § 7 Rdn. 83 ff. unter besonderer Berücksichtigung der Insolvenzsicherung.

98 BAG 8.2.1983, 3 AZR 229/81, EzA § 613a BGB Nr. 37; das gilt natürlich nur bei den alten Unverfallbarkeitsmodalitäten gem. § 30f BetrAVG und – wie bisher – bei der Unverfallbarkeit der Höhe nach gem. § 2 BetrAVG; s. dazu § 2 Rdn. 65.

99 BAG 19.12.2000, 3 AZR 451/99, EzA § 613a BGB Nr. 197.

100 BAG 24.3.1977, 3 AZR 649/76, EzA § 613a BGB Nr. 12.

Die Versorgungsanwartschaften gehen in vollem Umfang über, also sowohl 85
hinsichtlich des vor dem Übergangszeitpunkt erdienten Teils als auch hinsichtlich der zukünftig erdienbaren Steigerungsbeträge.

Bei mittelbaren Versorgungszusagen (Direktversicherung, Unterstützungs- 86
kasse, Pensionskasse, Pensionsfonds) des Veräußerers ist der Erwerber nicht
verpflichtet, diese Durchführungswege beizubehalten. Bei einer Unterstützungskasse (beim Veräußerer) kann der Erwerber die Versorgungsleistungen
also auch durch eine unmittelbare Versorgungszusage erbringen. Die Unterstützungskasse des Veräußerers muss nicht (kann aber!) auf den Erwerber
übertragen werden.[101]

§ 613a BGB erfasst nicht die vor dem Betriebsübergang als Versorgungsemp- 87
fänger oder mit aufrechterhaltener Anwartschaft beim Veräußerer **ausgeschiedenen Arbeitnehmer**.[102]

Wird die betriebliche Altersversorgung über einen Pensionsfonds, eine Pen- 88
sionskasse oder eine Unterstützungskasse durchgeführt, wird der Erwerber
nicht gem. § 613a BGB ohne weiteres Trägerunternehmen. Dazu bedarf es
einer Abrede mit dem Versorgungsträger selbst. Der Erwerber hat aber – wenn
dies nicht geschieht – die bisher mittelbaren Versorgungszusagen unmittelbar
fortzuführen.[103]

§ 613a BGB gilt nicht für Geschäftsführer einer GmbH oder für sonst tätige 89
Organpersonen, da es sich insoweit nicht um Arbeitsverhältnisse, sondern um
Dienstverhältnisse nach dem BGB handelt. In diesem Fall muss eine einzel-
vertragliche Übernahme des Dienstverhältnisses – und damit auch der erteil-
ten Versorgungszusage – zwischen dem Veräußerer und dem Erwerber mit
Zustimmung der Organperson vereinbart werden.

Es liegt **kein Verstoß gegen den arbeitsrechtlichen Gleichbehandlungsgrund- 90
satz** vor, wenn die vom Erwerber übernommenen Arbeitnehmer in Bezug

---

101 BAG 13.3.1979, 3 AZR 859/77, EzA § 613a BGB Nr. 22; 15.2.2011, 3 AZR
     54/09, EzA § 3 TVG Bezugnahme auf Tarifvertrag Nr. 52.
102 BAG 24.3.1987, 3 AZR 384/85, EzA § 25 HGB Nr. 1; 18.3.2003, 3 AZR 313/02,
     EzA § 7 BetrAVG Nr. 68 betr. einen technischen Rentner; 23.3.2004, 3 AZR
     151/03, EzA § 613a BGB 2002 Nr. 22 mit Hinweis auf Haftung nach Firmen-
     übernahme gem. § 26 HGB.
103 BAG 15.3.1979, 3 AZR 859/77, EzA § 613a BGB Nr. 22; zur Problematik der
     Trägerunternehmenseigenschaft bei Abspaltung i. E. *Kemper/Hey* BB 2009, 720.

auf die betriebliche Altersversorgung anders behandelt werden als die schon beim Erwerber vorhandenen Arbeitnehmer. Kommt es z. B. erstmals anlässlich eines Betriebsübergangs zu Versorgungsverpflichtungen des Erwerbers gegenüber den übernommenen Mitarbeitern, können die bisher unversorgten Arbeitnehmer des Erwerbers daraus keine Rechte herleiten.[104] Dies gilt nach Auffassung des BAG zumindest für eine Übergangssituation auch für Arbeitnehmer, die per § 613a BGB auf ein Unternehmen mit einer Versorgungsregelung übergehen. Durch einen Betriebs- oder Betriebsteilübergang entsteht eine Übergangssituation. Es ist nicht von vornherein absehbar, welche Arbeits-, insbesondere Versorgungsbedingungen, in derartigen Arbeitsverhältnissen gelten und welche Unterschiede zu denen der anderen Arbeitnehmer bestehen. Die Herausnahme der übergegangenen Arbeitnehmer vom Anwendungsbereich einer Versorgungsordnung erleichtert eine sachgerechte und angemessene Regelung dieser Übergangssituation.[105] Allerdings wird der Arbeitgeber langfristig darauf zu achten haben, dass bei der Herstellung einer einheitlichen Vergütungs- und Versorgungssituation der Grundsatz der Gleichbehandlung eingehalten wird.

91   Erteilt der Erwerber den übernommenen Arbeitnehmern eine Versorgungszusage, so braucht er die Betriebszugehörigkeit vor dem Betriebsübergang nicht für versorgungsfähig zu erklären.[106] Das Entsprechende gilt bei einer Wartezeit.

92   Anlässlich des Betriebsübergangs muss aber eindeutig geklärt werden, was bei der betrieblichen Altersversorgung der übergehenden Arbeitnehmer gelten soll. Werden keine eindeutigen Regeln getroffen, dürfte der Erwerber verpflichtet sein, seine möglicherweise »bessere« betriebliche Altersversorgung diesem Personenkreis – zumindest ab Betriebsübergang – zu gewähren, da die Arbeitnehmer nunmehr zu den Arbeitnehmern des Erwerbers gehören. In Betracht kommt in Einzelfällen sogar eine sog. Doppelversorgung.

93   § 613a BGB gilt grundsätzlich auch bei Veräußerungen eines Betriebs oder Betriebsteils während des Insolvenzverfahrens durch den Insolvenzverwalter.

---

104 BAG 25.8.1976, 5 AZR 788/75, EzA § 242 BGB Gleichbehandlung Nr. 11.
105 BAG 19.1.2010, 3 ABR 19/08, § 1 BetrAVG Betriebsvereinbarung Nr. 7 = NZA-RR 2010, 356.
106 BAG 30.8.1979, 3 AZR 58/78, EzA § 613a BGB Nr. 23; 24.7.2001, 3 AZR 660/00, EzA § 613a BGB Nr. 204.

Der PSVaG tritt jedoch für gesetzlich unverfallbare Anwartschaften, die bis zur Insolvenz erdient wurden, ein.[107]

Der Erwerber muss nur für das nach der Insolvenz zu Erdienende, die Anwart- **94** schaftssteigerung, aufkommen. Dies ist jedoch im Wesentlichen theoretisch, da der Insolvenzverwalter bei Eröffnung des Insolvenzverfahrens i.d.R. die gesamte betriebliche Altersversorgung, soweit sie nicht durch den PSVaG zu übernehmen ist, wegen Störung der Geschäftsgrundlage (§ 313 BGB) wider-rufen[108] und mit den weiter tätigen Arbeitnehmern neue Arbeitsverträge abschließen wird.

Ist die betriebliche Altersversorgung beim Veräußerer durch Rechtsnormen **95** eines Tarifvertrags oder einer Betriebsvereinbarung geregelt, so wechselt der Rechtsbegründungsakt beim neuen Inhaber (Erwerber). Die betriebliche Altersversorgung wird Inhalt des Arbeitsverhältnisses zwischen dem neuen Inhaber und dem übergegangenen Arbeitnehmer und darf nicht vor Ablauf eines Jahres nach dem Zeitpunkt des Übergangs zum Nachteil des Arbeit-nehmers geändert werden (§ 613a Abs. 1 S. 2 BGB). Es findet also eine Transformation einer kollektivvertraglichen Rechtsbegründung in eine indi-vidualrechtliche Rechtsgrundlage statt. Man kann die Aussage vertreten, dass in einem solchen Fall die Betriebsvereinbarung des Veräußerers als Rechts-begründungsakt abgelöst wird durch eine Gesamtzusage oder vertragliche Einheitsregelung beim Erwerber.

Es ist möglich, die gem. § 613a Abs. 1 S. 2 BGB entstandenen Rechtsbegrün- **96** dungsakte (Gesamtzusage oder vertragliche Einheitsregelung) durch eine nach-folgende Betriebsvereinbarung beim Erwerber zu ändern. Wird eine Betriebs-vereinbarung des Veräußerers im Zuge eines Betriebsübergangs nach § 613a Abs. 1 S. 2 BGB zum – individualrechtlichen – Inhalt des Arbeitsverhältnisses, ist sie vor einer Ablösung durch eine – spätere – Betriebsvereinbarung nicht in größerem Umfang geschützt, als wenn sie kollektivrechtlich weiter gelten würde. Dies bedeutet, dass es sich um eine »betriebsvereinbarungsoffene« individualrechtliche Versorgungszusage handelt, also eine Änderung mittels einer Betriebsvereinbarung zulässig ist. Der Arbeitnehmer, der unter dem Geltungsbereich einer Betriebsvereinbarung eine Anwartschaft auf betrieb-liche Altersversorgung erworben hat, musste immer mit einer kollektivver-

---

107 BAG 11.2.1992, 3 AZR 117/91, EzA § 613a BGB Nr. 97; s. dazu auch § 7 Rdn. 83 ff.
108 S. dazu § 1 Rdn. 362 ff.

traglichen Änderung rechnen. Daran ändert sich durch die »Transformation« nichts. Im Verhältnis zu der neuen Betriebsvereinbarung gilt damit nicht das Günstigkeits-, sondern das Ablösungsprinzip.[109] Im Sinne der Entscheidung des Großen Senats[110] ist die transformierte Versorgungszusage also betriebsvereinbarungsoffen. Widersprüchlich erscheint, dass in derartigen Fällen auch die einjährige Veränderungssperre des § 613a Abs. 2 S. 2 BGB gelten soll.[111]

97 Eine Transformation einer Betriebsvereinbarung in Individualrecht gem. § 613a Abs. 1 S. 2 BGB findet nicht statt, wenn bei dem Betriebsübergang die »**Betriebsidentität**« gewahrt bleibt. In einem solchen Fall bleibt das Betriebsratsmandat, das beim Veräußerer bestanden hat, auch beim Erwerber bestehen, sodass Rechtsbegründungsakt für die auf den Erwerber übergehende betriebliche Altersversorgung die Betriebsvereinbarung bleibt.[112] Bleibt die Identität des Betriebes erhalten und damit auch die Betriebsvereinbarung zur BAV, kann diese ohne Sperrfrist durch eine nachfolgende Betriebsvereinbarung abgeändert werden. Es gelten die allgemeinen Grundsätze zur Änderung von Versorgungszusagen.

98 Auch Gesamtbetriebsvereinbarungen können als solche erhalten bleiben, wenn mehrere Betriebe übergehen und der Erwerber bisher keinen eigenen Betrieb hatte. Wird allerdings nur ein Betrieb übernommen, bleiben die Gesamtbetriebsvereinbarungen als Einzelbetriebsvereinbarung bestehen.[113]

99 Naturgemäß kommt es bei einem Betriebsübergang häufig zum **Zusammentreffen unterschiedlicher Versorgungsregelungen**. Es kann eine Gesamtzusage beim Veräußerer auf eine Gesamtzusage beim Erwerber treffen. Es ist möglich, dass beim Veräußerer eine Gesamtzusage und beim Erwerber eine Betriebsvereinbarung über betriebliche Altersversorgung besteht. Denkbar ist auch eine Betriebsvereinbarung als Rechtsbegründungsakt beim Veräußerer, die auf eine

---

109 BAG 14.8.2001, 1 AZR 619/00, EzA § 613a BGB Nr. 200; s. dazu auch § 1 Rdn. 352 f.; BAG 29.7.2003, 3 AZR 630/02, EzA BetrAVG § 1 Ablösung Nr. 42; 28.6.2005, 1 AZR 213/04, EzA § 77 BetrVG 2001 Nr. 12 = NZA 2005, 1431.

110 BAG 16.9.1986, GS 1/82, EzA § 77 BetrVG 1972 Nr. 17.

111 So wohl *Blomeyer/Rolfs/Otto* Rn. 319 zu Anh. § 1.

112 BAG 27.7.1994, 7 ABR 37/93, EzA § 613a BGB Nr. 123; zur Fortgeltung von Gesamtbetriebsvereinbarungen nach Betriebsübergang BAG 18.9.2002, 1 ABR 54/01, EzA § 613a BGB 2002. Zu der Problematik der Betriebsidentität m. w. N. *Höfer* BetrAVG, Rn. 1223 ff. zu ART.

113 BAG 18.9.2002, 1 ABR 54/01, EzA § 613a BGB 2002 Nr. 5 = DB 2003, 1281.

Kemper/Huber

Gesamtzusage beim Erwerber trifft. Letztlich können sowohl beim Veräußerer als auch beim Erwerber als Rechtsbegründungsakte eine Betriebsvereinbarung gewählt sein. Zusätzlich ist es möglich, dass die betriebliche Altersversorgung beim Erwerber »besser« oder »schlechter« ist als beim Veräußerer.

Die dadurch entstehenden unterschiedlichen Versorgungssysteme beim Erwerber sind unter dem Aspekt des Gleichbehandlungsgrundsatzes nicht zu beanstanden. Es liegt ein sachlicher Differenzierungsgrund vor.[114]   **100**

Besonderheiten ergeben sich, wenn die Rechte und Pflichten bei dem Erwerber schon durch Rechtsnormen eines anderen Tarifvertrags oder durch eine andere Betriebsvereinbarung geregelt werden, wenn also z. B. eine Betriebsvereinbarung über betriebliche Altersversorgung des Veräußerers auf eine Betriebsvereinbarung des Erwerbers trifft.[115] Gem. § 613a Abs. 1 S. 3 BGB findet bei dieser Konstellation eine Transformation der betrieblichen Altersversorgung des Veräußerers in individuelle arbeitsvertragliche Regelungen beim Erwerber nicht statt. Auch wird die Betriebsvereinbarung des Veräußerers nicht fortgeführt (Ausnahme: Betriebsidentität!). Treffen Betriebsvereinbarungen über betriebliche Altersversorgung beim Erwerber und beim Veräußerer aufeinander, gilt die Betriebsvereinbarung des Erwerbers, allerdings mit der Maßgabe, dass bis zum Übergangszeitpunkt die Regelung des Veräußerers im Rahmen der Besitzstandwahrung maßgebend bleibt. Die Betriebsvereinbarung des Veräußerers wird »verdrängt«. Der bis zum Betriebsübergang erdiente Versorgungsbesitzstand ist aber aufrechtzuerhalten. Das BAG hat hierzu entschieden, dass der bis zum Betriebsübergang erdiente Besitzstand vom Erwerber nicht zusätzlich zu der bei ihm erdienten Altersversorgung geschuldet wird. Der Arbeitnehmer könne nicht mehr erhalten als er erhalten würde, wenn der Arbeitgeber die frühere Versorgungsordnung durch die neue Versorgungsordnung abgelöst hätte. Daher führe die gebotene Besitzstandswahrung nur dann zu einem erhöhten Versorgungsanspruch, wenn die Ansprüche aus der Betriebsvereinbarung des Erwerbers im Versorgungsfall hinter dem zurückbleiben, was bis zum Betriebsübergang nach der bis dahin geltenden Betriebsvereinbarung erdient wäre. Der entschiedene Fall betrifft einen Fall, in dem die Versorgungsordnung des Erwerbers eine erheblich bessere Versorgungsleistung als der Versorgungsplan zusagte und der Arbeitnehmer bei Obsiegen mehr als   **101**

---

114 BAG 25.8.1976, 5 AZR 788/75, EzA § 613a BGB Nr. 8.
115 Dazu m. w. N. *Blomeyer/Rolfs/Otto* Rn. 317 ff. zu Anh. § 1; *Höfer* BetrAVG, Rn. 1257 ff. zu ART.

den maximal erreichbaren Vollanspruch erhalten hätte.[116] Ob das BAG bei anderen Sachumständen seine Meinung beibehalten würde, ist daher offen.

102   Das BAG musste sich bisher nur mit der Wahrung des Besitzstandes bei einer Kollision von Betriebsvereinbarungen auseinandersetzen, wenn die beim Erwerber vorhandene betriebliche Altersversorgung günstiger ist als die beim Veräußerer vorhandene, wenn also der erdiente Besitzstand beim Erwerber voll erhalten bleibt. Offen ist, wie der Besitzstand zu bestimmen ist, wenn die betriebliche Altersversorgung des Erwerbers wesentlich schlechter ist als die des Veräußerers.[117] Ohne Zweifel ist der bis zum Betriebsübergang nach § 2 BetrAVG bemessene Besitzstand auch in diesem Fall vom Erwerber zu gewähren. Offen ist, wie die vom Veräußerer zugesagten zukünftigen Steigerungen zu behandeln sind.

103   ▶ **Beispiel:**

Betriebliche Altersversorgung

beim Veräußerer: 200,– € Altersrente

Betriebliche Altersversorgung

beim Erwerber: 1,– € je Dienstjahr Altersrente

104   Erhält der Arbeitnehmer, der 20 von 40 Dienstjahren abgeleistet hat, 100,– € zuzüglich 1,– € je Dienstjahr, obwohl ihm eigentlich rechnerisch 5,– € je Dienstjahr zugesagt waren? Entscheidend ist, wie die Kollision gelöst wird. Es geht nicht an, dass allein durch die Verdrängungsregel des § 613a Abs. 1 S. 3 BGB in den zukünftig erdienbaren Besitzstand der Arbeitnehmer eingegriffen werden kann. Denn dies würde zur Folge haben, dass durch entsprechende Gestaltungen die Rechtsprechung des BAG zur Wahrung von Besitzständen nach den Grundsätzen der Verhältnismäßigkeit und des Vertrauensschutzes[118]

---

116 BAG 24.7.2001, 3 AZR 660/00, EzA § 613a BGB Nr. 204; krit. dazu *Höfer* BetrAVG, Rn. 1261 ff. zu ART; *Blomeyer/Rolfs/Otto* Rn. 322 zu Anh. § 1.

117 Dazu auch *Kemper* BB 1990, 785 ff.; *Kort* Gedenkschrift für Blomeyer, S. 199 ff.; *Höfer* BetrAVG, Rn. 1261 ff. zu ART, insbes. Rn. 1264 mit einem »Lösungsvorschlag«, der aber auch zu erheblichen Nachteilen für die übernommenen Mitarbeiter führen kann; ausführlich dazu *Tenbrock* Die betriebliche Altersversorgung im Betriebsübergang bei konkurrierenden Versorgungszusagen, Frankfurt am Main 2006, passim, insb. S. 294 ff.

118 S. dazu § 1 Rdn. 272 ff.

umgangen werden könnte. Bei bestimmten Fallkonstellationen wäre das »Ordnungsprinzip« des § 613a Abs. 1 S. 3 BGB ein Reduzierungsinstrument für die betriebliche Altersversorgung ohne Rechts- oder Billigkeitskontrolle.[119] Die »Lösung« dieser Problematik ist nur dann möglich, wenn man § 613a Abs. 1 S. 3 BGB nur dann anwendet, wenn der Betriebsübergang mindestens zum Erhalt der Versorgungsanwartschaften beim Veräußerer in vollem Umfang, auch für die Zeit nach dem Betriebsübergang, führt. Entsprechend dürfte § 613a BGB in diesen Kollisionsfällen nicht »automatisch« zu einer Anwartschaftserhöhung führen. § 613a BGB ist kein rechtliches Änderungsinstrument für erteilte Versorgungszusagen, sondern will nur die bei Betriebsübergang bestehenden Versorgungspositionen bewahren, so als ob der Arbeitgeber nicht gewechselt wäre. Kommt es bei einem Betriebsübergang zu einem Zusammentreffen von Betriebsvereinbarungen mit unterschiedlichen Versorgungsniveaus, so kann im Betriebsübergang selbst kein sachlich proportionaler Änderungsgrund zulasten der übergehenden Arbeitsverhältnisse in Bezug auf die betriebliche Altersversorgung gesehen werden. Der Harmonisierungsbedarf ist in diesen Fällen nur eine gesetzliche Folge. § 613a Abs. 1 S. 3 BGB ist kein automatisches rechtliches Änderungsinstrument für eine Verschlechterung der betrieblichen Altersversorgung. Es muss zumindest eine Rechts- oder Billigkeitskontrolle entsprechend der »Dreistufentheorie« gefordert werden. Anderenfalls eröffnete § 613a Abs. 1 S. 3 BGB für Steigerungsbeträge der Versorgungsanwartschaften nach dem Betriebsübergang unangemessene Reduzierungsmöglichkeiten.[120]

IV. Bestandsdauer der Betriebszugehörigkeit (mindestens 12 Jahre)

Die Dauer der Betriebszugehörigkeit hat für die Unverfallbarkeit dem Grunde nach heute keine Bedeutung mehr. § 30f Abs. 1 BetrAVG ist gegenstandslos. Insoweit kann auf die Ausführungen in der 3. Auflage und zu § 2 BetrAVG[121] verwiesen werden.

105

---

119 Das wäre nur anders, wenn man die Angemessenheit des durch die Ablösung erfolgten Eingriffs durch die garantierte Aufrechterhaltung des beim Veräußerer erdienten Besitzstands als gewährleistet ansieht. So *Blomeyer/Rolfs/Otto* Rn. 323 zu Anh. § 1. Das wäre aber eine Fiktion, die in einer Vielzahl von Fallkonstellationen zu untragbaren Ergebnissen führen würde; dazu das Beispiel Rdn. 103 f.

120 So auch *Tenbrock* Die betriebliche Altersversorgung im Betriebsübergang bei konkurrierenden Versorgungszusagen, Frankfurt am Main, 2006, S. 294 ff.; dazu auch *Kemper* FS Andresen, S. 463.

121 S. § 2 Rdn. 59 ff.

V. Vorruhestandsregelung

106 § 1b Abs. 1 S. 2 BetrAVG enthält eine besondere Unverfallbarkeitsmodalität, wenn ein Arbeitnehmer aufgrund einer Vorruhestandsregelung ausscheidet. Voraussetzung ist, dass der Arbeitnehmer ohne eine solche Regelung die Wartezeit bis zur festen Altersgrenze und die sonstigen Leistungsvoraussetzungen des Leistungsplanes hätte erfüllen können. Die Voraussetzung für die Aufrechterhaltung der Anwartschaft nach den anderen gesetzlichen Unverfallbarkeitsmodalitäten im Ausscheidezeitpunkt ist nicht erforderlich. Es genügt also, wenn der Arbeitnehmer bis zum Erreichen der festen Altersgrenze die Fünf-Jahresfrist zuzüglich der Wartezeit und die sonstigen Leistungsvoraussetzungen hätte erfüllen können.[122]

107 Unter Vorruhestandsregelung ist jede Art einer vertraglichen Vereinbarung zwischen Arbeitgeber und Arbeitnehmer zu verstehen. Das BetrAVG stellt nicht auf besondere gesetzliche Regelungen über den Vorruhestand, z. B. das sog. Vorruhestandsgesetz,[123] ab. Dies wird dadurch bestätigt, dass der Gesetzgeber auch nach Veränderung der sonstigen gesetzlichen Unverfallbarkeitsmodalitäten in § 1b BetrAVG die Unverfallbarkeitsmodalität beim Vorruhestand bestehen gelassen hat.[124]

VI. Wartezeit und Unverfallbarkeitsmodalitäten

108 Gemäß § 1b Abs. 1 S. 5 BetrAVG wird der Ablauf einer vorgesehenen Wartezeit durch die Beendigung des Arbeitsverhältnisses nach Erfüllung einer Unverfallbarkeitsmodalität nicht berührt.

109 Die Wartezeit ist als Leistungsplanelement von den gesetzlichen Unverfallbarkeitsmodalitäten zu unterscheiden.[125] Die Wartezeit ist eine Leistungsausschlussphase in Form einer Anspruchsvoraussetzung. Die Versorgungszusage besteht auch während des Laufs der Wartezeit. Das BAG hat den Ausschluss

---

122 BAG 28.3.1995, 3 AZR 496/94, EzA § 1 BetrAVG Nr. 70.

123 Außer Kraft getreten für Fälle ab 1.1.1989; § 14 VRG v. 13.4.1984 BGBl. I S. 601.

124 I. E. *Höfer* Rn. 2698 ff. zu § 1b; dazu aber einschränkend BAG 28.3.1995, 3 AZR 496/94, EzA § 1 BetrAVG Nr. 70 = DB 1995, 1867. Das LAG Köln ist der Auffassung, dass nur Regelungen gemeint sind, die sich im Rahmen des inzwischen außer Kraft getretenen Vorruhestandsgesetzes bewegen; Urteil v. 11.11.2005, 11 Sa 787/05, rechtskräftig; dazu i. S. d. hier vertretenen Auffassung auch *Blomeyer/ Rolfs/Otto* Rn. 109 zu § 1b.

125 S. dazu § 1 Rdn. 135–227 und Rdn. 51 ff.; zur Invaliditätsleistung § 1 Rdn. 234.

von einer Versorgungszusage wegen einer nicht mehr erfüllbaren Wartezeit von 15 Jahren als rechtlich zulässig akzeptiert.[126]

Die Wartezeit ist im Rahmen der Gestaltungsfreiheit unabhängig von den gesetzlichen Unverfallbarkeitsmodalitäten regelbar. Wartezeiten können also durchaus länger sein als die Unverfallbarkeitsfristen. **110**

▶ **Beispiele:** **111**

Es ist eine Wartezeit von zehn Jahren vorgesehen. Ein Arbeitnehmer ist am 1.1.2001 eingetreten und hat eine Versorgungszusage erhalten, die eine Alters-, Invaliditäts- und Todesfallleistung vorsieht. Er wird durch einen Verkehrsunfall am 2.9.2004 invalide. Es ist keine Versorgungsleistung zu zahlen. Wird infolge der Invalidität vor dem 31.12.2005 das Arbeitsverhältnis beendet, ist keine unverfallbare Anwartschaft aufrechtzuerhalten.

Geschieht der Unfall am 2.9.2005, ist ebenfalls keine Versorgungsleistung zu zahlen, wenn Anspruchsvoraussetzung allein der Eintritt der Invalidität ist. Wird dieses Arbeitsverhältnis nach dem 30.12.2005 beendet, entsteht eine unverfallbare Anwartschaft, vorausgesetzt, der Arbeitnehmer ist 30 Jahre alt. Aus dieser unverfallbaren Anwartschaft kann eine Alters- oder Hinterbliebenenleistung entstehen, wenn der Versorgungsfall nach dem 31.12.2010 eintritt (z. B. Tod, Invalidität nur, wenn andere Ursache).

VII. Wechsel in einen anderen Mitgliedstaat der Europäischen Union

§1b Abs. 1 S. 6 BetrAVG bestimmt, dass bei einem Wechsel des Arbeitnehmers von Deutschland in einen anderen Mitgliedstaat der Europäischen Union die Anwartschaft im gleichen Umfange wie für Personen erhalten bleibt, die auch nach Beendigung eines Arbeitsverhältnisses innerhalb Deutschlands verbleiben. **112**

Diese Vorschrift hat rein deklaratorischen Charakter und beschreibt, was ohnehin auch vor Einfügung dieses Satzes in das BetrAVG gegolten hat.[127] Offiziell soll diese Regelung der Umsetzung der Richtlinie 98/49/EG des Rats vom 29.6.1998 zur Wahrung ergänzender Rentenansprüche von Arbeitnehmern und Selbstständigen, die innerhalb der Europäischen Gemeinschaft zu- und abwandern, dienen.[128] **113**

---

126 BAG 12.2.2013, 3 AZR 100/11, EzA § 10 AGG Nr. 7 = NZA 2013, 733.
127 So zu Recht *Höfer* BetrAVG, Rn. 2979 zu § 1b.
128 *Förster/Cisch/Karst* Rn. 26 zu § 1b.

C. Die gesetzlichen Unverfallbarkeitsmodalitäten bei der arbeitnehmer-finanzierten betrieblichen Altersversorgung

I. Sofortige Unverfallbarkeit

114 Gem. § 1b Abs. 5 BetrAVG gilt bei betrieblicher Altersversorgung, die vom Arbeitnehmer finanziert wird, die **sofortige** gesetzliche Unverfallbarkeit, also ohne Mindestalter oder Mindestzusagedauer. Deshalb sind derartige Versorgungszusagen bei einem 20-jährigen gesetzlich unverfallbar, wenn eine Entgeltumwandlung z. B. im Rahmen des § 1a BetrAVG erfolgt. Dies gilt auch für Umfassungszusagen ab 1.1.2003 (§§ 1 Abs. 2 Nr. 4, 30e BetrAVG.

115 Für **Altzusagen**, die vor dem 1.1.2001 erteilt worden sind, galt die sofortige gesetzliche Unverfallbarkeit bei betrieblicher Altersversorgung durch Entgeltumwandlung nicht. Dies ergibt sich aus § 30f Abs. 1 S. 2 BetrAVG, in dem es heißt:

> *»§ 1b Abs. 5 findet für Anwartschaften aus diesen Zusagen keine Anwendung.«*

Da diese Zusagen auch unter die Übergangsregelung des § 30f Abs. 1 S. 1 BetrAVG fallen, ist diese Vorschrift heute gegenstandslos. Bei Beendigung des Arbeitsverhältnisses mit Ablauf des 31.12.2005 und danach sind die Entgeltumwandlungszusagen sofort unverfallbar.[129] Die Vollendung eines Mindestalters wird nicht gefordert, sodass z. B. einem Auszubildenden, der im Alter von 18 Jahren die Entgeltumwandlung durchführt, bei seinem Ausscheiden mit Vollendung des 19. Lebensjahres die Anwartschaft aufrechtzuerhalten ist.

116 Zum gesetzlichen Insolvenzschutz der sofortigen gesetzlichen Unverfallbarkeit bei der arbeitnehmerfinanzierten betrieblichen Altersversorgung ist auf § 7 Abs. 5 S. 3 BetrAVG zu verweisen.[130]

II. Sonderbedingungen bei Direktversicherung, Pensionskasse und Pensionsfonds

117 Im 2. Hs. des 1. Satzes und im Satz 2 des § 1b Abs. 5 BetrAVG sind einige Sonderbestimmungen in Bezug auf die Unverfallbarkeit bei Entgeltumwandlungszusagen enthalten, die über eine Direktversicherung, Pensionskasse oder einen Pensionsfonds abgewickelt werden. Im Wesentlichen geht es um:

---

129 BAG 14.1.2009, 3 AZR 529/07, FA 2009, 118.
130 S. dazu § 7 Rdn. 162 ff.

– die Verwendung der Überschussanteile,
– das Recht zur Fortsetzung der Versicherung oder Versorgung durch den ausgeschiedenen Arbeitnehmer mit eigenen Beiträgen,
– den Ausschluss des Rechts zur Verpfändung, Abtretung oder Beleihung durch den Arbeitgeber und
– die Einräumung eines unwiderruflichen Bezugsrechts bei Direktversicherungen.[131]

Dies sind selbstverständliche Schutzmaßnahmen für den ausgeschiedenen Arbeitnehmer, die im Wesentlichen der versicherungsförmigen Lösung bei der Höhe einer unverfallbaren Anwartschaft gem. § 2 Abs. 2 und 3 BetrAVG entsprechen.[132]   **118**

Eine Besonderheit ergibt sich insoweit, dass die versicherungsförmige Lösung für die Unverfallbarkeit der Höhe nach gem. § 2 Abs. 3a BetrAVG für den Pensionsfonds nicht gilt, gem. § 1b Abs. 5 BetrAVG aber auch bei einer Entgeltumwandlungszusage über einen Pensionsfonds dem Arbeitnehmer das Recht eingeräumt wird, eine Pensionsfondsversorgung mit eigenen Beiträgen fortzusetzen.[133]   **119**

Bei einer Entgeltumwandlungsdirektversicherung ist dem Arbeitnehmer mit Beginn der Entgeltumwandlung ein unwiderrufliches Bezugsrecht einzuräumen.[134] Dabei handelt es sich um ein unwiderrufliches Bezugsrecht i. S. d. Versicherungsvertragsgesetzes, nicht nur um eine arbeitsvertragliche Abrede zwischen Arbeitgeber und Arbeitnehmer.[135]   **120**

Durch ein solches versicherungsvertraglich unwiderrufliches Bezugsrecht gem. § 159 Abs. 3 VVG wird zudem eine umfassende Insolvenzsicherung zugunsten des Arbeitnehmers herbeigeführt, was erklärt, dass auch in der Vergangenheit i. d. R. bei allen Direktversicherungen, die von Arbeitnehmern finanziert waren, ein solches unwiderrufliches Bezugsrecht eingeräumt wurde.   **121**

---

131 Bei Pensionskassen und Pensionsfonds ist ein unwiderrufliches Bezugsrecht nur theoretisch oder gar nicht denkbar: so zu Recht *Höfer* BetrAVG, Rn. 3059 ff. zu § 1b.
132 S. dazu § 2 Rdn. 132 ff., 170 ff.
133 Dazu i. E. *Höfer* BetrAVG, Rn. 3051 ff. zu § 1b; s. a. § 2 Rn. 147 ff.
134 Allgemein zum unwiderruflichen Bezugsrecht bei Direktversicherungen nachfolgend Rdn. 123 ff.
135 So zu Recht *Höfer* BetrAVG, Rn. 3059 zu § 1b.

D. Besonderheiten bei mittelbaren Versorgungszusagen

122   In Bezug auf die Abwicklung der Unverfallbarkeitsmodalitäten dem Grunde nach enthalten die Abs. 2 bis 4 von § 1b BetrAVG einige Regelungen, die auf die Besonderheiten der Durchführungswege Direktversicherung, Pensionskasse, Pensionsfonds und Unterstützungskasse abstellen, und zwar unabhängig davon, ob es sich um eine arbeitgeber- oder arbeitnehmerfinanzierte betriebliche Altersversorgung handelt.

I. Direktversicherung

1. Unwiderrufliches Bezugsrecht

123   Bei einer Direktversicherung ist der Arbeitgeber gem. § 1b Abs. 2 S. 1 BetrAVG verpflichtet, nach Erfüllung der Unverfallbarkeitsmodalitäten wegen Beendigung des Arbeitsverhältnisses das Bezugsrecht nicht mehr zu widerrufen, selbst wenn es sich um ein versicherungsrechtlich noch widerrufliches Bezugsrecht handelt. Diese Verpflichtung ist eine arbeitsvertragliche Verpflichtung und hat nicht die Rechtsqualität eines unwiderruflichen Bezugsrechts i. S. d. Versicherungsvertragsgesetzes.[136]

124   Erklärt der Arbeitgeber unabhängig davon den Widerruf des Bezugsrechts, so ist dieser Widerruf der Versicherungsgesellschaft gegenüber wirksam, wenn nicht ausdrücklich ein versicherungsvertraglich unwiderrufliches Bezugsrecht bestellt worden ist. Der Arbeitgeber macht sich dann möglicherweise schadensersatzpflichtig.

125   § 1b Abs. 2 S. 2 BetrAVG verbietet auch eine Vereinbarung, durch die das Bezugsrecht nach Erfüllung der Unverfallbarkeitsmodalitäten und nach Beendigung des Arbeitsverhältnisses auflösend bedingt ist.

126   Im Fall der Abtretung oder Beleihung der Ansprüche aus dem Versicherungsvertrag muss der Arbeitgeber den mit unverfallbarer Anwartschaft ausgeschiedenen Arbeitnehmer so stellen, als ob die Abtretung oder Beleihung nicht erfolgt wäre, allerdings nicht schon im Zeitpunkt der Beendigung des Arbeits-

---

136   Das ist anders bei einer Entgeltumwandlungsdirektversicherung, dazu vorstehend Rdn. 117 ff.; § 1b Abs. 5 S. 2 BetrAVG spricht von der »Einräumung eines unwiderruflichen Bezugsrechts« (= § 159 Abs. 3 VVG), § 1b Abs. 2 S. 1 BetrAVG dagegen »nur« von der »Verpflichtung, das Bezugsrecht nicht mehr zu widerrufen« (= arbeitsrechtliche Verpflichtung).

verhältnisses, sondern erst bei Eintritt des Versicherungsfalles (z. B. bei Tod oder im Erlebensfall bei Erreichen des Endalters).[137]

2. Zeitpunkt der Erteilung der Versorgungszusage

Für Direktversicherungen wird in § 1b Abs. 2 S. 4 BetrAVG bestimmt, dass als Zeitpunkt der Erteilung der Versorgungszusage der Versicherungsbeginn, frühestens jedoch der Beginn der Betriebszugehörigkeit gilt. Bei wörtlicher Auslegung kann diese Bestimmung zu Konflikten mit der Vorschaltzeitenproblematik führen.[138]   127

▶ **Beispiel:**   128

> Ein Arbeitgeber erteilt eine Versorgungszusage im Durchführungsweg der Direktversicherung mit der Vereinbarung, dass die Direktversicherung erst fünf Jahre nach Beginn des Arbeitsverhältnisses abgeschlossen werden soll. Wertet man eine solche Zusage auf eine Zusage schon als Versorgungszusage, ist Zusagezeitpunkt aufgrund der Vorschaltzeitenrechtsprechung der Beginn des Arbeitsverhältnisses. Stellt man auf § 1b Abs. 2 S. 4 BetrAVG ab, ist Zusagezeitpunkt erst der Versicherungsbeginn fünf Jahre nach Beginn des Arbeitsverhältnisses.

Dieses Problem ist nur zu lösen, wenn man einerseits die Vorschaltzeitenrechtsprechung auf alle Durchführungswege der betrieblichen Altersversorgung, also nicht nur auf unmittelbare Versorgungszusagen und Unterstützungskassen, sondern auch auf Direktversicherungen, Pensionskassen und Pensionsfonds im Prinzip anwendet.[139] Andererseits erscheint es nicht gerechtfertigt, der gesetzlichen Bestimmung, dass als Zeitpunkt der Erteilung der Versorgungszusage der Versicherungsbeginn gilt, keine Bedeutung beizumessen.   129

Sinn und Zweck dieser gesetzlichen Sondervorschrift in § 1b Abs. 2 S. 4 BetrAVG ist es, z. B. bei arbeitgeberfinanzierten Direktversicherungen zu einem einheitlichen Stichtag alle neu eintretenden Arbeitnehmer zu versichern, damit bei einem Ausscheiden kurz nach Arbeitsbeginn, z. B. in der Probezeit, keine Rückabwicklung des Versicherungsvertrages erforderlich wird.[140]   130

---

137 Zu den Einzelheiten hierzu *Höfer* BetrAVG, Rn. 3001 ff. zu § 1b.

138 S. dazu Rdn. 52 ff.

139 Vgl. zu den ähnlichen Regelungen bei Pensionskasse und Pensionsfonds § 1b Abs. 3 S. 2 BetrAVG und Rdn. 132; dazu *Kemper/Kisters-Kölkes* Grundzüge Rn. 249.

140 *Höfer* BetrAVG, Rn. 3009 ff. zu § 1b.

Aufgrund der besonderen Bestimmung eines Zusagezeitpunktes in § 1b Abs. 2 S. 4 BetrAVG für Direktversicherungen erscheint eine Verschiebung des Zusagezeitpunktes trotz der Vorschaltzeitenrechtsprechung zumindest denkbar, wenn damit keine sachwidrige Verlegung des Zusagezeitpunktes vorgenommen wird. Eine derartige sachwidrige Verlegung könnte z. B. angenommen werden, wenn durch Verlagerung des Versicherungsabschlusses in die Zukunft die Unverfallbarkeitsmodalitäten seitens des Arbeitgebers unterlaufen werden. Das ist immer dann anzunehmen, wenn keine versicherungstechnischen Abwicklungsprobleme zu dem Auseinanderfallen des Beginns des Arbeitsverhältnisses und des Versicherungsbeginns geführt haben.

131 Wenn der Versicherungsbeginn weniger als ein Jahr später liegt als der Beginn des Arbeitsverhältnisses (Beginn der Betriebszugehörigkeit), dürfte man unterstellen können, dass die versicherungstechnischen Besonderheiten maßgebend gewesen sind. In einem solchen Fall muss § 1 Abs. 2 S. 4 BetrAVG gelten. Bei größeren Abweichungen dürfte die Vorschaltzeitenrechtsprechung die gesetzliche Vorschrift »verdrängen«.[141] Dabei können Probleme bei der versicherungsförmigen Lösung der Unverfallbarkeit der Höhe nach auftreten.[142]

II. Pensionskasse und Pensionsfonds

132 § 1b Abs. 3 S. 2 BetrAVG bestimmt für die Durchführungswege Pensionskasse und Pensionsfonds, dass als Zeitpunkt der Erteilung der Versorgungszusage der Versicherungsbeginn, frühestens jedoch der Beginn der Betriebszugehörigkeit gilt. Zur Problematik dieser Bestimmung in Bezug auf die Vorschaltzeitenrechtsprechung wird auf die Ausführungen zur Direktversicherung verwiesen.[143]

III. Unterstützungskasse

133 Bei der Unterstützungskasse verwirklicht § 1b Abs. 4 BetrAVG die Unverfallbarkeit mit einer Gleichstellung des ausgeschiedenen Arbeitnehmers und seinen Hinterbliebenen mit den betriebstreuen Arbeitnehmern und deren

---

141 Dazu BAG 19.4.1983, 3 AZR 24/81, EzA § 1 BetrAVG Lebensversicherung Nr. 1 zu einer Vorschaltzeit von 10 Jahren bei einer Direktversicherung, die als unzulässig angesehen wurde, und auch *Kemper/Kisters-Kölkes* Grundzüge Rn. 249.

142 S. dazu § 2 Rdn. 132 ff.

143 Vorstehend unter Rdn. 127 ff.

Hinterbliebenen. Dies wird gerechtfertigt dadurch, dass eine Unterstützungskasse auf ihre Leistungen formal keinen Rechtsanspruch gewährt.[144] Insoweit
ergeben sich aber in Bezug auf die Unverfallbarkeit keine Unterschiede zu den
Verhältnissen der unmittelbaren Versorgungszusagen.

Das Entsprechende gilt in Bezug auf den Zeitpunkt der Erteilung der Versor- 134
gungszusage, der in § 1b Abs. 4 S. 2 BetrAVG definiert wird als der Zeitpunkt,
von dem an der Arbeitnehmer zum Kreis der Begünstigten der Unterstützungskasse gehört. Für Unterstützungskassen gilt uneingeschränkt die Vorschaltzeitenrechtsprechung.[145]

§ 2 Höhe der unverfallbaren Anwartschaft

(1) [1]Bei Eintritt des Versorgungsfalles wegen Erreichens der Altersgrenze,
wegen Invalidität oder Tod haben ein vorher ausgeschiedener Arbeitnehmer,
dessen Anwartschaft nach § 1b fortbesteht, und seine Hinterbliebenen einen
Anspruch mindestens in Höhe des Teiles der ohne das vorherige Ausscheiden
zustehenden Leistung, der dem Verhältnis der Dauer der Betriebszugehörigkeit zu der Zeit vom Beginn der Betriebszugehörigkeit bis zum Erreichen
der Regelaltersgrenze in der gesetzlichen Rentenversicherung entspricht; an
die Stelle des Erreichens der Regelaltersgrenze tritt ein früherer Zeitpunkt,
wenn dieser in der Versorgungsregelung als feste Altersgrenze vorgesehen
ist, spätestens der Zeitpunkt der Vollendung des 65. Lebensjahres, falls der
Arbeitnehmer ausscheidet und gleichzeitig eine Altersrente aus der gesetzlichen Rentenversicherung für besonders langjährig Versicherte in Anspruch
nimmt. [2]Der Mindestanspruch auf Leistungen wegen Invalidität oder Tod
vor Erreichen der Altersgrenze ist jedoch nicht höher als der Betrag, den
der Arbeitnehmer oder seine Hinterbliebenen erhalten hätten, wenn im
Zeitpunkt des Ausscheidens der Versorgungsfall eingetreten wäre und die
sonstigen Leistungsvoraussetzungen erfüllt gewesen wären.

(2) [1]Ist bei einer Direktversicherung der Arbeitnehmer nach Erfüllung der
Voraussetzungen des § 1b Abs. 1 und 5 vor Eintritt des Versorgungsfalles
ausgeschieden, so gilt Abs. 1 mit der Maßgabe, daß sich der vom Arbeitgeber zu finanzierende Teilanspruch nach Abs. 1, soweit er über die von
dem Versicherer nach dem Versicherungsvertrag auf Grund der Beiträge

---

144 S. dazu § 1 Rdn. 116 ff.
145 BAG 13.7.1978, 3 AZR 278/77, EzA § 1 BetrAVG Nr. 4.

des Arbeitgebers zu erbringende Versicherungsleistung hinausgeht, gegen den Arbeitgeber richtet. [2]An die Stelle der Ansprüche nach Satz 1 tritt auf Verlangen des Arbeitgebers die von dem Versicherer auf Grund des Versicherungsvertrages zu erbringende Versicherungsleistung, wenn

1. spätestens nach 3 Monaten seit dem Ausscheiden des Arbeitnehmers das Bezugsrecht unwiderruflich ist und eine Abtretung oder Beleihung des Rechts aus dem Versicherungsvertrag durch den Arbeitgeber und Beitragsrückstände nicht vorhanden sind,

2. vom Beginn der Versicherung, frühestens jedoch vom Beginn der Betriebszugehörigkeit an, nach dem Versicherungsvertrag die Überschußanteile nur zur Verbesserung der Versicherungsleistung zu verwenden sind und

3. der ausgeschiedene Arbeitnehmer nach dem Versicherungsvertrag das Recht zur Fortsetzung der Versicherung mit eigenen Beiträgen hat.

[3]Der Arbeitgeber kann sein Verlangen nach Satz 2 nur innerhalb von 3 Monaten seit dem Ausscheiden des Arbeitnehmers diesem und dem Versicherer mitteilen. [4]Der ausgeschiedene Arbeitnehmer darf die Ansprüche aus dem Versicherungsvertrag in Höhe des durch Beitragszahlungen des Arbeitgebers gebildeten geschäftsplanmäßigen Deckungskapitals oder, soweit die Berechnung des Deckungskapitals nicht zum Geschäftsplan gehört, das nach § 169 Abs. 3 und 4 des Versicherungsvertragsgesetzes berechneten Wertes weder abtreten noch beleihen. [5]In dieser Höhe darf der Rückkaufswert auf Grund einer Kündigung des Versicherungsvertrags nicht in Anspruch genommen werden; im Falle einer Kündigung wird die Versicherung in eine prämienfreie Versicherung umgewandelt. [6]§ 169 Abs. 1 des Versicherungsvertragsgesetzes findet insoweit keine Anwendung. [7]Eine Abfindung des Anspruchs nach § 3 ist weiterhin möglich.

(3) [1]Für Pensionskassen gilt Absatz 1 mit der Maßgabe, daß sich der vom Arbeitgeber zu finanzierende Teilanspruch nach Absatz 1, soweit er über die von der Pensionskasse nach dem aufsichtsbehördlich genehmigten Geschäftsplan oder, soweit eine aufsichtsbehördliche Genehmigung nicht vorgeschrieben ist, nach den allgemeinen Versicherungsbedingungen und den fachlichen Geschäftsunterlagen im Sinne des § 5 Abs. 3 Nr. 2 Halbsatz 2 des Versicherungsaufsichtsgesetzes (Geschäftsunterlagen) auf Grund der Beiträge des Arbeitgebers zu erbringende Leistung hinausgeht, gegen den Arbeitgeber richtet. [2]An die Stelle der Ansprüche nach Satz 1 tritt auf Verlangen des Arbeitgebers die von der Pensionskasse auf Grund des Geschäftsplanes oder der Geschäftsunterlagen zu erbringende Leistung, wenn nach

Kisters-Kölkes

dem aufsichtsbehördlich genehmigten Geschäftsplan oder den Geschäftsunterlagen

1. vom Beginn der Versicherung, frühestens jedoch vom Beginn der Betriebszugehörigkeit an, Überschußanteile, die auf Grund des Finanzierungsverfahrens regelmäßig entstehen, nur zur Verbesserung der Versicherungsleistung zu verwenden sind oder die Steigerung der Versorgungsanwartschaften des Arbeitnehmers der Entwicklung seines Arbeitsentgeltes, soweit es unter den jeweiligen Beitragsbemessungsgrenzen der gesetzlichen Rentenversicherungen liegt, entspricht und
2. der ausgeschiedene Arbeitnehmer das Recht zur Fortsetzung der Versicherung mit eigenen Beiträgen hat.

[3]Absatz 2 Satz 3 bis 7 gilt entsprechend.

(3a) Für Pensionsfonds gilt Absatz 1 mit der Maßgabe, dass sich der vom Arbeitgeber zu finanzierende Teilanspruch, soweit er über die vom Pensionsfonds auf der Grundlage der nach dem geltenden Pensionsplan im Sinne des § 112 Abs. 1 Satz 2 in Verbindung mit § 113 Abs. 2 Nr. 5 des Versicherungsaufsichtsgesetzes berechnete Deckungsrückstellung hinausgeht, gegen den Arbeitgeber richtet.

(4) Eine Unterstützungskasse hat bei Eintritt des Versorgungsfalles einem vorzeitig ausgeschiedenen Arbeitnehmer, der nach § 1b Abs. 4 gleichgestellt ist, und seinen Hinterbliebenen mindestens den nach Absatz 1 berechneten Teil der Versorgung zu gewähren.

(5) [1]Bei der Berechnung des Teilanspruchs nach Absatz 1 bleiben Veränderungen der Versorgungsregelung und der Bemessungsgrundlagen für die Leistung der betrieblichen Altersversorgung, soweit sie nach dem Ausscheiden des Arbeitnehmers eintreten, außer Betracht; dies gilt auch für die Bemessungsgrundlagen anderer Versorgungsbezüge, die bei der Berechnung der Leistung der betrieblichen Altersversorgung zu berücksichtigen sind. [2]Ist eine Rente der gesetzlichen Rentenversicherung zu berücksichtigen, so kann das bei der Berechnung von Pensionsrückstellungen allgemein zulässige Verfahren zugrunde gelegt werden, wenn nicht der ausgeschiedene Arbeitnehmer die Anzahl der im Zeitpunkt des Ausscheidens erreichten Entgeltpunkte nachweist; bei Pensionskassen sind der aufsichtsbehördlich genehmigte Geschäftsplan oder die Geschäftsunterlagen maßgebend. [3]Bei Pensionsfonds sind der Pensionsplan und die sonstigen Geschäftsunterlagen maßgebend. [4]Versorgungsanwartschaften, die der Arbeitnehmer nach

seinem Ausscheiden erwirbt, dürfen zu keiner Kürzung des Teilanspruchs nach Absatz 1 führen.

(5a) Bei einer unverfallbaren Anwartschaft aus Entgeltumwandlung tritt an die Stelle der Ansprüche nach Absatz 1, 3a oder 4 die vom Zeitpunkt der Zusage auf betriebliche Altersversorgung bis zum Ausscheiden des Arbeitnehmers erreichte Anwartschaft auf Leistungen aus den bis dahin umgewandelten Entgeltbestandteilen; dies gilt entsprechend für eine unverfallbare Anwartschaft aus Beiträgen im Rahmen einer beitragsorientierten Leistungszusage.

(5b) An die Stelle der Ansprüche nach den Absätzen 2, 3, 3a und 5a tritt bei einer Beitragszusage mit Mindestleistung das dem Arbeitnehmer planmäßig zuzurechnende Versorgungskapital auf der Grundlage der bis zu seinem Ausscheiden geleisteten Beiträge (Beiträge und die bis zum Eintritt des Versorgungsfalls erzielten Erträge), mindestens die Summe der bis dahin zugesagten Beiträge, soweit sie nicht rechnungsmäßig für einen biometrischen Risikoausgleich verbraucht wurden.

(6) *weggefallen*

§ 30g [Übergangsregelung zu § 2 Abs. 5a]

(1) [1]§ 2 Abs. 5a gilt nur für Anwartschaften, die auf Zusagen beruhen, die nach dem 31. Dezember 2000 erteilt worden sind. [2]Im Einvernehmen zwischen Arbeitgeber und Arbeitnehmer kann § 2 Abs. 5a auch auf Anwartschaften angewendet werden, die auf Zusagen beruhen, die vor dem 1. Januar 2001 erteilt worden sind.

(2) ...

A. Allgemeines

I. Quotierungsverfahren

1 § 2 BetrAVG regelt die Höhe der unverfallbaren Anwartschaft, wenn ein Arbeitnehmer vor Eintritt eines Versorgungsfalles mit einer gesetzlich unverfallbaren Anwartschaft[1] aus dem Arbeitsverhältnis ausgeschieden ist. Der **Teilleistungsgedanke** beruht auf dem Urteil vom 10.3.1972.[2] Das mit Wirkung

---

1 Hierzu i. E. § 1b.
2 BAG 10.3.1972, 3 AZR 278/71, EzA § 242 BGB Ruhegeld Nr. 11 = BAGE 24, 177 = DB 1972, 1486.

ab dem 22.12.1974 in §2 BetrAVG aufgenommene Quotierungsverfahren hat seine Grundlage in dieser Entscheidung, in der bereits ausgeführt wurde, dass sich der Anspruch des Arbeitnehmers auf die erdiente Anwartschaft darauf richte, »den Teil der für das 65. Lebensjahr versprochenen Versorgung zu erhalten, der nach dem Verhältnis der tatsächlich zurückgelegten Betriebszugehörigkeit zu der für den Erwerb des Vollrechts erforderlichen Betriebszugehörigkeit erdient wurde«.[3]

Es kommt bei dem Quotierungsverfahren nicht darauf an, wann die Versorgungszusage erteilt wurde. Der Arbeitnehmer bekommt auch nicht nur von der zugesagten **Altersleistung** den während des Arbeitsverhältnisses erdienten Teil, sondern – wenn zugesagt – auch den Teil der **Invaliditäts- oder Hinterbliebenenleistung**.[4] Dieses Berechnungsverfahren kann grds. in **allen Durchführungswegen** angewandt werden. Man spricht bei der Beschreibung des Teilleistungsgedankens auch vom m-n-tel-Verfahren, der pro-rata-temporis-Methode oder der (zeit)ratierlichen Berechnung. 2

In der ursprünglichen Gesetzesfassung war nur für die Direktversicherung und die Pensionskasse in Form der »versicherungsförmigen Lösung« (vgl. §4 Abs. 3; früher vielfach versicherungsvertragliche Lösung genannt) ein alternatives Berechnungsverfahren vorgesehen. Zwischenzeitlich gibt es weitere Berechnungsverfahren für die betriebliche Altersversorgung aus Entgeltumwandlung, die beitragsorientierte Leistungszusage und die Beitragszusage mit Mindestleistung. 3

II. Versicherungsförmige Lösung

Für die versicherungsförmigen Durchführungswege **Direktversicherung** und **Pensionskasse** ist als Alternative zum Quotierungsverfahren in §2 Abs. 2 S. 2ff. und §2 Abs. 3 S. 2ff. BetrAVG die sog. versicherungsförmige Lösung vorgesehen. Diese verweist den mit einer unverfallbaren Anwartschaft ausgeschiedenen Arbeitnehmer auf den **Wert der abgeschlossenen Versicherung**, der höher, aber auch geringer sein kann als der Wert, der sich nach dem Quotierungsverfahren ergibt. Insbesondere in den Fällen, in denen erst geraume Zeit nach Beginn des Arbeitsverhältnisses eine solche Versicherung abgeschlossen wird, reicht der in der Versicherung enthaltene Wert nicht aus, 4

---

3 Hierzu auch *Berenz* Gesetzesmaterialien, BetrAVG Allg. Begr., S. 609 f.
4 BAG 20.11.2001, 3 AZR 550/00, EzA §1 BetrAVG Invalidität Nr. 3 = DB 2002, 1510.

um die Leistung in der Höhe zu erbringen, die dem quotierten Wert der Versicherungsleistung entsprechen würde. Denn in den vorhergehenden Jahren des bestehenden Arbeitsverhältnisses wurde die Versicherung nicht finanziert.

5 Um den Abschluss von Direktversicherungen zugunsten der Arbeitnehmer zu fördern, hatte sich der Gesetzgeber dazu entschlossen, diese **besonderen Unverfallbarkeitsregeln** der Höhe nach für Direktversicherungen und Pensionskassen zu schaffen.[5] Letztlich steht es in der Entscheidungsfreiheit des Arbeitgebers, welches Berechnungsverfahren zur Anwendung kommt. Er entscheidet allein und kann auch die Variante wählen, die für den Arbeitnehmer ungünstig ist.[6]

6 Statt von der versicherungsförmigen Lösung wird zum Teil auch von der versicherungsförmigen Erhaltung der Versorgungsanwartschaft gesprochen.[7] Der Gesetzgeber hat in § 4 Abs. 3 S. 2 BetrAVG den Begriff »versicherungsförmige Lösung« eingeführt. Deshalb wird dieser Begriff statt des Begriffes »versicherungsvertragliche Lösung« verwendet. Der zum Teil in der Literatur verwendete Begriff des »Ersatzverfahrens« ist unzutreffend, da der Gesetzgeber das Quotierungsverfahren und die versicherungsförmige Lösung alternativ für diese beiden Durchführungswege zur Verfügung stellt und nicht als Ersatz für das Quotierungsverfahren.

7 Für die Wahl der versicherungsförmigen Lösung müssen bestimmte Voraussetzungen erfüllt sein. Sie ist an sog. **soziale Auflagen** gebunden.[8]

8 Bei Direktversicherungen und Pensionskassen ist in der Praxis der Regelfall die Anwendung der versicherungsförmigen Lösung. Dies gilt insbesondere auch für die betriebliche Altersversorgung aus Entgeltumwandlung. Die versicherungsförmige Lösung gibt es nicht für die rückgedeckte Unterstützungskasse und auch nicht beim Pensionsfonds.

III. Zusätzliche Unverfallbarkeitsregeln ab dem 1.1.2001

9 Der Gesetzgeber hat § 2 BetrAVG seit dem 1.1.2001 um Abs. 5a und seit dem 1.1.2002 um Abs. 5b für Neuzusagen ergänzt. Es wurden damit besondere

---

5 *Berenz* Gesetzesmaterialien BetrAVG § 2, S. 101 f.

6 BAG 12.2.2013, 3 AZR 99/11, AP Nr. 67 zu § 2 BetrAVG.

7 BAG 29.7.1986, 3 AZR 15/85, EzA § 2 BetrAVG Nr. 9 = BAGE 52, 287 = DB 1987, 743.

8 Hierzu i. E. Rdn. 143 ff.

Unverfallbarkeitsregeln für die betriebliche Altersversorgung geschaffen, die mittels einer **Entgeltumwandlung** finanziert wird.[9] Entsprechendes gilt für die **beitragsorientierte Leistungszusage**[10] und für die **Beitragszusage mit Mindestleistung**.[11]

Für den Pensionsfonds gilt nach § 2 Abs. 3a BetrAVG auch das Quotierungs-prinzip, wenn eine Leistungszusage erteilt wurde oder erteilt wird. Für die beitragsorientierte Leistungszusage und für die Beitragszusage mit Min-destleistung sind beim Pensionsfonds die für diese Zusagegestaltungen neu geschaffenen Berechnungsregeln anzuwenden.   **10**

Bei den Durchführungswegen unmittelbare Versorgungszusage, Unterstüt-zungskasse und bei Leistungen aus einem Pensionsfonds wird der Arbeit-nehmer bei der betrieblichen Altersversorgung aus **Entgeltumwandlung** auf die **bis zum Ausscheiden erreichte Anwartschaft** verwiesen, die sich aus den bis dahin umgewandelten Entgeltbestandteilen ergibt. Allerdings ist diese Regelung nur anwendbar auf Versorgungszusagen, die seit dem **1.1.2001** erteilt wurden und erteilt werden.[17] Für eine betriebliche Altersversorgung aus Entgeltumwandlung, die vor diesem Stichtag zugesagt wurde, gilt das Quotierungsverfahren, es sei denn, dass Arbeitgeber und Arbeitnehmer die Anwendung der neuen Regelung nachträglich einzelvertraglich vereinbart haben.[13]   **11**

Bei einer **beitragsorientierten Leistungszusage**[14] wird in den vorgenannten drei Durchführungswegen der Arbeitnehmer ebenfalls auf die bis zum Aus-scheiden erreichte Anwartschaft verwiesen, unabhängig davon, ob eine arbeit-geberfinanzierte betriebliche Altersversorgung vorliegt oder die betriebliche Altersversorgung aus einer Entgeltumwandlung resultiert. Diese Regelung ist ebenfalls nur anwendbar auf Versorgungszusagen, die **seit dem 1.1.2001** erteilt wurden bzw. erteilt werden. Auch für eine beitragsorientierte Leistungs-zusage, die vor dem 1.1.2001 erteilt wurde, gilt, dass einzelvertraglich die Anwendung von Abs. 5a vereinbart werden kann (§ 30g).   **12**

---

9 S. dazu Rdn. 185 ff.
10 S. dazu Rdn. 189 ff.
11 S. dazu Rdn. 192 ff.
12 § 30g BetrAVG; Pensionsfonds ab 1.1.2002.
13 S. dazu Rdn. 188.
14 Hierzu i. E. § 1 Rdn. 449 ff.

13 Für die Durchführungswege **Pensionskasse** und **Direktversicherung** bedurfte es bei der beitragsorientierten Leistungszusage keiner entsprechenden neuen gesetzlichen Regelung, da bei diesen beiden Durchführungswegen die versicherungsförmige Lösung zur Anwendung kommen kann, die den Arbeitnehmer auf das verweist, was mit den gezahlten Beiträgen bis zum vorzeitigen Ausscheiden finanziert wurde. Entsprechendes gilt für die durch Entgeltumwandlung finanzierte betriebliche Altersversorgung, bei der aufgrund der Vorgaben in § 1b Abs. 5 BetrAVG für alle ab dem 1.1.2001 erteilten Zusagen die Voraussetzungen für die Erfüllung der sozialen Auflagen gegeben sein müssen.

14 Bei der **Beitragszusage mit Mindestleistung**[15] wird die betriebliche Altersversorgung extern finanziert. Die Beiträge werden für den Arbeitnehmer angelegt. Die aus den angelegten Mitteln resultierende Leistung erhält der ausgeschiedene Arbeitnehmer bei Eintritt des Versorgungsfalles.[16]

IV. Übersicht über die anzuwendenden Vorschriften

15 Für die arbeitgeberfinanzierte betriebliche Altersversorgung ergibt sich folgende Übersicht:

	Leistungszusage	beitragsorientierte Leistungszusage	Beitragszusage mit Mindestleistung
unmittelbare Versorgungszusage	§ 2 Abs. 1 BetrAVG: Quotierungsverfahren	Zusage vor dem 1.1.2001 erteilt: § 2 Abs. 1 BetrAVG: Quotierungsverfahren Zusage ab dem 1.1.2001 erteilt: § 2 Abs. 5a BetrAVG: erreichte Anwartschaft	nicht möglich

---

15 Hierzu i. E. § 1 Rdn. 463 ff.
16 S. dazu Rdn. 192 ff.; hierzu auch *Blumenstein* FS Kemper, S. 25; *Pophal* FS Kemper, S. 355.

Kisters-Kölkes

	Leistungszusage	beitragsorientierte Leistungszusage	Beitragszusage mit Mindestleistung
Unterstützungskasse	§ 2 Abs. 4 BetrAVG: Quotierungsverfahren	Zusage vor dem 1.1.2001 erteilt: § 2 Abs. 4 BetrAVG: Quotierungsverfahren Zusage ab dem 1.1.2001 erteilt: § 2 Abs. 5a BetrAVG: erreichte Anwartschaft	nicht möglich
Direktversicherung	§ 2 Abs. 2 BetrAVG: a) Satz 1: Quotierungsverfahren b) Satz 2 ff.: versicherungsförmige Lösung	versicherungsförmige Lösung	ab 1.1.2002: § 2 Abs. 5b BetrAVG: zuzurechnendes Versorgungskapital, Mindestleistung
Pensionskasse	§ 2 Abs. 3 BetrAVG: a) Satz 1: Quotierungsverfahren b) Satz 2 ff.: versicherungsförmige Lösung	versicherungsförmige Lösung	ab 1.1.2002: § 2 Abs. 5b BetrAVG: zuzurechnendes Versorgungskapital, Mindestleistung
Pensionsfonds	Zusage ab dem 1.1.2002 erteilt: § 2 Abs. 3a BetrAVG: Quotierungsverfahren	Zusage ab dem 1.1.2002 erteilt: § 2 Abs. 5a BetrAVG: erreichte Anwartschaft	ab 1.1.2002: § 2 Abs. 5b BetrAVG: zuzurechnendes Versorgungskapital, Mindestleistung

16 Für die betriebliche Altersversorgung aus **Entgeltumwandlung** ergibt sich folgende Übersicht:

	Leistungszusage	beitragsorientierte Leistungszusage	Beitragszusage mit Mindestleistung
unmittelbare Versorgungszusage	Zusage vor dem 1.1.2001 erteilt: § 2 BetrAVG: Quotierungsverfahren Zusage ab dem 1.1.2001 erteilt: § 2 Abs. 5a BetrAVG: erreichte Anwartschaft	Zusage vor dem 1.1.2001 erteilt: § 2 Abs. 1 BetrAVG: Quotierungsverfahren Zusage ab dem 1.1.2001 erteilt: § 2 Abs. 5a BetrAVG: erreichte Anwartschaft	nicht möglich
Unterstützungskasse	Zusage vor dem 1.1.2001 erteilt: § 2 Abs. 4 BetrAVG: Quotierungsverfahren Zusage ab dem 1.1.2001 erteilt: § 2 Abs. 5a BetrAVG: erreichte Anwartschaft	Zusage vor dem 1.1.2001 erteilt: § 2 Abs. 4 BetrAVG: Quotierungsverfahren Zusage ab dem 1.1.2001 erteilt: § 2 Abs. 5a BetrAVG: erreichte Anwartschaft	nicht möglich
Direktversicherung	§ 2 Abs. 2 BetrAVG: a) Satz 1: Quotierungsverfahren b) Satz 2 ff.: versicherungsförmige Lösung	versicherungsförmige Lösung	ab 1.1.2002: § 2 Abs. 5b BetrAV: zuzurechnendes Versorgungskapital, Mindestleistung
Pensionskasse	§ 2 Abs. 3 BetrAVG: a) Satz 1: Quotierungsverfahren b) Satz 2 ff.: versicherungsförmige Lösung	versicherungsförmige Lösung	ab 1.1.2002: § 2 Abs. 5b BetrAVG: zuzurechnendes Versorgungskapital, Mindestleistung

	Leistungszusage	beitragsorientierte Leistungszusage	Beitragszusage mit Mindestleistung
Pensionsfonds	ab 1.1.2002: §2 Abs. 5a BetrAVG: erreichte Anwartschaft	ab 1.1.2002: §2 Abs. 5a BetrAVG: erreichte Anwartschaft	ab 1.1.2002: §2 Abs. 5b BetrAVG: zuzurechnendes Versorgungskapital, Mindestleistung

B. Quotierungsverfahren gem. § 2 Abs. 1 S. 1 BetrAVG

I. Zwingende Anwendung

Nach dem Quotierungsverfahren bemisst sich grds. die Leistung, wenn ein Arbeitnehmer mit einer **gesetzlich unverfallbaren Anwartschaft** vor Eintritt des Versorgungsfalles aus dem Arbeitsverhältnis ausgeschieden ist. Dieses Verfahren ist zwingend bei einer **unmittelbaren Versorgungszusage** anzuwenden, wenn Abs. 5a BetrAVG nicht anzuwenden ist. Es gilt immer für die Leistungszusage. Für beitragsorientierte Leistungszusagen, die vor dem 1.1.2001 erteilt wurden, ist grds. ebenfalls das Quotierungsverfahren anzuwenden.[17]   **17**

Zum **Nachteil** des Arbeitnehmers kann von dieser gesetzlichen Berechnungsregel **nicht abgewichen** werden.[18] Es kann jedoch vertraglich vereinbart werden, dass für den Arbeitnehmer eine **günstigere Berechnungsmethode** zur Anwendung kommt oder auf eine Kürzung vollständig verzichtet wird. Eine solche Besserstellung muss deutlich zum Ausdruck gebracht werden.[19] Die Darlegungs- und Beweislast für ein günstigeres, vertraglich vereinbartes Berechnungsverfahren trägt der Arbeitnehmer.[20] Wird irrtümlich oder bewusst auf eine ratierliche Berechnung verzichtet, wirkt dies nicht gegen den PSVaG.[21]   **18**

In der Versorgungszusage muss nicht ausdrücklich auf die gesetzliche Regelung hingewiesen werden, wobei es jedoch üblich ist, auf die Unverfallbar-   **19**

---

17 Ausnahme: Arbeitgeber und Arbeitnehmer einigen sich auf die Anwendung von § 2 Abs. 5a BetrAVG, s. Rdn. 188.

18 Zur Ausnahme bei Organpersonen Rdn. 202.

19 BAG 4.10.1994, 3 AZR 215/94, EzA §2 BetrAVG Nr. 14 = AP Nr. 22 zu §2 BetrAVG; 21.8.2001, 3 AZR 649/00, EzA §2 BetrAVG Nr. 17 = DB 2002, 644.

20 BAG 12.3.1985, 3 AZR 450/82, EzA §2 BetrAVG Nr. 6 = DB 1985, 1948.

21 BAG 17.6.2003, 3 AZR 462/02, EzA §2 BetrAVG Nr. 20 = DB 2004, 608.

keitsregeln zu verweisen. Wird jedoch eine Versorgungszusage so formuliert, dass gegenüber dem Betriebsrentengesetz außergewöhnlich weitreichende Abweichungen vorgenommen werden, sind unmissverständliche Kürzungsvorbehalte in die Zusage aufzunehmen.[22]

20 Wird aus einer unverfallbaren Anwartschaft nach § 2 Abs. 1 BetrAVG die Versorgungsleistung ermittelt, die dem Arbeitnehmer bei Eintritt des Versorgungsfalles zusteht, sind hierfür **zwei Rechenschritte** erforderlich.

21 In einem ersten Schritt ist die **Versorgungsleistung nach den Versorgungsregeln** zu berechnen, die dem Arbeitnehmer zugesagt worden sind und die auf den Ausscheidezeitpunkt festgeschrieben wurden. Es wird dabei unterstellt, dass der ehemalige Arbeitnehmer **bis zum Eintritt des Versorgungsfalles** im Unternehmen verblieben wäre. Bei einer dienstzeitabhängigen Versorgungszusage werden folglich, soweit in der Versorgungsregelung vorgesehen, die bis zum Eintritt des Versorgungsfalles abgeleisteten Dienstjahre berücksichtigt (zur vorzeitigen Altersleistung aus unverfallbarer Anwartschaft vgl. § 6 Rdn. 85 ff.).

22 Diese Versorgungsleistung, die sich bei unterstellter Betriebstreue ergeben hätte, wird in einem zweiten Schritt im Verhältnis der tatsächlich abgeleisteten Betriebszugehörigkeit zur bis zur festen Altersgrenze/Regelaltersgrenze möglichen Betriebszugehörigkeit gekürzt.

23 Dieses Berechnungsverfahren wird nicht nur bei der **Altersleistung** angewandt, sondern auch bei **Invaliditäts- und Todesfallleistungen**, wobei die Unverfallbarkeitsquote zum Ausscheidezeitpunkt anzuwenden ist, also keine neue Quote auf den Zeitpunkt des Eintritts des Versorgungsfalles zu ermitteln ist. Denn die mögliche Betriebszugehörigkeitsdauer ist nach dem eindeutigen Wortlaut des Gesetzes auf die Altersgrenze zu berechnen, nicht auf den vorzeitigen Versorgungsfall.

II. Versorgungsanspruch bei Eintritt des Versorgungsfalles

24 Der Versorgungsfall wird im Gesetz nicht definiert. Es handelt sich dabei um den Zeitpunkt, in dem der Arbeitnehmer die **Anspruchsvoraussetzungen** für den Bezug einer betrieblichen Leistung nach Maßgabe der ihm erteilten Versorgungszusage erfüllt. Welche Voraussetzungen im konkreten Einzelfall

---

22 BAG 21.8.2001, 3 AZR 649/00, EzA § 2 BetrAVG Nr. 17 = DB 2002, 644; 21.8.1990, 3 AZR 422/89, EzA § 6 BetrAVG Nr. 16 = DB 1991, 1632.

erfüllt sein müssen, muss sich aus der Versorgungszusage ergeben, die der Arbeitgeber dem Arbeitnehmer erteilt hat.

Als Versorgungsfälle werden in § 2 Abs. 1 S. 1 BetrAVG das **Erreichen der** **25** **Altersgrenze** (nicht die Inanspruchnahme einer vorzeitigen Altersleistung[23]), der Eintritt der Invalidität und der Tod genannt.[24] Voraussetzung ist, dass dem Arbeitnehmer derartige Versorgungsleistungen auch tatsächlich zugesagt wurden.

1. Erreichen der Altersgrenze

Das Gesetz selbst gibt keine Altersgrenze vor. Üblicherweise werden Alters- **26** leistungen zugesagt, die **frühestens ab Erreichen des 60. Lebensjahres** zu einer Versorgungsleistung führen. Für Versorgungszusagen, die ab dem 1.1.2012 erteilt werden, verlangt die Finanzverwaltung für die steuerliche Anerkennung ein Mindestalter von 62 Jahren.[25]

a) Altersgrenze 65 und Regelaltersgrenze

Es ist die Altersgrenze maßgeblich, die in der Versorgungszusage vorgegeben **27** ist. Stellt die Versorgungsregelung auf eine Altersgrenze von 65 ab und ist die Versorgungsregelung vor dem 1.1.2008[26] geschaffen worden, erhöht sich die Altersgrenze automatisch auf die Regelaltersgrenze, die für den einzelnen Arbeitnehmer in der gesetzlichen Rentenversicherung maßgeblich ist.[27] Diese Auslegungsregel hat das BAG aufgestellt, weil der Arbeitgeber zu erkennen gegeben habe, dass er sich an der gesetzlichen Rentenversicherung orientieren wolle. Diese »wandernde« Altersgrenze gilt nicht nur für das Quotierungsverfahren, sondern auch für die Bemessung der zugesagten Leistungen, wobei offen ist, ob dies auch für individuelle Zusagen gilt oder gelten kann.

Die Anhebung der Regelaltersgrenze in der gesetzlichen Rentenversicherung **28** kann der nachfolgenden Tabelle entnommen werden.

---

23 Vgl. hierzu § 6 Rdn. 85 ff.

24 S. dazu § 1 Rdn. 228 ff.

25 Vgl. zu den steuerlichen Rahmenbedingungen die Ausführungen im BMF-Schreiben v. 24.7.2013, BStBl. I, S. 1022 ff., Rn. 286 (s. Anh. III); zur Abgrenzung der Altersleistung von anderen Arbeitgeberleistungen vgl. § 1 Rdn. 70 ff.

26 BAG 15.5.2012, 3 AZR 11/10, EzA § 2 BetrAVG Nr. 33 = DB 2012, 1756.

27 BAG 15.5.2012, 3 AZR 11/10, EzA § 2 BetrAVG Nr. 33 = DB 2012, 1756.

Versicherte Geburtenjahr	Anhebung um Monate	auf Alter	
		Jahr	Monat
1947	1	65	1
1948	2	65	2
1949	3	65	3
1950	4	65	4
1951	5	65	5
1952	6	65	6
1953	7	65	7
1954	8	65	8
1955	9	65	9
1956	10	65	10
1957	11	65	11
1958	12	66	0
1959	14	66	2
1960	16	66	4
1961	18	66	6
1962	20	66	8
1963	22	66	10

29   Ist in der Versorgungszusage eine feste Altersgrenze von z. B. 60 oder 63 Jahren vorgesehen, bleibt diese Altersgrenze maßgeblich, da nach dem Wortlaut des Gesetzes eine günstigere Altersgrenze als die neue Regelaltersgrenze zur Anwendung kommt, wenn diese in der Versorgungszusage vorgesehen ist.

30   Für neu in das Unternehmen eintretende Arbeitnehmer bleibt es bei der in der Versorgungszusage vorgesehenen Altersgrenze. Ist mit Wirkung ab dem 1.1.2008 die Altersgrenze von 65 nicht auf die Regelaltersgrenze angehoben worden, stellt sich die Frage, ob auch für neu eingetretene Arbeitnehmer automatisch eine Anhebung auf die Regelaltersgrenze erfolgt ist. Hierzu hat sich

das BAG[28] nicht geäußert. Für Versorgungszusagen, die ab Bekanntwerden der Entscheidung weiterhin eine Altersgrenze von 65 Jahren vorsehen und die den neu eintretenden Arbeitnehmern erteilt werden, wird man unterstellen müssen, dass der Arbeitgeber bewusst an dieser günstigeren Altersgrenze festgehalten hat. Für Arbeitnehmer, die zwischen dem 31.12.2007 und dem Bekanntwerden der Entscheidung des BAG eingetreten sind, wird man dagegen die Auslegungsregel anwenden müssen, da das BAG nicht darauf abstellt, wann die Versorgungszusage erteilt wurde, sondern wann die Versorgungsregelung geschaffen wurde.

Die Anhebung der Regelaltersgrenze in der gesetzlichen Rentenversicherung soll sich nach dem Willen des Gesetzgebers nicht bei besonders langjährig Versicherten auswirken, d.h. bei solchen Versicherten, die im Ausscheidezeitpunkt mindestens 45 Versicherungsjahre abgeleistet haben. Für diesen Personenkreis ist §2 Abs.1 um eine Regelung ergänzt worden, nach der immer dann, wenn der Arbeitnehmer ausscheidet und **gleichzeitig** eine Altersrente für besonders langjährig Versicherte in Anspruch nimmt, keine Quotierung vorzunehmen ist. Dieser Arbeitnehmer scheidet mit Eintritt des Versorgungsfalles aus, nicht vor Eintritt des Versorgungsfalles. Allerdings gilt diese Ausnahme nicht, wenn ein Arbeitnehmer vorzeitig, d.h. vor Eintritt des Versorgungsfalles ausscheidet. In diesem Fall ist bei Anwendung des Quotierungsverfahrens auf die Altersgrenze abzustellen, die in der Versorgungszusage vorgesehen ist. Die Regelung für besonders langjährig Versicherte greift nur dann, wenn auch gleichzeitig mit dem Ausscheiden die Altersrente für langjährig Versicherte in Anspruch genommen wird.[29] Damit ist die praktische Bedeutung dieser Regelung stark eingeschränkt. Die Große Koalition hat sich darauf verständigt, für besonders lanjährig Versicherte den ungekürzten Rentenbezug aus der gesetzlichen Rentenversicherung ab Alter 63 zu ermöglichen, wobei auch bei dieser Bezugsmöglichkeit die Altersgrenze von Geburtsjahrgang zu Geburtsjahrgang steigen soll.[30] Dies soll keine Auswirkungen auf die betriebliche Altersversorgung haben.

31

Da neue Versorgungszusagen vielfach als beitragsorientierte Leistungszusagen erteilt werden, kommt in diesen Fällen der Anhebung der Regelaltersgrenze keine Bedeutung zu, da es bei dieser Zusageart nicht auf die Altersgrenze bei

32

28 BAG 15.5.2012, 3 AZR 11/10, EzA §2 BetrAVG Nr.33 = DB 2012, 1756.
29 *Baumeister/Merten* DB 2007, 1306.
30 BR-Drucks. 25/14 v. 31.2.2014.

der Berechnung der unverfallbaren Anwartschaft ankommt. Für die Leistungshöhe kann die Entscheidung des BAG[31] allerdings Bedeutung haben.

b) Altersgrenze zwischen 60 und 67

33 Dem Arbeitgeber steht es frei, bei Erteilung einer Zusage eine feste Altersgrenze zwischen dem 60. und 67. Lebensjahr zu wählen, z. B. das 62. Lebensjahr.[32] Ist eine solche Regelung in der Versorgungszusage vorgesehen, ist die Versorgungsleistung auf dieses Alter zu berechnen und bei dem Quotierungsverfahren auf diese Altersgrenze abzustellen. Die Altersgrenze wird durch die Versorgungszusage vorgegeben. Sie ist unabhängig davon maßgeblich, ob der Arbeitnehmer nach Erreichen der Altersgrenze weiterarbeiten kann. Sie kann nach Erreichen einer unverfallbaren Anwartschaft anlässlich des Ausscheidens nicht mehr angehoben oder herabgesetzt werden.[33]

c) Altersgrenze unter 60

34 Nur ausnahmsweise kann eine Altersleistung i. S. d. BetrAVG ausgelöst werden, wenn dem Arbeitnehmer z. B. ab Vollendung des 55. Lebensjahres Altersleistungen zugesagt wurden. Dies kann bei besonderen Berufsgruppen der Fall sein.[34] Ist ausnahmsweise eine Altersleistung vor Alter 60 zugesagt, ist auf diese Altersgrenze bei der Quotierung abzustellen.

35 Zur »Altersleistung« vor Alter 60 in Form von Übergangsgeldern wird auf § 1 Rdn. 70 ff. verwiesen.

36 Zur Möglichkeit, in Tarifverträgen von § 2 BetrAVG abzuweichen, siehe die Ausführungen in § 17 Rdn. 25.

d) Unterschiedliche Altersgrenzen für Männer und Frauen

37 Es verstößt gegen Art. 23 der Europäischen Grundrechtecharta, Art. 157 AEUV und gegen Art. 3 GG, wenn für Männer und Frauen unterschied-

---

31 BAG 15.5.2012, 3 AZR 11/10, EzA § 2 BetrAVG Nr. 33 = DB 2012, 1756.

32 Vgl. z. B. § 36 SGB VI. Zu beachten ist, dass die Finanzverwaltung Versorgungszusagen, die ab dem 1.1.2012 erteilt werden, nur noch dann anerkennen will, wenn frühestens ab dem Alter 62 Altersleistungen vorgesehen sind.

33 BAG 17.9.2008, 3 AZR 865/06, EzA § 1 BetrAVG Nr. 91 = BB 2009, 840.

34 Zur steuerlichen Behandlung: BMF-Schreiben v. 24.07.2013, BStBl. I, S. 1022 ff., Rn. 286 (s. Anh. III).

liche feste Altersgrenzen in einer Versorgungsregelung vorgegeben werden. Dies gilt uneingeschränkt für alle Versorgungszusagen, die ab dem 18.5.1990 erteilt wurden und erteilt werden. Denn am 17.5.1990 hat der Europäische Gerichtshof entschieden, dass eine Differenzierung den Grundsatz verletzt, wonach gleiches Entgelt für gleiche Arbeit zu zahlen ist.[35]

Für Versorgungszusagen, die **vor dem 18.5.1990** erteilt wurden, ist bei der   **38** Unverfallbarkeitsquote für die Arbeitnehmer, für die unterschiedliche feste Altersgrenzen galten, zwischen der sog. **Vor-Barber-Zeit** und der **Nach-Barber-Zeit** zu unterscheiden. Die Zeit der Betriebszugehörigkeit, die vor dem 18.5.1990 abgeleistet wurde, ist die Vor-Barber-Zeit. Die Zeit, die ab diesem Stichtag abgeleistet wurde, ist die Nach-Barber-Zeit.

In der Vor-Barber-Zeit konnten für Männer und Frauen unterschiedliche feste   **39** Altersgrenzen verwendet werden. Folglich ist bei der Unverfallbarkeitsquote für diesen Zeitraum auf die Altersgrenze abzustellen, die in der Zusage jeweils für Männer und Frauen vorgesehen war. Die Altersgrenze von 65 Jahren in der Vor-Barber-Zeit gilt auch für Arbeitnehmer, die schwerbehindert sind.[36]

In der Nach-Barber-Zeit ist eine Differenzierung zwischen Männern und   **40** Frauen nicht mehr zulässig. Folglich ist die günstigere Altersgrenze der Frauen auch bei der Quotierung der Anwartschaft eines Mannes anzuwenden.[37] Ist für Männer eine Altersgrenze von 65 Jahren und für Frauen eine solche von 60 Jahren vorgesehen, ist bei einem **Mann**, der mit einer unverfallbaren Anwartschaft ab dem 18.5.1990 ausgeschieden ist oder ausscheidet, für die Beschäftigungszeiten vor dem 18.5.1990 von einer möglichen Betriebszugehörigkeit bis zum 65. Lebensjahr auszugehen. Für die Zeit ab dem 18.5.1990 ist für die mögliche Betriebszugehörigkeit auf das Alter 60 abzustellen, also auf das Rentenzugangsalter der Frauen. Bei Arbeitnehmerinnen ist keine Differenzierung vorzunehmen. Für sie ist die feste Altersgrenze maßgeblich, die in der Versorgungszusage vorgegeben ist, also in dem genannten Beispiel das

---

35 EuGH 17.5.1990, C-262/88, EzA Art. 119 EWG-Vertrag Nr. 4, DB 1990, 1824; hierzu auch § 1 Rdn. 176 ff.

36 BAG 23.5.2000, 3 AZR 228/99, EzA § 1 BetrAVG Gleichbehandlung Nr. 20, DB 2001, 767.

37 BAG 22.1.2002, 3 AZR 554/00, EzA § 77 BetrVG 1972 Ruhestand Nr. 2, DB 2002, 1896; 3.6.1997, 3 AZR 910/95, EzA Art. 119 EWG-Vertrag Nr. 45, DB 1997, 1778.

Alter 60.[38] Durch die nach Zeiträumen zu differenzierende Altersgrenze entstehen bei Männern zwei Rentenstammrechte, die nicht nur bei der Unverfallbarkeitsquote voneinander abweichen, sondern auch – bei vorzeitigen Altersleistungen – bei der Anwendung versicherungsmathematischer Abschläge.[39]

41 Soweit heute noch unterschiedliche Altersgrenzen mit Wirkung für die Zukunft angepasst werden sollen, wird auf die Ausführungen zur Änderung von Versorgungszusagen unter Wahrung von Besitzständen verwiesen.[40] Das BAG hat sich mit der wirksamen Anhebung der Altersgrenzen (wenn die Altersgrenze der Männer angehoben wird, muss gleichzeitig auch die Altersgrenze der Frauen angehoben werden) noch nicht auseinandergesetzt. In seiner Entscheidung vom 29.4.2008[41] hat das Gericht offen gelassen, ob eine Anhebung der Altersgrenze zulässig ist und wenn ja, wie diese umzusetzen ist. Bei unterstellter Zulässigkeit würde sich für Männer ein drittes Rentenstammrecht ergeben, für Frauen ein zweites Rentenstammrecht, welches sich jeweils auf die Zeit nach der Änderung beziehen würde.

42 Die Differenzierung zwischen der Vor-Barber-Zeit und der Nach-Barber-Zeit ist nicht mehr in den Fällen vorzunehmen, in denen in einem betrieblichen Regelwerk noch heute unterschiedliche feste Altersgrenzen für Männer und Frauen vorgesehen sind, wenn ein Arbeitnehmer erstmals nach dem 17.5.1990 ein Arbeitsverhältnis begründet hat. In diesem Fall ist für alle Arbeitnehmer, die ab dem 18.5.1990 eingetreten sind oder eine Versorgungszusage erhalten haben, ausschließlich die günstigere Altersgrenze der Frauen anzuwenden.

43 Für externe Versorgungsträger gelten die vorstehenden Aussagen entsprechend. Auch eine Pensionskasse muss für Männer und Frauen eine einheitliche feste Altersgrenze für die Zeit ab dem 18.5.1990 vorsehen.[42]

---

38 BAG 22.1.2002, 3 AZR 554/00, EzA § 77 BetrVG 1972 Ruhestand Nr. 2, DB 2002, 1896; 3.6.1997, 3 AZR 910/95, EzA Art. 119 EWG-Vertrag Nr. 45, DB 1997, 1778.

39 BAG 17.9.2008, 3 AZR 1061/06, EzA § 2 BetrAVG Nr. 31 = DB 2009, 296; 29.4.2008, 3 AZR 266/06, EzA § 2 BetrAVG Nr. 30 = BB 2009, 224.

40 S. dazu § 1 Rdn. 283 ff.; *Saunders* FS Kemper, S. 410 m. w. N.; auch LAG Frankfurt 14.6.1995, 8 Sa 1016/94.

41 BAG 29.4.2008, 3 AZR 266/06, EzA § 2 BetrAVG Nr. 30 = BB 2009, 224.

42 BAG 7.9.2004, 3 AZR 550/03, EzA Art. 141 EG-Vertrag 1999 Nr. 16 = DB 2005, 507.

Kisters-Kölkes

Unterschiedliche feste Altersgrenzen müssen bei einer Unternehmensbewertung (Due-Diligence-Prüfung) berücksichtigt werden. Auch bei der Bewertung nach § 253 HGB sind sie zu beachten. **44**

2. Invalidität

Ist eine Invaliditätsleistung vorgesehen und sind für deren Bezug die Anspruchsvoraussetzungen erfüllt, erhält auch der Arbeitnehmer, der vor Eintritt des Versorgungsfalles aus dem Arbeitsverhältnis ausgeschieden ist, aus der unverfallbaren Anwartschaft eine Invaliditätsleistung. Auch in diesem Fall ist in einem ersten Schritt die Leistung nach Maßgabe der Versorgungszusage zu ermitteln, die ihm ohne dass vorherige Ausscheiden zugestanden hätte. Die für den »betriebstreuen« Arbeitnehmer ermittelte Invaliditätsleistung ist dann im Verhältnis der tatsächlichen zur möglichen Dauer der Betriebszugehörigkeit zu kürzen. **45**

Der **Begriff** der Invalidität wird in § 2 Abs. 1 S. 1 BetrAVG nicht definiert.[43] Es sind die Regeln aus der Versorgungszusage anzuwenden. Entsprechendes gilt für die Bedeutung einer Wartezeit im Zusammenhang mit einer Invaliditätsleistung.[44] **46**

Bei der Berechnung einer betrieblichen Invaliditätsleistung aus einer unverfallbaren Anwartschaft kann es bei einer Versorgungszusage, die dienstzeitabhängig ist, zu einer zweifachen Kürzung kommen. Diese ergibt sich zum einen, weil nur die bis zum Eintritt des Versorgungsfalles abgeleisteten Dienstjahre berücksichtigt werden. Zum anderen ergibt sich eine Kürzung, weil die Versorgungsleistung auf die Altersgrenze/Regelaltersgrenze[45] ratierlich gekürzt wird. Eine solche Minderung ist zulässig.[46] **47**

3. Tod

Das Quotierungsverfahren gilt auch, wenn eine Leistung durch Tod ausgelöst wird, nachdem zuvor der Arbeitnehmer mit einer gesetzlich unverfallbaren **48**

---

43 Zu den möglichen Gestaltungen wird auf § 1 Rdn. 234 ff. verwiesen.
44 Hierzu § 1 Rdn. 223 ff.
45 Oder frühere vertragliche Altersgrenze oder ggf. auch eine spätere Altersgrenze.
46 BAG 21.8.2001, 3 AZR 649/00, EzA § 2 BetrAVG Nr. 17 = DB 2002, 644; 15.2.2005, 3 AZR 298/04, VersR 2006, 530; 18.11.2003, 3 AZR 517/02, EzA § 6 BetrAVG Nr. 26 = DB 2004, 1375; 7.9.2004, 3 AZR 524/03, EzA § 6 BetrAVG Nr. 27 = DB 2005, 839.

Anwartschaft ausgeschieden war. In diesem Fall stehen den versorgungsberechtigten Hinterbliebenen die Leistungen zu, die sich aus der Versorgungszusage ergeben. § 2 Abs. 1 S. 2 BetrAVG spricht insoweit von den Hinterbliebenen des Arbeitnehmers, der mit einer unverfallbaren Anwartschaft ausgeschieden ist.

49 Auch für die Hinterbliebenenleistung gilt, dass in einem ersten Schritt die Leistung zu ermitteln ist, die an die Hinterbliebenen zu zahlen gewesen wäre, wenn der Arbeitnehmer als aktiver Mitarbeiter verstorben wäre. Die sich so ergebende Leistung ist dann nach dem Quotierungsverfahren zu kürzen. Verstirbt ein im Unternehmen tätiger Arbeitnehmer, liegt kein vorzeitiges Ausscheiden vor. Der Aktiventod löst die zugesagte Hinterbliebenenleistung aus. Es tritt der Versorgungsfall ein. Beim Tod des aktiven Arbeitnehmers erhalten die Hinterbliebenen die nach dem Leistungsplan zugesagten Leistungen. Eine Kürzung nach § 2 BetrAVG ist nicht vorzunehmen.

4. Vorzeitige Altersleistung

50 Anders als die Versorgungsfälle Alter, Invalidität und Tod ist die Inanspruchnahme einer **vorzeitigen Altersleistung aus einer gesetzlich unverfallbaren Anwartschaft** in § 2 Abs. 1 S. 1 BetrAVG nicht **angesprochen**. Hieraus leitet das BAG[47] in nunmehr ständiger Rechtsprechung ab, dass die fehlende Betriebstreue zwischen dem vorgezogenen Ruhestand und der in der Versorgungszusage festgelegten festen Altersgrenze bzw. die Regelaltersgrenze grds. nicht dreifach mindernd berücksichtigt werden darf.

51 Diese Rechtsprechung des BAG ist von Bedeutung bei der Ermittlung der Leistung, die dem ausgeschiedenen Arbeitnehmer bei unterstellter Betriebstreue zugestanden hätte. Sie führt dazu, dass bei dienstzeitabhängigen Leistungszusagen die Dienstjahre bis zur festen Altersgrenze/Regelaltersgrenze hochzurechnen sind und nicht nur die Dienstjahre zählen, die bis zum Eintritt des Versorgungsfalles abgeleistet worden wären. Im Extremfall bedeutet dies, dass fünf Jahre/sieben Jahre zusätzlich bei der Ermittlung der vorzeitigen Altersleistung anzusetzen sind. Der Arbeitnehmer bekommt mithin eine

---

47 BAG 23.1.2001, 3 AZR 164/00, EzA § 6 BetrAVG Nr. 23 = DB 2001, 1887; 24.7.2001, 3 AZR 567/00, EzA § 6 BetrAVG Nr. 25 = DB 2002, 588; 28.5.2002, 3 AZR 358/01, FA 2002, 437 = AP Nr. 29 zu § 6 BetrAVG; 7.9.2004, 3 AZR 524/03, EzA § 6 BetrAVG Nr. 27 = DB 2005, 839; 12.12.2006, 3 AZR 716/05, EzA § 1 BetrAVG Nr. 88 = DB 2007, 2546.

Kisters-Kölkes

höhere Leistung, als er sie erhalten würde, wenn nur die Dienstjahre berücksichtigt werden, die bis zur Inanspruchnahme der vorzeitigen Altersleistung anzusetzen sind.

▶ **Beispiel:** 52

Ein Arbeitnehmer, geboren am 21.11.1946, war vom 1.10.1989 bis zum 31.10.2003 bei einer Firma beschäftigt. Für jedes volle anrechenbare Dienstjahr sind je 17,70 € zugesagt worden. Seit dem 1.12.2006 bezieht er vorgezogene gesetzliche Altersrente und verlangt von der Firma die Zahlung der Betriebsrente. Für die vorzeitige Altersleistung ist vorgesehen, dass sie für jeden Monat der Inanspruchnahme vor der Vollendung des 65. Lebensjahres um 0,3 % gekürzt wird. Die vorzeitige Altersrente aus der gesetzlich unverfallbaren Anwartschaft ist wie folgt zu berechnen:

22 volle Jahre (1.10.1989–21.11.2011) × 17,70 € = 389,40 €

(und nicht 17 Jahre vom 1.10.1989–30.11.2006)

Dieser Betrag wird für 60 Monate × 0,3 % = 18 % = 70,09 € auf 319,31 € gekürzt. Diese Leistung wird mit der Unverfallbarkeitsquote gekürzt, d. h. auf 63,77 % (169 tatsächliche Monate zu 265 erreichbaren Monaten). Es ist eine Rente in Höhe von 203,62 € zu zahlen.[48]

Beim Ausscheiden eines aktiven Arbeitnehmers unter Inanspruchnahme der 53 vorzeitigen Altersleistung gelangt § 2 Abs. 1 BetrAVG nicht zur Anwendung. Folglich werden bei der Leistungsbemessung nur die Jahre bis zur Inanspruchnahme der vorzeitigen Leistung berücksichtigt, wenn dies so in der Versorgungszusage vorgesehen ist. Ob dadurch eine Benachteiligung betriebstreuer Arbeitnehmer entsteht, ist ungeklärt.

In **Tarifverträgen** kann von dieser Berechnungsregel abgewichen werden, weil 54 die Tarifvertragsparteien nach § 17 Abs. 3 S. 1 BetrAVG das Recht haben, von § 2 BetrAVG abweichende Berechnungsregeln vorzusehen.[49]

III. Vorzeitiges Ausscheiden

Wird das Arbeitsverhältnis beendet, bevor der Versorgungsfall eingetreten ist, 55 liegt ein vorzeitiges Ausscheiden vor. Zur Beendigung des Arbeitsverhältnisses

---

48 So BAG 24.7.2001, 3 AZR 567/00, EzA § 6 BetrAVG Nr. 25 = DB 2002, 588.
49 BAG 24.7.2001, 3 AZR 681/00, EzA § 2 BetrAVG Nr. 18 = DB 2002, 590.

und zum Ausscheiden mit einer gesetzlich unverfallbaren Anwartschaft wird auf § 1b Rdn. 4 f. und 19 ff. verwiesen.

IV. Ohne das vorherige Ausscheiden zustehende Leistung

56 Für den **ersten Berechnungsschritt** ist die Leistung zu ermitteln, die dem Arbeitnehmer zugestanden hätte, wenn er **bis zum Eintritt des Versorgungsfalles** im Unternehmen verblieben wäre.

57 Diese Leistung richtet sich nach der Versorgungszusage, dem Leistungsplan und den dort niedergelegten Rechenregeln. Insoweit kommt es darauf an, ob ein Festbetragssystem, eine bezüge- und dienstzeitabhängige Versorgungszusage oder z. B. eine Gesamtversorgungszusage[50] erteilt wurde. Aus der Zusage ergibt sich auch, ob ein Kapital oder eine Rente zu berechnen ist.

58 Hinsichtlich der Bemessungsgrundlagen ist § 2 Abs. 5 BetrAVG zu berücksichtigen.[51] Dies bedeutet, dass für den Arbeitnehmer, der mit einer gesetzlich unverfallbaren Anwartschaft aus dem Arbeitsverhältnis ausscheidet, die Bemessungsgrundlagen und Versorgungsregelungen auf den Ausscheidezeitpunkt festgeschrieben werden. Dieser Festschreibeeffekt ergibt sich auch für versicherungsmathematische Abschläge.[52] Sieht eine Versorgungszusage vor, dass der Teilzeitgrad über die letzten 120 Monate zu berechnen ist, gilt diese Regel nicht für Fälle der Altersteilzeit.[53] War der Arbeitnehmer vor dem Ausscheiden vollzeit- und später teilzeitbeschäftigt, ist der Teilzeitgrad auf die tatsächliche Dauer der Betriebszugehörigkeit zu berechnen und nicht fiktiv bis zur Altersgrenze fortzuschreiben.[54] Der Festschreibeeffekt ist auch zu beachten, wenn ein Arbeitnehmer zeitweise in den alten und zeitweise in den neuen Bundesländern tätig war und die Höhe der Leistung von der Beitragsbemessungsgrenze in der gesetzlichen Rentenversicherung abhängig ist.[55]

---

50 S. dazu § 1 Rdn. 197.

51 S. dazu Rdn. 119 ff.

52 BAG 17.8.2004, 3 AZR 318/03, EzA § 2 BetrAVG Nr. 22 = DB 2005, 563.

53 BAG 17.4.2012, 3 AZR 280/10, AP Nr. 34 zu § 1 BetrAVG Auslegung = BetrAV 2012, 632.

54 BAG 24.7.2001, 3 AZR 567/00, EzA § 6 BetrAVG Nr. 25 = DB 2002, 588.

55 BAG 21.4.2009, 3 AZR 640/07, BetrAV 2009, 559 = BAGE 130, 202 =. DB 2009, 2499.

V. Teilanspruch

Der mit unverfallbarer Anwartschaft ausgeschiedene Arbeitnehmer bekommt 59
den Teil der ihm zugesagten Leistung, der dem Verhältnis der tatsächlichen
zur möglichen Betriebszugehörigkeit entspricht.

1. Quotierungsverfahren

Beim Quotierungsverfahren werden die tatsächliche und die mögliche 60
Betriebszugehörigkeit berücksichtigt. In diesem Verhältnis wird die zugesagte
Leistung, die ohne dass vorherige Ausscheiden dem Arbeitnehmer zugestanden hätte, gekürzt.

a) Beginn der Betriebszugehörigkeit

Die Betriebszugehörigkeit beginnt grds. mit dem rechtlichen Beginn des 61
Arbeitsverhältnisses. War dem Arbeitsverhältnis ein Berufsausbildungsverhältnis unmittelbar, d. h. ohne Unterbrechung der Betriebszugehörigkeit,
vorgeschaltet, ist die gesamte Betriebszugehörigkeit einschließlich der Zeit der
Berufsausbildung zu berücksichtigen, auch wenn während der Ausbildungszeit noch keine Versorgungszusage bestand.[56]

Bei einem Betriebsübergang i. S. v. §613a BGB oder §324 UmwG wird die 62
beim Vorarbeitgeber abgeleistete Dauer der Betriebszugehörigkeit sowohl
bei der tatsächlichen als auch bei der möglichen Betriebszugehörigkeitsdauer
mitberücksichtigt, auch wenn die Zusage erst vom neuen Arbeitgeber erteilt
wird.[57]

b) Ende der Betriebszugehörigkeit

Das Ende der Betriebszugehörigkeit ist das Ende des Arbeitsverhältnisses. Auf 63
den Grund, weshalb das Arbeitsverhältnis beendet wurde, kommt es nicht
an. Lediglich bei einer Beendigung des Arbeitsverhältnisses durch Tod ist § 2
BetrAVG nicht zu berücksichtigen, da in diesem Fall kein Ausscheiden mit

---

56 BAG 19.11.2002, 3 AZR 167/02, EzA § 1 BetrAVG Nr. 38 Ablösung Nr. 38 = DB
    2003, 2131.
57 Hierzu BAG 8.2.1983, 3 AZR 229/81, EzA § 613a BGB Nr. 37 = DB 1984,
    301; für Beschäftigungszeiten in der ehemaligen DDR: BAG 19.12.2000, 3 AZR
    451/99, EzA § 613a BGB Nr. 197 = DB 2001, 2407; 19.4.2005, 3 AZR 4698/04,
    EzA § 1b BetrAVG Nr. 3 = DB 2005, 1748.

unverfallbarer Anwartschaft vorliegt. Das Ausscheiden erfolgt mit Eintritt des Versorgungsfalles, nicht vor Eintritt des Versorgungsfalles. Es ist folglich in diesem Fall auch nicht zu prüfen, ob die Unverfallbarkeitsvoraussetzungen erfüllt sind. Es wird lediglich geprüft, ob eine Hinterbliebenenleistung zugesagt ist und ob hierfür die Anspruchsvoraussetzungen erfüllt sind.

c) Tatsächliche Betriebszugehörigkeit

64 Die tatsächliche Betriebszugehörigkeit ist die Zeit, in der das Arbeitsverhältnis bestanden hat. Es kommt ausschließlich auf den **rechtlichen Bestand** des Arbeitsverhältnisses an. Problematisch ist die Betriebszugehörigkeitsdauer bei Saisonarbeitnehmern, die rechtlich ihr Arbeitsverhältnis beenden, aber Jahr für Jahr wieder eingestellt werden. Das BAG hat bisher die Frage offen gelassen, wie diese Arbeitnehmergruppe zu behandeln ist. In der Literatur wird die Auffassung vertreten, es könne eine durchgehende Betriebszugehörigkeit angenommen werden.[58] Dies wirft allerdings die Frage auf, ob nicht eine Verletzung des Gleichbehandlungsgrundsatzes vorliegt, weil damit auch Zeiten berücksichtigt würden, in denen kein Arbeitsverhältnis bestand. Deshalb wird man im Einzelfall wohl prüfen müssen, ob trotz formalrechtlicher Beendigung nicht ein arbeitsrechtliches Restverhältnis zum Arbeitgeber fortbestanden hat, indem z. B. ein Wiedereinstellungsanspruch garantiert wird, der dann auch immer wieder umgesetzt wird.

65 Bei einem ruhenden Arbeitsverhältnis (Krankheit, Mutterschutz, Elternzeit u. Ä.) besteht das Arbeitsverhältnis fort. Dies bedeutet, dass auch diese Zeiten bei der Betriebszugehörigkeit uneingeschränkt zu berücksichtigen sind.[59]

66 Zur Betriebszugehörigkeit gehören auch zwingend solche Vordienstzeiten, die kraft Gesetzes anzurechnen sind, wie z. B. gem. § 12 ArbPlSchG die abgeleistete Zeit des Grundwehr-/Zivildienstes. Allerdings ist in diesem Zusammenhang zu berücksichtigen, dass alleine die Ableistung des Grundwehrdienstes nicht ausreicht, um eine Anrechnung vorzunehmen. Vielmehr muss zwischen der Beendigung des Grundwehrdienstes und dem Arbeitsverhältnis ein Zusammenhang bestehen. Dies setzt voraus, dass ein zwischen Wehrdienst und Eintritt in das Arbeitsverhältnis abgeleistetes Studium in der Regelstu-

---

58 *Höfer* BetrAVG, Rn. 2920 ff. zu § 2.
59 BAG 15.2.1994, 3 AZR 708/93, EzA § 1 BetrAVG Gleichberechtigung Nr. 9, DB 1994, 1479.

Kisters-Kölkes

dienzeit abgeschlossen wurde.[60] Soweit kraft Gesetzes nur teilweise Vordienstzeiten anzurechnen sind, wirkt sich die Anrechnung nur in dem vorgegebenen Umfang aus.

d) Mögliche Betriebszugehörigkeit

Die mögliche Betriebszugehörigkeit ist die Zeit vom Beginn des Arbeitsverhältnisses – ggf. unter Berücksichtigung einer Ausbildungszeit oder einer Vordienstzeit –[61] bis zur festen Altersgrenze/Regelaltersgrenze.[62] Auch bei der möglichen Betriebszugehörigkeit sind Zeiten des ruhenden Arbeitsverhältnisses zu berücksichtigen. **67**

e) Berechnung nach Monaten oder Tagen

Die Dauer der tatsächlichen und die Dauer der möglichen Betriebszugehörigkeit ist nach Monaten oder Tagen zu berechnen. Eine Berechnung nach Jahren ist nicht zulässig.[63] Restmonate mit mehr als 15 Kalendertagen sind aufzurunden.[64] **68**

In der Praxis ist es üblich, bei der tatsächlichen Betriebszugehörigkeit angefangene Monate und bei der möglichen Betriebszugehörigkeit nur vollendete Monate zu berücksichtigen. Bei dieser Vorgehensweise wird der Arbeitnehmer etwas günstiger gestellt, als er stehen würde, wenn nur die angefangenen Monate zählen.[65] **69**

▶ **Berechnungsbeispiel:** **70**

Ein Arbeitnehmer, geboren am 21.11.1952, war vom 15.10.1995 bis zum 31.10.2009 bei einem Unternehmen beschäftigt. Es ist eine feste Altersgrenze von 65 Jahren vorgesehen.

---

60 BAG 19.8.2008, 3 AZR 1063/06, EzA § 6 ArbPlSchG Nr. 7 = DB 2009, 240.

61 BAG 19.11.2002, 3 AZR 167/02, EzA § 1 BetrAVG Ablösung Nr. 38 = DB 2003, 2131.

62 BAG 15.2.2005, 3 AZR 298/04, VersR 2006, 530.

63 BAG 4.10.1994, 3 AZR 215/94, EzA § 2 BetrAVG Nr. 14 = BB 1995, 881.

64 BAG 20.11.2001, 3 AZR 550/00, EzA § 1 BetrAVG Invalidität Nr. 3 = DB 2002, 1510.

65 *Höfer* BetrAVG, Rn. 3120 ff. zu § 2.

Das Arbeitsverhältnis hat 169 angefangene Monate bestanden und bei der möglichen Betriebszugehörigkeit wären 271[66] vollendete Monate möglich gewesen. Die Unverfallbarkeitsquote beträgt mithin 62,36 %.

f) Unverfallbarkeitsquote

71 Die anlässlich des Ausscheidens aus der tatsächlichen und der möglichen Betriebszugehörigkeitsdauer ermittelte Unverfallbarkeitsquote ist auf die dem Arbeitnehmer zugesagte Altersleistung anzuwenden. Diese Quote bleibt auch maßgeblich, wenn später aus der unverfallbaren Anwartschaft eine Invaliditäts- oder Hinterbliebenenleistung zu berechnen ist oder eine vorzeitige Altersleistung abgerufen wird.[67]

2. Berechnungsbeispiele

a) Formel

72 Das Quotierungsverfahren kann bei jedem Leistungsplan[68] angewandt werden. Ohne Bedeutung ist, ob es sich um eine Renten- oder Kapitalzusage handelt.

73

> Die allgemeine Formel lautet:
>
> $$V \times m/n$$
>
> V = Versorgungsleistung nach Leistungsplan (fiktive volle Versorgungsleistung ohne das vorherige Ausscheiden)
>
> m = tatsächliche Dauer der Betriebszugehörigkeit
>
> n = bis zur festen Altersgrenze/Regelaltersgrenze mögliche Dauer der Betriebszugehörigkeit

b) Festbetragssysteme

74 Ein Festbetragssystem kann einen festen Betrag als Monatsrente (100 € als Altersrente) oder als Kapitalleistung (10.000 € Alterskapital) vorsehen. Die

---

66 Regelaltersgrenze 65 Jahre und 6 Monate.

67 BAG 21.8.2001, 3 AZR 649/00, EzA § 2 BetrAVG Nr. 17 = DB 2002, 644.

68 Zu den Besonderheiten bei der beitragsorientierten Leistungszusage s. Rdn. 189 ff. und der Beitragszusage mit Mindestleistung Rdn. 192 ff.

Höhe der Leistung kann auch in Abhängigkeit von der Dienstzeit ermittelt werden.

▶ **Beispiel:** 75

Je angefangenem Dienstjahr sind 10 € zugesagt als monatliche Altersrente. Der am 10.3.1971 geborene Arbeitnehmer ist am 1.4.2000 in das Arbeitsverhältnis eingetreten und zum 31.12.2013 ausgeschieden. Die Regelaltersgrenze ist das 67. Lebensjahr.

38 × 10 € = 380 € sind als Altersrente bei unterstellter Betriebstreue bis zum 67. Lebensjahr zu zahlen.

Die tatsächliche Betriebszugehörigkeit beträgt 165 Monate, die bis zur Altersgrenze mögliche Betriebszugehörigkeit 455 Monate. Der Unverfallbarkeitsfaktor beträgt 36,26 %. Es sind 137,80 € aufrechtzuerhalten.

Entsprechend ist bei einer Kapitalzusage zu rechnen. 76

▶ **Beispiel:** 77

Zugesagt sind 1.000 € je Dienstjahr.

38 × 1.000 € = 38.000 €

38.000 € × 36,26 % = 13.780,22 €.

c) Dynamische Systeme

Wird einem Arbeitnehmer eine gehaltsabhängige Versorgungszusage erteilt, ist ebenfalls das Quotierungsverfahren anzuwenden. 78

▶ **Beispiel:** 79

Zugesagt sind 0,5 % der letzten Bezüge. Diese betragen im Ausscheidezeitpunkt 3.000 €.

38 × 0,5 % × 3.000 € = 570 €

570 € × 36,26 % = 206,70 €.

Dieses rentenfähige Einkommen wird auf den Zeitpunkt des Ausscheidens festgeschrieben.[69]

---

69 Vgl. Rdn. 119 ff.

80 Bei einer Kapitalzusage wird entsprechend gerechnet.

81 ▶ **Beispiel:**

> 0,5 % der Jahresbezüge je Dienstjahr sind zugesagt. Der Jahresverdienst beträgt 39.000 €.
>
> $38 \times 0,5\% \times 39.000\,€ = 7.410\,€$
>
> $7.410\,€ \times 36,26\% = 2.687,14\,€.$

3. Vordienstzeiten

82 Zu gesetzlichen anzurechnenden Vordienstzeiten vgl. Rdn. 66.

83 Da ein Arbeitnehmer jederzeit besser gestellt werden kann als dies das Gesetz vorgibt, kann der Arbeitgeber auch »Dienstzeiten schenken«, indem er Vordienstzeiten anrechnet. Die angerechneten Zeiten sind bei der Quotierung zu berücksichtigen, wenn dies nicht ausdrücklich ausgeschlossen ist.

84 Vielfach wird bei einem Arbeitgeberwechsel im Konzern eine Anrechnung vorgenommen. Der Arbeitnehmer soll nicht benachteiligt werden, wenn er zwischen Konzerngesellschaften wechselt. Zur Übertragung einer Anwartschaft beim Arbeitgeberwechsel vgl. auch § 4 BetrAVG.

4. Nachdienstzeiten

85 Sagt ein Arbeitgeber dem Arbeitnehmer zu, der mit einer gesetzlich unverfallbaren Anwartschaft aus dem Arbeitsverhältnis ausscheidet, dass die nach dem Ausscheiden fiktiv ableistbaren Dienstzeiten bei der betrieblichen Altersversorgung zu berücksichtigen sind, spricht man von der Anrechnung von Nachdienstzeiten.[70]

86 Die vertragliche Anrechnung von Nachdienstzeiten hat zum Ziel, dass der Arbeitnehmer so gestellt wird, als sei er nicht vorzeitig ausgeschieden. Damit führt die Anrechnung dieser Zeiten dazu, dass auf vertraglicher Basis keine Quotierung gem. § 2 Abs. 1 BetrAVG vorzunehmen ist. Dies wirkt sich i. d. R. nicht zulasten des PSVaG aus.[71]

---

70 BAG 10.3.1992, 3 AZR 140/91, EzA § 7 BetrAVG Nr. 43 = DB 1992, 2251.
71 BAG 30.5.2006, 3 AZR 205/05, EzA § 2 BetrAVG Nr. 26 = DB 2007, 1987.

5. Vollzeit- und Teilzeitbeschäftigung

Ohne Bedeutung ist bei der Berechnung gem. § 2 Abs. 1 BetrAVG, ob das **87** Arbeitsverhältnis in Vollzeit oder in Teilzeit abgeleistet wurde. Die Differenzierung zwischen Vollzeit- und Teilzeitarbeit ist nur bei der Höhe der Versorgungsleistungen zu berücksichtigen.[72]

6. Altersdiskriminierung

Gegen das Quotierungsverfahren ist eingewandt worden, es wirke altersdiskri- **88** minierend, weil jüngere Arbeitnehmer eine ungünstigere Quote hinnehmen müssten als Arbeitnehmer, die erst im späteren Alter eingestellt würden. Wer mit 25 Jahren eintrete und eine Altersgrenze von 65 Jahren habe, erhalte nach 10 Jahren eine Quote von 10/40. Wer dagegen mit 45 eintrete und mit 55 Jahren ausscheide erhalte für die gleiche Betriebszugehörigkeit von 10 Jahren eine Quote von 10/20. Dadurch würden jüngere Arbeitnehmer diskriminiert.

Dies sieht das BAG in seinen Urteilen vom 19.7.2011[73] anders. Es liege keine **89** Diskriminierung vor, weil eine etwa – je nach Leistungsplan – erfolgende mittelbare Diskriminierung durch das Allgemeininteresse an einer Verbreitung der betrieblichen Altersversorgung gerechtfertigt sei. Das Teilleistungsprinzip, auf dem das Quotierungsverfahren beruhe, habe von Anfang an die betriebliche Altersversorgung geprägt.[74]

C. Mindestanspruch

In § 2 Abs. 1 S. 2 BetrAVG ist ein Mindestanspruch geregelt. Die Formulierung **90** dieser Regelung ist misslungen. Denn der Gesetzgeber will eine Begrenzung der Versorgungsbezüge auf den Betrag anordnen, der gezahlt worden wäre, wenn der **Versorgungsfall im Zeitpunkt des Ausscheidens** mit unverfallbarer Anwartschaft **eingetreten** wäre. Diese Beschränkung der Ansprüche gilt nur für die Versorgungsfälle Invalidität und Tod.

Der Regelung in § 2 Abs. 2 S. 2 BetrAVG kommt keine große praktische **91** Bedeutung zu. Sie kommt nur zur Anwendung, wenn der Leistungsplan

---

72 S. dazu § 1 Rdn. 181.
73 BAG 19.7.2011, 3 AZR 571/09, AP Nr. 64 zu § 2 BetrAVG; 19.7.2011, 3 AZR 434/09, EzA § 7 BetrAVG Nr. 76 = DB 2012, 294.
74 Bestätigt durch BAG 11.12.2012, 3 AZR 634/10, DB 2013, 1002 = BetrAV 2013, 245.

ungewöhnlich gestaltet ist. Bei der Anwendung dieser Ausnahmeregelung ist keine Quotierung vorzunehmen.[75]

D. Anwendung des Quotierungsverfahrens

92 Das Quotierungsverfahren kann bei allen fünf Durchführungswegen der betrieblichen Altersversorgung von Bedeutung sein.

I. Unmittelbare Versorgungszusage

93 Das Quotierungsverfahren wurde für die unmittelbare Versorgungszusage geschaffen.

1. Leistungszusage

94 Bei Inkrafttreten des Betriebsrentengesetzes gab es nur Leistungszusagen.[76] Die dem Arbeitnehmer vom Arbeitgeber zugesagte Leistung wird nach den gesetzlichen Bestimmungen bei einem vorzeitigen Ausscheiden zeitanteilig mit dem Quotierungsverfahren berechnet.

2. Beitragsorientierte Leistungszusage

95 Bei einer beitragsorientierten Leistungszusage[77] ist für Versorgungszusagen, die **ab dem 1.1.2001** erteilt wurden und erteilt werden, ausschließlich § 2 Abs. 5a BetrAVG anzuwenden, weil diese Vorschrift **an die Stelle** von Abs. 1 tritt.[78] Für Versorgungszusagen, die **vor diesem Stichtag** erteilt wurden, gilt das Quotierungsverfahren gem. § 2 Abs. 1 BetrAVG. Nach § 30g Abs. 1 S. 2 BetrAVG kann § 2 Abs. 5a BetrAVG auch auf Versorgungszusagen angewendet werden, die vor dem 1.1.2001 erteilt worden sind, wenn sich Arbeitgeber und Arbeitnehmer darauf einigen, dass diese Vorschrift anzuwenden ist. Es muss im Einzelfall eine einvernehmliche Erklärung herbeigeführt werden zwischen Arbeitgeber und Arbeitnehmer. Mittels einer Betriebsvereinbarung, insbesondere einer abändernden Betriebsvereinbarung, kann eine solche Anwendung nicht herbeigeführt werden. Dies ergibt sich aus dem Wortlaut des Gesetzes.

---

75 Beispiele bei *Höfer* BetrAVG, Rn. 3138 ff. zu § 2.

76 S. dazu § 1 Rdn. 193 ff.

77 S. dazu § 1 Rdn. 449 ff.

78 *Blumenstein* FS Kemper, S. 34 f.

Es ist Sinn und Zweck dieser gesetzlichen Regelung, für beitragsorientierte **96** Leistungszusagen ein »gerechteres« Berechnungsverfahren zu schaffen. Insoweit ist § 2 Abs. 5a BetrAVG lex specialis im Verhältnis zu § 2 Abs. 1 BetrAVG. Die gerechtere Berechnung ist insbes. von Bedeutung, wenn eine beitragsorientierte Leistungszusage durch Entgeltumwandlung finanziert wurde. Bei der früheren Rechtslage konnten Deckungslücken entstehen, die zulasten der Arbeitgeber gingen.[79]

Für beitragsorientierte Leistungszusagen, die **vor dem 1.1.2001** erteilt wurden, **97** ist im Einzelfall zu prüfen, ob eine Vereinbarung i. S. v. § 30g Abs. 1 S. 2 BetrAVG sinnvoll ist.

▶ **Beispiel:** **98**

Ein Arbeitnehmer ist mit 25 Jahren in das Unternehmen eingetreten und erhält im Alter von 35 Jahren eine Versorgungszusage mit einem Jahresbeitrag von 1.000 €. Bei Erteilung der Versorgungszusage wird davon ausgegangen, dass ab dem 35. Lebensjahr für insgesamt 30 Jahre[80] jährlich 1.000 € aufgewendet werden. Geht man von der Transformationstabelle aus, die in § 1 Rdn. 461 wiedergegeben wurde, würde sich für diesen Arbeitnehmer eine Bemessungsgrundlage in Höhe von 58.330 € ergeben. Wenn dieser Arbeitnehmer im Alter von 38 Jahren aus dem Unternehmen ausscheidet, ergibt sich für die unverfallbare Anwartschaft eine Bemessungsgrundlage in Höhe von 18.957,25 €. Nach der neuen gesetzlichen Regelung wären 4.247 € die Bemessungsgrundlage, auf die der Umrechnungsfaktor anzuwenden ist.

In dem vorstehenden Beispiel wäre bei Anwendung des Quotierungsverfahrens – vereinfacht mit 13/40 gerechnet – eine Altersrente in Höhe von monatlich 100,78 € aufrechtzuerhalten, bei Anwendung von Abs. 5a eine solche in Höhe von 22,58 €. **99**

3. Entgeltumwandlung

Die betriebliche Altersversorgung nach Entgeltumwandlung hat eine eigene **100** Unverfallbarkeitsregelung der Höhe nach, wenn die Zusage ab dem 1.1.2001

---

79 Hierzu i. E. Beispiel *Höfer* BetrAVG, Rn. 3480 f. zu § 2.
80 Die Auswirkungen der Entscheidung des BAG vom 15.5.2012 (3 AZR 11/10, EzA § 2 BetrAVG Nr. 33) werden nicht berücksichtigt, da die Transformationstabelle nicht an diese Entscheidung angepasst ist.

erteilt wurde bzw. erteilt wird. Diese ist in § 2 Abs. 5a BetrAVG enthalten. Danach ist dem Arbeitnehmer, der vor Eintritt des Versorgungsfalles aus dem Unternehmen ausscheidet, die Anwartschaft aufrechtzuerhalten, die bis zum Ausscheiden finanziert wurde.

101 Wurde die Versorgungszusage aus Entgeltumwandlung vor dem 1.1.2001 erteilt, galt und gilt für diese Versorgungszusage das Quotierungsverfahren gem. § 2 Abs. 1 BetrAVG i. V. m. § 30g BetrAVG.

II. Direktversicherung

102 Das Quotierungsverfahren ist auch anzuwenden, wenn die betriebliche Altersversorgung über eine Direktversicherung[81] umgesetzt wird, wenn eine Leistungszusage erteilt wurde.[82] Dies ergibt sich aus § 2 Abs. 2 S. 1 BetrAVG. Wie bei einer unmittelbaren Versorgungszusage ist die dem Arbeitnehmer über den Lebensversicherungsvertrag zugesagte Versorgungsleistung im Verhältnis der tatsächlich im Unternehmen abgeleisteten Dienstzeit zu der bis zum Erlebensfall Alter möglichen Dienstzeit zu quotieren.

103 In einem zweiten Schritt ist dann zu prüfen, welche Versicherungsleistung sich aus dem Versicherungsvertrag, der zum Ausscheidezeitpunkt beitragsfrei gestellt wurde, ergibt. Ist die Leistung aus dem Versicherungsvertrag höher als der Betrag, der mittels des Quotierungsverfahrens berechnet wurde, bekommt der Arbeitnehmer den quotierten Betrag. Der darüber hinausgehende Betrag aus dem Versicherungsvertrag steht dem Arbeitgeber zu, wenn der Arbeitgeber dem Arbeitnehmer nicht von Anfang an die Leistung zugesagt hatte, die sich aus dem Versicherungsvertrag im Zeitpunkt des Ausscheidens ergibt. Ist dagegen die Leistung aus dem Versicherungsvertrag geringer als der durch das Quotierungsverfahren ermittelte Anspruch, richtet sich der **Differenzanspruch unmittelbar gegen den Arbeitgeber**. In einem solchen Fall hat der Arbeitnehmer bei Eintritt des Versicherungsfalles (Versorgungsfalles) zwei Zahlstellen:
- zum einen erhält er die Leistung aus dem Versicherungsvertrag, aufgrund des dem Arbeitnehmer eingeräumten Bezugsrechts unmittelbar vom Versicherer,
- zum anderen erhält er eine unmittelbare Leistung in Höhe der Differenz vom Arbeitgeber.

---

81 S. dazu § 1 Rdn. 85 ff.
82 Zur Beitragszusage mit Mindestleistung vgl. Rdn. 192 ff.

▶ **Beispiel:**   104

Einem Arbeitnehmer ist ein Kapital für den Erlebensfall in Höhe von 70.000 € zugesagt. Aus dem anlässlich des Ausscheidens beitragsfrei gestellten Versicherungsvertrag zahlt das Lebensversicherungsunternehmen 33.000 €. Der Arbeitnehmer ist nach der Hälfte der möglichen Dienstzeit ausgeschieden. Ihm stehen folglich 35.000 € zu. Der Arbeitgeber hat unmittelbar 2.000 € zu zahlen.

Die Höhe der Leistung aus der beitragsfreien Direktversicherung ergibt sich   105
aus dem bis zum Ausscheiden gebildeten Kapital der Direktversicherung.

Wie die **Überschussanteile im Rahmen der Quotierung** zu berücksichtigen   106
sind, ergibt sich aus den getroffenen Vereinbarungen. Sieht die Versorgungszusage vor, dass dem Arbeitnehmer nur die Garantieleistung zusteht, bleiben die Überschussanteile unberücksichtigt. Sind dagegen dem Arbeitnehmer neben der Garantieleistung auch die Überschussanteile zugesagt, ist beim Quotierungsverfahren eine Berechnung vorzunehmen, bei der die Überschussanteile nicht berücksichtigt werden. Sie stehen dem Arbeitnehmer ungekürzt zu, soweit sie während der Dauer des Arbeitsverhältnisses durch das Versicherungsunternehmen zugeteilt wurden. Die Überschussanteile, die in der Zeit nach der Beendigung des Arbeitsverhältnisses dem Versicherungsvertrag zugewiesen werden, kann der ausgeschiedene Arbeitnehmer nicht beanspruchen.[83] Das BAG geht davon aus, dass insoweit eine Regelungslücke durch Auslegung zu schließen ist, weil § 2 BetrAVG die Behandlung der Überschussanteile beim Quotierungsverfahren nicht regelt.

Wie die Entscheidung des BAG vom 16.2.2010[84] zeigt, liegt es bei einer   107
arbeitgeberfinanzierten Altersversorgung ausschließlich in der Hand des Arbeitgebers zu bestimmen, wem die Überschüsse zustehen.

Bei der Direktversicherung wird vielfach in der Praxis statt des Quotierungs-   108
verfahrens (arbeitsvertragliche Lösung) die **sog. versicherungsförmige Lösung** gewählt. Hierzu wird nachfolgend auf Rdn. 132 ff. verwiesen.

Direktversicherungen sind häufig als beitragsorientierte Leistungszusagen aus-   109
gestaltet. Auf diese wird dann in aller Regel die versicherungsförmige Lösung angewandt. Sind hierfür die Voraussetzungen nicht erfüllt, ist das Quotie-

---

83 BAG 29.7.1986, 3 AZR 15/85, EzA § 2 BetrAVG Nr. 9 = DB 1987, 743.
84 BAG 16.2.2010, 3 AZR 479/08, BB 2010, 1916 = FA 2010, 345.

rungsverfahren anzuwenden. In Abs. 5a ist die Direktversicherung nicht genannt, weil wirtschaftlich betrachtet der bis zum Ausscheiden finanzierte Wert dem Wert entspricht, der sich aus der versicherungsförmigen Lösung ergibt.

III. Pensionskasse

110 Das Quotierungsverfahren kann auch bei Pensionskassen nach § 2 Abs. 3 S. 1 BetrAVG angewandt werden, wenn eine Leistungszusage verwendet wird.[85] Der vorstehend bei der Direktversicherung dargestellte vom Arbeitgeber auszugleichende Differenzanspruch im Rahmen der arbeitsvertraglichen Lösung ergibt sich, indem das nach dem aufsichtsbehördlich genehmigten Geschäftsplan oder, soweit ein solcher nicht vorgeschrieben ist, nach den allgemeinen Versicherungsbedingungen und den fachlichen Geschäftsunterlagen i. S. d. § 5 Abs. 3 Nr. 2 Hs. 2 VAG (Geschäftsunterlagen) ermittelte **Deckungskapital** dem quotierten Anspruch gegenübergestellt wird. Ist dieses Deckungskapital geringer als die Leistung, die nach dem Quotierungsverfahren ermittelt wurde, richtet sich der **Differenzanspruch** (Ergänzungsanspruch) gegen den Arbeitgeber.[86]

111 Soweit Überschussanteile dem Arbeitnehmer »gutgeschrieben« wurden, müssten die vorstehenden Überlegungen des BAG zur Überschussverwendung auch bei der Pensionskasse gelten. Rechtsprechung hierzu existiert nicht.

112 Auch bei der Pensionskasse ist es üblich, statt der arbeitsvertraglichen Lösung die versicherungsförmige Lösung anzuwenden, wenn ein Arbeitnehmer mit einer gesetzlich unverfallbaren Anwartschaft ausscheidet.

IV. Pensionsfonds

113 Für den Pensionsfonds wurde mit Wirkung **ab dem 1.1.2002** in § 2 Abs. 3a BetrAVG eine neue, eigenständige Regelung zur Ermittlung der unverfallbaren Anwartschaft der Höhe nach geschaffen, wenn eine Leistungszusage verwendet wird.[87] Danach gilt auch für den Pensionsfonds das **Quotierungsverfahren**. Dabei richtet sich ein **Differenzanspruch** gegen den Arbeitgeber.

---

85 Zu einer Beitragszusage mit Mindestleistung vgl. Rdn. 192 ff.
86 BAG 18.2.2014, 3 AZR 499/13 und 18.2.2014, 3 AZR 542/13.
87 Zur Beitragszusage mit Mindestleistung vgl. Rdn. 192 ff.; zur beitragorientierten Leistungszusage vgl. Rdn. 189 ff.

　　　　　　　　　　Kisters-Kölkes

Der Differenzanspruch ergibt sich, indem die vom Pensionsfonds auf der Grundlage der nach dem geltenden Pensionsplan i. S. d. § 112 Abs. 1 S. 2 i. V. m. § 113 Abs. 2 Nr. 5 VAG berechnete Deckungsrückstellung dem quotierten Anspruch gegenübergestellt wird. Geht der quotierte Anspruch über die berechnete Deckungsrückstellung hinaus, muss der Arbeitgeber unmittelbar für die Differenz einstehen.

Beim Pensionsfonds besteht bei einer Leistungszusage nicht die Möglichkeit, **114** von der versicherungsförmigen Lösung Gebrauch zu machen, weil der Gesetzgeber – anders als bei der Direktversicherung und bei der Pensionskasse – diese Berechnungsweise nicht in § 2 Abs. 3a BetrAVG aufgenommen hat.

Soweit mithin beim Pensionsfonds eine Leistungszusage als Pensionsplan vor- **115** gesehen ist, ist zwingend die arbeitsvertragliche Berechnungsweise in Form des Quotierungsverfahrens anzuwenden.

V. Unterstützungskasse

Wird einem mit unverfallbarer Anwartschaft ausgeschiedenen Arbeitnehmer **116** die Leistung aufrechterhalten, die ihm über eine Unterstützungskasse zugesagt worden ist, richtet sich die Höhe der unverfallbaren Anwartschaft nach § 2 Abs. 4 BetrAVG. Es ist bei der Leistungszusage das **Quotierungsverfahren** anzuwenden. Dies ergibt sich aus dem Verweis auf Abs. 1 in § 2 Abs. 4 BetrAVG.

Bei der rückgedeckten Unterstützungskasse besteht **nicht** die Möglichkeit, **117** von der **versicherungsförmigen Lösung** Gebrauch zu machen, da eine solche nicht im Gesetz vorgesehen ist. Die Leistung wird in der Praxis vielfach auf die Leistungen aus der Rückdeckungsversicherung beschränkt. Soweit es sich bei der Gestaltung um eine beitragsorientierte Leistungszusage handelt, bestehen bei dieser Gestaltung keine Bedenken. Bei einer Leistungszusage kann nicht einfach auf die versicherte Leistung verwiesen werden.

Zur beitragsorientierten Leistungszusage vgl. Rdn. 189 ff. **118**

E. Festschreibeeffekt

I. Festschreibung der Versorgungsregelungen und der Bemessungsgrundlagen

Wird nach § 2 Abs. 1 BetrAVG das Quotierungsverfahren angewandt, sind **119** nach § 2 Abs. 5 BetrAVG alle Veränderungen, die nach dem Ausscheiden des

Arbeitnehmers eintreten, nicht zu berücksichtigen (Veränderungssperre). Die Versorgungsanwartschaft wird in dem Zustand eingefroren, der im Ausscheidezeitpunkt maßgeblich ist. Dies gilt gleichermaßen für die Versorgungsregelungen wie auch für die Bemessungsgrundlagen. Sie bezieht sich auf sämtliche Versorgungsregelungen und erfasst den gesamten Leistungsinhalt der Versorgungszusage einschließlich vorgesehener versicherungsmathematischer Abschläge[88] und dem im Ausscheidezeitpunkt zu ermittelnden Beschäftigungsgrad[89] und gilt auch für die der Berechnung zugrunde zu legende Vergütung.[90] Da Abs. 5 nur auf Abs. 1 verweist, ist fraglich, ob auch in den anderen Durchführungswegen dieser Festschreibeeffekt eintritt. Lediglich für den Pensionsfonds ist in § 2 Abs. 5 S. 3 BetrAVG geregelt worden, dass der Pensionsplan und die sonstigen Geschäftsunterlagen im Ausscheidezeitpunkt maßgebend sind. Man wird aus dem Sinn und Zweck der Regelung aber ableiten müssen, dass der Festschreibeeffekt immer bei einem vorzeitigen Ausscheiden unabhängig vom Durchführungsweg eintritt, wenn eine Leistungszusage verwendet wurde.

120 Offen ist, ob der Festschreibeeffekt auch bei einer beitragsorientierten Leistungszusage und einer Beitragszusage mit Mindestleistung eintritt. Der Wortlaut des Gesetzes würde dagegen sprechen. Die Praxis erfordert eine solche Festschreibung. Es kann nicht sein, dass bei einer beitragsorientierten Leistungszusage, die sich z. B. an einer Tabelle ausrichtet, diese Tabelle nach dem Ausscheiden nicht maßgeblich bleiben soll[91] oder nach dem Ausscheiden des Arbeitnehmers bei einer Beitragszusage mit Mindestleistung das Anlagekonzept geändert wird.

121 Eine **Veränderung der Versorgungsregelung** liegt vor, wenn nach dem Ausscheiden des Arbeitnehmers die betriebliche Altersversorgung im Unternehmen des Arbeitgebers verbessert oder verschlechtert wird. Unabhängig davon, ob solche Veränderungen zulässig sind, sind sie bei dem ausgeschiedenen Arbeitnehmer nicht zu berücksichtigen. Ist der Arbeitnehmer aus dem

---

88 BAG 17.8.2004, 3 AZR 318/03, EzA § 2 BetrAVG Nr. 22 = DB 2005, 563.
89 BAG 24.7.2001, 3 AZR 567/00, EzA § 6 BetrAVG Nr. 25 = BAGE 98, 212 = DB 2002, 588.
90 BAG 15.2.2005, 3 AZR 298/04, FA 2005, 119 = VersR 2006, 530.
91 Hierzu auch *Kaarst/Paulweber* BetrAV 2005, 524.

Kisters-Kölkes

Arbeitsverhältnis ausgeschieden und nach einer Änderung erneut eingetreten, ist die geänderte Versorgungsregelung für die neue Zusage maßgeblich.[92]

Dies gilt gleichermaßen auch für die **Bemessungsgrundlagen**, mit denen die Versorgungsanwartschaft berechnet wird. Besondere Bedeutung hat diese Regelung im Zusammenhang mit gehaltsabhängigen Versorgungszusagen.[93] Die Bezüge, auf die in der Versorgungsregelung abgestellt wird, werden auf den Ausscheidezeitpunkt festgeschrieben. Es findet keinerlei Dynamisierung statt. § 16 BetrAVG ist nicht entsprechend anzuwenden. Welche Bezüge bei einem Folgearbeitgeber verdient wurden, ist ebenfalls ohne Bedeutung.[94] Damit werden Versorgungsanwartschaften umso mehr entwertet, je früher der Arbeitnehmer mit einer unverfallbaren Anwartschaft ausgeschieden ist, denn auch bei einem Anstieg der Verbraucherpreise[95] bleiben sie auf dem Niveau stehen, dass im Ausscheidezeitpunkt maßgeblich war.[96]

122

▶ **Beispiel:**

123

Ein Arbeitnehmer hat eine gehaltsabhängige Versorgungszusage. Ihm stehen je Dienstjahr 0,5 % seiner letzten Bezüge zu. Dies sind im Ausscheidezeitpunkt 2.000 €. Er ist mit 25 Jahren eingetreten und mit 45 Jahren ausgetreten. Die feste Altersgrenze ist 65. Ihm stehen

$40 \times 0{,}5\,\% \times 2.000\,€ = 400\,€$

$400\,€ \times 20/40 = 200\,€$

zu. Wenn in den 20 Jahren bis zum Erreichen der Altersgrenze die Bezüge noch aufgrund von Tariferhöhungen auf 2.700 € gestiegen wären, ist dies ohne Bedeutung. Wenn aufgrund der Inflation eine Entwertung um 30 % in den zukünftigen 20 Jahren nach dem Ausscheiden eingetreten ist, ist dies ebenfalls ohne Bedeutung.

---

92 BAG 5.6.1984, 3 AZR 54/82.
93 S. dazu § 1 Rdn. 197.
94 BAG 12.11.1991, 3 AZR 520/90, EzA § 2 BetrAVG Nr. 12 = DB 1992, 638.
95 S. dazu § 16 Rdn. 40 ff.
96 In der Mobilitätsrichtlinie der Europäischen Union vom 16.4.2014 (Richtlinie 2014/50/EU des Europäischen Parlaments und des Rates, ABlEU v. 30.4.2014 L 128/1) wird eine Dynamisierung vorgegeben. Es bleibt abzuwarten, wie sie in deutsches Recht umgesetzt wird.

124 Der Festschreibeeffekt ist auch zu beachten, wenn vor dem Ausscheiden mit einer unverfallbaren Anwartschaft ein Wechsel von einer **Vollzeitbeschäftigung** zu einer **Teilzeitbeschäftigung** stattgefunden hat. Entscheidend ist dann der durchschnittliche Beschäftigungsgrad während des gesamten Arbeitsverhältnisses. Für die Zeit nach dem Ausscheiden darf nicht ein Beschäftigungsgrad fingiert werden.[97]

II. Andere Versorgungsbezüge

125 Ist bei der Berechnung der Versorgungsanwartschaft die Höhe anderer Versorgungsbezüge von Bedeutung, werden auch diese auf den Ausscheidezeitpunkt festgeschrieben. Zu den anderen Versorgungsbezügen gehören z. B. Renten aus der gesetzlichen Rentenversicherung.[98]

126 Bei einer Gesamtversorgungszusage ist die Höhe der **gesetzlichen Rente** von Bedeutung. Um die Höhe der gesetzlichen Rente, die zu berücksichtigen ist, zu bestimmen, kann nach § 2 Abs. 5 Satz 2 BetrAVG das sog. **Näherungsverfahren** angewandt werden, welches bei der Berechnung von Pensionsrückstellungen zulässig ist.[99] Weder der Arbeitgeber noch der Arbeitnehmer können gegen den Willen des anderen Vertragspartners dieses Näherungsverfahren durchsetzen. Der Arbeitnehmer hat vielmehr das Recht, die Berechnung der gesetzlichen Rente mit seinen **individuellen Daten** zu verlangen. Wenn der Arbeitnehmer die Anzahl der im Zeitpunkt seines Ausscheidens erreichten sozialversicherungsrechtlichen Entgeltpunkte dem Arbeitgeber nachweist, kann der Arbeitgeber das Näherungsverfahren nicht anwenden. Nur dann, wenn der Arbeitnehmer untätig bleibt, d. h. dass er den Nachweis seiner individuellen Daten nicht erbringt, steht dem Arbeitgeber ein Wahlrecht zu. Er kann die individuelle Berechnung wählen. Er kann aber auch auf das Näherungsverfahren zurückgreifen. Wählt der Arbeitgeber die individuelle Berechnung, ist der Arbeitnehmer verpflichtet, dem Arbeitgeber auf eigene Kosten die benötigten sozialversicherungsrechtlichen Unterlagen zu beschaffen. Kommt der Arbeitnehmer dieser Verpflichtung nicht nach, kann der Arbeitgeber die Auskunft nach § 4a BetrAVG verweigern.[100]

---

97 BAG 24.7.2001, 3 AZR 567/00, EzA § 6 BetrAVG Nr. 5 = DB 2002, 588.
98 BAG 12.11.1991, 3 AZR 520/90, EzA § 2 BetrAVG Nr. 12 = DB 1992, 638.
99 BMF-Schreiben v. 5.5.2008, IV B 2–S 2176/07/0003, BetrAV 2008, 374.
100 BAG 9.12.1997, 3 AZR 695/96, EzA § 2 BetrAVG Nr. 15 = DB 1998, 2331; 20.11.2001, 3 AZR 550/00, EzA § 1 BetrAVG Invalidität Nr. 3 = DB 2002, 1510.

Kisters-Kölkes

Es sind die sozialversicherungsrechtlichen Bezugsgrößen (z. B. Beitragsbemessungsgrenze) im Ausscheidezeitpunkt anzuwenden. Spätere Veränderungen bleiben unberücksichtigt, selbst wenn sie sich im Ausscheidezeitpunkt bereits abzeichnen.[101]

127

Sowohl die Anwendung des Näherungsverfahrens als auch die individuelle Berechnung der anzurechnenden Sozialversicherungsrente sind aufwendig und kompliziert.[102] Da Gesamtversorgungssysteme eine abnehmende Bedeutung haben, wird auf die Details des Berechnungsverfahrens nicht eingegangen.[103]

128

III. Pensionskassen

Bei Pensionskassen sind die aufsichtsbehördlich genehmigten Geschäftspläne oder Geschäftsunterlagen im Ausscheidezeitpunkt maßgebend.

129

IV. Pensionsfonds

Für den Pensionsfonds ist auf den Pensionsplan und die sonstigen Geschäftsunterlagen im Ausscheidezeitpunkt abzustellen.

130

V. Anderweitige Versorgungsanwartschaften

§ 2 Abs. 5 S. 4 BetrAVG gibt zwingend vor, dass die Versorgungsanwartschaften, die dem Arbeitnehmer vom Arbeitgeber aufrechtzuerhalten sind, nicht um solche Anwartschaften gekürzt werden dürfen, die der Arbeitnehmer nach seinem Ausscheiden bei einem anderen Arbeitgeber erwirbt. Anders ist dies bei Versorgungsanwartschaften, die bei einem Vorarbeitgeber erdient wurden. Diese dürfen bei der Erteilung einer Versorgungszusage in den Grenzen des § 5 Abs. 2 BetrAVG berücksichtigt werden.[104]

131

---

101 BAG 20.11.2001, 3 AZR 550/00, EzA § 1 BetrAVG Invalidität Nr. 3 = DB 2002, 1510.
102 Hierzu i. E. *Höfer* BetrAVG, Rn. 3373 ff. zu § 2.
103 Ausführlich *Schlewing/Henssler/Schipp/Schnitker* Teil 10 B Rn. 144 ff.
104 BAG 20.11.1990, 3 AZR 31/90, EzA § 5 BetrAVG Nr. 24 = DB 1991, 1837.

F. Versicherungsförmige Lösung bei Direktversicherungen

I. Wahlrecht des Arbeitgebers

132 Bei einer Direktversicherung hat der Arbeitgeber ein **Wahlrecht**. Er kann zwischen der arbeitsvertraglichen Lösung (Quotierungsverfahren) und der versicherungsförmigen Lösung wählen, wenn bestimmte Voraussetzungen erfüllt sind. Dies gilt sowohl für die arbeitgeberfinanzierte bAV als auch für die durch Entgeltumwandlung finanzierte. Da nach § 1b Abs. 5 BetrAVG immer die Voraussetzungen erfüllt sein müssen, die auch für die versicherungsförmige Lösung gelten, wird in der Praxis diese angewandt. Dieses Wahlrecht hat allein der Arbeitgeber. Er ist nicht verpflichtet, im Interesse des Arbeitnehmers dieses Wahlrecht auszuüben.[105]

133 Die versicherungsförmige Lösung ist in aller Regel dem Quotierungsverfahren dann vorzuziehen, wenn nicht bereits mit Beginn des Arbeitsverhältnisses die Direktversicherung abgeschlossen wird, weil dann Finanzierungsbeiträge fehlen und damit eine Deckungslücke entstehen kann, die vom Arbeitgeber bei der arbeitsvertraglichen Lösung zu schließen wäre.

II. Rechtliche Grundlagen

134 Die versicherungsförmige Lösung ergibt sich aus § 2 Abs. 2 S. 2 ff. BetrAVG. Danach tritt an die Stelle des Quotierungsverfahrens auf Verlangen des Arbeitgebers die Leistung, die sich aus dem beitragsfrei gestellten Direktversicherungsvertrag ergibt, wenn der Arbeitgeber die sog. **sozialen Auflagen** erfüllt.

135 Bei Anwendung der versicherungsförmigen Lösung gibt es bei der Direktversicherung keinen Auffüllanspruch, der sich gegen den Arbeitgeber richten kann, wenn die zugesagte Leistung mit der versicherten Leistung nicht deckungsgleich ist.

136 Eine Einstandspflicht aus dem arbeitsrechtlichen Grundverhältnis bei der Wahl der versicherungsförmigen Lösung kann sich allerdings dann ergeben, wenn der arbeitsrechtliche Gleichbehandlungs- oder Gleichberechtigungsgrundsatz verletzt wurde.[106] Hat der Arbeitgeber für einen Arbeiter eine Direktversicherung erst nach 5-jähriger Betriebszugehörigkeit abgeschlossen, für einen zum gleichen Zeitpunkt eingestellten Angestellten aber bereits

---

105 BAG 12.2.2013, 3 AZR 99/11, AP Nr. 67 zu § 2 BetrAVG.
106 A. A. wohl *Teslau* FS Kemper, S. 418 ff.

Kisters-Kölkes

nach zwei Jahren, ist der Gleichbehandlungsgrundsatz verletzt. Dem Arbeiter fehlen drei Finanzierungsjahre. Der Arbeitgeber hat ihn so zu stellen, als sei bereits nach zweijähriger Betriebszugehörigkeit die Direktversicherung abgeschlossen worden. Dieser Auffüllanspruch, den ein Arbeitnehmer gegen seinen ehemaligen Arbeitgeber geltend machen kann, geht nicht unter, wenn von der versicherungsförmigen Lösung Gebrauch gemacht wurde und – wie übkich – die Versicherungsnehmerstellung auf den Arbeitnehmer oder den Folgearbeitgeber übertragen wurde. Nur wenn der neue Arbeitgeber mit befreiender Wirkung die Zusage gem. § 4 Abs. 2 Nr. 1 BetrAVG übernommen hat, hat er auch für die Verletzung des Gleichbehandlungsgrundsatzes einzustehen.

Bei einer Direktversicherung, die durch Entgeltumwandlung finanziert wurde, **137** ist das Auffüllrisiko von der Verpflichtung des Arbeitgebers aus dem arbeitsrechtlichen Grundverhältnis, dem Arbeitnehmer eine wertgleiche betriebliche Altersversorgung zu verschaffen, zu unterscheiden. Der Versicherer kann nur die Leistung aus dem Versicherungsvertrag erbringen. Dies bedeutet, dass der Arbeitgeber, der seiner arbeitsrechtlichen Verpflichtung aus § 1 Abs. 2 Nr. 3 BetrAVG nicht oder nicht ausreichend nachgekommen ist, zwar auch die versicherungsförmige Lösung wählen kann, er aber selbst für die Differenz einzustehen hat, die sich ergeben würde, wenn er dem Arbeitnehmer eine wertgleiche Direktversicherung verschafft hätte. Zur Wertgleichheit vgl. § 1 Rdn. 490 ff.

Derartige Verpflichtungen aus dem arbeitsrechtlichen Grundverhältnis **138** bestehen unabhängig davon, ob bei der versicherungsförmigen Lösung der Arbeitnehmer nach dem Ausscheiden zum Versicherungsnehmer wurde oder nicht. Denn von der Abtretung der Rechte aus dem Versicherungsvertrag wird nur die versicherungsrechtliche Ebene, nicht die arbeitsrechtliche Ebene tangiert. Deshalb ist die vielfach in der Praxis vorzufindende Aussage unzutreffend, dass bei Anwendung der versicherungsförmigen Lösung keine Haftungsrisiken für den Arbeitgeber bestehen, er allein mit der Übertragung der Versicherungsnehmereigenschaft von allen Verpflichtungen gegenüber dem ehemaligen Arbeitnehmer frei wird. Diese Aussage ist nur richtig, wenn das Valuta- und das Deckungsverhältnis identisch sind. Weicht das arbeitsrechtliche Verpflichtungsvolumen vom Deckungsverhältnis ab, besteht eine Einstandspflicht des Arbeitgebers.

1. Verlangen des Arbeitgebers

139   Nach § 2 Abs. 2 S. 2 BetrAVG setzt die Anwendung der versicherungsförmigen Lösung das **Verlangen des Arbeitgebers** voraus. Der Arbeitgeber muss von sich aus tätig werden. Es genügt nicht, dass ihm im Versicherungsvertrag bzw. in der Versorgungszusage die Möglichkeit vorbehalten ist, von der versicherungsförmigen Lösung Gebrauch zu machen. Dies gilt auch für eine Direktversicherung, die durch Entgeltumwandlung finanziert wird. Hat aber der Arbeitgeber im Versicherungsvertrag[107] vorbehaltlos von Anfang an erklärt, dass er bei einem vorzeitigen Ausscheiden von der versicherungsförmigen Lösung Gebrauch machen wird, reicht dies nach der hier vertretenen Auffassung aus. Ein explizites Verlangen im Ausscheidezeitpunkt ist dann nicht erforderlich, weil der Arbeitnehmer von Anfang an weiß, welche Rechtsfolgen beim Ausscheiden eintreten. Da jedoch noch nicht gerichtlich geklärt ist, ob eine vorbehaltlose Erklärung im Versicherungsvertrag ausreichend ist, ist eine anlässlich des Ausscheidens wiederholte Erklärung empfehlenswert.

140   Nach § 2 Abs. 2 S. 3 BetrAVG kann der Arbeitgeber sein Verlangen nur innerhalb von **drei Monaten seit dem Ausscheiden** des Arbeitnehmers aus dem Arbeitsverhältnis diesem und dem Versicherer mitteilen. Es empfiehlt sich eine schriftliche Mitteilung.[108] Die fristgemäß abgegebene Erklärung des Arbeitgebers ist jeweils eine einseitige, empfangsbedürftige, nicht zustimmungspflichtige Erklärung. Sie ist bereits erklärt, wenn sie im Vertrag von Anfang an enthalten ist.

141   Die Frist ist gem. §§ 187 ff. BGB zu berechnen. Ist die Drei-Monats-Frist abgelaufen, kann der Arbeitgeber nicht mehr von der versicherungsförmigen Lösung Gebrauch machen.

142   Die Erklärung, die **gegenüber dem Arbeitnehmer und dem Versicherer** abzugeben ist, muss diesen auch innerhalb der Drei-Monats-Frist zugehen. Geht sie nur einem der beiden fristgemäß zu, ist es nicht möglich, die versicherungsförmige Lösung anzuwenden.

---

107   Im Kollektivvertrag, den der Arbeitgeber mit dem Versicherer abgeschlossen hat, sollte dieser verpflichtet werden, immer den Versicherungsnehmerwechsel vorzunehmen.

108   Gegenüber dem Versicherer ist Schriftform vorgeschrieben *Schlewing/Hennsler/ Schipp/Schnitker* Teil 10B Rn. 225.

2. Erste soziale Auflage

Nach § 2 Abs. 2 S. 2 BetrAVG kann der Arbeitnehmer nur auf die versiche- 143
rungsförmige Lösung verwiesen werden, wenn spätestens drei Monate nach
dem Ausscheiden des Arbeitnehmers mit einer gesetzlich unverfallbaren
Anwartschaft das **Bezugsrecht unwiderruflich** ist und eine **Beleihung** oder
Abtretung der Rechte aus dem Versicherungsvertrag nicht vorhanden sind.
Sind beim Ausscheiden **Beitragsrückstände** vorhanden, sind diese innerhalb
der Drei-Monats-Frist auszugleichen.

a) Unwiderrufliches Bezugsrecht

Das Bezugsrecht aus dem Versicherungsvertrag muss unwiderruflich gestellt 144
werden. Mit dem unwiderruflichen Bezugsrecht (§ 159 VVG) erhält der
Arbeitnehmer die versicherungsrechtliche und nicht nur die arbeitsrechtliche
Position, bei Eintritt des Versicherungsfalles die versicherte Leistung zu verlangen. Würde ihm nur ein widerrufliches Bezugsrecht oder ein Bezugsrecht
unter Vorbehalt zustehen, wäre nicht gewährleistet, dass ihm auch tatsächlich die Leistungen aus dem Versicherungsvertrag zugutekommen, weil z. B.
bei einer Insolvenz des Arbeitgebers der Insolvenzverwalter das Bezugsrecht
widerrufen müsste.[109]

In der Praxis wird vielfach dem Arbeitnehmer bereits bei Abschluss des Direkt- 145
versicherungsvertrages im Versicherungsvertrag ein unwiderrufliches Bezugsrecht unter Vorbehalt eingeräumt. Dabei tritt die Unwiderruflichkeit unter
der Bedingung ein, dass die Unverfallbarkeitsvoraussetzungen – unabhängig
von einem vorzeitigen Ausscheiden – dem Grunde nach gem. § 1b Abs. 2
BetrAVG erfüllt werden.[110] Bei einer solchen Gestaltung wandelt sich automatisch das widerrufliche Bezugsrecht in ein unwiderrufliches Bezugsrecht
bei Erfüllung der Unverfallbarkeitsfristen vor Ausscheiden aus dem Arbeitsverhältnis, sodass diese Voraussetzung für die Wahl der versicherungsförmigen
Lösung ebenfalls automatisch erfüllt wird. Für eine Direktversicherung, die
durch Entgeltumwandlung finanziert wird, muss ab Beginn der Entgeltumwandlung immer ein unwiderrufliches Bezugsrecht bestehen (§ 1b Abs. 5 S. 2
BetrAVG), wenn die Zusage ab dem 1.1.2001 erteilt wurde. Damit wird diese

---

109 BAG 8.6.1999, 3 AZR 136/98, EzA § 1 BetrAVG Lebensversicherung Nr. 8 = DB
     1999, 2069.
110 S. dazu § 1b Rdn. 123 ff.

Voraussetzung der versicherungsförmigen Lösung automatisch bei einem vorzeitigen Ausscheiden erfüllt.

146 Ist dem Arbeitnehmer ein bedingt widerrufliches Bezugsrecht zugesagt und tritt die Insolvenz ein, bevor das Bezugsrecht unwiderruflich wurde, ist es dem Insolvenzverwalter verwehrt, das Bezugsrecht zu widerrufen und den Rückkaufwert zur Masse zu ziehen, wenn nach der Insolvenz ein Betriebsübergang erfolgt und das Arbeitsverhältnis fortgeführt wird. Eine Auslegung unter Berücksichtigung der betriebsrentenrechtlichen Wertungen ergebe, dass kein Widerruf erfolgen dürfe, da der Arbeitnehmer in dem fortgeführten Arbeitsverhältnis die Unverfallbarkeit noch erreichen könne.[111]

147 Hat ein Arbeitnehmer mehrfach den Arbeitgeber gewechselt und die für ihn abgeschlossene Direktversicherung mitgenommen, die dann vom Folgearbeitgeber fortgeführt wurde, reicht es aus, wenn in einem Arbeitsverhältnis die Unverfallbarkeit erfüllt wurde. Die späteren Zuwächse sind dann von der Unverfallbarkeit erfasst.[112]

b) Abtretung

148 Besteht ein unwiderrufliches Bezugsrecht, wurde aber eine Abtretung[113] vorgenommen, ist diese innerhalb der Drei-Monats-Frist rückgängig zu machen. Denn die Abtretung stellt eine Verfügung über den Versicherungsvertrag dar. Der Arbeitnehmer wäre benachteiligt, würde es bei der Abtretung bleiben, weil derjenige, zu dessen Gunsten die Abtretung vorgenommen wurde, sich insoweit aus dem Versicherungsvertrag befriedigen könnte, wie die Abtretung reicht.

149 Der Gesetzgeber spricht von dem Rückgängigmachen der Abtretung. Gemeint ist, dass eine vom Arbeitgeber vorgenommene **Sicherungsabtretung** rückabgewickelt wird, also derjenige, zu dessen Gunsten die Abtretung erfolgte, auf seine Sicherungsrechte verzichtet. Bei einer betrieblichen Altersversorgung

---

111 BAG 15.6.2010, 3 AZR 334/06, EzA § 1 BetrAVG Lebensversicherung Nr 9 = DB 2010, 2814.

112 BAG 15.6.2010, 3 AZR 31/07, EzA § 1 BetrAVG Lebensversicherung Nr 10 = DB 2010, 2678.

113 Vgl. auch § 4b S. 2 EStG und BFH 28.2.2002, IV R 26/00, BStBl. II S. 358 = DB 2002, 975; 14.6.1984, I R 172/80, n. v.

aus Entgeltumwandlung ist eine Abtretung arbeitsrechtlich unzulässig (§ 1b Abs. 5 S. 1 BetrAVG), wenn die Zusage ab dem 1.1.2001 erteilt wurde.

c) Beleihung

Eine Beleihung der Direktversicherung liegt vor, wenn der Arbeitgeber von der Versicherungsgesellschaft ein Darlehn in Anspruch genommen hat, also eine Vorauszahlung auf die erst später fällig werdende Versicherungsleistung. 150

Dieses Darlehn ist zurückzuzahlen und damit die Beleihung aufzuheben. 151

Bei einer betrieblichen Altersversorgung aus Entgeltumwandlung ist arbeitsrechtlich eine Beleihung unzulässig (§ 1b Abs. 5 S. 1 BetrAVG), wenn die Zusage ab dem 1.1.2001 erteilt wurde. 152

d) Beitragsrückstände

Die Regelung, nach der Beitragsrückstände innerhalb der Drei-Monats-Frist auszugleichen sind, ist vor dem Hintergrund zu sehen, dass bei einer Direktversicherung mit unwiderruflichem Bezugsrecht kein gesetzlicher Insolvenzschutz besteht. Folglich müssen Beitragsrückstände ausgeglichen werden. Denn fehlende Beiträge vermindern den Wert der beitragsfreien Versicherung.[114] 153

Scheidet der Arbeitnehmer aus dem Arbeitsverhältnis aus und wurde die Direktversicherung über Jahresprämien finanziert, richtet sich die Frage nach den Beitragsrückständen nach der Fälligkeit der Versicherungsprämie. Bereits fällige, aber noch nicht gezahlte Jahresprämien sind zu zahlen, auch wenn sie Zeiten nach dem Ausscheiden umfassen.[115] 154

e) Verpfändung

Auch wenn die Verpfändung[116] einer Direktversicherung nur in § 1b Abs. 5 BetrAVG bei der Entgeltumwandlung angesprochen wird, geht doch die herrschende Meinung in der Literatur davon aus, dass bei Wahl der versi- 155

---

114 BAG 17.11.1992, 3 AZR 51/92, EzA § 7 BetrAVG Nr. 45 = DB 1993, 986.
115 *Schlewing/Hennsler/Schipp/Schnitker* Teil 10B Rn. 214; *Höfer* BetrAVG, Rn. 3229 zu § 2.
116 Zur Pfändung bei Unterhaltsansprüchen OLG Stuttgart 8.6.2000, 7 U 13/00, VersR 2001, 619 = NJW-RR 2001, 150.

cherungsförmigen Lösung auch eine Verpfändung rückgängig zu machen ist, auch wenn diese im Wortlaut des Gesetzes nicht angesprochen wird. Sie sei in den Normzweck einzubeziehen.[117] Folglich ist auch eine Verpfändung rückgängig zu machen.

3. Zweite soziale Auflage

156   Die versicherungsförmige Lösung kann vom Arbeitgeber nur gewählt werden, wenn vom Beginn der Versicherung an, frühestens jedoch vom Beginn der Betriebszugehörigkeit an, alle Überschussanteile nur zur Verbesserung der Versicherungsleistung verwendet werden. Dies bedeutet, dass alle Überschussanteile dem Arbeitnehmer zustehen müssen, die auf die Anwartschaftszeit entfallen. Für die Zeit ab Leistungsbeginn ist § 16 BetrAVG maßgeblich. Wurde die Direktversicherung durch Entgeltumwandlung finanziert, ist § 1b Abs. 5 BetrAVG zu beachten. In diesem Fall stehen dem Arbeitnehmer immer die Überschussanteile zu. Umstritten ist, ob dies auch für die Zeit ab Rentenbeginn gilt. Während z. T. in der Literatur[118] die Auffassung vertreten wird, es sei zwingend, immer § 16 Abs. 3 Nr. 2 BetrAVG anzuwenden, spricht der Wortlaut des Gesetzes von einem »oder«. Entsprechend wird in der Gesetzesbegründung zu § 16 Abs. 5 BetrAVG von der alternativen Anwendung gesprochen.[119]

157   Die Entscheidung, ob der Arbeitgeber die versicherungsförmige Lösung einsetzen will oder nicht, ist erst nach dem Ausscheiden des Arbeitnehmers aus dem Arbeitsverhältnis binnen drei Monaten zu treffen. Dennoch muss der Arbeitgeber bereits bei Abschluss des Direktversicherungsvertrages eine Vorentscheidung treffen. Will er bei einer arbeitgeberfinanzierten betrieblichen Altersversorgung eine Versicherungsgestaltung, bei der ihm die Überschussanteile zustehen[120] (z. B. Beitragsverrechnung), kann er später die versicherungsförmige Lösung nicht wählen. Denn in diesem Fall werden die Überschussanteile nicht dem Versicherungsvertrag gutgeschrieben. Bei einer betrieblichen Altersversorgung aus Entgeltumwandlung müssen dem Arbeitnehmer die Überschussanteile zustehen (§ 1b Abs. 5).

---

117 *Höfer* BetrAVG, Rn. 3001 zu § 1b und Rn. 3259 zu § 2.

118 *Blomeyer/Rolfs/Otto* BetrAVG, § 16 Rn. 336.

119 BT-Drucks. 14/4595, S. 70.

120 BAG 16.2.2010, 3 AZR 479/08, BB 2010, 1916 = FA 2010, 345.

In Zeiten fallender Zinsen, d.h. in Niedrigzinsphasen, stellt sich die Frage, **158** ob von der versicherungsförmigen Lösung Gebrauch gemacht werden kann. Diese Frage ist bei Tarifen mit Garantiezins zu bejahen. Es sinken dann zwar auch die Überschüsse, aber es sind nach wie vor Überschüsse vorhanden, die dem Vertrag gutgeschrieben werden. Dabei ist es nicht erforderlich, dass jährlich eine Gutschrift erfolgt. Es reicht, wenn Überschüsse tatsächlich gutgeschrieben werden und dadurch die von Anfang an garantierte Versicherungsleistung erhöht wird. Würde aber z.B. im Jahr 2014 eine Direktversicherung abgeschlossen, bei der in der Zeit nach Abschluss überhaupt keine Überschüsse anfallen, kann von der versicherungsförmigen Lösung nicht Gebrauch gemacht werden, auch dann nicht, wenn nach den Vertragsbedingungen die Überschüsse dem Arbeitnehmer zustehen sollen. Dies liegt daran, dass tatsächlich keine Erhöhung eingetreten ist und deshalb die Voraussetzungen nicht erfüllt sind.

4. Dritte soziale Auflage

Nach dem Versicherungsvertrag muss der ausgeschiedene Arbeitnehmer das **159** Recht haben, die Versicherung mit **eigenen Beiträgen** fortzusetzen. Damit wird der Arbeitnehmer in die Lage versetzt, nicht nur die Leistungen aus einer beitragsfreien Direktversicherung zu erhalten, sondern die volle Versicherungsleistung einschließlich aller Überschussanteile, wenn er die Beiträge weiterzahlt. Mit der Fortführung der Versicherung wird aus der Direktversicherung nicht eine private Lebensversicherung, auch dann nicht, wenn der Arbeitnehmer Versicherungsnehmer wird. Es bleibt vielmehr eine Direktversicherung, die später von einem neuen Arbeitgeber »fortgeführt« werden kann.[121] Dass sich der Rechtscharakter durch Beitragszahlung durch den Arbeitnehmer nicht ändert, ergibt sich auch aus § 1a Abs. 4 BetrAVG. Nichts anderes kann für den ehemaligen Arbeitnehmer gelten, der zur Erhaltung des Versicherungsschutzes eine Direktversicherung fortführt. Die Erhaltung des Versicherungsschutzes ist von besonderer Bedeutung, wenn Zusatzversicherungen abgeschlossen wurden, da sonst dieser Versicherungsschutz verloren gehen könnte.

---

121 *Teslau* FS Kemper, S. 419 ff., insbes. auch zu den steuerlichen Konsequenzen für Altzusagen; auch BMF-Schreiben v. 24.7.2013, BStBl. I, S. 1022 ff., Rn. 356 ff. (s. Anh. III).

160 Für den Arbeitgeber ist es ohne Bedeutung, ob der Arbeitnehmer nach dem Ausscheiden den Versicherungsvertrag fortführt oder beitragsfrei stellt. Für den Arbeitnehmer hat die Fortführung der Versicherung den Vorteil, dass das günstigere Alter bei Versicherungsbeginn erhalten bleibt und keine neuen Abschlusskosten anfallen. Die Fortführungsmöglichkeit mit eigenen Beiträgen muss immer bei einer Direktversicherung gegeben sein, die durch Entgeltumwandlung finanziert wird (§ 1b Abs. 5 S. 1 BetrAVG).

161 Eine Frist, ab wann der Arbeitnehmer nach dem Ausscheiden das Recht haben muss, die Versicherung mit eigenen Beiträgen fortzusetzen, wird im Gesetz nicht vorgegeben. Da nach dem Versicherungsvertrag die Beitragszahlung durch den Arbeitnehmer ermöglicht werden muss, richtet es sich nach diesem Vertrag, ab wann der Arbeitnehmer die Versicherung mit eigenen Beiträgen fortsetzen kann.

162 In der Praxis findet man häufig die Aussage, dass mit der Einräumung des Beitragszahlungsrechts verbunden sei, dass der ausgeschiedene Arbeitnehmer auch Versicherungsnehmer werden müsse. Diese Aussage ist unzutreffend. Der Arbeitnehmer kann Versicherungsnehmer werden, er muss aber nicht Versicherungsnehmer werden. Dass er Versicherungsnehmer werden kann, ergibt sich aus den gesetzlich normierten Verfügungsverboten. Wie nachfolgend dargestellt kann er den Versicherungsvertrag zwar kündigen, nicht aber den Rückkaufwert erhalten. Da eine Kündigung des Versicherungsvertrages nur vom Versicherungsnehmer ausgesprochen werden kann, geht der Gesetzgeber unausgesprochen davon aus, dass der Arbeitnehmer nach dem Ausscheiden Versicherungsnehmer werden kann. Er muss aber für die Umsetzung der versicherungsförmigen Lösung nicht Versicherungsnehmer werden.[122]

163 Wird der Arbeitnehmer Versicherungsnehmer und führt er die Direktversicherung mit eigenen Beiträgen fort, hat dies für ihn bei einer Kapitalzusage i. S. v. § 40b EStG a. F. den Vorteil, dass der selbst finanzierte Teil der Versorgungsleistung nicht in der Sozialversicherung bei Auszahlung des Kapitals beitragspflichtig ist. Dies gilt nicht, wenn er nicht Versicherungsnehmer wird.[123]

---

122 *Höfer* BetrAVG, Rn. 3246 ff. zu § 2.

123 BVerfG 6.9.2010, 1 BvR 739/08, BetrAV 2010, 704 = BB 2011, 447; 28.9.2010, 1 BvR 1660/08, DB 2010, 2343 = BetrAV 2010, 704; BSG 30.3.2011, B 12 KR 16/10 R, DB 2011, 2328; 30.3.2011, B 12 KR 24/09 R, DB 2012, 527 = FA 2011, 350.

5. Keine Auszahlung des Rückkaufwertes

Nach § 2 Abs. 2 S. 4ff. BetrAVG sind die Verfügungsmöglichkeiten des ausgeschiedenen Arbeitnehmers hinsichtlich des Versicherungsvertrages eingeschränkt. Er kann den Versicherungsvertrag zwar **kündigen**, er kann aber nicht den Rückkaufwert in Anspruch nehmen, soweit dieser durch Beiträge des Arbeitgebers und/oder durch Entgeltumwandlung finanziert wurde. Dies bedeutet, dass eine **Auszahlung** des Rückkaufwertes an den Arbeitnehmer bis zur Fälligkeit der Versicherungsleistung **ausgeschlossen** ist. Würde eine solche Auszahlung des Rückkaufwertes vorgenommen, wäre § 2 BetrAVG verletzt. Die Maßnahme wäre nach § 17 Abs. 3 S. 3 BetrAVG unwirksam.

164

Die Verfügungsmöglichkeiten des Arbeitnehmers sind aber auch anderweitig eingeschränkt. Er kann das Deckungskapital weder **abtreten** noch **beleihen**.

165

Hintergrund für diese Auflagen ist, dass dem Arbeitnehmer die Leistungen aus dem Versicherungsvertrag erst bei Eintritt des Versorgungsfalles in voller Höhe zufließen sollen.

166

6. Rechtsfolgen bei der Verletzung der gesetzlichen Vorgaben

Verlangt der Arbeitgeber nicht oder nicht rechtzeitig die versicherungsförmige Lösung, kommt das Quotierungsverfahren zur Anwendung. Hat der Arbeitgeber zwar sein Verlangen ausgeübt, erfüllt er aber nicht die sozialen Auflagen, kommt ebenfalls das Quotierungsverfahren zur Anwendung. Dies gilt auch dann, wenn nur eine Auflage nicht oder nicht rechtzeitig erfüllt wird.

167

Werden die Verfügungsverbote nach § 2 Abs. 2 S. 4 bis 6 BetrAVG nicht eingehalten, verstoßen vorgenommene Verfügungen gegen ein gesetzliches Verbot. Sie sind gem. § 134 BGB nichtig. Wird z. B. der Rückkaufwert vom Versicherer ausgezahlt, wäre der Arbeitgeber nicht von seiner arbeitsvertraglichen Verpflichtung frei. Er müsste bei Eintritt des Versicherungsfalles den Arbeitnehmer so stellen, als habe keine Auszahlung stattgefunden. Ob er sich beim Versicherer schadlos halten kann, ist keine Frage des Arbeitsrechts. Von seinem ehemaligen Arbeitnehmer kann er allenfalls gem. §§ 812ff. BGB die Rückzahlung des Rückkaufwertes wegen ungerechtfertigter Bereicherung verlangen, wenn noch eine Bereicherung vorliegen sollte.

168

7. Abfindung

169 Mit dem Gesetz zur Verbesserung der Rahmenbedingungen für die Absicherung flexibler Arbeitszeitregelungen und zur Änderung anderer Gesetze[124] wurde ein Satz 7 angefügt. Danach kann auch nach Wahl der versicherungsförmigen Lösung noch eine Abfindung vorgenommen werden, wenn die Voraussetzungen nach § 3 BetrAVG erfüllt sind, also eine Minianwartschaft aufrechtzuerhalten ist. Dies gilt unabhängig davon, ob es sich um eine arbeitgeberfinanzierte Direktversicherung handelt oder um eine solche aus Entgeltumwandlung. Diese Abfindungsmöglichkeit kann aber von dem Versicherer nur genutzt werden, wenn er vom Arbeitgeber entsprechend bevollmächtigt wurde, da nach § 3 nur der Arbeitgeber ein Abfindungsrecht hat, nicht der Versorgungsträger.[125] Da es nach Ausscheiden mit unverfallbarer Anwartschaft dem Arbeitgeber gleichgültig ist, was mit der Anwartschaft geschieht, insbesondere ob dem Versicherer bei Fortführung Verwaltungskosten entstehen, sollte bereits bei Abschluss einer Direktversicherung eine solche Vollmacht vorsorglich eingeholt werden.

G. Versicherungsförmige Lösung bei der Pensionskasse

I. Rechtliche Grundlagen

170 An die Stelle des Quotierungsverfahrens kann auch bei der Pensionskasse die versicherungsförmige Lösung treten. Die Anwendung dieser Vorschrift setzt voraus, dass soziale Auflagen erfüllt werden. Diese sind nicht identisch mit den sozialen Auflagen bei einer Direktversicherung.

1. Unwiderrufliches Bezugsrecht, Abtretung, Beleihung, Beitragsrückstände

171 Während bei einer Direktversicherung dem Arbeitnehmer mit der Beendigung des Arbeitsverhältnisses ein **unwiderrufliches Bezugsrecht** eingeräumt werden muss, wird diese Voraussetzung für die versicherungsförmige Lösung bei der Pensionskasse nicht verlangt. Dies gilt ebenso für die **Abtretung** und **Beleihung** des Versicherungsvertrages. Es wird auch nicht gefordert, dass **Beitragsrückstände** im Zusammenhang mit dem Ausscheiden ausgeglichen werden. Wird allerdings über eine Pensionskasse eine betriebliche Altersversorgung aus Entgeltumwandlung abgewickelt, ist auch bei diesem Durchführungsweg eine

---

124 BGBl. I 2008, S. 2940.
125 A. A. *Schlewing/Hennsler/Schipp/Schnitker* Teil 11 Rn. 58.

Verfügung durch den Arbeitgeber gem. § 1b Abs. 5 BetrAVG ausgeschlossen. Angesprochen sind dort die Verpfändung, Beleihung und Abtretung, nicht Beitragsrückstände. Anders als bei der Direktversicherung ist bei einer Entgeltumwandlung über eine Pensionskasse dem Arbeitnehmer nicht bei Beginn der Entgeltumwandlung ein unwiderrufliches Bezugsrecht zu bestellen.[126]

Derartige Auflagen waren in der Vergangenheit bei einer Pensionskasse vielfach deshalb nicht erforderlich, weil die Pensionskassen in der Rechtsform des Versicherungsvereins auf Gegenseitigkeit geführt wurden.[127] Diese rechtliche Gestaltung führte dazu, dass die Arbeitnehmer nicht nur versicherte Personen waren, sondern i. d. R. gleichzeitig auch Mitglied des Versicherungsvereins. Folglich konnte gegen ihren Willen der Arbeitgeber nicht über den Versicherungsvertrag verfügen. | **172**

Die Pensionskassen, die ab 2002 gegründet wurden, haben vielfach die Rechtsform der Aktiengesellschaft (sog. Wettbewerbspensionskassen). Dies hat zur Konsequenz, dass ausschließlich der Arbeitgeber Versicherungsnehmer wird, nicht aber der Arbeitnehmer. Der Arbeitnehmer ist lediglich versicherte Person. Damit hätte es nahe gelegen, bei der Pensionskasse ebenso wie bei der Direktversicherung das unwiderrufliche Bezugsrecht und das Abtretungs- und Beleihungsverbot in § 2 Abs. 3 S. 3ff. BetrAVG auch für die Pensionskasse aufzunehmen. Wenn eine solche soziale Auflage deshalb bei Pensionskassen als entbehrlich angesehen wird, weil eine wirtschaftliche Nutzung nur nach den strengen aufsichtsbehördlichen Richtlinien zur Vermögensanlage möglich ist, dann steht dies in Widerspruch zu § 1b Abs. 5 Nr. 3 BetrAVG, in dem der Gesetzgeber selbst angeordnet hat, dass bei einer betrieblichen Altersversorgung, die durch Entgeltumwandlung finanziert wird, auch bei einer Pensionskassenzusage das Recht zur Verpfändung, Abtretung und Beleihung durch den Arbeitgeber ausgeschlossen werden muss. Würde es solche Verfügungsmöglichkeiten nicht geben, wäre die gesetzliche Regelung obsolet. Es ist folglich eine **Regelungslücke** entstanden. | **173**

Solange der Gesetzgeber diese Regelungslücke nicht ausfüllt, sind vom Arbeitgeber diese sozialen Auflagen nicht zu erfüllen, wenn bei einer arbeitgeberfinanzierten Pensionskassenzusage von der versicherungsförmigen Lösung | **174**

---

126 S. dazu § 1 Rdn. 99.
127 Zum Verhältnis der Mitgliedschaft zum unwiderruflichen Bezugsrecht: BAG 14.12.1999, 3 AZR 675/98, EzA § 4 BetrAVG Nr. 5 = DB 2000, 1719.

Gebrauch gemacht wird. Es sind aber die speziell für Pensionskassen geltenden und in § 2 Abs. 3 Sätze 2 und 3 genannten Auflagen zu erfüllen.

175 Damit können im Fall einer Insolvenz des Arbeitgebers Probleme entstehen, wenn der Insolvenzverwalter bei einer arbeitgeberfinanzierten betrieblichen Altersversorgung das Widerrufsrecht ausüben sollte. Deshalb sollte, auch wenn dies der Gesetzgeber – noch – nicht fordert, dem Arbeitnehmer immer ein unwiderrufliches Bezugsrecht ausdrücklich eingeräumt werden, wenn die Unverfallbarkeitsfristen erfüllt sind. Das Ausscheiden aus dem Arbeitsverhältnis ist nicht Voraussetzung für das unwiderrufliche Bezugsrecht.

2. Überschussanteile

176 Ebenso wie bei der Direktversicherung sind auch bei der Pensionskasse, soll die versicherungsförmige Lösung gewählt werden, alle **Überschussanteile** vom Versicherungsbeginn an zur **Erhöhung der Leistung** zu verwenden. Dabei handelt es sich um die Überschussanteile, die aufgrund des Finanzierungsverfahrens regelmäßig entstehen. Alternativ ist die Steigerung der Versorgungsanwartschaften des Arbeitnehmers zur Erhöhung der Leistung einzusetzen, die der Entwicklung seines Arbeitsentgeltes, soweit es unter den jeweiligen Beitragsbemessungsgrenzen der gesetzlichen Rentenversicherungen liegt, entspricht. Diese alternative Berechnungsweise kommt dann zur Anwendung, wenn bei der Pensionskasse keine Überschüsse entstehen.[128]

177 Die Alternative, die auf die Dynamisierung der Bezüge des Arbeitnehmers abstellt, dürfte in der Praxis bei der Entgeltumwandlung keine Bedeutung mehr haben, da die Pensionskassen über § 1b Abs. 5 Nr. 1 BetrAVG gezwungen worden sind, für die Entgeltumwandlung ein System zu schaffen, bei dem alle Überschussanteile nur zur Verbesserung der Leistung verwendet werden.

3. Fortsetzung der Versicherung

178 Der Arbeitnehmer muss auch bei einer Pensionskasse die Möglichkeit haben, die Versicherung mit **eigenen Beiträgen** fortzuführen.

179 Eine solche Fortführung der Pensionskassenversorgung durch eigene Beiträge erhält dem Arbeitnehmer den Versicherungsschutz.

---

128 *Höfer* BetrAVG, Rn. 3299 ff. zu § 2.

4. Verfügungsverbote

Hinsichtlich der Verfügungsbeschränkungen verweist § 2 Abs. 3 S. 3 BetrAVG 180
auf die Regelungen, die für Direktversicherungen gelten. Dies bedeutet, dass
auch bei einer Pensionskassenzusage der Arbeitnehmer nach dem Ausscheiden
nicht über den **Rückkaufswert** verfügen kann. Er kann ihn weder **beleihen**
noch **abtreten**. Bei einer **Kündigung** des Versicherungsvertrages kann der
Rückkaufswert nicht in Anspruch genommen werden. Die Versicherung ist
beitragsfrei fortzuführen.

5. Abfindung

Auch für Pensionskassenzusagen wurde ausdrücklich geregelt, dass im Rah- 181
men von § 3 BetrAVG Abfindungen möglich sind. Hierzu wird auf Rdn. 169
verwiesen, soweit es sich um Wettbewerbspensionskassen handelt. Für Fir-
men- oder Konzernpensionskassen wird es möglich sein, auch erst anlässlich
des Ausscheidens des Arbeitnehmers eine Vollmacht einzuholen, da letztlich
die Verwaltungskosten auf das oder die Trägerunternehmen durchschlagen
könnten. Bei Gruppenpensionskassen wird man in Abhängigkeit von der
Dichte zum Arbeitgeber vorgehen müssen.

6. Rechtsfolgen

Zu den Rechtsfolgen bei der Verletzung der Verfügungsverbote wird auf 182
Rdn. 167 f. verwiesen.

II. Verlangen des Arbeitgebers

Auch bei der Pensionskasse muss der Arbeitgeber das Verlangen ausüben. 183
Hierzu wird auf Rdn. 139 ff. verwiesen.

H. Pensionsfonds und rückgedeckte Unterstützungskasse

Beim Pensionsfonds und bei der rückgedeckten Unterstützungskasse kommt 184
nur das Quotierungsverfahren gem. § 2 Abs. 3a oder § 2 Abs. 4 BetrAVG bei
der Leistungszusage zur Anwendung. Eine versicherungsförmige Lösung ist
nicht für diese beiden Durchführungswege im Gesetz vorgesehen und kann
auch nicht vereinbart werden. Wird dem Arbeitnehmer von der Unterstützungskasse die Versicherung mitgegeben, ist dies eine Abfindung, die nur in
den Grenzen von § 3 BetrAVG zulässig ist und auch nur mit Vollmacht des

Arbeitgebers vorgenommen werden kann.[129] Für einen Pensionsfonds gilt dies entsprechend.

J. Entgeltumwandlung

185 Für eine betriebliche Altersversorgung aus Entgeltumwandlung wurde § 2 BetrAVG um einen Abs. 5a ergänzt. Diese Vorschrift ist nur anzuwenden auf Versorgungszusagen, die **ab dem 1.1.2001** erteilt wurden und erteilt werden.[130]

186 Diese Regelung ist anzuwenden bei Versorgungsanwartschaften, die auf einer **unmittelbaren Versorgungszusage** beruhen, sie ist aber auch anzuwenden auf Versorgungsanwartschaften, die von einem **Pensionsfonds** oder von einer **Unterstützungskasse** zu erfüllen sind. Keine Bedeutung hat diese Regelung für die **Direktversicherung** und für die **Pensionskasse**. In diesen Durchführungswegen steht die versicherungsförmige Lösung zur Verfügung.[131]

187 Bei einer betrieblichen Altersversorgung aus Entgeltumwandlung ist dem ausgeschiedenen Arbeitnehmer der Teil der Anwartschaft aufrechtzuerhalten, der sich aus den bis zum Ausscheiden des Arbeitnehmers umgewandelten Entgeltbestandteilen ergibt. Dies bedeutet, dass nur die wirtschaftlich vom Arbeitnehmer finanzierte Anwartschaft aufrechterhalten bleibt. Das Gesetz spricht von der »erreichten Anwartschaft«.

188 Für Versorgungszusagen, die vor dem 1.1.2001 erteilt wurden, kann § 2 Abs. 5a BetrAVG angewandt werden, wenn dies zwischen dem Arbeitgeber und dem Arbeitnehmer ausdrücklich vereinbart wird. Es ist eine individuelle Vereinbarung zu treffen (§ 30g Abs. 1 BetrAVG).

K. Beitragsorientierte Leistungszusage

189 In § 2 Abs. 5a 2. Hs. BetrAVG ist auch eine Unverfallbarkeitsregelung der Höhe nach enthalten, wenn die betriebliche Altersversorgung über eine beitragsorientierte Leistungszusage abgewickelt wird. In diesem Fall soll die Regelung, die für die Entgeltumwandlung geschaffen wurde, entsprechend gelten. Danach ist in den Durchführungswegen Direktzusage, Unterstützungskasse und Pensionsfonds die Anwartschaft aufrechtzuerhalten, die aus den bis zum

---

129 A. A. *Schlewing/Hennsler/Schipp/Schnitker* Teil 11 Rn. 58.

130 § 30g BetrAVG.

131 S. dazu Rdn. 132 ff.

Ausscheiden zugeteilten Beiträgen »erreicht« wurde. Die Höhe ergibt sich aus dem Leistungsplan. Sieht dieser eine Umrechnung der Beiträge mittels einer Transformationstabelle vor, sind dem Arbeitnehmer die Leistungen aufrecht- zuerhalten, die ihm während des Arbeitsverhältnisses zugeteilt wurden. Ergibt sich die Höhe der Leistung aus einer Rückdeckungsversicherung, ist der Wert der beitragsfreien Rückdeckungsversicherung maßgeblich.

Auch für die beitragsorientierte Leistungszusage gilt, dass die Neuregelung **190** nur anzuwenden ist auf Versorgungszusagen, die nach dem 31.12.2000 erteilt worden sind und erteilt werden. Für Versorgungszusagen, die vor dem 1.1.2001 erteilt wurden, gilt das Quotierungsverfahren, wenn keine Verein- barung nach § 30g Abs. 1 BetrAVG getroffen wurde.

Für eine beitragsorientierte Leistungszusage, die im Durchführungsweg der **191** Direktversicherung oder der Pensionskasse abgewickelt wird, war es nicht erforderlich, eine besondere Regelung zu schaffen. Denn sowohl bei der Ent- geltumwandlung als auch bei der beitragsorientierten Leistungszusage kann über die versicherungsförmige Lösung dasselbe Ergebnis erzielt werden.[132]

L. Beitragszusage mit Mindestleistung

Die Beitragszusage mit Mindestleistung wurde erst mit Wirkung ab dem **192** 1.1.2002 in das Betriebsrentengesetz eingefügt. Folglich ist die Regelung, die für diese Zusageart in § 2 Abs. 5b BetrAVG geschaffen wurde, nur auf **Zusa- gen** anzuwenden, die **ab diesem Stichtag** erteilt wurden.[133]

Diese neu geschaffene Regelung verdrängt bei der **Direktversicherung** sowohl **193** die arbeitsvertragliche als auch die versicherungsförmige Lösung. Sie tritt an die Stelle des Abs. 2. Damit gibt es bei der Beitragszusage mit Mindestleis- tung nur ein einziges Berechnungsverfahren.[134] Dies wirft die Frage auf, ob dennoch die Versicherungsnehmerstellung wie bei der versicherungsförmigen Lösung auf den Arbeitnehmer übertragen werden kann. Hierfür sprechen praktische Gründe, weil dann z. B. die Korrespondenz unmittelbar mit dem Arbeitnehmer geführt werden kann, der ja bei der Entgeltumwandlung sogar das Recht hat, die Versicherung mit eigenen Beiträgen fortzuführen

---

132 *Blumenstein* FS Kemper, S. 35.
133 Ebenso *Höfer* BetrAVG, Rn. 3507 zu § 2.
134 *Blumenstein* FS Kemper, S. 37; *Pophal* FS Kemper, S. 363.

(§ 1b Abs. 5 BetrAVG). Die Problematik[135] besteht darin, dass in Abs. 5b nicht ausdrücklich geregelt ist, dass bei Kündigung durch den Arbeitnehmer die Versicherung beitragsfrei zu stellen ist. Damit hat der Arbeitnehmer als Versicherungsnehmer das Recht zur Kündigung. Dieses Recht würde einer Abfindung gleichkommen, die der Arbeitnehmer aber arbeitsrechtlich nicht verlangen oder ausüben kann. Damit würde bei einer Direktversicherung ein Wertungswiderspruch entstehen. Deshalb wäre es zu begrüßen, wenn eine entsprechende Ergänzung des Gesetzes erfolgen würde.

194 Dies gilt entsprechend für die **Pensionskasse**. Hier werden die Regelungen nach Abs. 3 BetrAVG verdrängt.

195 Für den **Pensionsfonds** tritt bei der Beitragszusage mit Mindestleistung die Regelung in § 2 Abs. 5b BetrAVG an die Stelle des Quotierungsverfahrens gem. § 2 Abs. 3a BetrAVG.

196 § 2 Abs. 5b BetrAVG ist nicht anzuwenden auf **unmittelbare Versorgungszusagen** und auf **Unterstützungskassenzusagen**. Dies ergibt sich aus dem eindeutigen Wortlaut des Gesetzes in § 1 Abs. 2 Nr. 2 BetrAVG, wonach die Beitragszusage mit Mindestleistung überhaupt nur für die versicherungsförmigen Durchführungswege geschaffen wurde.[136]

197 Soweit in der Literatur[137] die Auffassung vertreten wird, dass durch den Verweis in § 2 Abs. 5b BetrAVG auf Abs. 5a auch die **unmittelbare Versorgungszusage** und die **Unterstützungskasse** in den Anwendungsbereich einbezogen wird, kann diese Argumentation nicht überzeugen. Zwar wird in § 2 Abs. 5a BetrAVG auch auf Abs. 1 und Abs. 4 Bezug genommen, in denen die unmittelbare Versorgungszusage und die Unterstützungskassenzusage geregelt sind. Regelungsgehalt des § 2 Abs. 5a BetrAVG ist aber die Höhe der unverfallbaren Anwartschaften aus **Entgeltumwandlung** und aus einer **beitragsorientierten Leistungszusage, nicht** der **Durchführungsweg**. Indem in § 2 Abs. 5b BetrAVG auf Abs. 5a verwiesen wird, kann sich dies denklogisch nur auf die Entgeltumwandlung beziehen, denn wenn eine Beitragszusage mit Mindest-

---

135 Zweifelnd *Langohr-Plato* Rechtshandbuch, Rn. 467 ff.

136 *Doetsch* FS Höfer (S. 15 ff.) spricht sich für eine Anlehnung bei unmittelbaren Zusagen aus.

137 *Höfer* BetrAVG, Rn. 3499 zu § 2; dagegen *Huber* § 1 Rdn. 463, 471 f.; *Schwark/Raulf* DB 2003, 940; *Uebelhack* in: Gedenkschrift für Blomeyer, S. 467; *Blumenstein* FS Kemper, S. 32 f.

leistung vorliegt, kann nicht gleichzeitig eine beitragsorientierte Leistungszusage vorliegen.

Die Anwendung von § 2 Abs. 5b BetrAVG führt dazu, dass dem mit unver- **198** fallbarer Anwartschaft ausgeschiedenen Arbeitnehmer bei Eintritt des Versorgungsfalles das ihm planmäßig zuzurechnende Versorgungskapital auf der Grundlage der bis zu seinem Ausscheiden geleisteten Beiträge zusteht. Dies sind die Beiträge und die bis zum Eintritt des Versorgungsfalles aus diesen Beiträgen erzielten Erträge. Mindestens muss der ehemalige Arbeitnehmer aber die Summe der bis zu seinem Ausscheiden zugesagten Beiträge erhalten, soweit sie nicht rechnungsmäßig für einen biometrischen Risikoausgleich verbraucht wurden.

▶ **Beispiel:** **199**

Einem Arbeitnehmer sind jährliche Beiträge in Höhe von 1.000 € zugesagt. Er ist bei Zusageerteilung 35 Jahre alt. Er scheidet im Alter von 45 Jahren mit einer unverfallbaren Anwartschaft aus.

Die Mindestleistung beträgt 10.000 € abzüglich etwaiger Beiträge, soweit sie für einen biometrischen Risikoausgleich verbraucht wurden.

Bei den erzielten Erträgen handelt es sich um alle Wertsteigerungen, die bis **200** zum Ausscheiden und auch nach dem Ausscheiden auf die angelegten Beiträge entfallen. Umstritten ist, ob und in welchem Umfang Kosten abzuziehen sind.[138]

Eine Beitragszusage mit Mindestleistung kann auch in der Form ausgestaltet **201** sein, dass der Versicherer die Mindestleistung für den Zeitpunkt nicht garantiert, in dem der Versicherungsfall Alter eintritt. Scheidet der Arbeitnehmer mit unverfallbarer Anwartschaft aus, kann dies dazu führen, dass der Arbeitgeber aus eigenem Vermögen die Differenz bis zur Mindestleistung aufzufüllen hat.

M. Organpersonen

Für Organpersonen ist § 2 BetrAVG dispositiv.[139] Es kann folglich vereinbart **202** werden, dass nur für den Teil der Anwartschaft, der in der Organzeit erdient

---

138 *Höfer* BetrAVG, Rn. 3501 ff. zu § 2; *Kemper/Kisters-Kölkes* Grundzüge, Rn. 172 f.; *Reichel/Heger* Rn. 226.
139 BAG 21.4.2009, 3 AZR 285/07, EzA-SD 2009 Nr. 21 S. 9 = DB 2010, 2004.

wurde, die Berechnungsgrundlagen angewendet werden, die in dieser Zeit galten. Dies ist von besonderer Bedeutung bei gehaltsabhängigen Zusagen, wenn mit der Bestellung zum Organ eine deutliche Erhöhung der Bezüge verbunden ist.

§ 3 Abfindung

(1) Unverfallbare Anwartschaften im Falle der Beendigung des Arbeitsverhältnisses und laufende Leistungen dürfen nur unter den Voraussetzungen der folgenden Absätze abgefunden werden.

(2) [1]Der Arbeitgeber kann eine Anwartschaft ohne Zustimmung des Arbeitnehmers abfinden, wenn der Monatsbetrag der aus der Anwartschaft resultierenden laufenden Leistung bei Erreichen der vorgesehenen Altersgrenze 1 vom Hundert, bei Kapitalleistungen zwölf Zehntel der monatlichen Bezugsgröße nach § 18 des Vierten Buches Sozialgesetzbuch nicht übersteigen würde. [2]Dies gilt entsprechend für die Abfindung einer laufenden Leistung. [3]Die Abfindung ist unzulässig, wenn der Arbeitnehmer von seinem Recht auf Übertragung der Anwartschaft Gebrauch macht.

(3) Die Anwartschaft ist auf Verlangen des Arbeitnehmers abzufinden, wenn die Beiträge zur gesetzlichen Rentenversicherung erstattet worden sind.

(4) Der Teil der Anwartschaft, der während eines Insolvenzverfahrens erdient worden ist, kann ohne Zustimmung des Arbeitnehmers abgefunden werden, wenn die Betriebstätigkeit vollständig eingestellt und das Unternehmen liquidiert wird.

(5) Für die Berechnung des Abfindungsbetrages gilt § 4 Abs. 5 entsprechend.

(6) Die Abfindung ist gesondert auszuweisen und einmalig zu zahlen.

A. Allgemeines

I. Gesetzliche Neuregelung

1   Mit Wirkung ab dem 1.1.2005 hat der Gesetzgeber durch das Alterseinkünftegesetz[1] die Abfindungsmöglichkeiten neu gestaltet und im Vergleich zur bisher geltenden Rechtslage weiter eingeschränkt. Der Anwendungsbereich der Vorschrift wurde erweitert. Während bisher § 3 des Betriebsrentengesetzes (BetrAVG) nur für **Anwärter** galt, die mit einer gesetzlich unverfallbaren Anwartschaft aus dem Arbeitsverhältnis ausgeschieden waren, gilt die eingeschränkte Abfindungsmöglichkeit nun auch für **Versorgungsempfänger**. Damit können laufende Leistungen, soweit der Rentenbeginn nach dem 31.12.2004 liegt, nur noch in den Grenzen des § 3 BetrAVG abgefunden werden.

2   Seit dem 1.1.2005 sind nur noch Abfindungen möglich, wenn der Wert der Altersanwartschaft bei einer Rentenzusage **1 % der Bezugsgröße** nicht übersteigt. Bei Kapitalleistungen beträgt die Obergrenze 12/10 der monatlichen Bezugsgröße. Die Obergrenze von 1 % gilt auch für Versorgungsempfänger mit einem Rentenbeginn nach dem 31.12.2004.[2]

3   Mit den eingeschränkten Abfindungsmöglichkeiten verfolgt der Gesetzgeber das Ziel, Anwartschaften und laufende Leistungen zu erhalten. Er begründet dies mit der zunehmenden Bedeutung von Betriebsrenten für die Alterssicherung der Beschäftigten. Deshalb sollen unverfallbare Anwartschaften bis zum Rentenbeginn und laufende Betriebsrenten bis zum Lebensende erhalten bleiben. Eine vorzeitige Verwertung in Form einer Einmalzahlung widerspre-

---

1   Gesetz zur Neuordnung der einkommensteuerrechtlichen Behandlung von Altersvorsorgeaufwendungen und Altersbezügen (Alterseinkünftegesetz – AltEinkG) v. 5.7.2004 BGBl. I S. 1427 ff.

2   Vgl. § 30g BetrAVG.

che dem Versorgungszweck.[3] Eine Einmalzahlung soll nicht in den Konsum fließen.

Dieser Erhalt von Anwartschaften und laufenden Leistungen ist vor dem Hintergrund zu sehen, dass die Versorgung von Rentnern und künftigen Rentnern durch die Leistungen der gesetzlichen Rentenversicherung nicht mehr ausreichend sichergestellt wird bzw. sichergestellt werden kann. Die Absenkung des Versorgungsniveaus in der gesetzlichen Rentenversicherung führt dazu, dass die Versorgungsempfänger immer mehr auf ergänzende Leistungen angewiesen sind, sollen soziale Transferleistungen verhindert werden. So wie private Lebensversicherungen seit dem 1.1.2005 nur noch steuerlich gefördert werden, wenn sie eine lebenslängliche Rente vorsehen, wird in der betrieblichen Altersversorgung u. a. mittels eines Abfindungsverbotes die lebenslängliche Versorgung in den Vordergrund gestellt. Die Einschränkung der Abfindungsmöglichkeiten ist im Gesamtkontext mit anderen gesetzgeberischen Maßnahmen zu sehen. Hierzu gehört u. a. auch, dass die steuerliche Förderung für Zusagen ab dem 1.1.2005 für Direktversicherungszusagen, Pensionskassenzusagen und Pensionsfondszusagen auf Rentenzusagen beschränkt wird, die allerdings ein Kapitalwahlrecht vorsehen können.[4] 4

Da nur in beschränktem Umfang Abfindungsmöglichkeiten bestehen, ergibt sich ein weitreichendes **Abfindungsverbot**. Wird eine Abfindung vorgenommen, ohne dass die Voraussetzungen von §3 BetrAVG erfüllt sind, ist die Abfindung unwirksam, weil sie gegen ein gesetzliches Verbot verstößt (§ 134 BGB). Der Arbeitgeber, der eine Abfindungszahlung vorgenommen hat, wird nicht von seiner Leistungspflicht befreit. Bei einem Versorgungsanwärter muss er bei Eintritt des Versorgungsfalles die zugesagten Leistungen erbringen. Bei einem Versorgungsempfänger besteht die Verpflichtung zur Zahlung einer Rente fort. 5

Mit dem Abfindungsverbot wird die Vertragsfreiheit eingeschränkt. Weitergehende Einschränkungen sind zu erwarten, wenn die Mobilitätsrichtlinie[5] in deutsches Recht umgesetzt wird. 6

---

3 BT-Drucks. 15/2150, S. 52.
4 § 3 Nr. 63 EStG n. F. i. V. m. BMF-Schreiben v. 24.07.2013, BStBl. I, S. 1022 ff., Rn. 312 (s. Anh. III).
5 Richtlinie 2014/50/EU des Europäischen Parlaments und des Rates v. 30.4.2014 ABlEU v. 30.4.2014 L 128/1.

II. Regelung bis zum 31.12.2004

7   Hierzu wird auf die Vorauflagen verwiesen.

III. Alle Durchführungswege

8   § 3 BetrAVG gilt für alle fünf Durchführungswege der betrieblichen Altersversorgung. Ausnahmen bestehen nicht. Die Finanzierung der betrieblichen Altersversorgung ist ohne Bedeutung. Das Abfindungsverbot gilt somit gleichermaßen für eine arbeitgeberfinanzierte betriebliche Altersversorgung, eine Altersversorgung nach Entgeltumwandlung oder für mischfinanzierte Systeme. Zu messen ist die 1 %-Grenze bei Anwärtern an der aufrechtzuerhaltenden Anwartschaft. Ist sowohl der arbeitgeberfinanzierte Teil als auch der durch Entgeltumwandlung finanzierte Teil gesetzlich unverfallbar, sind beide Teile zusammenzurechnen. Entsprechendes gilt, wenn Versorgungsanwartschaften in verschiedenen Durchführungswegen erteilt wurden oder wenn eine Renten- und Kapitalzusage vorliegt.

9   Auch wenn der Gesetzgeber in der Neufassung des Gesetzes auf den Verweis auf § 1b Abs. 1–3 (§ 3 Abs. 1 S. 1 BetrAVG a. F.) und auf § 2 Abs. 4 (§ 3 Abs. 1 S. 6 BetrAVG a. F.) verzichtet hat, ergibt sich dies aus dem Sinn und Zweck des Gesetzes.

B. Anwendungsbereich

I. Schutz von ausgeschiedenen Anwärtern

1. Gesetzliche Unverfallbarkeit

10   Bestandteil der gesetzlichen Definition der betrieblichen Altersversorgung ist die Erfüllung eines Versorgungszwecks. Folglich sollen die Versorgungsleistungen, die dem Arbeitnehmer zugesagt worden sind, ihm auch erst zu einem Zeitpunkt zufließen, zu dem er die Voraussetzungen erfüllt, um die Versorgungsleistungen zu beziehen.

11   § 3 Abs. 1 BetrAVG bestimmt, dass gesetzlich unverfallbare Anwartschaften im Fall der Beendigung des Arbeitsverhältnisses nur unter den Voraussetzungen der folgenden Absätze abgefunden werden dürfen. Soweit die Voraussetzungen nicht vorliegen, besteht folglich ein Abfindungsverbot. Das Abfindungsverbot bzw. die eingeschränkte Abfindungsmöglichkeit entsteht in dem Zeitpunkt, in dem das Arbeitsverhältnis beendet wird. Es wirkt so lange fort, bis der Versorgungsfall eintritt, bis mit anderen Worten aus dem

Versorgungsanwärter ein Versorgungsempfänger wird. Ohne Bedeutung ist dabei, wie lange der Zeitraum zwischen der **Beendigung des Arbeitsverhältnisses** und dem Eintritt des Versorgungsfalles ist. Ohne Bedeutung ist auch, ob eine Rente, Leistungen aus einem Auszahlungsplan oder ein Kapital zugesagt wurde. Besteht eine gesetzlich unverfallbare Anwartschaft, die höher ist als die nach § 2 BetrAVG ermittelte Anwartschaft, kann der Teil, der über § 2 BetrAVG hinausgeht, nicht abgefunden werden.[6] Denn § 3 Abs. 1 BetrAVG stellt nur auf die Unverfallbarkeit dem Grunde nach ab und lässt die Höhe unberücksichtigt.

Wird aus einer Versorgungsanwartschaft ein Versorgungsanspruch, entsteht bei einer laufenden Leistung ein neues Abfindungsverbot, wenn der Anspruch auf die laufende Leistung nach dem 31.12.2004 entsteht oder entstanden ist. Hierzu wird auf die Ausführungen in Rdn. 17 ff. verwiesen. **12**

Auch wenn § 3 BetrAVG erst mit der Beendigung des Arbeitsverhältnisses zur Anwendung kommt, ist diese Vorschrift bereits zu beachten, wenn die **Beendigung** eines Arbeitsverhältnisses **bevorsteht**. Sie erlangt Bedeutung, wenn im Zusammenhang mit der Beendigung des Arbeitsverhältnisses eine Abfindung vorgenommen wird.[7] Besteht zwischen einer Abfindungszahlung im aktiven Arbeitsverhältnis und der Beendigung des Arbeitsverhältnisses ein **zeitlicher und sachlicher Zusammenhang**, ist eine Abfindung nur unter den Voraussetzungen des § 3 BetrAVG zulässig.[8] Wird eine Abfindung vorgenommen, die diese Voraussetzungen nicht erfüllt, wird die Abfindung mit dem Ausscheiden aus dem Arbeitsverhältnis unwirksam. **13**

Ist der Arbeitnehmer mit einer gesetzlich unverfallbaren Anwartschaft aus dem Arbeitsverhältnis ausgeschieden, ist ohne Bedeutung, nach welcher gesetzlichen Regelung die Unverfallbarkeit eingetreten ist.[9] **14**

2. Vertragliche Unverfallbarkeit

§ 3 BetrAVG ist nicht anzuwenden auf Versorgungsanwärter, deren Versorgungsanwartschaft anlässlich des Ausscheidens vertraglich aufrechterhalten **15**

---

6 A. A. *Schlewing/Henssler/Schipp/Schnitker* Teil 11 Rn. 14.
7 BAG 11.12.2001, 3 AZR 334/00, EzA § 1 BetrAVG Nr. 80 = DB 2002, 2335.
8 BT-Drucks. 15/2150, S. 52.
9 Vgl. § 1b Rdn. 4 ff.

wurde.[10] Ihre Versorgungsanwartschaften können ungeachtet der gesetzlichen Bestimmungen jederzeit – in aller Regel einvernehmlich –[11]abgefunden werden. Soweit in der erteilten Versorgungszusage hierfür Regelungen – z. B. auch für die Höhe einer Abfindungszahlung – vorgesehen sind, sind diese zu berücksichtigen.

16   Zur vertraglich unverfallbaren Anwartschaft wird auf die Ausführungen in § 1b Rdn. 6 ff. verwiesen. Vertraglich unverfallbare Anwartschaften sind uneingeschränkt abfindbar, weil sie nicht durch das Betriebsrentengesetz geschützt sind.

II. Schutz von Versorgungsempfängern

1. Erfasster Personenkreis

17   Versorgungsempfänger sind solche Personen, bei denen der Versorgungsfall eingetreten ist, die folglich bereits einen Anspruch auf die zugesagten Versorgungsleistungen erworben haben, auch wenn dieser ruht (technische Rentner). Während bis zum 31.12.2004 bei Versorgungsempfängern eine uneingeschränkte Abfindungsmöglichkeit bestand, werden mit Wirkung ab dem 1.1.2005 Versorgungsempfänger in den persönlichen Geltungsbereich des § 3 BetrAVG einbezogen. Dies bedeutet, dass ab diesem Stichtag nur noch in den Grenzen des § 3 BetrAVG eine Abfindungsmöglichkeit besteht.

18   Aus Gründen des Vertrauensschutzes werden Versorgungsempfänger von dem Anwendungsbereich des § 3 BetrAVG ausgenommen, deren **Versorgungsanspruch vor dem 1.1.2005 entstanden** ist. In § 30g Abs. 2 BetrAVG heißt es zwar, dass die Vorschrift keine Anwendung findet auf laufende Leistungen, die vor dem 1.1.2005 »erstmals gezahlt worden sind«. Es kann aber nicht auf den Zeitpunkt der faktischen Zahlung ankommen. Entscheidend muss sein, wann erstmals die Voraussetzungen für die Entstehung des Anspruchs erfüllt waren. Dies bedeutet, dass das Abfindungsverbot in den Fällen nicht greift, bei denen die Zahlung einer laufenden Rente z. B. in 2005 aufgenommen wurde, der Anspruch aber bereits z. B. zum 1.7.2004 entstanden ist.[12] Auf den Grund, warum es erst zu einer Auszahlung in 2005 kommt, kann es nicht

---

10 BT-Drucks. 15/2150, S. 52.
11 Zum Abfindungsvorbehalt aus steuerlicher Sicht vgl. BMF-Schreiben v. 6.4.2005 – IV B 2 – S 2176–10/05.
12 *Blomeyer/Rolfs/Otto* § 3 Rn. 36.

ankommen. Damit ist ohne Bedeutung, ob der Arbeitnehmer in der Lage war, vor dem 1.1.2005 seinen Anspruch geltend zu machen. Wurde z. B. durch den gesetzlichen Rentenversicherungsträger rückwirkend eine Rente wegen Erwerbsminderung auf einen Zeitpunkt vor dem 1.1.2005 anerkannt, greift § 3 BetrAVG nicht ein, wenn die betriebliche Invaliditätsrente auch rückwirkend zu zahlen ist. Offen ist, wie der Begriff »erstmalige Zahlung« oder »Anspruchentstehung« zu interpretieren ist, wenn Renten auf Zeit gewährt werden. Geht nach Ablauf der Zeit der Anspruch unter und wird erneut eine Rente zuerkannt,[13] ggf. wieder zeitlich befristet, könnte das Abfindungsverbot greifen, wenn z. B. von 2004 bis 2006 eine befristete Invalidenrente gezahlt wurde und in 2006 erneut befristet ein Anspruch zuerkannt wurde. Da der Arbeitgeber das Risiko der Unwirksamkeit einer Abfindung trägt, muss dieses Risiko bedacht werden.

Ist dem Versorgungsempfänger eine **Kapitalleistung** zugesagt, wird diese   19
vereinbarungsgemäß bei Eintritt des Versorgungsfalles ausgezahlt. Die Auszahlung des Kapitals stellt keine Abfindung dar, weil originär diese Auszahlungsform zugesagt war. Eine Abfindung liegt auch nicht vor, wenn ein Arbeitnehmer von dem ihm eingeräumten Recht Gebrauch macht, statt einer Rente ein Kapital zu wählen (Kapitaloption).[14] Mit der Ausübung des Rechts geht die Rentenzusage unter und es besteht nur noch das Recht, das Kapital zu verlangen.[15] Wird ein Kapital in Raten ausgezahlt, liegt keine laufende Leistung vor, auch dann nicht, wenn die Ratenzahlung über 5 oder 10 Jahre gestreckt wird. Wenn zu solchen Auszahlungen zu § 16 BetrAVG die Auffassung vertreten wird,[16] es sei eine Anpassung vorzunehmen, ist der Zweck der Regelung zu berücksichtigen. § 16 BetrAVG will die Kaufkraftstabilität erhalten. Ein solcher Zweck wird bei der Anwendung von § 3 BetrAVG nicht verfolgt. Wird allerdings vor Auszahlung des Kapitals dem Anwärter das Recht eingeräumt, eine Verrentung zu wählen oder behält sich das Unternehmen vor, ab einer bestimmten Größenordnung des Kapitals selbst die Verrentung zu wählen, ist nach der Ausübung des Wahlrechts § 3 BetrAVG anzuwenden.

---

13 LSG Berlin-Brandenburg 13.2.2007, L 12 RJ 13/04.
14 *Langohr-Plato/Teslau* NZA 2004, 1300; *Förster/Cisch* BB 2004, 2132; *Andresen/ Förster/Rößler/Rühmann* Teil 10 D Rn. 50; *Blomeyer/Rolfs/Otto* § 3 Rn. 36.
15 BMF-Schreiben v. 24.7.2013, BStBl. I, S. 1022 ff., Rn. 312 (s. Anh. III).
16 *Höfer* BetrAVG, Rn. 5120 ff. zu § 16.

20 Ruhte am 1.1.2005 der Anspruch auf Auszahlung einer Rente, ist dies ohne Bedeutung, weil der Anspruch auf die zugesagte betriebliche Versorgungsleistung bereits vor dem 1.1.2005 entstanden war.[17] Das **Ruhen** einer Versorgungsleistung ist üblicherweise vorgesehen, um ein Zusammentreffen von Aktivenbezügen mit einer Versorgungsleistung zu verhindern. Ein Ruhen des Anspruchs kann aber auch dann eintreten, wenn die Hinzuverdienstgrenzen bei einer vorzeitigen Altersleistung überschritten werden. Der Rentenbeginn ist auch bei ruhenden Versorgungsleistungen der Zeitpunkt, zu dem die Anspruchsvoraussetzungen erfüllt sind.[18]

21 Entsprechendes gilt für einen »technischen Rentner«, wenn dessen Rentenbeginn vor dem 1.1.2005 lag. Von einem **technischen Rentner** spricht man dann, wenn ein Arbeitnehmer aus dem Erwerbsleben ausgeschieden ist, tatsächlich aber noch nicht die betriebliche Altersversorgung bezieht. Ein solcher Fall tritt ein, wenn ein Arbeitnehmer aus der gesetzlichen Rentenversicherung eine vorzeitige Altersrente bezieht. Mit der Zuerkennung und dem Bezug der gesetzlichen Rente erfolgt das Ausscheiden aus dem Erwerbsleben. Damit tritt der Versorgungsfall nach § 6 BetrAVG ein. Die nach dieser Vorschrift bestehende Möglichkeit, den Versorgungsanspruch erst später fällig zu stellen, ändert an dem Ausscheiden aus dem Erwerbsleben nichts. Betriebsrentenrechtlich besteht dann kein Anwartschaftsverhältnis mehr, sondern ein Versorgungsverhältnis. Ohne Bedeutung ist, ob sich an das frühere Arbeitsverhältnis ein geringfügiges Beschäftigungsverhältnis im Rahmen der sozialversicherungsrechtlichen Hinzuverdienstmöglichkeiten anschließt.[19]

22 Das Abfindungsverbot besteht auch, wenn Auszahlungen über einen **Auszahlungsplan** vorgenommen werden. Auch bei diesen Raten bzw. Renten handelt es sich um laufende Leistungen i. S. d. Gesetzes, denn anders als in § 16 Abs. 6 BetrAVG sind die Zahlungen aus einem Auszahlungsplan nicht vom Anwendungsbereich ausdrücklich ausgenommen worden.

23 Tritt der Versorgungsfall nach dem 31.12.2004 ein, ist eine Abfindung nur in den Grenzen des § 3 BetrAVG zulässig. Dies bedeutet, dass nur Mini-Renten abfindbar sind. Renten, die die vorgegebene Obergrenze überschreiten, sind nicht abfindbar, auch nicht teilweise. Die Obergrenze liegt bei 1 % der Bezugsgröße gem. § 18 SGB IV. Dies bedeutet im Jahr 2014, dass nur Renten

---

17 A. A. *Blomeyer/Rolfs/Otto* § 3 Rn. 36.
18 Möglicherweise a. A. *Schlewing/Henssler/Schipp/Schnitker* Teil 11 Rn. 29.
19 BAG 18.3.2003, 3 AZR 313/02, EzA § 7 BetrAVG Nr. 68 = BB 2004, 269.

Kisters-Kölkes

bis zu einem Betrag von 27,65 € (alte Bundesländer; 23,45 € neue Bundesländer) monatlich abfindbar sind. Wird der Grenzbetrag überschritten, ist eine Abfindungszahlung, auch wenn sie im Einvernehmen mit dem Versorgungsempfänger erfolgt, unwirksam, weil sie gegen das gesetzliche Verbot verstößt.

2. Zeitraum

Das Abfindungsverbot entsteht mit dem Rentenbeginn und endet i.d.R. mit dem Tod des Versorgungsempfängers oder mit Ablauf der Frist, für die eine Rente als abgekürzte Leibrente gezahlt wird.[20] **24**

3. Wechsel der Rentenart

Wird im Anschluss an eine Alters- oder Invaliditätsleistung eine Hinterbliebenenrente gezahlt, ist offen, ob hinsichtlich der **Hinterbliebenenleistung** ein ursprünglich bei der Alters- oder Invaliditätsleistung bestehendes Abfindungsverbot fortwirkt oder nicht. Es müsste für jede eigenständige Leistungsart nach der hier vertretenen Auffassung eigenständig geprüft werden, ob die Obergrenze eingreift. War also z.B. an den ehemaligen Arbeitnehmer eine Altersrente in Höhe von 30 € monatlich zu zahlen, verstirbt dieser Rentner und hat seine Witwe einen Anspruch auf 60 % dieses Betrages, müsste diese Rente abfindbar sein, da sie die 1 %-Grenze nicht übersteigt.[21] Diese Auffassung kollidiert nicht mit dem Sinn und Zweck des Gesetzes, denn eine Hinterbliebenenleistung muss nicht lebenslänglich gezahlt werden. Die Zahlung einer Witwen-/Witwerrente wird üblicherweise eingestellt, wenn sich die Witwe/der Witwer wieder verheiratet.[22] Soweit es um Waisenleistungen geht, ist eine zeitliche Befristung immer vorgegeben, weil überhaupt nur Kinder begünstigt sein können, die bestimmte Voraussetzungen erfüllen.[23] **25**

---

20 BAG 18.3.2003, 3 AZR 313/02, EzA § 7 BetrAVG Nr. 68 = BB 2004, 269.
21 Auf den Beginn der 1. Rente abstellend *Schlewing/Henssler/Schipp/Schnitker* Teil 11 Rn. 30.
22 BAG 16.4.1997, 3 AZR 28/96, EzA § 1 BetrAVG Hinterbliebenenversorgung Nr. 5 = DB 1997, 107 = BB 1997, 1903.
23 S. dazu § 1 Rdn. 241.

III. Abfindungen in bestehenden Arbeitsverhältnissen

26 Auf Arbeitnehmer, die im Zeitpunkt einer Abfindung in einem Arbeitsverhältnis stehen, ist § 3 BetrAVG nicht anzuwenden.[24]

27 Das Abfindungsverbot greift auch nicht, wenn bei einem fortbestehenden Arbeitsverhältnis eine Umgestaltung der Versorgung vorgenommen wird. Denn § 3 BetrAVG will nicht eine »Versteinerung« der einmal eingegangenen Versorgungsverpflichtungen erzwingen. Eine Umgestaltung ist folglich möglich, wenn sich die Parteien (Arbeitnehmer/Arbeitgeber; Betriebsrat/Arbeitgeber)[25] hierauf verständigen.[26] Sie können, solange die Beendigung des Arbeitsverhältnisses nicht ansteht, Versorgungsanwartschaften einschränken, aufheben und abfinden, ggf. aber nur mit Zustimmung des Betriebsrats.[27] Wird eine Rentenzusage in eine Kapitalzusage abgeändert, fällt dies nicht in den Anwendungsbereich von § 3 BetrAVG.[28]

28 Besteht das Arbeitsverhältnis noch, soll dieses aber demnächst beendet werden, greift dagegen das Abfindungsverbot des § 3 BetrAVG, wenn im Beendigungszeitpunkt die gesetzlichen Unverfallbarkeitsvoraussetzungen erfüllt sein werden. Dies gilt unabhängig davon, ob der Arbeitnehmer bei Abschluss einer Abfindungsvereinbarung von der bevorstehenden Beendigung des Arbeitsverhältnisses Kenntnis hat oder nicht. Entscheidend ist ein sachlicher und zeitlicher Zusammenhang zwischen Abfindung und Ausscheiden.[29]

29 Werden Sozialpläne abgeschlossen, die – ggf. unter bestimmten Voraussetzungen – die Beendigung von Arbeitsverhältnissen vorsehen, ist das Abfindungsverbot des § 3 BetrAVG bei Anwartschaften zu beachten, die im

---

24 BAG 21.3.2000, 3 AZR 127/99, EzA § 3 BetrAVG Nr. 6 = DB 2001, 2611 = BB 2001, 1536; BT-Drucks. 15/2150, S. 52; zur Befreiung von der Versorgungsschuld *Reichenbach* FS Kemper, S. 366.

25 Zur Änderung s. § 1 Rdn. 272 ff.

26 BAG 11.12.2001, 3 AZR 334/00, EzA § 1 BetrAVG Nr. 80 = DB 2002, 2335; 20.11.2001, 3 AZR 28/01, EzA § 3 BetrAVG Nr. 8 = DB 2002, 2333; 14.8.1990, 3 AZR 301/89, EzA § 17 BetrAVG Nr. 5 = BAGE 65, 341 = DB 1991, 501.

27 BAG 21.1.2003, 3 AZR 30/02, EzA § 3 BetrAVG Nr. 9 = DB 2003, 2130; 3.6.1997, 3 AZR 25/96, EzA § 77 BetrVG 1972 Nr. 59 = DB 1998, 267; 24.1.2006, 3 AZR 484/04, EzA § 87 BetrVG 2001 Altersversorgung Nr. 1 = DB 2007, 471.

28 Vgl. hierzu aber BAG 15.5.2012, 3 AZR 11/10, EzA § 2 BetrAVG Nr. 33 = DB 2012, 1756.

29 *Blomeyer/Rolfs/Otto* § 3 Rn. 23.

Ausscheidezeitpunkt unverfallbar sein werden. Für Anwartschaften, die im Beendigungszeitpunkt nicht gesetzlich unverfallbar sein werden, ist in §113 Abs. 1 Nr. 5 BetrVG vorgesehen, dass diese verfallenden Anwartschaften bei der Ermittlung der Abfindungshöhe berücksichtigt werden sollten.

IV. Abfindungen von Versorgungsanwartschaften anlässlich eines Betriebsübergangs

Geht das Arbeitsverhältnis eines Arbeitnehmers gem. §613a BGB mit allen Rechten und Pflichten auf den Betriebserwerber über, besteht das Arbeitsverhältnis fort. Es wird kraft Gesetzes fortgesetzt.[30] Das BAG hat offen gelassen, ob §3 BetrAVG bei einem Betriebsübergang anzuwenden ist oder nicht. Denn eine Abfindung der Versorgungsanwartschaften, die im Zusammenhang mit einem Betriebsübergang vorgenommen wird, verstößt gegen den Schutzzweck des §613a Abs. 1 S. 1 BGB und ist bereits aus diesem Grunde nichtig. Dies gilt auch, wenn der Arbeitnehmer durch einen Erlassvertrag zu einem Verzicht (Teilverzicht) auf seine Versorgungsanwartschaft veranlasst werden soll. Dies gilt sowohl für im Übergangszeitpunkt **verfallbare** wie auch für **unverfallbare Versorgungsanwartschaften**.[31] Damit geht der Schutz bei einem Betriebsübergang über §613a BGB weiter als bei einer Anwendung des §3 BetrAVG.[32] **30**

Ohne Bedeutung ist bei §613a BGB, auf welche Art und Weise die Arbeitnehmer zur Einschränkung ihrer Versorgungsanwartschaften veranlasst werden. Sowohl eine Abrede zwischen dem Veräußerer und dem Erwerber des Betriebes als auch eine Vereinbarung zwischen dem Veräußerer und dem Arbeitnehmer, die den Erwerber von »Altlasten« befreien soll, sind unzulässig. Auch Eigenkündigungen der Arbeitnehmer oder Aufhebungsverträge stellen Umgehungen von §613a BGB dar und sind unwirksam.[33] **31**

---

30 S. dazu §1b Rdn. 73 ff.

31 BAG 12.5.1992, 3 AZR 247/91, EzA §613a BGB Nr. 104 = BAGE 70, 209 = DB 1992, 2038; 29.10.1985, 3 AZR 485/83, EzA §613a BGB Nr. 52 = BAGE 50, 62 = DB 1986, 1779; 14.5.1991, 3 AZR 212/90.

32 Zur Einzelfallprüfung *Schlewing/Henssler/Schipp/Schnitker* Teil 11 Rn. 18.

33 BAG 28.4.1987, 3 AZR 75/86, EzA §613a BGB Nr. 67 = BAGE 55, 228 = NZA 1988, 198.

V. Verrechnung künftiger Rentenansprüche mit einer Abfindung

32 Es wird auf die Ausführungen in der 3. Auflage (Rn. 42 f.) verwiesen.

C. Gestaltungsformen

I. Abfindung, Teilabfindung, Verzicht

33 In § 3 Abs. 6 BetrAVG ist geregelt, dass die Abfindung einmalig zu zahlen ist. Mit der Zahlung eines Abfindungsbetrages, soweit dies zulässig ist, erlischt das Schuldverhältnis. Es besteht keine Anwartschaft mehr. Handelt es sich um einen aktiven Arbeitnehmer, mit dem eine Abfindung vereinbart wird, wird gleichzeitig das Versorgungsverhältnis aufgehoben.[34] Entsprechendes gilt für einen Versorgungsempfänger, wenn der Leistungsbeginn vor dem 1.1.2005 lag.

34 Ein **Verzicht** auf eine Versorgungsanwartschaft liegt dagegen vor, wenn der Arbeitnehmer über einen Erlassvertrag dazu veranlasst wird, ohne Zahlung einer Gegenleistung auf seine Versorgungsrechte gänzlich zu verzichten.[35] Eine **Teilabfindung/ein Teilerlass** liegt vor, wenn nicht die gesamte Anwartschaft oder der gesamte Anspruch, sondern nur ein Teil desselben abgefunden wird, also z. B. nur eine Hinterbliebenenanwartschaft. Ein Teilverzicht liegt auch vor, wenn die Höhe der zugesagten Steigerung einer Versorgungsanwartschaft einvernehmlich zurückgenommen wird.[36] Solche Teilabfindungen sind bei aktiven Arbeitnehmern[37] und bei Versorgungsempfängern zulässig, deren Rentenbeginn vor dem 1.1.2005 liegt. Sie sind nicht zulässig bei Anwärtern, die mit einer gesetzlich unverfallbaren Anwartschaft ausgeschieden sind, wenn bei der Höhe der Altersanwartschaft die gesetzlichen Grenzen überschritten sind. Sie sind ebenfalls nicht zulässig bei Versorgungsempfängern, wenn die gezahlte Rente die Grenze des § 3 BetrAVG übersteigt.

35 Ein Erlassvertrag ist von einem **Tatsachenvergleich** abzugrenzen. Streiten sich Arbeitgeber und Arbeitnehmer bzw. Versorgungsempfänger darüber, ob überhaupt ein Versorgungsanspruch besteht und einigen sie sich in einem gerichtlichen Vergleich darauf, dass statt einer Versorgungsleistung eine Abfindung/

---

34 S. dazu § 1 Rdn. 27 ff.

35 BAG 14.8.1990, 3 AZR 301/89, EzA § 17 BetrAVG Nr. 5 = DB 1991, 501.

36 Unter Wahrung der Mitbestimmungsrechte des Betriebsrates, BAG 21.1.2003, 3 AZR 30/02, EzA § 3 BetrAVG Nr. 9 = DB 2003, 2130.

37 Zu den Grenzen der Eingriffsmöglichkeiten, vgl. auch § 1 Rdn. 283 ff.

Kisters-Kölkes

Teilabfindung gezahlt wird, ist §3 BetrAVG nicht verletzt, wenn im Ergebnis eine Klärung des Rechtsgrundes unterbleibt.[38] Dies gilt auch für außergerichtliche Tatsachenvergleiche.

II. Umgestaltung

Keine Abfindung i. S. v. §3 BetrAVG liegt vor, wenn eine bestehende Versorgungszusage in der Form umgestaltet wird, dass eine gleichwertige, **inhaltlich veränderte Zusage** erteilt wird. Es erfolgt in diesem Fall weder eine Zahlung vor Eintritt eines Versorgungsfalles noch ein entschädigungsloser Verzicht auf Versorgungsrechte. So ist es zulässig, anlässlich der Beendigung des Arbeitsverhältnisses eine Invaliditätsversorgung durch eine höhere Altersversorgung zu ersetzen.[39] Ob eine Abfindung oder eine inhaltliche Veränderung vorliegt, ist durch Auslegung der getroffenen Vereinbarung zu ermitteln.

36

III. Versorgungsausgleich

Wird anlässlich der Scheidung eines Versorgungsanwärters oder eines Versorgungsempfängers vom Familiengericht eine interne oder externe Teilung zugunsten des ausgleichsberechtigten Ehegatten vorgenommen, ist dies keine Abfindung/Teilabfindung i. S. v. §3 BetrAVG. Dem ausgleichsberechtigten Ehegatten wird vielmehr eine Teilhabe an der betrieblichen Altersversorgung eingeräumt, die während der Ehezeit erworben wurde. Der Versorgungszweck bleibt unverändert erhalten.

37

D. Bestehende Abfindungsmöglichkeiten

I. Abfindungsvereinbarung

Nach §3 Abs. 2 hat ausschließlich der ehemalige Arbeitgeber das Recht, einseitig eine Abfindung vorzunehmen. Dies gilt gleichermaßen für Versorgungsanwärter wie auch für Versorgungsempfänger. Eine Vereinbarung ist folglich nicht abzuschließen.

38

---

38 BAG 23.8.1994, 3 AZR 825/93, EzA §3 BetrAVG Nr. 4 = DB 1995, 52; 18.12.1984, 3 AZR 125/84, EzA §17 BetrAVG Nr. 2 = BAGE 47, 355 = DB 1985, 1949; so auch OLG Frankfurt 22.2.2007, 16 U 197/06, BetrAV 2007, 283 zur heutigen Rechtslage.
39 BAG 20.11.2001, 3 AZR 28/01, EzA §3 BetrAVG Nr. 8 = DB 2002, 2333.

39 Versorgungsanwärter, die die **Beiträge zur gesetzlichen Rentenversicherung erstattet** erhalten haben und dies nachweisen, haben ein **einseitiges Abfindungsrecht**. Sie können vom Arbeitgeber eine Abfindung verlangen. Wegen der Einzelheiten hierzu wird auf Rdn. 66 f. verwiesen.

40 Damit kommen Abfindungsvereinbarungen nur noch bei aktiven Arbeitnehmern, mit vertraglich unverfallbarer Anwartschaft ausgeschiedenen Arbeitnehmern und bei Versorgungsempfängern mit einem Rentenbeginn vor dem 1.1.2005 in Betracht, für die § 3 BetrAVG nicht gilt.

II. Einseitiges Abfindungsrecht des Arbeitgebers

41 Der Arbeitgeber hat ein einseitiges Abfindungsrecht nach § 3 Abs. 2 BetrAVG, »wenn der Monatsbetrag der aus der Anwartschaft resultierenden laufenden Leistung bei Erreichen der vorgesehenen Altersgrenze 1 vom Hundert, bei Kapitalleistungen 12/10 der monatlichen Bezugsgröße nach § 18 SGB IV« nicht übersteigen würde. Ein Zustimmungserfordernis des Anwärters ist ausdrücklich ausgeschlossen. Der externe Versorgungsträger hat kein Abfindungsrecht. Will dieser abfinden, ist eine Vollmacht des Arbeitgebers erforderlich. Diese kann pauschal z. B. in einem Gruppenversicherungsvertrag eingeräumt werden. Dann ist sie nicht einzelfallbezogen einzuholen.

42 Darüber hinaus besteht ein einseitiges Abfindungsrecht für die Anwartschaft, die während eines Insolvenzverfahrens erdient worden ist. Voraussetzung ist, dass die Betriebstätigkeit vollständig eingestellt und das Unternehmen liquidiert wird.[40]

43 Besteht ein Abfindungsrecht, muss eine entsprechende Erklärung gegenüber dem Arbeitnehmer/Versorgungsempfänger abgegeben werden. Formvorschriften bestehen nicht. Es genügt, wenn die Erklärung mündlich erfolgt. Aus Beweisgründen ist eine schriftliche Erklärung anzuraten. Da einseitig ein Recht ausgeübt wird, sollte auch der Zugang der Erklärung nachweisbar sein.

44 Soweit ein Abfindungsrecht besteht, kann es jederzeit ausgeübt werden, also beim Ausscheiden, aber auch nach dem Ausscheiden. Zwischen dem Ausscheiden und der Abfindung kann ein längerer Zeitraum liegen.

---

40 BAG 22.12.2009, 3 AZR 814/07, EzA § 3 BetrAVG Nr 12 = DB 2010, 1018.

Kisters-Kölkes

1. Bei Erreichen der Altersgrenze maßgeblicher Monatsbetrag

Bei einem Versorgungsanwärter, der mit einer gesetzlich unverfallbaren 45
Anwartschaft ausgeschieden ist, ist nach § 2 BetrAVG der Betrag zu ermitteln,
der ihm als **Altersleistung** aufrechtzuerhalten ist. Dabei ist auf die Leistung
abzustellen, die ihm bei Erreichen der festen Altersgrenze/Regelaltersgrenze[41]
zusteht. Unerheblich ist, ob es sich um eine Rentenleistung oder eine Kapitalleistung oder um eine Leistung aus einem Auszahlungsplan handelt.

Wurde die betriebliche Altersversorgung über **mehrere Durchführungswege** 46
abgewickelt, ist auf den Gesamtwert der aufrechterhaltenen Altersanwart-
schaften abzustellen. Es kann also nicht für jeden Durchführungsweg § 3
BetrAVG einzeln angewandt werden. Dies gilt auch, wenn nebeneinander
Zusagen in einem Durchführungsweg erteilt wurden. Für jede Altersversorgung bei einem Arbeitgeber ist immer nur einmalig auf die 1 %-Grenze abzustellen. Dies gilt auch, wenn Renten- und Kapitalzusagen kombiniert wurden.
Es ist dann anteilig die jeweilige Grenze anzuwenden.[42]

Der Betrag, auf den es ankommt, ist bei einem Versorgungsanwärter der 47
Betrag, der ihm gem. § 2 Abs. 6 BetrAVG (bis zum 31.12.2004) oder gem.
§ 4a Abs. 1 Nr. 1 BetrAVG mitgeteilt wurde.

Übersteigt dieser Wert die 1 %-Grenze des § 3 Abs. 2 BetrAVG, ist eine Abfin- 48
dung nicht zulässig. Teilabfindungen sind unzulässig.

In den Fällen, in denen unterschiedliche feste Altersgrenzen für Männer und 49
Frauen verwendet werden, ist auf den Betrag abzustellen, der insgesamt im
Fall der Altersleistung dem männlichen Arbeitnehmer zusteht, auch wenn
zwischen der Vor- und der Nach-Barber-Zeit differenziert wurde.[43]

2. Leistungszusage, beitragsorientierte Leistungszusage

Bei einer unmittelbaren Leistungszusage ergibt sich die Höhe der aufrechtzu- 50
erhaltenden Versorgungsanwartschaft aus der gem. § 2 Abs. 1 BetrAVG quotierten Leistung. Bei einer beitragsorientierten Leistungszusage, die nach dem
31.12.2000 erteilt wurde, ergibt sich die Höhe aus § 2 Abs. 5a BetrAVG. Bei
Anwendung der versicherungsförmigen Lösung bei der Direktversicherung

---

41 BAG 15.5.2012, 3 AZR 11/10, EzA § 2 BetrAVG Nr. 33 = DB 2012, 1756.
42 *Schlewing/Henssler/Schipp/Schnitker* Teil 11 Rn. 52.
43 S. dazu § 6 Rdn. 41 ff.

oder bei der Pensionskasse ist auf den Wert der beitragsfreien Versicherung abzustellen. Für beitragsorientierte Leistungszusagen, die vor dem 1.1.2001 erteilt wurden, kommt das Quotierungsverfahren gem. § 2 Abs. 1 BetrAVG zur Anwendung, wenn keine Vereinbarung i. S. v. § 30g Abs. 1 BetrAVG vorliegt. Dies gilt über § 2 Abs. 4 BetrAVG entsprechend für die Unterstützungskasse.

51 Für die betriebliche Altersversorgung aus Entgeltumwandlung ist der Zusagezeitpunkt entscheidend. Für Zusagen vor dem 1.1.2002 ist das Quotierungsverfahren anzuwenden, für später erteilte Zusagen § 2 Abs. 5a BetrAVG.

3. Beitragszusage mit Mindestleistung

52 Seit dem 1.1.2002 kann in den Durchführungswegen Direktversicherung, Pensionskasse und Pensionsfonds die Beitragszusage mit Mindestleistung verwendet werden. Diese Zusagegestaltung unterscheidet sich von der herkömmlichen Leistungszusage, weil die Leistung nicht bereits in der Anwartschaftszeit bestimmt oder bestimmbar ist. Die Leistungshöhe wird erst bei Erreichen der Altersgrenze aus dem dann vorhandenen Kapital ermittelt.

53 Der Gesetzgeber hat es versäumt, für die neu geschaffene Beitragszusage mit Mindestleistung eine eigenständige Berechnungsvorschrift in § 3 BetrAVG aufzunehmen. Damit ist die Frage unbeantwortet, wie bei dieser Zusagegestaltung der bei Erreichen der vorgesehenen Altersgrenze maßgebliche Monatsbetrag der laufenden Versorgungsleistung bestimmt werden soll bzw. bestimmt werden kann.

54 Die Höhe der aufrechtzuerhaltenden Anwartschaft richtet sich nach § 2 Abs. 5b BetrAVG. Danach kann in der Anwartschaftszeit zwar die Mindestleistung und die Höhe der Altersleistung aus der Mindestleistung bestimmt werden, nicht aber die tatsächliche Leistung bei Erreichen der festen Altersgrenze, weil weder im Ausscheidezeitpunkt noch in einem späteren Zeitpunkt bis zum Eintritt des Versorgungsfalles Alter die Höhe des Zahlbetrages ermittelt werden kann, weil keiner die Wertentwicklung der Kapitalanlage vorhersehen kann.

55 Solange nicht geklärt ist, wie bei einer Beitragszusage mit Mindestleistung »der Monatsbetrag der aus der Anwartschaft resultierenden laufenden Leistung bei Erreichen der vorgesehenen Altersgrenze« zu ermitteln ist, sollte auf jedwede Abfindungszahlung verzichtet werden.

Kisters-Kölkes

4. 1% der monatlichen Bezugsgröße

Die monatliche Bezugsgröße ergibt sich aus §18 SGV IV. Im Jahr 2014   56
beträgt sie 27,65€ (West) bzw. 23,45€ (Ost) für eine Rentenzusage in der
Form der Leistungszusage oder beitragsorientierten Leistungszusage.[44] Die
monatliche Bezugsgröße wird jährlich neu festgesetzt.

Seit 2001 hat sich die monatliche Bezugsgröße wie folgt entwickelt: 57

Bezugsgröße nach §18 SGB IV (alte Bundesländer und West-Berlin)		
Jahr	**Monatlich**	**1%**
2001	2.290,59€	22,90€
2002	2.345,00€	23,45€
2003	2.380,00€	23,80€
2004	2.415,00€	24,15€
2005	2.415,00€	24,15€
2006	2.450,00€	24,50€
2007	2.450,00€	24,50€
2008	2.485,00€	24,85€
2009	2.520,00€	25,20€
2010	2.555,00€	25,55€
2011	2.555,00€	25,55€
2012	2.625,00€	26,25€
2013	2.695,00€	26,95€
2014	2.765,00€	27,65€

---

44 Für die einheitliche Anwendung der Bezugsgröße West *Blomeyer/Rolfs/Otto* §3
Rn. 48.

Bezugsgröße nach § 18 SGB IV (Neue Bundesländer und Ost-Berlin)		
Jahr	Monatlich	1 %
2001	1.932,68 €	19,32 €
2002	1.960,00 €	19,60 €
2003	1.995,00 €	19,95 €
2004	2.030,00 €	20,30 €
2005	2.030,00 €	20,30 €
2006	2.065,00 €	20,65 €
2007	2.100,00 €	21,00 €
2008	2.100,00 €	21,00 €
2009	2.135,00 €	21,35 €
2010	2.170,00 €	21,70 €
2011	2.170,00 €	21,70 €
2012	2.240,00 €	22,40 €
2013	2.275,00 €	22,75 €
2014	2.345,00 €	23,45 €

58 Es ist auf die monatliche Bezugsgröße abzustellen, die in dem Zeitpunkt gilt, in dem der Arbeitgeber von seinem Abfindungsrecht Gebrauch macht. Welche Bezugsgröße im Zeitpunkt des Ausscheidens maßgeblich war, ist ohne Bedeutung. Dies bedeutet, dass bei einer Versorgungsanwartschaft, die im Zeitpunkt des Ausscheidens die Bezugsgröße noch überstieg, später eine Abfindungszahlung zulässig werden kann, wenn im Laufe der Zeit die Bezugsgröße angestiegen ist und den Betrag übersteigt, der anlässlich des Ausscheidens nach § 2 Abs. 5 BetrAVG eingefroren wurde.[45] Denn in § 3 Abs. 2 S. 1 BetrAVG wird nur dieser Zeitpunkt und in § 3 Abs. 5 i. V. m. § 4 Abs. 5 BetrAVG der Abfindungswert im Zeitpunkt der Abfindungszahlung fixiert und vorgegeben, nicht dagegen der Zeitpunkt, der für das Überschreiten der 1 %-Grenze maßgeblich ist.

---

45 *Schlewing/Henssler/Schipp/Schnitker* Teil 11 Rn. 49.

Kisters-Kölkes

5. Bezugsgröße bei einer Kapitalzusage

Für Kapitalzusagen, die in der Form von Leistungszusagen oder beitragsorientierten Leistungszusagen erteilt werden, beträgt die Obergrenze für die Abfindungsmöglichkeit 12/10 der monatlichen Bezugsgröße gem. § 18 SGB IV. Dies sind im Jahr 2014 3.318 € (West) und 2.814,00 € (Ost). Folglich können Anwartschaften auf ein Alterskapital bis zu diesen Beträgen abgefunden werden.   59

Die Obergrenze hat sich in der Vergangenheit wie folgt entwickelt: 60

Bezugsgröße nach § 18 SGB IV		
(Alte Bundesländer und West-Berlin)		
Jahr	monatlich	12/10
2001	2.290,59 €	2.748,70 €
2002	2.345,00 €	2.814,00 €
2003	2.380,00 €	2.856,00 €
2004	2.415,00 €	2.898,00 €
2005	2.415,00 €	2.898,00 €
2006	2.450,00 €	2.940,00 €
2007	2.450,00 €	2.940,00 €
2008	2.485,00 €	2.982,00 €
2009	2.520,00 €	3.024,00 €
2010	2.555,00 €	3.066,00 €
2011	2.555,00 €	3.066,00 €
2012	2.625,00 €	3.150,00 €
2013	2.695,00 €	3.234,00 €
2014	2.765,00 €	3.318,00 €

Bezugsgröße nach § 18 SGB IV (Neue Bundesländer und Ost-Berlin)		
Jahr	Monatlich	12/10
2001	1.932,68 €	2.319,21 €
2002	1.960,00 €	2.352,00 €
2003	1.995,00 €	2.394,00 €
2004	2.030,00 €	2.436,00 €
2005	2.030,00 €	2.436,00 €
2006	2.065,00 €	2.478,00 €
2007	2.100,00 €	2.520,00 €
2008	2.100,00 €	2.520,00 €
2009	2.135,00 €	2.562,00 €
2010	2.170,00 €	2.604,00 €
2011	2.170,00 €	2.604,00 €
2012	2.240,00 €	2.688,00 €
2013	2.275,00 €	2.730,00 €
2014	2.345,00 €	2.814,00 €

6. Ausweis in einem Betrag

61 Nach § 3 Abs. 6 BetrAVG ist die Abfindung gesondert auszuweisen und einmalig zu zahlen. Werden anlässlich des Ausscheidens aus verschiedenen Rechtsgründen (z. B. Verlust des Arbeitsplatzes) weitere Abfindungsbeträge vereinbart, muss die Abfindung nach § 3 BetrAVG von diesen Beträgen getrennt ausgewiesen werden, damit der Arbeitnehmer die Reichweite dieser Erklärung erkennt.

7. Abfindung und versicherungsförmige Lösung

62 Nachdem der Gesetzgeber § 2 Abs. 2 BetrAVG um einen Satz 7 ergänzt hat, mit dem auch nach Ausübung der versicherungsförmigen Lösung im Rahmen des § 3 ein Abfindungsrecht besteht, hat der Arbeitgeber ein einseitiges

Abfindungsrecht, nicht der Versicherer.[46] Will dieser zur Verwaltungskostenersparnis das Abfindungsrecht ausüben, benötigt er hierzu eine Vollmacht des Arbeitgebers. Entsprechendes gilt für Pensionskassenzusagen.

III. Ausschluss des Abfindungsrechts beim Mitnahmeanspruch

Nach § 3 Abs. 2 S. 3 BetrAVG ist die Abfindung einer gesetzlich unverfallbaren Anwartschaft unzulässig, wenn der ausgeschiedene Arbeitnehmer von seinem **Recht auf Übertragung** der Anwartschaft auf einen neuen Arbeitgeber Gebrauch gemacht hat. Dies bedeutet, dass der Arbeitgeber sein Abfindungsrecht so lange nicht geltend machen kann, wie der Arbeitnehmer nach § 4 Abs. 3 BetrAVG die Möglichkeit hat, seinen Mitnahmeanspruch geltend zu machen.[47] Da sich der Arbeitnehmer innerhalb eines Jahres seit seinem Ausscheiden dazu entscheiden muss, ob er das Mitnahmerecht ausübt oder nicht, kann frühestens ein Jahr nach dem Ausscheiden mit einer gesetzlich unverfallbaren Anwartschaft eine Abfindung vorgenommen werden.[48] In den Fällen, in denen der ausgeschiedene Arbeitnehmer vor Ablauf der Jahresfrist unmissverständlich erklärt hat, dass er seinen Mitnahmeanspruch nicht geltend macht, sollte dennoch von einer Abfindungszahlung binnen der Jahresfrist Abstand genommen werden, da der Arbeitnehmer nicht auf sein Mitnahmerecht verzichten kann (§ 17 Abs. 3 S. 3 BetrAVG). Er kann mit anderen Worten trotz einer solchen Erklärung noch gegen Ende der Frist seine Entscheidung widerrufen. Dies hätte zur Konsequenz, dass die Abfindungszahlung unzulässig wird. Der Arbeitgeber, der schon eine Auszahlung des Abfindungsbetrages vorgenommen hätte, könnte wohl nur nach den Grundsätzen der ungerechtfertigten Bereicherung gem. §§ 812 ff. BGB eine Rückzahlung geltend machen. Dies wird häufig daran scheitern, dass der ehemalige Arbeitnehmer nicht mehr bereichert ist.

Nach § 4 Abs. 3 BetrAVG hat das Recht auf Übertragung nur ein Arbeitnehmer, der in den Durchführungswegen Pensionskasse, Pensionsfonds oder Direktversicherung ab dem 1.1.2005 eine Versorgungszusage erhalten hat

63

64

---

46 A. A. *Schlewing/Henssler/Schipp/Schnitker* Teil 11 Rn. 25.

47 Es gilt nicht das Windhundprinzip *Schlewing/Henssler/Schipp/Schnitker* Teil 11 Rn. 56.

48 A. A. *Blomeyer/Rolfs/Otto* § 3 Rn. 61, die von einer sofortigen Abfindungsmöglichkeit ausgehen und meinen, damit könne dem Übertragungsanspruch des Arbeitnehmers die Grundlage entzogen werden. Dies dürfte dem Wortlaut, aber auch dem Sinn und Zweck des Gesetzes widersprechen.

(§ 30b BetrAVG). Zudem darf der Übertragungswert die Jahres-Beitragsbemessungsgrenze in der allgemeinen Rentenversicherung nicht übersteigen.

65 Dies bedeutet, dass in den Durchführungswegen unmittelbare Versorgungszusage und Unterstützungskassenzusage das Abfindungsrecht gem. § 3 BetrAVG nicht ausgeschlossen ist, weil in diesen Durchführungswegen kein Mitnahmeanspruch nach § 4 Abs. 3 BetrAVG besteht. In diesen beiden Durchführungswegen kann deshalb auch bereits vor Ablauf eines Jahres eine Abfindung in den Grenzen von § 3 BetrAVG vorgenommen werden.

IV. Abfindungsrecht des Arbeitnehmers

1. Gesetzliche Neuregelung

66 Arbeitnehmer, die mit einer gesetzlich unverfallbaren Anwartschaft aus dem Arbeitsverhältnis ausgeschieden sind und denen die **Beiträge zur gesetzlichen Rentenversicherung erstattet** worden sind, haben unabhängig von der Höhe der aufrechtzuerhaltenden Anwartschaft nach § 3 Abs. 3 BetrAVG ein Abfindungsrecht. Damit entscheidet ausschließlich der Arbeitnehmer, ob er dieses Recht ausübt. Der Arbeitgeber, dem die Erstattung der Beiträge zur gesetzlichen Rentenversicherung nachgewiesen wird,[49] kann folglich nicht verhindern, dass bei ihm der Abfindungsanspruch geltend gemacht wird. Wird der Nachweis nicht erbracht, besteht kein Abfindungsrecht.

67 Da der Gesetzgeber für dieses Abfindungsrecht **keine Übergangsregelung** geschaffen hat, sind nicht nur Arbeitgeber diesem Abfindungsanspruch ausgesetzt, bei denen künftig Arbeitnehmer mit einer gesetzlich unverfallbaren Anwartschaft ausscheiden, sondern es sind auch solche Arbeitgeber betroffen, bei denen in der Vergangenheit ein Arbeitnehmer ausgeschieden ist. Dies bedeutet, dass selbst Arbeitnehmer den Abfindungsanspruch geltend machen können, die vor Jahren mit einer gesetzlich unverfallbaren Anwartschaft ausgeschieden sind, wenn ihnen die Beiträge zur gesetzlichen Rentenversicherung erstattet worden sind. Soweit Arbeitgeber in der Vergangenheit diesen ehemaligen Arbeitnehmern eine Abfindung verweigert haben, können sie sich diesem Begehren nicht mehr widersetzen. Zu beachten ist allerdings, dass nur der Anwärter und nicht der Versorgungsempfänger ein solches Abfindungsrecht hat. Ist aus einer Anwartschaft zwischenzeitlich ein Versorgungsanspruch entstanden, ist damit § 3 Abs. 3 BetrAVG nicht mehr anwendbar. Dies bedeutet,

---

49 *Schlewing/Henssler/Schipp/Schnitker* Teil 11 Rn. 66.

dass heute in vielen Fällen kein Abfindungsrecht mehr besteht, weil z. B. bei einem Ausscheiden in 1985 der Arbeitnehmer für die gesetzliche Unverfallbarkeit das Mindestalter von 35 Jahren erfüllen musste. Ist er mit 40 Jahren ausgeschieden, hat er bereits 2005 das Rentenalter erreicht.

2. Erstattung von Beiträgen der gesetzlichen Rentenversicherung

Durch das Gesetz zur Förderung der Rückkehrbereitschaft von Ausländern[50]   **68** wurde die Möglichkeit geschaffen, unabhängig von der Höhe der Versorgungsanwartschaft eine gesetzlich unverfallbare Anwartschaft – damals einvernehmlich – abzufinden, wenn die Beiträge zur gesetzlichen Rentenversicherung erstattet worden sind. Damit sollten Arbeitnehmer mit ausländischer Staatszugehörigkeit, die in ihre Heimatländer zurückkehren wollten, eine Kapitalisierungsmöglichkeit erhalten für ihre aus den eigenen Beiträgen finanzierten Anwartschaften aus der gesetzlichen Rentenversicherung und ihre betrieblichen Versorgungsanwartschaften.

V. Keine Abfindung bei Liquidation

Soll ein Unternehmen außerhalb eines Insolvenzverfahrens liquidiert werden,   **69** **gibt es keine besonderen Abfindungsmöglichkeiten.** Damit sind auch in dieser Situation nur in den Grenzen des § 3 BetrAVG Abfindungen zulässig. Wird die 1 %-Grenze überschritten, scheidet eine Abfindung aus.

Der Gesetzgeber hat mit Wirkung ab dem 1.1.1999 für die Aufgabe des   **70** Geschäftsbetriebes mit anschließender Liquidation in § 4 Abs. 4 BetrAVG die Möglichkeit geschaffen, auf vereinfachte Art und Weise eine schuldbefreiende Übernahme durch einen externen Versorgungsträger (Pensionskasse, Lebensversicherungsunternehmen, nicht Pensionsfonds) vorzunehmen. Der als Gegenleistung zu zahlende Einmalbeitrag ist höher als ein Abfindungsbetrag. Dies muss das Unternehmen in Kauf nehmen, wenn es sich von den Verpflichtungen befreien will. Um die steuerliche Belastung einzuschränken, wurde der Einmalbeitrag gem. § 3 Nr. 65 EStG lohnsteuerfrei gestellt mit der Konsequenz, dass erst bei Auszahlung der Versorgungsleistung diese nachgelagert zu versteuern ist.

---

50 V. 28.11.1983 BGBl. I S. 1377.

VI. Abfindung in der Insolvenz

71 Der Teil der Versorgungsanwartschaft, der **bis zur Eröffnung des Insolvenzverfahrens** erdient wurde, wird durch den PSVaG gesichert, wenn die Voraussetzungen hierfür erfüllt sind.[51] Ist im Zeitpunkt der Eröffnung des Insolvenzverfahrens das Arbeitsverhältnis bereits beendet und der Arbeitnehmer mit einer gesetzlich unverfallbaren Anwartschaft ausgeschieden, wird ausschließlich durch den PSVaG der gesetzliche Insolvenzschutz gewährleistet.

72 § 3 Abs. 4 BetrAVG ist von Bedeutung für die Arbeitnehmer, die **nach Eröffnung des Insolvenzverfahrens ihr Arbeitsverhältnis fortsetzen.** Bei diesen Arbeitnehmern ist zwischen dem Teil der Versorgungsanwartschaft, der vor der Eröffnung des Insolvenzverfahrens erdient wurde, und dem Teil der Versorgungsanwartschaft, der nach der Eröffnung des Insolvenzverfahrens (Insolvenzstichtag) erdient wurde, zu differenzieren. Der erste Teil wird durch den PSVaG gesichert. Für den Teil der Versorgungsanwartschaft, der nach dem Insolvenzstichtag erdient wird, sieht § 3 BetrAVG eine besondere Abfindungsmöglichkeit vor, um die Liquidation eines Unternehmens im Insolvenzverfahren zu erleichtern.[52] **Ohne die Zustimmung** des Arbeitnehmers kann der Teil abgefunden werden, der während des Insolvenzverfahrens erdient wurde, und zwar unabhängig von der Höhe der Anwartschaft.[53]

VII. Abfindung bei Versorgungsempfängern

1. Laufende Leistungen

73 Der Arbeitgeber hat bei laufenden Leistungen, für die der Anspruch nach dem 31.12.2004 entstanden ist, ein einseitiges Abfindungsrecht. Dies ergibt sich aus § 3 Abs. 2 S. 2 BetrAVG, wonach die Regelung des Satzes 1 entsprechend für eine Abfindung einer laufenden Leistung gilt. Dies bedeutet, dass der Arbeitgeber ohne Zustimmung des Versorgungsempfängers eine Abfindung vornehmen kann, wenn der Monatsbetrag der laufenden Leistung im Abfindungszeitpunkt 1 vom Hundert der Bezugsgröße nach § 18 SGB IV nicht übersteigt.

74 Insoweit ist Satz 1 in gewisser Weise zu modifizieren. Es kommt nicht darauf an, welche Leistung bei Erreichen der vorgesehenen Altersgrenze zu zahlen

---

51 S. dazu § 7 Rdn. 71 ff.
52 *Berenz* Gesetzesmaterialien BetrAVG § 3, S. 150.
53 BAG 22.12.2009, 3 AZR 814/07, EzA § 3 BetrAVG Nr. 12 = DB 2010, 1018.

Kisters-Kölkes

war, sondern es kann nach dem Sinn und Zweck des Gesetzes nur darauf ankommen, wie hoch die Leistung ist, die der Versorgungsempfänger tatsächlich bezieht. Es kommt auch nicht darauf an, ob eine Altersleistung bezogen wird. In Satz 1 wird deshalb auf die Altersleistung abgestellt, weil dies der einzige Zeitpunkt in der Anwartschaftszeit ist, auf den eine Versorgungsleistung immer berechnet werden kann. Vorzeitige Leistungen sind bei Anwärtern i. d. R. nicht bestimmbar. Diese Besonderheit bei Anwärtern kann bei Versorgungsempfängern unberücksichtigt bleiben. Folglich ist in den Grenzen des § 3 Abs. 2 S. 1 BetrAVG auch eine Invaliditäts-, Witwen-/Witwer- und auch eine Waisenleistung abfindbar. Auch die Altersleistung fällt unter den Anwendungsbereich des Gesetzes.

Die 1 %-Grenze ist im Zeitpunkt der Abfindung zu bestimmen. Übersteigt **75** die laufende Leistung den Grenzwert, besteht ein Abfindungsverbot. Dies gilt auch dann, wenn von einem Arbeitgeber oder dessen Versorgungsträger mehrere Renten an einen Versorgungsempfänger gezahlt werden. Diese sind zusammenzurechnen. Maßgeblich ist auch nicht die Ausgangsrente ohne zwischenzeitlich vorgenommene Anpassungen, sondern die tatsächlich gezahlte Rente.

Die in § 3 Abs. 2 S. 1 BetrAVG enthaltene Regelung, die sich auf Kapitalzusa- **76** gen bezieht, ist bei Versorgungsempfängern ohne Bedeutung. Kapitalleistungen fallen nicht unter den Anwendungsbereich des § 3 BetrAVG.

2. Abfindung in der Insolvenz

Die besondere Regelung für Abfindungszahlungen während eines Insolvenz- **77** verfahrens gilt nicht für Versorgungsempfänger. Sie ist nur auf Anwärter anzuwenden. Zum gesetzlichen Insolvenzschutz von Versorgungsempfängern wird auf die Ausführungen in § 7 verwiesen.

3. Keine Abfindung bei Liquidation

Auch für Versorgungsempfänger gibt es keine besondere Regelung für den **78** Fall, dass ein Unternehmen liquidiert wird. Auch bei einer Liquidation ist eine Abfindung von laufenden Leistungen nur in den Grenzen von § 3 BetrAVG möglich. Übersteigt die laufende Leistung die 1 %-Grenze, kommt folglich nur eine schuldbefreiende Übernahme nach § 4 Abs. 4 BetrAVG in Betracht, da diese Vorschrift auch laufende Leistungen der betrieblichen Altersversorgung umfasst.

4. Abfindungsvereinbarungen

79 Für laufende Leistungen, bei denen der Rentenbeginn vor dem 1.1.2005 liegt, kommen Abfindungsvereinbarungen in Betracht, da für diese § 3 BetrAVG nicht gilt. Die Vereinbarung setzt übereinstimmende Willenserklärungen zwischen dem Arbeitgeber und dem Versorgungsempfänger voraus. Die Zustimmung der Hinterbliebenen ist nicht erforderlich, da sie nur durch einen Vertrag zugunsten Dritter hinsichtlich der Hinterbliebenenleistung begünstigt und nicht selbst Vertragspartner sind.[54] Es kann jede laufende Leistung unabhängig von ihrer Höhe abgefunden werden. Bei einer Abfindungsvereinbarung sollte darauf geachtet werden, dass der Versorgungsempfänger am Fälligkeitsstichtag noch leben muss, weil ansonsten die vereinbarte Abfindung in den Nachlass fallen würde. Stirbt der Versorgungsempfänger, nachdem ihm ein Abfindungsangebot unterbreitet wurde, bevor er dieses angenommen hat, können seine Erben dieses nicht mehr annehmen, weil hierfür die Geschäftsgrundlage entfallen ist. Es kann dann den Hinterbliebenen kein neues Angebot bezogen auf ihre Leistungen unterbreitet werden (Ausnahme: im Rahmen der 1 %-Grenze), weil der Zahlungsbeginn für diese Renten immer nach dem 31.12.2004 liegt und damit das Abfindungsverbot greift.

80 Von einer einvernehmlichen Abfindung ist ein Vorbehalt zu unterscheiden, den der Arbeitgeber in die Versorgungszusage aufgenommen hat. Solche Vorbehalte verlieren wegen Verstoßes gegen § 3 Abs. 1 S. 2 BetrAVG ihre Wirkung, wenn ein Versorgungsempfänger nach dem 31.12.2004 die Versorgungsleistung auslöst. Soweit der Versorgungsanspruch vor dem 1.1.2005 entstanden ist, behält der Vorbehalt seine Bedeutung. Der Arbeitgeber kann einseitig eine Abfindung vornehmen. Damit wird bei diesen laufenden Leistungen eine Abfindung möglich, ohne dass der Versorgungsempfänger seine Zustimmung erteilen muss.

81 Abfindungsvorbehalte bei Versorgungsempfängern können jedoch steuerliche Probleme aufwerfen. Dabei kommt es auf die Formulierung des Vorbehalts an. Der BFH wertet einen Vorbehalt als steuerschädlich, wenn der Abfindungsbetrag, den der Arbeitgeber zahlen will, geringer ist als der Barwert der Verpflichtung. Dies hat er zumindest für einen Abfindungsvorbehalt bei einem Versorgungsanwärter entschieden.[55] Der BMF hat mit Schreiben vom

---

54 BAG 21.11.2000, 3 AZR 91/00, EzA § 1 BetrAVG Nr. 26 = DB 2001, 2455.
55 BFH 10.11.1998, I R 49/97, BFHE 187, 474 = DB 1999, 617 = BB 1998, 581; 28.4.2010, I R 78/08, BB 2010, 2167 = BetrAV 2010, 583.

6.4.2005 gefordert, dass Versorgungszusagen, die einen Abfindungsvorbehalt haben, bis zum 31.12.2005 an die steuerlichen Anforderungen angepasst wurden.[56]

VIII. Besonderheiten bei einzelnen Durchführungswegen

1. Unmittelbare Versorgungszusagen

Es ergeben sich keine Besonderheiten zu dem Vorstehenden. **82**

2. Unterstützungskasse

§ 3 BetrAVG ist uneingeschränkt auf Unterstützungskassenzusagen anzu- **83** wenden. Auf die Art und Weise, wie die Unterstützungskasse finanziert wird, kommt es nicht an. Insbesondere ist es bei rückgedeckten Unterstützungskassen nicht zulässig, beim Ausscheiden des Arbeitnehmers mit einer gesetzlich unverfallbaren Anwartschaft auf den Arbeitnehmer die von der Unterstützungskasse abgeschlossene Rückdeckungsversicherung zu übertragen. Eine solche Abtretung von Versicherungsansprüchen ist nur in den Grenzen des § 3 BetrAVG möglich,[57] wenn der Arbeitgeber – und nicht die Unterstützungskasse – von seinem Abfindungsrecht Gebrauch macht. Der Unterstützungskasse steht kein Abfindungsrecht zu. Nimmt sie eine Abfindung in den Grenzen des § 3 BetrAVG vor, ohne dass der Arbeitgeber dies veranlasst hat, ist der Arbeitgeber von seiner Verpflichtung nicht frei geworden,[58] es sei denn, die Unterstützungskasse hatte eine entsprechende Vollmacht des Arbeitgebers. Diese kann sie sich z.B. im Beitrittsvertrag, mit dem der Arbeitgeber zum Trägerunternehmen wird, generell für alle zulässigen Abfindungsfälle erteilen lassen.

Bei der 1%-Grenze bzw. der Obergrenze von 10/12 der Bezugsgröße kommt **84** es nicht auf den Wert der Rückdeckungsversicherung an, sondern auf den Wert der Altersanwartschaft bzw. des Versorgungsanspruchs.

3. Direktversicherung

Zur Abfindung bei Wahl der versicherungsförmigen Lösung vgl. § 2 Rdn. 169. **85**

---

56 IV B 2 – S. 2176 – 10/05, BStBl. I 2005, S. 619.
57 *Pophal* BetrAV 2003, 412.
58 A.A. wohl *Blomeyer/Rolfs/Otto* § 3 Rn. 66.

86 Soweit Direktversicherungen als Rentenversicherungen mit Kapitalwahlrecht ab dem 1.1.2005 abgeschlossen werden, ist zu beachten, dass für laufende Leistungen aus diesen Direktversicherungen immer das Abfindungsverbot des § 3 Abs. 2 S. 2 BetrAVG gilt. Ist der Anspruch auf eine laufende Leistung entstanden, kann folglich nur im Rahmen der 1 %-Grenze eine Abfindung vorgenommen werden. Dieses Abfindungsrecht ist von der Kapitaloption zu unterscheiden. Mit der Kapitaloption wird dem Arbeitnehmer das Recht eingeräumt, vor Fälligwerden der Versicherungsleistung statt einer Rentenzahlung eine einmalige Kapitalauszahlung zu wählen. Dieses Wahlrecht des Arbeitnehmers ist hinsichtlich der Altersleistung auszuüben, bevor die Altersgrenze nach Maßgabe des Versicherungsvertrages erreicht wird. Macht der Versorgungsanwärter von diesem Kapitalwahlrecht Gebrauch, entsteht zu keinem Zeitpunkt ein Anspruch auf eine laufende Leistung, sodass das Abfindungsverbot des § 3 BetrAVG nicht greifen kann.

87 Da eine Kapitaloption bei diesen Versicherungen auch ausgeübt werden kann, wenn eine Hinterbliebenenleistung versichert ist, ist hinsichtlich des Optionsrechts wie folgt zu differenzieren:

– Hat der versorgungsberechtigte Hinterbliebene ein solches Optionsrecht und übt er dieses innerhalb der ihm gesetzten Fristen aus, entsteht kein Anspruch auf eine laufende Leistung. Eine Kollision mit dem Abfindungsverbot des § 3 BetrAVG kann nicht eintreten.

– Wird die Option nicht oder nicht rechtzeitig ausgeübt, entsteht der Anspruch auf die laufende Leistung und es greift das Abfindungsverbot des § 3 BetrAVG.

88 Mit einer Abfindung der besonderen Art musste sich das BAG in einem Urteil vom 19.1.2010 auseinandersetzen. Der Arbeitgeber hatte den Direktversicherungsvertrag gekündigt und den Rückkaufswert erhalten. Anschließend wurde er insolvent. Der Arbeitnehmer verlangte vom PSVaG gesetzlichen Insolvenzschutz. Da im Zeitpunkt der Auszahlung des Rückkaufwertes bereits eine unverfallbare Anwartschaft bestand, dies der Versicherer aber nicht beachtet hatte, ist er gegenüber dem Arbeitnehmer nicht von seiner Leistungspflicht freigeworden. Er muss bei Eintritt des Versicherungsfalles die Versicherungsleistung erbringen. Gesetzlicher Insolvenzschutz besteht nicht.[59]

---

59 BAG 19.1.2010, 3 AZR 660/09, EzA § 7 BetrAVG Nr 75 = BB 2010, 243.

4. Pensionskasse

Bei einer Pensionskasse gelten im Wesentlichen dieselben Ausführungen wie bei einer Direktversicherung.[60] **89**

Sehen die Versicherungsbedingungen einer Pensionskasse vor, dass ein Teil des bei Eintritts des Versorgungsfalles vorhandenen Kapitals kapitalisiert wird (maximal 30 % des vorhandenen Kapitals), erstreckt sich nach dem diesseitigen Verständnis des § 3 BetrAVG das Abfindungsverbot nur auf den verrenteten Teil des vorhandenen Kapitals. Hinsichtlich des Betrages, der über die Teilkapitalisierung ausgezahlt wird, entsteht überhaupt kein Anspruch auf eine laufende Leistung, sodass dieser Betrag bei Anwendung der 1 %-Grenze nicht zu berücksichtigen ist. **90**

5. Pensionsfonds

Die Abfindung richtet sich nach den allgemeinen Grundsätzen. Sie ist nur in den Grenzen von § 3 BetrAVG zulässig. Da beim Pensionsfonds nunmehr auch Rentenzusagen mit einem Kapitalwahlrecht vorgesehen sein können (§ 112 Abs. 1 Satz 2 VAG) gelten die Ausführungen in Rdn. 86 entsprechend. **91**

E. Konsequenzen des Verstoßes gegen das Abfindungsverbot

I. Nichtigkeit

Ist gesetzwidrig eine Abfindung vorgenommen worden, ist die Maßnahme nichtig (§ 134 BGB). Die Verpflichtung des Arbeitgebers, die zugesagten Versorgungsleistungen zu erbringen, ist nicht untergegangen. **92**

Dabei ist ohne Bedeutung, ob der Arbeitgeber oder der externe Versorgungsträger das Abfindungsverbot missachtet hat. Der Arbeitgeber muss für ein Fehlverhalten seines Erfüllungsgehilfen einstehen. **93**

II. Rückzahlung des Abfindungsbetrages

Der Arbeitnehmer, der eine Abfindung zu Unrecht erhalten hat, ist nach den Grundsätzen der ungerechtfertigten Bereicherung verpflichtet, den Abfindungsbetrag an den Arbeitgeber zurückzuzahlen. § 817 Abs. 2 BGB schließt den Rückzahlungsanspruch nicht aus. Diese Vorschrift gilt für alle Bereicherungsansprüche, die auf einer rechtsgrundlosen Leistung beruhen. Es genügt, **94**

---

60 Zur Abfindung durch die Pensionskasse *Klein* FS Kemper, S. 258.

dass nur der Arbeitgeber als Leistender gegen ein gesetzliches Verbot verstoßen hat. Der Anwendungsbereich des § 817 Abs. 2 BGB wird jedoch durch den Schutzzweck des gesetzlichen Verbots begrenzt. Das betriebsrentenrechtliche Abfindungsverbot verlangt nicht, dass ein Arbeitnehmer den Versorgungsanspruch, der nicht untergegangen ist, zusätzlich zur Abfindung behält.[61] Ein Bereicherungsanspruch besteht aber nur dann, wenn beim Arbeitnehmer noch eine Bereicherung vorliegt.

III. Zu geringe Abfindung

95   Die Höhe der Abfindung ist in § 3 Abs. 5 BetrAVG vorgegeben. Wird gegen diese Vorschrift verstoßen und ein geringerer Abfindungsbetrag gezahlt, ist die Abfindung insgesamt unwirksam. Dies ergibt sich aus § 17 Abs. 3 S. 3 BetrAVG.

F. Höhe der Abfindung

96   Maßgeblich ist nach § 3 Abs. 5 BetrAVG ausschließlich der Übertragungswert, der in § 4 Abs. 5 BetrAVG definiert wird. Diese Berechnungsregel gilt gleichermaßen für gesetzlich unverfallbar ausgeschiedene Anwärter wie auch für Versorgungsempfänger. Hierzu wird auf die Ausführungen in § 4 Rdn. 105 ff. verwiesen.

G. Tarifverträge

97   Nach § 17 Abs. 3 S. 1 BetrAVG kann in Tarifverträgen von § 3 BetrAVG abgewichen werden. Dies bedeutet, dass die Tarifvertragsparteien die Abfindungsmöglichkeiten einschränken, aber auch erweitern können.

98   Besteht ausnahmsweise ein Tarifvertrag, in dem Abfindungsregelungen enthalten sind, muss anhand dieses Tarifvertrages geprüft werden, ob und inwieweit eine Abfindung dem Grunde und der Höhe nach zulässig ist. Anhand der tarifvertraglichen Regelung ist dann auch zu prüfen, ob gegen ein Abfindungsverbot verstoßen worden ist.

---

61 BAG 17.10.2000, 3 AZR 7/00, EzA § 3 BetrAVG Nr. 7 = DB 2001, 2201; *Blomeyer/Rolfs/Otto* § 3 Rn. 43.

H. Besonderheiten bei Betriebsvereinbarungen

Beruht die betriebliche Altersversorgung auf einer Betriebsvereinbarung, **99** kommt ein Verzicht bzw. Abfindung nur dann in Betracht, wenn im Einzelfall bei einem einzelnen Arbeitnehmer auf die Rechte aus der Betriebsvereinbarung gänzlich oder zum Teil verzichtet wird und dem einzelnen Arbeitnehmer hierfür eine Abfindung gezahlt werden soll. Eine solche Abfindung/ein solcher Verzicht ist nur mit **Zustimmung des Betriebsrates** möglich (§ 77 Abs. 4 BetrVG). Der Betriebsrat kann seine Zustimmung zum Verzicht formlos erteilen. Dabei muss er aber unmissverständlich zum Ausdruck bringen, dass er mit der Abfindung/dem Verzicht einverstanden ist. Es genügt nicht, dass der Betriebsrat sich aus der Angelegenheit heraushalten will und er lediglich eine neutrale Haltung einnimmt.[62]

Für die Zustimmung gelten die §§ 182 ff. BGB. Sie kann vorab als Einwilli- **100** gung (§ 182 BGB) oder nachträglich als Genehmigung (§ 184 BGB) erteilt werden. Sie kann mündlich oder stillschweigend erklärt werden. Die Erklärung muss lediglich eindeutig und nachweisbar sein.

Fehlt die Zustimmung des Betriebsrates, ist die Maßnahme unwirksam. Der **101** Arbeitgeber wird nicht von seinen Leistungspflichten frei.

J. Abfindungsvorbehalte

Abfindungsvorbehalte haben weitgehend ihre Bedeutung verloren. Es wird **102** deshalb auf die Vorauflagen verwiesen.

K. Steuerliche Folgen einer Abfindung

Bei einer unmittelbaren Versorgungszusage und bei einer Zusage auf Unter- **103** stützungskassenleistungen werden die ausgezahlten Versorgungsleistungen gem. § 19 EStG versteuert, und zwar zu dem Zeitpunkt, in dem die Auszahlung (Zufluss gem. § 11 EStG) erfolgt. Der Abfindungsbetrag erhöht das zu versteuernde Einkommen. Da es sich bei dem Abfindungsbetrag um eine einmalige Zahlung für eine mehrjährige Tätigkeit handelt, muss die steuerliche Progression durch die Anwendung von § 34 EStG gemindert werden.[63] Bei einer Abfindung in einem versicherungsförmigen Durchführungsweg hängt es von der Besteuerung in der Anwartschaftsphase ab, wie der ausgezahlte

---

62 BAG 3.6.1997, 3 AZR 25/96, EzA § 77 BetrVG 1972 Nr. 59 = DB 1998, 267.
63 Bei unmittelbaren Zusagen, Unterstützungskassenzusagen.

Kapitalbetrag zu versteuern ist. Würden die Beiträge pauschal versteuert oder voll aus versteuertem Einkommen gezahlt, ist der ausgezahlte Betrag steuerfrei. Es werden lediglich die Zinsen nach § 20 Abs. 1 Nr. 6 EStG versteuert. Waren die Beiträge steuerfrei, ist der Auszahlbetrag voll gem. § 22 Nr. 5 EStG zu versteuern. § 34 EStG ist nicht anwendbar.[64]

104 Auch wenn Sozialversicherungsabgaben nicht zum Steuerrecht gehören, ist ein Hinweis auf § 229 SGB V erlaubt. Dort ist geregelt, dass laufende Renten krankenversicherungspflichtig sind. Wird eine laufende Rente abgefunden, bleibt sie sozialversicherungspflichtig für 120 Monate. Die Beitragspflicht besteht für maximal 10 Jahre. Entsprechendes gilt für die gesetzliche Pflegeversicherung.

L. Organpersonen

105 Für Organpersonen ist § 3 BetrAVG dispositiv. Es kann mit ihnen abweichend von den genannten Grenzen eine Abfindung vereinbart werden.[65]

§ 4 Übertragung

(1) Unverfallbare Anwartschaften und laufende Leistungen dürfen nur unter den Voraussetzungen der folgenden Absätze übertragen werden.

(2) Nach Beendigung des Arbeitsverhältnisses kann im Einvernehmen des ehemaligen mit dem neuen Arbeitgeber sowie dem Arbeitnehmer
1. die Zusage vom neuen Arbeitgeber übernommen werden oder
2. der Wert der vom Arbeitnehmer erworbenen unverfallbaren Anwartschaft auf betriebliche Altersversorgung (Übertragungswert) auf den neuen Arbeitgeber übertragen werden, wenn dieser eine wertgleiche Zusage erteilt; für die neue Anwartschaft gelten die Regelungen über Entgeltumwandlung entsprechend.

(3) ¹Der Arbeitnehmer kann innerhalb eines Jahres nach Beendigung des Arbeitsverhältnisses von seinem ehemaligen Arbeitgeber verlangen, dass der Übertragungswert auf den neuen Arbeitgeber übertragen wird, wenn

---

64 BMF-Schreiben v. 24.7.2013, BStBl. I, S. 1022 ff., Rn. 373 (s. Anh. III).
65 BAG 21.4.2009, 3 AZR 285/07, EzA-SD 2009 Nr. 21 S. 9 = DB 2010, 2004; *Schlewing/Henssler/Schipp/Schnitker* Teil 11 Rn. 23.

1. die betriebliche Altersversorgung über einen Pensionsfonds, eine Pensionskasse oder eine Direktversicherung durchgeführt worden ist und
2. der Übertragungswert die Beitragsbemessungsgrenze in der allgemeinen Rentenversicherung nicht übersteigt.

[2]Der Anspruch richtet sich gegen den Versorgungsträger, wenn der ehemalige Arbeitgeber die versicherungsförmige Lösung nach § 2 Abs. 2 oder 3 gewählt hat oder soweit der Arbeitnehmer die Versicherung oder Versorgung mit eigenen Beiträgen fortgeführt hat. [3]Der neue Arbeitgeber ist verpflichtet, eine dem Übertragungswert wertgleiche Zusage zu erteilen und über einen Pensionsfonds, eine Pensionskasse oder eine Direktversicherung durchzuführen. [4]Für die neue Anwartschaft gelten die Regelungen über Entgeltumwandlung entsprechend.

(4) [1]Wird die Betriebstätigkeit eingestellt und das Unternehmen liquidiert, kann eine Zusage von einer Pensionskasse oder einem Unternehmen der Lebensversicherung ohne Zustimmung des Arbeitnehmers oder Versorgungsempfängers übernommen werden, wenn sichergestellt ist, dass die Überschussanteile ab Rentenbeginn entsprechend § 16 Abs. 3 Nr. 2 verwendet werden. [2]§ 2 Abs. 2 Satz 4 bis 6 gilt entsprechend.

(5) [1]Der Übertragungswert entspricht bei einer unmittelbar über den Arbeitgeber oder über eine Unterstützungskasse durchgeführten betrieblichen Altersversorgung dem Barwert der nach § 2 bemessenen künftigen Versorgungsleistung im Zeitpunkt der Übertragung; bei der Berechnung des Barwerts sind die Rechnungsgrundlagen sowie die anerkannten Regeln der Versicherungsmathematik maßgebend. [2]Soweit die betriebliche Altersversorgung über einen Pensionsfonds, eine Pensionskasse oder eine Direktversicherung durchgeführt worden ist, entspricht der Übertragungswert dem gebildeten Kapital im Zeitpunkt der Übertragung.

(6) Mit der vollständigen Übertragung des Übertragungswerts erlischt die Zusage des ehemaligen Arbeitgebers.

A. Gesetzliche Neuregelung

I. Portabilität

Mit dem Alterseinkünftegesetz[1] hat der Gesetzgeber die **Portabilität** erwor- **1** bener Versorgungsanwartschaften bei einem Arbeitgeberwechsel verbessern wollen. Dem einzelnen Arbeitnehmer soll mit dem sogen. Mitnahmeanspruch die Möglichkeit eröffnet werden, bei einem Arbeitgeberwechsel seine betriebliche Altersversorgung zum neuen Arbeitgeber mitzunehmen. Geänderte wirtschaftliche Rahmenbedingungen, die daraus resultierenden Erwerbsbiografien sowie den notwendigen Ausbau der zusätzlichen betrieblichen Altersversorgung führt der Gesetzgeber als Gründe für die Schaffung des Mitnahmeanspruchs an. Dieser ist in §4 Abs. 3 BetrAVG geregelt.

In §4 Abs. 1 BetrAVG wird der **persönliche Geltungsbereich** dieser Norm **2** festgelegt. Die Regeln zur Übertragung gelten für unverfallbare Anwartschaften und laufende Leistungen. Diese dürfen nur unter den Voraussetzungen des §4 BetrAVG übertragen werden. Für gesetzlich unverfallbare Anwartschaften gab es schon immer in §4 BetrAVG a. F. Einschränkungen zur Übernahme mit befreiender Wirkung. Laufende Leistungen wurden nicht im Gesetz angesprochen. Dennoch wurden sie nach der Rechtsprechung des BAG in analoger Anwendung von §4 BetrAVG erfasst.[2] Insoweit ist die Erweiterung des persönlichen Geltungsbereiches keine Neuregelung im eigentlichen Sinne.

In §4 Abs. 2 BetrAVG werden zwei unterschiedliche Fälle der **einvernehm-** **3** **lichen Übertragung** geregelt, wobei der Begriff der Übertragung der Oberbe-

---

1 Gesetz zur Neuordnung der einkommensteuerrechtlichen Behandlung von Altersvorsorgeaufwendungen und Altersbezügen (Alterseinkünftegesetz – AltEinkG) v. 5.7.2004 BGBl. I S. 1427.
2 BAG 26.6.1980, 3 AZR 156/79, EzA §4 BetrAVG Nr. 1 = DB 1980, 1641; 17.3.1987, 3 AZR 605/85, EzA §4 BetrAVG Nr. 3 = DB 1988, 122.

griff ist.[3] Er umfasst die Übertragung mit Übertragungswert und die schuldbefreiende Übernahme einer Versorgungszusage.

4 In § 4 Abs. 4 BetrAVG ist die schuldbefreiende Übertragung einer Versorgungszusage auf eine Pensionskasse oder auf ein Unternehmen der Lebensversicherung vorgesehen, wenn die Betriebstätigkeit eingestellt und das Unternehmen liquidiert wird.

5 Nur soweit § 4 BetrAVG Übertragungen zulässt, sind diese auch gestaltbar. Im Übrigen ist § 4 BetrAVG eine Verbotsnorm.[4] § 4 BetrAVG ist lex specialis im Verhältnis zu § 415 BGB.[5]

6 § 4 Abs. 5 BetrAVG regelt die Höhe des **Übertragungswertes**. Er wird definiert als der Barwert bei einer unmittelbaren Versorgungszusage und einer Unterstützungskassenzusage oder dem gebildeten Kapital bei den versicherungsförmigen Durchführungswegen.[6]

7 In § 4 Abs. 6 BetrAVG wird angeordnet, dass mit der vollständigen Übertragung des Übertragungswertes die Zusage des ehemaligen Arbeitgebers erlischt. Diese Vorschrift hat nur Bedeutung für die Übertragung nach § 4 Abs. 2 Nr. 2 BetrAVG und für den Mitnahmeanspruch nach Abs. 3, nicht für die Übernahme der Zusage nach Abs. 2 Nr. 1.

8 § 4 BetrAVG gilt für **alle Durchführungswege** der betrieblichen Altersversorgung. Ohne Bedeutung ist, ob die betriebliche Altersversorgung durch den Arbeitgeber oder ob sie durch eine Entgeltumwandlung finanziert wurde. Ohne Bedeutung ist auch, wann eine gesetzlich unverfallbare Anwartschaft entstanden ist und wann der Versorgungsfall eingetreten ist. Damit werden gleichermaßen Zusagen erfasst, die vor oder nach dem Inkrafttreten der Neuregelung erteilt wurden. Eine Einschränkung gibt es aber für den **Mitnahmeanspruch** gem. § 4 Abs. 3 BetrAVG. Er besteht nur für eine Versorgungszusage in den versicherungsförmigen Durchführungswegen, wenn die Zusage nach dem 31.12.2004 erteilt wurde oder erteilt wird (§ 30b BetrAVG).

---

3 BT-Drucks. 15/2150, S. 53.

4 *Langohr-Plato/Teslau* NZA 2004, 1301; *Förster/Cisch* BB 2004, 2126; *Langohr-Plato* Rechtshandbuch, Rn. 524.

5 BAG 24.02.2011, 6 AZR 626/09, EzA § 611 BGB 2002 Aufhebungsvertrag Nr 8 = DB 2011, 1456.

6 Direktversicherung, Pensionskasse, Pensionsfonds.

II. Keine Anwendung beim Betriebsübergang

Weil § 4 BetrAVG nur den Wechsel eines einzelnen Arbeitnehmers von seinem **9** alten Arbeitgeber zu einem neuen Arbeitgeber regelt, ist diese Vorschrift nicht anzuwenden bei einem Betriebsübergang nach § 613a BGB.[7] Entsprechendes gilt für den Übergang eines Arbeitsverhältnisses im Rahmen von § 324 UmwG. In diesen Fällen wird das Arbeitsverhältnis nicht beendet. Es wird vielmehr mit dem neuen Arbeitgeber fortgesetzt. Folglich kann § 4 BetrAVG nicht zur Anwendung kommen. § 4 BetrAVG ist auch nicht anwendbar, wenn über § 324 UmwG eine Rentnergesellschaft ausgegliedert wird.[8]

III. Keine Anwendung beim Wechsel des Durchführungsweges

§ 4 BetrAVG ist auch nicht anzuwenden bei einem Wechsel des Durchfüh- **10** rungsweges.[9] Der Wechsel des Durchführungsweges hat mit einem Wechsel des Arbeitgebers nichts zu tun. Beim Wechsel des Durchführungsweges[10] bleibt der Arbeitgeber aus dem Versorgungsverhältnis, das er selbst begründet hat, verpflichtet. Er schaltet lediglich einen externen Versorgungsträger ein, um nicht mehr selbst aus einer unmittelbaren Versorgungszusage die Leistungen erbringen zu müssen.

B. Übernahme der Zusage

Bei der einvernehmlichen Übertragung nach § 4 Abs. 2 BetrAVG ist zwischen **11** der einvernehmlichen **Übernahme einer Versorgungszusage** und der Zahlung eines **Übertragungswertes** unter gleichzeitiger Erteilung einer **neuen Versorgungszusage** zu unterscheiden. Mit der letztgenannten Übertragungsmöglichkeit kann bei einem Arbeitgeberwechsel der Wert der vom Arbeitnehmer beim alten Arbeitgeber erworbenen unverfallbaren Anwartschaft in einen Kapitalbetrag umgerechnet und dieser auf den neuen Arbeitgeber übertragen werden. Dies erleichtert die »Portabilität« (zur einvernehmlichen Übertragung mit Übertragungswert vgl. Rdn. 43 ff.).

Obwohl in § 4 Abs. 1 BetrAVG der Anwendungsbereich der Norm auf lau- **12** fende Leistungen erstreckt wird, kommt eine einvernehmliche Übertragung

---

7 BT-Drucks. 15/2150, S. 53.
8 BAG 11.3.2008, 3 AZR 358/06, EzA § 4 BetrAVG Nr. 7 = DB 2008, 2369.
9 BT-Drucks. 15/2150, S. 53.
10 *Reichenbach* FS Kemper, S. 370 ff.

nach § 4 Abs. 2 BetrAVG bei **laufenden Leistungen** schon deshalb nicht in Betracht, weil Versorgungsempfänger in aller Regel keinen neuen Arbeitgeber haben.[11] Bleiben Versorgungsempfänger nach Eintritt des Versorgungsfalles in einem geringfügigen Beschäftigungsverhältnis tätig, wird der »Arbeitnehmer« von der Rechtsprechung so behandelt, als sei er aus dem Erwerbsleben ausgeschieden.[12]

13 Folglich ist Abs. 2 nur anzuwenden, wenn ein Arbeitnehmer mit einer **gesetzlich unverfallbaren Anwartschaft** beim ehemaligen Arbeitgeber ausgeschieden ist. Nur dieser Arbeitnehmer kann bei einem neuen Arbeitgeber ein Arbeitsverhältnis begründen. Der neue Arbeitgeber ist erst dann in der Lage, die gesetzlich unverfallbare Anwartschaft vom Vorarbeitgeber zu übernehmen, wenn das Arbeitsverhältnis mit dem Arbeitnehmer rechtlich entstanden ist. Erst dann kann die Übertragung erfolgen. Erst dann kann der ehemalige Arbeitgeber von den Verpflichtungen aus der unverfallbaren Anwartschaft frei werden. Dies bedeutet, dass eine Übernahme der Zusage ein bereits beendetes Arbeitsverhältnis voraussetzt. Das Arbeitsverhältnis zum neuen Arbeitgeber muss im Übernahmezeitpunkt noch bestehen.[13]

I. Einvernehmen

14 Mit dem Einvernehmen, das zwischen dem ehemaligen Arbeitgeber, dem neuen Arbeitgeber und dem Arbeitnehmer bestehen muss, ist ein Vertrag gemeint, der zwischen den drei beteiligten Parteien abgeschlossen wird. Entscheidend ist, dass übereinstimmende Willenserklärungen vorliegen.

15 Das Gesetz gibt nicht vor, dass der Vertrag schriftlich zu fixieren ist. Er kann folglich auch mündlich abgeschlossen werden.[14] Aus Beweisgründen ist eine schriftliche Vereinbarung empfehlenswert, die alle drei Beteiligten unterzeichnen.

---

11 *Reichenbach* FS Kemper, S. 367.
12 BAG 18.3.2003, 3 AZR 313/02, EzA § 7 BetrAVG Nr. 68 = BB 2004, 269.
13 BAG 24.2.2011, 6 AZR 626/09, EzA § 611 BGB 2002 Aufhebungsvertrag Nr. 8 = BetrAV 2011, 568 = DB 2011, 1456.
14 BAG 24.2.2011, 6 AZR 626/09, EzA § 611 BGB 2002 Aufhebungsvertrag Nr. 8 = BetrAV 2011, 568 = DB 2011, 1456.

II. Fortführung der Zusage

Eine befreiende Übernahme der beim alten Arbeitgeber erteilten Versorgungs- 16
zusage setzt voraus, dass das von dem alten Arbeitgeber erteilte Versorgungsversprechen in vollem Umfang und unverändert vom neuen Arbeitgeber
übernommen wird. Der neue Arbeitgeber verpflichtet sich, die bestehende
Zusage nicht nur zu übernehmen, sondern auch fortzuführen.[15] Damit hat
er die Versorgungszusage so zu erfüllen, wie sie vom ehemaligen Arbeitgeber
erteilt worden ist. Für den Arbeitnehmer ändert sich nichts an seiner Versorgungssituation. Es wird lediglich der Schuldner ausgetauscht.[16] Weil sich in
vollem Umfang[17] der neue Arbeitgeber verpflichtet, die zugesagten Leistungen
zu erbringen, wird mit der Schuldübernahme der ehemalige Arbeitgeber von
allen Leistungspflichten freigestellt.

Es ist üblich, dass für die befreiende Schuldübernahme vom ehemaligen 17
Arbeitgeber an den neuen Arbeitgeber eine Zahlung erbracht wird. Diese
Gegenleistung ist aber nicht Wirksamkeitsvoraussetzung für die befreiende
Schuldübernahme. Auch dann, wenn keine Gegenleistung erbracht wird,
ist im Verhältnis zum Arbeitnehmer ausschließlich der neue Arbeitgeber zur
Leistung verpflichtet.[18]

Anders als in § 4 BetrAVG a. F. wird mit der Formulierung klargestellt, dass die 18
Zusage zu übernehmen ist, nicht nur die Verpflichtung, bei Eintritt des Versorgungsfalles Versorgungsleistungen aus einer unverfallbaren Anwartschaft
zu gewähren.[19] Auch wenn in der Gesetzesbegründung ausgeführt wird, in § 4
Abs. 2 Nr. 2 BetrAVG werde das bisher geltende Recht fortgeführt, muss dies
infrage gestellt werden. Denn § 4 BetrAVG a. F. regelte die Übernahme von
Leistungen aus einer Anwartschaft gem. § 2 BetrAVG, also aus der gesetzlich
unverfallbaren Anwartschaft. Folglich konnte nach diesseitigem Verständnis
auch nur die festgeschriebene Anwartschaft übernommen werden, ohne dass
die Zusage fortgeführt werden musste. Dies dürfte aufgrund der Neufassung

---

15 A. A. *Förster/Cisch* BB 2004, 2127; *Höfer* BetrAVG, Rn. 3686.15 ff. zu § 4; *Reinsch/
    Novara/Stratmann* NZA 2011, 10.

16 *Schlewing/Henssler/Schipp/Schnitker* Teil 12 Rn. 116.

17 Zum Irrtum beim Verpflichtungsumfang *Rolfs* NZA 2005, 745.

18 *Cisch* DB, Beil. 3/2005, 13; *Förster/Cisch* BB 2004, 2129; a. A. *Rolfs* NZA 2005,
    745.

19 S. hierzu 2. Aufl., § 4 Rn. 4 ff.

künftig nicht mehr möglich sein.[20] Von der Übernahme der Zusage ist die Frage zu unterscheiden, ob vor oder nach der Übernahme eine Änderung des Zusageinhalts möglich ist.[21] Eine Veränderung ist nach den allgemein geltenden Regeln zulässig, wenn der betroffene ehemalige Arbeitnehmer hierzu sein Einverständnis erteilt. In einem fortgeführten Arbeitsverhältnis hätten auch die Änderungsmöglichkeiten bestanden. Die Veränderungssperre des § 2 Abs. 5 BetrAVG steht dem nicht entgegen, denn es geht nicht darum, den Arbeitnehmer vor aufgedrängten Änderungen zu schützen. Er behält seine Zusage und dokumentiert durch sein Einverständnis, dass die geänderte Zusage auf den neuen Arbeitgeber übertragen wird. Wird eine Abänderung erst beim neuen Arbeitgeber vorgenommen, steht dem § 4 BetrAVG nicht entgegen. Die Übernahme der Zusage ist erfolgt. Die übernommene Zusage kann wie jede andere Zusage nach den allgemein geltenden Regeln abgeändert werden.

19 Zum gesetzlichen Insolvenzschutz in den ersten beiden Jahren nach Übernahme vgl. § 7 Rdn. 176 ff.[22]

III. Alle Durchführungswege

20 § 4 Abs. 2 Nr. 1 BetrAVG kommt in allen Durchführungswegen zur Anwendung. Wurde beim ehemaligen Arbeitgeber die betriebliche Altersversorgung über einen externen Versorgungsträger abgewickelt, ist an der einvernehmlichen Übernahme der Zusage nur der ehemalige Arbeitgeber beteiligt, nicht der externe Versorgungsträger. Entsprechendes gilt, wenn der neue Arbeitgeber nach Übernahme der Zusage diese über einen externen Versorgungsträger erfüllen lassen will. Auch beim neuen Arbeitgeber ist der externe Versorgungsträger an dem eigentlichen Übernahmeakt nicht beteiligt.

1. Unmittelbare Versorgungszusage

21 Hatte der ehemalige Arbeitgeber dem Arbeitnehmer eine unmittelbare Versorgungszusage erteilt, geht diese Verpflichtung auf den neuen Arbeitgeber aufgrund der Übernahmevereinbarung über, unabhängig davon, ob dieser anschließend einen externen Versorgungsträger mit der Umsetzung beauf-

---

20 A. A. *Förster/Cisch* BB 2004, 2127; *Bode/Obenberger* Rn. 271.
21 Hierzu auch *Förster/Cisch* BB 2004, 2126.
22 *Berenz* FS Kemper, S. 21.

tragt. Schaltet dieser einen externen Versorgungsträger ein,[23] ist die Übernahme der Zusage mit einem Wechsel des Durchführungsweges in diesem konkreten Einzelfall verbunden. Der externe Versorgungsträger muss inhaltlich die Zusage fortführen.[24]

Mit der schuldbefreienden Übernahme der Zusage durch den neuen Arbeitgeber wird der ehemalige Arbeitgeber von seinen Leistungspflichten frei. Eine in der **Handelsbilanz** gebildete Rückstellung ist gem. § 249 Abs. 3 HGB aufzulösen. Auch in der **Steuerbilanz** wird die gem. § 6a EStG gebildete Pensionsrückstellung aufgelöst. Es entsteht beim ehemaligen Arbeitgeber ein Ertrag, der möglicherweise dadurch kompensiert wird, dass dieser an den neuen Arbeitgeber einen »Übernahmepreis« zahlt. 22

Beim neuen Arbeitgeber entsteht mit der Zahlung eines »Übernahmepreises« eine Betriebseinnahme, die dadurch kompensiert werden kann, dass gem. § 249 HGB in der Handelsbilanz und gem. § 6a EStG in der Steuerbilanz eine Pensionsrückstellung gebildet wird.[25] Wird anschließend der Durchführungsweg gewechselt, wird die Rückstellung wieder aufgelöst. 23

2. Unterstützungskassenzusage

Hatte der ehemalige Arbeitgeber dem Arbeitnehmer mittels einer Unterstützungskasse eine betriebliche Altersversorgung zugesagt, kann durch den neuen Arbeitgeber diese Zusage übernommen werden, indem er eine unmittelbare Versorgungszusage erteilt oder indem er Trägerunternehmen derselben Unterstützungskasse wird. Dies ist i. d. R. nur bei Gruppenunterstützungskassen möglich. Der Arbeitnehmer scheidet dann aus dem Kreis der Begünstigten des ehemaligen Arbeitgebers aus und wird in den Kreis der Begünstigten des neuen Arbeitgebers aufgenommen. Ist ein solches vereinfachtes Verfahren nicht möglich, weil der neue Arbeitgeber nicht Trägerunternehmen der bisher zuständigen Unterstützungskasse werden kann oder werden will, sollte sich der ehemalige Arbeitgeber vor Abschluss der Übernahmevereinbarung mit seiner Unterstützungskasse in Verbindung setzen, um abzuklären, ob er das für diesen ehemaligen Arbeitnehmer angesammelte Vermögen ausgezahlt 24

---

23 *Langohr-Plato* Rechtshandbuch, Rn. 526.
24 *Schnitker/Grau* NJW 2005, 11; a. A. *Cisch* DB Beil. 3/2005, 13; *Langohr-Plato/Teslau* NZA 2004, 1301.
25 Vgl. hierzu auch R 6a (13) EStR.

bekommt. Dem könnten steuerrechtliche Restriktionen, die die Unterstützungskasse zu beachten hat, entgegenstehen.

25 Es werden aber nicht nur »Werte« umgebucht, sondern entscheidend ist, dass die Zusage durch den neuen Arbeitgeber übernommen wird. Geht die arbeitsrechtliche Verpflichtung des ehemaligen Arbeitgebers über das Deckungsverhältnis, welches über die Unterstützungskasse besteht, hinaus, richtet sich mit der Übernahme der Zusage ein etwaiger Auffüllanspruch gegen den neuen Arbeitgeber. Dieser kann sich z. B. aus einer Verletzung des Gleichbehandlungs- oder Gleichberechtigungsgrundsatzes ergeben. Möglicherweise hat aber auch der ehemalige Arbeitgeber aus dem arbeitsrechtlichen Grundverhältnis bei der Entgeltumwandlung seine Verpflichtung zur Verschaffung einer wertgleichen Versorgungsanwartschaft nicht erfüllt.

3. Direktversicherung

26 Hat der ehemalige Arbeitgeber dem Arbeitnehmer mittels einer Direktversicherung Leistungen der betrieblichen Altersversorgung zugesagt, kann beim neuen Arbeitgeber diese Direktversicherungszusage nach befreiender Übernahme fortgeführt werden. Dabei ist mit Übernahme der Zusage sowohl die Übernahme aus dem arbeitsrechtlichen Valutaverhältnis, als auch die Übernahme des Versicherungsverhältnisses gemeint. Ergeben sich aus dem arbeitsrechtlichen Grundverhältnis Verpflichtungen, die nicht durch das Versicherungsverhältnis abgedeckt sind, muss der neue Arbeitgeber auch hierfür einstehen.[26] Solche Einstandspflichten können sich aus der Verletzung des Gleichbehandlungs- oder Gleichberechtigungsgrundsatzes ergeben. Eine über das Versicherungsverhältnis hinausgehende Einstandspflicht ist bei einer betrieblichen Altersversorgung aus Entgeltumwandlung auch dann möglich, wenn der ehemalige Arbeitgeber dem Arbeitnehmer keine wertgleiche betriebliche Altersversorgung gem. § 1 Abs. 2 Nr. 3 BetrAVG verschafft hat. Diese Verpflichtung aus dem arbeitsrechtlichen Grundverhältnis übernimmt der neue Arbeitgeber mit der Übernahme der Zusage, d. h., er muss für eventuelle Defizite unmittelbar eintreten.

27 Die Übernahme der Zusage erfolgt, indem der neue Arbeitgeber Versicherungsnehmer der Direktversicherung wird und zusätzlich in das arbeitsrechtliche Grundverhältnis einsteigt. Diese Übernahme der Zusage ist von einer schlichten Fortführung einer bestehenden Direktversicherung zu

---

26 *Rolfs* NZA 2005, 745, kommt zu einer gesamtschuldnerischen Haftung.

Kisters-Kölkes

unterscheiden. Diese liegt dann vor, wenn sich der neue Arbeitgeber lediglich verpflichtet, ab einem Stichtag (z.B. Beginn des Arbeitsverhältnisses, nach Ablauf der Probezeit) Beiträge an den Versicherer zu zahlen und lediglich mit Wirkung für die Zukunft im Rahmen der arbeitsrechtlichen Vereinbarung Versicherungsnehmer wird (auf versicherungsrechtlicher Ebene wird er in vollem Umfang Versicherungsnehmer, da das Versicherungsverhältnis als solches nicht gespalten wird). Häufig hat dann der ehemalige Arbeitgeber von der versicherungsförmigen Lösung Gebrauch gemacht, die Versicherungs-nehmerstellung auf den ehemaligen Arbeitnehmer übertragen und dieser hat ggf. die Versicherung für einen Übergangszeitraum mit eigenen Beiträgen fortgeführt. Diese Vorgehensweise liegt im Interesse des Arbeitnehmers, weil dadurch vermieden wird, dass die Versicherung beitragsfrei gestellt und eine neue Versicherung beim neuen Arbeitgeber abzuschließen ist. Der bestehende Versicherungsschutz bleibt erhalten. Der Arbeitnehmer kann z.B. auch wei-terhin § 40b EStG a.F. nutzen.[27] Eine solche Vorgehensweise fällt nicht unter § 4 Abs.2 Nr.1 BetrAVG,[28] zum einen, weil der ehemalige Arbeitgeber an dem Vorgang nicht beteiligt ist, aber auch, weil der neue Arbeitgeber eine bestehende Direktversicherung nicht einschließlich der Verpflichtungen aus dem arbeitsrechtlichen Grundverhältnis übernehmen will. Es wird lediglich der schon bestehende Versicherungsvertrag genutzt, um einen Neuabschluss zu vermeiden und dem Arbeitnehmer nicht nur die steuerliche Förderung zu erhalten, sondern auch einen besseren Garantiezins, den schon bestehenden Schutz bei **Berufsunfähigkeit** etc.

Die bloße Fortführung des bestehenden Versicherungsvertrages ohne Über- **28** nahme der Zusage wirft jedoch die Frage auf, ob der neue Arbeitgeber damit das Risiko eingeht, gegen den Gleichberechtigungsgrundsatz zu verstoßen, wenn er in dem neuen Arbeitsverhältnis einen Bisex-Tarif fortführt. Unter-schiedliche Versicherungstarife für Männer und Frauen waren in der Zeit vor dem 21.12.2012 auch in der betrieblichen Altersversorgung üblich. Mit der Entscheidung des EuGH vom 1.3.2011[29] zu privaten Lebensversicherungen und der gesetzlichen Neuregelung in § 33 Abs.5 AGG ist für die betrieb-liche Altersversorgung zu klären, ob für Direktversicherungen, die ab dem 21.12.2012 abgeschlossen werden, auch Unisex-Tarife zu verwenden sind, also für neue Zusagen identische Tarife für Männer und Frauen verwendet

---

27 BMF-Schreiben v. 24.7.2013, BStBl. I, S. 1022 ff., Rn. 356 ff. (s. Anh. III).
28 *Schlewing/Henssler/Schipp/Schnitker* Teil 12 Rn. 115.
29 C-236/09, EzA Richtlinie 2004/113 EG-Vertrag 1999 Nr. 1 = BetrAV 2011, 168.

werden müssen. Auch wenn dies noch nicht höchstgerichtlich entschieden ist, neigt die herrschende Meinung in der Literatur[30] hierzu. Hierfür spricht auch Art. 23 der Europäischen Grundrechtecharta. Wenn aber bei neuen Zusagen Unisex-Tarife geboten sind, würde der Arbeitgeber, der den bisherigen Versicherungsvertrag weiterverwendet, diesem Gebot nicht nachkommen und damit das Risiko tragen, dass später einmal ein benachteiligter Arbeitnehmer höhere Leistungen begehrt. Dieses Risiko würde nicht bestehen, wenn auch mit befreiender Wirkung die arbeitsrechtliche Zusage übernommen wird. Dies setzt dann aber voraus, dass der alte Arbeitgeber beteiligt wird. Dieser kann allerdings bereits bei Abschluss des Versicherungsvertrages sein Einverständnis erklären. Wurde eine Direktversicherung abgeschlossen, die eine solche vorweggegebene Einverständniserklärung nicht vorsieht, muss das Einverständnis nachträglich eingeholt werden.

29 Unabhängig davon, ob der neue Arbeitgeber die Zusage übernimmt oder lediglich mit Wirkung für die Zukunft Versicherungsnehmer wird, kann der Versicherer nicht verlangen, dass mit der Vertragsübernahme der Inhalt des Versicherungsvertrages abgeändert wird. Bereits mit Abschluss des Versicherungsvertrages beim ehemaligen Arbeitgeber wird ein möglicher Wechsel in der Stellung des Versicherungsnehmers vorprogrammiert, sodass der Versicherer bei Vertragsübernahme seine Zustimmung nicht nach freiem Belieben von einer Vertragsänderung abhängig machen kann. Der Versicherer kann seine Zustimmung nur versagen, wenn sie in erheblichem Umfang seine eigenen Interessen beeinträchtigen würde. Eine solche Beeinträchtigung liegt nicht vor, wenn vor dem 1.1.2002 eine fondsgebundene Lebensversicherung abgeschlossen wurde und der Versicherungsnehmerwechsel nach dem 31.12.2001 erfolgte. In diesem Fall kann der Versicherer nicht verlangen, dass der neue Arbeitgeber anerkennt, dass eine Beitragszusage mit Mindestleistung vorliegt.[31]

30 Das zwischen den Versicherungsgesellschaften abgeschlossene Übertragungsabkommen[32] lässt offen, welche Art einer Übertragung dem Versichererwechsel zugrunde liegt. Die Art der Übertragung/Übernahme ist auf arbeitsrechtlicher Grundlage zu vereinbaren.

---

30 Statt vieler *Raulf* BetrAV 2012, 641.
31 OLG Karlsruhe 17.2.2006, 12 U 246/05, NZA-RR 2006, 318 = NJW-RR 2006, 817.
32 www.GDV.de. Hierzu auch *Blumenstein* BetrAV 2006, 252.

Kisters-Kölkes

4. Pensionskasse

Die Ausführungen zur Direktversicherung gelten entsprechend. Allerdings ist 31
eine Übernahme der Versicherung unter Fortführung der Zusage in der Regel
nur dann möglich, wenn der neue Arbeitgeber Trägerunternehmen derselben
Pensionskasse ist oder wird.

Deckungslücken, für die der neue Arbeitgeber einstehen muss, können sich 32
aus der Verletzung des Gleichberechtigungsgrundsatzes ergeben. Enthält z.B.
eine Pensionskassensatzung eine geschlechtsdiskriminierende Regelung, richtet sich der Anspruch auf Gleichbehandlung mit der nicht diskriminierten
Personengruppe unmittelbar gegen die Pensionskasse, aber auch gegen den
Arbeitgeber.[33] Auch für die Pensionskasse gilt, dass der neue Arbeitgeber nicht
zwingend die bestehende Zusage übernehmen muss, er auch die Möglichkeit hat, die bestehende Versicherung aus Praktikabilitätsgründen zu nutzen.
Soweit Pensionskassen dem Übertragungsabkommen beigetreten sind, kann
auch dieses angewandt werden. Auch bei Pensionskassen stellt sich die Frage
nach der Anwendung von Unisex-Tarifen.

5. Pensionsfonds

Auch dann, wenn der ehemalige Arbeitgeber die betriebliche Altersversorgung 33
über einen Pensionsfonds abgewickelt hat, kommt eine befreiende Übernahme der Zusage in Betracht. Der neue Arbeitgeber kann die zugesagten
Leistungen unmittelbar übernehmen, er kann aber auch Trägerunternehmen
des Pensionsfonds werden. Im Übrigen gelten die Ausführungen zur Direktversicherung entsprechend, wobei der Begriff Versicherung durch den Begriff
Versorgung zu ersetzen ist. Da zwischenzeitlich das Übertragungsabkommen
für Pensionsfonds erweitert wurde, kann auch diese Form der Übertragung
genutzt werden.

IV. Alle Zusagearten

In §4 Abs.2 Nr.1 BetrAVG wird nicht nach Zusagearten differenziert. Folg- 34
lich ist diese Vorschrift auf alle Zusagearten anzuwenden.

---

33 BAG 7.9.2004, 3 AZR 550/03, EzA Art. 141 EG-Vertrag 1999 Nr. 16 = DB 2005,
  507.

1. Leistungszusage

35 Hatte der ehemalige Arbeitgeber oder Versorgungsträger dem Arbeitnehmer eine Leistungszusage erteilt, wird diese vom neuen Arbeitgeber übernommen.

2. Beitragsorientierte Leistungszusage

36 Die vom ehemaligen Arbeitgeber dem Arbeitnehmer erteilte beitragsorientierte Leistungszusage wird vom neuen Arbeitgeber ebenfalls übernommen. Ergibt sich der Wert der Leistungen unmittelbar aus einer Fondsanlage oder aus einer Rückdeckungsversicherung, müssen auch die Versorgungsmittel übertragen werden, damit der neue Arbeitgeber in der Lage ist, uneingeschränkt das Leistungsversprechen zu erfüllen.

3. Beitragszusage mit Mindestleistung

37 Auch eine Beitragszusage mit Mindestleistung kann mit befreiender Wirkung durch den neuen Arbeitgeber vom ehemaligen Arbeitgeber übernommen werden. Da die Beitragszusage mit Mindestleistung nur in den externen Durchführungswegen Pensionskasse, Direktversicherung und Pensionsfonds umgesetzt werden kann, muss er Versicherungsnehmer oder Trägerunternehmen werden.

V. Auswirkungen beim Arbeitnehmer

38 Die Übernahme der Zusage durch den neuen Arbeitgeber hat keinerlei Einfluss auf das Versorgungsverhältnis. Die Unverfallbarkeitsfristen laufen durch (§ 1b Abs. 1 S. 5 BetrAVG: Übernahme durch eine andere Person). An der Versorgungshöhe ändert sich nichts. Auch Wartezeiten sind so zu behandeln, als habe keine Übernahme stattgefunden.[34]

VI. Zeitlicher Geltungsbereich

39 Eine Übernahme nach § 4 Abs. 2 Nr. 1 BetrAVG ist ohne zeitliche Einschränkung möglich. So kann nach dieser Vorschrift auch eine gesetzlich unverfallbare Anwartschaft übernommen werden, die vor dem 1.1.2005 entstanden ist. Diese Vorschrift ist auch anzuwenden bei Arbeitnehmern, die nach dem 31.12.2004 mit einer gesetzlich unverfallbaren Anwartschaft bei einem Arbeitgeber ausscheiden.

---

34 Zu den steuerlichen Folgen s. Rdn. 41 f.

Ohne Bedeutung ist auch, welcher Zeitraum zwischen dem Ausscheiden beim 40
ehemaligen Arbeitgeber und der Begründung eines Arbeitsverhältnisses beim
neuen Arbeitgeber liegt. Eine Übernahme der Zusage ist auch möglich, wenn
zwischenzeitlich ein anderes Arbeitsverhältnis begründet wurde. Entscheidend ist alleine, dass im Zeitpunkt der Übernahme ein Arbeitsverhältnis beim
neuen Arbeitgeber besteht.

VII. Keine steuerliche Flankierung

In § 3 Nr. 55 EStG ist geregelt, in welchem Umfang die arbeitsrechtliche Por- 41
tabilität steuerlich flankiert wird. Da diese Vorschrift nur in den Fällen des
§ 4 Abs. 2 Nr. 2 und Abs. 3 BetrAVG zur Anwendung kommt, ist für die einvernehmliche Übernahme der Zusage keine steuerliche Flankierung gegeben.

Das BMF geht davon aus, dass eine steuerliche Flankierung nicht erforderlich 42
ist, weil die Übernahme der Zusage – unabhängig vom Durchführungsweg –
kein steuerlich relevanter Vorgang ist, weil ein Schuldnerwechsel stattfindet.[35]

C. Übertragungswert und Neuzusage

Mit § 4 Abs. 2 Nr. 2 BetrAVG hat der Gesetzgeber mit Wirkung ab dem 43
1.1.2005 eine **neue Übertragungsmöglichkeit** geschaffen. Diese entspricht
praktischen Bedürfnissen.[36] Der Vorteil besteht darin, dass der neue Arbeitgeber nicht die Zusage des alten Arbeitgebers übernimmt, sondern er den
Übertragungswert in das bei ihm bestehende Versorgungssystem einbringen
kann, sodass er nicht aus unterschiedlichen Zusageinhalten verpflichtet ist.

Übertragen werden können nach dieser Vorschrift **unverfallbare Anwartschaf-** 44
ten aus **allen Durchführungswegen**, unabhängig davon, ob die Anwartschaft
vor oder nach dem 1.1.2005 gesetzlich unverfallbar wurde, wie sie finanziert
(arbeitgeberfinanziert, Entgeltumwandlung, mischfinanziert) wurde und ob
zwischenzeitlich zu einem anderen Arbeitgeber ein Arbeitsverhältnis bestanden hat.

Die Übertragung setzt ein **Einvernehmen** zwischen dem ehemaligen Arbeit- 45
geber, dem neuen Arbeitgeber und dem Arbeitnehmer voraus. Hierzu wird

---

35 BMF-Schreiben v. 24.7.2013, BStBl. I, S. 1022 ff., Rn. 323 (s. Anh. III); zum
   Abkommen zur Übertragung von Direktversicherungen *Niermann/Risthaus* DB
   Beil. 2/2005, 66.
36 BT-Drucks. 15/2150, S. 53; *Neise* FS Kemper, S. 334.

auf Rdn. 14 f. verwiesen. Das Einvernehmen erstreckt sich auf die Zahlung des Übertragungswertes und die Erteilung einer neuen Zusage mit der Folge der Enthaftung des ehemaligen Arbeitgebers gem. § 4 Abs. 6 BetrAVG.[37] Eine einvernehmliche Übertragung ohne Zahlung eines Übertragungswertes ist nach dem eindeutigen Wortlaut des Gesetzes ausgeschlossen.[38]

I. Wert der erworbenen Anwartschaft

46 Beim ehemaligen Arbeitgeber ist der Wert der vom Arbeitnehmer **erworbenen unverfallbaren Anwartschaft** zu ermitteln. Bei dem Wert handelt es sich um einen bezifferbaren Kapitalbetrag, der **Übertragungswert** genannt wird. Nach der Gesetzesbegründung bedarf es einer Umrechnung in einen bezifferbaren Betrag nicht, wenn sich der dem Arbeitnehmer zustehende Kapitalbetrag ohne Weiteres aus einem Kapitalkonto ergibt.[39]

47 Die Höhe des Übertragungswertes wird in § 4 Abs. 5 BetrAVG vorgegeben. Wegen der Einzelheiten wird auf Rdn. 105 ff. verwiesen.

II. Wertgleiche Zusage des neuen Arbeitgebers

48 Der Übertragungswert, der an den neuen Arbeitgeber gezahlt wird, muss von diesem dazu verwendet werden, dem Arbeitnehmer eine **wertgleiche Zusage** zu erteilen. Aus der Begründung des Gesetzes ergibt sich, dass die Wertgleichheit am Übertragungswert zu messen ist. Der neue Arbeitgeber habe dem Arbeitnehmer eine dem Übertragungswert wertgleiche Zusage zu geben.[40] Damit wird an eine solche Zusage der gleiche Maßstab angelegt, wie bei einer Zusage aus Entgeltumwandlung.[41]

49 Die Zusage, die der neue Arbeitgeber erteilt, begründet eine **neue Anwartschaft**. Es findet, anders als bei der Übernahme der Zusage, kein Schuldnerwechsel statt.[42] Es handelt sich um eine Neuzusage. Diese neue Zusage kann

---

37 Zur aufschiebenden Bedingung hinsichtlich der Zahlung des Übertragungswertes *Schnitker/Grau* NJW 2005, 11; zum Irrtum bzgl. des Übertragungswertes *Rolfs* NZA 2005, 745.
38 A.A. *Höfer* DB 2004, 1427.
39 BT-Drucks. 15/2150, S. 53.
40 BT-Drucks. 15/2150, S. 53.
41 § 1 Abs. 2 Nr. 3 BetrAVG, hierzu auch § 1 Rdn. 490 ff.
42 *Reichel/Volk* DB 2005, 887; a.A. *Höfer* DB 2004, 1427.

als Leistungszusage, beitragsorientierte Leistungszusage und auch als Beitragszusage mit Mindestleistung (bei Direktversicherung, Pensionskasse, Pensionsfonds) ausgestaltet sein. Es kann auch ein Wechsel des Durchführungsweges vorgenommen werden. Die alte Zusage des ehemaligen Arbeitgebers ist nicht nachzubilden. Sie verliert ihre Identität.[43] Vor nachteiligen Veränderungen im Zusageinhalt bzw. im Durchführungsweg ist der Arbeitnehmer geschützt, weil er der Übertragung zustimmen muss. Zudem muss der neue Arbeitgeber für die Wertgleichheit einstehen. Die Wertgleichheit stellt auf die Gesamtheit der Leistungen ab.[44] Auf diese Neuzusage sind die Regelungen über Entgeltumwandlung entsprechend anzuwenden. Dies bedeutet, dass die Leistungen aus dieser Zusage sofort kraft Gesetzes unverfallbar sind und dass bei einer versicherungsförmigen Umsetzung die Voraussetzungen nach § 1b Abs. 5 BetrAVG erfüllt werden müssen. Auch ist nach § 16 Abs. 5 BetrAVG die Anpassung zu regeln.

Wird beim neuen Arbeitgeber ein externer Versorgungsträger mit der Umsetzung der wertgleichen Zusage beauftragt, kann der Übertragungswert vom Versorgungsträger des alten auf den Versorgungsträger des neuen Arbeitgebers unmittelbar überwiesen werden.[45] Bei den versicherungsförmigen Durchführungswegen sollte im Einzelnen geprüft werden, ob die Auflösung eines bestehenden Vertrages und der Abschluss eines neuen Vertrages wirklich für den Arbeitnehmer günstig ist. In aller Regel dürfte die in Rdn. 27 angesprochene Fortführung des bestehenden Vertrages die bessere Lösung sein.   **50**

Der gesetzliche Insolvenzschutz richtet sich nach § 7 Abs. 5 S. 3 Nr. 2 BetrAVG. Dies bedeutet, dass in den ersten beiden Jahren nach Übertragung Insolvenzschutz nur insoweit besteht, wie der Übertragungswert die Jahres-Beitragsbemessungsgrenze in der allgemeinen Rentenversicherung nicht übersteigt. Wurde ein höherer Betrag als Übertragungswert gem. § 4 Abs. 5 BetrAVG gezahlt, kann diesbezüglich in den ersten beiden Jahren nur ein vertraglicher Insolvenzschutz herbeigeführt werden.[46]   **51**

---

43 *Reichel/Volk* DB 2005, 887; *Langohr-Plato/Teslau* NZA 2004, 1354; *Förster/Cisch* BB 2004, 2127; *Höfer* DB 2004, 1427.
44 *Förster/Cisch* BB 2004, 2130.
45 BT-Drucks. 15/2150, S. 53.
46 BT-Drucks. 15/2150, S. 54; § 7 Rn. 174 ff.

III. Erlöschen der Zusage

52 Der Übertragungswert wird an den neuen Arbeitgeber gezahlt. Mit der vollständigen Übertragung des Übertragungswertes erlischt gem. § 4 Abs. 6 BetrAVG die Zusage des ehemaligen Arbeitgebers. Dieser wird von allen Leistungspflichten frei.[47] Wird der Übertragungswert nicht oder nicht vollständig gezahlt, wird der ehemalige Arbeitgeber nicht frei.[48]

IV. Steuerliche Flankierung

1. Versicherungsförmige Durchführungswege

53 Wird eine einvernehmliche Übertragung gem. § 4 Abs. 2 Nr. 2 BetrAVG vorgenommen, wird die Auszahlung des Übertragungswertes nach § 3 Nr. 55 EStG lohnsteuerfrei gestellt. Es findet in Höhe des Übertragungswertes gem. § 4 Abs. 5 BetrAVG kein steuerlicher Zufluss statt. Voraussetzung ist, dass die neue Zusage beim neuen Arbeitgeber ebenfalls in den Durchführungswegen Direktversicherung, Pensionskasse oder Pensionsfonds umgesetzt wird. Es ist nicht erforderlich, dass beide Arbeitgeber denselben Durchführungsweg gewählt haben.[49]

54 Eine Übertragung des Übertragungswertes in die Durchführungswege unmittelbare Versorgungszusage oder Unterstützungskasse wird nicht steuerfrei gestellt. »Überkreuzübertragungen« sind steuerlich nicht gefördert.

55 Die nach Eintritt des Versorgungsfalls ausgezahlten Versorgungsleistungen werden in voller Höhe gem. § 22 Nr. 5 EStG beim Versorgungsempfänger besteuert.

2. Unterstützungskasse

56 Der Betrag (Übertragungswert gem. § 4 Abs. 5 BetrAVG), der bei einer einvernehmlichen Übertragung von einer Unterstützungskasse oder vom Arbeitgeber an eine Unterstützungskasse gezahlt wird, ist ebenfalls gem. § 3 Nr. 55 EStG lohnsteuerfrei. Ein Zufluss (§ 11 EStG) findet beim Arbeitnehmer nicht statt. Zu beachten ist aber, dass an eine Unterstützungskasse keine Einmal-

---

47 Zur Frage, wann eine vollständige Übertragung des Übertragungswertes vorliegt, auch *Rolfs* NZA 2005, 745.
48 A.A. entgegen dem klaren Wortlaut des Gesetzes *Höfer* DB 2004, 1426.
49 BMF-Schreiben v. 24.7.2013, BStBl. I, S. 1022 ff., Rn. 323 ff. (s. Anh. III).

beiträge gezahlt werden können (§4d EStG). Die Steuerfreiheit besteht auch dann, wenn eine Unterstützungskassenzusage in eine Direktzusage überführt wird.

Die späteren Auszahlungen der Versorgungsleistungen werden in voller Höhe gem. §19 EStG durch den Versorgungsempfänger versteuert. **57**

3. Unmittelbare Versorgungszusage

Wird eine unmittelbare Versorgungszusage des alten Arbeitgebers gem. §4 Abs. 2 Nr. 2 BetrAVG in eine Neuzusage beim neuen Arbeitgeber überführt, ist der Übertragungswert gem. §4 Abs. 5 BetrAVG gem. §3 Abs. 55 EStG lohnsteuerfrei. **58**

Die späteren Auszahlungen im Versorgungsfall werden gem. §19 EStG voll vom Versorgungsempfänger versteuert. **59**

D. Mitnahmeanspruch (Portabilität)

In §4 Abs. 3 BetrAVG wurde ein neuer Mitnahmeanspruch[50] für die Arbeitnehmer geschaffen. Diese Vorschrift gibt dem Arbeitnehmer ein **Recht auf Übertragung**. Dies ist die eigentliche »Portabilität«, weil der Arbeitnehmer einseitig ein Verlangen ausüben kann. Der Arbeitgeber kann diesen Mitnahmeanspruch nicht verhindern oder beeinflussen. Die Entscheidungsfreiheit liegt ausschließlich beim Arbeitnehmer.[51] **60**

Jede Vereinbarung, egal ob sie mit dem ehemaligen oder mit dem neuen Arbeitgeber getroffen wird, die den Arbeitnehmer in seinen Mitnahmemöglichkeiten einschränken würde, wäre unwirksam, da zum Nachteil des Arbeitnehmers nicht von den gesetzlichen Bestimmungen abgewichen werden darf (§17 Abs. 3 S. 3 BetrAVG). **61**

I. Zusagen ab 1.1.2005

Nach §30b BetrAVG ist §4 Abs. 3 BetrAVG nur auf Zusagen anzuwenden, die nach dem 31.12.2004 erteilt wurden oder erteilt werden. Damit besteht kein Mitnahmeanspruch für solche Versorgungszusagen, die vor dem 1.1.2005 erteilt worden sind. **62**

---

50 *Rürup* FS Kemper, S. 403.
51 A. A. *Schnitker/Grau* NJW 2005, 12.

63 Für vor dem 1.1.2005 erteilte Versorgungszusagen besteht auch dann kein Mitnahmeanspruch, wenn die betriebliche Altersversorgung durch Entgeltumwandlung finanziert wurde. Es kommt nur eine einvernehmliche Übertragung in Betracht.

II. Unverfallbare Anwartschaft

64 Nur Arbeitnehmer, die mit einer **gesetzlich unverfallbaren Anwartschaft** beim ehemaligen Arbeitgeber ausscheiden, haben einen Mitnahmeanspruch. Bei vertraglich unverfallbaren Anwartschaften besteht folglich kein Mitnahmerecht.

65 Ohne Bedeutung ist, welche Zusageart der unverfallbaren Anwartschaft zugrunde liegt. Es kann eine Leistungszusage, eine beitragsorientierte Leistungszusage und eine Beitragszusage mit Mindestleistung mitgenommen werden.

66 Die Höhe der unverfallbaren Leistung und damit des Mitnahmeanspruchs richtet sich nach § 2 BetrAVG, wobei bei der beitragsorientierten Leistungszusage und bei der Zusage aus Entgeltumwandlung immer § 2 Abs. 5a BetrAVG zur Anwendung kommt.

III. Durchführungswege

67 Ein Mitnahmeanspruch besteht nur dann, wenn die betriebliche Altersversorgung beim ehemaligen Arbeitgeber in den Durchführungswegen **Pensionsfonds, Pensionskasse** oder **Direktversicherung** durchgeführt worden ist.[52] Ohne Bedeutung ist, ob der Versorgungszusage eine Entgeltumwandlung zugrunde liegt oder ob der Arbeitgeber die betriebliche Altersversorgung finanziert hat.

68 Kein Mitnahmeanspruch besteht in den Durchführungswegen **Direktzusage** und **Unterstützungskassenzusage**. Auch wenn in diesen beiden Durchführungswegen die betriebliche Altersversorgung über Entgeltumwandlung finanziert wurde, kann der Arbeitnehmer sie beim Arbeitgeberwechsel nicht mitnehmen. Ausweislich der Gesetzbegründung sind diese beiden Durchführungswege von dem Mitnahmeanspruch ausgeschlossen, weil die Unternehmen nicht gezwungen werden sollen, die im Unternehmen gebundenen Rückstellungen beim Ausscheiden der Arbeitnehmer vorzeitig zu kapitali-

---

52 Zur Kombination von Durchführungswegen *Klein* FS Kemper, S. 263 f.

Kisters-Kölkes

sieren. Auch wenn diese Begründung nur auf die Direktzusage zutrifft, hat der Gesetzgeber auch die Unterstützungskassenzusagen von der Portabilität ausgeschlossen, weil z. B. bei einer reservepolsterfinanzierten Unterstützungskasse in der Kasse kein Kapital vorhanden ist, was übertragen werden könnte. Folglich müsste der ehemalige Arbeitgeber für die Liquidität eintreten. Dies soll vermieden werden. Folglich kann in diesen beiden Durchführungswegen nur im Einvernehmen nach § 4 Abs. 2 Nr. 1 oder Nr. 2 BetrAVG eine Portabilität herbeigeführt werden.

IV. Übertragungswert und Beitragsbemessungsgrenze

Ein Mitnahmeanspruch besteht nur dann, wenn der Übertragungswert die Beitragsbemessungsgrenze in der **allgemeinen Rentenversicherung** nicht übersteigt.[53] Damit ist die Beitragsbemessungsgrenze gemeint, die im Jahr der Übertragung maßgeblich ist. Gemeint ist die Jahresbeitragsbemessungsgrenze.   **69**

Ausweislich der Gesetzesbegründung soll nicht zwischen der Beitragsbemessungsgrenze West und der Beitragsbemessungsgrenze Ost unterschieden werden.[54] Dies wird im Wortlaut des Gesetzes allerdings nicht zum Ausdruck gebracht.[55]   **70**

Übersteigt der Übertragungswert die Beitragsbemessungsgrenze, besteht überhaupt kein Mitnahmeanspruch.[56] Es gilt das »Alles-oder-Nichts-Prinzip«. Ein Mitnahmeanspruch, der teilweise geltend gemacht würde, würde dem Grundgedanken der Portabilität widersprechen, da es Sinn und Zweck des Gesetzes ist, Anwartschaften zu bündeln. Würde ein Teilanspruch beim ehemaligen Arbeitgeber bestehen bleiben, würde dieses Ziel nicht erreicht.   **71**

V. Jahresfrist

Der Mitnahmeanspruch kann nur innerhalb einer Einjahresfrist nach dem Ausscheiden aus dem Arbeitsverhältnis beim ehemaligen Arbeitgeber geltend gemacht werden. Die Frist wird nach dem § 187 ff. BGB berechnet. Fristbeginn ist der Tag nach dem Ausscheiden aus dem Arbeitsverhältnis. Zu berück-   **72**

---

53 Zum Überforderungsschutz *Cisch* DB Beil. 3/2005, 15; *Förster/Cisch* BB 2004, 2128.

54 BT-Drucks. 15/2150, S. 53.

55 Nur Beitragsbemessungsgrenze West: *Langohr-Plato/Teslau* NZA 2004, 1354.

56 BT-Drucks. 15/2150, S. 53.

sichtigen ist, dass der Arbeitnehmer die Frist voll ausschöpfen kann und der Arbeitgeber in den Grenzen des § 3 BetrAVG ein Abfindungsrecht nur hat, wenn der Arbeitnehmer seinen Mitnahmeanspruch nicht geltend macht.

73 Die Frist ist auf den Tag genau einzuhalten, und zwar unabhängig davon, ob der Arbeitnehmer einen neuen Arbeitgeber gefunden hat.[57] Wird das Recht auf Übertragung des Übertragungswertes verspätet geltend gemacht, besteht kein Mitnahmeanspruch.[58] Nach Fristablauf kommt nur eine einvernehmliche Übertragung nach § 4 Abs. 2 Nr. 1 oder Nr. 2 BetrAVG in Betracht. Auch hat der Arbeitgeber nach Fristablauf das Recht zur Abfindung, wenn nach § 3 BetrAVG eine solche zulässig ist.

VI. Verlangen

74 Der Arbeitnehmer muss den Mitnahmeanspruch durch eine **ausdrückliche Erklärung** geltend machen. Er muss aktiv tätig werden, in dem er die Mitnahme vom ehemaligen Arbeitgeber verlangt. Die Ausübung des Rechts führt dazu, dass der ehemalige Arbeitgeber verpflichtet ist, den gem. § 4 Abs. 5 BetrAVG ermittelten Übertragungswert an den neuen Arbeitgeber oder dessen Versorgungsträger zu zahlen. Mit der vollständigen Übertragung des Übertragungswertes erlischt dann die Zusage des ehemaligen Arbeitgebers (§ 4 Abs. 6 BetrAVG). Er wird von seinen Leistungspflichten frei. Wird der Übertragungswert nicht oder nicht vollständig gezahlt, wird der ehemalige Arbeitgeber nicht frei.

75 Das Verlangen ist an keine Form gebunden. Eine mündliche Erklärung reicht aus. Aus Beweisgründen sollte eine schriftliche Erklärung abgegeben und auch dokumentiert werden, dass dieses Schriftstück beim ehemaligen Arbeitgeber eingegangen ist.

76 Hat der ehemalige Arbeitgeber in den Durchführungswegen **Direktversicherung** oder **Pensionskasse** von seinem Recht Gebrauch gemacht, den ehemaligen Arbeitnehmer auf die **versicherungsförmige Lösung** zu verweisen, richtet sich der Anspruch auf Auszahlung des Übertragungswertes unmittelbar gegen den Versorgungsträger des ehemaligen Arbeitgebers. Dabei kann der Gesetzbegründung nicht gefolgt werden, dass der Mitnahmeanspruch ins Leere liefe, wenn der ehemalige Arbeitgeber von der versicherungsförmigen

---

57 *Schnitker/Grau* NJW 2005, 12; *Schlewing/Henssler/Schipp/Schnitker* Teil 12 Rn. 176.
58 *Reinsch/Novara/Stratmann* NZA 2011, 10.

Lösung Gebrauch gemacht habe. Es wird verkannt, dass beim Verweis auf die versicherungsförmige Lösung nicht notwendigerweise der Arbeitnehmer Versicherungsnehmer werden muss und mit der versicherungsförmigen Lösung das arbeitsrechtliche Grundverhältnis nicht untergeht. Es entspricht aber praktischen Bedürfnissen, dem Arbeitnehmer gegenüber dem Versorgungsträger unmittelbar das Recht einzuräumen, die Auszahlung des Übertragungswertes zu verlangen, damit dieser nicht den »Umweg« über den ehemaligen Arbeitgeber gehen muss.

Ein unmittelbarer Anspruch gegenüber dem Versorgungsträger besteht auch 77 dann, wenn der Arbeitnehmer nach dem Ausscheiden aus dem Arbeitsverhältnis die Versicherung oder Versorgung **mit eigenen Beiträgen** fortgeführt hat. Da eine Fortführung der Versicherung oder Versorgung in allen drei versicherungsförmigen Durchführungswegen möglich ist, richtet sich dieser Anspruch nicht nur gegen eine Pensionskasse oder ein Lebensversicherungsunternehmen, sondern auch gegen den Pensionsfonds.

Macht der Arbeitnehmer von seinem Mitnahmerecht Gebrauch, ist ein Abfin- 78 dungsrecht des Arbeitgebers ausgeschlossen (§ 3 Abs. 2 BetrAVG).

VII. Verpflichtung des neuen Arbeitgebers

Nach § 4 Abs. 3 S. 3 BetrAVG ist der neue Arbeitgeber verpflichtet, dem 79 Arbeitnehmer eine **neue Versorgungszusage** zu erteilen. Diese Versorgungszusage muss in den Durchführungswegen **Pensionsfonds, Pensionskasse** oder **Direktversicherung** umgesetzt werden. Eine Direktzusage oder eine Unterstützungskassenzusage ist ausgeschlossen.

Der neue Arbeitgeber bestimmt den Durchführungsweg und den Inhalt der 80 Versorgungszusage.[59] Er kann eine Leistungszusage, beitragsorientierte Leistungszusage oder auch eine Beitragszusage mit Mindestleistung vorgeben. Die einzige gesetzliche Vorgabe, die er beachten muss, ist die Wertgleichheit.

Damit werden solche Arbeitgeber, die ihre betriebliche Altersversorgung über 81 eine Direktzusage oder Unterstützungskassenzusage bisher abgewickelt haben, vom Gesetzgeber gezwungen, einen weiteren versicherungsförmigen Durchführungsweg dann zur Verfügung zu stellen, wenn der erste neue Arbeitnehmer seinen Mitnahmeanspruch geltend macht. Da dieser nicht abbedungen

---

59 *Cisch* DB Beil. 3/2005, 15; *Schnitker/Grau* NJW 2005, 12; *Reichel/Volk* DB 2005, 888; *Langohr-Plato/Teslau* NZA 2004, 1355.

werden kann, kann sich der neue Arbeitgeber der Umsetzung eines weiteren Durchführungsweges nicht entziehen.

82 Die neue Versorgungszusage muss dem Übertragungswert gem. § 4 Abs. 5 BetrAVG entsprechen. Sie muss **wertgleich** sein.[60] Wann eine wertgleiche Versorgungszusage vorliegt, werden die Gerichte zu entscheiden haben.

83 Für die neue Versorgungszusage gelten die Regelungen über die **Entgeltumwandlung** entsprechend. Die neue Zusage ist sofort kraft Gesetzes unverfallbar. Dem Arbeitnehmer ist ein unwiderrufliches Bezugsrecht oder ein Rechtsanspruch einzuräumen. Alle Überschussanteile oder Erträge sind zur Erhöhung der Leistung zu verwenden. Verfügungsmöglichkeiten durch den Arbeitgeber sind ausgeschlossen (§ 1b Abs. 5 BetrAVG). Für die Anpassung ist § 16 Abs. 5 BetrAVG zu beachten.

84 Der gesetzliche **Insolvenzschutz** richtet sich nach § 7 Abs. 5 S. 3 Nr. 2 BetrAVG. Dies bedeutet, dass in den ersten beiden Jahren nach Übertragung Insolvenzschutz nur insoweit besteht, wie der Übertragungswert die Jahres-Beitragsbemessungsgrenze in der allgemeinen Rentenversicherung nicht übersteigt. Wurde ein höherer Betrag als Übertragungswert gem. § 4 Abs. 5 BetrAVG gezahlt, kann diesbezüglich in den ersten beiden Jahren nur ein vertraglicher Insolvenzschutz herbeigeführt werden.[61]

VIII. Steuerliche Flankierung

85 Nach § 3 Nr. 55 EStG ist die Auszahlung des Übertragungswertes steuerfrei. Es findet beim Arbeitnehmer kein steuerlicher Zufluss statt.

86 Die späteren Zahlungen nach Eintritt des Versorgungsfalles werden so behandelt, als habe keine Übertragung stattgefunden. Es bleibt bei der Besteuerung nach § 22 Nr. 5 EStG. Die Auszahlungen sind nachgelagert in voller Höhe zu versteuern.

E. Einstellung der Betriebstätigkeit und Liquidation

I. Zeitlicher Geltungsbereich

87 Mit Wirkung ab dem 1.1.1999 war in § 4 Abs. 3 BetrAVG a. F. eine besondere Regelung aufgenommen worden, die es ermöglichte, anlässlich des Einstellens

---

60 Hierzu auch § 1 Rdn. 490 ff.
61 BT-Drucks. 15/2150, S. 54; § 7 Rdn. 177 ff.

der Betriebstätigkeit und anschließender Liquidation des Unternehmens auf vereinfachtem Wege eine Übertragung vorzunehmen. Diese Regelung ist in § 4 Abs. 4 BetrAVG enthalten.

§ 4 Abs. 4 BetrAVG ist auf alle Übertragungen anzuwenden, die ab dem 1.1.2005 anlässlich einer Liquidation erfolgen. Die Vorschrift gilt für alle Durchführungswege. **88**

II. Einstellen der Betriebstätigkeit und Liquidation

Ein Einstellen der Betriebstätigkeit liegt vor, wenn der Arbeitgeber seine bisherigen gewerblichen oder freiberuflichen Aktivitäten nicht mehr fortsetzt. Der Grund, warum die Betriebstätigkeit eingestellt wird, ist ohne Bedeutung. **89**

Die Einstellung der Betriebstätigkeit führt dazu, dass die aktiven Arbeitnehmer, die noch in einem Arbeitsverhältnis stehen, aus dem Unternehmen ausscheiden. **90**

Es richtet sich nach der Rechtsform des Unternehmens, wie die Liquidation durchzuführen ist. In jedem Fall werden die laufenden Geschäfte des Unternehmens beendet, die Forderungen eingezogen, das Vermögen veräußert und die Gläubiger befriedigt. Um die Liquidation abschließen zu können, muss das Unternehmen auch von seinen Versorgungsverpflichtungen freigestellt werden. Dies bedeutet, dass laufende Leistungen abgefunden (Rentenbeginn vor 1.1.2005 = uneingeschränkte Abfindungsmöglichkeit; Rentenbeginn nach 31.12.2004 = § 3 BetrAVG, § 30g Abs. 2 BetrAVG) oder auf einen anderen Schuldner mit befreiender Wirkung übertragen werden können, um eine Liquidation abschließen zu können.[62] Gesetzlich unverfallbare Anwartschaften müssen in einem solchen Fall (Ausnahme § 3 BetrAVG) mit befreiender Wirkung auf einen anderen Schuldner übertragen werden, da sonst eine Liquidation nicht möglich wäre. Die Übertragungsmöglichkeiten werden durch § 4 Abs. 4 BetrAVG gesetzlich vorgegeben. **91**

---

62 *Langohr-Plato* will den Liquidations- bzw. Einstellungsbeschluss ausreichen lassen (Rechtshandbuch Rn. 570). Ähnlich *Andresen/Förster/Rößler/Rühmann* Teil 14 A Rn. 384. Es stellt sich dann aber die Frage, ob eine Rückabwicklung vorzunehmen ist, wenn die Liquidation nicht umgesetzt wird. Zudem stellt sich die Frage, ab wann die Finanzverwaltung die Anwendung des § 3 Nr. 65 EStG zulässt.

III. Übernahme der Zusage

92 In § 4 Abs. 4 BetrAVG wird geregelt, dass die Zusage nur von einer Pensionskasse oder einem Unternehmen der Lebensversicherung übernommen werden kann. Da in § 4 Abs. 2 Nr. 1 BetrAVG die Übernahme der Zusage bei einem gesetzlich unverfallbaren Anspruch für einen ausgeschiedenen Arbeitnehmer geregelt wird, ist die Übernahme der Zusage die Übernahme der bestehenden Versorgungsverpflichtung. Mit der Vorgabe, die Zusage übernehmen zu müssen, wird deutlich, warum der Versorgungsempfänger bzw. der Versorgungsanwärter dem Übernahmevorgang nicht zustimmen muss. Auf dessen Einverständnis kann nur deshalb verzichtet werden, weil sich für ihn nichts ändert, denn die bestehende Zusage wird mit befreiender Wirkung übernommen.

93 Ob eine Übernahme der Zusage nach vorheriger inhaltlicher Veränderungen im Rahmen des Übernahmevorgangs noch möglich ist, wenn der Versorgungsempfänger oder Anwärter hierzu sein Einverständnis erteilt, ist offen.[63] Insoweit unterscheidet sich das Vorgehen anlässlich einer Liquidation von der einvernehmlichen Übernahme einer Zusage. Nach dem Wortlaut des Gesetzes ist das Einvernehmen des ehemaligen Arbeitnehmers nicht erforderlich. Folglich kann der ehemalige Arbeitgeber nur von seiner Verpflichtung frei werden, wenn zum Nachteil des Arbeitnehmers keine Änderungen vorgenommen werden. Es ist jedenfalls unzulässig, den Arbeitnehmer auf eine wertgleiche Versorgung zu verweisen. Im Einvernehmen mit dem ehemaligen Arbeitnehmer/Versorgungsempfänger müssten Änderungen möglich sein.

IV. Übernahmeberechtigte Versorgungsträger

94 Übernahmeberechtigt ist nur eine **Pensionskasse** oder ein **Lebensversicherungsunternehmen**. Die Übernahme erfolgt nicht als Versorgungsträger i. S. v. § 1 Abs. 1 S. 2 BetrAVG, sondern weil mit der Übernahme der ehemalige Arbeitgeber von allen Leistungspflichten frei wird, muss originärer Versorgungsschuldner die Pensionskasse[64] oder das Lebensversicherungsunternehmen werden. Deshalb muss der Kreis der Übernahmeberechtigten auf diese beiden Institutionen beschränkt sein, da sie als Versicherungsunternehmen der Versicherungsaufsicht unterstehen und in ihren Kapitalanlagemöglichkeiten eingeschränkt sind. Zudem ist der ehemalige Arbeitnehmer vor der Insolvenz des Versicherers geschützt, weil jedes Lebensversicherungsunternehmen dem

---

63 *Cisch* (DB 2005, 13) verneint dies.
64 *Klein* FS Kemper, S. 269.

Sicherungsfonds beitreten muss (§ 124 VAG). Für Pensionskassen gilt diese Pflicht nicht. Sie können, müssen aber nicht beitreten. Wählt der Liquidator eine Pensionskasse aus, die nicht dem Sicherungsfonds beigetreten ist, könnte er schadensersatzpflichtig werden, wenn die Pensionskasse insolvent werden würde.

Die Auslagerung von Versorgungsverpflichtungen auf einen externen Versorgungsträger ohne originäre Schuldübernahme würde eine Liquidation nicht ermöglichen, weil der ehemalige Arbeitgeber auf unbeschränkte Zeit Trägerunternehmen bleiben müsste. **95**

Die befreiende Übernahme erfolgt durch einen Vertrag, der mit der Pensionskasse oder dem Lebensversicherungsunternehmen und dem ehemaligen Arbeitgeber abgeschlossen wird. **96**

V. Ausgestaltung der Zusage

Ab Rentenbeginn müssen alle Überschussanteile gem. § 16 Abs. 3 Nr. 2 BetrAVG zur Erhöhung der Leistung verwendet werden. Dadurch wird sichergestellt, dass die laufenden Leistungen nach Eintritt des Versorgungsfalles über die Überschussbeteiligung angepasst werden. Wegen der Einzelheiten wird auf § 16 Rdn. 106 ff. verwiesen. **97**

Darüber hinaus gilt § 2 Abs. 2 S. 4 bis 6 BetrAVG entsprechend. Danach darf der ausgeschiedene Arbeitnehmer die Ansprüche aus dem Versicherungsvertrag weder abtreten noch beleihen. Er darf auch den Rückkaufswert aufgrund einer Kündigung des Vertrages nicht in Anspruch nehmen. Auch wenn in diesen Vorschriften vom Arbeitnehmer die Rede ist, gilt dies entsprechend für einen Versorgungsempfänger, wenn dessen Versorgungsverpflichtung übernommen wurde. **98**

Die Verfügungsbeschränkungen führen dazu, dass die vom ehemaligen Arbeitgeber zugesagten Leistungen auch so von der Pensionskasse bzw. vom Lebensversicherungsunternehmen ausgezahlt werden, als wenn der ehemalige Arbeitgeber nicht liquidiert worden wäre. **99**

VI. Keine Zustimmung

Die Übernahme der Versorgungszusage erfolgt ohne Zustimmung des Versorgungsempfängers oder des Versorgungsanwärters. Auf die Zustimmung wird deshalb verzichtet, weil sich nach der befreienden Schuldübernahme weder für den Versorgungsempfänger noch für den Versorgungsanwärter etwas ändert. **100**

Der Lebensversicherer oder die Pensionskasse hat ihn so zu behandeln, wie der ehemalige Arbeitgeber ihn hätte behandeln müssen, mit der Ausnahme, dass sich die Anpassung von laufenden Leistungen ausschließlich nach § 16 Abs. 3 Nr. 2 BetrAVG richtet.

101 Es war umstritten, ob nach § 159 VVG a. F. eine Einwilligung einzuholen ist, weil auf das Leben des Versorgungsempfängers oder des Anwärters ein Versicherungsvertrag abgeschlossen wird.[65] Nach der hier vertretenen Auffassung ist § 150 Abs. 2 VVG n. F. zu beachten. Wird anlässlich der Liquidation eine Kollektivlebensversicherung abgeschlossen, ist keine Einwilligung erforderlich.

VII. Steuerliche Flankierung

102 Für die Übernahme der Zusage muss an die Pensionskasse oder an das Lebensversicherungsunternehmen ein Einmalbeitrag gezahlt werden, der auch die zukünftig entstehenden Verwaltungskosten umfasst. Es ist nicht ausreichend, allein einen Übertragungswert gem. § 4 Abs. 5 BetrAVG zu ermitteln. In § 4 Abs. 4 BetrAVG wird nicht auf den Übertragungswert verwiesen. Wegen des Wortlauts des Gesetzes ist die z. T. in der Literatur vertretene Auffassung, auch bei der Liquidation sei auf den Übertragungswert abzustellen, zu verwerfen.[66] Denn dann müssten die betroffenen ehemaligen Arbeitnehmer Leistungskürzungen hinnehmen. Dies widerspricht dem Sinn und Zweck des Gesetzes.

103 Nach § 3 Nr. 65 EStG wird dieser Betrag lohnsteuerfrei gestellt. Die späteren Auszahlungen werden gem. § 19 EStG besteuert. Die Pensionskasse oder das Lebensversicherungsunternehmen hat die Steuer wie der Arbeitgeber einzuhalten.

VIII. Ausgliederung einer Rentnergesellschaft

104 Mit Urteil vom 11.3.2008[67] hat das BAG entschieden, dass die Ausgründung einer Rentnergesellschaft arbeitsrechtlich möglich und ohne Zustimmung des ehemaligen Arbeitnehmers oder des PSVaG zulässig ist. Die Gesellschaft muss nach dem Vorsichtsprinzip mit Kapital ausgestattet werden (hierzu i. E. § 16 Rdn. 91). Die Schaffung einer Rentnergesellschaft ist keine Alternative

---

65 *Reinecke* RdA 2005, 140.

66 *Schlewing/Henssler/Schipp/Schnitker* Teil 12 Rn. 212.

67 BAG 11.3.2008, 3 AZR 358/06, EzA § 4 BetrAVG Nr. 7 = DB 2008, 2369.

zur Liquidationsversicherung, weil diese Gesellschaft ihrerseits Gesellschafter haben muss. Dies ist i. d. R. die ausgründende Gesellschaft. Deshalb wäre ihre Liquidation nicht möglich.

F. Übertragungswert

Bei einer Übertragung nach § 4 Abs. 2 Nr. 2 BetrAVG oder einer Übertragung nach § 4 Abs. 3 BetrAVG einer gesetzlich unverfallbaren Anwartschaft ist der Übertragungswert von Bedeutung, der in Abs. 5 der Vorschrift definiert wird. Dabei wird nach Durchführungswegen differenziert. **105**

Dieser Übertragungswert ist identisch mit dem Betrag, der an den Anwärter oder Versorgungsempfänger zu zahlen ist, wenn i. R. d. § 3 BetrAVG ausnahmsweise eine Abfindung zulässig ist. **106**

I. Übertragungswert bei einer unmittelbaren Versorgungszusage

Der Übertragungswert ist bei einer unmittelbaren Versorgungszusage nur von Bedeutung bei einer Übertragung nach § 4 Abs. 2 Nr. 2, nicht Nr. 1 BetrAVG, weil bei der Übernahme der Zusage kein Übertragungswert existiert und folglich auch nicht zu ermitteln ist. **107**

Der Übertragungswert ist **der Barwert** der nach § 2 BetrAVG bemessenen künftigen Versorgungsleistung **im Zeitpunkt der Übertragung**. **108**

Bei dem Arbeitnehmer, der beim ehemaligen Arbeitgeber mit einer gesetzlich unverfallbaren Anwartschaft ausgeschieden ist, ist damit bei einer Leistungszusage die gem. § 2 Abs. 1 BetrAVG quotierte Anwartschaft die Maßgröße, nach der sich der Barwert richtet. Für Versorgungszusagen, die vor dem 1.1.2001 erteilt worden sind, ist dies auch die Maßgröße, wenn eine beitragsorientierte Leistungszusage erteilt wurde oder aber die betriebliche Altersversorgung durch Entgeltumwandlung finanziert wurde. Wurde die beitragsorientierte Leistungszusage nach dem 31.12.2000 erteilt, ergibt sich der Wert der aufrechtzuerhaltenen Anwartschaft aus § 2 Abs. 5a BetrAVG. **109**

Aus der Gesetzesbegründung[68] ergibt sich, dass der Barwert **nicht** aus der **gebildeten Pensionsrückstellung** abgeleitet werden darf. Ausdrücklich wird der Teilwert gem. § 6a EStG angesprochen. **110**

---

68 BT-Drucks. 15/2150, S. 54.

111   Nach § 4 Abs. 5 S. 1 Hs. 2 sind bei der Berechnung des Barwerts die **Rechnungsgrundlagen** sowie die **anerkannten Regeln der Versicherungsmathematik** maßgebend. Anders als in § 3 Abs. 2 BetrAVG a. F., der Vorbild für die Definition des Übertragungswertes gewesen sein soll,[69] ist von dem »bei der jeweiligen Form der betrieblichen Altersversorgung vorgeschriebenen Rechnungszinsfuß« nicht mehr die Rede. Dies wirft die Frage auf, wie bei einer unmittelbaren Versorgungszusage der Barwert zu ermitteln ist. Dass dabei biometrische Risiken zu berücksichtigen sind, ergibt sich aus den anerkannten Regeln der Versicherungsmathematik.

112   Zu § 3 Abs. 2 BetrAVG a. F. wurde in der Literatur einhellig die Auffassung vertreten, dass bei einer unmittelbaren Versorgungszusage ein Zinsfuß von 6 % zu verwenden ist. Dies ist der Zinsfuß, den § 6a EStG für die steuerliche Bewertung der Pensionsrückstellungen vorgibt. An dieser Auffassung wird z. T. in der Literatur festgehalten mit der aus dem Wortlaut des Gesetzes nicht ableitbaren Begründung, dass der Gesetzgeber auf § 3 Abs. 2 BetrAVG a. F. in der Gesetzesbegründung verweist. Dabei wird allerdings übersehen, dass der Zins von 6 % in § 3 Abs. 2 BetrAVG nicht genannt wurde,[70] also im Ergebnis offen war, ob die Rechtsprechung diesen steuerlichen Zins akzeptiert hätte.

113   Da der Übertragungswert nur bei einer einvernehmlichen Übertragung nach § 4 Abs. 2 Nr. 2 BetrAVG von Bedeutung ist, musste der Gesetzgeber nicht regeln, welcher Zinsfuß zu verwenden ist. Wird der Übertragungswert seitens des ehemaligen Arbeitgebers mit einem Zinsfuß gerechnet, der vom Arbeitnehmer nicht akzeptiert wird, ist der Arbeitnehmer schließlich nicht verpflichtet, sein Einverständnis zur Übertragung zu erteilen. Eine Übertragung kommt dann nicht zustande. Die unverfallbare Anwartschaft verbleibt beim ehemaligen Arbeitgeber. Hat der ehemalige Arbeitgeber aufgrund der befreienden Wirkung nach § 4 Abs. 6 BetrAVG ein ureigenes Interesse daran, dass die gesetzlich unverfallbare Anwartschaft auf den neuen Arbeitgeber übergeht, muss er sich bei der Verwendung des Rechnungszinsfußes im Zweifel kompromissbereit geben. Letztlich wird es Verhandlungssache sein, mit welchem Zinsfuß der Übertragungswert berechnet wird.[71] Einen Anhaltspunkt kann die handelsrechtliche Bewertung nach § 253 HGB in der Fassung

69 BT-Drucks. 15/2150, S. 53.
70 *Förster/Cisch* BB 2004, 2129.
71 *Langohr-Plato/Teslau* NZA 2004, 1355; *Reichel/Volk* DB 2005, 889; *Schnitker/Grau* NJW 2005, 13.

des BilMoG geben, denn der Gesetzgeber geht davon aus, dass eine Berechnung der handelsrechtlichen Verpflichtung mit einem Marktzins richtiger ist.

Für Übertragungswertermittlungen ab dem 21.12.2012 stellt sich die Frage, ob Unisex-Berechnungsgrundlagen anzuwenden sind. Da diese Frage durch die Rechtsprechung noch nicht geklärt ist, jedoch Art. 23 der Charta der Grundrechte der Europäischen Union[72] die Gleichbehandlung von Männern und Frauen verlangt, sollten vorsorglich Unisex-Berechnungsgrundlagen jedenfalls dann angewendet werden, wenn in einer vor dem 21.12.2012 erteilten Versorgungszusage keine Berechnungsmodalitäten vorgegeben wurden. Bei Versorgungszusagen, die ab dem 21.12.2012 erteilt werden, dürften trotz der Ausnahmeregelung in Art. 9 Abs. 1 Buchst. h) der Richtlinie 2006/54/EG[73] Unisex-Berechnungsgrundlagen zu verwenden sein, da ein Vertrauensschutz für neue Zusagen nicht sichergestellt ist, zumal Art. 23 der Europäischen Grungrechtecharta die Gleichbehandlung verlangt. **114**

Weil § 3 Abs. 5 BetrAVG auf § 4 Abs. 5 BetrAVG verweist, wenn durch den Arbeitgeber aufgedrängt eine Abfindung vorgenommen wird, kann insoweit nicht auf ein Verhandlungsergebnis abgestellt werden. In diesem Fall kann nur der handelsrechtliche Barwert maßgeblich sein. **115**

II. Übertragungswert bei Unterstützungskassenzusagen

Nach § 4 Abs. 5 S. 1 BetrAVG ist auch bei einer Unterstützungskassenzusage auf den Barwert abzustellen. Auch hier gelten die Rechnungsgrundlagen sowie die anerkannten Regeln der Versicherungsmathematik. Maßgröße ist der Wert der unverfallbaren Anwartschaft nach § 2 BetrAVG. Auf die Ausführungen in Rdn. 109 ff. kann insoweit verwiesen werden. **116**

Da auch bei Unterstützungskassenzusagen der Übertragungswert nur eine Bedeutung bei einer Übertragung nach § 4 Abs. 2 Nr. 2 BetrAVG hat, ist auch bei einer Unterstützungskassenzusage letztlich der maßgebliche Zinsfuß Verhandlungssache. Hierzu kann auf die Ausführungen in Rdn. 113 f. verwiesen werden. **117**

Bei einer Unterstützungskassenzusage ist es jedenfalls nicht zulässig, den Arbeitnehmer auf das Reservepolster zu verweisen.[74] **118**

---

72 Amtsblatt der Europäischen Union vom 14.12.2007.
73 Amtsblatt der Europäischen Union vom 26.7.2006.
74 BT-Drucks. 15/2150, S. 54.

119 Hinsichtlich einer aufgedrängten **Abfindung** wird auf Rdn. 115 verwiesen.[75]

III. Übertragungswert bei einer Direktversicherung, einer Pensionskasse oder einem Pensionsfonds

120 Bei einer Direktversicherung, einer Pensionskasse und einem Pensionsfonds hat der Übertragungswert Bedeutung bei einer Übertragung nach § 4 Abs. 2 Nr. 2 und § 4 Abs. 3 BetrAVG.

121 Der Übertragungswert wird definiert als das **gebildete Kapital** im Zeitpunkt der Übertragung. Bei dem Begriff »gebildetes Kapital« handelt es sich um einen unbestimmten Rechtsbegriff, der auslegungsbedürftig ist. Anders als in § 3 Abs. 2 BetrAVG a. F. werden die Begriffe »geschäftsplanmäßiges Deckungskapital«, »Zeitwert gem. § 176 Abs. 3 des Gesetzes über den Versicherungsvertrag«, »Geschäftsplan« oder »Geschäftsunterlagen« nicht genannt.

122 Der Verweis auf das »gebildete Kapital« soll gleichermaßen **versicherungsförmig durchgeführte Verträge** wie auch **fondsgebundene** oder sog. **Hybridverträge** umfassen. Da die vorgenannten Begriffe durch die versicherungsförmige Umsetzung geprägt waren, hat der Gesetzgeber den Begriff gebildetes Kapital verwendet. Aus der Gesetzesbegründung ergibt sich aber, dass die bisherigen Wertungen nicht aufgegeben wurden. Der Gesetzgeber geht davon aus, dass bei fondsgebundenen und sog. Hybridverträgen der **anteilige Wert** der für den Arbeitnehmer erworbenen Fondsanteile der Übertragungswert sein kann. Bei versicherungsförmig durchgeführten Verträgen sei vom **Zeitwert** der Versicherung einschließlich der Überschuss- und Schlussüberschussanteile ohne Abzüge auszugehen. Die Berechnung des Zeitwertes richte sich nach § 176 Abs. 3 des Versicherungsvertragsgesetzes (VVG). Anders als beim Rückkaufwert seien bei der Ermittlung des gebildeten Kapitals Abzüge nach § 176 Abs. 4 VVG nicht zulässig.[76]

123 Das Bundesministerium für Gesundheit und soziale Sicherung hat sich in einem Schreiben vom 14.12.2004[77] für die **Pensionskasse** und für die **Direktversicherung** wie folgt geäußert: »Soweit die betriebliche Altersversorgung über eine Pensionskasse oder eine Direktversicherung durchgeführt worden

---

75 Nach der hier vertretenen Auffassung kann, wie es bisher in der Literatur vertreten wurde, auch nicht der Zins von 5,5 % zur Anwendung kommen.

76 BT-Drucks. 15/2150, S. 54.

77 416–52107, BetrAV 2005, 64.

ist, ergibt sich das gebildete Kapital aus dem zum Zeitpunkt der Übertragung vorhandenen **Deckungskapital** für die **ohne Abzüge** ermittelte Anwartschaft des Arbeitnehmers zuzüglich des Guthabens aus der **verzinslichen Ansammlung** und dem Anteil am **Schlussüberschuss**. Soweit die Berechnung des Deckungskapitals nicht zum Geschäftsplan gehört, entspricht das gebildete Kapital dem **Zeitwert** der Versicherung einschließlich der Überschuss- und Schlussüberschussanteile gem. § 176 Abs. 3 VVG ohne Abzüge. **Ohne Abzüge** »bedeutet«, dass folgende Positionen nicht abgezogen werden dürfen:

– ein Ausgleich für die risikomäßige Verschlechterung des Versicherungsbestandes,

– die mit der Stornierung und Übertragung verbundenen Verwaltungskosten,

– die noch nicht getilgten Abschlusskosten (wobei im Wege Zillmerung gedeckte Abschlusskosten als bereits getilgt gelten).«

Dieser Wertung wird in der Literatur widersprochen. So wird z. B. ausgeführt, **124** dass es Sinn und Zweck des Gesetzes sei, die Interessen der betriebstreuen Arbeitnehmer mit den Interessen derjenigen Arbeitnehmer in Einklang zu bringen bzw. gegeneinander abzuwägen, die ihren Anspruch auf Übertragung geltend machen. Auch wird ausgeführt, dass bei der Ermittlung des Zeitwerts die Kapitalmarktsituation und das Sterblichkeitsrisiko berücksichtigt werden müsse. Es sei auf den Rückkaufswert abzustellen, ein Abzug für Stornokosten sei gestattet. Zudem könnten Bearbeitungsgebühren erhoben werden. Kritisiert wird, dass die mit der Übertragung verbundenen Kosten grundlos dem verbleibenden Versicherungsbestand angelastet würden, würde man der in Rdn. 123 geäußerten Auffassung folgen.[78] Da der Arbeitnehmer die Übertragung verlange, müsse er als Verursacher der vorzeitigen Auflösung die negativen Folgen tragen.[79]

Für Versicherungen, die ab dem 1.1.2008 abgeschlossen werden, richtet sich **125** das gebildete Kapital nach § 169 Abs. 3 und 4 VVG. Dabei wird i. d. R. bei Versicherungen, die die ab dem 21.12.2012 abgeschlossen wurden, von einem Unisex-Tarif auszugehen sein.

---

78 *Reichel/Volk* DB 2005, 890.
79 *Langohr-Plato/Teslau* NZA 2004, 1356.

126 Für den **Pensionsfonds** wird in dem Schreiben des Bundesministeriums für Gesundheit und soziale Sicherung vom 14.12.2004[80] ausgeführt:[81] »Soweit die betriebliche Altersversorgung über einen Pensionsfonds durchgeführt worden ist und ein **individuelles Konto** für den Arbeitnehmer geführt wird, ist das gebildete Kapital das auf diesem Konto **vorhandene Kapital**, mindestens aber der **Barwert** der vom Pensionsfonds gegebenenfalls garantierten Leistung. Bei nicht vorhandenem individuellen Konto ist das gebildete Kapital der **Barwert** der vom Pensionsfonds gegebenenfalls garantierten Leistung; im Übrigen sind die Regelungen des Pensionsplans zu berücksichtigen. Darin können z. B. Regelungen getroffen werden, wonach das gebildete Kapital der Anteil des einzelnen Arbeitnehmers am gesamten für die Versorgungsanwärter gebildeten Kapital ist, der dem Verhältnis des Barwerts seiner unverfallbaren Anwartschaft an der Summe der Barwerte aller Anwartschaften entspricht. Auch beim Pensionsfonds gilt, dass Abzüge nicht vorgenommen werden dürfen.«

127 In der Literatur wird für den Pensionsfonds dieselbe, vorstehende Kritik geäußert.

IV. Kein Übertragungswert bei der Liquidation

128 Wird § 4 Abs. 4 BetrAVG angewandt, ist kein Übertragungswert zu ermitteln. Vielmehr gibt das Versicherungsunternehmen vor, welcher Einmalbeitrag erforderlich ist, um mit befreiender Wirkung die Verpflichtung aus der Zusage des Arbeitgebers übernehmen zu können. Dieser Betrag wird i. d. R. erhöht, um die künftig anfallenden Verwaltungskosten abzudecken, die von dem dann liquidierten Arbeitgeber nicht mehr gezahlt werden können.

G. Erlöschen der Zusage

129 Auf das in § 4 Abs. 6 BetrAVG angeordnete Erlöschen der Zusage des ehemaligen Arbeitgebers wurde bereits in Rdn. 52 und Rdn. 74 eingegangen.

H. Organpersonen

130 § 4 ist für Organpersonen dispositiv.[82] Für die Übertragung nach Arbeitgeberwechsel gibt es keine Gestaltungsmöglichkeiten, weil der neue Arbeit-

---

80 S. dazu Rdn. 123.
81 Hervorhebungen durch die Kommentatorin.
82 BAG 21.4.2009, 3 AZR 285/07, DB 2010, 2004 = FA 2009, 389.

Kisters-Kölkes

geber mitwirken muss. Für den Mitnahmeanspruch käme ein Ausschluss in Betracht. Dies würde sich nachteilig auswirken, weil der alte Arbeitgeber nicht von seiner Leistungspflicht frei würde. Für die Liquidation kann abweichend von § 3 BetrAVG eine Abfindungsmöglichkeit vereinbart werden.

§4a Auskunftsanspruch

(1) Der Arbeitgeber oder der Versorgungsträger hat dem Arbeitnehmer bei einem berechtigten Interesse auf dessen Verlangen schriftlich mitzuteilen,
1. in welcher Höhe aus der bisher erworbenen unverfallbaren Anwartschaft bei Erreichen der in der Versorgungsregelung vorgesehenen Altersgrenze ein Anspruch auf Altersversorgung besteht und
2. wie hoch bei einer Übertragung der Anwartschaft nach § 4 Abs. 3 der Übertragungswert ist.

(2) Der neue Arbeitgeber oder der Versorgungsträger hat dem Arbeitnehmer auf dessen Verlangen schriftlich mitzuteilen, in welcher Höhe aus dem Übertragungswert ein Anspruch auf Altersversorgung und ob eine Invaliditäts- oder Hinterbliebenenversorgung bestehen würde.

A. Regelungsbereich

1 In § 2 Abs. 6 BetrAVG war seit Inkrafttreten des Betriebsrentengesetzes geregelt, dass dem Arbeitnehmer, der mit einer gesetzlich unverfallbaren Anwartschaft aus dem Arbeitsverhältnis ausgeschieden ist, vom ehemaligen Arbeitgeber oder dessen Versorgungsträger darüber Auskunft zu erteilen war,

ob und wenn ja in welcher Höhe eine unverfallbare Anwartschaft auf eine Altersleistung (Rente oder Kapital) aufrechtzuerhalten ist.

Mit dem Alterseinkünftegesetz[1] wurden in §4a BetrAVG erweiterte Auskunftpflichten geschaffen. Diese bestehen unabhängig vom Durchführungsweg und von der Finanzierung der betrieblichen Altersversorgung. **2**

Nicht nur der mit gesetzlich unverfallbarer Anwartschaft **ausgeschiedene ehemalige Arbeitnehmer ist** zu informieren, sondern auch Arbeitnehmer, die noch **im Arbeitsverhältnis** stehen, die aber bei einem vorzeitigen Ausscheiden die Unverfallbarkeitsvoraussetzungen erfüllen würden. **3**

Der ausgeschiedene wie auch der im Unternehmen verbliebene Arbeitnehmer muss allerdings den **Auskunftsanspruch geltend machen**. Er muss die Auskunft verlangen. **4**

Wegen des in §4 Abs. 3 BetrAVG neu geschaffenen **Mitnahmeanspruchs** ist der Auskunftsanspruch auch dahin gehend erweitert worden, dass die unverfallbar ausgeschiedenen oder ausscheidenden Arbeitnehmer vom (ehemaligen) Arbeitgeber oder dessen Versorgungsträger Auskunft darüber verlangen können, wie hoch der **Übertragungswert** ist. **5**

Auch gegenüber dem **neuen Arbeitgeber** wurde ein Auskunftsanspruch geschaffen. Dieser hat Auskunft darüber zu erteilen, in welcher Höhe aus dem Übertragungswert ein Anspruch auf Altersversorgung entsteht und ob eine Invaliditäts- oder Hinterbliebenenversorgung bestehen würde. **6**

Auch wenn die Auskunftspflichten erweitert wurden, sind sie noch nicht so ausgestaltet, dass die Arbeitnehmer ausreichend mit Informationen versorgt werden. Es ist nicht einzusehen, warum die Arbeitnehmer, die noch nicht die gesetzlichen Unverfallbarkeitsvoraussetzungen erfüllen, keinen Auskunftsanspruch erhalten. Gerade für diesen Personenkreis wäre es wichtig, eine Entscheidungsgrundlage z. B. für eine Entgeltumwandlung zu erhalten. **7**

Für alle Arbeitnehmer ist ohne Zweifel die betriebliche **Alters**versorgung von besonderer Bedeutung. Für eine **Vorsorgeplanung** sind aber auch **Invaliditäts**- und **Hinterbliebenenleistungen** wichtig, sodass es zumindest wünschenswert wäre, wenn den Arbeitnehmern stichtagsbezogen mitgeteilt werden müsste, **8**

---

1 Gesetz zur Neuordnung der einkommensteuerrechtlichen Behandlung von Altersvorsorgeaufwendungen und Altersbezügen (Alterseinkünftegesetz – AltEinkG) v. 5.7.2004 BGBl. I S. 1427 ff.

wie hoch im Fall des Eintritts der Invalidität oder im Fall des Todes aus der erteilten Versorgungszusage die zu erbringenden Leistungen wären.[2] Dass es in diesen Fällen zu einer Auskunft »Null« kommen könnte, wäre hinzunehmen, wenn z. B. Wartezeiten noch nicht erfüllt sind.

9   Der Gesetzgeber hat davon abgesehen, solche erweiterten Auskunftspflichten vorzugeben. Dies hätte den Verwaltungsaufwand bei den Arbeitgebern und externen Versorgungsträgern und damit die Kosten erhöht. Für die Weiterentwicklung und Ausweitung der betrieblichen Altersversorgung wären Mehrkosten kontraproduktiv. Folglich ist die Beschränkung des Gesetzgebers nachvollziehbar.

B. Auskunftspflicht

I. Auskunftsberechtigter Personenkreis

1. Anwärter

10   Zum Begriff des Anwärters vgl. § 1 Rdn. 27.

a) Aktive Anwärter

11   Aktive Anwärter sind die Arbeitnehmer, die in einem Arbeitsverhältnis zum Arbeitgeber stehen. Sie haben einen Auskunftsanspruch, wenn sie – unterstellt, sie würden aus dem Arbeitsverhältnis ausscheiden[3] – die gesetzlichen Unverfallbarkeitsvoraussetzungen erfüllt hätten. Dieses fiktive Vorliegen der Unverfallbarkeit bezieht sich auf den Zeitpunkt des Auskunftsbegehrens.

12   Danach hat jeder Arbeitnehmer, der eine Entgeltumwandlung gemacht hat, sofort einen Auskunftsanspruch.[4] Ohne Bedeutung ist, wann die Entgeltumwandlung vorgenommen wurde.

13   Der Arbeitnehmer, der »nur« eine arbeitgeberfinanzierte betriebliche Altersversorgung hat, hat einen Auskunftsanspruch frühestens nach 5-jährigem Zusagebestand.[5]

---

2 *Reichel/Volk* DB 2005, 891.
3 *Langohr-Plato* Rechtshandbuch, Rn. 642.
4 S. dazu § 1b Rdn. 114 ff.
5 S. dazu § 1b Rdn. 29 ff.

b) Ausgeschiedene Anwärter

Ist das Arbeitsverhältnis beendet und ist der Arbeitnehmer mit einer kraft **14**
Gesetzes unverfallbaren Anwartschaft aus dem Arbeitsverhältnis ausgeschieden, hat er einen Auskunftsanspruch. Kein Auskunftsanspruch besteht, wenn
ein Arbeitnehmer mit einer vertraglich unverfallbaren Anwartschaft ausgeschieden ist.

2. Versorgungsempfänger

Versorgungsempfänger haben keinen Auskunftsanspruch. Folglich kann ein **15**
ehemaliger Arbeitnehmer, der eine Invaliditätsleistung bezieht, keine Auskunft zur Alters- oder Hinterbliebenenversorgung verlangen.

II. Auskunftsverpflichtete

1. Arbeitgeber

Der Arbeitgeber, bei dem der Arbeitnehmer in einem Arbeitsverhältnis steht, **16**
ist zur Auskunft verpflichtet. Gehört das Unternehmen zu einem Konzern,
richtet sich die Auskunftsverpflichtung nur gegen das Unternehmen, bei dem
der Arbeitnehmer tatsächlich beschäftigt ist.

2. Ehemaliger Arbeitgeber

Ist ein Arbeitnehmer mit einer gesetzlich unverfallbaren Anwartschaft aus dem **17**
Arbeitsverhältnis ausgeschieden, richtet sich der Auskunftsanspruch gegen
den ehemaligen Arbeitgeber. Gehört dieses Unternehmen zu einem Konzern,
ist ausschließlich der ehemalige Arbeitgeber zur Auskunft verpflichtet.

3. Neuer Arbeitgeber

Damit der Arbeitnehmer von seinem **Mitnahmeanspruch** Gebrauch machen **18**
kann, hat der Gesetzgeber auch eine Auskunftsverpflichtung für einen neuen
Arbeitgeber geschaffen. Da nach dem Wortlaut des Gesetzes der »neue Arbeitgeber« verpflichtet ist, setzt die Auskunftspflicht erst ein, wenn das Arbeitsverhältnis
rechtlich entstanden ist. Wurde vor dem rechtlichen Beginn des Arbeitsverhältnisses ein Arbeitsvertrag abgeschlossen, besteht noch kein Auskunftsanspruch,
weil der »neue Arbeitgeber« erst ein potenzieller neuer Arbeitgeber ist.[6]

---

6 *Langohr-Plato/Teslau* NZA 2004, 1357.

19 Wegen der Einjahresfrist, innerhalb derer der Mitnahmeanspruch geltend gemacht werden muss, können in den Fällen Probleme entstehen, in denen sich das neue Arbeitsverhältnis nicht unmittelbar an das alte Arbeitsverhältnis anschließt. In diesen Fällen sollte auch ein potenzieller Arbeitgeber bereit sein, schon Auskunft zu erteilen, auch wenn er hierzu noch nicht verpflichtet ist.

4. Versorgungsträger des Arbeitgebers

20 Der Auskunftsanspruch, der sich gegen den alten oder gegen den neuen Arbeitgeber richtet, kann **alternativ[7] auch gegenüber dem Versorgungsträger** des (ehemaligen oder neuen) Arbeitgebers geltend gemacht werden. Versorgungsträger sind der Lebensversicherer, bei dem eine Direktversicherung abgeschlossen ist oder abgeschlossen werden würde, eine Pensionskasse, dessen Trägerunternehmen der Arbeitgeber ist, ein Pensionsfonds, der für den Arbeitgeber die betriebliche Altersversorgung abwickelt oder eine Unterstützungskasse.

21 Nach dem Wortlaut des Gesetzes kann sich der Arbeitnehmer bzw. ehemalige Arbeitnehmer unmittelbar an den Versorgungsträger wenden. Dieser ist dann auch zur Auskunft verpflichtet. Vielfach wird ein Versorgungsträger aber nur nach Rücksprache mit dem Arbeitgeber überhaupt eine Auskunft erteilen können, z. B. weil er nicht weiß, ob neben der bei ihm bestehenden betrieblichen Altersversorgung weitere Versorgungsanwartschaften begründet wurden. Aus diesem Grund, aber auch um Haftungsansprüche zu vermeiden, sollte jeder Versorgungsträger, der um Auskunft gebeten wird, eine Auskunft nur nach Rücksprache mit dem Arbeitgeber erteilen.

22 Wird die betriebliche Altersversorgung eines Arbeitgebers bei mehreren Versorgungsträgern abgewickelt, besteht ein Auskunftsanspruch gegenüber jedem einzelnen Versorgungsträger.

III. Verlangen des Anwärters

1. Erklärungshandlung

23 Der Arbeitnehmer muss die Auskunft **verlangen**, d. h. er muss tätig werden. Er kann die Auskunft mündlich begehren, aber auch schriftlich.

---

7 A. A. *Höfer* BetrAVG, Rn. 3818 ff. zu § 4a.

Erklärt sich der Arbeitgeber bereit, von sich aus eine Auskunft zu erteilen, ist 24
ein Verlangen des Arbeitnehmers nur dann erforderlich, wenn er außerhalb des
Rhythmus einer freiwilligen Auskunft des Arbeitgebers eine Auskunft benötigt. Sieht eine Versorgungsregelung vor, dass der Arbeitgeber zur Auskunft
z. B. im Jahresrhythmus verpflichtet ist, wird es in aller Regel nicht erforderlich sein, während zweier Auskunftstermine eine Auskunft zu verlangen.

2. Keine Frist

Der Arbeitnehmer ist bei Ausübung seines Verlangens an keine Frist gebun- 25
den. Er muss allerdings die Unverfallbarkeitsvoraussetzungen (bei aktiven
Arbeitnehmern ohne das Ausscheiden) erfüllen.

Für die Auskunftserteilung ist nicht vorgegeben, innerhalb welcher Frist sie zu 26
erfolgen hat. Man wird eine Auskunft innerhalb angemessener Frist erwarten
können. Wird der Arbeitgeber oder sonstige Versorgungsträger nicht tätig,
kann der (ehemalige) Arbeitnehmer Auskunftsklage vor dem Arbeitsgericht
erheben.[8]

3. Berechtigtes Interesse

Einen Auskunftsanspruch hat der Arbeitnehmer bzw. ehemalige Arbeitneh- 27
mer nur bei einem berechtigten Interesse. Dieser unbestimmte Rechtsbegriff
ist auslegungsbedürftig. Die Gesetzesbegründung[9] gibt eine Auslegungshilfe,
in dem dort als Beispiel genannt wird, dass der Arbeitnehmer beabsichtigt,
ergänzende Eigenvorsorge zu betreiben.[10] Da sich derartige Absichten in der
privaten Sphäre des Arbeitnehmers abspielen, kann ein Arbeitnehmer eigentlich immer einen Auskunftsanspruch begründen.

Steht der Arbeitnehmer in einem Arbeitsverhältnis, stellt sich die Frage, ob ein 28
berechtigtes Interesse auch vorliegt, wenn der Arbeitgeber in regelmäßigen,
nicht zu langen Abständen von sich aus eine Auskunft erteilt oder aber aufgrund des Versorgungsversprechens sich zur Auskunftserteilung verpflichtet
hat. In diesen Fällen ist der Arbeitnehmer in der Lage, aufgrund der ihm
schon erteilten Auskunft seine Versorgungsplanung vorzunehmen. Übt er

---

8 *Steinmeyer* BetrAV 2008, 531.
9 BT-Drucks. 15/2150, S. 54.
10 Weitere Beispiele bei *Cisch* DB Beil. 3/2005, 17.

zwischen zwei Auskunftsterminen seinen Anspruch aus, wird von ihm eine entsprechende Begründung zu fordern sein.[11]

29   Ein Arbeitnehmer, der mit einer gesetzlich unverfallbaren Anwartschaft aus dem Arbeitsverhältnis ausgeschieden ist, hat immer ein berechtigtes Interesse, zum einen, weil von der Höhe der unverfallbaren Leistungen abhängig ist, wie er seine künftige Versorgungsplanung ausrichten muss, zum anderen aber auch, weil er ggf. seinen Mitnahmeanspruch geltend machen will und zudem möglichst zeitnah zum Ausscheiden geklärt werden kann, ob alle maßgeblichen Bemessungsgrundlagen zutreffend angewandt wurden. Diese sind dann noch leichter zu klären als bei Eintritt des Versorgungsfalles, der erst viele Jahre später erfolgen kann.

IV. Schriftform

30   Die Auskunft ist schriftlich zu erteilen. Damit ist die Schriftform nach § 126 BGB gemeint. Die elektronische Form nach § 126a BGB wie auch die Textform nach § 126b BGB scheidet aus.

31   Die schriftliche Auskunft ist auf den einzelnen Arbeitnehmer bezogen zu erteilen, muss also eindeutig erkennen lassen, dass mit den Daten dieses Arbeitnehmers, der die Auskunft verlangt, die Berechnungen und Angaben erfolgt sind.

32   Die Auskunft soll dem Arbeitnehmer **Klarheit über die Höhe** der zu erwartenden betrieblichen Versorgungsleistung bzw. über den Übertragungswert oder die Leistung aus dem Übertragungswert verschaffen. Sie muss so ausgestaltet sein, dass der (ehemalige) Arbeitnehmer sie überprüfen kann. Die Bemessungsgrundlagen und der Rechenweg sind so genau zu bezeichnen, dass der Arbeitnehmer die Berechnung nachvollziehen kann.[12]

33   Sinn und Zweck der Auskunft ist es nicht, einen Streit über den Inhalt des Versorgungsanspruchs zu beseitigen. Bestehen insoweit Meinungsverschiedenheiten über die Berechnungsgrundlagen, soll die Möglichkeit bestehen, diese vor Eintritt des Versorgungsfalles durch das Arbeitsgericht klären zu lassen.[13] Deshalb kann der Arbeitgeber, so lange keine gerichtliche Entscheidung vorliegt, von den Berechnungsgrundlagen ausgehen, die er für richtig hält.

---

11 *Langohr-Plato* Rechtshandbuch Rn. 645; *Blumenstein* BetrAV 2004, 239.
12 BAG 9.12.1997, 3 AZR 695/96, EzA § 2 BetrAVG Nr. 15 = DB 1998, 2331.
13 BAG 9.12.1997, 3 AZR 695/96, EzA § 2 BetrAVG Nr. 15 = DB 1998, 2331.

Kisters-Kölkes

Erst wenn rechtskräftig festgestellt wurde, dass andere Berechnungsgrundlagen maßgeblich sind, sind diese zugrunde zu legen. Entsprechendes gilt, wenn sich die Parteien auf die Berechnungsgrundlagen geeinigt haben.[14]

Die Auskunft ist mit großer Sorgfalt zu erteilen, unabhängig davon, wer sie erteilt.[15] **34**

Gibt es mehrere Versorgungszusagen oder gibt es Versorgungszusagen in mehreren Durchführungswegen, ist jeweils eine gesonderte Auskunft zu erteilen. In der schriftlichen Auskunft des (ggf. ehemaligen) Arbeitgebers sind die Auskünfte zu bündeln. **35**

C. Umfang der Auskunft

Die Auskunftspflicht erfasst alle **Durchführungswege** und alle Zusagearten, soweit es um die Auskunft zur Höhe der erdienten Altersanwartschaft geht. Hinsichtlich des **Mitnahmeanspruchs** besteht eine Auskunftsverpflichtung nur in den Durchführungswegen **Direktversicherung, Pensionskasse** und **Pensionsfonds**. Bei einer unmittelbaren Versorgungszusage und bei einer Unterstützungskassenzusage besteht ein solches Auskunftsrecht – eine solche Auskunftspflicht – nicht, weil es in diesen Durchführungswegen keinen Mitnahmeanspruch gibt. **36**

I. Höhe der Altersanwartschaft

Nach § 4a Abs. 1 Nr. 1 BetrAVG ist dem (ehemaligen) Arbeitnehmer mitzuteilen, »in welcher Höhe aus der **bisher erworbenen unverfallbaren Anwartschaft** bei Erreichen der in der Versorgungsregelung vorgesehenen Altersgrenze« ein Anspruch auf Altersversorgung besteht. Die Auskunftsverpflichtung erfasst folglich nur die **Altersleistung**, nicht die vorzeitige Altersleistung, auch nicht die Invaliditäts- oder Hinterbliebenenleistung(en).[16] **37**

1. Leistungszusage

Zur Leistungszusage wird auf § 1 Rdn. 185 ff. verwiesen. **38**

---

14 BAG 23.8.2011, 3 AZR 669/09, DB 2012, 527 = FA 2012, 56.
15 *Reinecke* RdA 2005, 135.
16 Hierzu auch *Klein* FS Kemper, S. 269.

a) Altersleistung

39   Mit der Altersleistung ist die Leistung gemeint, die der Arbeitnehmer bei Vollendung der in der Versorgungszusage vorgesehenen festen Altersgrenze/Regelaltersgrenze (vgl. § 2 Abs. 1 BetrAVG) verlangen kann, gerechnet mit den Bemessungsgrundlagen zum Zeitpunkt der Auskunftserteilung.[17] Es ist von der Altersleistung auszugehen, die maßgeblich wäre, würde der Arbeitnehmer zum Berechnungsstichtag mit einer unverfallbaren Anwartschaft ausscheiden. Ist er schon mit einer gesetzlich unverfallbaren Anwartschaft ausgeschieden, ist auf den Ausscheidezeitpunkt zu rechnen. § 2 Abs. 5 BetrAVG ist – bei aktiven Arbeitnehmern entsprechend – anzuwenden.

40   Ohne Bedeutung ist, wie die Altersleistung finanziert wurde (arbeitgeberfinanziert, Entgeltumwandlung, mischfinanziert).

b) Erreichbare Leistung

41   Auch wenn in § 4a Abs. 1 Nr. 1 BetrAVG von der »bisher erworbenen unverfallbaren Anwartschaft« die Rede ist, kommt der Arbeitgeber/Versorgungsträger nicht umhin, in einem ersten Schritt die Leistung zu ermitteln, die sich nach dem maßgeblichen Leistungsplan ohne ein vorheriges – bei aktiven Arbeitnehmern fiktives – Ausscheiden ergibt. Dies bedeutet, dass die Altersleistung mit den Bemessungsgrundlagen zum Stichtag auf die feste Altersgrenze/Regelaltersgrenze hochzurechnen ist.

42   Es kann nur empfohlen werden, diesen erreichbaren Wert auch in der Auskunft auszuweisen. Denn nur wenn dieser Rechengang dargestellt wird, ist erkennbar, ob z. B. bei einem dienstzeitabhängigen Leistungsversprechen alle zu berücksichtigenden Dienstjahre angesetzt wurden.

c) Bisher erworbene Anwartschaft

43   Mit der erworbenen Anwartschaft ist bei einer Leistungszusage die nach § 2 Abs. 1 BetrAVG quotierte Leistung gemeint.[18] Die erreichbare Leistung wird dabei im Verhältnis der tatsächlichen zur möglichen Betriebszugehörigkeitsdauer quotiert. Wegen der Einzelheiten wird auf die Ausführungen bei § 2 verwiesen. Bei Unterstützungskassenzusagen und bei Pensionsfondszusagen ist entsprechend zu verfahren (§ 2 Abs. 4 und § 2 Abs. 3a BetrAVG).

---

17 *Förster/Cisch* BB 2004, 2131.
18 *Reinecke* RdA 2005, 131 (Fn. 31).

In den Durchführungswegen **Direktversicherung** und **Pensionskasse** ist nach 44
§ 2 Abs. 2 S. 1 und § 2 Abs. 3 S. 1 BetrAVG auch das Quotierungsverfahren
grundsätzlich anzuwenden. Wird der Arbeitnehmer bereits in der Versorgungszusage auf die Anwendung der versicherungsförmigen Lösung verwiesen, ist ihm der Wert aus dem Versicherungsvertrag darzustellen und zwar
nicht der garantierte Wert im Pensionsalter (ggf. noch erhöht um mögliche
Überschussanteile),[19] sondern der Wert aus einer beitragsfrei gestellten Versicherung im Auskunftszeitpunkt. Denn es ist nicht die erdienbare Leistung
mitzuteilen, sondern die »erworbene Anwartschaft«, also das, was bei einem
vorzeitigen Ausscheiden mitgenommen wird. Ob in den Fällen, in denen der
Arbeitgeber erst noch entscheiden muss, ob er von der versicherungsförmigen
Lösung Gebrauch machen will oder nicht, eine alternative Darstellung erfolgen muss, wird die Rechtsprechung klären müssen. Da es um die Versorgungsplanung des Arbeitnehmers geht, dürfte sich aus dem Sinn und Zweck der
Regelung ableiten lassen, dass jedenfalls der geringere Wert auszuweisen ist.

Wurde die betriebliche Altersversorgung durch **Entgeltumwandlung** finanziert 45
und die Zusage nach dem 31.12.2000 erteilt, richtet sich die Höhe der Altersleistung nach § 2 Abs. 5a Hs. 1 BetrAVG (hierzu nachfolgend Rdn. 48 ff.). In
diesem Fall entfällt der Rechenschritt, der auf die erreichbare Leistung abstellt.

2. Beitragsorientierte Leistungszusage

Zur beitragsorientierten Leistungszusage wird auf die Ausführungen in § 1 46
Rdn. 449 ff. verwiesen.

a) Altersleistung

Es ist alleine die Höhe der Altersleistung – z. B. nach Maßgabe der im Leis- 47
tungsplan vorgesehenen Transformationstabelle – darzustellen.

b) Erworbene Anwartschaft

Bei der beitragsorientierten Leistungszusage ist nach dem Zusagezeitpunkt zu 48
unterscheiden. Wurde die Zusage vor dem 1.1.2001 erteilt, kommt das Quotierungsverfahren zur Anwendung (§ 30g Abs. 1 BetrAVG). Insoweit kann auf
die Ausführungen zur Leistungszusage verwiesen werden (Rdn. 39 ff.). Ohne

---

19 *Höfer* BetrAVG, Rn. 3837 zu § 4a.

Bedeutung ist, ob eine arbeitgeber- oder arbeitnehmerfinanzierte betriebliche Altersversorgung vorliegt.

49   Für Versorgungszusagen, die nach dem 31.12.2000 erteilt wurden und erteilt werden, ist § 2 Abs. 5a BetrAVG anzuwenden. Die »erworbene« Anwartschaft ist die im Zeitpunkt der Auskunftserteilung (aktive Arbeitnehmer) bzw. im Zeitpunkt des Ausscheidens »erreichte« Anwartschaft. Wird die Anwartschaft aus einer Transformationstabelle abgeleitet, ergibt sich die Höhe der erreichten Anwartschaft aus der Summe der Bausteine, die bis zum Auskunftszeitpunkt/ Ausscheidezeitpunkt angesammelt wurden. Bei einem Sparplan ist entsprechend zu verfahren, wobei es problematisch werden kann, wenn eine variable Verzinsung zugesagt wurde. In diesem Fall dürfen nach dem Sinn und Zweck der Vorschrift nur die garantierten und zugewiesenen Zinsen berücksichtigt werden, wobei eine Verweisung auf das mögliche Zinspotenzial möglich, aber mit entsprechenden Vorbehalten versehen sein sollte. Dies gilt entsprechend auch für Versorgungszusagen, die nach dem 31.12.2000 durch Entgeltumwandlung finanziert wurden bzw. werden.

50   Richtet sich die Höhe der Leistung nach einer Fondsanlage, die über eine Transformationstabelle mit einer garantierten Leistung verknüpft ist, ist die Leistung aus der Transformationstabelle mitzuteilen, gleichzeitig aber auch der Wert der Altersleistung aus der Fondsanlage zum Zeitpunkt der Auskunftserteilung, allerdings versehen mit dem Vorbehalt, dass die Entwicklung bis zum Erreichen der Altersgrenze nicht absehbar ist.

51   Wird die Höhe der Altersleistung bei einer beitragsorientierten Leistungszusage aus einer Rückdeckungsversicherung abgeleitet, ist, wie bei einem Ausscheiden mit Unverfallbarkeit, der Wert der (fiktiv) beitragsfrei gestellten Rückdeckungsversicherung mitzuteilen.

3. Beitragszusage mit Mindestleistung

52   Zur Ausgestaltung der Beitragszusage mit Mindestleistung wird auf die Ausführungen in § 1 Rdn. 463 ff. verwiesen.

a) Altersleistung

53   Da die Altersleistung aus dem bei Erreichen der Altersgrenze vorhandenen Kapital erst bei **Eintritt des Versorgungsfalles** bestimmt werden kann, stellt sich bei dieser Art der Zusagegestaltung das Problem, dass zu einem Zeitpunkt vor

dem Eintritt des Versorgungsfalles die mögliche Höhe einer Altersleistung nicht bestimmt werden kann. Maßgröße kann allenfalls die Mindestleistung sein.

b) Bisher erworbene Anwartschaft

Für die Beitragszusage mit Mindestleistung richtet sich die (bei aktiven Arbeitnehmern fiktiv) aufrechtzuerhaltende Anwartschaft in den Durchführungswegen Direktversicherung, Pensionskasse und Pensionsfonds nach §2 Abs. 5b BetrAVG. Es ist das dem Arbeitnehmer planmäßig zuzurechnende Versorgungskapital auf der Grundlage der bis zu seinem (fiktiven) Ausscheiden geleisteten Beiträge (zuzüglich die bis zum Eintritt des Versorgungsfalls erzielten Erträge), mindestens die Summe der bis zum (fiktiven) Ausscheiden zugesagten Beiträge abzüglich etwaiger Risikoanteile mitzuteilen. Welche Altersleistung aus einer Kapitalanlage inkl. der Erträge erzielt werden kann, ist nicht prognostizierbar. Folglich müsste es genügen, die aus der (garantierten) Mindestleistung zu erwartende Altersleistung bei Auskunftserteilung abzuleiten. Die Mindestleistung ist dabei in eine **Rentenleistung umzurechnen** mit den Faktoren, die zum Auskunftszeitpunkt maßgeblich sind. Da vielfach bei Eintritt des Versorgungsfalles andere Umrechnungsmodalitäten gelten werden, tritt der unbefriedigende Zustand ein, dass die zum Auskunftszeitpunkt ermittelte Leistung höher sein wird als die später tatsächlich gezahlte Leistung, berücksichtigt man nur die bis zum Umrechnungszeitpunkt gezahlten Beiträge. Dies dürfte darauf zurückzuführen sein, dass die biometrischen Umrechnungsmodalitäten sich im Zeitablauf wegen der Langlebigkeit verändert haben. | 54

Auf eine Umrechnung in eine Rentenleistung wird man nicht verzichten können. Denn es geht um die Versorgungsplanung des Arbeitnehmers. Ihm würde eine solche nicht ermöglicht, wenn er nur die Summe der Beiträge, ggf. unter Abzug von Risikoanteilen, mitgeteilt bekommen würde. Kein Arbeitnehmer kann selbst ein solches »Kapital« in eine lebenslängliche Leistung umrechnen. Also muss dies durch den (ehemaligen) Arbeitgeber bzw. dessen Versorgungsträger vorgenommen werden, ggf. verbunden mit dem Hinweis auf die im Leistungsplan vorhandene Klausel, nach der die biometrischen Grundlagen verwendet werden, die erst bei Eintritt des Versorgungsfalles maßgeblich sind. | 55

Für den Pensionsfonds gibt es keine Abweichung von dieser Grundregel.[20] | 56

---

20 A. A. *Höfer* BetrAVG, Rn. 3837 zu §4a.

II. Höhe des Übertragungswertes

1. Mitnahmeanspruch

57 Das Auskunftsrecht nach § 4a Abs. 1 S. 1 Nr. 2 BetrAVG besteht nur in den Fällen, in denen der Arbeitnehmer nach § 4 Abs. 3 BetrAVG einen Mitnahmeanspruch hat. Dies setzt eine Zusage voraus, die ab dem 1.1.2005 erteilt wurde.[21] Zudem sind nur die Durchführungswege Direktversicherung, Pensionskasse und Pensionsfonds betroffen. Ohne Bedeutung ist die Finanzierungsform.

58 Da der Mitnahmeanspruch auch davon abhängig ist, dass die Beitragsbemessungsgrenze in der allgemeinen Rentenversicherung nicht überschritten wird, stellt sich die Frage, ob ein Auskunftsanspruch auch dann besteht, wenn die Beitragsbemessungsgrenze überschritten wird. Diese Frage wird man bejahen müssen, denn erst dann, wenn der Arbeitnehmer die Auskunft verlangt, wird der Übertragungswert berechnet. Erst wenn dieser berechnet ist, kann festgestellt werden, ob die Beitragsbemessungsgrenze überschritten ist oder nicht, mit anderen Worten kann der Arbeitnehmer erst dann wissen, ob er überhaupt einen Mitnahmeanspruch hat oder nicht.

59 Keinen Auskunftsanspruch hat ein Arbeitnehmer, bei dem nach § 4 Abs. 2 Nr. 2 BetrAVG eine einvernehmliche Übertragung mit Übertragungswert vorgenommen wird. Der Arbeitnehmer wird einer solchen Übertragung nur dann zustimmen, wenn er eine Auskunft zum Übertragungswert erhalten hat. Dabei handelt es sich um eine freiwillige Auskunft, die der Arbeitgeber schon im eigenen Interesse erteilen sollte, wenn er an einer Übertragung auf den neuen Arbeitgeber interessiert ist. Das eigene Interesse kann darin liegen, dass bei einer einvernehmlichen Übertragung der alte Arbeitgeber von seinen Leistungspflichten aus der erteilten Versorgungszusage frei wird (§ 4 Abs. 6 BetrAVG).

2. Übertragungswert

60 Der Übertragungswert gem. § 4 Abs. 5 BetrAVG ist dem Arbeitnehmer in einem Betrag mitzuteilen, wenn nur eine versicherungsförmige Versorgung besteht. Bestehen mehrere Versicherungen oder Versorgungen in mehreren Durchführungswegen, ist für jeden Durchführungsweg der Übertragungswert gesondert zu ermitteln und mitzuteilen.

---

21 § 30b BetrAVG.

III. Leistung aus dem Übertragungswert

Nach § 4a Abs. 2 BetrAVG hat der **neue Arbeitgeber** bei der Ausübung des Mitnahmerechtes[22] gem. § 4 Abs. 3 BetrAVG Auskunft darüber zu erteilen, welche Leistungen sich aus dem Übertragungswert in seinem Versorgungssystem ergeben. Hierfür muss der neue Arbeitgeber vom Arbeitnehmer den Übertragungswert mitgeteilt bekommen, den sein Vorarbeitgeber oder dessen Versorgungsträger ihm genannt hat.   **61**

1. Altersleistung

Der externe Versorgungsträger des Arbeitgebers hat diesem mitzuteilen, welche Altersleistung aus dem als Übertragungswert einzuzahlenden Einmalbeitrag finanziert werden kann. Der neue Arbeitgeber oder dessen Versorgungsträger teilt dann diesen bezifferten Betrag dem Arbeitnehmer mit.   **62**

Bei der Beitragszusage mit Mindestleistung wird man eine Umrechnung in eine Rentenleistung fordern müssen.[23]   **63**

2. Invaliditätsleistung

Auch über die Invaliditätsleistung ist vom neuen Arbeitgeber oder dessen Versorgungsträger Auskunft zu erteilen. Diese Leistung ist aber nicht zu beziffern.[24] Es ist lediglich mitzuteilen, ob es eine Invaliditätsleistung gibt. Damit hat der Arbeitnehmer nur ein eingeschränktes Informationsrecht, was aus der Sicht des Arbeitnehmers zu bedauern ist, aus Kostengründen aber nachvollziehbar ist.   **64**

Offen ist, ob die Voraussetzungen für die Invaliditätsleistung geschildert werden müssen. Offen ist auch, ob eine generelle Aussage ausreicht oder ob sie bezogen auf den konkreten Einzelfall erteilt werden muss. Es müsste ausreichen, die allgemeinen Leistungsvoraussetzungen zu schildern, da bei der Invaliditätsleistung niemand wissen kann, ob und wenn ja wann eine Invalidität eine Leistung auslösen würde.   **65**

---

22 *Langohr-Plato/Teslau* NZA 2004, 1357.
23 S. dazu Rdn. 54 f.
24 *Höfer* BetrAVG, Rn. 3845 zu § 4a; *Langohr-Plato/Teslau* NZA 2004, 1357; *Höfer* DB 2004, 1429.

3. Hinterbliebenenleistung

66 Die Ausführungen in Rdn. 64 f. gelten auch für die Hinterbliebenenleistungen. Demnach hat der Arbeitgeber oder der Versorgungsträger nicht im Einzelfall zu prüfen, ob Hinterbliebenenleistungen ausgelöst werden können. Es reicht die Mitteilung, ob es eine Hinterbliebenenleistung gibt und wenn ja, an welche Voraussetzungen sie gebunden ist.

D. Richtige Auskunft

I. Wissenserklärung

67 Bei der Auskunft nach § 4a BetrAVG handelt es sich um eine reine Wissenserklärung, nicht um ein abstraktes oder deklaratorisches Schuldanerkenntnis.[25] Dies bedeutet, dass die Auskunft keine neue Rechtsgrundlage schafft, sondern vielmehr nur das mitteilt, was der schon erteilten Versorgungszusage als Verpflichtung zu entnehmen ist. Wurde eine unrichtige Auskunft erteilt, muss sie korrigiert werden.[26] Bei komplexen Versorgungsgestaltungen ist der Arbeitgeber manchmal gar nicht in der Lage, selbst Auskunft zu erteilen. In diesen Fällen kann er den Arbeitnehmer an den Versorgungsträger verweisen. Er muss den Arbeitnehmer dann aber in die Lage versetzen, dass er dort die richtigen Fragen stellt bzw. die richtigen Berechnungen anfordert.[27]

II. Richtig und vollständig

68 Die Auskunft muss richtig und vollständig sein.[28] Erteilt der Arbeitgeber nicht selbst die Auskunft, sondern sein Versorgungsträger, wird dieser als Erfüllungsgehilfe des Arbeitgebers tätig. Nach § 278 BGB haftet der Arbeitgeber für eine unrichtige Auskunft des Versorgungsträgers, wenn dieser fahrlässig gehandelt hat.[29]

---

25 BAG 17.6.2003, 3 AZR 462/02, EzA § 2 BetrAVG Nr. 20 = DB 2004, 608; 9.12.1997, 3 AZR 695/96, EzA § 2 BetrAVG Nr. 15 = DB 1998, 2331.

26 BAG 21.3.2000, 3 AZR 102/99, n. v.; 9.12.1997, 3 AZR 695/96, EzA § 2 BetrAVG Nr. 15 = DB 1998, 2331.

27 BAG 14.1.2009, 3 AZR 71/07, DB 2009, 1360 = FA 2009, 388.

28 BAG 23.9.2003, 3 AZR 658/02, EzA § 611 BGB 2002 Fürsorgepflicht Nr. 1.

29 BAG 21.11.2000, 3 AZR 13/00, EzA § 611 BGB Fürsorgepflicht Nr. 61 = DB 2002, 227; *Reinecke* RdA 2005, 141.

III. Schadensersatz

Hat der Arbeitgeber dem Arbeitnehmer eine unrichtige oder unvollständige **69**
Auskunft erteilt, macht er sich schadensersatzpflichtig.[30] Es muss ein schuldhaftes Verhalten vorliegen. Es genügt Fahrlässigkeit. Kein schuldhaftes Verhalten liegt vor, wenn der Arbeitgeber eine unverfallbare Anwartschaft auf das
Alter 65 berechnet hat, für den Arbeitnehmer aber aufgrund der Entscheidung
des BAG vom 15.5.2012[31] die Regelaltersgrenze anzuwenden ist. Deshalb
kann der Arbeitgeber seine Auskunft an diese Entscheidung anpassen. Ob er
sich schadensersatzpflichtig macht, wenn er keine Korrektur vornimmt, wird
einzelfallbezogen zu prüfen sein.

Ein Schadensersatzanspruch des Arbeitnehmers besteht dann, wenn der **70**
Arbeitnehmer im Vertrauen auf die Richtigkeit der Auskunft eine Versor-
gungsdisposition getroffen oder unterlassen hat. Insoweit ist der Arbeitnehmer darlegungs- und beweispflichtig.[32]

Für die Ermittlung der Höhe des Schadens kommt es auf die Umstände **71**
des Einzelfalls an.[33] Hat der Arbeitgeber z. B. durch Modellrechnungen
den Arbeitnehmer zur Ausübung eines Wahlrechts veranlasst und trifft der
Arbeitnehmer aufgrund falscher Berechnungen die für ihn ungünstige Entscheidung, muss der Arbeitgeber ihn so stellen, wie er gestanden hätte, wenn
die Auskunft richtig gewesen wäre.[34] So muss z. B. der Arbeitgeber dem
Arbeitnehmer Schadensersatz leisten, dem er eine zu hohe Invaliditätsleistung
mitgeteilt hat, wenn es der Arbeitnehmer daraufhin unterlässt, eine private
Berufsunfähigkeitsversicherung abzuschließen.[35]

Es gelten die allgemeinen Regeln zu den Anspruchsgrundlagen und zur Dar- **72**
legungs- und Beweislast.[36]

---

30 BAG 21.3.2000, 3 AZR 102/99, n. v.

31 BAG 15.5.2012, 3 AZR 11/10, EzA-SD 2012, Nr. 13, 10.

32 BAG 8.11.1983, 3 AZR 511/81, EzA § 2 BetrAVG Nr. 4 = DB 1984, 836.

33 ArbG Stuttgart 17.1.2005, 19 Ca 3152/04, BetrAV 2005, 692.

34 BAG 21.11.2000, 3 AZR 13/00, EzA § 611 BGB Fürsorgepflicht Nr. 61 = DB
2002, 227.

35 LAG Frankfurt 22.8.2001, 8 Sa 146/00, EzASD 2002, Nr. 4, 23 = BB 2002, 416.

36 *Reinecke* RdA 2005, 143 f.

E. Auskunftspflichten aus anderen Normen

I. Fürsorgepflicht

73 Grundsätzlich ist auch in einem Arbeitsverhältnis jeder Vertragspartner, also auch der Arbeitnehmer, selbst für die Wahrnehmung seiner eigenen Interessen verantwortlich. Der Arbeitgeber ist nicht ohne Weiteres verpflichtet, einen Arbeitnehmer unaufgefordert über Auswirkungen zu unterrichten, die sich für ihn zur betrieblichen Altersversorgung ergeben. Hinweise und Aufklärungspflichten beruhen auf den besonderen Umständen des Einzelfalles und sind das Ergebnis einer umfassenden Interessenabwägung.[37] Derartige Nebenpflichten aus § 241 Abs. 2 BGB (früher § 242 BGB) können vor allem dadurch entstehen, dass der Arbeitgeber einen Vertrauenstatbestand oder durch sein früheres Verhalten eine Gefahrenquelle geschaffen hat. Je größer das vom Arbeitgeber beim Arbeitnehmer erweckte Vertrauen ist, desto eher treffen den Arbeitgeber Informationspflichten und desto weitreichender sind sie. Entsprechendes gilt, je größer, atypischer und schwerer erkennbar die betriebsrentenrechtlichen Gefahren für den Arbeitnehmer sind.

74 Grundsätzlich kann davon ausgegangen werden, dass der Arbeitnehmer gesetzliche Vorschriften zu kennen hat. Dies gilt auch für den Anspruch auf Entgeltumwandlung gem. § 1 BetrAVG.[38] Ob der Arbeitgeber zu Hinweisen verpflichtet ist, wenn dem Arbeitnehmer die Möglichkeit eingeräumt wird, die Versicherung oder Versorgung mit eigenen Beiträgen fortzuführen, ist ungeklärt, wohl aber zu verneinen, da sich die Fortsetzungsrechte aus dem Gesetz ergeben.[39]

75 Die Pflicht zur Rücksichtnahme kann zur Folge haben, dass der Arbeitgeber dem Arbeitnehmer bei Vertragsverhandlungen eine wirtschaftliche Bedrängnis offenbaren muss, z. B. wenn der Arbeitnehmer mit dem Arbeitgeber wegen der Übernahme der Zusage gem. § 4 Abs. 2 Nr. 1 BetrAVG Gespräche führt. Hat allerdings der zu einem neuen – später insolvent gewordenen – Arbeit-

---

37 BAG 23.9.2003, 3 AZR 658/02, EzA § 611 BGB 2002 Fürsorgepflicht Nr. 1; 11.12.2001, 3 AZR 339/00, EzA § 611 BGB Fürsorgepflicht Nr. 6 = DB 2002, 2387; 14.1.2009, 3 AZR 71/07, DB 2009, 1360; hierzu auch *Steinmeyer* BetrAV 2008, 531, *Doetsch* BetrAV 2008, 21.

38 BAG 21.1.2014, 3 AZR 807/14, FA 2014, 85.

39 Ob es von diesem Grundsatz Ausnahmen gibt, ist offen. Eine solche Ausnahme könnte bei abgeschlossenen Zusatzversicherungen bestehen, wenn der Versicherungsschutz verloren gehen könnte.

geber gewechselte Arbeitnehmer selbst die Initiative für die Übertragung ergriffen, kann der alte Arbeitgeber es dem Arbeitnehmer selbst überlassen, sich über die Folgen und Risiken zu informieren.[40]

Insbesondere ist der Arbeitgeber nicht zur Beratung verpflichtet. Er muss auch   76
nicht über die Zweckmäßigkeit unterschiedlicher Gestaltungsmöglichkeiten belehren.[41] Die Auswahl obliegt dem Arbeitnehmer. Auch müssen keine Modellrechnungen erstellt werden. Wenn allerdings solche Berechnungen vorgelegt werden, müssen sie richtig sein, insbesondere wenn der Arbeitgeber den Arbeitnehmer zu einer Entscheidung bewegen will.[42] Ob der Arbeitgeber bei einer betrieblichen Altersversorgung aus Entgeltumwandlung verpflichtet ist, bei einer Einräumung von Wahlrechten dem Arbeitnehmer die Vor- und Nachteile der jeweiligen Gestaltung zu schildern, ist ungeklärt.[43] Jedenfalls hat der Arbeitgeber seine Nebenpflichten aus dem Arbeitsverhältnis bei einer betrieblichen Altersversorgung aus Entgeltumwandlung erfüllt, wenn er die vom Versicherer erhaltenen Informationen an den Arbeitnehmer weitergeleitet hat. Die versicherungsrechtlichen Tarife habe der Arbeitgeber nicht zu erläutern. Der Versicherer habe in seinen Unterlagen die Zillmerung und ihre Folgen ausreichend deutlich erläutert, wenn er unter der Überschrift »Garantiewerte« darauf hinweise, dass für die Beratungen bei Abschluss der Versicherung und die Einrichtung des Versicherungsvertrages Kosten entstünden, die aus den ersten Beiträgen bestritten würden. Nur der verbleibende Teil des Beitrags stehe für die Bildung der beitragsfreien Leistungen und des Rückkaufwertes zur Verfügung. Zudem sei dem Vertrag eine Liste beigefügt gewesen, aus der sich die garantierte beitragsfreie Altersrente und die garantierten Rückkaufswerte vom Beginn der Versicherung bis zum Ablauf der Versicherung ergebe. Zudem sei unter dem Stichwort »beitragsfreie Versicherung« darauf hingewiesen worden, dass die Beitragsfreistellung mit Nachteilen verbunden sei. In der Anfangszeit sei wegen der Verrechnung von Abschlusskosten keine

---

40 BAG 24.2.2011, 6 AZR 626/09, EzA §611 BGB Aufhebungsvertrag Nr. 8 = DB 2011, 1546.

41 BAG 18.12.1984, 3 AZR 168/82, AP Nr. 3 zu §1 BetrAVG Zusatzversorgungskassen; 13.12.1988, 3 AZR 322/87, BB 1989, 5122 = NZA 1989, 512; 3.7.1990, 3 AZR 28/89.

42 BAG 21.11.2000, 3 AZR 13/00, EzA §611 BGB Fürsorgepflicht Nr. 61 = DB 2002, 227.

43 Bejahend *Reinecke* RdA 2009, 13, *Steinmeyer* BetrAV 2008, 531, *Doetsch* BetrAV 2008, 21.

beitragsfreie Rente vorhanden. Auch später stehe nicht unbedingt ein Betrag in Höhe der Summe der eingezahlten Beiträge zur Verfügung. Entsprechende Hinweise seien bei den Kündigungsregeln zu finden.[44]

77 Auch wenn die Versicherungstarife heute nicht mehr in diesem Sinne gezillmert sind, werden doch gem. § 169 Abs. 3 VVG seit dem 1.1.2008 Abschlusskosten von den ersten Beiträgen abgezogen. Die Abschluss- und Vertriebskosten werden auf die ersten 5 Versicherungsjahre gleichmäßig verteilt. Diese Verteilung ist auch in der betrieblichen Altersversorgung zulässig. Bei Abschluss des Versicherungsvertrages erhält der Arbeitgeber als Versicherungsnehmer vom Versicherer die Versicherungsbedingungen und die Informationen, die nach der Info-Verordnung zu erteilen sind. Dazu gehören auch Auskünfte über die Höhe der Rückkaufswerte. Leitet der Arbeitgeber diese bei einer durch Entgeltumwandlung finanzierten betrieblichen Altersversorgung an den Arbeitnehmer weiter, hat der Arbeitgeber auf jeden Fall seine Informationspflichten erfüllt. Der Arbeitgeber erhält allerdings nicht vom Versicherer das Produktinformationsblatt, da er kein Verbraucher ist. Dieses Produktinformationsblatt würde der Arbeitnehmer erhalten, wenn er privat eine Lebensversicherung abschließen würde. Da der Arbeitnehmer als Privatperson nicht dümmer ist als als Arbeitnehmer, sollte der Arbeitgeber das Produktinformationsblatt beim Versicherer anfordern und an den Arbeitnehmer weiterleiten. Denn wenn der Gesetzgeber davon ausgeht, dass eine Privatperson alle erforderlichen Informationen über das Produktinformationsblatt erhält, dann muss dies auch im betrieblichen Bereich ausreichen.[45]

II. Nachweisgesetz

78 Nach § 2 des Nachweisgesetzes (NachwG) ist der Arbeitgeber verpflichtet, dem Arbeitnehmer spätestens 4 Wochen nach seiner Einstellung Auskunft darüber zu erteilen, welche Regelungen zum Entgelt für ihn gelten und welche Betriebsvereinbarungen auf dieses Arbeitsverhältnis anzuwenden sind. Zum Entgelt gehört auch die betriebliche Altersversorgung. Ist diese in einer Betriebsvereinbarung geregelt, genügt es, den Arbeitnehmer auf diese Betriebs-

---

44 BAG 15.9.2009, 3 AZR 17/09, DB 2010, 61 = BetrAV 2009, 671.

45 § 4 der Verordnung über Informationspflichten bei Versicherungsverträgen (VVG-Informationspflichtenverordnung – VV-InfoV) BGBl. I 2007, S. 3004.

vereinbarung zu verweisen. Die Aushändigung der maßgeblichen Regelungen in Papierform ist ratsam. Ein Verweis auf das Intranet reicht nicht aus.[46]

Die Auskunft nach dem Nachweisgesetz hat nichts mit der Auskunft nach § 4a BetrAVG zu tun. Sie soll den Arbeitnehmer über seine Rechte bei Beginn des Arbeitsverhältnisses aufklären, nicht aber seine Versorgungsanwartschaft beziffern. **79**

Einen Auskunftsanspruch nach § 4a BetrAVG hat der Arbeitnehmer erst, wenn er eine gesetzlich unverfallbare Anwartschaft erreicht hätte. Dies ist bei der Einstellung nicht der Fall. **80**

III. § 10a VAG

In § 10a Abs. 1 S. 3 VAG i. V. m. der Anlage D ist geregelt, dass der Versicherer (Lebensversicherungsunternehmen und Pensionskasse, nach § 113 Abs. 2 Nr. 4 VAG gilt dies entsprechend für den Pensionsfonds) zu bestimmten Auskünften von sich aus verpflichtet ist. Er hat den Versorgungsanwärter und den Versorgungsempfänger, wenn sie nicht Versicherungsnehmer sind, bei **Beginn des Versicherungsverhältnisses ausführlich** und **aussagekräftig** über Name, Anschrift, Rechtsform und Sitz des Versicherungsunternehmens zu unterrichten. Wird der Vertrag mit einer Niederlassung abgeschlossen, bezieht sich die Informationspflicht auf die Niederlassung. Darüber hinaus ist über die Vertragsbedingungen und Tarifbestimmungen, soweit sie für das Versorgungsverhältnis gelten, zu informieren und eine Aussage dazu zu machen, dass deutsches Recht anzuwenden ist. Vor Versicherungsbeginn muss auch über die Laufzeit informiert werden. Darüber hinaus sind allgemeine Angaben über die für die gewählte Versorgungsart geltenden Steuerregelungen zu machen, wobei auch hierfür gilt, dass die Informationen ausführlich und aussagekräftig sein müssen. Diese Vorschrift ist in ihrem Anwendungsbereich weiter gehend als § 4a BetrAVG, weil es nicht darauf ankommt, ob eine Unverfallbarkeit besteht. **81**

Während der Laufzeit des Versorgungsverhältnisses, also während der **Anwartschaftszeit** und in der **Versorgungsphase**, müssen unaufgefordert Änderungen von Namen, Anschrift, Rechtsform und Sitz mitgeteilt werden. Zudem ist **jährlich**, erstmals mit Beginn des Versorgungsverhältnisses, die **voraussichtliche Höhe** der den Versorgungsanwärtern **zustehenden Leistungen** mitzu- **82**

---

46 *Doetsch* BetrAV 2003, 49; *ders.* BetrAV 2008, 21.

teilen. Diese Auskunft weicht von § 4a BetrAVG ab, weil nicht die erreichte Leistung mitzuteilen ist, sondern die erreichbare Leistung. Damit ist grundsätzlich die Garantieleistung inklusive der zugeteilten Überschussanteile gemeint. Bei der **Beitragszusage mit Mindestleistung** ist jährlich über die Anlagemöglichkeiten und die Struktur des Anlageportfolios zu unterrichten und es ist über das Risikopotenzial und die Kosten der Vermögensverwaltung und sonstige mit der Anlage verbundenen Kosten zu informieren, soweit der Versorgungsanwärter das Anlagerisiko trägt.[47]

83   Die Informationspflicht geht sogar so weit, dass auch schriftlich darüber zu informieren ist, ob und wie der Versicherer ethische, soziale und ökologische Belange bei der Verwendung der eingezahlten Beiträge berücksichtigt.

84   Auf Anfrage erhalten Anwärter und Versorgungsempfänger vom Versicherer den Jahresabschluss und den Lagebericht des vorhergegangenen Geschäftsjahrs.

85   Diese Informationspflichten sind vom Versicherer zu erfüllen. Der Arbeitgeber hat mit diesen Pflichten nichts zu tun. Insbesondere haftet er nicht für die Richtigkeit und Vollständigkeit.

86   Wesentlich ist, dass diese Informationspflichten schon **vorvertraglich** einsetzen, während der Laufzeit **regelmäßig** zu erfüllen sind und – anders als bei § 4a BetrAVG – nicht nur auf Verlangen bestehen, sondern von sich aus durch den Versorgungsträger ausgeübt werden müssen. Es kommt auch nicht darauf an, ob eine gesetzlich oder fiktiv gesetzlich unverfallbare Anwartschaft besteht. Auch der verfallbare Anwärter ist zu informieren.[48]

IV. VVG

87   Mit Wirkung ab dem 1.1.2008 werden diese schon bestehenden Auskunftspflichten der Versicherer über § 6 und § 7 VVG und die hierzu ergangene Rechtsverordnung[49] (VVG-InfoV) erweitert.

88   § 6 VVG sieht eine Beratungspflicht vor. Vor Abschluss eines Versicherungsvertrages muss der Versicherer (Pensionskasse, Lebensversicherungsunternehmen bei der Direktversicherung und bei der Rückdeckungsversicherung) den

---

47   S. dazu § 1 Rdn. 463 ff.
48   *Reinecke* RdA 2005, 132; *Hölscher* FS Kemper, S. 190.
49   BGBl. 2007 I, S. 3004.

Versicherungsnehmer (Arbeitgeber) dazu beraten, welche Umsetzungsform für eine betriebliche Altersversorgung bei diesem Versicherer in Betracht kommt.[50] Dabei ist der potenzielle Versicherungsnehmer nach seinen Wünschen und Bedürfnissen zu befragen und entsprechend zu beraten. Zu berücksichtigen ist die Schwierigkeit, die angebotene Versicherung zu beurteilen, und die Verständnissituation des Versicherungsnehmers. Dabei wird man bei der betrieblichen Altersversorgung fast immer davon ausgehen müssen, dass umfangreiche Nachfragepflichten bestehen, weil die Arbeitgeber in der Regel die Komplexität einer Altersversorgung nicht durchschauen.[51] Schließlich kommen 5 Durchführungswege, 3 Zusagearten und unterschiedlichste Leistungskombinationen in Betracht. Von eingeschränkten Beratungspflichten kann vielleicht bei solchen Unternehmen ausgegangen werden, die eine eigene Abteilung für die betriebliche Altersversorgung haben, oder die bereits von einem (fachkundigen) Berater betreut werden. Auch bei gezielten Nachfragen nach einem bestimmten Produkt durch den Arbeitgeber wird man annehmen können, dass er sich bereits zuvor kundig gemacht hat.

Die Nachfragepflicht erstreckt sich auf das Risikoprofil des Arbeitgebers (z.B. **89** haftungsarme Gestaltung),[52] auf die Art der Finanzierung einer betrieblichen Altersversorgung (Arbeitgeberfinanzierung oder Entgeltumwandlung), auf das Leistungsspektrum (nur Altersleistung, oder auch Hinterbliebenen- und/oder Invaliditätsleistung) und auf die Leistungsart (Kapital, Rente, Rente mit Kapitalwahlrecht, Leibrente, abgekürzte Leibrente usw.).[53] Auch muss nach der Zusageart gefragt werden, insbesondere bei der Beitragszusage mit Mindestleistung nach dem gewünschten Finanzierungsverfahren (reine Fondsanlage oder Hybridprodukt). Erst wenn diese Fragen geklärt sind, kann der Versicherer beurteilen, ob er eine geeignete Versicherung anbieten kann und welche von verschiedenen Lösungen für dieses Unternehmen in Betracht kommen können.

Die Beratungspflicht besteht nicht nur vor Abschluss eines Versicherungs- **90** vertrages, sondern nach §6 Abs.4 VVG auch während der Dauer eines Versicherungsvertrages. Dies bedeutet, dass der Versicherer von sich aus auf

---

50 OLG Oldenburg 6.11.2013, 5 B 45/13; OLG Köln 26.3.2010, 20 U 198/09.
51 *Reinecke* RdA 2009, 13, *Steinmeyer* BetrAV 2008, 531, *Doetsch* BetrAV 2008, 21.
52 Hierzu auch BAG 12.6.2007, 3 AZR 14/06, EzA § 1a BetrAVG Nr. 2 = DB 2007, 2722.
53 Hierzu *Reinecke* RdA 2009, 13.

den Arbeitgeber zugehen muss, wenn er einen Anlass für eine Nachfrage und Beratung erkennt. Dies kann z. B. der Fall sein, wenn der Arbeitgeber vor Abschluss des Vertrages deutlich gemacht hat, dass er eine vollständig ausfinanzierte Versorgung wünscht, wegen der Verringerung der Überschussbeteiligung aber ein Nachfinanzierungsbedarf entstanden ist.

91　Verletzt der Versicherer seine Beratungspflicht, macht er sich schadensersatzpflichtig (§ 6 Abs. 5 VVG).

92　Da das VVG nur bei Versicherungen Anwendung findet, stellt sich die Frage, ob Beratungspflichten auch für den Pensionsfonds gelten, der kein Versicherungsunternehmen ist. Der Gesetzgeber hat in § 113 VAG ausdrücklich geregelt, welche Vorschriften auch für den Pensionsfonds gelten. So ist er auskunftspflichtig nach § 10a VAG. Eine Anwendung von § 6 VVG wurde ihm aber nicht vorgegeben, sodass man wohl davon ausgehen muss, dass der Gesetzgeber keine Notwendigkeit sah, derartige Beratungspflichten für diesen Durchführungsweg vorzugeben.

93　Bei rückgedeckten Unterstützungskassen geht die Beratungspflicht des Versicherers nicht selten ins Leere, weil der Rückdeckungsversicherer nicht selten auch »Betreiber« der Gruppenunterstützungskasse ist. Er müsste sich dann im Prinzip selbst beraten, weil Versicherungsnehmer seine »eigene« Unterstützungskasse ist. Der Arbeitgeber als Trägerunternehmen ist nicht Versicherungsnehmer und wäre folglich nicht zu beraten, obwohl er nach § 1 Abs. 1 S. 2 und 3 BetrAVG einstandspflichtig ist. Diese besondere Situation ist offenbar vom Gesetzgeber nicht bedacht worden. Deshalb stellt sich die Frage, ob § 6 VVG analog anzuwenden ist. Dies wird man verneinen müssen, schon deshalb, weil in der Praxis der Versicherer keinen unmittelbaren Kontakt zum Arbeitgeber als Trägerunternehmen hat. Diesen Kontakt hat nur die Unterstützungskasse. Da diese aber in einem Auftragsverhältnis zum Arbeitgeber steht, sobald dieser Trägerunternehmen wird, wird man vorvertraglich von ihr Beratungspflichten analog § 6 VVG verlangen müssen, denn ein Arbeitgeber ist nicht weniger beratungsbedürftig, wenn er seine betriebliche Altersversorgung über eine Unterstützungskasse abwickeln will oder abwickelt.

94　Von der Beratungspflicht sind gem. § 211 VVG ausdrücklich regulierte Pensionskassen ausgenommen.

95　Bei der betrieblichen Altersversorgung aus Entgeltumwandlung ist auch der Arbeitgeber und nicht der Arbeitnehmer zu beraten. Der Arbeitgeber muss entscheiden, welchen Durchführungsweg er vorgibt, ob es nur eine Altersleistung oder auch eine Invaliditäts- und/oder Hinterbliebenenleistung gibt[54] und welche Zusageart genommen werden soll. Erst wenn der Arbeitgeber zu diesen grundlegenden Fragen beraten wurde und er sich für eine Durchführung der Entgeltumwandlung bei diesem Versicherer entschieden hat und hierfür die Konditionen vorgegeben hat, kann es zu Kontakten zwischen dem umwandlungswilligen Arbeitnehmer und dem Versicherer kommen. Nach den Vorgaben des Arbeitgebers ist dann der Arbeitnehmer zu informieren. Ist dem Arbeitgeber dies alles zu kompliziert und aufwendig und lässt er deshalb ohne Vorgaben den Versicherer unmittelbar mit dem Arbeitnehmer kommunizieren, hat der Versicherer den Arbeitnehmer i. S. v. § 6 VVG zu beraten.[55]

Nach § 7 VVG muss der Versicherer dem Versicherungsnehmer (Arbeitgeber) **96** rechtzeitig vor Abgabe von dessen Vertragserklärung die Vertragsbestimmungen einschließlich der Allgemeinen Versicherungsbedingungen aushändigen. Auch wenn § 7 VVG nicht so deutlich wie § 10a VAG davon spricht, dass die Vertragsbedingungen zu übergeben sind, »soweit sie für das Vertragsverhältnis gelten«, muss doch davon ausgegangen werden, dass die »richtigen« Vertragsbedingungen gemeint sind, weil sonst der Sinn und Zweck der Vorschrift, den Arbeitgeber als Versicherungsnehmer zu informieren, ins Leere gehen würde. Die Informationen, die der Arbeitgeber vom Versicherer erhält, müssen so gestaltet sein, dass dieser sie an den Arbeitnehmer weitergeben kann. Da der Versicherer nach § 10a VAG sowieso den Arbeitnehmer über »das« Vertragsverhältnis unterrichten muss, müssen die Vertragsbestimmungen und die Allgemeinen Versicherungsbedingungen identisch sein.

Nach § 7 Abs. 2 VVG ist der Arbeitgeber aber auch i. S. d. VVG-InfoV[56] zu **97** informieren. Dies bedeutet, dass ihm z. B. die Höhe der Kosten für die Vermittlung und den Abschluss des Vertrages, die Rückkaufwerte, der Mindestversicherungsbetrag für eine prämienfreie Versicherung, eine Modellrechnung und weitere Angaben auszuhändigen sind. Da der Arbeitgeber nicht Verbraucher i. S. v. § 13 BGB ist, wenn er z. B. sein Unternehmen als GmbH oder AG betreibt, ist ihm kein Produktinformationsblatt gem. § 4 VVG-InfoV zur Verfügung zu stellen, auch wenn dies für die betriebliche Altersversorgung vernünftig wäre. Damit hat der Arbeitgeber auch nicht die Möglichkeit, in kurzer, übersichtlicher und verständlicher Form über die wesentlichen Ver-

---

54 BAG 12.6.2007, 3 AZR 14/06, EzA § 1a BetrAVG Nr. 2 = DB 2007, 2722.
55 Hierzu insbesondere *Reinecke* RdA 2009, 13.
56 BGBl. I 2007, S. 3004.

tragsbestandteile unterrichtet zu werden und diese Informationen an den Arbeitnehmer weiterzugeben. Um ein gesetzgeberisches Versehen handelt es sich insoweit nicht, weil die Einschränkung, dass nur »Verbraucher«, d.h. natürliche Personen, das Produktinformationsblatt erhalten müssen, in einer Entwurfsfassung der Verordnung nicht vorgesehen war. Ob man dennoch von den Versicherern fordern kann oder gar fordern muss,[57] dass sie den Arbeitgebern und damit mittelbar auch den Arbeitnehmern zumindest bei einer betrieblichen Altersversorgung aus Entgeltumwandlung ein solches Produktinformationsblatt zur Verfügung stellen müssen, werden die Gerichte zu entscheiden haben. Jedenfalls wäre es sinnvoll, dem Arbeitgeber auch ohne rechtliche Verpflichtung diese Informationen zur Verfügung zu stellen, damit dieser sie an den Arbeitnehmer weiterleiten kann. Ein Arbeitgeber ist bei einer betrieblichen Altersversorgung aus Entgeltumwandlung sicherlich auch gut beraten, wenn er dieses Informationsblatt beim Versicherer anfordert. Er kann dieses dann ungeprüft an den Arbeitnehmer weiterleiten. Er kann sich darauf beschränken, die Informationen des Versicherers weiterzuleiten, die alle Informationen gem. § 7 Abs. 2 VVG, das Produktinformationsblatt und die Angaben enthalten müssen, die das BAG mit Urteil vom 15.9.2009[58] hervorgehoben hat.

98 Die Informationen, die der Arbeitgeber vom Versicherer erhält und an den Arbeitnehmer weiterleitet oder die Informationen, die der Versicherer unmittelbar dem Arbeitnehmer gibt, können Schadensersatzansprüche des Arbeitnehmers gegenüber dem Versicherer begründen, denn es kann bei einer betrieblichen Altersversorgung aus Entgeltumwandlung zu einem vorvertraglichen Vertragsverhältnis mit Schutzwirkung zugunsten des Arbeitnehmers kommen.[59] Deshalb muss es auch im Interesse des Versicherers liegen, richtige Informationen zu geben.

V. Auskunft bei Kündigung der Versicherung

99 Mit § 166 Abs. 4 VVG hat der Gesetzgeber eine Informationspflicht für den Fall geschaffen, dass der Arbeitgeber die Beiträge nicht oder nicht fristgemäß an den Versicherer zahlt. Danach hat der Versicherer den Arbeitnehmer darüber zu informieren, dass er den Vertrag kündigen will, damit dieser die

---

57 So ausdrücklich *Reinecke* RdA 2009, 13.
58 BAG 15.9.2009, 3 AZR 17/09, DB 2010, 61 = BetrAV 2009, 671.
59 *Reinecke* RdA 2009, 13; ähnlich *Steinmeyer* BetrAV 2008, 531.

Möglichkeit erhält, die Versicherung mit eigenen Beiträgen fortzuführen. Diese Informationspflicht ist unmittelbar gegenüber dem Arbeitnehmer zu erfüllen. Sie kann nicht über den Arbeitgeber geleitet werden. Mit der Information muss dem Arbeitnehmer eine Zahlungsfrist von mindestens 2 Monaten eingeräumt werden.

VI. Auskunft bei Scheidung

Zu den Auskunftspflichten im Scheidungsverfahren wird auf den Anhang I verwiesen. **100**

VII. Betriebsvereinbarung/Tarifvertrag

Auskunftspflichten können sich auch aus einer Betriebsvereinbarung oder einem Tarifvertrag ergeben. Soweit diese über die Regelung in §4a BetrAVG hinausgehen, liegt eine Besserstellung des Arbeitnehmers vor, die bei der Umsetzung des Auskunftsrechts entsprechend zu berücksichtigen ist. **101**

Bleiben die Regelungen der Betriebsvereinbarung hinter den Auskunftspflichten nach §4a BetrAVG zurück, kommen die gesetzlichen Regelungen zur Anwendung. Dies ergibt sich aus §17 Abs. 3 S. 3 BetrAVG. In Tarifverträgen kann von §4a BetrAVG abgewichen werden (§17 Abs. 3 S. 1). Verlangt der Tarifvertrag bestimmte Informationen, die der Arbeitgeber nicht oder nicht richtig bzw. nicht vollständig erteilt, können Schadensersatzansprüche bestehen.[60] Natürlich muss der Arbeitgeber die Auskunft nach §4a BetrAVG erteilen.[61] **102**

VIII. §613a BGB

Auch die Informationen, die gem. §613a Abs. 5 BGB bei einem Betriebsübergang zu erteilen sind, stehen in keinem Zusammenhang mit §4a BetrAVG.[62] Das BAG hat entschieden, dass der übergegangene Arbeitnehmer nur ausnahmsweise einen Anspruch gegenüber dem ehemaligen Arbeitgeber auf Auskunft darüber hat, wie hoch die bis zum Betriebsübergang erdiente Anwartschaft ist.[63] **103**

---

60 *Reinecke* RdA 2005, 141.
61 *Rolfs* BetrAV 2008, 468.
62 Hierzu *Kisters-Kölkes* FS Kemper, S. 227.
63 BAG 22.5.2007, 3 AZR 357/06, FA 2007, 217 = DB 2008, 192; 22.5.2007, 3 AZR 834/05, EzA §2 BetrAVG Nr. 29 = DB 2008, 191.

F. Abgrenzung von Auskunft und Beratung

104 Insbesondere im Zusammenhang mit dem Anspruch auf Entgeltumwandlung wird diskutiert, ob den Arbeitgeber Auskunfts- und Beratungspflichten treffen.

I. Auskunft

105 Die Auskunftspflichten sind in § 4a BetrAVG geregelt. Im Einzelfall können darüber hinausgehende Auskunftspflichten aus anderen Normen oder auch aus der Fürsorgepflicht abgeleitet werden. Dabei kommt es aber auf die Umstände des konkreten Einzelfalles an. Eine allgemeine, über die in § 4a BetrAVG hinausgehende Auskunfts- und Informationspflicht hat der Gesetzgeber gerade nicht normiert.[64] Solche bestehen auch nicht hinsichtlich des Anspruchs auf Entgeltumwandlung.[65]

106 Eine generelle Auskunftspflicht des Arbeitgebers über den Inhalt des Betriebsrentengesetzes oder die Anwendung von dessen Normen besteht nicht. Die Rechtsprechung geht davon aus, dass die Arbeitnehmer die gesetzlichen Vorschriften kennen müssen. Hätte der Gesetzgeber für den Anspruch auf Entgeltumwandlung oder über die fehlende Vererbbarkeit[66] Informationspflichten[67] besonderer Art schaffen wollen, hätte eine gesetzliche Regelung in § 1a BetrAVG oder § 4a BetrAVG aufgenommen werden müssen. Dies ist nicht geschehen. Auf Nachfrage können allerdings Informationspflichten entstehen.[68]

107 Abgesehen von einer Informationspflicht ist es für die Wahrnehmung des Anspruchs auf Entgeltumwandlung von Nutzen, wenn der Arbeitnehmer aufgrund freier Entscheidung über die im Betrieb bestehenden Möglichkeiten zur Umsetzung des Anspruchs auf Entgeltumwandlung informiert wird. Dies kann mit den vom Arbeitgeber zu treffenden Entscheidungen zum Durchführungsweg und Versorgungsträger verbunden werden.

---

64 *Langohr-Plato/Teslau* NZA 2004, 1358.

65 BAG 21.1.2014, 3 AZR 807/11, FA 2014, 85.

66 *Müller/Straßburger* BetrAV 2004, 240.

67 Verneinend *Reinecke* RdA 2005, 141.

68 *Hanau/Arteaga/Rieble/Veit* Entgeltumwandlung Rn. 155.

Kisters-Kölkes

II. Beratung

Sind schon die Auskunftspflichten beschränkt, ist erst recht ein Recht auf Beratung ausgeschlossen.[69] Dabei soll unter Beratung verstanden werden, dass individuelle Umstände berücksichtigt und Ratschläge erteilt werden. Es ist nicht Aufgabe des Arbeitgebers, den Arbeitnehmer hinsichtlich seiner Vorsorgeplanung zu beraten. **108**

Führt der Arbeitgeber auf freiwilliger Basis eine Beratung durch oder lässt er diese durchführen, stellt sich die Frage, ob er damit einen Haftungstatbestand auslöst. Insoweit kommt es auf die Umstände des Einzelfalles an. Dass der Arbeitgeber sich schadensersatzpflichtig machen kann, ist nicht ausgeschlossen.[70] **109**

III. Entgeltumwandlung

Da der Gesetzgeber in §4a BetrAVG nicht zwischen arbeitgeber- und arbeitnehmerfinanzierten Altersversorgung unterscheidet, kann aus dieser Vorschrift auch nicht abgeleitet werden, dass den Arbeitgeber bei der Entgeltumwandlung besondere Auskunfts- oder Beratungspflichten treffen.[71] Insbesondere ist der Arbeitgeber nicht verpflichtet, den Arbeitnehmer darüber zu informieren, dass es den Anspruch auf Entgeltumwandlung gibt.[72] Folglich muss der Arbeitgeber auch nicht über die Konditionen informieren, die hierfür gelten. Der Arbeitgeber hat erst recht keine Beratungspflicht. In der Vergangenheit wurde immer wieder die Behauptung aufgestellt, der Arbeitgeber mache sich schadensersatzpflichtig, wenn er nicht informiere. Dies ist unzutreffend. **110**

Ohne Zweifel ist es richtig, dass informierte Arbeitnehmer eher dazu bereit sind, eine Entgeltumwandlung vorzunehmen. Damit würde die betriebliche Altersversorgung gefördert. Aus dem Fürsorgeprinzip aber abzuleiten, dass den Arbeitgeber eine Informations- und/oder Beratungspflicht trifft, geht über den Wortlaut des §4a BetrAVG hinaus. **111**

---

69 *Doetsch* BetrAV 2003, 50.

70 *Reinecke* RdA 2005, 143.

71 *Reinecke* RdA 2005, 141.

72 BAG 21.1.2014, 3 AZR 807/11, NZA 2014, 6.

Zweiter Abschnitt Auszehrungsverbot

§ 5 Auszehrung und Anrechnung

(1) Die bei Eintritt des Versorgungsfalles festgesetzten Leistungen der betrieblichen Altersversorgung dürfen nicht mehr dadurch gemindert oder entzogen werden, daß Beträge, um die sich andere Versorgungsbezüge nach diesem Zeitpunkt durch Anpassung an die wirtschaftliche Entwicklung erhöhen, angerechnet oder bei der Begrenzung der Gesamtversorgung auf einen Höchstbetrag berücksichtigt werden.

(2) [1]Leistungen der betrieblichen Altersversorgung dürfen durch Anrechnung oder Berücksichtigung anderer Versorgungsbezüge, soweit sie auf eigenen Beiträgen des Versorgungsempfängers beruhen, nicht gekürzt werden. [2]Dies gilt nicht für Renten aus den gesetzlichen Rentenversicherungen, soweit sie auf Pflichtbeiträgen beruhen, sowie für sonstige Versorgungsbezüge, die mindestens zur Hälfte auf Beiträgen oder Zuschüssen des Arbeitgebers beruhen.

A. Allgemeines

1 § 5 BetrAVG ist seit Inkrafttreten des BetrAVG[1] im Gesetz enthalten. Sein Regelungsgehalt erklärt sich im Wesentlichen vor dem Hintergrund, dass in 1974 noch viele Gesamtversorgungszusagen[2] erteilt waren.

---

1 22.12.1974.
2 S. dazu § 1 Rdn. 197.

In Abs. 1 ist ein Auszehrungsverbot und in Abs. 2 ein Anrechnungsverbot 2 enthalten. Abs. 1 ist nach Eintritt des Versorgungsfalles zu berücksichtigen, Abs. 2 bei Eintritt des Versorgungsfalles. Die Bedeutung dieser Vorschrift ist in den vergangenen Jahren stark zurückgegangen, da vielfach Gesamtversorgungszusagen abgeschafft wurden, wenn und soweit dies rechtlich möglich war. Diese Verbote sind heute im Wesentlichen nur noch von Bedeutung bei Höchstbegrenzungsklauseln.[3]

Die Vorschrift hat ihren Anwendungsbereich bei und nach Eintritt des Versorgungsfalles, also in der Versorgungsphase und zwar i. d. R. nur bei Rentenzusagen, nicht bei Kapitalzusagen. Renten könnten im Laufe der Zeit durch Anrechnung anderer Versorgungsleistungen ausgezehrt werden. Dies ist bei Kapitalzusagen nicht möglich, zumindest dann nicht, wenn sie in einem Betrag ausgezahlt werden.[4] Bei Kapitalleistungen kann folglich i. d. R. nur das Anrechnungsverbot nach Abs. 2 Bedeutung erlangen.

In der Anwartschaftszeit ergibt sich u. U. ein Anrechnungs- oder Auszehrungsverbot aus dem Gleichbehandlungsgrundsatz und aus Vertrauensschutzgesichtspunkten.[5] Eine Versorgungszusage, die in der Anwartschaftszeit so konzipiert ist, dass bei Eintritt des Versorgungsfalles überhaupt keine Leistungen zu zahlen sind, ist rechtsmissbräuchlich.[6]

▶ **Beispiel:** 5

Einem Arbeitnehmer wird eine Versorgungszusage erteilt, die auf einen Festbetrag von 1.000 € lautet. Auf diesen Betrag soll die bei Eintritt des Versorgungsfalles zu zahlende Sozialversicherungsrente angerechnet werden. Die Sozialversicherungsrente beläuft sich auf 1.050 €.

Wird in einem Festbetragssystem eine Versorgungsleistung zugesagt und soll 6 die zugesagte Leistung um die Sozialversicherungsrente gekürzt werden, ist die Zusage nicht zu beanstanden, wenn die Festbeträge der Dynamik der Sozialversicherung folgend angepasst werden. Geschieht dies nicht, und kommt es deshalb zu einer Auszehrung der Anwartschaft, ist dies unbillig.

---

3 S. dazu § 6 Rdn. 80 f.
4 Überhaupt keine Anwendung bei Kapitalleistungen: *Blomeyer/Rolfs/Otto* § 5 Rn. 22.
5 A. A. *Langohr-Plato* Rechtshandbuch, Rn. 669.
6 BAG 18.12.1975, 3 AZR 58/75, EzA § 242 BGB Ruhegeld Nr. 48 = DB 1976, 1015.

7   Scheidet ein Arbeitnehmer mit einer gesetzlich unverfallbaren Anwartschaft aus dem Arbeitsverhältnis aus, ist § 2 Abs. 5 S. 4 BetrAVG zu beachten. Danach dürfen Versorgungsanwartschaften, die der Arbeitnehmer nach seinem Ausscheiden bei einem anderen Arbeitgeber erwirbt, nicht zu einer Kürzung der unverfallbaren Anwartschaft (Teilanspruch) führen.[7] Das BAG führt hierzu aus, dass dies auch für eine Höchstbegrenzungsklausel gelte.[8]

8   Nach § 17 Abs. 1 S. 1 BetrAVG können Tarifverträge von § 5 BetrAVG abweichen.[9] Die anrechenbaren Leistungen müssen klar und eindeutig beschrieben sein. Dies ist bisher – soweit ersichtlich – nicht geschehen.

B. Auszehrungsverbot

9   Laufende Betriebsrenten dürfen nicht dadurch ausgezehrt werden, dass andere Versorgungsbezüge, die an die wirtschaftliche Entwicklung angepasst wurden, bei der Leistungsbemessung berücksichtigt werden. Dies gilt gleichermaßen für eine Minderung der gezahlten Rente als auch für einen vollständigen Entzug der Rente.

I. Festgesetzte Leistungen

10 Bei Eintritt des Versorgungsfalles werden nach Maßgabe des Leistungsplanes die Versorgungsleistungen festgesetzt. Dieser Betrag darf später nicht mehr unterschritten werden. Es ist folglich eine Versorgungszusage unzulässig, die z. B. die jeweilige Sozialversicherungsrente auf den einmal ermittelten und festgeschriebenen Rentenausgangsbetrag anrechnet.

11 ▶ **Beispiel:**

Zugesagt sind 75 % der letzten Bezüge. Diese betragen bei Eintritt des Versorgungsfalles 2.000 €. Auf den sich so ergebenden Betrag von 1.500 € wird die Sozialversicherungsrente angerechnet. Diese beläuft sich bei Rentenbeginn auf 1.100 €, d. h. es ist eine Betriebsrente in Höhe von 400 € zu zahlen.

Soll im Folgejahr die nunmehr auf 1.180 € erhöhte Sozialversicherungsrente auf den Ausgangsbetrag von 1.500 € angerechnet werden, also der

---

7   S. dazu § 2 Rdn. 131.
8   BAG 20.3.1984, 3 AZR 22/82, EzA § 242 BGB Ruhegeld Nr. 104 = DB 1984, 1995.
9   S. dazu § 17 Rdn. 25.

Rentenzahlbetrag auf 320 € vermindert werden, verstößt dies gegen § 5 Abs. 1 BetrAVG und ist unzulässig. Denn im Laufe der Jahre würde mit jeder Anhebung der gesetzlichen Rente der vom Arbeitgeber zu zahlende Betrag immer geringer. Der Versorgungsempfänger würde immer nur eine Versorgung, die sich aus der betrieblichen und der gesetzlichen Rente zusammensetzt, in Höhe von 1.500 € erhalten.[10]

II. Andere Versorgungsbezüge

Andere Versorgungsbezüge sind Versorgungszahlungen, die von einem Dritten   12
geleistet werden, z. B. von einem ehemaligen Arbeitgeber des Arbeitnehmers
oder dessen Versorgungseinrichtung oder von einem in- oder ausländischen
Sozialversicherungsträger. Auch die Bezüge aus einem berufsständischen Versorgungswerk stellen andere Bezüge dar.

Werden solche Zahlungen an die wirtschaftliche Entwicklung angepasst, darf   13
dies nicht über eine Anrechnungsklausel zu einer Verminderung der vom
Arbeitgeber zu zahlenden Rente führen.

Nicht angerechnet werden darf gem. § 2 Abs. 5 S. 4 BetrAVG auf eine gesetz-   14
lich unverfallbare Anwartschaft die Leistung, die ein Arbeitnehmer bei einem
Folgearbeitgeber erworben hat. Diese Anwartschaft hat mit der Zusage des
alten Arbeitgebers nichts zu tun.

III. Wirtschaftliche Entwicklung

Eine Anpassung an die wirtschaftliche Entwicklung liegt vor, wenn z. B. eine   15
Anpassung nach § 16 BetrAVG vorgenommen wird, eine Anpassung aufgrund
einer Anpassungsgarantie erfolgt oder – wie in der gesetzlichen Rentenversicherung – eine gesetzliche Anhebung der laufenden Renten vorgenommen
wird.

Eine Anpassung an die wirtschaftliche Entwicklung liegt auch vor, wenn z. B.   16
bei jeder Tariflohnerhöhung die laufenden Renten neu berechnet werden,
indem bei einer Gesamtversorgungszusage die Bemessungsgrundlage Gehalt
um die Tarifsteigerung angepasst und hierauf die tatsächliche, i. d. R. erhöhte
Sozialversicherungsrente angerechnet wird. Bei einer solchen Anpassung und
Anrechnung liegt ein Verstoß gegen § 5 BetrAVG vor, wenn der Ausgangs-

---

10 BAG 13.7.1978, 3 AZR 873/77, EzA § 5 BetrAVG Nr. 2 = DB 1978, 2274.

betrag der ursprünglich ermittelten Betriebsrente bei Rentenbeginn unterschritten wird. Eine auch nur kurzfristige Unterschreitung ist nicht zulässig.[11]

17 Keine Anpassung an die wirtschaftliche Entwicklung liegt vor, wenn z. B. eine Direktversicherung um Überschussanteile erhöht wird. Dies ist eine vertragsgemäße Anpassung, also gerade keine Anpassung an die wirtschaftliche Entwicklung.

C. Anrechnungsverbot

18 Das in § 5 Abs. 2 BetrAVG enthaltene Anrechnungsverbot hat zur Folge, dass anderweitige Versorgungsleistungen auf die zugesagte betriebliche Versorgungsleistung nur in den Grenzen von Abs. 2 angerechnet werden können. Damit enthält diese Vorschrift eine Einschränkung der Vertragsfreiheit.

I. Rechtsgrundlage

19 Jede Anrechnung bedarf einer klaren und eindeutigen Rechtsgrundlage.[12] Die anrechenbaren Leistungen müssen klar und eindeutig beschrieben sein. Nur dann, wenn eine solche Anrechnungsregel vertraglich vereinbart ist, ist überhaupt zu prüfen, ob die Voraussetzungen nach § 5 Abs. 2 BetrAVG erfüllt sind.

II. Eigene Beiträge des Arbeitnehmers

20 Eine Versorgung ist durch eigene Beiträge des Arbeitnehmers finanziert, wenn dieser die finanzielle Last getragen hat. Eine Versorgung, die ausschließlich durch Beiträge des Arbeitnehmers finanziert wurde, darf gar nicht angerechnet werden. Auch wenn nach dem Wortlaut des Gesetzes von »Beiträgen« des Arbeitnehmers die Rede ist, muss nicht zwingend eine Beitragsleistung an einen Versorgungsträger erfolgt sein. Nach dem Sinn und Zweck der Vorschrift muss das Anrechnungsverbot auch ohne eine Beitragsleistung i. e. S. gelten, also auch solche Versorgungsleistungen erfassen, die wirtschaftlich betrachtet vom Arbeitnehmer finanziert wurden, ohne dass es zu einer Beitragszahlung durch den Arbeitnehmer gekommen ist. Damit sind insbesondere Anrechnungen von Versorgungsleistungen ausgeschlossen, die durch

---

11 BAG 13.7.1978, 3 AZR 873/77, EzA § 5 BetrAVG Nr. 2 = DB 1978, 2274.
12 BAG 5.9.1989, 3 AZR 654/87, DB 1990, 1143 = NZA 1990, 269; 16.8.1988, 3 AZR 183/87, EzA § 5 BetrAVG Nr. 21 = DB 1989, 279.

Kisters-Kölkes

Entgeltumwandlung finanziert wurden. Entsprechendes gilt für eine vom Arbeitnehmer betriebene Eigenvorsorge.

Eigenvorsorge liegt vor, wenn der Arbeitnehmer im privaten Bereich oder 21 durch Zahlung von Beiträgen aus versteuertem und verbeitragtem Einkommen die Versorgungsleistung oder einen Teil der Leistung finanziert hat z. B. durch Zahlung von Beiträgen an eine Pensionskasse. Diese Leistungen aus Eigenbeiträgen werden ausschließlich der privaten Vorsorge zugerechnet.

Mit der neu geschaffenen Regelung in §1 Abs. 2 Nr. 4 BetrAVG wird eine 22 Vermischung von privater Eigenvorsorge und einer betrieblichen Altersversorgung vorgenommen. Liegt eine vom Arbeitgeber erteilte Umfassungszusage vor, handelt es sich um betriebliche Altersversorgung. Eine Anrechnung der Leistungen aus einer Umfassungszusage ist ebenso wenig möglich wie die Anrechnung von Leistungen, die durch Eigenvorsorge finanziert wurden.

III. Anrechnung

Anrechenbar sind Leistungen aus der gesetzlichen Rentenversicherung, soweit 23 sie auf Pflichtbeiträgen beruhen.[13] Die auf freiwilligen Beiträgen beruhende Rente darf nicht angerechnet werden.[14] Anrechenbar ist nicht nur der Teil der Rente, der durch Arbeitgeberbeiträge finanziert wurde, sondern auch der Teil der Rente, den der Arbeitnehmer durch eigene Beiträge finanziert hat. Die gesamte, von Arbeitgebern, also auch Vor- oder Nacharbeitgebern finanzierte gesetzliche Rente ist anrechenbar. Anrechenbar sind auch Leistungen aus der gesetzlichen Unfallversicherung. Diese werden ausschließlich durch Arbeitgeber finanziert. Allerdings ist der Teil der Rente, der Schadensersatzansprüche abdeckt, herauszurechnen.[15]

Es ist die gesamte Rente anrechenbar, die entweder ausschließlich durch den 24 Arbeitgeber finanziert wurde oder die zumindest zur Hälfte vom Arbeitgeber finanziert wurde. Wurde die Rente gekürzt, z. B. aufgrund der Durchführung eines Versorgungsausgleichs, ist von der Rente auszugehen, die dem Arbeitnehmer zugestanden hätte, wenn infolge des Versorgungsausgleichs weder eine Minderung noch eine Erhöhung der gesetzlichen Rente vorgenommen

---

13 Zur Abgrenzung i. E. *Blomeyer/Rolfs/Otto* §5 Rn. 80 ff.
14 BAG 17.9.2013, 3 AZR 300/11.
15 BAG 6.6.1989, 3 AZR 668/87, EzA §5 BetrAVG Nr. 22 = DB 1990, 435.

worden wäre.[16] Anrechenbar ist die Bruttorente, auch wenn der Versorgungs-empfänger Kranken- und Pflegeversicherungsbeiträge zu tragen hat.[17]

25 Auch Leistungen aus gesetzlichen Versorgungssystemen, die im Ausland finanziert wurden, sind anrechenbar. Voraussetzung ist allerdings auch hier, dass die Rente mindestens zur Hälfte durch Arbeitgeberbeiträge finanziert wurde. Eine angemessene sachgerechte Pauschalierung kann in Betracht kommen, wenn es auf die individuelle Rentenbiografie nicht ankommt.[18]

26 Solche Leistungen, die der Arbeitnehmer selbst finanziert hat, sind nicht anrechenbar. Hierzu gehören z. B. Versorgungsleistungen, die auf einer Entgeltumwandlung beruhen. Alle anderen Versorgungsbezüge sind anrechenbar. Dies gilt auch für eine Witwenrente, die neben einer Altersrente bezogen wird. Allerdings ist nicht die gesamte Rente anrechenbar, weil ein angemessener Teil verbleiben müsse. Anrechenbar seien 80 % der Versorgungsleistung.[19] Wird eine Anrechnung vorgenommen, ist der Gleichbehandlungsgrundsatz zu berücksichtigen.

27 Nicht anrechenbar sind Leistungen, die der ausgleichsberechtigte Ehegatte im Rahmen der internen Teilung erhalten hat, da sonst der Sinn und Zweck des Versorgungsausgleichs unterlaufen wurde. Diese aus der Teilung entstandenen Ansprüche dienen der eigenen Versorgung des ausgleichsberechtigten Ehegatten und nicht der Entlastung des Versorgungsträgers.

28 Sachgebundene Leistungen aus Versicherungen (z. B. Krankenversicherung, Pflegeversicherung) sind ebenfalls nicht anrechenbar, weil es sich nicht um Versorgungsbezüge handelt. Der Leistungszweck, der mit diesen Leistungen verbunden ist, würde nicht erreicht. Nicht zu den sachgebundenen Leistungen gehört der Ausgleichsanspruch des Handelsvertreters. Der Ausgleichsanspruch kann an die Stelle einer arbeitgeberfinanzierten betrieblichen Altersversorgung treten.[20]

---

16 BAG 20.3.2001, 3 AZR 264/00, EzA § 5 BetrAVG Nr. 31 = DB 2001, 2355.
17 BAG 14.12.1999, 3 AZR 742/98, EzA § 1 BetrAVG Invalidität Nr. 2 = DB 2001, 823.
18 BAG 24.4.1990, 3 AZR 309/88, EzA § 5 BetrAVG Nr. 23 = DB 1990, 2172; 7.11.1984, 3 AZR 436/81, EzA § 5 BetrAVG Nr. 13 = DB 1985, 2698; 29.7.2003, 3 AZR 630/02, EzA § 1 BetrAVG Ablösung Nr. 42.
19 BAG 18.5.2010, 3 AZR 80/08, EzA § 5 BetrAVG Nr. 34, DB 2010, 2400; 18.5.2010, 3 AZR 97/08, EzA § 5 BetrAVG Nr. 35 = BetrAV 2010, 696.
20 BGH 21.5.2003, VIII ZR 57/02, DB 2003, 68.

Kisters-Kölkes

IV. Kombination von Durchführungswegen

Eine Kombination von Durchführungswegen ist ohne Weiteres möglich. 29
Werden mehrere Durchführungswege miteinander kombiniert und werden
die Leistungen unter Berücksichtigung dieser Durchführungswege bemessen,
geht es im eigentlichen Sinne nicht um eine Anrechnung »anderer« Versorgungsbezüge, sondern um die Bemessung der vom Arbeitgeber zugesagten
Leistungen, die aus verschiedenen Quellen finanziert werden.

▶ **Beispiel:** 30

Der Arbeitgeber sagt dem Arbeitnehmer über eine unmittelbare Versorgungszusage eine Versorgungsleistung von 500 € monatlich zu, die teilweise über eine Unterstützungskasse mitfinanziert wird. Aus der Unterstützungskassenzusage ergibt sich eine Versorgungsleistung in Höhe von 200 €
monatlich. Diese Leistungen aus der Unterstützungskasse vermindern den
Anspruch aus der unmittelbaren Versorgungszusage. Folglich werden von
der Unterstützungskasse 200 € und aus der unmittelbaren Versorgungszusage 300 € gezahlt. Die »Gesamtleistung« des Arbeitgebers beläuft sich
damit auf 500 €.

Sieht eine betriebliche Altersversorgung des Arbeitgebers vor, dass die Ver- 31
sorgungsleistungen zum Teil unmittelbar erbracht werden, zum Teil aber auch
über eine Direktversicherung finanziert werden, kann die Leistung aus der
Direktversicherung auf die Leistung aus der unmittelbaren Versorgungszusage angerechnet werden. Dabei ist es zulässig, nicht den tatsächlich von der
Direktversicherung gezahlten Betrag zu berücksichtigen, sondern den Betrag,
der sich aus einer Verrentung des Deckungskapitals der Direktversicherung
mit dem Teilwertfaktor gem. § 6a EStG ergibt.[21]

---

21 BAG 23.3.1999, 3 AZR 654/97, n. v.

Dritter Abschnitt Altersgrenze

§ 6 Vorzeitige Altersleistung

[1]Einem Arbeitnehmer, der die Altersrente aus der gesetzlichen Rentenversicherung als Vollrente in Anspruch nimmt, sind auf sein Verlangen nach Erfüllung der Wartezeit und sonstiger Leistungsvoraussetzungen Leistungen der betrieblichen Altersversorgung zu gewähren. [2]Fällt die Altersrente aus der gesetzlichen Rentenversicherung wieder weg oder wird sie auf einen Teilbetrag beschränkt, so können auch die Leistungen der betrieblichen Altersversorgung eingestellt werden. [3]Der ausgeschiedene Arbeitnehmer ist verpflichtet, die Aufnahme oder Ausübung einer Beschäftigung oder Erwerbstätigkeit, die zu einem Wegfall oder zu einer Beschränkung der Altersrente aus der gesetzlichen Rentenversicherung führt, dem Arbeitgeber oder sonstigen Versorgungsträger unverzüglich anzuzeigen.

A. Allgemeines

§6 BetrAVG verfolgt das Ziel, einem Arbeitnehmer, der aus der **gesetzlichen** 1
Rentenversicherung eine **vorzeitige Altersrente** bezieht, auch den Bezug der
betrieblichen Altersleistung zum gleichen Zeitpunkt zu ermöglichen. Dieser
Gleichlauf von gesetzlicher Rente und betrieblicher Altersversorgung ist seit
Inkrafttreten des Betriebsrentengesetzes vorgegeben. Der Anspruch besteht
gleichermaßen bei einer arbeitgeberfinanzierten betrieblichen Altersversorgung und bei einer betrieblichen Altersversorgung aus Entgeltumwandlung.

In §6 BetrAVG wird nur geregelt, unter welchen Voraussetzungen ein Arbeit- 2
nehmer vorzeitig betriebliche Altersleistungen beziehen kann, der bei fort-
gesetztem Arbeitsverhältnis ein endgültiges Ruhegeld hätte beziehen können.[1]
Nicht gesetzlich geregelt ist die Höhe der vorzeitigen Leistungen. Die Maßstäbe, die bei der **Bemessung der Leistung** anzusetzen sind, sind im Wesentlichen von der Rechtsprechung entwickelt worden.[2]

Vorzeitige Altersleistung bedeutet, dass eine Altersleistung vor Erreichen 3
der **festen Altersgrenze/Regelaltersgrenze**[3] in Anspruch genommen wird.[4]
Deshalb hat diese Vorschrift nur Bedeutung für betriebliche Versorgungswerke, die eine feste Altersgrenze von mehr als 60 Jahren vorsehen.[5] Da in

---

1 BAG 28.2.1989, 3 AZR 470/87, EzA §6 BetrAVG Nr. 12 = DB 1989, 1579.
2 Vgl. Rdn. 54 ff.
3 Vgl. hierzu BAG 15.5.2012, 3 AZR 11/10, EzA §2 BetrAVG Nr. 33 = DB 2012, 1756.
4 BAG 17.9.2008, 3 AZR 1061/06, EzA §2 BetrAVG Nr. 31 = DB 2009, 296.
5 Zur festen Altersgrenze s. §1 Rdn. 49; zur Anhebung der Regelaltersgrenze in der gesetzlichen Rentenversicherung s. a. §2 Rdn. 27 ff.

der gesetzlichen Rentenversicherung frühestens ab dem Alter 60 (künftig 62) eine vorzeitige Altersleistung abgerufen werden kann, ist diese Vorschrift für solche Versorgungszusagen ohne Bedeutung, die eine feste Altersgrenze von 60 Jahren vorsehen.[6]

4 Für die Inanspruchnahme vorzeitiger Altersleistungen nach § 6 BetrAVG ist es ohne Bedeutung, ob ein **Kapital** oder eine **Rente** vom Arbeitgeber zugesagt wurde. Die überwiegende Bedeutung dieser Vorschrift ergibt sich jedoch für Rentenleistungen.

5 Da der Gesetzgeber für die **Beitragszusage mit Mindestleistung** keine gesonderte Regelung geschaffen hat, muss davon ausgegangen werden, dass auch bei dieser Zusageform eine vorzeitige Altersleistung zu zahlen ist, wenn aus der gesetzlichen Rentenversicherung eine vorzeitige Altersrente bezogen wird. Allerdings ist bei dieser Zusageart zu berücksichtigen, dass die Leistung aus dem angesammelten Kapital ermittelt wird, dass im Zeitpunkt des »Verlangens« vorhanden ist, also insbes. die Beiträge fehlen, die noch bis zur festen Altersgrenze/Regelaltersgrenze zu zahlen gewesen wären.[7] Daraus ergibt sich bereits eine Kürzung, sodass weitere Kürzungen, z. B. durch versicherungsmathematische Abschläge, nicht zulässig sein dürften, zumal das vorhandene Kapital mit den Verrentungsfaktoren verrentet wird, die bei Eintritt des Versorgungsfalles maßgeblich sind. Damit wird die Bezugsdauer ausreichend berücksichtigt.[8]

B. Voraussetzungen für die Inanspruchnahme

I. Inanspruchnahme der gesetzlichen Rente

6 Nur der Arbeitnehmer, der die **Altersrente aus der gesetzlichen Rentenversicherung**[9] vor Vollendung des 65. Lebensjahres/vor Erreichen der Regelaltersgrenze als Vollrente in Anspruch nimmt, kann vom Arbeitgeber auch vorzeitig eine betriebliche Altersleistung verlangen. Entscheidend ist, dass

---

6 Zum Verweis in einer Versorgungszusage auf die Regelungen in der gesetzlichen Rentenversicherung, als für Frauen ein Rentenbezug mit einem Alter von 60 Jahren möglich war: BAG 21.8.1990, 3 AZR 422/89, EzA § 6 BetrAVG Nr. 16 = DB 1991, 1632; 25.10.1988, 3 AZR 598/86, EzA § 2 BetrAVG Nr. 10 = DB 1989, 634.

7 So wohl auch *Blumenstein* FS Kemper, S. 34.

8 *Langohr-Plato* Rechtshandbuch, Rn. 729 ff.; *Langohr-Plato/Teslau* DB 2003, 664.

9 Wer eine Invalidenrente aus der gesetzlichen Rentenversicherung bezieht, erfüllt nicht die Voraussetzungen.

aus der gesetzlichen Rentenversicherung eine vorzeitige Altersrente bezogen werden muss. Den Anspruch haben Arbeitnehmer und arbeitnehmerähnliche Personen,[10] die tatsächlich aus der gesetzlichen Rentenversicherung eine Altersrente beziehen.[11] Von dieser Vorschrift kann auch bei Organpersonen nicht abgewichen werden.[12] Es muss sich dabei um eine Vollrente nach § 42 SGB VI handeln. Wird nur eine Teilrente in Anspruch genommen, besteht der Anspruch nicht. Aus dem Bescheid des Sozialversicherungsträgers ergibt sich, welche Rente gezahlt wird.

Gemeint ist eine Rente aus der **deutschen Sozialversicherung**.[13] Dies erschließt   7
sich aus dem Umstand, dass von der Vollrente die Rede ist. Insoweit handelt es sich um eine Besonderheit des deutschen Sozialversicherungsrechts. Arbeitnehmer, die nicht in der gesetzlichen Rentenversicherung versichert sind, haben keinen Anspruch auf eine vorzeitige Altersleistung nach § 6 BetrAVG.[14] Dies gilt insbesondere für Arbeitnehmer, die in einem **berufsständischen Versorgungswerk** versichert sind.[15]

Bei Arbeitnehmern, die nach Beendigung des Arbeitsverhältnisses nach Erfül-   8
lung der gesetzlichen Unverfallbarkeitsvoraussetzungen in ihr Heimatland zurückgekehrt sind und aus einem **ausländischen Sozialversicherungssystem** eine vorzeitige Altersleistung beziehen oder eine reguläre Altersleistung, die vor Vollendung des 65. Lebensjahres einsetzt, stellt sich die Frage, ob auch sie einen Anspruch nach § 6 BetrAVG haben.[16] Zu dieser Frage liegt bisher keine Rechtsprechung vor. Es ist aber nicht ausgeschlossen, dass zumindest solche Arbeitnehmer, die im EU-Ausland ihre Altersrente beziehen, den Arbeitnehmern gleichzustellen sind, die aus einem deutschen Sozialversicherungssystem eine vorzeitige Altersrente beziehen. Dies könnte der Grundsatz der Freizügig-

---

10 S. dazu § 17 Rdn. 3.

11 In der Literatur (*Blomeyer/Rolfs/Otto* § 6 Rn. 44 ff. m. w. N.) wird die Auffassung vertreten, dass eine tatsächliche Zahlung der Altersrente nicht erforderlich ist.

12 BAG 21.4.2009, 3 AZR 285/07, EzA-SD 2009 Nr. 21 S. 9.

13 *Blomeyer/Rolfs/Otto* § 6 Rn. 20.

14 Zur befreienden Lebensversicherung vgl. LAG Rheinland-Pfalz 24.7.1990, 3 Sa 254/90, NZA 1991, 939; zu befreienden Lebensversicherungen ist zu beachten, dass diese heute in der Praxis keine Bedeutung mehr haben dürften, weil die Arbeitnehmer, die solche Versicherungen noch abschließen konnten, heute bereits in den Ruhestand gegangen sind. Deshalb wird hierauf nicht mehr eingegangen.

15 *Langohr-Plato* Rechtshandbuch, Rn. 695; *Höfer* BetrAVG, Rn. 4135 zu § 6.

16 Einen Anspruch verneinend: *Höfer* BetrAVG, Rn. 4092 zu § 6.

keit, aber auch der arbeitsrechtliche Gleichbehandlungsgrundsatz gebieten. Sollte ein solcher Anspruch bestehen, müsste für den im Ausland lebenden Arbeitnehmer geprüft werden, ob er nach deutschem Recht eine vorzeitige Altersrente beziehen könnte. Auf die Voraussetzungen, die für eine Altersrente oder vorzeitige Altersrente in dem Sozialversicherungssystem im Ausland gelten, kommt es dagegen nicht an.[17]

9   Es genügt nicht, dass nur die Voraussetzungen für den Bezug einer solchen Rente erfüllt sind. Den tatsächlichen Bezug der gesetzlichen Rente kann sich der Arbeitgeber durch die Vorlage des Rentenversicherungsbescheides nachweisen lassen.

10   Der Arbeitnehmer scheidet mit Zuerkennung und Bezug der vorgezogenen gesetzlichen Rente bereits aus dem Erwerbsleben aus. Damit tritt der Versorgungsfall gem. § 6 BetrAVG ein. Der Versorgungsanwärter wird zum Versorgungsempfänger, auch wenn er noch in einem geringfügigen Beschäftigungsverhältnis tätig bleibt. Daran ändert sich auch nichts, wenn der Arbeitnehmer über sein Verlangen den Versorgungsanspruch erst zu einem späteren Zeitpunkt fällig stellt.[18]

II. Altersrenten aus der gesetzlichen Rentenversicherung

11   In der gesetzlichen Rentenversicherung kann die **Regelaltersrente** ab Vollendung des 65. Lebensjahres in Anspruch genommen werden (§ 35 SGB VI), wobei zu berücksichtigen ist, dass die Regelaltersgrenze ab 2012 stufenweise angehoben wird.

12   Die Möglichkeit, eine **vorzeitige Altersrente** zu beziehen, haben nach § 36 SGB VI **langjährig Versicherte**, wenn sie das 62. Lebensjahr vollendet und die Wartezeit von 35 Jahren erfüllt haben. Diese Regelung gilt für alle Versicherten, die ab dem 1.1.1952 geboren worden sind. Für Versicherte, die vor dem 1.1.1952 geboren worden sind, gibt es auch die Möglichkeit, eine Altersrente wegen **Arbeitslosigkeit** oder nach **Altersteilzeitarbeit** oder eine Altersrente für **Frauen** zu beziehen. Die **Übergangsregelung** für die Altersrente wegen Arbeitslosigkeit ist in § 237 SGB VI und die Übergangsregelung für die Altersrente für Frauen ist in § 237a SGB VI enthalten. Dies bedeutet,

---

17 *Schlewing/Henssler/Schipp/Schnitker* Teil 9 A Rn. 168.
18 BAG 18.3.2003, 3 AZR 313/02, EzA § 7 BetrAVG Nr. 68 = NZA 2004, 848.

dass die besondere Altersrente für Frauen und für Arbeitslose für die Geburtsjahrgänge ab 1952 abgeschafft ist.

Mit dem RV-Altersgrenzenanpassungsgesetz[19] werden die Altersgrenzen auch bei den vorzeitigen Altersrenten (für langjährig Versicherte, Schwerbehinderte) sukzessive angehoben, was zu dem Ergebnis führen wird, dass zukünftig solche Leistungen erst später abgerufen werden. Auch kann, weil die Abschläge in der gesetzlichen Rentenversicherung mit der Anhebung der Altersgrenze steigen, die Bereitschaft eingeschränkt werden, überhaupt eine vorzeitige Altersrente in Anspruch zu nehmen. Hierdurch werden die Arbeitgeber langfristig entlastet.   **13**

Nach § 37 SGB VI können derzeit noch **schwerbehinderte Menschen**, die das 63. Lebensjahr vollendet haben, ebenfalls eine vorzeitige Altersrente erhalten. Voraussetzung ist die Erfüllung einer 35-jährigen Wartezeit. Werden versicherungsmathematische Abschläge beim Bezug der gesetzlichen Rente in Kauf genommen, kann eine vorzeitige Inanspruchnahme bereits ab Vollendung des 60. Lebensjahres erfolgen. Auch diese Altersgrenzen werden mit dem RV-Altersgrenzenanpassungsgesetz angehoben. Für die Geburtsjahrgänge ab 1952 wird stufenweise die Altersgrenze von 63 auf das Alter 65 angehoben. Dies gilt auch für eine vorzeitige Inanspruchnahme (von 60 auf 62). Für die Geburtsjahrgänge ab 1964 ist die Altersgrenze 62 maßgeblich, die einen Abschlag von 10,8 % auslösen würde.   **14**

Die Möglichkeit, eine Altersrente ab Vollendung des 60. Lebensjahres zu beanspruchen, haben auch noch Versicherte, die **langjährig unter Tage** beschäftigt waren, wenn sie eine Wartezeit von 25 Jahren erfüllt haben. Dies ergibt sich aus § 40 SGB VI. Auch für diese Rentenart gilt, dass die Altersgrenze auf das Alter 62 angehoben wird. Dies gilt für Geburtsjahrgänge ab 1952.   **15**

Nach dem Willen des Gesetzgebers[20] soll die Gruppe der **besonders langjährig Versicherten** in der gesetzlichen Rentenversicherung geschont werden. Wer 45 Versicherungsjahre im Alter 65 aufweist (§ 38 SGB VI), soll von diesem Zeitpunkt an eine ungekürzte gesetzliche Rente erhalten. Diese Sonderregelung wird z.T. als verfassungswidrig angesehen, weil sie Frauen benachteiligt, die in aller Regel aufgrund ihrer Erwerbsbiografie keine 45 Versicherungsjahre erreichen können.   **16**

---

19 BGBl. I 2007, S. 554.
20 BT-Drucks. 18/909 v. 25.3.2014.

III. Erfüllen der Wartezeit

17 Den Anspruch auf eine vorzeitige betriebliche Altersleistung haben nur die Arbeitnehmer, die die in der Versorgungszusage vorgesehene Wartezeit erfüllt haben.[21] Ist die Wartezeit noch nicht erfüllt, besteht frühestens ein Anspruch ab Erfüllung der Wartezeit. Kann der Arbeitnehmer die in der Zusage vorgesehene Wartezeit nicht erfüllen, steht ihm auch kein Anspruch auf eine vorzeitige betriebliche Altersleistung zu.

18 Hat ein Arbeitnehmer, der aus der gesetzlichen Rentenversicherung eine vorzeitige Altersrente bezieht, im Zeitpunkt des Ausscheidens die **Wartezeit** noch **nicht erfüllt**, kann der ehemalige Arbeitnehmer auch noch **nach dem Ausscheiden** aus dem Erwerbsleben die Wartezeit **erfüllen**, wenn er aufgrund der Dienstjahre die Möglichkeit hätte, das für die feste Altersleistung vorgesehene Ruhegeld zu erhalten. Die vorzeitige Altersleistung steht ihm dann ab dem Zeitpunkt zu, ab dem er die Wartezeit erfüllt. Es kommt in einem solchen Fall nicht darauf an, ob im Zeitpunkt des Ausscheidens die gesetzlichen Unverfallbarkeitsvoraussetzungen erfüllt waren. Das Ausscheiden aus dem Erwerbsleben unter Bezug der gesetzlichen Rente ist ein Ausscheiden aufgrund eines Versorgungsfalles, also kein vorzeitiges Ausscheiden.[22]

19 ▶ **Beispiel:**

Ein Arbeitnehmer war vom 1.3.1991 bis zum 31.12.2001 bei einem Unternehmen beschäftigt. Ihm wurde eine Versorgungszusage erteilt, nach der ihm ab Vollendung des 65. Lebensjahres eine Altersrente gezahlt werden soll, wenn er mindestens zwölf Beschäftigungsjahre zurückgelegt hat. Ab dem 1.1.2002 bezieht er eine vor zeitige Altersrente aus der gesetzlichen Rentenversicherung. Vom 1.3.2003 kann der Arbeitnehmer die vorzeitige betriebliche Rente verlangen.

IV. Erfüllen der sonstigen Leistungsvoraussetzungen

20 Gemeint sind die Leistungsvoraussetzungen, die in der Versorgungszusage aufgeführt sind. Bei der vorzeitigen Altersleistung ist vielfach Voraussetzung, dass das **Arbeitsverhältnis beendet** oder gar der Arbeitnehmer aus dem

---

21 BAG 28.2.1989, 3 AZR 470/87, EzA § 6 BetrAVG Nr. 12 = DB 1989, 1579.
22 BAG 28.2.1989, 3 AZR 470/87, EzA § 6 BetrAVG Nr. 12 = DB 1989, 1579.

Kisters-Kölkes

Erwerbsleben ausgeschieden ist.[23] Diese Voraussetzung muss aber auch für den vorzeitigen Bezug einer gesetzlichen Rente erfüllt sein.

Ist vor der Inanspruchnahme der vorzeitigen betrieblichen Altersleistung der Arbeitnehmer bereits mit einer gesetzlich **unverfallbaren Anwartschaft** ausgeschieden gewesen, kann er aus der unverfallbaren Anwartschaft eine vorzeitige Altersleistung abrufen, wenn er die Voraussetzung des § 6 BetrAVG erfüllt.[24] **21**

V. Verlangen des Arbeitnehmers

1. Form, Frist

Der Arbeitnehmer muss die vorzeitige Altersleistung vom Arbeitgeber verlangen. Er muss tätig werden, wobei dieses Verlangen konkludent durch die Vorlage des Rentenbescheides aus der gesetzlichen Rentenversicherung ausgeübt werden kann. Damit gibt er zu erkennen, dass er das betriebliche Ruhegeld begehrt. **22**

Das **Verlangen** ist an **keine Form** und grds. auch an **keine Frist** gebunden.[25] Es ist insbesondere **keine Schriftform** erforderlich. Der Arbeitnehmer muss jedoch die Unterlagen beibringen, die der Arbeitgeber benötigt, um die Anspruchsvoraussetzungen prüfen zu können. Ist in einer Versorgungszusage die Schriftform vorgegeben, ist dieses Erschwernis unbeachtlich, da insoweit eine Abweichung i. S. v. § 17 Abs. 3 S. 3 BetrAVG vorliegt. Zulässig ist es aber, in der Versorgungszusage vorzusehen, dass frühestens Versorgungszahlungen ab dem Zeitpunkt geleistet werden, ab dem das Verlangen ausgeübt wird. Dies kann auch in der Form formuliert sein, dass erst ab Antragstellung Zahlungen erfolgen.[26] **23**

2. Zuständiger Versorgungsträger

Bei einer **unmittelbaren Versorgungszusage** muss der Arbeitnehmer das Verlangen gegenüber dem Arbeitgeber ausüben. Wird die betriebliche Altersversorgung über einen **externen Versorgungsträger** abgewickelt, kann der Arbeitnehmer das Verlangen gegenüber dem externen Versorgungsträger geltend **24**

---

23 Für die Beendigung des Arbeitsverhältnisses ist § 41 SGB VI zu beachten.
24 Zur Altersrente aus unverfallbarer Anwartschaft vgl. Rdn. 85 ff.
25 BGH 9.6.1980, II ZR 255/78, EzA § 17 BetrAVG Nr. 1 = DB 1980, 1588.
26 BAG 18.2.2003, 3 AZR 264/02, EzA § 1 BetrAVG Nr. 83 = NZA 2003, 1055.

machen.[27] Er kann sich aber auch unmittelbar an den Arbeitgeber wenden, der dann dafür Sorge tragen muss, dass der externe Versorgungsträger Kenntnis von dem Verlangen nimmt.[28]

3. Verspätetes Verlangen

25 Besondere Fragestellungen ergeben sich, wenn ein mit unverfallbarer Anwartschaft ausgeschiedener ehemaliger Arbeitnehmer erst **nach Vollendung des 65. Lebensjahres** auf den ehemaligen Arbeitgeber zukommt, einen Rentenbescheid eines Sozialversicherungsträgers vorlegt und sich aus diesem Rentenbescheid ergibt, dass er bereits seit einiger Zeit eine vorzeitige Altersrente aus der gesetzlichen Rentenversicherung erhält. Ob in diesem Fall das Recht, das Verlangen nach § 6 BetrAVG auszuüben, mit Vollendung des 65. Lebensjahres erloschen ist, ist ungeklärt. Im Gesetz fehlt eine Regelung, die klarstellt, dass das Verlangen nur bis zur Vollendung des 65. Lebensjahres ausgeübt werden kann. Dies ergibt sich eigentlich aus dem Sinn und Zweck der Regelung. Denn wer sein Verlangen nicht vor Vollendung des 65. Lebensjahres ausgeübt hat, begehrt keine vorzeitige Altersleistung, wenn er sich nach diesem Zeitpunkt beim ehemaligen Arbeitgeber wegen des Bezugs einer Altersleistung meldet.

26 ▶ **Beispiel:**

Ein Arbeitnehmer, geboren am 15.3.1944, war vom 1.1.1987 bis zum 31.12.2000 bei einem Unternehmen tätig und hatte eine Versorgungszusage erhalten, die ab Vollendung des 65. Lebensjahres eine Altersrente vorsieht. Er ist mit einer gesetzlich unverfallbaren Anwartschaft ausgeschieden. Im März 2012 meldet er sich bei seinem ehemaligen Arbeitgeber und legt einen Rentenbescheid der gesetzlichen Rentenversicherung vor, aus dem sich ergibt, dass er seit dem 1.4.2007 eine vorzeitige Altersrente bezieht.

27 In der **Praxis** wird vielfach in den Fällen, in denen sich ein Arbeitnehmer erst nach Vollendung des 65. Lebensjahres meldet, auch eine vorzeitige betriebliche Altersleistung erbracht. Dies vermeidet den Streit um die Zulässigkeit des Verlangens. Wird aus der gesetzlichen Rentenversicherung die vorzeitige

---

27 *Blomeyer/Rolfs/Otto* § 6 Rn. 65.
28 A.A. *Höfer* BetrAVG, Rn. 4156 ff. zu § 6, der die Auffassung vertritt, der Arbeitnehmer müsse sich immer an den externen Versorgungsträger wenden.

Kisters-Kölkes

Altersleistung für einen Zeitraum gezahlt, für den die Einrede der Verjährung keine Bedeutung hat, wird vielfach auf den Beginn der gesetzlichen Altersrente abgestellt, auf diesen Zeitpunkt die vorzeitige Altersleistung aus der unverfallbaren Anwartschaft ermittelt und dem Arbeitnehmer der sich so ergebende Betrag nachgezahlt.

Sind dagegen zum Zeitpunkt des Beginns der Altersrente aus der gesetzlichen Rentenversicherung und dem Verlangen des Arbeitnehmers einzelne Rentenraten bereits verjährt, wird in der Praxis vielfach auf den Zeitpunkt die betriebliche Altersleistung ermittelt, zu dem noch keine Verjährung eingetreten ist. Dies liegt im Interesse des Arbeitnehmers, weil ihm dann vielfach höhere Leistungen zustehen.

28

▶ **Beispiel:**

29

Seit dem 1.4.2007 ist die Voraussetzung für den Bezug einer vorzeitigen betrieblichen Altersrente erfüllt. Die für 2007 zu leistenden Zahlungen sind nach §§ 196, 201 BGB mit Ablauf des 31.12.2010 verjährt, wenn sich der ehemalige Arbeitgeber auf die Verjährung beruft. Gleiches gilt für die Leistungen, die für 2008 zu zahlen waren, wenn sie nicht vor dem 1.1.2012 gerichtlich geltend gemacht wurden. Es ist deshalb aus der Sicht des Versorgungsempfängers ungünstig, von einem Rentenbeginn am 1.4.2007 auszugehen, wenn z.B. versicherungsmathematische Abschläge vorzunehmen sind. Die für 2009, 2010 und 2011 zu zahlenden Renten sind im März 2012 noch nicht verjährt. Deswegen wäre es in dem genannten Beispiel günstiger, man würde von einem Rentenbeginn zum 1.1.2009 ausgehen und auf diesen Zeitpunkt die vorzeitige Altersrente berechnen.[29]

Die vorstehenden Ausführungen gelten entsprechend, wenn bei künftigen Versorgungsempfängern auf die jeweils geltende Regelaltersgrenze abzustellen ist.

30

C. Wegfall der gesetzlichen Rente

I. Überschreiten der Hinzuverdienstgrenzen

Nach § 6 S. 2 BetrAVG können die betrieblichen Altersleistungen eingestellt werden, wenn die Altersrente aus der gesetzlichen Rentenversicherung wieder

31

---

29 Zur Verjährung s. § 18a Rdn. 3 ff.

wegfällt. Die gesetzliche Rente entfällt, wenn ein Einkommen bezogen wird, das die **Hinzuverdienstgrenze** (§ 34 SGB VI) übersteigt.

32 Der Arbeitgeber kann die Zahlung einstellen, er muss dies aber nicht tun. Verzichtet er darauf, die Rentenzahlung einzustellen, hat er den arbeitsrechtlichen Gleichbehandlungsgrundsatz zu berücksichtigen.

33 Wird zu einem späteren Zeitpunkt die Hinzuverdienstgrenze wieder unterschritten und nimmt deshalb der gesetzliche Rentenversicherungsträger die Zahlung der vorzeitigen Altersrente wieder auf, hat der Arbeitgeber/Versorgungsträger die Zahlung auch wieder aufzunehmen. Es ist die Rente zu zahlen, auf die er vor dem Wegfall einen Anspruch hatte.[30] War zwischenzeitlich nach § 16 BetrAVG eine Anpassung vorzunehmen, ist die entsprechend erhöhte vorzeitige betriebliche Altersleistung zu zahlen. Spätestens ab Vollendung des 65. Lebensjahres ist die Rentenzahlung wieder aufzunehmen. Dies gilt entsprechend für die angehobene Regelaltersgrenze.

34 Der Wegfall der gesetzlichen Rente hat nur Auswirkungen bei einer betrieblichen Rentenzusage, **nicht** bei einer zugesagten **Kapitalleistung**.[31] Ist diese in einem Betrag bereits als vorzeitige Altersleistung ausgezahlt worden, kann der Wegfall der gesetzlichen Rente keine Bedeutung mehr haben. Wurde dagegen das Kapital in Raten ausgezahlt, richtet es nach den in der Versorgungszusage enthaltenen Regelungen, ob die Auszahlung noch ausstehender Raten für den Zeitraum aufgeschoben wird, in dem die vorzeitige gesetzliche Rente nicht mehr gezahlt wird.

II. Bezug einer Teilrente

35 Die vorstehenden Ausführungen gelten entsprechend, wenn aus einer Vollrente eine **Teilrente** (§ 42 SGB VI) wird. Es ist in diesem Fall keine Teilrente aus der betrieblichen Versorgungszusage zu zahlen. Vielmehr entfällt der Anspruch für den Zeitraum, in dem aus der gesetzlichen Rentenversicherung nur eine Teilrente gezahlt wird.

36 Für die Teilrente gelten besondere Hinzuverdienstgrenzen (§ 34 Abs. 3 Nr. 2 SGB VI). Dies kann für den Arbeitnehmer ein Anlass sein, statt der Vollrente

---

30 *Höfer* BetrAVG, Rn. 4163 ff. zu § 6; *Schlewing/Henssler/Schipp/Schnitker* Teil 9 A Rn. 272.

31 *Schlewing/Henssler/Schipp/Schnitker* Teil 9 A Rn. 263; *Höfer* BetrAVG, Rn. 4173 ff. zu § 6.

eine Teilrente in Anspruch zu nehmen. Die Praxis zeigt allerdings, dass der Teilrente keine wesentliche Bedeutung zukommt.

III. Informationspflichten des Arbeitnehmers

Nach § 6 S. 3 BetrAVG ist der ausgeschiedene Arbeitnehmer verpflichtet, die **Aufnahme oder Ausübung einer Erwerbstätigkeit** dem Arbeitgeber oder dem sonstigen Versorgungsträger unverzüglich anzuzeigen. Dies gilt für den Fall, dass die Rente aus der gesetzlichen Rentenversicherung entfällt oder auf eine Teilrente reduziert wird.   37

Für die **Anzeige** ist keine Form vorgesehen. Es empfiehlt sich aber aus Nachweisgründen die Schriftform.   38

Die Anzeige hat **unverzüglich** zu erfolgen. Dies bedeutet, dass der Arbeitnehmer ohne schuldhafte Verzögerung den Arbeitgeber oder den externen Versorgungsträger zu informieren hat. Wird die Anzeige verspätet vorgenommen, erfolgt die Zahlung einer vorzeitigen betrieblichen Altersleistung ohne Rechtsgrund. Der Arbeitgeber oder der Versorgungsträger hat dann das Recht, die ohne Rechtsgrund erbrachten Leistungen zurückzufordern.[32] Auf die Einrede der Entreicherung kann sich der ehemalige Arbeitnehmer nicht berufen. Dies gilt auch dann, wenn in der Versorgungszusage keine ausdrückliche Regelung enthalten ist, nach der zu Unrecht geleistete Zahlungen zurückzuzahlen sind.   39

Der **Rückzahlungsanspruch** besteht auch dann, wenn der Arbeitnehmer nicht bei Bezug einer vorzeitigen Altersleistung vom Arbeitgeber oder vom sonstigen Versorgungsträger darauf hingewiesen wurde, dass der Anspruch nach § 6 BetrAVG wieder entfallen kann, wenn die gesetzliche Rente wegfällt oder auf eine Teilrente beschränkt wird. Es bestehen insoweit keine Informationspflichten[33] des Arbeitgebers oder des Versorgungsträgers.   40

D. Unterschiedliche feste Altersgrenzen bei Männern und Frauen

I. Hintergrund

In der Vergangenheit gab es nicht selten betriebliche Versorgungsregelungen, die unterschiedliche feste Altersgrenzen für Männer und Frauen vorsahen. Vielfach konnten **Frauen** bereits ab **Vollendung des 60. Lebensjahres**, Män-   41

---

32 Zu den Rechtsgrundlagen i. E.: *Höfer* BetrAVG, Rn. 4187 ff. zu § 6.
33 A. A. *Höfer* BetrAVG, Rn. 4188 zu § 6.

ner aber erst ab **Vollendung des 65. Lebensjahres** eine betriebliche Altersleistung erhalten.

42 Die unterschiedlichen festen Altersgrenzen für Männer und Frauen waren
darauf zurückzuführen, dass in der **gesetzlichen Rentenversicherung** Frauen
bereits ab Vollendung des 60. Lebensjahres eine gesetzliche Rente beziehen
konnten. Männer konnten in aller Regel frühestens ab Vollendung des
63. Lebensjahres aus der gesetzlichen Rentenversicherung eine vorzeitige
Altersrente beanspruchen. Diese unterschiedlichen Regelungen zur Inanspruchnahme einer gesetzlichen Rente waren verfassungsrechtlich zulässig.[34]
Allerdings war der Gesetzgeber aufgefordert worden, eine Angleichung der
Altersgrenzen vorzunehmen, um dem sich wandelnden Erwerbsverhalten der
Frauen Rechnung zu tragen. Dies ist mit dem Rentenreformgesetz 1992[35]
geschehen. Ab dem **1.1.2012** gibt es nur noch **einheitliche Voraussetzungen**
für Männer und Frauen beim Bezug einer vorzeitigen gesetzlichen Altersrente.

II. Entscheidung des EuGH

43 Der **Europäische Gerichtshof** hat unter dem 17.5.1990[36] entschieden, dass
unterschiedliche feste Altersgrenzen gegen Art. 119 des EWG-Vertrages (heute
Art. 157 AEUV) verstoßen und deshalb rechtswidrig sind. Aus Vertrauensschutzgesichtspunkten differenziert der EuGH zwischen der sog. **Vor-Barber-
Zeit** und der sog. **Nach-Barber-Zeit.** Die Vor-Barber-Zeit ist die Zeit, in der
das Beschäftigungsverhältnis des einzelnen Arbeitnehmers vor dem 18.5.1990
bestanden hat. Die Nach-Barber-Zeit ist die Zeit, in der das Beschäftigungsverhältnis ab dem 18.5.1990 bestanden hat. Diese Differenzierung ist nur von
Bedeutung für männliche Arbeitnehmer. Für Arbeitnehmerinnen ist die feste
Altersgrenze maßgeblich, die in der Versorgungszusage vorgegeben ist.

44 Für die Vor-Barber-Zeit ist bei der Ermittlung der Leistungen, die der Arbeitgeber zu erbringen hat, die Altersgrenze zugrunde zu legen, die für Männer
maßgeblich ist. Für den Teil der betrieblichen Versorgungsleistung, der in der
Nach-Barber-Zeit erdient wird, richtet sich die Altersgrenze nach derselben
Regelung wie sie für Frauen anzuwenden ist. Haben Frauen ab Vollendung

---

34 BVerfG 28.1.1987, 1 BvR 455/82, BVerfGE 74, 163.

35 Gesetz zur Reform der gesetzlichen Rentenversicherung (Rentenreformgesetz 1992 –
RRG 1992) v. 18.12.1989, BGBl. I S. 2261.

36 EuGH 17.5.1990, C-262/88, EzA § 119 EWG-Vertrag Nr. 4; 14.12.1993, C
110/91, EzA Art. 119 EWG-Vertrag Nr. 16; hierzu auch *Berenz* BB 1996, 530.

des 60. Lebensjahres eine ungekürzte betriebliche Altersleistung zu bekommen, ist auch bei den Arbeitnehmern eine Altersgrenze von 60 Jahren maßgeblich. Der Gesetzgeber hat diese Rechtsprechung zum Anlass genommen, § 30a BetrAVG zu schaffen.

III. Rechtsprechung des BAG

Das BAG hat im Anschluss an die Entscheidung des EuGH festgestellt, dass   45
Versorgungszusagen mit einem unterschiedlichen Zugangsalter für Männer und Frauen nicht gegen Art. 3 Abs. 2 GG verstoßen. Die Nachteile in der beruflichen Entwicklung, die durch die Festsetzung eines früheren Rentenalters in der gesetzlichen Rentenversicherung ausgeglichen wurden, rechtfertigen es über Art. 3 Abs. 2 GG, für die Vor-Barber-Zeit auch nach deutschem Verfassungsrecht unterschiedliche Altersgrenzen in der betrieblichen Altersversorgung zu berücksichtigen.[37]

Die Differenzierung zwischen der Vor-Barber-Zeit und der Nach-Barber-   46
Zeit hat Auswirkungen auf die gesetzliche Unverfallbarkeitsquote[38] und auf die Höhe der vorzeitigen Altersrente.[39] Für den Arbeitnehmer, der vor dem 18.5.1990 in das Unternehmen mit unterschiedlichen Altersgrenzen eingetreten ist, entstehen zwei Rentenstämme. Für die Vor-Barber-Zeit gibt es einen Rentenstamm mit einer Altersgrenze von 65 Jahren und etwa vorgesehenen Abschlägen. Für die Zeit ab dem 18.5.1990 gibt es den zweiten Rentenstamm mit der für Frauen vorgesehenen Altersgrenze und i. d. R. ohne versicherungsmathematische Abschläge oder sonstige Kürzungen.[40]

Diese Grundsätze sind auch zu berücksichtigen, wenn der Arbeitnehmer, der   47
eine vorzeitige Altersrente begehrt, schwerbehindert ist.[41] Der Arbeitgeber ist nicht verpflichtet, die Regelung der gesetzlichen Rentenversicherung in sein Versorgungswerk zu übernehmen. Die Besserstellung von Frauen und der Schutz von Schwerbehinderten gehören anderen rechtlichen Ordnungsbereichen an.

---

37 BAG 18.3.1997, 3 AZR 759/95, EzA Art. 3 GG Nr. 61 = DB 1997, 1475; 3.6.1997, 3 AZR 910/95, EzA Art. 119 EWG-Vertrag Nr. 45 = DB 1997, 1778.
38 S. dazu § 2 Rdn. 37 ff.
39 S. Rdn. 61 ff.
40 BAG 29.4. 2008, 3 AZR 266/06, EzA § 2 BetrAVG Nr. 30 = BB 2009, 224.
41 BAG 23.5.2000, 3 AZR 228/99, EzA § 1 BetrAVG Gleichbehandlung Nr. 20 = DB 2001, 767; 23.9.2003, 3 AZR 304/02, EzA § 1 BetrAVG Gleichberechtigung Nr. 13 = DB 2004, 2645.

48 Den Grundsatz des gleichen Entgelts für Männer und Frauen haben auch die externen Versorgungsträger zu berücksichtigen, sodass auch sie aus Art. 157 AEUV verpflichtet sind, für Männer und Frauen ein einheitliches Rentenzugangsalter vorzusehen. Eine Pensionskasse, die bei Männern für die Inanspruchnahme einer vorzeitigen Altersleistung Abschläge vornahm, Frauen bei einer Inanspruchnahme von Altersleistungen nach der Vollendung des 60. Lebensjahres Zuschläge gewährte, verstieß mit diesen Versicherungsbedingungen gegen Art. 157 AEUV. Für diese allein an die Geschlechtszugehörigkeit anknüpfende Ungleichbehandlung gebe es keinen Rechtfertigungsgrund. Folglich muss die Pensionskasse Männer und Frauen bei den Versorgungsleistungen gleichbehandeln.[42]

49 Soweit ein Arbeitnehmer bei einem externen Versorgungsträger, insbes. einer Pensionskasse, Eigenbeiträge geleistet hat, werden die Leistungen hieraus nicht vom Diskriminierungsverbot des Art. 157 AEUV erfasst. Es handelt sich insoweit nicht um Leistungen der betrieblichen Altersversorgung.[43]

50 Eine unterschiedliche Behandlung von Männern und Frauen verbietet zwischenzeitlich auch § 1 AGG und Art. 23 der Europäischen Grundrechtscharta.

IV. Angleichung der Altersgrenzen

51 Nach wie vor ist durch die Rechtsprechung nicht geklärt, ob und wenn ja wie für Männer und Frauen die Altersgrenzen angehoben werden können.

52 ▶ **Beispiel:**

In einer Versorgungsordnung aus dem Jahr 1980 ist für Männer eine feste Altersgrenze von 65, für Frauen eine solche von 60 Jahren vorgesehen. Aufgrund der Rechtsprechung haben Männer und Frauen ab dem 18.05.1990 eine einheitliche Altersgrenze von 60 Jahren. Die sich daraus ergebende Mehrbelastung will das Unternehmen nicht tragen und hebt deshalb im Einvernehmen mit dem Betriebsrat zum 01.07.1995 die Altersgrenze für Männer und Frauen auf das 65. Lebensjahr an.

---

42 BAG 7.9.2004, 3 AZR 550/03, EzA Art. 141 EG-Vertrag 1999 Nr. 16 = DB 2005, 507 und 3 AZR 551/03.

43 BAG 7.9.2004, 3 AZR 550/03, EzA Art. 141 EG-Vertrag 1999 Nr. 16 = DB 2005, 507.

Kisters-Kölkes

Das BAG musste bisher nicht entscheiden, ob eine solche Heraufsetzung 53
der Altersgrenze wirksam vereinbart werden kann. In der Entscheidung vom
29.4.2008[44] ist dies ausdrücklich offengeblieben. Werden die Altersgrenzen
angehoben, sind jedenfalls die Besitzstände für die jeweiligen Zeiträume zu
berücksichtigen. Dies bedeutet, dass ein Mann drei Rentenstämme hätte
und eine Frau zwei Rentenstämme. Eine Anhebung, die den Besitzstand
nicht berücksichtigt, dürfte dem Grundsatz des Vertrauensschutzes nicht
genügen, aber auch nicht verhältnismäßig sein. Hat ein Unternehmen bis
heute keine Anhebung der Altersgrenzen vorgenommen, dürfte eine solche
auch nicht mehr zulässig sein. Denn schließlich hat das Unternehmen auf
die vor gut 20 Jahren ergangene Rechtsprechung nicht reagiert. Damit wurde
für die begünstigten Arbeitnehmer ein Vertrauensschutz geschaffen. Für die
Arbeitgeber wirkt sich dies künftig auch nicht mehr wesentlich finanziell aus,
weil die Personenkreise, die ab 60 eine Leistung aus der gesetzlichen Rentenversicherung beziehen können, immer weniger werden. Wer nur aus der
betrieblichen Versorgung eine Leistung bekommen könnte, aber nicht aus der
gesetzlichen Rentenversicherung, muss weiterarbeiten und ist damit wegen
der fehlenden Beendigung des Arbeitsverhältnisses auch von dem Bezug der
betrieblichen Leistung ausgeschlossen.

E. Höhe der vorzeitigen Altersleistung

I. Gestaltungsfreiheit

Da der Gesetzgeber selbst nicht regelt, in welcher Höhe eine vorzeitige betrieb- 54
liche Altersleistung zu zahlen ist, ist es primär Aufgabe des Arbeitgebers oder
des externen Versorgungsträgers, in der Versorgungszusage festzulegen, wie die
vorzeitige Altersleistung zu berechnen ist. Dabei sind die **Mitbestimmungsrechte des Betriebsrates** zu beachten.[45] Aus der Versorgungsregelung ergibt
sich, ob eine Kürzung vorgenommen werden soll und wenn ja in welcher
Höhe.

Die Leistungshöhe ist jedoch **nicht** nach **freiem Belieben** festsetzbar. Es ist 55
nicht nur der arbeitsrechtliche **Gleichbehandlungsgrundsatz** zu berücksichtigen, sondern auch das **Äquivalenzprinzip**.

---

44 BAG 29.4.2008, 3 AZR 266/06, EzA § 2 BetrAVG Nr. 30 = BB 2009, 224.
45 BAG 26.9.2000, 3 AZR 570/99, DB 2000, 2075; 26.3.1985, 3 AZR 236/83, EzA
    § 6 BetrAVG Nr. 9 = DB 1985, 2617.

II. Verzicht auf Kürzung

56 Will der Arbeitgeber die vorzeitige Altersleistung in derselben Höhe zahlen wie die Altersleistung, die er ab Vollendung der festen Altersgrenze zugesagt hat, muss er den Verzicht auf eine Kürzung klar und eindeutig zum Ausdruck bringen. Ein Verzicht auf eine Kürzung wegen des vorzeitigen Bezuges einer Altersleistung kann sich aber auch aus einer **betrieblichen Übung** ergeben.[46]

57 Ein solcher Verzicht ist absolut **unüblich**. Er entspricht auch nicht dem allgemeinen **Gerechtigkeitsempfinden**, da nicht eingesehen wird, dass derjenige, der z. B. fünf Jahre früher eine Leistung erhält, dieselbe Leistung bekommt wie der Arbeitnehmer, der noch fünf Jahre seine Leistung erdient. Eine solche Berechnung kommt daher nur ausnahmsweise in Betracht.

58 Stellt der Arbeitgeber bei der Rentenberechnung auf die im Zeitpunkt des Ausscheidens tatsächlich bis dahin erdiente Rente ab, liegt darin ein Verzicht auf versicherungsmathematische Abschläge bzw. ein Verzicht auf eine zeitratierliche Kürzung.[47]

III. Kürzungsmöglichkeiten

1. Nach Leistungsplan erdiente Leistung

59 In der Praxis werden im Wesentlichen drei Formen der Kürzung bei vorzeitigen betrieblichen Altersleistungen angewandt. Unabhängig davon, nach welcher Methode eine Kürzung vorgenommen wird, muss diese Berechnungsregel billigenswert sein. Die Inanspruchnahme einer vorzeitigen Altersleistung kann kostenneutral ausgestaltet werden. Es ist aber nicht zulässig, eine Berechnungsregel zu wählen, die zu einer Wertungsungleichheit führt. Dies würde gegen § 6 BetrAVG verstoßen und wäre gem. § 134 BGB nichtig.[48]

60 Hat der Arbeitgeber eine Versorgungszusage erteilt, die sich nach der Anzahl der bis zum Eintritt des Versorgungsfalles abgeleisteten Dienstjahren richtet, kann die vorzeitige Altersleistung in der Form bestimmt werden, dass die bis zur Inanspruchnahme der vorzeitigen Altersleistung im Unternehmen **abgeleisteten Dienstjahre** für die Leistungshöhe zählen.[49] Dabei muss jedoch

---

46 BAG 16.3.1993, 3 AZR 350/95, n. v.
47 BAG 29.7.1997, 3 AZR 114/96, EzA § 6 BetrAVG Nr. 19 = NZA 1998, 544.
48 BAG 28.5.2002, 3 AZR 358/01, BAGE 101, 163.
49 BAG 29.7.1997, 3 AZR 114/96, EzA § 6 BetrAVG Nr. 19 = NZA 1998, 544.

Kisters-Kölkes

erkennbar sein, dass der aufsteigende Leistungsplan auch für die vorzeitige Altersleistung gelten soll.[50]

2. Versicherungsmathematische Abschläge

Nachdem versicherungsmathematische Abschläge zunächst durch die Rechtsprechung nicht anerkannt worden sind, ist es heute üblich, die vorzeitige Altersleistung mit **versicherungsmathematischen Abschlägen** zu berechnen. Versicherungsmathematische Abschläge berücksichtigen die kürzere Dienstzeit des Versorgungsempfängers, die höhere Lebenserwartung und damit die längere Bezugsdauer und die Zinslast aufgrund der vorzeitigen Zahlung.[51] Zu berücksichtigen ist aber auch, dass der Arbeitgeber früher verpflichtet ist, nach § 16 BetrAVG eine Anpassungsprüfung vorzunehmen, ggf. ist auch eine Anpassungsgarantie früher zu erfüllen.[52] Wenn mit der Anhebung der Altersgrenzen für vorzeitige Altersleistungen in der gesetzlichen Rentenversicherung auch der Bezugszeitpunkt für eine betriebliche Leistung hinausgeschoben wird, ist zu prüfen, ob die schon bestehenden versicherungsmathematischen Abschläge weiterhin dem Gebot der Äquivalenz entsprechen.

61

Versicherungsmathematische Abschläge werden in aller Regel für jeden Monat vorgenommen, um den die vorzeitige Altersrente **vor Erreichen der festen Altersgrenze/Regelaltersgrenze**[53] in Anspruch genommen wird. Bei einer **Kapitalleistung** kann ebenfalls eine Kürzung vorgenommen werden. Allerdings sind versicherungsmathematische Abschläge in diesem Fall nach anderen Kriterien zu bemessen als bei einer Rentenleistung. Scheidet ein Arbeitnehmer vorzeitig mit einer gesetzlich unverfallbaren Anwartschaft aus dem Arbeitsverhältnis aus, werden versicherungsmathematische Abschläge von der Veränderungssperre gem. § 2 Abs. 5 BetrAVG erfasst.[54]

62

In welcher **Höhe** versicherungsmathematische Abschläge zulässig sind, ist weitgehend geklärt. Nicht zu beanstanden ist ein versicherungsmathematischer Abschlag, wenn dieser 0,3 % für jeden Vorgriffsmonat beträgt. Versicherungsmathematische Abschläge in Höhe von 0,3 % sind auch in der gesetzlichen Rentenversicherung vorgesehen. Diese Abschläge sind aus ver-

63

---

50 BAG 10.12.2013, 3 AZR 832/11, FA 2014, 153.
51 BAG 29.4.2008, 3 AZR 266/06, EzA § 2 BetrAVG Nr. 30 = BB 2009, 224.
52 BAG 23.1.2001, 3 AZR 164/00, EzA § 6 BetrAVG Nr. 23 = DB 2001, 1887.
53 Vgl. hierzu BAG 15.5.2012, 3 AZR 11/10, EzA § 2 BetrAVG Nr. 33.
54 BAG 17.8.2004, 3 AZR 318/03, EzA § 2 BetrAVG Nr. 22 = DB 2005, 563.

sicherungsmathematischer Sicht nicht äquivalent, weil sie den Arbeitnehmer begünstigen. Die geringen Abschläge in der gesetzlichen Rentenversicherung sind ausschließlich sozialpolitisch gewollt. Wendet ein Arbeitgeber nur derartige, geringfügige versicherungsmathematische Abschläge an, müssen auch ihm sozialpolitische Motive unterstellt werden.

64   In der Praxis sind häufig versicherungsmathematische Abschläge von **0,4 %** **bis 0,6 %** für jeden Vorgriffsmonat vorgesehen. Abschläge in dieser Höhe sind nicht zu beanstanden, zumindest dann nicht, wenn der Arbeitnehmer nicht benachteiligt wird.[55] Jedenfalls ist nach der ständigen Rechtsprechung des BAG derzeit ein Abschlag bis zur Höhe von 0,5 % pro Monat der vorgezogenen Inanspruchnahme zulässig, wobei in jüngeren Entscheidungen angedeutet wird, dass 0,5 % an der oberen Grenze liegen.[56] Höhere versicherungsmathematische Abschläge sind im Einzelfall zu prüfen und zu rechtfertigen.[57] Allerdings werden versicherungsmathematische Abschläge in einer Höhe von 1,07 % von der Rechtsprechung nicht anerkannt. Sie sind übermäßig.[58] Versicherungsmathematische Abschläge sind in der betrieblichen Altersversorgung auch zulässig, wenn zum 1.7.2014 eine abschlagfreie Altersrente in der gesetzlichen Rentenversicherung für besonders langjährig Versicherte eingeführt wird. In der Gesetzesbegründung wird betont, das die betriebliche Altersversorgung hiervon ausdrücklich ausgenommen wird.

65   In welcher Höhe versicherungsmathematische Abschläge **adäquat** sind, richtet sich nach der konkreten Ausgestaltung der Versorgungszusage. Die Ermittlung der adäquaten Höhe eines versicherungsmathematischen Abschlags kann durch versicherungsmathematische Gutachter vorgenommen werden.

66   Ist in einer Versorgungszusage ein versicherungsmathematischer Abschlag vorgegeben, kann dieser nicht geändert werden, wenn generell die **Lebenserwartung** der Bevölkerung steigt. Denn die Lebenserwartung wurde bei der Festlegung des versicherungsmathematischen Abschlags bereits berücksichtigt.

---

55 BAG 24.7.2001, 3 AZR 567/00, EzA § 6 BetrAVG Nr. 25 = DB 2002, 588; 29.4.2008, 3 AZR 266/06, EzA § 2 BetrAVG Nr. 30 = BB 2009, 224.

56 BAG 28.5.2002, 3 AZR 358/01, BAGE 101, 163; 23.9.2003, 3 AZR 304/02, EzA § 1 BetrAVG Gleichberechtigung Nr. 13 = DB 2004, 2645; 23.3.2004, 3 AZR 279/03, AP Nr. 28 zu § 1 BetrAVG Berechnung; 29.4.2008, 3 AZR 266/06, EzA § 2 BetrAVG Nr. 30 = BetrAV 2009, 75.

57 BAG 29.4.2008, 3 AZR 266/06, EzA § 2 BetrAVG Nr. 30 = FA 2009, 55.

58 BAG 28.5.2002, 3 AZR 358/01, BAGE 101, 163.

Kisters-Kölkes

Wurden hierbei veraltete Sterbetafeln angewandt, kann dies nicht zulasten der Arbeitnehmer gehen. Es ist Aufgabe des versicherungsmathematischen Sachverständigen, bei Festlegung des versicherungsmathematischen Abschlags geeignete Sterbetafeln anzuwenden. Dies müssen nicht die Sterbetafeln sein, die für die Berechnung der Pensionsrückstellungen gem. § 6a EStG verwandt werden. Das Risiko, dass sich die Lebenserwartung verändert, ist bei jeder Rentenzusage gegeben. Wer die Risiken der Langlebigkeit ausschließen will, kann von Anfang an statt einer Rente ein Kapital zusagen.

▶ **Beispiel:** 67

Es ist eine Altersleistung ab Vollendung des 65. Lebensjahres in Höhe von 250 € vorgesehen. Für jeden Monat des vorzeitigen Bezuges wird ein versicherungsmathematischer Abschlag in Höhe von 0,5 % vorgenommen. Wird die Rente ab der Vollendung des 60. Lebensjahres gezahlt, ist sie um 60 Monate × 0,5 % = 30 %, d. h. um 75 € zu kürzen. Gezahlt werden folglich 175 €.

Werden versicherungsmathematische Abschläge verwendet, müssen diese für 68 Männer und Frauen gleich hoch sein. Lediglich in der Zeit vor dem 17.5.1990 war es zulässig, zwischen Männern und Frauen zu differenzieren.[59]

Ist in einer Versorgungsregelung lediglich bestimmt, dass eine »versicherungs- 69 mathematische Herabsetzung« vorgenommen wird, ohne dass deren Höhe bestimmt wird, kann eine Kürzung mit 0,5 % je Vorgriffsmonat vorgenommen werden, jedenfalls dann, wenn sich das Versorgungsversprechen an eine größere Zahl von Arbeitnehmern richtet.[60]

Ist nach Eintritt einer **Insolvenz** eine vorzeitige Altersleistung vom PSVaG zu 70 zahlen, sind die in der Versorgungszusage vorgegebenen Kürzungsregelungen anzuwenden. Ist keine solche vorgesehen, kann der PSVaG eine Kürzung um 0,5 % für jeden vorgezogenen Monat vornehmen. Dies entspricht den allgemeinen Versicherungsbedingungen für die Insolvenzsicherung.[61]

---

59 BAG 23.9.2003, 3 AZR 304/02, EzA § 1 BetrAVG Gleichberechtigung Nr. 13 = DB 2004, 2645.
60 BAG 29.9.2010, 3 AZR 557/08, EzA § 6 BetrAVG Nr. 29, BetrAV 2011, 287.
61 BAG 20.4.1982, 3 AZR 1137/79, EzA § 6 BetrAVG Nr. 5 = DB 1982, 1830.

71 Wird die betriebliche Altersversorgung durch **Entgeltumwandlung** finanziert, ist zu beachten, dass auch die dem Arbeitnehmer zugesagte vorzeitige Altersleistung dem Gebot der Wertgleichheit[62] entsprechen muss.

3. Untechnischer versicherungsmathematischer Abschlag

72 Diesen Begriff hat das BAG mit seiner Entscheidung vom 23.1.2001 geprägt.[63] Dabei handelt es sich um eine zeitratierliche Kürzung unter entsprechender Anwendung von § 2 BetrAVG.

73 Der **untechnische versicherungsmathematische Abschlag** wurde früher umschrieben mit der Anwendung des Quotierungsverfahrens analog § 2 BetrAVG. Bereits mit seiner Entscheidung vom 1.6.1978[64] hat das BAG dessen Anwendung in den Fällen anerkannt, in denen die Versorgungsregelung eine Lücke enthielt, wenn es an einer ausdrücklichen Kürzungsregel in der Versorgungszusage fehlte. Mit einer solchen Mindestkürzung muss der Arbeitnehmer rechnen.[65]

74 Auch wenn seit Inkrafttreten des § 6 BetrAVG inzwischen fast 40 Jahre vergangen sind, ist diese Lückenfüllung noch immer von Bedeutung. Es handelt sich um eine **Auslegungsregel**, die im Fall einer lückenhaften Versorgungszusage anzuwenden ist. Eine eigene billigenswerte Regelung in der Versorgungszusage hat demgegenüber immer Vorrang.[66] Obwohl der Gesetzgeber weiß, dass § 6 BetrAVG lückenhaft ist, weil die Höhe der Leistung nicht geregelt ist, werden keine gesetzlichen Vorgaben gemacht, wie die jüngste Änderung des § 6 BetrAVG[67] zeigt. Dies ist nachvollziehbar, ist doch die Gestaltungsfreiheit[68] wichtig für die Verbreitung der betrieblichen Altersversorgung. Deshalb müssen auch die von der Rechtsprechung vor Jahren und Jahrzehnten entwickelten Auslegungsgrundsätze weiterhin Bestand haben, auch für Versorgungszusagen, die lange Zeit nach Inkrafttreten des Gesetzes erteilt wurden.

---

62 S. dazu § 1 Rdn. 490 ff.

63 BAG 23.1.2001, 3 AZR 164/00, EzA § 6 BetrAVG Nr. 23 = DB 2001, 1887; 24.7.2001, 3 AZR 567/00, EzA § 6 BetrAVG Nr. 25 = DB 2002, 588.

64 BAG 1.6.1978, 3 AZR 216/77, EzA § 6 BetrAVG Nr. 1 = DB 1978, 1232, 1793.

65 *Langohr-Plato* Rechtshandbuch Rn. 708.

66 BAG 20.3.2001, 3 AZR 229/00, EzA § 6 BetrAVG Nr. 22 = BetrAV 2002, 407.

67 RV-Altersgrenzenanpassungsgesetz BGBl. I 2007, S. 554.

68 § 1 Rdn. 23 ff.

Das BAG[69] scheint danach differenzieren zu wollen, ob die Versorgungsregelung aus einer Zeit vor Inkrafttreten des BetrAVG stammt.

Auch bei einer Kapitalzusage ist ein untechnischer versicherungsmathematischer Abschlag zulässig.[70] 75

4. Gleichbehandlungsgrundsatz

Bei der Berechnung einer vorzeitigen Altersleistung ist der **Gleichbehand-** 76
lungsgrundsatz zu berücksichtigen. Es kann folglich nicht beliebig zwischen einer versicherungsmathematischen Kürzung oder einer zeitanteiligen Kürzung gewechselt werden.

Allerdings wird der Gleichbehandlungsgrundsatz nicht verletzt, wenn eine Versorgungszusage mit einer Obergrenze arbeitet und diese Obergrenze zu keinen 77
Steigerungen mehr führt, wenn zwischen dem 60. und dem 65. Lebensjahr Dienstjahre abgeleistet werden.[71]

▶ **Beispiel:** 78

Die zugesagte Altersrente beträgt 1 % des rentenfähigen Arbeitsverdienstes je Dienstjahr, maximal 25 %. Diese 25 % sind im Alter 60 erreicht.

Bei einer solchen Berechnungsweise wirkt sich die fehlende Betriebstreue zwischen der vorgezogenen Inanspruchnahme und dem Erreichen der Altersgrenze regelmäßig bereits dadurch anspruchsmindernd aus, dass dieser Zeitraum nicht zu weiteren Steigerungen führt. Für eine zusätzliche zeitratierliche Kürzung besteht kein Anlass; sie ist aber zulässig.

Die Arbeitnehmer, die vorgezogen in den gesetzlichen Ruhestand gehen und 79
in diesem Zeitpunkt insgesamt 25 % erreicht haben, können ohne Verletzung des Gleichbehandlungsgrundsatzes dieselbe Rente wie die Arbeitnehmer erhalten, die bis zur Vollendung des 65. Lebensjahres im Betrieb bleiben. Eine solche Begünstigung besonders lange Zeit betriebstreuer Arbeitnehmer

---

69 BAG 15.11.2011, 3 AZR 778/09, AP Nr. 25 zu § 1 BetrAVG Auslegung.
70 BAG 25.6.2013, 3 AZR 219/11, EzA § 2 BetrAVG Nr. 35 = DB 2013, 2938.
71 Zur Berücksichtigung von maximal 30 Jahren: BAG 15.5.2012, 3 AZR 11/10, EzA § 2 BetrAVG Nr. 33 = DB 2012, 1756; zur Berücksichtigung von 40 Dienstjahren BAG 11.12.2012, 3 AZR 634/10, DB 2013, 1002 = FA 2013, 150.

ist personalwirtschaftlich begründet. Der Arbeitgeber ist nicht verpflichtet, vorzeitig aus dem Betrieb ausgeschiedene Arbeitnehmer gleichzubehandeln.[72]

IV. Gesamtversorgungssysteme und Limitierungsklauseln

80 Gesamtversorgungssysteme sind nicht mehr sehr weit verbreitet. Die komplexe Berechnung einer adäquaten vorzeitigen Altersleistung bei einem Gesamtversorgungssystem wird deshalb nicht vertieft.[73]

81 Mit Urteil vom 21.3.2006[74] ist die Auslegungsregel ausdrücklich aufgegeben worden, nach der die fiktive Vollrente nach Erreichen der festen Altersgrenze zunächst unabhängig von der Höchstbegrenzungsklausel zu berechnen ist.[75] Das Gericht geht nunmehr davon aus, dass Höchstbegrenzungsklauseln nicht nur dazu dienen, einer Überversorgung entgegenzuwirken. Höchstbegrenzungsklauseln könnten eine Aussage darüber treffen, welche Höchstrente angemessen sein soll. Folglich sei die Limitierungsklausel bei der Ermittlung der Vollrente anzuwenden.

V. Direktversicherung

82 Wurde eine Direktversicherung abgeschlossen und erfüllt der Arbeitnehmer die Voraussetzungen nach § 6 BetrAVG, hat er gegenüber dem Arbeitgeber einen Verschaffungsanspruch. Er hat keinen unmittelbaren Anspruch gegenüber dem Versicherer, weil § 6 BetrAVG keinen Versicherungsfall auslöst. Der Arbeitgeber als Versicherungsnehmer muss durch Kündigung den Versicherungsvertrag beenden, damit anschließend der Versicherer die Auszahlung an den Arbeitnehmer vornehmen kann.[76]

83 Um Nachteile für den Arbeitnehmer in einem solchen Fall der vorzeitigen Kündigung des Versicherungsvertrages zu vermeiden, hat das Bundesaufsichtsamt für das Versicherungswesen (heute die BaFin) empfohlen, in diesen

---

72 BAG 23.1.2001, 3 AZR 562/99, EzA § 6 BetrAVG Nr. 24 = DB 2002, 1168.

73 Vgl. hierzu *Höfer* BetrAVG, Rn. 4253 zu § 6.

74 BAG 21.3.2006, 3 AZR 374/05, EzA § 2 BetrAVG Nr. 24 = DB 2006, 2354.

75 BAG 24.6.1986, 3 AZR 630/84, EzA § 6 BetrAVG Nr. 10 (LS) = DB 1987, 691; 8.5.1990, 3 AZR 341/88, EzA § 6 BetrAVG Nr. 14 = DB 1991, 284.

76 BAG 28.3.1995, 3 AZR 373/94, EzA § 1 BetrAVG Lebensversicherung Nr. 6 = DB 1995, 2174.

Fällen auf Stornoabzüge zu verzichten und den Schlussüberschussanteil zu gewähren.[77]

Die neueren Tarife sehen eine flexible Abrufphase vor, sodass bei diesen Tarifen ein Rückkauf nicht erforderlich ist. Die Kürzung ergibt sich daraus, dass das bei Abruf vorhandene Deckungskapital ausgezahlt oder verrentet wird.   84

F. Unverfallbare Anwartschaften

I. Ausscheiden mit unverfallbarer Anwartschaft

Auch dem Arbeitnehmer, der vor Eintritt des Versorgungsfalles das Arbeitsverhältnis beendet hat und im Beendigungszeitpunkt die gesetzlichen Unverfallbarkeitsbedingungen erfüllte, steht eine vorzeitige Altersleistung aus der unverfallbaren Anwartschaft zu, wenn er aus der gesetzlichen Rentenversicherung eine vorzeitige Altersleistung bezieht. Dies gilt auch dann, wenn in der betrieblichen Versorgungszusage eine vorzeitige Altersleistung nicht geregelt ist. Denn insoweit ist § 6 BetrAVG anzuwenden.   85

II. Höhe der vorzeitigen Altersleistung

Die vorzeitige Altersleistung ist nach dem Leistungsplan zu bemessen, der für den ausgeschiedenen Arbeitnehmer maßgeblich war. Dabei sind die versicherungsmathematischen Abschläge anzuwenden, die im Ausscheidezeitpunkt vorgegeben waren.[78] Weil in § 2 Abs. 1 BetrAVG nur die bei Erreichen der festen Altersgrenze erreichte Altersleistung aufgeführt ist, nicht aber die Inanspruchnahme einer vorzeitigen Altersleistung erwähnt wird, ist es bei einer dienstzeitabhängigen Versorgungszusage nicht zulässig, nur die Dienstjahre zu berücksichtigen, die bis zur Inanspruchnahme der vorzeitigen Altersleistung abgeleistet wurden. Vielmehr sind die Dienstjahre bis zum Erreichen der festen Altersgrenze hoch zu rechnen. Die sich so ergebende Altersleistung kann um versicherungsmathematische Abschläge gekürzt werden. Es ist aber auch ein untechnischer versicherungsmathematischer Abschlag möglich, wenn keine versicherungsmathematischen Abschläge vorgesehen sind.   86

---

77 VerBAV 1979, 356; hierzu auch *Schlewing/Henssler/Schipp/Schnitker* Teil 9 A Rn. 924.

78 BAG 17.8.2004, 3 AZR 318/03, EzA § 2 BetrAVG Nr. 22 = DB 2005, 563.

87 Die sich so ergebende Leistung für den betriebstreuen Mitarbeiter ist dann mit der Unverfallbarkeitsquote zu kürzen, die anlässlich des vorzeitigen Ausscheidens ermittelt wurde.

88 ▶ **Beispiel:**[79]

Ein Arbeitnehmer, geboren am 21.11.1936, war vom 1.10.1979 bis zum 31.10.1993 bei einem Unternehmen beschäftigt. Die ihm für die Vollendung des 65. Lebensjahres zugesagte Altersrente belief sich für jedes abgeleistete Dienstjahr auf 9,05 € (17,70 DM). Für jeden Monat der vorzeitigen Inanspruchnahme war ein versicherungsmathematischer Abschlag von 0,3 % vorgesehen. Seit dem 1.12.1996 bezieht dieser Arbeitnehmer aus der gesetzlichen Rentenversicherung eine vorgezogene Altersrente.

Die betriebliche Altersrente ist wie folgt zu berechnen:

$$22 \text{ Beschäftigungsjahre} \times 9,05 € (17,70 \text{ DM}) = 199,10 € (389,40 \text{ DM})$$

$$60 \text{ Monate} \times 0,3 \% = 18 \%$$

$$18 \% \text{ von } 199,10 € (389,40 \text{ DM}) = 35,84 € (70,09 \text{ DM})$$

$$199,10 €$$

$$./. \; 35,84 €$$

$$163,26 €$$

$$163,26 € \times \frac{169 \text{ tatsächliche Monate}}{256 \text{ mögliche Monate}} = 104,12 €$$

Es ist nicht zulässig, nur 17 Jahre bei der Berechnung der Dienstjahre zu berücksichtigen.

---

[79] Beispiel aus BAG 24.7.2001, 3 AZR 567/00, EzA § 6 BetrAVG Nr. 25 = DB 2002, 672.

Kisters-Kölkes

Diese Berechnungsweise, die stark kritisiert worden ist,[80] beruht auf der nun- 89
mehr ständigen Rechtsprechung des BAG.[81] Dieser Rechtsprechung liegt die
Überlegung zugrunde, dass es bei einem vorzeitig ausgeschiedenen Arbeitnehmer nicht zulässig ist, wegen des vorzeitigen Ausscheidens eine **dreifache
Kürzung** vorzunehmen. Würde man nur die Dienstjahre zählen, die **bis zur
Inanspruchnahme** der vorzeitigen Altersleistung abgeleistet wurden, würde
darin eine **erste Kürzung** liegen. Würde diese Leistung um **versicherungsmathematische Abschläge** für jeden Vorgriffsmonat reduziert, läge eine **zweite
Kürzung** vor. Würde diese verminderte Leistung um die **Unverfallbarkeitsquote** gekürzt, würde sich eine dritte Kürzung ergeben. Die **dritte Kürzung**,
die von Gesetzes wegen durch § 2 BetrAVG vorgegeben ist, ist eine Kürzung
wegen des vorzeitigen Ausscheidens. Der Arbeitnehmer, der mit unverfallbarer Anwartschaft ausgeschieden ist, hat nicht die volle, von ihm erwartete
Betriebstreue erbracht. Die erste und zweite Kürzung berücksichtigen den
längeren Rentenbezug. Zwar ist es zulässig, aus diesem Grund eine Kürzung
vorzunehmen. Jedoch darf die vorzeitige Inanspruchnahme nicht zu einer
doppelten Kürzung führen. Deshalb sind zwar versicherungsmathematische
Abschläge zulässig, nicht aber eine Berücksichtigung nur der bis zur vorzeitigen Inanspruchnahme abgeleisteten Dienstjahre. Die versicherungsmathematischen Abschläge sind so zu bemessen, dass sie äquivalent sind.

Ist der Arbeitnehmer aus dem Arbeitsverhältnis ausgeschieden und bezieht 90
er eine vorzeitige Altersrente, ohne dass ein Ausscheiden mit unverfallbarer Anwartschaft vorliegt, ist die vorgenannte Berechnungsmethode nicht
anwendbar.[82]

Auch eine **Pensionskasse** hat grds. eine dreifache Kürzung zu unterlassen. Sie 91
können zwar nur Leistungen erbringen, die satzungsgemäß vorgesehen sind
und die dem Versicherungsprinzip entsprechen und die durch die Beiträge
finanziert wurden. Hat aber der externe Versorgungsträger in seinen Versor-

---

80 *Bepler* FS für Förster, S. 237; *Neumann* FS für Förster, S. 219; kritisch *Berenz*
    BetrAV 2001, 749; *Höfer* DB 2001, 2045; *Grabner/Bode* BB 2001, 2425; *Heubeck/
    Oster* BetrAV 2001, 230.
81 BAG 24.7.2001, 3 AZR 567/00, EzA § 6 BetrAVG Nr. 25 = DB 2002, 588;
    23.1.2001, 3 AZR 164/00, EzA § 6 BetrAVG Nr. 23 = DB 2001, 1887; 18.11.2003,
    3 AZR 517/02, EzA § 6 BetrAVG Nr. 26 = DB 2004, 1375; 23.3.2004, 3 AZR
    279/03, NZA 2005, 375; 7.9.2004, 3 AZR 524/03, EzA § 6 BetrAVG Nr. 27 = DB
    2005, 839; 12.12.2006, 3 AZR 716/05, EzA § 1 BetrAVG Nr. 88.
82 BAG 10.12.2013, 3 AZR 832/11.

gungsbedingungen zum Ausdruck gebracht, dass er die betriebsrentenrechtlichen Versorgungsleistungen erbringen will, dann sind die von der Rechtsprechung entwickelten Grundsätze anzuwenden, zumindest dann, wenn es sich um eine Konzernpensionskasse handelt. In einer solchen Konzernpensionskasse könne davon ausgegangen werden, dass erkannte Defizite ohne großen Aufwand beseitigt werden könnten.[83] Ob dies auch für Pensionskassen gilt, die für eine Vielzahl voneinander unabhängiger Unternehmen die Altersversorgung abwickeln, ist offen.

92   Die Berechnung der vorzeitigen Altersrente aus einer unverfallbaren Anwartschaft unterscheidet sich von der Berechnung der Invalidenrente aus unverfallbarer Anwartschaft. In diesem Fall zählen nur die bis zum Eintritt des Versorgungsfalles abgeleisteten Dienstjahre, wenn dies so in der Versorgungszusage geregelt ist.[84]

III. Gesetzliche Neuregelung

93   Es war vorgesehen, § 2 BetrAVG zu ergänzen, in dem auch auf die vorzeitige Altersleistung Bezug genommen werden sollte. Damit sollte eine Korrektur der Rechtsprechung des BAG herbeigeführt werden. Diese Ergänzung des Gesetzes ist unterblieben. Das BAG geht deshalb davon aus, dass damit der Gesetzgeber diese Rechtsprechung bestätigt hat. Trotz der in der Literatur geübten Kritik sei deshalb die Beibehaltung dieser Rechtsprechung geboten.[85] Denn nach wie vor wird in § 2 Abs. 1 BetrAVG nur auf die Altersgrenze abgestellt und nicht auf die vorzeitige Altersleistung.

---

83   BAG 23.3.2004, 3 AZR 279/03, NZA 2005, 375.
84   BAG 21.8.2001, 3 AZR 649/00, EzA § 2 BetrAVG Nr. 17 = DB 2002, 644.
85   BAG 12.12.2006, 3 AZR 716/05, EzA § 1 BetrAVG Nr. 88 = DB 2007, 2546.

Vierter Abschnitt Insolvenzsicherung

§7 Umfang des Versicherungsschutzes

(1) [1]Versorgungsempfänger, deren Ansprüche aus einer unmittelbaren Versorgungszusage des Arbeitgebers nicht erfüllt werden, weil über das Vermögen des Arbeitgebers oder über seinen Nachlaß das Insolvenzverfahren eröffnet worden ist, und ihre Hinterbliebenen haben gegen den Träger der Insolvenzsicherung einen Anspruch in Höhe der Leistung, die der Arbeitgeber aufgrund der Versorgungszusage zu erbringen hätte, wenn das Insolvenzverfahren nicht eröffnet worden wäre. [2]Satz 1 gilt entsprechend,

1. wenn Leistungen aus einer Direktversicherung aufgrund der in § 1b Abs. 2 Satz 3 genannten Tatbestände nicht gezahlt werden und der Arbeitgeber seiner Verpflichtung nach § 1b Abs. 2 Satz 3 wegen der Eröffnung des Insolvenzverfahrens nicht nachkommt,

2. wenn eine Unterstützungskasse oder ein Pensionsfonds die nach ihrer Versorgungsregelung vorgesehene Versorgung nicht erbringt, weil über das Vermögen oder den Nachlass eines Arbeitgebers, der der Unterstützungskasse oder dem Pensionsfonds Zuwendungen leistet (Trägerunternehmen), das Insolvenzverfahren eröffnet worden ist.

[3]§ 14 des Versicherungsvertragsgesetzes findet entsprechende Anwendung. [4]Der Eröffnung des Insolvenzverfahrens stehen bei der Anwendung der Sätze 1 bis 3 gleich

1. die Abweisung des Antrags auf Eröffnung des Insolvenzverfahrens mangels Masse,

2. der außergerichtliche Vergleich (Stundungs-, Quoten- oder Liquidationsvergleich) des Arbeitgebers mit seinen Gläubigern zur Abwendung eines Insolvenzverfahrens, wenn ihm der Träger der Insolvenzsicherung zustimmt,

3. die vollständige Beendigung der Betriebstätigkeit im Geltungsbereich dieses Gesetzes, wenn ein Antrag auf Eröffnung des Insolvenzverfahrens nicht gestellt worden ist und ein Insolvenzverfahren offensichtlich mangels Masse nicht in Betracht kommt.

(1a) [1]Der Anspruch gegen den Träger der Insolvenzsicherung entsteht mit dem Beginn des Kalendermonats, der auf den Eintritt des Sicherungsfalles folgt. [2]Der Anspruch endet mit Ablauf des Sterbemonats des Begünstigten, soweit in der Versorgungszusage des Arbeitgebers nicht etwas anderes bestimmt ist. [3]In den Fällen des Absatzes 1 Satz 1 und 4 Nr. 1 und 3 umfaßt der Anspruch auch rückständige Versorgungsleistungen, soweit diese bis zu zwölf Monaten vor Entstehen der Leistungspflicht des Trägers der Insolvenzsicherung entstanden sind.

(2) ¹Personen, die bei Eröffnung des Insolvenzverfahrens oder bei Eintritt der nach Abs. 1 Satz 4 gleichstehenden Voraussetzungen (Sicherungsfall) eine nach § 1b unverfallbare Versorgungsanwartschaft haben, und ihre Hinterbliebenen haben bei Eintritt des Versorgungsfalls einen Anspruch gegen den Träger der Insolvenzversicherung, wenn die Anwartschaft beruht,

1. auf einer unmittelbaren Versorgungszusage des Arbeitgebers oder

2. auf einer Direktversicherung und der Arbeitnehmer hinsichtlich der Leistungen des Versicherers widerruflich bezugsberechtigt ist oder die Leistungen aufgrund der in § 1b Abs. 2 Satz 3 genannten Tatbestände nicht gezahlt werden und der Arbeitgeber seiner Verpflichtung aus § 1b Abs. 2 Satz 3 wegen der Eröffnung des Insolvenzverfahrens nicht nachkommt.

²Satz 1 gilt entsprechend für Personen, die zum Kreis der Begünstigten einer Unterstützungskasse oder eines Pensionsfonds gehören, wenn der Sicherungsfall bei einem Trägerunternehmen eingetreten ist. ³Die Höhe des Anspruchs richtet sich nach der Höhe der Leistungen gemäß § 2 Abs. 1, 2 Satz 2 und Abs. 5, bei Unterstützungskassen nach dem Teil der nach der Versorgungsregelung vorgesehenen Versorgung, der dem Verhältnis der Dauer der Betriebszugehörigkeit zu der Zeit vom Beginn der Betriebszugehörigkeit bis zum Erreichen der in der Versorgungsregelung vorgesehenen festen Altersgrenze entspricht, es sei denn, § 2 Abs. 5a ist anwendbar. ⁴Für die Berechnung der Höhe des Anspruchs nach Satz 3 wird die Betriebszugehörigkeit bis zum Eintritt des Sicherungsfalles berücksichtigt. ⁵Bei Pensionsfonds mit Leistungszusagen gelten für die Höhe des Anspruchs die Bestimmungen für unmittelbare Versorgungszusagen entsprechend, bei Beitragszusagen mit Mindestleistung gilt für die Höhe des Anspruchs § 2 Abs. 5b.

(3) ¹Ein Anspruch auf laufende Leistungen gegen den Träger der Insolvenzsicherung beträgt im Monat höchstens das Dreifache der im Zeitpunkt der ersten Fälligkeit maßgebenden monatlichen Bezugsgröße gemäß § 18 des Vierten Buches Sozialgesetzbuch. ²Satz 1 gilt entsprechend bei einem Anspruch auf Kapitalleistungen mit der Maßgabe, daß zehn vom Hundert der Leistung als Jahresbetrag einer laufenden Leistung anzusetzen sind.

(4) ¹Ein Anspruch auf Leistungen gegen den Träger der Insolvenzsicherung vermindert sich in dem Umfang, in dem der Arbeitgeber oder sonstige Träger

der Versorgung die Leistungen der betrieblichen Altersversorgung erbringt. [2]Wird im Insolvenzverfahren ein Insolvenzplan bestätigt, vermindert sich der Anspruch auf Leistungen gegen den Träger der Insolvenzsicherung insoweit, als nach dem Insolvenzplan der Arbeitgeber oder sonstige Träger der Versorgung einen Teil der Leistungen selbst zu erbringen hat. [3]Sieht der Insolvenzplan vor, daß der Arbeitgeber oder sonstige Träger der Versorgung die Leistungen der betrieblichen Altersversorgung von einem bestimmten Zeitpunkt an selbst zu erbringen hat, entfällt der Anspruch auf Leistungen gegen den Träger der Insolvenzsicherung von diesem Zeitpunkt an. [4]Die Sätze 2 und 3 sind für den außergerichtlichen Vergleich nach Absatz 1 Satz 4 Nr. 2 entsprechend anzuwenden. [5]Im Insolvenzplan soll vorgesehen werden, daß bei einer nachhaltigen Besserung der wirtschaftlichen Lage des Arbeitgebers die vom Träger der Insolvenzsicherung zu erbringenden Leistungen ganz oder zum Teil vom Arbeitgeber oder sonstigen Träger der Versorgung wieder übernommen werden.

(5) [1]Ein Anspruch gegen den Träger der Insolvenzsicherung besteht nicht, soweit nach den Umständen des Falles die Annahme gerechtfertigt ist, daß es der alleinige oder überwiegende Zweck der Versorgungszusage oder ihre Verbesserung oder der für die Direktversicherung in § 1b Abs. 2 Satz 3 genannten Tatbestände gewesen ist, den Träger der Insolvenzsicherung in Anspruch zu nehmen. [2]Diese Annahme ist insbesondere dann gerechtfertigt, wenn bei Erteilung oder Verbesserung der Versorgungszusage wegen der wirtschaftlichen Lage des Arbeitgebers zu erwarten war, daß die Zusage nicht erfüllt werde. [3]Ein Anspruch auf Leistungen gegen den Träger der Insolvenzsicherung besteht bei Zusagen und Verbesserungen von Zusagen, die in den beiden letzten Jahren vor dem Eintritt des Sicherungsfalls erfolgt sind, nur

1. für ab 1.1.2002 gegebene Zusagen, soweit bei Entgeltumwandlung Beträge von bis zu 4 vom Hundert der Beitragsbemessungsgrenze in der allgemeinen Rentenversicherung für eine betriebliche Altersversorgung verwendet werden oder

2. für im Rahmen von Übertragungen gegebene Zusagen, soweit der Übertragungswert die Beitragsbemessungsgrenze in der allgemeinen Rentenversicherung nicht übersteigt.

(6) Ist der Sicherungsfall durch kriegerische Ereignisse, innere Unruhen, Naturkatastrophen oder Kernenergie verursacht worden, kann der Träger der Insolvenzsicherung mit Zustimmung der Bundesanstalt für Finanzdienstleistungsaufsicht die Leistungen nach billigem Ermessen abweichend von den Absätzen 1 bis 5 festsetzen.

A. Allgemeines

Die gesetzliche Insolvenzsicherung der betrieblichen Altersversorgung durch 1
den PSVaG ist eine **Ausfallsicherung**. Sie dient der Sicherstellung der Ansprüche der Versorgungsberechtigten bei **Insolvenz des Arbeitgebers**. Gesichert
werden im Rahmen der gesetzlichen Vorschriften die bei Eintritt der Insolvenz
laufenden Versorgungsleistungen (Renten), **Kapitalzusagen** sowie **gesetzlich**

unverfallbare Anwartschaften.[1] Dies gilt auch dann, wenn dem Versorgungsberechtigten weiter gehende – private – Sicherungsrechte eingeräumt wurden (z. B. die Verpfändung einer Rückdeckungsversicherung), die seinen Anspruch auf betriebliche Altersversorgung im Fall der Insolvenz des Arbeitgebers sichern.[2] Er kann die Leistung jedoch nur einmal fordern. Grundlage der Ansprüche der Versorgungsberechtigten nach Grund und Höhe ist allein die jeweilige Versorgungsregelung des insolventen Arbeitgebers. Zentrale Vorschrift zur **Leistungserbringung** durch den PSVaG ist § 7 **BetrAVG.**

2 Arbeitgeber ist diejenige juristische oder natürliche Person, mit welcher der Arbeitsvertrag geschlossen ist; dies gilt auch in einem Konzern. Der Konzern ist kein Rechtssubjekt, das eine eigene Rechtsfähigkeit aufweist und kann deshalb nicht Arbeitgeber sein. Entscheidend für die Eintrittpflicht des PSVaG ist immer die Insolvenz des konkreten Arbeitgebers des Versorgungsberechtigten.[3]

3 Der PSVaG ist nicht Rechtsnachfolger des insolventen Arbeitgebers bezogen auf die betriebliche Altersversorgung, sondern Schuldner einer Ausfallhaftung.[4] Die Versorgungsberechtigten haben einen **gesetzlichen Anspruch** (gesetzliches Schuldverhältnis) aufgrund der Insolvenz des Arbeitgebers **gegen den PSVaG.**[5] Ihre Ansprüche gegenüber dem Arbeitgeber gehen grds. auf den PSVaG über.[6]

4 Der PSVaG hat auch dann einzustehen, wenn der Arbeitgeber in der Vergangenheit trotz bestehender Insolvenzsicherungspflicht **keine Beiträge gezahlt** hat. Andererseits besteht keine Einstandspflicht des PSVaG, wenn vom

---

1 Allgemein zur Insolvenzsicherung der betrieblichen Altersversorgung vgl. Merkblatt 300/M 3 des PSVaG, das im Internet unter www.psvag.de zur Verfügung steht. Zu Praxisgesichtspunkten für die Sicherung betrieblicher Versorgungszusagen in einer Großinsolvenz, *Birkenbeul* BetrAV 2006, 227.

2 VerwG Düsseldorf 6.12.2005, 16 K 180/04, rkr., BetrAV 2006, 297 zur Verpfändung der Rückdeckungsversicherung bei einer Gruppenunterstützungskasse. *Andresen/Förster/Rößler/Rühmann* Teil 13 A, Rn. 411; *Blomeyer/Rolfs/Otto* Rn. 54 ff. zu § 7; *Höfer* BetrAVG, Rn. 4397 ff. zu § 7; zur Insolvenzsicherungspflicht vgl. § 10 Rdn. 3.

3 *Paulsdorff* Rn. 141 zu § 7.

4 BAG 23.3.1999, 3 AZR 625/97, EzA § 7 BetrAVG Nr. 58 = DB 1999, 2015.

5 *Blomeyer/Rolfs/Otto* Rn. 9 zu § 7.

6 Vgl. i. E. § 9 Rdn. 12–21 und *Berenz* DB 2004, 1098.

Arbeitgeber Beiträge gezahlt worden sind, der geltend gemachte Anspruch aber nach den Regeln des BetrAVG nicht sicherungsfähig ist.[7]

B. Versorgungsempfänger bei Eintritt des Sicherungsfalls (§ 7 Abs. 1 BetrAVG)

I. Versorgungsempfänger

1. Insolvenzgeschützte Leistungen

Arbeitnehmer, die bei Eintritt eines Sicherungsfalls i. S. d. § 7 Abs. 1 BetrAVG   5
alle Voraussetzungen für den Bezug einer Leistung der betrieblichen Altersversorgung erfüllen und Leistungen beziehen, sind **Versorgungsempfänger**
und haben Insolvenzschutz nach Maßgabe des § 7 Abs. 1 BetrAVG. Der
Versorgungsempfänger genießt Insolvenzschutz unabhängig davon, ob er bis
zum Eintritt des Versorgungsfalls eine gesetzlich unverfallbare Anwartschaft
erworben hatte.[8]

Regelmäßig setzen die laufenden Leistungen des Arbeitgebers nach Erreichen   6
der in der Versorgungszusage bestimmten Altersgrenze und dem Ausscheiden
des Arbeitnehmers aus dem Arbeitsverhältnis ein (**Altersrente**). Vor Erreichen
der Altersgrenze kann der Versorgungsfall der **Invalidität** in Betracht kommen.
Dies gilt auch, falls die Voraussetzungen für den Bezug einer **Invalidenrente**
der gesetzlichen Rentenversicherung nach dem Eintritt des Sicherungsfalls
für ein zeitlich davor liegendes **Datum** festgestellt werden.[9] Auch die danach
gezahlte Rente ist eine laufende Leistung i. S. d. § 7 BetrAVG, wenn die Versorgungszusage Invaliditätsleistungen vorsieht.

Darüber hinaus kann der Versorgungsberechtigte die **vorzeitige Altersrente**   7
nach § 6 BetrAVG geltend machen. Dabei muss der Versorgungsberechtigte
neben dem Vorliegen der Voraussetzungen des § 6 BetrAVG[10] die vorzeitige
Altersleistung auch vom Arbeitgeber verlangen. Wird diese vor dem Eintritt

---

7 BGH 16.1.1981, II ZR 140/80, ZIP 1981, 892; BAG 19.1.2010, 3 AZR 409/09, für
   angestellte Gesellschafter mit geringer Beteiligung; *Andresen/Förster/Rößler/Rühmann*
   Teil 13 A, Rn. 10; *Langohr-Plato* Rn. 841 f.; *Paulsdorff* Rn. 14 zu § 7; DLW-*Dörner*
   Kap. 3 Rn. 3971 ff.; vgl. i. E. dazu § 7 Rdn. 13.
8 *Blomeyer/Rolfs/Otto* Rn. 25 zu § 7; *Höfer* BetrAVG, Rn. 4329 zu § 7; *Langohr-Plato*
   Rn. 738.
9 BAG 26.1.1999, 3 AZR 464/97, EzA § 7 BetrAVG Nr. 59 = DB 1999, 1563.
10 Vgl. § 6 Rdn. 10.

des Sicherungsfalls verlangt, wird er vom PSVaG als Versorgungsempfänger nach § 7 Abs. 1 BetrAVG eingeordnet. Wird das Verlangen nach dem Eintritt des Sicherungsfalls geltend gemacht, ist der Versorgungsberechtigte – bei gegebener gesetzlicher Unverfallbarkeit – als Anwärter nach § 7 Abs. 2 BetrAVG zu behandeln.[11]

8 Zu den Versorgungsempfängern gehören auch diejenigen Arbeitnehmer, die zwar alle Voraussetzungen für den Leistungsbezug erfüllt haben, aber noch keine Leistungen beziehen, weil sie z. B. beim Arbeitgeber über die in der Versorgungsordnung vorgesehene Altersgrenze hinaus noch weiter arbeiten (sog. **technische Rentner**).[12] Bei Eintritt eines Sicherungsfalls werden diese demnach wie Versorgungsempfänger nach § 7 Abs. 1 BetrAVG eingeordnet und nicht als Anwärter mit einer ratierlichen Berechnung des Anspruchs gem. § 7 Abs. 2 BetrAVG.

9 Laufende Leistungen sind auch dann insolvenzgeschützt, wenn die Versorgungszusage erst bei Eintritt des Versorgungsfalls erteilt wurde, also keine Anwartschaftsphase vorausgegangen ist.[13]

10 Ausdrücklich unter Insolvenzschutz stehen auch die Leistungen an **Hinterbliebene**, wenn die Versorgungszusage Hinterbliebenenleistungen vorsieht (§ 7 Abs. 1 S. 1 BetrAVG). Der Arbeitgeber kann das Risiko begrenzen, Hinterbliebenenleistungen zu gewähren durch **Spätehe-, Ehedauer- oder Altersdifferenzklauseln**.[14] Der Versorgungsanspruch der Hinterbliebenen beruht auf dem Rentenstammrecht des Arbeitnehmers; er teilt das Schicksal der Hauptrente (akzessorisch).[15] Das gilt auch für den gesetzlichen Insolvenzschutz. Nur wenn und soweit Ansprüche aus der Versorgungszusage insolvenzgeschützt

---

11 BGH 4.5.1981, II ZR 100/80, AP Nr. 9 zu § 1 BetrAVG Wartezeit; *Andresen/Förster/Rößler/Rühmann* Teil 13 A, Rn. 527; *Höfer* BetrAVG, Rn. 4327 zu § 7.

12 BAG 18.3.2003, 3 AZR 313/02, EzA § 7 BetrAVG Nr. 68 (kein § 613a BGB bei technischem Rentner) = BB 2004, 269; 26.1.1999, 3 AZR 464/97, EzA § 7 BetrAVG Nr. 59.

13 BAG 8.5.1990, 3 AZR 121/89, EzA § 7 BetrAVG Nr. 35 = DB 1990, 2375. Zu beachten ist hier die Vorschrift zum Schutz des PSVaG vor missbräuchlicher Inanspruchnahme seiner Leistungen nach § 7 Abs. 5 S. 3 BetrAVG, vgl. Rdn. 155–182.

14 S. dazu § 1 Rdn. 240–247.

15 *Blomeyer/Rolfs/Otto* Rn. 28 zu § 7.

sind, besteht auch für die daraus abgeleitete Hinterbliebenenversorgung Insolvenzschutz.[16]

2. Ausnahmen

a) Betriebliche Altersversorgung im Sinne des BetrAVG

Eine vom Arbeitgeber versprochene Leistung ist nur dann nach § 7 BetrAVG **11**
insolvenzgesichert, wenn es sich um **betriebliche Altersversorgung** i. S. d.
Betriebsrentengesetzes handelt.[17] Ob dies der Fall ist, richtet sich danach, ob
die in § 1 Abs. 1 S. 1 BetrAVG abschließend aufgezählten Voraussetzungen
erfüllt sind.[18] Es kommt nicht darauf an, wie eine vom Arbeitgeber in Aussicht gestellte Leistung bezeichnet worden ist.

Der von der gesetzlichen Insolvenzsicherung **erfasste Personenkreis** (Arbeit- **12**
nehmer) sowie die **erfassten Arbeitgeber** ergeben sich aus § 17 BetrAVG.[19]

b) Übergangsgeld

In einer Versorgungsregelung kann die feste Altersgrenze auch auf einen **13**
früheren Zeitpunkt als die Regelaltersgrenze für den Bezug der gesetzlichen
Rentenversicherung festgelegt werden.[20] Sofern diese Grenze nicht vor der
Vollendung des 60. Lebensjahres liegt, kann Insolvenzschutz bestehen, sofern
in der Versorgungsordnung das frühere Endalter vorgesehen ist.[21] Renten-

---

16 BAG 12.6.1990, 3 AZR 524/88, EzA § 322 ZPO Nr. 8 = DB 1990, 2271; *Paulsdorff* § 7 Rn. 45.

17 Zu Arbeitsverhältnissen mit Auslandsberührung vgl. Merkblatt 300/M 7 des
PSVaG und zur Insolvenzsicherung der betrieblichen Altersversorgung in den
neuen Bundesländern (Zusagen ab 1992) das Merkblatt 210/M 20, die im Internet
unter www.psvag.de zur Verfügung stehen.

18 BAG 3.11.1998, 3 AZR 454/97, EzA § 7 BetrAVG Nr. 56, DB 1998, 2428; vgl.
allgemein § 1 Rdn. 69 f. zur Einordnung von z. B. Deputaten als betriebliche Altersversorgung. Zur Insolvenzsicherung in den neuen Bundesländern vgl. Merkblatt
210/M 20 des PSVaG, das im Internet unter www.psvag.de zur Verfügung steht.

19 Zu den Auswirkungen eines Wechsels vom Arbeitnehmer- in den Unternehmer-
Status auf die Insolvenzsicherung vgl. § 11 Rdn. 25 und das Merkblatt 300/M 2 des
PSVaG, das im Internet unter www.psvag.de zur Verfügung steht.

20 Hierher gehört nicht der Fall des vorzeitigen Altersrentenbezugs nach § 6 BetrAVG.

21 BGH 3.2.1986, II ZR 54/85, ZIP 1986, 523.

leistungen ab dieser Altersgrenze sind laufende Leistungen i. S. d. § 7 Abs. 1 BetrAVG.

14 Beendet der Arbeitnehmer vor Eintritt des Versorgungsfalls das Arbeitsverhältnis, so kann in diesem Zusammenhang eine **feste Altersgrenze nicht** mit Wirkung für die Insolvensicherung **herabgesetzt** werden. Die feste Altersgrenze legt nämlich den Zeitpunkt fest, bis zu dem der Arbeitnehmer betriebstreu sein soll. Dies ist jedoch aufgrund der vorzeitigen Beendigung des Arbeitsverhältnisses nicht mehr möglich.[22] Ebenso wenig können aus Anlass der Beendigung des Arbeitsverhältnisses getroffene Vereinbarungen dahin ausgelegt werden, dass die feste Altersgrenze heraufgesetzt wird oder nunmehr das 65. Lebensjahr bzw. die gesetzliche Regelaltersgrenze maßgebend sein soll.[23]

15 Wenn die Altersgrenze auf einen Zeitpunkt vor Vollendung des 60. Lebensjahres festgelegt wird, handelt es sich in der Regel um **nicht insolvenzgeschütztes Übergangsgeld.**[24] Diese Zahlungen sind auch dann nicht betriebliche Altersversorgung i. S. d. Betriebsrentengesetzes, wenn sie sich der Höhe nach an einer in Aussicht gestellten Betriebsrente orientieren.[25] Eine Ausnahme gilt nur dann, wenn sachliche, im Beschäftigungsverhältnis liegende Gründe für eine Altersgrenze vor Vollendung des 60. Lebensjahres gegeben sind (z. B. bei Bergleuten oder Piloten).[26]

16 Wird bei Insolvenzeintritt Übergangsgeld bezogen, so besteht Insolvenzschutz nur für eine unverfallbare Anwartschaft i. S. d. § 7 Abs. 2 BetrAVG, wenn die gesetzlichen Unverfallbarkeitsvoraussetzungen zum Zeitpunkt des Ausscheidens erfüllt waren. Leistungsbeginn für den PSVaG ist der künftige Eintritt des Versorgungsfalls nach dem BetrAVG.

---

22 BAG 14.12.1999, 3 AZR 684/98, EzA § 7 BetrAVG Nr. 63 = DB 2000, 2536; 20.11.2001, 3 AZR 28/01, EzA § 3 BetrAVG Nr. 8 = DB 2002, 2333.

23 BAG 17.9.2008, 3 AZR 865/06, EzA § 1 BetrAVG Nr. 91 = ZIP 2009, 237.

24 BAG 24.6.1986, 3 AZR 645/84, EzA § 7 BetrAVG Nr. 20 = DB 1987, 587; 10.3.1992, 3 AZR 153/91, EzA § 1 BetrAVG Lebensversicherung Nr. 3 = DB 1993, 490; 28.1.1986, 3 AZR 312/84, EzA § 59 KO Nr. 14 = DB 1987, 52.

25 BAG 26.4.1988, 3 AZR 411/86, EzA § 7 BetrAVG Nr. 25 = DB 1988, 1019.

26 Weiterführend: Merkblatt 300/M 4 des PSVaG, das im Internet unter www.psvag. de zur Verfügung steht.

c) Gestaltungsrechte

Vereinbarungen zwischen Arbeitgeber und Versorgungsberechtigtem wirken sich auf die Eintrittspflicht des PSVaG aus. **17**

Hat der Versorgungsberechtigte wirksam auf seine betriebliche Altersversorgung **verzichtet** (§397 BGB), entfällt die Eintrittspflicht des PSVaG. In diesem Fall hätte der Arbeitgeber auch nicht leisten müssen, wenn er solvent geblieben wäre.[27] **18**

Ist dem Arbeitnehmer in einem früheren Prozess mit dem Arbeitgeber der Versorgungsanspruch **rechtskräftig aberkannt** worden, so gilt dies auch für den PSVaG, der wie der Arbeitgeber zur Leistung nicht verpflichtet ist.[28] **19**

Auch Regelungen über Grund und Höhe der betrieblichen Altersversorgung zwischen Arbeitgeber und Arbeitnehmer in einem **gerichtlichen Vergleich** sind wirksam und binden auch den PSVaG.[29] Dies gilt auch für einen **Teilerlassvertrag** in einem fortbestehenden Arbeitsverhältnis.[30] **20**

Arbeitnehmer des ursprünglich die betriebliche Altersversorgung zusagenden Arbeitgebers, die auf den **Rechtsnachfolger** übergegangen sind, werden dort vom Insolvenzschutz erfasst, wenn die Rechtsnachfolge wirksam ist. Sofern die Rechtsnachfolge unwirksam ist, kommt insoweit ein Insolvenzschutz dieser Arbeitnehmer beim Rechtsnachfolger nicht in Betracht; Insolvenzschutz besteht weiterhin beim früheren Arbeitgeber.[31] Eine wirksame Rechtsnachfolge kommt nach §4 BetrAVG (Einzelrechtsnachfolge)[32] sowie als **(partielle) Gesamtrechtsnachfolge** etwa nach dem UmwG[33]in Betracht. **Ein Betriebsübergang** nach §613a BGB (Einzelrechtsnachfolge) wirkt sich nur auf die zum Zeitpunkt des Übergangs aktiven Arbeitnehmer aus.[34] **21**

---

27 *Paulsdorff* Rn.75 zu §7.

28 BAG 23.3.1999, 3 AZR 625/97, EzA §7 BetrAVG Nr.58 = DB 1999, 2015.

29 BAG 18.12.1984, 3 AZR 125/84, EzA §17 BetrAVG Nr.2 = DB 1985, 1949.

30 BAG 14.8.1990, 3 AZR 301/89, EzA §17 BetrAVG Nr.5 = DB 1991, 501.

31 BAG 28.2.1989, 3 AZR 29/88, EzA §613a BGB Nr.84 = DB 1989, 1679; *Blomeyer/Rolfs/Otto* Rn.80 zu §7; *Paulsdorff* Rn.139 zu §7.

32 Vgl. i. E. §4.

33 Vgl. i. E. §4 Rdn.9.

34 Vgl. Rdn.83–91.

22 Nach der Rechtsprechung des BAG besteht seit der Streichung des Sicherungsfalls der wirtschaftlichen Notlage (§ 7 Abs. 1 S. 3 Nr. 5 BetrAVG in der bis
31.12.1998 gültigen Fassung) durch das EGInsO das von der Rechtsprechung
aus den Grundsätzen über den Wegfall der Geschäftsgrundlage entwickelte
Recht zum Widerruf insolvenzgeschützter betrieblicher Versorgungsrechte
wegen wirtschaftlicher Notlage nicht mehr. Ein solches Recht kann auch
nicht auf die in einer Versorgungsordnung aufgenommenen steuerunschädlichen Vorbehalte gestützt werden. Diese Vorbehalte wirken nur deklaratorisch;
sie begründen kein eigenständiges Recht zum Widerruf der betrieblichen
Versorgungsansprüche- und Anwartschaften.[35] Gegen den Wegfall der Möglichkeit, die Versorgungszusage wegen wirtschaftlicher Notlage zu widerrufen,
bestehen weder verfassungsrechtliche Bedenken, noch ist das Gebot des Vertrauensschutzes verletzt.[36]

II. Erfasste Durchführungswege

23 Insolvenzschutz besteht bei den Durchführungswegen der betrieblichen
Altersversorgung, bei denen im Fall der Insolvenz des Arbeitgebers die Erfüllung der Ansprüche der Versorgungsberechtigten gefährdet ist.[37] Dazu gehört
nach § 7 BetrAVG die

– unmittelbare Versorgungszusage (§ 7 Abs. 1 S. 1 BetrAVG),
– Zusage über eine Direktversicherung, wenn ein widerrufliches Bezugsrecht
  eingeräumt ist oder bei unwiderruflichem Bezugsrecht die Ansprüche aus

---

35 BAG 18.11.2008, 3 AZR 417/07, DB 2009, 1079; 31.7.2007, 3 AZR 373/06,
   EzA § 7 BetrAVG Nr. 72 = ZIP 2007, 2326; 17.6.2003, 3 AZR 396/02, EzA § 7
   BetrAVG Nr. 69 = DB 2004, 324; BGH 13.7.2006, IX ZR 90/05, DB 2006, 1951,
   1952 f.; i. E. *Höfer* BetrAVG, Rn. 4381 ff. zu § 7; Zum Widerruf der betrieblichen
   Versorgungsansprüche nach neuer Rechtslage, *Uhlenbruck* KSI 2006, 121.
36 BAG 31.7.2007, 3 AZR 272/06, DB 2008, 1505. Das Bundesverfassungsgericht
   hat eine Verfassungsbeschwerde gegen die Argumentation des BAG (vgl. BAG
   18.11.2008, 3 AZR 417/07, DB 2009, 1079; 31.7.2007, 3 AZR 373/06, EzA § 7
   BetrAVG Nr. 72 = ZIP 2007, 2326; 17.6.2003, 3 AZR 396/02, EzA § 7 BetrAVG
   Nr. 69 = DB 2004, 324) nicht zur Entscheidung angenommen: BVerfG 29.2.2012,
   1 BvR 2378/10, ZIP 2012, 1979.
37 Zur Abgrenzung zwischen insolvenzsicherungspflichtiger betrieblicher Altersver-
   gung und nicht erfassten sonstigen betrieblichen Versorgungsleistungen vgl. § 10
   Rdn. 2–5. Zu den einzelnen Durchführungswegen vgl. § 1 Abs. 1 und § 1b Abs. 2–4
   BetrAVG.

dem Versicherungsvertrag abgetreten, verpfändet[38] oder beliehen sind (§ 7 Abs. 1 S. 2 Nr. 1 BetrAVG).[39] Zu **beachten** ist, dass bei **ab 2001** über eine **Direktversicherung neu erteilte Entgeltumwandlungszusagen** nach § 1b Abs. 5 BetrAVG dem Arbeitnehmer von Beginn an ein unwiderrufliches Bezugsrecht eingeräumt und das Recht zur Verpfändung, Abtretung oder Beleihung durch den Arbeitgeber ausgeschlossen werden muss. In diesen Fällen besteht demnach keine Insolvenzsicherungspflicht und damit auch kein Insolvenzschutz,

– Zusage über eine Unterstützungskasse[40] (§ 7 Abs. 1 S. 2 Nr. 2 BetrAVG),
– Zusage über einen Pensionsfonds[41] (§ 7 Abs. 1 S. 2 Nr. 3 BetrAVG).

---

38 Die Verpfändung ist im Gesetz nicht ausdrücklich erwähnt, ist aber vom Normzweck her mit einzubeziehen. *Blomeyer/Rolfs/Otto* Rn. 60 zu § 7.

39 Nicht insolvenzgeschützt sind Auswirkungen auf die Direktversicherung, weil der Arbeitgeber die Beiträge an den Versicherer nicht vertragsgemäß entrichtet hat. Den Fall der Beschädigung einer Direktversicherung durch Prämienrückstände führt das Gesetz nicht als versichertes Risiko auf. BAG 17.11.1992, 3 AZR 51/92, EzA § 7 BetrAVG Nr. 45; *Langohr-Plato* Rn. 730f. m. w. N.

40 Zur Abwicklung von Entgeltumwandlungszusagen bei rückgedeckter Gruppenunterstützungskasse, *Berenz* BetrAV 2006, 514, *ders.* BetrAV 2010, 322; vgl. Merkblatt 110/M 8 des PSVaG, das im Internet unter www.psvag.de zur Verfügung steht. Allgemein zur Insolvenzsicherung bei Unterstützungskassen, *Hoppenrath* BetrAV 2010, 220 sowie zu neueren Entwicklungen, *Wohlleben* BetrAV 2011, 232.

41 Vgl. zu Pensionsfonds Merkblatt 300/M 14 des PSVaG, das im Internet unter www.psvag.de zur Verfügung steht.

24

Durchführungswege **der betrieblichen Altersversorgung**	

Insolvenzsicherung durch den PSVaG	**Keine Insolvenzsicherung durch den PSVaG**
Die Ansprüche der Versorgungsberechtigten sind durch eine Insolvenz des Arbeitgebers gefährdet	Nach Ansicht des Gesetzgebers sind die Ansprüche der Versorgungsberechtigten durch eine Insolvenz des Arbeitgebers nicht gefährdet
– **unmittelbare Versorgungszusage** (§ 1 Abs. 1 i.V.m. § 7 Abs. 1, 2 BetrAVG) – **Direktversicherung** Soweit ein widerrufliches Bezugsrecht besteht oder bei unwiderruflichem Bezugsrecht die Ansprüche abgetreten, verpfändet oder beliehen sind – Ausnahmefall (§ 1b Abs. 2 i.V.m. § 7 Abs. 1, 2 BetrAVG) – **Unterstützungskasse** (§ 1b Abs. 4 i.V.m. § 7 Abs. 1, 2 BetrAVG) – **Pensionsfonds** (§ 1b Abs. 3 i.V.m. § 7 Abs. 1, 2 BetrAVG)	– **Direktversicherung** Soweit ein unwiderrufliches Bezugsrecht besteht und die Ansprüche nicht abgetreten, verpfändet oder beliehen sind – Regelfall (§ 1b Abs. 2 BetrAVG) – **Pensionskasse** (§ 1b Abs. 3 BetrAVG)

III. Sicherungsfall

1. Grundsatz

25 Die die Eintrittspflicht des PSVaG auslösenden Sicherungsfälle sind **abschließend** in § 7 Abs. 1 S. 1 und S. 4 Nr. 1 bis 3 BetrAVG **aufgeführt**. Abzustellen ist dabei immer auf den Eintritt des Sicherungsfalls beim Arbeitgeber,[42] nicht beim externen Versorgungsträger (Unterstützungskasse, Pensionsfonds). Dies

---

42 Zum Begriff des Arbeitgebers vgl. § 17 Rdn. 5–17.

gilt auch, wenn die Unterstützungskasse selbst über ausreichendes Vermögen zur Leistungserbringung verfügt.[43]

Ein Sicherungsfall mit der Folge der Eintrittspflicht für den PSVaG kann auch bei einer inländischen Niederlassung eines **ausländischen Arbeitgebers** vorliegen, wenn die Niederlassung nach § 102 EGInsO insolvenzfähig ist.[44] **26**

Gesetzliche Änderungen im Hinblick auf die Sicherungsfälle des § 7 BetrAVG ergaben sich mit der Einführung der Insolvenzordnung im Einführungsgesetz zur Insolvenzordnung[45] (EGInsO), in Kraft getreten am 1.1.1999.[46] **27**

Ein **(Teil-) Widerruf** der Versorgungszusage durch den Arbeitgeber aufgrund einer **schlechten wirtschaftlichen Situation des Arbeitgebers** ist arbeitsrechtlich **unwirksam**.[47] Bis zum Eintritt eines Sicherungsfalls bleibt der Arbeitgeber zur Zahlung der betrieblichen Altersversorgung verpflichtet. **28**

Die **Liquidation** eines Unternehmens stellt keinen Sicherungsfall für den PSVaG dar. Im Rahmen der Liquidation sind die Ansprüche der Versorgungsberechtigten wie die der anderen Gläubiger zu befriedigen.[48] **29**

2. Gerichtlicher Sicherungsfall

Gerichtliche Sicherungsfälle sind die **Eröffnung des Insolvenzverfahrens** sowie die **Abweisung des Antrags auf Eröffnung des Insolvenzverfahrens mangels Masse**. Erforderlich ist ein Insolvenzantrag eines Gläubigers oder des Schuldners (§ 13 InsO). Rechtsgrundlage ist die **Insolvenzordnung**[49] (InsO); **30**

---

43 Vgl. § 9 Rdn. 28.
44 BAG 12.2.1991, 3 AZR 30/90, EzA § 9 BetrAVG Nr. 4 (zu § 238 KO) = DB 1991, 1735.
45 Vom 5.10.1994 BGBl. S. 2911, 2947. Zum Überblick über die Systematik der Insolvenzordnung und die Auswirkungen auf die betriebliche Altersversorgung, *Berenz* BetrAV 1999, 149, Zur Rechtsstellung des PSVaG vor und in der Unternehmensinsolvenz, *Wohlleben* BetrAV 2006, 217.
46 Übergangsbestimmung enthält § 31 BetrAVG.
47 BAG 17.6.2002, 3 AZR 396/02, EzA § 7 BetrAVG Nr. 69 = DB 2004, 324; vgl. i. E. § 7 Rdn. 22.
48 Vgl. Merkblatt 300/M 8 des PSVaG, das im Internet unter www.psvag.de zur Verfügung steht.
49 Vom 5.10.1994 BGBl. I S. 2866 (InsO) bzw. S. 2911 (EGInsO).

mit ihr wurden die bis dahin geltende Konkursordnung[50] (KO), die Vergleichsordnung[51] (VerglO) sowie die für die neuen Länder geltende Gesamtvollstreckungsordnung[52] (GesVO) abgelöst.

a) Eröffnung des Insolvenzverfahrens (§ 7 Abs. 1 S. 1 BetrAVG)

31 Die Eröffnung des Insolvenzverfahrens setzt voraus, dass ein **Eröffnungsgrund** – drohende Zahlungsunfähigkeit, Zahlungsunfähigkeit oder Überschuldung (§ 16 InsO) – gegeben ist.

32 Eröffnet wird das Insolvenzverfahren durch den **Eröffnungsbeschluss** des Insolvenzgerichts (§ 27 InsO). Dieser enthält Name und Gewerbe des Schuldners, nennt den Insolvenzverwalter sowie Tag und Stunde der Eröffnung des Insolvenzverfahrens.

33 Die **Eintrittspflicht des PSVaG** ist an das **Datum der Eröffnung** des Insolvenzverfahrens geknüpft (Eintritt des Sicherungsfalls, § 7 Abs. 1 S. 1 letzter Hs. i. V. m. Abs. 1a BetrAVG); vorher bestehen keine Rechtspflichten des PSVaG zur Zahlung von Leistungen.

b) Abweisung mangels Masse (§ 7 Abs. 1 S. 4 Nr. 1 BetrAVG)

34 Das Insolvenzgericht weist den Antrag auf Eröffnung des Insolvenzverfahrens ab, wenn das Vermögen des Schuldners – also des Arbeitgebers – voraussichtlich nicht ausreichen wird, um die Kosten des Verfahrens zu decken (§ 26 Abs. 1 S. 1 InsO).

35 Die **Eintrittspflicht des PSVaG** ist an das **Datum des Abweisungsbeschlusses** des Insolvenzgerichts geknüpft (Eintritt des Sicherungsfalls, § 7 Abs. 1 S. 3 Nr. 1 i. V. m. Abs. 1a BetrAVG); vorher bestehen keine Rechtspflichten des PSVaG zur Zahlung von Leistungen.

---

50 Vom 10.2.1877 RGBl. S. 351.
51 Vom 26.2.1935 RGBl. I S. 321.
52 Vom 23.5.1991 BGBl. I S. 1191.

36

```
                    Sicherungsfälle nach
                      § 7 Abs. 1 BetrAVG
```

gerichtliche Sicherungsfälle:	außergerichtliche Sicherungsfäl-

– Eröffnung des Insolvenzver-
   fahrens (§ 7 Abs. 1 Satz 1
   BetrAVG)
– Abweisung mangels Masse
   (§ 7 Abs. 1 Satz 4 Nr. 1
   BetrAVG)
	le:
	– Außergerichtlicher Vergleich
	   (§ 7 Abs. 1 Satz 4 Nr. 2
	   BetrAVG)
	– Vollständige Beendigung der
	   Betriebstätigkeit und ein Insol-
	   venzverfahren kommt offen-
	   sichtlich mangels Masse nicht
	   in Betracht (§ 7 Abs. 1 Satz 4
	   Nr. 4 BetrAVG)

3. Außergerichtlicher Sicherungsfall

a) Außergerichtlicher Vergleich (§ 7 Abs. 1 S. 4 Nr. 2 BetrAVG)

Der außergerichtliche Vergleich des Arbeitgebers mit seinen Gläubigern   37
zur Abwendung eines Insolvenzverfahrens ist ein Sicherungsfall i. S. d. § 7
BetrAVG, wenn der **PSVaG dem Vergleich zustimmt.**[53] In Betracht kommt
ein Stundungs-, Quoten- oder Liquidationsvergleich (§ 7 Abs. 1 S. 4 Nr. 2
BetrAVG). Durch das Zustimmungserfordernis wird verhindert, dass ein
Versorgungsberechtigter dem Vergleich zustimmt und dadurch zulasten des
PSVaG dessen Einstandspflicht auslöst.[54]

Der Vergleich muss ausgewogen sein, darf also nicht im Wesentlichen zulas-   38
ten der Pensionäre gehen.[55] Von den Anspruchsberechtigten aus betrieblicher
Altersversorgung und damit vom PSVaG dürfen **keine Sonderopfer** zur

---

53 Vgl. Merkblatt 110/M 1 des PSVaG, das im Internet unter www.psvag.de zur
    Verfügung steht. Zur Rechtsstellung des PSVaG im außergerichtlichen Vergleich,
    Uhlenbruck KSI 2006, 121.
54 *Andresen/Förster/Rößler/Rühmann* Teil 13 A, Rn. 72; *Blomeyer/Rolfs/Otto* Rn. 102 zu
    § 7.
55 BAG 30.10.1984, 3 AZR 236/82, EzA § 242 Betriebliche Übung Nr. 14 = DB
    1985, 1747.

besseren Befriedigung anderer Gläubiger verlangt werden. Alle Gläubiger, die Anteilseigner und ggf. auch die aktive Belegschaft, sollen angemessen zur Erhaltung des Unternehmens beitragen, was eine gleichmäßige Verteilung der Lasten voraussetzt.[56]

39 Soll das Unternehmen **fortgeführt** werden, so muss der Arbeitgeber in seinem Antrag auf Zustimmung zum außergerichtlichen Vergleich **substantiiert darlegen**, dass Art und Ausmaß der geplanten Maßnahmen in Form einer Stundung, Kürzung oder Einstellung laufender Leistungen zur Fortführung des Betriebs unumgänglich notwendig sind und dass **realistische Erfolgsaussichten** auf Vermeidung des wirtschaftlichen Zusammenbruchs und auf Wiederherstellung der Ertragskraft (**Sanierung**) bestehen. Daher muss der Arbeitgeber einen wirtschaftlichen Sanierungsplan ausarbeiten, der deutlich macht, wie eine dauerhafte Überwindung der Krise erreicht werden kann, und nach vernünftiger Beurteilung einer dafür sachkundigen Stelle Erfolg erwarten lässt.[57]

40 Sofern der PSVaG einem außergerichtlichen Fortführungsvergleich zustimmt, endet nicht ohne Weiteres das Versorgungsverhältnis zwischen Versorgungsberechtigtem und Arbeitgeber. Es bleibt in dem Umfang bestehen, in dem der PSVaG die betriebliche Altersversorgung nicht übernimmt. Diesen Teil der Versorgung können die Versorgungsberechtigten weiterhin vom Arbeitgeber verlangen.[58]

41 Der PSVaG ist weder verpflichtet, dem außergerichtlichen Vergleich zuzustimmen,[59] noch besteht ein Rechtsanspruch auf Zustimmung.[60] Erfolgt keine Zustimmung, bestehen die Versorgungsansprüche der Begünstigten unverändert gegenüber dem Arbeitgeber.[61] Werden ihre Ansprüche von diesem

---

56 BAG 24.4.2001, 3 AZR 402/00, EzA § 7 BetrAVG Nr. 64 = DB 2001, 1787.

57 Vgl. i. E. hierzu BAG 24.4.2001, 3 AZR 402/00, EzA § 7 BetrAVG Nr. 64 = DB 2001, 1787.

58 BAG 9.11.1999, 3 AZR 361/98, EzA § 7 BetrAVG Nr. 62 = DB 2001, 932.

59 *Blomeyer/Rolfs/Otto* Rn. 103 ff. zu § 7; *Bode/Obenberger* Rn. 436; *Höfer* BetrAVG, Rn. 4356 zu § 7.

60 ArbG Köln 3.12.2004, 12 Ca 5950/04, rkr., n. v.; *Blomeyer/Rolfs/Otto* Rn. 105 zu § 7; *Höfer* BetrAVG, Rn. 4359, 4361 zu § 7; *Langohr-Plato* Rn. 721; *Paulsdorff* Rn. 253 zu § 7; a. A. *Diller* ZIP 1997, 765.

61 BGH 12.12.1991, IX ZR 178/91, ZIP 1992, 191; *Höfer* BetrAVG, Rn. 4352 zu § 7; *Paulsdorff* Rn. 253 zu § 7.

nicht erfüllt, so können die Versorgungsberechtigten den PSVaG zur Leistung verpflichten, in dem sie einen Insolvenzantrag[62] stellen und das Insolvenzverfahren vom zuständigen Gericht eröffnet oder die Eröffnung mangels Masse abgewiesen wird. Dabei ist zu beachten, dass der PSVaG nur begrenzt für vor Eintritt des Sicherungsfalls nicht gezahlte Rentenleistungen eintritt, § 7 Abs. 1a BetrAVG.[63]

Die **Eintrittspflicht des PSVaG** ergibt sich aus dem in der Zustimmungserklä- 42 rung zum Vergleich festgelegten Datum (Eintritt des Sicherungsfalls), vorher bestehen keine Rechtspflichten des PSVaG zur Zahlung von Leistungen.[64] Die Vorschrift des § 9 Abs. 4 S. 2 BetrAVG findet entsprechende Anwendung.[65]

b) Vollständige Beendigung der Betriebstätigkeit (§ 7 Abs. 1 S. 4 Nr. 3 BetrAVG)

Ein Sicherungsfall liegt auch vor bei vollständiger Beendigung der Betriebs- 43 tätigkeit im Geltungsbereich des BetrAVG, wenn ein Antrag auf Eröffnung eines Insolvenzverfahrens nicht gestellt worden ist **und** ein Insolvenzverfahren offensichtlich mangels Masse nicht in Betracht kommt. Es handelt sich um einen **Auffangtatbestand** für Fälle, in denen der Arbeitgeber infolge Zahlungsunfähigkeit seine Zahlungen einstellt und keine Anstalten macht, ein förmliches Insolvenzverfahren einzuleiten.[66] Die **Zahlungsunfähigkeit** des Arbeitgebers ist zwar kein im Gesetz ausdrücklich genanntes Merkmal, aber dennoch **Grundvoraussetzung der Eintrittspflicht des PSVaG.**[67] Eine bloße **Zahlungsunwilligkeit reicht nicht** aus.[68]

---

62 Dem PSVaG selbst hat der Gesetzgeber kein besonderes Recht zur Beantragung eines Insolvenzverfahrens eingeräumt (*Pausdorff/Wohlleben* S. 1655, 1657). Der Arbeitgeber kann jedoch bereits bei drohender und nicht – wie früher – erst bei eingetretener Zahlungsunfähigkeit ein gerichtliches Insolvenzverfahren einleiten, § 18 InsO.
63 Vgl. Rdn. 66–67.
64 BAG 14.12.1993, 3 AZR 618/93, EzA § 7 BetrAVG Nr. 47; *Langohr-Plato* Rn. 721; *Pausdorff* Rn. 18 zu § 7.
65 Vgl. § 9 Rdn. 39.
66 *Blomeyer/Rolfs/Otto* Rn. 109 zu § 7; *Pausdorff* Rn. 160 zu § 7.
67 BAG 20.11.1984, 3 AZR 444/82, EzA § 7 BetrAVG Nr. 15.
68 *Andresen/Förster/Rößler/Rühmann* Teil 13 A, Rn. 86.

44 **Vollständige Beendigung der Betriebstätigkeit** bedeutet Einstellung des mit dem Betrieb verfolgten arbeitstechnischen und unternehmerischen Zwecks unter Auflösung der organisatorischen Einheit des Unternehmens.[69]

45 Ein Insolvenzverfahren kommt offensichtlich mangels Masse nicht in Betracht, wenn zwar die Voraussetzungen für die Stellung eines Insolvenzantrages an sich gegeben sind (Insolvenzfähigkeit und -grund), die Konsequenz einer Abweisung mangels Masse durch das Insolvenzgericht jedoch offensichtlich ist. Das Merkmal der offensichtlichen Masselosigkeit ist eine anspruchsbegründende Tatsache.[70]

46 Der Sicherungsfall wird ausgelöst, wenn **objektiv eine Masselosigkeit** vorliegt (Eintritt des Sicherungsfalls). Entscheidend ist die Sicht eines entsprechend unterrichteten, unvoreingenommenen Betrachters. Nach der Rechtsprechung des BAG kommt es zwar nicht darauf an, über welche Kenntnisse der Betriebsrentner oder der PSVaG verfügen.[71] In der Praxis bedarf die Feststellung des Sicherungsfalls allerdings einer plausiblen Darlegung der Masselosigkeit.

IV. Höhe der Leistung

1. Grundsatz

47 Versorgungsempfänger haben **grds.** einen Anspruch in Höhe der Leistung, die der **Arbeitgeber** aufgrund der Versorgungszusage **zu erbringen hätte,** wenn das Insolvenzverfahren nicht eröffnet worden wäre (§ 7 Abs. 1 S. 1 BetrAVG).[72] Gesichert ist damit der Anspruch auf laufende Leistungen oder eine Kapitalleistung, die sich aus der Versorgungszusage ergibt. Die Höchst-

---

69 BAG 20.11.1984, 3 AZR 444/82, EzA § 7 BetrAVG Nr. 15, DB 1985, 1479.
70 BAG 9.12.1997, 3 AZR 429/96, EzA § 7 BetrAVG Nr. 55, DB 1998, 1570.
71 BAG 9.12.1997, 3 AZR 429/96, EzA § 7 BetrAVG Nr. 55, DB 1998, 1570.
72 Zur Anrechnung von Vordienstzeiten für die Höhe der insolvenzgeschützten Leistungen vgl. § 11 Rdn. 21–24. Zum Wechsel von Arbeitnehmer- zum Unternehmer-Status vgl. § 11 Rdn. 25. Zu den Auswirkungen eines Betriebsübergangs auf die Eintrittspflicht des PSVaG vgl. Rdn. 83–91. Zur Höhe der insolvenzgeschützten Leistung bei einer Beitragszusage mit Mindestleistung (Mindestleistungsrente), beitragsorientierten Leistungszusage sowie einer Entgeltumwandlungszusage vgl. Merkblatt 300/M 14 des PSVaG, das im Internet unter www.psvag.de zur Verfügung steht.

grenze der insolvenzgeschützten Leistungen des PSVaG ergibt sich aus §7 Abs. 3 BetrAVG.[73]

Insolvenzschutz besteht bei einer **Beitragszusage mit Mindestleistung** **48** grundsätzlich in Höhe der **Mindestleistungsrente**. Diese ergibt sich aus der Verrentung der Summe der bis zum Eintritt des Versorgungsfalls oder vorherigen Austritts zugesagten Beiträge, soweit sie nicht rechnungsmäßig für einen biometrischen Risikoausgleich verbraucht wurden, §7 Abs. 1 S. 2 Nr. 2 i.V.m. §1 Abs. 2 Nr. 2 BetrAVG.[74] Die Verrentungsgrundsätze ergeben sich aus der Versorgungsregelung. Der Teil der Rente, der über den so errechneten Betrag hinausgeht wird vom PSVaG nicht nach den Regelungen des §7 Abs. 1 BetrAVG gesichert. Für diesen Teil ergibt sich die Behandlung aus Besonderheiten über den Pensionsfonds, bei denen in der Praxis für die gesetzliche Insolvenzsicherung die Beitragszusage mit Mindestleistung der relevante Durchführungsweg ist. Das Vermögen des Pensionsfonds geht grds. nach §9 Abs. 3a i.V.m. §9 Abs. 3 BetrAVG auf den PSVaG über, der seinerseits den Vermögensteil, der seine Eintrittspflicht für die insolvenzgeschützte Mindestleistung übersteigt, zur Erhöhung der laufenden Leistungen und der unverfallbaren Anwartschaften zu verwenden hat.[75]

Sofern in der Versorgungszusage die **Anrechnung anderer Versorgungsleistungen** oder sonstiger Bezüge vorgesehen ist, ist dies auch für den PSVaG bindend.[76]

Ob der Versorgungsempfänger zu dem von der gesetzlichen Insolvenzsicherung **erfassten Personenkreis** gehört und der **insolvente Arbeitgeber vom BetrAVG erfasst** wird, ergibt sich aus §17 BetrAVG.

Zu einer Anpassung der Versorgungsleistung nach **§16 BetrAVG** ist der PSVaG nicht verpflichtet.[77] Im Insolvenzfall muss der PSVaG eine Anpassungsverpflichtung des Arbeitgebers bei bereits laufenden Versorgungsleistungen nur dann übernehmen, wenn sich – unabhängig von §16 Abs. 1

---

73 Vgl. Rdn. 129–145.
74 Vgl. Merkblatt 300/M 14 des PSVaG, das unter www.psvag.de zur Verfügung steht.
75 Vgl. §9 Rdn. 25–34, 35 f.
76 *Höfer* BetrAVG, Rn. 4450 zu §7.
77 BAG 22.3.1983, 3 AZR 574/81, EzA §16 BetrAVG Nr. 14 = DB 1983, 780; 5.10.1993, 3 AZR 698/92, EzA §16 BetrAVG Nr. 25 = DB 1994, 687; vgl. §16 Rdn. 20–23.

BetrAVG – der künftige Anspruch auf Anpassung dem Grunde und der Höhe nach bereits aus der Versorgungszusage ergibt.[78] Der Arbeitgeber muss demnach eine **dynamische Rente** zugesagt haben, indem er sich verpflichtet hat, den Versorgungsanspruch nach bestimmten Kriterien (feststehende Bemessungsfaktoren) unabhängig von BetrAVG anzupassen. Dann muss auch der PSVaG hierfür einstehen und seine Leistungen entsprechend dieser Zusage erhöhen.[79] Folglich ist auch die 1 %-ige Erhöhung der laufenden Leistungen nach § 16 Abs. 3 Nr. 1 BetrAVG insolvenzgesichert.

52 Hat der Arbeitgeber die Versorgungsordnung unter Beachtung der rechtlichen Möglichkeiten[80] geändert, so richtet sich regelmäßig auch die Eintrittspflicht des PSVaG danach. Dies gilt auch für Einschränkungen der Leistungshöhe. Die Darlegungs- und Beweislast für ausreichende Eingriffsgründe des Arbeitgebers in die Versorgungsordnung trifft den PSVaG.[81]

53 Ansprüche des Versorgungsberechtigten gegenüber dem PSVaG auf eine Erstattung von **Zinsen oder Kosten** bestehen nicht. Das BetrAVG sieht eine Kostenerstattung nicht vor.[82] Unberührt davon bleibt die gesetzliche Verpflichtung zur Erstattung von Prozesskosten aus Rechtsstreiten mit dem PSVaG.

2. Fälligkeit

54 Es ist zwischen der **regelmäßigen Fälligkeit** der laufenden Leistung und dem Zeitpunkt der **ersten Fälligkeit** der Leistungen des PSVaG zu unterscheiden.

55 Die **regelmäßige Fälligkeit der laufenden Leistung** richtet sich nach der in der Versorgungsordnung vorgesehenen Fälligkeit der Zahlung. In der Regel werden Betriebsrenten am Ende des Monats für diesen Monat gezahlt (nachträglich).

---

78 BAG 26.1.1999, 3 AZR 464/97, EzA § 7 BetrAVG Nr. 59 = DB 1999, 1563; 8.6.1999, 3 AZR 39/98, EzA § 7 BetrAVG Nr. 60 = DB 1999, 2071.

79 Hierzu gehören auch Versorgungszusagen nach den Richtlinien des Essener Verbandes: BAG 15.2.1994, 3 AZR 705/93, EzA § 7 BetrAVG Nr. 48 = NZA 1994, 943.

80 Zu den Eingriffsmöglichkeiten vgl. § 1 Rdn. 258 ff.

81 BAG 21.11.2000, 3 AZR 91/00, EzA § 1 BetrAVG Ablösung Nr. 26 = DB 2000, 2435.

82 *Blomeyer/Rolfs/Otto* Rn. 197 zu § 7.

Die **erstmalige Fälligkeit der Leistungen des PSVaG** richtet sich nach §14   **56**
VVG (§7 Abs. 1 S. 3 BetrAVG). Geldleistungen sind danach mit Beendigung
der zur Feststellung des Versicherungsfalls und des Umfangs der Leistungen
des Versicherers nötigen Erhebungen (Anspruchsprüfung durch den PSVaG)
fällig (§14 Abs. 1 VVG), also mit dem Zeitpunkt der Erteilung des Leistungsbescheids durch den PSVaG gegenüber dem Versorgungsberechtigten.
Der Bezug auf diese Vorschrift ist konsequent, denn der PSVaG muss nach
Eintritt eines Sicherungsfalls zunächst die zur Leistungsfeststellung erforderlichen Unterlagen und Auskünfte einholen und prüfen. Dem entsprechen die
Auskunfts- und Mitteilungspflichten des Insolvenzverwalters im Insolvenzverfahren als Schnittstelle zwischen Versorgungsberechtigten und PSVaG (§11
Abs. 3 BetrAVG). Die Möglichkeit des Versorgungsberechtigten, Abschlags-
zahlungen in Höhe eines unstreitigen Teils zu verlangen, richten sich nach
§14 Abs. 2 VVG.

Verzugszinsen fallen nicht an, solange die Fälligkeit nach §14 Abs. 1 VVG   **57**
nicht eingetreten ist und der Versorgungsberechtigte nicht nachgewiesen hat,
dass Erhebungen des PSVaG zur Zahlung von Versorgungsleistungen nicht
mehr erforderlich sind.[83]

Mit Eintritt der Fälligkeit nach §14 VVG hat der PSVaG sowohl die rück-   **58**
ständigen Leistungen zu zahlen als auch die Zahlung der laufenden Leistungen aufzunehmen.

Bei der **Fälligkeit einer Invalidenrente** sind Besonderheiten im Zusammen-   **59**
hang mit Entgeltersatzleistungen zu beachten, falls die Voraussetzungen für
den Bezug der Invalidenrente der gesetzlichen Rentenversicherung nach dem
Eintritt des Sicherungsfalls für ein zeitlich davor liegendes Datum festgestellt
werden.[84] Der Anspruch auf Leistung einer Invalidenrente durch den PSVaG
ist so lange nicht fällig, wie der Versorgungsberechtigte **Entgeltersatzleistungen** erhält, die während eines bestehenden Arbeitsverhältnisses gezahlt werden
und der parallele Bezug von Entgeltersatzleistung und betrieblicher Rente
durch die Versorgungsordnung ausgeschlossen ist. Entgeltersatzleistungen
sind Entgeltfortzahlung im Krankheitsfall, Krankengeld der Krankenkasse,
Übergangsgeld des Rentenversicherungsträgers sowie Insolvenzgeld.[85] Die

---

83 *Höfer* BetrAVG, Rn. 4311 zu §7.
84 Vgl. Rdn. 6.
85 Nicht zu den Entgeltersatzleistungen gehört das Arbeitslosengeld, BAG 26.1.1999,
    3 AZR 464/97, EzA §7 BetrAVG Nr. 59 = DB 1999, 1563.

Fälligkeit und damit der Beginn der Leistungen des PSVaG setzt erst ein, wenn die Zahlung der Entgeltersatzleistung aufhört.

60 Sofern der gesetzliche Rentenversicherungsträger den Beginn der Zahlung seiner **Invalidenrente** auf einen in der **Vergangenheit liegenden Zeitpunkt festlegt**, werden für diesen Zeitraum gezahlte Entgeltersatzansprüche – z. B. Krankengeld der Krankenkasse – zwischen den Sozialversicherungsträgern erstattet.[86] Im Ergebnis hat der Versorgungsberechtigte dann ab diesem Zeitpunkt keine Entgeltersatzleistung erhalten, sondern Invalidenrente. In diesem Fall beginnt die Leistungspflicht des PSVaG grundsätzlich zu dem Zeitpunkt, ab dem die Invalidenrente der gesetzlichen Rentenversicherung gezahlt wird, frühestens jedoch unter Beachtung von § 7 Abs. 1a BetrAVG.

61 Je nach Fallgestaltung kann der Zahlungsbeginn auch hinausgeschoben sein. Das BAG hat festgestellt, dass der Betriebsrentenanspruch wegen Erwerbsunfähigkeit ruht, solange der Versorgungsberechtigte Krankengeld erhält. Dabei ist es unerheblich, dass der Rentenversicherungsträger die von ihm rückwirkend bewilligte Erwerbsunfähigkeitsrente mit dem für denselben Zeitraum gezahlten Krankengeld verrechnet. Da dem Versorgungsberechtigten nach § 50 Abs. 1 S. 2 SGB V auch der überschießende Betrag des Krankengeldes verbleibt, fehlt insoweit der Versorgungsbedarf (im entschiedenen Fall überstieg der verbliebene Betrag die betriebliche Erwerbsminderungsrente). Wirtschaftlich betrachtet möchte das BAG dem Versorgungsberechtigten im Ergebnis nicht mehr zukommen lassen als die Summe aus der Erwerbsminderungsrente der Rentenversicherung und der betrieblichen Erwerbsminderungsrente; sofern das gezahlte Krankengeld diesen Betrag erreicht oder übersteigt ist für den betroffenen Zeitraum folglich keine betriebliche Erwerbsminderungsrente zu zahlen.[87] Diese Berechnungsgrundsätze finden auch auf den PSVaG Anwendung.

V. Entstehung und Ende des Anspruchs (§ 7 Abs. 1a BetrAVG)

1. Entstehung und Ende

62 Der **Anspruch** des Versorgungsempfängers gegen den PSVaG **entsteht** mit dem Beginn des Kalendermonats, der auf den Eintritt des Sicherungsfalls

---

86 BAG 26.1.1999, 3 AZR 464/97, EzA § 7 BetrAVG Nr. 59 = DB 1999, 1563.
87 BAG 17.10.2000, 3 AZR 359/99, EzA § 242 BGB Nr. 113 Ruhegeld = DB 2001, 392.

folgt (§ 7 Abs. 1a S. 1 BetrAVG). Diese Vorschrift entspricht dem Charakter der Betriebsrente als Monatsleistung.[88] Wenn das Insolvenzverfahren z. B. am 16.4 eines Jahres eröffnet wird, entsteht der Anspruch gegen den PSVaG erst am 1.5. des Jahres.

Soweit vom Arbeitgeber oder sonstigen Versorgungsträger schon vor dem Entstehen des Anspruchs gegen den PSVaG Leistungen erbracht worden sind, sind die entsprechenden Zahlungsverpflichtungen durch Erfüllung (§ 362 BGB) erloschen (§ 7 Abs. 4 BetrAVG). Der PSVaG wird in diesem Umfang schon dem Grunde nach nicht eintrittspflichtig.[89] **63**

Der **Anspruch endet** mit Ablauf des Sterbemonats des Begünstigten, soweit in der Versorgungszusage des Arbeitgebers nicht etwas anderes bestimmt ist (§ 7 Abs. 1a S. 2 BetrAVG). **64**

Die **Verjährung der Leistungen** auf betriebliche Altersversorgung ist in § 18a BetrAVG geregelt. Diese Vorschrift gilt auch für die gesetzliche Insolvenzsicherung. **65**

2. Rückständige Versorgungsleistungen

Aufgrund von § 7 Abs. 1a S. 3 BetrAVG haben die Versorgungsberechtigten bei den Sicherungsfällen **66**
– Eröffnung des Insolvenzverfahrens,
– Abweisung des Antrags auf Eröffnung eines Insolvenzverfahrens mangels Masse,
– vollständige Beendigung der Betriebstätigkeit im Geltungsbereich des BetrAVG, wenn ein Antrag auf Eröffnung eines Insolvenzverfahrens nicht gestellt worden ist und ein Insolvenzverfahren offensichtlich mangels Masse nicht in Betracht kommt
zusätzlich einen **Anspruch auf Versorgungsleistungen**, die vom Arbeitgeber **vor Eintritt eines der genannten Sicherungsfälle nicht gezahlt worden sind**. Auf den Sicherungsfall des außergerichtlichen Vergleichs erstreckt sich diese gesetzliche Regelung ausdrücklich nicht, da hier der Leistungsbeginn in der Zustimmungserklärung des PSVaG festgelegt wird.[90]

---

88 *Blomeyer/Rolfs/Otto* Rn. 189 zu § 7.
89 *Höfer* BetrAVG, Rn. 4520 zu § 7.
90 *Paulsdorff* Rn. 18 und 26 zu § 7.

67 Der Anspruch auf rückständige Versorgungsleistungen reicht **maximal bis zu zwölf Monaten vor Entstehen der Leistungspflicht** des PSVaG (§ 7 Abs. 1a S. 3 BetrAVG).[91] Sofern der Betriebsrentner vor dem Entstehen der Leistungspflicht des PSVaG, jedoch innerhalb des Zwölf-Monats-Zeitraums nach § 7 Abs. 1a S. 3 BetrAVG verstirbt, stehen dem Erben die rückständigen Versorgungsleistungen zu.[92] Die Leistungspflicht entsteht mit Beginn des Kalendermonats, der auf den Eintritt des Sicherungsfalls folgt (§ 7 Abs. 1a S. 1 BetrAVG).

68 ▶ **Beispiel:**

Das Insolvenzverfahren ist am 16.4.2014 eröffnet worden. Der Arbeitgeber hat seit Januar 2013 keine Versorgungsleistungen mehr erbracht. Der Anspruch der Versorgungsberechtigten entsteht am 1.5.2014 (§ 7 Abs. 1a S. 1 BetrAVG). Rückständige Versorgungsleistungen werden demnach für zwölf Monate vor Entstehung der Leistungspflicht erbracht, also ab 1.5.2013 (§ 7 Abs. 1a S. 3 BetrAVG).

VI. Rechtsweg

69 Für Klagen der Versorgungsberechtigten und ihrer Hinterbliebenen gegen den PSVaG auf Leistungen der gesetzlichen Insolvenzsicherung (dem Grunde und der Höhe nach) ist i. d. R. der Rechtsweg vor die **Arbeitsgerichte** eröffnet (§ 2 Abs. 1 Nr. 5 ArbGG, § 17 ZPO). Örtlich zuständig ist ausschließlich das Arbeitsgericht Köln.[93]

70 Für Rechtsstreitigkeiten der Nicht-Arbeitnehmer (§ 17 BetrAVG, z. B. Organmitglieder juristischer Personen) sind die **ordentlichen** Gerichte (i. d. R. das Landgericht) – örtlich ausschließlich Köln – zuständig.

---

91 Die Verlängerung der Frist von sechs auf zwölf Monate erfolgte durch das Gesetz zur Verbesserung der Rahmenbedingungen für die Absicherung flexibler Arbeitszeitregelungen und zur Änderung anderer Gesetze vom 21.12.2008, BGBl. I S. 2940 (2947) und ist am 1.1.2009 in Kraft getreten.

92 ArbG Köln 14.12.2012, 9 Ca 7701/12, rkr., BetrAV 2013, 653.

93 BAG 22.11.1983, 5 AS 19/89, DB 1984, 300: Bei allen speziellen Fragen der Insolvenzsicherung ist es zweckmäßig, die Klagen bei dem für den PSVaG zuständigen Arbeitsgericht Köln zu konzentrieren.

C. Unverfallbare Anwartschaften (§ 7 Abs. 2 BetrAVG)

I. Grundsatz

Arbeitnehmer, die bei Eintritt eines Sicherungsfalls nach § 7 Abs. 1 BetrAVG 71
eine **gesetzlich unverfallbare Anwartschaft** haben, erfahren **Insolvenzschutz**
durch den PSVaG nach § 7 Abs. 2 BetrAVG. Sie erhalten beim künftigen Eintritt des Versorgungsfalls (Alter oder Invalidität) vom PSVaG Leistungen der
betrieblichen Altersversorgung, soweit diese Versorgungsfälle von der Zusage
erfasst werden. Ausdrücklich unter Insolvenzschutz stehen auch die Leistungen an die Hinterbliebenen der unmittelbar Versorgungsberechtigten, soweit
die Versorgungszusage Hinterbliebenenleistungen vorsieht (§ 7 Abs. 2 S. 1
BetrAVG).[94]

II. Gesetzliche Unverfallbarkeit

Ausschließlich gesetzlich unverfallbare Anwartschaften unterliegen dem 72
Insolvenzschutz und zwar sowohl diejenigen der zum Zeitpunkt des Eintritts
des Sicherungsfalls noch im Unternehmen beschäftigten Arbeitnehmer als
auch der mit einer gesetzlich unverfallbaren Anwartschaft vorher ausgeschiedenen Versorgungsberechtigten.[95] Hierbei gelten für Entgeltumwandlungszusagen Besonderheiten.[96]

Vertragliche Unverfallbarkeitsvereinbarungen zwischen Arbeitgeber und 73
Arbeitnehmer haben keinen Einfluss auf die gesetzliche Insolvenzsicherung.
Die gesetzliche Insolvenzsicherung steht **nicht zur Disposition der Parteien**
des Versorgungsvertrages.[97]

Vereinbarungen zwischen Arbeitgeber und Versorgungsberechtigten können 74
sich auf die Eintrittspflicht des PSVaG auswirken.[98]

---

94 Vgl. weiterführend Rdn. 10.
95 Zu den Voraussetzungen der gesetzlichen Unverfallbarkeit vgl. § 1b und § 30f
    BetrAVG und das Merkblatt 300/M 12 des PSVaG, das im Internet unter www.
    psvag.de zur Verfügung steht. Zur vorzeitigen Altersleistung nach § 6 BetrAVG vgl.
    Rdn. 7.
96 Vgl. § 10 Rdn. 103–106.
97 BAG 14.12.1999, 3 AZR 684/98, EzA § 7 BetrAVG Nr. 63 = DB 2000, 2536;
    Berenz BB 2001, 1093.
98 Vgl. Rdn. 17–22.

75   Die Anrechnung von **Vordienstzeiten** kann sich auf die gesetzliche Unverfallbarkeit auswirken.[99]

76   Ebenso wirkt sich ein **Wechsel vom Arbeitnehmer- zum Unternehmerstatus** auf die gesetzliche Unverfallbarkeit der Anwartschaft aus.[100]

77   Ist dem Arbeitnehmer in einem früheren **Prozess** mit dem Arbeitgeber der Versorgungsanspruch **rechtskräftig aberkannt** worden, so gilt dies auch für den PSVaG, der wie der Arbeitgeber zur Leistung nicht verpflichtet ist.[101]

1. Betriebliche Altersversorgung im Sinne des BetrAVG

78   Eine vom Arbeitgeber versprochene Leistung ist nur dann nach § 7 BetrAVG insolvenzgesichert, wenn es sich um **betriebliche Altersversorgung i. S. d. Betriebsrentengesetzes** handelt.[102] Ob dies der Fall ist, richtet sich danach, ob die in § 1 Abs. 1 S. 1 BetrAVG abschließend aufgezählten Voraussetzungen erfüllt sind.[103] Es kommt nicht darauf an, wie eine vom Arbeitgeber in Aussicht gestellte Leistung bezeichnet worden ist.

79   Der von der gesetzlichen Insolvenzsicherung **erfasste Personenkreis** (Arbeitnehmer) sowie die **erfassten Arbeitgeber** ergeben sich aus § 17 BetrAVG.

2. Übergangsgeld

80   In einer Versorgungsregelung kann die **feste Altersgrenze** auch auf einen früheren Zeitpunkt als die **Regelaltersgrenze** für den Bezug der gesetzlichen Rentenversicherung (Erreichen der Regelaltersgrenze) festgelegt werden.[104] Sofern diese Grenze nicht vor der Vollendung des 60. Lebensjahres liegt, ist

---

99 Vgl. § 11 Rdn. 21–24.

100 Vgl. § 11 Rdn. 25.

101 BAG 23.3.1999, 3 AZR 625/97, EzA § 7 BetrAVG Nr. 58 = DB 1999, 2015.

102 Zu Arbeitsverhältnissen mit Auslandsberührung vgl. Merkblatt 300/M 7 des PSVaG und zur Insolvenzsicherung der betrieblichen Altersversorgung in den neuen Bundesländern (Zusagen ab 1992) das Merkblatt 210/M 20, die im Internet unter www.psvag.de zur Verfügung stehen.

103 BAG 3.11.1998, 3 AZR 454/97, EzA § 7 BetrAVG Nr. 56 = DB 1998, 2428; vgl. allg. § 1 Rdn. 31 ff. und zum Insolvenzschutz § 11 Rdn. 16.

104 Hierher gehört nicht der Fall des vorzeitigen Altersrentenbezugs nach § 6 BetrAVG.

sie im Rahmen des Insolvenzschutzes gem. § 7 Abs. 2 BetrAVG zu beachten, sofern in der Versorgungsordnung das frühere Endalter vorgesehen ist.[105]

Beendet der Arbeitnehmer vor Eintritt des Versorgungsfalls das Arbeits- **81**
verhältnis, so kann in diesem Zusammenhang eine **feste Altersgrenze nicht** mit Wirkung für die Insolvensicherung **herabgesetzt** werden. Die feste Altersgrenze legt nämlich den Zeitpunkt fest, bis zu dem der Arbeitnehmer betriebstreu sein soll. Dies ist jedoch aufgrund der vorzeitigen Beendigung des Arbeitsverhältnisses nicht mehr möglich.[106] Ebenso wenig können aus Anlass der Beendigung des Arbeitsverhältnisses getroffene Vereinbarungen dahin ausgelegt werden, dass die feste Altersgrenze heraufgesetzt wird oder nunmehr das 65. Lebensjahr bzw. die gesetzliche Regelaltersgrenze maßgebend sein soll.[107]

Hat der Arbeitgeber auch für den Fall, dass der Dienstvertrag gekündigt bzw. **82**
nicht verlängert wird, ein Ruhegeld vor Vollendung des 60. Lebensjahres zugesagt (**Übergangsgeld**) und bezieht der Versorgungsberechtigte am Stichtag des Eintritts des Sicherungsfalls noch keine Leistungen, besteht **Insolvenzschutz nur**, wenn der Versorgungsberechtigte die **gesetzlichen Unverfallbarkeitsvoraussetzungen** erfüllt. Wird dem Begünstigten wegen Eintritts der Insolvenz gekündigt, so kann zwar mit Ablauf der Kündigungsfrist der Versorgungsfall laut Zusage eintreten, jedoch bleibt dies ohne Auswirkung auf die Insolvenzsicherung durch den PSVaG. Die Höhe der insolvenzgeschützten Leistung ist nach § 7 Abs. 2 BetrAVG ratierlich zu errechnen, abgestellt auf den Zeitpunkt der Insolvenz und auf die feste Altersgrenze laut Versorgungszusage.[108]

3. Betriebsübergang nach § 613a BGB

Geht ein Betrieb oder Betriebsteil durch Rechtsgeschäft auf einen anderen **83**
Inhaber über, so tritt dieser gem. § 613a Abs. 1 S. 1 BGB in die Rechte und Pflichten aus den im Zeitpunkt des Übergangs bestehenden Arbeitsverhältnissen ein (Einzelrechtsnachfolge). Zu den Rechten und Pflichten aus einem

---

105 BGH 3.2.1986, II ZR 54/85, ZIP 1986, 523.

106 BAG 17.9.2008, 3 AZR 865/06, EzA § 1 BetrAVG Nr. 91 = ZIP 2009, 237; 14.12.1999, 3 AZR 684/98, EzA § 7 BetrAVG Nr. 63 = DB 2000, 2536; 20.11.2001, 3 AZR 28/01, EzA § 3 BetrAVG Nr. 8 = DB 2002, 2333.

107 BAG 17.9.2008, 3 AZR 865/06, EzA § 1 BetrAVG Nr. 91 = ZIP 2009, 237.

108 Vgl. Rdn. 13–16. Weiterführend: Merkblatt 300/M 4 des PSVaG, das unter www. psvag.de zur Verfügung steht.

Arbeitsverhältnis gehören auch Anwartschaften auf eine betriebliche Altersversorgung.

84 **§ 613a BGB** regelt nur den **Übergang der Ansprüche der zum Zeitpunkt des Betriebsübergangs aktiven Arbeitnehmer.** Die Ansprüche der vor dem Betriebsübergang mit einer unverfallbaren Anwartschaft ausgeschiedenen Arbeitnehmer sowie die der Bezieher laufender Leistungen richten sich weiterhin gegen den Betriebsveräußerer.[109]

85 ▶ **Beispiel:**

Betriebsveräußerer wird nach dem Betriebsübergang insolvent

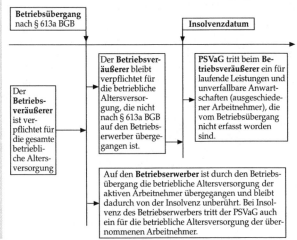

86 Wird der **Betriebserwerber insolvent**, tritt der PSVaG nur für die nach § 613a BGB übergegangenen Ansprüche nach den gesetzlichen Vorschriften ein.

87 Wird der **Betriebsveräußerer insolvent**, bezieht sich die Eintrittspflicht des PSVaG nur auf die laufenden Leistungen und die unverfallbaren Anwartschaften, die vom Betriebsübergang nicht erfasst worden sind.

88 Wird der **Betrieb** jedoch **im Rahmen eines Insolvenzverfahrens veräußert**, ist § 613a BGB nicht anwendbar, soweit diese Vorschrift die Haftung des

---

109 Zur Behandlung der technischen Rentner beim Betriebsübergang vgl. Rdn. 8.

Betriebserwerbers für schon entstandene Ansprüche der aktiven Arbeitnehmer vorsieht. Insoweit haben die Verteilungsgrundsätze des Insolvenzverfahrens Vorrang.[110] Das bedeutet für die betriebliche Altersversorgung, dass der Erwerber zwar in die Versorgungsanwartschaften der begünstigten aktiven Arbeitnehmer eintritt, aber im Versorgungsfall nur die nach Eröffnung des Insolvenzverfahrens[111] erdiente Versorgungsleistung schuldet. Für die beim insolventen Veräußerer bis zum Insolvenzfall erdienten unverfallbaren Anwartschaften haftet der **PSVaG**.[112]

Die Ansprüche der Arbeitnehmer, die im Zeitraum nach Eröffnung des Insol- **89** venzverfahrens und vor dem Betriebsübergang
– den Eintritt des Versorgungsfalls erleben,
– mit einer unverfallbaren Anwartschaft ausgeschieden sind,
– vom Betriebsübergang nicht erfasst werden oder
– dem Betriebsübergang wirksam widersprochen haben,

richten sich weiterhin gegen den insolventen Veräußerer (Insolvenzverwalter) und nicht gegen den Betriebserwerber oder den PSVaG.[113]

Maßgeblicher Zeitpunkt für diese Haftungsbegrenzung des Betriebserwerbers **90** und die Eintrittspflicht des PSVaG ist die Eröffnung des Insolvenzverfahrens. Wird der Betrieb vorher auf einen nicht insolventen Erwerber übertragen, so treten die Rechtsfolgen des § 613a BGB ohne eine Haftungsbegrenzung ein. Der Erwerber und nicht der PSVaG haftet dann auch für die beim Betriebsveräußerer erdienten Anwartschaften der aktiven Arbeitnehmer.[114] Das gilt auch in den Fällen der Übernahme eines schon insolvenzreifen Betriebs[115] und der Ablehnung der Insolvenzeröffnung mangels einer ausreichenden Masse.[116]

---

110 Die unter Geltung der Konkursordnung entwickelten Grundsätze zur Modifizierung einer Haftung nach § 613a BGB sind auch im Rahmen der Insolvenzordnung anzuwenden. BAG 20.6.2002, 8 AZR 459/01, EzA § 613a BGB Nr. 211 = DB 2003, 100.
111 BAG 19.5.2005, 3 AZR 649/03, EzA § 613a BGB Nr. 33; *Neuenfeld* BB 2008, 2346 (2349).
112 BAG 19.5.2005, 3 AZR 649/03, EzA § 613a BGB Nr. 33; 23.7.1991, 3 AZR 366/90, EzA § 613a BGB Nr. 94 = DB 1992, 96.
113 BAG 22.12.2009, 3 AZR 814/07, EzA § 3 BetrAVG Nr. 12 = DB 2010, 1018.
114 BAG 23.7.1991, 3 AZR 366/90, EzA § 613a BGB Nr. 94 = DB 1992, 96.
115 BAG 15.11.1978, 3 AZR 199/77, EzA § 613a BGB Nr. 21.
116 BAG 20.11.1984, 3 AZR 584/83, EzA § 613a BGB Nr. 41 = DB 1985, 1135.

91 ▶ **Beispiel:**

Betriebsveräußerer wird vor dem Betriebsübergang insolvent

III. Erfasste Durchführungswege

92 Insolvenzschutz besteht nach § 7 Abs. 2 S. 1 i. V. m. Abs. 1 BetrAVG bei den Durchführungswegen der betrieblichen Altersversorgung, bei denen im Fall der Insolvenz des Arbeitgebers die Erfüllung der Ansprüche der Versorgungsberechtigten gefährdet ist.[117]

---

117 Vgl. Rdn. 23–24; Zur Abwicklung von Anwartschaften aufgrund Entgeltumwandlungszusagen über eine rückgedeckte Gruppenunterstützungskasse nach Eintritt der Insolvenz des Arbeitgebers, *Berenz* BetrAV 2006, 514, *ders.* BetrAV 2010, 322.

IV. Sicherungsfall

Die eine Eintrittspflicht des PSVaG auslösenden Sicherungsfälle sind abschlie- 93
ßend in §7 Abs. 1 S. 1 und S. 4 Nr. 1 bis 3 BetrAVG aufgeführt.[118]

V. Berechnung der Leistungen

1. Grundsatz

Die Berechnung der Höhe der vom PSVaG bei Eintritt des Versorgungsfalls 94
zu erbringenden Versorgungsleistung ist in §7 Abs. 2 S. 3 bis 5 BetrAVG
detailliert geregelt. Sie **differenziert** zum einen nach den insolvenzgeschützten
Durchführungswegen (unmittelbare Versorgungszusage, Direktversicherung,
Unterstützungskasse, Pensionsfonds) und zum anderen nach der **Art der
Zusage** (Arbeitgeberfinanzierung, Entgeltumwandlungszusage, Beitragszusage mit Mindestleistung, beitragsorientierte Leistungszusage).

Der PSVaG ist an die **gesetzlich vorgeschriebenen Berechnungsmodalitäten** 95
gebunden. Eine in der Versorgungszusage bestimmte »günstigere« Berechnung
der Anwartschaft findet im Verhältnis Arbeitgeber zu Versorgungsberechtigten Anwendung, diese gilt aber nicht für den PSVaG.[119] Dies gilt ebenso für
Vereinbarungen in einem Aufhebungsvertrag.[120] Die Berechnungsgrundsätze
des §7 Abs. 2 i. V. m. §2 Abs. 1, Abs. 2 Satz 2 und Abs. 5 BetrAVG stehen
nicht zur Disposition der Vertrags-, Betriebs- und Tarifpartner.[121]

Gemeinsam gilt für alle Konstellationen die **Veränderungssperre** des §7 96
Abs. 2 S. 3 BetrAVG i. V. m. §2 Abs. 5 BetrAVG. Danach bleiben Veränderungen der Versorgungsregelung und der Bemessungsgrundlagen für die Leistung
der betrieblichen Altersversorgung außer Betracht, soweit sie nach Eintritt des
Sicherungsfalls stattfinden; dies gilt auch für die Bemessungsgrundlagen ande-

---

118 Vgl. Rdn. 25–46.
119 BAG 25.4.2006, 3 AZR 78/05, EzA §2 BetrAVG Nr. 27; 17.6.2003, 3 AZR
      462/02, EzA §2 BetrAVG Nr. 20; 12.3.1991, 3 AZR 63/90, EzA §7 BetrAVG
      Nr. 41 = DB 1991, 2552; *Blomeyer/Rolfs/Otto* Rn. 219 zu §7; *Höfer* BetrAVG,
      Rn. 4465 zu §7.
120 BAG 9.11.1999, 3 AZR 361/98, EzA §7 BetrAVG Nr. 62 = DB 2001, 932.
121 BAG 25.4.2006, 3 AZR 78/05, EzA §2 BetrAVG Nr. 27 (ein Studium unterbricht
      i. d. R. das Arbeitsverhältnis).

rer Versorgungsbezüge, die bei der Berechnung der Leistung der betrieblichen Altersversorgung zu berücksichtigen sind.[122]

97 Hat der Arbeitgeber die Versorgungsordnung unter Beachtung der rechtlichen Möglichkeiten[123] geändert, so richtet sich auch die Eintrittspflicht des PSVaG danach. Dies gilt auch für Einschränkungen der Leistungshöhe.

98 Die vertragliche Anrechnung von **Vordienstzeiten** kann sich auf die Höhe der insolvenzgeschützten Leistungen und deren Berechnung auswirken.[124]

99 Ebenso kann sich die Anrechnung von **Nachdienstzeiten** unter bestimmten Bedingungen auf die Höhe der insolvenzgeschützten Leistungen auswirken.[125] Dies gilt zumindest dann, wenn der Arbeitnehmer vorzeitig aus dem Arbeitsverhältnis ausscheidet, um mit Vollendung des 60. Lebensjahres die vorgezogene Altersrente in der gesetzlichen Rentenversicherung in Anspruch nehmen zu können und der Arbeitgeber die Zeit vom vorzeitigen Ausscheiden bis zur Vollendung des 60. Lebensjahres als versorgungssteigernde Dienstzeit anerkennt.[126]

100 Ebenso wirkt sich ein **Wechsel von Arbeitnehmer- zum Unternehmer-Status** auf die Höhe der Anwartschaft aus, da als Ausgangsbasis der weiteren Berechnung der Anwartschaft nur Betriebszugehörigkeitszeiten zählen, die als Arbeitnehmer zurückgelegt worden sind, nicht jedoch Zeiten eigener unternehmerischer Tätigkeit.[127]

101 Eine vertraglich versprochene Anpassung der Rentenanwartschaft nach **variablen** Bezugsgrößen (**Dynamik**), die bei einem **Rentenempfänger** zum Zeitpunkt des Eintritts des Sicherungsfalls insolvenzgesichert ist,[128] ist bei einem Versorgungsberechtigten mit einer **unverfallbaren Anwartschaft** nicht insolvenzgesichert. Sein Anspruch richtet sich gem. § 7 Abs. 2 S. 3 nach § 2 Abs. 1, Abs. 2 und Abs. 5 BetrAVG. Damit sind Veränderungen der Bemessungsgrundlagen für die Berechnung des Betriebsrentenanspruchs, die nach

---

122 BAG 22.11.1994, 3 AZR 767/93, EzA § 7 BetrAVG Nr. 50 = DB 1995, 582.
123 Zu den Eingriffsmöglichkeiten vgl. § 1 Rdn. 256 ff.
124 Vgl. § 11 Rdn. 21–24.
125 Sofern nicht einer der Fälle des Versicherungsmissbrauchs i. S. d. § 7 Abs. 5 BetrAVG vorliegt.
126 BAG 10.3.1992, 3 AZR 140/91, EzA § 7 BetrAVG Nr. 43 = DB 1992, 2251.
127 Vgl. § 11 Rdn. 25.
128 Vgl. Rdn. 47–60.

dem Insolvenzfall eintreten, für die Berechnung des Anspruchs gegen den PSVaG unerheblich. Die Veränderungssperre des §2 Abs. 5 BetrAVG wirkt im Rahmen des Insolvenzschutzes nach §7 Abs. 2 BetrAVG nicht nur bis zum Eintritt des Versorgungsfalls. Auch Veränderungen der Bemessungsgrundlagen nach Eintritt des Versorgungsfalls sind für die Berechnung des Teilanspruchs gegenüber dem PSVaG unbeachtlich.[129] **Anders** ist dies bei einer Anpassung aufgrund einer **fixen Bezugsgröße** (z. B. 1 % p. a.). Diese Anpassung wird bei unverfallbaren Anwartschaften nach Eintritt des Versorgungsfalls vom PSVaG bei seinen Leistungen berücksichtigt.

Eine Besonderheit gilt bei der Berechnung der unverfallbaren Anwartschaft, **102** wenn die Versorgungszusage aufgrund einer einschränkenden Neuordnung vor Eintritt des Sicherungsfalls verschlechtert worden ist. Der zum Umstellungszeitpunkt **erdiente Besitzstand** ist vom PSVaG zu sichern und darf nicht unterschritten werden. Dies ist eine Ausnahme von den Berechnungsgrundsätzen des §7 Abs. 2 S. 3 BetrAVG, eine zeitratierliche Kürzung nach §2 Abs. 1 BetrAVG erfolgt insoweit nicht.[130]

Soweit der Arbeitnehmer vor Eintritt des Sicherungsfalls mit einer unverfall- **103** baren Anwartschaft ausgeschieden ist und nach Insolvenz vorzeitige Altersleistung nach §6 BetrAVG geltend macht, ist Ausgangsbasis der Berechnung der Leistungshöhe §2 Abs. 1 BetrAVG.[131]

Ansprüche des Versorgungsberechtigten auf eine Erstattung von **Zinsen oder** **104** **Kosten** gegenüber dem PSVaG bestehen nicht. Das BetrAVG sieht eine Kostenerstattung nicht vor.[132] Unberührt davon bleibt die gesetzliche Verpflichtung zur Erstattung von Prozesskosten aus Rechtsstreiten mit dem PSVaG.

2. Arbeitgeberfinanzierte Leistungszusage

Arbeitgeberfinanzierte Leistungszusagen können über alle insolvenzge- **105** schützten Durchführungswege (unmittelbare Versorgungszusage, Direktversicherung, Unterstützungskasse, Pensionsfonds) erteilt werden (§§7 Abs. 2, 1 Abs. 1, 1b Abs. 2 bis 4 BetrAVG). Der PSVaG kann von einer Unterstüt-

---

129 BAG 22.11.1994, 3 AZR 767/93, EzA §7 BetrAVG Nr. 50 = DB 1995, 582.
130 BAG 21.3.2000, 3 AZR 93/99, EzA §6 BetrAVG Nr. 21 = DB 2001, 206; 22.9.1987, 3 AZR 662/85, EzA §1 BetrAVG Ablösung Nr. 1 = DB 1988, 291.
131 Vgl. ausführlich dazu *Berenz* DB 2001, 2346; s. a. §2 Rdn. 57–51.
132 *Blomeyer/Rolfs/Otto* Rn. 197 zu §7.

zungskasse verlangen, bei der Auskunft über die Höhe einer Betriebsrente aufgrund »Entgeltumwandlung« zwischen dem arbeitnehmerfinanzierten Entgeltumwandlungsbetrag und dem arbeitgeberfinanzierten Zuschussbeitrag zu differenzieren. Nur so kann eine nicht gesetzlich unverfallbare Arbeitgeberfinanzierung, für die der PSVaG nicht eintrittspflichtig ist, herausgerechnet werden.[133] Diese Überlegungen finden entsprechende Anwendung auf alle insolvenzsicherungspflichtigen Durchführungswege.

a) Unmittelbare Versorgungszusage

106 Es wird eine **ratierliche Berechnung** entsprechend dem Verhältnis der tatsächlich erreichten zu der bis zur Regelaltersgrenze in der gesetzlichen Rentenversicherung oder einem früheren nach der Versorgungsordnung bestimmten Endalter erreichbaren Betriebszugehörigkeit vorgenommen (§ 7 Abs. 2 S. 3 BetrAVG i. V. m. § 2 Abs. 1 BetrAVG).[134] Für die Berechnung der Höhe des Anspruchs wird die Betriebszugehörigkeit bis zum Eintritt des Sicherungsfalls – also einschließlich des Tags des Eintritts des Sicherungsfalls – berücksichtigt (§ 7 Abs. 2 S. 4 BetrAVG); bei Austritt aus dem Betrieb mit einer unverfallbaren Anwartschaft vor Eintritt des Sicherungsfalls wird die Betriebszugehörigkeit bis zum Betriebsaustritt herangezogen.

b) Direktversicherung

107 Die Höhe des Anspruchs richtet sich nach § 7 Abs. 2 S. 3 BetrAVG i. V. m. § 2 Abs. 2 S. 2 BetrAVG. Danach tritt an die Stelle der ratierlichen Berechnung nach § 2 Abs. 1 BetrAVG die von dem Versicherer aufgrund des Versicherungsvertrages zu erbringende Versicherungsleistung (sog. **versicherungsvertragliche Lösung**).[135] Der PSVaG stellt danach die Leistungen aus den bis zur Insolvenz gezahlten Beiträgen sicher, die der Versicherer aufgrund des Versicherungsvertrages zu erbringen hätte, wenn der Sicherungsfall nicht eingetre-

---

133 ArbG Würzburg 18.6.2013, 10 Ca 1636/12, rkr., BetrAV 2013, 655.

134 Vgl. i. E. § 2 Rdn. 60–71. Diese Berechnung kann dazu führen, dass Arbeitnehmer, die in jüngerem Alter ein Arbeitsverhältnis begonnen haben, bei gleicher Betriebszugehörigkeit eine geringere Versorgungsanwartschaft haben als Arbeitnehmer, die es mit höherem Alter begonnen haben. Darin liegt kein Verstoß gegen das unionsrechtliche Verbot der Altersdiskriminierung: BAG 19.7.2011, 3 AZR 434/09, BetrAV 2012, 168 = FA 2012, 56; BVerfG 29.5.2012, 1 BvR 3201/11, BetrAV 2012, 625.

135 Vgl. zur versicherungsvertraglichen Lösung § 2 Rdn. 144 ff.

ten wäre. Seine Einstandspflicht beschränkt sich auf den Ausgleich des Fehlbetrags der Direktversicherung.[136] Für die Berechnung der Höhe des Anspruchs wird die Betriebszugehörigkeit bis zum Eintritt des Sicherungsfalles – also einschließlich des Tags des Eintritts des Sicherungsfalls – berücksichtigt (§7 Abs. 2 S. 4 BetrAVG); bei Austritt aus dem Betrieb mit einer unverfallbaren Anwartschaft vor Eintritt des Sicherungsfalls wird die Betriebszugehörigkeit bis zum Betriebsaustritt herangezogen.

Der PSVaG hat nach §8 Abs. 2 S. 3 BetrAVG die Möglichkeit, beschädigte **108** Direktversicherungen durch eine Abfindungszahlung zu »heilen«.[137]

c) Unterstützungskasse

Die Höhe der Versorgung richtet sich nach dem Teil der nach der Versor- **109** gungsregelung vorgesehenen Versorgung, der dem Verhältnis der Dauer der Betriebszugehörigkeit zu der Zeit vom Beginn der Betriebszugehörigkeit bis zum Erreichen der in der Versorgungsregelung vorgesehenen festen Altersgrenze entspricht (§7 Abs. 2 S. 3 BetrAVG). Es findet demnach die **ratierliche Berechnung** wie bei arbeitgeberfinanzierten unmittelbaren Versorgungszusagen Anwendung.[138] Für die Berechnung der Höhe des Anspruchs wird die Betriebszugehörigkeit bis zum Eintritt des Sicherungsfalls – also einschließlich des Tages des Eintritts des Sicherungsfalls – berücksichtigt (§7 Abs. 2 S. 4 BetrAVG); bei Austritt aus dem Betrieb mit einer unverfallbaren Anwartschaft vor Eintritt des Sicherungsfalls wird die Betriebszugehörigkeit bis zum Betriebsaustritt herangezogen.

d) Pensionsfonds

Es wird eine ratierliche Berechnung wie bei unmittelbaren Versorgungs- **110** zusagen vorgenommen (§7 Abs. 2 S. 5 und S. 3 BetrAVG i. V. m. §2 Abs. 1 BetrAVG).[139] Für die Berechnung der Höhe des Anspruchs wird die Betriebszugehörigkeit bis zum Eintritt des Sicherungsfalls – also einschließlich des Tags des Eintritts des Sicherungsfalls – berücksichtigt (§7 Abs. 2 S. 5 i. V. m. S. 3 und S. 4 BetrAVG); bei Austritt aus dem Betrieb mit einer unverfallbaren

---

136 *Blomeyer/Rolfs/Otto* Rn. 225 zu §7; *Höfer* BetrAVG, Rn. 4478 zu §7; *Paulsdorff* Rn. 377 ff. zu §7.
137 Vgl. §8 Rdn. 25–27.
138 Vgl. Rdn. 106.
139 Vgl. Rdn. 106.

Anwartschaft vor Eintritt des Sicherungsfalls wird die Betriebszugehörigkeit bis zum Betriebsaustritt herangezogen.

3. Leistungszusage aus Entgeltumwandlung

111 Eine Leistungszusage aufgrund Entgeltumwandlung kann über alle insolvenzgeschützten Durchführungswege (unmittelbare Versorgungszusage, Direktversicherung, Unterstützungskasse, Pensionsfonds) erteilt werden (§ 7 Abs. 2 i. V. m. § 1 Abs. 2 Nr. 3 BetrAVG).[140] Der PSVaG kann von einer Unterstützungskasse verlangen, bei der Auskunft über die Höhe einer Betriebsrente aufgrund »Entgeltumwandlung« zwischen dem arbeitnehmerfinanzierten Entgeltumwandlungsbetrag und dem arbeitgeberfinanzierten Zuschussbeitrag zu differenzieren. Nur so kann eine nicht gesetzlich unverfallbare Arbeitgeberfinanzierung, für die der PSVaG nicht eintrittspflichtig ist, herausgerechnet werden.[141] Diese Überlegungen finden entsprechende Anwendung auf alle insolvenzsicherungspflichtigen Durchführungswege.

a) Unmittelbare Versorgungszusagen

112 Bei der Berechnung der unverfallbaren Anwartschaft ist zu differenzieren zwischen Entgeltumwandlungszusagen vor und ab 2001.

113 Bei einer **Entgeltumwandlungszusage vor 2001** gilt die ratierliche Berechnung nach § 2 Abs. 1 BetrAVG wie bei arbeitgeberfinanzierten unmittelbaren Versorgungszusagen (§ 7 Abs. 2 S. 3 i. V. m. § 30g S. 1 BetrAVG).[142] Nach § 30g Abs. 1 Satz 2 BetrAVG kann auch eine andere Berechnung in Betracht kommen.[143]

114 Für **Entgeltumwandlungszusagen ab 2001** gilt § 7 Abs. 2 S. 3 BetrAVG i. V. m. § 2 Abs. 5a BetrAVG (§ 30g Abs. 1 S. 1 BetrAVG). Danach bemisst sich die Anwartschaft aus der vom Zeitpunkt der Zusage auf betriebliche Altersversorgung bis zum Eintritt des Sicherungsfalls erreichten Anwartschaft auf Leistungen aus den **bis dahin umgewandelten Entgeltbestandteilen**.[144] Für die Berechnung der Höhe des Anspruchs wird die Betriebszugehörigkeit bis

---

140 Vgl. § 1 Rdn. 477.
141 ArbG Würzburg 18.6.2013, 10 Ca 1636/12, rkr., BetrAV 2013, 655.
142 Vgl. Rdn. 106.
143 Vgl. Rdn. 114.
144 Vgl. i. E. § 2 Rdn. 187 ff.

zum Eintritt des Sicherungsfalls – also einschließlich des Tags des Eintritts des Sicherungsfalls – berücksichtigt (§7 Abs.2 S.4 BetrAVG); bei Austritt aus dem Betrieb mit einer unverfallbaren Anwartschaft vor Eintritt des Sicherungsfalls wird die Betriebszugehörigkeit bis zum Betriebsaustritt herangezogen. Im **Einvernehmen** zwischen Arbeitgeber und Arbeitnehmer kann diese Anwartschaftsberechnung **auch für vor 2001 erteilte Entgeltumwandlungszusagen** angewendet werden (§30g Abs.1 S.2 BetrAVG). Dies gilt dann auch für den gesetzlichen Insolvenzschutz.

b) Direktversicherung

Die Berechnung der insolvenzgeschützten Leistung einer Leistungszusage aufgrund einer **vor 2001 erteilten Entgeltumwandlungszusage** erfolgt entsprechend der Berechnung bei einer arbeitgeberfinanzierten Direktversicherung (§7 Abs.2 S.3 i.V.m. §2 Abs.2 S.2 i.V.m. §30g Abs.1 S.1 BetrAVG).[145] Nach §30g Abs.1 Satz 2 BetrAVG kann auch eine andere Berechnung in Betracht kommen.[146]   115

Für **Entgeltumwandlungszusagen ab 2001** gilt §7 Abs.2 S.3 BetrAVG i.V.m. §2 Abs.5a BetrAVG (§30g Abs.1 S.1 BetrAVG). Danach bemisst sich die Anwartschaft aus der vom Zeitpunkt der Zusage auf betriebliche Altersversorgung bis zum Eintritt des Sicherungsfalls erreichten Anwartschaft auf Leistungen aus den **bis dahin umgewandelten Entgeltbestandteilen**. Für die Berechnung der Höhe des Anspruchs wird die Betriebszugehörigkeit bis zum Eintritt des Sicherungsfalls – also einschließlich des Tags des Eintritts des Sicherungsfalls – berücksichtigt (§7 Abs.2 S.4 BetrAVG); bei Austritt aus dem Betrieb mit einer unverfallbaren Anwartschaft vor Eintritt des Sicherungsfalls wird die Betriebszugehörigkeit bis zum Betriebsaustritt herangezogen. Diese Anwartschaftsberechnung kann im **Einvernehmen** zwischen Arbeitgeber und Arbeitnehmer **auch für vor 2001 erteilte Entgeltumwandlungszusagen** angewendet werden (§30g Abs.1 S.2 BetrAVG). Dies gilt dann auch für den gesetzlichen Insolvenzschutz.   116

c) Unterstützungskasse

Die Berechnung erfolgt für **Entgeltumwandlungszusagen vor 2001** wie bei einer arbeitgeberfinanzierten Zusage (§§7 Abs.2 S.3, 2 Abs.5a, 30g S.1   117

---

145 Vgl. Rdn. 108 f.
146 Vgl. Rdn. 117.

BetrAVG).[147] Nach § 30g Abs. 1 Satz 2 BetrAVG kann auch eine andere Berechnung in Betracht kommen.[148]

118 Für **Entgeltumwandlungszusagen ab 2001** gilt § 7 Abs. 2 S. 3 BetrAVG i. V. m. § 2 Abs. 5a BetrAVG (§ 30g Abs. 1 S. 1 BetrAVG). Danach bemisst sich die Anwartschaft aus der vom Zeitpunkt der Zusage auf betriebliche Altersversorgung bis zum Eintritt des Sicherungsfalls erreichten Anwartschaft auf Leistungen aus den **bis dahin umgewandelten Entgeltbestandteilen.**[149] Für die Berechnung der Höhe des Anspruchs wird die Betriebszugehörigkeit bis zum Eintritt des Sicherungsfalls – also einschließlich des Tags des Eintritts des Sicherungsfalls – berücksichtigt (§ 7 Abs. 2 S. 4 BetrAVG); bei Austritt aus dem Betrieb mit einer unverfallbaren Anwartschaft vor Eintritt des Sicherungsfalls wird die Betriebszugehörigkeit bis zum Betriebsaustritt herangezogen. Diese Anwartschaftsberechnung kann im **Einvernehmen** zwischen Arbeitgeber und Arbeitnehmer **auch für vor 2001 erteilte Entgeltumwandlungszusagen** angewendet werden (§ 30g Abs. 1 S. 2 BetrAVG). Dies gilt dann auch für den gesetzlichen Insolvenzschutz.

d) Pensionsfonds

119 Die Berechnung erfolgt **ausschließlich nach § 2 Abs. 5a BetrAVG** (vgl. § 7 Abs. 2 S. 3 BetrAVG).[150] Danach bemisst sich die Anwartschaft aus der vom Zeitpunkt der Zusage auf betriebliche Altersversorgung bis zum Eintritt des Sicherungsfalls erreichten Anwartschaft auf Leistungen aus den **bis dahin umgewandelten Entgeltbestandteilen.** Für die Berechnung der Höhe des Anspruchs wird die Betriebszugehörigkeit bis zum Eintritt des Sicherungsfalls – also einschließlich des Tages des Eintritts des Sicherungsfalls – berücksichtigt (§ 7 Abs. 2 S. 4 BetrAVG); bei Austritt aus dem Betrieb mit einer unverfallbaren Anwartschaft vor Eintritt des Sicherungsfalls wird die Betriebszugehörigkeit bis zum Betriebsaustritt herangezogen.

---

147 Vgl. Rdn. 110.

148 Vgl. Rdn. 119.

149 Zur Abwicklung von Entgeltumwandlungszusagen bei rückgedeckter Gruppenunterstützungskasse: *Berenz* BetrAV 2006, 514, *ders.* BetrAV 2010, 322. Vgl. Merkblatt 110/M 8 des PSVaG, das im Internet unter www.psvag.de zur Verfügung steht.

150 Entgeltumwandlungszusagen über Pensionsfonds sind erst ab 2002 möglich, da der Durchführungsweg über Pensionsfonds erst ab 2002 zur Verfügung steht.

4. Beitragsorientierte Leistungszusagen

Beitragsorientierte Leistungszusagen können über alle insolvenzgeschützten **120** Durchführungswege (unmittelbare Versorgungszusage, Direktversicherung, Unterstützungskasse, Pensionsfonds) und sowohl arbeitgeberfinanziert als auch aufgrund Entgeltumwandlung erteilt werden (§§7 Abs. 2, 1 Abs. 2 Nr. 1 BetrAVG).[151]

Bei der Berechnung der insolvenzgeschützten Anwartschaft ist für die Anwen- **121** dung von §2 Abs. 1 BetrAVG oder §2 Abs. 5a BetrAVG zu **differenzieren nach Zusagen ab 2001 und vor 2001** wie bei der Berechnung einer Leistungs- zusage aus Entgeltumwandlung.[152]

5. Beitragszusage mit Mindestleistung

Beitragszusagen mit Mindestleistung können über zwei insolvenzgeschützte **122** Durchführungswege (Direktversicherung, Pensionsfonds) und sowohl arbeit- geberfinanziert als auch aufgrund Entgeltumwandlung erteilt werden (§§7 Abs. 2, 1 Abs. 2 Nr. 2 BetrAVG).[153] Für die gesetzliche **Insolvenzsicherung relevant** ist in der Praxis nur der ab 2002 zur Verfügung stehende Durch- führungsweg über **Pensionsfonds**, Direktversicherungen sind nur in wenigen Fällen insolvenzsicherungspflichtig.[154]

Die Berechnung der Höhe der insolvenzgeschützten Anwartschaft erfolgt **123** nach §2 Abs. 5b BetrAVG, auf den §7 Abs. 2 S. 5 BetrAVG Bezug nimmt. Danach richtet sich die Anwartschaft nach dem planmäßig zuzurechnenden Versorgungskapital auf der Grundlage der bis zum Eintritt des Sicherungs- falls **geleisteten Beiträge, mindestens** die Summe der bis dahin **zugesagten Beiträge**, soweit sie nicht rechnungsmäßig für einen biometrischen Risikoaus- gleich verbraucht wurden (Mindestkapital). Eine Sicherung durch den PSVaG setzt voraus, dass §8 Abs. 1a BetrAVG keine Anwendung findet.[155]

---

151 Vgl. i. E. §1 Rdn. 444 ff.
152 Vgl. Rdn. 111–114.
153 Vgl. i. E. §1 Rdn. 463.
154 Vgl. Rdn. 23.
155 Vgl. Merkblatt 300/M 14 des PSVaG, das im Internet unter www.psvag.de zur Verfügung steht. Zur Möglichkeit des Pensionsfonds, nach Insolvenz des Träger- unternehmens künftig selbst die Leistungen zu erbringen vgl. §8 Abs. 1a BetrAVG.

124   Der Teil der Anwartschaft, der über den so errechneten Betrag hinausgeht, wird vom PSVaG nicht nach den Regelungen des § 7 Abs. 2 BetrAVG gesichert. Für diesen Teil ergibt sich die Behandlung aus Besonderheiten über den Pensionsfonds, der in der Praxis für die gesetzliche Insolvenzsicherung bei den Beitragszusagen mit Mindestleistung der relevante Durchführungsweg ist. Das Vermögen des Pensionsfonds geht grds. nach § 9 Abs. 3a i. V. m. § 9 Abs. 3 BetrAVG auf den PSVaG über, der seinerseits den Vermögensteil, der seine Eintrittspflicht die insolvenzgeschützte Mindestleistung übersteigt, zur Erhöhung der laufenden Leistungen und der unverfallbaren Anwartschaften zu verwenden hat.[156]

125   Für die Berechnung der Höhe des Anspruchs wird die Betriebszugehörigkeit bis zum Eintritt des Sicherungsfalls – also einschließlich des Tags des Eintritts des Sicherungsfalls – berücksichtigt; bei Austritt aus dem Betrieb mit einer unverfallbaren Anwartschaft vor Eintritt des Sicherungsfalls wird die Betriebszugehörigkeit bis zum Betriebsaustritt herangezogen.

---

156 Vgl. § 9 Rn 35-37 und 25-29.

Berechnung der Höhe der unverfallbaren Anwartschaft durch den PSVaG

	Arbeitgeberfinanzierte Zusage	Leistungszusage Entgeltumwandlungszusagen und beitragsorientierte Leistungszusage (arbeitgeberfinanziert und Entgeltumwandlung)		Beitragszusage mit Mindestleistung (ab 2002) arbeitgeberfinanzierte Zusage und Entgeltumwandlung
		Zusage vor 2001	Zusage ab 2001	
unmittelbare Versorgungszusage	**Ratierliche Berechnung** nach § 2 Abs. 1 BetrAVG (Verhältnis der tatsächlichen Dauer der Betriebszugehörigkeit bis zum Eintritt des Sicherungsfalls oder dem vorherigen Ausscheiden aus dem Betrieb zu der nach der Versorgungsordnung und der dort bestimmten festen Altersgrenze erreichbaren Betriebszugehörigkeit).	Wie bei einer arbeitgeberfinanzierten unmittelbaren Leistungszusage.	**Tatsächlich erreichte Anwartschaft** nach § 2 Abs. 5a BetrAVG (vom Zeitpunkt der Zusage bis zum Eintritt des Sicherungsfalls oder dem vorherigen Ausscheiden aus dem Betrieb erreichte Anwartschaft auf Leistungen aus den bis dahin umgewandelten Entgeltbestandteilen).	Durchführungsweg nicht vorgesehen.
Direktversicherung	**Versicherungsvertragliche Lösung** nach § 2 Abs. 2 Satz 2 BetrAVG (vom Versicherer aufgrund des Versicherungsvertrages zu erbringende Versicherungsleistung).	Wie bei einer arbeitgeberfinanzierten Leistungszusage über eine Direktversicherung.	Wie bei einer unmittelbaren Versorgungszusage ab 2001.	**Mindestleistungsrente** nach § 2 Abs. 5b BetrAVG (Summe der bis zum Sicherungsfall oder dem vorherigen Ausscheiden aus dem Betrieb zugesagten Beiträge, soweit sie nicht rechnungsmäßig für einen biometrischen Risikoausgleich verbraucht wurden, sofern der Arbeitgeber keine weitergehende Zusage erteilt hat).

	Arbeitgeberfinanzierte Zusage	Leistungszusage Entgeltumwandlungszusagen und beitragsorientierte Leistungszusage (arbeitgeberfinanziert und Entgeltumwandlung)		Beitragszusage mit Mindestleistung (ab 2002) arbeitgeberfinanzierte Zusage und Entgeltumwandlung
		Zusage vor 2001	Zusage ab 2001	
Unterstützungskasse	Ratierliche Berechnung nach § 7 Abs. 2 Satz 3 BetrAVG (Verhältnis der tatsächlichen Dauer der Betriebszugehörigkeit bis zum Eintritt des Sicherungsfalls oder dem vorherigen Ausscheiden aus dem Betrieb zu der nach der Versorgungsordnung und der dort bestimmten festen Altersgrenze erreichbaren Betriebszugehörigkeit).	Wie bei einer arbeitgeberfinanzierten Leistungszusage über eine Unterstützungskasse.	Wie bei einer unmittelbaren Versorgungszusage ab 2001.	Durchführungsweg nicht vorgesehen.
Pensionsfonds	Ratierliche Berechnung nach § 2 Abs. 1 BetrAVG (Verhältnis der tatsächlichen Dauer der Betriebszugehörigkeit bis zum Eintritt des Sicherungsfalls oder dem vorherigen Ausscheiden aus dem Betrieb zu der nach der Versorgungsordnung und der dort bestimmten festen Altersgrenze erreichbaren Betriebszugehörigkeit).	Durchführungsweg vor 2002 nicht vorgesehen.	Die Berechnung der Anwartschaft erfolgt wie bei einer unmittelbaren Versorgungszusage ab 2001. Der Durchführungsweg Pensionsfonds steht erst ab 2002 zur Verfügung.	Wie bei Beitragszusage mit Mindestleistung über Direktversicherungen.

Berenz

VI. Beginn und Ende der Leistungen

Der Beginn der Leistungen des PSVaG bei einer insolvenzgesicherten unverfallbaren Anwartschaft ist orientiert am **Eintritt des Versorgungsfalls** beim
Anwärter. Teilt der Versorgungsberechtigte diesen dem PSVaG nicht binnen
einen Jahres mit, droht unter Umständen die Verjährung von einzelnen Monats-
raten.[157] Das Ende der Leistungen richtet sich nach §7 Abs. 1a BetrAVG.[158]

127

VII. Rechtsweg

Der Rechtsweg für Klagen der Anwärter oder ihrer Hinterbliebenen gegen
den PSVaG entspricht dem Rechtsweg bei Klagen von Versorgungsempfängern gegen den PSVaG.[159]

128

D. Höchstgrenzen der insolvenzgeschützten Leistungen (§7 Abs. 3 BetrAVG)

I. Allgemeines

Durch das Rentenreformgesetz 1999[160] wurde die Höchstgrenze der monat-
lichen Leistungen der gesetzlichen Insolvenzsicherung vom Dreifachen der
Beitragsbemessungsgrenze in der Rentenversicherung der Arbeiter und
Angestellten auf das Dreifache der Bezugsgröße gem. §18 SGB IV – im
Ergebnis ungefähr auf die Hälfte – reduziert. Gleichzeitig wurde Satz 3 des
§7 Abs. 3 BetrAVG neu eingefügt mit einer speziellen Höchstgrenze für Ent-
geltumwandlungszusagen.[161] Diese spezielle Höchstgrenze wurde durch das
Altersvermögensgesetz[162] für ab 2002 erteilte Entgeltumwandlungszusagen

129

---

157 Vgl. §9 Rdn. 6.
158 Vgl. Rdn. 62–65.
159 Vgl. Rdn. 69 f.
160 Gesetz zur Reform der gesetzlichen Rentenversicherung (Rentenreformgesetz
   1999 – RRG 1999) v. 16.12.1997 BGBl. I S. 2998, 3025.
161 §7 Abs. 3 S. 3 BetrAVG lautete: Im Fall einer Entgeltumwandlung (§1 Abs. 2)
   treten anstelle der Höchstgrenzen drei Zehntel der monatlichen Bezugsgröße gem.
   §18 des Vierten Buches Sozialgesetzbuch, wenn nicht eine nach Barwert oder
   Deckungskapital mindestens gleichwertige, vom Arbeitgeber finanzierte betriebliche Altersversorgung besteht.
162 Gesetz zur Reform der gesetzlichen Rentenversicherung und zur Förderung eines
   kapitalgedeckten Altersvorsorgevermögens (Altersvermögensgesetz – AVmG) v.
   26.6.2001 BGBl. I S. 1983, 2010.

bis 4 % der Beitragsbemessungsgrenze in der Rentenversicherung der Arbeiter und Angestellten weiter differenziert (§ 7 Abs. 3 S. 4 BetrAVG).[163] Durch das Hüttenknappschaftliche Zusatzversicherungs-Neuregelungs-Gesetz[164] wurden in § 7 Abs. 3 die Sätze 3 und 4 BetrAVG – die speziellen Regelungen der Höchstgrenzen bei Entgeltumwandlungszusagen – mit Wirkung ab 1.7.2002 gestrichen. Damit gilt **ab 1.7.2002 wieder eine einheitliche Höchstgrenze** der insolvenzgeschützten Leistungen für arbeitgeberfinanzierte Zusagen wie für Entgeltumwandlungszusagen.

II. Höchstgrenze

130   Die Leistungen der gesetzlichen Insolvenzsicherung sind begrenzt auf das **Dreifache der im Zeitpunkt der ersten Fälligkeit maßgebenden monatlichen Bezugsgröße gem. § 18 des Vierten Buches Sozialgesetzbuch** (§ 7 Abs. 3 S. 1 BetrAVG).[165] 2014 beträgt die monatliche Höchstgrenze in den alten Ländern 8.295 € und in den neuen Ländern 7.035 €.

131   Beim **Versorgungsausgleich** ergibt sich die **Höchstgrenze** aus der Summe der beiden Einzelleistungen.[166] Andernfalls käme es bei einer isolierten Betrachtung jeweils der einzelnen Leistung zu einer ungerechtfertigten Bevorzugung im Fall einer Scheidung.

132   Die **Differenzierung** zwischen den **alten und neuen Ländern** ergibt sich u. a. aus dem Verweis in § 7 Abs. 3 S. 1 BetrAVG auf die monatliche Bezugsgröße gem. § 18 SGB IV.[167] Die monatliche Bezugsgröße für die alten Länder ergibt sich aus § 18 Abs. 1 SGB IV und die für die neuen Länder aus § 18 Abs. 2 SGB IV.

---

163 § 7 Abs. 3 S. 4 BetrAVG lautete: Satz 3 findet keine Anwendung auf die nach § 1b Abs. 5 unverfallbaren Anwartschaften, soweit sie auf einer Entgeltumwandlung in Höhe der Beträge nach § 1a Abs. 1 beruhen.

164 Gesetz zur Einführung einer kapitalgedeckten Hüttenknappschaftlichen Zusatzversicherung und zur Änderung anderer Gesetze (Hüttenknappschaftliches-Zusatzversicherungs-Neuregelungs-Gesetz-HZvNG) v. 21.6.2002 BGBl. I S. 2167, 2178.

165 Vgl. Merkblatt 300/M 13 des PSVaG, das im Internet unter www.psvag.de zur Verfügung steht.

166 Vgl. Anh. I Rdn. 53.

167 BAG 21.4.2009, 3 AZR 640/07, DB 2009, 2499. *Höfer* BetrAVG, Rn. 4518 zu § 7; a. A. *Blomeyer/Rolfs/Otto* Rn. 256 zu § 7.

Die Höchstgrenze nach §7 Abs. 3 S. 1 BetrAVG gilt für Leistungen der 133
betrieblichen Altersversorgung des insolventen (früheren) Arbeitgebers. Dabei
ist unbeachtlich, ob der Versorgungsbegünstigte aus einer oder mehreren Versorgungszusagen eines Arbeitgebers (arbeitgeberfinanziert oder Entgeltumwandlung) begünstigt ist. In der **Summe der unterschiedlichen Versorgungszusagen** eines Arbeitgebers besteht Insolvenzschutz **bis zur Höchstgrenze**
(absolute Grenze des §7 Abs. 3 S. 1 BetrAVG). Anders ist dies, wenn der
Versorgungsberechtigte eine originäre Versorgungsleistung als Arbeitnehmer
und zusätzlich eine abgeleitete Leistung (z. B. Hinterbliebenenleistung) vom
selben Arbeitgeber erhält. In dieser Fallkonstellation wird die Grenze des §7
Abs. 3 BetrAVG an der jeweiligen Leistung gemessen und nicht an der Höhe
der addierten Leistungen.

Ein Versorgungsbegünstigter kann mehrere Ansprüche aus unterschiedlichen 134
Insolvenzen gegenüber dem PSVaG erwerben, wenn er nacheinander bei
unterschiedlichen Arbeitgebern tätig war und diese insolvent geworden sind.
Hier gilt die Höchstgrenze nach §7 Abs. 3 S. 1 BetrAVG jeweils auf einen
Arbeitgeber bezogen.[168] Anknüpfungspunkt des §7 BetrAVG ist der **Eintritt
des Sicherungsfalls beim konkreten (früheren) Arbeitgeber** des Versorgungs-
begünstigten.

Die **Höchstgrenze von Kapitalleistungen** ist durch eine Umrechnung auf 135
Basis der monatlichen Höchstleistungen zu ermitteln. Dabei sind zehn vom
Hundert der Kapitalleistung als Jahresbetrag einer laufenden Leistung anzusetzen (§7 Abs. 3 S. 2 BetrAVG). Daraus ergibt sich das **120 fache** der maxi-
malen monatlichen Leistung (2014 alte Länder: 8.295 € × 120 = 995.400 €,
neue Länder: 7.035 € × 120 = 844.200 €).

Höchstgrenzen der insolvenzgeschützten Leistungen					136
	Alte Länder		Neue Länder		
	mtl. Leistung	Kapitalleistung	mtl. Leistung	Kapitalleistung	
2011	7.665,00 €	919.800,00 €	6.720,00 €	806.400,00 €	
2012	7.875,00 €	945.000,00 €	6.720,00 €	806.400,00 €	
2013	8.085,00 €	970.200,00 €	6.825,00 €	819.000,00 €	
2014	8.295,00 €	995.400,00 €	7.035,00 €	844.200,00 €	

---

168 A. A. *Langohr-Plato* Rn. 825.

III. Berechnungsstichtag

137 Das Datum für die Ermittlung der Höchstgrenze ist der **Zeitpunkt der ersten Fälligkeit** (§ 7 Abs. 3 S. 1 BetrAVG) und nicht das Datum, an dem der Anspruch entsteht. Der Anspruch entsteht mit dem Beginn des Kalendermonats, der auf den Eintritt des Sicherungsfalls folgt (§ 7 Abs. 1a BetrAVG). Demgegenüber richtet sich die erstmalige Fälligkeit der Leistungen des PSVaG nach § 14 VVG (§ 7 Abs. 1 S. 3 BetrAVG). Geldleistungen sind danach mit Beendigung der zur Feststellung des Versicherungsfalls und des Umfangs der Leistungen des Versicherers nötigen Erhebungen fällig (§ 14 Abs. 1 VVG),[169] also dem Zeitpunkt der Erteilung des Leistungsbescheids durch den PSVaG gegenüber dem Versorgungsberechtigten.

138 Das bedeutet für die **Empfänger laufender Leistungen** zum Zeitpunkt des Eintritts des Sicherungsfalls, dass ein Anstieg der Bezugsgröße des § 18 SGB IV zwischen der Entstehung des Anspruchs und seiner ersten Fälligkeit dem Rentner zugutekommt.[170] Mit dem Eintritt der ersten Fälligkeit steht die monatliche Versorgungsleistung des PSVaG regelmäßig auch für die Zukunft fest, die Höchstgrenze greift nur bei der erstmaligen Festsetzung der Leistungen.[171]

139 Eine **Anpassung** kommt i. d. R. nicht in Betracht.[172] Sofern der PSVaG ausnahmsweise zur Dynamisierung verpflichtet ist, erfolgt diese ausgehend von der durch die Höchstgrenze gekappten Leistung. Diese Erhöhungen reichen dann ggf. jeweils bis zu der dann geltenden Höchstgrenze (Kappung).[173]

140 Bei einer **unverfallbaren Anwartschaft** erfolgt die Berechnung der Höchstleistung ebenfalls zum Zeitpunkt der ersten Fälligkeit der Versorgungsleistung. Dies ist frühestens der Zeitpunkt des Eintritts des Versorgungsfalls, **nicht** der Eintritt des Sicherungsfalls. Ausschlaggebend für die Höchstgrenze der insolvenzgeschützten Leistung ist dann das Dreifache der Bezugsgröße nach § 18 SGB IV zu diesem Zeitpunkt.[174]

---

169 Vgl. Rdn. 54–61.
170 *Blomeyer/Rolfs/Otto* Rn. 254 zu § 7; *Höfer* BetrAVG, Rn. 4313 zu § 7; *Paulsdorff* Rn. 406 zu § 7.
171 *Blomeyer/Rolfs/Otto* Rn. 263 zu § 7.
172 Vgl. Rdn. 47–53.
173 BGH 21.3.1983, II ZR 174/82, DB 1983, 1261.
174 *Höfer* BetrAVG, Rn. 4514 zu § 7.

IV. Hinterbliebenenrenten

Der Versorgungsanspruch der Hinterbliebenen beruht auf dem Renten- **141** stammrecht des Arbeitnehmers; er teilt das Schicksal der Hauptrente. Das gilt auch für den gesetzlichen Insolvenzschutz. Daraus folgt, dass sich auch die Höhe der Hinterbliebenenleistung nach der Höhe der Versorgungsleistung an den unmittelbar Berechtigten richtet, sie ist akzessorisch. Nur wenn und soweit ein Anspruch oder eine Anwartschaft insolvenzgeschützt ist, hat der PSVaG für daraus abgeleitete Ansprüche oder Anwartschaften auf Hinterbliebenenversorgung einzustehen.[175]

Wenn die Leistung des PSVaG an den versorgungsberechtigten Arbeitnehmer **142** bereits nach §7 Abs. 3 BetrAVG in der Höhe begrenzt war, ergibt sich die Höhe der Hinterbliebenenrente folgerichtig aus dem begrenzten Betrag.[176] Dabei kann es an sich keine Rolle spielen, ob der unmittelbar Versorgungsberechtigte bereits eigene Leistungen der gesetzlichen Insolvenzsicherung bezogen hat oder ob er schon vor der Insolvenz verstorben ist und bereits Hinterbliebenenleistungen gezahlt wurden. Andernfalls erhielte ein Hinterbliebener ggf. eine relativ höhere Rentenzahlung aus der gesetzlichen Insolvenzsicherung als der verstorbene unmittelbar Versorgungsberechtigte. Dies ist mit dem Sinn und Zweck des §7 Abs. 3 BetrAVG nicht vereinbar.[177] Der Prozentsatz der Hinterbliebenenrente von der Hauptrente richtet sich nach der Versorgungszusage, §7 Abs. 3 BetrAVG betrifft nur die Höhe der sich danach ergebenden Rente.

Dieser Auffassung hat sich der BGH für den Fall nicht angeschlossen, dass der **143** unmittelbar Versorgungsberechtigte vor Eintritt der Insolvenz verstirbt. Dann bemisst sich die Höhe der insolvenzgeschützten Leistung an die Witwe nach der gem. §7 Abs. 1 BetrAVG ermittelten Leistung an den unmittelbar Versorgungsberechtigten. An dem sich daraus ableitenden Witwenrentenanspruch ist dann die Höchstgrenze nach §7 Abs. 3 BetrAVG zu messen. Der BGH begründet seine Entscheidung mit dem Wortlaut des Gesetzes, auf die o. g. Argumente der Akzessorietät geht er nicht ein.[178]

---

175 BAG 12.6.1990, 3 AZR 524/88, EzA §322 ZPO Nr. 8 = DB 1990, 2271; *Paulsdorff* Rn. 406 zu §7.

176 *Paulsdorff* Rn. 407 zu §7; a. A. *Blomeyer/Rolfs/Otto* Rn. 268 zu §7; *Höfer* BetrAVG, Rn. 4509f. zu §7.

177 *Paulsdorff* Rn. 407 zu §7.

178 BGH 11.10.2004, II ZR 403/02 und II ZR 369/02, DB 2005, 344 = BB 2004, 2639 = ZIP 2004, 2297.

144 Der BGH hat weiterhin festgestellt, dass die als Prozentsatz der Rente des Hauptberechtigten definierte Hinterbliebenenrente auch dann aus dem ungekürzten Versorgungsanspruch zu berechnen ist, wenn bereits der Hauptberechtigte eine nach §7 Abs. 3 BetrAVG gekürzte Rente vom PSVaG bezogen hat. Der Versorgungsanspruch eines Hinterbliebenen ist demnach entsprechend der Versorgungszusage des Arbeitgebers zu berechnen und erst dann an der Höchstgrenze des §7 Abs. 3 BetrAVG zu messen.[179]

145 Der Versorgungsanspruch eines Hinterbliebenen ist also nach §7 Abs. 1 S. 1 BetrAVG entsprechend der **Versorgungszusage des Arbeitgebers** zu berechnen und nicht nach der Höchstgrenze in §7 Abs. 3 S. 1 BetrAVG. Erst der **Anspruch auf laufende Leistungen** gegen den PSVaG wird nach §7 Abs. 3 S. 1 BetrAVG auf höchstens das Dreifache der im Zeitpunkt der **ersten Fälligkeit** maßgeblichen Bezugsgröße nach §18 SGB IV **begrenzt.**

E. Minderung der Leistung (§7 Abs. 4 BetrAVG)

I. Grundsatz

146 Der **PSVaG** soll bei Eintritt eines Sicherungsfalls (§7 Abs. 1 BetrAVG) **nicht stärker belastet** werden **als erforderlich.** Daher regelt §7 Abs. 4 BetrAVG, dass sich der Anspruch der Versorgungsberechtigten gegen den PSVaG in dem Umfang vermindert, in dem der Arbeitgeber oder sonstige Versorgungsträger die Leistungen der betrieblichen Altersversorgung erbringen.[180]

II. Leistungsträger

1. Arbeitgeber

147 Ob der insolvente Arbeitgeber nach Eintritt des Sicherungsfalls noch Leistungen der betrieblichen Altersversorgung erbringen kann, die den PSVaG entlasten, ist abhängig von der Art des Sicherungsfalls. Bei einem gerichtlichen Insolvenzverfahren, das zur **Abwicklung des insolventen Unternehmens**

---

179 BGH Hinweisbeschluss 20.10.2008, II ZR 240/07, ZIP 2009, 144.

180 Zum Übergang von Rechten der Versorgungsberechtigten auf den PSVaG, die zur Verminderung des Schadens beim PSVaG führen, vgl. §9 Rdn. 12–24. Zur Leistung betrieblicher Altersversorgung durch den Arbeitgeber oder sonstigen Versorgungsberechtigten vor dem Entstehen des Anspruchs gegenüber dem PSVaG vgl. Rdn. 62–65.

(Gemeinschuldner) führt, kommen künftige Leistungen des Gemeinschuldners an die Versorgungsberechtigten in der Regel nicht in Betracht.

Anders ist dies, wenn im Rahmen eines Insolvenzverfahrens das **Fortbestehen** **148** **des insolventen Unternehmens** gesichert ist und im **Insolvenzplan** (§§ 217 ff. InsO)[181] eine entsprechende Regelung vorgesehen ist. Diesen Gedanken hat der Gesetzgeber in § 7 Abs. 4 S. 2 und 3 BetrAVG aufgenommen. Danach vermindert sich der Anspruch gegen den PSVaG nach der Bestätigung des Insolvenzplans insoweit, als nach dem Insolvenzplan der Arbeitgeber einen Teil der Leistungen selbst zu erbringen hat (§ 7 Abs. 4 S. 2 BetrAVG). Sieht der Insolvenzplan vor, dass der Arbeitgeber die Leistungen der betrieblichen Altersversorgung von einem bestimmten Zeitpunkt an selbst zu erbringen hat, entfällt der Anspruch auf Leistungen gegen den PSVaG von diesem Zeitpunkt an (§ 7 Abs. 4 S. 3 BetrAVG). Dabei soll im Insolvenzplan vorgesehen sein, dass bei einer nachhaltigen Besserung der wirtschaftlichen Lage des Arbeitgebers die vom PSVaG zu erbringenden Leistungen ganz oder zum Teil vom Arbeitgeber wieder übernommen werden (sog. **Besserungsklausel**, § 7 Abs. 4 S. 5 BetrAVG).[182]

Der Arbeitgeber ist bei einem **außergerichtlichen Vergleich** mit dem PSVaG **149** nach der darin getroffenen Vereinbarung regelmäßig auch künftig zur Leistung verpflichtet. Dies mindert die Eintrittspflicht des PSVaG entsprechend. Meist wird in einem außergerichtlichen Vergleich auch eine **sog. Besserungsmöglichkeit vereinbart**, nach der der PSVaG i. d. R. bei einer Besserung der wirtschaftlichen Lage des Arbeitgebers zu seiner Entlastung eine Geldzahlung bekommt.

2. Sonstige Versorgungsträger[183]

Zahlungen einer **Direktversicherung** vermindern den Anspruch des Versorgungsberechtigten gegen den PSVaG.[184] Eine Anrechnung erfolgt, wenn **150**

---

181 *Rieger* NZI 2013, 671; zu den Besonderheiten der Insolvenzsicherung im Insolvenzplan vgl. *Bremer* BetrAV 2006, 230; *Paulsdorff/Wohlleben* S. 1665 ff.

182 *Gareis* ZInsO 2007, 23; *Flitsch/Chardon* DZWIR 2004, 485; *Rieger* NZI 2013, 671. Zu praktischen Erfahrungen des PSVaG mit Insolvenzplänen: *Bremer* DB 2011, 875; *Wohlleben* FS Wellensiek S. 691 ff.

183 Hierher gehört nicht der Fall eines Schuldbeitritts, vgl. § 9 Rdn. 17.

184 Der PSVaG kann »beschädigte« Direktversicherungen »heilen« mit dem Ergebnis, dass der Versorgungsberechtigte Leistungen nur noch aus der Direktversicherung erhält, vgl. § 8 Rdn. 25–27.

es sich um eine »beschädigte« Direktversicherung handelt oder eine anderweitige Anrechnung in der Versorgungszusage ausdrücklich vorgesehen ist. Keine Anrechnung erfolgt dann, wenn der Versorgungsberechtigte aus zwei Versorgungszusagen Leistungen erhält (unmittelbare Zusage und Direktversicherung) und eine Anrechnungsbestimmung nicht vorliegt.

151 **Unterstützungskassen** kommen als sonstige Versorgungträger nach § 7 Abs. 4 S. 1 BetrAVG nicht in Betracht, da ihr – ggf. anteiliges – Vermögen nach § 9 Abs. 3 BetrAVG mit dem Eintritt des Sicherungsfalls auf den PSVaG übergeht.

152 **Pensionsfonds** können als sonstige Träger der Versorgung in Betracht kommen, wenn sie die betriebliche Altersversorgung nach Eintritt des Sicherungsfalls beim Trägerunternehmen selbst weiterführen (§ 8 Abs. 1a BetrAVG).

153 Leistungen aus einer an den Versorgungsberechtigten **verpfändeten Rückdeckungsversicherung** (oder sonstigem privaten Sicherungsmittel wie z. B. ein Pfandrecht des Versorgungsberechtigten oder ein eigenes Forderungsrecht im Zusammenhang mit einem sog. Contractual Trust Arrangement – CTA-Modell) kommen als Leistung eines sonstigen Versorgungsträgers nicht in Betracht. Diese Ansprüche gehen nach § 9 Abs. 2 S. 1 BetrAVG auf den PSVaG über, der seinerseits an den Versorgungsberechtigten die gesetzlich geschuldeten Leistungen zu erbringen hat.[185] Dabei kann der PSVaG den Versorgungsberechtigten nicht auf sein Sicherungsmittel verweisen und sich dadurch seiner gesetzlich zugewiesenen Aufgabe entziehen.[186]

154 Sofern die **Rückdeckungsversicherung zugunsten des Versorgungsberechtigten freigegeben** wird – vom Arbeitgeber oder Insolvenzverwalter – und der Versorgungsberechtigte Leistungen hieraus erhält, ist dies eine seinen Anspruch gegenüber dem PSVaG mindernde Leistung eines sonstigen Versorgungsträgers i. S. d. § 7 Abs. 4 S. 1 BetrAVG.[187] Entsprechendes muss dann folgerichtig für Leistungen aus einem sog. Contractual Trust Arrangement (CTA-Modell) gelten.

---

185 Vgl. § 9 Rdn. 12–19; zur Systematik i. E. *Berenz* DB 2004, 1098.
186 BGH 9.2.1981, II ZR 171/79, ZIP 1981, 898; vgl. § 9 Rdn. 12.
187 BGH 28.9.1981, II ZR 181/80, AP Nr. 12 zu § 7 BetrAVG; *Blomeyer/Rolfs/Otto* Rn. 272 zu § 7.

F. Schutz des PSVaG vor Missbrauch (§ 7 Abs. 5 BetrAVG)

I. Grundsatz

§ 7 Abs. 5 BetrAVG ist die notwendige Vorschrift zum **Schutz der zu Zwangs-** **155**
beiträgen verpflichteten Mitglieder des PSVaG vor dem Missbrauch der
gesetzlichen Insolvenzsicherung.[188] Ein Arbeitgeber könnte angesichts einer
drohenden Insolvenz seinen Arbeitnehmern als letzte Wohltat noch Versorgungszusagen erteilen oder bestehende Versorgungszusagen erhöhen, obwohl
klar ist, dass der PSVaG die Versorgungsleistungen letztlich erbringen muss.
Ausgenommen sind **planmäßige Verbesserungen**, die in der (ursprünglichen)
Versorgungsordnung vorgesehen sind.[189]

Die Vorschrift des § 7 Abs. 5 BetrAVG differenziert zwischen drei unterschied- **156**
lichen Tatbeständen, deren Erfüllung einen Anspruch gegenüber dem PSVaG
nicht entstehen lassen. Sämtliche Ausschlusstatbestände setzen voraus, dass
die Versorgungszusage im Hinblick auf den gesetzlichen Insolvenzschutz erstmals erteilt oder bei bestehender Zusage verbessert worden ist.[190]

II. § 7 Abs. 5 S. 1 BetrAVG

Ein Anspruch gegen den PSVaG besteht nicht, soweit nach den Umständen **157**
des Falles die Annahme gerechtfertigt ist, dass es der **alleinige oder überwie-**
gende Zweck der Versorgungszusage oder ihrer Verbesserung oder der Beleihung, Abtretung oder Verpfändung einer Direktversicherung gewesen ist, den
PSVaG in Anspruch zu nehmen (§ 7 Abs. 5 S. 1 BetrAVG). Eine Verbesserung der Zusage wird durch jede Maßnahme erwirkt, die den Versorgungsberechtigten gegenüber der ursprünglichen vertraglichen Ausgestaltung der
Versorgungszusage hinsichtlich des Insolvenzschutzes begünstigt.[191] Danach
entsteht bei Erfüllung dieses Tatbestandes **kein Anspruch gegen den PSVaG.**

Der Arbeitnehmer verliert den Insolvenzschutz nach § 7 Abs. 3 S. 1 BetrAVG **158**
aber nur dann, wenn er mit dem Arbeitgeber **missbräuchlich zusammenwirkt**

---

188 Ausführlich zur Systematik des § 7 Abs. 5 S. 3 BetrAVG, *Berenz* FS Kemper, S. 5 ff.;
   ders. BetrAV 2005, 518.
189 BAG 26.4.1994, 3 AZR 981/93, EzA § 16 BetrAVG Nr. 27 = DB 1994, 1831;
   vgl. § 7 Rdn. 169.
190 BAG 26.4.1994, 3 AZR 981/93, EzA § 16 BetrAVG Nr. 27 = DB 1994, 1831.
191 BAG 29.11.1988, 3 AZR 184/87, EzA § 7 BetrAVG Nr. 27 = DB 1989, 786.

und den missbilligten Zweck zumindest erkennen konnte.[192] Dies ist dann der Fall, wenn sich für ihn die Erkenntnis aufdrängen musste, wegen der wirtschaftlichen Lage des Arbeitgebers sei ernsthaft damit zu rechnen, dass die Zusage nicht erfüllt werde.[193]

159 Den **Nachweis** der Umstände, die die Annahme eines Missbrauchs nach § 7 Abs. 5 S. 1 BetrAVG rechtfertigen, hat nach Auffassung des BAG[194] der **PSVaG** zu erbringen. Dies führt in der Praxis zu erheblichen Beweisproblemen und im Ergebnis dazu, dass diese Vorschrift zum Schutz des PSVaG wenig geeignet ist.

III. § 7 Abs. 5 S. 2 BetrAVG

160 Satz 2 der Vorschrift bezieht sich auf den ersten Satz und ergänzt dessen Tatbestand. Sie findet keine Anwendung auf die Beleihung, Abtretung oder Verpfändung einer Direktversicherung mit unwiderruflichem Bezugsrecht.[195] Ein Anspruch gegen den PSVaG besteht danach nicht, soweit bei Erteilung oder Verbesserung der Versorgungszusage wegen der wirtschaftlichen Lage des Arbeitgebers zu erwarten war, dass die Zusage nicht erfüllt wird (§ 7 Abs. 5 S. 2 BetrAVG). Das Gesetz stellt damit eine **widerlegliche Vermutung des Missbrauchs** auf.[196] Wenn dem PSVaG der Nachweis der schlechten wirtschaftlichen Lage des Arbeitgebers zum Zeitpunkt der Zusage oder Verbesserung der Zusage gelingt, wird vermutet, dass die Erfüllung der Zusage nicht zu erwarten war. Damit kehrt sich die Beweislast um, und der Versorgungsberechtigte muss nachweisen, dass die Versorgungszusage zu diesem Zeitpunkt nicht rechtsmissbräuchlich war.[197] Kann der PSVaG diese objektiven wirtschaftlichen Umstände darlegen, ist es also Sache des Arbeitnehmers, die sich daraus ergebende Vermutung des § 7 Abs. 5 S. 1 BetrAVG zu widerlegen.[198]

---

192 BAG 17.10.1995, 3 AZR 420/94, EzA § 7 BetrAVG Nr. 52 = DB 1995, 2176; DLW-*Dörner* Kap. 3 Rn. 4045.

193 BAG 19.2.2002, 3 AZR 137/01, EzA § 7 BetrAVG Nr. 66 = DB 2002, 2115.

194 BAG 26.6.1990, 3 AZR 641/88, EzA § 1 BetrAVG Nr. 59 = DB 1990, 2475.

195 BAG 17.10.1995, 3 AZR 420/94, EzA § 7 BetrAVG Nr. 52 = DB 1996, 1426.

196 BAG 2.6.1987, 3 AZR 764/85, EzA § 7 BetrAVG Nr. 24 = DB 1987, 2211.

197 BAG 29.11.1988, 3 AZR 184/87, EzA § 7 BetrAVG Nr. 27 = DB 1988, 2567; *Andresen/Förster/Rößler/Rühmann* Teil 13 A, Rn. 1006; *Paulsdorff* Rn. 431 zu § 7.

198 BAG 19.2.2002, 3 AZR 137/01, EzA § 7 BetrAVG Nr. 66 = DB 2002, 2115.

Ein Arbeitnehmer verliert den Insolvenzschutz jedoch nur dann, wenn er an   **161**
der missbräuchlichen Maßnahme des Arbeitgebers beteiligt war oder er den
missbilligten Zweck der Maßnahme zumindest **erkennen konnte**.[199] Insoweit
greift dann wieder der Mechanismus des §7 Abs. 5 S. 1 BetrAVG.[200] Dadurch
ist im Ergebnis auch die Beweiserleichterung des Satzes 2 zum wirksamen
Schutz des PSVaG vor Missbrauch wenig geeignet.

IV. §7 Abs. 5 S. 3 BetrAVG

1. Prinzip

Ein Anspruch gegen den PSVaG besteht grds. nicht bei **Zusagen** oder **Ver-**   **162**
besserungen von Zusagen die in den beiden letzten Jahren vor dem Eintritt
des Sicherungsfalls erfolgt sind (§7 Abs. 5 S. 3 1. Hs. BetrAVG).[201] Das Gesetz
erwähnte in der bisherigen Fassung die Erteilung einer Zusage nicht. Was für
die Verbesserung einer Zusage gilt, muss aber erst recht für die Erteilung gelten.[202] Der Anwendungsbereich der Ausschlussfrist erstreckte sich also auch
nach früherem Recht sowohl auf Verbesserungen als auch auf die Erteilung
einer Versorgungszusage. Mit der neuen Formulierung des Gesetzestextes
durch das Alterseinkünftegesetz ist nunmehr eine Klarstellung durch den
Gesetzgeber erfolgt, die materielle Rechtslage hat sich dadurch gegenüber der
Vergangenheit nicht geändert.[203]

Auch eine Vereinbarung zwischen Arbeitgeber und Arbeitnehmer aus Anlass   **163**
des Eintritts des Arbeitnehmers in den Ruhestand, also zu Beginn des Ruhe-
stands, über Grund und Höhe einer Betriebsrente, ist eine Versorgungszusage
i. S. d. BetrAVG und unterliegt damit der Kontrolle auf Missbrauch der Insolvenzversicherung nach Maßgabe des §7 Abs. 5 BetrAVG.[204]

Unter **Verbesserung** ist jede Maßnahme des Arbeitgebers zu verstehen, die den   **164**
Versorgungsempfänger begünstigt.[205] Rentenerhöhungen nach **§16 BetrAVG**
in den beiden letzten Jahren vor Eintritt des Insolvenzfalles nehmen daher

---

199 BAG 19.2.2002, 3 AZR 137/01, EzA §7 BetrAVG Nr. 66 = DB 2002, 2115.
200 Vgl. §7 Rdn. 158.
201 Vgl. §7 Rdn. 157 zur Definition der Verbesserung von Zusagen.
202 BAG 24.11.1998, 3 AZR 423/97, EzA §7 BetrAVG Nr. 57 = DB 1999, 914.
203 *Höfer* BetrAVG, Rn. 4573.1 zu §7.
204 BAG 29.11.1988, 3 AZR 184/87, EzA §7 BetrAVG Nr. 27 = DB 1988, 2567.
205 Vgl. §7 Rdn. 157.

am Versicherungsschutz ebenfalls nicht teil (auch nicht, wenn sie auf einem gerichtlichen Urteil beruhen).[206] Trifft der Arbeitgeber die Entscheidung, die laufende Rente an einen eingetretenen Kaufkraftverlust entsprechend der Leistungsfähigkeit des Unternehmens anzupassen, so stellt diese Entscheidung eine Verbesserung der bis dahin erteilten Versorgungszusage dar.

165   Im Hinblick auf die Anpassung gem. § 16 BetrAVG gab es zwischenzeitlich eine missverständliche Gesetzesformulierung. Ursprünglich stellte die Vorschrift darauf ab, »..., soweit sie (die Zusage) in dem letzten Jahr vor dem Eintritt des Sicherungsfalles größer gewesen sind als in dem diesem Jahr vorangegangenen Jahr«. Mit der Erhöhung der Ausschlussfrist von einem auf zwei Jahre durch das Einführungsgesetz zur Insolvenzordnung wurde der Wortlaut – ohne konkrete Begründung des Gesetzgebers – in »..., soweit sie (Verbesserungen der Zusage) in den beiden letzten Jahren vor dem Eintritt des Sicherungsfalles vereinbart worden sind« geändert. Neben der Erweiterung auf zwei Jahre wurde also auch aufgenommen, dass die Verbesserung in dem betreffenden Zeitraum »vereinbart« worden sein sollte. Daraus hat das BAG geschlossen, dass es – im Gegensatz zum früheren Recht – nach neuem Recht darauf ankommt, dass die Verbesserung durch eine »Vereinbarung« zustande gekommen ist und dass diese Vereinbarung in den beiden letzten Jahren vor Eintritt des Sicherungsfalls getroffen wurde. Im entschiedenen Fall kam der Senat folgerichtig zu dem Ergebnis, dass eine Anpassung nach § 16 BetrAVG, die durch ein streitiges Gerichtsurteil erfolgt und innerhalb des Zwei-Jahres-Zeitraums rechtskräftig geworden ist und sich auf ein Anpassungsdatum außerhalb der Ausschlussfrist bezieht, einer vom Gesetz nunmehr geforderten Vereinbarung nicht gleichsteht. In der Konsequenz findet § 7 Abs. 5 S. 3 BetrAVG dann keine Anwendung und der PSVaG muss auch für diese Anpassung eintreten.[207] Mit der Änderung des § 7 Abs. 5 S. 3 BetrAVG durch das Alterseinkünftegesetz ist diese missverständliche Formulierung wieder klarstellend auf den Rechtszustand zurückgeführt worden, der von 1975 bis 1998 gegeben war. Nunmehr ist im Eingangssatz des § 7 Abs. 5 S. 3 BetrAVG von »..., die in den beiden letzten Jahren vor dem Eintritt des Sicherungsfalls erfolgt sind, ...« die Rede. Damit werden auch streitige Urteile zur Anpassung nach § 16 BetrAVG erfasst, die innerhalb der Zwei-Jahres-Ausschlussfrist rechtskräftig werden, denn die dadurch bedingte Verbesserung der Zusage »erfolgt« ja im Ausschlusszeitraum.

---

206 BAG 26.4.1994, 3 AZR 981/93, EzA § 16 BetrAVG Nr. 27 = DB 1994, 1831.
207 BAG 18.3.2003, 3 AZR 120/02, EzA § 7 BetrAVG Nr. 67 = DB 2004, 84.

Bei der Regelung des §7 Abs. 5 S. 3 1. Hs. BetrAVG handelt es sich um eine **166**
unwiderlegbare Vermutung,[208] die den PSVaG von Darlegungs- und Beweis-
lasten befreit. Die Missbrauchsvermutung des Gesetzes kann selbst dann nicht
widerlegt werden, wenn der Berechtigte das Fehlen einer Missbrauchsabsicht
nachweist.[209] Auf den subjektiven Tatbestand kommt es – anders als in Satz 1
der Vorschrift – nicht an.

Von §7 Abs. 5 S. 3 1. Hs. BetrAVG wird nach der Rechtsprechung des BAG **167**
die **Beleihung, Verpfändung oder Abtretung einer Direktversicherung** im
Zwei-Jahres-Zeitraum nicht erfasst, da sie dort nicht ausdrücklich geregelt
ist.[210] Anders ist dies nur dann, wenn der PSVaG konkrete Tatsachen dafür
vortragen kann, dass der Arbeitgeber etwa die Ansprüche aus dem Versicherungsvertrag missbräuchlich beliehen hat und der Arbeitnehmer daran beteiligt war. Dann liegt ein Fall des Missbrauchs nach §7 Abs. 5 S. 1 BetrAVG
vor.[211]

Die Zwei-Jahres-Ausschlussfrist betrifft den Zeitraum vor dem Eintritt des **168**
Sicherungsfalls. Für den **Zeitpunkt der Verbesserung der Zusage** kommt es
auf die Verpflichtung des Arbeitgebers gegenüber dem Versorgungsberechtigten an.[212]

Von der Zwei-Jahres-Ausschlussfrist des §7 Abs. 5 S. 3 BetrAVG wird nur die **169**
Verbesserung oder die Erteilung einer Zusage innerhalb der Zwei-Jahres-Frist
erfasst. Deswegen werden **planmäßige oder automatische Verbesserungen**
aufgrund einer vor der Frist liegenden Zusage nicht dem §7 Abs. 5 S. 3
BetrAVG zugeordnet, mag deren Wirkung auch erst kurz vor der Insolvenz
des Arbeitgebers eintreten.[213]

---

208 BAG 24.6.1986, 3 AZR 645/84, EzA §7 BetrAVG Nr. 20 = DB 1987, 587; *Höfer*
    BetrAVG, Rn. 4559 zu §7.
209 BAG 26.4.1994, 3 AZR 981/93, EzA §16 BetrAVG Nr. 27 = DB 1994, 1831.
210 BAG 26.6.1990, 3 AZR 641/88, EzA §1 BetrAVG Nr. 59 (für die Beleihung) =
    DB 1990, 2475.
211 BAG 17.10.1995, 3 AZR 420/94, EzA §7 BetrAVG Nr. 52 = DB 1995, 2126.
212 BAG 2.6.1987, 3 AZR 764/85, EzA §7 BetrAVG Nr. 24 = DB 1987, 2211.
213 BAG 2.6.1987, 3 AZR 764/85, EzA §7 BetrAVG Nr. 24 = DB 1987, 2211; *Blo-*
    meyer/Rolfs/Otto Rn. 287 zu §7; *Paulsdorff* Rn. 426 zu §7.

2. Ausnahmen

170   Zwei Ausnahmen von der Zwei-Jahres-Ausschlussfrist finden sich in § 7 Abs. 5 S. 3 Nr. 1 und Nr. 2 BetrAVG.[214]

a) § 7 Abs. 5 S. 3 Nr. 1 BetrAVG (Entgeltumwandlung)

171   Eine **Ausnahme** vom Leistungsausschluss gilt für Entgeltumwandlungszusagen. Danach findet für **ab 2002 erteilte Entgeltumwandlungszusagen** die Zwei-Jahres-Ausschlussfrist keine Anwendung, **soweit Beträge bis 4 % der Beitragsbemessungsgrenze in der allgemeinen Rentenversicherung** für eine betriebliche Altersversorgung verwendet werden.[215] Auf die diese 4 %-Grenze übersteigenden Beträge der Entgeltumwandlung findet § 7 Abs. 5 S. 3 BetrAVG folglich Anwendung.

172   Die Regelungen der Sätze 1 und 2 des § 7 Abs. 5 BetrAVG finden im Rahmen der Entgeltumwandlung keine Einschränkung. Bei Erfüllung ihres Tatbestandes ist also auch bei Entgeltumwandlungszusagen ein Ausschluss des Insolvenzschutzes gegeben.

173   Die Anwendung dieser Ausnahmeregelung für Entgeltumwandlungszusagen setzt nicht voraus, dass der Versorgungsberechtigte auch die Voraussetzungen eines Anspruchs auf Entgeltumwandlung bis 4 % der Beitragsbemessungsgrenze in der allgemeinen Rentenversicherung nach § 1a BetrAVG erfüllt. Nach § 17 Abs. 1 S. 3 BetrAVG gilt § 1a BetrAVG nur für Arbeitnehmer, die in der gesetzlichen Rentenversicherung pflichtversichert sind. Für die Anwendung des § 7 Abs. 5 S. 3 Nr. 1 BetrAVG ist dagegen nur die 4 %-Grenze entscheidend.[216]

174   Dabei ist zwischen den **alten und neuen Ländern** zu **differenzieren.** Dies folgt aus dem Verweis in § 7 Abs. 5 S. 3 Nr. 1 BetrAVG auf die Beitragsbemessungsgrenze in der allgemeinen Rentenversicherung. Die Beitragsbemessungsgrenze für die alten Länder ergibt sich aus § 159 SGB VI und die für die neuen Länder aus § 228a SGB VI.

---

214 Ausführlich dazu *Berenz* FS Kemper, S. 5 ff.; *ders.* BetrAV 2005, 518.

215 Eingefügt durch das Gesetz zur Einführung einer kapitalgedeckten Hüttenknappschaftlichen Zusatzversicherung und zur Änderung anderer Gesetze (Hüttenknappschaftliches Zusatzversicherungs-Neuregelungs-Gesetz – HZvNG) v. 21.6.2002, BGBl. I S. 2167 (2178); vgl. i. E. § 10 Rdn. 103–106.

216 *Höfer* BetrAVG, Rn. 4573.2 zu § 7.

2014 beträgt die Beitragsbemessungsgrenze in der allgemeinen Rentenversi- 175
cherung für die alten Länder 71.400 € p. a. und für die neuen Länder 60.000 €
p. a. Nach § 7 Abs. 5 S. 3 Nr. 1 BetrAVG besteht für eine im Jahr 2014 erteilte
Entgeltumwandlungszusage sofortiger Insolvenzschutz, soweit in den alten
Ländern ein Betrag bis zu 2.856 € p. a. (4 % von 71.400 €) und in den neuen
Ländern bis zu 2.400 € p. a. (4 % von 60.000 €) umgewandelt wird.

In diesen Fällen besteht also unmittelbar mit dem Eintritt der gesetzlichen 176
Unverfallbarkeit durch das Erteilen der Entgeltumwandlungszusagen gesetzlicher Insolvenzschutz. Zu beachten ist, dass Ausgangspunkt dieser Ausnahmeregelung die Höhe des Entgelts ist, das in betriebliche Altersversorgung
umgewandelt wird. Die sich aus den bis 4 % der Beitragsbemessungsgrenze in
der allgemeinen Rentenversicherung ergebenden Versorgungsleistungen sind
für jedes Kalenderjahr gesondert zu berechnen, der 4 % der Beitragsbemessungsgrenzen übersteigende Betrag der Entgeltumwandlung bleibt unberücksichtigt.

b) § 7 Abs. 5 S. 3 Nr. 2 BetrAVG (Portabilität)

Die zweite **Ausnahme** von der Anwendung der Zwei-Jahres-Ausschlussfrist 177
bezieht sich auf für im Rahmen von Übertragungen gegebene Zusagen (Portabilität), **soweit der Übertragungswert die Beitragsbemessungsgrenze in der
allgemeinen Rentenversicherung nicht übersteigt** (2014: 71.400 € p. a. alte
Länder und 60.000 € p. a. neue Länder).[217] Bei einem niedrigeren oder gleich
hohen Übertragungswert besteht demnach für diesen Wert unmittelbar mit
der Übertragung der Zusage auf den neuen Arbeitgeber im Fall der Insolvenz
des übernehmenden Arbeitgebers innerhalb der ersten zwei Jahre Eintrittspflicht des PSVaG.[218]

Der Gesetzgeber will damit erreichen, dass die Mobilität der Arbeitnehmer 178
nicht durch die Ausschlussfrist nach § 7 Abs. 5 S. 3 Nr. 2 BetrAVG einge-

---

217 Eingefügt durch das Gesetz zur Neuordnung der einkommensteuerlichen Behandlung von Altersvorsorgeaufwendungen und Altersbezügen (Alterseinkünftegesetz)
v. 5.7.2004, in Kraft getreten am 1.1.2005, BGBl. I S. 1427 (1444).
218 Zu den Auswirkungen der Übertragung einer Versorgungszusage vom ehemaligen
auf den neuen Arbeitgeber auf die gesetzliche Insolvenzsicherung hat der PSVaG
ein das Merkblatt 300/M 15 erstellt, das im Internet unter www.psvag.de zur Verfügung steht.

schränkt wird.[219] Die **Übertragung einer Versorgungszusage** vom ehemaligen Arbeitgeber auf den neuen Arbeitgeber ist als **Erteilung einer neuen Zusage** beim neuen Arbeitgeber einzuordnen, der sich im Hinblick auf die betriebliche Altersversorgung erstmals gegenüber dem Arbeitnehmer arbeitsrechtlich bindet. Folglich findet § 7 Abs. 5 S. 3 1. Hs. BetrAVG grundsätzlich Anwendung.

179 Wird über den in § 7 Abs. 5 S. 3 Nr. 2 BetrAVG genannten Grenzwert hinaus ein höherer Betrag vom abgebenden auf den aufnehmenden Arbeitgeber mitgenommen, so ist dieser in den ersten zwei Jahren ggf. – privat – vertraglich zu sichern; der PSVaG ist davon nicht betroffen.[220]

180 Die Regelungen der Sätze 1 und 2 des § 7 Abs. 5 S. 3 BetrAVG finden im Rahmen der Portabilität keine Einschränkung. Bei Erfüllung ihres Tatbestandes ist also auch bei Übertragungen nach § 4 BetrAVG ein Ausschluss des Insolvenzschutzes gegeben.

181 Hinzuweisen ist auf das Recht des Arbeitnehmers, innerhalb eines Jahres nach Beendigung des Arbeitsverhältnisses von seinem ehemaligen Arbeitgeber verlangen zu können, dass der Übertragungswert der Zusage auf den neuen Arbeitgeber übertragen wird, wenn die betriebliche Altersversorgung über einen Pensionsfonds, eine Pensionskasse oder eine Direktversicherung durchgeführt wird und der Übertragungswert die Beitragsbemessungsgrenze in der allgemeinen Rentenversicherung nicht übersteigt (§ 4 Abs. 3 S. 1 BetrAVG).[221] Die **Ausnahme** von der Zwei-Jahres-Ausschlussfrist in § 7 Abs. 5 S. 3 Nr. 2 BetrAVG bei der Insolvenzsicherung **korrespondiert mit diesen Werten** (2014: 71.400 € p. a. alte Länder und 60.000 € p. a. neue Länder).

182 Die Zwei-Jahres-Ausschlussfrist mit der **Ausnahme** für Übertragungswerte bis zur Höhe der Beitragsbemessungsgrenze in der allgemeinen Rentenversicherung findet auf **alle Alternativen** der Übertragung nach § 4 BetrAVG Anwendung.[222] In § 7 Abs. 5 S. 3 Nr. 2 BetrAVG wird nicht nach den verschiedenen Alternativen einer Übertragung nach § 4 BetrAVG differenziert. Vielmehr stellt diese Vorschrift allgemein auf »im Rahmen von Übertragungen« gege-

---

219 BT-Drucks. 15/2150, S. 54.
220 BT-Drucks. 15/2150, S. 54.
221 Der Übertragungsanspruch findet nur Anwendung auf Zusagen, die nach dem 31.12.2004 erteilt werden (§ 30b BetrAVG).
222 *Höfer* BetrAVG, Rn. 4573.4 f. zu § 7.

bene Zusagen ab. Der Begriff der Übertragung ist jedoch der Oberbegriff für beide Übertragungsarten, also sowohl für die Schuldübernahme als auch für die Übertragung des Übertragungswertes.[223]

G. Außergewöhnliche Risiken (§7 Abs. 6 BetrAVG)

Ist der Sicherungsfall durch kriegerische Ereignisse, innere Unruhen, Natur-   183
katastrophen oder Kernenergie verursacht worden, kann der PSVaG mit Zustimmung der **Bundesanstalt für Finanzdienstleistungsaufsicht** die Leistungen nach billigem Ermessen abweichend von den Abs. 1 bis 5 festsetzen.

§8 Übertragung der Leistungspflicht und Abfindung

(1) Ein Anspruch gegen den Träger der Insolvenzsicherung auf Leistungen nach §7 besteht nicht, wenn eine Pensionskasse oder ein Unternehmen der Lebensversicherung sich dem Träger der Insolvenzsicherung gegenüber verpflichtet, diese Leistungen zu erbringen, und die nach §7 Berechtigten ein unmittelbares Recht erwerben, die Leistungen zu fordern.

(1a) [1]Der Träger der Insolvenzsicherung hat die gegen ihn gerichteten Ansprüche auf den Pensionsfonds, dessen Trägerunternehmen die Eintrittspflicht nach §7 ausgelöst hat, im Sinne von Absatz 1 zu übertragen, wenn die Bundesanstalt für Finanzdienstleistungsaufsicht hierzu die Genehmigung erteilt. [2]Die Genehmigung kann nur erteilt werden, wenn durch Auflagen der Bundesanstalt für Finanzdienstleistungsaufsicht die dauernde Erfüllbarkeit der Leistungen aus dem Pensionsplan sichergestellt werden kann. [3]Die Genehmigung der Bundesanstalt für Finanzdienstleistungsaufsicht kann der Pensionsfonds nur innerhalb von drei Monaten nach Eintritt des Sicherungsfalles beantragen.

(2) [1]Der Träger der Insolvenzsicherung kann eine Anwartschaft ohne Zustimmung des Arbeitnehmers abfinden, wenn der Monatsbetrag der aus der Anwartschaft resultierenden laufenden Leistung bei Erreichen der vorgesehenen Altersgrenze eins vom Hundert, bei Kapitalleistungen zwölf Zehntel der monatlichen Bezugsgröße nach §18 des Vierten Buches Sozialgesetzbuch nicht übersteigen würde oder wenn dem Arbeitnehmer die Beiträge zur gesetzlichen Rentenversicherung erstattet worden sind. [2]Dies gilt entsprechend für die Abfindung einer laufenden Leistung. [3]Die Abfindung

---

223 BT-Drucks. 15/2150, S. 1444.

ist darüber hinaus möglich, wenn sie an ein Unternehmen der Lebensversicherung gezahlt wird, bei dem der Versorgungsberechtigte im Rahmen einer Direktversicherung versichert ist. [4]§ 2 Abs. 2 Satz 4 bis 6 und § 3 Abs. 5 gelten entsprechend.

A. Möglichkeiten der Leistungserbringung (§ 8 Abs. 1 BetrAVG)

I. Durch den PSVaG

1   Nach § 7 BetrAVG haben die Versorgungsberechtigten einen **gesetzlichen Anspruch gegen den PSVaG** auf Zahlung der insolvenzgesicherten betrieblichen Altersversorgung. Dieser Anspruch entsteht bei **laufenden Rentenleistungen** mit dem Beginn des Kalendermonats, der auf den Eintritt des Sicherungsfalls folgt (§ 7 Abs. 1a BetrAVG).[1] Solange ein Versorgungsfall noch nicht eingetreten ist, haben die Versorgungsberechtigten eine **gesetzliche Anwartschaft** gegenüber dem PSVaG.

2   Zahlungen an die Versorgungsberechtigten erbringt der PSVaG unmittelbar regelmäßig nur bei Kapitalzusagen und im Zusammenhang mit der zeitlich befristeten Übernahme von Verpflichtungen bei einem außergerichtlichen

---

1 Vgl. § 7 Rdn. 62–65 sowie zur Fälligkeit § 7 Rdn. 54-61.

Vergleich. Im Regelfall – bei Eröffnung des gerichtlichen Insolvenzverfahrens oder dessen Abweisung mangels Masse – überträgt der PSVaG die **Auszahlung der Leistungen auf ein Konsortium** von zurzeit 50 Unternehmen der Lebensversicherung.[2]

In geeigneten Fällen kann nach der Eröffnung des Insolvenzverfahrens eine 3
baldige Rentenzahlung über den Insolvenzverwalter aufgenommen werden. Der Insolvenzverwalter zahlt dann über den »**alten Zahlungsweg**«, wie er vor Insolvenz bestand, vorübergehend die Renten mit Mitteln des PSVaG an die Versorgungsberechtigten weiter. Dies ist eine Überbrückungsmaßnahme zwischen der Eröffnung des Insolvenzverfahrens und der Zahlungsaufnahme durch das Konsortium nach der Bearbeitung der einzelnen Rentenfälle. Damit werden längere Unterbrechungen der Zahlung der Renten verhindert.

II. Durch eine Pensionskasse oder ein Unternehmen der Lebensversicherung

1. Gesetzliche Ermächtigung

§ 8 Abs. 1 BetrAVG eröffnet für den PSVaG die Möglichkeit, den gegen ihn 4
bestehenden gesetzlichen Anspruch mit befreiender Wirkung zu übertragen. Dies setzt zum einen voraus, dass eine Pensionskasse oder ein **Unternehmen der Lebensversicherung** sich gegenüber dem PSVaG zur **Leistungserbringung verpflichtet**. Zum anderen müssen die Versorgungsberechtigten ein unmittelbares Recht gegenüber der Pensionskasse oder dem Unternehmen der Lebensversicherung erwerben, die insolvenzgesicherte Leistung auf betriebliche Altersversorgung zu fordern. Die Möglichkeit der Übertragung der Leistungspflicht vom PSVaG auf eine Pensionskasse hat in der Praxis kaum Bedeutung.

2. Konsortium

a) Grundsatz

Der PSVaG hat seit Beginn seiner Tätigkeit von der gesetzlichen Möglich- 5
keit Gebrauch gemacht, die Auszahlung über Unternehmen der Lebensversicherung vornehmen zu lassen. Konkret überträgt er gegen Zahlung eines Einmalbetrags bei Leistungsbeginn die Leistungserbringung an den Versorgungsempfänger auf ein **Konsortium von zurzeit 50 Unternehmen der Lebensversicherung**, das sich gegenüber dem Rentner zur Zahlung verpflichtet.

---

2 Vgl. Rdn. 5–15.

6   Was nach § 8 Abs. 1 BetrAVG für die Übertragung vom PSVaG auf ein Unternehmen der Lebensversicherung gilt, muss erst recht für einen Zusammenschluss in Form eines **Konsortiums** gelten, also mehrere Unternehmen der Lebensversicherung. Die Übertragung der Zahlungsverpflichtung auf das Konsortium anstelle eines Unternehmens der Lebensversicherung führt zur Risikoverteilung auf eine Vielzahl von Lebensversicherungsunternehmen, bei der jeder Konsorte entsprechend seiner Quote im Konsortium einsteht. Im Rahmen der Leistungsabwicklung trägt das Konsortium das Risiko der Langlebigkeit der Versorgungsempfänger sowie das Risiko, den rechnungsmäßig kalkulierten Zins auch zu erwirtschaften.

7   Aufgrund des Vertrages mit dem Konsortium besteht ein **eigener Abrechnungsverband**. Die Überschussanteile daraus stehen dem PSVaG zu[3] und dienen der Minderung der künftigen Beitragslast der insolvenzsicherungspflichtigen Arbeitgeber.[4]

8   **Geschäftsführender Versicherer des Konsortiums** für den PSVaG ist die Allianz Lebensversicherungs-AG, 10850 Berlin. Dieser vertritt das Konsortium gerichtlich und außergerichtlich.

9   Rückständige Leistungen gem. § 7 Abs. 1a S. 3 BetrAVG werden entweder vom PSVaG direkt oder vom Konsortium zusammen mit der Auszahlung der ersten laufenden Leistung erbracht.[5] Einmalige Kapitalleistungen aus der Versorgungszusage sowie Kapitalabfindungen nach § 8 Abs. 2 BetrAVG zahlt der PSVaG unmittelbar.

10 Zu Beginn des Jahres 2014 erhalten vom Konsortium rd. 528.000 Betriebsrentner aufgrund der Insolvenz ihres früheren Arbeitgebers monatlich insgesamt rd. 77 Mio. €.[6] Weitere rd. 194.000 Anwärter aus diesen Insolvenzen werden im Laufe der nächsten mehr als 30 Jahre ihre beim PSVaG gesicherte Betriebsrente abrufen.[7]

---

3   *Blomeyer/Rolfs/Otto* § 8 Rn. 16; *Höfer* BetrAVG, Rn. 4625 zu § 8.
4   Zum Finanzierungsverfahren des PSVaG vgl. § 10 Rdn. 33–70.
5   *Paulsdorff* § 8 Rn. 12.
6   www.psvag.de unter dem Stichwort »Wir über uns«, »Fakten & Zahlen«.
7   Bericht über das Geschäftsjahr 2013 des PSVaG, S. 8 ff. Zum Finanzierungsverfahren des PSVaG vgl. § 10 Rdn. 33–70.

b) Rechtsbeziehungen

Die Verpflichtung des Konsortiums gegenüber dem Versorgungsberechtigten 11
ergibt sich aus dem Rahmenvertrag zwischen dem Konsortium und dem
PSVaG, in dem der PSVaG als Versicherungsnehmer den Versorgungsberechtigten ein unwiderrufliches Bezugsrecht einräumt. Es handelt sich um einen
echten Vertrag zugunsten Dritter (der Rentner) gem. § 328 Abs. 1 BGB.[8]

Die in § 8 Abs. 1 BetrAVG vorgesehene Regelungsmöglichkeit der Abwick- 12
lung der gesetzlichen Zahlungsverpflichtung des PSVaG über Unternehmen
der Lebensversicherung (Konsortium) stellt eine **gesetzliche Schuldbefreiung
für den PSVaG** dar, die abweichend von § 415 BGB nicht der Zustimmung
der nach § 7 BetrAVG berechtigten Rentner bedarf.[9]

Entsprechend dem vorher Gesagten wird der PSVaG von seiner gesetzlichen 13
Leistungspflicht jeweils im konkret beim Konsortium versicherten Versor-
gungsfall befreit. Der **Versorgungsempfänger** hat einen **eigenen Anspruch
gegenüber dem Konsortium**. In der Folge richten sich z. B. Pfändungs- und
Überweisungsbeschlüsse gegen Versorgungsberechtigte, die bereits Leistun-
gen des Konsortiums erhalten, gegen das Konsortium und nicht gegen den
PSVaG. Lediglich bei Anwärtern merkt der PSVaG die Pfändung vor für den
Fall des Eintritts des Versorgungsfalls.

Das Konsortium ist Zahlstelle gem. § 202 SGB V für die Abführung des 14
Kranken- und Pflegeversicherungsbeitrags der Rentner und nach § 3 Nr. 65
EStG zur Erhebung der **Lohnsteuer** verpflichtet.

---

8 *Blomeyer/Rolfs/Otto* § 8 Rn. 11; *Höfer* BetrAVG, Rn. 4626 zu § 8.
9 *Blomeyer/Rolfs/Otto* § 8 Rn. 9.

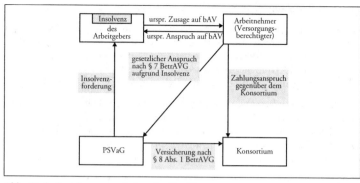

15 **Abb.**: Rechtsbeziehungen zwischen den Beteiligten

B. Sonderfall Pensionsfonds (§ 8 Abs. 1a BetrAVG)

16 Der Arbeitgeber kann betriebliche Altersversorgung über **Pensionsfonds** zusagen (§ 1b Abs. 3 BetrAVG). Der Eintritt des Sicherungsfalls beim Arbeitgeber als Trägerunternehmen des Pensionsfonds löst die Eintrittspflicht des PSVaG aus (§ 7 Abs. 1 S. 2 Nr. 2 und Abs. 2 S. 2 BetrAVG).

17 Der **Pensionsfonds kann** jedoch die gegen den PSVaG gerichteten Ansprüche der Versorgungsberechtigten **selbst erfüllen**, wenn er dies innerhalb von drei Monaten nach Eintritt des Sicherungsfalls bei der Bundesanstalt für Finanzdienstleistungsaufsicht **beantragt** und diese dies genehmigt.[10] Die Genehmigung kann nur erteilt werden, wenn durch Auflagen der Bundesanstalt für Finanzdienstleistungsaufsicht die **dauernde Erfüllbarkeit der Leistungen** in der Höhe, die sich aus dem Pensionsplan ergibt, sichergestellt werden kann (§ 8 Abs. 1a S. 2 BetrAVG).

18 Bei Erteilung der **Genehmigung** hat der PSVaG die gegen ihn gerichteten Ansprüche auf den Pensionsfonds entsprechend § 8 Abs. 1 BetrAVG zu übertragen. Ein Anspruch der Versorgungsberechtigten gegen den PSVaG auf Leistungen nach § 7 BetrAVG besteht dann nicht mehr, § 8 Abs. 1a S. 1 i. V. m. § 8 Abs. 1 BetrAVG. Das **Vermögen des Pensionsfonds** verbleibt in diesem Fall beim Pensionsfonds (vgl. § 9 Abs. 3a BetrAVG).

---

10 *Blomeyer/Rolfs/Otto* § 8 Rn. 20 ff.; *Höfer* BetrAVG, Rn. 4629 ff. zu § 8.

C. Abfindung von Renten und Anwartschaften (§ 8 Abs. 2 BetrAVG)

I. Grundsatz

§ 8 Abs. 2 BetrAVG begründet für den **PSVaG** ein **Recht zur Abfindung** von   19
Anwartschaften und laufenden Leistungen. Eine **Zustimmung des Versorgungsberechtigten ist nicht notwendig**; dies gilt für alle Abfindungsmöglichkeiten des PSVaG (§ 8 Abs. 2 S. 1 BetrAVG). Ein Versorgungsberechtigter
kann demnach eine Abfindung nicht verhindern. Andererseits besteht **keine
Verpflichtung zur Abfindung**; die betroffenen Versorgungsberechtigten können also nicht verlangen, dass ihre Anwartschaft oder laufende Leistung vom
PSVaG abgefunden wird.[11] Dies gilt sowohl für arbeitgeberfinanzierte Zusagen als auch für Entgeltumwandlungszusagen. Die Beendigung des Arbeitsverhältnisses ist für eine Abfindung durch den PSVaG ohne Bedeutung. Das
Abfindungsrecht besteht auch dann, wenn der Versorgungsberechtigte beim
die Eintrittspflicht des PSVaG auslösenden Arbeitgeber weiter beschäftigt
bleibt.

II. Abfindungsmöglichkeiten

1. Beachtung der Wertgrenze

Die Abfindungsregelung des § 8 Abs. 2 BetrAVG orientiert sich grds. an der   20
Höhe der laufenden monatlichen Versorgungsleistung, die bei Erreichen der
vorgesehenen Altersgrenze zu zahlen wäre.[12] Diese darf **1 % der monatlichen
Bezugsgröße** nach § 18 SGB IV, bei Kapitalleistungen 12/10 dieser Bezugsgröße, nicht übersteigen. Dies gilt sowohl für arbeitgeberfinanzierte Zusagen
als auch für Entgeltumwandlungszusagen. Höhere monatliche Versorgungsleistungen können nur abgefunden werden, wenn die Beiträge zur gesetzlichen Rentenversicherung erstattet worden sind[13] oder von der Abfindungsmöglichkeit nach § 8 Abs. 2 S. 3 BetrAVG[14] Gebrauch gemacht wird (an ein
Unternehmen der Lebensversicherung).

---

11 *Andresen/Förster/Rößler/Rühmann* Teil 13 A, Rn. 1237, 1270; *Höfer* BetrAVG,
   Rn. 4638 ff. zu § 8.
12 Zur Abfindung von Entgeltumwandlungszusagen bei rückgedeckter Gruppenunterstützungskasse, *Berenz* BetrAV 2006, 514; *ders.* BetrAV 2010, 322; vgl. Merkblatt
   110/M 8 des PSVaG, das im Internet unter www.psvag.de zur Verfügung steht.
13 Vgl. Rdn. 24.
14 Vgl. Rdn. 25.

21 Basis für die Wertgrenze der Abfindungsmöglichkeit ist die Höhe der Bezugsgröße nach § 18 SGB IV, wie sie **im Zeitpunkt der Abfindung** besteht. So ist eine Abfindungszahlung unmittelbar an den Versorgungsberechtigten im Jahr 2014 bis zu einer monatlichen Rente in Höhe von 27,65 € (alte Länder und West-Berlin) bzw. 23,45 € Beitrittsgebiet (neue Bundesländer und Ost-Berlin) möglich.[15] Für die Berechnung der Höhe der Abfindung gilt § 3 Abs. 5 BetrAVG entsprechend (§ 8 Abs. 2 S. 4 BetrAVG). § 3 Abs. 5 BetrAVG verweist wiederum auf die Vorschrift des § 4 Abs. 5 BetrAVG, der Abfindungsbetrag berechnet sich also wie der Übertragungswert im Fall der Portabilität.[16]

22

Jahr	monatlich	1 %	12/10
2011	2.555,00 €	25,55 €	3.066,00 €
2012	2.625,00 €	26,25 €	3.150,00 €
2013	2.695,00 €	26,95 €	3.234,00 €
2014	2.765,00 €	27,65 €	3.354,00 €

Abb.: Bezugsgröße nach § 18 SGB IV (Alte Bundesländer und West-Berlin)

23

Jahr	monatlich	1 %	12/10
2011	2.240,00 €	22,40 €	2.688,00 €
2012	2.240,00 €	22,40 €	2.688,00 €
2013	2.275,00 €	22,75 €	2.730,00 €
2014	2.345,00 €	23,45 €	2.814,00 €

Abb.: Bezugsgröße nach § 18 SGB IV (Neue Bundesländer und Ost-Berlin)

2. Ohne Beachtung der Wertgrenze

a) Beiträge zur gesetzlichen Rentenversicherung sind erstattet

24 **Ohne Beachtung der Wertgrenze** von 1 % der monatlichen Bezugsgröße nach § 18 SGB IV kann eine Anwartschaft vom PSVaG abgefunden werden,

---

15 Die Differenzierung zwischen den alten und neuen Ländern ergibt sich u. a. aus dem Verweis in § 8 Abs. 2 S. 1 BetrAVG auf die monatliche Bezugsgröße gem. § 18 SGB IV. Die monatliche Bezugsgröße für die alten Länder ergibt sich aus § 18 Abs. 1 SGB IV und die für die neuen Länder aus § 18 Abs. 2 SGB IV.

16 *Feldkamp* BetrAV 2006, 232.

wenn dem Arbeitnehmer die **Beiträge zur gesetzlichen Rentenversicherung erstattet worden sind** (vor allem bei ausländischen Arbeitnehmern, die in ihr Heimatland zurückkehren).[17] Dies gilt sowohl für arbeitgeberfinanzierte Zusagen als auch für Entgeltumwandlungszusagen.

b) In eine bestehende Direktversicherung

Nach §8 Abs. 2 S. 3 BetrAVG kann eine Anwartschaft oder laufende Leistung vom PSVaG abgefunden werden, wenn der Abfindungsbetrag **unmittelbar an ein Unternehmen der Lebensversicherungswirtschaft** gezahlt wird, bei dem der Versorgungsberechtigte im Rahmen einer Direktversicherung **zum Zeitpunkt des Eintritts des Sicherungsfalls bereits versichert ist.** Dies gilt sowohl für arbeitgeberfinanzierte Zusagen als auch für Entgeltumwandlungszusagen. Die im Einzelfall zu zahlende Abfindung ist der **Höhe nach nicht begrenzt.**[18]   **25**

Damit ist die Möglichkeit eröffnet, durch Vorauszahlungen, Verpfändung, Beleihung oder Abtretung beschädigte Direktversicherungen zu »heilen«, indem die Begünstigten durch Einzahlungen des PSVaG an das Versicherungsunternehmen so gestellt werden, als wäre ihre Direktversicherung im Zeitpunkt des Eintritts des Sicherungsfalles nicht beeinträchtigt gewesen (Leistung an den Versorgungsberechtigten aus einer Hand).[19] Auch diese Zahlung des PSVaG ist **ohne Zustimmung des Versorgungsberechtigten** möglich, wobei es sich hierbei nicht um eine Abfindung im eigentlichen Sinn handelt, sondern vielmehr um die Aufrechterhaltung des bisherigen Durchführungswegs der betrieblichen Altersversorgung.   **26**

Mit dem Verweis auf § 2 Abs. 2 Sätze 4–6 in § 8 Abs. 2 S. 4 BetrAVG ist klargestellt, dass Ansprüche der Versorgungsberechtigten aus der Direktversicherung schon vor Insolvenz bestanden haben müssen, also durch die Abfindungszahlung des PSVaG **keine neue Versorgung aufgebaut wird.** Gleichzeitig soll mit dem Verweis auf die genannten Regelungen des § 2 BetrAVG verhindert werden, dass sich der Versorgungsbegünstigte nach der Abfindungszahlung in die Lebensversicherung durch den PSVaG und dem Erhalt der Versicherungs-   **27**

---

17 Die Erstattung richtet sich nach §210 SGB VI. Sozialversicherungsabkommen mit einem ausländischen Staat schließen die Erstattung aus, wenn sie ein Recht zur freiwilligen Versicherung in der deutschen Rentenversicherung vorsehen (§210 Abs. 1 Nr. 1 SGB VI ist dann nicht erfüllt).

18 *Höfer* BetrAVG, Rn. 4653 zu §8.

19 *Höfer* BetrAVG, Rn. 4653 zu §8.

nehmerstellung am Vermögen der betrieblichen Altersversorgung entgegen dem Sinn und Zweck der Versorgung vorzeitig bedient.

III. Abfindungssystematik

28

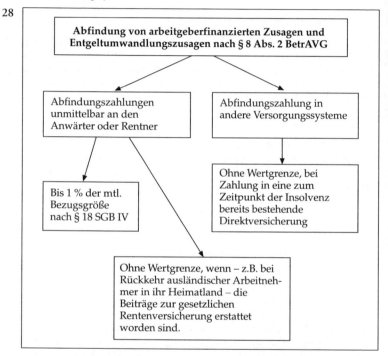

Abfindung von arbeitgeberfinanzierten Zusagen und Entgeltumwandlungszusagen nach § 8 Abs. 2 BetrAVG

Abfindungszahlungen unmittelbar an den Anwärter oder Rentner

Abfindungszahlung in andere Versorgungssysteme

Bis 1 % der mtl. Bezugsgröße nach § 18 SGB IV

Ohne Wertgrenze, bei Zahlung in eine zum Zeitpunkt der Insolvenz bereits bestehende Direktversicherung

Ohne Wertgrenze, wenn – z.B. bei Rückkehr ausländischer Arbeitnehmer in ihr Heimatland – die Beiträge zur gesetzlichen Rentenversicherung erstattet worden sind.

§ 9 Mitteilungspflicht; Forderungs- und Vermögensübergang

(1) [1]Der Träger der Insolvenzsicherung teilt dem Berechtigten die ihm nach § 7 oder § 8 zustehenden Ansprüche oder Anwartschaften schriftlich mit. [2]Unterbleibt die Mitteilung, so ist der Anspruch oder die Anwartschaft spätestens ein Jahr nach dem Sicherungsfall bei dem Träger der Insolvenzsicherung anzumelden; erfolgt die Anmeldung später, so beginnen die Leistungen frühestens mit dem Ersten des Monats der Anmeldung, es sei denn,

daß der Berechtigte an der rechtzeitigen Anmeldung ohne sein Verschulden verhindert war.

(2) [1]Ansprüche oder Anwartschaften des Berechtigten gegen den Arbeitgeber auf Leistungen der betrieblichen Altersversorgung, die den Anspruch gegen den Träger der Insolvenzsicherung begründen, gehen im Falle eines Insolvenzverfahrens mit dessen Eröffnung, in den übrigen Sicherungsfällen dann auf den Träger der Insolvenzsicherung über, wenn dieser nach Absatz 1 Satz 1 dem Berechtigten die ihm zustehenden Ansprüche oder Anwartschaften mitteilt. [2]Der Übergang kann nicht zum Nachteil des Berechtigten geltend gemacht werden. [3]Die mit der Eröffnung des Insolvenzverfahrens übergegangenen Anwartschaften werden im Insolvenzverfahren als unbedingte Forderungen nach § 45 der Insolvenzordnung geltend gemacht.

(3) [1]Ist der Träger der Insolvenzsicherung zu Leistungen verpflichtet, die ohne den Eintritt des Sicherungsfalles eine Unterstützungskasse erbringen würde, geht deren Vermögen einschließlich der Verbindlichkeiten auf ihn über; die Haftung für die Verbindlichkeiten beschränkt sich auf das übergegangene Vermögen. [2]Wenn die übergegangenen Vermögenswerte den Barwert der Ansprüche und Anwartschaften gegen den Träger der Insolvenzsicherung übersteigen, hat dieser den übersteigenden Teil entsprechend der Satzung der Unterstützungskasse zu verwenden. [3]Bei einer Unterstützungskasse mit mehreren Trägerunternehmen hat der Träger der Insolvenzsicherung einen Anspruch gegen die Unterstützungskasse auf einen Betrag, der dem Teil des Vermögens der Kasse entspricht, der auf das Unternehmen entfällt, bei dem der Sicherungsfall eingetreten ist. [4]Die Sätze 1 bis 3 gelten nicht, wenn der Sicherungsfall auf den in § 7 Abs. 1 Satz 4 Nr. 2 genannten Gründen beruht, es sei denn, daß das Trägerunternehmen seine Betriebstätigkeit nach Eintritt des Sicherungsfalls nicht fortsetzt und aufgelöst wird (Liquidationsvergleich).

(3a) Absatz 3 findet entsprechende Anwendung auf einen Pensionsfonds, wenn die Bundesanstalt für Finanzdienstleistungsaufsicht die Genehmigung für die Übertragung der Leistungspflicht durch den Träger der Insolvenzsicherung nach § 8 Abs. 1a nicht erteilt.

(4) [1]In einem Insolvenzplan, der die Fortführung des Unternehmens oder eines Betriebes vorsieht, kann für den Träger der Insolvenzsicherung eine besondere Gruppe gebildet werden. [2]Sofern im Insolvenzplan nichts anderes vorgesehen ist, kann der Träger der Insolvenzsicherung, wenn innerhalb von drei Jahren nach der Aufhebung des Insolvenzverfahrens ein Antrag auf

Eröffnung eines neuen Insolvenzverfahrens über das Vermögen des Arbeitgebers gestellt wird, in diesem Verfahren als Insolvenzgläubiger Erstattung der von ihm erbrachten Leistungen verlangen.

(5) Dem Träger der Insolvenzsicherung steht gegen den Beschluß, durch den das Insolvenzverfahren eröffnet wird, die sofortige Beschwerde zu.

A. Mitteilungspflichten (§ 9 Abs. 1 BetrAVG)

I. Pflicht des PSVaG

1   Der **PSVaG ist verpflichtet,** die Versorgungsberechtigten (ggf. auch Hinterbliebene[1]) über die ihnen nach § 7 BetrAVG zustehenden insolvenzgeschützten Ansprüche oder Anwartschaften **schriftlich zu informieren** (Mitteilungspflicht nach § 9 Abs. 1 S. 1 BetrAVG). Dazu erhalten die Versorgungsempfänger sog. **Leistungsbescheide** und die Versorgungsanwärter sog. **Anwartschaftsaus-**

---

1   Ein eigener Mitteilungsanspruch eines Hinterbliebenen entsteht erst mit dem Todesfall des unmittelbar Versorgungsberechtigten.

weise vom PSVaG. Dabei handelt es sich nicht um Verwaltungsakte, denn die Beziehungen zwischen dem PSVaG und den Versorgungsberechtigten aufgrund des Eintritts eines Sicherungsfalls sind dem privaten Recht zuzuordnen.[2] Der PSVaG ist zu dieser Mitteilung auch dann verpflichtet, wenn er die Auszahlung der Versorgungsleistung nach § 8 BetrAVG auf Dritte überträgt.

Die Mitteilungspflicht nach § 9 Abs. 1 BetrAVG dient dazu, Ansprüche und   2
Anwartschaften nach Eintritt der Insolvenz des Arbeitgebers möglichst rasch festzustellen. Der PSVaG hat den Versorgungsberechtigten die Ansprüche und Anwartschaften dem Grunde und der Höhe nach mitzuteilen. § 9 Abs. 1 BetrAVG begründet einen **Auskunftsanspruch der Versorgungsberechtigten**.[3] Da der PSVaG selbst nicht über die hierfür erforderlichen Informationen verfügt, enthält § 11 BetrAVG weitreichende Auskunfts- und Mitteilungspflichten für Insolvenzverwalter, Arbeitgeber und sonstige Träger der Versorgung.

1. Laufende Leistungen

Die **Bezieher laufender Leistungen** sind vom PSVaG über die zu zahlende   3
betriebliche Altersversorgung **dem Grunde** (Alters-, Invaliditäts- oder Hinterbliebenenleistungen) **und der Höhe nach** zu informieren. Dazu erhalten die Versorgungsempfänger einen sog. Leistungsbescheid. Der Leistungsbescheid ist **nicht konstitutiv** für die Leistung, da der Anspruch des Versorgungsempfängers gegenüber dem PSVaG immer kraft Gesetzes nach § 7 Abs. 1 BetrAVG entsteht.[4]

Leistungsbescheide des PSVaG sind lediglich Mitteilungen nach § 9 Abs. 1   4
BetrAVG. Es handelt sich insoweit um Wissen- und nicht um Willenserklärungen. Ansprüche für die Zukunft können daraus nicht hergeleitet werden. Unter dem Gesichtspunkt des Vertrauensschutzes können jedoch Ansprüche entstehen, wenn der Empfänger des Leistungsbescheids im Vertrauen auf dessen Richtigkeit Vermögensdispositionen getroffen oder zu treffen unterlassen hat, die er auch für die Zukunft nicht mehr oder nur unter unzumutbaren Nachteilen rückgängig machen bzw. nachholen kann.[5] Dies ist vom PSVaG

---

2 Vgl. § 10 Rdn. 16–18.

3 BAG 28.6.2011, 3 AZR 385/09, BetrAV 2011, 662 = ZIP 2011, 1835.

4 BGH 3.2.1986, II ZR 54/85, DB 1986, 1118; *Blomeyer/Rolfs/Otto* § 9 Rn. 14; *Höfer* BetrAVG, Rn. 4666 zu § 9; *Paulsdorff* § 9 Rn. 1.

5 BAG 29.9.2010, 3 AZR 546/08, DB 2011, 247 = BB 2011, 2623 m. Anm. *Balupuri-Beckmann*.

bei der Rückforderung von Überzahlungen und der Vereinbarung von Zahlungsplänen zu berücksichtigen.

2. Unverfallbare Anwartschaften

5 Versorgungsberechtigte mit einer **gesetzlich unverfallbaren Anwartschaft** sind vom PSVaG hierüber und über die **Höhe** ihrer Anwartschaft zu informieren. Dazu erhalten die Anwärter einen sog. Anwartschaftsausweis. Auch der **Anwartschaftsausweis** ist – wie der Leistungsbescheid – **nicht konstitutiv** für die spätere Leistung des PSVaG; er könnte es schon wegen der Vorläufigkeit der darin getroffenen Feststellungen auch nicht sein.[6] Der Anspruch der Anwärter gegenüber dem PSVaG entsteht immer kraft Gesetzes nach § 7 Abs. 2 BetrAVG.[7] Bei (späterem) Eintritt des konkreten Versorgungsfalls erfolgt unter Berücksichtigung der dann gegebenen tatsächlichen Verhältnisse (z. B. Änderung des Familienstandes oder der gesetzlichen Vorschriften) die Leistungsfestsetzung.[8]

II. Unterbliebene Mitteilung

6 Unterbleibt die Mitteilung des PSVaG nach § 9 Abs. 1 S. 1 BetrAVG, ist der Versorgungsberechtigte verpflichtet, seinen Anspruch oder seine Anwartschaft beim PSVaG spätestens ein Jahr nach Eintritt des Sicherungsfalls **anzumelden** (§ 9 Abs. 1 S. 2 BetrAVG).[9] Erfüllt der Versorgungsberechtigte diese Meldepflicht, dann werden die insolvenzgeschützten Leistungen – auch rückwirkend – erbracht.[10] Erfolgt die Anmeldung durch den Versorgungsberechtigten später als ein Jahr nach Eintritt des Sicherungsfalls, so beginnen die Leistungen des PSVaG frühestens mit dem Ersten des Monats der Anmeldung, es sei denn, dass der Berechtigte an der rechtzeitigen Anmeldung ohne sein Verschulden verhindert war (§ 9 Abs. 1 S. 2 BetrAVG).

---

6 *Paulsdorff* § 9 Rn. 2.

7 BGH 3.2.1986, II ZR 54/85, DB 1986, 1118; *Blomeyer/Rolfs/Otto* § 9 Rn. 14; *Höfer* BetrAVG, Rn. 4666 zu § 9; *Paulsdorff* § 9 Rn. 1.

8 *Blomeyer/Rolfs/Otto* § 9 Rn. 8.

9 BAG 9.12.1997, 3 AZR 429/96, EzA § 7 BetrAVG Nr. 55.

10 Zu Zahlungen von ggf. rückständigen Versorgungsleistungen für die Zeit vor Eintritt des Sicherungsfalls, vgl. § 7 Rn. 67.

Berenz

Fristbeginn ist der Tag des Eintritts des Sicherungsfalls,[11] das Fristende berech- 7
net sich nach §§ 187, 188 BGB. Durch die Anmeldung entsteht der Anspruch
gegen den PSVaG nicht, dieser besteht bereits kraft Gesetzes.[12]

Bei der Jahresfrist handelt es sich um eine **Ausschlussfrist**.[13] Allerdings greift 8
diese Ausschlussfrist nicht ein, wenn den Versorgungsberechtigten kein **Verschulden** an der Verspätung der Geltendmachung seiner Ansprüche trifft
(§ 9 Abs. 1 S. 2 letzter Halbsatz BetrAVG). Ein schuldhaftes Verhalten setzt
wenigstens voraus, dass der Versorgungsberechtigte von der Insolvenz Kenntnis hatte oder hätte haben müssen.[14]

Die **Ausschlussfrist** berührt zwar nicht den Anspruch des Versorgungsberech- 9
tigten dem Grunde oder der Höhe nach, aber den **Beginn der Leistungspflicht des** PSVaG. Bezieher laufender Leistungen zum Zeitpunkt des Eintritts des Sicherungsfalls sollten demnach die Jahresfrist einhalten, um einen
verspäteten Leistungsbeginn zu verhindern.

Für Inhaber einer **gesetzlich unverfallbaren Anwartschaft** ist der Beginn der 10
Leistungen des PSVaG ohnehin erst der (spätere) Eintritt des Versorgungsfalls.
Konsequenterweise ist der **Beginn der Jahresfrist** des § 9 Abs. 1 S. 2 BetrAVG
dann nicht der Zeitpunkt des Eintritts des Sicherungsfalls, sondern der **Eintritt des konkreten Versorgungsfalls**.[15]

Hat der Berechtigte einen Anwartschaftsausweis erhalten, ist der PSVaG bei 11
verspäteter Anmeldung seines Versorgungsfalls nur durch die **Verjährungsvor-
schriften** vor der Geltendmachung von Ansprüchen für lange zurückliegende
Zeiträume geschützt.[16] Die Regelung des § 9 Abs. 1 S. 2 2. Hs. BetrAVG

---

11 *Blomeyer/Rolfs/Otto* § 9 Rn. 20; vgl. § 7 Rdn. 30–46.
12 Vgl. Rdn. 1–5.
13 *Blomeyer/Rolfs/Otto* § 9 Rn. 20.
14 *Blomeyer/Rolfs/Otto* § 9 Rn. 24; *Höfer* BetrAVG, Rn. 4675 zu § 9; *Paulsdorff* § 9
     Rn. 10.
15 *Andresen/Förster/Rößler/Rühmann* Teil 13 A, Rn. 1176; *Paulsdorff* § 9 Rn. 9; a. A.
     Blomeyer/Rolfs/Otto § 9 Rn. 21; *Höfer* BetrAVG, Rn. 4672 zu § 9, die es bei der
     strengen Anwendung des Gesetzes – Zeitpunkt des Eintritts des Sicherungsfalls –
     lassen wollen.
16 BAG 21.3.2000, 3 AZR 72/99, EzA § 9 BetrAVG Nr. 8, DB 2000, 1236 (im ent-
     schiedenen Fall lagen zwischen dem Eintritt des Versorgungsfalls und der Anmel-
     dung rd. neun Jahre).

(Beginn der Leistungen frühestens mit dem Ersten des Monats der Anmeldung der Ansprüche) findet dann keine Anwendung.

B. Gesetzlicher Forderungsübergang (§ 9 Abs. 2 BetrAVG)

I. Grundsatz

12 Aufgrund des Eintritts eines Sicherungsfalls beim Arbeitgeber erhält der Versorgungsberechtigte einen **gesetzlichen Anspruch gegen den PSVaG**.[17] Der Anspruch oder die Anwartschaft des Versorgungsberechtigten aus der Versorgungszusage – der nicht ohne Weiteres aufgrund der Insolvenz wertlos sein muss – richtet sich weiterhin gegen den insolventen Arbeitgeber. Der Eintritt des Sicherungsfalls führt nicht dazu, dass Versorgungsansprüche Kraft Gesetzes erlöschen.[18] Da der Versorgungsberechtigte vom PSVaG seine Leistungen erhält, ordnet § 9 Abs. 2 S. 1 BetrAVG einen **gesetzlichen Forderungsübergang** seines Anspruchs oder seiner Anwartschaft gegen den Arbeitgeber **auf den PSVaG** an.[19] Weil der PSVaG für die Erfüllung der Leistungen aus der betrieblichen Altersversorgung einsteht, soll er eventuell vorhandene werthaltige Ansprüche zur Schadenminderung nutzen können.[20] Der Forderungsübergang hindert nicht die gesetzliche Eintrittspflicht des **PSVaG, er kann den Versorgungsberechtigten nicht auf seine Sicherungsrechte verweisen**.[21] Der Forderungsübergang findet ohne Rücksicht darauf statt, wann der Versorgungsfall eintritt und wann bei unverfallbaren Anwartschaften ein Zahlungsanspruch gegen den Träger der Insolvenzsicherung entsteht.[22]

13 Soweit der PSVaG im Zusammenhang mit einem Insolvenzverfahren **Ansprüche** des Versorgungsberechtigten **bestreitet**, ist er auf dessen Verlangen verpflichtet, die übergegangenen Ansprüche an den Versorgungsberechtigten **abzutreten** oder diesen zu **ermächtigen**, einen Rechtsstreit gegen die Insolvenzmasse im eigenen Namen zu führen.[23] Der Versorgungsberechtigte hat also die Wahl, entweder vom PSVaG die Abtretung der umstrittenen Ansprü-

---

17 Vgl. § 7 Rdn. 1–4.
18 BAG 9.11.1999, 3 AZR 361/98, EzA § 7 BetrAVG Nr. 62 = DB 2001, 932.
19 Ausführlich zur Systematik des § 9 Abs. 2 BetrAVG *Berenz* DB 2004, 1098, BetrAV 2004, 455.
20 BAG 9.11.1999, 3 AZR 361/98, EzA § 7 BetrAVG Nr. 62 = DB 2001, 932.
21 BGH 9.3.1981, II ZR 171/79, ZIP 1981, 898, 900.
22 BAG 12.4.1983, 3 AZR 607/80, EzA § 9 BetrAVG Nr. 1 = DB 1983, 1826.
23 BAG 12.4.1983, 3 AZR 607/80, EzA § 9 BetrAVG Nr. 1 = DB 1983, 1826.

che zu fordern und zu versuchen, auf andere Weise Befriedigung zu erlangen, oder auf seinem Standpunkt zu beharren und seine Ansprüche gegen den PSVaG weiterzuverfolgen.[24]

II. Zeitpunkt

Hinsichtlich des Zeitpunkts des Forderungsübergangs auf den PSVaG ist zu **differenzieren** (§ 9 Abs. 2 S. 2 BetrAVG). Im Fall eines gerichtlichen Insolvenzverfahrens gehen die Ansprüche oder Anwartschaften mit dessen Eröffnung auf den PSVaG über; der Übergang ist nicht abhängig von Vorleistungen des PSVaG.[25] In den übrigen Sicherungsfällen ist der Zeitpunkt des gesetzlichen Forderungsübergangs abhängig von der Mitteilung der den Berechtigten zustehenden Ansprüche oder Anwartschaften durch den PSVaG nach § 9 Abs. 1 BetrAVG.   14

III. Forderungsrechte

Der Forderungsübergang nach § 9 Abs. 2 S. 1 BetrAVG betrifft **alle insolvenzgeschützten Versorgungsansprüche aus betrieblicher Altersversorgung**, die den Versorgungsberechtigten gegenüber dem Arbeitgeber zustehen. Der PSVaG tritt insoweit an die Stelle des Versorgungsberechtigten, ohne dass sich an der Rechtsqualität der Ansprüche gegen den Arbeitgeber etwas ändert.[26]   15

Der Forderungsübergang erfasst auch alle mit der Forderung auf betriebliche Altersversorgung **akzessorisch verbundenen Rechte**, die der Verstärkung der Forderung dienen.[27]   16

Zu den Forderungen, die nach § 9 Abs. 2 S. 1 BetrAVG übergehen, gehören u. a.:   17
- **Pfandrechte** der Versorgungsberechtigten an Rückdeckungsversicherungen und sonstige Pfandrechte (z. B. an einem Wertpapierdepot);[28]
- bei sog. **Contractual Trust Arrangements** (CTA-Modellen) gehen je nach Ausgestaltung des Modells die Pfandrechte der Versorgungsberechtigten

---

24 BAG 12.4.1983, 3 AZR 607/80, EzA § 9 BetrAVG Nr. 1 = DB 1983, 1826.
25 BAG 12.12.1989, 3 AZR 540/88, EzA § 9 BetrAVG Nr. 3.
26 BGH 23.1.1992, IX ZR 94/91, ZIP 1992, 342, 344.
27 BAG 12.12.1989, 3 AZR 540/88, EzA § 9 BetrAVG Nr. 3.
28 *Andresen/Förster/Rößler/Rühmann* Teil 13 A, Rn. 1340; *Blomeyer/Rolfs/Otto* § 9 Rn. 45; *Höfer* BetrAVG, Rn. 4685 zu § 9.

an dem Rückübertragungsanspruch der auf den »Trust« übertragenen Vermögensgegenstände auf den PSVaG über oder bei der sog. doppelseitigen Treuhand das eigenständige Forderungsrecht (Sicherungstreuhand) des Versorgungsberechtigten gegenüber dem »Trust«.[29]

- **Hypotheken** der Versorgungsberechtigten;[30]
- **Bürgschaften,** die zur Absicherung der Ansprüche aus betrieblicher Altersversorgung eingeräumt sind.[31] Der Bürge kann sich nicht auf den Wegfall der Geschäftsgrundlage berufen wegen der unvorhergesehenen Insolvenz;[32]
- **Schuldbeitritt** eines Dritten zur Absicherung der Ansprüche aus betrieblicher Altersversorgung.[33] Der Anspruch des Versorgungsberechtigten gegen den PSVaG vermindert sich nicht um die Ansprüche aus dem Schuldbeitritt. Er erhält aufgrund der Insolvenz einen gesetzlichen Anspruch gegenüber dem PSVaG.[34] Der PSVaG kann sich aufgrund des gesetzlichen Forderungsübergangs an den Schuld beitretenden Dritten halten;[35]
- Forderung gegenüber einem **früheren Einzelunternehmer** nach § 28 HGB, der sein Unternehmen in eine KG eingebracht hat;[36]
- Forderung gegen **(ausgeschiedene) persönlich haftende Gesellschafter** (§§ 128, 161 HGB) im Anwendungsbereich des Nachhaftungsbegrenzungsgesetzes während eines Zeitraums von fünf Jahren nach Eintragung des Ausscheidens im Handelsregister.[37]

---

29 Zum Verhältnis CTA zur gesetzlichen Insolvenzsicherung durch den PSVaG, *Berenz* DB 2006, 2125, *ders.* BetrAV 2010, 322. Zur Ausgestaltung der CTA-Modelle vgl. *Höfer* BetrAVG, Rn. 4599 ff. zu § 9; *Küppers/Louven* BB 2004, 337 (340 u. 342); *Langohr-Plato* Rn. 820.

30 *Andresen/Förster/Rößler/Rühmann* Teil 13 A, Rn. 1340; *Höfer* BetrAVG, Rn. 4685 zu § 9; *Paulsdorff* § 9 Rn. 19.

31 BAG 12.12.1989, 3 AZR 540/88, EzA § 9 BetrAVG Nr. 3 = DB 1990, 895.

32 BGH 13.5.1993, IX ZR 166/92, ZIP 1993, 903, 906.

33 BAG 12.12.1989, 3 AZR 540/88, EzA § 9 BetrAVG Nr. 3 = DB 1990, 895.

34 Zum Zeitpunkt des Entstehens des Anspruchs gegenüber dem PSVaG vgl. § 7 Rdn. 62–67.

35 BAG 12.12.1989, 3 AZR 540/88, EzA § 9 BetrAVG Nr. 3 = DB 1990, 895.

36 BAG 23.1.1990, 3 AZR 171/88, EzA § 28 HGB Nr. 1 = DB 1990, 1466.

37 *Paulsdorff* § 9 Rn. 61 ff. Während eines Insolvenzverfahrens ist für die Geltendmachung dieser Forderungen der Insolvenzverwalter zuständig (§ 93 InsO).

Berenz

Aufgrund des Forderungsübergangs haftet der Arbeitgeber – soweit Insol-   **18**
venzschutz besteht – nur noch gegenüber dem PSVaG und nicht mehr dem
Versorgungsberechtigten gegenüber. Dieser kann seinen Arbeitgeber bzgl.
insolvenzgeschützter Ansprüche oder Anwartschaften auch nicht mehr ver-
klagen.[38] Einwendungen gegen die Forderung kann der Arbeitgeber auch
gegenüber dem PSVaG erheben (§§ 404, 412 BGB).[39]

Nicht akzessorische Sicherungsrechte – Grundschuld, abgetretene Forde-   **19**
rung – gehen nicht nach § 9 Abs. 2 BetrAVG auf den PSVaG über. Unter
dem Aspekt der Schadensminderung ist der PSVaG aber berechtigt, vom Versorgungsberechtigten die Abtretung zu verlangen.[40] Andernfalls könnte der
PSVaG den Versorgungsberechtigten auf die Verwertung seines nicht akzesso-
rischen Sicherungsrechts verweisen.[41]

IV. Nicht zum Nachteil des Berechtigten

Der **Übergang eines Sicherungsrechts** auf den PSVaG kann **nicht zum Nach-**   **20**
teil des Berechtigten geltend gemacht werden (§ 9 Abs. 2 S. 2 BetrAVG). Der
gesetzliche Forderungsübergang auf den PSVaG nach § 9 Abs. 2 S. 1 BetrAVG
findet demnach zunächst grds. statt bei Bestehen einer Eintrittspflicht des
PSVaG.[42] Dabei ist entscheidend, ob der PSVaG »nach objektiver Rechtslage«
die Versorgungsansprüche zu befriedigen hat.[43] Der **Versorgungsberechtigte**
hat allerdings ein **vorrangiges Zugriffsrecht** auf das Sicherungsrecht bzw. die
Teilhabe am Erlös aus der Verwertung des Rechts. Dies gilt jedoch nur für den
Fall, dass sein Anspruch auf betriebliche Altersversorgung vom **PSVaG nicht**
voll befriedigt wird.[44] Der PSVaG hat insoweit ggf. die (teilweise) Rückübertragung des Sicherungsrechts an den Versorgungsberechtigten vorzunehmen
oder dem Versorgungsberechtigten den ersten Zugriff auf den Erlös zu gestat-
ten.

---

38 BAG 12.4.1983, 3 AZR 607/80, EzA § 9 BetrAVG Nr. 1 = DB 1983, 1826.

39 *Andresen/Förster/Rößler/Rühmann* Teil 13 A, Rn. 1445.

40 *Berenz* DB 2004, 1098 = BetrAV 2004, 455; *Paulsdorff* § 9 Rn. 19; *Wohlleben*
    Betriebliche Altersversorgung in der Insolvenz, S. 957 Rn. 27.

41 *Höfer* BetrAVG, Rn. 4685 zu § 9.

42 BAG 12.4.1983, 3 AZR 607/80, EzA § 9 BetrAVG Nr. 1 = DB 1983, 1826.

43 BAG 9.11.1999, 3 AZR 361/98, EzA § 7 BetrAVG Nr. 62 = DB 2002, 932.

44 BAG 12.12.1989, 3 AZR 540/88, EzA § 9 BetrAVG Nr. 3 = DB 1990, 895; vgl.
    auch Schreiben des PSVaG vom 14.1.1999, BetrAV 1999, 106 f.

21 Ein **Anwendungsfall** des § 9 Abs. 2 S. 2 BetrAVG ist z. B. die Leistungsbegrenzung des PSVaG der Höhe nach durch § 7 Abs. 3 BetrAVG. Bezüglich des die **Höchstgrenze übersteigenden Teils des Versorgungsanspruchs** kann der Versorgungsberechtigte sich zunächst aus dem Sicherungsrecht befriedigen. Ist der Erlös aus dem Sicherungsrecht (z. B. mtl. Leistungen aus einer verpfändeten Rückdeckungsversicherung) höher als der nicht insolvenzgeschützte Teil der Zusage, darf sich der PSVaG hieraus bis zur Höhe seiner Eintrittspflicht befriedigen. Ein danach noch vorhandener Erlös steht dem insolventen Arbeitgeber (Insolvenzmasse) zu.

22 ▶ **Beispiel:**

Leistungsbegrenzung des PSVaG und Sicherungsrechte

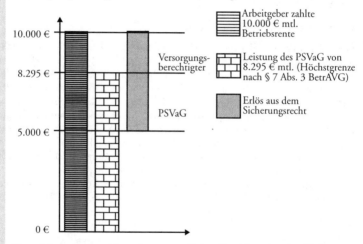

Der Arbeitgeber zahlte eine monatliche Betriebsrente in Höhe von 10.000 €. Nach Insolvenz leistet der PSVaG 8.295 € mtl. (Höchstgrenze nach § 7 Abs. 3 BetrAVG in 2014, alte Länder). Der Ausfall des Versorgungsberechtigten beträgt danach noch 1.705 € mtl. Der Erlös aus dem Sicherungsrecht beträgt 5.000 € mtl. Hieraus darf sich zunächst der Versorgungsberechtigte bedienen, soweit er noch einen Nachteil hat, also 1.705 € mtl. (§ 9 Abs. 2 S. 2 BetrAVG). Der überschießende Betrag steht dem PSVaG zu (§ 9 Abs. 2 S. 1 BetrAVG).

V. Forderungsanmeldung im Insolvenzverfahren

Die mit der Eröffnung des Insolvenzverfahrens auf den PSVaG übergegangenen Anwartschaften werden im Insolvenzverfahren als unbedingte Forderungen nach § 45 der Insolvenzordnung geltend gemacht. Demnach werden neben den **Ansprüchen aus Rentenzahlungen auch die Anwartschaften kapitalisiert zur Insolvenztabelle angemeldet.** Der Rechnungszins, den der PSVaG zugrunde legt, beträgt 5,5 %.[45] Zum Verhältnis der aufgrund § 9 Abs. 2 BetrAVG vom PSVaG zur Insolvenztabelle angemeldeten Forderungen zu denen aufgrund § 9 Abs. 3 BetrAVG vgl. Rn. 32. **23**

Für die Berechnung der Forderung des PSVaG ist der Wert zugrunde zu legen, der für den Zeitpunkt der **Eröffnung des Insolvenzverfahrens** ermittelt werden kann (§ 45 InsO). Die tatsächliche Entwicklung nach diesem Zeitpunkt, z. B. das Risiko aus der ungewissen künftigen Lebenserwartung (Langlebigkeitsverlust, Sterblichkeitsgewinn) hat demnach keinen Einfluss auf die Höhe der Forderung.[46] **24**

C. Vermögensübergang bei Unterstützungskassen (§ 9 Abs. 3 BetrAVG)

I. Grundsatz

Ist der PSVaG zu Leistungen verpflichtet, die ohne den Eintritt des Sicherungsfalles eine **Unterstützungskasse** erbringen würde, geht deren **Vermögen einschließlich der Verbindlichkeiten auf den PSVaG über**; die Haftung für die Verbindlichkeiten beschränkt sich auf das übergegangene Vermögen (§ 9 Abs. 3 S. 1 BetrAVG).[47] Der Vermögensübergang tritt auch dann ein, wenn die Unterstützungskasse noch keine laufenden Leistungen erbringt, sondern bei ihr lediglich unverfallbare Anwartschaften bestehen.[48] **25**

Die Regelungen über den Übergang des Vermögens der Unterstützungskasse gelten **grds. für alle in § 7 Abs. 1 BetrAVG genannten Sicherungsfälle.** Die **einzige Ausnahme** besteht bei einem **außergerichtlichen Vergleich** nach § 7 **26**

---

45 BAG 11.10.1988, 3 AZR 295/87, EzA § 69 KO Nr. 1 = ZIP 1989, 319; grundlegend zur Forderungsberechnung, *Hoppenrath* BetrAV 1982, 7; *Wohlleben* Betriebliche Altersversorgung in der Insolvenz, S. 959 Rn. 36 f.

46 *Paulsdorff* § 9 Rn. 39; *Wohlleben* Betriebliche Altersversorgung in der Insolvenz, S. 959 Rn. 38.

47 Ausführlich zur Systematik des § 9 Abs. 3 BetrAVG *Berenz* DB 2006, 1006.

48 DLW/*Dörner* Kap. 3 Rn. 4089.

Abs. 1 S. 4 Nr. 2 BetrAVG, sofern der **Arbeitgeber weiter existiert** (Stundungs- oder Quotenvergleich). Bei einem Liquidationsvergleich kommt es zum Vermögensübergang (§ 9 Abs. 3 S. 4 BetrAVG). Ein Vermögensübergang tritt also immer dann ein, wenn ein Sicherungsfall vorliegt, der zur Einstellung der Betriebstätigkeit des Arbeitgebers führt. Der Zeitpunkt des Vermögensübergangs ist der Tag des Eintritts des Sicherungsfalls.[49]

27 Zum Vermögen gehören auch Forderungen (z. B. **Darlehensforderungen**) der Unterstützungskasse gegenüber dem (insolventen) Trägerunternehmen.[50] Der Vermögensübergang erfasst auch **Grundvermögen** der Unterstützungskasse (z. B. Werkswohnungen). Mit dem gesetzlichen Vermögensübergang auf den PSVaG ist das **Grundbuch unrichtig**. Der PSVaG hat einen Anspruch auf Grundbuchberichtigung, der nur insoweit durch öffentliche Urkunden (§ 29 Abs. 1 GBO) nachzuweisen ist, als sich der Grund für den Vermögensübergang aus dem jeweiligen Sicherungsfall ergibt (z. B. Beschluss über die Eröffnung oder Abweisung des Insolvenzverfahrens).[51]

28 Durch den gesetzlichen Vermögensübergang wird sichergestellt, dass das **Vermögen der Unterstützungskasse** – die aufgrund der Insolvenz kein solventes Trägerunternehmen mehr hat – für den vorgesehenen **Zweck der betrieblichen Altersversorgung verwandt** wird.[52] Dies gilt auch, wenn die Unterstützungskasse selbst über ausreichendes Vermögen zur Leistungserbringung verfügt (**voll- oder überdotiert**).[53]

II. Dotierte Unterstützungskasse

29 Wenn die übergegangenen **Vermögenswerte den Barwert** – ermittelt nach § 10 Abs. 2 BetrAVG[54] – der Ansprüche und Anwartschaften gegen den Träger der Insolvenzsicherung **übersteigen**, hat dieser den übersteigenden Teil entsprechend der Satzung der Unterstützungskasse zu verwenden (§ 9 Abs. 3 S. 2 BetrAVG), was zur **Erhöhung der laufenden Leistungen und der unverfall-**

---

49 Vgl. § 7 Rdn. 25–46.
50 BAG 6.10.1992, 3 AZR 41/92, EzA § 9 BetrAVG Nr. 6 = DB 1993, 987.
51 Ausführlich zum Vermögensübergang bei Grundvermögen einer Unterstützungskasse, *Schulte* Rpfleger 2007, 365 = BetrAV 2007, 527.
52 *Berenz* DB 2006, 1006; *Höfer* BetrAVG, Rn. 4718 zu § 9.
53 BAG 12.2.1991, 3 AZR 30/90, EzA § 9 BetrAVG Nr. 4 = DB 1991, 1735.
54 *Andresen/Förster/Rößler/Rühmann* Teil 13 A, Rn. 1495; *Blomeyer/Rolfs/Otto* § 9 Rn. 80; *Höfer* BetrAVG, Rn. 4727 zu § 9; *Paulsdorff* § 9 Rn. 86.

baren **Anwartschaften** der betroffenen Versorgungsberechtigten führen kann. Denkbar ist auch, dass dann die Versorgungsberechtigten mit verfallbaren Anwartschaften Leistungen erhalten. Der PSVaG verwertet das übergegangene Vermögen zeitnah, um die damit verbundene Entlastungswirkung für seine zu Zwangsbeiträgen verpflichteten Mitglieder alsbald zu erzielen und – im Fall des Übersteigens – den Versorgungsberechtigten die ihnen ggf. zustehenden Leistungsverbesserungen möglichst bald zukommen zu lassen.

III. Auflösung der Unterstützungskasse

Aufgrund des gesetzlichen Vermögensübergangs auf den PSVaG tritt bei der Unterstützungskasse Vermögenslosigkeit ein. Die deswegen anstehende **Auflösung der Unterstützungskasse** ist nach deren Satzungsregelung zu vollziehen. Der PSVaG ist dabei grds. nicht eingebunden. Eine Gruppenunterstützungskasse kann grds. erst aufgelöst werden, wenn das letzte Trägerunternehmen insolvent ist.   **30**

Aufgrund der eingetretenen Vermögenslosigkeit der Unterstützungskasse kann dennoch **kein gerichtliches Insolvenzverfahren** über die Unterstützungskasse eröffnet werden. Es liegt kein Insolvenzgrund (Überschuldung, Zahlungsunfähigkeit oder drohende Zahlungsunfähigkeit) wegen der Verpflichtungen aus der betrieblichen Altersversorgung vor. In der Zeit vor der Eröffnung des Insolvenzverfahrens hat der Arbeitgeber (Trägerunternehmen) für die Ansprüche der Versorgungsberechtigten einzustehen (§ 1 Abs. 1 S. 3 BetrAVG). Nach Eröffnung des Insolvenzverfahrens über das Vermögen des Arbeitgebers ist der PSVaG eintrittspflichtig für die betriebliche Altersversorgung und Vermögen sowie Verbindlichkeiten der Unterstützungskasse gehen nach § 9 Abs. 3 S. 1 BetrAVG auf ihn über.[55] Im Ergebnis hat das Insolvenzgericht also den Antrag auf Eröffnung des Insolvenzverfahrens über eine Unterstützungskasse wegen der Verpflichtungen aus der betrieblichen Altersversorgung als unbegründet abzuweisen.[56]   **31**

IV. Gruppenunterstützungskasse

Bei einer Unterstützungskasse mit mehreren Trägerunternehmen (**Gruppenunterstützungskasse**) hat der PSVaG einen Anspruch gegen die Unterstüt-   **32**

---

[55] Weiterführend *Berenz* DB 2006, 1006.
[56] AG Nürnberg – Insolvenzgericht – Beschluss v. 17.10.2006, 8011 IN 1055/06, n. v.

zungskasse auf einen Betrag, der dem Teil des Vermögens der Kasse entspricht, der auf das Unternehmen entfällt, bei dem der Sicherungsfall eingetreten ist (§ 9 Abs. 3 S. 3 BetrAVG). Es kommt also zunächst nicht zu einem gesetzlichen Vermögensübergang. Der **PSVaG** erhält einen **Zahlungsanspruch** gegen die Gruppenunterstützungskasse.[57]

33 Hintergrund des Zahlungsanspruchs ist die Überlegung, dass die Gruppen-Unterstützungskasse nach der Insolvenz eines Trägerunternehmens nach wie vor als Unterstützungskasse mit Trägerunternehmen existiert und weiter tätig ist. Dass dann das Vermögen der Gruppen-Unterstützungskasse den einzelnen Trägerunternehmen zugeordnet wird (**segmentiertes Kassenvermögen**) und nur dieses dann jeweils das Schicksal des individuellen Trägerunternehmens teilt, erscheint sinnvoll. Die Reduzierung dieses Vermögensteils auf einen Zahlungsanspruch in § 9 Abs. 3 S. 3 BetrAVG erscheint aber nicht zwingend. So heißt es in der Begründung des Gesetzgebers zur Vorschrift des § 9 Abs. 3 S. 3 BetrAVG[58] nicht, dass das entsprechende Vermögen auf den PSVaG übergeht. Vielmehr wird dort darauf abgestellt, dass ein entsprechender Teil des Vermögens auf den PSVaG zu übertragen ist. Vermögen in diesem Sinne ist aber nicht ausschließlich gleichzusetzen mit einem Zahlungsanspruch des PSVaG gegenüber der Gruppen-Unterstützungskasse. Wenn das Vermögen z. B. in Zahlungsansprüchen, also einer Forderung, besteht, so kann auch dieses Vermögen auf den PSVaG übergehen. Das Vermögen der anderen Trägerunternehmen der Gruppen-Unterstützungskasse wird dadurch nicht beeinträchtigt. Im Rahmen der teleologischen Auslegung des § 9 Abs. 3 S. 3 BetrAVG ist also festzustellen, dass auch Forderungen der Gruppen-Unterstützungskasse auf den PSVaG übergehen.[59]

V. Forderungsanmeldung im Insolvenzverfahren

34 Der Forderungsübergang nach § 9 Abs. 3 BetrAVG umfasst auch Forderungen der Unterstützungskasse gegenüber dem Arbeitgeber, z. B. Darlehensforderungen. Diese sind vom PSVaG entsprechend im Insolvenzverfahren geltend zu machen, also zur Insolvenztabelle anzumelden. Andererseits gehen die Ansprüche der Arbeitnehmer aus betrieblicher Altersversorgung nach

---

57 Vgl. § 9 Rdn. 30. zur Auflösung einer Gruppenunterstützungskasse.
58 *Berenz* Gesetzesmaterialien, S. 281 f.
59 *Berenz* DB 2006, 1006, 1008.

§ 9 Abs. 2 BetrAVG auf den PSVaG über.[60] Die im Insolvenzverfahren vom PSVaG anzumeldende Forderung aufgrund § 9 Abs. 2 BetrAVG ergibt sich letztlich daraus, dass von der Gesamtforderung derjenige Betrag abzusetzen ist, der tatsächlich aus dem Vermögen der Unterstützungskasse erzielt werden kann. Es ist also zunächst das Vermögen der Unterstützungskasse festzustellen. Dieser Betrag – bei übergegangenen Forderungen der Unterstützungskasse gegen das insolvente Unternehmen in Höhe der Insolvenzquote auf die nach § 9 Abs. 3 BetrAVG angemeldete Forderung – ist dann von der Insolvenzforderung nach § 9 Abs. 2 BetrAVG abzuziehen.[61]

D. Vermögensübergang bei Pensionsfonds (§ 9 Abs. 3a BetrAVG)

Die Vorschrift über den Vermögensübergang bei einer Unterstützungskasse findet entsprechende Anwendung auf einen **Pensionsfonds**, wenn die Bundesanstalt für Finanzdienstleistungsaufsicht die **Genehmigung** für die Übertragung der Leistungspflicht des PSVaG auf den Pensionsfonds nach § 8 Abs. 1a nicht erteilt.[62] Wird die Genehmigung der Bundesanstalt für Finanzdienstleistungsaufsicht zur Rückübertragung der Leistungspflicht nach § 8 Abs. 1a BetrAVG erteilt, findet naturgemäß kein Vermögensübergang auf den PSVaG statt und der Pensionsfonds kann dann – ohne Trägerunternehmen – seine Geschäfte weiter betreiben. **35**

Nur wenn die **Genehmigung nicht erteilt wird**, geht das Vermögen des Pensionsfonds auf den PSVaG über (§ 9 Abs. 3a BetrAVG). Die Nichterteilung liegt vom Normzweck her auch dann vor, wenn der Pensionsfonds den nach § 8 Abs. 1a BetrAVG erforderlichen Antrag bei der Bundesanstalt für Finanzdienstleistungsaufsicht nicht oder nicht fristgerecht stellt. Nur dann ist sichergestellt, dass das Vermögen des Pensionsfonds für den vorgesehenen Zweck der betrieblichen Altersversorgung verwandt wird. **36**

Der Vermögensübergang bei Pensionsfonds sowie die Verwertung des Vermögens erfolgt in entsprechender Anwendung der Vorschrift betreffend den Vermögensübergang bei Unterstützungskassen.[63] § 9 Abs. 3a BetrAVG verweist **37**

---

60 Vgl. § 9 Rdn. 12–21., insbes. Rdn. 23.
61 BAG 6.10.1992, 3 AZR 41/92, EzA § 9 BetrAVG Nr. 6 = DB 1993, 987; *Höfer* BetrAVG, Rn. 4690 zu § 9; vgl. Merkblatt 110/M 7 des PSVaG, das im Internet unter www.psvag.de zur Verfügung steht.
62 *Höfer* BetrAVG, Rn. 4739 ff. zu § 9; vgl. § 8 Rdn. 18.
63 Vgl. Rdn. 25 ff.

auf die Regelung in § 9 Abs. 3 BetrAVG. Zur Insolvenzsicherung bei Beitrags-zusagen mit Mindestleistung über einen Pensionsfonds vgl. § 7 Rdn. 48.

E. Insolvenzplan, sofortige Beschwerde (§ 9 Abs. 4, 5 BetrAVG)

38 In einem Insolvenzplan, der die Fortführung des Unternehmens oder eines Betriebes vorsieht, kann für den PSVaG eine **besondere Gruppe** gebildet werden (§ 9 Abs. 4 S. 1 BetrAVG). Dadurch kann die besondere Stellung des PSVaG im Insolvenzplanverfahren angemessen berücksichtigt werden.[64]

39 Sofern im Insolvenzplan nichts anderes vorgesehen ist, kann der PSVaG, wenn innerhalb von drei Jahren nach der Aufhebung des Insolvenzverfahrens ein Antrag auf Eröffnung eines neuen Insolvenzverfahrens über das Vermögen des Arbeitgebers gestellt wird, in diesem Verfahren als Insolvenzgläubiger Erstattung der von ihm erbrachten Leistungen verlangen (§ 9 Abs. 4 S. 2 BetrAVG). Die Sonderregelung des § 255 InsO – Wiederaufleben von gestundeten und teilweise erlassenen Forderungen bei Nichterfüllung des Insolvenzplans – passt nicht auf die langfristige Aufteilung der Verpflichtungen aus betrieblicher Altersversorgung zwischen dem PSVaG und dem Schuldner.[65] Daher kann der PSVaG die Erstattung seiner Leistungen nach § 9 Abs. 4 S. 2 BetrAVG ver-langen. Dieser Rechtsgedanke gilt auch für den außergerichtlichen Vergleich, der ja eine Art außergerichtlicher Insolvenzplan ist.

40 Dem Träger der Insolvenzsicherung steht gegen den Beschluss, durch den das **Insolvenzverfahren eröffnet** wird, die **sofortige Beschwerde** zu (§ 9 Abs. 5 BetrAVG). Dadurch kann im Einzelfall vermieden werden, dass sich der Schuldner durch die an die Eröffnung des Insolvenzverfahrens geknüpfte Ein-trittspflicht des PSVaG allzu leicht von seiner betrieblichen Altersversorgung befreien kann.[66]

41 Dem PSVaG steht analog § 9 Abs. 5 BetrAVG auch gegen die **Abweisung eines Eröffnungsantrags mangels Masse** die **sofortige Beschwerde** zu.[67] Bei der

---

64 *Gareis* ZInsO 2007, 24; *Höfer* BetrAVG, Rn. 4742 ff. zu § 9; *Rieger* NZI 2013, 671. Zu praktischen Erfahrungen des PSVaG mit Insolvenzplänen vgl. *Bremer* DB 2011, 875; *Wohlleben* FS Wellensiek, S. 691 ff.; *ders.* Betriebliche Altersversorgung in der Insolvenz, S. 964 Rn. 66 ff.

65 *Flitsch/Chardon*DZWIR 2004, 485; *Rieger* NZI 2013, 671.

66 *Höfer* BetrAVG, Rn. 4747 zu § 9.

67 LG Duisburg 27.4.2006, 7 T 116/06, NZI 2006, 535 = ZIP 2006, 1507; *Gareis* ZInsO 2007, 25 f.

Abweisung mangels Masse ist die Situation für den PSVaG vergleichbar mit derjenigen bei der Eröffnung des gerichtlichen Insolvenzverfahrens. Insoweit ist von einer planwidrigen Regelungslücke in §9 Abs. 5 BetrAVG auszugehen.

§10 Beitragspflicht und Beitragsbemessung

(1) Die Mittel für die Durchführung der Insolvenzsicherung werden auf Grund öffentlich-rechtlicher Verpflichtung durch Beiträge aller Arbeitgeber aufgebracht, die Leistungen der betrieblichen Altersversorgung unmittelbar zugesagt haben oder eine betriebliche Altersversorgung über eine Unterstützungskasse, eine Direktversicherung der in §7 Abs. 1 Satz 2 und Abs. 2 Satz 1 Nr. 2 bezeichneten Art oder einen Pensionsfonds durchführen.

(2) [1]Die Beiträge müssen den Barwert der im laufenden Kalenderjahr entstehenden Ansprüche auf Leistungen der Insolvenzsicherung decken zuzüglich eines Betrages für die aufgrund eingetretener Insolvenzen zu sichernden Anwartschaften, der sich aus dem Unterschied der Barwerte dieser Anwartschaften am Ende des Kalenderjahres und am Ende des Vorjahres bemisst. [2]Der Rechnungszinsfuß bei der Berechnung des Barwerts der Ansprüche auf Leistungen der Insolvenzsicherung bestimmt sich nach §65 des Versicherungsaufsichtsgesetzes; soweit keine Übertragung nach §8 Abs. 1 stattfindet, ist der Rechnungszinsfuß bei der Berechnung des Barwerts der Anwartschaften um ein Drittel höher. [3]Darüber hinaus müssen die Beiträge die im gleichen Zeitraum entstehenden Verwaltungskosten und sonstigen Kosten, die mit der Gewährung der Leistungen zusammenhängen, und die Zuführung zu einem von der Bundesanstalt für Finanzdienstleistungsaufsicht festgesetzten Ausgleichsfonds decken; §37 des Versicherungsaufsichtsgesetzes bleibt unberührt. [4]Auf die am Ende des Kalenderjahres fälligen Beiträge können Vorschüsse erhoben werden. [5]Sind die nach den Sätzen 1 bis 3 erforderlichen Beiträge höher als im vorangegangenen Kalenderjahr, so kann der Unterschiedsbetrag auf das laufende und die folgenden vier Kalenderjahre verteilt werden. [6]In Jahren, in denen sich außergewöhnlich hohe Beiträge ergeben würden, kann zu deren Ermäßigung der Ausgleichsfonds in einem von der Bundesanstalt für Finanzdienstleistungsaufsicht zu genehmigenden Umfang herangezogen werden.

(3) Die nach Absatz 2 erforderlichen Beiträge werden auf die Arbeitgeber nach Maßgabe der nachfolgenden Beträge umgelegt, soweit sie sich auf die laufenden Versorgungsleistungen und die nach §1b unverfallbaren Ver-

sorgungsanwartschaften beziehen (Beitragsbemessungsgrundlage); diese Beträge sind festzustellen auf den Schluß des Wirtschaftsjahres des Arbeitgebers, das im abgelaufenen Kalenderjahr geendet hat:

1. Bei Arbeitgebern, die Leistungen der betrieblichen Altersversorgung unmittelbar zugesagt haben, ist Beitragsbemessungsgrundlage der Teilwert der Pensionsverpflichtung (§ 6a Abs. 3 des Einkommensteuergesetzes).

2. ¹Bei Arbeitgebern, die eine betriebliche Altersversorgung über eine Direktversicherung mit widerruflichem Bezugsrecht durchführen, ist Beitragsbemessungsgrundlage das geschäftsplanmäßige Deckungskapital oder, soweit die Berechnung des Deckungskapitals nicht zum Geschäftsplan gehört, die Deckungsrückstellung. ²Für Versicherungen, bei denen der Versicherungsfall bereits eingetreten ist, und für Versicherungsanwartschaften, für die ein unwiderrufliches Bezugsrecht eingeräumt ist, ist das Deckungskapital oder die Deckungsrückstellung nur insoweit zu berücksichtigen, als die Versicherungen abgetreten oder beliehen sind.

3. Bei Arbeitgebern, die eine betriebliche Altersversorgung über eine Unterstützungskasse durchführen, ist Beitragsbemessungsgrundlage das Deckungskapital für die laufenden Leistungen (§ 4d Abs. 1 Nr. 1 Buchstabe a des Einkommensteuergesetzes) zuzüglich des Zwanzigfachen der nach § 4d Abs. 1 Nr. 1 Buchstabe b Satz 1 des Einkommensteuergesetzes errechneten jährlichen Zuwendungen für Leistungsanwärter im Sinne des § 4d Abs. 1 Nr. 1 Buchstabe b Satz 2 des Einkommensteuergesetzes.

4. Bei Arbeitgebern, soweit sie betriebliche Altersversorgung über einen Pensionsfonds durchführen, ist Beitragsbemessungsgrundlage 20 vom Hundert des entsprechend Nummer 1 ermittelten Betrages.

(4) ¹Aus den Beitragsbescheiden des Trägers der Insolvenzsicherung findet die Zwangsvollstreckung in entsprechender Anwendung der Vorschriften der Zivilprozeßordnung statt. ²Die vollstreckbare Ausfertigung erteilt der Träger der Insolvenzsicherung.

Übersicht

A. Beitragspflicht (§ 10 Abs. 1 BetrAVG)

I. Grundsatz

1   § 10 BetrAVG regelt die **Finanzierung der gesetzlichen Insolvenzsicherung der betrieblichen Altersversorgung.**[1] Die Mittel für die Durchführung werden aufgrund **öffentlich-rechtlicher Verpflichtung durch Beiträge aller insolvenzsicherungspflichtigen Arbeitgeber** aufgebracht. Der von der gesetzlichen Insolvenzsicherung **erfasste Personenkreis** (Arbeitnehmer) sowie die **erfassten Arbeitgeber** ergeben sich aus § 17 BetrAVG. Der Gesetzgeber hat das Rechtsverhältnis bzgl. der Melde- und Beitragspflichten zwischen dem PSVaG und seinen Mitgliedsunternehmen dem öffentlichen Recht zugeordnet.

II. Insolvenzsicherungspflichtige Durchführungswege

2   **Insolvenzsicherungspflichtig** sind von den Durchführungswegen der betrieblichen Altersversorgung diejenigen, bei denen im Fall der Insolvenz des Arbeitgebers die Erfüllung der Ansprüche der Versorgungsberechtigten gefährdet ist.[2] Dazu gehört nach § 10 Abs. 1 BetrAVG die Zusage über

– eine **unmittelbare Versorgungszusage** des Arbeitgebers (Direktzusage),
– eine **Direktversicherung,** wenn ein widerrufliches Bezugsrecht eingeräumt ist oder bei unwiderruflichem Bezugsrecht die Ansprüche aus dem Versicherungsvertrag abgetreten, verpfändet oder beliehen sind. Zu beachten ist, dass bei **ab 2001** über eine **Direktversicherung neu** erteilte **Entgeltumwandlungszusagen** nach § 1b Abs. 5 BetrAVG dem Arbeitneh-

---

1 Zum Finanzierungsverfahren vgl. *Hoppenrath* FS Kemper, S. 211 ff.; *Hoppenrath/Berenz* DB 2007, 630 = BetrAV 2007, 215; *Windel/Hoppenrath* Teil 100, Rn. 63 ff.

2 Zu denkbaren Auswirkungen von Änderungen der bisherigen gesetzlichen Systematik auf das Finanzierungsverfahren des PSVaG, *Hoppenrath* BetrAV 2001, 114.

mer von Beginn an ein unwiderrufliches Bezugsrecht eingeräumt und das Recht zur Verpfändung, Abtretung oder Beleihung durch den Arbeitgeber ausgeschlossen werden muss. In diesen Fällen besteht demnach keine Insolvenzsicherungspflicht und damit auch kein Insolvenzschutz.

– eine **Unterstützungskasse**, dies gilt ohne Einschränkung auch für eine sog. kongruent rückgedeckte Unterstützungskasse und zwar unabhängig davon, ob die Rückdeckungsversicherung an den Versorgungsberechtigten verpfändet worden ist oder nicht,[3]

– einen **Pensionsfonds**.

Dies gilt auch dann, wenn dem Versorgungsberechtigten weitergehende – **private** – Sicherungsmittel eingeräumt werden (z. B. die Verpfändung einer Rückdeckungsversicherung), die seinen Anspruch auf betriebliche Altersversorgung im Fall der Insolvenz des Arbeitgebers sichern.[4] Auch vertraglich gegen Insolvenz gesicherte Ansprüche unterliegen folglich der **Beitragspflicht zum PSVaG**. 3

Nicht insolvenzsicherungspflichtig, weil aus Sicht des Gesetzgebers durch die Insolvenz des Arbeitgebers nicht gefährdet, ist die Zusage über 4

– eine **Direktversicherung**, wenn ein unwiderrufliches Bezugsrecht besteht und die Ansprüche aus dem Versicherungsvertrag nicht abgetreten, verpfändet oder beliehen sind,

– eine **Pensionskasse**.

Zur **Tätigkeit ausländischer Einrichtungen der betrieblichen Altersversorgung in Deutschland** sieht § 118e VAG vor, dass die BaFin feststellt, welchem Durchführungsweg i. S. d. BetrAVG die Tätigkeit der ausländischen Einrichtung zuzuordnen ist. Ihre Feststellungen übermittelt die **BaFin** an die Einrichtung und den PSVaG. Diese Einordnung bzgl. der Durchführungswege der betrieblichen Altersversorgung ist für den PSVaG dann bindend im Hinblick auf die Insolvenzsicherungspflicht und den Insolvenzschutz im Zusammenhang mit der Tätigkeit der ausländischen Einrichtung in Deutschland. 5

Die Anteile der einzelnen Durchführungswege an der Beitragsbemessungsgrundlage des PSVaG betrugen 2013 87,2 % für unmittelbare Versorgungszusagen, 11,5 % für Unterstützungskassen, 0,1 % für Direktversicherungen und 1,2 % für Pensionsfonds. 6

---

3 Vgl. § 10 Rdn. 87.
4 Vgl. § 7 Rdn. 1; § 10 Rdn. 84 ff.

Durchführungswege
der betrieblichen Altersversorgung

Insolvenzsicherung durch den PSVaG
Die Ansprüche der Versorgungsberechtigten sind durch eine Insolvenz des Arbeitgebers gefährdet

- **unmittelbare Versorgungszusage**
  (§ 1 Abs. 1 i.V.m. § 7 Abs. 1, 2 BetrAVG)
- **Direktversicherung**
  Soweit ein widerrufliches Bezugsrecht besteht oder bei unwiderruflichem Bezugsrecht die Ansprüche abgetreten, verpfändet oder beliehen sind – Ausnahmefall (§ 1b Abs. 2 i.V.m. § 7 Abs. 1, 2 BetrAVG)
- **Unterstützungskasse**
  (§ 1b Abs. 4 i.V.m. § 7 Abs. 1, 2 BetrAVG)
- **Pensionsfonds**
  (§ 1b Abs. 3 i.V.m. § 7 Abs. 1, 2 BetrAVG)

Keine Insolvenzsicherung durch den PSVaG
Nach Ansicht des Gesetzgebers sind die Ansprüche der Versorgungsberechtigten durch eine Insolvenz des Arbeitgebers nicht gefährdet

- **Direktversicherung**
  Soweit ein unwiderrufliches Bezugsrecht besteht und die Ansprüche nicht abgetreten, verpfändet oder beliehen sind – Regelfall
  (§ 1b Abs. 2 BetrAVG)
- **Pensionskasse**
  (§ 1b Abs. 3 BetrAVG)

III. Zwangsversicherung

7 Der Gesetzgeber hat die gesetzliche Insolvenzsicherung als **Zwangsversicherung** beim **PSVaG** ausgestaltet, da alle Arbeitgeber mit insolvenzsicherungspflichtiger betrieblicher Altersversorgung an der Finanzierung von Gesetzes wegen beteiligt sind (§ 10 Abs. 1 BetrAVG). Dabei handelt es sich von der Struktur her nicht um die konkrete Versicherung des einzelnen Arbeitgebers durch Zahlung eines individuellen Beitrags für seine betriebliche Altersversorgung. Vielmehr ist **Basis** der gesetzlichen Insolvenzsicherung durch den PSVaG die **Solidargemeinschaft der Arbeitgeber**, die gemeinsam die Aufwendungen für die Sicherung der betrieblichen Altersversorgung der insolventen Arbeit-

geber tragen.[5] Die von den einzelnen Mitgliedern des PSVaG zu meldende **Beitragsbemessungsgrundlage**[6] **dient als Maßstab für ihren Umlageanteil am zu finanzierenden Schadenvolumen.** Das individuelle Insolvenzrisiko des einzelnen Arbeitgebers bleibt bei der Bestimmung der Beitragspflicht unberücksichtigt.[7] Deshalb gilt für alle Arbeitgeber ein **einheitlicher Beitragssatz**; bei Pensionsfonds gilt jedoch eine ermäßigte Beitragsbemessungsgrundlage, § 10 Abs. 3 Nr. 4 BetrAVG. Wenn ein Arbeitgeber Beiträge an den PSVaG abführt, obwohl die Ansprüche/Anwartschaften auf betriebliche Altersversorgung nicht der Insolvenzsicherungspflicht unterfallen, entsteht im Sicherungsfall keine Leistungspflicht für den PSVaG.[8]

Beitragspflichtig ist der die betriebliche Altersversorgung **zusagende Arbeit-** 8 **geber** und nicht eventuelle externe Versorgungsträger (Unterstützungskasse, Pensionsfonds, Direktversicherung; § 10 Abs. 1 BetrAVG). Das Gesetz sieht vor, dass der aus einer Versorgungszusage verpflichtete Arbeitgeber im Wege der **eigenverantwortlichen Selbstveranlagung** seiner Melde- und Beitragspflicht nachzukommen hat.[9]

IV. Beginn und Ende der Beitragspflicht

Die **Beitragspflicht beginnt** mit der Erfüllung der gesetzlichen Vorausset- 9 zungen. Dies sind grundsätzlich[10]
– der Eintritt der ersten gesetzlich unverfallbaren Anwartschaft oder
– die Aufnahme einer laufenden Versorgungsleistung.[11]
Trifft dies für mehrere Fälle zu verschiedenen Zeitpunkten innerhalb des gleichen Jahres zu, so bestimmt der früheste den Beginn der Insolvenzsicherungspflicht.[12]

---

5 BVerwG 18.12.1986, 3 C 39.81, ZIP 1987, 521; ausführlich dazu *Paulsdorff* § 10 Rn. 25.
6 Vgl. § 11 Rdn. 38–51.
7 *Blomeyer/Rolfs/Otto* § 10 Rn. 2.
8 BAG 23.3.1999, 3 AZR 625/97, EzA § 7 BetrAVG Nr. 58 = DB 1999, 2015.
9 Zur Rechtsberatung durch den PSVaG vgl. § 14 Rdn. 13–14.
10 Vgl. zu Besonderheiten bei Entgeltumwandlungszusagen § 10 Rdn. 103–106.
11 Zur Insolvenzsicherung in den neuen Bundesländern vgl. Merkblatt 210/M 20 des PSVaG, das im Internet unter www.psvag.de zur Verfügung steht.
12 *Paulsdorff* § 10 Rn. 63.

10 **Fristbeginn und -ablauf** richten sich nach den allgemeinen Vorschriften der §§ 186 ff. BGB. Bei einem Versorgungsfall ist anhand der konkreten Umstände zu entscheiden, ob der Tag des Eintritts des Versorgungsfalls bei der Berechnung der Frist mitzählt oder nicht (§ 187 BGB). Der Eintritt der gesetzlichen Unverfallbarkeit ist abhängig davon, unter welchen Umständen die Versorgungszusage erteilt worden ist.[13]

11 Für das **erste Jahr der Insolvenzsicherungspflicht** – Beginnjahr – erhebt der PSVaG nur einen anteiligen Jahresbeitrag, der dem Verhältnis der insolvenzsicherungspflichtigen zur Gesamtzahl der Tage in diesem Jahr entspricht, falls die Mitgliedschaft erst im Laufe des Kalenderjahres begonnen hat. Dies entspricht der Regelung des § 25 Abs. 1 VAG, die auch auf den PSVaG Anwendung findet.[14]

12 Dabei kann die Beitragsbemessungsgrundlage, die für die Meldung des zweiten Jahres zu ermitteln ist, aus **Vereinfachungsgründen** auch der Meldung des ersten Jahres zugrunde gelegt werden (§ 6 Abs. 3 AIB[15]). Beide Beiträge – also der ggf. anteilige für das Erstjahr und der volle für das Zweitjahr – werden zusammen am **Ende des Zweitjahres erhoben**. Es bleibt dem betreffenden Arbeitgeber jedoch unbenommen, für das erste Jahr der Insolvenzsicherungspflicht exakte Werte nachzuweisen (§ 6 Abs. 3 AIB).

13 Die **Beitragspflicht endet** mit dem Tag, an dem der Arbeitgeber die oben angeführten gesetzlichen Voraussetzungen zur Teilnahme an der gesetzliche Insolvenzsicherung nach § 11 Abs. 1 BetrAVG nicht mehr erfüllt (z. B. der letzte Rentner stirbt oder die Anwärter werden abgefunden).[16] Endet die Insolvenzsicherungspflicht im Laufe eines Kalenderjahres, so ist der Beitrag für dieses Jahr ebenfalls nach § 25 Abs. 1 VAG zu berechnen. Der PSVaG erhebt danach nur einen anteiligen Jahresbeitrag, der dem Verhältnis der insolvenzsicherungspflichtigen zur Gesamtzahl der Tage in diesem Jahr entspricht. Diese Regelung findet nur Anwendung, wenn die Insolvenzsicherungspflicht des Arbeitgebers insgesamt beendet wird. Bei **fortbestehender Mitgliedschaft** werden **Bestandsänderungen** – also Zu- und Abgänge einzelner insolvenz-

---

13 Vgl. § 1b Rdn. 33–49.
14 BVerwG 14.3.1991, 3 C 24.90, ZIP 1991, 668.
15 Die AIB sind im Internet unter www.psvag.de einsehbar.
16 BVerwG 14.3.1991, 3 C 24.90, ZIP 1991, 668.

sicherungspflichtiger Tatbestände – nur entsprechend dem **Stichtagsprinzip** des § 10 Abs. 3 BetrAVG erfasst. Sie werden also nicht zeitanteilig erfasst.[17]

V. Auswirkungen eines Sicherungsfalls

Der **Eintritt eines Sicherungsfalls** nach § 7 Abs. 1 BetrAVG wirkt sich auf die **Beitragspflicht** wie folgt aus: **14**

– Eröffnung des gerichtlichen Insolvenzverfahrens (§ 7 Abs. 1 S. 1 BetrAVG):

Die **Beitragspflicht des insolventen Arbeitgebers endet** grundsätzlich mit dem Tag der Eröffnung des Insolvenzverfahrens. Sofern im Rahmen des Insolvenzverfahrens aufgrund eines **Insolvenzplan das frühere Unternehmen weiter existiert**, besteht unter den Voraussetzungen des § 11 Abs. 1 BetrAVG künftig die Beitragspflicht zum PSVaG, wenn insolvenzsicherungspflichtige betriebliche Altersversorgung (weiter) durchgeführt wird.

– Abweisung des Antrags auf Eröffnung eines Insolvenzverfahrens mangels Masse (§ 7 Abs. 1 S. 4 Nr. 1 BetrAVG):

Die **Beitragspflicht des insolventen Arbeitgebers endet** mit dem Tag des gerichtlichen Abweisungsbeschlusses. Eine Fortführung des Unternehmens und damit eine eventuelle weitere Beitragspflicht kommt hier nicht in Betracht.

– Außergerichtlicher Vergleich (Stundungs-, Quoten- oder Liquidationsvergleich; § 7 Abs. 1 S. 4 Nr. 2 BetrAVG):

Sowohl bei einem **Stundungs-** als auch bei einem **Quotenvergleich** existiert das Unternehmen künftig weiter. Die Beitragspflicht zum PSVaG hängt somit davon ab, ob das weiter bestehende Unternehmen insolvenzsicherungspflichtige betriebliche Altersversorgung durchführt. Beim **Liquidationsvergleich** ist entscheidend für die Beendigung der Beitragspflicht, ab welchem Zeitpunkt keine insolvenzsicherungspflichtige betriebliche Altersversorgung mehr durchgeführt wird.

– Vollständige Beendigung der Betriebstätigkeit (§ 7 Abs. 1 S. 4 Nr. 3 BetrAVG):

Die **Beitragspflicht des insolventen Arbeitgebers endet** mit dem Tag der vollständigen Beendigung der Betriebstätigkeit. Eine Fortführung des Unter-

---

17 *Paulsdorff* § 10 Rn. 24.

nehmens und damit eine eventuelle weitere Beitragspflicht kommt hier nicht in Betracht.

15

Art des Sicherungsfalls	Melde- und Beitragspflicht bis zum Eintritt des Sicherungsfalls	Melde- und Beitragspflicht ab dem Eintritt des Sicherungsfalls
Eröffnung des gerichtlichen Insolvenzverfahrens (ohne Insolvenzplan)	Arbeitgeber	Keine Insolvenzsicherungspflicht
Eröffnung des gerichtlichen Insolvenzverfahrens (mit Insolvenzplan)	Arbeitgeber	Arbeitgeber (Sofern der Arbeitgeber aufgrund des Insolvenzplans weiter existiert, kann insolvenzsicherungspflichtige betriebliche Altersversorgung [weiter] durchgeführt werden)
Abweisung des Insolvenzantrags mangels Masse	Arbeitgeber	Keine Insolvenzsicherungspflicht (Das Unternehmen besteht nicht mehr)
Außergerichtlicher Vergleich (Stundungsvergleich)	Arbeitgeber	Arbeitgeber (Der Arbeitgeber existiert weiter, insolvenzsicherungspflichtige betriebliche Altersversorgung kann [weiter] durchgeführt werden)
Außergerichtlicher Vergleich (Quotenvergleich)	Arbeitgeber	Arbeitgeber (Der Arbeitgeber existiert weiter, insolvenzsicherungspflichtige betriebliche Altersversorgung besteht in Höhe der Quote)

Art des Sicherungsfalls	Melde- und Beitrags-pflicht bis zum Eintritt des Sicherungsfalls	Melde- und Beitrags-pflicht ab dem Eintritt des Sicherungsfalls
Außergerichtlicher Vergleich (Liquidations-vergleich)	Arbeitgeber	Arbeitgeber (Bis zu dem Zeitpunkt, ab dem die Insolvenzsiche-rungspflicht nicht mehr gegeben ist)
Vollständige Beendigung der Betriebstätigkeit	Arbeitgeber	Keine Insolvenz-sicherungspflicht (Das Unternehmen besteht nicht mehr)

Abb.: Melde- und Beitragspflichten bei Eintritt eines Sicherungsfalls

VI. PSVaG als beliehenes Unternehmen (öffentliches Recht)

Der **PSVaG** ist als juristische Person des Privatrechts aufgrund der öffentlich-rechtlichen Beitragspflicht der insolvenzsicherungspflichtigen Arbeitgeber ein mit Aufgaben und Befugnissen der öffentlichen Verwaltung **beliehenes Unternehmen** und insoweit Träger hoheitlicher Gewalt.[18] Das öffentlich-rechtliche Verhältnis zwischen dem beliehenen Unternehmer und den Bei-tragspflichtigen entsteht aufgrund staatlicher Beleihung und steht unter staatlicher Aufsicht. Der staatlichen **Aufsicht** durch die Bundesanstalt für Finanzdienstleistungsaufsicht unterliegt der PSVaG wegen seiner Rechtsform als Versicherungsverein auf Gegenseitigkeit.[19] **16**

Für das Verhalten des PSVaG gegenüber den Arbeitgebern gilt das **Verwal-tungsverfahrensgesetz** (VwVfG), weil er in seiner Eigenschaft als beliehenes Unternehmen als Behörde tätig wird (§ 1 Abs. 4 VwVfG). Im Einzelnen enthält das VwVfG Regelungen über das Zustandekommen, die Form, die Bestandskraft und Aufhebung eines Verwaltungsaktes sowie sonstige allg. Grundsätze des Verwaltungsverfahrens. Diese gelten auch für den Bereich des Beitragseinzugs und den damit zusammenhängenden Regelungsbereichen in §§ 10a und 11 BetrAVG. Die **hoheitliche Tätigkeit** des PSVaG erstreckt **17**

---

18 *Andresen/Förster/Rößler/Rühmann* Teil 13 B, Rn. 105 ff.; *Höfer* BetrAVG, Rn. 4755 zu § 10; *Paulsdorff* § 10 Rn. 5.
19 Vgl. § 14 Rdn. 1.

sich folglich auf die **Beitragsfestsetzung, den Beitragseinzug nebst -vollstreckung**[20]und die dazu erforderlichen Auskünfte.[21]Inhalt und Umfang der hoheitlichen Tätigkeit ergeben sich aus den einschlägigen Vorschriften.

18 Demgegenüber sind alle anderen Bereiche der Tätigkeit des PSVaG – insbesondere die Leistungserbringung aufgrund eines Sicherungsfalls – dem **Privatrecht** zugeordnet.

VII. Feststellung der Beitragspflicht

19 Aufgrund seiner Stellung als beliehenes Unternehmen sind die Bescheide des PSVaG über die Feststellung der Insolvenzsicherungspflicht (dem Grunde und der Höhe nach) **Verwaltungsakte** i. S. d. § 35 VwVfG.

1. Erlass von Bescheiden durch den PSVaG

20 Die Erhebung des Beitrags aufgrund der Angaben des Arbeitgebers im Rahmen der Selbstveranlagung nach § 11 BetrAVG[22] erfolgt in jedem **Einzelfall** durch einen **bezifferten Beitragsbescheid** des PSVaG, der ein Verwaltungsakt i. S. d. § 35 VwVfG ist. Voraussetzung dafür ist die vollständige und rechtzeitige Meldung des Arbeitgebers.

21 Wenn die Meldung des Arbeitgebers nicht korrekt ist, kann der PSVaG einen **Auskunfts-, Vorlage- oder Meldebescheid** erlassen, der den Arbeitgeber verpflichtet, seinen Mitteilungspflichten nach § 11 Abs. 1 oder 2 BetrAVG nachzukommen.[23]

22 Wenn die Insolvenzsicherungspflicht dem Grunde nach bestritten wird, kann der PSVaG einen **Beitragsgrundlagenbescheid** erlassen, mit dem die Pflicht des Arbeitgebers zur Zahlung von Beiträgen dem Grunde nach – nicht nur der Höhe nach – festgestellt wird.[24] Mit einem Beitragsgrundlagenbescheid kann der PSVaG z. B. nach einem Betriebsübergang gem. § 613a BGB gegenüber dem Erwerber verbindlich festlegen, dass betriebliche Altersversorgung in insolvenzsicherungspflichtiger Form durchgeführt wird.

---

20 Zur Vollstreckung, die teilweise öffentlich-rechtlich und teilweise zivilrechtlichen Regeln folgt, vgl. i. E. § 10 Rdn. 111.
21 *Andresen/Förster/Rößler/Rühmann* Teil 13 B, Rn. 276.
22 Vgl. § 14 Rdn. 13–14.
23 BVerwG 22.11.1994, 1 C 22.92, ZIP 1995, 403.
24 BVerwG 28.6.1994, 1 C 20.92, ZIP 1994, 1455.

Wenn die Grundlagen für die Festsetzung der Beitragshöhe feststehen, der   23
Arbeitgeber also seinen Mitteilungspflichten nach § 11 BetrAVG vollständig
und richtig nachgekommen ist, erlässt der PSVaG den bezifferten **Beitragsbescheid**.

Auch der Bescheid des PSVaG über die Feststellung des **Nichtbestehens** der   24
Insolvenzsicherungspflicht ist ein Verwaltungsakt.

2. Jährliche Beitragsbescheide

Auf Basis der nach § 11 Abs. 2 BetrAVG jährlich gemeldeten Beitragsbemes-   25
sungsgrundlagen durch die insolvenzsicherungspflichtigen Arbeitgeber erteilt
der PSVaG grds. allen Mitgliedern **Mitte November jeden Jahres** einen bezifferten **Beitragsbescheid für das laufende Jahr**. Auf die am Ende des Kalenderjahres fälligen Beiträge können Vorschüsse erhoben werden (§ 10 Abs. 2
S. 4 BetrAVG). Davon hat der PSVaG zuletzt für das Jahr 2008 Gebrauch
gemacht.

Außerhalb dieser regelmäßig wiederkehrenden gesetzlich geregelten Bei-   26
tragsbescheidung werden nur im konkreten Einzelfall, der eine individuelle
Klärung bzgl. der Insolvenzsicherungspflicht erfordert, entsprechende nachträgliche Beitrags- und Vorschussbescheide erteilt. Sobald in diesen Fällen
die Grundlagen der Melde- und Beitragspflicht zur gesetzlichen Insolvenzsicherung geklärt sind, werden weitere Bescheide im dargestellten jährlichen
Rhythmus erteilt, sofern die gesetzliche Insolvenzsicherungspflicht feststeht.

3. Rechtsmittel

Gegen Bescheide des PSVaG über Grund und/oder Höhe der Beitragspflicht   27
kann der Arbeitgeber zunächst **Widerspruch** einlegen und im Rahmen
des Vorverfahrens nach § 68 VwGO dem PSVaG eine Überprüfung seiner
Bescheidung ermöglichen. Der Widerspruch ist eine **zwingende Prozessvoraussetzung**, sodass eine Klage ohne vorherige Durchführung des Wider-
spruchverfahrens grds. unzulässig ist. Da eine nächsthöhere Behörde nicht
besteht, ist der **PSVaG** zugleich **zuständige Widerspruchsbehörde** (§ 73
Abs. 1 S. 2 Nr. 1 VwGO).

Ein Widerspruch durch den Arbeitgeber gegen einen Beitragsbescheid hat   28
keine aufschiebende Wirkung (§ 80 Abs. 2 Nr. 1 VwGO). Bei den Kraft
öffentlich-rechtlicher Verpflichtung (§ 10 BetrAVG) an den PSVaG zu entrichtenden Beiträgen handelt es sich um öffentliche Abgaben i. S. d. § 80

Abs. 2 S. 1 Nr. 1 VwGO.[25] Beitragsbescheide des PSVaG sind daher sofort vollziehbar, **Beitragsforderungen** auf jeden Fall **fristgemäß** zu zahlen.

29   Der PSVaG erlässt einen **Widerspruchsbescheid.** Sofern dem Widerspruch abgeholfen wird, richten sich die Pflichten des Arbeitgebers gegenüber dem PSVaG den konkreten Regelungsgegenstand betreffend nach dem Inhalt des Widerspruchsbescheids. Sofern der PSVaG dem Widerspruch nicht abhilft, kann der Arbeitgeber **Klage** (i. d. R. Anfechtungsklage) vor dem Verwaltungsgericht erheben. Die Erhebung der Klage hat – wie die Einlegung des Widerspruchs – **keine aufschiebende Wirkung** (§ 80 Abs. 2 Nr. 1 VwGO). Örtlich zuständig ist das für den Sitz des klagenden Arbeitgebers zuständige Verwaltungsgericht (§ 52 Nr. 3 S. 2 VwGO).

30   Die Erhebung einer Klage befreit den Arbeitgeber nicht von seiner Melde- und Beitragspflicht. Um seine Rechte zu wahren, müsste der Arbeitgeber ggf. für jedes folgende Jahr gegen den Beitragsbescheid des PSVaG Widerspruch einlegen und nach Erlass des Widerspruchsbescheides auch insoweit Klage erheben. Zur **Vereinfachung des Verfahrens** kann der Arbeitgeber auch seiner Melde- und Beitragspflicht – insbes. der fristgemäßen Zahlung der Beiträge – nachkommen, gegen den Beitragsbescheid des PSVaG jedoch Widerspruch erheben und unter Hinweis auf das bereits rechtshängige Gerichtsverfahren eine Aussetzung des Widerspruchsverfahrens beantragen. In geeigneten Fällen kann der PSVaG dem Antrag entsprechen. Nach Beendigung des Rechtsstreits werden dann auch die betreffenden Beitragsjahre, für die Widerspruch eingelegt worden ist, entsprechend dem Ausgang des Rechtsstreits eingeordnet.

VIII. Fälligkeit

31   Die Beiträge zur gesetzlichen Insolvenzsicherung werden nach § 10 Abs. 2 S. 3 BetrAVG grds. **am Ende des Kalenderjahres fällig.** Dabei tritt die Fälligkeit erst ein, wenn der jeweils verpflichtete Arbeitgeber einen bezifferten Beitragsbescheid erhalten hat. Der Beitrag ist in einem Betrag und vollständig zu entrichten.[26]**Eine Ermäßigung oder gar einen Erlass des Beitrags – z. B. für Unternehmen in einer wirtschaftlichen Krise – sieht das Gesetz nicht vor.**

---

25 BVerwG 4.10.1994, 1 C 41.92, ZIP 1995, 41 ff., 44.

26 Eventuelle Kosten des Arbeitgebers für die Überweisung des Beitrags können nicht in Abzug gebracht werden (§ 270 BGB).

Berenz

Ergänzend zu dieser gesetzlichen Regelung enthält § 6 Abs. 3 AIB die **kon-** 32
kretisierende Bestimmung, dass der Beitrag einen Monat nach Zugang des
Beitragsbescheides fällig ist. Der (Jahres-) Beitragsbescheid ergeht gegen Mitte
November eines Jahres, sodass insofern die **Fälligkeit** einen Monat später,
also **nach Mitte Dezember** liegt (§ 10 Abs. 2 S. 3 AIB). In Anbetracht der
Ferienzeit/Feiertage Ende jeden Jahres dient es der ordentlichen Abwicklung
der Finanzierung, wenn die Beiträge noch vor dem Ende des Jahres gezahlt
werden. Von dieser Möglichkeit hat der PSVaG zuletzt für das Jahr 2008
Gebrauch gemacht.

B. Beitragsaufkommen (§ 10 Abs. 2 BetrAVG)

I. Grundsatz

Die Beiträge der Arbeitgeber müssen 33
– den Barwert der im laufenden Kalenderjahr entstehenden Ansprüche auf
  Leistungen der Insolvenzsicherung zuzüglich eines Betrages für die aufgrund eingetretener Insolvenzen zu sichernden Anwartschaften, der sich
  aus dem Unterschied der Barwerte dieser Anwartschaften am Ende des
  Kalenderjahres und am Ende des Vorjahres bemisst,
– die im gleichen Zeitraum entstehenden Verwaltungskosten und die sonstigen Kosten, die mit der Gewährung der Leistungen zusammenhängen,
– die Zuführung zu einem von der Bundesanstalt für Finanzdienstleistungsaufsicht festgesetzten Ausgleichsfonds sowie
– die Bildung einer Verlustrücklage nach § 37 des Versicherungsaufsichtsgesetzes (VAG)
decken (§ 10 Abs. 2 S. 1–3 BetrAVG).

II. Barwert der im laufenden Jahr entstehenden Ansprüche auf Leistungen und der Betrag für die zu sichernden Anwartschaften

Durch das »Gesetz zur Änderung des Betriebsrentengesetzes und anderer 34
Gesetze« vom 2.12.2006 ist das Finanzierungsverfahren der gesetzlichen
Insolvenzsicherung der betrieblichen Altersversorgung auf **vollständige Kapi-**
taldeckung umgestellt worden. Diese Umstellung ist in Kraft getreten ab dem
Beitragsjahr 2006. Die Finanzierung der gesetzlichen Insolvenzsicherung
erfolgte von 1975 bis 2005 im sog. Rentenwertumlageverfahren. Bei diesem

System wurden die im betreffenden Jahr entstehenden Ansprüche ausfinanziert, nicht aber die unverfallbaren Anwartschaften.[27]

35 Als Effekt des Rentenwertumlageverfahrens waren aus den Insolvenzen bis zum 31.12.2005 rd. 167.000 Anwartschaften beim PSVaG registriert, bei denen der Versorgungsfall im Laufe der kommenden mehr als 30 Jahre eintreten wird und die nachzufinanzieren waren. Die Summe der Barwerte hierfür beträgt rd. 2,2 Mrd. € (berechnet mit einem Rechnungszinsfuß von 3,67 %). Dieser Betrag ist aufgrund der hohen Zahl von Insolvenzen in den Jahren vor 2006 deutlich angestiegen. Auf die den PSVaG finanzierenden Arbeitgeber kam damit ein Risiko zu, das es durch die Umstellung auf vollständige Kapitaldeckung abzufedern galt.

36 Durch die neue Regelung in § 10 Abs. 2 BetrAVG wird bestimmt, dass die Beiträge der insolvenzsicherungspflichtigen Arbeitgeber den gesamten Schaden aus den im Kalenderjahr neu eintretenden Sicherungsfällen decken müssen. Hierdurch wird die Finanzierung der gesetzlichen Insolvenzsicherung der betrieblichen Altersversorgung unabhängiger von Strukturentscheidungen der Unternehmen und so insgesamt zukunftssicherer gestaltet.[28]

37 Die Finanzierung der bis 2005 aufgelaufenen unverfallbaren Anwartschaften, bei denen ein Versorgungsfall noch nicht eingetreten ist, ist in § 30i BetrAVG geregelt.

38 Der Schaden eines Jahres besteht aus der **Addition zweier Elemente**, nämlich
   – zum einen dem Barwert der im laufenden Kalenderjahr entstehenden Ansprüche auf Leistungen und
   – zum anderen dem Betrag für die zu sichernden gesetzlich unverfallbaren Anwartschaften, der sich nach dem Gesetzeswortlaut als Differenz von zwei Barwerten ergibt, nämlich aus dem Barwert – oder besser der Summe der Barwerte – für die vom PSVaG gesicherten Anwartschaften, bei denen also noch kein Versorgungsfall eingetreten ist, am Ende des jeweiligen Kalenderjahres und dem entsprechenden Barwert am Ende des Vorjahres.

---

27 Vgl. zum Rentenwertumlageverfahren die 2. Aufl. der Kommentierung unter § 10 Rn. 36. Zum neuen Finanzierungsverfahren des PSVaG, *Hoppenrath/Berenz* DB 2007, 630, BetrAV 2007, 215.

28 Vgl. BT-Drucks. 16/1936 S. 6; *Gunkel* BetrAV 2006, 213. Siehe ausführlich zur Begründung der Umstellung des Finanzierungsverfahrens auf vollständige Kapitaldeckung *Hoppenrath* FS Kemper, S. 211 ff.; *ders.* FS Andresen, S. 115 ff.; *Hundt* BetrAV 2006, 209; *Murmann* BetrAV 2006, 210.

1. **Barwert der im laufenden Kalenderjahr entstehenden Ansprüche auf Leistungen**

a) **Laufende Leistungen aus neuen Insolvenzen**

Mit dem **Begriff** der im laufenden Kalenderjahr entstehenden Ansprüche auf Leistungen (§ 10 Abs. 2 S. 1 1. Hs. BetrAVG) sind die Zusagen auf betriebliche Altersversorgung des insolventen Arbeitgebers erfasst, bei denen der Versorgungsfall schon vor dem Sicherungsfall eingetreten ist (**laufende Leistungen**). Diese Rentenleistung muss der PSVaG entsprechend seinem gesetzlichen Auftrag übernehmen.[29] 39

Auch die künftige Erhöhung von Leistungen aufgrund **vertraglicher Dynamisierungsklauseln** nach Eintritt der Bedingung zählt zu den im laufenden Kalenderjahr entstehenden Ansprüchen auf Leistungen. 40

b) **Umwandler aus früheren Insolvenzen**

Zu den im laufenden Jahr entstehenden Ansprüchen zählen auch die sog. **Umwandler** (vom Anwärter zum Versorgungsfall). Dies sind im laufenden Jahr eintretende Versorgungsleistungen von gesetzlich unverfallbaren Anwärtern aus Insolvenzen früherer Jahre. 41

c) **Rechnungszinsfuß für laufende Leistungen**

Der **Barwert** der im laufenden Jahr entstehenden Ansprüche ist der Betrag, der unter Berücksichtigung eines angenommenen Zinsertrags ausreicht, um dem Berechtigten, sei er bereits Rentner bei Insolvenz oder sei er Umwandler, die zugesagte Versorgungsleistung (Rente/Kapital) ggf. lebenslänglich zu zahlen. Die Berechnung erfolgt nach **versicherungsmathematischen Grundsätzen** unter Berücksichtigung der statistischen Lebenserwartung des Berechtigten. 42

Der **Rechnungszinsfuß** bei der Berechnung des Barwerts der im laufenden Jahr entstehenden Ansprüche ist in § 10 Abs. 2 S. 2 1. Hs. BetrAVG gesetzlich vorgeschrieben und bestimmt sich nach § 65 VAG, der den Zinsfuß bestimmt, der bei den Unternehmen der Lebensversicherung der Kalkulation der Tarife zugrunde gelegt wird. Im Jahr 2006 betrug dieser Zinssatz 2,75 %, ab 1. Januar 2007 2,25 % und ab 1. Januar 2012 1,75 %. 43

---

29 Vgl. zur Sicherung der Versorgungsempfänger bei Eintritt des Sicherungsfalls § 7 Rdn. 5–70.

2. Betrag für die aufgrund eingetretener Insolvenzen zu sichernden Anwartschaften

a) Anwartschaften aus neuen Insolvenzen

44   Mit dem **Begriff** der aufgrund eingetretener Insolvenzen zu sichernden Anwartschaften (§ 10 Abs. 2 S. 1 2. Hs. BetrAVG) sind die Zusagen auf betriebliche Altersversorgung von insolventen Arbeitgebern erfasst, bei denen bei Eintritt des Sicherungsfalls gesetzlich unverfallbare Anwartschaften auf Leistungen der betrieblichen Altersversorgung bestehen (gesetzlich unverfallbare Anwartschaften aus neuen Insolvenzen). Diese Anwartschaften muss der PSVaG entsprechend seinem gesetzlichen Auftrag sichern.[30]

b) Übertragung der Anwartschaft auf eine Lebensversicherung

45   Der PSVaG kann von der nach § 8 Abs. 1 BetrAVG vorgesehenen Möglichkeit Gebrauch machen und sich von der Verpflichtung aus einer gesetzlich unverfallbaren Anwartschaft durch **Abschluss einer Lebensversicherung** (Rechnungszinsfuß nach § 65 VAG) gegen Einmalprämie befreien (§ 10 Abs. 2 S. 2 2. Hs. i. V. m. § 8 Abs. 1 BetrAVG). Der Gesetzgeber geht jedoch davon aus, dass der PSVaG im Regelfall die Anwartschaften nicht versichert, sondern als Verpflichtung passiviert und den Gegenwert als eigene Kapitalanlage führt.[31]

c) Methode der Differenzfinanzierung

46   Die Höhe der jedes Jahr zusätzlich zu den Ansprüchen[32] zu finanzierenden gesetzlich unverfallbaren Anwartschaften wird nach der Methode der sog. **Differenzfinanzierung** ermittelt.[33] Ausgangspunkt ist die Überlegung, dass der Bestand der Anwartschaften sich vom Ende des Vorjahres im laufenden Kalenderjahr im Wesentlichen durch die Zugänge aus neuen Insolvenzen und

---

30 Vgl. zur Sicherung der gesetzlich unverfallbaren Anwartschaften bei Eintritt des Sicherungsfalls § 7 Rdn. 71–128.

31 Vgl. BT-Drucks. 16/1936 S. 7; aus rein praktischen Überlegungen ist auch fraglich, ob der Weg über § 8 Abs. 1 BetrAVG in nennenswertem Umfang erfolgen kann, d. h., ob von Lebensversicherungsunternehmen entsprechende Tarife für ggf. kompliziert zu berechnende Anwartschaften angeboten werden könnten.

32 Vgl. Rdn. 39–41.

33 Grundlegend *Hoppenrath* FS Andresen, S. 115 ff. Die Methode der Differenzfinanzierung liegt auch der jährlichen Ermittlung der Höhe der Rückstellung bei Pensionszusagen nach § 6a EStG zugrunde.

durch die Abgänge in Form der Umwandler verändert hat. Letztere wechseln also von den Anwartschaften in den Bereich der im laufenden Jahr entstehenden Ansprüche. Diese sind aber bereits durch die Finanzierung der im laufenden Kalenderjahr entstehenden Ansprüche erfasst (§ 10 Abs. 2 S. 1 BetrAVG). Die **Bestandsveränderung der Anwartschaften** ergibt sich insgesamt durch folgende Ab- und Zugänge:

– Abgang durch den Eintritt des Versorgungsfalls (sog. Umwandler),[34]
– Abgang durch die Abfindung der Anwartschaft,
– Abgang durch die Übertragung der Anwartschaft auf eine Lebensversicherung,[35]
– Zugang aus neuen Insolvenzen.

Diese Bestandsänderungen werden durch die **Methode der Differenzfinanzierung** erfasst. Der Betrag, der im laufenden Jahr für die Anwartschaften zusätzlich zu finanzieren ist, ist definiert als Unterschied der Barwerte der Anwartschaften am Ende des Kalenderjahres und am Ende des Vorjahres (§ 10 Abs. 2 S. 1 BetrAVG). Es wird also grundsätzlich der Barwert des gesamten Bestandes der Anwartschaften am Ende des Kalenderjahres mit dem am Ende des Vorjahres verglichen. In der Differenz spiegeln sich alle o. g. Änderungen des »Altbestandes« wieder einschließlich der hinzugekommenen Anwartschaften aus neuen Insolvenzen. Dabei sind die Abgänge aus dem Vorjahresbestand i. d. R. Fälle, für die der PSVaG die Leistungen aufnimmt, die also bei den im laufenden Kalenderjahr entstehenden Ansprüchen erfasst sind.[36] In der Differenz spiegeln sich aber auch andere Elemente wieder, wie z. B. der rechnungsmäßige Zins und mögliche Bewertungsdifferenzen. Letztere entstehen dadurch, dass sich der Bestand in Bezug auf den Eintritt von Versorgungsfällen möglicherweise anders verhält, als mit den verwendeten biometrischen Grundlagen kalkuliert. 47

d) Rechnungszinsfuß bei Anwartschaften

Der **Barwert** der gesetzlich unverfallbaren Anwartschaften ist der Betrag, der unter Berücksichtigung eines angenommenen Zinsertrags ausreicht, um dem Berechtigten bei künftigem Eintritt des Versorgungsfalls die zugesagte Rente 48

---

34 Vgl. Rdn. 41. Zu nennen ist hier auch der Fall, dass ein Anwärter verstirbt und keine Hinterbliebenenleistungen gezahlt werden müssen.
35 Vgl. Rdn. 39 f.
36 Vgl. Rdn. 41.

oder den zugesagten Kapitalbetrag zu zahlen. Die Berechnung erfolgt nach **versicherungsmathematischen Grundsätzen** unter Berücksichtigung der statistischen Lebenserwartung des Berechtigten sowie anderer Parameter, wie z. B. Invalidisierungs- oder Verheiratungswahrscheinlichkeit.

49 Der **Rechnungszinsfuß** bei der Berechnung des Barwertes der gesetzlich unverfallbaren Anwartschaften ist in § 10 Abs. 2 S. 2 2. Hs. BetrAVG gesetzlich vorgeschrieben. Er ist bestimmt als der um ein Drittel höhere Wert nach § 65 VAG, also ebenso flexibel ausgestaltet wie bei der Berechnung der Barwerte für bereits laufende Leistungen. Im Jahr 2006 betrug der so erhöhte Wert 3,67 %, ab 1. Januar 2007 3,0 % und ab 1. Januar 2012 2,33 %. § 65 VAG bestimmt den Zinsfuß, der bei den Unternehmen der Lebensversicherung der Kalkulation der Tarife zugrunde gelegt wird.

50 Der gegenüber der Barwertberechnung für bereits laufende Leistungen **erhöhte Rechnungszinsfuß** ist gerechtfertigt, weil ansonsten unberücksichtigt bliebe, dass mit dem Rechnungszinsfuß für Lebensversicherungen künftig Zinsüberschüsse erzielt würden, die nur den jeweiligen und künftigen Beitragszahlern zugutekommen, nicht aber denjenigen, die in der Zwischenzeit ihre Versorgungsverpflichtungen in einen Durchführungsweg ohne bzw. mit einer ermäßigten Insolvenzsicherungspflicht übertragen haben[37] und hierdurch künftig von der Beitragszahlungspflicht ganz oder zum weit überwiegenden Teil befreit sind.

e) Rechnungszinsfuß und Differenzfinanzierung

51 Die Methode der Differenzfinanzierung stellt ab auf den Unterschied der Barwerte der Anwartschaften am Ende des Kalenderjahres und am Ende des Vorjahres (§ 10 Abs. 2 S. 1 BetrAVG). Bei einer **Änderung des Rechnungszinsfußes nach § 65 VAG** wie z. B. 2006 (2,75 %), 2007 (2,25 %) und 2012 (1,75 %) ist wie folgt zu verfahren:

52 Der Barwert
   – **der Anwartschaften aus Insolvenzen, die bis 31.12.2006 eingetreten sind** ist mit dem um ein Drittel erhöhten Rechnungszinsfuß nach § 65 VAG ermittelt, also mit **3,67 %** (2,75 % nach § 65 VAG, erhöht um ein Drittel),

---

37 Vgl. BT-Drucks. 16/1936, S. 7.

– der Anwartschaften aus neuen Insolvenzen, die in den Jahren 2007 bis 2011 eingetreten sind ist mit dem um ein Drittel erhöhten Rechnungszinsfuß in Höhe von **3,0 %** ermittelt (2,25 % nach § 65 VAG, erhöht um ein Drittel),

– der Anwartschaften aus neuen Insolvenzen, die ab dem Jahr 2012 eintreten ist mit dem um ein Drittel erhöhten Rechnungszinsfuß nach § 65 VAG in Höhe von **2,33 %** zu ermitteln (1,75 % nach § 65 VAG, erhöht um ein Drittel).

Hierdurch ergeben sich **Anwärter(teil)bestände** mit jeweils eigenem Rechnungszinsfuß. Die Anpassung des gesamten Anwartschaftsbestandes an spätere Änderungen des Rechnungszinsfußes (nach oben oder unten) ist nicht erforderlich. Zum Zeitpunkt dieser Änderung ist nämlich noch nicht absehbar, welcher Rechnungszinsfuß bei künftigem (ggf. viele Jahre späterem) Eintritt des Versorgungsfalls für die Finanzierung der laufenden Leistung anzuwenden ist. Bei Eintritt des Versorgungsfalls kann der Rechnungszinsfuß nach § 65 VAG gleich hoch, höher oder niedriger sein als der Rechnungszinsfuß, der in der Vergangenheit im Jahr des Eintritts der Insolvenz zur Ermittlung des Barwerts der Anwartschaften anzuwenden war. 53

aa) Gleich hoher Rechnungszinsfuß

Wenn der Rechnungszinsfuß für die Finanzierung der zu erbringenden Leistung und der für die Berechnung des Barwerts der konkreten Anwartschaft gleich hoch ist, dann ist die Versorgungsleistung ausfinanziert. Das setzt voraus, dass der Rechnungszinsfuß nach § 65 VAG zum Zeitpunkt des Eintritts des Versorgungsfalls entsprechend höher ist als zum Zeitpunkt der ersten Berechnung des Barwerts der Anwartschaft am Ende des Insolvenzjahres. Für eine Anwartschaft aus einer Insolvenz aus den Jahren 2007 bis 2011 müsste der Rechnungszinsfuß nach § 65 VAG bei Eintritt des Versorgungsfalls dann 3,0 % betragen, bei einer Anwartschaft aus 2006 dementsprechend 3,67 % und bei einer Anwartschaft ab dem Jahr 2012 2,33 %. 54

bb) Höherer Rechnungszinsfuß

Wenn der Rechnungszinsfuß für die Finanzierung der zu erbringenden Leistung höher ist als der für die Berechnung des Barwerts der konkreten Anwartschaft, ist der Barwert der Anwartschaft höher als zur Finanzierung der Leistung erforderlich. Für eine Anwartschaft aus einer Insolvenz aus den Jahren 2007 bis 2011 müsste der Rechnungszinsfuß nach § 65 VAG bei Ein- 55 tritt des Versorgungsfalls dann höher als 3,0 % sein, bei einer Anwartschaft aus 2006 dementsprechend höher als 3,67 % und bei einer Anwartschaft ab dem Jahr 2012 höher als 2,33 %. Diese Barwertdifferenz kommt den insolvenzsicherungspflichtigen Arbeitgebern im Jahr des Eintritts des Versorgungsfalls zugute. Der Betrag wirkt reduzierend bei der Kalkulation des Beitragssatzes.

cc) Niedrigerer Rechnungszinsfuß

56 Wenn der Rechnungszinsfuß für die Finanzierung der zu erbringenden Leistung niedriger ist als der für die Berechnung des Barwerts der Anwartschaft, ist der Barwert der Anwartschaft niedriger als zur Finanzierung der Leistung erforderlich. Für eine Anwartschaft aus einer Insolvenz aus den Jahren 2007 bis 2011 müsste der Rechnungszinsfuß nach § 65 VAG bei Eintritt des Versorgungsfalls dann niedriger als 3,0 % sein, bei einer Anwartschaft aus 2006 dementsprechend niedriger als 3,67 % und bei einer Anwartschaft ab dem Jahr 2012 niedriger als 2,33 %. Die Barwertdifferenz ist von den zum Zeitpunkt des Eintritts des Versorgungsfalls insolvenzsicherungspflichtigen Arbeitgebern zu finanzieren. Dies entspricht der bisherigen Systematik des Finanzierungsverfahrens und ist keine Neuerung aufgrund der Umstellung des Finanzierungsverfahrens auf vollständige Kapitaldeckung.[38]

dd) Sonstige Barwertabweichungen

57 Unabhängig von der Entwicklung des Rechnungszinsfußes nach § 65 VAG kann es zu einer Differenz zwischen dem Barwert der Anwartschaft und dem zu finanzierenden Barwert der laufenden Leistung im Versorgungsfall kommen. Der Barwert der Zugänge der Anwartschaften wird im Insolvenzjahr entsprechend der zugrunde liegenden Versorgungsordnung u. a. unter Berücksichtigung des dort festgelegten Endalters (z. B. Vollendung des 65. Lebensjahres) berechnet, sowie anschließend zu jedem 31.12. der Folgejahre bis zum Eintritt des Versorgungsfalles. Wenn der Versorgungsfall vorzeitig eintritt (Alter, Invalidität, Tod), richtet sich die Höhe der für die Finanzierung der nun einsetzenden laufenden Leistung nach den dafür geltenden Bedingungen entsprechend der Versorgungsordnung. Somit kommt es in diesen Fällen zu einem Unterschied zwischen dem Barwert der Anwartschaft zum 31.12. des Jahres vor Eintritt des Versorgungsfalles und dem erforderlichen Finanzierungsaufwand in Höhe des Barwertes für die laufende Leistung. Diese ist

---

38 Vgl. Rdn. 61.

dann unter Berücksichtigung der ggf. unterschiedlichen Rechnungszinsfüße entsprechend einzuordnen.[39]

Es ist möglich, dass ein Zugang (unverfallbare Anwartschaft aus neuer Insolvenz) im selben Jahr noch zum Abgang wird (Umwandler). Auch dies wird durch die Methode, einerseits die Ansprüche (Renten, Umwandler) zu kalkulieren und andererseits die Differenz der Barwerte der Anwartschaften zu ermitteln, erfasst.[40]   58

Auch werden mit der Differenzmethode etwaige erforderliche Änderungen der **versicherungsmathematischen Rechnungsgrundlagen** (Biometrie) berücksichtigt. Der hieraus ggf. erforderliche zusätzliche Finanzierungsbedarf wird somit dem Jahr, in dem die Veränderung wirksam wird, zugeordnet.   59

Sofern diese Methode der Differenzfinanzierung zu einem **negativen Ergebnis** führt, d.h., die Barwerte der Abgänge aus dem Bestand größer als die Barwerte der Zugänge sind, reduziert sich der von den Arbeitgebern im laufenden Jahr zu finanzierende Schaden um diesen Betrag. Insoweit erfolgt dann eine finanzielle Entlastung gegenüber dem bisherigen Finanzierungsverfahren. Dies kann z.B. eintreten, wenn viele Versorgungsfälle aus Anwartschaften (Umwandler) eintreten, der Barwert der Anwartschaften des Vorjahres also dementsprechend sinkt und aus neuen Insolvenzen nur wenige oder keine Anwartschaften hinzukommen.   60

Auch bei Anwendung der **Methode der Differenzfinanzierung** im Rahmen der Umstellung des Finanzierungsverfahrens auf vollständige Kapitaldeckung bleibt das Finanzierungsverfahren des PSVaG **ein Bedarfsdeckungsverfahren**. Der jährlich erforderliche Bedarf wird auf die insolvensicherungspflichtigen Arbeitgeber umgelegt.   61

III. Verwaltungskosten und sonstige Kosten

Die Beiträge der Arbeitgeber müssen auch die **im laufenden Kalenderjahr entstehenden Verwaltungskosten und die sonstigen Kosten**, die mit der Gewährung der Leistungen zusammenhängen, decken (§10 Abs.2 S.3 1. Hs.). Die Verwaltungskosten umfassen sämtliche Personal- und Sachkosten, die durch die Erfüllung der gesetzlichen Aufgabe dem PSVaG als Träger der Insolvenzsicherung der betrieblichen Altersversorgung entstehen. Zu den   62

---

39 Vgl. Rdn. 54–61.
40 Vgl. Rdn. 46.

sonstigen Kosten, die mit der Gewährung der Leistungen der gesetzlichen Insolvenzsicherung zusammenhängen, gehören die Nebenkosten, die der Gesetzgeber nicht konkret angeben wollte oder konnte.

IV. Verlustrücklage und Ausgleichsfonds

63 Nach § 10 Abs. 2 S. 3 2. Hs. BetrAVG müssen auch die **Zuführung zur Verlustrücklage sowie zum Ausgleichsfonds** im jeweils laufenden Kalenderjahr durch die Beiträge gedeckt werden.

64 Das Gesetz bestimmt, dass § 37 VAG Anwendung findet. Danach hat die Satzung zu bestimmen, dass zur Deckung eines außergewöhnlichen Verlustes aus dem Geschäftsbetrieb eine **Verlustrücklage zu bilden** ist, welche Beträge jährlich zurückzulegen sind und welchen Mindestbetrag die Rücklage erreichen muss. Dieser Verpflichtung ist der PSVaG in § 5 Abs. 1 seiner Satzung nachgekommen. Der Verlustrücklage waren bis zur Höhe von 50 Mio. €, beginnend mit dem Geschäftsjahr 1995, jährlich mindestens 10 Mio. € zuzuführen. Seit 2000 werden ihr jährlich 2 % der Verlustrücklage, mindestens 1 Mio. € zugeführt. Eine Zuführung kann für ein Geschäftsjahr unterbleiben, in dem sich überdurchschnittliche Schadensaufwendungen ergeben. Eine Zuführung kann auch dann unterbleiben, wenn die Verlustrücklage mehr als 20 % des Durchschnittsschadens der letzten fünf Jahre beträgt. Die Höhe der Verlustrücklage betrug zum 31.12.2013 rd. 67,5 Mio. €.

65 Zur Höhe der im **Ausgleichsfonds anzusammelnden Mittel** hat die Bundesanstalt für Finanzdienstleistungsaufsicht (BaFin) festgelegt, dass diese den durchschnittlichen Jahresschadenaufwand der jeweils letzten fünf Jahre (Zielgröße) abdecken muss.[41] Die jährlichen Zuführungen zum Ausgleichsfonds errechnen sich aufgrund eines von der BaFin festgesetzten Verfahrens in Abhängigkeit von der tatsächlichen Höhe des Ausgleichsfonds und der Höhe der Zielgröße. Sie beträgt 20 % der Differenz zwischen der Zielgröße und dem Stand des Ausgleichsfonds laut vorjähriger Bilanz.

66 Der **Ausgleichsfonds kann** in einem von der BaFin zu genehmigenden Umfang **zur Ermäßigung der Beiträge herangezogen werden**, wenn sich ansonsten außergewöhnlich hohe Beiträge ergeben würden (§ 10 Abs. 2 S. 6 BetrAVG). Bei einer solchen Inanspruchnahme sind die aufsichtsrechtlichen Solvabilitätserfordernisse zu beachten. Zum Verhältnis zwischen Ausgleichs-

---

41 *Blomeyer/Rolfs/Otto* § 10 Rn. 65; *Höfer* BetrAVG, Rn. 4773 f. zu § 10.

fonds und Glättungsverfahren vgl. Rdn. 75 ff. Von dieser Möglichkeit hat der PSVaG in den Jahren 1982, 1993, 1996 und 2002 Gebrauch gemacht. Die Höhe des Ausgleichsfonds betrug am 31.12.2013 rd. 1.238 Mio. €.

V. Höhe des Beitrags

1. Grundsatz

Der **Beitragssatz** ergibt sich aus dem **Verhältnis des Beitragsbedarfs zur Höhe** 67 **der Beitragsbemessungsgrundlage** (§ 10 Abs. 2, 3 BetrAVG). Der Beitragsbedarf ergibt sich aus dem Saldo zwischen der Aufwands- und der Ertragseite des PSVaG.

Zur **Aufwandsseite** zählen: 68
– der auf das **volle Jahr hochgerechnete Schadenaufwand**, also der **Barwert** der im laufenden Kalenderjahr entstehenden Ansprüche zuzüglich der **Betrag** für die aufgrund eingetretener Insolvenzen zu sichernden gesetzlich unverfallbaren Anwartschaften in Form der Differenz der Barwerte dieser Anwartschaften am Ende des Kalenderjahres und am Ende des Vorjahres,[42] **vermindert um die Erträge** nach § 9 BetrAVG **aus der Abwicklung von Insolvenzverfahren** (z. B. Quotenzahlungen, Vermögensübergang bei Unterstützungskassen und Pensionsfonds),[43]
– die **Verwaltungskosten und sonstige Kosten** des PSVaG,[44]
– die Zuführung zur **Verlustrücklage und zum Ausgleichsfonds**.[45]

Zur **Ertragseite** zählen: 69
– **Netto-Erträge aus Kapitalanlagen**,
– **Überschussbeteiligung** vom Konsortium für das Vorjahr,[46]
– ggf. vorzunehmende Verrechnung der vorjährigen **Rückstellung für Beitragsrückerstattung**,
– ggf. Inanspruchnahme des **Ausgleichsfonds**.[47]

Die **Beitragsbemessungsgrundlage** ergibt sich aus der jährlichen Meldung der 70 insolvenzsicherungspflichtigen Arbeitgeber nach § 10 Abs. 3 BetrAVG i. V. m.

---

42 Vollständige Kapitaldeckung, vgl. Rdn. 44–61.
43 Vgl. § 9 Rdn. 12–37.
44 Vgl. Rdn. 62.
45 Vgl. Rdn. 63–66.
46 Vgl. § 8 Rdn. 5–10.
47 Vgl. Rdn. 66.

§ 11 Abs. 2 BetrAVG. Auf Basis der so ermittelten Werte wird regelmäßig im November eines Jahres vom Vorstand mit Zustimmung des Aufsichtsrats des PSVaG der für alle Arbeitgeber einheitliche Beitragssatz für das laufende Jahr festgesetzt. Aus diesem Grund wird der Schadenaufwand auf das volle Jahr hochgerechnet. Auf dieser Basis werden dann die Beitragsbescheide festgesetzt. Der gewichtete durchschnittliche Beitragssatz für die Jahre 1975 bis 2014 beträgt 3,0 Promille. Der gewichtete durchschnittliche Beitragssatz über die letzten fünf Jahre (2009–2013) 4,5 Promille.

2. Glättungsverfahren

71 In § 10 Abs. 2 S. 5 BetrAVG hat der Gesetzgeber neben der schon bisher möglichen Inanspruchnahme des Ausgleichsfonds[48] ein **Verfahren zur Glättung von Beitragsspitzen** eingeführt. Der von den insolvenzsicherungspflichtigen Arbeitgebern zu finanzierende erforderliche Beitrag kann, soweit er den des Vorjahres übersteigt, auf das laufende und die folgenden vier Jahre verteilt werden, also über maximal fünf Jahre. Das Glättungsverfahren ist geeignet, die Belastung der Arbeitgeber während der Umstellung des Finanzierungsverfahrens auf vollständige Kapitaldeckung und natürlich auch in der Zeit danach in einem vertretbaren Rahmen zu halten.[49]

72 Ausgangspunkt der Anwendung des Glättungsverfahrens ist der **Vergleich** der erforderlichen Beiträge im **aktuellen Jahr** zu denen des **Vorjahres**. Hierzu gehören nach dem Wortlaut des Gesetzes die nach den Sätzen 1 bis 3 von § 10 Abs. 2 BetrAVG erforderlichen Beiträge.[50] Beträgt die auf dieser Basis festgestellte Differenz z. B. 100 Mio. €, so können diese über maximal fünf Jahre verteilt werden, belastet die Arbeitgeber also im ersten Jahr nicht mit zusätzlich zu finanzierenden 100 Mio. €, sondern bei der längstmöglichen Laufzeit des Glättungsverfahrens und Gleichverteilung im laufenden und den nächsten vier Jahren mit jeweils »nur« 20 Mio. €. Durch dieses Glättungsverfahren können die **Beitragssätze** im Zeitablauf **tendenziell gleichmäßiger ausfallen** und höhere Beitragssatzsprünge vermieden werden.

73 Gegenüberzustellen sind nach dem Gesetzeswortlaut die nach den Sätzen 1 bis 3 des § 10 Abs. 2 BetrAVG erforderlichen Beiträge. Bei dem Vergleich der erforderlichen Beiträge im aktuellen Jahr zu denen des Vorjahres sind folglich

---

48 Vgl. Rdn. 66.
49 *Hoppenrath* FS Andresen, S. 115 ff.; *Hoppenrath/Berenz* DB 2007, 630.
50 Vgl. zur Aufwandseite der Finanzierung des PSVaG Rdn. 68.

ggf. bestehende **Tilgungsraten** aus der Anwendung des Glättungsverfahrens in **früheren Jahren außer Acht** zu lassen.

Hinzuweisen ist darauf, dass ein solches Glättungsverfahren, durch das die Finanzierung bestimmter Teile des bereits eingetretenen Schadens in die nächsten bis zu vier Jahre verschoben wird, nur dann vertretbar ist, wenn dies nicht die **Liquidität des PSVaG** beeinträchtigt. Diese Voraussetzung ist durch die Umstellung des Finanzierungsverfahrens auf **vollständige Kapitaldeckung** erfüllt. Die Rückstellung für die zu sichernden gesetzlich unverfallbaren Anwartschaften kann hier als Puffer dienen. **74**

Das Glättungsverfahren ist **unabhängig vom Ausgleichsfonds**, der nur mit Zustimmung der BaFin – wie bisher – als Reserve zur Verfügung steht, wenn sich ansonsten außergewöhnlich hohe Beiträge ergeben würden.[51] **75**

Es besteht allerdings ein bedeutender **wirtschaftlicher Zusammenhang**. Sofern das Glättungsverfahren angewendet worden ist kommt eine erneute Anwendung im Folgejahr nur in Betracht, wenn im Folgejahr die erforderlichen Beiträge höher sind als im Vorjahr. Falls dies nicht der Fall ist, kann das Glättungsverfahren nicht herangezogen werden, selbst dann, wenn außergewöhnlich hohe Beiträge erforderlich sein würden. In diesem Fall kann dennoch der Ausgleichsfonds zur Beitragsermäßigung herangezogen werden. Daraus folgt, das der Ausgleichsfonds grundsätzlich nicht in Anspruch genommen werden sollte in einem Jahr, in dem das Glättungsverfahren nach »normalen« Jahren wieder in Anspruch genommen wird. **76**

Das Glättungsverfahren ist als flexibles und wirksames zusätzliches Element zur Verstetigung der Beiträge und zur Dämpfung von Beitragsspitzen konzipiert. Die **Flexibilität** zeigt sich darin, dass der Gesetzgeber das Glättungsverfahren als »Kann«-Regelung vorgesehen hat und auch eine strenge Verteilung auf fünf Jahre nicht zwingend ist. Dadurch kann der PSVaG flexibel auf die Entwicklung in der Praxis reagieren. Die Zustimmung zur Inanspruchnahme des Glättungsverfahrens durch die BaFin ist nicht erforderlich und daher vom Gesetzgeber nicht vorgesehen. **77**

Im Jahr **2009** wurde erstmals vom **Glättungsverfahren Gebrauch** gemacht. Die schwerste Wirtschaftskrise seit Bestehen der Bundesrepublik Deutschland hat zum bisher höchsten Schadenvolumen geführt. Der Beitragssatz für das Jahr 2009 wurde auf **14,2 Promille** festgesetzt. Insgesamt beträgt der zu **78**

---

51 Vgl. Rdn. 66.

finanzierende Aufwand 4.047 Mio. €. Die Verteilung über die Jahre 2009 bis 2013 bedeutet konkret, dass von den Arbeitgebern bis zum Jahresende 2009 2.337 Mio. € zu zahlen sind (Liquiditätsbelastung von 8,2 Promille). Der darüber hinausgehende Teil von 1.710 Mio. € ist in vier gleichen Teilbeträgen von je 427,5 Mio. € am Ende der Jahre 2010 bis 2013 fällig, zusätzlich zu den »normalen« Beiträgen dieser Jahre. Dies entspricht jeweils 1,5 Promille Liquiditätsbelastung.[52]

3. Vorschuss

79   Der PSVaG erteilt grds. allen Mitgliedern Mitte November jeden Jahres einen beziffertem Beitragsbescheid für das laufende Jahr, der am Ende des Kalenderjahres fällig ist.[53] Zur Sicherstellung der Liquidität des PSVaG im Hinblick auf die Leistungsverpflichtung aus im Kalenderjahr neu eintretenden Insolvenzen kann der PSVaG auf die am Ende des Kalenderjahres fälligen Beiträge **Vorschüsse erheben** (§ 10 Abs. 2 S. 4 BetrAVG). Davon hat der PSVaG zuletzt für das Jahr 2008 Gebrauch gemacht.

C. Berechnung der Beitragsbemessungsgrundlage (§ 10 Abs. 3 BetrAVG)

I. Grundsatz

80   Der nach § 10 Abs. 2 BetrAVG ermittelte Gesamtbedarf des PSVaG wird durch eine Aufteilung auf alle insolvenzsicherungspflichtigen Arbeitgeber finanziert. Das Verteilungsprinzip sieht eine Heranziehung des einzelnen Arbeitgebers entsprechend seinem relativen Anteil an der Summe des Gesamtwertes aller insolvenzsicherungspflichtigen betrieblichen Altersversorgungen vor. Der Wert der betrieblichen Altersversorgung des einzelnen Arbeitgebers ist dessen **individuelle Beitragsbemessungsgrundlage**, die Summe aller Beitragsbemessungsgrundlagen die **(Gesamt-) Beitragsbemessungsgrundlage des PSVaG**. Der für alle Arbeitgeber einheitliche Beitragssatz ergibt sich dadurch, dass der Beitragsbedarf ins Verhältnis zur (Gesamt-) Beitragsbemessungsgrundlage gesetzt wird (§ 10 Abs. 2 S. 2 BetrAVG).

81   Die **Beitragsbemessungsgrundlage** bezieht sich auf die **laufenden Versorgungsleistungen** und die nach § 1b BetrAVG – **gesetzlich** – **unverfallbaren**

---

52 Die Festsetzung des Beitragssatzes von 14,2 Promille ist verfassungs- und rechtsprechungskonform. BVerwG 12.03.2014 – 8 C 27.12, u. a.
53 Vgl. Rdn. 25, 31.

Anwartschaften (§ 10 Abs. 3 BetrAVG). Sie ist festzustellen auf den Schluss des Wirtschaftsjahres des Arbeitgebers (**Bilanzstichtag**), das im abgelaufenen Kalenderjahr geendet hat (**Stichtagsprinzip**).

Sofern eine öffentlich-rechtliche Körperschaft im Rahmen eines Betriebsüber- 82 gangs zum 1. Januar eines Jahres auf eine AG übertragen wird, ist die AG auch für das Beginnjahr verpflichtet, Beiträge an den PSVaG zu entrichten. Zwar bestimmt sich die Höhe der Beiträge gem. § 10 Abs. 3 2. HS BetrAVG grundsätzlich nach den Verhältnissen zum Bilanzstichtag des Vorjahres. Zu diesem Zeitpunkt war die AG noch nicht insolvenzsicherungspflichtig und die öffentlich-rechtliche Körperschaft gem. § 17 Abs. 2 BetrAVG auch nicht. Das BVerwG sieht in diesem Effekt jedoch eine planwidrige Regelungslücke, die im Wege der Auslegung so zu schließen ist, dass die AG auch bei einem Betriebsübergang zum 1. Januar eines Jahres schon in diesem Jahr melde- und beitragspflichtig zum PSVaG ist.[54]

Das Gesetz enthält differenzierte Regelungen zur Berechnung der Beitrags- 83 bemessungsgrundlage für die einzelnen unter Insolvenzschutz stehenden Durchführungswege der betrieblichen Altersversorgung (§ 10 Abs. 3 Nr. 1 bis 4 BetrAVG). Dabei wird **kein insolvenzsicherungsspezifisches Berechnungsverfahren** entwickelt. Vielmehr orientiert sich die Ermittlung der Beitragsbemessungsgrundlage an Bewertungsregeln des Steuerrechts. Dadurch sollten gesonderte Berechnungen weitgehend vermieden werden. Die dem PSVaG im Rahmen der Meldung der Beitragsbemessungsgrundlage vorzulegenden Unterlagen ergeben sich aus § 11 Abs. 2 BetrAVG.

1. Unmittelbare Versorgungszusagen

Bei Arbeitgebern, die Leistungen der betrieblichen Altersversorgung unmittel- 84 bar zugesagt haben, ist Beitragsbemessungsgrundlage der **Teilwert der Pensionsverpflichtung nach § 6a Abs. 3 EStG**, der einen Rechnungszins von 6 % vorschreibt.

Unmittelbare Versorgungszusagen unterfallen der Insolvenzsicherungs- und 85 Beitragspflicht nach dem BetrAVG auch, wenn sie durch den Abschluss einer **Rückdeckungsversicherung** und durch die Verpfändung des Versicherungsanspruchs an den Versorgungsberechtigten gesichert sind. Die für Pensionsfonds geltende Regelung zur Reduzierung der Beitragsbemessungsgrundlage ist auf

---

54 BVerwG 28.10.2009, 8 C 11.09, BetrAV 2010, 183.

solche Zusagen nicht entsprechend anzuwenden. Das BetrAVG knüpft für die Frage der Beitragspflicht und -höhe allein an den gewählten Durchführungsweg an und damit an die rechtliche Konstruktion des Primäranspruches und dem sich daraus ergebenden abstrakten Insolvenzrisiko.[55] Dies gilt auch für unmittelbare Versorgungszusagen, für die ein sog. **Contractual Trust Arrangement (CTA)** gebildet wird.[56]

2. Unterstützungskassen

86 Bei Arbeitgebern, die eine betriebliche Altersversorgung über eine Unterstützungskasse durchführen, ist Beitragsbemessungsgrundlage das **Deckungskapital für die laufenden Leistungen** (§ 4d Abs. 1 Nr. 1 Buchstabe a EStG) **zzgl. des Zwanzigfachen der** nach § 4d Abs. 1 Nr. 1 Buchstabe b S. 1 EStG **errechneten jährlichen Zuwendungen für Leistungsanwärter** i. S. v. § 4d Abs. 1 Nr. 1 Buchstabe b S. 2 EStG.[57] Der Gesetzgeber hat hier ein pauschales Verfahren gewählt, um den Arbeitgebern die Kosten eines versicherungsmathematischen Gutachtens entsprechend § 6a EStG zu ersparen.

87 Unterstützungskassenzusagen unterfallen der Insolvenzsicherungs- und Beitragspflicht nach dem BetrAVG auch, wenn sie durch den Abschluss einer **Rückdeckungsversicherung** und durch die Verpfändung des Versicherungsanspruchs an den Versorgungsberechtigten gesichert sind. Die für Pensionsfonds geltende Regelung zur Reduzierung der Beitragsbemessungsgrundlage ist auf solche Zusagen nicht entsprechend anzuwenden. Das BetrAVG knüpft für die Frage der Beitragspflicht und -höhe allein an den gewählten Durchführungsweg an und damit an die rechtliche Konstruktion des Primäranspruches und dem sich daraus ergebenden abstrakten Insolvenzrisiko.[58]

---

55 BVerwG 25.08.2010, 8 C 40.09, DB 2011, 181: Eine Verfassungsbeschwerde gegen dieses Urteil des BVerwG wurde vom BVerfG nicht zur Entscheidung angenommen. BVerfG 16.7.2012, 1 BvR 2983/10. *Wohlleben* FS Höfer, S. 316 ff.; *ders.* BB 2010, 1659.

56 VerwG Hamburg 6.6.2011, 10 K 527/09, nrkr.

57 Diese Berechnungsmethode ist rechtmäßig und verletzt weder das Äquivalenzprinzip noch den allgemeinen Gleichheitssatz: BVerwG 12.10.2011, 8 C 19.10, BetrAV 2012, 82.

58 BVerwG 25.8.2011, 8 C 23.09, DB 2011, 184; *Wohlleben* FS Höfer, S. 316 ff.; *ders.* BB 2010, 1659.

3. Direktversicherungen

Bei Arbeitgebern, die eine betriebliche Altersversorgung über eine Direktver-   **88**
sicherung zusagen ist zu **differenzieren** (§ 10 Abs. 3 Nr. 2 BetrAVG):

–   Bei Direktversicherungen mit **widerruflichem Bezugsrecht** das vom
Lebensversicherungsunternehmen berechnete geschäftsplanmäßige
Deckungskapital oder, soweit die Berechnung des Deckungskapitals nicht
zum Geschäftsplan gehört, die Deckungsrückstellung (§ 10 Abs. 3 Nr. 2
BetrAVG), Gewinnanteile sind jeweils mit einzubeziehen, wenn sie den
Arbeitnehmern zustehen;

–   Bei Direktversicherungen mit **unwiderruflichem Bezugsrecht**, die **abgetreten** oder **verpfändet** sind, das vom Lebensversicherungsunternehmen berechnete geschäftsplanmäßige Deckungskapital oder, soweit die
Berechnung des Deckungskapitals nicht zum Geschäftsplan gehört, die
Deckungsrückstellung (§ 10 Abs. 3 Nr. 2 BetrAVG), Gewinnanteile sind
jeweils mit einzubeziehen, wenn sie den Arbeitnehmern zustehen;

–   Bei Direktversicherungen mit **unwiderruflichem Bezugsrecht**, die **beliehen** sind, der vom Lebensversicherungsunternehmen bescheinigte belie-
hene Betrag (§ 10 Abs. 3 Nr. 2 BetrAVG).

4. Pensionsfonds

Bei Arbeitgebern, die eine betriebliche Altersversorgung über einen Pensions-   **89**
fonds durchführen, ist Beitragsbemessungsgrundlage 20 % des **Teilwerts der
Pensionsverpflichtung nach § 6a Abs. 3 EStG** mit dem gesetzlich vorgeschriebenen Rechnungszins von 6 % entsprechend der Regelung für unmittelbare
Versorgungszusagen.[59] Mit dem gegenüber einer Direktzusage des Arbeitgebers auf ein Fünftel ermäßigten Beitrag für die Insolvenzsicherung bei der
Durchführung der betrieblichen Altersversorgung über einen Pensionsfonds
soll nach der Begründung des Gesetzgebers dem geringeren Insolvenzrisiko
Rechnung getragen werden.[60]

---

59 Gesetz zur Änderung des Sozialgesetzbuches und anderer Gesetze vom 24.7.2003
    (BGBl. I S. 1526). Mit dem rückwirkenden Inkrafttreten ab 1.1.2002 besteht schon
    bei der ersten Meldung von Pensionsfondszusagen – die bis zum 30.9.2003 vorzu-
    nehmen ist – die Meldepflicht nur in Höhe der ermäßigten Beitragsbemessungs-
    grenze.
60 *Berenz* Gesetzesmaterialien, S. 322.

90

Durchführungsweg	Berechnungsvorschrift für die Ermittlung der Beitragsbemessungsgrundlage
unmittelbare Versorgungszusage	§ 10 Abs. 3 Nr. 1 BetrAVG i. V. m. § 6a Abs. 3 EStG
Unterstützungskasse	§ 10 Abs. 3 Nr. 3 BetrAVG i. V. m. **§ 4d Abs. 1 Nr. 1a und § 4d Abs. 1 Nr. 1b S. 1 und 2 EStG**
Direktversicherung	widerrufliche oder (unwiderrufliche) abgetretene, beliehene oder verpfändete Direktversicherung: **§ 10 Abs. 3 Nr. 2 BetrAVG** unwiderrufliche, die nicht abgetreten, verpfändet oder beliehen sind: keine Insolvenzsicherungspflicht
Pensionsfonds	§ 10 Abs. 3 Nr. 4 BetrAVG i. V. m. § 10 Abs. 3 Nr. 1 BetrAVG i. V. m. **§ 6a Abs. 3 EStG**

Abb.: Berechnung der Beitragsbemessungsgrundlage

5. Änderungen der betrieblichen Altersversorgung beim einzelnen Arbeitgeber

91 **Änderungen in der Struktur** der insolvenzsicherungspflichtigen betrieblichen Altersversorgung beim einzelnen Arbeitgeber **wirken sich auf die Berechnung der Beitragsbemessungsgrundlage aus.** Da diese jährlich vorzunehmen ist (§ 11 Abs. 2 S. 1 BetrAVG), erfolgt in diesem Zusammenhang jeweils die **Aktualisierung.**[61] Es gilt das **Stichtagsprinzip** des § 10 Abs. 3 BetrAVG, nämlich die Beurteilung der Situation am Schluss des Wirtschaftsjahres des Arbeitgebers (Bilanzstichtag), das im abgelaufenen Kalenderjahr geendet hat (regelmäßig der 31.12. dieses Jahres[62]). Änderungen in der Struktur der insolvenzsicherungspflichtigen betrieblichen Altersversorgung können sich z. B. ergeben durch Verbesserungen oder Verschlechterungen der Zusagen im rechtlich zulässigen Rahmen, durch Eintreten von Versorgungsfällen, Tod von

---

61 *Andresen/Förster/Rößler/Rühmann* Teil 13 B, Rn. 640 ff.

62 Liegt der Bilanzstichtag z. B. am 30. 9., ist dieser Stichtag für die Berechnung der Beitragsbemessungsgrundlage des folgenden Jahres maßgeblich.

Rentnern, Eintritt der gesetzlichen Unverfallbarkeit oder auch durch Änderung/Hinzutreten/Wegfall eines Durchführungsweges.[63]

Der **Wechsel** des Durchführungswegs der betrieblichen Altersversorgung 92
von einer **unmittelbaren Versorgungszusage** in eine Versorgung über einen
Pensionsfonds während des laufenden Wirtschaftsjahres wirkt sich ebenso
wie jede andere Änderung der Bemessungsgrundlage erst im nachfolgenden
Kalenderjahr auf die Höhe des Beitrags aus.[64]

6. Kleinstbetragsregelungen

a) Alle Durchführungswege

Im Jahr 1990 wurde durch Beschluss der Mitgliederversammlung des PSVaG 93
v. 20.6.1990 und Genehmigung der Bundesanstalt für Finanzdienstleistungsaufsicht v. 1.8.1990 die sog. **Kleinstbetragsregelung**[65]**für die Mitglieder des
PSVaG eingeführt (§ 9 AIB). Auf Antrag** können Mitglieder des PSVaG,
die eine **Beitragsbemessungsgrundlage von bis zu 60.000 €** haben, an der
Kleinstbetragsregelung teilnehmen. Danach wird die zu Beginn nachgewiesene Beitragsbemessungsgrundlage für die Dauer von fünf Jahren unverändert
verwandt. Die Beiträge werden am Ende des Fünf-Jahres-Turnus mit den
für die einzelnen Jahre festgelegten Beitragssätzen in einem Beitrag erhoben.
Grund für die Einführung dieser Vorschrift ist der Effekt, dass bei einer Beitragsbemessungsgrundlage bis zu 60.000 € die Kosten für die Ermittlung dieser Bezugsgröße oft höher sein können, als der sich daraus ergebende Beitrag,
der an den PSVaG zu zahlen ist.

Die Kleinstbetragsregelung findet nur Anwendung, wenn das betreffende 94
Mitglied ausdrücklich die Teilnahme beantragt. Sofern ein teilnahmeberech-
tigtes Mitglied nicht mehr an der Kleinstbetragsregelung teilnehmen möchte,
kann es dies dem PSVaG schriftlich mitteilen.

---

63 Vgl. zu den Auswirkungen der Änderung des Durchführungswegs der betrieblichen
Altersversorgung das Merkblatt 300/M 9, das im Internet unter www.psvag.de zur
Verfügung steht.
64 BVerwG 23.1.2008, 6 C 19.07, ZIP 2008, 752 = BetrAV 2008, 717.
65 Vgl. zu den Einzelheiten dieses Verfahrens das Merkblatt 210/M 21b des PSVaG
und § 9 der AIB des PSVaG, die unter www.psvag.de im Internet zur Verfügung
stehen.

b) Unmittelbare Zusagen

95 Als Alternative zur jährlichen Einholung eines versicherungsmathematischen Gutachtens bietet der PSVaG für **unmittelbare Versorgungszusagen** mit einer **Beitragsbemessungsgrundlage bis 250.000 €** Sonderregelungen[66] an, die im Wesentlichen Folgendes vorsehen:

– Bei **reinen Rentnerbeständen** aus unmittelbaren Versorgungszusagen und einer **Beitragsbemessungsgrundlage von 60.000 € bis 150.000 €** kann eine einmal nachgewiesene Beitragsbemessungsgrundlage für diesen Personenkreis unverändert für die Folgejahre gemeldet werden;

– Bei **reinen Rentnerbeständen von 150.000 € bis 250.000 €** kann in dem versicherungsmathematischen Gutachten neben der Ermittlung des Barwerts für das Meldejahr eine Vorausberechnung für die vier folgenden Jahre durchgeführt werden; in diesem Fall werden die auf fünf Jahre vorausberechneten Werte als Meldung für das jeweilige Jahr zugrunde gelegt;

– Bei **reinen Anwärterbeständen oder gemischten Anwärter- und Rentnerbeständen mit einer Beitragsbemessungsgrundlage von 60.000 € bis 250.000 €** erhöht der PSVaG für die vier gutachtenfreien Jahre die Beitragsbemessungsgrundlage des Vorjahres jeweils pauschal um 15 %.

II. Besonderheiten

1. Höchstgrenze nach § 7 Abs. 3 BetrAVG

96 Ein die **Höchstgrenze nach § 7 Abs. 3 BetrAVG (3fache der Bezugsgröße nach § 18 SGB IV)**[67]**übersteigender Teil einer Zusage** auf betriebliche Altersversorgung **untersteht nicht dem** gesetzlichen Insolvenzschutz. Im Jahr 2014 beträgt die Höchstgrenze in den alten Bundesländern 8.295 € (in den neuen 7.035 €) monatlich.[68] Kapitalleistungen sind nach § 7 Abs. 3 S. 2 BetrAVG in einen Anspruch auf monatlich laufende Leistungen umzurechnen.

---

66 Vgl. zu den Einzelheiten dieses Verfahrens §§ 10 und 11 der AIB des PSVaG, die unter www.psvag.de im Internet zur Verfügung stehen.

67 Vgl. i. E. § 7 Rdn. 129–136. Zum Versorgungsausgleich vgl. § 7 Rdn. 131 und Anh. I Rdn. 53.

68 Zur Differenzierung zwischen den alten und neuen Ländern vgl. § 7 Rdn. 132.

Höchstgrenzen der insolvenzgeschützten Leistungen nach § 7 Abs. 3 BetrAVG

	Alte Länder		Neue Länder	
	mtl. Leistung	Kapitalleistung	mtl. Leistung	Kapitalleistung
2009	7.560,00 €	907.200,00 €	6.405,00 €	768.600,00 €
2010	7.665,00 €	919.800,00 €	6.510,00 €	781.200,00 €
2011	7.665,00 €	919.800,00 €	6.720,00 €	806.400,00 €
2012	7.875,00 €	945.000,00 €	6.720,00 €	806.400,00 €
2013	8.085,00 €	970.200,00 €	6.825,00 €	819.000,00 €
2014	8.295,00 €	995.400,00 €	7.035,00 €	844.200,00 €

Es erscheint bei einem Überschreiten dieser Höchstgrenze unbillig, die 98
gesamte Pensionsverpflichtung der Beitragsbemessung zu unterwerfen. Daher
akzeptiert der PSVaG Meldungen, die auf Basis des insolvenzgeschützten Teils
der Pensionsverpflichtungen beruhen.[69] Alternativ können die meldepflichtigen Arbeitgeber den Teilwert der gesamten Pensionsverpflichtung – also
einschließlich des nicht insolvenzgeschützten Teils – melden, um gesonderte
Berechnungen bezogen auf den insolvenzgeschützten Teil der Zusage zu vermeiden.[70] Diese Verfahrensweise empfiehlt sich z. B. bei nur geringer Überschreitung der Grenze.

2. Beitragszusage mit Mindestleistung

Die **Einstandspflicht des PSVaG** bei Beitragszusagen mit Mindestleistung 99
(§ 1 Abs. 2 Nr. 2 BetrAVG) richtet sich nach der **arbeitsrechtlichen Verpflichtung des Arbeitgebers** aus der Versorgungszusage. Dies ergibt sich für
laufende Leistungen aus § 7 Abs. 1 BetrAVG, der den Verpflichtungsumfang
des PSVaG nach der Leistung bemisst, die der solvente Arbeitgeber aufgrund
der Versorgungszusage zu erbringen hätte, wenn das Insolvenzverfahren nicht
eröffnet worden wäre. Bei unverfallbaren Anwartschaften ergibt sich dies aufgrund der Verweisung in § 7 Abs. 2 BetrAVG auf die Berechnungsvorschrift
des § 2 Abs. 5b BetrAVG.

---

69 Vgl. Merkblatt 300/M 13 des PSVaG, das im Internet unter www.psvag.de zur
   Verfügung steht. *Wohlleben* DB 1998, 1230, 1231.
70 Vgl. Merkblatt 300/M 13 des PSVaG, das im Internet unter www.psvag.de zur
   Verfügung steht.

100 Folglich ist der Berechnung der **Beitragsbemessungsgrundlage auch nur diese Mindestleistung** zugrunde zu legen. Sofern der Arbeitgeber in der Zusage eine weiter gehende Verpflichtung übernommen hat – z. B. einen **Garantiezins** – ist dies auch in die Beitragsbemessungsgrundlage aufzunehmen.

101 Als insolvenzsicherungspflichtiger Durchführungsweg kommt aus Sicht der gesetzlichen Insolvenzsicherung bei dieser Zusageform praktisch nur der **Pensionsfonds** infrage (Direktversicherungen unterliegen nur selten der Insolvenzsicherungspflicht, vgl. § 7 BetrAVG).

102 Bei einer Beitragszusage mit Mindestleistung – ohne weiter gehende arbeitsrechtliche Verpflichtung des Arbeitgebers – ist Basis für die Höhe der **Beitragsbemessungsgrundlage**:

– Bei **Versorgungsempfängern** grds. die Höhe der Mindestleistung, also der Leistung aus der Summe der bis zum Eintritt des Versorgungsfalls oder dem vorherigen Ausscheiden zugesagten Beiträge, soweit sie nicht rechnungsmäßig für einen biometrischen Risikoausgleich verbraucht wurden (**Mindestleistungsrente**);

– Bei gesetzlich **unverfallbaren Anwartschaften** die Summe der bis zum Eintritt des Sicherungsfalls oder dem vorherigen Ausscheiden zugesagten Beiträge, soweit sie nicht rechnungsmäßig für einen biometrischen Ausgleich verbraucht wurden (**Mindestleistung**).

3. Entgeltumwandlungszusagen (§ 7 Abs. 5 S. 3 Nr. 1 BetrAVG)

103 Nach § 7 Abs. 5 S. 3 1. Hs. BetrAVG werden von der gesetzlichen Insolvenzsicherung Zusagen und Verbesserungen von Zusagen nicht berücksichtigt, soweit sie in den **letzten beiden Jahren vor Eintritt des Sicherungsfalls** erfolgt sind (**Ausschlussfrist**).[71]

104 Nach § 7 Abs. 5 S. 3 Nr. 1 BetrAVG gilt die **Ausschlussfrist von zwei Jahren** gem. § 7 Abs. 5 S. 3 1. Hs. BetrAVG **nicht für ab 2002 erteilte Entgeltumwandlungszusagen, soweit Beträge von bis zu 4 %** der Beitragsbemessungsgrenze in der allgemeinen Rentenversicherung umgewandelt werden.[72] Hier ist folglich zu **differenzieren** nach Teilen der Anwartschaften, die auf umge-

---

71 Vgl. § 7 Rdn. 162–182, i. E. *Berenz* FS Kemper, S. 5 ff.

72 Aufgrund der unterschiedlichen gesetzlichen Regelungen sind Entgeltumwandlungszusagen die vor 2011 oder in 2001 erteilt wurden differenziert zu sehen, vgl. 5. Aufl., § 10 Rn. 104 ff.

wandeltem Entgelt von jährlich bis zu und über 4 % dieser Grenze (2013: 2.856 € p. a. alte Länder, 2.400 € p. a. neue Länder) beruhen:

– **Bis zu 4 % BBG:** Diese Teilanwartschaft unterliegt wegen der sofortigen gesetzlichen Unverfallbarkeit **unmittelbar der Melde- und Beitragspflicht**. Die zweijährige Ausschlussfrist findet nach § 7 Abs. 5 S. 3 Nr. 1 BetrAVG insoweit keine Anwendung.

  – Bei bereits aus anderen Gründen bestehender Melde- und Beitragspflicht ist dieser Teil der Zusage entsprechend dem gesetzlichen Stichtagsprinzip erstmals in die Meldung des Jahres einzubeziehen, deren maßgeblicher Bilanzstichtag nach der Erteilung der Zusage liegt.

  – Bei vom Kalenderjahr abweichenden Wirtschaftsjahren ist das Stichtagsprinzip des § 10 Abs. 3 BetrAVG zu beachten. Arbeitgeber, die noch nicht Mitglied des PSVaG sind, müssen sich innerhalb von drei Monaten ab Zusageerteilung beim PSVaG melden.

– **Über 4 % BBG:** Diese Teilanwartschaft unterliegt – obwohl sofort gesetzlich unverfallbar – wegen der hierfür bestehenden zweijährigen Ausschlussfrist des § 7 Abs. 5 S. 3 1. Hs. BetrAVG der **Melde- und Beitragspflicht erst zwei Jahre nach Erteilung der Zusage**.

  – Bei bereits aus anderen Gründen bestehender Melde- und Beitragspflicht ist dieser Teil der Zusage entsprechend dem gesetzlichen Stichtagsprinzip erstmals in die Meldung des Jahres einzubeziehen, deren maßgeblicher Bilanzstichtag mehr als zwei Jahre nach der Erteilung der Zusage liegt. Bei vom Kalenderjahr abweichenden Wirtschaftsjahren ist das Stichtagsprinzip des § 10 Abs. 3 BetrAVG zu beachten.

Bei **Entgeltumwandlungszusagen** sind für die Bestimmung des beitragspflichtigen Teils der Pensionsverpflichtungen eigentlich gesonderte Berechnungen bezogen auf den insolvenzgeschützten Teil der Zusage erforderlich, je nach dem, ob die Zusage im Jahr 2001 oder ab 2002 und in welcher Höhe erteilt wurde. Zur Vermeidung solcher Berechnungen und damit zur **Verwaltungsvereinfachung** können die meldepflichtigen Arbeitgeber die auf Entgeltumwandlung beruhenden Anwartschaften auch bereits in den ersten beiden Jahren in ihre Beitragsbemessungsgrundlage mit einbeziehen – also einschließlich des nicht insolvenzgeschützten Teils –, um auf diesem Weg besondere Berechnungen der Anwartschaften zu vermeiden. **105**

| 106 | Erteilung der Entgeltum-
wandlungszusagen | Entgeltumwandlung **bis 4 % der BBG** in der allg. Rentenvers.:
– Insolvensicherungspflicht besteht für diesen Teil mit Erteilung der Zusage (§ 7 Abs. 5 S. 3 Nr. 1 BetrAVG).

Entgeltumwandlung **über 4 % der BBG** in der allg. Rentenvers.:
– Insolvensicherungspflicht besteht für diesen Teil
  – bei Erfüllung der Unverfallbarkeitsfristen (§ 1b Abs. 1 BetrAVG i. V. m. § 30f BetrAVG) oder
  – bei Eintritt eines Versorgungsfalls (außerhalb der Zwei-Jahres-Frist des § 7 Abs. 5 S. 3 BetrAVG). |

Abb.: Beginn der Melde- und Beitragspflicht (Insolvensicherungspflicht) bei Entgeltumwandlung

4. Portabilität (§ 7 Abs. 5 S. 3 Nr. 2 BetrAVG)

107 Durch das Alterseinkünftegesetz ist mit Wirkung ab 1.1.2005 eine weitere **Ausnahme vom Leistungsausschluss** innerhalb von zwei Jahren vor der Insolvenz eingeführt worden. Danach besteht auch in den ersten beiden Jahren gesetzlicher Insolvenzschutz für im Rahmen von Übertragungen gegebenen Zusagen, soweit der **Übertragungswert die Beitragsbemessungsgrenze in der allgemeinen Rentenversicherung** (2014: 71.400 € p. a. alte Länder und 60.000 € p. a. neue Länder) **nicht übersteigt** (§ 7 Abs. 5 S. 3 Nr. 2 BetrAVG).[73]

108 Es erscheint bei einem Überschreiten dieser Grenze unbillig, die gesamte Pensionsverpflichtung der Beitragsbemessung zu unterwerfen. Daher akzeptiert der PSVaG Meldungen, die auf Basis des insolvenzgeschützten Teils der Pensionsverpflichtungen beruhen.[74] Alternativ können die meldepflichtigen Arbeitgeber den Teilwert der gesamten Pensionsverpflichtung – also einschließlich des nicht insolvenzgeschützten Teils – melden, um gesonderte

---

73 Vgl. § 7 Rdn. 177; i. E. *Berenz* FS Kemper, S. 5 ff.
74 Vgl. Merkblatt 300/M 13 des PSVaG, das im Internet unter www.psvag.de zur Verfügung steht.

Berechnungen bezogen auf den insolvenzgeschützten Teil der Zusage zu vermeiden.[75] Diese Verfahrensweise empfiehlt sich z. B. bei nur geringer Überschreitung der Grenze.

5. Nachträgliche Korrektur der Beitragsbemessungsgrundlage

Der Beitragsbescheid des PSVaG beruht auf der vom Arbeitgeber selbstverantwortlich ermittelten Beitragsbemessungsgrundlage. Sofern diese **Beitragsbemessungsgrundlage falsch ermittelt** worden ist – zu hoch oder zu niedrig – richten sich die Möglichkeiten der nachträglichen **Änderung eines Beitragsbescheids** nach §§ 48 ff. VwVfG.[76] Der PSVaG ist nur auf Basis eines neuen Beitragsbescheides berechtigt, Nachforderungen zu erheben oder Erstattungen vorzunehmen. Dabei wird immer der Beitragssatz angewendet, der in dem von der Korrektur betroffenen Jahr galt. **109**

Die Verzinsung und Verjährung von Nachforderungsansprüchen des PSVaG sowie Erstattungsansprüchen der Arbeitgeber sind in § 10a BetrAVG geregelt. **110**

D. Zwangsvollstreckung (§ 10 Abs. 4 BetrAVG)

Die Zwangsvollstreckung findet in **entsprechender Anwendung der ZPO** statt (§ 10 Abs. 4 S. 1 BetrAVG). Als sog. beliehenes Unternehmen erlässt der PSVaG Beitragsbescheide, aus denen er erforderlichenfalls unmittelbar die Vollstreckung betreiben kann (§ 10 Abs. 4 S. 2 BetrAVG). Für Rechtsstreitigkeiten ist der Rechtsweg zu den Verwaltungsgerichten eröffnet.[77] **111**

§ 10a Säumniszuschläge; Zinsen; Verjährung

(1) **Für Beiträge, die wegen Verstoßes des Arbeitgebers gegen die Meldepflicht erst nach Fälligkeit erhoben werden, kann der Träger der Insolvenzsicherung für jeden angefangenen Monat vom Zeitpunkt der Fälligkeit an einen Säumniszuschlag in Höhe von bis zu eins vom Hundert der nacherhobenen Beiträge erheben.**

---

75 Vgl. Merkblatt 300/M 13 des PSVaG, das im Internet unter www.psvag.de zur Verfügung steht.

76 *Andresen/Förster/Rößler/Rühmann* Teil 13 B, Rn. 680; *Höfer* BetrAVG, Rn. 4924 zu § 10.

77 *Blomeyer/Rolfs/Otto* § 10 Rn. 182; *Höfer* BetrAVG, Rn. 4937 zu § 10; *Paulsdorff* § 10 Rn. 130.

(2) [1]Für festgesetzte Beiträge und Vorschüsse, die der Arbeitgeber nach Fälligkeit zahlt, erhebt der Träger der Insolvenzsicherung für jeden Monat Verzugszinsen in Höhe von 0,5 vom Hundert der rückständigen Beiträge. [2]Angefangene Monate bleiben außer Ansatz.

(3) [1]Vom Träger der Insolvenzsicherung zu erstattende Beiträge werden vom Tage der Fälligkeit oder bei Feststellung des Erstattungsanspruchs durch gerichtliche Entscheidung vom Tage der Rechtshängigkeit an für jeden Monat mit 0,5 vom Hundert verzinst. [2]Angefangene Monate bleiben außer Ansatz.

(4) [1]Ansprüche auf Zahlung der Beiträge zur Insolvenzsicherung gemäß § 10 sowie Erstattungsansprüche nach Zahlung nicht geschuldeter Beiträge zur Insolvenzsicherung verjähren in sechs Jahren. [2]Die Verjährungsfrist beginnt mit Ablauf des Kalenderjahres, in dem die Beitragspflicht entstanden oder der Erstattungsanspruch fällig geworden ist. [3]Auf die Verjährung sind die Vorschriften des Bürgerlichen Gesetzbuchs anzuwenden.

A. Beitragsforderung des PSVaG

I. Entstehung

Die Beitragspflicht entsteht mit der **Erfüllung der gesetzlichen Voraussetzungen**. Dies sind der Eintritt der ersten gesetzlich unverfallbaren Anwartschaft oder der Eintritt eines Versorgungsfalls.[1] **1**

Fristbeginn und -ablauf richten sich nach den allgemeinen Vorschriften der §§ 186 ff. BGB.[2] **2**

II. Fälligkeit

Die Beiträge zur gesetzlichen Insolvenzsicherung werden nach § 10 Abs. 2 S. 3 BetrAVG grds. am Ende des Kalenderjahres fällig.[3] Die Fälligkeit des zusammen mit dem Beitrag für das laufende Jahr geltend gemachten Vorschusses für das folgende Jahr (kombinierter Beitrags- und Vorschussbescheid) ergibt sich aus dem Bescheid.[4] **3**

Vor Fälligkeit kann der PSVaG die Leistung nicht verlangen, der (Beitrags-) Schuldner kann sie aber vorher bewirken (Erfüllbarkeit, § 271 Abs. 2 BGB). Durch vorfällige Zahlung des Beitragsschuldners tritt Erfüllung ein wie bei Erfüllung der fälligen Leistung (§ 362 Abs. 1 BGB). **4**

III. Säumniszuschlag (§ 10a Abs. 1 BetrAVG)

1. Verstoß des Arbeitgebers gegen die Meldepflichten

Wenn der Arbeitgeber gegen seine **Meldepflichten** nach § 11 Abs. 1 und 2 BetrAVG vorsätzlich oder fahrlässig **verstößt** und deshalb der PSVaG die Beiträge erst verspätet geltend machen kann, kann er vom meldepflichtigen Arbeitgeber für jeden angefangenen Monat vom Zeitpunkt der Fälligkeit[5] an einen **Säumniszuschlag bis zu 1 % p.M.** erheben. Die Fälligkeit bezieht sich dabei auf den Zeitpunkt, zu dem der Beitrag bei ordnungsgemäßer Meldung durch den Arbeitgeber fällig gewesen wäre. **5**

---

1 Vgl. i. E. § 11 Rdn. 2–9.
2 Vgl. i. E. § 11 Rdn. 5.
3 Vgl. i. E. § 10 Rdn. 31 f.
4 Vgl. zur Fälligkeit i. E. § 10 Rdn. 31.
5 Vgl. Rdn. 3.

6 Die Höhe des Säumniszuschlagssatzes berücksichtigt, dass die Meldepflicht ausschließlich in der Sphäre des Arbeitgebers liegt. Gleichzeitig kann individuellen Umständen durch das dem PSVaG eingeräumte Ermessen Rechnung getragen werden.

7 Die Säumniszuschläge werden im Allgemeinen zusammen mit dem **Beitragsbescheid** (Verwaltungsakt) des PSVaG geltend gemacht, mit dem die verspätet gemeldete Beitragsbemessungsgrundlage beschieden wird, da der PSVaG seine Tätigkeit im Rahmen der § 10a BetrAVG als beliehenes Unternehmen ausübt.[6] Sie können aber auch durch einen **gesonderten Bescheid** über Säumniszuschläge gem. § 10a Abs. 1 BetrAVG geltend gemacht werden.

8 Aus diesem Beitragsbescheid findet die Zwangsvollstreckung in entsprechender Anwendung der Vorschriften der Zivilprozessordnung statt (§ 10 Abs. 4 BetrAVG).

2. Rechtsmittel

9 Im Hinblick auf Rechtsmittel des Arbeitgebers gegen den Bescheid sowie die Zwangsvollstreckung des Bescheides durch den PSVaG gelten die allg. Regeln.[7]

IV. Verzugszinsen (§ 10a Abs. 2 BetrAVG)

1. Verstoß des Arbeitgebers gegen die Zahlungspflicht

10 Sofern der Arbeitgeber den im Beitragsbescheid des PSVaG zu zahlenden **Beitrag erst nach dessen Fälligkeit[8]zahlt**, muss der PSVaG Verzugszinsen erheben (§ 10a Abs. 2 BetrAVG). Aus dem eindeutigen Wortlaut des Gesetzes ergibt sich, dass der Arbeitgeber sich durch sein pflichtwidriges Verhalten ohne Weiteres in Verzug befindet. Einer besonderen Mahnung durch den PSVaG bedarf es nicht.

11 Aus der zwingenden gesetzlichen Regelung folgt, dass der PSVaG **Verzugszinsen mit 0,5 % p.M.** geltend machen muss.[9]

---

6 *Höfer* BetrAVG, Rn. 4952 zu § 10a.
7 Vgl. § 10 Rdn. 27–30 (Rechtsmittel) und § 10 Rdn. 111 (Zwangsvollstreckung).
8 Vgl. Rdn. 3 f.
9 *Blomeyer/Rolfs/Otto* § 10a Rn. 13.

Bei den Verzugszinsen bleiben **angefangene Monate** außer Ansatz. Verzugs-   12
zinsen sind daher nur für ganze Monate zu zahlen. Dabei wird auf volle Kalen-
dermonate abgestellt.

Die Verzugszinsen werden durch einen **Bescheid** (Verwaltungsakt) über Ver-   13
zugszinsen gem. § 10a Abs. 2 BetrAVG geltend gemacht, da der PSVaG seine
Tätigkeit im Rahmen der § 10a BetrAVG als beliehenes Unternehmen ausübt.[10]

2. Rechtsmittel

Im Hinblick auf Rechtsmittel des Arbeitgebers gegen den Bescheid sowie   14
die Zwangsvollstreckung des Bescheides durch den PSVaG gelten die allg.
Regeln.[11]

B. Erstattung (§ 10a Abs. 3 BetrAVG)

I. Grundsatz

Der Beitragsbescheid des PSVaG beruht auf der vom Arbeitgeber selbstver-   15
antwortlich ermittelten Beitragsbemessungsgrundlage. Sofern diese **Beitrags-**
bemessungsgrundlage zu hoch ermittelt worden ist, kann der PSVaG auf
Basis einer korrigierten Meldung einen neuen Beitragsbescheid erlassen und
den vom Arbeitgeber zu viel gezahlten Beitrag erstatten. Die **Verzinsung** der
Erstattungsansprüche setzt die Fälligkeit der Erstattungsansprüche voraus.

II. Fälligkeit der Erstattung

Grundlage für eine Erstattung ist ein Bescheid des PSVaG, mit dem der vor-   16
angegangene Beitragsbescheid ganz oder teilweise aufgehoben und der Erstattungsbetrag festgesetzt wird.

Fällig werden die Erstattungsansprüche mit Zustellung des Bescheides über   17
die teilweise oder vollständige **Aufhebung des Beitragsbescheides**, im Allgemeinen also mit Ablauf des dritten Tages nach Versand des Bescheides (§ 41
Abs. 2 VwVfG).

Lehnt der PSVaG eine Erstattung von Beiträgen ab und wird der Erstattungs-   18
anspruch durch eine **Leistungsklage** vor den Verwaltungsgerichten erstritten,

---

10 *Höfer* BetrAVG, Rn. 4961 zu § 10a.
11 Vgl. § 10 Rdn. 27–30 (Rechtsmittel) und § 10 Rdn. 111 (Zwangsvollstreckung).

so wird der Erstattungsanspruch samt Erstattungszinsen entsprechend der Entscheidung des Gerichts fällig.[12]

III. Verzinsung des Erstattungsbetrags

19 Vom PSVaG zu erstattende Beiträge werden vom Tag der Fälligkeit oder bei Feststellung des Erstattungsanspruchs durch gerichtliche Entscheidung vom Tage der Rechtshängigkeit an mit **0,5 %** (gesetzlich zwingend vorgeschriebene Höhe)[13]**verzinst**. Angefangene Monate bleiben außer Ansatz (§ 10a Abs. 3 S. 2 BetrAVG).

IV. Rechtsmittel

20 Lehnt der PSVaG eine Erstattung von Beiträgen ab, kann der Arbeitgeber nach Durchführung des Vorverfahrens (Widerspruch und ablehnender Widerspruchsbescheid des PSVaG) seinen Erstattungsanspruch durch eine **Leistungsklage** vor den Verwaltungsgerichten geltend machen. Insoweit gelten im Hinblick auf die Rechtsmittel des Arbeitgebers die allg. Regeln entsprechend.[14]

C. Verjährung (§ 10a Abs. 4 BetrAVG)

21 Ansprüche auf Zahlung der Beiträge zur Insolvenzsicherung gem. § 10 sowie Erstattungsansprüche nach Zahlung nicht geschuldeter Beiträge zur Insolvenzsicherung verjähren in **sechs Jahren** (§ 10a Abs. 4 S. 1 BetrAVG). Die Verjährungsfrist orientiert sich an der Aufbewahrungsfrist des § 11 Abs. 2 S. 2 BetrAVG.

22 Hinsichtlich der Rücknahme rechtswidriger Beitragsbescheide ist (nur) die Erstattung für diejenigen Beitragsjahre, die noch nicht länger als sechs Jahre zurückliegen (§ 11 Abs. 2 S. 2 i. V. m. § 10a Abs. 4 BetrAVG) rechtmäßig.[15]

23 Die **Verjährungsfrist** beginnt mit Ablauf des Kalenderjahres, in dem die Beitragspflicht entstanden oder der Erstattungsanspruch fällig geworden ist (§ 10a Abs. 4 S. 2 BetrAVG). Auf die Verjährung sind die Vorschriften des Bürgerlichen Gesetzbuchs anzuwenden (§ 10a Abs. 4 S. 3 BetrAVG).

---

12 *Langohr-Plato* Rn. 838.

13 *Blomeyer/Rolfs/Otto* § 10a Rn. 15.

14 Vgl. § 10 Rdn. 27–30 (Rechtsmittel) und § 10 Rdn. 111 (Zwangsvollstreckung).

15 VerwG Freiburg 18.11.2011, 3 K 392/11, BetrAV 2012, 176.

§11 Melde-, Auskunfts- und Mitteilungspflichten

(1) [1]Der Arbeitgeber hat dem Träger der Insolvenzsicherung eine betriebliche Altersversorgung nach §1b Abs. 1 bis 4 für seine Arbeitnehmer innerhalb von 3 Monaten nach Erteilung der unmittelbaren Versorgungszusage, dem Abschluß einer Direktversicherung oder der Errichtung einer Unterstützungskasse oder eines Pensionsfonds mitzuteilen. [2]Der Arbeitgeber, der sonstige Träger der Versorgung, der Insolvenzverwalter und die nach §7 Berechtigten sind verpflichtet, dem Träger der Insolvenzsicherung alle Auskünfte zu erteilen, die zur Durchführung der Vorschriften dieses Abschnittes erforderlich sind, sowie Unterlagen vorzulegen, aus denen die erforderlichen Angaben ersichtlich sind.

(2) [1]Ein beitragspflichtiger Arbeitgeber hat dem Träger der Insolvenzsicherung spätestens bis zum 30. September eines jeden Kalenderjahres die Höhe des nach §10 Abs. 3 für die Bemessung des Beitrages maßgebenden Betrages bei unmittelbaren Versorgungszusagen und Pensionsfonds auf Grund eines versicherungsmathematischen Gutachtens, bei Direktversicherungen auf Grund einer Bescheinigung des Versicherers und bei Unterstützungskassen auf Grund einer nachprüfbaren Berechnung mitzuteilen. [2]Der Arbeitgeber hat die in Satz 1 bezeichneten Unterlagen mindestens 6 Jahre aufzubewahren.

(3) [1]Der Insolvenzverwalter hat dem Träger der Insolvenzsicherung die Eröffnung des Insolvenzverfahrens, Namen und Anschriften der Versorgungsempfänger und die Höhe ihrer Versorgung nach §7 unverzüglich mitzuteilen. [2]Er hat zugleich Namen und Anschriften der Personen, die bei Eröffnung des Insolvenzverfahrens eine nach §1 unverfallbare Versorgungsanwartschaft haben, sowie die Höhe ihrer Anwartschaft nach §7 mitzuteilen.

(4) Der Arbeitgeber, der sonstige Träger der Versorgung und die nach §7 Berechtigten sind verpflichtet, dem Insolvenzverwalter Auskünfte über alle Tatsachen zu erteilen, auf die sich die Mitteilungspflicht nach Abs. 3 bezieht.

(5) In den Fällen, in denen ein Insolvenzverfahren nicht eröffnet wird (§7 Abs. 1 Satz 4) oder nach §207 der Insolvenzordnung eingestellt worden ist, sind die Pflichten des Insolvenzverwalters nach Absatz 3 vom Arbeitgeber oder dem sonstigen Träger der Versorgung zu erfüllen.

(6) Kammern und andere Zusammenschlüsse von Unternehmern oder anderen selbständigen Berufstätigen, die als Körperschaften des öffentli-

chen Rechts errichtet sind, ferner Verbände und andere Zusammenschlüsse, denen Unternehmer oder andere selbständige Berufstätige kraft Gesetzes angehören oder anzugehören haben, haben den Träger der Insolvenzsicherung bei der Ermittlung der nach § 10 beitragspflichtigen Arbeitgeber zu unterstützen.

(7) Die nach den Absätzen 1 bis 3 und 5 zu Mitteilungen und Auskünften und die nach Abs. 6 zur Unterstützung Verpflichteten haben die vom Träger der Insolvenzsicherung vorgesehenen Vordrucke zu verwenden.

(8) [1]Zur Sicherung der vollständigen Erfassung der nach § 10 beitragspflichtigen Arbeitgeber können die Finanzämter dem Träger der Insolvenzsicherung mitteilen, welche Arbeitgeber für die Beitragspflicht in Betracht kommen. [2]Die Bundesregierung wird ermächtigt, durch Rechtsverordnung mit Zustimmung des Bundesrates das Nähere zu bestimmen und Einzelheiten des Verfahrens zu regeln.

A. Grundsatz

Die Durchführung der gesetzlichen Insolvenzsicherung der betrieblichen **1**
Altersversorgung setzt voraus, dass der **PSVaG** die dafür **erforderlichen**
Informationen vollständig und rechtzeitig erhält.[1] Vor diesem Hintergrund
werden in § 11 BetrAVG Mitteilungs-, Auskunfts- sowie Unterlagenvorlage-
und Aufbewahrungspflichten geregelt.[2] Dabei bezieht sich die Informations-

---

1 Zur Durchführung der Melde- und Beitragspflichten vgl. *Staier* in Schack/Tacke/
  Thau, S. 166f.
2 Zu den Pflichten des Arbeitgebers im Zusammenhang mit der gesetzlichen Insolvenzsicherung der betrieblichen Altersversorgung – Systematik des § 11 BetrAVG,
  Berenz BetrAV 2006, 225.

notwendigkeit sowohl auf die **Beitragsseite (§ 10 BetrAVG)** als auch auf die **Leistungsseite (§ 7 BetrAVG)**.[3]

B. Begründung der Mitgliedschaft (§ 11 Abs. 1 S. 1 BetrAVG)

I. Zeitlicher Ablauf

2 Die **Begründung der Mitgliedschaft** eines Arbeitgebers beim PSVaG
  – sog. Erstmeldung – soll innerhalb von drei Monaten,
  – nach Erteilung einer Zusage (gilt nur für ab 2002 erteilte Entgeltumwandlungszusagen)[4]
oder
  – nach Eintritt der ersten gesetzlich unverfallbaren Anwartschaft[5]
oder
  – nach der Aufnahme einer laufenden Versorgungsleistung
erfolgen.

3 Zwar besteht die **Mitteilungspflicht** nach dem Gesetzeswortlaut innerhalb von drei Monaten nach Erteilung der unmittelbaren Versorgungszusage, dem Abschluss einer Direktversicherung oder der Errichtung einer Unterstützungskasse oder eines Pensionsfonds (§ 11 Abs. 1 S. 1 i. V. m. § 1b Abs. 1 bis 4 BetrAVG). Andererseits waren bislang nur laufende Versorgungsleistungen und gesetzlich unverfallbare Anwartschaften aufgrund eines gewissen Fristenablaufs insolvenzgesichert. Deshalb verlangte der PSVaG eine Mitteilung i. S. d. § 11 Abs. 1 S. 1 BetrAVG erst dann, wenn die Voraussetzungen für eine Insolvenzsicherung erfüllt waren. Ursprünglich dürfte es sich beim Gesetzeswortlaut um ein Redaktionsversehen des Gesetzgebers gehandelt haben.[6] Mittlerweile stehen ab 2002 erteilte **Entgeltumwandlungszusagen** teilweise schon **mit Erteilung der Zusage** unter Insolvenzschutz.[7] Folglich findet in

---

3 Allgemeine Hinweise zur Meldung der insolvenzsicherungspflichtigen Arbeitgeber enthalten die Merkblätter 210/M 21 und 210/M 21a des PSVaG, die im Internet unter www.psvag.de zur Verfügung stehen.

4 Zu Besonderheiten bei Entgeltumwandlungszusagen vgl. § 10 Rdn. 103–106.

5 Zu den Auswirkungen der gesetzlichen Unverfallbarkeit auf die Insolvenzsicherung vgl. Merkblatt 300/M 12 des PSVaG, das im Internet unter www.psvag.de zur Verfügung steht.

6 *Paulsdorff* § 11 Rn. 6.

7 Zu Besonderheiten bei Entgeltumwandlungszusagen vgl. § 10 Rdn. 103–106.

diesem Fällen die gesetzliche Regelung – Mitteilungspflicht innerhalb von drei Monaten nach Erteilung der Versorgungszusage – unmittelbar Anwendung.

Ansonsten wird eine Meldung vor Eintritt der genannten Voraussetzungen **4** vom PSVaG aus Gründen der Verwaltungsökonomie nicht registriert, sondern dem Arbeitgeber mit der Aufforderung zurückgegeben, die Meldung spätestens drei Monate nach Beginn der Insolvenzsicherungspflicht vorzunehmen.

Fristbeginn und -ablauf richten sich nach den allg. Vorschriften der §§ 186 ff. **5** BGB. Der Eintritt eines Versorgungsfalls dürfte in der Regel um 0.00 Uhr des betreffenden Tages eintreten, sodass dieser Tag bei der Berechnung der Frist mitzählt (§ 187 Abs. 2 BGB). Der Eintritt der gesetzlichen Unverfallbarkeit ist abhängig davon, unter welchen Umständen die Versorgungszusage erteilt worden ist.[8]

Dabei ist die **Drei-Monats-Frist keine Ausschlussfrist.** Auch nach Ablauf die- **6** ser Frist können Arbeitgeber die Meldungen nachholen. Der Ablauf der Frist dokumentiert den Zeitpunkt, mit dessen Überschreiten ein meldepflichtiger Arbeitgeber eine Ordnungswidrigkeit begeht (§ 12 Abs. 1 Nr. 1 BetrAVG) und ggf. Säumniszuschläge zu entrichten hat (§ 10a Abs. 1 BetrAVG).

Die **Mitteilung** zur Begründung der Mitgliedschaft beim PSVaG **kann** **7** **formlos** geschehen unter Angabe der vom Arbeitsamt anlässlich der Anmeldung sozialversicherungspflichtiger Arbeitnehmer vergebenen **achtstelligen Betriebsnummer (nach DEÜV**[9]**), jedoch bietet der PSVaG zur Vereinfachung und Beschleunigung der ersten Kontaktaufnahme ein Formular im Internet** an (www.psvag.de). Der Arbeitgeber erhält nach Meldung des Beginns der Insolvenzsicherungspflicht vom PSVaG den zur Meldung der Beitragsbemessungsgrundlage erforderlichen Erhebungsbogen mit entsprechenden Erläuterungen.

---

8 Vgl. § 1b Rdn. 1 ff.
9 Verordnung über die Erfassung und Übermittlung von Daten für die Träger der Sozialversicherung (Datenerfassungs- und Übermittlungsverordnung – DEÜV) v. 10.2.1998, BGBl. I S. 343.

8 **Abb.**: Begründung der Mitgliedschaft beim PSVaG[10]

> **1. Voraussetzungen**
> – Erteilung einer Zusage (gilt nur für ab 2002 erteilte Entgeltumwand-
>   lungszusagen) oder
> – Eintritt der ersten gesetzlich unverfallbaren Anwartschaft oder
> – Aufnahme einer laufenden Versorgungsleistung.
>
> **2. Frist**
> – Innerhalb von drei Monaten nach Eintritt einer der Voraussetzungen
>   nach Nr. 1.
>
> **3. Art und Weise**
> – Erste Kontaktaufnahme mit dem PSVaG entweder
>   – formlos oder mittels Formular aus dem Internet (www.psvag.de)
>   – unter Angabe der achtstelligen Betriebsnummer nach DEÜV.
>
> **4. Weiteres Vorgehen**
> – Informationen über die weitere Abwicklung der Melde- und Beitrags-
>   pflichten erhält der Arbeitgeber vom PSVaG.

9 § 11 Abs. 1 S. 1 BetrAVG bezieht sich nur auf die erstmalige Meldung von
insolvenzsicherungspflichtiger betrieblicher Altersversorgung und der daraus
folgenden Mitgliedschaft beim PSVaG. Nach Begründung der Mitgliedschaft
sind künftige Änderungen – z. B. hinzukommende oder wegfallende Versorgungsempfänger oder Anwärter – nicht mehr nach § 11 Abs. 1 S. 1 BetrAVG
zu melden, sondern in die darauf folgenden jährlichen Meldungen nach § 11
Abs. 2 BetrAVG einzubeziehen.

II. Meldepflichtiger Arbeitgeber

10 Die **Mitteilungspflicht** nach § 11 Abs. 1 S. 1 BetrAVG **obliegt dem Arbeitgeber**,
nicht etwa einem externen Versorgungsträger (Unterstützungskasse, Direktversicherung oder Pensionsfonds). Das Gesetz sieht vor, dass der aus einer Versorgungszusage verpflichtete Arbeitgeber im Wege der eigenverantwortlichen
Selbstveranlagung seiner Melde- und Beitragspflicht nachzukommen hat.[11]

---

10 Zu Besonderheiten bei Entgeltumwandlungszusagen vgl. § 10 Rdn. 103–106.
11 Zur Rechtsberatung durch den PSVaG vgl. § 14 Rdn. 13 f. Zu Vereinfachungen
    für den Arbeitgeber bei Meldungen und Beitragszahlungen an den PSVaG *Feder*
    BetrAV 2006, 224.

Dabei hat jeder aus der betrieblichen Altersversorgung **arbeitsrechtlich verpflichtete Arbeitgeber eine eigene Meldung** abzugeben. »Sammelmeldungen« von rechtlich verbundenen Unternehmen (z. B. Konzernen, sonstige Unternehmensgruppen, Anlage- und Betriebsgesellschaften) erfüllen nicht die in § 11 Abs. 1 S. 1 BetrAVG geforderten Meldepflichten und werden daher vom PSVaG nicht akzeptiert. **11**

Meldepflichtig ist neben einer rechtlich selbstständigen Niederlassung eines ausländischen Unternehmens auch eine inländische Betriebsstätte eines ausländischen Unternehmens, die nach deutschem Recht im Inland als Rechtsperson auftritt.[12] **12**

Meldepflichtig ist auch ein **früherer Eigenbetrieb einer Gebietskörperschaft**, dessen Arbeitnehmer eine unmittelbare Versorgungszusage erhalten haben, wenn der Eigenbetrieb in eine privatrechtliche Gesellschaft umgewandelt wird. Ab diesem Zeitpunkt endet die Freistellung von der Insolvenzsicherungspflicht gem. § 17 Abs. 2 BetrAVG.[13] In die Meldung zum PSVaG sind dabei auch die während der Existenz des Eigenbetriebs eingetretenen laufenden Leistungen und gesetzlich unverfallbaren Versorgungsanwartschaften einzubeziehen.[14] **13**

Der **Arbeitgeber kann** zur Erfüllung seiner Mitteilungspflichten auch **Dritte bevollmächtigen**. In Betracht kommen neben speziellen Dienstleistern vor allem externe Versorgungsträger wie Pensionsfonds, (Gruppen-) Unterstützungskassen. Dabei sind für jeden insolvenzsicherungspflichtigen Arbeitgeber separate Meldungen abzugeben. Ein Fehlverhalten seiner Bevollmächtigten ist aber dem Arbeitgeber – auch im Hinblick auf eine Ordnungswidrigkeit nach § 12 Abs. 1 Nr. 1 BetrAVG – zuzurechnen.[15] **14**

Zur **Vereinfachung** der Melde-, Auskunfts-, Mitteilungs- und Beitragszahlungspflichten bei Pensionsfonds und Gruppen-Unterstützungskassen **15**

---

12 BAG 12.2.1991, 3 AZR 30/90, EzA § 9 BetrAVG Nr. 4 = DB 1991, 1735 zur rechtlich unselbstständigen, aber insolvenzfähigen Niederlassung eines ausländischen Unternehmens. Zum Begriff des Arbeitgebers i. S. d. Insolvenzsicherung der betrieblichen Altersversorgung vgl. Merkblatt 300/M 6 und zu Arbeitsverhältnissen mit Auslandsberührung vgl. Merkblatt 300/M 7 des PSVaG, die im Internet unter www.psvag.de zur Verfügung stehen.
13 BVerwG 13.7.1999, 1 C 13.98, ZIP 1999, 1816.
14 BVerwG 13.7.1999, 1 C 13.98, ZIP 1999, 1816.
15 *Höfer* BetrAVG, Rn. 4986 zu § 11.

ist eine Abwicklung über den **externen Versorgungsträger** möglich. Dazu bedarf es der Bevollmächtigungen des externen Versorgungsträgers durch den Arbeitgeber (Trägerunternehmen), die gesetzlichen Pflichten gem. §§ 10 und 11 Abs. 1, 2 und 7 BetrAVG wahrzunehmen. Eine derartige Vereinbarung entlastet den Arbeitgeber und dient der effizienten Abwicklung. Der externe Träger braucht dem PSVaG nur eine Meldung der Beitragsbemessungsgrundlagen für alle Trägerunternehmen zu erstatten, erhält nur einen Beitrags- und Vorschussbescheid vom PSVaG und zahlt den Beitrag und den Vorschuss an den PSVaG jeweils in einer Summe. Diese Regelung gilt nur für ausdrücklich bevollmächtigte externe Versorgungsträger und erfasst nur die über ihn durchgeführte betriebliche Altersversorgung. Sofern ein Arbeitgeber noch anderweitige betriebliche Altersversorgung durchführt, muss er die Melde-, Auskunfts-, Mitteilungs- und Beitragszahlungspflichten diesbezüglich selbst gegenüber dem PSVaG erfüllen.

III. Mitteilungsgegenstand betriebliche Altersversorgung

1. Betriebliche Altersversorgung

16   Der Arbeitgeber hat dem PSVaG das Bestehen einer insolvenzsicherungspflichtigen betrieblichen Altersversorgung mitzuteilen. Von der Insolvenzsicherungspflicht werden nur Zusagen erfasst, die der **Definition der betrieblichen Altersversorgung nach dem BetrAVG** entsprechen (§ 11 Abs. 1 S. 1 i. V. m. § 1b Abs. 1 bis 4 BetrAVG).[16] Danach umfasst die betriebliche Altersversorgung Leistungen der Alters-, Invaliditäts- oder Hinterbliebenenversorgung, die einem Arbeitnehmer aus Anlass seines Arbeitsverhältnisses vom Arbeitgeber zugesagt worden sind.

17   Die Mitteilung nach § 11 Abs. 1 S. 1 BetrAVG dient dem PSVaG lediglich zur Begründung der Mitgliedschaft. **Weitere Einzelheiten** – etwa Name und konkrete Versorgungszusage für einzelne Personen – **sind nicht mitteilungspflichtig.**

---

16 Zu Arbeitsverhältnissen mit Auslandsberührung vgl. Merkblatt 300/M 7 des PSVaG und zur Insolvenzsicherung der betrieblichen Altersversorgung in den neuen Bundesländern (Zusagen ab 1992) das Merkblatt 210/M 20, die im Internet unter www.psvag.de zur Verfügung stehen, vgl. § 1 Rdn. 39 ff.

2. Erfasste Durchführungswege

Die Mitteilungspflicht beschränkt sich auf die **insolvenzsicherungspflichtigen**   18
Durchführungswege der betrieblichen Altersversorgung:[17]
– Unmittelbare Versorgungszusage (Direktzusage),
– Direktversicherung, wenn ein widerrufliches Bezugsrecht eingeräumt ist
  oder bei unwiderruflichem Bezugsrecht die Ansprüche aus dem Versiche-
  rungsvertrag abgetreten, verpfändet oder beliehen sind,[18]
– Zu beachten ist, dass bei ab 2001 über eine Direktversicherung neu erteilte
  Entgeltumwandlungszusagen nach § 1b Abs. 5 BetrAVG dem Arbeitneh-
  mer von Beginn an ein unwiderrufliches Bezugsrecht eingeräumt und das
  Recht zur Verpfändung, Abtretung oder Beleihung durch den Arbeitgeber
  ausgeschlossen werden muss. In diesen Fällen besteht demnach keine
  Insolvenzsicherungspflicht und damit auch kein Insolvenzschutz.
– Unterstützungskassen,[19]
– Zusagen über einen Pensionsfonds.[20]

---

17 Vgl. § 10 Abs. 3 BetrAVG und § 10 Rdn. 2–6.
18 Nicht erfasst sind Auswirkungen auf die Direktversicherung, weil der Arbeitgeber
    die Prämien nicht vertragsgemäß entrichtet hat. Die Beschädigung einer Direktver-
    sicherung durch Prämienrückstände führt das Gesetz nicht als versichertes Risiko
    auf. BAG 17.11.1992, 3 AZR 51/92, EzA § 7 BetrAVG Nr. 45 = DB 1993, 986;
    Langohr-Plato Rn. 730f. m. w. N.
19 Zu aktuellen Entwicklungen bei Unterstützungskassenzusagen aus Sicht des PSVaG,
    Staier BetrAV 2006, 220. Zur Insolvenzsicherung bei Unterstützungskassen, *Hop-
    penrath* BetrAV 2010, 220. Zu neueren Entwicklungen bei Unterstützungskassen,
    Wohlleben BetrAV 2011, 232.
20 Zu Pensionsfonds vgl. Merkblatt 300/M 14 des PSVaG, das im Internet unter
    www.psvag.de zur Verfügung steht.

Durchführungswege der betrieblichen Altersversorgung	
Insolvenzsicherung durch den PSVaG Die Ansprüche der Versorgungsberechtigten sind durch eine Insolvenz des Arbeitgebers gefährdet	**Keine Insolvenzsicherung durch den PSVaG** Nach Ansicht des Gesetzgebers sind die Ansprüche der Versorgungsberechtigten durch eine Insolvenz des Arbeitgebers nicht gefährdet
– **unmittelbare Versorgungszusage** (§ 1 Abs. 1 i.V.m. § 7 Abs. 1, 2 BetrAVG) – **Direktversicherung** Soweit ein widerrufliches Bezugsrecht besteht oder bei unwiderruflichem Bezugsrecht die Ansprüche abgetreten, verpfändet oder beliehen sind – Ausnahmefall (§ 1b Abs. 2 i.V.m. § 7 Abs. 1, 2 BetrAVG) – **Unterstützungskasse** (§ 1b Abs. 4 i.V.m. § 7 Abs. 1, 2 BetrAVG) – **Pensionsfonds** (§ 1b Abs. 3 i.V.m. § 7 Abs. 1, 2 BetrAVG)	– **Direktversicherung** Soweit ein unwiderrufliches Bezugsrecht besteht und die Ansprüche nicht abgetreten, verpfändet oder beliehen sind – Regelfall (§ 1b Abs. 2 BetrAVG) – **Pensionskasse** (§ 1b Abs. 3 BetrAVG)

3. Eintritt des Versorgungsfalls

19 Von den Mitteilungspflichten des Arbeitgebers wird auch der **Beginn einer laufenden Versorgungsleistung** erfasst, sofern bis zu diesem Zeitpunkt keine gesetzliche unverfallbare Anwartschaft vorliegt.[21]

---

21 Vgl. Rdn. 2–9.

4. Unverfallbarkeit

a) Gesetzliche Unverfallbarkeit

Erfasst werden **nur gesetzlich unverfallbare Anwartschaften.** Dies ergibt sich 20
aus der Verweisung in § 11 Abs. 1 S. 1 BetrAVG auf § 1b Abs. 1 bis 4 BetrAVG.
Arbeitsrechtlich zulässige und für den Versorgungsberechtigten günstigere
Regelungen (z. B. vertraglich vereinbarte Unverfallbarkeit) führen nicht zu
einem Insolvenzschutz über die gesetzlichen Voraussetzungen hinaus.[22] Der
gesetzliche Insolvenzschutz kann **nicht durch vertragliche Vereinbarungen
vorzeitig herbeigeführt** werden. Die nachträgliche Vereinbarung, den Versorgungsberechtigten so zu stellen, als wäre das Arbeitsverhältnis nicht unterbrochen worden, führt nur zu einer vertraglichen, nicht zu einer gesetzlichen
Unverfallbarkeit.[23]

b) Anrechnung von Vordienstzeiten

Die **Anrechnung von Vordienstzeiten** (Betriebszugehörigkeit oder Zusage- 21
dauer) kann sich für den gesetzlichen Insolvenzschutz sowohl im Hinblick auf
die **Erfüllung der gesetzlichen Unverfallbarkeit**[24] **einer Versorgungszusage
als auch durch die beabsichtigte Erhöhung der versorgungsfähigen Dienstzeit auf die Berechnung der Höhe der insolvenzgeschützten Leistung nach
§ 2 Abs. 1 BetrAVG auswirken.**[25] Die vom BAG entwickelten Grundsätze
zur Anrechnung von Vordienstzeiten gelten sowohl für die Berechnung der
Betriebszugehörigkeit als auch für die Berechnung der Zusagedauer. Die für
die gesetzliche Unverfallbarkeit maßgebliche Zusagedauer beginnt nicht vor
der Betriebszugehörigkeit.[26]

Die Anrechnung von Vordienstzeiten, die bei einem früheren Arbeitgeber 22
zurückgelegt wurden, führt jedoch nur unter **bestimmten** von der Rechtsprechung aufgestellten **Voraussetzungen** zur gesetzlichen Unverfallbarkeit

---

22 BAG 22.2.2000, 3 AZR 4/99, EzA § 1 BetrAVG Nr. 72 = DB 2000, 482.

23 BAG 21.1.2003, 3 AZR 121/02, EzA § 1b BetrAVG Nr. 1 = DB 2003, 2711.

24 Durch die Anrechnung von Vordienstzeiten, wenn die Betriebszugehörigkeit beim
neuen Arbeitgeber allein für die gesetzliche Unverfallbarkeit nicht ausreicht.

25 Davon zu unterscheiden ist die Übernahme einer Versorgungsverpflichtung nach
§ 4 BetrAVG.

26 BAG 21.1.2003, 3 AZR 121/02, EzA § 1b BetrAVG Nr. 1 = DB 2003, 2711.

und damit zum **Insolvenzschutz** durch den PSVaG oder zur Erhöhung des Anspruchs.[27]

23 Diese können wie folgt beschrieben werden:

Voraussetzungen der Anrechnung von Vordienstzeiten mit Wirkung für die gesetzliche Insolvenzsicherung
1. Die Anrechnung einer noch verfallbaren Anwartschaft bezieht sich nicht nur auf die Erfüllung von Wartezeiten und/oder die versorgungsfähige Dienstzeit für die Höhe der Versorgungszusage, sondern auch auf deren **Unverfallbarkeit**.
2. Angerechnet wird eine von einer **Versorgungszusage begleitete Beschäftigungszeit**, die unmittelbar und nahtlos an das Arbeitsverhältnis heranreicht, das eine neue Versorgungsanwartschaft begründet.
3. Die Anrechnung ist mit Wirkung für den Insolvenzschutz nur möglich, wenn die verfallbare Versorgungsanwartschaft aus dem früheren Arbeitsverhältnis noch nicht erloschen ist, also die Anrechnungsvereinbarung vor der Beendigung dieses Arbeitsverhältnisses getroffen wird.

24 Die vertragliche Anrechnung von Vordienstzeiten mit Wirkung für den Insolvenzschutz ist also **ausgeschlossen**, wenn schon allein aufgrund der Vordienstzeit eine **gesetzlich unverfallbare Anwartschaft** besteht.[28] In diesen Fällen kommt allenfalls eine Übernahme nach § 4 BetrAVG in Betracht, die im Fall ihrer Wirksamkeit ebenfalls die Insolvenzsicherungspflicht beim Übernehmer auslöst.

c) Wechsel Arbeitnehmer-Unternehmer-Status

25 Der **Wechsel vom Arbeitnehmer- in den Unternehmerstatus** oder umgekehrt kann unabhängig davon, wann die Versorgungszusage erteilt wurde, zu einem **zeitanteiligen Insolvenzschutz** führen. Ausschlaggebend dafür ist, inwieweit die Versorgungszusage durch eine Tätigkeit als Arbeitnehmer und inwieweit durch eine als Unternehmer erdient worden ist:[29]

---

27 BAG 22.2.2000, 3 AZR 4/99, EzA § 1 BetrAVG Nr. 72 = DB 2000, 482; 26.9.1989, 3 AZR 814/87, EzA § 7 BetrAVG Nr. 31 = DB 1990, 383; DLW-*Dörner* Kap. 3 Rn. 4007 f.

28 BAG 28.3.1995, 3 AZR 496/94, EzA § 1 BetrAVG Nr. 70 = DB 1995, 1867.

29 Vgl. Merkblatt 300/M 1 des PSVaG, das im Internet unter www.psvag.de zur Verfügung steht.

– Bei **laufenden Versorgungsleistungen** besteht Insolvenzschutz für den Teil der Versorgung, der dem Verhältnis der Summe der Arbeitnehmerzeiten zur gesamten Tätigkeitsdauer im Unternehmen entspricht;

– Bei **Anwärtern** besteht Insolvenzschutz, wenn durch Tätigkeitszeiten als Arbeitnehmer die gesetzlichen Unverfallbarkeitsvoraussetzungen erfüllt sind, ggf. auch durch Addition von vor und nach einer Unternehmerzeit verbrachten Arbeitnehmerzeiten. Für die Berechnung der Unverfallbarkeitsfristen rechnen Zeiten nicht mit, in denen der Versorgungsberechtigte als Unternehmer tätig war.[30] Liegt aufgrund der Arbeitnehmerzeiten eine gesetzlich unverfallbare Anwartschaft vor, besteht Insolvenzschutz für den Teil der zugesagten Versorgung, der dem Verhältnis der Summe der Arbeitnehmerzeiten zu der insgesamt bis zur festen Altersgrenze laut Versorgungsregelung möglichen Betriebszugehörigkeit entspricht.

IV. Besonderheiten im ersten Jahr

Für das **erste Jahr der Mitgliedschaft** – Beginnjahr – erhebt der PSVaG nur einen **anteiligen Jahresbeitrag**, der dem Verhältnis der insolvenzsicherungspflichtigen Tage zur Gesamtzahl der Tage in diesem Jahr entspricht, falls die Beitragspflicht erst im Laufe eines Kalenderjahres begonnen hat. Dabei kann die Beitragsbemessungsgrundlage, die für die Meldung des zweiten Jahres zu ermitteln ist, aus Vereinfachungsgründen auch der Meldung für das erste Jahr zugrunde gelegt werden.[31] Zwei weitere Alternativen zur Meldung der Beitragsbemessungsgrundlage für das Erstjahr ergeben sich aus § 6 Abs. 3 der Allgemeinen Versicherungsbedingungen für die Insolvenzsicherung der betrieblichen Altersversorgung (AIB) des PSVaG.[32]

V. Pflichtverletzung

Die Verletzung der Pflichten nach § 11 Abs. 1 S. 1 BetrAVG ist eine **Ordnungswidrigkeit** nach § 12 Abs. 1 Nr. 1 BetrAVG. Dabei ist dem Arbeitgeber auch ein Fehlverhalten seiner Bevollmächtigten zuzurechnen.[33]

26

27

---

30 BGH 24.9.2013, II ZR 396/12.
31 Vgl. § 10 Rdn. 9–13.
32 Vgl. § 10 Rdn. 12.
33 *Höfer* BetrAVG, Rn. 4986 zu § 11.

28 Ein Verstoß gegen die Pflichten nach § 11 Abs. 1 BetrAVG kann einen Anspruch des PSVaG auf Säumniszuschläge nach § 10a Abs. 1 BetrAVG auslösen.[34]

C. Allgemeine Auskunfts- und Vorlagepflicht (§ 11 Abs. 1 S. 2 BetrAVG)

I. Generalklausel

29 Die Regelung enthält – unabhängig von der Mitteilungspflicht nach Satz 1 des § 11 Abs. 1 BetrAVG – eine **allgemeine Auskunfts- und Unterlagenvorlagepflicht**. Sie bestimmt als **Generalklausel** eine umfassende Pflicht zur Auskunft über Tatsachen und die Vorlage aller Unterlagen, die der PSVaG zur Durchführung der gesetzlichen Insolvenzsicherung nach den §§ 7–15 BetrAVG benötigt. Dies betrifft sowohl die **öffentlich-rechtliche Beitragsseite** als auch die **privatrechtliche Leistungsseite** im Zusammenhang mit einem Sicherungsfall. Die Pflichten nach § 11 Abs. 1 S. 2 BetrAVG werden erst dann ausgelöst, wenn der **PSVaG ein konkretes Informationsverlangen** im Zusammenhang mit der Durchführung der gesetzlichen Insolvenzsicherung geltend macht, in der Regel zunächst eine Auskunft verlangt.

30 Sofern durch das Auskunftsverlangen des PSVaG Kosten entstehen (z. B. notarielle Beurkundung), hat diese der Auskunftspflichtige zu tragen. Eine Kostenerstattung durch den PSVaG sieht das Gesetz nicht vor.

II. Verpflichtete Personen

31 Auskunftspflichtig bzw. zur Unterlagenvorlage **verpflichtet** sind
– der Arbeitgeber,
– der sonstige Träger der Versorgung (Pensionsfonds, [Gruppen-] Unterstützungskassen und Lebensversicherungsunternehmen bei Direktversicherungen),
– der Insolvenzverwalter,
– die nach § 7 BetrAVG Berechtigten, also sowohl Versorgungsempfänger (§ 7 Abs. 1 BetrAVG) als auch insolvenzgesicherte Anwartschaftsberechtigte (§ 7 Abs. 2 BetrAVG) sowie deren Hinterbliebene.

---

34 Im Übrigen ist die in § 11 Abs. 1 S. 1 BetrAVG formulierte Pflicht ein Schutzgesetz i. S. d. § 823 Abs. 2 BGB, wie alle Pflichten des § 11 BetrAVG: AG Stuttgart 29.4.1986, 1 C 14356/85, DB 1987, 692; *Höfer* BetrAVG, Rn. 5038 zu § 11; *Paulsdorff* § 11 Rn. 31. Der PSVaG kann demnach einen über § 10a BetrAVG hinausgehenden Schaden zivilrechtlich geltend machen.

III. Pflichtverletzung

Die Verletzung der Pflichten nach § 11 Abs. 1 S. 2 BetrAVG ist eine **Ord-** **32** **nungswidrigkeit** nach § 12 Abs. 1 Nr. 2 BetrAVG.

Eine konkrete Anfrage des PSVaG zu Themen der öffentlich-rechtlichen Bei- **33** tragsseite löst als Verwaltungsakt die öffentlich-rechtliche Auskunfts- und Unterlagenvorlagepflicht des Befragten aus.[35] Bei pflichtwidrigem Unterlassen der gebotenen Verpflichtung kann der PSVaG einen Bescheid (Verwaltungs- akt) erlassen, der sich auf die jeweilige konkrete Verpflichtung bezieht. Der Rechtsweg gegen diese Bescheide ist vor die Verwaltungsgerichte eröffnet.

Die allgemeine Auskunfts- und Vorlagepflicht nach § 11 Abs. 1 S. 2 BetrAVG **34** gilt auch für Gruppenunterstützungskassen im Hinblick auf die Mitteilung der insolvenzsicherungspflichtigen Trägerunternehmen gegenüber dem PSVaG.[36] Bedenken aus Gründen des Datenschutzes greifen nicht. Dem PSVaG ist in § 11 Abs. 1 S. 2 BetrAVG zur Erfüllung seiner gesetzlichen Auf- gabe ausdrücklich ein Auskunftsanspruch eingeräumt. Nur auf diesem Weg ist die vollständige Erfassung der nach § 10 BetrAVG insolvenzsicherungs- pflichtigen Trägerunternehmen bei Gruppenunterstützungskassen möglich.

Der PSVaG kann von einer Unterstützungskasse verlangen, bei der Auskunft **35** über die Höhe einer Betriebsrente aufgrund »Entgeltumwandlung« zwischen dem arbeitnehmerfinanzierten Entgeltumwandlungsbetrag und dem arbeit- geberfinanzierten Zuschussbeitrag zu differenzieren. Nur so kann eine nicht gesetzlich unverfallbare Arbeitgeberfinanzierung, für die der PSVag nicht eintrittspflichtig ist, herausgerechnet werden.[37] Diese Überlegungen finden entsprechende Anwendung auf alle insolvenzsicherungspflichtigen Durchfüh- rungswege. Diese spiegeln sich folgerichtig auch auf der Seite der Melde- und Beitragspflicht wieder.

Eine konkrete Anfrage des PSVaG zu Themen der Leistungen im Zusam- **36** menhang mit einem Sicherungsfall löst demgegenüber als privatrechtlicher Akt die zivilrechtliche Auskunfts- und Unterlagenvorlagepflicht des Befragten

---

35 BVerwG 22.11.1994, 1 C 22.92, ZIP 1995, 403; *Blomeyer/Rolfs/Otto* § 11 Rn. 30.

36 VerwG Hamburg 1.10.2009, 9 K 24/07, DB 2009, 2604 rkr.; *Lackner* DB 2009, 2601; *J. Uhlenbruck* BetrAV 2007, 226.

37 ArbG Würzburg 18.6.2013, 10 Ca 1636/12, rkr., BetrAV 2013, 655.

aus.[38] Diese kann vom PSVaG mittels einer Leistungsklage vor den ordentlichen Gerichten durchgesetzt werden. Für die Durchsetzung gegenüber den nach § 7 BetrAVG berechtigten Versorgungsempfängern und Anwärtern sind i. d. R. die Arbeitsgerichte zuständig (§ 2 Abs. 1 Nr. 5 ArbGG).

37 Im Übrigen ist § 11 Abs. 1 S. 2 BetrAVG ein Schutzgesetz i. S. d. § 823 Abs. 2 BGB, sodass der PSVaG ggf. einen durch die Pflichtverletzung entstandenen Schaden zivilrechtlich geltend machen kann.[39]

D. Meldung der Beitragsbemessungsgrundlage (§ 11 Abs. 2 S. 1 BetrAVG)

I. Grundsatz

38 Zur gesetzlichen Insolvenzsicherung beitragspflichtige **Arbeitgeber** haben dem PSVaG **spätestens bis zum 30. September jeden Kalenderjahres die Höhe der** nach § 10 Abs. 3 BetrAVG maßgeblichen **Beitragsbemessungsgrundlage mitzuteilen**. Diese jährliche Mitteilung ist festzustellen auf den Schluss des Wirtschaftsjahres des Arbeitgebers (Bilanzstichtag), das im abgelaufenen Kalenderjahr geendet hat.[40]

39 Die Erfüllung der jährlich wiederkehrenden Mitteilungspflicht obliegt dem dazu **gesetzlich verpflichteten Arbeitgeber** – sie trifft nicht den Versorgungsträger –, ohne dass es einer Aufforderung durch den PSVaG bedarf. Die Mitteilung der Beitragsbemessungsgrundlage erfolgt im Rahmen einer **eigenverantwortlichen Selbstveranlagung** des beitragspflichtigen Arbeitgebers.[41]

40 Die **Kosten** der Ermittlung und Mitteilung der Beitragsbemessungsgrundlage gegenüber dem PSVaG hat der Arbeitgeber zu tragen.[42] Eine Kostenerstattung durch den PSVaG sieht das Gesetz nicht vor.

41 Der Arbeitgeber ist verpflichtet, die jährliche Meldung der Beitragsbemessungsgrundlage auf **Formularen** (sog. **Erhebungsbögen**) abzugeben, die der

---

38 LG Köln 28.12.1988, 24 O 82/87, DB 1989, 1780; *Blomeyer/Rolfs/Otto* § 11 Rn. 30.

39 AG Stuttgart 29.4.1986, 1 C 14356/85, DB 1987, 692; *Paulsdorff* § 11 Rn. 31.

40 Für die konkrete Ermittlung der Beitragsbemessungsgrundlage vgl. § 10 Abs. 3 BetrAVG.

41 Zur Rechtsberatung durch den PSVaG vgl. § 14 Rdn. 13–14. Zur Abwicklung über externe Versorgungsträger vgl. i. E. Rdn. 15.

42 *Höfer* BetrAVG, Rn. 5009 zu § 11.

PSVaG vorgibt (§ 11 Abs. 7 BetrAVG).[43] Soweit die insolvenzsicherungspflichtigen Arbeitgeber dem PSVaG bekannt sind, erhalten sie unaufgefordert jedes Jahr gegen Ende des I. Quartals den entsprechenden Erhebungsbogen übersandt. Sollte dieser nicht bis Anfang Juni eines Jahres vorliegen oder der Arbeitgeber einen Ersatzbogen benötigen, können diese unter Angabe der achtstelligen Betriebsnummer (DEÜV)[44] beim PSVaG angefordert werden. Im Internet unter www.psvag.de sind Erläuterungen zum Ausfüllen des Erhebungsbogens abrufbar.

II. Sonderregelungen

Abweichend vom gesetzlich vorgeschriebenen Melde- und Beitragsverfahren haben die Mitgliederversammlungen vom 20.6.1990 und 3.7.2002 **Sonderregelungen** beschlossen, die **Arbeitgebern mit geringen Beitragsbemessungsgrundlagen** Verwaltungs- und damit auch Kostenaufwand bei der Erfüllung ihrer jährlichen Meldepflichten ersparen (sog. Kleinstbetragsregelung).[45] Die Inanspruchnahme der Sonderregelungen muss beim PSVaG **beantragt werden**. 42

III. Mitteilungspflichtige Daten

1. Beitragsbemessungsgrundlage (Nachweise)

Neben dem ausgefüllten Erhebungsbogen müssen dem PSVaG vom beitragspflichtigen Arbeitgeber bestimmte Unterlagen über die Berechnung der Beitragsbemessungsgrundlage überlassen werden. Die dem **Erhebungsbogen beizufügenden Nachweise** zur Berechnung der Höhe der Beitragsbemessungsgrundlage sind: 43

Nachweise zur Berechnung der Höhe der Beitragsbemessungsgrundlage	
unmittelbare Versorgungszusagen	Ein aus dem versicherungsmathematischen Gutachten abgeleitetes Kurztestat des versicherungsmathematischen Sachverständigen. Das vollständige versicherungsmathematische Gutachten muss nicht vorgelegt werden.

---

43 Vgl. Rdn. 72–88 zu den vom PSVaG vorgeschriebenen Vordrucken.
44 Vgl. Rdn. 2–9.
45 Vgl. zu den Einzelheiten § 10 Rdn. 93–95.

Unterstützungskassen	Eine nachprüfbare Berechnung. Berechnet der Arbeitgeber die Beitragsbemessungsgrundlage für seine Unterstützungskasse selbst, so muss er das Ergebnis in dem vom PSVaG vorgeschriebenen Kurznachweis (vgl. Rdn. 79) darstellen. Alternativ kann er auch den Weg über ein aus dem versicherungsmathematischen Gutachten abgeleitetes Kurztestat des versicherungsmathematischen Sachverständigen gehen.
Direktversicherungen	Eine Bescheinigung des entsprechenden Lebensversicherers. Es genügt, dem Erhebungsbogen das Blatt der Bescheinigung des Lebensversicherungsunternehmens beizufügen, das die Anzahl der gesetzlich unverfallbaren Anwartschaften und den meldepflichtigen Betrag enthält.
Pensionsfondszusagen	Ein aus dem versicherungsmathematischen Gutachten abgeleitetes Kurztestat des versicherungsmathematischen Sachverständigen mit der Angabe von 20 % des nach § 6a EStG ermittelten Teilwerts. Das vollständige versicherungsmathematische Gutachten muss nicht vorgelegt werden.

44 Der PSVaG bietet zum Herunterladen im Internet unter **www. psvag.de** **Nachweisformulare** zum Erhebungsbogen an:
– Kurztestat des versicherungsmathematischen Sachverständigen für unmittelbare Versorgungszusagen,
– Kurztestat des versicherungsmathematischen Sachverständigen für Pensionsfondszusagen,
– Kurztestat des versicherungsmathematischen Sachverständigen für Unterstützungskassen oder einen Kurznachweis bei Berechnung durch den Arbeitgeber.

45 Vollständige versicherungsmathematische Gutachten, Bescheinigungen des Lebensversicherungsunternehmens und detaillierte Berechnungen für die Unterstützungskassen fordert der PSVaG nur bei Bedarf an und kann deren Vorlage dann nach § 11 Abs. 1 S. 2 BetrAVG verlangen. Diese **ausführlichen Berechnungsgrundlagen** der Beitragsbemessungsgrundlage sind **sechs Jahre aufzubewahren**.[46]

---

46 Vgl. Rdn. 47–48.

Berenz

2. Meldung und Beitragserhebung im Jahresablauf

Aus dem gesetzlich festgelegten Melde- und Beitragserhebungsverfahren   46
(§§ 10 und 11 BetrAVG) ergibt sich für die meldepflichtigen Arbeitgeber
regelmäßig folgender Zeitablauf:

– Gegen Ende des I. Quartals erhalten die Arbeitgeber vom PSVaG den
sog. Erhebungsbogen zur Meldung ihrer Beitragsbemessungsgrundlagen;

– In den Erhebungsbogen sind für jeden konkret gegebenen Durchführungsweg die Anzahl der meldepflichtigen laufenden Leistungen und
unverfallbaren Anwartschaften einschließlich der jeweiligen Summen der
entsprechenden Beitragsbemessungsgrundlagen einzutragen;

– Der ausgefüllte Erhebungsbogen einschließlich der vorgeschriebenen
Nachweise ist bis 30. September des betreffenden Jahres an den PSVaG
zurückzusenden;

– Etwa Mitte November erhalten die Arbeitgeber auf Basis der im Erhebungsbogen gemeldeten Beitragsbemessungsgrundlage und des festgelegten Beitragssatzes den Beitragsbescheid. Der Beitrag ist grds. am Ende des
Kalenderjahres fällig;[47]

– Mit dem Jahresbeitragsbescheid kann ein Vorschuss für das Folgejahr auf
Basis der im Erhebungsbogen gemeldeten Beitragsbemessungsgrundlage
erhoben werden, dessen Fälligkeit sich aus dem Bescheid ergibt. Von der
Erhebung eines Vorschusses hat der PSVaG zuletzt für das Jahr 2008
Gebrauch gemacht.

IV. Aufbewahrungspflicht (§ 11 Abs. 2 S. 2 BetrAVG)

Die für die Ermittlung der Beitragsbemessungsgrundlage erforderlichen   47
Berechnungsgrundlagen sind **mindestens sechs Jahre aufzubewahren**.
Dadurch soll es dem PSVaG ermöglicht werden, eine Vorlage der Unterlagen
nach § 11 Abs. 2 S. 1 BetrAVG zu verlangen, um die Richtigkeit der mitgeteil-
ten Beitragsbemessungsgrundlage überprüfen zu können.[48] Die Unterlagen
sind demnach erst auf Verlangen des PSVaG vorzulegen.

---

47 Vgl. § 10 Rdn. 31.
48 *Höfer* BetrAVG, Rn. 5005 ff. zu § 11; *Paulsdorff* § 11 Rn. 18 ff.

48 Die **Aufbewahrungsfrist** von sechs Jahren **beginnt** mit dem 30. September eines Kalenderjahres.[49] Dies ist der Zeitpunkt, bis zu dem die Höhe der Beitragsbemessungsgrundlage dem PSVaG mitgeteilt werden muss (§ 11 Abs. 2 S. 1 BetrAVG).[50] Dementsprechend **endet** die Aufbewahrungsfrist mit Ablauf des 30. September des auf das jeweilige Kalenderjahr folgenden sechsten Jahres (§§ 187 Abs. 2 i. V. m. § 188 Abs. 2 BGB). Es **empfiehlt** sich aber, im Hinblick auf die Verjährung der Beitrags- sowie der Beitragserstattungsansprüche nach § 10a Abs. 4 BetrAVG von sechs Jahren beginnend mit dem Ablauf des Kalenderjahres, in dem die Beitragspflicht entstanden oder der Erstattungsanspruch fällig geworden ist, die Aufbewahrungsfrist nach § 11 Abs. 2 S. 2 BetrAVG mindestens bis zum Ende des sechsten Kalenderjahres nach der jeweiligen Meldung der Beitragsbemessungsgrundlage auszudehnen.

V. Pflichtverletzung

49 Die Mitteilungs- und Unterlagenvorlagepflicht nach § 11 Abs. 2 BetrAVG gehört zum **öffentlich-rechtlichen Mitgliedschaftsverhältnis** zwischen Arbeitgeber und PSVaG und obliegt dem verpflichteten Arbeitgeber **ohne Aufforderung durch den PSVaG**. Bei pflichtwidrigem Unterlassen der Verpflichtung kann der PSVaG einen sog. **Meldebescheid** (Verwaltungsakt) erlassen.[51] Der Rechtsweg gegen den Meldebescheid ist für den Arbeitgeber vor die Verwaltungsgerichte eröffnet.

50 Ein Verstoß des Arbeitgebers gegen seine Verpflichtung nach **§ 11 Abs. 2 S. 1 BetrAVG** ist eine Ordnungswidrigkeit nach § 12 Abs. 1 Nr. 1 BetrAVG und kann einen Anspruch des PSVaG auf Säumniszuschläge nach § 10a Abs. 1 BetrAVG auslösen.[52] Die Erfüllung der Meldepflichten kann der PSVaG –

---

49 *Andresen/Förster/Rößler/Rühmann* Teil 13 B, Rn. 805; *Blomeyer/Rolfs/Otto* § 11 Rn. 44; a. A. *Höfer* BetrAVG, Rn. 5015 zu § 11, der ohne weitere Begründung auf den Zeitpunkt des Zugangs der Mitteilung der Beitragsbemessungsgrundlage beim PSVaG abstellt.

50 Bei verspäteter Meldung zählt die Frist ab dem Zeitpunkt des Zugangs der Meldung beim PSVaG.

51 BVerwG 22.11.1994, 1 C 22.92, ZIP 1995, 403.

52 Im Übrigen ist die in § 11 Abs. 2 S. 1 BetrAVG formulierte Pflicht ein Schutzgesetz i. S. d. § 823 Abs. 2 BGB, wie alle Pflichten des § 11 BetrAVG: AG Stuttgart 29.4.1986, 1 C 14356/85, DB 1987, 692; *Höfer* BetrAVG, Rn. 5038f. zu § 11; *Paulsdorff* § 11 Rn. 31. Der PSVaG kann demnach einen über § 10a BetrAVG hinausgehenden Schaden zivilrechtlich geltend machen.

nach dem Erlass eines Bescheides – im Rahmen der Zwangsvollstreckung entsprechend den Vorschriften der ZPO (§ 888 ZPO Abs. 1) erreichen.[53]

Ein Verstoß des Arbeitgebers gegen seine Verpflichtung nach § 11 **Abs. 2 S. 2** **BetrAVG** ist eine Ordnungswidrigkeit nach § 12 Abs. 1 Nr. 3 BetrAVG. Im Übrigen ist § 11 Abs. 2 S. 2 BetrAVG ein Schutzgesetz i. S. d. § 823 Abs. 2 BGB, sodass der PSVaG ggf. einen über den Bereich des § 10a BetrAVG hinausgehenden Schaden zivilrechtlich geltend machen kann.[54]   51

E. Auskunfts- und Mitteilungspflichten nach einem Sicherungsfall (§ 11 Abs. 3–5 BetrAVG)

I. Mitteilungspflichten bei Insolvenzverfahren (§ 11 Abs. 3 BetrAVG)

1. Voraussetzungen

§ 11 Abs. 3 BetrAVG begründet für den Insolvenzverwalter die Pflicht, dem PSVaG alle für die Durchführung der gesetzlichen Insolvenzsicherung der Ansprüche der Versorgungsberechtigten erforderlichen Angaben zu machen. Der PSVaG ist demnach nicht verpflichtet, von sich aus zu ermitteln und sich die Unterlagen und Informationen selbst zu verschaffen. Darüber hinaus gilt die allgemeine Auskunfts- und Unterlagenvorlagepflicht gem. § 11 Abs. 1 S. 2 BetrAVG auch für den Insolvenzverwalter.   52

Die **Mitteilungspflicht** des Insolvenzverwalters **entsteht** mit der Eröffnung des Insolvenzverfahrens durch das Insolvenzgericht.[55] Andererseits kann es sich in der Praxis empfehlen, dass schon der vorläufige Insolvenzverwalter Kontakt mit dem PSVaG aufnimmt. Dies kommt insbesondere dann in Betracht, wenn die Eröffnung des Insolvenzverfahrens wahrscheinlich ist. Dann gewinnen der Insolvenzverwalter und der PSVaG eine gewisse Vorlaufzeit für die Erfassung und den Transfer von Daten. Je schneller der PSVaG die zur Bearbeitung erforderlichen Informationen hat, desto schneller bekommen die Versorgungsberechtigten ihre Leistungen und desto kleiner ist der Zeitraum, in dem die Rentenzahlungen aufgrund der Insolvenz unterbrochen   53

---

53 VG Gießen Beschl. v. 16.1.2009, 1 N 4613/08.GI, BetrAV 2009, 472 m. Anm. *Zmudzinski.*

54 AG Stuttgart 29.4.1986, 1 C 14356/85, DB 1987, 692; *Höfer* BetrAVG, Rn. 5039 zu § 11; *Paulsdorff* § 11 Rn. 31.

55 Vgl. i. E. Merkblatt 110/M 4 des PSVaG, das im Internet unter www.psvag.de zur Verfügung steht.

sind. Das ist auch im Interesse des Insolvenzverwalters und des insolventen Unternehmens, weil diese dadurch von einer Vielzahl von Anfragen und Beschwerden verschont bleiben.

2. Inhalt der Mitteilungen

54   Der Insolvenzverwalter hat dem Träger der Insolvenzsicherung nach § 11 Abs. 3 BetrAVG
– die Eröffnung des Insolvenzverfahrens,
– Namen und Anschriften der **Versorgungsempfänger** und die Höhe ihrer Versorgung
unverzüglich mitzuteilen.

55   Er hat zugleich Namen und Anschriften der Personen, die bei Eröffnung des Insolvenzverfahrens eine **gesetzlich unverfallbare Versorgungsanwartschaft** haben, sowie die Höhe ihrer Anwartschaft mitzuteilen.

56   Der **PSVaG verlangt im Rahmen einer ersten Mitteilung des Insolvenzverwalters** folgende Angaben und Unterlagen:
– **Beschluss** über die Eröffnung des Insolvenzverfahrens,
– **Anzahl** der Versorgungsempfänger und der Anwärter mit unverfallbarer Anwartschaft sowie weitere detaillierte Angaben,[56]
– **Versorgungsregelungen** über die verschiedenen Durchführungswege der betrieblichen Altersversorgung des Betriebes und deren Verlauf in der Vergangenheit,
– **Unmittelbare Versorgungszusage und Pensionsfonds**: Letztes vorliegendes versicherungsmathematische Gutachten,
– **Unterstützungskasse**: Letzte vorliegende nachprüfbare Berechnung,[57]
– **Direktversicherung**: Letzte vorliegende Bescheinigungen des Versicherers über die Höhe des Deckungskapitals, aktueller Stand der Beleihung, Verpfändung oder Abtretung.[58]

---

56   Vgl. i. E. Merkblatt 110/M 5 des PSVaG, das im Internet unter www.psvag.de zur Verfügung steht.
57   Vgl. i. E. Merkblatt 110/M 7 des PSVaG, das im Internet unter www.psvag.de zur Verfügung steht.
58   Vgl. i. E. Merkblatt 110/M 6 des PSVaG, das im Internet unter www.psvag.de zur Verfügung steht.

Berenz

3. Zeitpunkt und Form der Mitteilung

Voraussetzung für eine zeitnahe Leistungsgewährung durch den PSVaG an die Rentner ist die vollständige und schnelle Mitteilung der erforderlichen Daten durch den Insolvenzverwalter an den PSVaG nach Eröffnung des Insolvenzverfahrens. Deshalb sieht das Gesetz vor, dass der Insolvenzverwalter dem PSVaG die Eröffnung des Insolvenzverfahrens sowie Namen, Anschriften und die Höhe der Versorgungsleistung **unverzüglich mitzuteilen** hat, also ohne schuldhaftes Zögern (§ 11 Abs. 3 S. 1 BetrAVG i. V. m. § 121 Abs. 1 BGB). Da nach § 11 Abs. 3 S. 2 BetrAVG »zugleich« die Informationen bzgl. der unverfallbaren Anwartschaften mitzuteilen sind, sind auch diese unverzüglich vorzunehmen.[59]   57

Der Insolvenzverwalter ist **verpflichtet,** zur Mitteilung der persönlichen Daten der Rentner und Anwärter die **vom PSVaG vorgegebenen Vordrucke oder vorbereitete Dateien**[60]**zu verwenden** (vgl. § 11 Abs. 7 BetrAVG).   58

II. Auskunftspflichten bei Insolvenzverfahren (§ 11 Abs. 4 BetrAVG)

Gegenüber dem PSVaG ist **primär der Insolvenzverwalter mitteilungs-pflichtig** (§ 11 Abs. 3 BetrAVG). Zu seiner Unterstützung sind ihm gegenüber   59
– der Arbeitgeber,
– der sonstige Träger der Versorgung (Unterstützungskasse, Pensionsfonds, Versicherer bei Direktversicherungen),
– und die nach § 7 BetrAVG Berechtigten (Rentner und Anwärter)
verpflichtet, Auskünfte über alle Tatsachen zu erteilen, auf die sich die Mitteilungspflicht des Insolvenzverwalters nach § 11 Abs. 3 BetrAVG bezieht (§ 11 Abs. 4 BetrAVG). Dabei richtet sich der Inhalt der Auskunft nach der Mitteilungspflicht des Insolvenzverwalters aus § 11 Abs. 3 BetrAVG. Die Auskünfte müssen bei Verlangen des Insolvenzverwalters unverzüglich gegeben werden, da dieser seinerseits zur unverzüglichen Mitteilung an den PSVaG verpflichtet ist.

Gegenüber dem PSVaG ist nur der **Insolvenzverwalter zur Auskunft ver-pflichtet.** Der PSVaG kann jedoch von seinem allg. Auskunftsrecht nach § 11 Abs. 1 S. 2 BetrAVG Gebrauch machen und daher von den oben genannten Personen und Institutionen auch unmittelbar Auskünfte verlangen.   60

---

59 *Blomeyer/Rolfs/Otto* § 11 Rn. 53.
60 Diese stehen im Internet unter www.psvag.de zur Verfügung.

III. Mitteilungspflichten bei sonstigen Sicherungsfällen (§ 11 Abs. 5 BetrAVG)

61   In den Sicherungsfällen, in denen es nicht zur Eröffnung des Insolvenzverfahrens kommt, also

- der Abweisung des Antrags auf Eröffnung eines Insolvenzverfahrens mangels Masse (§ 207 InsO, § 7 Abs. 1 S. 4 Nr. 1 BetrAVG);
- dem außergerichtlichen Vergleich (Stundungs-, Quoten- oder Liquidationsvergleich) des Arbeitgebers mit seinen Gläubigern zur Abwendung eines Insolvenzverfahrens, wenn ihm der Träger der Insolvenzsicherung zustimmt (§ 7 Abs. 1 S. 4 Nr. 2 BetrAVG);
- der vollständigen Beendigung der Betriebstätigkeit im Geltungsbereich dieses Gesetzes, wenn ein Antrag auf Eröffnung eines Insolvenzverfahrens nicht gestellt worden ist und ein Insolvenzverfahren offensichtlich mangels Masse nicht in Betracht kommt (§ 7 Abs. 1 S. 3 Nr. 1 BetrAVG)

sind die Pflichten des Insolvenzverwalters nach § 11 Abs. 3 BetrAVG vom Arbeitgeber oder dem sonstigen Träger der Versorgung zu erfüllen. Dabei richten sich Verpflichtungsumfang sowie Zeitpunkt und Form der Mitteilung an den PSVaG nach den Bestimmungen des § 11 Abs. 3 BetrAVG. Entsprechend gilt die allgemeine Auskunfts- und Unterlagenvorlagepflicht gem. § 11 Abs. 1 Satz 2 BetrAVG auch bei den sonstigen Sicherungsfällen nach § 11 Abs. 5 BetrAVG.

IV. Pflichtverletzung

62   Werden die Pflichten nicht erfüllt, ist im Hinblick auf deren **Durchsetzbarkeit** nach den einzelnen Verpflichtungen aus § 11 Abs. 3–5 BetrAVG zu **differenzieren**.

63   **Verstoß des Insolvenzverwalters** gegen seine Mitteilungspflicht nach § 11 **Abs. 3 BetrAVG**:

- die Durchsetzung des Mitteilungsanspruchs kann der PSVaG im Wege der Leistungsklage vor einem ordentlichen Gericht geltend machen;[61]
- stellt eine Ordnungswidrigkeit nach § 12 Abs. 1 Nr. 1 BetrAVG dar.

64   **Verstoß des Arbeitgebers, des sonstigen Trägers der Versorgung** (Unterstützungskasse, Pensionsfonds, Versicherer bei Direktversicherungen) oder der

---

61 *Höfer* BetrAVG, Rn. 5021 zu § 11.

nach §7 BetrAVG versorgungsberechtigten Rentner und Anwärter gegen die Auskunftspflicht nach §11 Abs. 4 BetrAVG:

– die Durchsetzung des Auskunftsanspruchs kann der Insolvenzverwalter im Wege der Leistungsklage vor einem ordentlichen Gericht geltend machen. Für die Durchsetzung gegenüber den nach §7 BetrAVG berechtigten Versorgungsempfängern und Anwärtern sind die Arbeitsgerichte zuständig (§2 Abs. 1 Nr. 5 ArbGG);

– stellt eine Ordnungswidrigkeit nach §12 Abs. 1 Nr. 2 BetrAVG dar.

Verstoß des Arbeitgebers oder **des sonstigen Trägers der Versorgung** (Unter- **65** stützungskasse, Pensionsfonds, Versicherer bei Direktversicherungen) gegen die Pflichten nach **§11 Abs. 5 BetrAVG**:

– die Durchsetzung erfolgt wie bei §11 Abs. 3 BetrAVG im Wege der Leistungsklage vor einem ordentlichen Gericht, da auf diese Vorschrift in §11 Abs. 5 BetrAVG verwiesen wird;

– stellt eine Ordnungswidrigkeit nach §12 Abs. 1 Nr. 1 BetrAVG dar.

Im Übrigen sind §11 Abs. 3–5 BetrAVG Schutzgesetze i. S. d. §823 Abs. 2 **66** BGB, sodass der PSVaG ggf. einen durch die Pflichtverletzung entstandenen Schaden zivilrechtlich geltend machen kann.[62]

F. Unterstützung bei der Ermittlung der beitragspflichtigen Arbeitgeber (§11 Abs. 6 BetrAVG)

I. Amtshilfe durch berufsständische Einrichtungen

Kammern und andere Zusammenschlüsse von Unternehmern oder anderen **67** selbstständigen Berufstätigen, die als Körperschaften des öffentlichen Rechts errichtet sind, ferner **Verbände und andere Zusammenschlüsse**, denen Unternehmer oder andere selbstständige Berufstätige kraft Gesetzes angehören oder anzugehören haben, **haben den PSVaG** bei der Ermittlung der nach §10 BetrAVG beitragspflichtigen Arbeitgeber **zu unterstützen**.

Die Unterstützungspflicht bezieht sich nur auf die **Ermittlung der insolvenz-** **68** **sicherungspflichtigen Arbeitgeber**, also im Regelfall auf die Mitteilung dieser Kenntnis an den PSVaG.

---

62 AG Stuttgart 29.4.1986, 1 C 14356/85, DB 1987, 692; *Höfer* BetrAVG, Rn. 5038 f. zu §11; *Paulsdorff* §11 Rn. 31.

69 Insbesondere bei Beginn der Geschäftstätigkeit des PSVaG im Jahr 1975, und auch bei der Ausdehnung der gesetzlichen Insolvenzsicherung auf die neuen Länder ab 1992, war der PSVaG auf die Hilfe der genannten Institutionen angewiesen.

II. Pflichtverletzung

70 Die Verletzung der Pflichten nach § 11 Abs. 6 BetrAVG ist keine Ordnungswidrigkeit nach § 12 BetrAVG. Die Amtshilfe kann vom PSVaG (als auf der Beitragseite öffentlich-rechtlich tätiges »beliehenes« Unternehmen) vor den Verwaltungsgerichten durch Leistungsklage erzwungen werden.[63]

71 Im Übrigen ist § 11 Abs. 6 BetrAVG Schutzgesetz i. S. d. § 823 Abs. 2 BGB, sodass der PSVaG ggf. einen durch die Pflichtverletzung entstandenen Schaden zivilrechtlich geltend machen kann.[64]

G. Vordrucke des PSVaG (§ 11 Abs. 7 BetrAVG)

I. Gesetzliche Pflicht zur Verwendung

72 Für bestimmte Auskünfte und Mitteilungen sieht § 11 Abs. 7 BetrAVG vor, dass die Verpflichteten die **vom PSVaG vorgesehenen Vordrucke** verwenden. Im Einzelnen betrifft dies folgende Pflichten:

1. § 11 Abs. 1 S. 1 BetrAVG

73 Nach § 11 Abs. 1 S. 1 BetrAVG hat der Arbeitgeber dem PSVaG eine betriebliche Altersversorgung bei gesetzlicher Unverfallbarkeit oder Eintritt eines Versorgungsfalls innerhalb von drei Monaten mitzuteilen.

74 **Vordrucke** des PSVaG sind zu diesen Pflichten **nicht vorgeschrieben**. Die Mitteilung zur Begründung der Mitgliedschaft beim PSVaG kann formlos[65] geschehen, jedoch bietet der PSVaG als **Service** zur Vereinfachung und Beschleunigung der **ersten Kontaktaufnahme ein Formular im Internet an** (**www.psvag.de**).

---

63 *Blomeyer/Rolfs/Otto* § 11 Rn. 85.
64 AG Stuttgart 29.4.1986, 1 C 14356/85, DB 1987, 692; *Höfer* BetrAVG, Rn. 5039 zu § 11; *Paulsdorff* § 11 Rn. 31.
65 Vgl. zu den erforderlichen Angaben Rdn. 2–9.

2. § 11 Abs. 1 S. 2 BetrAVG

Nach § 11 Abs. 1 S. 2 BetrAVG sind der Arbeitgeber, der sonstige Träger der 75 Versorgung, der Insolvenzverwalter und die nach § 7 BetrAVG Berechtigten verpflichtet, dem PSVaG alle Auskünfte zu erteilen, die zur Durchführung der Vorschriften über die gesetzliche Insolvenzsicherung erforderlich sind, sowie Unterlagen vorzulegen, aus denen die erforderlichen Angaben ersichtlich sind.

Vordrucke des PSVaG sind zu diesen Pflichten **nicht vorgeschrieben**. 76

3. § 11 Abs. 2 S. 1 BetrAVG

Nach § 11 Abs. 2 S. 1 BetrAVG hat ein beitragspflichtiger Arbeitgeber dem 77 PSVaG spätestens bis zum 30. September eines jeden Kalenderjahres die Höhe der Beitragsbemessungsgrundlage mitzuteilen.

Als **Vordruck** sind vom PSVaG die **Erhebungsbogen** für das betreffende Bei- 78 tragsjahr vorgeschrieben. Dieser wird den Arbeitgebern vom PSVaG jeweils gegen Ende des I. Quartals zur Verfügung gestellt.

Zum Herunterladen im Internet unter www.psvag.de gibt es als **Service Nach-** 79 **weisformulare** für:
– Kurztestat des versicherungsmathematischen Sachverständigen für unmittelbare Versorgungszusagen,
– Kurztestat des versicherungsmathematischen Sachverständigen für Pensionsfondszusagen,
– Kurztestat des versicherungsmathematischen Sachverständigen für Unterstützungskassen oder einen Kurznachweis bei Berechnung durch den Arbeitgeber.

4. § 11 Abs. 2 S. 2 BetrAVG

Die allgemeine Aufbewahrungspflicht des Arbeitgeber von sechs Jahren nach 80 § 11 Abs. 2 S. 2 BetrAVG im Zusammenhang mit der Meldung der Beitragsbemessungsgrundlage nach § 11 Abs. 2 S. 1 BetrAVG.

Vordrucke des PSVaG sind zu diesen Pflichten **nicht vorgeschrieben**. 81

5. § 11 Abs. 3 BetrAVG

Nach § 11 Abs. 3 BetrAVG hat der Insolvenzverwalter dem PSVaG die Eröff- 82 nung des Insolvenzverfahrens, Namen und Anschriften der Versorgungsempfänger und die Höhe ihrer Versorgung unverzüglich mitzuteilen. Er hat zugleich Namen und Anschriften der Personen, die bei Eröffnung des Insolvenzverfahrens eine gesetzlich unverfallbare Versorgungsanwartschaft haben sowie die Höhe ihrer Anwartschaft mitzuteilen.

83 Folgende **Vordrucke** sind vom PSVaG **vorgeschrieben** und stehen zum Ausdrucken oder zum Herunterladen für die elektronische Bearbeitung im Internet unter **www.psvag.de** zur Verfügung:
  – für die Mitteilung von Personen, die zum Zeitpunkt der Eröffnung des Insolvenzverfahrens insolvenzgesicherte Leistungen der betrieblichen Altersversorgung bezogen haben;
  – für die Mitteilung von Personen, die zum Zeitpunkt der Eröffnung des Insolvenzverfahrens eine insolvenzgesicherte unverfallbare Anwartschaft auf Leistungen der betrieblichen Altersversorgung haben.

6. § 11 Abs. 5 BetrAVG

84 Nach § 11 Abs. 5 BetrAVG sind in den Fällen, in denen ein Insolvenzverfahren nicht eröffnet wird (§ 7 Abs. 1 S. 4 BetrAVG) oder nach § 207 InsO eingestellt worden ist, die Pflichten des Insolvenzverwalters nach § 11 Abs. 3 BetrAVG vom Arbeitgeber oder dem sonstigen Träger der Versorgung zu erfüllen.

85 **Vordrucke** des PSVaG sind zu diesen Pflichten **vorgeschrieben** wie bei § 11 Abs. 3 BetrAVG.

86

	Vordruck vorgeschrieben	Serviceangebot des PSVaG
§ 11 Abs. 1 S. 1 BetrAVG Begründung der Mitgliedschaft beim PSVaG	nein	Formular und Merkblätter im Internet.
§ 11 Abs. 1 S. 2 BetrAVG Generalklausel	nein	Merkblätter im Internet.
§ 11 Abs. 2 S. 1 BetrAVG Jährliche Meldung der Beitragsbemessungsgrundlage	Erhebungsbogen	Nachweisformulare und Merkblätter im Internet.

§ 11 Abs. 2 S. 2 BetrAVG Allgemeine Aufbewahrungsfrist	nein	Merkblätter im Internet.
§ 11 Abs. 3 BetrAVG Mitteilungspflichten des Insolvenzverwalters bei Insolvenzverfahren	Mitteilung der laufenden Leistungen und unverfallbaren Anwartschaften (Vordrucke zum Ausdrucken oder zum Herunterladen im Internet für die elektronische Bearbeitung)	Vordrucke und Merkblätter im Internet.
§ 11 Abs. 5 BetrAVG Mitteilungspflichten des Arbeitgebers und sonstigen Trägers der Versorgung in den Sicherungsfällen außerhalb eines Insolvenzverfahrens.	Mitteilung der laufenden Leistungen und unverfallbaren Anwartschaften (Vordrucke zum Ausdrucken oder zum Herunterladen im Internet für die elektronische Bearbeitung)	Vordrucke und Merkblätter im Internet.

Abb.: Gesetzliche Pflicht zur Verwendung von Vordrucken des PSVaG

II. Pflichtverletzung

Die Verletzung der Pflichten nach § 11 Abs. 7 BetrAVG ist für sich genommen **keine Ordnungswidrigkeit** nach § 12 BetrAVG. Der PSVaG kann allerdings Mitteilungen, die nicht auf den von ihm vorgegebenen Vordrucken erfolgen, zurückweisen mit der Rechtsfolge, dass sie als nicht abgegeben gelten.[66] Wenn der Arbeitgeber dadurch seine Auskunfts- oder Mitteilungspflichten nach § 11 Abs. 2 S. 1 BetrAVG verletzt – z. B. seine korrekte Meldung auf dem vorgeschriebenen Vordruck zu spät erfolgt –, liegt darin eine Ordnungswidrigkeit nach § 12 Abs. 1 Nr. 1 BetrAVG. **87**

---

66 *Blomeyer/Rolfs/Otto* § 11 Rn. 24; *Paulsdorff* § 11 Rn. 29.

88 Im Übrigen ist § 11 Abs. 7 BetrAVG Schutzgesetz i. S. d. § 823 Abs. 2 BGB, sodass der PSVaG ggf. einen durch die Pflichtverletzung entstandenen Schaden zivilrechtlich geltend machen kann.[67]

H. Beteiligung der Finanzämter (§ 11 Abs. 8 BetrAVG)

89 Zur Sicherung der vollständigen Erfassung der nach § 10 BetrAVG beitragspflichtigen Arbeitgeber **können die Finanzämter** dem Träger der Insolvenzsicherung mitteilen, welche Arbeitgeber für die Beitragspflicht in Betracht kommen. Zu beachten ist, dass die Finanzämter nicht verpflichtet sind, den PSVaG bei der Ermittlung der beitragspflichtigen Arbeitgeber zu unterstützen. § 11 Abs. 8 BetrAVG ermächtigt (»können«) die Finanzämter lediglich, solche Informationen an den PSVaG weiterzugeben.

90 Die Umsetzung dieser Ermächtigung kann durch Erlass einer Rechtsverordnung erfolgen, die das Nähere bestimmt und Einzelheiten des Verfahrens regelt. Da sich in der Praxis kein Bedarf für eine Mitteilung beitragspflichtiger Arbeitgeber durch die Finanzämter an den PSVaG ergeben hat, ist eine entsprechende Rechtsverordnung auch nicht ergangen. Die Bestimmung des § 11 Abs. 8 BetrAVG ist bislang nicht praktisch relevant geworden. Sie ist wohl eher im Zusammenhang mit § 14 Abs. 3 BetrAVG zu sehen, also für den Fall, dass die Aufgabe der gesetzliche Insolvenzsicherung der betrieblichen Altersversorgung statt vom PSVaG von der Kreditanstalt für Wiederaufbau wahrgenommen worden wäre.

§ 12 Ordnungswidrigkeit

(1) **Ordnungswidrig handelt, wer vorsätzlich oder fahrlässig**
1. **entgegen § 11 Abs. 1 Satz 1, Abs. 2 Satz 1, Abs. 3 oder Abs. 5 eine Mitteilung nicht, nicht richtig, nicht vollständig oder nicht rechtzeitig vornimmt,**
2. **entgegen § 11 Abs. 1 Satz 2 oder Abs. 4 eine Auskunft nicht, nicht richtig, nicht vollständig oder nicht rechtzeitig erteilt oder**
3. **entgegen § 11 Abs. 1 Satz 2 Unterlagen nicht, nicht richtig, nicht vollständig oder nicht rechtzeitig vorlegt oder entgegen § 11 Abs. 2 Satz 2 Unterlagen nicht aufbewahrt.**

---

67 AG Stuttgart 29.4.1986, 1 C 14356/85, DB 1987, 692; *Höfer* BetrAVG, Rn. 5038 f. zu § 11; *Paulsdorff* § 11 Rn. 31.

(2) Die Ordnungswidrigkeit kann mit einer Geldbuße bis zu zweitausendfünfhundert Euro geahndet werden.

(3) Verwaltungsbehörde im Sinne des § 36 Abs. 1 Nr. 1 des Gesetzes über Ordnungswidrigkeiten ist die Bundesanstalt für Finanzdienstleistungsaufsicht.

A. Ordnungswidrigkeit (§ 12 Abs. 1 BetrAVG)

I. Grundsatz

Die **Melde- und Beitragspflicht** der Arbeitgeber ist **öffentlich-rechtlich** ausgestaltet (§ 10 BetrAVG). Dementsprechend wird die **Nichteinhaltung** dieser Pflichten als **Verwaltungsunrecht** eingeordnet und richtet sich nach dem **Gesetz über Ordnungswidrigkeiten** (OWiG). § 12 BetrAVG sanktioniert die Nichteinhaltung von Mitteilungs- und Auskunftspflichten sowie den nicht ordnungsgemäßen Umgang mit Unterlagen im Zusammenhang mit der Durchführung der gesetzlichen Insolvenzsicherung, die in § 11 Abs. 1–5 BetrAVG begründet werden. **1**

Die in § 12 BetrAVG **enumerativ aufgeführten Pflichten** können von dem Arbeitgeber, dem Insolvenzverwalter, den Versorgungsberechtigten und den Versorgungsträgern (Unterstützungskasse, Pensionsfonds, Versicherer bei Direktversicherungen) verletzt werden. Darüber hinaus kommen auch Organmitglieder juristischer Personen und vom Arbeitgeber beauftragte Personen, die an sich dem Arbeitgeber obliegende Aufgaben wahrnehmen, in Betracht (§ 9 OWiG). **2**

1. Mitteilungspflichten (§ 12 Abs. 1 Nr. 1 BetrAVG)

3 Der Tatbestand der Ordnungswidrigkeit ist erfüllt, wenn der gesetzlich zur Mitteilung Verpflichtete **eine Mitteilung nicht, nicht richtig, nicht vollständig oder nicht rechtzeitig vorgenommen hat.** Die erfassten Pflichten zur Mitteilung im Einzelnen:

- Nach **§ 11 Abs. 1 S. 1 BetrAVG** hat der Arbeitgeber dem PSVaG eine betriebliche Altersversorgung bei gesetzlicher Unverfallbarkeit oder Eintritt eines Versorgungsfalls innerhalb von drei Monaten mitzuteilen.[1]
- Nach **§ 11 Abs. 2 S. 1 BetrAVG** hat ein beitragspflichtiger Arbeitgeber dem PSVaG spätestens bis zum 30. September eines jeden Kalenderjahres die Höhe der Beitragsbemessungsgrundlage mitzuteilen.[2]
- Nach **§ 11 Abs. 3 BetrAVG** hat der Insolvenzverwalter dem PSVaG die Eröffnung des Insolvenzverfahrens, Namen und Anschriften der Versorgungsempfänger und die Höhe ihrer Versorgung unverzüglich mitzuteilen. Er hat zugleich Namen und Anschriften der Personen, die bei Eröffnung des Insolvenzverfahrens eine gesetzlich unverfallbare Versorgungsanwartschaft haben, sowie die Höhe ihrer Anwartschaft mitzuteilen.[3]
- Nach **§ 11 Abs. 5 BetrAVG** sind in den Fällen, in denen ein Insolvenzverfahren nicht eröffnet wird (§ 7 Abs. 1 S. 4 BetrAVG) oder nach § 207 InsO eingestellt worden ist, die Pflichten des Insolvenzverwalters nach § 11 Abs. 3 BetrAVG vom Arbeitgeber oder dem sonstigen Träger der Versorgung zu erfüllen.[4]

2. Auskunftspflichten (§ 12 Abs. 1 Nr. 2 BetrAVG)

4 Der Tatbestand der Ordnungswidrigkeit ist erfüllt, wenn der gesetzlich zur Auskunft Verpflichtete **eine Auskunft nicht, nicht richtig, nicht vollständig oder nicht rechtzeitig erteilt hat.** Die erfassten Pflichten zur Auskunft im Einzelnen:

- Nach **§ 11 Abs. 1 S. 2 BetrAVG** sind der Arbeitgeber, der sonstige Träger der Versorgung, der Insolvenzverwalter und die nach § 7 BetrAVG Berechtigten verpflichtet, dem PSVaG alle Auskünfte zu erteilen, die zur

---

1 *Blomeyer/Rolfs/Otto* § 11 Rn. 5-24.
2 *Blomeyer/Rolfs/Otto* § 11 Rn. 33-47.
3 *Blomeyer/Rolfs/Otto* § 11 Rn. 50-54.
4 *Blomeyer/Rolfs/Otto* § 11 Rn. 60-63, 66-69.

Durchführung der Vorschriften über die gesetzliche Insolvenzsicherung erforderlich sind.[5]

—   Nach **§ 11 Abs. 4 BetrAVG** sind der Arbeitgeber, der sonstige Träger der Versorgung und die nach §7 BetrAVG Berechtigten verpflichtet, dem Insolvenzverwalter Auskünfte über alle Tatsachen zu erteilen, auf die sich die Mitteilungspflicht nach § 11 Abs. 3 BetrAVG bezieht.[6]

Pflichten nach § 11 BetrAVG	Sanktion in § 12 BetrAVG
§ 11 Abs. 1	§ 12 Abs. 1 Nr. 1
— Satz 1 (Mitteilung)	§ 12 Abs. 1 Nr. 2
— Satz 2 1. Hs. (Auskunft)	
— Satz 2 2. Hs. (Unterlagen)	§ 12 Abs. 1 Nr. 3
§ 11 Abs. 2	§ 12 Abs. 1 Nr. 1
— Satz 1 (Mitteilung)	
— Satz 2 (Aufbewahrung)	§ 12 Abs. 1 Nr. 3
§ 11 Abs. 3 (Mitteilung)	§ 12 Abs. 1 Nr. 1
§ 11 Abs. 4 (Auskunft)	§ 12 Abs. 1 Nr. 2
§ 11 Abs. 5 (Mitteilung)	§ 12 Abs. 1 Nr. 1
§ 11 Abs. 6 (Kammern etc.)	keine Sanktion
§ 11 Abs. 7 (Vordrucke)	keine Sanktion
§ 11 Abs. 8 (Finanzamt)	keine Sanktion

5

Abb.: Schema der einzelnen Pflichten nach § 11 BetrAVG und die jeweilige Sanktion in § 12 BetrAVG

3. Umgang mit Unterlagen (§ 12 Abs. 1 Nr. 3 BetrAVG)

Der Tatbestand der Ordnungswidrigkeit ist erfüllt, wenn **Unterlagen nicht, nicht richtig, nicht vollständig oder nicht rechtzeitig vorgelegt** oder entgegen der gesetzlichen Pflicht **nicht aufbewahrt** werden. Die erfassten Pflichten zum Umgang mit Unterlagen im Einzelnen:

—   Im Zusammenhang mit der Mitteilungspflicht nach **§ 11 Abs. 1 S. 2 BetrAVG.**[7]

6

---

5   *Blomeyer/Rolfs/Otto* § 11 Rn. 25-32.

6   *Blomeyer/Rolfs/Otto* § 11 Rn. 55-65.

7   Vgl. Rdn. 3 und § 11 Rdn. 2–28.

– Die allgemeine Aufbewahrungspflicht von Unterlagen des Arbeitgebers von sechs Jahren im Zusammenhang mit der Meldung der Beitragsbemessungsgrundlage nach § 11 Abs. 2 S. 2 BetrAVG.[8]

II. Schuldhaft

7 Die verpflichteten Personen müssen schuldhaft, also **vorsätzlich oder fahrlässig** handeln (§ 12 Abs. 1 1. Hs. BetrAVG i. V. m. § 10 OWiG). Bei einem Pflichtverstoß dürfte i. d. R. mindestens Fahrlässigkeit vorliegen, also ein schuldhaftes Verhalten i. S. d. § 12 BetrAVG.

B. Geldbuße (§ 12 Abs. 2 BetrAVG)

8 Die Ordnungswidrigkeit kann mit einer **Geldbuße von bis zu 2.500 €** geahndet werden. Die Mindesthöhe beträgt 5 € (§ 17 Abs. 1 OWiG), bei Fahrlässigkeit höchstens die Hälfte des angedrohten Höchstbetrages (§ 17 Abs. 2 OWiG), also 1.250 €.

9 Grundlage für die Bemessung der Geldbuße sind die **Bedeutung der Ordnungswidrigkeit** und der Vorwurf, der den Täter trifft (§ 17 Abs. 3 OWiG).

10 Die Geldbuße soll den wirtschaftlichen Vorteil, den der Täter aus der Ordnungswidrigkeit gezogen hat, übersteigen. Reicht das gesetzliche Höchstmaß hierzu nicht aus, so kann es **überschritten** werden (§ 17 Abs. 4 OWiG). Der wirtschaftliche Vorteil liegt regelmäßig im Zinsgewinn aus nicht gezahlten Beiträgen. Diesen sanktioniert bereits die Vorschrift des § 10a BetrAVG (Säumniszuschläge, Verzugszinsen). § 17 Abs. 4 OWiG dürfte daher einen Anwendungsbereich vor allem dann haben, wenn wirtschaftliche Vorteile – nämlich die Nichtzahlung von Beiträgen an den PSVaG – aufgrund der sechsjährigen Verjährung von § 10a BetrAVG nicht mehr erfasst werden (§ 10a Abs. 4 BetrAVG).[9]

C. Verwaltungsbehörde (§ 12 Abs. 3 BetrAVG)

11 Zuständige Verwaltungsbehörde für die Verfolgung einer Ordnungswidrigkeit ist die **Bundesanstalt für Finanzdienstleistungsaufsicht**, die nach § 14 Abs. 1

---

8 Vgl. § 11 Rdn. 38–51.
9 *Blomeyer/Rolfs/Otto* § 12 Rn. 20.

BetrAVG gleichzeitig Aufsichtsbehörde des PSVaG ist und die erforderliche Sachkunde besitzt.[10]

D. Rechtsmittel

Gegen einen Bußgeldbescheid kann der Betroffene innerhalb von zwei Wochen nach Zustellung schriftlich oder zur Niederschrift bei der Bundesanstalt für Finanzdienstleistungsaufsicht **Einspruch** einlegen (§ 67 Abs. 1 OWiG). Über den Einspruch entscheidet das Amtsgericht Frankfurt/Main (§ 68 OWiG). Gegen den Beschluss des Amtsgerichts ist **Rechtsbeschwerde** zum Oberlandesgericht Frankfurt/Main (§ 79 OWiG) gegeben.

§ 13 (aufgehoben)

Ursprünglich war hier die Änderung des ArbGG im Hinblick auf die prozessuale Zuständigkeit der Arbeitsgerichte für Streitigkeiten wegen Ansprüchen auf Leistungen der gesetzlichen Insolvenzsicherung geregelt. Diese findet sich heute in § 2 Abs. 1 Nr. 5 ArbGG.

§ 14 Träger der Insolvenzsicherung

(1) [1]Träger der Insolvenzsicherung ist der Pensions-Sicherungs-Verein Versicherungsverein auf Gegenseitigkeit. [2]Er ist zugleich Träger der Insolvenzsicherung von Versorgungszusagen Luxemburger Unternehmen nach Maßgabe des Abkommens vom 22. September 2000 zwischen der Bundesrepublik Deutschland und dem Großherzogtum Luxemburg über Zusammenarbeit im Bereich der Insolvenzsicherung betrieblicher Altersversorgung. [3]Er unterliegt der Aufsicht durch die Bundesanstalt für Finanzdienstleistungsaufsicht. [4]Die Vorschriften des Versicherungsaufsichtsgesetzes gelten, soweit dieses Gesetz nichts anderes bestimmt.

(2) [1]Der Bundesminister für Arbeit und Sozialordnung weist durch Rechtsverordnung mit Zustimmung des Bundesrates die Stellung des Trägers der Insolvenzsicherung der Kreditanstalt für Wiederaufbau zu, bei der ein Fonds zur Insolvenzsicherung der betrieblichen Altersversorgung gebildet wird, wenn

12

---

10 *Höfer* BetrAVG, Rn. 5054 zu § 12; *Paulsdorff* § 11 Rn. 3.

1. bis zum 31. Dezember 1974 nicht nachgewiesen worden ist, daß der in Absatz 1 genannte Träger die Erlaubnis der Aufsichtsbehörde zum Geschäftsbetrieb erhalten hat,
2. der in Absatz 1 genannte Träger aufgelöst worden ist oder
3. die Aufsichtsbehörde den Geschäftsbetrieb des in Absatz 1 genannten Trägers untersagt oder die Erlaubnis zum Geschäftsbetrieb widerruft.

[2]In den Fällen der Nummern 2 und 3 geht das Vermögen des in Absatz 1 genannten Trägers einschließlich der Verbindlichkeiten auf die Kreditanstalt für Wiederaufbau über, die es dem Fonds zur Insolvenzsicherung der betrieblichen Altersversorgung zuweist.

(3) [1]Wird die Insolvenzsicherung von der Kreditanstalt für Wiederaufbau durchgeführt, gelten die Vorschriften dieses Abschnittes mit folgenden Abweichungen:

1. In § 7 Abs. 6 entfällt die Zustimmung der Bundesanstalt für Finanzdienstleistungsaufsicht.
2. [1]§ 10 Abs. 2 findet keine Anwendung. [2]Die von der Kreditanstalt für Wiederaufbau zu erhebenden Beiträge müssen den Bedarf für die laufenden Leistungen der Insolvenzsicherung im laufenden Kalenderjahr und die im gleichen Zeitraum entstehenden Verwaltungskosten und sonstigen Kosten, die mit der Gewährung der Leistungen zusammenhängen, decken. [3]Bei einer Zuweisung nach Absatz 2 Nr. 1 beträgt der Beitrag für die ersten 3 Jahre mindestens 0,1 vom Hundert der Beitragsbemessungsgrundlage gemäß § 10 Abs. 3; der nicht benötigte Teil dieses Beitragsaufkommens wird einer Betriebsmittelreserve zugeführt. [4]Bei einer Zuweisung nach Absatz 2 Nr. 2 oder 3 wird in den ersten 3 Jahren zu dem Beitrag nach Nummer 2 Satz 2 ein Zuschlag von 0,08 vom Hundert der Beitragsbemessungsgrundlage gemäß § 10 Abs. 3 zur Bildung einer Betriebsmittelreserve erhoben. [5]Auf die Beiträge können Vorschüsse erhoben werden.
3. [1]In § 12 Abs. 3 tritt an die Stelle der Bundesanstalt für Finanzdienstleistungsaufsicht die Kreditanstalt für Wiederaufbau.

[2]Die Kreditanstalt für Wiederaufbau verwaltet den Fonds im eigenen Namen. [3]Für Verbindlichkeiten des Fonds haftet sie nur mit dem Vermögen des Fonds. [4]Dieser haftet nicht für die sonstigen Verbindlichkeiten der Bank. [5]§ 11 Abs. 1 Satz 1 des Gesetzes über die Kreditanstalt für Wiederaufbau in der Fassung der Bekanntmachung vom 23. Juni 1969 (BGBl. I S. 573), das zuletzt durch Art. 14 des Gesetzes vom 21. Juni 2002 (BGBl. I

S. 2010) geändert worden ist, ist in der jeweils geltenden Fassung auch für den Fonds anzuwenden.

A. PSVaG als Träger der Insolvenzsicherung (§ 14 Abs. 1 BetrAVG)

I. Gründung

Der PENSIONS-SICHERUNGS-VEREIN, Versicherungsverein auf Gegen- **1** seitigkeit (PSVaG) wurde am **7.10.1974 als Selbsthilfeeinrichtung der deutschen Wirtschaft,** durch
– die Bundesvereinigung der Deutschen Arbeitgeberverbände e. V., Berlin
– den Bundesverband der Deutschen Industrie e. V., Berlin
– den Verband der Lebensversicherungs-Unternehmen e. V., Bonn[1]
gegründet und hat seine Geschäftstätigkeit am 1.1.1975 aufgenommen. Entsprechend dem Charakter der betrieblichen Altersversorgung ist der PSVaG privatrechtlich organisiert und unterliegt als **Versicherungsverein auf Gegenseitigkeit** (VVaG) der Aufsicht durch die Bundesanstalt für Finanzdienstleistungsaufsicht (§ 14 Abs. 1 S. 3 BetrAVG).

II. Aufgabe

Der PSVaG wurde vom Gesetzgeber zum Träger der Insolvenzsicherung der **2** betrieblichen Altersversorgung bestimmt (§ 14 Abs. 1 BetrAVG) und steht für die Erfüllung der Leistungen aus betrieblichen Altersversorgungszusagen bei Insolvenz des Arbeitgebers – soweit diese gem. § 7 BetrAVG unter Insolvenz-

---

1 Fusioniert zum Gesamtverband der Deutschen Versicherungswirtschaft e. V., Berlin.

schutz stehen – ein.[2]**Rechtsgrundlage** seiner Tätigkeit sind die §§ 7–15 des Betriebsrentengesetzes (BetrAVG),[3] seine Satzung sowie die Allgemeinen Versicherungsbedingungen für die Insolvenzsicherung der betrieblichen Altersversorgung (AIB). Die Vorschriften des Versicherungsaufsichtsgesetzes gelten, soweit das BetrAVG nichts anderes bestimmt.

3 Sein **alleiniger Zweck** ist die Insolvenzsicherung der betrieblichen Altersversorgung in der **Bundesrepublik Deutschland** nach den Vorschriften des BetrAVG sowie seit 1.1.2002 auch im **Großherzogtum Luxemburg** aufgrund des Abkommens zwischen der Bundesrepublik Deutschland und dem Großherzogtum Luxemburg über Zusammenarbeit im Bereich der betrieblichen Altersversorgung.[4] In den **neuen Ländern** ist das BetrAVG – und damit auch die gesetzliche Insolvenzsicherung der betrieblichen Altersversorgung – am 1.1.1992 in Kraft getreten.[5] Aufgrund seiner Aufgabenstellung ist der PSVaG grds. von allen in Betracht kommenden Steuern befreit.

4 Die Mittel für die Durchführung der Insolvenzsicherung werden aufgrund öffentlich-rechtlicher Verpflichtung durch Beiträge der insolvenzsicherungspflichtigen Arbeitgeber aufgebracht. Zur Erfüllung seiner gesetzlichen Einstandspflicht wurde der PSVaG mit öffentlich-rechtlicher Beitragshoheit ausgestattet (sog. beliehenes Unternehmen, vgl. § 10 Abs. 1 BetrAVG). Die Rechtsbeziehungen zu den Versorgungsberechtigten nach Eintritt eines Sicherungsfalls richten sich nach zivilrechtlichen Grundsätzen (vgl. § 7 BetrAVG).

---

2 Allg. zur Insolvenzsicherung durch den PSVaG, *Berenz* Arbeit und Arbeitsrecht 2005, S. 488; zur Insolvenzsicherung der betrieblichen Altersversorgung nach geltendem Recht, *Hoppenrath* BetrAV 2002, 731. Zu den Möglichkeiten der Insolvenzsicherung vgl. *Hoppenrath/Wohlleben* FS für Förster, S. 285; Zur Insolvenzsicherung für Betriebsrenten als politische Aufgabe vgl. *Andresen* BetrAV 2006, 211. Zur Insolvenzsicherung nach dem Krisenjahr 2009, *Wohlleben* BetrAV 2010, 497.

3 Zu den Materialien des Gesetzgebers zum BetrAVG vgl. *Berenz* Gesetzesmaterialien.

4 Bekanntmachung über das Inkrafttreten des deutsch-luxemburgischen Abkommens über Zusammenarbeit im Bereich der Insolvenzsicherung betrieblicher Altersversorgung, BGBl. II 2002 S. 319.

5 Gesetz zu dem Vertrag v. 31.8.1990 zwischen der Bundesrepublik Deutschland und der Deutschen Demokratischen Republik über die Herstellung der Einheit Deutschlands (Einigungsvertrag), BGBl. II 1990 S. 885. §§ 1 bis 18 BetrAVG finden danach auf Zusagen Anwendung, die nach dem 31.12.1991 erteilt werden. Vgl. Merkblatt 210/M 20, das im Internet unter www.psvag.de zur Verfügung steht.

III. Organisation

Der Vorstand des PSVaG besteht aus mindestens zwei Personen (§ 34 VAG 5
und § 9 der Satzung). Der Aufsichtsrat besteht aus zwölf Personen (§ 10 der
Satzung). Oberstes Organ des PSVaG ist die Mitgliederversammlung, in der
jedes Mitglied (Mitgliedsunternehmen) eine Stimme hat (§ 15 der Satzung).
Es kann ein Beirat bestellt werden, der Aufsichtsrat und Vorstand berät (§ 20
der Satzung). Die Zusammensetzung des Vorstands, des Aufsichtsrats sowie
des Beirats kann im Internet unter **www.psvag.de** eingesehen werden.

IV. Statistik 2013

Ende 2013 hatte der PSVaG   6
- 93.765 Mitgliedsunternehmen, bei denen
- rd. 4,1 Mio. Betriebsrentner und
- rd. 6,6 Mio. Anwärter

unter **Insolvenzschutz** standen. Der Kapitalwert der unter Schutz stehenden
Versorgungsverpflichtungen betrug **rd. 312 Mrd. €.**

Die **Auszahlung** der wegen Insolvenz eines Arbeitgebers vom PSVaG zu 7
übernehmenden Renten überträgt dieser nach entsprechender Prüfung
grds. einem **Konsortium** von zurzeit 50 Lebensversicherungsunternehmen
(§ 8 Abs. 1 BetrAVG). Anfang 2012 erhielten auf diesem Weg rd. 528.000
Rentenempfänger **rd. 77,0 Mio. € monatlich** an Betriebsrenten ausgezahlt.
Die Durchschnittsrente der neuen Versicherungsfälle im Jahr 2013 betrug
189 € p.M. mit einer großen Schwankungsbreite (max. das Dreifache der mtl.
Bezugsgröße nach § 18 SGB IV, vgl. § 7 Abs. 3 BetrAVG).

Die Finanzierung der Insolvenzsicherung basiert auf Beiträgen der insolvenz- 8
sicherungspflichtigen Arbeitgeber aufgrund öffentlich-rechtlicher Verpflichtung. 2006 wurde das bis dahin geltende Rentenwertumlageverfahren auf ein
Kapitaldeckungsverfahren umgestellt. Durch die Beiträge wird der Barwert
der im laufenden Kalenderjahr entstehenden Ansprüche auf Leistungen und
für die zu sichernden Anwartschaften der Unterschiedsbetrag der Barwerte am
Ende des laufenden und des vorherigen Kalenderjahres gedeckt.[6] Der Barwert
der bis zum 31.12.2005 aufgrund eingetretener Insolvenzen noch zu sichernden Anwartschaften wird einmalig auf die beitragspflichtigen Arbeitgeber auf
Basis ihrer Beitragsbemessungsgrundlage 2005 umgelegt (§ 30i BetrAVG).

---

6 Vgl. zum Finanzierungsverfahren § 10 Abs. 2 BetrAVG.

9 Weitere statistische Angaben finden sich unter www.psvag.de im Internet unter dem Stichwort »Fakten & Zahlen«.

V. Informationen zur Insolvenzsicherung

1. Internet

10 Unter **www.psvag.de** sind im Internet
- Informationen über das Unternehmen und seine Organe,
- die Satzung und die Allgemeinen Versicherungsbedingungen für die gesetzliche Insolvenzsicherung der betrieblichen Altersversorgung (AIB) zu finden.

11 Darüber hinaus stehen die
- Merkblätter[7] des PSVaG sowie
- Formulare und Erläuterungen zur Abwicklung der Meldepflichten sowohl betreffend die Beitragsseite als auch die Leistungsseite
- Liste der Publikationen

zur Verfügung. Schließlich finden sich unter der Rubrik »Aktuelles« u.a. Pressemitteilungen und die letzten Geschäftsberichte (auch Kurzfassungen in Englisch).

2. Kontakt

12 Der PSVaG hat seinen Sitz in Köln:

Adresse: PSVaG
Bahnstr. 6
50996 Köln
Telefon: 0221/93659–0
Telefax: 0221/93659–299
Internet: www.psvag.de
E-mail: info@psvag.de

---

7 Die Merkblätter informieren in allgemeiner Form über die gesetzliche Insolvenzsicherung aufgrund des BetrAVG und geben die jeweils aktuelle Rechtsauffassung des PSVaG wieder. Sie stehen unter dem Vorbehalt, dass sich die Rechtslage – insbesondere durch die Rechtsprechung – ändert. Merkblätter haben nicht den Charakter von Verwaltungsrichtlinien und -anordnungen.

Berenz

3. Rechtsberatung

Der PSVaG darf **Rechtsberatung** zu Fragen der Mitgliedschaft **nur in einem**   13
allgemeinen Rahmen vornehmen. Aufgrund der gesetzlich und satzungsmäßig eng umrissenen Aufgabenstellung, die keine allgemeine Rechtsberatung umfasst, ist eine – den PSVaG in einem eventuellen späteren Sicherungsfall bindende – **konkrete Stellungnahme grds. nicht möglich.** Daher kann er bei über seine Aufgabenstellung hinausgehenden Fragen nur empfehlen, die Hilfe eines sachkundigen Beraters in Anspruch zu nehmen. Dies gilt auch für die Klärung und Durchsetzung von Ansprüchen. Namen und Anschriften von Beratern darf der PSVaG jedoch nicht nennen; dafür sind die einschlägigen Kammern oder Verbände bzw. berufsständischen Vereinigungen zuständig. Im Übrigen sieht das BetrAVG das **Prinzip der eigenverantwortlichen Selbstveranlagung** des Arbeitgebers vor, die zuerst ihn aufruft, selbst zu prüfen, ob bei ihm bestehende Zusagen auf Leistungen der betrieblichen Altersversorgung der Insolvenzsicherung unterliegen. Eine Verlagerung der Verantwortung im Zusammenhang mit der Erfüllung der gesetzlichen Melde- und Beitragspflichten auf den PSVaG ist im BetrAVG nicht vorgesehen.

Betriebliche Altersversorgung in insolvenzsicherungspflichtiger Form ist   14
im Rahmen des BetrAVG beim PSVaG gegen die Folgen der Insolvenz des Arbeitgebers gesichert. Daraus ergibt sich, dass sich der **PSVaG erst nach Eintritt der Insolvenz eines Arbeitgebers mit der konkret bestehenden betrieblichen Altersversorgung** unter Berücksichtigung der dann gegebenen Rechtslage im Einzelnen befasst. Erst zu diesem Zeitpunkt ordnet er den gegebenen Sachverhalt rechtlich ein und stellt ggf. bestehende Versorgungszusagen unter Beachtung der dann geltenden Sach- und Rechtslage unter Insolvenzschutz.

B. Kreditanstalt für Wiederaufbau (§ 14 Abs. 2 und 3 BetrAVG)

Für den Fall, dass der PSVaG sich auflöst oder die Bundesanstalt für Finanz-   15
dienstleistungsaufsicht die Erlaubnis zum Geschäftsbetrieb widerruft bzw. den Geschäftsbetrieb untersagt, würde die Kreditanstalt für Wiederaufbau durch Rechtsverordnung des zuständigen Bundesministers – mit Zustimmung des Bundesrates – zum Träger der Insolvenzsicherung. Damit einhergehen würde die Änderung des Finanzierungsverfahrens der gesetzlichen Insolvenzsicherung der betrieblichen Altersversorgung von der vollständigen Kapitaldeckung (PSVaG) zu einem reinen Ausgabenumlageverfahren (KfW), § 14 Abs. 3 Nr. 2 BetrAVG.

16 Von einer Kommentierung dieser Vorschriften wird abgesehen. Der PSVaG hat seit 1975 die gesetzliche Insolvenzsicherung der betrieblichen Altersversorgung erfolgreich durchgeführt. Von daher ist auf absehbare Zeit nicht damit zu rechnen, dass diese Vorschriften angewendet werden müssen.

§ 15 Verschwiegenheitspflicht

[1]Personen, die bei dem Träger der Insolvenzsicherung beschäftigt oder für ihn tätig sind, dürfen fremde Geheimnisse, insbesondere Betriebs- oder Geschäftsgeheimnisse nicht unbefugt offenbaren oder verwerten. [2]Sie sind nach dem Gesetz über die förmliche Verpflichtung nichtbeamteter Personen vom 2. März 1974 (Bundesgesetzbl. I S. 469, 547) von der Bundesanstalt für Finanzdienstleistungsaufsicht auf die gewissenhafte Erfüllung ihrer Obliegenheiten zu verpflichten.

A. Verschwiegenheitspflicht (§ 15 S. 1 BetrAVG)

I. Verpflichteter Personenkreis

1 Alle beim PSVaG **beschäftigten Personen** – auch nach dem Ausscheiden aus dem aktiven Arbeitsverhältnis – und alle Personen, die für den **PSVaG tätig werden** (z. B. Sachverständige, Berater, freiberufliche Mitarbeiter) unterliegen der Verschwiegenheitspflicht.[1]

---

1 *Blomeyer/Rolfs/Otto* § 15 Rn. 2.

Berenz

II. Geschützte Daten

Der Verschwiegenheitspflicht unterliegen **fremde Geheimnisse** – Betriebs- 2
und Geschäftsgeheimnisse –, **die nicht unbefugt offenbart oder verwertet
werden dürfen.**

Zu den fremden Geheimnissen gehören insbesondere: 3

– **Daten im Zusammenhang mit der Durchführung der Melde- und Beitragspflicht** (insbesondere Beitragsbemessungsgrundlage, Existenz einer
 insolvenzsicherungspflichtigen betrieblichen Altersversorgung, Zahl
 der gemeldeten Rentner und Anwärter, Inhalt von Versorgungszusagen,
 Beteiligungsverhältnisse der Gesellschafter). Der BGH hat die Regelung
 des § 15 BetrAVG für mitgliedschaftliche Zwecke aufgeweicht. Er hat
 festgestellt, dass der PSVaG auf Grundlage der vereinsrechtlichen Vorschriften des BGB verpflichtet ist, einem Mitgliedsunternehmen eine
 vollständige Mitgliederliste des PSVaG zu übergeben, sofern dieses Mitglied ein berechtigtes Interesse hierfür darlegt. Datenschutzrechtliche
 Gesichtspunkte waren aus Sicht des Gerichts nicht hinderlich.[2] Dazu ist
 festzustellen, dass die Überlassung der Mitgliederliste nicht zur freien Verfügung, sondern ausschließlich für mitgliedschaftliche Zwecke erfolgt und
 eine Weitergabe an Nichtmitglieder oder deren Veröffentlichung oder gar
 die Nutzung für Werbezwecke nicht gestattet ist.

– **Daten im Zusammenhang mit der Einleitung und Abwicklung eines
 Sicherungsfalls** (insbesondere wirtschaftliche Lage eines Unternehmens,
 Inhalt von Versorgungszusagen, Höhe der Zahlung durch den PSVaG,
 Höhe der gesetzlichen Rente, Besteuerungsgrundlagen).

III. Förmliche Verpflichtung (§ 15 S. 2 BetrAVG)

Die beim PSVaG Beschäftigten und für ihn tätigen Personen sind von der 4
Bundesanstalt für Finanzdienstleistungsaufsicht nach dem **Gesetz über die
förmliche Verpflichtung nicht beamteter Personen** auf die gewissenhafte
Erfüllung ihrer Obliegenheiten zu verpflichten.

---

2 BGH 23.04.2013, II ZR 161/11, BetrAV 2013, 554 = DB 2013, 1548.

B. Sanktion bei Verstößen

I. Strafrechtlich

5   Mit der förmlichen Verpflichtung nach dem Gesetz über die förmliche Verpflichtung nicht beamteter Personen werden diese Personen zu »**für den öffentlichen Dienst besonders Verpflichteten**« i. S. d. § 203 Abs. 2 S. 1 Nr. 2 i. V. m. § 11 Abs. 1 Nr. 4 StGB. Bei Verletzung der Pflichten aus § 15 BetrAVG können sie daher nach §§ 203–205 StGB (Verletzung von Privatgeheimnissen, Verwertung fremder Geheimnisse) auf Antrag strafrechtlich verfolgt werden. Die Strafandrohung sieht Freiheitsstrafen bis zu zwei Jahren oder Geldstrafen vor.

II. Zivilrechtlich

6   Der durch die Verletzung der Pflichten des § 15 BetrAVG Geschädigte hat einen Schadensersatzanspruch gegen den Täter. § 15 S. 1 BetrAVG ist ein Schutzgesetz i. S. d. § 823 Abs. 2 BGB.

7   In der Regel liegt gleichzeitig auch eine Verletzung des Arbeits-/Dienstvertrages mit dem PSVaG vor.

Berenz

Fünfter Abschnitt Anpassung

§ 16 Anpassungsprüfungspflicht

(1) Der Arbeitgeber hat alle drei Jahre eine Anpassung der laufenden Leistungen der betrieblichen Altersversorgung zu prüfen und hierüber nach billigem Ermessen zu entscheiden; dabei sind insbesondere die Belange des Versorgungsempfängers und die wirtschaftliche Lage des Arbeitgebers zu berücksichtigen.

(2) Die Verpflichtung nach Absatz 1 gilt als erfüllt, wenn die Anpassung nicht geringer ist als der Anstieg
1. des Verbraucherpreisindexes für Deutschland oder
2. der Nettolöhne vergleichbarer Arbeitnehmergruppen des Unternehmens im Prüfungszeitraum.

(3) Die Verpflichtung nach Absatz 1 entfällt, wenn
1. der Arbeitgeber sich verpflichtet, die laufenden Leistungen jährlich um wenigstens eins vom Hundert anzupassen,
2. die betriebliche Altersversorgung über eine Direktversicherung im Sinne des § 1b Abs. 2 oder über eine Pensionskasse im Sinne des § 1b Abs. 3 durchgeführt wird, ab Rentenbeginn sämtliche auf den Rentenbestand entfallende Überschussanteile zur Erhöhung der laufenden Leistungen verwendet werden und zur Berechnung der garantierten Leistung der nach § 65 Abs. 1 Nr. 1 Buchstabe a des Versicherungsaufsichtsgesetzes festgesetzte Höchstzinssatz zur Berechnung der Deckungsrückstellung nicht überschritten wird oder
3. eine Beitragszusage mit Mindestleistung erteilt wurde; Absatz 5 findet insoweit keine Anwendung.

(4) ¹Sind laufende Leistungen nach Absatz 1 nicht oder nicht in vollem Umfang anzupassen (zu Recht unterbliebene Anpassung), ist der Arbeitgeber nicht verpflichtet, die Anpassung zu einem späteren Zeitpunkt nachzuholen. ²Eine Anpassung gilt als zu Recht unterblieben, wenn der Arbeitgeber dem Versorgungsempfänger die wirtschaftliche Lage des Unternehmens schriftlich dargelegt, der Versorgungsempfänger nicht binnen drei Kalendermonaten nach Zugang der Mitteilung schriftlich widersprochen hat und er auf die Rechtsfolgen eines nicht fristgemäßen Widerspruchs hingewiesen wurde.

(5) Soweit betriebliche Altersversorgung durch Entgeltumwandlung finanziert wird, ist der Arbeitgeber verpflichtet, die Leistungen mindestens entsprechend Absatz 3 Nr. 1 anzupassen oder im Falle der Durchführung über eine Direktversicherung oder eine Pensionskasse sämtliche Überschussanteile entsprechend Absatz 3 Nr. 2 zu verwenden.

(6) Eine Verpflichtung zur Anpassung besteht nicht für monatliche Raten im Rahmen eines Auszahlungsplans sowie für Renten ab Vollendung des 85. Lebensjahres im Anschluss an einen Auszahlungsplan.

A. Anpassungsprüfungs- und Anpassungsentscheidungspflicht (§ 16 Abs. 1 und 2 BetrAVG)

I. Normzweck

Mit § 16 BetrAVG soll der Problematik einer Entwertung der laufenden   **1**
Leistungen der betrieblichen Altersversorgung durch den Anstieg der Verbraucherpreise entgegengewirkt werden. Dabei hat der Gesetzgeber auf eine
Indexierung bzw. eine automatische Anpassung der Rentenleistungen verzichtet. Die **Geldentwertung** soll vielmehr dadurch **ausgeglichen bzw. abge-
mildert** werden, dass dem Arbeitgeber (sofern er keine Anpassungsgarantie
ausspricht) die Verpflichtung auferlegt wird, alle drei Jahre eine Anpassung
der laufenden Renten zu prüfen und über die Höhe einer eventuellen Rentenanpassung nach billigem Ermessen zu entscheiden. In diesem Zusammenhang
sind sowohl die wirtschaftliche Lage des Arbeitgebers als auch die Belange der
Versorgungsempfänger zu berücksichtigen.

Mit dieser Anpassungsprüfungs- und -entscheidungsverpflichtung hat der   **2**
Gesetzgeber das in der deutschen Wirtschaftsordnung grds. geltende Nomi-
nalwertprinzip eingeschränkt. Dieses besagt, dass eine bestimmte Währungs-
einheit als solche abstrakt geschuldet ist, d. h. unabhängig von ihrer Kaufkraft

definiert wird und damit nominell – trotz eines Wertverlustes – unverändert bleibt.[1] Da die Betriebsrentner nach dem Ausscheiden aus dem Arbeitsleben nichts mehr einzusetzen haben, um die bereits erdiente Versorgung vor dem Kaufkraftverlust zu bewahren, tragen sie allein das mit diesem Prinzip verbundene Entwertungsrisiko, welches durch § 16 BetrAVG gemindert wird.[2]

II. Gegenstand der Anpassung

1. Laufende Leistungen der betrieblichen Altersversorgung

3 Nach dem Wortlaut des § 16 Abs. 1 BetrAVG erstreckt sich die Anpassungsprüfungs- und -entscheidungsverpflichtung des Arbeitgebers ausschließlich auf laufende Leistungen der **betrieblichen Altersversorgung**. Anpassungsgegenstand sind damit all diejenigen Leistungen der Alters-, Invaliditäts- oder Hinterbliebenenversorgung, die einem Arbeitnehmer aus Anlass seines Arbeitsverhältnisses vom Arbeitgeber zugesagt werden.[3] Andere, nicht unter den Begriff der betrieblichen Altersversorgung fallende betriebliche Leistungen, wie bspw. Übergangsgelder,[4] Vorruhestandsgelder oder auch Sterbegeldzahlungen, sind dagegen nicht nach § 16 BetrAVG zu überprüfen bzw. anzupassen.[5] Die Verpflichtung nach § 16 BetrAVG besteht bei Realleistungen ebenfalls nicht, da sich bei diesen Sach- oder Nutzungsleistungen das Problem des Kaufkraftverlustes naturgemäß nicht stellt.

4 Werden derartige nicht anpassungspflichtige Leistungen zeitlich später durch betriebliche Versorgungsleistungen abgelöst oder ersetzt, so sind Letztere an den Vorgaben des § 16 BetrAVG zu messen.[6]

5 Weiteres Tatbestandsmerkmal des § 16 Abs. 1 BetrAVG ist das Vorliegen von **laufenden Leistungen**. Darunter sind regelmäßig wiederkehrende Leistungen zu verstehen und zwar unabhängig davon, ob sie lebenslänglich oder lediglich temporär gewährt werden. Auch bei vergleichsweise kurzen Rentenlaufzeiten,

---

1 *Teichmann* in: Soergel § 242 BGB Rn. 251 ff.

2 BAG 15.9.1977, 3 AZR 654/76, EzA § 16 BetrAVG Nr. 6 = DB 1977, 1353.

3 Vgl. hierzu § 1 Abs. 1 S. 1 BetrAVG.

4 Vgl. zur Abgrenzung eines Übergangsgeldes von betrieblicher Altersversorgung BAG 18.3.2003, 3 AZR 315/02, DB 2004, 1624 sowie 28.10.2008, 3 AZR 317/07, DB 2009, 1714.

5 Zur Abgrenzung der Leistungen der betrieblichen Altersversorgung s. § 1 Rdn. 35–71, insbes. § 1 Rdn. 70 f.

6 BGH 28.9.1981, II ZR 181/80, DB 1982, 126.

wie etwa bei der Gewährung von Waisenrente, die nach aktuellem Steuerrecht zeitlich auf die Vollendung des 25. Lebensjahres zu begrenzen ist, stellt sich das Problem des inflationsbedingten Kaufkraftverlustes.

Dagegen besteht **keine Anpassungspflicht** bei einmaligen **Kapitalzahlungen**. Das ergibt sich zum einen aus dem klaren Wortlaut der Vorschrift; zum anderen ist der Versorgungsempfänger ab dem Zeitpunkt der Auszahlung des Kapitalbetrages selbst imstande, dem Geldwertverfall vorzubeugen.   6

Bei Auszahlung des Kapitalbetrages in **mehreren Raten** kann die Abgrenzung, ob noch die Gewährung einer Kapitalleistung im Vordergrund steht, oder ob durch die Anzahl der zu zahlenden Raten bereits der Charakter einer laufenden Leistung erreicht ist, schwierig sein. Die Literatur bejaht eine Kapitalleistung bei Ratenzahlungen bis zu maximal fünf Jahren und lehnt eine solche ab einem Zeitraum von 10 Jahren grundsätzlich ab.[7] Für zwischenliegende Zeiträume soll nach den jeweiligen Umständen des Einzelfalles die Frage der Kapitalleistung entschieden werden, was rechtsdogmatisch nicht überzeugend ist. Untauglich ist auch das Argument, analog zu § 16 Abs. 6 BetrAVG bei allen Formen der Ratenzahlung eine Kapitalleistung anzunehmen und die Anpassungsprüfungspflicht zu verneinen.[8] Hiermit wird verkannt, dass § 16 Abs. 6 BetrAVG eine Sonderregelung darstellt, die nicht analogiefähig ist.[9] Ferner müsste dem Versorgungsberechtigten auch bei einer Ratenzahlung außerhalb von § 16 BetrAVG aufgrund der arbeitsrechtlichen Fürsorgepflicht eine angemessene Verzinsung des ausstehenden Restbetrages gewährt werden, welche bei schlechter wirtschaftlicher Lage des Arbeitgebers nicht ohne Weiteres ausgesetzt werden kann.   7

Aus dem Wortlaut des § 16 Abs. 1 BetrAVG ergibt sich im Umkehrschluss, dass **Versorgungsanwartschaften nicht anzupassen** sind, denn die Vorschrift schreibt nur die Anpassung von laufenden Leistungen der betrieblichen Altersversorgung vor.[10] Auch die während der Anwartschaftsphase eingetre   8

---

7 *Höfer* BetrAVG, Rn. 5120f. zu § 16.
8 So *Blomeyer/Rolfs/Otto* § 16 Rn. 41.
9 *Förster/Rühmann/Cisch* 12. Aufl., § 16 Rn. 51; *Höfer* BetrAVG, Rn. 5121 zu § 16.
10 BAG 15.9.1977, 3 AZR 654/76, EzA § 16 BetrAVG Nr. 6 = DB 1977, 1353. Die von der EU-Kommission vorgeschlagene Mobilitätsrichtlinie sieht eine Anpassung von Versorgungsanwartschaften unter bestimmten Bedingungen allerdings vor, vgl. § 1b Rdn. 15.

tene Entwertung ist bei einer späteren Anpassung des zum Anspruch erstarkten Versorgungsrechts nicht zu berücksichtigen.[11]

2. Durchführungswegunabhängige Verpflichtung

9 Die gesetzliche Anpassungsprüfungs- und -entscheidungsverpflichtung besteht nach dem eindeutigen Wortlaut für Leistungen der betrieblichen Altersversorgung, unabhängig davon, ob sie unmittelbar vom Arbeitgeber erbracht werden oder ob sich der Arbeitgeber eines rechtlich selbstständigen Versorgungsträgers bedient, mit dessen Hilfe er die Versorgungsleistungen mittelbar erbringt. Diese durchführungswegunabhängige Verpflichtung entspricht auch dem Gesetzeszweck.[12] Wenn über die gesetzlich normierte Anpassungsverpflichtung dem Wertverfall der betrieblichen Versorgungsleistungen vorgebeugt werden soll, ist es unerheblich, ob die betrieblichen Leistungen vom Arbeitgeber direkt oder mittelbar erbracht werden.

III. Anpassungsschuldner

1. Arbeitgeber

10 Normadressat der Anpassungsprüfungs- und -entscheidungsverpflichtung ist nach dem Wortlaut des § 16 Abs. 1 BetrAVG **allein** der **Arbeitgeber**, also derjenige, der dem Versorgungsempfänger aus der ursprünglich erteilten Zusage verpflichtet ist. Die Anpassungsprüfungspflicht gilt auch für Nicht-Arbeitnehmer, welche gem. § 17 Abs. 1 S. 2 BetrAVG unter den Schutz des Gesetzes fallen und denen die Gewährung von Leistungen der betrieblichen Altersversorgung versprochen wurde. Für Arbeitgeber des öffentlichen Dienstes i. S. d. § 18 BetrAVG findet § 16 BetrAVG dagegen keine Anwendung.[13]

11 Der **Grundsatz**, wonach die Anpassungsverpflichtung für dasjenige Unternehmen Anwendung findet, welches als Arbeitgeber die entsprechende Versorgungszusage erteilt hat, **gilt auch** dann, wenn der Arbeitgeber in einen **Konzern** eingebunden ist, denn der Konzern als solcher kann nicht (ehemaliger) Arbeitgeber sein; Arbeitgeber ist vielmehr das jeweilige konzerngebundene Einzelunternehmen.[14]

---

11 BAG 15.9.1977, 3 AZR 654/76, EzA § 16 BetrAVG Nr. 6 = DB 1977, 1353.
12 Vgl. Rdn. 1 f.
13 Vgl. § 18 Abs. 1 BetrAVG.
14 Zur Beurteilung der wirtschaftlichen Lage im Konzern s. Rdn. 81 ff.

2. Rechtsnachfolger

Die Anpassungsverpflichtung trifft nicht notwendigerweise den ehemaligen   **12**
Arbeitgeber, der dem Versorgungsberechtigten das Versorgungsversprechen
gegeben hat. Sie kann auch auf einen Rechtsnachfolger dieses Arbeitgebers
durch vertragliche Vereinbarung oder kraft Gesetzes übergehen.

Insoweit kommen als Rechtsnachfolger zunächst **Folgearbeitgeber** in Betracht,   **13**
welche eine gesetzlich unverfallbare Versorgungsanwartschaft bzw. welche eine
Versorgungszusage nach §4 BetrAVG übernommen haben.

Auch in den Fällen des **Betriebsübergangs** nach §613a BGB geht die Ver-   **14**
pflichtung zur Anpassungsprüfung und -entscheidung für Versorgungsverpflichtungen aus bestehenden Arbeitsverhältnissen auf den Betriebserwerber
über, sodass für ab dem Zeitpunkt des Betriebsübergangs eintretende Versorgungsfälle nunmehr der neue Arbeitgeber die Anpassung nach Maßgabe
des §16 BetrAVG schuldet.[15] Für die bereits vor dem Betriebsübergang unter
Aufrechterhaltung einer unverfallbaren Anwartschaft ausgeschiedenen Arbeitnehmer bzw. bereits begünstigten Rentenempfänger bleibt allerdings weiterhin der Betriebsveräußerer verpflichtet.

Ein Übergang der Verpflichtung auf einen Rechtsnachfolger ist auch in   **15**
den Fällen der **Umwandlung** nach dem Umwandlungsgesetz oder bei einer
Gesamtrechtsnachfolge möglich.[16]

Gleiches gilt im Fall des Ablebens des ursprünglichen Anpassungsverpflichte-   **16**
ten, denn mit dem Erbfall geht die Pflicht des Arbeitgebers aus §16 BetrAVG
auf den Erben über.[17] Diese Pflicht zur Anpassung der Betriebsrente trifft den
Erben des ehemals einzelkaufmännisch tätigen früheren Arbeitgebers selbst
dann, wenn er dessen Geschäft nicht fortführt.[18]

---

15 BAG 21.2.2006, 3 AZR 216/05, EzA §16 BetrAVG Nr. 45 = DB 2006, 2131.
16 BAG 31.7.2007, 3 AZR 810/05, EzA §16 BetrAVG Nr. 52 = DB 2008, 135, zu der
    Frage ob im Zuge einer Verschmelzung weiterhin auf die ursprüngliche wirtschaft-
    lich schwache Gesellschaft abgestellt werden kann; dies ist gem. §16 BetrAVG
    nicht zulässig.
17 Vgl. §§ 1922, 1967 BGB.
18 BAG 9.11.1999, 3 AZR 420/98, EzA §16 BetrAVG Nr. 33 = DB 2000, 1867.

3. Sonderproblem: Rentnergesellschaft

17 Auch ein nicht mehr auf Dauer werbend am Markt tätiges Unternehmen, das liquidiert wurde und dessen einziger verbliebener Geschäftszweck die Abwicklung seiner Versorgungsverbindlichkeiten ist (sog. **Rentnergesellschaft**), hat eine Anpassung der Betriebsrenten zu überprüfen und hierüber nach billigem Ermessen zu entscheiden.[19] Das Gleiche gilt, wenn der ehemalige Arbeitgeber als Abwicklungsgesellschaft zwar nicht mehr werbend am Markt tätig ist, jedoch über die Betriebsrentnerbetreuung hinaus im Bereich der Geschäftsabwicklung noch unternehmerisch aktiv ist.[20]

4. Keine Verpflichtung externer Versorgungsträger

18 **Auch im Fall der mittelbaren Durchführung** der betrieblichen Altersversorgung über einen rechtlich selbstständigen Versorgungsträger verbleibt die Verpflichtung zur Anpassungsprüfung nach dem eindeutigen Wortlaut des § 16 Abs. 1 BetrAVG beim **Arbeitgeber**. Lebensversicherungsunternehmen, Pensionskassen, Unterstützungskassen und Pensionsfonds sind keine Arbeitgeber; der Arbeitgeber bedient sich ihrer lediglich zur Abwicklung der betrieblichen Altersversorgung, ohne jedoch dadurch von seiner arbeitsrechtlichen Verpflichtung aus dem Grundverhältnis frei zu werden.[21]

19 Allerdings enthalten die Beitrags- und Leistungsbestimmungen der genannten Versorgungsträger regelmäßig Bestimmungen zur Anpassung der laufenden Leistungen, die den Maßgaben des § 16 BetrAVG – zumindest teilweise – Rechnung tragen. Soweit über diese Anpassungsregelungen der Anspruch des Versorgungsberechtigten erfüllt wird, ist der Arbeitgeber von seiner Verpflichtung nach § 16 BetrAVG befreit.

5. Grundsätzlich keine Verpflichtung des Pensions-Sicherungs-Vereins

20 § 16 BetrAVG verpflichtet ausweislich seines Wortlauts nur den Arbeitgeber, **nicht** jedoch den **PSVaG** als Träger der gesetzlichen Insolvenzsicherung.[22]

---

19 BAG 23.10.1996, 3 AZR 514/95, EzA § 16 BetrAVG Nr. 31 = DB 1997, 1287.
20 BAG 25.6.2002, 3 AZR 226/01, EzA § 16 BetrAVG Nr. 40 = DB 2003, 1584.
21 Vgl. § 1 Abs. 1 S. 3 BetrAVG sowie § 1 Rdn. 247 ff.; die Anpassungsverpflichtung entfällt für den Arbeitgeber bei den versicherungsförmigen Durchführungswegen aber u. a. in den Fällen, in denen eine Beitragszusage mit Mindestleistung vorliegt, vgl. § 16 Abs. 3 Nr. 3 BetrAVG.
22 BAG 22.3.1983, 3 AZR 574/81, EzA § 16 BetrAVG Nr. 14 = DB 1983, 780.

Eine andere Auffassung würde insoweit zu Wertungswidersprüchen führen, denn die Versorgungsberechtigen eines zahlungsfähigen Unternehmens mit schlechter Ertragslage müssten größere Opfer erbringen, als ihnen bei einer Insolvenz oder wirtschaftlichen Notlage des Unternehmens abverlangt werden könnten. Sie hätten im Notfall Anspruch auf eine kaufkraftgesicherte Rente, während sie bei wirtschaftlichen Schwierigkeiten, die keinen Sicherungsfall bewirken, die Entwertung ihrer Versorgung hinnehmen müssten.

Dies bedeutet jedoch nicht, dass der PSVaG in keinem Fall und unter keinen   21
Umständen auf die Entwicklung der Kaufkraft reagieren müsste:
So geht das BAG davon aus, dass **bei umfassenden Wirtschaftseinbrüchen**
mit einer ungewöhnlich hohen Inflationsrate eine aus den Grundsätzen von
Treu und Glauben abgeleitete **Verpflichtung** zu einem angemessenen **Teuerungsausgleich** besteht.[23]

Weiterhin hat die höchstrichterliche Rechtsprechung ausdrücklich klarge-   22
stellt, dass der PSVaG **die Anpassungsverpflichtung** des insolventen Arbeitgebers dann zu übernehmen hat, **wenn** die Versorgungszusage eine **vertragliche
Anpassungsklausel** enthält, die zu einer Dynamisierung der Betriebsrente
führt. Sofern dabei eine Ermessensentscheidung erforderlich ist, muss der
PSVaG im Insolvenzfall anstelle des zahlungsunfähigen Arbeitgebers den
Umfang der zu erbringenden Versorgungsleistung bestimmen.[24] Diese Übernahme der Anpassungsverpflichtung durch den PSVaG gilt uneingeschränkt,
sofern der Versorgungsberechtigte bei Eintritt des Insolvenzfalles bereits laufende Versorgungsleistungen bezogen hat. Wegen § 2 Abs. 5 BetrAVG und der
dort geregelten Veränderungssperre ist der PSVaG jedoch **nicht** an die vertragliche Anpassungsverpflichtung gebunden, wenn bei Eintritt des Sicherungsfalles lediglich eine **gesetzlich aufrechtzuerhaltende** Anwartschaft vorlag **und**
die Anpassungsverpflichtung an **variable Bezugsgrößen** gekoppelt ist, deren
künftige Veränderung bei Eintritt des Versorgungsfalles nicht bekannt ist.[25]

Die **Anpassungspflicht** des Arbeitgebers muss der PSVaG **auch** dann übernehm-   23
men, **wenn** zugunsten des Arbeitnehmers eine **betriebliche Übung** gegolten

23 BAG 22.3.1983, 3 AZR 574/81, EzA § 16 BetrAVG Nr. 14 = DB 1983, 780.
24 BAG 22.3.1983, 3 AZR 574/81, EzA § 16 BetrAVG Nr. 14 = DB 1983, 780.
25 BAG 17.3.1995, 3 AZR 767/93, EzA § 7 BetrAVG Nr. 50 = DB 1995, 582;
    unzutreffend die Schlussfolgerung von *Höfer* BetrAVG, Rn. 3369 zu § 2, dass eine
    zugesagte Volldynamik auch außerhalb der Insolvenz bei vorzeitigem Ausscheiden
    untergehe.

hat, die inhaltlich zu Ansprüchen der Arbeitnehmer führte, die Betriebsrente in regelmäßigen Abständen nach Maßgabe feststehender, von den Vorgaben des § 16 BetrAVG unabhängigen Bezugsgrößen anzupassen.[26]

IV. Anpassungsberechtigte

24 Anpassungsberechtigt nach § 16 BetrAVG sind ausschließlich **die dem persönlichen Geltungsbereich des Betriebsrentengesetzes unterfallenden Personen**[27] sowie – sofern die Versorgungszusage auch Leistungen für den Fall des Ablebens des originär Versorgungsberechtigten vorsieht – deren Hinterbliebene.

25 Auf Versorgungsleistungen, die **Unternehmern** gewährt werden, finden die Vorschriften des § 16 BetrAVG dagegen keine Anwendung, soweit nicht ihre entsprechende Geltung in der Versorgungszusage vertraglich bestimmt ist. Allerdings kommen bei diesen Personengruppen die von der Rechtsprechung des BGH entwickelten, an **Treu und Glauben** orientierten vorgesetzlichen Anpassungsgrundsätze zum Tragen, wonach ab dem Zeitpunkt, ab dem die eingetretene Teuerung eine Stillhaltegrenze von 33 ⅓ % überschreitet, eine Anpassung vorzunehmen ist.[28]

26 Versorgungsrechte, die sowohl auf Dienstzeiten beruhen, in denen der Berechtigte dem persönlichen Geltungsbereich des Betriebsrentengesetzes unterfiel, als auch auf Dienstzeiten, in denen der Berechtigte den Status eines Unternehmers hatte, sind nach den Grundsätzen des § 2 BetrAVG zeitanteilig zu quotieren. Ein Teuerungsausgleich erfolgt dann für den Anteil der Versorgungsleistung, der im Arbeitnehmerstatus erdient wurde, nach Maßgabe des § 16 BetrAVG. Für den komplementären Leistungsanteil gelten die Grundsätze der vorgesetzlichen Anpassungsrechtsprechung des BGH.

---

26 LAG Köln 15.6.1988, 2 Sa 357/88, (rkr.), BB 1989, 357; nach BAG 25.4.2006, 3 AZR 50/05, EzA § 16 BetrAVG Nr. 49, stellt eine betriebliche Übung, die dem versorgungsverpflichteten Arbeitgeber keinen Entscheidungsspielraum belässt und ihn unabhängig von der Belastbarkeit des Unternehmens zum vollen Ausgleich des Geldwertverlustes verpflichtet, allerdings einen Ausnahmetatbestand dar, der nur dann als gegeben angesehen werden kann, wenn das Verhalten des Arbeitgebers deutlich auf einen entsprechenden Verpflichtungswillen hinweist.

27 Vgl. § 17 Abs. 1 S. 1 und 2 BetrAVG.

28 BGH 6.4.1981, II ZR 252/79, DB 1981, 1454.

Ausnahmsweise kann aus Vereinfachungsgründen aber eine Anpassung ins- 27
gesamt nach § 16 BetrAVG oder ausschließlich nach den Grundsätzen von
Treu und Glauben erfolgen, soweit entweder der Arbeitnehmerstatus oder die
Unternehmereigenschaft völlig überwiegt.[29]

V. Prüfungszeitpunkt und Prüfungszeitraum

1. Individuelle Ermittlung der Prüfungszeitpunkte

Nach § 16 Abs. 1 BetrAVG ist der Arbeitgeber verpflichtet, alle drei Jahre 28
eine Anpassung der laufenden Leistungen zu prüfen. Dies bedeutet, dass der
Arbeitgeber grds. **für jeden einzelnen Versorgungsberechtigten** getrennt in
zeitlichen Abschnitten von jeweils drei Jahren nach dem **individuellen Leistungsbeginn** eine Anpassungsprüfung vorzunehmen und hierbei die exakte
Inflationsrate im maßgeblichen Prüfungszeitraum zu ermitteln hat.

Die Drei-Jahres-Frist beginnt somit grds. jeweils mit der **erstmaligen Inan-** 29
spruchnahme der laufenden Leistung. Dies gilt unabhängig davon, ob eine
gem. § 6 BetrAVG beanspruchbare vorzeitige Altersrente nicht beantragt wird,
eine laufende Leistung von Anfang an ruht oder eine Versorgungsleistung
nach anfänglicher Gewährung zwischenzeitlich ruht. Eine Ausnahme von diesem Grundsatz besteht nur im Fall von vom Versorgungsberechtigten nicht
verschuldeten Verzögerungen, welche zur Nachzahlung von Versorgungsleistungen führen. Hier gilt als Fristbeginn der jeweilige Zeitpunkt, ab dem der
Versorgungsberechtigte seine Leistungen erstmalig erhalten hätte, wenn die
von ihm nicht zu vertretende Verzögerung nicht eingetreten wäre.

Ein Wechsel der Leistungshöhe oder des Versorgungsträgers der betrieblichen 30
Versorgungsleistungen lässt die Drei-Jahres-Frist unberührt. Das Gleiche gilt
im Fall des Wechsels der Leistungsart: Wenn der ursprüngliche Rentenbezieher verstirbt und die bisher gewährte Rente durch eine Hinterbliebenenleistung ersetzt wird, ist zur Ermittlung des Drei-Jahres-Zeitraums weiterhin
auf den Beginnzeitpunkt der ursprünglichen Rente abzustellen. Verstirbt der
Arbeitnehmer dagegen, ohne vorher selbst eine Rente bezogen zu haben, so ist
wiederum auf den erstmaligen Bezug dieser abgeleiteten Versorgungsleistung
abzustellen.

---

29 BGH 6.4.1981, II ZR 252/79, DB 1981, 1454.

2. Bündelung des Prüfungstermins

31 Anstelle der starren, individuellen Ermittlung der jeweiligen Prüfungstermine kann sich der Arbeitgeber dafür entscheiden, die in einem Jahr fälligen **Anpassungsprüfungen der Betriebsrenten zusammenzufassen** und zu einem bestimmten Zeitpunkt innerhalb oder am Ende des Jahres vorzunehmen.[30] Diese **Bündelung der Prüfungsstichtage** wird von der Rechtsprechung – auch unter Hinweis auf die ebenfalls einheitlich zur Mitte des Jahres stattfindende Anpassung der Leistungen in der gesetzlichen Rentenversicherung – vor allem deshalb als zulässig erachtet, da sie einerseits dem Arbeitgeber erheblichen Verwaltungsaufwand erspart und andererseits der Rentner im Extremfall allenfalls drei Jahre und sechs Monate auf die erste Anpassung seiner Betriebsrente warten muss.[31] Diese durch die verspätete Anpassung entstehenden Nachteile sind für den Rentenempfänger hinnehmbar, zumal ein entsprechend angewachsener höherer Teuerungsausgleich zu berücksichtigen ist.

32 Bei dieser verzögerten erstmaligen Rentenfestsetzung handelt es sich um einen einmaligen Vorgang. In der Folgezeit muss der Drei-Jahres-Zeitraum eingehalten werden.[32]

33 Von dem gesetzlich vorgegeben dreijährigen **Pflichtprüfungsturnus kann nicht** durch vorgezogene Anpassungsprüfungen **abgewichen werden**.[33] Allerdings ist der Arbeitgeber in diesen Fällen der **freiwilligen** vorgezogenen **Anpassung** ebenso wie in Fällen der **überobligatorischen Anpassung** anlässlich früherer Pflichtprüfungsstichtage berechtigt, die vorgenommenen Anpassungen **gegenzurechnen**. Bei der Ermittlung des Anpassungsbedarfs steht daher die bereits vorzeitig erbrachte Erhöhung der Versorgungsleistungen nicht mehr zusätzlich zum Teuerungsausgleich an, da der Arbeitgeber insoweit den Anspruch bereits erfüllt hat.

34 Auch eine **Verkürzung des Prüfungszeitraums** im Zusammenhang mit der **ersten Anpassungsprüfung**, um einen festen Drei-Jahres-Turnus im Hinblick auf die Anpassungsprüfungen nach § 16 BetrAVG für sämtliche Ver-

---

30 BAG 28.4.1992, 3 AZR 142/91, EzA § 16 BetrAVG Nr. 22 = DB 1992, 2401.

31 BAG 30.11.2010, 3 AZR 754/08, EzA BetrAVG § 16 Nr. 57 = DB 2011, 1002; 11.10.2011, 3 AZR 527/09, NZA 2012, 454.

32 BAG 30.8.2005, 3 AZR 395/04, EzA § 16 BetrAVG Nr. 43 = DB 2006, 732; 28.4.1992, 3 AZR 142/91, EzA § 16 BetrAVG Nr. 22 = DB 1992, 2401.

33 BAG 1.7.1976, 3 AZR 791/75, EzA § 16 BetrAVG Nr. 1 = DB 1976, 885.

Huber

sorgungsverpflichteten zu erreichen, ist nicht zu beanstanden.[34] Mithin kann der Arbeitgeber die Rentenanpassung für sämtliche Rentenempfänger auf **einen Termin innerhalb eines Drei-Jahres-Zeitraums** bündeln. Begründet wird dies damit, dass dem Versorgungsempfänger bei Vorverlegung der ersten Anpassung und daran anschließender Einhaltung der Drei-Jahres-Frist auf die gesamte Laufzeit der Betriebsrente gesehen mehr Vor- als Nachteile entstehen. Neben dieser Begünstigung der Betriebsrentner dient die beschriebene Vorgehensweise auch der Verwaltungsvereinfachung beim anpassungsverpflichteten Arbeitgeber. Auch bei dieser Sonderform der Bündelung von Anpassungsterminen kann es zu einer Verzögerung der ersten Anpassungsüberprüfung kommen, wenn nicht alle Neurentner bei der ersten auf den Rentenbeginn folgenden Anpassungsprüfung mit einbezogen werden, weil z. B. der Rentenbeginn nur wenige Monate vor dem Prüfungstermin liegt. Sofern sich diese Verzögerung aber in den Grenzen des bislang von der Rechtsprechung als zulässig anerkannten Rahmens bewegt – also nicht zu einem sechs Monate überschreitenden ersten Prüfungszeitraum führt – ist sie nicht zu beanstanden.[35] Auch eine **Verkürzung des Prüfungszeitraums für bereits laufende Renten** sollte rechtlich anerkannt werden, da die damit einhergehenden verwaltungstechnischen Gründe die Vorverlegung i. d. R. sachlich rechtfertigen werden. Allerdings hat das BAG die einheitliche Anpassungsentscheidung im dreijährigen Rhythmus für den gesamten Rentnerbestand bisher **nur bei Fällen bejaht**, bei denen die **erste** Anpassungsprüfung vorverlegt oder verzögert wurde. Die Zulässigkeit einer entsprechenden **Umstellung der Anpassungsprüfung für laufende Rentenbezieher**, deren Betriebsrente wenigstens bereits einmal angepasst wurde, unterlag bisher noch nicht der gerichtlichen Überprüfung. Eine Verzögerung der Anpassungsprüfung anlässlich der Umstellung auf die neue Anpassungssystematik ist hierbei rechtlich wohl nicht zulässig, denn das BAG hat in seinen bisherigen Entscheidungen zur Zulässigkeit einer Bündelung von Prüfungsstichtagen stets betont, dass Verzögerungen nur bei der Erstanpassung tolerierbar seien und in der Folgezeit stets der dreijährige Prüfungszeitraum einzuhalten sei.

Für sog. **Altrenten**, das sind Renten, die bereits vor dem 1.1.1972 erstmalig gewährt wurden, hat die Rechtsprechung als ersten Prüfungsstichtag einheit-   **35**

---

34 BAG 30.8.2005, 3 AZR 395/04, EzA § 16 BetrAVG Nr. 43, DB 2006, 732.
35 BAG 30.8.2005, 3 AZR 395/04, EzA § 16 BetrAVG Nr. 43 = DB 2006, 732; 30.11.2010, 3 AZR 754/08, EzA § 16 BetrAVG Nr. 57 = DB 2011, 1002.

lich den 1.1.1975 festgesetzt.[36] Damit ergibt sich eine **starre Anpassungsregelung** für diese Versorgungsleistungen. Für die zum 1.1.1975 vorzunehmende
Erstanpassung der Altrenten wurde den Anforderungen des § 16 BetrAVG
genügt, wenn der Kaufkraftverlust der Leistungen der betrieblichen Altersversorgung zur Hälfte ausgeglichen wurde (sog. **Hälftelungsanpassung**).[37] Für
die in der Folgezeit vorzunehmenden Anpassungen wurde diese Ausnahme
von der Rechtsprechung allerdings nicht mehr toleriert, sodass grds. der volle
Kaufkraftverlust zum Ausgleich anstand.

3. Maßgeblicher Prüfungszeitraum

36 § 16 Abs. 1 BetrAVG legt mit dem dreijährigen Turnus für die Anpassungsprüfung des Arbeitgebers lediglich den Prüfungstermin fest. Eine eindeutige
Aussage dazu, wie der in § 16 Abs. 2 BetrAVG genannte Prüfungszeitraum
abzugrenzen ist, innerhalb dessen die jeweiligen Anpassungsmaßstäbe auszu-
werten sind, enthält das Gesetz dagegen nicht. In Übereinstimmung mit der
zur Vorfassung des § 16 BetrAVG hierzu ergangenen Rechtsprechung[38] hat
das BAG[39] klargestellt, dass der für die Ermittlung des Anpassungsbedarfs
maßgebliche Prüfungszeitraum – trotz Neufassung des § 16 BetrAVG – weiterhin **vom Rentenbeginn[40] bis zum jeweiligen Anpassungsstichtag** reiche,
denn nur so könne eine Auszehrung der Betriebsrenten durch Beibehaltung
bzw. Wiederherstellung des ursprünglich vorausgesetzten Verhältnisses von
Leistung und Gegenleistung vermieden werden. Sowohl für die reallohnbezogene Obergrenze als auch für den Teuerungsanstieg müsse aus diesem Grunde
jeweils auch derselbe Prüfungszeitraum gelten (»**Gleichlauf der Prüfungszeiträume**«). Dabei sei im Hinblick auf die Ermittlung des Kaufkraftverlusts
jeweils auf die Indexwerte der Monate abzustellen, die dem erstmaligen Rentenbezug und den jeweiligen Anpassungsstichtagen unmittelbar vorausgehen.
Die Zahlung der erhöhten Rente müsse sich schließlich unmittelbar an den
Prüfungszeitraum anschließen. Dieser von § 16 BetrAVG für den Anpassungs-

---

36 BAG 1.7.1976, 3 AZR 791/75, EzA § 16 BetrAVG Nr. 1 = DB 1976, 885.

37 BAG 15.9.1977, 3 AZR 654/76, EzA § 16 BetrAVG Nr. 6 = DB 1977, 1353.

38 BAG 21.8.2001, 3 AZR 589/00, EzA § 16 BetrAVG Nr. 39 = DB 2001, 1331.

39 BAG 30.8.2005, 3 AZR 395/04, EzA § 16 BetrAVG Nr. 43 = DB 2006, 732.

40 Nach BAG 25.4.2006, 3 AZR 159/05, DB 2006, 2639 ist dies anders im Konditio-
nenkartell des Bochumer Verbandes: Anstelle des Rentenbeginns ist hier – jedenfalls für die bis zum Versorgungsfall betriebstreuen Arbeitnehmer – der letzte vor
Rentenbeginn festgelegte Anpassungsstichtag maßgeblich.

bedarf vorgegebene Prüfungszeitraum sei zwingend und stehe nicht zur Disposition des Arbeitgebers.[41]

Im Ergebnis müssen – insbesondere bei einem in der Vergangenheit erfolgten 37
Wechsel des Beurteilungsmaßstabs zur Ermittlung des Anpassungsbedarfs –
sowohl der Teuerungsanstieg als auch die Nettolohnentwicklung jeweils vom
Rentenbeginn bis zum (ggf. für den gesamten Rentnerbestand einheitlichen)
aktuellen Prüfungsstichtag ermittelt, einander gegenübergestellt und der neue
Rentenbetrag – gemessen an der Ausgangsrente – mindestens auf den niedrigeren der beiden Referenzbeträge angehoben werden. Gesellschaftsrechtliche
Veränderungen, wie beispielsweise eine Verschmelzung zweier Unternehmen,
führen nicht zu einer Unterbrechung des Prüfungszeitraums mit der Folge
eines Neubeginns, d. h. das neue Unternehmen haftet grds. für den gesamten
Prüfungszeitraum ab Rentenbeginn.[42]

VI. Ermittlung des Anpassungsbedarfs/Anpassungsmaßstab

1. Belange der Versorgungsempfänger

Der Gesetzgeber regelt mit § 16 Abs. 2 BetrAVG im Wege einer gesetzlichen 38
Fiktion, unter welchen Voraussetzungen er die Anpassungsprüfungsverpflichtung als erfüllt ansieht. Nach § 16 Abs. 2 Nr. 1 BetrAVG ist der Anpassungsbedarf des Rentenempfängers nach dem **seit dem individuellen Rentenbeginn
eingetretenen Kaufkraftverlust** der Rente zu bestimmen. Dieser wurde – für
Prüfungsstichtage bis einschließlich 1.1.2003 – noch gemessen am »Preisindex für die Gesamtlebenshaltung von Vier-Personen-Haushalten von Arbeitern und Angestellten mit mittleren Einkommen«. Nach § 16 Abs. 2 Nr. 2
BetrAVG kann **anstelle des Teuerungsausgleichs** auch eine **geringere Anpassungsrate** gewährt werden, **wenn** innerhalb des zur Überprüfung anstehenden
Zeitraums die »Nettolöhne vergleichbarer Arbeitnehmergruppen des Unternehmens« **geringer gestiegen** sind als die Verbraucherpreise. Der Vergleichsmaßstab von Inflations- und Nettoeinkommensanstieg war in Anlehnung an
die ständige Rechtsprechung des BAG[43] im Zuge des Rentenreformgesetzes
1999 als arbeitsrechtlich maßgeblicher Überprüfungs- und Anpassungsmaßstab im Betriebsrentengesetz festgeschrieben worden.

---

41 BAG 25.4.2006, 3 AZR 159/05, EzA § 16 BetrAVG Nr. 47 = DB 2006, 2639.
42 BAG 31.7.2007, 3 AZR 810/05, EzA § 16 BetrAVG Nr. 52 = DB 2008, 135.
43 BAG 16.12.1976, 3 AZR 795/75, EzA § 242 BGB Ruhegeld Nr. 60 = DB 1977,
    96; 11.8.1981, 3 AZR 395/80, EzA § 16 BetrAVG Nr. 12 = DB 1981, 1783.

39 Die Regelung des § 16 Abs. 2 BetrAVG hat das nach Abs. 1 der Vorschrift grds. bestehende Ermessen des Arbeitgebers nicht beseitigt. Nach der erstgenannten Bestimmung gilt die Verpflichtung zu einer ermessensfehlerfreien Anpassungsentscheidung allerdings als erfüllt, wenn die Anpassung nicht geringer ausfällt als der Anstieg der Teuerung bzw. derjenige der Nettolöhne vergleichbarer Arbeitnehmergruppen des Unternehmens. § 16 Abs. 2 BetrAVG erhöht dadurch die Rechtssicherheit, dass eine bestimmte Berechnung der Geldentwertung und der reallohnbezogenen Obergrenze ausdrücklich gebilligt wird. Die Formulierung »gilt als erfüllt« bringt zum Ausdruck, dass es keiner weiteren Prüfung mehr bedarf, wenn der Arbeitgeber diesen Weg beschreitet. Das heißt aber nicht, dass andere Berechnungsmethoden ermessensfehlerhaft sind. Wenn der Arbeitgeber sich daher für eine andere Berechnungsart entscheidet, ist zusätzlich noch eine Billigkeitskontrolle erforderlich. Diese ist mit Prozessrisiken verbunden.[44]

a) Teuerungsausgleich

40 Ausgangspunkt der Anpassungsentscheidung ist der Anpassungsbedarf der Versorgungsempfänger. Dieser richtet sich nach dem zwischenzeitlich eingetretenen Kaufkraftverlust. Dabei war die Teuerungsrate für Anpassungsstichtage **bis** einschließlich **1.1.2003** auf Grundlage des bis dahin maßgeblichen **»Preisindex für die Gesamtlebenshaltung von Vier-Personen-Haushalten von Arbeitern und Angestellten mit mittlerem Einkommen«** zu ermitteln. Hierzu ist bspw. für den Anpassungsstichtag 1.1.2003 der Kaufkraftverlust nach folgender Formel zu ermitteln:

(IndexDez2002/IndexVormonat Rentenbeginn – 1) × 100 % = Teuerungsanstieg

41 Die Veröffentlichung der getrennten Preisindizes für das frühere Bundesgebiet sowie die neuen Länder und Berlin (Ost) sowie der unterschiedlichen Haushaltstypen wurde mit der Veröffentlichung der Dezemberindizes 2002 eingestellt. Für Prüfungsstichtage **nach dem 1.1.2003** ist dann der für Deutschland einheitliche Preisindex auf Grundlage eines neu zusammengestellten Warenkorbes, welcher nur noch für alle privaten Haushalte ermittelt wird, heranzuziehen.

---

44 BAG 9.11.1999, 3 AZR 432/98, EzA § 1 BetrAVG Ablösung Nr. 23 = DB 2001, 876.

In diesem Zusammenhang hat der Gesetzgeber § 16 Abs. 2 Nr. 1 BetrAVG 42
geändert[45] und den bisher maßgeblichen »Preisindex für die Lebenshaltung
von Vier-Personen-Haushalten von Arbeitern und Angestellten mit mittlerem
Einkommen« ab diesem Jahr durch den alleinig berechneten »**Verbraucherpreisindex für Deutschland**« mit der Basis »2000 = 100« ersetzt. Zudem
wurde in der **Übergangsregelung des § 30c Abs. 4 BetrAVG** bestimmt, dass
für die Erfüllung der Anpassungsprüfungspflicht für Zeiträume vor dem
1.1.2003 § 16 Abs. 2 Nr. 1 BetrAVG mit der Maßgabe gilt, dass an die Stelle
des Verbraucherindexes für Deutschland der Preisindex für die Lebenshaltung
von Vier-Personen-Haushalten von Arbeitern und Angestellten mit mittlerem
Einkommen tritt. Aus dieser Gesetzesänderung ergeben sich nunmehr grds.
zwei unterschiedliche Verfahrensansätze zur Ermittlung des Preisanstiegs für
Prüfungszeiträume, die sowohl Zeiten vor dem 1.1.2003 als auch nach dem
31.12.2002 umfassen:

– Einerseits könnte die Teuerungsrate für den Drei-Jahres-Zeitraum aus den
  seit 2003 maßgeblichen Indizes berechnet werden, wobei als Ausgangs-
  wert der aus den gem. dem Verbraucherindex für Deutschland zurück-
  entwickelten Werten bestimmte Index zugrunde gelegt würde (Rückrechnungsmethode).

– Andererseits könnte der Preisanstieg für den Prüfungszeitraum aber auch
  für den Zeitraum ab 2003 aus den seit 2003 maßgeblichen Indizes ermittelt werden. Für den Zeitraum bis Ende 2002 wäre die Preissteigerung
  aus den dem bisherigen Preisindex entnommenen Werten zu ermitteln
  (Splittingmethode).

Das BAG hat sich für die Anwendung der Rückrechnungsmethode ausgespro- 43
chen, wobei der 3. Senat andere Verfahren nicht grds. ausgeschlossen hat.[46]
Als maßgeblicher Ansatzpunkt ist der Verbraucherpreisindex heranzuziehen,
der zum Anpassungsstichtag aktuell vom Statistischen Bundesamt veröffentlicht worden war; spätere Veröffentlichungen bleiben unberücksichtigt.[47]

Grundsätzlich konnte bislang die Ermittlung der für die Anpassungsprüfung 44
maßgeblichen Teuerungsrate sowohl auf Basis der Monats- als auch auf Basis

---

45 Vgl. Art. 3 des Gesetzes zur Änderung von Fristen und Bezeichnungen im Neunten
    Buch Sozialgesetzbuch und zur Änderung anderer Gesetze, BGBl. 2003 I S. 462.
46 BAG 11.10.2011, 3 AZR 527/09, NZA 2012, 454.
47 BAG 28.6.2011, 3 AZR 859/09, FA 2011, 376 = NZA 2011, 1285; 11.10.2011,
    3 AZR 527/09, NZA 2012, 454.

der Jahreswerte erfolgen.[48] Da bei der erstmaligen Anpassungsprüfung nach Rentenbeginn jedoch generell auch unterjährige Preissteigerungen zu berücksichtigen sind, gibt das BAG allerdings in seiner neueren Rechtsprechung[49] die **Verwendung von Monatsindexwerten zwingend** vor.

45 Auf die entsprechend der oben dargestellten Formel ermittelte Teuerungsrate sind **weder Abschläge** wegen normaler, vom Rentenempfänger hinzunehmender Teuerung vorzunehmen,[50] **noch** ist die Berücksichtigung einer **Obergrenze** sachlich gerechtfertigt. Das BAG hat die Annahme, dass die Betriebsrenten zusammen mit den Sozialversicherungsrenten nicht mehr als einen bestimmten Prozentsatz der Bezüge vergleichbarer aktiver Arbeitnehmer betragen dürfen (sog. **absolute Obergrenze**) ebenso abgelehnt, wie auch einen Vergleich der Entwicklung der Gesamtversorgung des Rentenempfängers zur Nettoeinkommensentwicklung vergleichbarer aktiver Arbeitnehmer im Prüfungszeitraum (sog. **relative Obergrenze**).[51]

46 Die nach der oben dargestellten Formel ermittelte Teuerungsrate wird darüber hinaus auch **nicht durch** andere **externe Einflussgrößen modifiziert**. So ist die Dynamisierung der Renten aus der Sozialversicherung ebenso außer Acht zu lassen,[52] wie die individuelle Belastung des Rentenempfängers mit gesetzlichen Abgaben.[53] Damit ergibt sich der grundsätzliche Anpassungsbedarf für den aktuellen Prüfungszeitraum ausschließlich aus dem durch Betrachtung der maßgeblichen Preisindizes ermittelten Prozentsatz. Um diesen Steigerungssatz muss der aktuelle Rentenzahlbetrag grds. erhöht werden.

---

48 LAG Hamburg 28.1.2002, 4 Sa 20/01, n. v.

49 BAG 30.8.2005, 3 AZR 395/04, EzA § 16 BetrAVG Nr. 43 = DB 2006, 732.

50 BAG 16.12.1976, 3 AZR 795/75, EzA § 242 BGB Ruhegeld Nr. 60 = DB 1977, 96.

51 BAG 15.9.1977, 3 AZR 654/76, EzA § 16 BetrAVG Nr. 6 = DB 1977, 1353 zur absoluten Obergrenze sowie BAG 11.8.1981, 3 AZR 395/80, EzA § 16 BetrAVG Nr. 12 = DB 1981, 1783.

52 BAG 15.9.1977, 3 AZR 654/76, EzA § 16 BetrAVG Nr. 6 = DB 1977, 1353.

53 BAG 14.2.1989, 3 AZR 313/87, EzA § 16 BetrAVG Nr. 20 = DB 1989, 1422; 23.5.2000, 3 AZR 103/99, EzA § 16 BetrAVG Nr. 36 = DB 2001, 2506.

b) **Zulässige Schlechterstellung vorzeitig ausgeschiedener Versorgungsberechtigter**

Im Einzelfall kann der Arbeitgeber den Mitarbeitern, welche betriebstreu **47** sind, eine vorteilhaftere Anpassungsregelung gewähren als den Mitarbeitern, welche vorzeitig, vor Eintritt des Versorgungsfalles aus dem Unternehmen ausscheiden. Eine Diskriminierung wegen Alters nach AGG liegt in derartigen Fällen nicht vor, wenn die jeweiligen Bestimmungen nicht an ein bestimmtes Lebensalter anknüpfen. Im Übrigen ist die Ungleichbehandlung sachlich gerechtfertigt. Wenn aufgrund eines Konditionenkartells (Essener Verband) die unmittelbaren Konkurrenten eines Arbeitgebers dieselbe Altersversorgung anbieten, hat der Arbeitgeber ein besonderes Interesse daran, Betriebstreue auch bei der betrieblichen Altersversorgung besonders zu belohnen.[54]

c) **Reallohnbezogene Obergrenze**

Die am Preisindex für die Lebenshaltung orientierte Kaufkrafterhaltung der **48** betrieblichen Versorgungsleistungen kann jedoch unterbleiben, soweit sie über diejenigen nettolohnbezogenen Einkommenssteigerungen hinausgeht, welche sich für vergleichbare Mitarbeiter des Unternehmens während des maßgeblichen Prüfungszeitraums ergeben haben. Diesen vom BAG entwickelten Maßstab[55] hat der Gesetzgeber in §16 Abs. 2 Nr. 2 BetrAVG nunmehr bestätigt und für verbindlich erklärt.[56] Es ist nach Auffassung des BAG durchaus sachgerecht, die **Wertentwicklung der Betriebsrenten mit** der **Reallohnentwicklung** zu **vergleichen**, die sich für die aktive Belegschaft in dem Unternehmen ergibt, das die Versorgung aufbringt. Wenn sogar die aktive Belegschaft, auf deren Arbeitskraft das Unternehmen dringend angewiesen ist, keinen vollen Teuerungsausgleich erhalten kann, wenn also die Nettoverdienste im Durchschnitt weniger ansteigen als der Verbraucherpreisindex für Deutschland, müssen sich auch die Betriebsrentner mit einer entsprechend geringeren Anpassungsrate begnügen. Eine Bevorzugung der Versorgungsberechtigten würde auf Unverständnis der aktiven Belegschaft stoßen und wäre i. d. R. mit der wirtschaftlichen Lage des Unternehmens schwer vereinbar.

---

54 BAG 30.11.2010, 3 AZR 754/08, EzA BetrAVG § 16 Nr. 57 = DB 2011, 1002.
55 BAG 11.8.1981, 3 AZR 395/80, EzA § 16 BetrAVG Nr. 12 = DB 1981, 1783;
     14.2.1989, 3 AZR 313/87, EzA § 16 BetrAVG Nr. 20 = DB 1989, 1422.
56 *Berenz* Gesetzesmaterialien BetrAVG § 16, S. 403.

49 Will der Arbeitgeber bei der Anpassungsprüfung den Kaufkraftverlust der Betriebsrenten daher nicht voll ausgleichen, muss er eine **Vergleichsberechnung** vornehmen. Dabei kommt es bei der Ermittlung der Nettolöhne innerhalb eines typischen Teils der Belegschaft **nicht** auf die **individuellen Steuer- und Beitragssätze** einzelner Arbeitnehmer an, **sondern** nur auf **Durchschnittsbeträge**, wie sie in der Fachpresse veröffentlicht werden.[57]

50 Das BAG räumt dem Arbeitgeber bzgl. der im Gesetz vorgesehenen **Bildung von Arbeitnehmergruppen** einen weitgehenden **Entscheidungsspielraum** ein.[58] Es bleibt dem Arbeitgeber überlassen, ob er eine gröbere oder eine differenziertere Einteilung vornimmt. Der Entscheidungsspielraum ist nicht überschritten, wenn klare, verdienstbezogene Abgrenzungskriterien die Gruppenbildung als sachgerecht erscheinen lassen.[59] Die Gerichte haben nicht zu prüfen, ob eine andere Einteilung in ihren Augen gerechter oder zweckmäßiger wäre. Daher hält es das BAG für zulässig, beispielsweise alle außertariflichen Angestellten zu einer Arbeitnehmergruppe zusammenzufassen.

51 Allerdings ist nach Ansicht des BAG eine bestimmte Gruppenbildung nicht zwingend geboten.[60] Es verschafft den Arbeitgebern aber eine erhöhte Rechtssicherheit, wenn sie den vom Gesetzgeber ausdrücklich gebilligten Weg beschreiten. Entscheidet sich der Arbeitgeber für eine andere Berechnungsart, so ist noch eine Billigkeitskontrolle erforderlich, welche mit Prozessrisiken verbunden ist. Eine Abweichung von der im Gesetz vorgesehenen und für interessengerecht erachteten Berechnungsmethode ist daher zwar möglich, sie bedarf aber einer tragfähigen Begründung. An sie dürfen wegen des weiten Ermessensspielraums des Arbeitgebers keine zu hohen Anforderungen gestellt werden. Bei der Bewertung eines von § 16 Abs. 2 Nr. 2 BetrAVG abweichenden Anpassungsmodells ist von wesentlicher Bedeutung, inwieweit es sich in die Gesamtkonzeption des Versorgungswerks einfügt und den Interessen der Versorgungsempfänger Rechnung trägt. Die Vorteile und Nachteile sind nicht punktuell zu einem einzelnen Anpassungsstichtag, sondern langfristig und generalisierend festzustellen.[61] Da bei einer unternehmensübergreifenden

---

57 BAG 11.8.1981, 3 AZR 395/80, EzA § 16 BetrAVG Nr. 12 = DB 1981, 1783.
58 BAG 23.5.2000, 3 AZR 103/99, EzA § 16 BetrAVG Nr. 36 = DB 2001, 2506.
59 LAG Niedersachsen 16.2.2012, 4 Sa 1001/11 B.
60 BAG 30.8.2005, 3 AZR 395/04, EzA § 16 BetrAVG Nr. 43 = DB 2006, 732.
61 Vorschläge zu einer alternativen Berechnung finden sich bei *Reichenbach/Dreger* BB 2012, 2306 (2308).

reallohnbezogenen Obergrenze sowohl Risiken wie Chancen sinken, wird es sich häufig um eine ausgewogene interessengerechte Lösung handeln.[62]

d) Nachholende Anpassung

Nach einer Grundsatzentscheidung des BAG ist zur Ermittlung des Anpas- **52** sungsbedarfs der Betriebsrenten grundsätzlich auf die **seit Rentenbeginn eingetretene Verteuerung der Lebenshaltungskosten**[63] bzw. die im gleichen Zeitraum zu verzeichnende **Entwicklung der reallohnbezogenen Obergrenze**[64] abzustellen. Hat ein Arbeitgeber daher die Betriebsrenten in der Vergangenheit **wegen schlechter wirtschaftlicher Lage** nicht oder nicht in vollem Umfang angepasst, dann steht das insgesamt angesammelte Anpassungsdefizit zusätzlich zum Ausgleich des Wertverlustes aus dem aktuellen dreijährigen Prüfungszeitraum zur Anpassungsprüfung an (sog. **nachholende Anpassung**). Hierbei ist zu beachten, dass für Anpassungszeiträume vom Rentenbeginn bis zum 1.1.1975 nur der halbe Teuerungsausgleich (»Hälftelungsprinzip«) gewährt werden muss.[65] Sofern zwischenzeitlich auch höhere Anpassungsraten als geschuldet gewährt wurden (»überobligatorische Anpassungen«), können diese bei späteren Anpassungsprüfungen wieder verrechnet werden und führen demzufolge zu einer Minderung des insgesamt nachzuholenden Anpassungsbedarfs.

Sofern der Arbeitgeber eine Anpassung allerdings **zu Recht ganz oder teil-** **53** **weise unterlassen** hat, ist er nach § 16 Abs. 4 BetrAVG nicht verpflichtet, diese Anpassung in der Zukunft nachzuholen. Diese Regelung gilt nach § 30c Abs. 2 BetrAVG allerdings nur für **ab dem 1.1.1999** unterbliebene Anpassungen.[66] Dies bedeutet, dass insoweit, als eine Anpassung wegen der wirtschaftlichen Lage des Arbeitgebers zu Recht unterblieben ist und nach § 16 Abs. 4 BetrAVG i. V. m. § 30c Abs. 2 BetrAVG bei späteren Anpassungsentscheidungen nicht mehr nachgeholt werden muss, sowohl der im maßgeblichen dreijährigen Prüfungszeitraum verzeichnete Anstieg des Verbraucherpreisindexes als auch die damals zu verzeichnenden Reallohnerhöhungen bei nachfolgen-

---

62 BAG 30.8.2005, 3 AZR 395/04, EzA § 16 BetrAVG Nr. 43 = DB 2006, 732; ähnlich gelagert LAG Niedersachsen 16.2.2012, 4 Sa 1001/11 B.
63 BAG 28.4.1992, 3 AZR 142/91, EzA § 16 BetrAVG Nr. 22 = DB 1992, 2401.
64 BAG 30.8.2005, 3 AZR 395/04, EzA § 16 BetrAVG Nr. 43 = DB 2006, 732.
65 BAG 15.9.1977, 3 AZR 654/76, EzA § 16 BetrAVG Nr. 6 = DB 1977, 1903.
66 Vgl. Rdn. 111 ff.

den Anpassungsentscheidungen **dauerhaft unberücksichtigt** bleiben dürfen.[67] Für die Praxis bedeutet dies, dass Arbeitgeber, die eine Anpassung zu Recht unterlassen wollen, den im Zeitraum seit der letzten Anpassungsprüfung entstandenen Anstieg der Teuerung und der vergleichbaren Nettolöhne ermitteln und vorhalten müssen.

54   Für bei Prüfungsstichtagen vor dem 1.1.1999 zu Recht unterlassene Anpassungen bleibt es aus Gründen des Vertrauensschutzes bei der Verpflichtung zur nachholenden Anpassung folgend den Grundsätzen der bislang ergangenen BAG-Rechtsprechung.[68] Die in der Literatur vertretene Auffassung, der Gesetzgeber habe mit § 16 Abs. 4 BetrAVG die nachholende Anpassung unter den dort genannten Bedingungen auch für Bezugszeiten vom Rentenbeginn bis zum 31.12.1998 außer Kraft gesetzt,[69] findet im Gesetz selbst keine Stütze.

55   Die **nachholende Anpassung** berücksichtigt lediglich bei der aktuell anstehenden Entscheidung den bestehenden, bislang noch nicht ausgeglichenen Anpassungsbedarf. Sie **berührt** aber **frühere Anpassungsentscheidungen nicht** und führt daher auch nicht zu einer Nachzahlungsverpflichtung des Arbeitgebers, sondern bewirkt lediglich, dass die zukünftigen Rentenzahlungen auch den bislang noch nicht erfüllten Anpassungsbedarf berücksichtigen.

56   Der Arbeitgeber darf auch im Fall der nachholenden Anpassung seine wirtschaftliche Lage berücksichtigen.[70] Er kann die Anpassung der Betriebsrenten insoweit ablehnen, als dadurch das Unternehmen übermäßig belastet würde. Insbesondere in den Fällen, in denen in der Vergangenheit – bspw. mangels wirtschaftlicher Leistungsfähigkeit des Arbeitgebers – kein voller Geldwertausgleich gewährt wurde, ist besonders sorgfältig zu prüfen, ob die volle nachholende Anpassung eine übermäßige Belastung verursachen würde. Ein voller Ausgleich des Anpassungsstaus kann einen wirtschaftlich gerade wieder erstarkten Arbeitgeber überfordern. Im Einzelfall kann dies dazu führen, dass einem Arbeitgeber, der seine Leistungsfähigkeit nach wirtschaftlichen Schwierigkeiten zurückgewonnen hat, zwar eine beschränkte Anpassung, nicht aber eine volle nachholende Anpassung zumutbar ist.

---

67 BAG 30.8.2005, 3 AZR 395/04, EzA § 16 BetrAVG Nr. 43 = DB 2006, 732.
68 LAG Düsseldorf 11.6.2004, 18 Sa 1605/03, DB 2005, 59.
69 *Feudner* DB 2005, 2.
70 Vgl. hierzu auch Rdn. 67 ff.

Die nachholende Anpassung kann jedenfalls dann unterbleiben, wenn schon   57
eine Anpassung im aktuellen dreijährigen Prüfungszeitraum infolge schlechter
wirtschaftlicher Situation des Unternehmens zu Recht unterlassen oder nicht
im vollen Umfang gewährt wird. Eine nachholende Anpassung kommt somit
erst dann wieder infrage, wenn sich die wirtschaftliche Situation des Arbeitgebers neben einem Ausgleich des vollen Kaufkraftverlusts in den letzten drei
Jahren zusätzlich als belastungsfähig erweist.

e) Nachträgliche Anpassung

Von der nachholenden Anpassung ist die sog. **nachträgliche Anpassung** zu   58
unterscheiden. Durch eine nachträgliche Anpassung soll die Betriebsrente
bezogen auf einen früheren Anpassungsstichtag unter Berücksichtigung der
damaligen wirtschaftlichen Lage des Unternehmens erhöht werden.[71] Die
nachträgliche Anpassung und die von der Rechtsprechung hierzu entwickelten Grundsätze der nachträglichen Anpassung kommen **seit dem 1.1.1999**
immer dann zur Anwendung, wenn die **Voraussetzungen des § 16 Abs. 4
BetrAVG nicht erfüllt** sind. Mithin ist eine nachträgliche Anpassung dann
grds. gegeben,
– wenn der anpassungspflichtige Arbeitgeber überhaupt keine Anpassungsprüfung vorgenommen hat und eine Anpassung tatsächlich vorzunehmen
  gewesen wäre oder
– wenn der Arbeitgeber sich nach Vornahme der Prüfung gegen eine volle
  oder teilweise Anpassung entscheidet, diese Entscheidung nicht den Maßgaben des § 16 BetrAVG entspricht und die Fiktion des § 16 Abs. 4 S. 2
  BetrAVG nicht eingreift.

§ 16 Abs. 4 S. 2 BetrAVG sieht vor, dass eine Anpassung **als zu Recht unter-**   59
blieben gilt, wenn der Arbeitgeber den Versorgungsempfänger schriftlich über
die wirtschaftliche Lage des Unternehmens unterrichtet, ihn hierbei darauf
hinweist, dass er der Mitteilung binnen drei Kalendermonaten zu widersprechen hat, wenn er mit ihr nicht einverstanden ist und der Versorgungsempfänger daraufhin innerhalb der Drei-Monats-Frist tatsächlich nicht widerspricht.

Im Hinblick auf die **Rechtslage vor dem 1.1.1999** galten ähnliche Grund-   60
sätze, welche durch die Rechtsprechung entwickelt wurden. Insbesondere hat
die Rechtsprechung zu der Rügepflicht des Versorgungsempfängers grund-

---

71 BAG 17.4.1996, 3 AZR 56/95, EzA § 16 BetrAVG Nr. 30 = DB 1996, 2496.

legende, auch heute noch gültige Aussagen[72] getroffen, welche die Rechtzeitigkeit einer solchen Rüge betreffen:

61 Hat der Arbeitgeber **ausdrücklich** eine **Anpassungsentscheidung** getroffen oder gibt er durch die vorgenommene Leistungserhöhung **konkludent** zu verstehen, dass es mit dieser Anhebung sein Bewenden haben soll, so muss der Versorgungsempfänger für den Fall, dass er die getroffene Entscheidung für unrichtig hält, **vor dem nächsten Anpassungsstichtag** dem Arbeitgeber gegenüber wenigstens außergerichtlich geltend machen, dass er die getroffene Entscheidung für nicht rechtmäßig erachtet. Eine ausdrückliche Anpassungsentscheidung des Arbeitgebers liegt insoweit auch vor, wenn der Arbeitgeber erklärt, dass zum aktuellen Prüfungsstichtag keine Anpassung erfolgen kann (sog. Null-Anpassung).

62 Macht der Versorgungsberechtigte seine Rüge nicht im genannten Zeitraum, also innerhalb von drei Jahren nach dem Anpassungsstichtag geltend, so erlischt sein Anspruch auf Korrektur der früheren Anpassungsentscheidung, denn mit dem nächsten Anpassungsstichtag entsteht ein neuer Anspruch auf Anpassungsprüfung und -entscheidung.

63 War der **Arbeitgeber** dagegen **vollkommen untätig**, hat er also die Betriebsrenten bis zum nächsten Anpassungsstichtag weder erhöht, noch sich zur Anpassung ausdrücklich geäußert, so hat er damit stillschweigend erklärt, dass er zum zurückliegenden Anpassungsstichtag keine Anpassung vornimmt. Die Erklärung des Versorgungsschuldners, nicht anpassen zu wollen, gilt nach Ablauf von drei Jahren ab dem Anpassungstermin als abgegeben. Der Rentenempfänger kann die stillschweigend abgelehnte Anpassungsentscheidung in diesem Fall **bis zum übernächsten Anpassungstermin rügen**. Insgesamt hat der Versorgungsempfänger bei dieser Fallkonstellation daher sechs Jahre ab dem Zeitpunkt der unterlassenen Anpassungsentscheidung Zeit, seine Beanstandung gegenüber dem Arbeitgeber wenigstens außergerichtlich geltend zu machen.

64 Hat der Versorgungsempfänger die Anpassungsentscheidung nach § 16 BetrAVG rechtzeitig gerügt, so muss er grundsätzlich bis zum Ablauf des nächsten auf die Rügefrist folgenden Anpassungszeitraums Klage erheben. Andernfalls ist das Klagerecht verwirkt.[73]

---

72 BAG 25.4.2006, 3 AZR 372/05, EzA § 16 BetrAVG Nr. 48 = DB 2006, 2527.
73 BAG 25.4.2006, 3 AZR 372/05, EzA § 16 BetrAVG Nr. 48 = DB 2006, 2527.

Bei einer infolge rechtzeitiger Rüge vorzunehmenden Prüfung einer nach- 65
träglichen Anpassung ist jeweils auf diejenige **wirtschaftliche Lage des
Arbeitgebers** abzustellen, die zum **Zeitpunkt der nicht ordnungsgemäßen
Anpassungsentscheidung** vorgelegen hat. Eine nachträgliche Anpassung
setzt voraus, dass die Anpassung den Arbeitgeber nach seiner damaligen
wirtschaftlichen Lage nicht überfordert hätte. Die Beurteilungsgrundlage ist
dabei die wirtschaftliche Entwicklung des Unternehmens in der Zeit vor dem
Anpassungsstichtag, soweit daraus Schlüsse für die weitere Entwicklung des
Unternehmens gezogen werden können. In diesem Zusammenhang kann die
tatsächliche wirtschaftliche Entwicklung in der Zeit nach dem Anpassungsstichtag die frühere Prognose entweder bestätigen oder entkräften. Nur insoweit sind die wirtschaftlichen Daten bis zur letzten Tatsachenverhandlung zu
berücksichtigen.[74] Insbesondere nicht vorhersehbare, neue Rahmenbedingungen spielen bei der Beurteilung der wirtschaftlichen Lage keine Rolle, denn
ansonsten könnte sich der Arbeitgeber durch die pflichtwidrige Verzögerung
der gebotenen Anpassungsentscheidung einen Rechtsvorteil verschaffen,
welchen er bei ordnungsgemäßer Vornahme der Anpassungsentscheidung
nicht gehabt hätte. Derartige Veränderungen wirken sich erst auf die nächste
Anpassungsprüfung aus oder können ausnahmsweise zu einem Widerruf der
Versorgungszusage wegen wirtschaftlicher Notlage berechtigen.[75]

Weiterhin ist zu beachten, dass ein Rentenempfänger, der das Rügerecht nach 66
den vorstehenden Grundsätzen ausübt, sich ggf. die Einrede der Verjährung
entgegenhalten lassen muss.

▶ **Beispiele:**

Beispiel für eine nachholende Anpassung: Arbeitgeber A hat die laufenden Renten zum 1.1.2005 nicht angepasst, weil die wirtschaftliche Lage
des Unternehmens dies nicht erlaubte. Gemäß § 16 Abs. 4 S. 1 BetrAVG
ist A nicht verpflichtet, diese zu Recht unterbliebene Anpassung bei einer
späteren wirtschaftlichen Erholung des Unternehmens, beispielsweise zum
Anpassungsprüfungsstichtag 1.1.2011 nachzuholen. Sowohl der im maßgeblichen, vor dem 1.1.2002 liegenden dreijährigen Prüfungszeitraum
verzeichnete Anstieg des Verbraucherpreisindexes als auch die im selben
Zeitraum zu verzeichnenden Reallohnerhöhungen dürfen bei nachfolgenden Anpassungsentscheidungen dauerhaft unberücksichtigt bleiben.

---

74 BAG 17.4.1996, 3 AZR 56/95, EzA § 16 BetrAVG Nr. 30 = DB 1996, 2496.
75 BAG 17.4.1996, 3 AZR 56/95, EzA § 16 BetrAVG Nr. 30 = DB 1996, 2496.

Hätte A hingegen bereits im Jahr 1996 die laufenden Leistungen wegen der schlechten wirtschaftlichen Lage des Unternehmens nicht angepasst, und hätte sich das Unternehmen zum übernächsten Anpassungsstichtag 1.1.2005 wieder völlig erholt, müsste es den zum 1.1.2005 aktuell anstehenden, seit Rentenbeginn eingetretenen Anpassungsbedarf – also unter Berücksichtigung der für den Stichtag 1.1.1996 noch ausstehenden Anpassung –, letztere jedoch erst mit Wirkung ab dem 1.1.2005, ausgleichen.

Beispiel für eine nachträgliche Anpassung: Arbeitgeber A hat die Anpassung der laufenden Leistungen zum 1.1.2005 unterlassen, weil er die Anpassungsprüfung überhaupt nicht vorgenommen hat. Tatsächlich hätte das Unternehmen eine Anpassung der laufenden Leistungen durchaus vornehmen können. Die Rentenempfänger wurden nicht informiert. Rentner R rügt die fehlende Entscheidung im Mai 2007, ohne eine Antwort zu erhalten. Er verklagt den A im November 2009 auf eine Anpassung ab dem 1.1.2007.

Dieser Fall betrifft eine nachträgliche Anpassung, da die Anhebung der laufenden Rentenleistungen überhaupt nicht geprüft wurde. Hier ist die Rüge rechtzeitig ausgeübt worden, da unterstellt wird, dass A die Erklärung gegenüber R, nicht anpassen zu wollen, zum 31.12.2007 abgibt. Auch die Klage wurde rechtzeitig, nämlich vor Ablauf des nächsten auf die Rügefrist folgenden Anpassungszeitraums (hier ist das der 31.12.2010), erhoben. Stellt sich nun im Rahmen des Gerichtsverfahrens heraus, dass A am 1.1.2005 tatsächlich zur Anpassung verpflichtet gewesen wäre, muss er die unterlassene Rentensteigerung grundsätzlich für den Bezugszeitraum bereits ab dem 1.1.2005 nachzahlen und zukünftig die entsprechend höhere Rente leisten.

Vorliegend kommt allerdings hinzu, dass die Ansprüche auf eine nachträgliche Rentenanpassung für das Jahr 2005 zum 31.12.2008 gem. § 195 BGB verjährt sind. R kann nur noch Ansprüche auf eine nachträgliche Anpassung ab dem 1.1.2006 verlangen.

2. Wirtschaftliche Lage des Arbeitgebers

67 Wie sich aus dem Wortlaut des § 16 Abs. 1 BetrAVG ergibt, darf der Arbeitgeber bei der Anpassungsprüfung und -entscheidung seine wirtschaftliche Lage berücksichtigen. Der jeweils ermittelte Anpassungsbedarf darf also insoweit unbefriedigt bleiben, als eine verminderte Anpassung gem. der wirtschaftlichen Lage des Arbeitgebers als vertretbar erscheint.

Dabei ist die **wirtschaftliche Lage** des Arbeitgebers **nicht** gleichzusetzen mit   68
der **wirtschaftlichen Notlage**.[76]

Bei der Beurteilung der wirtschaftlichen Lage müssen **vorrangig** der **Betrieb**   69
und seine **Arbeitsplätze erhalten** bleiben.[77] Die Betriebspensionäre müssen insoweit auf ihren früheren Betrieb und seine Arbeitnehmer Rücksicht
nehmen, zumal dieser Betrieb und seine aktiven Arbeitnehmer die Erträge
erwirtschaften, die notwendig sind, um unter anderem auch die Leistungen
der betrieblichen Altersversorgung erbringen zu können. Dies gilt auch dann,
wenn es um die Frage der Anhebung der Versorgungsleistungen geht.

Im Gegensatz zu den vergangenheitsbezogen zu ermittelnden Belangen der   70
Rentenempfänger müssen die **voraussichtliche Entwicklung der wirtschaftlichen Lage** des Unternehmens und die Auswirkungen eines Teuerungsausgleichs – **ausgehend von den Verhältnissen am Anpassungsstichtag** – abgeschätzt werden, denn die Erhöhung der Renten wirkt erst nach dem Stichtag
als Geldabfluss aus dem Unternehmen.[78] Beurteilungsgrundlage für die langfristig zu erstellende Prognose ist die bisherige wirtschaftliche Entwicklung
des Unternehmens in der Zeit vor dem Anpassungsstichtag, soweit daraus
Schlüsse für die weitere Entwicklung des Unternehmens gezogen werden
können.[79] Insoweit steht dem Arbeitgeber zwar ein Beurteilungsspielraum zu;
für seine Einschätzung der künftigen Entwicklung muss aber eine durch Tatsachen gestützte Wahrscheinlichkeit sprechen. Die Prognose muss realitätsge-
recht und vertretbar sein.[80] **Auf die Zukunft bezogen** bedeutet die Frage nach
der wirtschaftlichen Lage des Arbeitgebers, dass die durch den Teuerungsausgleich verursachten Belastungen ermittelt und in ihren Auswirkungen für die

---

76 Vgl. zur Situation nach früher geltendem Recht BAG 15.9.1977, 3 AZR 654/76,
    EzA § 16 BetrAVG Nr. 16 = DB 1977, 1804.

77 BAG 15.9.1977, 3 AZR 654/76, EzA § 16 BetrAVG Nr. 16 = DB 1977, 1804.

78 BAG 17.10.1995, 3 AZR 881/94, EzA § 16 BetrAVG Nr. 29 = DB 1996, 1425;
    23.4.1985, 3 AZR 156/83, EzA § 16 BetrAVG Nr. 16 = DB 1985, 1030.

79 Nach BAG 25.5.2006, 3 AZR 50/05, EzA § 16 BetrAVG Nr. 49, gilt im Hinblick
    auf die Frage, über wie viele Jahre hinweg die bisherige wirtschaftliche Entwicklung
    des Unternehmens auszuwerten ist, ein Zeitraum von drei Jahren als Mindestzeit-
    raum, der nicht stets und unter allen Umständen als ausreichend anzusehen ist.
    Auf längere Zeiträume ist insbesondere dann zurückzugreifen, wenn die spätere
    Entwicklung zu berechtigten Zweifeln an der Vertretbarkeit der Prognose des
    Arbeitgebers führt.

80 BAG 25.4.2006, 3 AZR 50/05, EzA § 16 BetrAVG Nr. 49.

wirtschaftliche Entwicklung des Unternehmens abgeschätzt werden müssen. Das Gesetz verlangt daher eine Prognose, wie sie der Betriebswirtschaftslehre nicht fremd ist und auch in anderen Zusammenhängen gefordert wird.[81] Bei der Erstellung der Prognose muss nach Berücksichtigung aller aussagekräftigen Kriterien feststehen, dass das Unternehmen die Kraft hat, die Anpassungsbelastung zu tragen. Eine Prüfung kann sich nicht darauf beschränken, einzelne positive Positionen zu bewerten und das isolierte Einzelergebnis mit der Anpassungslast zu vergleichen. Eine billige Entscheidung verlangt vielmehr die **Beurteilung der wirtschaftlichen Lage des Unternehmens im Ganzen**, darf also nicht die negativen Positionen außer Betracht lassen.[82]

71 Sofern die **wirtschaftliche Entwicklung des Unternehmens nach dem Anpassungsstichtag** eine Anpassung nicht zulassen würde, können solche Umstände nur dann berücksichtigt werden, wenn sie zum Anpassungsstichtag bereits **vorhersehbar** waren. Nicht vorhersehbare Änderungen können erst am nachfolgenden Anpassungsstichtag berücksichtigt werden.[83]

72 Die **Substanz des Unternehmens muss erhalten bleiben**, seine gesunde wirtschaftliche Entwicklung darf nicht verhindert und die Arbeitsplätze dürfen nicht durch eine langfristige Auszehrung in Gefahr gebracht werden.[84] Dementsprechend ist der am Anpassungsstichtag absehbare Investitionsbedarf zu berücksichtigen, denn auch Erneuerungs- und Rationalisierungsinvestitionen sichern die Wettbewerbsfähigkeit und damit letztlich Arbeitsplätze. Insoweit kann für die Beurteilung der wirtschaftlichen Lage auf die Grundsätze zurückgegriffen werden, die das BAG zu Eingriffen in die erdiente Dynamik aufgestellt hat.[85] Liegen infolge der wirtschaftlichen Lage Gründe vor, die solche Eingriffe rechtfertigen, so kann der Arbeitgeber auch die Anpassung laufender Betriebsrenten ablehnen.[86]

73 Der Arbeitgeber kann die Anpassung der Betriebsrenten an die Kaufkraftentwicklung auch dann ganz oder teilweise ablehnen, wenn und soweit dadurch das Unternehmen **übermäßig belastet** würde. Übermäßig ist die

---

81 BAG 23.4.1985, 3 AZR 156/83, EzA § 16 BetrAVG Nr. 16 = DB 1985, 1030.

82 BAG 14.2.1989, 3 AZR 191/87, EzA § 16 BetrAVG Nr. 21 = DB 1989, 1471.

83 BAG 21.8.2013, 3 AZR 750/11, DB 2014, 372 = FD-ArbR 2014, 355433 m. Anm. *Merten*.

84 BAG 14.2.1989, 3 AZR 191/87, EzA § 16 BetrAVG Nr. 21 = DB 1989, 1471.

85 Vgl. hierzu § 1 Rdn. 295 ff., Rdn. 313 ff.

86 BAG 13.12.2005, 3 AZR 217/05, EzA § 16 BetrAVG Nr. 44 = DB 2006, 1687.

Huber

Belastung dann, wenn es dem Unternehmen mit einiger Wahrscheinlichkeit nicht möglich sein wird, den Teuerungsausgleich aus dem Wertzuwachs des Unternehmens und dessen Erträgen in der Zeit nach dem Anpassungsstichtag aufzubringen.[87] Bei der insoweit anzustellenden Prognose muss auf die Unternehmensentwicklung in der Zeit vor dem Anpassungsstichtag abgestellt werden.

Wenn zwei Unternehmen vor dem Anpassungsstichtag miteinander ver- 74
schmolzen werden, kommt es grds. auf die wirtschaftliche Lage beider Unternehmen vor dem Anpassungsstichtag an. Die Verschmelzung ist jedoch bei der Prognose zu berücksichtigen. Wenn hiernach abzusehen war, dass der entstehende Versorgungsschuldner in der Lage sein wird, die aus der Anpassung resultierenden Belastungen zu tragen, kann die Anpassung nicht damit abgelehnt werden, dass sich der einzelne Geschäftsbereich, den das ursprüngliche Unternehmen zu verantworten hatte, negativ entwickelt hat. Entscheidend ist die Ertragskraft des nach der Verschmelzung entstandenen Gesamtunternehmens.[88]

Um nicht die Wettbewerbsfähigkeit des Unternehmens zu gefährden, muss 75
eine **angemessene Eigenkapitalverzinsung zugebilligt** werden.[89] Bei der Berechnung der Eigenkapitalverzinsung ist einerseits auf die Höhe des Eigenkapitals, andererseits auf das erzielte Betriebsergebnis abzustellen. Beide Bemessungsgrundlagen sind ausgehend von den handelsrechtlichen Jahresabschlüssen nach betriebswirtschaftlichen Grundsätzen zu bestimmen. Die in den handelsrechtlichen Jahresabschlüssen ausgewiesenen Überschüsse oder Fehlbeträge bilden einen geeigneten Einstieg zur Feststellung des erzielten Betriebsergebnisses, wobei betriebswirtschaftlich gebotene Korrekturen vorzunehmen sind.[90] Nach anderen Rechnungslegungsvorschriften erstellte Jahresabschlüsse, z. B. nach IFRS, sind nach Auffassung des BAG nicht geeignet, die wirtschaftliche Lage des Arbeitgebers zu beurteilen, da diese Regelungen nur für kapitalmarktorientierte Unternehmen gelten.[91] Bei der Berechnung

---

87 BAG 28.4.1992, 3 AZR 142/91, EzA § 16 BetrAVG Nr. 22 = DB 1992, 2401.
88 BAG 28.5.2013, 3 AZR 125/11, EzA § 16 BetrAVG Nr. 65 = DB 2013, 2280.
89 Zuletzt BAG 23.5.2000, 3 AZR 146/99, EzA § 16 BetrAVG Nr. 37 = DB 2000, 1126.
90 BAG 23.5.2000, 3 AZR 146/99, EzA § 16 BetrAVG Nr. 37 = DB 2000, 1126; *Döring/Weppler* BB 2009, 1403.
91 BAG 21.8.2012, 3 ABR 20/10, DStR 2013, 419.

der Eigenkapitalverzinsung ist der handelsrechtliche Eigenkapitalbegriff gem. § 266 Abs. 3 Buchst. A HGB zugrunde zu legen. Dazu zählen nicht nur das gezeichnete Kapital (Stammkapital) und die Kapitalrücklage, sondern auch Gewinnrücklagen, Gewinn-/Verlustvorträge und Jahresüberschüsse/Jahresfehlbeträge.[92] Die durch die Verhältnisbildung von Gewinn vor Steuern und dem Eigenkapital ermittelte **Eigenkapitalrendite wird** sodann **mit der Umlaufrendite öffentlicher Anleihen zuzüglich eines 2%igen Risikozuschlages verglichen.**[93]

76 **Wenn** die um diesen Risikozuschlag **erhöhte Rendite** der festverzinsbaren Wertpapiere **nicht erreicht** wird, ist **keine Anpassung** vorzunehmen, da das Unternehmen dann die nötige Rentabilität nicht erzielt und die Anpassungslasten somit nicht aus dem Wertzuwachs finanzieren kann.

77 **Erreicht** indessen das **Unternehmen** prospektiv die angegebene **Mindestverzinsung,** muss weiterhin geprüft werden, ob der überschießende Gewinn zur Befriedigung des Anpassungsbedarfs ausreicht. Sofern die Anpassungslast geringer ist als der überschießende Gewinn, muss eine Vollanpassung vorgenommen werden, da in diesem Fall hinreichendes Anpassungspotenzial besteht. Kann die Anpassungslast dagegen nicht aus dem überschießenden Gewinn gedeckt werden, muss noch eine zukunftsorientierte Liquiditätsprüfung angestellt werden. Wenn danach die Liquidität des Unternehmens die Anpassungslasten nicht verträgt und damit die fortdauernde Zahlungsfähigkeit des Unternehmens nicht dauerhaft gewährleistet werden kann, kann ggf. eine an sich gebotene Anpassung so lange aufgeschoben werden, wie der Liquiditätsengpass andauert.[94]

78 Eine unzureichende Eigenkapitalverzinsung ist aber nicht der einzige Grund, der nach § 16 BetrAVG eine Nichterhöhung der Betriebsrente rechtfertigen kann. Die **fehlende Belastbarkeit des Unternehmens** kann sich **auch aus** einer **Eigenkapitalauszehrung** ergeben. Verlustvorträge sind dabei zu berücksichtigen.[95] Auch bei einer durch verlorenes Eigenkapital entstandenen ungenügenden Eigenkapitalausstattung muss zunächst verlorene Vermögenssubstanz wieder aufgebaut werden, bevor eine Anpassung in Betracht kommt.[96]

---

92 BAG 21.8.2013, 3 AZR 750/11, DB 2014, 372 = NJOZ 2014, 53.
93 BAG 23.5.2000, 3 AZR 146/99, EzA § 16 BetrAVG Nr. 37 = DB 2000, 1126.
94 Vgl. hierzu *Höfer* BetrAVG, Rn. 5306 zu § 16.
95 BAG 23.5.2000, 3 AZR 83/99, EzA § 16 BetrAVG Nr. 35 = DB 2002, 155.
96 BAG 18.2.2003, 3 AZR 172/02, EzA § 16 BetrAVG Nr. 42 = DB 2003, 2606.

Von einer **fehlenden Belastbarkeit** des Unternehmens ist auch dann auszu- 79
gehen, wenn das Eigenkapital unter das Stammkapital der Gesellschaft sank,
daraufhin die Gesellschaft durch zusätzliche Einlagen eine Kapitalrücklage
bildete, die anschließend erzielten Gewinne nicht ausgeschüttet, sondern zur
Verbesserung der Eigenkapitalausstattung verwandt wurden und trotzdem das
Stammkapital bis zum nächsten Anpassungsstichtag ohne die Kapitalrücklage
voraussichtlich nicht wieder erreicht wird.[97]

Wird eine Anpassung von Betriebsrenten mit der Begründung abgelehnt, 80
sie würde zu einer übermäßigen wirtschaftlichen Belastung führen, so trägt
der Arbeitgeber insoweit die **Darlegungs- und Beweislast**.[98] Die Mitteilung
von Verlusten, mit denen einzelne Handelsbilanzen oder Betriebsergebnis-
berechnungen abgeschlossen haben, reicht als Vortrag insoweit nicht aus.
Solche Ergebnisse erlauben i. d. R. nur i. V. m. den übrigen Bilanzdaten, also
ihren Berechnungsgrundlagen, Rückschlüsse auf die wirtschaftliche Lage eines
Unternehmens. Sofern der Arbeitgeber seiner Darlegungslast nur genügen
kann, indem er Betriebs- oder Geschäftsgeheimnisse preisgibt, muss ihn das
Gericht mit den Mitteln des Prozessrechts schützen. Insoweit kommen der
zeitweise Ausschluss der Öffentlichkeit nach § 52 ArbGG, § 172 GVG ebenso
in Betracht wie strafbewehrte Schweigegebote nach § 174 Abs. 2 GVG.[99]

3. Sonderproblem: Wirtschaftliche Lage im Konzern

Grundsätzlich trifft die Anpassungsverpflichtung dasjenige Unternehmen, 81
welches als Arbeitgeber die entsprechende Versorgungszusage erteilt bzw.
im Wege der Rechtsnachfolge übernommen hat. Dieser Grundsatz gilt auch
dann, wenn der Arbeitgeber in einen Konzern eingebunden ist, denn der Konzern als solcher kann nicht (ehemaliger) Arbeitgeber sein; der **Arbeitgeber** ist
vielmehr **das jeweilige, konzerngebundene Einzelunternehmen**.

Ganz **ausnahmsweise** kann es bei der Ermittlung des Anpassungsschuldners 82
im Konzern jedoch zu dem Ergebnis kommen, dass ein **anderes Konzernunternehmen**, das nicht Arbeitgeber des ehemaligen Arbeitnehmers ist, zur

---

97 BAG 11.12.2012, 3 AZR 615/10, DB 2013, 1559 = NZA 2013, 864; 23.1.2001,
3 AZR 287/00, EzA § 16 BetrAVG Nr. 38 = DB 2001, 2507.

98 Bei Gewerkschaften ist die wirtschaftliche Lage von den Arbeitsgerichten wegen der
Koalitionsfreiheit gem. § 9 Abs. 3 GG nur in eingeschränktem Maß überprüfbar,
LAG Niedersachsen 26.2.2013, 3 Sa 600/12 B, BeckRS 2013, 71537.

99 BAG 23.4.1985, 3 AZR 548/82, EzA § 16 BetrAVG Nr. 17 = DB 1985, 1030.

Anpassungsprüfung verpflichtet ist. Dies kann dann in Betracht kommen, wenn die Versorgungszusage oder ihre Begleitumstände ergeben, dass hinter der erteilten Zusage der ganze Konzern stehen soll und für deren Erfüllung eintreten wird. In einem solchen Fall darf das Vertrauen des Versorgungsberechtigten nicht enttäuscht werden, dass die Rente auch bei ungünstiger Lage des Arbeitgebers angepasst wird, wenn jedenfalls die wirtschaftliche Lage der Konzernmutter eine Anpassung gestattet.[100] Wenn daher durch Erklärungen oder entsprechendes Verhalten des im Konzernverbund herrschenden Unternehmens bei den Versorgungsberechtigten ein **schutzwürdiges Vertrauen** daraus entsteht, dass das herrschende Unternehmen sicherstellen werde, dass die Versorgungspflichten des beherrschten Unternehmens ebenso erfüllt werden wie die Versorgungsansprüche der eigenen Betriebsrentner, besteht die Anpassungsverpflichtung zusätzlich für die Konzernobergesellschaft.[101]

83   Für die Beurteilung des Kriteriums der wirtschaftlichen Lage des Arbeitgebers ist **grds.** auf die jeweilige **wirtschaftliche Lage des versorgungsverpflichteten Unternehmens** abzustellen. Gehört der Arbeitgeber **allerdings** einem Konzern an, so hängt es von den Umständen des Falles ab, inwieweit bei der Würdigung der wirtschaftlichen Lage auch die Lage anderer Konzerngesellschaften zu berücksichtigen ist. Zurechnungstatbestände können sich u. a. aus der Versorgungszusage, der Konzernform und der Konzernpolitik ergeben.[102] Daher ist bei Konzernunternehmen jeweils das **Vorliegen spezieller konzernrechtlicher Besonderheiten** sorgfältig zu **prüfen**, welche dazu führen können, dass hinsichtlich der wirtschaftlichen Lage ausnahmsweise nicht auf die eigene Konzerntochter abzustellen ist, sondern auf die wirtschaftliche Lage eines anderen Konzernunternehmens, sog. »Berechnungsdurchgriff«.

84   Die Anforderungen der Rechtsprechung an den Berechnungsdurchgriff haben sich über die Jahre erheblich verschärft. Das BAG war zunächst davon ausgegangen, dass eine **enge wirtschaftliche Verknüpfung der Unternehmen**

---

100 BAG 19.5.1981, 3 AZR 308/80, EzA § 16 BetrAVG Nr. 11 = DB 1981, 2333.
101 BAG 17.4.1996, 3 AZR 56/95, EzA § 16 BetrAVG Nr. 30 = DB 1996, 2496; zuletzt bestätigt durch BAG 18.2.2003, 3 AZR 172/02, EzA § 16 BetrAVG Nr. 42 = DB 2003, 2606.
102 BAG 19.5.1981, 3 AZR 308/80, EzA § 16 BetrAVG Nr. 11 = DB 1981, 2333.

Voraussetzung sei.[103] Diese Voraussetzung sah das BAG **bei Bestehen eines Beherrschungs- oder Gewinnabführungsvertrages** zwischen der Konzernobergesellschaft und dem in Anspruch genommenen Unternehmen als erfüllt an, mit der Konsequenz, dass es **dann** in aller Regel auf **die wirtschaftliche Lage der Konzernobergesellschaft** abstellte.[104] Dieselben Grundsätze wandte das BAG auch ohne Abschluss eines Beherrschungs- oder Gewinnabführungsvertrages **bei** einem **qualifiziert faktischen Konzern** an, sofern das herrschende Unternehmen die Geschäfte des beherrschten Unternehmens dauernd und umfassend geführt hat, denn in diesem Fall sei die wirtschaftliche Abhängigkeit des beherrschten Unternehmens vom herrschenden Unternehmen dieselbe wie bei einem Vertragskonzern.[105]

Diese **Rechtsprechung wurde** in einer grundlegenden Entscheidung wesentlich **modifiziert.**[106] Ein sog. **Berechnungsdurchgriff** – also eine Berücksichtigung der wirtschaftlichen Lage des beherrschenden Konzernunternehmens – kam danach nur noch dann in Betracht, wenn zu dem bloßen Konzernsachverhalt weitere Umstände hinzutraten. Ein Berechnungsdurchgriff und damit das Abstellen auf die wirtschaftliche Lage der Konzernobergesellschaft war nur noch dann zulässig, wenn eine **wesentlich verdichtete Konzernverbindung** zwischen dem Unternehmen, das Versorgungsschuldner ist, und dem Mutterunternehmen besteht, auf dessen wirtschaftliche Lage es bei der Anpassungsprüfung ankommen soll. Diese Voraussetzung war erfüllt, wenn zwischen Mutter- und Tochterunternehmen ein Beherrschungs- oder Ergebnisabführungsvertrag bestand. Es konnte aber auch ausreichen, dass die Obergesellschaft die Geschäfte des Tochterunternehmens tatsächlich dauernd

85

---

103 BAG 14.2.1989, 3 AZR 191/87, EzA § 16 BetrAVG Nr. 21 = DB 1989, 1471. Ausnahmsweise sah das BAG das Vorliegen einer engen wirtschaftlichen Verknüpfung dann nicht als gegeben an, wenn das in Anspruch genommene Unternehmen entweder **wirtschaftlich unbeeinflusst** handeln konnte **oder** trotz der wirtschaftlichen Einbindung in den Konzern **so gehandelt** hat, wie es unter Wahrung der eigenen Interessen als **selbstständige Gesellschaft** gehandelt hätte.

104 BAG 14.2.1989, 3 AZR 191/87, EzA § 16 BetrAVG Nr. 21 = DB 1989, 1471.

105 BAG 28.4.1992, 3 AZR 244/91, EzA § 16 BetrAVG Nr. 23 = DB 1992, 2402.

106 BAG 4.10.1994, 3 AZR 910/93, EzA § 16 BetrAVG Nr. 28 = DB 1994, 2095; zuletzt bestätigt durch BAG 18.2.2003, 3 AZR 172/02, EzA § 16 BetrAVG Nr. 42 = DB 2003, 2606.

und umfassend geführt hatte (sog. qualifiziert faktischer Konzern). Allein eine Patronatserklärung der Konzernmutter reichte hierfür nicht aus.[107]

86 Daneben war für einen Berechnungsdurchgriff erforderlich, dass die **Leitungsmacht** vom herrschenden Unternehmen in einer Weise **ausgeübt** worden ist, die **keine angemessene Rücksicht auf die Belange der abhängigen Gesellschaft** genommen, sondern stattdessen Interessen anderer dem Konzern angehörender Unternehmen oder der Konzernobergesellschaft in den Vordergrund gestellt hatte. War es dadurch zu einer wirtschaftlichen Lage des Tochterunternehmens gekommen, die dessen Leistungsfähigkeit ausschloss, war die wirtschaftliche Lage des herrschenden Unternehmens in die Anpassungsprüfung mit einzubeziehen.[108]

87 In jüngster Zeit differenziert der Ruhegeldsenat deutlich zwischen der Situation, in der ein Vertragskonzern aufgrund eines Beherrschungsvertrages gebildet worden ist und einem faktisch-qualifizierten Konzern. In einem Urteil vom 26.5.2009 bejaht das BAG den Berechnungsdurchgriff allein aufgrund eines bestehenden Beherrschungsvertrags. Weitere Voraussetzungen zur Haftungsbegründung seien nicht notwendig.[109]

88 Bei einem qualifiziert-faktischen Konzern hat sich das Bundesarbeitsgericht demgegenüber der neueren Rechtsprechung des BGH angeschlossen. Dieser hat den Berechnungsdurchgriff auf die Fälle beschränkt, in denen ein existenzvernichtender Eingriff vorliegt. Nach der Rechtsprechung des BGH muss ein Fall der vorsätzlichen sittenwidrigen Schädigung vorliegen, der als insolvenzverursachende oder -vertiefende Selbstbedienung des Gesellschafters anzusehen ist.[110] Das BAG hat hierzu in einem Urteil vom 15.1.2013 festgestellt, dass es seine bisherige Rechtsprechung, wonach der Berechnungsdurchgriff bei der Verwirklichung einer konzerntypischen Gefahr vorliegen könne,

---

107 BAG 29.9.2010, 3 AZR 427/08, EzA § 16 BetrAVG Nr. 55 = DB 2011, 362.

108 Zur Begründung des zusätzlichen Tatbestandsmerkmals der nachteiligen Einflussnahme verwies das BAG darauf, dass ein Berechnungsdurchgriff nur dann infrage kommen könne, wenn sich eine konzerntypische Gefahr für das Tochterunternehmen und damit für den Begünstigten verwirklicht hatte.

109 BAG 26.5.2009, 3 AZR 369/07, DB 2009, 2384; anders BGH 16.7.2007, II ZR 3/04, DB 2007, 1802; hierzu ausführlich *Schipp* DB 2010, 112 f.

110 BGH 28.4.2008, II ZR 264/06, BGHZ 176, 204 = DB 2008, 1423.

angesichts der Rechtsprechung des BGH aufgibt.[111] Mithin muss durch den jeweiligen Eingriff die Insolvenz des Tochterunternehmens eingetreten oder vertieft worden sein.

Das BAG hat sich auch mit dem Fall eines »negativen« Berechnungsdurch- **89** griffs befasst. Wenn am Anpassungsstichtag konkrete Anhaltspunkte dafür vorliegen, dass die wirtschaftlich schwierige Lage einer Obergesellschaft auf das Tochterunternehmen durchschlägt, kann die Tochter grundsätzlich eine Verweigerung der Rentenanpassung rechtfertigen.[112] Ob diese Rechtsprechung angesichts der neueren Entwicklung weiterhin gelten würde, ist eher fraglich geworden.

Im Rahmen der Verteilung der **Darlegungs- und Beweislast** greift die Recht- **90** sprechung auf allg. Rechtsgrundsätze zurück. Danach muss der Versorgungsempfänger die für ihn günstigen Tatsachen, also die Voraussetzungen für den Berechnungsdurchgriff, darlegen und beweisen. Dabei ist allerdings eine lediglich beispielhafte Darstellung der Ausübung der Leitungsmacht im Konzerninteresse und eine nachvollziehbare Erklärung, weshalb hierdurch eine Verschlechterung der wirtschaftlichen Lage der Untergesellschaft eingetreten ist, für einen den Berechnungsdurchgriff rechtfertigenden Vortrag ausreichend.[113]

4. Rentnergesellschaft

Eine Anpassung der Betriebsrenten ist auch von sog. **Rentnergesellschaften** zu **91** prüfen.[114] Für die Bewertung der Leistungsfähigkeit der Rentnergesellschaft kommt es grds. **nur auf die Erträge und Wertzuwächse** des für die Erfüllung der Versorgungsverbindlichkeiten im Zeitpunkt der Liquidation vorgesehenen Vermögens an. Ein **Eingriff in** die **Substanz** des **Vermögens kann** vom

---

111 BAG 15.1.2013, 3 AZR 638/10, EzA § 16 BetrAVG Nr. 64 = DB 2013, 1368; nachfolgend ebenso LAG Baden-Württemberg 3.7.2013, 4 Sa 112/12, BeckRS 2013, 72637.

112 BAG 10.2.2009, 3 AZR 727/07, FA 2009, 117.

113 BAG 14.12.1993, 3 AZR 519/93, EzA § 16 BetrAVG Nr. 26 = DB 1994, 1147; 18.2.2003, 3 AZR 172/02, EzA § 16 BetrAVG Nr. 42 = DB 2003, 2606.

114 Vgl. zum Begriff der Rentnergesellschaft und deren grundsätzlicher Stellung als Anpassungsschuldner Rdn. 17; ferner *Simon Stark* Rentnergesellschaften, Diss. 2011, Baden-Baden.

Versorgungsschuldner **nicht verlangt werden.** Die Vermögenssubstanz dient vielmehr dazu, die laufenden Renten in ihrer bisherigen Höhe aufzubringen.

92 Der Umfang der Anpassungspflicht ergibt sich daraus, in welchem Maß Betriebsrentenerhöhungen unter Berücksichtigung der sonstigen Rentenverbindlichkeiten aus den Erträgen des Unternehmensvermögens finanziert werden können. Dabei ist **auch** von den hiernach zu erwartenden Erträgen vor ihrer Heranziehung zur Finanzierung der Anpassungslasten eine **angemessene Eigenkapitalverzinsung** abzusetzen. Als angemessene Eigenkapitalverzinsung ist in diesem Fall **allerdings nur der Prozentsatz anzusetzen, der bei** einer **langfristigen Anlage in festverzinsliche Wertpapiere** durchschnittlich **zu erzielen ist.** Für einen **Zuschlag,** wie er bei aktiven Arbeitgebern angemessen ist, deren in das Unternehmen investiertes Eigenkapital einem erhöhten Risiko ausgesetzt ist, **besteht** bei einer Rentnergesellschaft **kein Anlass.**[115]

93 Gliedert der Arbeitgeber laufende Rentenzahlungsverbindlichkeiten auf eine Rentnergesellschaft aus, unterliegt dies **nicht der Zustimmung der Betriebsrentner** nach §§ 414, 415 BGB oder § 4 BetrAVG. Ihnen steht auch kein Widerspruchsrecht gem. § 324 UmwG oder nach § 613a BGB zu. Den versorgungspflichtigen Arbeitgeber trifft allerdings die **arbeitsvertragliche Nebenpflicht,** die Gesellschaft, auf die Versorgungsverbindlichkeiten ausgegliedert werden, so auszustatten, dass sie nicht nur die laufenden Betriebsrenten zahlen kann, sondern auch zu den gesetzlich vorgesehenen Anpassungen in der Lage ist. Die **hinreichende Ausstattung** ist betriebswirtschaftlich zu ermitteln; hierbei sind die Sterbetafeln der Versicherungswirtschaft und ein auf vernünftiger kaufmännischer Bandbreite beruhender Rechnungszinsfuß zu verwenden (im entschiedenen Fall waren dies 3 %). Wegen der gebotenen Vorsicht ist die Untergrenze der Bandbreite zu verwenden. Die künftig zu erwartenden Kaufkraftverluste sind auf Basis der letzten 20 Jahre zu ermitteln. Eine unzureichende Ausstattung der Rentnergesellschaft führt zwar **nicht zur Unwirksamkeit** der partiellen Gesamtrechtsnachfolge, kann aber Schadensersatzansprüche gegen die Rentnergesellschaft und den übertragenden Rechtsträger auslösen.[116]

---

115 BAG 9.11.1999, 3 AZR 420/98, EzA § 16 BetrAVG Nr. 33 = DB 2000, 1867.
116 BAG 11.3.2008, 3 AZR 358/06, EzA § 4 BetrAVG Nr. 7.

5. Vertragliche/freiwillige Anpassung

Der Arbeitgeber kann den Betriebsrentnern grds. eine regelmäßige Rentenan- **94**
passung in einer bestimmten Höhe unabhängig von der jeweiligen wirtschaftlichen Lage zusagen (z. B. entsprechend der Tariflohnerhöhung). Sofern kein
Fall einer Anpassungsgarantie gem. § 16 Abs. 3 BetrAVG vorliegt[117], entbindet
eine vertragliche Anpassungsverpflichtung den Arbeitgeber jedoch nicht von
der gesetzlichen Anpassungsprüfungspflicht nach § 16 Abs. 2 BetrAVG. Wenn
die Teuerung in dem jeweiligen Prüfungszeitraum die vertraglich zugesagte
Anpassung übersteigt, ist für die Differenz weiterhin eine reguläre Anpassungsprüfung vorzunehmen und ggf. zu erhöhen. Über § 16 BetrAVG hinausgehende vertragliche Anpassungen aus den Vorjahren können hierbei jedoch
gegengerechnet werden.[118] Der Arbeitgeber kann sich von einer vertraglichen
Rentenanpassung nur dann lösen, wenn eine vertragliche dynamische Verweisung auf die jeweiligen Versorgungsrichtlinien vorliegt (»Jeweiligkeitsklausel«), die sich auch auf die Rentenbezugsphase erstreckt. Die Ablösung ist
dann nach allgemeinen Billigkeitsgrundsätzen zu prüfen. Eine Umstellung auf
die Anpassungsgaratie nach § 16 Abs. 3 Nr. 1 BetrAVG ist für Versorgungszusagen, die vor dem 31.12.1998 erteilt wurden, nicht möglich, da dies gegen
die Übergangsregelung des § 30c Abs. 1 BetrAVG verstößt.[119]

VII. Ermessensentscheidung des Arbeitgebers

Nach Feststellung der für die Anpassungsprüfung maßgeblichen Faktoren – **95**
im Prüfungszeitraum eingetretene Teuerung, im gleichen Zeitraum beob-
achtete Entwicklung der Nettolöhne vergleichbarer Arbeitnehmergruppen
sowie Beurteilung der wirtschaftlichen Lage – muss der Arbeitgeber unter
Abwägung sämtlicher Umstände eine dem **billigen Ermessen genügende Entscheidung** bzgl. der Anpassung der laufenden Leistungen treffen. Im Rahmen
der Abwägung kann der Arbeitgeber zusätzlich weitere Belange für seine Entscheidungsfindung heranziehen, denn die in § 16 Abs. 1 BetrAVG genannten
Belange sind nach dessen Wortlaut (»insbesondere«) nicht abschließend. Dem
Arbeitgeber steht bei seiner Entscheidung daher ein gewisser **Entscheidungsspielraum** zu.

---

117 Vgl. nachfolgend Rdn. 103 f.
118 Grundlegend BAG 1.7.1976, 3 AZR 791/75, § 16 BetrAVG Nr. 1 = DB 1976,
     1435; *Höfer* BetrAVG, Rn. 5375 zu § 16.
119 BAG 18.9.2012, 3 AZR 431/10, DB 2013, 884 = NZA-RR 2013, 5.

96 Dabei ist grds. der objektiv festgestellte, volle Anpassungsbedarf, der sich nach einem Vergleich von Teuerungsanstieg und Nettolohnentwicklung aus dem jeweils niedrigeren Wert ergibt, zu erfüllen, sofern nicht die Anpassung wegen schlechter wirtschaftlicher Lage unterbleiben darf. Aber selbst bei Bejahung einer schlechten wirtschaftlichen Lage und damit einhergehend einer Verneinung der Vollanpassung ist zu prüfen, ob nicht eine zumindest teilweise Anhebung der Versorgungsleistungen billigem Ermessen entspricht.

97 Insoweit ist dann auch der allgemein geltende **Grundsatz der arbeitsrechtlichen Gleichbehandlung** ebenso zu beachten wie eine ggf. bestehende **betriebliche Übung**.

VIII. Mitbestimmungsfreiheit der Anpassungsentscheidung

98 Die Anpassungsprüfung und -entscheidung ist **mitbestimmungsfrei,** denn der Betriebsrat ist nicht zur Vertretung der Rentenempfänger legitimiert. Es fehlt ihm an einer Regelungsbefugnis für bereits beendete Arbeitsverhältnisse.[120]

IX. Überprüfung und Durchsetzung der Anpassungsentscheidung

99 Der Versorgungsempfänger kann eine nicht den Maßgaben des § 16 BetrAVG entsprechende Entscheidung des Arbeitgebers gerichtlich überprüfen lassen. Dies ergibt sich aus einer **entsprechenden Anwendung** der Vorschrift des § 315 Abs. 3 S. 2 BGB.[121]

100 Statthafte Klageart ist dabei in aller Regel die **Leistungsklage,** da einer Feststellungsklage, mit dem Antrag, einen dem billigen Ermessen entsprechenden Erhöhungsbetrag festzustellen, die besondere Prozessvoraussetzung des Feststellungsinteresses fehlen wird. Der Klageantrag ist auch dann bestimmt, wenn von einer genauen Bezifferung abgesehen wird.[122] Die allg. Prozessvoraussetzung des Rechtsschutzbedürfnisses kann auch für Prüfungsstichtage nach dem 31.12.1998 nicht unter Hinweis darauf verneint werden, dass dem Versorgungsberechtigten die Einlegung eines Widerspruchs offen gestanden hätte, denn bei dem in § 16 Abs. 4 S. 2 BetrAVG vorgesehenen Widerspruch handelt

---

120 BAG 25.10.1988, 3 AZR 483/86, EzA § 77 BetrVG 1972 Nr. 26 = DB 1988, 2312.

121 Vgl. *Höfer* BetrAVG, Rn. 5354 zu § 16; *Blomeyer/Rolfs/Otto* § 16 Rn. 267.

122 Vgl. *Zöller* ZPO, 22. Aufl., § 253 Rn. 14; BAG 17.10.1995, 3 AZR 881/94, EzA § 16 BetrAVG Nr. 29.

es sich nicht um eine Prozessvoraussetzung oder um ein Rechtsmittel;[123] die nicht fristgemäße Beanstandung der Beurteilung der wirtschaftlichen Lage des Arbeitgebers durch den Versorgungsempfänger führt lediglich dazu, dass im Rahmen der materiellen Überprüfung der Anpassungsentscheidung **unwiderleglich vermutet** wird, dass die Anpassung zu Recht unterblieben ist.

Der **Arbeitgeber** ist im Hinblick darauf, dass seine Entscheidung billigem Ermessen entspricht, **darlegungs- und beweispflichtig**, denn nur er wird darlegen können, welchen Maßstab er zur Entscheidungsfindung angelegt hat.[124] Dabei sind im Hinblick auf die Offenlegung von Betriebs- bzw. Geschäftsgeheimnissen die von der Rechtsprechung entwickelten Grundsätze zu beachten.[125] **101**

Verzugs- oder Prozesszinsen fallen im Rahmen einer Anpassungsentscheidung nach § 16 Abs. 1 oder Abs. 2 BetrAVG frühestens ab der Rechtskraft der gerichtlichen Entscheidung an, da die Anpassungsentscheidung eine Ermessensentscheidung des Arbeitgebers ist und erst mit Rechtskraft des gestaltenden Urteils die entsprechende Anpassungsforderung des Betriebsrentners fällig wird.[126] **102**

B. Ausschluss der Anpassungsprüfungs- und Anpassungsentscheidungsverpflichtung (§ 16 Abs. 3 BetrAVG)

I. Anpassungsgarantie

Nach § 16 Abs. 3 Nr. 1 i. V. m. **§ 30c Abs. 1 BetrAVG** besteht die Möglichkeit, die in § 16 Abs. 1 BetrAVG festgeschriebene Verpflichtung auf eine Erhöhung von **1 % jährlich** zu begrenzen (Anpassungsgarantie), sofern eine solche Rentendynamik **vertraglich zugesagt** wird. Diese Möglichkeit der Abwahl besteht bei **sämtlichen Durchführungswegen** der betrieblichen Altersversorgung. Sie wird aber hauptsächlich bei der Direktzusage herangezogen. Das BAG hat festgestellt, dass die Anpassungsgarantie die Anpassungsprüfungspflicht nach § 16 Abs. 1 BetrAVG nur dann wirksam verdrängen kann, wenn sie für eine **103**

---

123 So aber *Ahrend/Förster/Rößler/Rühmann* Teil 11 B, Rn. 1686.
124 *Palandt* 66. Aufl., § 315 BGB Rn. 19.
125 BAG 23.4.1985, 3 AZR 548/82, EzA § 16 BetrAVG Nr. 17 = DB 1985, 1030; vgl. auch Rdn. 80.
126 BAG 28.6.2011, 3 AZR 859/09, FA 2011, 376 = NZA 2011, 1285; 10.12.2013, 3 AZR 595/12, BeckRS 2014, 65157.

Neuzusage ab dem 1.1.1999 vereinbart wird. Ausschlaggebend ist hierbei das Datum der Erteilung einer Versorgungszusage. Mithin ist weder das Datum zugrunde liegenden Betriebsvereinbarung noch das Bezugsdatum der laufenden Rentenleistung maßgeblich.[127]

104 **Vorteil** dieser Möglichkeit ist zum einen, dass der künftige, durch die Rentenanpassung veranlasste Versorgungsaufwand für die Neuzusagen kalkulierbar wird. Zum anderen ist der Zusatzaufwand im Rahmen der Direktzusage bei entsprechender schriftlicher Verpflichtung des Arbeitgebers über die Pensionsrückstellungen nach § 6a EStG steuerlich vorfinanzierbar.[128] Darüber hinaus entfällt der mit der Anpassungsprüfungspflicht nach § 16 Abs. 1 BetrAVG einhergehende Verwaltungsaufwand zur Ermittlung der Anpassungsrate. Außerdem führt die automatische Rentenanpassung für den Versorgungsberechtigten dazu, dass sein Anspruch auch im Fall der Insolvenz vom PSVaG jährlich angepasst wird.[129]

105 Die 1%ige Anpassungsgarantie kann allerdings auch zu **Nachteilen** für den Arbeitgeber führen. Dies ist dann der Fall, wenn entweder die Teuerung im zu beurteilenden Jahr weniger als 1% beträgt, oder wenn aufgrund der schlechten wirtschaftlichen Lage des Arbeitgebers bzw. des geringen Anstiegs der Nettolöhne vergleichbarer Arbeitnehmergruppen eine Anpassung nicht in Höhe von 1% bzw. gar nicht zu erfolgen hätte. Der Arbeitgeber muss infolge der Rentenanpassungsgarantie nämlich auch in diesen Fällen die laufenden Rentenleistungen jeweils um 1% erhöhen.

II. Überschussverwendung zugunsten der Leistungsempfänger

106 Nach § 16 Abs. 3 Nr. 2 BetrAVG ist auch im Fall der Durchführungswege **Direktversicherung** oder **Pensionskasse** eine Überprüfung entbehrlich, wenn die auf den Rentenbestand entfallenden **Überschussanteile** ab Rentenbeginn ausschließlich **zur Erhöhung der laufenden Leistungen verwendet werden** und zur Berechnung der garantierten Leistung der nach § 65 Abs. 1 Nr. 1a VAG festgesetzte Höchstzinssatz zur Berechnung der Deckungsrückstellung nicht überschritten wird.

---

127 BAG 28.6.2011, 3 AZR 282/09, FA 2009, 375 = ZIP 2011, 2164.
128 BFH 25.10.1995, I R 34/95, BStBl. 1996 II S. 403.
129 Vgl. Rdn. 22.

Eine Besonderheit besteht hier für gem. §118b Abs. 3 bzw. 4 VAG **regulierte** 107
Pensionskassen. Dies sind Pensionskassen, welche einer umfangreichen Kontrolle durch die Bundesanstalt für Finanzdienstleistungsaufsicht unterliegen und dieser u. a. ihre Versicherungstarife zur Genehmigung vorzulegen haben. Solche Kassen verfügen teilweise über Versicherungstarife, bei denen die Leistungen nicht nach dem Höchstzinssatz gem. §65 Abs. 1 Nr. 1a VAG, sondern nach einem geschäftsplanmäßigen, den Höchstzinssatz ggf. auch übersteigenden Zins berechnet werden, wobei der zugrunde liegende Geschäftsplan durch die Bundesanstalt für Finanzdienstleistungsaufsicht genehmigt ist. Diese besondere Fallgestaltung wird von §16 Abs. 3 Nr. 2 BetrAVG formal nicht erfasst. Allerdings ist hier eine entsprechende Anwendung mit der Folge geboten, den Höchstzinssatz bei diesen Kassen durch den jeweiligen geschäftsplanmäßigen Zins zu ersetzen. Dies ist für den Rentenempfänger nicht nachteilig, da die Genehmigung und Überwachung des Geschäftsplans der jeweiligen Pensionskasse durch die Bundesanstalt für Finanzdienstleistungsaufsicht die langfristige Finanzierbarkeit derartiger Tarife und eine angemessene Überschussbeteiligung sicherstellt.[130]

Die genannte Vorschrift findet – anders als §16 Abs. 3 Nr. 1 BetrAVG – auch 108
für vor dem 1.1.1999 erteilte Zusagen Anwendung.

III. Ausschluss bei Beitragszusage mit Mindestleistung

Gemäß §16 Abs. 3 Nr. 3 BetrAVG entfällt die Anpassungsverpflichtung nach 109
§16 Abs. 1 BetrAVG bei laufenden Leistungen auf Grundlage einer Beitragszusage mit Mindestleistung gem. §1 Abs. 2 Nr. 2 BetrAVG.

Dies gilt **auch** in den Fällen, in denen die Beitragszusage mit Mindestleistung 110
tung im Wege der **Entgeltumwandlung** finanziert wird. Der insoweit auf den ersten Blick bestehende Widerspruch zur Regelung des §1b Abs. 5 Nr. 1 BetrAVG, welcher für den Fall des vorzeitigen Ausscheidens die Verwendung der anfallenden Überschüsse bei Direktversicherungen, Pensionskassen und Pensionsfonds zur Leistungserhöhung vorschreibt, ist nicht gegeben, denn der Arbeitnehmer hat bei diesem besonderen Zusagetyp ohnehin einen Anspruch auf das gesamte Versorgungskapital einschließlich der Erträge.[131]

---

130 So auch *Höfer* BetrAVG, Rn. 5464 ff. zu §16. Anders sieht dies das LAG Hessen, Urt. v. 3.3.2010, 8 Sa 190/09, NZA-RR 2011, 40.

131 Vgl. *Blomeyer* DB 2001, 1413; *Höfer* BetrAVG, Rn. 5475f zu §16.

C. Fortfall der nachholenden Anpassung bei zu Recht unterbliebener Anpassung (§§ 16 Abs. 4 BetrAVG und 30c Abs. 2 BetrAVG)

111 § 16 Abs. 4 BetrAVG **schränkt** die von der Rechtsprechung entwickelten **Grundsätze zur nachholenden Anpassung ein.**[132] Die Vorschrift regelt, dass im Fall einer zu Recht unterbliebenen Anpassung keine Verpflichtung des Arbeitgebers besteht, die Anpassung in der Zukunft nachzuholen. Diese Regelung gilt nach § 30c Abs. 2 BetrAVG allerdings nur **für ab dem 1.1.1999 unterbliebene Anpassungen.** Wurde eine Anpassung bei Prüfungsstichtagen vor dem 1.1.1999 zu Recht unterlassen, bleibt es aus Gründen des Vertrauensschutzes bei der Verpflichtung zur nachholenden Anpassung, den Grundsätzen der bislang ergangenen BAG-Rechtsprechung folgend.[133]

112 Nach § 16 Abs. 4 S. 2 BetrAVG gilt eine Anpassung als zu Recht unterblieben, wenn der Arbeitgeber dem Versorgungsempfänger die wirtschaftliche Lage des Unternehmens schriftlich darlegt, der Versorgungsempfänger nicht binnen drei Kalendermonaten nach Zugang der Mitteilung schriftlich widersprochen hat und er auf die Rechtsfolgen eines nicht fristgemäßen Widerspruchs hingewiesen wurde. Sofern sämtliche genannten Voraussetzungen vorliegen, wird **unwiderleglich vermutet,** dass die Anpassung zu Recht unterblieben ist.

113 Widerspricht der Versorgungsempfänger der vom Arbeitgeber getroffenen Entscheidung und hilft der Arbeitgeber dieser Entscheidung daraufhin nicht ab, so kann der Rentenempfänger die Anpassungsentscheidung gerichtlich überprüfen lassen.

114 Die Anforderungen an die schriftliche Darlegung der wirtschaftlichen Lage des Unternehmens sind gesetzlich nicht geregelt. Insoweit steht dem Arbeitgeber ein Beurteilungsspielraum im Hinblick darauf zu, in welchem Umfang dem Versorgungsberechtigten Informationen erteilt werden müssen. Das BAG hat hierzu entschieden, dass die in § 16 Abs. 4 Satz 2 BetrAVG geregelte »Darlegungsverpflichtung« i. S. einer ausführlichen Erläuterung zu sehen sei. Diese geht zwar nicht so weit wie die gerichtliche Darlegungs- und Beweislast, sodass keine Bilanzen an den Versorgungsberechtigten verschickt werden müssen. Jedoch muss die wirtschaftliche Belastbarkeit des Unternehmens im Rahmen einer zuverlässigen Prognose erläutert werden. Stützt der Arbeitgeber die Ablehnung der Anpassung auf eine geringe Eigenkapitalverzinsung,

---

132 Vgl. Rdn. 52 ff.
133 Vgl. Rdn. 53.

muss er seine diesbezüglichen Überlegungen unter Angabe der sich aus den Bilanzen der letzten drei Jahre vor dem Anpassungsprüfungsstichtag ergebenden Daten zum Eigenkapital und zur Eigenkapitalverzinsung mitteilen. Der Betriebsrentner muss auf Basis des Unterrichtungsschreibens in die Lage versetzt werden, die Entscheidung des Arbeitgebers nachzuvollziehen.[134]

Die Fiktion in Satz 2 betrifft nur einen Fall der zu Recht unterbliebenen Anpassung. In der Praxis wird die Anpassung in der Mehrzahl der Fälle aus Tatsachengründen (wirtschaftliche Lage etc.) zu Recht unterbleiben.[135]   **115**

D. Anpassung bei ab dem 1.1.2001 erteilten Entgeltumwandlungszusagen (§ 16 Abs. 5 und § 30c Abs. 3 BetrAVG)

Soweit betriebliche Altersversorgung durch Entgeltumwandlung finanziert wird, besteht für den Arbeitgeber eine Verpflichtung, die **Anpassung nach den Maßgaben des § 16 Abs. 3 BetrAVG** vorzunehmen. Der Arbeitgeber muss sich also dazu verpflichten, die laufenden Leistungen mindestens mit jährlich 1 % anzupassen. Bei Durchführung der betrieblichen Altersversorgung über eine Direktversicherung oder eine Pensionskasse kann der Arbeitgeber anstelle dieser 1 %igen Erhöhungsgarantie aber auch sämtliche auf den Rentenbestand entfallenden Überschussanteile ab Rentenbeginn zur Erhöhung der laufenden Leistungen verwenden. Die in Abs. 5 getroffene Regelung gilt gem. § 30c Abs. 3 BetrAVG allerdings **nur für nach dem 31.12.2000 erteilte Versorgungszusagen**.   **116**

Für vor dem 1.1.2001 erteilte, über Entgeltumwandlung finanzierte Versorgungszusagen bleibt es dagegen grds. bei der Anpassungsprüfungsverpflichtung gem. § 16 Abs. 1 und 2 BetrAVG. Der Arbeitgeber kann sich von dieser Verpflichtung allerdings freizeichnen, wenn er die Voraussetzungen des § 16 Abs. 3 Nr. 1 (nur bei Zusagen, die ab dem 1.1.1999 erteilt wurden) bzw. Nr. 2 BetrAVG erfüllt.   **117**

E. Keine Anpassung bei Auszahlungsplänen (§ 16 Abs. 6 BetrAVG)

Gemäß § 16 Abs. 6 BetrAVG besteht keine Anpassungsverpflichtung für monatliche Raten im Rahmen eines Auszahlungsplans sowie für Renten ab Vollendung des 85. Lebensjahres im Anschluss an einen Auszahlungsplan.   **118**

---

134 BAG 11.10.2011, 3 AZR 732/09, NZA 2012, 337.
135 So auch *Höfer* BetrAVG, Rn. 5481 ff.; *Blomeyer/Rolfs/Otto* § 16 Rn. 101.

119 Gemäß § 1 Abs. 1 S. 1 Nr. 4 AltZertG werden bei einem Auszahlungsplan ab dem Beginn der Auszahlungsphase gleichbleibende oder steigende monatliche Zahlungen bis zum vollendeten 85. Lebensjahr gewährt. Diese Mindestleistungsgarantie gilt auch dann, wenn der Versorgungsberechtigte zuvor versterben sollte. Ab dem 85. Lebensjahr muss sich an den Auszahlungsplan eine lebenslange obligatorische Altersrente anschließen, deren Höhe die letzte feste monatliche Auszahlungsrate vor diesem Zeitpunkt mindestens erreicht.

120 Die durch das HZvNG geänderte Vorschrift regelt zum einen, dass eine Anpassungsprüfungsverpflichtung für die nach dem Auszahlungsplan zu gewährenden monatlichen Raten entbehrlich ist;[136] sie stellt zum anderen klar, dass für die im Anschluss ggf. zu zahlenden Rentenleistungen eine Anhebung ebenfalls ausgeschlossen ist. Damit **entfällt** die **Anpassungsverpflichtung für sämtliche in Zusammenhang mit Auszahlungsplänen stehende Leistungen.**

F. Bilanzierungsfragen

I. Bilanzierung der Rentenerhöhung zum Anpassungszeitpunkt

121 Da die Verpflichtung nach § 16 BetrAVG auf die Erhöhung der laufenden Leistungen gerichtet ist, werden die **Erhöhungen** im Zeitpunkt der Anpassung Teil der Rente und stellen **keine eigenständigen Verpflichtungen** des Unternehmens dar. Somit können die Erhöhungsbeträge bei einer unmittelbaren Versorgungszusage nicht gesondert ausgewiesen werden; sie sind vielmehr in die Bewertung der Pensionsverpflichtung mit einzubeziehen. Dementsprechend gilt ein Passivierungswahlrecht nach Art. 28 Abs. 1 EGHGB einheitlich, soweit die Versorgungszusage bereits zum 31.12.1986 bestanden hat. Die Erhöhungsverpflichtung ist damit ebenso zu behandeln wie die Pensionsverpflichtung selbst.[137] Für nach dem 31.12.1986 erteilte Versorgungszusagen besteht dagegen eine – ebenfalls einheitlich für Erhöhungsverpflichtung und Verpflichtung zur Gewährung der laufenden Leistungen geltende – Passivierungspflicht.

---

136 Diesen alleinigen Regelungsinhalt hatte noch die nach dem Altersvermögensgesetz geltende Fassung des § 16 Abs. 6 BetrAVG, welche bis einschließlich 30.6.2002 Geltung hatte.

137 Stellungnahme des HFA 3/1993 zur Bilanzierung und Prüfung der Anpassungspflicht von Betriebsrenten, WP 1994, 24.

II. Bilanzierung zwischen den Anpassungszeitpunkten

In den Jahren zwischen zwei Anpassungsprüfungsstichtagen liegt hinsichtlich **122** der bereits eingetretenen Teuerung weder eine rechtliche – insoweit ist der Wortlaut des § 16 Abs. 1 BetrAVG eindeutig – noch eine wirtschaftliche Verpflichtung des Arbeitgebers vor.

Eine wirtschaftliche Verpflichtung besteht vor dem Anpassungsstichtag nicht, **123** da in den Zwischenjahren die wirtschaftliche Lage zum Anpassungsstichtag noch nicht hinreichend konkretisiert ist. Dies bedeutet, dass eine Bilanzierung von Verpflichtungen im Umfang der zwischenzeitlich eingetretenen Verteuerung in den Jahren zwischen zwei Prüfungsstichtagen ausscheidet. Insoweit kommt auch keine Pflicht zur Angabe einer Verpflichtung im Anhang zur Bilanz nach Art. 28 Abs. 2 EGHGB in Betracht.[138]

III. Bilanzierung bei unterbliebener Anpassung

1. Rechtmäßig unterbliebene Anpassung

Die unter Ziff. I und II dargelegten Grundsätze gelten auch für die Bilan- **124** zierung unterbliebener Anpassungen, die zu Recht unter Hinweis auf eine ungenügende wirtschaftliche Lage des Arbeitgebers abgelehnt wurden.[139]

2. Rechtswidrig unterbliebene Anpassung

Bei einer rechtswidrig unterlassenen Anpassung haben die Rentenempfänger **125** nach den von der Rechtsprechung des BAG entwickelten Grundsätzen zur nachträglichen Anpassung nicht nur für die Zukunft einen Anspruch auf erhöhte Rentenzahlungen, der in die Bemessung der Pensionsverpflichtung einzubeziehen ist, sondern auch einen Anspruch auf Auszahlung der rückständigen Erhöhungsbeträge.[140] Der in die Zukunft gerichtete Anspruch auf erhöhte Rentenzahlungen ist dabei bilanziell in der Weise zu berücksichtigen, dass im Rahmen der Ermittlung der Pensionsrückstellungen von fiktiv erhöhten Rentenzahlungen auszugehen ist. Dieser Erhöhungsanteil muss ggf. mit einem geschätzten Grad der Inanspruchnahme gewichtet werden. Auch insoweit gilt wiederum der Grundsatz, dass die Erhöhung der Pensionsverpflichtung nicht von der übrigen Pensionsverpflichtung getrennt werden

---

138 Stellungnahme des HFA WP 1994, 24.
139 Stellungnahme des HFA WP 1994, 24.
140 Vgl. zur nachträglichen Anpassung Rdn. 58 ff.

kann, sodass auch insoweit eine Passivierungspflicht für Altzusagen besteht, soweit bereits bisher Rückstellungen gebildet worden sind.[141]

126 Die vorstehenden **Grundsätze gelten ausschließlich für die handelsbilanzielle Behandlung** von rechtswidrig unterbliebenen Anpassungen und haben daher keine Gültigkeit in ertragsteuerlicher Hinsicht.

127 Hinsichtlich der bereits angesprochenen Nachzahlungspflicht besteht insoweit eine Ungewissheit, als nicht vorhersehbar ist, welche und wie viele Rentner vor Ablauf der Verjährungsfrist von ihrem Anspruch Gebrauch machen werden. Aus diesem Grunde ist die Nachzahlungsverpflichtung aus einer nachträglichen Rentenanpassung nicht eindeutig quantifizierbar. Die Rückstellung für diese Nachzahlungspflicht muss daher unter Berücksichtigung des sog. **Bestandsrisikos**, also der Wahrscheinlichkeit der Inanspruchnahme, und des sog. **Betragsrisikos** – also der Begrenzung durch die Verjährungsfristen nach § 18a S. 2 BetrAVG, § 195 BGB ermittelt werden.

128 Da es sich bei der Rückstellung für die Nachzahlungspflicht nicht um eine von Leib und Leben abhängige Pensionsrückstellung handelt, sondern vielmehr um eine sonstige Rückstellung, besteht aufgrund der Nichtanwendbarkeit der Vorschrift des Art. 28 EGHGB Passivierungspflicht.

G. Checkliste zur Anpassung der laufenden Leistungen

129

	Direktzusage	Unterstützungskasse	Pensionskasse	Direktversicherung	Pensionsfonds
Kapitalleistungen	I. d. R. keine Anpassungsprüfungspflicht des Arbeitgebers bei Bezug einer Kapitalleistung; einzelfallabhängige Betrachtung bei Vereinbarung von Ratenzahlung				
Auszahlungsplan	nicht anwendbar		keine Anpassungsprüfungspflicht		
Rentenleistungen § 16 Abs. 1 BetrAVG	Bei laufenden Leistungen grds. Anpassungsprüfung und -entscheidung im Abstand von drei Jahren (billiges Ermessen, Abwägung wirtschaftlicher Belange mit Interessen der Leistungsempfänger)				

---

141 Vgl. hierzu die Ausführungen unter Rdn. 121.

	Direkt-zusage	Unter-stützungs-kasse	Pensions-kasse	Direkt-versiche-rung	Pensions-fonds
Umfang der Anpassungs-pflicht § 16 Abs. 2 BetrAVG	§ 16 Abs. 2 Nr. 1 BetrAVG: Anpassung gilt als erfüllt, wenn nicht geringer als Anstieg des Verbraucherpreisindexes für Deutschland § 16 Abs. 2 Nr. 2 BetrAVG: Anpassungspflicht nur insoweit, als die Nettolöhne vergleichbarer Arbeitnehmergruppen im Unternehmen angestiegen sind				
Mindestanpas-sung § 16 Abs. 3 Nr. 1 BetrAVG	Anpassungsprüfungsverpflichtung entfällt, wenn Zusageertei-lung nach dem 31.12.1998 erfolgt und sich der Arbeitgeber zur Anpassung der laufenden Leistungen um jährlich mindestens 1 % verpflichtet hat				
Überschussanteile § 16 Abs. 3 Nr. 2 BetrAVG	nicht anwendbar		Keine Anpassungs-prüfungsverpflichtung, wenn ab Rentenbeginn sämtliche auf den Ren-tenbestand entfallen-den Überschussanteile zur Erhöhung der laufenden Leistungen verwendet werden und der vom VAG vorge-gebene Höchstzinssatz zur Ermittlung der Deckungsrückstellung bei Berechnung der garantierten Leistung nicht überschritten wird		nicht anwend-bar
Beitragszusage mit Mindestleistung § 16 Abs. 3 Nr. 3 BetrAVG	nicht anwendbar		Keine Anpassungsprüfungspflicht		

Sechster Abschnitt Geltungsbereich

§ 17   Persönlicher Geltungsbereich und Tariföffnungsklausel

(1) [1]Arbeitnehmer im Sinne der §§ 1 bis 16 sind Arbeiter und Angestellte einschließlich der zu ihrer Berufsausbildung Beschäftigten; ein Berufsausbildungsverhältnis steht einem Arbeitsverhältnis gleich. [2]Die §§ 1 bis 16 gelten entsprechend für Personen, die nicht Arbeitnehmer sind, wenn ihnen Leistungen der Alters-, Invaliditäts- oder Hinterbliebenenversorgung aus Anlass ihrer Tätigkeit für ein Unternehmen zugesagt worden sind. [3]Arbeitnehmer im Sinne von § 1a Abs. 1 sind nur Personen nach den Sätzen 1 und 2, soweit sie aufgrund der Beschäftigung oder Tätigkeit bei dem Arbeitgeber, gegen den sich der Anspruch nach § 1a richten würde, in der gesetzlichen Rentenversicherung pflichtversichert sind.

(2) Die §§ 7 bis 15 gelten nicht für den Bund, die Länder, die Gemeinden sowie die Körperschaften, Stiftungen und Anstalten des öffentlichen Rechts, bei denen das Insolvenzverfahren nicht zulässig ist, und solche juristische Personen des öffentlichen Rechts, bei denen der Bund, ein Land oder eine Gemeinde kraft Gesetzes die Zahlungsfähigkeit sichert.

(3) [1]Von den §§ 1a, 2 bis 5, 16, 18a Satz 1, §§ 27 und 28 kann in Tarifverträgen abgewichen werden. [2]Die abweichenden Bestimmungen haben zwischen nichttarifgebundenen Arbeitgebern und Arbeitnehmern Geltung, wenn zwischen diesen die Anwendung der einschlägigen tariflichen Regelung vereinbart ist. [3]Im übrigen kann von den Bestimmungen dieses Gesetzes nicht zuungunsten des Arbeitnehmers abgewichen werden.

(4) Gesetzliche Regelungen über Leistungen der betrieblichen Altersversorgung werden unbeschadet des § 18 durch die §§ 1 bis 16 und 26 bis 30 nicht berührt.

(5) Soweit Entgeltansprüche auf einem Tarifvertrag beruhen, kann für diese eine Entgeltumwandlung nur vorgenommen werden, soweit dies durch Tarifvertrag vorgesehen oder durch Tarifvertrag zugelassen ist.

Huber

A. Regelungsgegenstand des § 17 BetrAVG

§ 17 BetrAVG befasst sich in den Abs. 1 und 2 grundlegend mit dem per- **1**
sönlichen und sachlichen Anwendungsbereich des Gesetzes (zum zeitlichen
Anwendungsbereich vgl. § 32 BetrAVG). Weiterhin definiert § 17 Abs. 3
BetrAVG den Charakter des BetrAVG als Arbeitnehmerschutzgesetz und die
Voraussetzungen, unter denen Abweichungen von den Schutzbestimmungen
des Gesetzes zulässig sind. § 17 Abs. 4 BetrAVG enthält Aussagen über den
Umgang mit einer Gesetzeskonkurrenz. § 17 Abs. 5 BetrAVG schließlich stellt
besondere Anforderungen für die Entgeltumwandlung im Tarifbereich auf.

B. Persönlicher Geltungsbereich (§ 17 Abs. 1 BetrAVG)

I. Der Begriff des Arbeitnehmers (§ 17 Abs. 1 S. 1 BetrAVG)

2   § 17 Abs. 1 BetrAVG regelt den persönlichen Anwendungsbereich des Betriebsrentengesetzes und erklärt Arbeiter und Angestellte sowie Auszubildende zu Normadressaten. Die Begriffsterminologie »Arbeiter und Angestellte« beinhaltet heute keine realistische Differenzierung mehr, da diese Gruppen im modernen Arbeitsrecht durch den Begriff des **Arbeitnehmers**[1] ersetzt werden. Nach herrschender Meinung ist Arbeitnehmer, wer nach den Weisungen des Arbeitgebers in persönlicher Abhängigkeit tätig ist, mithin eine nach Ort, Zeit und Art vom Arbeitgeber bestimmte Tätigkeit durchführt.[2] Insbesondere das Kriterium der Fremdbestimmung ist im Einzelfall für die konkrete Erwerbstätigkeit sorgfältig zu prüfen, um eine Person als Arbeitnehmer qualifizieren zu können. Wer eine Ausbildung nach dem Berufsbildungsgesetz vornimmt, wird durch das Gesetz dem Arbeitnehmer gleichgestellt und unterfällt dessen Schutzbestimmungen. Arbeitnehmer sind nicht nur die traditionell, im Betrieb des Arbeitgebers auf Vollzeitbasis tätigen Arbeitnehmer, sondern auch Teilzeitbeschäftigte und Heimarbeiter. Familiäre Bindungen zum Arbeitgeber schließen die Arbeitnehmereigenschaft nicht grds. aus. Eine Ausnahme kann sich nur dann ergeben, wenn der Bestand des Arbeitsverhältnisses nicht ernsthaft dem Unternehmensinteresse dient, sondern missbräuchlich Insolvenzschutz herstellen soll.[3]

II. Arbeitnehmerähnliche Personen (§ 17 Abs. 1 S. 2 BetrAVG)

3   Darüber hinaus erweitert § 17 Abs. 1 S. 2 BetrAVG den persönlichen Anwendungsbereich des Gesetzes. So gilt das BetrAVG auch für andere Personen als Arbeitnehmer entsprechend, solange ihnen Leistungen der Alters-, Invaliditäts- oder Hinterbliebenenversorgung aus Anlass ihrer Tätigkeit für ein Unternehmen zugesagt sind. Diese Definition erfasst selbstständig Tätige wie die Vertreter der freien Berufe und gewerbliche Handelsvertreter. Auch Organ-

---

1 *Blomeyer/Rolfs/Otto* § 17 Rn. 4 ff.; *Goldbach/Obenberger* Betriebsrentengesetz 2005, Rn. 2.

2 BAG 9.7.2003, 5 AZR 595/02, EzA § 256 ZPO Nr. 3; 12.9.1996, 5 AZR 1066/94, EzA § 611 BGB Arbeitnehmerbegriff Nr. 58 = DB 1996, 2083; 12.9.1996, 5 AZR 104/95, EzA § 611 BGB Arbeitnehmerbegriff Nr. 60 = DB 1997, 1037; 6.5.1998, 5 AZR 347/97, EzA § 611 BGB Arbeitnehmerbegriff Nr. 66 = DB 1998, 2275.

3 *Blomeyer/Rolfs/Otto* § 17 Rn. 10 ff.

personen wie GmbH-Geschäftsführer, Vorstandsmitglieder eines Vereins oder einer Aktiengesellschaft sind **arbeitnehmerähnliche Personen**, solange sie nicht gesellschaftsrechtlich an dem Unternehmen beteiligt sind.[4] Ist dies der Fall, hängt die Anwendung des Betriebsrentengesetzes davon ab, ob die jeweilige Person als Unternehmer auftritt.

Erforderlich ist jedoch in jedem Fall, dass ein privatrechtlicher Vertrag zwischen den Parteien besteht, auf dessen Grundlage die Tätigkeit für das Unternehmen ausgeführt wird. Dies kann beispielsweise im Fall eines Rechtsanwalts ein Dienstvertrag oder im Fall eines Handwerkers ein Werkvertrag sein. Versorgungszusagen in derartigen Rechtsbeziehungen sind in der Praxis eher selten anzutreffen. Dagegen ist es nicht ausreichend, wenn die erbrachte Tätigkeit dem Unternehmen lediglich wirtschaftlich zugutekommt.[5]   4

III. Abgrenzung zum Unternehmer

1. Einzelkaufleute, Personengesellschaften

Nicht vom Schutzbereich des Gesetzes erfasst sind **Unternehmer**, da diese für   5
sich selbst und nicht i. S. v. § 17 Abs. 1 S. 2 BetrAVG für ein anderes Unternehmen tätig sind. Unternehmer sind nach der Rechtsprechung des BGH grds. die persönlich (d. h. unbeschränkt) haftenden Gesellschafter eines Unternehmens.[6] Mithin können Einzelkaufleute und persönlich haftende Gesellschafter von Personengesellschaften sich nicht auf den Schutz des BetrAVG berufen. Von diesem Grundsatz bestehen Ausnahmen, beispielsweise wenn der persönlich haftende Gesellschafter seine Gesellschafterrechte im Innenverhältnis gegenüber den anderen Gesellschaftern nicht ausübt, sondern an deren Entscheidungen gebunden ist. Auch wird der Kommanditist einer KG, als ein auf den Betrag seiner Vermögenseinlage beschränkt haftender Gesellschafter, nicht per se vom Anwendungsbereich des Betriebsrentengesetzes erfasst, sondern kann – in Abhängigkeit von der konkreten Beteiligungsquote und der Ausführung des Anstellungsverhältnisses – bei entsprechender Leitungsmacht nicht als arbeitnehmerähnliche Person, sondern als Unternehmer angesehen werden.[7]

---

4 *Höfer* BetrAVG, Rn. 5581 zu § 17.
5 BAG 20.4.2004, 3 AZR 297/03, EzA § 17 BetrAVG Nr. 10 = DB 2004, 2432.
6 BGH 9.6.1980, II ZR 255/78, DB 1980, 1588.
7 BGH 1.2.1999, II ZR 276/97, DB 1999, 630.

2. Kapitalgesellschaften, Mehrheitsgesellschafter

6   Bei **Kapitalgesellschaften** ist stets zu prüfen, ob die Person, die für die Gesellschaft tätig ist, aufgrund ihrer **zusätzlichen** Gesellschafterstellung die Entscheidungsprozesse des Unternehmens lenkt bzw. maßgeblich beeinflussen kann. So steht der Alleingesellschafter einer Kapitalgesellschaft ebenso wie der Einzelkaufmann stets außerhalb des BetrAVG. Typischer Fall eines Unternehmers ist weiterhin der **Mehrheitsgesellschafter** einer GmbH, der **gleichzeitig Geschäftsführer** ist.[8] Als Mehrheit in diesem Sinne ist wohl auch bereits eine Beteiligung von 50 % anzusehen, da diese dem Gesellschafter die Möglichkeit verleiht, Mehrheitsbeschlüsse effizient zu verhindern und somit maßgeblichen Einfluss auszuüben.[9] Es ist jedoch nicht auszuschließen, dass im Einzelfall die Mehrheitsbeteiligung des Gesellschafters und die tatsächliche Leitungsmacht innerhalb des Unternehmens in einem Maß divergieren, dass sich ein arbeitnehmerähnliches Verhältnis aufdrängt.

3. Kapitalgesellschaften, Minderheitsgesellschafter

7   Abgesehen von dem Mehrheitsgesellschafter können auch Organpersonen, die **Minderheitsgesellschafter** mit einer geringeren Beteiligung als 50 % sind, Unternehmer i. S. d. § 17 Abs. 1 S. 2 BetrAVG sein. Die Rechtsprechung hat eine Mindestquote von 10 % aufgestellt, unterhalb der eine unternehmerische Leitungsmacht nicht begründet werden kann.[10] Verfügt ein Gesellschafter jedoch über eine Beteiligung von mehr als 10 % und kann er gemeinsam mit anderen Minderheitsgesellschaftern eine Stimmenmehrheit erreichen, liegt grds. eine ausreichende Leitungsmacht vor. Sofern eine Addition von Minderheitsbeteiligungen zu einer Stimmenmehrheit von exakt 50 % führt, geht eine Auffassung in der Literatur weiterhin von einer ausreichenden Leitungsmacht der Minderheitengesellschafter aus.[11] Die höchstrichterliche Rechtsprechung

---

8   OLG Köln 21.2.1986, 6 U 141/85, DB 1986, 1063, lässt eine Unternehmerstellung auch dann zu, wenn die betreffende Person keine formale Organfunktion wahrnimmt, aber aufgrund ihrer besonderen wirtschaftlichen und tatsächlichen Bedeutung eine Funktion ausübt, die mit derjenigen eines Geschäftsführers vergleichbar ist.

9   *Höfer* BetrAVG, Rn. 5593 zu § 17.

10 BAG 25.1.2000, 3 AZR 769/98, EzA § 17 BetrAVG Nr. 9 = DB 2001, 959; BGH 14.7.1980, II ZR 224/79, DB 1980, 1993.

11 *Höfer* BetrAVG, Rn. 5601 zu § 17; neuerdings auch das LG Köln 16.8.2001–24 O 21/01 – ZIP 2001, 1649, das schon bei 47 % der Anteile die Anwendbarkeit des BetrAVG verneint.

Huber

und ihr folgend der PSVaG lehnen demgegenüber eine Unternehmerstellung in diesen Fällen in der Regel ab.[12] Nicht ausreichend geklärt ist, ob die unbedeutende Minderheitsbeteiligung auch dann unberücksichtigt bleibt, wenn die Beteiligungsquote sonstiger Gesellschafter-Geschäftsführer untersucht wird. Hieraus können sich für die Praxis im Einzelfall Probleme ergeben. Geringe Differenzen in der Beteiligungsquote können dann über die Unternehmerstellung eines Gesellschafter-Geschäftsführers und die Anwendung des BetrAVG entscheiden.

▶ **Beispiel:**

Verfügt der Gesellschafter-Geschäftsführer G über 42 % der GmbH-Anteile, während der Gesellschafter-Geschäftsführer F nur über 8 % der Anteile verfügt, so ist G bei einer Berücksichtigung der Anteile von F als Unternehmer anzusehen, da er gemeinsam mit F einen Stimmenanteil von 50 % erreichen kann. Würde G nur über 41 % der Anteile verfügen, wäre er hingegen nicht als Unternehmer zu qualifizieren. Bei Außerachtlassung des 8 %igen Gesellschafteranteils von F hingegen wäre G in beiden Fällen Minderheitsgesellschafter und unterfiele dem Anwendungsbereich des BetrAVG.

4. Mittelbare Beteiligungen

Sog. **mittelbare Beteiligungsformen** können ebenfalls eine Unternehmerposition begründen. In der Praxis hat sich der BGH insbesondere mit der GmbH & Co. KG befasst, bei der die keinen eigenen Geschäftsbetrieb unterhaltende GmbH Komplementärin und Gesellschafterin der KG und die GmbH-Gesellschafter als Gesellschafter-Geschäftsführer für die KG tätig sind. Zu prüfen ist hierbei, in welchem Umfang der Gesellschafter-Geschäftsführer an der Komplementär-GmbH und an der KG beteiligt ist. Der BGH rechnet hier dem Gesellschafter die mittelbare Beteiligung an der KG (über die Beteiligung der GmbH) anteilig und eine Beteiligung des Gesellschafters an der KG unmittelbar zu.[13]

8

---

12 BGH 25.9.1989, II ZR 259/88, DB 1989, 2425; 28.4.1980, II ZR 254/78, BB 1980, 1046; PSVaG-Merkblatt 300/M 1, Ziff. 3.3.1.3.
13 BGH 28.4.1980, II ZR 254/78, DB 1980, 1434.

▶ **Beispiel:**

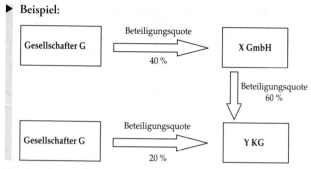

9   Die Beteiligung der X GmbH an der Y KG in Höhe von 60% begründet für G, der zu 40% an der GmbH beteiligt ist, eine mittelbare Quote von 24%. Hinzu kommt seine unmittelbare Beteiligungsquote von 20%, sodass ihm nach der Rechtsprechung des BGH eine Quotenbeteiligung von 44% zuzurechnen ist.

10 Wäre G zu mindestens 50% an der GmbH beteiligt, wäre zu überlegen, ob ihm wegen der mehrheitlichen Beherrschung der Gesellschaft nicht deren gesamte Beteiligung an der KG zuzurechnen wäre. Dies führt allerdings zu Schwierigkeiten, wenn ein weiterer Gesellschafter ebenfalls zu 50% an der GmbH beteiligt wäre. Dann wäre weiterhin gleichmäßig aufzuteilen.

11 Das Beispiel zeigt, dass die Ermittlung der Beherrschungsquote nicht immer zu eindeutigen Ergebnissen führt, sodass die Umstände im konkreten Fall stets gesondert gewürdigt werden müssen.

12 Bei Fallgestaltungen, in denen die keinen eigenen Geschäftsbetrieb unterhaltende Komplementär-GmbH nicht an der KG beteiligt ist, sind die Beteiligungsverhältnisse in der Komplementär-GmbH unerheblich. Damit unterfallen in dieser Konstellation sogar Gesellschafter-Geschäftsführer einer Einmann-GmbH dem persönlichen Geltungsbereich des Betriebsrentengesetzes, solange sie an der KG mit weniger als 50% beteiligt sind.[14]

---

14 *Paulsdorff* § 7 Rn. 487.

5. Prüfungsschema des PSVaG für den Unternehmer

Die Anwendung des BetrAVG auf Unternehmer hat seine praktische Relevanz 13
im gesetzlichen **Insolvenzschutz.** Der PSVaG tritt gem. §§ 7 ff. BetrAVG bei
Eintritt eines Sicherungsfalles nur für diejenigen Versorgungsrechte ein, welche dem Schutz bzw. dem persönlichen Anwendungsbereich des BetrAVG
unterfallen.

Der PSVaG verwendet gem. Merkblatt 300/M 1 folgendes Schema für die 14
Beurteilung des persönlichen Anwendungsbereichs:

Gesellschaftsform	Insolvenzsicherung
Einzelunternehmen	– Keine Sicherung des Inhabers – Grds. keine Sicherung des stillen Gesell- schafters **Ausnahme:** Insolvenzschutz, wenn zusätzlich zu stiller Beteiligung auch ernsthaftes Arbeitsverhältnis
Personengesellschaft – BGB-Gesellschaft – OHG – KG, KGaA	– Keine Sicherung der Gesellschafter – Keine Sicherung der Komplementäre – Grds. keine Sicherung für Komplementär **Ausnahme:** Insolvenzschutz für Komplementär, wenn dieser bei wirtschaftlicher Betrachtung nur angestellter Komplementär ist (d. h. Auftritt als Gesellschafter im Außenverhältnis; Bindung gegenüber beherrschendem Kommanditist im Innenverhältnis) – Grds. keine Sicherung für Kommanditist **Ausnahme:** Insolvenzschutz für Kommanditist, wenn zusätzlich ernsthaftes Arbeitsverhältnis aber: Kein Insolvenzschutz für Kommanditist, wenn ausnahmsweise geschäftsführungsähnliche Leitungs-macht und entsprechende Kapitalbeteiligung

Gesellschaftsform	Insolvenzsicherung
– GmbH & Co. KG	– Sicherung abhängig von der jeweiligen Gesellschaftskonstruktion: – Bei einheitlichem Geschäftsbetrieb zwischen KG und GmbH bestimmt sich Insolvenzsicherung nach unmittelbarer und ggf. mittelbarer Beteiligung an der KG – Wenn GmbH eigenen Geschäftsbetrieb über Geschäftsführung der KG hinaus hat, bestimmt sich Insolvenzsicherung bei Zusage der GmbH nach der Beteiligung an der GmbH
Kapitalgesellschaften/ vergleichbare Zusammenschlüsse (Genossenschaft, Verein etc.) – GmbH	– Sicherung abhängig von dem Kapitaleinsatz und der tatsächlichen Möglichkeit zur Einflussnahme – Sicherung, wenn Leitungsmacht ohne Kapitalbeteiligung – Sicherung, wenn nur ein Geschäftsführer mit Kapitalbeteiligung oder Stimmrecht unter 50%; keine Sicherung ab 50% – Keine Sicherung, wenn mehrere Geschäftsführer mit Kapitalbeteiligung oder Stimmrecht von insgesamt mehr als 50% Sicherung, wenn 50% insgesamt nicht überschritten wird **Ausnahme:** wenn ein Geschäftsführer mehr als 50% Kapitalbeteiligung oder Stimmrecht hält, Sicherung für verbleibenden Geschäftsführer **Ausnahme:** Sicherung für einzelnen Geschäftsführer, wenn Kapitalbeteiligung oder Stimmrecht des einzelnen Geschäftsführers unter 10% liegt

Huber

Gesellschaftsform	Insolvenzsicherung
– AG, sonstige Zusammenschlüsse – Sonderfall Beteiligung des Ehegatten des Gesellschafter-Geschäftsführers oder Geschäftsführers am Kapital und/oder Stimmrecht	– wie GmbH, Besonderheiten des jeweiligen Statuts (Gesellschaftsvertrag bzw. -satzung) sind zu beachten – Zurechnung von Kapitalbeteiligung oder Stimmrechten des Ehegatten: – Zurechnung bei Gütergemeinschaft oder Stimmrechtsbindung – **Keine Zurechnung bei Zugewinngemeinschaft oder Gütertrennung**

Wer als Unternehmer keine arbeitnehmerähnliche Person i. S. d. § 17 Abs. 1 S. 2 BetrAVG ist, kann mithin vom PSVaG bei Eintritt eines Sicherungsfalls keine Leistungen erwarten. Er ist ggf. darauf verwiesen, beizeiten eigene privatrechtliche Sicherungsmaßnahmen zu ergreifen[15] oder einen Durchführungsweg zu wählen, welcher unabhängig von der Insolvenz des Unternehmens die Leistung sicherstellt (Direktversicherung, Pensionskasse).   **15**

6. Wechsel zwischen Unternehmer- und Arbeitnehmerstatus

Soweit ein Unternehmer von der Position des Unternehmers in den Status eines vom Schutzbereich des Gesetzes erfassten Arbeitnehmers oder einer arbeitnehmerähnlichen Person **wechselt**, sind die jeweiligen, im Arbeitnehmerstatus verbrachten Zeiten vom Anwendungsbereich des Gesetzes erfasst.[16] Ist eine Person zeitweilig als Unternehmer, im Übrigen aber als Arbeitnehmer oder arbeitnehmerähnliche Person für ein Unternehmen tätig, kann beispielsweise eine unverfallbare Versorgungsanwartschaft i. S. v. § 1b Abs. 1, § 30f Abs. 1 BetrAVG nur entstehen, wenn die Unverfallbarkeitsfristen insgesamt in Tätigkeitsperioden erfüllt werden, in denen der Betroffene in den Anwendungsbereich des § 17 BetrAVG fällt. Dies bedeutet bei einem Statuswechsel,   **16**

---

15 In Betracht kommt beispielsweise eine zivilrechtlich wirksame und insolvenzfeste Verpfändung entsprechender Vermögenswerte, wie der Anspruch des Arbeitgebers aus einer Rückdeckungsversicherung, aus einem Wertpapierdepot etc. Privatrechtliche Sicherungsmaßnahmen sind jeweils nach den konkreten Anforderungen des Einzelfalls auszuwählen und sorgfältig vertraglich zu gestalten.

16 PSVaG-Merkblatt 300/M 1, Ziff. 3.5.

dass für die Berechnung Zeiten, in denen der Betroffene als Unternehmer tätig war, weder für die Dauer der Versorgungszusage noch als Betriebszugehörigkeit zu berücksichtigen sind.[17]

7. Anwendung des § 17 Abs. 1 BetrAVG auf Niederlassungen

17 Die Anwendung des Betriebsrentengesetzes setzt schließlich auch voraus, dass der jeweilige Arbeitgeber in Deutschland eine eigene Rechtspersönlichkeit darstellt, welche auch Träger von Rechten und Pflichten nach deutschem Recht sein kann. Diese Frage stellt sich insbesondere bei Niederlassungen ausländischer Arbeitgeber im Bereich der deutschen Insolvenzsicherung. Sofern derartige Niederlassungen als eigene Rechtspersönlichkeiten Träger von Rechten und Pflichten sein können, unterfallen sie grds. als Arbeitgeber auch dem Anwendungsbereich des BetrAVG, insbesondere dem Insolvenzschutz.[18] Es können jedoch durchaus auch Fallgestaltungen auftreten, in denen die Arbeitgebereigenschaft fehlt, beispielsweise wenn eine unselbstständige Niederlassung eines internationalen Rechtsträgers Arbeitnehmer in Deutschland beschäftigt und die Arbeitsverhältnisse (nur) dem internationalen Rechtsträger zuzuordnen sind. Hier ist es nicht auszuschließen, dass derartige Niederlassungen (teilweise), beispielsweise wegen fehlendem deutschen Arbeitsverhältnis und/oder fehlender Insolvenzfähigkeit, nicht dem Anwendungsbereich des BetrAVG unterliegen.[19]

IV. Persönlicher Anwendungsbereich für den Anspruch aus Entgeltumwandlung (§ 17 Abs. 1 S. 3 BetrAVG)

18 Ein eingeschränkter persönlicher Anwendungsbereich des Betriebsrentengesetzes gilt für den **Anspruch aus Entgeltumwandlung** gem. § 1a BetrAVG. Nur diejenigen Personen, welche unter § 17 Abs. 1 S. 1 und 2 BetrAVG fallen, sind gem. § 17 Abs. 1 S. 3 BetrAVG als Arbeitnehmer für den Anspruch auf Entgeltumwandlung anzusehen, wenn sie in der gesetzlichen Rentenversicherung pflichtversichert sind. Hiermit fallen solche Arbeitnehmer aus dem Anwendungsbereich des § 1a BetrAVG heraus, welche wegen mangelnder Pflichtversicherung in der gesetzlichen Rentenversicherung von den durch das AVmEG eingeführten Kürzungen der Versorgungsrechte im Rahmen der

---

17 BGH 24.9.2013, II ZR 396/12, BeckRS 2014, 00762.
18 BAG 12.2.1991, 3 AZR 30/90, EzA § 9 BetrAVG Nr. 4 = DB 1991, 1735.
19 FK-InsO/*Wimmer* 3. Aufl., Anh. I Rn. 4.; *Höfer* BetrAVG, 4433 zu § 7.

gesetzlichen Rentenversicherung nicht betroffen sind, beispielsweise die in der gesetzlichen Rentenversicherung freiwillig Versicherten, die Vertreter der freien Berufe oder auch Personen, die in einer berufsständischen Versorgungseinrichtung versichert sind, wie Ärzte, Apotheker, Wirtschaftsprüfer, Rechtsanwälte etc.[20] Des Weiteren sind auch Vorstände von Aktiengesellschaften – allerdings beschränkt auf diese Vorstandstätigkeit – kraft § 1 S. 4 SGB VI von der Rentenversicherungspflicht befreit.[21]

Es bestehen einige Verbindungen zwischen dem Anwendungsbereich des **19** Anspruchs auf Entgeltumwandlung im Rahmen der betrieblichen Altersversorgung und der steuerlichen sog. »**Riester**«-**Förderung** gem. §§ 10a, 79 ff. EStG. Diese Förderung ist (neben der Erfüllung anderer Voraussetzungen) grds. auch nur für diejenigen möglich, welche in der gesetzlichen Rentenversicherung pflichtversichert sind. Allerdings geht der Anwendungsbereich der Riester-Förderung weiter und erfasst beispielsweise auch nicht pflichtversicherte Ehegatten und Beamte.[22] Eine völlige Übereinstimmung besteht daher nicht.

C. Kein Insolvenzschutz für Bereiche des öffentlichen Dienstes (§ 17 Abs. 2 BetrAVG)

Eine Einschränkung des **sachlichen Anwendungsbereichs** des BetrAVG ent- **20** hält § 17 Abs. 2 BetrAVG. Dieser schließt Bund, Länder und Gemeinden (Gebietskörperschaften) und bestimmte juristische Personen des öffentlichen Rechts von der gesetzlichen Insolvensicherung durch den PSVaG gem. §§ 7 bis 15 BetrAVG aus. Öffentlich-rechtliche Organisationen unterfallen dieser Insolvensicherungspflicht nach dem Willen des Gesetzgebers nicht, sofern sie nicht insolvent werden können (Gebietskörperschaften) oder wenn die Insolvenz aufgrund Landesrechtes unzulässig ist. Ferner sollen auch diejenigen Körperschaften nicht der Insolvensicherungspflicht unterliegen, für welche der Bund oder das Land die Zahlungsfähigkeit kraft Gesetzes sicherstellt.

I. Fehlende Insolvenzfähigkeit

Nicht fähig zur Insolvenz sind öffentlich-rechtliche Gebietskörperschaften, **21** zu denen der Bund, die Länder und die Gemeinden zählen. Eine Unzuläs-

---

20 *Sasdrich/Wirth* BetrAV 2001, 401.
21 Vgl. hierzu auch die Erörterungen unter § 1a Rdn. 6 f.
22 *Bode/Grabner* S. 102.

sigkeit der Insolvenz kann ferner gesetzlich für Körperschaften, Stiftungen und Anstalten des öffentlichen Rechts angeordnet werden. § 12 Abs. 1 Nr. 2 InsO sieht hierzu vor, dass das Bundesland per Landesgesetz die Eröffnung des Insolvenzverfahrens über eine juristische Person des öffentlichen Rechtes, die seiner Aufsicht unterliegt, für unzulässig erklären kann. Dies bedeutet, dass das jeweilige Bundesland die Entscheidung treffen kann, eine juristische Person des öffentlichen Rechts der Insolvenzsicherungspflicht durch den PSVaG zu unterwerfen oder im Fall der Zahlungsunfähigkeit oder Überschuldung dieser juristischen Person selbst für die Leistungen einzustehen, welche andernfalls vom PSVaG erbracht würden.[23]

II. Sicherstellung der Zahlungsfähigkeit

22 Schließlich sind auch solche Personen des öffentlichen Rechts nicht insolvenzsicherungspflichtig, für die der Bund, ein Land oder eine Gemeinde **kraft Gesetzes** die **Zahlungsfähigkeit sichert.** Zu dieser Gruppe gehören beispielsweise die Ortskrankenkassen (§ 146a SGB V), Pflegekassen (§ 46 Abs. 5 SGB XI), Berufsgenossenschaften (§ 120 SGB VII), Bundesknappschaften (§ 215 SGB VI), kommunalen Sparkassen und Landesbanken.

23 Zu beachten ist allerdings, dass die Gewährträgerschaft für die Sparkassen und Landesbanken wegen Konflikts mit Europäischem Gemeinschaftsrecht nicht unbegrenzt fortbesteht, sondern aufgrund einer Einigung zwischen der Bundesregierung und der Europäischen Kommission vom 17.7.2001 wesentlich abgeändert wurde. Nach einem Übergangszeitraum von vier Jahren lief die Gewährträgerhaftung zum Juli 2005 nach einem gestaffelten Zeitplan aus: Für Verbindlichkeiten, die bis zum 18.7.2001 begründet wurden, besteht die Gewährträgerhaftung unbegrenzt fort. Für diejenigen Verbindlichkeiten, die in der Zeit vom 19.7.2001 bis zum 18 7.2005 vereinbart wurden, besteht weiterhin Gewährträgerhaftung, wenn deren Laufzeit nicht über den 31.12.2015 hinausgeht. Für ab dem 19.7.2005 begründete Verbindlichkeiten besteht keine Gewährträgerhaftung mehr.[24]

---

23 *Höfer* BetrAVG, Rn. 5637 ff. zu § 17.

24 *Arne Pautsch* Privatisierung des öffentlichen Bankensektors, Diss. Göttingen 2002, S. 103. Deutscher Sparkassen- und Giroverband, Fakten, Analysen, Positionen/16: Für die Kunden der Sparkasse ändert sich nichts – Informationen zu Anstaltslast und Gewährträgerhaftung (www.dsgv.de, Presseforum, Faktenpapiere). Für die Bayerische Landesbank vgl. BayLBG Art. 4 Abs. 1.

Zu beachten ist schließlich, dass privatrechtlich organisierte Einrichtungen des 24
öffentlichen Rechts, wie Gesellschaften mit beschränkter Haftung oder Aktiengesellschaften nicht von § 17 Abs. 2 BetrAVG erfasst werden, sondern immer
der gesetzlichen Pflicht zur Insolvenzsicherung beim PSVaG unterfallen.

D. Tarifdispositivität des BetrAVG (§ 17 Abs. 3 BetrAVG)

§ 17 Abs. 3 BetrAVG regelt die **Tarifdisposivität** des Betriebsrentengesetzes. 25
Die gesetzlichen Bestimmungen der §§ 1a, 2 bis 5, 16, 18a S. 1, 27 und 28
BetrAVG über den Anspruch auf Entgeltumwandlung (§ 1a BetrAVG), die
gesetzliche Unverfallbarkeit von Versorgungsanwartschaften (§ 2 BetrAVG)
und deren Abfindung (§ 3 BetrAVG), die Übertragung von Versorgungsanwartschaften (§ 4 BetrAVG), den Auskunftsanspruch (§ 4a BetrAVG)
und die Anrechnung von sonstigen Ansprüchen auf Versorgungsrechte (§ 5
BetrAVG) sowie die Bestimmungen zur Rentenanpassung (§ 16 BetrAVG),
zur 30-jährigen Verjährungsfrist (§ 18a S. 1 BetrAVG) und zu Übergangsregelungen (§§ 27, 28 BetrAVG) können tarifvertraglich abgeändert werden. Dies
beinhaltet auch eine Abweichung zuungunsten des Arbeitnehmers. Allerdings
sind die Tarifparteien hierbei an zwingendes Recht, wie den allgemeinen
Gleichheitssatz gebunden, der beispielsweise den Ausschluss von in Teilzeit
beschäftigten Arbeitnehmern von Leistungen der betrieblichen Altersversorgung nicht ohne sachlichen Grund zulässt.[25] Des Weiteren reicht es nicht aus,
wenn ein Tarifvertrag es den Betriebsparteien oder dem Arbeitgeber erlaubt,
eine Bestimmung zu treffen, die zu Ungunsten der Arbeitnehmer von den
Bestimmungen des Betriebsrentengesetzes abweicht. Vielmehr muss der Tarifvertrag selbst die abweichende Regelung beinhalten.[26]

I. Anspruch auf Entgeltumwandlung

Wichtigster Anwendungsbereich in diesem Zusammenhang sind derzeit tarif- 26
vertragliche Regelungen zur steuerlichen Förderung gem. §§ 10a, 79 ff. EStG,
konkret deren Ausschluss, im Bereich des **Anspruchs auf Entgeltumwandlung**.[27]

---

25 Beispielhaft BAG 15.10.2003, 4 AZR 606/02, EzA § 4 TzBfG Nr. 7 = DB 2004,
1154; 9.3.1994, 4 AZR 301/93, DB 1994, 2138 zu einer unzulässigen tarifvertraglichen Ungleichbehandlung Teilzeitbeschäftigter.
26 BAG 18.9.2012, 3 AZR 415/10, EzA § 17 BetrAVG Nr. 12 = DB 2012, 8.
27 Zur einzelvertraglichen Verweisung auf einen Tarifvertrag vgl. § 1a Rdn. 36.

27 Die Reichweite des § 17 Abs. 3 BetrAVG ist zum Teil umstritten. So wird hierzu vertreten, der Anspruch auf Entgeltumwandlung dürfe durch die Tarifvertragsparteien nicht völlig ausgeschlossen werden.[28] Dies scheint auch grds. sachgerecht zu sein, da der Gesetzgeber mit der Schaffung der neuen gesetzlichen Bestimmung die Verbreitung der Entgeltumwandlung und den damit verbundenen Aufbau einer zusätzlichen Versorgung aus betrieblicher Altersversorgung fördern wollte.

28 Allerdings erwartet der Gesetzgeber von den Tarifparteien auch, dass diese betriebs- bzw. unternehmensübergreifende Standards erarbeiten, welche den Betrieben unnötigen Verwaltungsaufwand ersparen. Dies mag auch beinhalten, einzelnen Gruppen von Mitarbeitern den Anspruch auf Entgeltumwandlung zu versagen, wie beispielsweise neu eingestellten Mitarbeitern bis zum Ablauf der Probezeit. Weiterhin kann es angemessen sein, den Anspruch auf Entgeltumwandlung für Mitarbeiter von neu gegründeten Unternehmen bzw. für Kleinunternehmen auszuschließen, um diese von dem mit der Entgeltumwandlung verbundenen Verwaltungsaufwand – wie beispielsweise den weitgehenden Informations- und Aufklärungspflichten, ggf. auch der Abwicklung der Versorgungsansprüche selbst – zu entlasten.[29]

29 Ferner steht den Tarifparteien die Kompetenz zu, wesentliche Aspekte der Entgeltumwandlung abweichend vom Gesetz zu regeln. So kann der Arbeitnehmer, welcher einen Anspruch auf Entgeltumwandlung über einen Pensionsfonds, eine Pensionskasse oder eine Direktversicherung hat, nach § 1a Abs. 3 BetrAVG grds. fordern, dass die jeweilige Durchführung die Voraussetzungen für eine steuerliche Förderung gem. § 10a, Abschn. XI EStG erfüllt. Eine Auffassung vertritt hierzu, dass es den Tarifparteien verwehrt sei, diesen Anspruch des Mitarbeiters einzuschränken.[30] Dies erscheint jedoch zu weitgehend. Der Gesetzgeber wollte den Tarifparteien mit der Neuregelung des § 17 Abs. 3 BetrAVG einen weiten Ermessensspielraum einräumen. Daher muss es den Tarifparteien gestattet sein, die Pflicht des Arbeitgebers zur Gewährung einer nach § 10a, Abschn. XI EStG steuerlich geförderten Entgeltumwandlung auszuschließen. Ein wesentlicher Rechtsverlust des Mitarbeiters ist hier-

---

28 *Bode/Grabner* S. 82; *Höfer* Das neue Betriebsrentenrecht, Rn. 280 ff.; *Schliemann* DB 2001, 2554.

29 *Sasdrich/Wirth* BetrAV 2001, 401; *Blomeyer* DB 2001, 1413; *Steinmeyer* BetrAV 2001, 727.

30 *Ahrend/Förster/Rühmann* 10. Aufl., § 17 Rn. 8, sowie *Heither* NZA 2001, 1275.

mit nicht verbunden, da diesem weiterhin die Möglichkeit verbleibt, diese steuerliche Förderung über den Weg der privaten Eigenvorsorge in Anspruch zu nehmen.[31]

II. Ermittlung einer vorzeitigen Altersrente aus unverfallbarer Versorgungsanwartschaft

Auch tarifvertragliche Regelungen über die Ermittlung des **unverfallbaren** 30 **Versorgungsrechtes** gehen der gesetzlichen Regelung des § 2 BetrAVG vor. So hat das BAG den Tarifparteien für die Ermittlung der vorgezogenen Altersrente aus einer unverfallbaren Versorgungsanwartschaft aufgrund der tarifvertraglichen Regelungsbefugnis eine Berechnungsmethode zugestanden, welche die Richter im nichttariflichen Bereich nur eingeschränkt akzeptieren.[32]

III. Kürzung laufender Rentenzahlungen

Die Tarifparteien können ferner in laufende Rentenzahlungen eingreifen und 31 diese bei Wahrung der Grundsätze des Vertrauensschutzes und der Verhältnismäßigkeit begrenzen. Für die Regelungsbefugnis der Tarifvertragsparteien behandelt der Gesetzgeber das betriebsrentenrechtliche Versorgungsverhältnis wie ein Arbeitsverhältnis.[33]

IV. Tariffeste Bestimmungen

Das Gesetz lässt **keine tarifvertragliche Abweichung** von einigen Bestimmun- 32 gen des BetrAVG zu. So können die Tarifparteien nicht abweichend von den Regelungen des Betriebsrentengesetzes festlegen, unter welchen Umständen von einer Zusage auf Leistungen der betrieblichen Altersversorgung auszugehen (§ 1 Abs. 1 BetrAVG) ist oder wann eine Altersversorgung aus Entgeltumwandlung vorliegt (§ 1 Abs. 2 Nr. 3 BetrAVG). Auch fällt die gesetzliche Festlegung der Unverfallbarkeitsvoraussetzungen (§ 1b BetrAVG) nicht unter

---

31 *Höfer* Das neue Betriebsrentenrecht, Rn. 280 ff.; *Schliemann* DB 2001, 2554; *Sasdrich/Wirth* BetrAV 2001, 401.

32 BAG 23.1.2001, 3 AZR 164/00, EzA § 6 BetrAVG Nr. 23 = DB 2001, 1887; 24.7.2001, 3 AZR 567/00, EzA § 6 BetrAVG Nr. 25 = DB 2002, 588; 24.7.2001, 3 AZR 681/00, EzA § 2 BetrAVG Nr. 18 = DB 2002, 590 m. Anm. *Grabner/May*; *Grabner/Bode* BB 2001, 2425.

33 BAG 27.2.2007, 3 AZR 734/05, EzA Art. 9 GG Nr. 90 = DB 2007, 1763; LAG Köln 8.3.2012, 6 Sa 717/11, BeckRS 2012, 70130.

die Regelungsbefugnis der Tarifparteien. Dies gilt schließlich auch für die Festlegung der Voraussetzungen und Bedingungen der unterschiedlichen Durchführungswege der betrieblichen Altersversorgung. Des Weiteren sind die Bestimmungen zur vorzeitigen Altersleistung (§ 6 BetrAVG) und zur gesetzlichen Insolvenzsicherung (§§ 7 bis 15 BetrAVG) nicht tarifdispositiv. Die Tarifvertragsparteien können auch nicht über den Geltungsbereich des Gesetzes selbst (§ 17 BetrAVG) und über die Sonderregelungen für den öffentlichen Dienst (§ 18 BetrAVG) verfügen.

33 Zu beachten ist, dass abweichende Tarifvertragsbedingungen gem. § 4 Abs. 1 TVG grds. nur zwischen den beiderseits tarifgebundenen Vertragsparteien gelten. Sie können jedoch auch zwischen **nicht tarifgebundenen** Arbeitgebern und Arbeitnehmern Geltung haben, wenn die Anwendung der Tarifvertragsbestimmungen zwischen diesen im Arbeitsvertrag vereinbart ist.

V. Abweichungen vom Betriebsrentengesetz bei Organmitgliedern

34 In einer neueren Entscheidung hat das BAG den Grundsatz aufgestellt, dass die Abweichung von Vorschriften des Betriebsrentengesetzes für Organmitglieder **individual-rechtlich** wirksam vereinbart werden kann. Das Gericht begründet diese Auffassung damit, dass – ähnlich wie bei den Verhandlungen von Tarifparteien – Organmitglieder ihre Arbeitsbedingungen paritätisch aushandeln. Die Abdingbarkeit des Betriebsrentengesetzes ist aus diesem Grunde allerdings für Vereinbarungen mit Organmitgliedern in derselben Weise begrenzt wie für Tarifvertragsregelungen.[34]

E. Geltung des § 17 BetrAVG in den neuen Bundesländern

35 Mit der Wiedervereinigung war unter anderem die Frage zu klären, ob und ab wann das Betriebsrentengesetz auch für die neuen Bundesländer gelten sollte. Diese Frage wurde im Einigungsvertrag dahin gehend entschieden, dass das BetrAVG zum 1.1.1992 in Kraft trat.[35] Das Betriebsrentengesetz ist mithin später als die meisten arbeitsrechtlichen Bestimmungen für die neuen Bundesländer in Kraft getreten. Für den Großteil des deutschen Arbeitsrechtes galt der 3.10.1990 als maßgebliches Datum. Hintergrund für diese verspätete Geltung war der Wunsch des Gesetzgebers, den PSVaG vor Risiken zu schützen, welche zum Zeitpunkt des Abschlusses des Einigungsvertrages nicht absehbar

---

34 BAG 21.4.2009, 3 AZR 285/07, FA 2009, 389 = DB 2010, 2004.
35 Einigungsvertrag, Anl. I, Kap. VIII, Sachgebiet A, Abschn. II Nr. 16.

waren. Es war nicht klar, ob und in welchem Umfang Versorgungsrechte in den neuen Bundesländern bestehen würden und in welchem Umfang mit Insolvenzen im Beitrittsgebiet zu rechnen war.

Mithin nehmen Versorgungszusagen, die **vor dem 1.1.1992** in den neuen   36
Bundesländern **erteilt** und auch **ab dem 1.1.1992 nicht erneuert** wurden, nicht am Schutz des Betriebsrentengesetzes teil.[36] Besondere Relevanz entfaltet dieser Umstand im Hinblick auf die Frage der Unverfallbarkeit und der Rentenanpassung. Hierbei sind folgende zwei Zeiträume zu unterscheiden:
– Für Versorgungszusagen, die **vor dem 3.10.1990 erteilt** wurden und ab **dem 1.1.1992 nicht erneuert** wurden, gilt allenfalls das allgemeine Recht der betrieblichen Altersversorgung, das nicht im Betriebsrentengesetz seinen Niederschlag gefunden hat, und dies auch nur sehr eingeschränkt.[37] Die vorgesetzliche Rechtsprechung des BAG zur Unverfallbarkeit und zur Anpassung von Betriebsrenten ist grundsätzlich nicht anwendbar. Lediglich in außergewöhnlichen Ausnahmefällen lässt sich zumindest eine Anpassung aus Treu und Glauben ableiten.[38]
– Versorgungszusagen, welche ab dem 3.10.1990, aber vor dem 1.1.1992 erteilt und ab dem 1.1.1992 nicht erneuert worden sind, können ebenfalls nicht nach den Regelungen des BetrAVG, jedoch nach der Rechtsprechung über die vorgesetzliche Unverfallbarkeit des BAG unverfallbar werden.[39] Auch im Hinblick auf die Rentenanpassung findet für die im genannten Zeitraum erteilten Zusagen zwar nicht die Regelung des § 16 BetrAVG Anwendung; es gelten aber auch insoweit die vorgesetzlichen höchstrichterlichen Grundsätze zur Betriebsrentenanpassung.[40]

Eine Zusage, welche **ab dem 1.1.1992 erteilt** bzw. vorher erteilt, aber nach   37
diesem Zeitpunkt **erneuert** worden ist, unterfällt grds. den Bestimmungen des BetrAVG. Im Hinblick auf die gesetzlichen Unverfallbarkeitsfristen ist dabei zu berücksichtigen, dass Zeiten der Betriebszugehörigkeit, welche vor dem 1.1.1992 zurückgelegt wurden, im Rahmen der sog. alternativen Unverfallbarkeitsvoraussetzung berücksichtigt werden können. Dieser Fall ist insbeson-

---

36 BAG 24.3.1998, 3 AZR 778/96, EzA § 16 BetrAVG Nr. 3 = DB 1998, 1641.
37 BAG 27.2.1996, 3 AZR 242/95, DB 1996, 2343.
38 BAG 24.3.1998, 3 AZR 778/96, EzA § 16 BetrAVG Nr. 3 = DB 1998, 1641.
39 BAG 10.3.1972, 3 AZR 278/71, EzA § 242 BGB Ruhegeld Nr. 11 = DB 1972, 1486.
40 *Höfer* BetrAVG, Rn. 1492f zu ART.

dere bei ausdrücklicher Anrechnung derartiger vorgesetzlicher Dienstzeiten oder auch im Rahmen eines Betriebsübergangs gegeben.[41]

38 Wie sich herausstellte, spielte die betriebliche Altersversorgung in den neuen Bundesländern nur eine sehr untergeordnete Rolle. In mehreren Entscheidungen musste sich das BAG mit der bekanntesten Form einer betrieblichen Altersversorgung in den neuen Bundesländern befassen, welche auf der sog. Anordnung zur Einführung einer Zusatzversorgung für die Arbeiter und Angestellten in den wichtigsten volkseigenen Betrieben beruhte. Diese Anordnung erfolgte auf Grundlage einer Verordnung des Ministerrats der DDR vom 10.12.1953[42] und datiert vom 9.3.1954 (sog. AO 1954).[43] Die Urteile des BAG befassten sich mit der Frage, ob Rechte auf Grundlage der AO 1954 betriebliche Altersversorgung darstellen, was das BAG bejahte. Des Weiteren wurde eine Zusatzversorgung nach der AO 1954 nur dann gewährt, wenn diese spätestens am 31.12.1991 bereits als laufende Leistung gezahlt wurde. Andernfalls verfalle die entsprechende Anwartschaft.[44] Diese Rechtsfolge wird darauf gestützt, dass der Einigungsvertrag ausdrücklich vorsieht, die AO 1954 nur bis zum 31.12.1991 anzuwenden.

39 Das BAG hat hier einen Kompromiss zwischen der Auffassung des Bundesministeriums der Finanzen, welches sämtliche Leistungen und Anwartschaften ab dem 1.1.1992 verfallen lassen wollte[45] und einer vermittelnden Auffassung gezogen, welche laufende Leistungen weiter erhalten und erdiente Anwartschaften zeitanteilig bis zum 31.12. 1991 aufrechterhalten wollte.[46]

F. Verhältnis des BetrAVG zu vorgesetzlichen Regelungen (§ 17 Abs. 4 BetrAVG)

40 § 17 Abs. 4 BetrAVG kann als eine **Konkurrenzklausel** zwischen dem BetrAVG und Gesetzesregelungen, die vor dem Inkrafttreten des Betriebsrentengesetzes mit dem Bereich der betrieblichen Altersversorgung befasst waren, verstanden werden. Derartige gesetzliche Regelungen gelten weiter und werden durch das BetrAVG, als späteres und möglicherweise spezielleres Gesetz, nicht abgelöst.

---

41 BAG 19.12.2000, 3 AZR 451/99, EzA § 613a BGB Nr. 197 = DB 2001, 2407.
42 GBl. DDR S. 1219.
43 GBl. DDR S. 301 – AO 1954.
44 BAG 27.2.1996, 3 AZR 242/95, DB 1996, 2343.
45 BMF-Schreiben v. 21.6.1991, IV B 2/S 2176 – 23/91, DB 1991, 1417.
46 *Griebeling* BAV, Rn. 914f.

Hierzu gehören das Gesetz zur hüttenknappschaftlichen Pensionsversicherung im Saarland vom 22.12.1971 (heute abgelöst durch das HZvNG) und andere einzelne Gesetzesregelungen. Allerdings war auch eine Ausnahmeregelung von diesem Grundsatz erforderlich, da durch § 18 BetrAVG in bestehende Gesetzesregelungen für den öffentlichen Dienst eingegriffen wurde. Dies erklärt den Vorbehalt im Hinblick auf § 18 BetrAVG.

G. Umwandlung von auf Tarifvertrag beruhenden Entgeltansprüchen (§ 17 Abs. 5 BetrAVG)

Mit der Regelung des § 17 Abs. 5 BetrAVG hat der Gesetzgeber eine ausdrückliche Normierung zur **Umwandlung tarifvertraglicher Entgeltansprüche** vorgenommen. Die Norm gilt gem. § 30h BetrAVG für Zusagen aus Entgeltumwandlung, die nach dem 29.6.2001 erteilt wurden. Ansprüche, welche in einem Tarifvertrag geregelt sind, sind einer Entgeltumwandlung nur zugänglich, wenn die Tarifvertragsparteien dies entweder selbst ausdrücklich regeln oder wenn sie im Wege einer Öffnungsklausel eine entsprechende Regelung (Betriebsvereinbarung, Einzelarbeitsvertrag) ausdrücklich zulassen.   41

Derartige Bestimmungen sind bereits in einer Vielzahl von Variationen vorhanden. So existieren detaillierte Regelungen im Tarifvertrag der Chemischen Industrie, welcher die Umwandlung von Entgeltansprüchen aus der tariflichen Sonderzahlung, des Anspruchs auf Urlaubsgeld und anderen tariflich geregelten Entgeltansprüchen behandelt. Ebenso bestehen in anderen Tarifbereichen, wie dem der Metall verarbeitenden Industrie, umfangreiche Vorschriften zu den Voraussetzungen einer Entgeltumwandlung von tarifvertraglichen Ansprüchen.   42

Diese Ergänzung des Gesetzes gibt Anlass zu der Frage, wie mit Entgeltumwandlungsvereinbarungen früheren Datums, insbesondere sog. Gehaltsumwandlungsdirektversicherungen, zu verfahren ist, welche eine Umwandlung tarifgebundener Entgeltansprüche ohne entsprechende tarifvertragliche Erlaubnis regelten. Grundsätzlich ließe sich argumentieren, dass derartige Vereinbarungen angesichts der Festlegung des Gesetzgebers wegen Verstoßes gegen § 4 Abs. 1 TVG **unwirksam** sind und nicht über das tarifvertragliche Günstigkeitsprinzip des § 4 Abs. 3 TVG »geheilt« werden können. Als Folge stünde dem Mitarbeiter grds. noch ein Anspruch auf Barvergütung der unwirksam umgewandelten tariflichen Entgeltbestandteile zu. In der Vielzahl der Fälle wird dieser Anspruch jedoch bereits verjährt bzw. verfallen sein. Andererseits haben mehrere Untersuchungen gezeigt, dass die Verlagerung der   43

Barvergütung von der aktiven Erwerbsphase in die Ruhestandsphase erhebliche Vorteile für den Arbeitnehmer beinhalten kann.[47]

44 Ein Tarifvertrag über Ausmaß und Umfang der Entgeltumwandlung entfaltet wie auch sonst im allgemeinen Tarifrecht gem. § 4 Abs. 1 TVG seine normative Wirkung grds. nur dann, wenn sowohl der Arbeitgeber als auch der Arbeitnehmer **tarifgebunden** sind. Ein tarifgebundener Arbeitgeber wird in der Praxis die Regelungen eines Tarifvertrages auch für die nicht gebundenen Arbeitnehmer umsetzen, beispielsweise im Zuge einer Betriebsvereinbarung. Sollte ein Tarifvertrag über Entgeltumwandlung gem. § 5 TVG für allgemein verbindlich erklärt werden, entfaltet er für sämtliche Unternehmen und deren Beschäftigte im Geltungsbereich der Allgemeinverbindlicherklärung bindende Wirkung.

§ 18 Sonderregelungen für den öffentlichen Dienst

(1) Für Personen, die
1. bei der Versorgungsanstalt des Bundes und der Länder (VBL) oder einer kommunalen oder kirchlichen Zusatzversorgungseinrichtung pflichtversichert sind, oder
2. bei einer anderen Zusatzversorgungseinrichtung pflichtversichert sind, die mit einer der Zusatzversorgungseinrichtungen nach Nummer 1 ein Überleitungsabkommen abgeschlossen hat oder aufgrund satzungsrechtlicher Vorschriften der Zusatzversorgungseinrichtungen nach Nummer 1 ein solches Abkommen abschließen kann, oder
3. unter das Gesetz über die zusätzliche Alters- und Hinterbliebenenversorgung für Angestellte und Arbeiter der Freien und Hansestadt Hamburg (Erstes Ruhegeldgesetz – 1. RGG), das Gesetz zur Neuregelung der zusätzlichen Alters- und Hinterbliebenenversorgung für Angestellte und Arbeiter der Freien und Hansestadt Hamburg (Zweites Ruhegeldgesetz – 2. RGG) oder unter das Bremische Ruhelohngesetz in ihren jeweiligen Fassungen fallen oder auf die diese Gesetze sonst Anwendung finden,

gelten die §§ 2, 5, 16, 27 und 28 nicht, soweit sich aus den nachfolgenden Regelungen nichts Abweichendes ergibt; § 4 gilt nicht, wenn die Anwartschaft oder die laufende Leistung ganz oder teilweise umlage- oder haushaltsfinanziert ist.

---

47 *Bode* DB 1997, 1769; *Bode/Grabner* S. 219 f.; *Bode/Grabner/Stein* DB 2001, 1893.

(2) Bei Eintritt des Versorgungsfalles erhalten die in Absatz 1 Nr. 1 und 2 bezeichneten Personen, deren Anwartschaft nach § 1b fortbesteht und deren Arbeitsverhältnis vor Eintritt des Versorgungsfalles geendet hat, von der Zusatzversorgungseinrichtung eine Zusatzrente nach folgenden Maßgaben:

1. Der monatliche Betrag der Zusatzrente beträgt für jedes Jahr der aufgrund des Arbeitsverhältnisses bestehenden Pflichtversicherung bei einer Zusatzversorgungseinrichtung 2,25 vom Hundert, höchstens jedoch 100 vom Hundert der Leistung, die bei dem höchstmöglichen Versorgungssatz zugestanden hätte (Voll-Leistung). Für die Berechnung der Voll-Leistung
   a) ist der Versicherungsfall der Regelaltersrente maßgebend,
   b) ist das Arbeitsentgelt maßgebend, das nach der Versorgungsregelung für die Leistungsbemessung maßgebend wäre, wenn im Zeitpunkt des Ausscheidens der Versicherungsfall im Sinne der Versorgungsregelung eingetreten wäre,
   c) finden § 2 Abs. 5 Satz 1 und § 2 Abs. 6 entsprechende Anwendung,
   d) ist im Rahmen einer Gesamtversorgung der im Falle einer Teilzeitbeschäftigung oder Beurlaubung nach der Versorgungsregelung für die gesamte Dauer des Arbeitsverhältnisses maßgebliche Beschäftigungsquotient nach der Versorgungsregelung als Beschäftigungsquotient auch für die übrige Zeit maßgebend,
   e) finden die Vorschriften der Versorgungsregelung über eine Mindestleistung keine Anwendung und
   f) ist eine anzurechnende Grundversorgung nach dem bei der Berechnung von Pensionsrückstellungen für die Berücksichtigung von Renten aus der gesetzlichen Rentenversicherung allgemein zulässigen Verfahren zu ermitteln. Hierbei ist das Arbeitsentgelt nach Buchstabe b zugrunde zu legen und – soweit während der Pflichtversicherung Teilzeitbeschäftigung bestand – diese nach Maßgabe der Versorgungsregelung zu berücksichtigen.

2. Die Zusatzrente vermindert sich um 0,3 vom Hundert für jeden vollen Kalendermonat, den der Versorgungsfall vor Vollendung des 65. Lebensjahres eintritt, höchstens jedoch um den in der Versorgungsregelung für die Voll-Leistung vorgesehenen Vomhundertsatz.

3. Übersteigt die Summe der Vomhundertsätze nach Nummer 1 aus unterschiedlichen Arbeitsverhältnissen 100, sind die einzelnen Leistungen im gleichen Verhältnis zu kürzen.

4. Die Zusatzrente muss monatlich mindestens den Betrag erreichen, der sich aufgrund des Arbeitsverhältnisses nach der Versorgungsregelung als

Versicherungsrente aus den jeweils maßgeblichen Vomhundertsätzen der zusatzversorgungspflichtigen Entgelte oder der gezahlten Beiträge und Erhöhungsbeträge ergibt.

5. Die Vorschriften der Versorgungsregelung über das Erlöschen, das Ruhen und die Nichtleistung der Versorgungsrente gelten entsprechend. Soweit die Versorgungsregelung eine Mindestleistung in Ruhensfällen vorsieht, gilt dies nur, wenn die Mindestleistung der Leistung im Sinne der Nummer 4 entspricht.

6. Verstirbt die in Absatz 1 genannte Person, erhält eine Witwe oder ein Witwer 60 vom Hundert, eine Witwe oder ein Witwer im Sinne des § 46 Abs. 1 des Sechsten Buches Sozialgesetzbuch 42 vom Hundert, eine Halbwaise 12 vom Hundert und eine Vollwaise 20 vom Hundert der unter Berücksichtigung der in diesem Absatz genannten Maßgaben zu berechnenden Zusatzrente; die §§ 46, 48, 103 bis 105 des Sechsten Buches Sozialgesetzbuch sind entsprechend anzuwenden. Die Leistungen an mehrere Hinterbliebene dürfen den Betrag der Zusatzrente nicht übersteigen; gegebenenfalls sind die Leistungen im gleichen Verhältnis zu kürzen.

7. Versorgungsfall ist der Versicherungsfall im Sinne der Versorgungsregelung.

(3) Personen, auf die bis zur Beendigung ihres Arbeitsverhältnisses die Regelungen des Ersten Ruhegeldgesetzes, des Zweiten Ruhegeldgesetzes oder des Bremischen Ruhelohngesetzes in ihren jeweiligen Fassungen Anwendung gefunden haben, haben Anspruch gegenüber ihrem ehemaligen Arbeitgeber auf Leistungen in sinngemäßer Anwendung des Absatzes 2 mit Ausnahme von Absatz 2 Nr. 3 und 4 sowie Nr. 5 Satz 2; bei Anwendung des Zweiten Ruhegeldgesetzes bestimmt sich der monatliche Betrag der Zusatzrente abweichend von Absatz 2 nach der nach dem Zweiten Ruhegeldgesetz maßgebenden Berechnungsweise.

(4) Die Leistungen nach den Absätzen 2 und 3 werden, mit Ausnahme der Leistungen nach Absatz 2 Nr. 4, jährlich zum 1. 7. um 1 vom Hundert erhöht, soweit in diesem Jahr eine allgemeine Erhöhung der Versorgungsrenten erfolgt.

(5) Besteht bei Eintritt des Versorgungsfalles neben dem Anspruch auf Zusatzrente oder auf die in Absatz 3 oder Absatz 7 bezeichneten Leistungen auch Anspruch auf eine Versorgungsrente oder Versicherungsrente der in Absatz 1 Satz 1 Nr. 1 und 2 bezeichneten Zusatzversorgungseinrichtungen

oder Anspruch auf entsprechende Versorgungsleistungen der Versorgungsanstalt der deutschen Kulturorchester oder der Versorgungsanstalt der deutschen Bühnen oder nach den Regelungen des Ersten Ruhegeldgesetzes, des Zweiten Ruhegeldgesetzes oder des Bremischen Ruhelohngesetzes, in deren Berechnung auch die der Zusatzrente zugrunde liegenden Zeiten berücksichtigt sind, ist nur die im Zahlbetrag höhere Rente zu leisten.

(6) Eine Anwartschaft auf Zusatzrente nach Absatz 2 oder auf Leistungen nach Absatz 3 kann bei Übertritt der anwartschaftsberechtigten Person in ein Versorgungssystem einer überstaatlichen Einrichtung in das Versorgungssystem dieser Einrichtung übertragen werden, wenn ein entsprechendes Abkommen zwischen der Zusatzversorgungseinrichtung oder der Freien und Hansestadt Hamburg oder der Freien Hansestadt Bremen und der überstaatlichen Einrichtung besteht.

(7) [1]Für Personen, die bei der Versorgungsanstalt der deutschen Kulturorchester oder der Versorgungsanstalt der deutschen Bühnen pflichtversichert sind, gelten die §§ 2 bis 5, 16, 27 und 28 nicht. [2]Bei Eintritt des Versorgungsfalles treten an die Stelle der Zusatzrente und der Leistungen an Hinterbliebene nach Absatz 2 und an die Stelle der Regelung in Absatz 4 die satzungsgemäß vorgesehenen Leistungen; Absatz 2 Nr. 5 findet entsprechend Anwendung. [3]Die Höhe der Leistungen kann nach dem Ausscheiden aus dem Beschäftigungsverhältnis nicht mehr geändert werden. [4]Als pflichtversichert gelten auch die freiwillig Versicherten der Versorgungsanstalt der deutschen Kulturorchester und der Versorgungsanstalt der deutschen Bühnen.

(8) Gegen Entscheidungen der Zusatzversorgungseinrichtungen über Ansprüche nach diesem Gesetz ist der Rechtsweg gegeben, der für Versicherte der Einrichtung gilt.

(9) Bei Personen, die aus einem Arbeitsverhältnis ausscheiden, in dem sie nach § 5 Abs. 1 Satz 1 Nr. 2 des Sechsten Buches Sozialgesetzbuch versicherungsfrei waren, dürfen die Ansprüche nach § 2 Abs. 1 Satz 1 und 2 nicht hinter dem Rentenanspruch zurückbleiben, der sich ergeben hätte, wenn der Arbeitnehmer für die Zeit der versicherungsfreien Beschäftigung in der gesetzlichen Rentenversicherung nachversichert worden wäre; die Vergleichsberechnung ist im Versorgungsfall aufgrund einer Auskunft der Deutschen Rentenversicherung Bund vorzunehmen.

Hier nicht kommentiert, da gegenstandslos, siehe Vorwort der 4. Auflage.

§ 18a Verjährung

[1]Der Anspruch auf Leistungen aus der betrieblichen Altersversorgung verjährt in 30 Jahren. [2]Ansprüche auf regelmäßig wiederkehrenden Leistungen unterliegen der regelmäßigen Verjährungsfrist nach den Vorschriften des Bürgerlichen Gesetzbuchs.

1 § 18a BetrAVG ist im Rahmen der Schuldrechtsreform in das BetrAVG eingefügt worden.[1]

2 § 18a BetrAVG ist die umfassende Verjährungsregel für die betriebliche Altersversorgung.[2]

3 Der Anspruch des Versorgungsempfängers auf Leistungen aus der betrieblichen Altersversorgung, d. h. das Rentenstammrecht, verjährt gem. § 18a S. 1 BetrAVG wie bisher in 30 Jahren. Auch ein vom Arbeitnehmer gewählter Anspruch auf eine einmalige Kapitalzahlung unterfällt der Verjährung von 30 Jahren.[3] Die laufenden Rentenzahlungen und auch die einzelnen Anpassungsraten gem. § 16 BetrAVG unterliegen nunmehr gem. § 18a S. 2 BetrAVG der neuen regelmäßigen dreijährigen Verjährungsfrist gem. § 195 BGB. Soweit Leistungen zwar als regelmäßig wiederkehrend zu erbringen sind, nicht aber dem Versorgungsberechtigten selbst unmittelbar zugutekommen (insbesondere Beitragszahlungen), stehen sie dem Rentenstammrecht nahe und unterliegen folglich der dreißigjährigen Verjährungsfrist.[4]

4 Die Frist beginnt immer erst am Anfang des Folgejahres, in dem der Anspruch entstanden ist.[5] Das ist der Fall, wenn der Versorgungsberechtigte seine Ansprüche geltend machen kann. Für Anpassungen gem. § 16 BetrAVG

---

1 Art. 5 Abs. 35 Nr. 3 des Gesetzes zur Modernisierung des Schuldrechts v. 26.11.2001, BGBl. I S. 3138.
2 BAG 12.6.2007, 3 AZR 186/06, EzA § 1 BetrAVG Nr. 90; 19.8.2008, 3 AZR 194/07, EzA § 1 BetrAVG Gleichbehandlung Nr. 32 = DB 2009, 463.
3 BAG 7.11.1989, 3 AZR 48/88, § 9 BetrAVG Nr. 2 = NZA 1990, 524 für die frühere Rechtslage; 28.3.1968, 3 AZR 54/67, DB 1968, 1406.
4 BAG 12.6.2007, 3 AZR 186/06, EzA § 1 BetrAVG Nr. 90. Der Versorgungsberechtigte bemerkt die Auswirkungen unterbliebener Zahlungen u. U. gar nicht und ist daher stärker schutzwürdig, wenn eine wiederkehrende Leistung der Ermöglichung einer erst später fällig werdenden laufenden Rentenleistung dient.
5 Zu den Einzelheiten BAG 17.8.2004, 3 AZR 367/03, DB 2005, 732 = FA 2005, 153.

bedeutet dies, dass der Versorgungsempfänger unmittelbar aus § 16 BetrAVG entnehmen kann, wann der Arbeitgeber eine Prüfung und Entscheidung über die Anpassung der Betriebsrente nach § 315 BGB vorzunehmen hat. Die Verjährungsfrist beginnt also immer am gesetzlichen Prüfungszeitpunkt gem. § 16 BetrAVG ab Ende des betreffenden Kalenderjahrs.[6] Für Richtlinienverbände (Bochumer und Essener Verband) gilt möglicherweise etwas anderes. Hier soll der Anspruch auf höhere Betriebsrente erst mit einer entsprechenden Anpassungsentscheidung des Verbandes oder einer entsprechenden gerichtlichen Leistungsbestimmung entstehen und erst dann die Verjährungsfrist beginnen.[7]

Für monatliche Renten/Raten, die am 31.12.2001 bereits fällig und noch   5
nicht verjährt waren, gilt eine zweijährige Verjährungsfrist gem. § 196 BGB a. F. ausnahmsweise kann in einer Übergangszeit eine vierjährige Verjährungsfrist gem. § 197 BGB a. F. bei Organpersonen und Handelsvertretern zu berücksichtigen sein, wenn die neue Drei-Jahres-Frist, gerechnet ab dem 1.1.2002, günstiger ist.

▶ **Beispiel:**   6

> Ein Rentenanspruch besteht seit dem 1.7.1999. Die Zwei-Jahres-Frist für die Verjährung der Renten, die für Juli bis Dezember 1999 zu zahlen waren, beginnt am 1.1.2000 und endete am 31.12.2001. Diese Rentenraten sind verjährt.
>
> Für die Renten von Januar bis Dezember 2000 beginnt die Frist am 1.1.2001 und endet am 31.12.2002.
>
> Die in 2001 zu zahlenden Renten sind mit Ablauf des 31.12.2003 verjährt. Ab 2002 gilt die dreijährige Verjährungsfrist.

In Tarifverträgen kann gem. § 17 Abs. 3 S. 1 BetrAVG von § 18a S. 1 BetrAVG   7
abgewichen werden. Es kann folglich vereinbart werden, dass statt der 30-Jahres-Frist eine kürzere oder längere Frist gilt. Sinnvoll wäre es, wenn die Tarifdispositivität auch den Satz 2 erfasst hätte, da sich immer wieder zeigt,

---

6 So BAG 28.4.1992, 3 AZR 333/91, n. v. mit Hinweis auf BGH 17.2.1971, VIII ZR 4/70, BGHZ 55, 340, 341 = DB 1971, 667; zweifelnd daran BAG 17.8.2004, 3 AZR 367/03, DB 2005, 732 = FA 2005, 153.
7 So BAG 17.8.2004, 3 AZR 367/03, DB 2005, 732 = FA 2005, 153.

dass gerade die kurzen Verjährungsfristen zum Wegfall von Ansprüchen für einzelne Zahlungszeiträume führen.

8 Verjährung ist von **Verwirkung** zu unterscheiden. Verwirkung ist ein Sonderfall der unzulässigen Rechtsausübung (§ 242 BGB). Hierzu genügt nicht ein Zeitablauf, der nicht einer Verjährungsfrist entspricht – also ein Zeitmoment, sondern auch ein Umstandsmoment, die späte Geltendmachung des Rechts muss als mit Treu und Glauben unvereinbar und für den Verpflichten als unzumutbar anzusehen sein.[8]

---

8 BAG 20.4.2010, 3 AZR 225/08, AP Nr. 63 zu § 1 BetrAVG = DB 2010, 1589; 28.6.2011, 3 AZR 448/09.

Kemper/Huber

Zweiter Teil Steuerrechtliche Vorschriften

§§ 19–25

Auf einen Abdruck und eine Kommentierung wurde verzichtet.

Dritter Teil Übergangs- und Schlussvorschriften

§ 26 [Ausschluss der Rückwirkung]

Die §§ 1 bis 4 und 18 gelten nicht, wenn das Arbeitsverhältnis oder Dienstverhältnis vor dem Inkrafttreten des Gesetzes beendet worden ist.

Die Bestimmungen über die **gesetzliche** Unverfallbarkeit gelten nur, wenn das Arbeitsverhältnis nach dem 21. Dezember 1974 beendet worden ist. Das BetrAVG ist insoweit am 22. Dezember 1974 in Kraft getreten (§ 32 BetrAVG).

§ 27 [Direktversicherung und Pensionskassen]

§ 2 Abs. 2 Satz 2 Nr. 2 und 3 und Abs. 3 Satz 2 Nr. 1 und 2 gelten in Fällen, in denen vor dem Inkrafttreten des Gesetzes die Direktversicherung abgeschlossen worden ist oder die Versicherung des Arbeitnehmers bei einer Pensionskasse begonnen hat, mit der Maßgabe, daß die in diesen Vorschriften genannten Voraussetzungen spätestens für die Zeit nach Ablauf eines Jahres seit dem Inkrafttreten des Gesetzes erfüllt sein müssen.

Diese Vorschrift hat durch Zeitablauf ihre Bedeutung verloren.

§ 28 [Auszehrungs- und Anrechnungsverbot]

§ 5 gilt für Fälle, in denen der Versorgungsfall vor dem Inkrafttreten des Gesetzes eingetreten ist, mit der Maßgabe, daß diese Vorschrift bei der Berechnung der nach dem Inkrafttreten des Gesetzes fällig werdenden Versorgungsleistungen anzuwenden ist.

Diese Vorschrift hat durch Zeitablauf ihre Bedeutung verloren.

§ 29 [Vorzeitige Altersleistungen]

§ 6 gilt für die Fälle, in denen das Altersruhegeld der gesetzlichen Renten-versicherung bereits vor dem Inkrafttreten des Gesetzes in Anspruch genom-men worden ist, mit der Maßgabe, dass die Leistungen der betrieblichen Altersversorgung vom Inkrafttreten des Gesetzes an zu gewähren sind.

1 Die Bedeutung dieser Vorschrift ist überholt. Das Gesetz ist am 22.12.1974 in Kraft getreten. Für die ehemaligen Arbeitnehmer, die zum damaligen Zeitpunkt bereits eine vorzeitige Altersrente aus der gesetzlichen Rentenver-sicherung erhielten, regelte diese Vorschrift den Anwendungsbereich mit der Folge, dass die damals schon vorhandenen Rentner auch in den Genuss der vorzeitigen betrieblichen Versorgungsleistungen kamen.

2 Für Arbeitnehmer, die nach dem Inkrafttreten des Gesetzes in den Ruhestand getreten sind, hatte diese Vorschrift keine Bedeutung mehr. Für sie war § 6 BetrAVG unmittelbar anzuwenden.

Kisters-Kölkes

§ 30 [Erstmalige Beitrags- und Leistungspflicht bei Insolvenzsicherung]

[1]Ein Anspruch gegen den Träger der Insolvenzsicherung nach § 7 besteht nur, wenn der Sicherungsfall nach dem Inkrafttreten der §§ 7 bis 15 eingetreten ist; er kann erstmals nach dem Ablauf von sechs Monaten nach diesem Zeitpunkt geltend gemacht werden. [2]Die Beitragspflicht des Arbeitgebers beginnt mit dem Inkrafttreten der §§ 7 bis 15.

§ 30 BetrAVG bestimmt, dass Sicherungsfälle den PSVaG nur dann betreffen, wenn sie nach dem Inkrafttreten der Vorschriften über die gesetzliche Insolvenzsicherung eintreten. Die Vorschriften zur gesetzlichen Insolvenzsicherung sind am 1.1.1975 in Kraft getreten.[1] Damit werden von der gesetzlichen Insolvenzsicherung der §§ 7–15 BetrAVG alle Sicherungsfalle erfasst, die ab 1975 eingetreten sind. 1

Im ersten Halbjahr nach dem Inkrafttreten der Vorschriften über die gesetzliche Insolvenzsicherung am 1.1.1975 – also bis zum 30.6.1975 – waren die Leistungsverpflichtungen des PSVaG gestundet. Nach diesem Zeitpunkt wurden jedoch auch die Leistungsansprüche aus dem ersten Halbjahr 1975 fällig. Begründet wurde die Stundung mit der Notwendigkeit, in der Zeit des Aufbaus zunächst die erforderlichen organisatorischen und technischen Voraussetzungen für das Funktionieren der Insolvenzsicherung zu schaffen. 2

Die Beitragspflicht der insolvenzsicherungspflichtigen Arbeitgeber begann nach § 30 Satz 2 BetrAVG mit dem Inkrafttreten der Insolvenzsicherung am 1.1.1975; die Stundung der Leistungsverpflichtung nach § 30 Satz 1 BetrAVG wirkte sich darauf nicht aus. 3

In den neuen Ländern ist das BetrAVG – und damit auch die gesetzliche Insolvenzsicherung der betrieblichen Altersversorgung – am 1.1.1992 in Kraft getreten. §§ 1 bis 18 BetrAVG finden auf Zusagen Anwendung, die nach dem 31.12.1991 erteilt werden.[2] 4

Aufgrund des Abkommens zwischen der Bundesrepublik Deutschland und dem Großherzogtum Luxemburg über Zusammenarbeit im Bereich der 5

---

1 § 32 S. 2 BetrAVG.
2 Gesetz zu dem Vertrag vom 31.8.1990 zwischen der Bundesrepublik Deutschland und der Deutschen Demokratischen Republik über die Herstellung der Einheit Deutschlands (Einigungsvertrag), BGBl. II 1990 S. 885.3.

betrieblichen Altersversorgung[3] ist der PSVaG seit 1.1.2002 auch Träger der Insolvenzsicherung der betrieblichen Altersversorgung im Großherzogtum Luxemburg.[4]

---

3 BGBl. II 2002 S. 319.
4 Vgl. § 14 Rdn. 3.

§30a [Leistungen der betrieblichen Altersversorgung]

(1) Männlichen Arbeitnehmern,

1. die vor dem 1. Januar 1952 geboren sind,
2. die das 60. Lebensjahr vollendet haben,
3. die nach Vollendung des 40. Lebensjahres mehr als 10 Jahre Pflichtbeiträge für eine in der gesetzlichen Rentenversicherung versicherte Beschäftigung oder Tätigkeit nach den Vorschriften des Sechsten Buches Sozialgesetzbuch haben,
4. die die Wartezeit von 15 Jahren in der gesetzlichen Rentenversicherung erfüllt haben und
5. deren Arbeitsentgelt oder Arbeitseinkommen die Hinzuverdienstgrenze nach §34 Abs. 3 Nr. 1 des Sechsten Buches Sozialgesetzbuch nicht überschreitet,

sind auf deren Verlangen nach Erfüllung der Wartezeit und sonstiger Leistungsvoraussetzungen der Versorgungsregelung für nach dem 17. Mai 1990 zurückgelegte Beschäftigungszeiten Leistungen der betrieblichen Altersversorgung zu gewähren. §6 Satz 3 gilt entsprechend.

(2) Haben der Arbeitnehmer oder seine anspruchsberechtigten Angehörigen vor dem 17. Mai 1990 gegen die Versagung der Leistungen der betrieblichen Altersversorgung Rechtsmittel eingelegt, ist Absatz 1 für Beschäftigungszeiten nach dem 8. April 1976 anzuwenden.

(3) Die Vorschriften des Bürgerlichen Gesetzbuchs über die Verjährung von Ansprüchen aus dem Arbeitsverhältnis bleiben unberührt.

A. Allgemeines

1 Diese Vorschrift ist zurückzuführen auf die Entscheidung des EuGH vom 17.5.1990[1] in Sachen Barber. Aufgrund dieser Entscheidung ist zwischen der sog. **Vor-Barber-Zeit** und der **Nach-Barber-Zeit** zu unterscheiden. Die **Vor-Barber-Zeit** ist die Zeit vor dem 18.5.1990, die Nach-Barber-Zeit ist die Zeit ab dem 18.5.1990.

2 Diese Differenzierung beruht auf dem Umstand, dass in der Nach-Barber-Zeit Männer und Frauen nach denselben Regeln betriebliche Versorgungsleistungen erhalten müssen. Eine **Benachteiligung der Männer** beim Pensionsalter, bei der Leistungshöhe oder bei den sonstigen Leistungsvoraussetzungen ist ab diesem Stichtag nicht mehr zulässig.[2]

3 Ziel der Regelung in § 30a BetrAVG ist es, für die männlichen Arbeitnehmer für die Versorgungsleistungen, die in der Nach-Barber-Zeit erdient werden, einen **Anspruch auf vorzeitige betriebliche Altersleistungen** zu schaffen. Dies geschieht, in dem in § 30a BetrAVG die Voraussetzungen fingiert werden, die eine Frau erfüllen muss, um aus der gesetzlichen Rentenversicherung eine vorzeitige Altersrente zu erhalten. Hierzu wird auf § 237a SGB VI verwiesen. Auch wenn die Vorschrift auf die Rechtsprechung in Sachen Barber zurückzuführen ist, ist sie nicht nur bei Versorgungswerken anzuwenden, die unterschiedliche Altersgrenzen vorsehen, sondern sie gilt für alle Versorgungsregelungen, die eine Altersleistung vorsehen.

4 § 30a BetrAVG ist nur noch von Bedeutung für Männer, die vor dem 1.1.1952 geboren sind. Dies hat zur Folge, dass diese Vorschrift in absehbarer Zeit ihren Anwendungsbereich verlieren wird.

---

1 EuGH 17.5.1990, C – 262/88, EzA Art. 119 EWG-Vertrag Nr. 4 = DB 1990, 1824; hierzu auch *Berenz* BB 1996, 530.
2 BAG 17.9.2008, 3 AZR 1061/06, EzA § 2 BetrAVG Nr. 31 = DB 2009, 296; 29.4.2008, 3 AZR 266/06, EzA § 2 BetrAVG Nr. 30 = DB 2009, 224; 7.9.2004, 3 AZR 550/03, EzA Art. 141 EG-Vertrag 1999 Nr. 16 = DB 2002, 1510.

Kisters-Kölkes

§ 30a BetrAVG ist durch das Rentenreformgesetz 1999[3] in das BetrAVG 5
eingefügt worden. Diese Vorschrift ist **rückwirkend** zum 17.5.1990 in Kraft
getreten.

Ebenso wenig wie in § 6 BetrAVG wird in § 30a BetrAVG die Höhe der Leis- 6
tungen geregelt. Insoweit gelten dieselben Grundsätze, wie sie für die Anwendung von § 6 BetrAVG entwickelt wurden.[4]

B. Anspruchsvoraussetzungen

I. Männliche Arbeitnehmer

Der **persönliche Geltungsbereich** dieser Vorschrift ist auf **männliche Arbeit-** 7
nehmer beschränkt. Hierdurch wird nicht der Gleichberechtigungsgrundsatz
verletzt, denn für Frauen gilt § 237a SGB VI unmittelbar. Dort sind dieselben
Voraussetzungen für den Bezug einer gesetzlichen Altersrente genannt, wie sie
§ 30a BetrAVG für männliche Arbeitnehmer fingiert. Ebenso wenig liegt ein
Verstoß gegen § 1 AGG vor.

§ 30a BetrAVG gilt auch für männliche Arbeitnehmer, die vor Eintritt des 8
Versorgungsfalles mit einer **kraft Gesetzes unverfallbaren Anwartschaft** aus
dem Arbeitsverhältnis ausgeschieden sind. Da diese Vorschrift nur Ansprüche einräumt, die die Nach-Barber-Zeit betreffen, muss die Beendigung des
Arbeitsverhältnisses auch in der Nach-Barber-Zeit erfolgt sein, da ansonsten
keine Dienstzeiten aus der Nach-Barber-Zeit zu berücksichtigen sind.

Diese Vorschrift ist auch anzuwenden auf **Versorgungsempfänger**, die aus 9
dem aktiven Arbeitsverhältnis in den Ruhestand getreten sind. Voraussetzung
ist auch hier, dass während des aktiven Arbeitsverhältnisses Dienstzeiten ab
dem 18.5.1990 abgeleistet wurden.

Bei arbeitnehmerähnlichen Personen ist diese Vorschrift nur anzuwenden, 10
wenn sie in der gesetzlichen Rentenversicherung pflichtversichert sind.

Auch angestellte Geschäftsführer fallen unter den Anwendungsbereich dieser 11
Vorschrift, da § 17 Abs. 1 Satz 2 BetrAVG auf § 6 BetrAVG verweist und damit
indirekt auch auf § 30a BetrAVG.[5]

---

3 Vom 16.12.1997 BGBl. I S. 2998.
4 S. dazu § 6 Rdn. 54 ff.
5 BAG 15.4.2014, 3 AZR 114/12.

II. Vor dem 1.1.1952 geboren

12 Nach § 237a SGB VI haben nur Frauen, die vor dem 1.1.1952 geboren worden sind, einen Anspruch auf eine vorzeitige Altersrente aus der gesetzlichen Rentenversicherung. Zur Gleichstellung der männlichen Arbeitnehmer musste daher auch auf diesen Stichtag abgestellt werden.

III. Vollendung des 60. Lebensjahres

13 Männliche Arbeitnehmer haben nur dann einen Anspruch auf eine vorzeitige betriebliche Altersleistung, wenn sie das 60. Lebensjahr vollendet haben. Dies bedeutet nicht, dass ab Vollendung des 60. Lebensjahres bereits der Anspruch besteht. Vielmehr müssen sämtliche, in § 30a BetrAVG genannten Voraussetzungen erfüllt sein. Der Anspruch nach dieser Vorschrift kann also auch erst nach Vollendung des 60. Lebensjahres entstehen.

14 Wenn in der Zeitspanne zwischen der Vollendung des 60. Lebensjahres und der Vollendung des 65. Lebensjahres (ggf. Regelaltersgrenze) nicht die in § 30a BetrAVG genannten Anspruchsvoraussetzungen kumulativ erfüllt werden, hat der männliche Arbeitnehmer keinen Anspruch gegenüber dem Arbeitgeber bzw. gegenüber dem externen Versorgungsträger.

IV. Pflichtbeiträge

15 § 237a SGB VI sieht für weibliche Versicherte vor, dass sie nur dann einen Anspruch auf eine vorzeitige Altersrente aus der gesetzlichen Rentenversicherung haben, wenn nach Vollendung des 40. Lebensjahres mehr als **10 Jahre Pflichtbeiträge** in die gesetzliche Rentenversicherung eingezahlt wurden. Zur Gleichstellung von Männern und Frauen ist es daher erforderlich, dass auch männliche Arbeitnehmer diese Voraussetzung erfüllen.

16 Da die männlichen Arbeitnehmer, die einen Anspruch nach § 30a BetrAVG haben, tatsächlich keine vorzeitige Altersrente aus der gesetzlichen Rentenversicherung erhalten, kann **nicht** anhand des **Bescheides des Rentenversicherungsträgers** geprüft werden, ob diese Voraussetzung erfüllt ist. Der Arbeitnehmer hat aber die Möglichkeit, sich vom Rentenversicherungsträger eine **Auskunft** über seine Anwartschaft auf eine gesetzliche Rente geben zu lassen. In dieser Auskunft sind die Zeiten, in denen Pflichtbeiträge geleistet wurden, aufgeführt. Folglich kann und muss aufgrund dieser Auskunft seitens des Arbeitgebers beurteilt werden, ob die im Gesetz genannte Voraussetzung erfüllt ist.

V. Wartezeit

Der männliche Arbeitnehmer muss die Wartezeit von 15 Jahren in der gesetzlichen Rentenversicherung erfüllt haben. Diese Zeiten können auch vor dem 18.5.1990 liegen. Da auch insoweit kein Rentenbescheid vorgelegt werden kann, aus dem die Wartezeit abgeleitet werden kann, muss auch insoweit eine Auskunft des Rentenversicherungsträgers genügen. 17

VI. Vorlage des Rentenbescheides

Ist in einer betrieblichen Versorgungszusage geregelt, dass durch die **Vorlage des gesetzlichen Rentenbescheides** der Nachweis zu führen ist, dass aus der gesetzlichen Rentenversicherung Leistungen bezogen werden, wird diese vertragliche Regelung durch § 30a BetrAVG verdrängt. Denn der männliche Arbeitnehmer kann einen solchen Nachweis nicht führen. Folglich muss der Arbeitgeber selbst prüfen, ob ein Anspruch besteht. 18

VII. Hinzuverdienstgrenze

Vorzeitige Renten aus der gesetzlichen Rentenversicherung können nur bezogen werden, wenn die in § 34 Abs. 3 Nr. 1 SGB VI genannte Hinzuverdienstgrenze nicht überschritten wird (zurzeit 450 € monatlich). 19

Diese Vorschrift verhindert es, dass männliche Arbeitnehmer überhaupt Leistungen nach § 30a BetrAVG in Anspruch nehmen können. Dies gilt zumindest für die Mehrzahl der männlichen Arbeitnehmer. Denn diese Personen sind darauf angewiesen, **Arbeitseinkommen** zu beziehen, weil sie keine Ansprüche auf eine gesetzliche Rente haben. Um den Lebensunterhalt zu bestreiten, müssen sie in aller Regel mehr verdienen als es die Hinzuverdienstgrenze erlaubt. Folglich scheitert der Anspruch nach § 30a BetrAVG daran, dass Arbeitseinkommen bezogen wird, welches **oberhalb der Hinzuverdienstgrenze** liegt. 20

In diesem Zusammenhang ist auch zu berücksichtigen, dass für den Anspruch auf die vorzeitige Altersleistung, der sich nach § 30a BetrAVG gegen den Arbeitgeber oder gegen den externen Versorgungsträger richtet, nur die **Beschäftigungszeiten** maßgeblich sind, **die ab dem 18.5.1990 zurückgelegt wurden**. Dies bedeutet, dass der männliche Arbeitnehmer auch nur eine **betriebliche Teilrente** beanspruchen kann. Hat er ein Arbeitseinkommen unterhalb der Hinzuverdienstgrenze und hat er nur einen Teilanspruch auf vorzeitige betriebliche Versorgungsleistungen, so dürfte er nicht in der Lage 21 sein, den Lebensunterhalt zu bestreiten. Damit gibt diese Vorschrift zwar rechtlich einen Anspruch, führt aber faktisch nicht zu Ansprüchen, weil es sich kein männlicher Arbeitnehmer erlauben kann, von dieser Vorschrift Gebrauch zu machen.

VIII. Verlangen

22   § 6 BetrAVG sieht vor, dass der Arbeitnehmer, der aus der gesetzlichen Rentenversicherung eine vorzeitige Altersrente bezieht, auf sein Verlangen hin auch vom Arbeitgeber oder sonstigen Versorgungsträger eine vorzeitige Altersleistung erhalten kann. Dieses Verlangen setzt ein **Tätigwerden** voraus. Dieses ist weder an eine Form noch an eine Frist gebunden.[6] Da § 6 BetrAVG in den Fällen, die § 30a BetrAVG regelt, nicht anwendbar ist, enthält diese Vorschrift selbst die Vorgabe, dass der Arbeitnehmer tätig wird. Auch für dieses Verlangen ist weder eine Form noch eine Frist vorgegeben.

IX. Erfüllung der Wartezeit und der sonstigen Leistungsvoraussetzungen

23   Gemeint ist die Wartezeit, die in der betrieblichen Versorgungsregelung enthalten ist. Diese Wartezeit muss erfüllt sein.

24   Mit den sonstigen Leistungsvoraussetzungen ist häufig das **Ausscheiden aus dem Erwerbsleben**, zumindest aber aus dem Arbeitsverhältnis, gemeint. Anhand der konkreten Versorgungsregelung ist zu prüfen, welche sonstigen Leistungsvoraussetzungen für den Bezug einer vorzeitigen Altersleistung vorgesehen sind. Diese Voraussetzungen müssen erfüllt sein, wenn der männliche Arbeitnehmer nach § 30a BetrAVG eine vorzeitige Altersleistung begehrt.

X. Leistungshöhe

25   § 30a BetrAVG räumt dem männlichen Arbeitnehmer nur einen Anspruch auf die Leistung ein, die nach Maßgabe des betrieblichen Versorgungsversprechens auf die Zeit entfällt, die **ab dem 18.5.1990** abgeleistet wurde. Folglich ist zunächst die Leistung zu ermitteln, die dem Arbeitnehmer insgesamt zustehen würde. Im zweiten Schritt ist dann die Leistung zu berechnen, die auf die Zeit nach dem 17.5.1990 entfällt. Diese Leistung ist auf Verlangen des männlichen Arbeitnehmers als vorzeitige Altersleistung zu zahlen.[7]

---

6   Wegen der Einzelheiten vgl. § 6 Rdn. 22 ff.
7   Zur Berechnung vgl. § 6 Rdn. 45 ff.

XI. Wegfall der Leistung

In § 30a BetrAVG wird auf § 6 S. 3 BetrAVG verwiesen. Dies bedeutet, dass   **26**
der Arbeitnehmer, der eine vorzeitige Altersleistung in Anspruch nimmt,
verpflichtet ist, die **Aufnahme oder Ausübung einer Beschäftigung** oder
Erwerbstätigkeit dem Arbeitgeber **unverzüglich anzuzeigen**. Ist ein externer
Versorgungsträger eingeschaltet, ist der externe Versorgungsträger unverzüglich zu informieren.

Die Aufnahme bzw. Ausübung einer Beschäftigung oder Erwerbstätigkeit   **27**
führt dazu, dass der Anspruch auf die betriebliche Altersleistung entfällt. Der
Anspruch entfällt für den Zeitraum, in dem die Erwerbstätigkeit ausgeübt
wird.[8]

Soweit in § 6 S. 3 BetrAVG davon die Rede ist, dass die **Altersrente aus der**   **28**
gesetzlichen Rentenversicherung beschränkt wird, kann dieser Umstand bei
der Anwendung von § 30a BetrAVG keine Rolle spielen, weil die männlichen
Arbeitnehmer, die einen Anspruch aus § 30a BetrAVG ableiten, tatsächlich
keine Rente aus der gesetzlichen Rentenversicherung beziehen. Folglich kann
diese Rente auch nicht beschränkt werden.

C. Beschäftigungszeiten vor dem 17.5.1990

§ 30a Abs. 2 BetrAVG enthält eine **Übergangsvorschrift**. Diese dient dem   **29**
Vertrauensschutz. Wer vor dem 17.5.1990 bereits ein Rechtsmittel eingelegt
hatte, mit dem er die Ungleichbehandlung von Männern und Frauen geltend
gemacht hat, ist auch für Zeiten vor dem 17.5.1990 eine betriebliche Altersleistung zu zahlen. Die Rückwirkung reicht bis zum 8.4.1976. Ab diesem
Zeitpunkt ist die unmittelbare Wirkung des Art. 141 EU-Vertrag (früher:
Art. 119 EU-Vertrag) anerkannt worden.[9]

Diese Vorschrift hat keine praktische Bedeutung. Es sind keine Fälle bekannt,   **30**
in denen vor dem 17.5.1990 ein Rechtsmittel eingelegt wurde.

---

8 Vgl. auch § 6 Rdn. 31 ff.
9 EuGH 8.4.1976 – Defrenne II – 43/75 – BB 1976, 841.

D. Verjährung

31 Es gelten die Vorschriften des Bürgerlichen Gesetzbuchs.[10] Mit der Regelung im § 30a Abs. 3 BetrAVG wird verdeutlicht, dass zwar rückwirkend ein Anspruch besteht, dieser Anspruch aber durch die Einrede der Verjährung beschränkt werden kann.

E. Praktische Bedeutung

32 § 30a BetrAVG hat **keine große praktische Bedeutung.** Die männlichen Arbeitnehmer, die durch diese Vorschrift begünstigt werden, können es sich nicht erlauben, von dieser Vorschrift Gebrauch zu machen, da sie keine Rente aus der gesetzlichen Rentenversicherung beziehen und auf ihr Arbeitseinkommen angewiesen sind.

---

10 Zur Verjährung vgl. § 18a Rdn. 1 ff.

§ 30b   [Übergangsvorschrift zu § 4]

§ 4 Abs. 3 gilt nur für Zusagen, die nach dem 31.12.2004 erteilt wurden.

Die Kommentierung dieser Vorschrift erfolgt im Rahmen von § 4 BetrAVG.

§ 30c [Übergangsregelung für Ausnahmen von der Anpassungsprüfungspflicht]

(1) § 16 Abs. 3 Nr. 1 gilt nur für laufende Leistungen, die auf Zusagen beruhen, die nach dem 31. Dezember 1998 erteilt werden.

(2) § 16 Abs. 4 gilt nicht für vor dem 1. Januar 1999 zu Recht unterbliebene Anpassungen.

(3) § 16 Abs. 5 gilt nur für laufende Leistungen, die auf Zusagen beruhen, die nach dem 31. Dezember 2000 erteilt werden.

(4) Für die Erfüllung der Anpassungsprüfungspflicht für Zeiträume vor dem 1. Januar 2003 gilt § 16 Abs. 2 Nr. 1 mit der Maßgabe, dass an die Stelle des Verbraucherpreisindexes für Deutschland der Preisindex für die Lebenshaltung von 4-Personen-Haushalten von Arbeitern und Angestellten mit mittlerem Einkommen tritt.

Die Übergangsregelung ist im Detail unter § 16 kommentiert.[1]

---

1 Vgl. § 16 Rdn. 42, 53, 103, 111, 116.

§ 30d [Übergangsregelung zu § 18]

(1) ¹Ist der Versorgungsfall vor dem 1. Januar 2001 eingetreten oder ist der Arbeitnehmer vor dem 1. Januar 2001 aus dem Beschäftigungsverhältnis bei einem öffentlichen Arbeitgeber ausgeschieden und der Versorgungsfall nach dem 31. Dezember 2000 eingetreten, sind für die Berechnung der Voll-Leistung die Regelungen der Zusatzversorgungseinrichtungen nach § 18 Abs. 1 Satz 1 Nr. 1 und 2 oder die Gesetze im Sinne des § 18 Abs. 1 Satz 1 Nr. 3 sowie die weiteren Berechnungsfaktoren jeweils in der am 31. Dezember 2000 geltenden Fassung maßgebend; § 18 Abs. 2 Nr. 1 Buchstabe b bleibt unberührt. ²Die Steuerklasse III/O ist zugrunde zu legen. ³Ist der Versorgungsfall vor dem 1. Januar 2001 eingetreten, besteht der Anspruch auf Zusatzrente mindestens in der Höhe, wie er sich aus § 18 in der Fassung vom 16. Dezember 1997 (BGBl. I S. 2998) ergibt.

(2) Die Anwendung des § 18 ist in den Fällen des Absatzes 1 ausgeschlossen, soweit eine Versorgungsrente der in § 18 Abs. 1 Satz 1 Nr. 1 und 2 bezeichneten Zusatzversorgungseinrichtungen oder eine entsprechende Leistung aufgrund der Regelungen des Ersten Ruhegeldgesetzes, des Zweiten Ruhegeldgesetzes oder des Bremischen Ruhelohngesetzes bezogen wird, oder eine Versicherungsrente abgefunden wurde.

(3) ¹Für Arbeitnehmer im Sinne des § 18 Abs. 1 Satz 1 Nr. 4, 5 und 6 in der bis zum 31. Dezember 1998 geltenden Fassung, für die bis zum 31. Dezember 1998 ein Anspruch auf Nachversicherung nach § 18 Abs. 6 entstanden ist, gilt Absatz 1 Satz 1 für die aufgrund der Nachversicherung zu ermittelnde Voll-Leistung entsprechend mit der Maßgabe, dass sich der nach § 2 zu ermittelnde Anspruch gegen den ehemaligen Arbeitgeber richtet. Für den nach § 2 zu ermittelnden Anspruch gilt § 18 Abs. 2 Nr. 1 Buchstabe b entsprechend; für die übrigen Bemessungsfaktoren ist auf die Rechtslage am 31. Dezember 2000 abzustellen. ²Leistungen der gesetzlichen Rentenversicherung, die auf einer Nachversicherung wegen Ausscheidens aus einem Dienstverhältnis beruhen, und Leistungen, die die zuständige Versorgungseinrichtung aufgrund von Nachversicherungen im Sinne des § 18 Abs. 6 in der am 31. Dezember 1998 geltenden Fassung gewährt, werden auf den Anspruch nach § 2 angerechnet. ³Hat das Arbeitsverhältnis im Sinne des § 18 Abs. 9 bereits am 31. Dezember 1998 bestanden, ist in die Vergleichsberechnung nach § 18 Abs. 9 auch die Zusatzrente nach § 18 in der bis zum 31. Dezember 1998 geltenden Fassung einzubeziehen.

Hier nicht kommentiert, da gegenstandslos, siehe Vorwort der 4. Auflage.

§ 30e [Übergangsregelung zu § 1 Abs. 2 Nr. 4]

(1) § 1 Abs. 2 Nr. 4 zweiter Halbsatz gilt für Zusagen, die nach dem 31. Dezember 2002 erteilt werden.

(2) [1]§ 1 Abs. 2 Nr. 4 zweiter Halbsatz findet auf Pensionskassen, deren Leistungen der betrieblichen Altersversorgung durch Beiträge der Arbeitnehmer und Arbeitgeber gemeinsam finanziert und die als beitragsorientierte Leistungszusage oder als Leistungszusage durchgeführt werden, mit der Maßgabe Anwendung, dass dem ausgeschiedenen Arbeitnehmer das Recht zur Fortführung mit eigenen Beiträgen nicht eingeräumt werden und eine Überschussverwendung gemäß § 1b Abs. 5 Nr. 1 nicht erfolgen muss. [2]Wird dem ausgeschiedenen Arbeitnehmer ein Recht zur Fortführung nicht eingeräumt, gilt für die Höhe der unverfallbaren Anwartschaft § 2 Abs. 5a entsprechend. [3]Für die Anpassung laufender Leistungen gelten die Regelungen nach § 16 Abs. 1 bis 4. [4]Die Regelung in Absatz 1 bleibt unberührt.

Die Übergangsregelung ist im Einzelnen unter § 1 kommentiert.[1]

---

1 Vgl. § 1 Rdn. 531 f.

§ 30f [Übergangsregelung zu § 1b]

(1) [1]Wenn Leistungen der betrieblichen Altersversorgung vor dem 1. Januar 2001 zugesagt worden sind, ist § 1b Abs. 1 mit der Maßgabe anzuwenden, dass die Anwartschaft erhalten bleibt, wenn das Arbeitsverhältnis vor Eintritt des Versorgungsfalles, jedoch nach Vollendung des 35. Lebensjahres endet und die Versorgungszusage zu diesem Zeitpunkt

1. mindestens zehn Jahre oder
2. bei mindestens zwölfjähriger Betriebszugehörigkeit mindestens drei Jahre

bestanden hat; in diesen Fällen bleibt die Anwartschaft auch erhalten, wenn die Zusage ab dem 1. Januar 2001 fünf Jahre bestanden hat und bei Beendigung des Arbeitsverhältnisses das 30. Lebensjahr vollendet ist. [2]§ 1b Abs. 5 findet für Anwartschaften aus diesen Zusagen keine Anwendung.

(2) Wenn Leistungen der betrieblichen Altersversorgung vor dem 1. Januar 2009 und nach dem 31. Dezember 2000 zugesagt worden sind, ist § 1b Abs. 1 Satz 1 mit der Maßgabe anzuwenden, dass die Anwartschaft erhalten bleibt, wenn das Arbeitsverhältnis vor Eintritt des Versorgungsfalls, jedoch nach Vollendung des 30. Lebensjahres endet und die Versorgungszusage zu diesem Zeitpunkt fünf Jahre bestanden hat; in diesen Fällen bleibt die Anwartschaft auch erhalten, wenn die Zusage ab dem 1. Januar 2009 fünf Jahre bestanden hat und bei Beendigung des Arbeitsverhältnisses das 25. Lebensjahr vollendet ist.

Die Übergangsregelung wird gemeinsam mit § 1b kommentiert.

§ 30g [Übergangsregelung zu § 2 Abs. 5a]

(1) [1]§ 2 Abs. 5a gilt nur für Anwartschaften, die auf Zusagen beruhen, die nach dem 31. Dezember 2000 erteilt worden sind. [2]Im Einvernehmen zwischen Arbeitgeber und Arbeitnehmer kann § 2 Abs. 5a auch auf Anwartschaften angewendet werden, die auf Zusagen beruhen, die vor dem 1. Januar 2001 erteilt worden sind.

(2) § 3 findet keine Anwendung auf laufende Leistungen, die vor dem 1. Januar 2005 erstmals gezahlt worden sind.

Die Übergangsregelung wird gemeinsam mit § 2 Abs. 5a BetrAVG kommentiert. Abs. 2 wird bei § 3 BetrAVG erläutert.

§ 30h [Übergangsregelung zu § 17 Abs. 5]

§ 17 Abs. 5 gilt für Entgeltumwandlungen, die auf Zusagen beruhen, die nach dem 29. Juni 2001 erteilt werden.

Die Übergangsregelung wird gemeinsam mit § 17 kommentiert.[1]

---

1 Vgl. § 17 Rdn. 41 ff.

§ 30i   [Barwert zu sichernder Anwartschaften]

(1) [1]Der Barwert, der bis zum 31. Dezember 2005 aufgrund eingetretener Insolvenzen zu sichernden Anwartschaften, wird einmalig auf die beitragspflichtigen Arbeitgeber entsprechend § 10 Abs. 3 umgelegt und vom Träger der Insolvenzsicherung nach Maßgabe der Beträge zum Schluss des Wirtschaftsjahres, das im Jahr 2004 geendet hat, erhoben. [2]Der Rechnungszinsfuß bei der Berechnung des Barwerts beträgt 3,67 vom Hundert.

(2) [1]Der Betrag ist in 15 gleichen Raten fällig. [2]Die erste Rate wird am 31. März 2007 fällig, die weiteren zum 31. März der folgenden Kalenderjahre. [3]Bei vorfälliger Zahlung erfolgt eine Diskontierung der einzelnen Jahresraten mit dem zum Zeitpunkt der Zahlung um ein Drittel erhöhten Rechnungszinsfuß nach § 65 des Versicherungsaufsichtsgesetzes, wobei nur volle Monate berücksichtigt werden.

(3) Der abgezinste Gesamtbetrag ist gemäß Absatz 2 am 31. März 2007 fällig, wenn die sich ergebende Jahresrate nicht höher als 50 Euro ist.

(4) Insolvenzbedingte Zahlungsausfälle von ausstehenden Raten werden im Jahr der Insolvenz in die erforderlichen jährlichen Beiträge gemäß § 10 Abs. 2 eingerechnet.

A. Nachfinanzierung der in der Vergangenheit aufgelaufenen gesetzlich unverfallbaren Anwartschaften

I. Allgemeines

Durch das »Gesetz zur Änderung des Betriebsrentengesetzes und anderer 1 Gesetze« vom 2.12.2006 ist das Finanzierungsverfahren der gesetzlichen Insolvenzsicherung der betrieblichen Altersversorgung auf **vollständige Kapitaldeckung umgestellt** worden. Diese Umstellung tritt in Kraft ab dem **Beitragsjahr 2006** und ist im neuen § 10 Abs. 2 BetrAVG geregelt. Die Nachfinanzierung der bis zum Umstellungszeitpunkt (1975–2005) aufgelaufenen gesetzlich unverfallbaren Anwartschaften ist in § 30i BetrAVG geregelt.

II. Vom Rentenwertumlageverfahren zur vollständigen Kapitaldeckung

Für die Finanzierung der gesetzlichen Insolvenzsicherung galt **von 1975** 2 **bis 2005** das sog. **Rentenwertumlageverfahren**. Bei diesem System wurden die im betreffenden Jahr entstehenden Ansprüche ausfinanziert, d. h., der versicherungsmathematisch ermittelte Barwert wurde im Rahmen der jährlichen Beitragsumlage erhoben. Dies galt aber nicht für die unverfallbaren Anwartschaften, die der PSVaG aufgrund der Insolvenz des Arbeitgebers zu sichern hat. Der gesamte Barwert der im laufenden Kalenderjahr entstehenden Ansprüche ergab sich danach grds. aus der **Addition zweier Elemente.** Das eine war die Summe der Barwerte für die bei Insolvenzeröffnung in dem betreffenden Jahr bereits laufenden Leistungen, die damit für die gesamte restliche Laufzeit ausfinanziert wurden (Kapitaldeckung). Das zweite Element war die Summe der Barwerte für die laufenden Leistungen aus unverfallbaren Anwartschaften früherer Jahre, bei denen in dem betreffenden Jahr der individuelle Versorgungsfall eingetreten war, die damit erst dann für die gesamte restliche Laufzeit ausfinanziert wurden, sog. Umwandler (vom Anwärter zum Leistungsempfänger). Das Finanzierungsverfahren des PSVaG nach dem sog. Rentenwertumlageverfahren war also ein Bedarfsdeckungsverfahren; der jährlich erforderliche Bedarf wurde auf die insolvenzsicherungspflichtigen Arbeitgeber umgelegt.

Aus Insolvenzen die bis zum 31.12.2005 eingetreten waren, hatte der PSVaG 3 rd. 167.000 Anwartschaften registriert, bei denen der Versorgungsfall im Laufe der kommenden mehr als 30 Jahre eintreten wird und die dann im betreffenden Jahr zu finanzieren sind. Die Summe der Barwerte hierfür betrug rd. **2,2 Mrd. €** berechnet mit einem **Rechnungszinsfuß von 3,67 %.** Dieser Betrag war aufgrund der hohen Zahl von Insolvenzen in den letzten Jahren deutlich angestiegen. Auf die den PSVaG finanzierenden Arbeitgeber kam damit ein Risiko zu, das es durch die Umstellung auf vollständige Kapitaldeckung abzufedern galt. Hierdurch wurde die Finanzierung der gesetzlichen Insolvenzsicherung der betrieblichen Altersversorgung unabhängiger von Strukturentscheidungen der Unternehmen und so insgesamt zukunftssicherer gestaltet.[1]

4 Die Umstellung des Finanzierungssystems des PSVaG auf vollständige Kapitaldeckung betrifft zum einen die künftige Finanzierung bei Eintritt neuer Sicherungsfälle, die in § 10 Abs. 2 BetrAVG für Beitragsjahre ab 2006 geregelt ist. Die bis zum Umstellungszeitpunkt aus den Jahren 1975–2005 aufgelaufenen gesetzlich unverfallbaren Anwartschaften müssen nachfinanziert werden. Dies hat der Gesetzgeber in § 30i BetrAVG geregelt. Danach müssen die im Jahr 2005 beitragspflichtigen Arbeitgeber dies gemeinsam leisten.

B. Nachfinanzierung gemäß § 30i BetrAVG

I. Barwert der nachzufinanzierenden Anwartschaften

5 Nachfinanziert werden muss der Barwert der bis zum 31.12.2005 aufgrund eingetretener Insolvenzen zu sichernden gesetzlich unverfallbaren Anwartschaften (§ 30i Abs. 1 S. 1 1. Hs. BetrAVG). Der **Barwert** der gesetzlich unverfallbaren Anwartschaften ist der Betrag, der unter Berücksichtigung eines angenommenen Zinsertrags ausreicht, um dem Berechtigten bei künftigem Eintritt des Versorgungsfalls die zugesagte Rente ggf. lebenslänglich oder den zugesagten Kapitalbetrag zu zahlen. Die Berechnung erfolgt nach **versicherungsmathematischen Grundsätzen** unter Berücksichtigung der statistischen Lebenserwartung des Berechtigten.

6 Der **Rechnungszinsfuß** bei der Berechnung des Barwertes der nachzufinanzierenden gesetzlich unverfallbaren Anwartschaften ist in § 30i Abs. 1 S. 2 BetrAVG gesetzlich vorgeschrieben in Höhe von 3,67 % und führt zu einem Barwert von rd. 2,2 Mrd. €. Damit wird gewährleistet, dass die beitragspflichtigen Arbeitgeber keine zu hohe Vorausfinanzierung leisten. Im Ergebnis ist ein zusätzlicher Beitrag in Höhe von 8,66 Promille bezogen auf die in 2005

---

1 Vgl. BT-Drucks. 16/1936, S. 6; s. ausführlich zur Begründung der Umstellung des Finanzierungsverfahrens auf vollständige Kapitaldeckung *Hoppenrath* FS Kemper, S. 211ff., *ders.* FS Andresen, S. 115ff.; zum neuen Finanzierungsverfahren des PSVaG *Hoppenrath/Berenz* DB 2007, 630 = BetrAV 2007, 215.

gemeldete Beitragsbemessungsgrundlage (31.12.2005: 251 Mrd.€) erforderlich.

Der gegenüber der Barwertberechnung für bereits laufende Leistungen (2006: **7** 2,75 % ab 2007: 2,25 % und ab 2012: 1,75 % nach § 65 VAG) erhöhte Rechnungszinsfuß ist gerechtfertigt, weil ansonsten unberücksichtigt bliebe, dass mit dem Rechnungszinsfuß für Lebensversicherungen künftig Zinsüberschüsse erzielt würden, die nur den jeweiligen und künftigen Beitragszahlern zugutekommen, nicht aber denjenigen, die in der Zwischenzeit ihre Versorgungsverpflichtungen in einen Durchführungsweg ohne bzw. mit einer ermäßigten Insolvenzsicherungspflicht übertragen haben.[2] Die Differenz der Barwerte der bis zum 31.12.2005 aufgrund eingetretener Insolvenzen zu sichernden Anwartschaften berechnet mit 3,0 % (bei Anwartschaften ab 2007 gem. § 10 Abs. 2 S. 2 BetrAVG) und 3,67 % beträgt 265 Mio.€. Durch die Festschreibung des Rechnungszinses in § 30i Abs. 1 S. 2 BetrAVG wird verhindert, dass die Arbeitgeber bei der separat angelegten Finanzierung der »Altlast« mit diesem Betrag zusätzlich belastet werden.[3]

Der Rechnungszinsfuß von **3,67 %** findet **Anwendung** auf die **einmalige 8 Berechnung** des nachzufinanzierenden Barwerts zum 31.12.2005. Diese Berechnung ist unabhängig von der Berechnung des Barwerts der **Anwartschaften aus neuen Insolvenzen.**

II. Verpflichtete Arbeitgeber

Zur Nachfinanzierung der bis zum 31.12.2005 aufgelaufenen gesetzlich **9** unverfallbaren Anwartschaften sind diejenigen **Arbeitgeber verpflichtet,** die im Jahr **2005 und zum Zeitpunkt des Inkrafttretens des § 30i BetrAVG** am 12.12.2006 **beitragspflichtig** zum PSVaG sind.[4] Diese Beitragspflicht ergibt sich aus § 30i Abs. 1 S. 1 BetrAVG. Ausschlaggebend für die Verteilung auf die einzelnen Arbeitgeber ist der **Umlageschlüssel,** der sich nach Maßgabe der Bilanzstichtage zum Schluss des Wirtschaftsjahres, das im Jahr 2004 geendet

---

2 Vgl. BT-Drucks. 16/1936, S. 7.

3 Zu den Auswirkungen der unterschiedlichen Rechnungszinsfüsse im Fall des Eintritts des Versorgungsfalls vgl. § 10 Rdn. 51–61.

4 BVerwG 15.9.2010, 8 C 32.09, DB 2011, 121; 15.9.2010, 8 C 35.09, ZIP 2011, 94.

hat, ergibt.[5] Dies entspricht der Systematik der Finanzierung des PSVaG, der bis zum 30. September eines jeden Kalenderjahres die entsprechenden Daten (Beitragsbemessungsgrundlage) der insolvenzsicherungspflichtigen Arbeitgeber aus dem Vorjahr erhält, um auf dieser Basis den Beitragssatz für das aktuelle Jahr festzusetzen (§ 10 Abs. 3 BetrAVG).[6] Auf diese Weise wird sichergestellt, dass die Deckungslücke von den Arbeitgebern ausgeglichen wird, die in der Zeit des Entstehens der Deckungslücke insolvenzsicherungspflichtig waren und so auch von Liquiditätsvorteilen profitieren konnten.[7]

10   Das BVerwG hat entschieden, dass der in § 30i BetrAVG vorgesehene Einmalbeitrag zur Umstellung der Finanzierung von Versorgungsanwartschaften rechtmäßig ist. Die Erhebung des Einmalbeitrags verletzt weder den Gleichheitssatz noch das rechtstaatliche Rückwirkungsverbot.[8]

III. Einmalige Beitragserhebung

11   Der von den zur Nachfinanzierung verpflichteten Arbeitgebern jeweils zu zahlende Betrag wird vom PSVaG einmalig erhoben (§ 30i Abs. 1 S. 1 BetrAVG). Das bedeutet, dass diese Beträge mit einem einmaligen Bescheid geltend gemacht werden (**Einmalbeitragsbescheid**).[9]

1. Fälligkeit in 15 Raten

12   Um die Belastung der beitragspflichtigen Arbeitgeber abzumildern legt § 30i Abs. 2 S. 1 BetrAVG fest, dass die Nachfinanzierung auf 15 Jahre verteilt wird. Dabei ist die erste Jahresrate am 31. März 2007 fällig, die weiteren zum 31. März der folgenden Kalenderjahre (§ 30i Abs. 2 S. 2 BetrAVG). Der **Einmalbeitragsbescheid** des PSVaG legt also mit seinem Erlass die insoweit an den PSVaG zu zahlende Verbindlichkeit in **15 Jahresraten** (2007 bis 2021) fest. Durch diesen Zahlungsmodus wird die Zahllast auf eine überschaubare Zeitspanne ausgedehnt und so die Liquiditätsbelastung der Arbeitgeber in einem moderaten Rahmen gehalten.

---

5 Zu Besonderheiten bei Beginn der Insolvenzsicherungspflicht im Lauf des Jahres 2005 vgl. Rdn. 11 i. V. m. § 6 Abs. 3 AIB.

6 Vgl. § 10 Rdn. 81, § 11 Rdn. 38.

7 BT-Drucks. 16/1936 S. 7.

8 BVerwG 15.9.2010, 8 C 32.09, DB 2011, 121; 15.9.2010, 8 C 35.09, ZIP 2011, 94; *Wohlleben* FS Höfer S. 315 f.

9 Vgl. zum Erlass von Bescheiden durch den PSVaG § 10 Rdn. 20 ff.

2. Anspruch auf vorfällige Zahlung

Neben der grundsätzlichen Verteilung der Zahlungsverbindlichkeit auf 15   **13**
Jahresraten sieht § 30i Abs. 2 S. 3 BetrAVG einen **Anspruch der Arbeitgeber**
auf **vorfällige Zahlung** der Raten mit einer entsprechenden **Diskontierung**
gemäß § 30i Abs. 1 S. 2 BetrAVG vor (ein Drittel erhöhte Rechnungszinsfuß
nach § 65 VAG). Maßgebend ist der Rechnungszinsfuß zum Zeitpunkt der
Zahlung.[10] Dabei kann ein zahlungsverpflichteter Arbeitgeber jederzeit im
Rahmen der gesamten Laufzeit für den Rest vorfällig (diskontiert) zahlen.
Ist der diskontierte Betrag vom Arbeitgeber an den PSVaG gezahlt worden,
tritt insoweit Erfüllung seiner Verpflichtung zur Nachfinanzierung ein (§ 362
BGB). Eine Rückabwicklung, etwa um sich wieder Liquidität im Unternehmen zu verschaffen, ist ausgeschlossen. Aus Praktikabilitätsgründen werden
bei der Diskontierung einzelner Jahresraten nur volle Monate berücksichtigt
(§ 30i Abs. 2 S. 3 2. Hs. BetrAVG).

3. Kleinbetragsregelung

Zur Verwaltungsvereinfachung sieht § 30i Abs. 3 BetrAVG eine Kleinbetrags-   **14**
regelung vor. Ist die sich nach § 30i Abs. 1 BetrAVG ergebende Jahresrate nicht
höher als 50 €, so ist der gemäß § 30i Abs. 2 BetrAVG abgezinste Gesamtbetrag am 31. März 2007 fällig.

IV. Insolvenzbedingte Zahlungsausfälle

Insolvenzbedingte Zahlungsausfälle aus dem Kreis der zur Nachfinanzierung   **15**
verpflichteten Arbeitgeber werden im Jahr der Insolvenz in die erforderli-
chen Beiträge eingerechnet, die der PSVaG zur aktuellen Finanzierung der
Insolvenzsicherung der betrieblichen Altersversorgung benötigt (§ 30i Abs. 4
BetrAVG). Diese Regelung ist zur Sicherstellung einer ordnungsgemäßen
Nachfinanzierung der gesetzlich unverfallbaren Anwartschaften nach § 30i
Abs. 1 BetrAVG erforderlich.

---

10 Unter www.psvag.de/Service/Arbeitgeber/Mitglieder steht ein sog. Diskontrechner
   zur Verfügung, mit dem der jeweilige Diskont individuell ermittelt werden kann.

§ 31 [Übergangsregelung für den Insolvenzschutz]

Auf Sicherungsfälle, die vor dem 1. Januar 1999 eingetreten sind, ist dieses Gesetz in der bis zu diesem Zeitpunkt geltenden Fassung anzuwenden.

1 Zum 1.1.1999 sind verschiedene Änderungen des BetrAVG in Kraft getreten, die die Eintrittspflicht des PSVaG nach § 7 BetrAVG betreffen. Die Insolvenzordnung[1] (InsO) hat die bis dahin geltende Konkursordnung[2] (KO), die Vergleichsordnung[3] (VerglO) sowie die für die neuen Länder geltende Gesamtvollstreckungsordnung[4] (GesO) abgelöst. Durch das Rentenreformgesetz 1999[5] wurde u. a. der Sicherungsfall der wirtschaftlichen Notlage[6] gestrichen und die Höchstleistung der gesetzlichen Insolvenzsicherung reduziert auf das Dreifache der Bezugsgröße nach § 18 SGB IV.

2 § 31 BetrAVG bestimmt im Rahmen einer **Übergangsregelung**, dass auf Sicherungsfälle, die vor dem 1.1.1999 eingetreten sind, das BetrAVG in der bis zu diesem Zeitpunkt geltenden Fassung anzuwenden ist.[7] **Übergangsregelungen des BetrAVG im Rahmen der Entgeltumwandlung**

---

1 Vom 5.10.1994, BGBl. I S. 2866 (InsO) bzw. S. 2911 (EGInsO).

2 Vom 10.2.1877, RGBl. S. 351.

3 Vom 26.2.1935, RGBl. I S. 321.

4 Vom 23.5.1991, BGBl. S. 1191.

5 Vom 16.12.1997, BGBl. I S. 2998, 3025.

6 Vgl. dazu *Höfer* BetrAVG, Rn. 4381 ff. zu § 7; *Paulsdorff* § 7 Rn. 169 ff.; vgl. § 7 Rdn. 22.

7 Zur Anwendung der Höchstgrenzen vgl. § 7 Rdn. 129 ff.

Berenz

§32 [Inkrafttreten]

¹Dieses Gesetz tritt vorbehaltlich des Satzes 2 am Tage nach seiner Verkündung in Kraft. ²Die §§7 bis 15 treten am 1. Januar 1975 in Kraft.

Das Gesetz ist am 21.12.1974 im Bundesgesetzblatt verkündet worden, also   **1**
am 22.12.1974 in Kraft getreten.

Die Insolvenzsicherungsbestimmungen sind gem. Satz 2 am 1.1.1975 in Kraft   **2**
getreten.

Anhänge

Anhang I Der Versorgungsausgleich im Betriebsrentengesetz

A. Gesetzeslage vor dem 1.9.2009 und Neuregelung

Das Scheidungsrecht hat mit der Neuregelung des Versorgungsausgleichs 1
durch das Gesetz über den Versorgungsausgleich, kurz Versorgungsausgleichs-
gesetz (VersAusglG), zum 1.9.2009[1] eine grundlegende Neuausrichtung
erfahren. Der bisher maßgebliche Ausgleich aller Versorgungsrechte über
die gesetzliche Rentenversicherung wurde durch das Halbteilungsprinzip
abgelöst, wonach jedes in der Ehezeit erworbene Versorgungsrecht in seinem

---

1 BGBl. I 2009, S. 700.

eigenen System zwischen den Ehegatten geteilt wird. Dieser Grundsatz gilt für sämtliche Versorgungsformen in den sog. drei Säulen, d.h. im Rahmen der gesetzlichen Rentenversicherung und den ersetzenden Systemen (Beamtenversorgung, berufsständische Versorgung), der betrieblichen Altersversorgung und bei der privaten Altersvorsorge.

I. Grundprinzipien des alten Rechts – Ausgleich des Versorgungsüberschusses aller Versorgungsformen

2 Nach dem bis zum 1.9.2009 geltenden Recht erfolgte in aller Regel bei der Scheidung ein sog. Einmalausgleich aller in der Ehezeit erworbenen unverfallbaren Anrechte über die gesetzliche Rentenversicherung. Zu diesem Zweck waren alle Anrechte miteinander vergleichbar zu machen und in ein Anrecht der gesetzlichen Rentenversicherung umzurechnen. Die Vergleichbarmachung erforderte bei sog. nichtdynamischen oder teildynamischen Anrechten, welche bei der betrieblichen Altersversorgung häufig auftreten, eine Prognose über die künftige Entwicklung und eine Umrechnung in volldynamische Anrechte der gesetzlichen Rentenversicherung über die sog. Barwertverordnung.

II. Mängel des Versorgungsausgleichs nach altem Recht

3 Die Prognoseberechnung führte in der Praxis immer wieder zu Fehlern. Die Barwertverordnung wurde mehrfach gerichtlich beanstandet, da sie gegen den Halbteilungsgrundsatz verstieß, und überarbeitet, ohne dass sämtliche Bedenken damit beseitigt werden konnten.[2] Soweit der Ausgleich über die gesetzliche Rentenversicherung nicht erfolgen konnte, kam i.d.R. der schuldrechtliche Versorgungsausgleich zur Anwendung. Dieser kommt i.d.R. erst einige Zeit nach der Scheidung zum Tragen und wird dann häufig nicht geltend gemacht. Mithin erfolgte wiederholt keine gerechte Teilung aller in der Ehezeit erworbenen Anrechte bei späterem Eintritt des Versorgungsfalls. Zudem hatte sich der Versorgungsausgleich zu einer hochkomplexen Spezialmaterie entwickelt, die aufgrund der Aufsplitterung auf mehrere Gesetze wenig anwenderfreundlich war und kaum Spielraum für Parteivereinbarungen zuließ.[3]

---

2 Vgl. zuletzt BGH 29.10.2008, XII ZB 69/08, BGHR 2009, 174.

3 Vgl. zur Historie die Gesetzesbegründung S. 29 ff., Entwurf eines Gesetzes zur Strukturreform des Versorgungsausgleichs (VAStrRefG) v. 20.8.2008, BT-Drucks. 16/10144; *Friederici* Forum-Familienrecht 2005, 140; MünchKomm-BGB/*Dörr* Band 7, 6. Aufl., § 1587 Rn. 6 ff.

III. Strukturreform des Versorgungsausgleichs

Bereits im September 2003 hatte das Bundesjustizministerium eine Kommis-   4
sion eingesetzt, welche ihren Abschlussbericht zur Neuregelung des Versorgungsausgleichs im Oktober 2004 fertigstellte. Das Bundesjustizministerium
stellte anschließend fest, dass eine Strukturreform des geltenden Rechts erforderlich sei, welche per Gesetz erfolgen müsse und bis zum 1.7.2008 umgesetzt
werden solle.[4] Das ursprünglich zum 1.7.2008 geplante Inkrafttreten der
Neuregelung hat sich um mehr als zwölf Monate auf den 1.9.2009 verzögert.[5]

B. Funktionsweise des Versorgungsausgleichsgesetzes

I. Halbteilung zwischen den geschiedenen Ehegatten

Gemäß § 1 VersAusglG sind die in der Ehezeit erworbenen Anteile von   5
Anrechten, die sog. **Ehezeitanteile**, jeweils zur Hälfte zwischen den Ehegatten zu teilen. Diese Halbteilung wird auch als **Realteilung** bezeichnet. Der
Ausgleich muss hierbei gem. § 1 Abs. 2 VersAusglG von dem Ehegatten, der
einen Ehezeitanteil erworben hat, dem **ausgleichspflichtigen Ehegatten**, an
den **ausgleichsberechtigten Ehegatten** geleistet werden.

II. Der Halbteilung unterliegende Anrechte

Gemäß § 2 Abs. 1 VersAusglG unterliegen der Halbteilung im In- oder Aus-   6
land bestehende Anwartschaften auf Versorgungen und Ansprüche auf laufende Versorgungen, wobei das Gesetz ausdrücklich Anrechte auf betriebliche
Altersversorgung mit aufzählt.

Derartige Anrechte sind auszugleichen, wenn sie durch Arbeit oder Vermögen   7
geschaffen wurden, der Absicherung im Alter oder bei Invalidität dienen und
wenn sie auf eine Rente gerichtet sind. **Kapitalleistungen** fallen daher grundsätzlich nicht unter den Versorgungsausgleich. Eine Ausnahme gilt hier jedoch
für die betriebliche Altersversorgung; ebenso wie Leistungen nach dem Alters-
vorsorge-Zertifizierungsgesetz sind Anrechte auf betriebliche Altersversorgung

---

4 Mitteilung des Bundesministerium der Justiz v. 2.9.2005, Forum-Familienrecht
2005, 211.
5 Vgl. zur Auseinandersetzung mit den jeweiligen Reformvorschlägen die Gesetzesbegründung, S. 39 f., Entwurf eines Gesetzes zur Strukturreform des Versorgungsausgleichs (VAStrRefG) v. 20.8.2008, BT-Drucks. 16/10144.

unabhängig von ihrer Leistungsform auszugleichen, d. h. auch dann, wenn sie in Form von Kapitalzahlungen oder Auszahlungsplänen gem. § 112 Abs. 1 Satz 2 VAG erbracht werden. Auch Sachleistungen, welche als betriebliche Versorgungsleistungen anzusehen sind, wie Hausbrand oder Stromdeputate, unterfallen dem Versorgungsausgleich.[6]

8   Eine Anwartschaft i. S. d. VersAusglG liegt gem. § 2 Abs. 3 VersAusglG auch dann vor, wenn zum Ende der Ehezeit eine maßgebliche Wartezeit, Mindestbeschäftigungszeit oder andere zeitliche Voraussetzung nicht gegeben ist.

III. Interne und externe Teilung

1. Interne Teilung

9   § 9 Abs. 2 VersAusglG führt die interne Realteilung als **Regelfall des Versorgungsausgleichs** ein. Dies bedeutet, dass das Familiengericht gem. § 10 Abs. 1 VersAusglG zulasten des Anrechts des ausgleichspflichtigen Ehegatten ein Anrecht für den ausgleichsberechtigten Ehegatten bei dem Versorgungsträger überträgt, bei dem das Anrecht des ausgleichspflichtigen Ehegatten besteht. Für betriebliche Versorgungswerke heißt das konkret, dass mit der Scheidung ein **neuer Versorgungsberechtigter** kraft Entscheidung an dem Versorgungswerk teilnimmt und unmittelbare Ansprüche aus dem übertragenen Anrecht geltend machen kann.

10   Dem Ausgleichsberechtigten ist hierbei eine **gleichwertige Teilhabe** gem. § 11 Abs. 1 VersAusglG zu gewähren, eine Anforderung, die das Gesetz als erfüllt unterstellt, wenn der ausgleichsberechtigten Person ein eigenständiges und entsprechend gesichertes Anrecht übertragen wird, dieses Anrecht in Höhe des Ausgleichswertes mit vergleichbarer Wertentwicklung entsteht und der gleiche Risikoschutz gewährt bzw. bei Begrenzung auf das Altersrisiko ein Ausgleich für den entfallenden Schutz gegen andere Risiken (Invalidität, Tod) gegeben wird.

2. Externe Teilung

11   Als Ausnahme zu dem Prinzip der internen Teilung ist in den §§ 14 ff. VersAusglG die externe Teilung vorgesehen. Hierbei wird der Ausgleichswert an einen anderen als den gegenwärtigen, also einen externen Versorgungsträger übertragen, der hieraus eine angemessene Versorgung zu gewähren hat.

---

6 *Wick* BetrAV 2011, 131.

IV. Ermittlung von Ehezeitanteil und Ausgleichswert

Der betriebliche Versorgungsträger ist gem. § 5 Abs. 1 VersAusglG verpflich- 12
tet, den Ehezeitanteil des auszugleichenden Versorgungsrechts zu ermitteln
und dem Familiengericht gem. § 5 Abs. 3 VersAusglG den hieraus resultierenden Ausgleichswert mitzuteilen. Die Ermittlung des Ehezeitanteils hängt
im Detail von der jeweiligen Gestaltung des betreffenden Versorgungssystems
ab. Anders als die gesetzliche Rentenversicherung, welche die Anrechte für
ihre Versicherten auf der Basis von Entgeltpunkten ermittelt, sind im Bereich
der betrieblichen Altersversorgung mit ihren fünf Durchführungswegen,[7]
unterschiedlichen Zusagetypen[8] und vielfältigen Ausgestaltungen nahezu
unbegrenzt viele Varianten der Anwartschaftsgestaltung möglich, sodass der
Gesetzgeber keine allgemeingültige Regelung für alle Systeme schaffen konnte.

C. Ermittlung des Ehezeitanteils

Der Ehezeitanteil bezeichnet den Teil des betroffenen Anrechts, der während 13
der Ehezeit erworben wurde bzw. der der Ehezeit zuzuordnen ist.

I. Beginn und Ende der Ehezeit

§ 3 Abs. 1 VersAusglG definiert Beginn und Ende der Ehezeit. Sie beginnt 14
mit dem ersten des Monats, in dem die Ehe geschlossen wurde und endet
am letzten Tag des Monats, welcher der Zustellung des Scheidungsantrags
vorausgeht.[9]

▶ **Beispiel:** 15

Arbeitnehmer M und seine Frau F heiraten am 25. Juni 1990. Sie trennen
sich am 30. November 2001. Am 15. März 2010 reicht F den Scheidungsantrag ein. Dieser wird M am 5. April 2010 zugestellt.

Die Ehezeit beginnt am 1. Juni 1990 und endet am 31. März 2010.

---

7 Vgl. § 1 Rdn. 72 ff.
8 Vgl. § 1 Rdn. 449 ff.
9 Bei einer Ehezeit von bis zu drei Jahren findet der Versorgungsausgleich nur auf
Antrag einer der beiden Ehegatten statt, § 3 Abs. 3 VersAusglG, vgl. Rdn. 153 ff.
Der BGH stellt jedoch darauf ab, wann die Arbeit tatsächlich aufgenommen wurde,
der Zeitpunkt des Vertragsschlusses ist nicht maßgeblich, BGH 1.6.2011 – XII ZB
186/08.

16 Der Gesetzgeber hat sich bewusst dafür entschieden, auf das Datum der Zustellung des Scheidungsantrags abzustellen, das problemlos nachweisbar ist. Eine lange Trennungszeit der Ehegatten ohne Scheidungsantrag verringert daher nicht die maßgebliche Ehezeit. Vielmehr fällt auch ein Anrecht auf betriebliche Altersversorgung, das während einer solchen Trennungszeit erworben wurde, in den Versorgungsausgleich.

II. Bewertung des Ehezeitanteils

17 Die Bestimmungen zur Bewertung des Ehezeitanteils finden sich in den §§ 39f. VersAusglG. § 45 Abs. 1 Satz 1 VersAusglG legt als Sonderregelung für die betriebliche Altersversorgung fest, dass das Anrecht entweder als **Rentenbetrag gem. § 2 BetrAVG** oder als **Kapitalwert gem. § 4 Abs. 5 BetrAVG** festgesetzt werden kann. Die Bewertung hat grundsätzlich vorrangig nach der unmittelbaren Bewertungsmethode zu erfolgen.[10] Nur wo eine solche aus systembedingten Gründen nicht möglich ist, kommt die zeitratierliche Bewertung zum Tragen.[11] Sachleistungen unterliegen nicht dem Versorgungsausgleich, da ihre Ziele nicht auf Leistung einer Rente oder eines Kapitalwerts gerichtet ist.[12]

1. Unmittelbare Bewertung, § 39 VersAusglG

18 Die unmittelbare Bewertung ist anzuwenden, wenn das Versorgungssystem den Wert des Versorgungsanrechtes über eine Bezugsgröße definiert, die **bestimmten Zeitabschnitten zugeordnet** werden kann. Der Bewertungsmaßstab kann sich beispielsweise danach richten, ob der jeweilige Beitrag in der Ehezeit erbracht oder ob die jeweilige Arbeitsleistung in diesem Zeitraum geleistet wurde. In § 39 Abs. 2 VersAusglG hat der Gesetzgeber zur Veranschaulichung die wesentlichen Fallgruppen aufgezählt. Die unmittelbare Bewertung ist bei einigen Gestaltungsformen der betrieblichen Altersversorgung anwendbar. Die spätere vorzeitige Inanspruchnahme einer betrieblichen Altersversorgung ist in diesem Zusammenhang keine Veränderung, die auf das Ende der Ehezeit zurück wirkt (Ausnahmen gelten bei der Teilung einer bereits laufenden Rentenleistung).[13]

---

10 § 45 Abs. 2 Satz 1 VersAusglG.
11 § 45 Abs. 2 Satz 2 VersAusglG.
12 BGH 4.9.2013, XII ZB 296/13, MDR 2013, 1280.
13 BGH 7.3.2012, XII ZB 599/10.

Huber

2. Zeitratierliche Bewertung, §§ 40, 45 VersAusglG

Die zeitratierliche Bewertung gem. § 40 VersAusglG stellt eine »Auffangnorm« 19
dar, da sie nur dann zur Anwendung kommt, wenn kein direkter Zusammenhang zwischen der Ehezeit und der Bemessung des jeweiligen Versorgungsanrechtes besteht. Die betriebliche Altersversorgung kennt in der Praxis einige Planregelungen, die eine Versorgungsleistung zeitunabhängig definieren. Der Ehezeitanteil wird in diesen Fällen entsprechend der Spezialregelung des § 45 Abs. 2 VersAusglG berechnet, indem der Wert der im Endalter erreichbaren betrieblichen Versorgungsanwartschaft mit dem Quotienten aus der ehezeitlichen Betriebszugehörigkeit (die durch Teilzeit nicht beeinflusst wird)[14] und der gesamten Betriebszugehörigkeit bis zur jeweils maßgeblichen festen Altersgrenze multipliziert wird.[15] Mithin sind drei Bewertungsgrößen erheblich:

– Die Zeit der Betriebszugehörigkeit[16] bis zur Vollendung der für das jeweilige Versorgungssystem maßgeblichen Altersgrenze.[17]
– Die Ehezeit, soweit sie parallel zu der Betriebszugehörigkeit verläuft.
– Die Höhe der bis zur Erreichung der festen Altergrenze erreichbaren Versorgungsanwartschaft. Eine spätere vorzeitige Inanspruchnahme wirkt auf die Ehezeit zurück.[18]

$$\text{Ehezeitanteil} = \frac{\textit{bis zur festen Altersgrenze}}{\textit{erreichbarer Versorgungsanspruch}} \times \frac{\textit{ehezeitliche Betriebszugehörigkeit}}{\textit{gesamte Betriebszugehörigkeit bis Altersgrenze}}$$

---

14 BGH 26.4.2009, XII ZB 160/07, FamRZ 2009, 1738; 22.7.2009, XII ZB 176/06, FamRZ 2009, 1986.
15 Vgl. §§ 40 Abs. 4, 45 Abs. 2 Satz 3 VersAusglG. Folgt man dem Gesetzestext, ist zunächst die unverfallbare Anwartschaft zum Ehezeitende zu berechnen und anschließend mit dem Verhältnis der Ehezeit, die auf die Betriebszugehörigkeit entfällt, zu kürzen. Dies führt jedoch im Ergebnis zur dargestellten Berechnung.
16 Im Rahmen der betrieblichen Altersversorgung ist gem. § 45 Abs. 2 Satz 2 VersAusglG die Betriebszugehörigkeit die vorrangige Messgröße gegenüber der Zugehörigkeit zu dem betroffenen Versorgungssystem nach § 40 VersAusglG.
17 Zu den Auswirkungen des BAG-Urteils vom 15.5.2012, 3 AZR 11/10, DB 2012, 1756 betreffend die automatische Anhebung der Altersgrenze in betrieblichen Versorgungswerken aufgrund des RV-Altersgrenzenanpassungsgesetzes, *Walddörfer/Wilhelm* DB 2013, 1053.
18 OLG Hamm 20.12.2013, I-12 U 95/13, NZA-RR 2014, 149; AG Sinsheim 14.8.2012, 21 F 101/11, Beck RS 2012, 18529; *Brudermüller* NJW 2011, 3196.

20   Gemäß § 40 Abs. 3 Satz 1 VersAusglG sind für die Höhe der erreichbaren Anwartschaft nach dem Stichtagsprinzip die **zum Ende der Ehezeit maßgeblichen Bemessungsgrundlagen** (bspw. das maßgebliche versorgungsfähige Entgelt) zugrunde zu legen.

III. Berechnung des Ehezeitanteils für einzelne Gestaltungsvarianten der betrieblichen Altersversorgung

21   Die Berechnung des Ehezeitanteils hängt von der Ausgestaltung des jeweiligen Versorgungswerkes ab. Je nach Durchführungsweg bieten sich unterschiedliche Leistungstypen an. In Betracht kommen die traditionelle Leistungszusage und die beitragsorientierte Leistungszusage sowie die Beitragszusage mit Mindestleistung. Letztere ist nur in den Durchführungswegen Direktversicherung, Pensionsfonds und Pensionskasse zugelassen.

1. Leistungszusage

22   Die Leistungszusage zeichnet sich gem. § 1 Abs. 1 Satz 1 BetrAVG dadurch aus, dass der Arbeitgeber dem versorgungsberechtigten Arbeitnehmer eine Zusage auf eine definierte (Alters-, Invaliden- oder Hinterbliebenen-) Leistung erteilt. Die Definition der Leistung erfolgt entweder in Form einer dienstzeit- und/oder gehaltsabhängigen Berechnungsformel oder als Festbetrag.[19] Dabei kann sowohl eine Renten- als auch eine Kapitalleistung zugesagt sein.

a) Endgehaltsplan

23   Endgehaltspläne bzw. Final Pay Pläne definieren die zugesagte Leistung in Abhängigkeit des letzten Einkommens vor Eintritt des Versorgungsfalls. Üblicherweise wird dabei ein Versorgungsniveau in Höhe eines dienstzeitabhängigen Prozentsatzes des letzten Einkommens oder eines durchschnittlichen Einkommens der letzten Jahre zugesagt. Da in diesen Fällen das Endgehalt die Leistung bestimmt, ist eine unmittelbare Zuordnung der Leistung zu bestimmten Zeitperioden ungeachtet der jährlichen prozentualen Steigerung der Anwartschaft nicht möglich. Bei derartigen Plangestaltungen ist der Ehe-

---

19 Vgl. im Detail zur Leistungszusage § 1 Rdn. 193 ff.

zeitanteil mit der **zeitratierlichen Methode** zu berechnen.[20] Für den erreichbaren Anspruch ist das Entgelt bei Ehezeitende maßgeblich.[21]

Steigerungen des Einkommens nach Ende der Ehezeit sind nicht mehr   24
über die interne Teilung auszugleichen. In Betracht käme daher allenfalls ein
schuldrechtlicher Versorgungsausgleich, den das neue Recht in Einzelfällen
noch vorsieht. Die Gesetzesbegründung scheint einen solchen Ausgleich zu
befürworten, da die nach Ende der Ehezeit anfallende Einkommensdyna-
mik wie ein verfallbares Betriebsrentenanrecht i. S. d. § 19 VersAusglG dann
auszugleichen sei, wenn es endgültig feststünde.[22] Allerdings profitiert der
ausgleichsberechtigte Ehegatte so von einer weiteren Betriebstreue des ausgleichspflichtigen Ehegatten, während die Dynamik bei vorzeitigem Arbeitgeberwechsel final abgeschnitten würde. Der betriebstreue Arbeitnehmer wird
daher schlechtergestellt als der nicht betriebstreue Arbeitnehmer.

b) Karriere-Durchschnitts-Plan

Ein Karriere-Durchschnitts-Plan, in der Praxis auch Career-Average Plan   25
genannt, zeichnet sich dadurch aus, dass für die Berechnung der Leistung
nicht das Einkommen bei Eintritt des Versorgungsfalls herangezogen wird,
sondern das Einkommen jedes einzelnen Dienstjahres. Da in jedem Dienstjahr ein fest definierter Teil der Rentenanwartschaft erdient wird, lässt sich in
diesem Fall das während der Ehezeit erdiente Versorgungsanrecht unmittelbar
bewerten.

---

20 Vgl. die Darstellung unter Rdn. 19.
21 Vgl. § 40 Abs. 3 VersAusglG. Beispielsberechnungen zum Ehezeitanteil finden sich
    bei *Huber/Burg* BB 2009, 2534 ff.
22 Vgl. Gesetzesbegründung zu § 20 Abs. 1, S. 63, Entwurf eines Gesetzes zur Struk-
    turreform des Versorgungsausgleichs (VAStrRefG) v. 20.8.2008, BT-Drucks.
    16/10144. Diese Auffassung entspricht im Ergebnis der bisherigen höchstrichter-
    lichen Rechtsprechung, welche nachehezeitliche Veränderungen, die der Versor-
    gungsordnung latent innewohnen, in den schuldrechtlichen Versorgungsausgleich
    einfließen lässt. Der Bundesgerichtshof sieht Versorgungsverbesserungen als Folge
    einer generellen Einkommenserhöhung als ausgleichsfähig an, verweigert jedoch
    den Ausgleich eines Versorgungsanstiegs aufgrund einer individuellen Karriere, vgl.
    BGH 11.6.2008, XII ZB 154/07, FamRZ 2008, 1512; vgl. Rdn. 155 ff.

26 ▶ **Beispiel:**

Dem Arbeitnehmer M ist eine Rente zum Zeitpunkt des Versorgungsfalls in Höhe von 0,4 % des in jedem Dienstjahr gezahlten Einkommens zugesagt. Der Ehezeitbeginn ist der 1.1.2006, das Ehezeitende der 31.12.2009. Im Jahr 2006 lag das Einkommen bei monatlich 3.700 €, im Jahr 2007 bei 3.900 €, in den Jahren 2008 und 2009 bei 4.000 €.

Der Ehezeitanteil des Rentenanrechts beträgt 62,40 € (0,4 % × [3.700 € + 3.900 € + 4.000 € + 4.000 €]).

c) Festbetragszusage

27 Bei einer Festbetragszusage wird dem Arbeitnehmer ein Versorgungsversprechen auf einen festgelegten Betrag bei Erreichung der maßgeblichen Altersgrenze erteilt.[23] Der Ehezeitanteil kann in diesem Fall nicht unmittelbar bestimmt werden, da vom ersten Tag an bereits die Anwartschaft auf den definierten Festbetrag besteht. Daher kommt in derartigen Fällen die zeitratierliche Berechnungsmethode zum Einsatz. Abweichend hiervon käme bei einer Versorgungszusage, die feste Euro-Beträge pro Dienstjahr zusagt, die unmittelbare Bewertung zur Anwendung.

2. Beitragsorientierte Leistungszusage

28 Die beitragsorientierte Leistungszusage orientiert sich, anders als die traditionelle Leistungszusage, nicht an der zugesagten Leistung, sondern an dem Versorgungsaufwand, aus dem sich die Leistung bestimmt. Das Gesetz geht von dem Vorliegen einer beitragsorientierten Leistungszusage aus, wenn der Arbeitgeber sich verpflichtet, bestimmte Beiträge in eine Anwartschaft auf Alters-, Invaliditäts- oder Hinterbliebenenleistung umzuwandeln.[24]

---

23 Die Praxis kennt Gestaltungen, bei denen der zugesagte Beitrag auch bei vorzeitiger Inanspruchnahme vor Erfüllung der maßgeblichen Altersgrenze geleistet wird oder bei denen eine versicherungsmathematische Kürzung des zugesagten Festbetrags zum Ausgleich für die längere Rentenzahldauer vorgeschrieben ist.

24 § 1 Abs. 2 Nr. 1 BetrAVG, vgl. hierzu § 1 Rdn. 449 ff.

a) Renten-/Kapitalbausteinplan

Ein Renten-/Kapitalbausteinplan ist im weiteren Sinne vergleichbar mit 29 einem Karriere-Durchschnitts-Plan. Auf Basis eines jährlichen Beitrags wird anhand einer Umrechnungstabelle, die üblicherweise vom Alter und zuweilen auch vom Geschlecht abhängt, ein Rentenbaustein ermittelt. Die Höhe der Rentenleistung im Versorgungsfall entspricht der Summe der angesammelten Rentenbausteine.[25] Da die Rentenbausteine unmittelbar den Dienstjahren zugeordnet werden können, kommt in diesem Fall die unmittelbare Methode zum Einsatz. Der Ehezeitanteil entspricht den während der Ehezeit angesammelten Rentenbausteinen, wobei bei unterjährigem Beginn oder Ende der Ehezeit der für das jeweilige Jahr fällige Baustein anteilig berechnet werden würde.[26]

b) Beitragsorientiertes System mit variabler Wertentwicklung

aa) Gestaltung

Bei einem beitragsorientierten System mit variabler Wertentwicklung wird 30 für den Arbeitnehmer i. d. R. ein (jährlicher) Versorgungsbeitrag definiert und einem (fiktiven) Konto gutgeschrieben. Die auf dem Konto angesammelten Beiträge werden je nach Versorgungsgestaltung nominal garantiert oder mit einem definierten Zinssatz verzinst.[27] Darüber hinaus werden Zuwächse in Anlehnung an interne oder externe Referenzgrößen gewährt, beispielsweise die Unternehmensrendite oder die Umlaufsrendite festverzinslicher Wertpapiere. Die Praxis kennt auch Zuwächse durch die tatsächliche Wertentwicklung der angesammelten Beiträge, wenn diese extern am Kapitalmarkt angelegt werden.[28]

---

25 Vgl. hierzu beispielhaft die Tabelle in § 1 Rdn. 460.
26 Zu der Ermittlung i. E. BGH 4.7.2012, XII ZB 8/09, FamRZ 2012, 1550; 6.2.2013, XII ZB 204/11, BeckRS 2013, 05210. Vgl. ferner *Huber/Burg* BB 2009, 2536; *Engbroks/Heubeck* BetrAV 2009, 16.
27 In der Praxis wird des Öfteren der jeweilige Höchstgarantiezinssatz für die Versicherungswirtschaft (in 2010 2,25 % p. a.) verwendet; es finden sich jedoch auch abweichende Zinssätze.
28 In der Praxis zu finden sind beispielsweise der Erwerb von Fondsanteilen an Publikums- oder Spezialfonds unmittelbar durch den Arbeitgeber oder durch einen Treuhänder, sog. CTA-Modell.

31 ▶ **Beispiel:**

Dem Arbeitnehmer M wird jedes Jahr ein Beitrag von 2.500 € gewährt. Der Arbeitgeber erwirbt mit den Beiträgen (z. B. über den Weg eines CTA) Anteile an Publikumfonds. Der durch die Fonds erwirtschaftete Ertrag wird den angesammelten Beiträgen jährlich anteilig gutgeschrieben. Alternativ unterliegen die Beiträge den jeweiligen Ertragsschwankungen der Publikumsfonds und die anfallenden Erträge werden erst bei Eintritt des Versorgungsfalles festgeschrieben.

32 Zu beachten ist, dass nachehezeitliche Wertveränderungen einer externen Kapitalanlage nur dann auf den Ehezeitanteil zurückwirken, wenn ein tatsächlich nachgewiesener Verlust eintritt. Wertsteigerungen bleiben unberücksichtigt.[29]

bb) Berechnung des Ehezeitanteils

33 Grundsätzlich lassen sich die zugesagten Beiträge unmittelbar einer bestimmten Zeitperiode und damit auch der Ehezeit zuordnen, sodass die unmittelbare Bewertung insofern anzuwenden ist. Ist für derartige Beiträge eine garantierte Mindestverzinsung zugesagt, fällt der Zinsertrag in den Ehezeitanteil, der auf die während der Ehezeit geleisteten Beiträge erwirtschaftet wurde. Erträge auf vor Beginn der Ehezeit angefallene Beiträge sind der Ehezeit grundsätzlich nicht zuzurechnen, da ihre wirtschaftliche Veranlassung vor Beginn der Ehe erfolgt ist. Je nach Zusagegestaltung kann allerdings die Ermittlung des in die Ehezeit fallenden flexiblen Wertzuwachses Schwierigkeiten bereiten und alternative Lösungsansätze erfordern.[30] Die Zuweisung von Fondsanteilen anstelle der Ermittlung eines Kapitalwerts wird von den Gerichten uneinheitlich behandelt.[31]

---

29 Vgl. BGH 29.2.2012, XII ZB 609/10, NJW 2012, 1287; das Urteil erging zu einer privaten Rentenversicherung, kann jedoch auch auf fondsbasierte Produkte der betrieblichen Altersversorgung angewendet werden.

30 Vgl. hierzu im Detail *Huber/Burg* BB 2009, 2536.

31 Ablehnend OLG Stuttgart 27.1.2014, 16 UF 108/12, BeckRS 2014, 02182; bejahend bei interner Teilung OLG Frankfurt a. M. 26.8.2013, 4 UF 113/12, BeckRS 2013, 21410.

c) Beitragsorientierte Leistungszusage mit kongruenter Rückdeckungsversicherung

aa) Struktur der Versorgungszusage

Die beitragsorientierte Leistungszusage mit kongruenter Rückdeckungs- 34
versicherung ist ein Sonderfall der Beitragszusage mit variabler Verzinsung.
Anstelle einer Anlage der Beiträge direkt am Kapitalmarkt erfolgt eine Einzahlung in eine Rückdeckungsversicherung. Die Höhe der Leistung wird durch
den Tarif des Versicherers definiert.

bb) Berechnung des Ehezeitanteils

Die Berechnung des Ehezeitanteils richtet sich nach der unmittelbaren 35
Methode. Als Besonderheit ist zu beachten, dass bei der kongruent rückgedeckten Zusagegestaltung nicht so sehr die Beiträge im Vordergrund stehen als
der Rückkaufswert oder das Deckungskapital der Rückdeckungsversicherung,
welches aus den Beiträgen gebildet wird, und maßgeblich für die spätere Leistung ist. Sachlich richtig erscheint es daher, alternativ zu einer ggf. möglichen
unmittelbaren Bewertung von Versorgungsbausteinen den Rückkaufswert
oder das bei der Versicherung vorhandene Deckungskapital als Ansatzpunkt
für die Berechnung des Ehezeitanteils heranzuziehen.[32]

3. Beitragszusage mit Mindestleistung

a) Gestaltung der Versorgungszusage

Die Beitragszusage mit Mindestleistung ist in § 1 Abs. 2 Nr. 2 BetrAVG geregelt 36
und zeichnet sich dadurch aus, dass der Arbeitgeber eine Versorgungszusage
erteilt, wonach er sich verpflichtet, bestimmte Versorgungsbeiträge an eine
Direktversicherung, eine Pensionskasse oder einen Pensionsfonds zu zahlen.
Der jeweils ausgewählte externe Versorgungsträger investiert die Versorgungsbeiträge am Kapitalmarkt. Das hieraus erwirtschaftete Versorgungskapital
steht im Versorgungsfall für die Versorgungsleistungen zur Verfügung. Da die
Investition der Versorgungsbeiträge am Kapitalmarkt bei Marktverlusten auch
dazu führen kann, dass die Summe der investierten Beiträge unterschritten
wird, hat der Gesetzgeber zum Schutz des Arbeitnehmers als Untergrenze die
sog. Mindestleistung eingeführt. Hiernach hat der Arbeitgeber dem Arbeit-

---

32 Vgl. hierzu auch *Engbroks/Heubeck* BetrAV 2009, 16.

nehmer mindestens die Summe der zugesagten Beiträge (abzüglich der Beiträge, welche zur Finanzierung von Risikoleistungen verbraucht wurden) als Mindestleistung zur Verfügung zu stellen.[33]

b) Berechnung des Ehezeitanteils

37 Im Rahmen einer Beitragszusage mit Mindestleistung kann der Arbeitgeber i. d. R. die auf die Ehezeit entfallende Mindestleistung über die unmittelbare Bewertung ermitteln, wenn die im Ehezeitraum geleisteten Beiträge nachgewiesen werden können. Da diese Beiträge jedoch am Kapitalmarkt investiert sind und der Anlageerfolg das für die späteren Leistungen maßgebliche Versorgungskapital bestimmt, ist es nicht damit getan, nur die Mindestleistung als Versorgungsanrecht festzustellen. Vielmehr muss der ausgleichsberechtigte Ehegatte an einem evtl. bereits bei Ende der Ehezeit eingetretenen Wertzuwachs der auf die Ehezeit entfallenden Beiträge partizipieren und ggf. auch nach Rechtskraft des Versorgungsausgleichs daran beteiligt werden.

38 Allerdings handelt es sich i. d. R. nicht um einen kontinuierlichen Wertanstieg der auf die Ehezeit entfallenden Beiträge. Vielmehr unterliegt die Wertentwicklung der Beiträge je nach der vom Versorgungsträger verfolgten Anlage während der Anwartschaftsphase Wertschwankungen. Mithin ist es kaum sachgerecht, den Stand der nominalen Wertentwicklung zum Ende der Ehezeit als verbindlichen Wert für die Ermittlung des Ehezeitanteils heranzuziehen und zu fixieren. Vielmehr sollten Ermittlungswege gefunden werden, welche der dynamischen Entwicklung des Ehezeitanteils bzw. des Ausgleichswertes auch nach der Rechtskraft der Scheidung Rechnung tragen. In Betracht kommt eine Ermittlung und Aufteilung der in die Ehezeit jeweils finanzierten Anteile an der jeweiligen Kapitalanlage, oder auch ein Ausgleich über den schuldrechtlichen Versorgungsausgleich.

4. Berechnung des Ehezeitanteils von Besitzstandsregelungen

39 Maßgebend für die Ermittlung des Ehezeitanteils bei Besitzstandsregelungen sind die ursprünglichen Planbestimmungen. Dies bedeutet, dass je nach Zusageart die unmittelbare bzw. die zeitratierliche Methode zur Anwendung kommt. Schwierigkeiten bei der Berechnung des Ehezeitanteils können dann entstehen, wenn ein Besitzstand aus Versorgungsanrechten besteht, die nach

---

33 Vgl. hierzu § 1 Rdn. 463.

der unmittelbaren Methode zu bewerten wären, zu denen aber detaillierte Informationen über den betreffenden Zeitraum und die einzelnen maßgeblichen Anwartschaftselemente nicht mehr verfügbar sind. Der Gesetzgeber hat für derartige Fälle ausdrücklich die zeitratierliche Methode als anzuwendendes Verfahren in der Begründung aufgeführt.[34] Zusätzlich können Fallkonstellationen auftreten, in denen Teile des Anrechts nach der unmittelbaren und andere Teile nach der zeitratierlichen Bewertungsmethode zu bewerten sind.[35]

5. Ermittlung des Ehezeitanteils einer laufenden Versorgung

Bei einer bereits laufenden Rente wird gem. § 41 VersAusglG für die Berech- **40** nung des Ehezeitanteils die Methode angewandt, die auf die entsprechende Versorgungszusage in der Anwartschaftsphase verwendet worden wäre. Im Fall einer zeitratierlichen Bewertung sind die Werte für die höchstens erreichbare Zeitdauer und die zu erwartende Versorgung durch die tatsächlichen Werte zu ersetzen.[36] Nach Auffassung des OLG Schleswig wird bei einem bereits laufenden Rentenbezug vor der Gerichtsentscheidung über den Versorgungsausgleich der Kapitalwert der betrieblichen Altersversorgung verzehrt. Es kann deshalb nicht am Halbteilungsgrundsatz bezüglich der zum Stichtag festgestellten Kapitalwerte festgehalten werden. Aus Biligkeitsgründen sind die zeitnah der Gerichtsentscheidung festzustellenden Restwerte der Versorgungen im Wege der Halbteilung in die Berechnung des Versorgungsausgleichs einzustellen.[37]

6. Rückkaufswert bzw. Deckungskapital bei Direktversicherung, Pensionskasse oder Pensionsfonds

Wenn die betriebliche Altersversorgung versicherungsförmig, i.d.R. über **41** eine Direktversicherung oder Pensionskasse durchgeführt wird, ist es für die unmittelbare Bewertung gem. § 39 VersAusglG sachgerecht, entweder den auf die Ehezeit entfallenden Rückkaufswert der Versicherung oder das in diesem Zeitraum gebildete Deckungskapital inklusive zugeteilter Überschüsse zu ermitteln. Hinzu kommen ggf. die für den jeweiligen Versicherungsvertrag maßgeblichen Bezugsgrößen noch nicht zugeteilter Bewertungsreserven und

---

34 Vgl. Gesetzesbegründung (Fn. 14) zu § 45 Abs. 2 Satz 2, S. 82.
35 Vgl. *Huber/Burg* BB 2009, 2537.
36 Vgl. *Huber/Burg* BB 2009, 2537; *Götsche/Rehbein/Breuers* § 41 VersAusglG Rn. 15.
37 OLG Schleswig 29.7.2013, 10 UF 205/12, BeckRS 2013, 16697.

Schlussüberschussanteile zu Beginn und Ende der Ehezeit. Der Ehezeitanteil ergibt sich aus dem Differenzbetrag. Beim Pensionsfonds sind allerdings Fallgestaltungen denkbar, in dem aufgrund der besonderen Tarifgestaltung, die i. d. R. nicht versicherungsförmig ausgestaltet ist, noch kein ausreichender Rückkaufswert oder kein ausreichendes Deckungskapital gebildet worden ist. So kann insbesondere im Rahmen einer Beitragszusage mit Mindestleistung während der Anwartschaftsphase die Fallkonstellation auftreten, dass mit den jeweils eingezahlten Beiträgen noch kein ausreichendes Deckungskapital aufgebaut worden ist.[38]

D. Berechnung des Ausgleichswertes

I. Kapitalwert bzw. korrespondierender Kapitalwert

42   Gemäß § 1 Abs. 2 Satz 2 VersAusglG steht der ausgleichspflichtigen Person die Hälfte des Wertes des Ehezeitanteils als Ausgleichswert zu. Auf dieser Basis ist für sie ein eigenständiges Versorgungsrecht zu begründen. Aus der Gesetzesformulierung ergibt sich nicht eindeutig, was unter dem »Wert des Ehezeitanteils« zu verstehen ist. Der Versorgungsträger hat dem Gericht gem. § 5 Abs. 3 VersAusglG einen Vorschlag für die Bestimmung des Ausgleichswertes zu unterbreiten und muss hierbei auch Angaben über den Ehezeitanteil des Anrechtes machen.

43   Für den Bereich der betrieblichen Altersversorgung steht dem Versorgungsträger gem. § 45 Abs. 1 VersAusglG die Option zu, das Anrecht (den Ehezeitanteil) von Versorgungsanwartschaften als Rentenbetrag gem. § 2 BetrAVG oder als Kapitalwert gem. § 4 Abs. 5 BetrAVG zu bestimmen. Der Gesetzgeber geht hierbei davon aus, dass die meisten Versorgungsträger in der Praxis einen Kapitalwert bestimmen werden, da damit die Ermittlung eines korrespondierenden Kapitalwertes gem. § 47 Abs. 3 VersAusglG hinfällig ist. Sollte der Versorgungsträger jedoch für den Ehezeitanteil einen Rentenbetrag angeben, ist dem Familiengericht gleichzeitig ein korrespondierender Kapitalwert gem. § 47 Abs. 3 VersAusglG mitzuteilen.[39] Im Ergebnis führen beide Wege zu dem Ausweis eines versicherungsmathematischen Barwertes, da § 47 Abs. 3

---

38 Vgl. hierzu Rdn. 37 ff.

39 Vgl. Gesetzesbegründung zu § 45 Abs. 1 Satz 1, S. 82; Entwurf eines Gesetzes zur Strukturreform des Versorgungsausgleichs (VAStrRefG) vom 20.8.2008, BT-Drucks. 16/10144; *Merten/Baumeister* BB 2009, 957.

VersAusglG für den korrespondierenden Kapitalwert ebenfalls den Übertragungswert gem. § 4 Abs. 5 BetrAVG heranzieht.

II. Halbteilungsprinzip – die drei Möglichkeiten

Das Gesetz bietet dem Versorgungsträger drei Möglichkeiten zur Ermittlung 44
des Ausgleichswertes an:

– Legt der Versorgungsträger den versicherungsmathematischen Barwert
   bzw. das Deckungskapital als Kapitalwert oder korrespondierenden Kapitalwert zugrunde und halbiert diesen anschließend »wortgerecht« (Option
   1), würde dies im Fall einer Rentenzusage eine Aufteilung der Rente in der
   Form bewirken, dass der Barwert insgesamt unverändert bleibt. Dies führt
   aufgrund der versicherungsmathematischen Umrechnung zu unterschiedlichen Rentenhöhen der Ehegatten. Obwohl durch eine unterschiedliche
   Lebenserwartung begründet und versicherungsmathematisch nachvollziehbar, sollte der Ausweis ungleicher Renten vorsichtig erwogen werden.
– Als weitere Option 2 sieht die Gesetzesbegründung eine numerische Halbteilung des Anspruchs vor. Dies würde eine Veränderung des versicherungsmathematischen Barwertes bzw. des Deckungskapitals der Versorgung mit
   sich bringen und sich auf die Höhe der Pensionsrückstellung auswirken.
   Hieraus kann ggf. eine Belastung des Versorgungsträgers resultieren.
– Um eine solche Belastung zu vermeiden, hat der Gesetzgeber als dritte
   Möglichkeit (Option 3) ein Verfahren zugelassen, wonach der versicherungsmathematische Barwert bzw. das vorhandene Deckungskapital so
   zwischen beiden Ehegatten aufgeteilt wird, dass gleich hohe Rentenbeträge entstehen, die in Summe nicht dem Ehezeitanteil entsprechen.[40]

▶ **Beispiel:** 45

Bei Ehezeitende zum 31.12.2009 beläuft sich der versicherungsmathematische Barwert für einen Ehezeitanteil in Höhe von 1.000 € auf 5.798 € für
den am 1.1.1970 geborenen ausgleichspflichtigen Mann. Bei hälftiger Aufteilung dieses Barwertes erhält die Frau (geboren am 1.1.1975) eine Rente
in Höhe von 635 €, der Mann in Höhe von 500 €. Bei hälftiger Aufteilung
der Rente auf beide Ehegatten zu jeweils 500 € sinkt der Gesamtbarwert

---

40 Vgl. Gesetzesbegründung zu § 11, S. 56. Entwurf eines Gesetzes zur Strukturreform
    des Versorgungsausgleichs (VAStrRefG) vom 20.8.2008, BT-Drucks. 16/10144;
    Götsche/Rehbein/Breuers § 11 VersAusglG Rn. 18 f.

auf 5.180 €. Wird der versicherungsmathematische Barwert so verteilt, dass beide Ehegatten dieselbe Rente erhalten, ergibt dies bei gleich bleibendem Barwert eine Rente von 560 € für jeden Ehegatten.

III. Versicherungsmathematische Prämissen zur Berechnung des Kapitalwertes

46 Für die Berechnung des Kapitalwertes verweisen die Sonderregelungen der §§ 45 Abs. 1, 47 Abs. 3 VersAusglG zur betrieblichen Altersversorgung auf den Übertragungswert gem. § 4 Abs. 5 BetrAVG. Diese Vorschrift bestimmt, dass der Übertragungswert bei einer unmittelbaren Versorgungszusage und einer Unterstützungskassenzusage dem Barwert der nach § 2 BetrAVG bemessenen, künftigen Leistung entspricht; für die Berechnung sind die Rechnungsgrundlagen und die anerkannten Regeln der Versicherungsmathematik maßgebend. Grundsätzlich kann der Versorgungsträger die maßgebenden Rechnungsgrundlagen nach seiner Wahl festsetzen. Jedoch muss er die Berechnung gegenüber dem Familiengericht darlegen und erläutern.

47 Hierbei ist es für Direktzusagen sachgerecht, auf die jeweiligen Rechnungsgrundlagen zurückzugreifen, die bereits zur Berechnung der Pensionsrückstellungen in der letzten Handelsbilanz herangezogen wurden.[41] Dies betrifft die Festlegungen zur Biometrie (Pensionierungsalter, ggf. Berücksichtigung von Risikoleistungen, d. h. Invalidisierungs- und Sterbewahrscheinlichkeiten).[42] Von erheblicher Bedeutung ist die Festsetzung des Rechnungszinses, der zur Diskontierung herangezogen wird. Nach der Gesetzesbegründung soll dem Versorgungsträger die Wahl des Rechnungszinses zwar überlassen werden. Jedoch verweisen die Bundesregierung und nachfolgend der Rechtsausschuss des Bundestages auf die Neuregelung des § 253 Abs. 2 HGB-RegE, wonach ein marktkonformer monatlicher Rechnungszins zur Bewertung von Pensionsrückstellungen von der Deutschen Bundesbank ermittelt wird. Abweichungen von diesem Zins wird der Versorgungsträger dem Familiengericht

---

41 Vgl. Gesetzesbegründung zu § 47, S. 85. Entwurf eines Gesetzes zur Strukturreform des Versorgungsausgleichs (VAStrRefG) vom 20.8.2008, BT-Drucks. 16/10144.

42 Vgl. zu der Frage der Anwendung von Unisextarifen *Borth* Versorgungsausgleich, 6. Aufl., Rn. 519 f.

wohl erklären müssen. Nicht zulässig ist der steuerliche Rechnungszins gem. § 6a EStG in Höhe von 6 % p. a.[43]

IV. Abzug der Teilungskosten

Durch die interne Teilung entsteht dem Versorgungsträger ein zusätzlicher **48** Administrationsaufwand in nicht unerheblichem Umfang.[44] Der Gesetzgeber hat daher in § 13 VersAusglG für die interne Teilung vorgesehen, dass die entstehenden Kosten mit den Anrechten der Ehegatten jeweils hälftig verrechnet werden können. Allerdings fallen die Kosten der Berechnung des Ehezeitanteils nicht unter den Begriff der »Teilungskosten«, da diese Berechnung nach Auffassung des Gesetzgebers bisher schon angefallen ist und der Erfüllung der Auskunftspflichten vor Gericht dient.[45] Mithin können Kosten abgezogen werden, soweit sie auf Tätigkeiten wie die Auszahlung von Rentenleistungen etc. anfallen und soweit sie angemessen sind. Die Gesetzesbegründung sieht in diesem Zusammenhang die Möglichkeit vor, einen pauschalen Kostenansatz anzusetzen und verweist hierzu auf die Rechtsprechung zu § 1 Abs. 2 VAHRG, welche bei der Realteilung einen Kostenabzug von 2 % bis 3 % des Deckungskapitals zulässt. Für Fälle, in denen kein Deckungskapital vorhanden ist, bietet es sich an, den Übertragungswert gem. § 4 Abs. 5 BetrAVG, der ohnehin als (korrespondierender) Kapitalwert zu ermitteln ist, zugrunde zu legen. Diskutiert wird ferner die Definition von Mindest- oder Höchstgrenzen, da

---

43 Die Ermittlung erfolgt nach Maßgabe der Rückstellungsabzinsungsverordnung, RückAbzinsV, BGBl. 2009 I S. 3790, die nähere Angaben zur Ermittlungsmethodik und deren Grundlagen festlegt. Vgl. Gesetzesbegründung zu § 47, S. 85 Entwurf eines Gesetzes zur Strukturreform des Versorgungsausgleichs (VAStrRefG) vom 20.8.2008, BT-Drucks. 16/10144. Beschlussempfehlung und Bericht des Rechtsausschusses zu dem Gesetz der Bundesregierung (Drucks. 16/10144), BT-Drucks. 16/11903 v. 11.2.2009, S. 112.

44 Vgl. beispielhaft die Aufstellung bei *Niehaus* BetrAV 2011, 141.

45 Vgl. Gesetzesbegründung zu § 13, S. 57 Entwurf eines Gesetzes zur Strukturreform des Versorgungsausgleichs (VAStrRefG) vom 20.8.2008, BT-Drucks. 16/10144. Die Aussage des Gesetzgebers ist sachlich für die betriebliche Altersversorgung nicht ganz korrekt, da der Arbeitgeber in bisherigen Ausgleichsverfahren lediglich die erreichbare Versorgungsanwartschaft und die Betriebszugehörigkeit des Mitarbeiters angeben musste, während die Berechnung der auf die Ehezeit entfallenden betrieblichen Versorgungsanwartschaft von den Familiengerichten vorzunehmen war.

andernfalls der Versorgungsausgleich bei hohen Anrechten unverhältnismäßig teuer wäre und die Trennung niedrigerer Werte »subventionieren« würde.[46] Auch Stückkosten können in diesem Zusammenhang in Betracht kommen, wobei derartige Kosten auf sachlichen Gründen und Erfahrungswerten fußen sollten. Die Frage, welche Teilungskosten angerechnet werden dürfen und in welchem Umfang, wurde in den ersten Jahren kontrovers durch die Gerichte diskutiert.[47] Der BGH hat nun durch mehrere Entscheidungen festgelegt, dass § 13 VersAusglG alle angemessenen, durch die interne Teilung entstehenden Kosten erfasst. Dazu zählen auch die im Rahmen der Kontenverwaltung für den Versorgungsberechtigten erwachsenden Mehrkosten.[48]

49 In jedem Fall hat der Versorgungsträger den Kostenabzug gegenüber dem Familiengericht darzulegen, welches die Angemessenheit der Kosten zu prüfen hat. Da der Kostenabzug hälftig jedem Ehegatten anzulasten ist, sind bei beiden die Kosten jeweils zu 50 % nach Berechnung des Ausgleichswertes von diesem abzuziehen.[49]

E. Interne Teilung

I. Begründung eines eigenen Anrechts des ausgleichsberechtigten Ehegatten

1. Gleichwertige Teilhabe an dem in der Ehezeit erworbenen Anrecht

50 Gemäß § 11 Abs. 1 VersAusglG muss die interne Teilung die gleichwertige Teilhabe der Ehegatten an den in der Ehezeit erworbenen Anrechten sicherstellen. Dies ist gewährleistet, wenn im Vergleich zum Anrecht der ausgleichspflichtigen Person:

---

46 Vgl. *Merten/Baumeister* DB 2009, 959; Johannsen/Henrich/*Holzwarth* Familienrecht, 5. Aufl., § 13 VersAusglG Rn. 2. In der Rechtsprechung kristallisiert sich allmählich eine Höchstgrenze um die € 500 heraus, sofern nicht eine detaillierte Kostenrechnung vorgelegt wird, die höher ist, vgl. BGH 1.2.2012, XII ZB 172/11, NJW 2012, 1281.

47 Vgl. die Darstellung bei *Wick* BetrAV 2011, 135.

48 Vgl. BGH 11.7.2012, XII ZB 459/11, FamRZ 2012, 1549; 4.4.2012, XII ZB 310/11, FamRZ 2012, 942, 1.2.2012, XII ZB 172/11, NJW 2012, 1281; *Niehaus* BetrAV 2011, 141.

49 Vgl. *Huber/Burg* BB 2009, 2538.

– gem. § 11 Abs. 1 Nr. 1 VersAusglG für die ausgleichsberechtigte Person ein eigenständiges und entsprechend gesichertes Anrecht übertragen wird,
– ein Anrecht in Höhe des Ausgleichswerts mit vergleichbarer Wertentwicklung entsteht (§ 11 Abs. 1 Nr. 2 VersAusglG) und
– der gleiche Risikoschutz gewährt wird, § 11 Abs. 1 Nr. 3 VersAusglG.

Diese Leistung wie auch z. B. Invaliditätsleistungen kann der Arbeitgeber 51 allerdings aus der Zusage ausschließen, wenn er die Anwartschaft des Ausgleichsberechtigten auf Altersleistung entsprechend erhöht. In einem solchen Fall muss nach Auffassung des OLG Koblenz die Teilungsordnung des Arbeitgebers die Berechnungsparameter ausweisen, welche für die Berechnung der kompensierenden Erhöhung der Altersrente verwendet werden.[50] Der ausgleichsberechtigte Ehegatte erhält den Status eines mit unverfallbarer Anwartschaft ausgeschiedenen Arbeitnehmers.

▶ **Beispiel:** 52

Möchte der Arbeitgeber in obigem Beispiel die Risikoleistungen für den Ausgleichsberechtigten ausschließen, so erhöht sich die Anwartschaft auf Altersleistung der Frau von 623 € auf 782 €.

2. Gesetzlicher Insolvenzschutz

Der Versorgungsanspruch des Ausgleichsberechtigten beruht auf dem Renten- 53 recht des Ausgleichsverpflichteten. Das gilt auch für den gesetzlichen Insolvenzschutz. Daraus folgt, dass sich die Höchstgrenze der insolvenzgeschützten Leistungen gem. § 7 Abs. 3 BetrAVG[51] nach der Summe der beiden Einzelleistungen richtet. Sofern die Summe der Versorgungsleistung an den Ausgleichsberechtigten und die Versorgungsleistung an den Ausgleichsverpflichteten die Höchstgrenze übersteigt, werden beide Versorgungsleistungen entsprechend gekürzt. Eine andere Einordnung wäre systemwidrig.

Der »Status« eines mit einer unverfallbaren Versorgungsanwartschaft ausge- 54 schiedenen Mitarbeiters beinhaltet für den ausgleichsberechtigten Ehegatten, dass dieser auch die Schutzrechte des Betriebsrentengesetzes geltend machen kann. Hierzu zählt unter anderem die Anpassungsprüfungspflicht des Arbeitgebers gem. § 16 BetrAVG ebenso wie die Regelungen zur Abfindung und

---

50 OLG Koblenz 11.5.2011, 13 UF 221/11.
51 Vgl. § 7 Rdn. 129–145.

Übertragung von Versorgungsanwartschaften und die Geltendmachung einer vorgezogenen Altersrente. Sollte das geteilte Versorgungsrecht auf Entgeltumwandlung beruhen, wird auch vertreten, dass der Ausgleichsberechtigte das Recht zur Fortsetzung mit eigenen Beiträgen wahrnehmen kann.[52]

II. Kürzung des Anrechts des ausgleichspflichtigen Ehegatten

55   Im Gegenzug zu der Begründung eines eigenen Anrechtes für den ausgleichsberechtigten Ehegatten ist das Anrecht des ausgleichspflichtigen Ehegatten zu kürzen. Diese Kürzung ist weitgehend unproblematisch, wenn die jeweilige Versorgungszusage auf Versorgungsbeträgen aufbaut, die problemlos teilbar sind.

56 ▶ **Beispiel:**

Im Rahmen einer beitragsorientierten Leistungszusage hat Arbeitnehmer M auf seinem Versorgungskonto einen Betrag im Umfang von 145.000 € erworben. Hiervon werden 56.000 € für den Ausgleichswert und die Teilungskostenpauschale abgezogen, sodass M ein Betrag von 89.000 € verbleibt, der durch weitere Zuwächse wieder vergrößert werden kann.

57   Anders gestaltet sich die Sachlage, wenn eine Versorgungszusage zeitunabhängig und ohne Referenz zu bestimmten Beitragsperioden gestaltet ist. Diese Fälle treten insbesondere bei einer klassischen Leistungszusage auf.[53] Im Regelfall ist die noch vorzunehmende Kürzung des Anrechtes des ausgleichspflichtigen Ehegatten um den Ausgleichswert durch den Versorgungsträger zu dokumentieren und bei Eintritt des Versorgungsfalles in geeigneter Weise zu berücksichtigen.

III. Steuerliche Behandlung

58   Für die interne und externe Teilung wurden steuerliche Rahmenbedingungen geschaffen, die den Versorgungsausgleich erleichtern. Diese steuerlichen Regelungen berücksichtigen allerdings nur das Interesse der zu scheidenden Ehegatten, nicht die Interessen aller Versorgungsträger.

---

52 Vgl. *Wick* BetrAV 2011, 137; *Blomeyer/Rolfs/Otto* Anh. § 1 Rn. 368.
53 Vgl. *Huber/Burg* BB 2009, 2538.

1. Steuerliche Behandlung beim Ausgleichspflichtigen und Ausgleichsberechtigten

Durch die interne Teilung sollen weder beim Ausgleichspflichtigen noch beim Ausgleichsberechtigten nachteilige steuerliche Folgen eintreten. Dies gilt sowohl für den Zeitpunkt der Teilung wie auch für die spätere Versorgungsphase.   **59**

Deshalb ist in § 3 Nr. 55a EStG vorgesehen, dass die im Wege der internen Teilung »durchgeführte Übertragung von Anrechten für die ausgleichsberechtigte Person zulasten von Anrechten der ausgleichspflichtigen Person« steuerfrei ist. Dies gilt sowohl für die Teilung einer Anwartschaft als auch für die Teilung einer bereits laufenden Versorgungsleistung.   **60**

Die (späteren) Auszahlungen werden so besteuert, wie sie besteuert worden wären, hätte keine Teilung stattgefunden. Der ausgleichspflichtige Ehegatte versteuert die Versorgungsleistungen aus seinem verbliebenen Anrecht. Der Ausgleichsberechtigte versteuert die Versorgungsleistungen aus dem ihm übertragenen Anrecht nach den jeweils für das Anrecht geltenden Besteuerungsregeln.   **61**

a) Direktzusage und Unterstützungskasse

Wurde bei einer Direktzusage (unmittelbaren Versorgungszusage) eine Teilung vorgenommen, besteuern beide geschiedenen Ehegatten die ihnen zufließende Versorgungsleistung (§ 11 EStG) gem. § 19 EStG. Entsteht der Versorgungsanspruch vor dem Jahr 2040, kommt für jeden Ehegatten gem. § 19 Abs. 2 EStG der Versorgungsfreibetrag zur Anwendung. Für die Höhe des Versorgungsfreibetrages kommt es auf den jeweiligen Versorgungsbeginn des ausgleichsberechtigten und des ausgleichspflichtigen Ehegatten an.   **62**

Um die Anwendbarkeit des § 19 EStG auf den ausgleichsberechtigten Ehegatten zu verdeutlichen, wurde § 19 Abs. 1 EStG ausdrücklich dahin gehend ergänzt, dass zu den steuerpflichtigen Einkünften aus nicht selbstständiger Arbeit auch solche gehören, die infolge einer internen Teilung an die ausgleichsberechtigte Person geleistet werden.   **63**

Gleiches gilt bei Versorgungsleistungen, die von einer Unterstützungskasse gezahlt werden.   **64**

b) Direktversicherung

65 Bei einer Direktversicherung wird durch den gerichtlichen Gestaltungsakt bei der internen Teilung bei dem gleichen Versicherungsunternehmen, bei dem die auszugleichende Direktversicherung besteht, eine neue »Direktversicherung« für den ausgleichsberechtigten Ehegatten begründet. Es wird der Ausgleichswert als Einmalbeitrag auf einen anderen »Direktversicherungsvertrag« übertragen.

66 Da bei Direktversicherungen zwischen Alt- und Neuzusagen[54] zu unterscheiden ist, bedurfte es für die ausgleichsberechtigte Person einer gesetzlichen Regelung, welche Besteuerungsregeln für den neu abgeschlossenen Vertrag zu gelten haben.

67 Mit § 52 Abs. 36 EStG wird für den neuen Vertrag des ausgleichsberechtigten Ehegatten fingiert, dass er zu dem gleichen Zeitpunkt als abgeschlossen gilt, zu dem der Versicherungsvertrag des ausgleichspflichtigen Ehegatten abgeschlossen wurde. Daraus ergibt sich, dass für eine zu teilende Direktversicherung, die **vor dem 1.1.2005** abgeschlossen wurde,[55] die später ausgezahlten Versorgungsleistungen i. d. R. auch für den ausgleichsberechtigten Ehegatten steuerfrei bleiben, wenn es sich um eine Kapitalleistung handelt (§ 22 Nr. 5 Satz 2 Buchst. b EStG). Bei einer Rentenleistung ist nur der Ertragsanteil zu versteuern (§ 22 Nr. 5 Satz 2 Buchst. a EStG). Damit wird vermieden, dass die ausgleichsberechtigte Person schlechtergestellt wird als die ausgleichspflichtige Person. Dies war angesichts des Zwecks des Gesetzes, die Verbesserung der Altersversorgung zu erreichen, erforderlich.

68 Mit der Fiktion wird auch erreicht, dass für den ausgleichsberechtigten Ehegatten keine neue Frist i. S. v. § 20 Abs. 1 Nr. 6 Satz 2 EStG zu laufen beginnt, also keine Novation eintritt.

69 Da der ausgleichsberechtigte Ehegatte einem mit unverfallbarer Anwartschaft ausgeschiedenen Arbeitnehmer gleichgestellt wird, hat er grundsätzlich auch die Möglichkeit, den Vertrag mit eigenen Beiträgen fortzuführen. Diese Beiträge sind aus versteuertem und verbeitragtem Einkommen zu leisten, da § 40b EStG a. F. auf diesen Vertrag nicht anwendbar ist. Schließlich steht der

---

54 Vgl. § 1 Rdn. 94 ff.
55 § 40b EStG a. F.

Kisters-Kölkes

ausgleichsberechtigte Ehegatte nicht in einem ersten Dienstverhältnis i. S. v. § 40b Abs. 2 EStG a. F. zum Arbeitgeber der ausgleichspflichtigen Person.

Soweit die Direktversicherung des ausgleichspflichtigen Ehegatten **nach dem** 70
31.12.2004 abgeschlossen wurde, erfolgte die Einzahlung der Beiträge im Rahmen von § 3 Nr. 63 EStG steuerfrei. Die aus dieser Direktversicherung später gezahlten Renten sind gem. § 22 Nr. 5 EStG bei Zufluss zu versteuern. Dies bedeutet, dass auch der ausgleichsberechtigte Ehegatte die laufenden Leistungen nach § 22 Nr. 5 EStG zu versteuern hat. Ebenso wie dem ausgleichsberechtigten Ehegatten steht ihm gem. § 24a EStG der Altersentlastungsbetrag nach Maßgabe des Rentenbeginns zu, soweit die Leistungen vor 2040 einsetzen.

Nicht ausdrücklich geregelt ist, ob auch die ausgleichsberechtigte Person 71
hinsichtlich ihrer Versorgung ein im ursprünglichen Versicherungsvertrag eingeräumtes Kapitalwahlrecht ausüben kann. Da sie der ausgleichspflichtigen Person gleichgestellt wird, ist auch ihr ein Wahlrecht einzuräumen. Wird die Einmalzahlung geleistet, ist § 34 EStG nicht anzuwenden.[56]

c) Pensionskasse

Bei Pensionskassen ist ebenfalls zwischen Versorgungszusagen, die vor dem 72
1.1.2003 erteilt wurden und solchen, die ab dem 1.1.2003 erteilt wurden, zu unterscheiden. Auch hier ist § 52 Abs. 36 EStG anzuwenden. Insoweit kann auf die vorstehenden Ausführungen verwiesen werden, mit der Besonderheit, dass Pensionskassenzusagen fast immer Rentenzusagen sind und waren, sodass bei Altzusagen die Besteuerung in der Leistungsphase mit dem Ertragsanteil vorzunehmen ist.

d) Pensionsfonds

Beim Pensionsfonds wird kein Versicherungsvertrag abgeschlossen, sodass 73
§ 52 Nr. 36 EStG nicht zur Anwendung kommt. Für den Pensionsfonds waren immer nur Beiträge gem. § 3 Nr. 63 und/oder § 3 Nr. 66 EStG möglich, sodass eine zu teilende Pensionsfondsversorgung steuerfrei finanziert wurde. Folglich sind die später ausgezahlten Versorgungsleistungen von jedem geschiedenen Ehegatten seinem Anteil entsprechend voll gem. § 22 Nr. 5 EStG bei Zufluss

---

56 BMF-Schreiben v. 24.7.2013, BStBl. I, S. 1022 ff., Rn. 373 (s. Anh. III).

zu versteuern. Der Altersentlastungsbetrag ergibt sich aus § 24a EStG nach dem jeweiligen Rentenbeginn.

74 Beim Pensionsfonds ist zu berücksichtigen, dass früher eine Altersleistung immer als Rente zu erbringen war.[57] Nun sind auch Kapitalzusagen möglich.

2. Steuerliche Behandlung beim Versorgungsträger

75 Die interne Teilung hat auch Konsequenzen für den Versorgungsträger. Insoweit ist auch für die steuerliche Behandlung von Bedeutung, dass der ausgleichsberechtigte Ehegatte einem ausgeschiedenen Arbeitnehmer gleichgestellt wird.

a) Direktzusage

76 Der Arbeitgeber der ausgleichspflichtigen Person hat für die geteilte Versorgung statt für eine Anwartschaft künftig für zwei Anwartschaften Pensionsrückstellungen gem. § 6a EStG zu bilden. In der Versorgungsphase gilt dies entsprechend. Dabei ist jede Anwartschaft/jede Rente für sich zu behandeln. Dabei ist die Versorgungsanwartschaft des ausgleichspflichtigen Ehegatten – auf reduziertem Niveau – mit dem Teilwert zu passivieren, die Anwartschaft der ausgleichsberechtigten Person mit dem Barwert. Ohne Bedeutung ist bei der steuerlichen Bewertung, ob die ausgleichsberechtigte Person unter den Anwendungsbereich des Betriebsrentengesetzes fällt oder nicht. Wegen des Schriftformerfordernisses kann die aufgeteilte Passivierung erst ab Rechtskraft des Beschlusses des Familiengerichts erfolgen.[58]

77 Werden später Versorgungszahlungen erbracht, stellen diese Betriebsausgaben dar.

b) Unterstützungskasse

78 Der Arbeitgeber des ausgleichspflichtigen Ehegatten kann sowohl bei der reservepolsterfinanzierten Unterstützungskasse als auch bei der rückgedeckten Unterstützungskasse[59] für den ausgleichsberechtigten Ehegatten Zuwendungen nach § 4d EStG leisten, weil der ausgleichsberechtigte Ehegatte nach § 12

---

57 Vgl. § 1 Rdn. 109.

58 BMF-Schreiben v. 12.11.2010, unter II.

59 Vgl. § 1 Rdn. 121 f.

VersAusglG dem unverfallbar ausgeschiedenen Arbeitnehmer gleichgestellt wird. Damit ist er Leistungsanwärter i. S. v. § 4d Buchst. b Satz 2 EStG, was sich auch mit den Ausführungen in R 4d Abs. 5 Satz 4 EStR deckt. Dies gilt nicht nur für Personen, die unter den Geltungsbereich des Betriebsrentengesetzes fallen.[60]

Bei einer rückgedeckten Unterstützungskasse kann der Betrag, der zur vollständigen Abdeckung des Anrechts der ausgleichsberechtigten Person erforderlich ist, steuerunschädlich dem Deckungskapital entnommen werden, welches für die ausgleichspflichtige Person angesammelt wurde. Dieser Betrag wird als Einmalbeitrag beim gleichen Versicherungsunternehmen für den Abschluss der Rückdeckungsversicherung auf das Leben der ausgleichsberechtigten Person verwendet. Entsteht durch die Entnahme des Einmalbeitrags eine Finanzierungslücke beim ausgleichspflichtigen Arbeitnehmer, kann diese nur durch gleich bleibende oder steigende Beiträge geschlossen werden, die der Arbeitgeber der Unterstützungskasse zuwendet.[61]   79

c) Direktversicherung, Pensionskasse, Pensionsfonds

Während der Anwartschaftszeit ergeben sich keine steuerlichen Auswirkungen. Die später ausgezahlten Versorgungsleistungen sind beim jeweiligen Versorgungsträger Betriebsausgaben.   80

F. Externe Teilung

Auch wenn die interne Teilung der Regelfall ist, hat der Gesetzgeber in eingeschränktem Umfang die Möglichkeit geschaffen, eine externe Teilung vorzunehmen. Bei der externen Teilung wird für den ausgleichsberechtigten Ehegatten durch das Familiengericht bei einem anderen Versorgungsträger ein Versorgungsanrecht in Höhe des Ausgleichswerts begründet. Mit dem Gestaltungsakt des Familiengerichts wird gleichzeitig das Versorgungsanrecht der ausgleichspflichtigen Person um den Ausgleichswert vermindert. Diese Gestaltungsakte werden begleitet von einem Zahlungsvorgang. Der Versorgungsträger, bei dem das Anrecht gemindert wird, zahlt unmittelbar den Aus-   81

---

60 BMF-Schreiben v. 12.11.2010, unter I 1.
61 BMF-Schreiben v. 12.11.2010, unter I 3 b) bb).

gleichswert an den Versorgungsträger, bei dem ein Anrecht begründet oder ein bestehendes Anrecht aufgestockt wird.[62]

82 Wenn der Versorgungsträger der ausgleichsberechtigten Person den vom Gericht festgesetzten Betrag an den Versorgungsträger der ausgleichsberechtigten Person gezahlt hat, wird er insoweit von seinen Rechten und Pflichten befreit. Gleichzeitig erlischt die Zusage des Arbeitgebers der ausgleichspflichtigen Person im Umfang der Übertragung.[63]

I. Schuldbefreiende Übertragung des Ausgleichswertes an den externen Versorgungsträger

1. Einseitiges Recht zur Durchführung des externen Versorgungsausgleichs

83 Nach § 14 Abs. 2 Nr. 2 VersAusglG hat der Versorgungsträger der ausgleichspflichtigen Person das Recht, die externe Teilung zu verlangen, wenn der Ausgleichswert am Ende der Ehezeit bei einem Rentenbetrag als maßgebliche Bezugsgröße höchstens 2 %, in allen anderen Fällen als Kapitalwert höchstens 240 % der monatlichen Bezugsgröße nach § 18 Abs. 1 SGB IV beträgt. Damit können kleinere Ausgleichswerte extern geteilt werden, ohne dass sich die ausgleichsberechtigte Person der Teilung widersetzen kann.

84 Für den Versorgungsträger des ausgleichspflichtigen Ehegatten besteht damit die Möglichkeit zu verhindern, dass »Betriebsfremde« in sein Versorgungssystem aufgenommen werden und damit neue, zusätzliche Verpflichtungen entstehen. Es werden auch Kosten vermieden, z. B. für die Versendung der Informationsschreiben gem. § 10a VAG.

a) Schwellenwerte

85 Bei den in § 14 Abs. 2 Nr. 2 VersAusglG genannten Schwellenwerten von 2 % bzw. 240 % handelt es sich um eine dynamische Größe, die entsprechend § 18 SGB IV angepasst wird. Die Regelung lehnt sich an § 3 BetrAVG an. Sie entspricht zugleich den Wertgrenzen im bislang geltenden § 3b Abs. 1 Nr. 1 VAHRG.

86 Im Jahr 2014 kann damit ein Ausgleichswert bei einem Rentenbetrag von 55,24 € oder bei einem Kapitalwert in Höhe von 6.636 € extern geteilt wer-

---

62 § 14 Abs. 4 VersAusglG.
63 BT-Drucks. 16/10144 S. 59.

den. Diese Schwellenwerte gelten für alle Durchführungswege der betrieblichen Altersversorgung. Es ist nicht zwischen den alten und den neuen Bundesländern zu unterscheiden.

b) Besonderheiten bei Direktzusage und Unterstützungskasse

Für diese beiden sog. »internen Durchführungswege« ist in § 17 VersAusglG **87** das einseitige Recht, die externe Teilung zu verlangen, erweitert worden. Danach darf der Ausgleichswert als Kapitalwert am Ende der Ehezeit höchstens die Beitragsbemessungsgrenze in der allgemeinen Rentenversicherung nach den §§ 159 und 160 SGB VI erreichen. Damit ist auch dies eine dynamische Größe (2014: 71.400 €).

Diese besondere Regelung wurde geschaffen, weil der Arbeitgeber insbesondere bei einer unmittelbaren Versorgungszusage mit den Folgen einer internen **88** Teilung unmittelbar konfrontiert ist, er selbst die Verwaltung der Ansprüche betriebsfremder Personen übernehmen müsste. Diese besondere Belastung dieser Versorgungsträger rechtfertigt es, die ausgleichsberechtigte Person von der systeminternen Teilhabe auszuschließen, zumal die ausgleichsberechtigte Person die Zielversorgung bestimmt.

Übersteigt der Ausgleichswert die Beitragsbemessungsgrenze, kann nur eine **89** interne Teilung auch in diesen beiden Durchführungswegen vorgenommen werden, wenn keine Vereinbarung möglich ist.

2. Vereinbarung der externen Teilung

Nach § 14 Abs. 2 Nr. 1 VersAusglG kann die externe Teilung auch einvernehmlich vereinbart werden. An dieser Vereinbarung ist die ausgleichsberechtigte Person und der Versorgungsträger der ausgleichspflichtigen Person **90** beteiligt. Kommt eine solche Vereinbarung zustande, können die in 1a) und b) genannten Schwellenwerte in unbegrenzter Höhe überschritten werden.

Mit der Vereinbarung wird die externe Teilung nicht vollzogen. Vielmehr **91** entscheidet auch in diesen Fällen das Familiengericht nach Abs. 1, d. h. das Gericht begründet zulasten des Anrechts der ausgleichspflichtigen Person ein Anrecht zugunsten der ausgleichsberechtigten Person bei einem von ihr benannten Versorgungsträger.

3. Verzinsung

92 Der Ausgleichswert, der bei der externen Teilung an den Versorgungsträger der ausgleichsberechtigten Person zu zahlen ist, ist ab Ende der Ehezeit bis zur Rechtskraftentscheidung zu verzinsen. Maßgeblich ist der Rechnungszins der auszugleichenden Versorgung.[64] Die Auffassung, die eine Verzinsung bis zum Zahlungseingang beim Versorgungsträger der Zielversorgung fordert, lehnt der BGH ausdrücklich ab, weil die ausgleichsberechtigte Person ab der Rechtskraft des richterlichen Gestaltungsaktes einen Anspruch gegen den Versorgungsträger unabhängig vom Zahlungseingang hat. Erfolge die Zahlung verspätet, habe der Versorgungsträger seinen Verzögerungsschaden beim Zahlungspflichtigen geltend zu machen.

4. Zahlungsvorgang

93 In § 14 Abs. 4 VersAusglG wird ausdrücklich bestimmt, dass der Versorgungsträger der ausgleichspflichtigen Person den Ausgleichswert als Kapitalbetrag unmittelbar an den Versorgungsträger der ausgleichsberechtigten Person zu zahlen hat. Damit wird vermieden, dass der ausgleichsberechtigten Person Geldmittel zufließen. Das angestrebte Ziel, Versorgungskapital zum Zweck der Altersversorgung zu erhalten, wird damit erreicht.[65]

94 Mit dem Abschluss des Zahlungsvorgangs geht die Verpflichtung des Versorgungsträgers der ausgleichsberechtigten Person unter. Der Versorgungsträger ist von seinen Leistungspflichten insoweit befreit. Ein Versorgungsverschaffungsanspruch besteht für die ausgleichsberechtigte Person nur noch gegenüber ihrem eigenen Versorgungsträger.

II. Zielversorgung bei der externen Teilung

1. Wahlrecht der ausgleichsberechtigten Person

95 Die ausgleichsberechtigte Person gibt nach § 15 VersAusglG die Zielversorgung vor. Für die Ausübung des Wahlrechts soll der ausgleichsberechtigten

---

64 BGH 7.9.2011, XII ZB 546/10, NJW 2011, 3358; 23.1.2013, XII ZB 515/12, NJW 2013, 1239; 6.2.2013, XII ZB 204/11, BetrAV 2013, 551 = NJW 2013, 1240; dies gilt nicht für eine fondsgebundene betriebliche Altersversorgung BGH 7.8.2013, XII ZB 552/12, FamRZ 2013, 3028.

65 *Merten/Baumeister* DB 2009, 957.

Person vom Familiengericht eine Frist gesetzt werden.[66] Innerhalb der Frist ist dann von der ausgleichsberechtigten Person zu bestimmen, ob ein für sie schon bestehendes Anrecht ausgebaut wird oder ob ein neues Anrecht bei einem Versorgungsträger begründet werden soll. Der Ausbau eines bestehenden Anrechts ist insbesondere dann angezeigt, wenn die ausgleichsberechtigte Person bei einem Arbeitgeber oder bei einem Versorgungsträger des Arbeitgebers Versorgungsanwartschaften bereits erworben hat. Die Versorgung kann dort dann gebündelt fortgeführt werden.

Das Wahlrecht besteht sowohl bei einer Vereinbarung über die externe Teilung wie auch bei einem Verlangen des Versorgungsträgers. **96**

Der Versorgungsträger, bei dem die Zielversorgung ausgebaut oder eingerichtet werden soll, muss einverstanden sein. Dies hat die ausgleichsberechtigte Person dem Familiengericht gem. § 222 Abs. 2 FamFG nachzuweisen. **97**

§ 15 Abs. 2 VersAusglG gibt vor, dass die gewählte Zielversorgung eine angemessene Versorgung gewährleisten muss. § 15 Abs. 4 VersAusglG fingiert, dass ein Anrecht in der gesetzlichen Rentenversicherung, i. S. d. Betriebsrentengesetzes oder i. S. eines zertifizierten Altersvorsorgevertrages immer angemessen ist. **98**

a) Instrumente der betrieblichen Altersversorgung

Die Zielversorgung kann in jedem Durchführungsweg der betrieblichen Altersversorgung umgesetzt werden. Sie dürfte insbesondere interessant sein, wenn schon eine Direktversicherung, Pensionskassen- oder Pensionsfondsversorgung für den ausgleichsberechtigten Ehegatten besteht. **99**

Soweit in der Literatur[67] die Auffassung vertreten wird, bei Pensionskassen sei die Anwendung des BetrAVG davon abhängig, dass der Arbeitgeber des aufnehmenden Versorgungsträgers eine Umfassungszusage[68] erteilt habe, kann dem nicht gefolgt werden. Nach dieser Auffassung soll eine besondere Form der privaten Altersvorsorge vorliegen, wenn keine Umfassungszusage vorliegt. Richtig ist, dass eine Pensionskasse betriebliche Altersversorgung und private **100**

---

66 § 222 Abs. 1 FamFG; BGH 6.2.2013, XII ZB 204/11, BetrAV 2013, 551 = NJW 2013, 1240.

67 *Merten/Baumeister* DB 2009, 957.

68 Vgl. § 1 Rdn. 533.

Vorsorge umsetzen kann, private Vorsorge aber nur unter Einbindung in ein Arbeitsverhältnis, was sich auch aus der Definition in § 118a VAG ergibt. Dem Anliegen des Gesetzgebers, dass der ausgleichsberechtigte Ehegatte »ein bestehendes Rechtsverhältnis« ausbaut, wird auch genüge getan, wenn keine Umfassungszusage des eigenen Arbeitgebers vorliegt, denn die »übertragene« betriebliche Altersversorgung wird zur »übernommenen« betrieblichen Altersversorgung, bleibt also betriebliche Altersversorgung. Würde man das Erschwernis der Umfassungszusage verlangen, würde es dem ausgleichsberechtigten Ehegatten unmöglich gemacht, eine bestehende Versorgung auszubauen, wenn der Arbeitgeber »seiner« Pensionskasse nicht bereit ist, über eine Umfassungszusage eine zusätzliche Haftung zu übernehmen. Damit würde der Sinn und Zweck des Gesetzes vereitelt.

101   Bei solchen ausgleichspflichtigen Personen, die nicht unter den persönlichen Geltungsbereich des Betriebsrentengesetzes fallen (insbesondere beherrschende Gesellschafter-Geschäftsführer)[69] kann vom ausgleichsberechtigten Ehegatten auch eine betriebliche Altersversorgung als Zielversorgung gewählt werden, wenn z. B. bei seinem Arbeitgeber eine Direktversicherung »aufgestockt« wird. Bei diesem Personenkreis ist jedoch die Besonderheit zu berücksichtigen, dass nur Renten – und nicht auch Kapitalzusagen – ausgleichspflichtig sind.

b) Private Versorgungseinrichtungen

102   Als Zielversorgung kann auch ein Rürup- oder Riestervertrag gewählt werden. Eine solche Versorgung ist immer angemessen.

103   Erfüllt der private Lebensversicherungsvertrag nicht die Voraussetzungen für die Riester- oder Rürupförderung, hat das Familiengericht zu prüfen, ob eine angemessene Versorgung vorliegt.

104   Zu den steuerlichen Konsequenzen bei Wahl einer privaten Versorgung wird auf Rdn. 113, 120 verwiesen.

2. Begründung einer angemessenen Versorgung

105   Das Gesetz gibt zwingend vor, dass die gewählte Zielversorgung eine angemessene Versorgung gewährleisten muss. Diese ist bei der betrieblichen Altersversorgung immer gegeben. Bei privaten Versicherungen ist durch das

---

69 Zum Statuswechsel BGH 16.1.2014, XII ZB 455/13, FamRZ 2014, 731.

Gericht die Angemessenheit zu prüfen. Insoweit kommt es auf die Umstände des Einzelfalles an. Bei der Angemessenheitsprüfung sind die Zielvorgaben des § 11 VersAusglG zu berücksichtigen.

3. Auffanglösung: Versorgungsausgleichskasse

In § 15 Abs. 5 Satz 1 des VersAusglG ist vorgesehen, dass immer dann, wenn   **106**
die ausgleichsberechtigte Person ihr Wahlrecht nicht oder nicht rechtzeitig
ausübt, die externe Teilung in der Form vorgenommen wird, dass ein Anrecht
in der gesetzlichen Rentenversicherung begründet wird. Bereits im Gesetz-
gebungsverfahren wurde erkannt, dass eine kapitalgedeckte Versorgung bei
einem Auffangversorgungsträger vorzugswürdig wäre, der der betrieblichen
Altersversorgung angenähert ist. Deshalb ist der Rechtsausschuss des Deutschen Bundestages davon ausgegangen,[70] dass entsprechende Regelungen
noch bis zum Inkrafttreten der Strukturreform des Versorgungsausgleichs am
1.9.2009 geschaffen werden können.

Mit dem Gesetz über die Versorgungsausgleichskasse, das am 22.7.2009 in   **107**
Kraft getreten ist,[71] wurde der Weg für die Versorgungsausgleichskasse frei-
gemacht. Die Kasse wurde am 4.11.2009 gegründet und hat ihre Arbeit am
24.3.2010 aufgenommen. Damit wurde den Familiengerichten die Möglichkeit eröffnet, in den Fällen, in denen die ausgleichsberechtigte Person ihr
Wahlrecht nicht ausübt, die Versorgungsausgleichskasse als Zielversorgung zu
bestimmen.

Die Versorgungsausgleichskasse ist eine **Pensionskasse** in der Rechtsform eines   **108**
Versicherungsvereins auf Gegenseitigkeit.[72] Hinter der Versorgungsausgleichskasse steht ein Versicherungskonsortium. Die Versorgungsausgleichskasse
untersteht der Aufsicht durch die BaFin. Sie gehört einem Sicherungsfonds
nach § 124 VAG an.

Die Versorgungsausgleichskasse arbeitet ohne Gewinnerzielungsabsicht. Sie   **109**
verfolgt vorrangig sozialpolitische Zwecke. Für die dort umzusetzende Versorgung ist vom Gesetzgeber vorgegeben, dass eine lebenslange Altersrente

---

70 BT-Drucks. 16/11903 S. 100.
71 Art. 9d des Gesetzes zur Änderung des Vierten Buches Sozialgesetzbuch, zur
    Einrichtung der Versorgungsausgleichskasse und anderer Gesetze, BGBl. I 2009,
    S. 1939.
72 § 2 VersAusglKassG.

zu versichern ist, die nicht vor dem Alter 60 fällig werden kann. Es muss ein Unisex-Tarif verwendet werden. Des Weiteren muss der Garantiezins von z. Zt. 1,75 % eingehalten werden. Zuzahlungen, d. h. Aufstockung durch Prämienzahlungen, der ausgleichsberechtigten Person sind nicht möglich. Dies bedeutet, dass sich die Versorgung über die Versorgungsausgleichskasse nur über Überschussanteile erhöht, die dem Vertrag zugewiesen werden. Alle Überschüsse ab Rentenbeginn, die auf den Rentenbestand entfallen, sind zur Erhöhung der laufenden Leistungen zu verwenden.

110 Die Versorgungsausgleichskasse kann Verwaltungskosten in Abzug bringen, wenn diese angemessen sind. Abschluss- und Vertriebskosten werden nicht erhoben.

111 Die ausgleichsberechtigte Person darf über den Versicherungsvertrag nicht verfügen. Das Anrecht ist nicht übertragbar, nicht beleihbar und auch nicht veräußerbar. Um die Versorgung sicherzustellen, kann es auch nicht vorzeitig verwertet werden.

112 Da sich zwischenzeitlich in der Praxis gezeigt hat, dass viele Familiengerichte der Versorgungsausgleichskasse Minianwartschaften übertragen, hat diese das Recht, gem. § 3 BetrAVG eine Abfindung vorzunehmen.

4. Steuerliche Konsequenzen

113 Die externe Teilung wird durch § 3 Nr. 55b EStG lohnsteuerlich flankiert. Ob die Teilung steuerneutral umgesetzt werden kann oder nicht, hängt entscheidend davon ab, welche Zielversorgung gewählt wird. Wird eine Zielversorgung gewählt, die eine Steuerpflicht im Zeitpunkt der Teilung auslöst, muss nach § 15 Abs. 3 VersAusglG das **Einverständnis** der ausgleichspflichtigen Person vorliegen, da sie die Steuerlast zu tragen hat. Liegt die Zustimmung vor, hat das Familiengericht die Begründung des Anrechts bei der von der ausgleichsberechtigten Person gewählten Zielversorgung anzuordnen. Liegt keine Zustimmung vor, ist die Wahl unwirksam.[73] Wird keine neue Zielversorgung bestimmt, ist die Zielversorgung bei der Versorgungsausgleichskasse umzusetzen.

---

73 BT-Drucks. 16/11903 S. 105.

Kisters-Kölkes

Für die Zustimmung nach §15 Abs.3 VersAusglG besteht kein Anwalts- 114
zwang.[74]

Die Regelung in §3 Nr.55b EStG soll eine gerechte Verteilung der Steuer- 115
last bewirken. Ohne die Steuerbefreiung würde es bei der Übertragung der
Anrechte infolge der Zahlung des Ausgleichswertes an den Versorgungträger
der ausgleichsberechtigten Person zu einer Besteuerung wegen des Zuflusses
kommen (§11 EStG).

Da bei der externen Teilung ebenso wie bei der internen Teilung grundsätzlich 116
keine belastenden steuerlichen Konsequenzen für den Ausgleichspflichtigen
eintreten sollen, wird die Zahlung des Ausgleichswertes grundsätzlich steuerfrei gestellt, wenn die Voraussetzungen des Satzes 1 vorliegen. Dabei handelt
es sich nicht um eine endgültige Steuerfreistellung, sondern lediglich um eine
Steuerstundung. Die Besteuerung wird auf die spätere Auszahlungsphase verschoben. Damit wird sichergestellt, dass auch bei der ausgleichsberechtigten
Person später die Leistungen der vollständigen Besteuerung unterliegen, so
wie sie auch der Besteuerung unterlegen hätten, wäre keine Teilung vorgenommen worden.

Nach Satz 1 wird der Teil des Ausgleichswertes steuerfrei gestellt, der beim 117
Ausgleichspflichtigen zu steuerpflichtigen Einkünften führen würde. Soweit
keine steuerpflichtigen Einkünfte vorliegen würden, ist keine Steuerfreistellung erforderlich.

Die Steuerfreistellung nach Satz 1 tritt ein, wenn es sich bei der Zielversor- 118
gung um eine betriebliche Altersversorgung handelt oder als Zielversorgung
die Versorgungsausgleichskasse bestimmt wird. Durch §52 Abs.36 EStG
wird darüber hinaus sichergestellt, dass auch die ausgleichsberechtigte Person hinsichtlich des Versicherungsbeginns so behandelt wird wie die ausgleichspflichtige Person. Dies bedeutet, dass trotz des neu abgeschlossenen
Versicherungsvertrages für die ausgleichsberechtigte Person fingiert wird, dass
dieser zu dem Zeitpunkt als abgeschlossen gilt, zu dem der »geteilte« Versicherungsvertrag abgeschlossen wurde. Damit werden bei der Besteuerung
der Erträge die geschiedenen Ehegatten gleichbehandelt. Zu beachten ist, dass
die Steuerfreiheit nur erfolgt, soweit Versorgungsanrechte übertragen werden.
Leistet die ausgleichsberechtigte Person nach Teilung eigene Beiträge in diesen Versicherungsvertrag, sind diese nicht freigestellt. Das ist von besonderer

---

74 §114 Abs.4 Nr.7 FamFG.

Bedeutung für die Auszahlungsphase bei Direktversicherungen, die vor dem 1.1.2005 als Kapitalversicherungen abgeschlossen wurden. Denn bei diesen erfolgt die Auszahlung i. d. R. steuerfrei. Werden Zahlungen geleistet, führt dies zur Novation mit den entsprechenden steuerlichen Konsequenzen.[75] Deshalb ist von solchen Zuzahlungen abzuraten.

119   Die Steuerfreistellung wird jedoch nach § 3 Nr. 55b Satz 2 EStG für bestimmte Fallgestaltungen ausgeschlossen, weil ohne diese Regelung Besteuerungslücken eintreten würden.

120   Nach Satz 2 ist keine Steuerfreistellung gegeben, wenn Mittel aus einer betrieblichen Altersversorgung an einen Versorgungsträger fließen, dessen Leistungen nach § 20 Abs. 1 Nr. 6 oder § 22 Nr. 1 Satz 3 Buchst. a Doppelbuchst. bb EStG besteuert werden. Die Steuerfreistellung unterbleibt, weil bei einer solchen Zielversorgung ein Wechsel des Besteuerungssystems stattfindet. Deshalb wird in diesen Fällen bereits im Zeitpunkt der Teilung die Besteuerung vorgenommen. Die Steuerlast trägt die ausgleichspflichtige Person, weil es bei ihr zu einer Quasi-Teilabfindung kommt. Eine solche Teilabfindung verstößt nicht gegen das § 3 BetrAVG, weil insoweit die externe Teilung lex specialis im Verhältnis zu § 3 BetrAVG ist.[76]

121   Der Betrag, den eine Unterstützungskasse bei der externen Teilung an den Versorgungsträger der ausgleichsberechtigten Person zahlt, kann der Unterstützungskasse vom Arbeitgeber der ausgleichspflichtigen Person zugewendet werden. Es handelt sich um eine Betriebsausgabe gem. § 4d EStG. Dabei sind jedoch die Regelungen zum zulässigen Kassenvermögen zu beachten.[77]

G. Ausnahmen vom Versorgungsausgleich

122   Der Gestaltungsfreiraum für die Ehegatten soll erweitert werden. Zudem soll Verwaltungsaufwand vermieden werden.

---

75 *Meißner* PBA 2009, 339.

76 Zum Abfindungsverbot § 3 BetrAVG.

77 BMF-Schreiben v. 12.11.2010, unter I 3 a).

I. Abweichende Vereinbarungen der Ehegatten

1. Regelungsbefugnisse der Eheleute

Um den zu Scheidenden mehr Gestaltungsspielräume zu verschaffen, als sie nach altem Recht bestanden haben, hat der Gesetzgeber mit § 6 VersAusglG die Möglichkeit geschaffen, Vereinbarungen zu treffen. Diese Vereinbarungen können vor Eingehung der Ehe, nach Eingehung der Ehe, vor Einleitung eines Scheidungsverfahrens, aber auch im Scheidungsverfahren selbst geschlossen werden.[78]

Im Rahmen einer solchen Vereinbarung können die Ehegatten einen Versorgungsausgleich ganz ausschließen, ihn teilweise ausschließen oder in die Regelung der ehelichen Vermögensverhältnisse einbeziehen. Damit können sie z. B. vereinbaren, dass Vermögensgegenstände, die in den Zugewinn fallen würden, dem ausgleichsberechtigten Ehegatten zugeschrieben werden, wobei es nicht erforderlich ist, dass aus dem Wirtschaftsgut später tatsächlich Versorgungsleistungen fließen. Die Ehegatten haben in einer solchen Vereinbarung auch die Möglichkeit, den Versorgungsausgleich schuldrechtlich zu regeln, also in die Zukunft zu verlagern. Dies kann sinnvoll sein, wenn die Ausgleichsreife fehlt.[79]

Vereinbarungen nach § 6 VersAusglG sind grundsätzlich erwünscht.[80] Die eingeräumten Handlungsspielräume ermöglichen eine an den konkreten Lebensverhältnissen ausgerichtete Einigung. Dabei sind die vom Gesetz angesprochenen Gestaltungsmöglichkeiten nur Regelbeispiele, keine abschließende Aufzählung. Eine gewisse Kontrolle wird durch das FamG ausgeübt.

2. Formelle und materielle Wirksamkeitsvoraussetzungen

Eine Vereinbarung nach § 6 VersAusglG bedarf der notariellen Form. Auf diese wird verzichtet, wenn die Vereinbarung gerichtlich protokolliert wird.

Neben dieser formellen Wirksamkeitsvoraussetzung sind vom FamG materielle Wirksamkeitsvoraussetzungen zu prüfen. Liegen keine Wirksamkeits- und Durchsetzungshindernisse vor, ist das FamG an die Vereinbarung der Ehegatten gebunden.

123

124

125

126

127

---

78 Vertiefend *Borth* Rn. 1032 ff.
79 Hierzu s. Rdn. 147 ff.
80 BT-Drucks. 16/10144 S. 52.

128 § 8 VersAusglG ordnet für die materielle Wirksamkeit an, dass die Vereinbarung einer Inhalts- und Ausübungskontrolle standhalten muss. Mit dieser Rechtskontrolle wird die frühere Rechtsprechung des BGH fortgeführt.[81] Ziel dieser Rechtskontrolle ist es sicherzustellen, dass der Schutzzweck der gesetzlichen Regelung nicht durch vertragliche Vereinbarungen beliebig unterlaufen wird.

129 Der Schutzzweck wird verfehlt, wenn eine evident einseitige und nicht gerechtfertigte Lastenverteilung zulasten eines Ehegatten entsteht. Dies ist der Fall, wenn auch unter Berücksichtigung der Interessen der Ehegatten eine Vereinbarung getroffen wird, die bei verständiger Würdigung des Wesens der Ehe als unzumutbar erscheint.

130 Die Inhalts- und Ausübungskontrolle haben unterschiedliche zeitliche Ansätze für die Prüfung durch das Gericht. Die Inhaltskontrolle bezieht sich auf den Zeitpunkt der Vereinbarung, während die Ausübungskontrolle den Zeitpunkt der Scheidung beleuchtet. Bezogen auf den Zeitpunkt des Abschlusses der Vereinbarung hat das Gericht zu prüfen, »ob die Vereinbarung schon im Zeitpunkt ihres Zustandekommens offenkundig zu einer derartig einseitigen Lastenverteilung für den Scheidungsfall führt, dass ihr – und zwar losgelöst von der künftigen Entwicklung der Ehegatten und ihrer Lebensverhältnisse – wegen Verstoßes gegen die guten Sitten die Anerkennung der Rechtsordnung ganz oder teilweise mit der Folge zu versagen ist, dass an ihre Stelle die gesetzlichen Regelungen treten (§ 138 Abs. 1 BGB). Erforderlich ist dabei eine Gesamtwürdigung, die auf die individuellen Verhältnisse beim Vertragsschluss abstellt, insbesondere also auf die Einkommens- und Vermögensverhältnisse, den geplanten oder bereits verwirklichten Zuschnitt der Ehe sowie auf die Auswirkungen auf die Ehegatten und auf die Kinder. Subjektiv sind die von den Ehegatten mit der Abrede verfolgten Zwecke sowie die sonstigen Beweggründe zu berücksichtigen, die den begünstigten Ehegatten zu seinem Verlangen nach der ehevertraglichen Gestaltung veranlasst und den benachteiligten Ehegatten bewogen haben, diesem Verlangen zu entsprechen.«[82]

131 Bezogen auf den Zeitpunkt des Abschlusses der Vereinbarung liegen keine Wirksamkeitshindernisse vor, wenn beide Ehegatten berufstätig sind, eigene Versorgungsanwartschaften aufbauen können und keine konkreten Pläne

---

81 BGH Beschl.v. 6.10.2004, XII ZB 57/03, FamRZ 2005, 185.
82 BGH Beschl.v. 6.10.2004, XII ZB 57/03, FamRZ 2005, 185.

bestehen, diese Lebenssituation zu verändern, insbesondere keine konkreten Pläne vorliegen, gemeinsame Kinder zu bekommen. In einer solchen Situation bauen beide Ehegatten ihre Versorgung nach Eheschließung in dem Umfang weiter auf, wie sie dies auch getan hätten, ohne dass die Ehe eingegangen worden wäre. Es ändert sich an der Versorgungssituation durch die Eheschließung nichts. Dies gilt nicht nur für Anwartschaften aus der gesetzlichen Rentenversicherung oder einem berufsständischen Versorgungswerk, sondern auch für Anwartschaften aus betrieblichen Versorgungszusagen, und zwar unabhängig vom Durchführungsweg. Auch insoweit kann jeder Ehegatte seine Versorgung fortsetzen, ohne dass die Eheschließung hierauf Einfluss nimmt.

Diese originäre Inhaltskontrolle wird ergänzt durch eine Ausübungskontrolle. **132** Bei ihr prüft das FamG, »ob und in wieweit ein Ehegatte die ihm durch den Vertrag eingeräumte Rechtsmacht missbraucht, wenn er sich im Scheidungsfall gegenüber einer vom anderen Ehegatten begehrten gesetzlichen Scheidungsfolge darauf beruft, dass diese durch den Vertrag wirksam abbedungen sei (§ 242 BGB).«[83] Bei dieser Prüfung kommt es nicht auf den Zeitpunkt der Eheschließung an, sondern auf die Umstände, die nach der Eheschließung eingetreten sind. So kann der ursprüngliche Plan der Zwei-Verdiener-Ehe dadurch geändert worden sein, dass doch gemeinsame Kinder geboren wurden und dadurch einer der Ehegatten seine berufliche Tätigkeit nicht oder nicht im vollen Umfang fortsetzt. Dabei ist nicht jede Abweichung von Bedeutung, wohl aber eine Abweichung, die die Versorgungssituation das ausgleichsberechtigten Ehegatten so verändert, dass keine hinreichende Alterssicherung mehr gegeben ist und dieses Ergebnis mit dem Gebot ehelicher Solidarität schlechthin unvereinbar ist. In einem solchen Fall ist der Vertrag anzupassen, und zwar in der Form, dass die ehebedingten Versorgungsnachteile des ausgleichsberechtigten Ehegatten durch den Ausbau seiner eigenständigen Altersversorgung ausgeglichen werden.

Bei der Würdigung sind die Umstände des Einzelfalles zugrunde zu legen. **133** Es liegt auf der Hand, dass sich die Lebensumstände umso mehr verändern können, je länger die Ehe bestanden hat. Dies schließt nicht aus, dass auch nach kurzer Ehedauer ehebedingte Nachteile bei einem Ehegatten eintreten können. Dies kann es ratsam erscheinen lassen, eine bei Ehebeginn geschlossene Vereinbarung zu überprüfen, wenn sich die Lebensumstände verändern. Bezogen auf die betriebliche Altersversorgung wäre z. B. zu prüfen, ob bei

---

83 BGH Beschl.v. 6.10.2004, XII ZB 57/03, FamRZ 2005, 185.

dem Ehegatten, der eine **Elternzeit** nimmt, die Versorgung während der Elternzeit fortgeführt wird oder nicht.[84] Erfolgt eine Fortführung, sind keine Nachteile entstanden. Auskunft zur Fortführung gibt die Versorgungszusage, weil in ihr beitragslose Zeiten oder nicht zu berücksichtigende Dienstzeiten geregelt sein müssen. Ggf. ist der Versorgungsträger auskunftspflichtig. Ähnliche Auswirkungen sind zu prüfen, wenn ein Wechsel von einer Vollzeit- in eine Teilzeitbeschäftigung erfolgt ist[85] oder wenn ein Ehegatte ganz aus dem Arbeitsverhältnis ausgeschieden ist. Ist in diesem Fall die Anwartschaft verfallen, weil die Unverfallbarkeitsvoraussetzungen nicht erfüllt waren,[86] ist zu berücksichtigen, dass nach den Wertungen des Gesetzgebers keine bedeutende Anwartschaft aufgebaut wurde.

134   Werden im Rahmen einer Vereinbarung Versorgungsanrechte begründet oder übertragen, ist die Zustimmung des jeweiligen Versorgungsträgers erforderlich.

II. Geringfügige Differenz der Ausgleichswerte

135   Gem. § 18 Abs. 1 VersAusglG soll das FamG Anrechte nicht ausgleichen, wenn bei Anrechten gleicher Art die Differenz der Ausgleichswerte gering ist. Nach § 18 Abs. 2 VersAusglG sollen einzelne Anrechte mit einem geringen Ausgleichswert nicht ausgeglichen werden.

1. Definition der Geringfügigkeit

136   Nach § 18 Abs. 3 VersAusglG ist Geringfügigkeit gegeben, wenn am Ende der Ehezeit bei einem Rentenbetrag als maßgebliche Bezugsgröße der Wertunterschied höchstens 1 %, bei allen anderen Fällen als Kapitalwert höchstens 120 % der monatlichen Bezugsgröße gem. § 18 Abs. 1 SGB IV nicht übersteigt.

137   Dies sind in 2014 bei einem Rentenbetrag 27,65 €, bei einem Kapitalwert 3.318 €.

---

84 BAG 15.2.1994, 3 AZR 708/93, EzA § 1 BetrAVG Gleichberechtigung Nr. 9 = DB 1994, 1479; 20.4.2010, 3 AZR 370/88, EzA Art. 3 GG Nr. 109 = DB 2010, 2734.
85 BAG 3.11.1998, 3 AZR 432/97, EzA § 1 TVG Auslegung Nr. 31 = DB 1999, 1809.
86 Vgl. § 1b Rdn. 10 ff.

2. Anrechte gleicher Art

Nach § 18 Abs. 1 VersAusglG soll das FamG beiderseitige Anrechte gleicher 138
Art nicht ausgleichen, wenn die Differenz ihrer Ausgleichswerte gering ist.
Gleicher Art bedeutet, dass diese Vorschrift auf jeden Fall anzuwenden ist,
wenn der Ausgleichsberechtigte und der Ausgleichspflichtige ein Versorgungsversprechen nach ein und demselben Regelwerk haben (z. B. beide arbeiten
bei demselben Arbeitgeber und haben Versorgungszusagen nach demselben
Leistungsplan). Da nicht von derselben Zusage die Rede ist, sondern nur
von den beiderseitigen Anrechten »gleicher Art«, müsste diese Regelung auch
anzuwenden sein, wenn nicht dieselbe Zusage vorliegt, sondern gleichwertige
Zusagen. Wann Gleichwertigkeit gegeben ist, kann nur im Einzelfall entschieden werden. In der Gesetzesbegründung wird als Beispiel der Fall genannt,
dass beide Ehegatten während der Ehezeit jeweils eine private Lebensversicherung kurz hintereinander abgeschlossen haben bei derselben Versicherung
über dieselbe Versicherungssumme mit einer Differenz der Ausgleichswerte
von 200 €. Dies könnte man auch auf Direktversicherungen übertragen, selbst
wenn die eine Versicherung beim Versicherer A und die andere Versicherung
beim Versicherer B abgeschlossen wurde. Ist das Leistungsspektrum identisch
und haben beide Versicherungen denselben Garantiezins und ist der Wertunterschied gering, macht es keinen Sinn, hin und her auszugleichen.

Sinn und Zweck des § 18 Abs. 1 VersAusglG ist, dass ein Hin- und Heraus- 139
gleich von beiderseitigen Anrechten vermieden wird. Ein solcher kann sich
nur auf Anrechte beziehen, die in den wesentlichen Fragen wie im Leistungsspektrum, im Finanzierungsverfahren, bei den Anpassungen an die
wirtschaftliche Entwicklung und bei den weiteren wertbildenden Faktoren
(etwa dem Insolvenzschutz) strukturell übereinstimmen, wobei Wertidentität
nicht erforderlich ist.[87] Entscheidend für die Gleichartigkeit ist also, dass den
Anrechten beider Ehegatten nicht nur annähernd vergleichbare kapitalisierte
Stichtagswerte zuzuordnen sind, sondern dass diese Werte zu einer vergleichbaren Absicherung und zu ähnlich hohen Versorgungsleistungen führen.[88]

Anrechte in der gesetzlichen Rentenversicherung sind Anrechte gleicher Art, 140
soweit es sich um Anrechte handelt, die in den alten Bundesländern erwor-

---

87 BT-Drucks. 16/11903, S. 54; 16/10144, S. 55.
88 BGH 30.11.2011, XII ZB 328/10, FamRZ 2010, 1805; 30.11.2011, XII ZB
344/10, FamRZ 2012, 192.

ben wurden. Dies ergibt sich aus § 120f Abs. 1 SGB VI. Anrechte, die in den neuen Bundesländer erworben wurden, sind – bezogen auf Anrechte, die in den alten Bundesländern erworben wurden – nicht Anrechte gleicher Art.[89]

141 Die Differenz der Ausgleichswerte ist dann gering, wenn die Bagatellgrenze gem. § 18 Abs. 3 VersAusglG nicht überschritten wird. Maßgeblich ist das Ende der Ehezeit. Dabei ist – wenn es sich um Werte aus der gesetzlichen Rentenversicherung handelt – nicht auf Rentenwerte abzustellen, sondern auf den Kapitalwert. Beträgt der Kapitalwert des einen Ehegatten rd. 14.000 €, derjenige des anderen Ehegatten rd. 2.000 €, beträgt die Differenz der Ausgleichswerte 12.000 € und liegt damit deutlich über dem Wert der Bagatellgrenze zum Ehezeitende. Dies waren im Jahr 2009 3.024 €.[90] Folglich ist ein Ausgleich vorzunehmen.

142 Neben § 18 Abs. 1 ist § 18 Abs. 2 VersAusglG nicht anzuwenden.[91] Dies ergibt sich bereits aus dem Wortlaut, der zwischen Anrechten »gleicher Art« und »einzelnen« Anrechten differenziert. Auch verfolgen beide Regelungen unterschiedliche Ziele. Bei § 18 Abs. 1 VersAusglG ist der Wertunterschied gering, sodass sich ein Hin- und Herausgleich nicht lohnt. Sinn und Zweck des § 18 Abs. 2 VersAusglG ist es im Wesentlichen, den Versorgungträger zu entlasten, um einen unverhältnismäßig hohen Verwaltungsaufwand zu vermeiden.[92]

3. Geringer Ausgleichswert

143 Besteht eine betriebliche Altersversorgung aus verschiedenen Bausteinen, die aus unterschiedlichen Quellen finanziert werden, ist jeder Baustein wie ein einzelnes Anrecht im Versorgungsausgleich zu behandeln und gesondert auszugleichen.[93] Wird für einen Baustein ein Ausgleichskapitalwert festgestellt, der unter der Bagatellgrenze zum Ende der Ehezeit liegt, kann dieser Baustein trotz des geringen Ausgleichwertes in den Ausgleich einbezogen werden, wenn die einzelnen Teile der betrieblichen Versorgung eine wirtschaftliche Einheit

---

89 BGH 30.11.2011, XII ZB 328/10, FamRZ 2010, 1805; 30.11.2011, XII ZB 344/10, FamRZ 2012, 192.
90 BGH 30.11.2011, XII ZB 328/10, FamRZ 2010, 1805.
91 BGH 18.1.2012, XII ZB 501/11, NJW 2012, 927.
92 BGH 18.1.2012, XII ZB 501/11, NJW 2012, 927.
93 BGH 30.11.2011, XII ZB 79/11, FamRZ 2012, 189; 1.2.2012, XII ZB 172/11, NJW 2012, 1281.

bilden. Eine solche Einheit ist anzunehmen, wenn im Versorgungsfall die Bestandteile aus den jeweiligen Bausteinen zu einem Betrag zusammengefasst und ausgezahlt werden. Dies ist jedenfalls dann der Fall, wenn alle Bausteine im Rahmen einer unmittelbaren Versorgungszusage erteilt werden und einheitlich als Rente ausgezahlt werden. Für eine Gesamtbetrachtung spreche auch, einen Ausgleich jedenfalls teilweise zu verhindern, in dem die Einzelbausteine jeweils so gering gehalten werden, dass sie die Bagatellgrenze nicht überschreiten.[94]

Besteht eine Versorgung aus verschiedenen Bausteinen, die nach unterschiedlichen Regeln erworben werden, die aber in der Auszahlungsphase vom Versorgungsträger einheitlich als Rente geleistet werden, ist nach der Rechtsprechung des BGH nicht jedes Anrecht für sich zu betrachten, sondern eine Gesamtbetrachtung vorzunehmen, weil – jedenfalls wenn alle Leistungen unmittelbar vom Arbeitgeber zugesagt sind – kein erhöhter Verwaltungsaufwand entsteht. Es würde sonst zu einer unverhältnismäßigen Beeinträchtigung des Halbteilungsgrundsatzes kommen. Es entstehe auch keine Splitterversorgung.[95] **144**

4. Ermessen des Gerichts

Es handelt sich um eine Soll-Vorschrift, nicht um eine Muss-Vorschrift. Deshalb wird das FamG die Umstände des Einzelfalles berücksichtigen. Dem FamG ist ein Gestaltungsspielraum gegeben, um sachgerecht entscheiden zu können. Das Gericht soll die Sachlage mit den Ehegatten erörtern und versuchen, eine einvernehmliche Regelung zu finden.[96] **145**

Hält ein Versorgungsträger die Entscheidung des Gerichts für unzutreffend, kann er mit dem Rechtsmittel der Beschwerde geltend machen, dass die Anwendungsvoraussetzungen des § 18 VersAusglG nicht erfüllt sind und er selbst dadurch in seinen Rechten verletzt ist. Dies ist beispielsweise der Fall, wenn das Familiengericht fehlerhaft die Ausgleichswerte saldiert hat.[97] **146**

---

94 BGH 1.2.2012, XII ZB 172/11, NJW 2012, 1281.

95 BGH 1.2.2012, XII ZB 172/11, NJW 2012, 1281.

96 BT-Drucks. 16/10144 S. 61.

97 BGH 9.12.2013, XII ZB 550/11, FamRZ 2013, 612.

III. Fehlende Ausgleichsreife

147 Die fehlende Ausgleichsreife ist in § 19 VersAusglG geregelt. Danach ist ein Anrecht dann nicht ausgleichsreif, »wenn es dem Grunde oder der Höhe nach nicht hinreichend verfestigt ist, insbesondere ein noch verfallbares Anrecht i. S. d. Betriebsrentengesetzes« ist. Dabei ist das Ende der Ehezeit maßgeblich.

1. Fallgruppen

a) Verfallbarkeit des Anspruchs

148 Für die Verfallbarkeit des Anrechts ist auf die gesetzliche Unverfallbarkeit nach § 1b BetrAVG abzustellen.[98] Besteht eine vertraglich unverfallbare Anwartschaft, ist Ausgleichsreife gegeben. Nicht ausgleichsreif ist dagegen eine noch verfallbare Anwartschaft.[99] Wird sie während des Scheidungsverfahrens voraussichtlich unverfallbar werden, ist dies dem FamG mitzuteilen. Für die Annahme der fehlenden Ausgleichsreife reicht es aus, wenn der Höhe nach eine unverfallbare Anwartschaft nicht bestimmbar ist, weil eine Gesamtversorgungszusage erteilt wurde, die endgehaltsabhängig ist und eine dienstzeitabhängige Gesamtversorgungsobergrenze vorsieht.[100]

149 Die Verfallbarkeit ist nur ein Beispiel für die fehlende Ausgleichsreife. Offenbar geht der Gesetzgeber davon aus, dass es weitere Kriterien für die Verfestigung eines Anrechts geben kann. In diesem Zusammenhang stellt sich die Frage, ob bei einer endgehaltsabhängigen Versorgungszusage eine ausreichende Verfestigung deshalb nicht vorliegt, weil in der Betriebszugehörigkeitszeit nach der Scheidung die Versorgungsanwartschaft mit jeder Gehaltserhöhung steigt. Diese Frage ist zu verneinen. Bezogen auf den Stichtag (Ende der Ehezeit) lässt sich die Anwartschaft wie bei einem ausscheidenden Arbeitnehmer exakt berechnen, sodass eine Verfestigung vorliegt. Die künftigen Erhöhungen werden bei der Scheidung nicht berücksichtigt. Insoweit gilt das Stichtagsprinzip. Sollten nach Scheidung Erhöhungen der Anwartschaft beim ausgleichspflichtigen Ehegatten eingetreten sein, sind diese über den schuldrechtlichen Versorgungsausgleich vom ausgleichsberechtigten Ehegatten geltend zu machen.

---

98 Vgl. § 1b Rdn. 10 ff.
99 BGH 17.4.2013, XII ZB 371/12, FamRZ 2013, 1021.
100 BGH 17.4.2013, XII ZB 371/12, FamRZ 2013, 1021.

b) Abschmelzende Versorgung

Keine Ausgleichsreife liegt auch vor, wenn das Versorgungsanrecht auf eine 150
abzuschmelzende Leistung gerichtet ist. Was genau hiermit gemeint ist,
erschließt sich nicht aus dem Wortlaut. In der Gesetzesbegründung wird
beispielhaft auf die Beamtenversorgung[101] hingewiesen. Für die betriebliche
Altersversorgung könnte es zu einer abschmelzenden Versorgung bei einer
Gesamtversorgung[102] kommen, was jedoch im Einzelfall zu prüfen ist.

c) Unwirtschaftlicher Ausgleich

Der Gesetzgeber geht auch von einer fehlenden Ausgleichsreife aus, wenn die 151
Durchführung eines Versorgungsausgleichs für die ausgleichsberechtigte Person unwirtschaftlich wäre. Dies ist der Fall, wenn z. B. der Ausgleichsberechtigte Anwartschaften in der gesetzlichen Rentenversicherung erhalten würde,
ohne die Wartezeit für den Leistungsbezug erfüllen zu können.

2. Ausgleichssperre bei im Ausland erworbenen Anrechten

Keine Ausgleichsreife ist auch dann gegeben, wenn das Versorgungsanrecht bei 152
einem ausländischen, zwischenstaatlichen oder überstaatlichen Versorgungsträger besteht. In diesen Fällen muss der Versorgungsausgleich unterbleiben,
weil die FamG keine Teilungsanordnung zulasten eines nicht-deutschen Versorgungsträgers treffen können. In diesem Fall unterbleibt insgesamt der Ausgleich, wenn dies für den anderen Ehegatten unbillig wäre.

H. Kurze Ehedauer

Bei einer Ehezeit von bis zu drei Jahren findet grundsätzlich kein Versorgungs- 153
ausgleich statt. Dies ist damit zu begründen, dass in diesem Zeitraum in aller
Regel keine bedeutenden Versorgungsanrechte von den Ehegatten aufgebaut
werden. Folglich werden Kosten und Verwaltungsaufwand vermieden, wenn
bei kurzer Ehedauer gar nicht geprüft werden muss, welche Versorgungsanwartschaften mit welchem Wert erworben wurden.

Allerdings haben beide Ehegatten das Recht, einen Antrag zu stellen und 154
damit auch bei kurzer Ehedauer einen Versorgungsausgleich durchzuführen.

---

101 BGH 14.3.2007, XII ZB 85/03, FamRZ 2007, 995.
102 Vgl. § 1 Rdn. 197.

Vor Antragstellung sollte jedoch geprüft werden, ob während der kurzen Ehedauer tatsächliche – nicht nur gefühlte – Versorgungsanrechte von einiger Größenordnung erworben wurden. Dies ist i. d. R. nicht der Fall, auch nicht in der betrieblichen Altersversorgung. Eine Ausnahme könnte allerdings dann bestehen, wenn bei einer endgehaltsabhängigen Versorgungszusage in der Ehezeit ein Karrieresprung stattgefunden hat.

I. Schuldrechtlicher Ausgleich

155 Soweit im Scheidungsverfahren kein Versorgungsausgleich durchgeführt wird, werden die Versorgungsanrechte in den schuldrechtlichen Versorgungsausgleich verwiesen. In diesem Fall erfolgt der Ausgleich erst bei Eintritt des Versorgungsfalles.

1. Voraussetzungen für den schuldrechtlichen Versorgungsausgleich

156 Die Voraussetzungen für den schuldrechtlichen Versorgungsausgleich sind in § 20 VersAusglG geregelt.

a) Bezug einer laufenden Rente aus dem ausgleichspflichtigen Anrecht

157 Erste Voraussetzung ist, dass der Ausgleichspflichtige aus einem nicht ausgeglichenen Versorgungsanrecht eine tatsächliche Versorgungsleistung bezieht. Dies bedeutet, dass bei ihm ein Versorgungsfall eingetreten sein muss.

b) Erfüllung der Voraussetzungen des § 20 Abs. 2 VersAusglG durch die ausgleichsberechtigte Person

158 Weitere Voraussetzung ist, dass auch die ausgleichsberechtigte Person die Voraussetzungen erfüllt, um Versorgungsleistungen zu erhalten. Sie muss also entweder eine Altersrente beziehen oder eine Versorgung wegen Invalidität. Bezieht sie keine eigene Versorgung, hat sie aber die Regelaltersgrenze[103] erreicht, hat sie einen Anspruch auf die Ausgleichsrente. Gleiches gilt, wenn sie die gesundheitlichen Voraussetzungen für eine Invaliditätsversorgung erfüllt.

---

103 In der gesetzlichen Rentenversicherung, hierzu auch § 2 Rdn. 27 ff.

c) Ermittlung der Ausgleichsrente

Für die Bemessung der Ausgleichsrente verweist § 20 Abs. 1 VersAusglG auf **159**
den Ausgleichswert im Zeitpunkt der Scheidung. Dieser ist nach den allgemeinen Regeln zu ermitteln.

Für Kapitalleistung enthält § 22 VersAusglG eine eigenständige Regelung, **160**
nach der die Zahlung des Ausgleichswertes verlangt werden kann, wenn die
allgemeinen Voraussetzungen für den schuldrechtlichen Versorgungsausgleich
erfüllt sind.

2. Abtretung des Versorgungsrechtes in Höhe der Ausgleichsrente

Um den Zahlungsvorgang zu verkürzen, kann der Ausgleichspflichtige ver- **161**
pflichtet sein, in Höhe der Ausgleichsrente eine Abtretung vorzunehmen.
Diese wirkt gegen den Versorgungsträger. Der Versorgungsträger muss dann
die Leistung unmittelbar an den Ausgleichsberechtigten erbringen. Damit
wird sichergestellt, dass auch tatsächlich Zahlungen erfolgen und der ausgleichsberechtigte Ehegatte nicht auf »good will« des ausgleichspflichtigen
Ehegatten angewiesen ist.

Ist eine Abtretung erfolgt und verstirbt anschließend die ausgleichsberechtigte **162**
Person, geht der Anspruch wieder auf die ausgleichspflichtige Person über.

Eine Abtretung kann auch vorgenommen werden, wenn die Versorgungsrege- **163**
lung Abtretungen ausschließen will. Insoweit ist § 21 VersAusglG lex specialis
im Verhältnis zur betrieblichen Regelung.

3. Anspruch der ausgleichsberechtigten Person auf Abfindung

In Ausnahmefällen kommt ein Abfindungsrecht des ausgleichsberechtigten **164**
Ehegatten in Betracht (§ 23 VersAusglG). In diesem Fall kann der ausgleichsberechtigte Ehegatte vom ausgleichspflichtigen Ehegatten die Zahlung eines
einmaligen Betrages verlangen, vorausgesetzt, dass es sich bei dem noch nicht
ausgeglichenen Anrecht um ein Anrecht handelt, das dem Grunde nach
und der Höhe nach gesichert ist.[104] Eine solche Abfindungszahlung ist an
bestimmte Voraussetzungen gebunden.

---

104 BGH 17.4.2013, XII ZB 371/12, FamRZ 2013, 1021.

165 Erste Voraussetzung ist, dass nur eine zweckgebundene Abfindung verlangt werden kann, also eine Abfindung, die bei einem Versorgungsträger eine Versorgung ausbaut oder verschafft. Zweckgebunden bedeutet also versorgungsgebunden.

166 Weitere Voraussetzung ist, dass die Abfindungszahlung zumutbar ist. Ist eine Einmalzahlung unzumutbar, kommt ggf. eine Ratenzahlung in Betracht.

167 Eine solche Abfindung verstößt nicht gegen § 3 BetrAVG, da § 23 VersAusglG lex specialis ist. Allerdings ist im Rahmen der Zumutbarkeit zu berücksichtigen, dass der Ausgleichspflichtige im Verhältnis zum betrieblichen Versorgungsträger kein Abfindungsrecht hat, also auch keine Teilkapitalisierung verlangen kann.

4. Teilhabe an der Hinterbliebenenversorgung

168 Der schuldrechtliche Versorgungsausgleich verlangt, dass auch eine adäquate Teilhabe an der Hinterbliebenenversorgung vorgesehen ist. Damit wird das bisherige Recht des »verlängerten schuldrechtlichen Versorgungsausgleichs« abgelöst und durch ein eigenständiges Verfahren ersetzt.

169 Der verlängerte schuldrechtliche Versorgungsausgleich führte dazu, dass beim Tod des Ausgleichspflichtigen unter bestimmten Voraussetzungen der Ausgleichsberechtigte unmittelbar vom Versorgungsträger Versorgungsleistungen verlangen konnte. Voraussetzung hierfür war, dass eine Witwen-/Witwer-/Lebenspartnerversorgung für den ausgleichspflichtigen Ehegatten vorgesehen war. Nach neuem Recht kommt eine solche Teilhabe an der Hinterbliebenenversorgung auch nur in den genannten Fällen in Betracht. Die weitere Voraussetzung ist, dass der Ausgleichsberechtigte versorgungsbedürftig ist. Insoweit verweist § 25 VersAusglG auf § 20 Abs. 2 VersAusglG, d. h. die ausgleichsberechtigte Person muss die Regelaltersgrenze erreicht haben oder invalide sein.

170 Die Höhe des Anspruchs ist gem. § 25 Abs. 2 VersAusglG beschränkt auf die Ausgleichsrente.

I. Verfahren zum Versorgungsausgleich vor dem Familiengericht

I. Verfahrensbeteiligte nach § 219 FamVG

171 Verfahrensbeteiligte sind die beiden zu scheidenden Ehegatten, der oder die Versorgungsträger, was nicht immer bedeutet, dass der Arbeitgeber Verfahrensbeteiligter ist. Ist ein mittelbarer Durchführungsweg für die betriebliche

Altersversorgung gewählt worden, ist der Versorgungsträger und nicht der Arbeitgeber Verfahrensbeteiligter.

Das Auseinanderfallen von Verfahrensbeteiligung und Einbindung des Arbeit- 172 gebers in das Versorgungsverhältnis wirft vielfältige Fragen auf, die zum einen den Geschäftsbesorgungsvertrag des Arbeitgebers mit dem Versorgungsträger betreffen, aber auch das Verhältnis des nicht am Verfahren beteiligten Arbeit- gebers zu dem ausgleichsberechtigten Ehegatten, für den z. B. bei der internen Teilung ein Versorgungsverhältnis zum »Arbeitgeber« begründet wird, ohne dass dieser dies vielleicht will (z. B. Unterstützungskasse als Versorgungsträger nimmt interne Teilung vor). Ist der Geschäftsführungsvertrag darauf ausge- legt, dass der Versorgungsträger dem Arbeitgeber zusätzliche Verwaltungs- kosten auferlegen kann, kann der Versorgungsträger dem Arbeitgeber einen »neuen« Versorgungsberechtigten aufdrängen, der z. B. später eine Anpassung unmittelbar vom Arbeitgeber begehrt.

Die Frage ist allerdings, ob nicht der Versorgungsträger gut beraten ist, wenn 173 er ohne Rücksprache mit dem Arbeitgeber als Trägerunternehmen die interne Teilung vornimmt. Auch bei der Wahl der externen Teilung ist eine Abstim- mung angezeigt, wenn nicht gar geboten. Denn diese externe Teilung könnte beim Arbeitgeber haftungsrechtliche[105] und steuerliche Konsequenzen[106] haben, die dem Arbeitgeber nicht aufgedrängt werden können.

II. Mitwirkungspflichten und Auskünfte

Der Verfahrensbeteiligte hat die nach § 18 VersAusglG vorgesehenen Berech- 174 nungen zum Ehezeitanteil und zum Versorgungswert (Ausgleichswert) vor- zunehmen und die Grundlagen der Berechnung dem FamG mitzuteilen. Diese Mitteilung muss nachvollziehbar gestaltet sein. Des Weiteren sind die maßgeblichen Versorgungsregelungen, die Satzung, Leistungsplan, Betriebs- vereinbarung etc. vorzulegen.

Das FamG kann Nachfragen stellen und weiter gehende Auskünfte einfor- 175 dern, die nicht denjenigen des § 4a BetrAVG entsprechen, weil scheidungs- bezogene Auskünfte zu erteilen sind. Insbesondere kann das FamG auch den

---

105 Nicht ausreichende Bedeckung führt zur Haftung nach § 1 Abs. 1 Satz 3 BetrAVG und kann z. B. einen Ausweis im Anhang zur Bilanz auslösen.
106 Nichtanerkennung von Betriebsausgaben gem. § 4d EStG.

Versorgungsträger zur mündlichen Verhandlung laden und dort Auskünfte einholen.

176 Eine solche Auskunftserteilung vor Ort dürfte nur in Ausnahmefällen in Betracht kommen, z. B. bei komplexen Versorgungssystemen. Insoweit ist der Verhältnismäßigkeitsgrundsatz zu berücksichtigen, insbesondere auch unter dem Gesichtspunkt der Kostenverursachung beim Versorgungsträger.

177 Hat der Versorgungsträger mit dem Arbeitgeber keine Kostenerstattung vereinbart, muss er sie selbst tragen, soweit die Kosten nicht auf die zu scheidenden Ehegatten abgewälzt werden können.

III. Tenorierungsfragen

178 Die Tenorierung des Versorgungsausgleichs ist Sache des Gerichts.[107]

179 Aus der Sicht der Versorgungsträger ist zwingend darauf zu achten, dass das, was das Gericht in seinem Beschluss anordnet, auch richtig und umsetzbar ist. Dies bedeutet z. B. bei der Teilung einer Direktversicherung, dass auch die richtige Versicherungsnummer angesprochen wird, denn nur diese ist Teilungsgegenstand. Bei Betriebsvereinbarungen muss die richtige Bezeichnung gewählt werden. So ist z. B. bei der internen Teilung das Datum oder die Fassung der Versorgungsregelung so präzise anzugeben, dass kein Streit darüber entstehen kann, welches Anrecht geteilt wird.[108] Mit der genauen Bezeichnung ist kein Festschreibeeffekt verbunden. Gem. § 5 Abs. 2 Satz 2 VersAusglG sind rechtliche oder tatsächliche Änderungen zu berücksichtigen, sodass es auch im Rechtsmittelverfahren noch zu Änderungen kommen kann.[109]

180 Ist der Beschluss des FamG unrichtig, muss der Versorgungsträger ins Rechtsmittel gehen, um eine Korrektur zu erreichen. Rechtsmittel sind fristgebunden.[110] Dies bedeutet für den Versorgungsträger eine Fristenkontrolle.

J. Mitbestimmung des Betriebsrates

181 Der Gesetzgeber hat dem Versorgungsträger in § 12 Abs. 2 VersAusglG ein eigenständiges Anpassungsrecht eingeräumt. Macht der Versorgungsträ-

---

107 Zu den verschiedenen Alternativen *Eulering/Viefhues*FamRZ 2009, 1368.
108 BGH 26.1.2011, XII ZB 504/10, FamRZ 2011, 547.
109 *Hahne* BetrAV 2012, 189, 190.
110 1 Monat.

ger von diesem Recht Gebrauch, indem er eine Teilungsordnung vorgibt, bestehen keine Mitbestimmungsrechte des Betriebsrates.[111] Denn die Teilungsordnung hat nicht die Leistungsplangestaltung für die Arbeitnehmer zum Gegenstand.[112] Grundlage für die Teilungsordnung ist der bestehende Leistungsplan, der unter Wahrung der Mitbestimmungsrechte des Betriebsrates ausgehandelt bzw. vereinbart wurde. Nach Maßgabe dieses Leistungsplanes wird die Versorgung für den Ausgleichspflichtigen ermittelt. Gegenstand der Teilungsordnung ist lediglich in dem konkreten Einzelfall die Regel zur Bestimmung des Ausgleichswertes und die Entscheidung, ob die interne oder externe Teilung gewählt wird. Es ist mit anderen Worten nur ein einzelner Arbeitnehmer betroffen, nicht eine Vielzahl von Arbeitnehmern. Folglich können keine Mitbestimmungsrechte des Betriebsrates bestehen.

Auf freiwilliger Basis kann allerdings mit dem Betriebsrat die Teilungsordnung **182** abgestimmt und verabschiedet werden. Dies kann ein Indiz dafür sein, dass der Betriebsrat die gewählten Bemessungsgrundlagen für billig und gerecht hält, also nach seiner Einschätzung eine gerechte Teilung vorliegt.

Gibt es keine Mitbestimmungsrechte des Betriebsrates, ist auch die Eini- **183** gungsstelle nicht zuständig.

---

111 Bedenken bei *Cisch/Hufer* BetrAV 2009, 500; *Reichenbach/Cramer* BetrAV 2010, 621.
112 Zu den Mitbestimmungsrechten § 1 Rdn. 380 ff.

Anhang II Einkommensteuergesetz

In der Fassung der Bekanntmachung vom 8. Oktober 2009 (BGBl. I S. 3366);
zuletzt geändert durch Artikel 11 des Gesetzes vom 18. Dezember 2013
(BGBl. I S. 4318)

– Auszug –

...

§3 [Steuerfreie Einnahmen]

Steuerfrei sind

...

55. der in den Fällen des §4 Absatz 2 Nummer 2 und Absatz 3 des Betriebsrentengesetzes vom 19. Dezember 1974 (BGBl. I S. 3610), das zuletzt durch Artikel 8 des Gesetzes vom 5. Juli 2004 (BGBl. I S. 1427) geändert worden ist, in der jeweils geltenden Fassung geleistete Übertragungswert nach §4 Absatz 5 des Betriebsrentengesetzes, wenn die betriebliche Altersversorgung beim ehemaligen und neuen Arbeitgeber über einen Pensionsfonds, eine Pensionskasse oder ein Unternehmen der Lebensversicherung durchgeführt wird. [2]Satz 1 gilt auch, wenn der Übertragungswert vom ehemaligen Arbeitgeber oder von einer Unterstützungskasse an den neuen Arbeitgeber oder eine andere Unterstützungskasse geleistet wird. [3]Die Leistungen des neuen Arbeitgebers, der Unterstützungskasse, des Pensionsfonds, der Pensionskasse oder des Unternehmens der Lebensversicherung auf Grund des Betrags nach Satz 1 und 2 gehören zu den Einkünften, zu denen die Leistungen gehören würden, wenn die Übertragung nach §4 Absatz 2 Nummer 2 und Absatz 3 des Betriebsrentengesetzes nicht stattgefunden hätte;

55a. die nach §10 des Versorgungsausgleichsgesetzes vom 3. April 2009 (BGBl. I S. 700) in der jeweils geltenden Fassung (interne Teilung) durchgeführte Übertragung von Anrechten für die ausgleichsberechtigte Person zu Lasten von Anrechten der ausgleichspflichtigen Person. [2]Die Leistungen aus diesen Anrechten gehören bei der ausgleichsberechtigten Person zu den Einkünften, zu denen die Leistungen bei der ausgleichspflichtigen Person gehören würden, wenn die interne Teilung nicht stattgefunden hätte;

55b. der nach § 14 des Versorgungsausgleichsgesetzes (externe Teilung) geleistete Ausgleichswert zur Begründung von Anrechten für die ausgleichsberechtigte Person zu Lasten von Anrechten der ausgleichspflichtigen Person, soweit Leistungen aus diesen Anrechten zu steuerpflichtigen Einkünften nach den §§ 19, 20 und 22 führen würden. [2]Satz 1 gilt nicht, soweit Leistungen, die auf dem begründeten Anrecht beruhen, bei der ausgleichsberechtigten Person zu Einkünften nach § 20 Absatz 1 Nummer 6 oder § 22 Nummer 1 Satz 3 Buchstabe a Doppelbuchstabe bb führen würden. [3]Der Versorgungsträger der ausgleichspflichtigen Person hat den Versorgungsträger der ausgleichsberechtigten Person über die für die Besteuerung der Leistungen erforderlichen Grundlagen zu informieren. [4]Dies gilt nicht, wenn der Versorgungsträger der ausgleichsberechtigten Person die Grundlagen bereits kennt oder aus den bei ihm vorhandenen Daten feststellen kann und dieser Umstand dem Versorgungsträger der ausgleichspflichtigen Person mitgeteilt worden ist;

...

63. Beiträge des Arbeitgebers aus dem ersten Dienstverhältnis an einen Pensionsfonds, eine Pensionskasse oder für eine Direktversicherung zum Aufbau einer kapitalgedeckten betrieblichen Altersversorgung, bei der eine Auszahlung der zugesagten Alters-, Invaliditäts- oder Hinterbliebenenversorgungsleistungen in Form einer Rente oder eines Auszahlungsplans (§ 1 Absatz 1 Satz 1 Nummer 4 des Altersvorsorgeverträge-Zertifizierungsgesetzes vom 26. Juni 2001 (BGBl. I S. 1310, 1322), das zuletzt durch Artikel 7 des Gesetzes vom 5. Juli 2004 (BGBl. I S. 1427) geändert worden ist, in der jeweils geltenden Fassung) vorgesehen ist, soweit die Beiträge im Kalenderjahr 4 Prozent der Beitragsbemessungsgrenze in der allgemeinen Rentenversicherung nicht übersteigen. [2]Dies gilt nicht, soweit der Arbeitnehmer nach § 1a Absatz 3 des Betriebsrentengesetzes verlangt hat, dass die Voraussetzungen für eine Förderung nach § 10a oder Abschnitt XI erfüllt werden. [3]Der Höchstbetrag nach Satz 1 erhöht sich um 1 800 Euro, wenn die Beiträge im Sinne des Satzes 1 auf Grund einer Versorgungszusage geleistet werden, die nach dem 31. Dezember 2004 erteilt wurde. [4]Aus Anlass der Beendigung des Dienstverhältnisses geleistete Beiträge im Sinne des Satzes 1 sind steuerfrei, soweit sie 1 800 Euro vervielfältigt mit der Anzahl der Kalenderjahre, in denen das Dienstverhältnis des Arbeitnehmers zu dem Arbeitgeber bestanden hat, nicht übersteigen; der vervielfältigte Betrag vermindert sich um die nach den Sätzen 1 und 3 steuerfreien Beiträge, die der Arbeitgeber in dem Kalenderjahr, in dem das Dienstverhältnis beendet wird, und in den sechs vorangegangenen

Kalenderjahren erbracht hat; Kalenderjahre vor 2005 sind dabei jeweils nicht
zu berücksichtigen;

...

65.

a) Beiträge des Trägers der Insolvenzsicherung (§ 14 des Betriebsrentengesetzes) zugunsten eines Versorgungsberechtigten und seiner Hinterbliebenen
   an eine Pensionskasse oder ein Unternehmen der Lebensversicherung zur
   Ablösung von Verpflichtungen, die der Träger der Insolvenzsicherung im
   Sicherungsfall gegenüber dem Versorgungsberechtigten und seinen Hinterbliebenen hat,

b) Leistungen zur Übernahme von Versorgungsleistungen oder unverfallbaren Versorgungsanwartschaften durch eine Pensionskasse oder ein
   Unternehmen der Lebensversicherung in den § 4 Absatz 4 des Betriebsrentengesetzes bezeichneten Fällen und

c) der Erwerb von Ansprüchen durch den Arbeitnehmer gegenüber einem
   Dritten im Fall der Eröffnung des Insolvenzverfahrens oder in den Fällen des § 7 Absatz 1 Satz 4 des Betriebsrentengesetzes, soweit der Dritte
   neben dem Arbeitgeber für die Erfüllung von Ansprüchen auf Grund
   bestehender Versorgungsverpflichtungen oder Versorgungsanwartschaften
   gegenüber dem Arbeitnehmer und dessen Hinterbliebenen einsteht; dies
   gilt entsprechend, wenn der Dritte für Wertguthaben aus einer Vereinbarung über die Altersteilzeit nach dem Altersteilzeitgesetz vom 23. Juli
   1996 (BGBl. I S. 1078), zuletzt geändert durch Artikel 234 der Verordnung vom 31. Oktober 2006 (BGBl. I S. 2407), in der jeweils geltenden
   Fassung oder auf Grund von Wertguthaben aus einem Arbeitszeitkonto in
   den im ersten Halbsatz genannten Fällen für den Arbeitgeber einsteht.

²In den Fällen nach Buchstabe a, b und c gehören die Leistungen der Pensionskasse, des Unternehmens der Lebensversicherung oder des Dritten zu
den Einkünften, zu denen jene Leistungen gehören würden, die ohne Eintritt
eines Falles nach Buchstabe a, b und c zu erbringen wären. ³Soweit sie zu den
Einkünften aus nichtselbständiger Arbeit im Sinne des § 19 gehören, ist von
ihnen Lohnsteuer einzubehalten. ⁴Für die Erhebung der Lohnsteuer gelten die
Pensionskasse, das Unternehmen der Lebensversicherung oder der Dritte als
Arbeitgeber und der Leistungsempfänger als Arbeitnehmer

66. Leistungen eines Arbeitgebers oder einer Unterstützungskasse an einen
Pensionsfonds zur Übernahme bestehender Versorgungsverpflichtungen oder

Versorgungsanwartschaften durch den Pensionsfonds, wenn ein Antrag nach § 4d Absatz 3 oder § 4e Absatz 3 gestellt worden ist;

...

§ 4b Direktversicherung

[1]Der Versicherungsanspruch aus einer Direktversicherung, die von einem Steuerpflichtigen aus betrieblichem Anlass abgeschlossen wird, ist dem Betriebsvermögen des Steuerpflichtigen nicht zuzurechnen, soweit am Schluss des Wirtschaftsjahres hinsichtlich der Leistungen des Versicherers die Person, auf deren Leben die Lebensversicherung abgeschlossen ist, oder ihre Hinterbliebenen bezugsberechtigt sind. [2]Das gilt auch, wenn der Steuerpflichtige die Ansprüche aus dem Versicherungsvertrag abgetreten oder beliehen hat, sofern er sich der bezugsberechtigten Person gegenüber schriftlich verpflichtet, sie bei Eintritt des Versicherungsfalls so zu stellen, als ob die Abtretung oder Beleihung nicht erfolgt wäre.

§ 4c Zuwendungen an Pensionskassen

(1) [1]Zuwendungen an eine Pensionskasse dürfen von dem Unternehmen, das die Zuwendungen leistet (Trägerunternehmen), als Betriebsausgaben abgezogen werden, soweit sie auf einer in der Satzung oder im Geschäftsplan der Kasse festgelegten Verpflichtung oder auf einer Anordnung der Versicherungsaufsichtsbehörde beruhen oder der Abdeckung von Fehlbeträgen bei der Kasse dienen. [2]Soweit die allgemeinen Versicherungsbedingungen und die fachlichen Geschäftsunterlagen im Sinne des § 5 Absatz 3 Nummer 2 Halbsatz 2 des Versicherungsaufsichtsgesetzes nicht zum Geschäftsplan gehören, gelten diese als Teil des Geschäftsplans.

(2) Zuwendungen im Sinne des Absatzes 1 dürfen als Betriebsausgaben nicht abgezogen werden, soweit die Leistungen der Kasse, wenn sie vom Trägerunternehmen unmittelbar erbracht würden, bei diesem nicht betrieblich veranlasst wären.

§ 4d Zuwendungen an Unterstützungskassen

(1) [1]Zuwendungen an eine Unterstützungskasse dürfen von dem Unternehmen, das die Zuwendungen leistet (Trägerunternehmen), als Betriebsausgaben abgezogen werden, soweit die Leistungen der Kasse, wenn sie vom Trägerunternehmen unmittelbar erbracht würden, bei diesem betrieblich veranlasst wären und sie die folgenden Beträge nicht übersteigen:

1. bei Unterstützungskassen, die lebenslänglich laufende Leistungen gewähren:
   a) das Deckungskapital für die laufenden Leistungen nach der dem Gesetz als Anlage 1 beigefügten Tabelle. [2]Leistungsempfänger ist jeder ehemalige Arbeitnehmer des Trägerunternehmens, der von der Unterstützungskasse Leistungen erhält; soweit die Kasse Hinterbliebenenversorgung gewährt, ist Leistungsempfänger der Hinterbliebene eines ehemaligen Arbeitnehmers des Trägerunternehmens, der von der Kasse Leistungen erhält. [3]Dem ehemaligen Arbeitnehmer stehen andere Personen gleich, denen Leistungen der Alters-, Invaliditäts- oder Hinterbliebenenversorgung aus Anlass ihrer ehemaligen Tätigkeit für das Trägerunternehmen zugesagt worden sind;
   b) in jedem Wirtschaftsjahr für jeden Leistungsanwärter,
      aa) wenn die Kasse nur Invaliditätsversorgung oder nur Hinterbliebenenversorgung gewährt, jeweils 6 Prozent,
      bb) wenn die Kasse Altersversorgung mit oder ohne Einschluss von Invaliditätsversorgung oder Hinterbliebenenversorgung gewährt, 25 Prozent
   der jährlichen Versorgungsleistungen, die der Leistungsanwärter oder, wenn nur Hinterbliebenenversorgung gewährt wird, dessen Hinterbliebene nach den Verhältnissen am Schluss des Wirtschaftsjahres der Zuwendung im letzten Zeitpunkt der Anwartschaft, spätestens zum Zeitpunkt des Erreichens der Regelaltersgrenze der gesetzlichen Rentenversicherung erhalten können. [2]Leistungsanwärter ist jeder Arbeitnehmer oder ehemalige Arbeitnehmer des Trägerunternehmens, der von der Unterstützungskasse schriftlich zugesagte Leistungen erhalten kann und am Schluss des Wirtschaftsjahres, in dem die Zuwendung erfolgt, das 27. Lebensjahr vollendet hat; soweit die Kasse nur Hinterbliebenenversorgung gewährt, gilt als Leistungsanwärter jeder Arbeitnehmer oder ehemalige Arbeitnehmer des Trägerunternehmens, der am Schluss des Wirtschaftsjahres, in dem die Zuwendung erfolgt, das 27. Lebensjahr vollendet hat und dessen Hinterbliebene die Hinterbliebenenversorgung erhalten können. [3]Das Trägerunternehmen kann bei der Berechnung nach Satz 1 statt des dort maßgebenden Betrags den Durchschnittsbetrag der von der Kasse im Wirtschaftsjahr an Leistungsempfänger im Sinne des Buchstabens a Satz 2 gewährten Leistungen zugrunde legen. [4]In diesem Fall sind Leistungsanwärter im Sinne des Satzes 2 nur die Arbeitnehmer oder ehemaligen Arbeitnehmer des Trägerunternehmens, die am Schluss des Wirtschaftsjahres,

in dem die Zuwendung erfolgt, das 50. Lebensjahr vollendet haben. [5]Dem Arbeitnehmer oder ehemaligen Arbeitnehmer als Leistungsanwärter stehen andere Personen gleich, denen schriftlich Leistungen der Alters-, Invaliditäts- oder Hinterbliebenenversorgung aus Anlass ihrer Tätigkeit für das Trägerunternehmen zugesagt worden sind;

c) den Betrag des Beitrages, den die Kasse an einen Versicherer zahlt, soweit sie sich die Mittel für ihre Versorgungsleistungen, die der Leistungsanwärter oder Leistungsempfänger nach den Verhältnissen am Schluss des Wirtschaftsjahres der Zuwendung erhalten kann, durch Abschluss einer Versicherung verschafft. [2]Bei Versicherungen für einen Leistungsanwärter ist der Abzug des Beitrages nur zulässig, wenn der Leistungsanwärter die in Buchstabe b Satz 2 und 5 genannten Voraussetzungen erfüllt, die Versicherung für die Dauer bis zu dem Zeitpunkt abgeschlossen ist, für den erstmals Leistungen der Altersversorgung vorgesehen sind, mindestens jedoch bis zu dem Zeitpunkt, an dem der Leistungsanwärter das 55. Lebensjahr vollendet hat, und während dieser Zeit jährlich Beiträge gezahlt werden, die der Höhe nach gleich bleiben oder steigen. [3]Das Gleiche gilt für Leistungsanwärter, die das 27. Lebensjahr noch nicht vollendet haben, für Leistungen der Invaliditäts- oder Hinterbliebenenversorgung, für Leistungen der Altersversorgung unter der Voraussetzung, dass die Leistungsanwartschaft bereits unverfallbar ist. [4]Ein Abzug ist ausgeschlossen, wenn die Ansprüche aus der Versicherung der Sicherung eines Darlehens dienen. [5]Liegen die Voraussetzungen der Sätze 1 bis 4 vor, sind die Zuwendungen nach den Buchstaben a und b in dem Verhältnis zu vermindern, in dem die Leistungen der Kasse durch die Versicherung gedeckt sind;

d) den Betrag, den die Kasse einem Leistungsanwärter im Sinne des Buchstabens b Satz 2 und 5 vor Eintritt des Versorgungsfalls als Abfindung für künftige Versorgungsleistungen gewährt, den Übertragungswert nach § 4 Absatz 5 des Betriebsrentengesetzes oder den Betrag, den sie an einen anderen Versorgungsträger zahlt, der eine ihr obliegende Versorgungsverpflichtung übernommen hat.

[2]Zuwendungen dürfen nicht als Betriebsausgaben abgezogen werden, wenn das Vermögen der Kasse ohne Berücksichtigung künftiger Versorgungsleistungen am Schluss des Wirtschaftsjahres das zulässige Kassenvermögen übersteigt. [3]Bei der Ermittlung des Vermögens der Kasse ist am Schluss des Wirtschaftsjahres vorhandener Grundbesitz mit 200 Prozent der Einheitswerte anzusetzen, die zu dem Feststellungszeitpunkt

maßgebend sind, der dem Schluss des Wirtschaftsjahres folgt; Ansprüche aus einer Versicherung sind mit dem Wert des geschäftsplanmäßigen Deckungskapitals zuzüglich der Guthaben aus Beitragsrückerstattung am Schluss des Wirtschaftsjahres anzusetzen, und das übrige Vermögen ist mit dem gemeinen Wert am Schluss des Wirtschaftsjahres zu bewerten. [4]Zulässiges Kassenvermögen ist die Summe aus dem Deckungskapital für alle am Schluss des Wirtschaftsjahres laufenden Leistungen nach der dem Gesetz als Anlage 1 beigefügten Tabelle für Leistungsempfänger im Sinne des Satzes 1 Buchstabe a und dem Achtfachen der nach Satz 1 Buchstabe b abzugsfähigen Zuwendungen. [5]Soweit sich die Kasse die Mittel für ihre Leistungen durch Abschluss einer Versicherung verschafft, ist, wenn die Voraussetzungen für den Abzug des Beitrages nach Satz 1 Buchstabe c erfüllt sind, zulässiges Kassenvermögen der Wert des geschäftsplanmäßigen Deckungskapitals aus der Versicherung am Schluss des Wirtschaftsjahres; in diesem Fall ist das zulässige Kassenvermögen nach Satz 4 in dem Verhältnis zu vermindern, in dem die Leistungen der Kasse durch die Versicherung gedeckt sind. [6]Soweit die Berechnung des Deckungskapitals nicht zum Geschäftsplan gehört, tritt an die Stelle des geschäftsplanmäßigen Deckungskapitals der nach § 176 Absatz 3 des Gesetzes über den Versicherungsvertrag berechnete Zeitwert, beim zulässigen Kassenvermögen ohne Berücksichtigung des Guthabens aus Beitragsrückerstattung. [7]Gewährt eine Unterstützungskasse anstelle von lebenslänglich laufenden Leistungen eine einmalige Kapitalleistung, so gelten 10 Prozent der Kapitalleistung als Jahresbetrag einer lebenslänglich laufenden Leistung;

2. bei Kassen, die keine lebenslänglich laufenden Leistungen gewähren, für jedes Wirtschaftsjahr 0,2 Prozent der Lohn- und Gehaltssumme des Trägerunternehmens, mindestens jedoch den Betrag der von der Kasse in einem Wirtschaftsjahr erbrachten Leistungen, soweit dieser Betrag höher ist als die in den vorangegangenen fünf Wirtschaftsjahren vorgenommenen Zuwendungen abzüglich der in dem gleichen Zeitraum erbrachten Leistungen. [2]Diese Zuwendungen dürfen nicht als Betriebsausgaben abgezogen werden, wenn das Vermögen der Kasse am Schluss des Wirtschaftsjahres das zulässige Kassenvermögen übersteigt. [3]Als zulässiges Kassenvermögen kann 1 Prozent der durchschnittlichen Lohn- und Gehaltssumme der letzten drei Jahre angesetzt werden. [4]Hat die Kasse bereits 10 Wirtschaftsjahre bestanden, darf das zulässige Kassenvermögen zusätzlich die Summe der in den letzten zehn Wirtschaftsjahren gewährten Leistungen nicht übersteigen. [5]Für die Bewertung des Vermögens der Kasse gilt Nummer 1 Satz 3 entsprechend. [6]Bei der Berechnung der Lohn-

und Gehaltssumme des Trägerunternehmens sind Löhne und Gehälter von Personen, die von der Kasse keine nicht lebenslänglich laufenden Leistungen erhalten können, auszuscheiden. [2]Gewährt eine Kasse lebenslänglich laufende und nicht lebenslänglich laufende Leistungen, so gilt Satz 1 Nummer 1 und 2 nebeneinander. [3]Leistet ein Trägerunternehmen Zuwendungen an mehrere Unterstützungskassen, so sind diese Kassen bei der Anwendung der Nummern 1 und 2 als Einheit zu behandeln.

(2) [1]Zuwendungen im Sinne des Absatzes 1 sind von dem Trägerunternehmen in dem Wirtschaftsjahr als Betriebsausgaben abzuziehen, in dem sie geleistet werden. [2]Zuwendungen, die bis zum Ablauf eines Monats nach Aufstellung oder Feststellung der Bilanz des Trägerunternehmens für den Schluss eines Wirtschaftsjahres geleistet werden, können von dem Trägerunternehmen noch für das abgelaufene Wirtschaftsjahr durch eine Rückstellung gewinnmindernd berücksichtigt werden. [3]Übersteigen die in einem Wirtschaftsjahr geleisteten Zuwendungen die nach Absatz 1 abzugsfähigen Beträge, so können die übersteigenden Beträge im Wege der Rechnungsabgrenzung auf die folgenden drei Wirtschaftsjahre vorgetragen und im Rahmen der für diese Wirtschaftsjahre abzugsfähigen Beträge als Betriebsausgaben behandelt werden. [4]§ 5 Absatz 1 Satz 2 ist nicht anzuwenden.

(3) [1]Abweichend von Absatz 1 Satz 1 Nummer 1 Satz 1 Buchstabe d und Absatz 2 können auf Antrag die insgesamt erforderlichen Zuwendungen an die Unterstützungskasse für den Betrag, den die Kasse an einen Pensionsfonds zahlt, der eine ihr obliegende Versorgungsverpflichtung ganz oder teilweise übernommen hat, nicht im Wirtschaftsjahr der Zuwendung, sondern erst in den dem Wirtschaftsjahr der Zuwendung folgenden zehn Wirtschaftsjahren gleichmäßig verteilt als Betriebsausgaben abgezogen werden. [2]Der Antrag ist unwiderruflich; der jeweilige Rechtsnachfolger ist an den Antrag gebunden.

§ 4e Beiträge an Pensionsfonds

(1) Beiträge an einen Pensionsfonds im Sinne des § 112 des Versicherungsaufsichtsgesetzes dürfen von dem Unternehmen, das die Beiträge leistet (Trägerunternehmen), als Betriebsausgaben abgezogen werden, soweit sie auf einer festgelegten Verpflichtung beruhen oder der Abdeckung von Fehlbeträgen bei dem Fonds dienen.

(2) Beiträge im Sinne des Absatzes 1 dürfen als Betriebsausgaben nicht abgezogen werden, soweit die Leistungen des Fonds, wenn sie vom Trägerunter-

nehmen unmittelbar erbracht würden, bei diesem nicht betrieblich veranlasst wären.

(3) [1]Der Steuerpflichtige kann auf Antrag die insgesamt erforderlichen Leistungen an einen Pensionsfonds zur teilweisen oder vollständigen Übernahme einer bestehenden Versorgungsverpflichtung oder Versorgungsanwartschaft durch den Pensionsfonds erst in den dem Wirtschaftsjahr der Übertragung folgenden zehn Wirtschaftsjahren gleichmäßig verteilt als Betriebsausgaben abziehen. [2]Der Antrag ist unwiderruflich; der jeweilige Rechtsnachfolger ist an den Antrag gebunden. [3]Ist eine Pensionsrückstellung nach § 6a gewinnerhöhend aufzulösen, ist Satz 1 mit der Maßgabe anzuwenden, dass die Leistungen an den Pensionsfonds im Wirtschaftsjahr der Übertragung in Höhe der aufgelösten Rückstellung als Betriebsausgaben abgezogen werden können; der die aufgelöste Rückstellung übersteigende Betrag ist in den dem Wirtschaftsjahr der Übertragung folgenden zehn Wirtschaftsjahren gleichmäßig verteilt als Betriebsausgaben abzuziehen. [4]Satz 3 gilt entsprechend, wenn es im Zuge der Leistungen des Arbeitgebers an den Pensionsfonds zu Vermögensübertragungen einer Unterstützungskasse an den Arbeitgeber kommt.

...

§ 6a Pensionsrückstellung

(1) Für eine Pensionsverpflichtung darf eine Rückstellung (Pensionsrückstellung) nur gebildet werden, wenn und soweit
1. der Pensionsberechtigte einen Rechtsanspruch auf einmalige oder laufende Pensionsleistungen hat,
2. die Pensionszusage keine Pensionsleistungen in Abhängigkeit von künftigen gewinnabhängigen Bezügen vorsieht und keinen Vorbehalt enthält, dass die Pensionsanwartschaft oder die Pensionsleistung gemindert oder entzogen werden kann, oder ein solcher Vorbehalt sich nur auf Tatbestände erstreckt, bei deren Vorliegen nach allgemeinen Rechtsgrundsätzen unter Beachtung billigen Ermessens eine Minderung oder ein Entzug der Pensionsanwartschaft oder der Pensionsleistung zulässig ist, und
3. die Pensionszusage schriftlich erteilt ist; die Pensionszusage muss eindeutige Angaben zu Art, Form, Voraussetzungen und Höhe der in Aussicht gestellten künftigen Leistungen enthalten.

(2) Eine Pensionsrückstellung darf erstmals gebildet werden
1. vor Eintritt des Versorgungsfalls für das Wirtschaftsjahr, in dem die Pensionszusage erteilt wird, frühestens jedoch für das Wirtschaftsjahr, bis zu

dessen Mitte der Pensionsberechtigte das 27. Lebensjahr vollendet oder für das Wirtschaftsjahr, in dessen Verlauf die Pensionsanwartschaft gemäß den Vorschriften des Betriebsrentengesetzes unverfallbar wird,

2. nach Eintritt des Versorgungsfalls für das Wirtschaftsjahr, in dem der Versorgungsfall eintritt.

(3) [1]Eine Pensionsrückstellung darf höchstens mit dem Teilwert der Pensionsverpflichtung angesetzt werden. [2]Als Teilwert einer Pensionsverpflichtung gilt

1. vor Beendigung des Dienstverhältnisses des Pensionsberechtigten der Barwert der künftigen Pensionsleistungen am Schluss des Wirtschaftsjahres abzüglich des sich auf denselben Zeitpunkt ergebenden Barwerts betragsmäßig gleich bleibender Jahresbeträge, bei einer Entgeltumwandlung im Sinne von § 1 Absatz 2 des Betriebsrentengesetzes mindestens jedoch der Barwert der gemäß den Vorschriften des Betriebsrentengesetzes unverfallbaren künftigen Pensionsleistungen am Schluss des Wirtschaftsjahres. [2]Die Jahresbeträge sind so zu bemessen, dass am Beginn des Wirtschaftsjahres, in dem das Dienstverhältnis begonnen hat, ihr Barwert gleich dem Barwert der künftigen Pensionsleistungen ist; die künftigen Pensionsleistungen sind dabei mit dem Betrag anzusetzen, der sich nach den Verhältnissen am Bilanzstichtag ergibt. [3]Es sind die Jahresbeträge zugrunde zu legen, die vom Beginn des Wirtschaftsjahres, in dem das Dienstverhältnis begonnen hat, bis zu dem in der Pensionszusage vorgesehenen Zeitpunkt des Eintritts des Versorgungsfalls rechnungsmäßig aufzubringen sind. [4]Erhöhungen oder Verminderungen der Pensionsleistungen nach dem Schluss des Wirtschaftsjahres, die hinsichtlich des Zeitpunktes ihres Wirksamwerdens oder ihres Umfangs ungewiss sind, sind bei der Berechnung des Barwerts der künftigen Pensionsleistungen und der Jahresbeträge erst zu berücksichtigen, wenn sie eingetreten sind. [5]Wird die Pensionszusage erst nach dem Beginn des Dienstverhältnisses erteilt, so ist die Zwischenzeit für die Berechnung der Jahresbeträge nur insoweit als Wartezeit zu behandeln, als sie in der Pensionszusage als solche bestimmt ist. [6]Hat das Dienstverhältnis schon vor der Vollendung des 27. Lebensjahres des Pensionsberechtigten bestanden, so gilt es als zu Beginn des Wirtschaftsjahres begonnen, bis zu dessen Mitte der Pensionsberechtigte das 27. Lebensjahr vollendet; in diesem Fall gilt für davor liegende Wirtschaftsjahre als Teilwert der Barwert der gemäß den Vorschriften des Betriebsrentengesetzes unverfallbaren künftigen Pensionsleistungen am Schluss des Wirtschaftsjahres;

2. nach Beendigung des Dienstverhältnisses des Pensionsberechtigten unter Aufrechterhaltung seiner Pensionsanwartschaft oder nach Eintritt des Versorgungsfalls der Barwert der künftigen Pensionsleistungen am Schluss des Wirtschaftsjahres; Nummer 1 Satz 4 gilt sinngemäß.

[3]Bei der Berechnung des Teilwerts der Pensionsverpflichtung sind ein Rechnungszinsfuß von 6 Prozent und die anerkannten Regeln der Versicherungsmathematik anzuwenden.

(4) [1]Eine Pensionsrückstellung darf in einem Wirtschaftsjahr höchstens um den Unterschied zwischen dem Teilwert der Pensionsverpflichtung am Schluss des Wirtschaftsjahres und am Schluss des vorangegangenen Wirtschaftsjahres erhöht werden. [2]Soweit der Unterschiedsbetrag auf der erstmaligen Anwendung neuer oder geänderter biometrischer Rechnungsgrundlagen beruht, kann er nur auf mindestens drei Wirtschaftsjahre gleichmäßig verteilt der Pensionsrückstellung zugeführt werden; Entsprechendes gilt beim Wechsel auf andere biometrische Rechnungsgrundlagen. [3]In dem Wirtschaftsjahr, in dem mit der Bildung einer Pensionsrückstellung frühestens begonnen werden darf (Erstjahr), darf die Rückstellung bis zur Höhe des Teilwerts der Pensionsverpflichtung am Schluss des Wirtschaftsjahres gebildet werden; diese Rückstellung kann auf das Erstjahr und die beiden folgenden Wirtschaftsjahre gleichmäßig verteilt werden. [4]Erhöht sich in einem Wirtschaftsjahr gegenüber dem vorangegangenen Wirtschaftsjahr der Barwert der künftigen Pensionsleistungen um mehr als 25 Prozent, so kann die für dieses Wirtschaftsjahr zulässige Erhöhung der Pensionsrückstellung auf dieses Wirtschaftsjahr und die beiden folgenden Wirtschaftsjahre gleichmäßig verteilt werden. [5]Am Schluss des Wirtschaftsjahres, in dem das Dienstverhältnis des Pensionsberechtigten unter Aufrechterhaltung seiner Pensionsanwartschaft endet oder der Versorgungsfall eintritt, darf die Pensionsrückstellung stets bis zur Höhe des Teilwerts der Pensionsverpflichtung gebildet werden; die für dieses Wirtschaftsjahr zulässige Erhöhung der Pensionsrückstellung kann auf dieses Wirtschaftsjahr und die beiden folgenden Wirtschaftsjahre gleichmäßig verteilt werden. [6]Satz 2 gilt in den Fällen der Sätze 3 bis 5 entsprechend.

(5) Die Absätze 3 und 4 gelten entsprechend, wenn der Pensionsberechtigte zu dem Pensionsverpflichteten in einem anderen Rechtsverhältnis als einem Dienstverhältnis steht.

...

§ 19 [Nichtselbständige Arbeit]

(1) [1]Zu den Einkünften aus nichtselbständiger Arbeit gehören

1. Gehälter, Löhne, Gratifikationen, Tantiemen und andere Bezüge und Vorteile für eine Beschäftigung im öffentlichen oder privaten Dienst;

2. Wartegelder, Ruhegelder, Witwen- und Waisengelder und andere Bezüge und Vorteile aus früheren Dienstleistungen, auch soweit sie von Arbeitgebern ausgleichspflichtiger Personen an ausgleichsberechtigte Personen infolge einer nach § 10 oder § 14 des Versorgungsausgleichsgesetzes durchgeführten Teilung geleistet werden;

3. laufende Beiträge und laufende Zuwendungen des Arbeitgebers aus einem bestehenden Dienstverhältnis an einen Pensionsfonds, eine Pensionskasse oder für eine Direktversicherung für eine betriebliche Altersversorgung. [2]Zu den Einkünften aus nichtselbständiger Arbeit gehören auch Sonderzahlungen, die der Arbeitgeber neben den laufenden Beiträgen und Zuwendungen an eine solche Versorgungseinrichtung leistet, mit Ausnahme der Zahlungen des Arbeitgebers zur Erfüllung der Solvabilitätsvorschriften nach den §§ 53c und 114 des Versicherungsaufsichtsgesetzes, Zahlungen des Arbeitgebers in der Rentenbezugszeit nach § 112 Absatz 1a des Versicherungsaufsichtsgesetzes oder Sanierungsgelder; Sonderzahlungen des Arbeitgebers sind insbesondere Zahlungen an eine Pensionskasse anlässlich

   a) seines Ausscheidens aus einer nicht im Wege der Kapitaldeckung finanzierten betrieblichen Altersversorgung oder

   b) des Wechsels von einer nicht im Wege der Kapitaldeckung zu einer anderen nicht im Wege der Kapitaldeckung finanzierten betrieblichen Altersversorgung.

[3]Von Sonderzahlungen im Sinne des Satzes 2 Buchstabe b ist bei laufenden und wiederkehrenden Zahlungen entsprechend dem periodischen Bedarf nur auszugehen, soweit die Bemessung der Zahlungsverpflichtungen des Arbeitgebers in das Versorgungssystem nach dem Wechsel die Bemessung der Zahlungsverpflichtung zum Zeitpunkt des Wechsels übersteigt. [4]Sanierungsgelder sind Sonderzahlungen des Arbeitgebers an eine Pensionskasse anlässlich der Systemumstellung einer nicht im Wege der Kapitaldeckung finanzierten betrieblichen Altersversorgung auf der Finanzierungs- oder Leistungsseite, die der Finanzierung der zum Zeitpunkt der Umstellung bestehenden Versorgungsverpflichtungen oder Versorgungsanwartschaften dienen; bei laufenden und wiederkehrenden Zahlungen entsprechend dem periodischen Bedarf ist nur von Sanierungsgeldern auszugehen, soweit die Bemessung der Zahlungsverpflichtungen des Arbeitgebers in

das Versorgungssystem nach der Systemumstellung die Bemessung der Zahlungsverpflichtung zum Zeitpunkt der Systemumstellung übersteigt. [2]Es ist gleichgültig, ob es sich um laufende oder um einmalige Bezüge handelt und ob ein Rechtsanspruch auf sie besteht.

(2) [1]Von Versorgungsbezügen bleiben ein nach einem Prozentsatz ermittelter, auf einen Höchstbetrag begrenzter Betrag (Versorgungsfreibetrag) und ein Zuschlag zum Versorgungsfreibetrag steuerfrei. [2]Versorgungsbezüge sind

1. das Ruhegehalt, Witwen- oder Waisengeld, der Unterhaltsbeitrag oder ein gleichartiger Bezug

    a) auf Grund beamtenrechtlicher oder entsprechender gesetzlicher Vorschriften,

    b) nach beamtenrechtlichen Grundsätzen von Körperschaften, Anstalten oder Stiftungen des öffentlichen Rechts oder öffentlich-rechtlichen Verbänden von Körperschaften

    oder

2. in anderen Fällen Bezüge und Vorteile aus früheren Dienstleistungen wegen Erreichens einer Altersgrenze, verminderter Erwerbsfähigkeit oder Hinterbliebenenbezüge; Bezüge wegen Erreichens einer Altersgrenze gelten erst dann als Versorgungsbezüge, wenn der Steuerpflichtige das 63. Lebensjahr oder, wenn er schwerbehindert ist, das 60. Lebensjahr vollendet hat.

[3]Der maßgebende Prozentsatz, der Höchstbetrag des Versorgungsfreibetrags und der Zuschlag zum Versorgungsfreibetrag sind der nachstehenden Tabelle zu entnehmen:

Jahr des Versorgungsbeginns	Versorgungsfreibetrag		Zuschlag zum Versorgungsfreibetrag in Euro
	in % der Versorgungsbezüge	Höchstbetrag in Euro	
bis 2005	40,0	3 000	900
ab 2006	38,4	2 880	864
2007	36,8	2 760	828
2008	35,2	2 640	792
2009	33,6	2 520	756
2010	32,0	2 400	720

Jahr des Versorgungsbeginns	Versorgungsfreibetrag		Zuschlag zum Versorgungsfreibetrag in Euro
2011	30,4	2 280	684
2012	28,8	2 160	648
2013	27,2	2 040	612
2014	25,6	1 920	576
2015	24,0	1 800	540
2016	22,4	1 680	504
2017	20,8	1 560	468
2018	19,2	1 440	432
2019	17,6	1 320	396
2020	16,0	1 200	360
2021	15,2	1 140	342
2022	14,4	1 080	324
2023	13,6	1 020	306
2024	12,8	960	288
2025	12,0	900	270
2026	11,2	840	252
2027	10,4	780	234
2028	9,6	720	216
2029	8,8	660	198
2030	8,0	600	180
2031	7,2	540	162
2032	6,4	480	144
2033	5,6	420	126
2034	4,8	360	108
2035	4,0	300	90
2036	3,2	240	72

Jahr des Ver-sorgungsbeginns	Versorgungsfreibetrag		Zuschlag zum Versorgungsfrei-betrag in Euro
2037	2,4	180	54
2038	1,6	120	36
2039	0,8	60	18
2040	0,0	0	0

[4]Bemessungsgrundlage für den Versorgungsfreibetrag ist

a) bei Versorgungsbeginn vor 2005
    das Zwölffache des Versorgungsbezugs für Januar 2005,

b) bei Versorgungsbeginn ab 2005
    das Zwölffache des Versorgungsbezugs für den ersten vollen Monat,

jeweils zuzüglich voraussichtlicher Sonderzahlungen im Kalenderjahr, auf die zu diesem Zeitpunkt ein Rechtsanspruch besteht. [5]Der Zuschlag zum Versorgungsfreibetrag darf nur bis zur Höhe der um den Versorgungsfreibetrag geminderten Bemessungsgrundlage berücksichtigt werden. [6]Bei mehreren Versorgungsbezügen mit unterschiedlichem Bezugsbeginn bestimmen sich der insgesamt berücksichtigungsfähige Höchstbetrag des Versorgungsfreibetrags und der Zuschlag zum Versorgungsfreibetrag nach dem Jahr des Beginns des ersten Versorgungsbezugs. [7]Folgt ein Hinterbliebenenbezug einem Versorgungsbezug, bestimmen sich der Prozentsatz, der Höchstbetrag des Versorgungsfreibetrags und der Zuschlag zum Versorgungsfreibetrag für den Hinterbliebenenbezug nach dem Jahr des Beginns des Versorgungsbezugs. [8]Der nach den Sätzen 3 bis 7 berechnete Versorgungsfreibetrag und Zuschlag zum Versorgungsfreibetrag gelten für die gesamte Laufzeit des Versorgungsbezugs. [9]Regelmäßige Anpassungen des Versorgungsbezugs führen nicht zu einer Neuberechnung. [10]Abweichend hiervon sind der Versorgungsfreibetrag und der Zuschlag zum Versorgungsfreibetrag neu zu berechnen, wenn sich der Versorgungsbezug wegen Anwendung von Anrechnungs-, Ruhens-, Erhöhungs- oder Kürzungsregelungen erhöht oder vermindert. [11]In diesen Fällen sind die Sätze 3 bis 7 mit dem geänderten Versorgungsbezug als Bemessungsgrundlage im Sinne des Satzes 4 anzuwenden; im Kalenderjahr der Änderung sind der höchste Versorgungsfreibetrag und Zuschlag zum Versorgungsfreibetrag maßgebend. [12]Für jeden vollen Kalendermonat, für den keine Versorgungsbezüge gezahlt werden, ermäßigen sich der Versorgungsfreibetrag und der Zuschlag zum Versorgungsfreibetrag in diesem Kalenderjahr um je ein Zwölftel.

...

§ 22 Arten der sonstigen Einkünfte

[1]Sonstige Einkünfte sind

1. Einkünfte aus wiederkehrenden Bezügen, soweit sie nicht zu den in § 2 Absatz 1 Nummer 1 bis 6 bezeichneten Einkunftsarten gehören; § 15b ist sinngemäß anzuwenden. [2]Werden die Bezüge freiwillig oder auf Grund einer freiwillig begründeten Rechtspflicht oder einer gesetzlich unterhaltsberechtigten Person gewährt, so sind sie nicht dem Empfänger zuzurechnen; dem Empfänger sind dagegen zuzurechnen

   a) Bezüge, die von einer Körperschaft, Personenvereinigung oder Vermögensmasse außerhalb der Erfüllung steuerbegünstigter Zwecke im Sinne der §§ 52 bis 54 der Abgabenordnung gewährt werden, und

   b) Bezüge im Sinne des § 1 der Verordnung über die Steuerbegünstigung von Stiftungen, die an die Stelle von Familienfideikommissen getreten sind, in der im Bundesgesetzblatt Teil III, Gliederungsnummer 611-4-3, veröffentlichten bereinigten Fassung.

   [3]Zu den in Satz 1 bezeichneten Einkünften gehören auch

   a) Leibrenten und andere Leistungen,

      aa) die aus den gesetzlichen Rentenversicherungen, der landwirtschaftlichen Alterskasse, den berufsständischen Versorgungseinrichtungen und aus Rentenversicherungen im Sinne des § 10 Absatz 1 Nummer 2 Buchstabe b erbracht werden, soweit sie jeweils der Besteuerung unterliegen. [2]Bemessungsgrundlage für den der Besteuerung unterliegenden Anteil ist der Jahresbetrag der Rente. [3]Der der Besteuerung unterliegende Anteil ist nach dem Jahr des Rentenbeginns und dem in diesem Jahr maßgebenden Prozentsatz aus der nachstehenden Tabelle zu entnehmen:

Jahr des Rentenbeginns	Besteuerungsanteil in %
bis 2005	50
ab 2006	52
2007	54
2008	56
2009	58
2010	60

Jahr des Rentenbeginns	Besteuerungsanteil in %
2011	62
2012	64
2013	66
2014	68
2015	70
2016	72
2017	74
2018	76
2019	78
2020	80
2021	81
2022	82
2023	83
2024	84
2025	85
2026	86
2027	87
2028	88
2029	89
2030	90
2031	91
2032	92
2033	93
2034	94
2035	95
2036	96
2037	97

Jahr des Rentenbeginns	Besteuerungsanteil in %
2038	98
2039	99
2040	100

[4]Der Unterschiedsbetrag zwischen dem Jahresbetrag der Rente und dem der Besteuerung unterliegenden Anteil der Rente ist der steuerfreie Teil der Rente. [5]Dieser gilt ab dem Jahr, das dem Jahr des Rentenbeginns folgt, für die gesamte Laufzeit des Rentenbezugs. [6]Abweichend hiervon ist der steuerfreie Teil der Rente bei einer Veränderung des Jahresbetrags der Rente in dem Verhältnis anzupassen, in dem der veränderte Jahresbetrag der Rente zum Jahresbetrag der Rente steht, der der Ermittlung des steuerfreien Teils der Rente zugrunde liegt. [7]Regelmäßige Anpassungen des Jahresbetrags der Rente führen nicht zu einer Neuberechnung und bleiben bei einer Neuberechnung außer Betracht. [8]Folgen nach dem 31. Dezember 2004 Renten aus derselben Versicherung einander nach, gilt für die spätere Rente Satz 3 mit der Maßgabe, dass sich der Prozentsatz nach dem Jahr richtet, das sich ergibt, wenn die Laufzeit der vorhergehenden Renten von dem Jahr des Beginns der späteren Rente abgezogen wird; der Prozentsatz kann jedoch nicht niedriger bemessen werden als der für das Jahr 2005;

bb) die nicht solche im Sinne des Doppelbuchstaben aa sind und bei denen in den einzelnen Bezügen Einkünfte aus Erträgen des Rentenrechts enthalten sind. [2]Dies gilt auf Antrag auch für Leibrenten und andere Leistungen, soweit diese auf bis zum 31. Dezember 2004 geleisteten Beiträgen beruhen, welche oberhalb des Betrags des Höchstbeitrags zur gesetzlichen Rentenversicherung gezahlt wurden; der Steuerpflichtige muss nachweisen, dass der Betrag des Höchstbeitrags mindestens zehn Jahre überschritten wurde; soweit hiervon im Versorgungsausgleich übertragene Rentenanwartschaften betroffen sind, gilt § 4 Absatz 1 und 2 des Versorgungsausgleichsgesetzes entsprechend. [3]Als Ertrag des Rentenrechts gilt für die gesamte Dauer des Rentenbezugs der Unterschiedsbetrag zwischen dem Jahresbetrag der Rente und dem Betrag, der sich bei gleichmäßiger Verteilung des Kapitalwerts der Rente auf ihre voraussichtliche Laufzeit ergibt; dabei ist der Kapitalwert nach dieser Laufzeit zu berechnen. [4]Der Ertrag des Rentenrechts (Ertragsanteil) ist aus der nachstehenden Tabelle zu entnehmen:

Bei Beginn der Rente vollendetes Lebensjahr des Rentenberechtigten	Ertragsanteil in %
0 bis 1	59
2 bis 3	58
4 bis 5	57
6 bis 8	56
9 bis 10	55
11 bis 12	54
13 bis 14	53
15 bis 16	52
17 bis 18	51
19 bis 20	50
21 bis 22	49
23 bis 24	48
25 bis 26	47
27	46
28 bis 29	45
30 bis 31	44
32	43
33 bis 34	42
35	41
36 bis 37	40
38	39
39 bis 40	38
41	37
42	36
43 bis 44	35

Bei Beginn der Rente vollendetes Lebensjahr des Rentenberechtigten	Ertragsanteil in %
45	34
46 bis 47	33
48	32
49	31
50	30
51 bis 52	29
53	28
54	27
55 bis 56	26
57	25
58	24
59	23
60 bis 61	22
62	21
63	20
64	19
65 bis 66	18
67	17
68	16
69 bis 70	15
71	14
72 bis 73	13
74	12
75	11
76 bis 77	10
78 bis 79	9

Bei Beginn der Rente vollendetes Lebensjahr des Rentenberechtigten	Ertragsanteil in %
80	8
81 bis 82	7
83 bis 84	6
85 bis 87	5
88 bis 91	4
92 bis 93	3
94 bis 96	2
ab 97	1

[5]Die Ermittlung des Ertrags aus Leibrenten, die vor dem 1. Januar 1955 zu laufen begonnen haben, und aus Renten, deren Dauer von der Lebenszeit mehrerer Personen oder einer anderen Person als des Rentenberechtigten abhängt, sowie aus Leibrenten, die auf eine bestimmte Zeit beschränkt sind, wird durch eine Rechtsverordnung bestimmt;

b) Einkünfte aus Zuschüssen und sonstigen Vorteilen, die als wiederkehrende Bezüge gewährt werden;

1a. Einkünfte aus Unterhaltsleistungen, soweit sie nach § 10 Absatz 1 Nummer 1 vom Geber abgezogen werden können;

1b. Einkünfte aus Versorgungsleistungen, soweit beim Zahlungsverpflichteten die Voraussetzungen für den Sonderausgabenabzug nach § 10 Absatz 1 Nummer 1a erfüllt sind;

1c. Einkünfte aus Ausgleichszahlungen im Rahmen des Versorgungsausgleichs nach den §§ 20, 21, 22 und 26 des Versorgungsausgleichsgesetzes, §§ 1587f, 1587g, 1587i des Bürgerlichen Gesetzbuchs und § 3a des Gesetzes zur Regelung von Härten im Versorgungsausgleich, soweit bei der ausgleichspflichtigen Person die Voraussetzungen für den Sonderausgabenabzug nach § 10 Absatz 1 Nummer 1b erfüllt sind;

2. Einkünfte aus privaten Veräußerungsgeschäften im Sinne des § 23;

3. Einkünfte aus Leistungen, soweit sie weder zu anderen Einkunftsarten (§ 2 Absatz 1 Satz 1 Nummer 1 bis 6) noch zu den Einkünften im Sinne der Nummern 1, 1a, 2 oder 4 gehören, z. B. Einkünfte aus gelegentlichen Vermittlungen und aus der Vermietung beweglicher Gegenstände. [2]Solche Einkünfte sind nicht einkommensteuerpflichtig, wenn sie weniger als

256 Euro im Kalenderjahr betragen haben. [3]Übersteigen die Werbungskosten die Einnahmen, so darf der übersteigende Betrag bei Ermittlung des Einkommens nicht ausgeglichen werden; er darf auch nicht nach § 10d abgezogen werden. [4]Die Verluste mindern jedoch nach Maßgabe des § 10d die Einkünfte, die der Steuerpflichtige in dem unmittelbar vorangegangenen Veranlagungszeitraum oder in den folgenden Veranlagungszeiträumen aus Leistungen im Sinne des Satzes 1 erzielt hat oder erzielt; § 10d Absatz 4 gilt entsprechend. [5]Verluste aus Leistungen im Sinne des § 22 Nummer 3 in der bis zum 31. Dezember 2008 anzuwendenden Fassung können abweichend von Satz 3 auch mit Einkünften aus Kapitalvermögen im Sinne des § 20 Absatz 1 Nummer 11 ausgeglichen werden. [6]Sie mindern abweichend von Satz 4 nach Maßgabe des § 10d auch die Einkünfte, die der Steuerpflichtige in den folgenden Veranlagungszeiträumen aus § 20 Absatz 1 Nummer 11 erzielt;

4. Entschädigungen, Amtszulagen, Zuschüsse zu Kranken- und Pflegeversicherungsbeiträgen, Übergangsgelder, Überbrückungsgelder, Sterbegelder, Versorgungsabfindungen, Versorgungsbezüge, die auf Grund des Abgeordnetengesetzes oder des Europaabgeordnetengesetzes, sowie vergleichbare Bezüge, die auf Grund der entsprechenden Gesetze der Länder gezahlt werden, und die Entschädigungen, das Übergangsgeld, das Ruhegehalt und die Hinterbliebenenversorgung, die auf Grund des Abgeordnetenstatuts des Europäischen Parlaments von der Europäischen Union gezahlt werden. [2]Werden zur Abgeltung des durch das Mandat veranlassten Aufwandes Aufwandsentschädigungen gezahlt, so dürfen die durch das Mandat veranlassten Aufwendungen nicht als Werbungskosten abgezogen werden. [3]Wahlkampfkosten zur Erlangung eines Mandats im Bundestag, im Europäischen Parlament oder im Parlament eines Landes dürfen nicht als Werbungskosten abgezogen werden. [4]Es gelten entsprechend

a) für Nachversicherungsbeiträge auf Grund gesetzlicher Verpflichtung nach den Abgeordnetengesetzen im Sinne des Satzes 1 und für Zuschüsse zu Kranken- und Pflegeversicherungsbeiträgen § 3 Nummer 62,

b) für Versorgungsbezüge § 19 Absatz 2 nur bezüglich des Versorgungsfreibetrags; beim Zusammentreffen mit Versorgungsbezügen im Sinne des § 19 Absatz 2 Satz 2 bleibt jedoch insgesamt höchstens ein Betrag in Höhe des Versorgungsfreibetrags nach § 19 Absatz 2 Satz 3 im Veranlagungszeitraum steuerfrei,

c) für das Übergangsgeld, das in einer Summe gezahlt wird, und für die Versorgungsabfindung § 34 Absatz 1,

d) für die Gemeinschaftssteuer, die auf die Entschädigungen, das Übergangsgeld, das Ruhegehalt und die Hinterbliebenenversorgung auf Grund des Abgeordnetenstatuts des Europäischen Parlaments von der Europäischen Union erhoben wird, § 34c Absatz 1; dabei sind die im ersten Halbsatz genannten Einkünfte für die entsprechende Anwendung des § 34c Absatz 1 wie ausländische Einkünfte und die Gemeinschaftssteuer wie eine der deutschen Einkommensteuer entsprechende ausländische Steuer zu behandeln;

5. Leistungen aus Altersvorsorgeverträgen, Pensionsfonds, Pensionskassen und Direktversicherungen. ²Soweit die Leistungen nicht auf Beiträgen, auf die § 3 Nummer 63, § 10a oder Abschnitt XI angewendet wurde, nicht auf Zulagen im Sinne des Abschnitts XI, nicht auf Zahlungen im Sinne des § 92a Absatz 2 Satz 4 Nummer 1 und des § 92a Absatz 3 Satz 9 Nummer 2, nicht auf steuerfreien Leistungen nach § 3 Nummer 66 und nicht auf Ansprüchen beruhen, die durch steuerfreie Zuwendungen nach § 3 Nummer 56 oder die durch die nach § 3 Nummer 55b Satz 1 oder § 3 Nummer 55c steuerfreie Leistung aus einem neu begründeten Anrecht erworben wurden,

a) ist bei lebenslangen Renten sowie bei Berufsunfähigkeits-, Erwerbsminderungs- und Hinterbliebenenrenten Nummer 1 Satz 3 Buchstabe a entsprechend anzuwenden,

b) ist bei Leistungen aus Versicherungsverträgen, Pensionsfonds, Pensionskassen und Direktversicherungen, die nicht solche nach Buchstabe a sind, § 20 Absatz 1 Nummer 6 in der jeweils für den Vertrag geltenden Fassung entsprechend anzuwenden,

c) unterliegt bei anderen Leistungen der Unterschiedsbetrag zwischen der Leistung und der Summe der auf sie entrichteten Beiträge der Besteuerung; § 20 Absatz 1 Nummer 6 Satz 2 gilt entsprechend.

³In den Fällen des § 93 Absatz 1 Satz 1 und 2 gilt das ausgezahlte geförderte Altersvorsorgevermögen nach Abzug der Zulagen im Sinne des Abschnitts XI als Leistung im Sinne des Satzes 2. ⁴Als Leistung im Sinne des Satzes 1 gilt auch der Verminderungsbetrag nach § 92a Absatz 2 Satz 5 und der Auflösungsbetrag nach § 92a Absatz 3 Satz 5. ⁵Der Auflösungsbetrag nach § 92a Absatz 2 Satz 6 wird zu 70 Prozent als Leistung nach Satz 1 erfasst. ⁶Tritt nach dem Beginn der Auszahlungsphase zu Lebzeiten des Zulageberechtigten der Fall des § 92a Absatz 3 Satz 1 ein, dann ist

a) innerhalb eines Zeitraums bis zum zehnten Jahr nach dem Beginn der Auszahlungsphase das Eineinhalbfache,

b) innerhalb eines Zeitraums zwischen dem zehnten und 20. Jahr nach dem Beginn der Auszahlungsphase das Einfache

des nach Satz 5 noch nicht erfassten Auflösungsbetrags als Leistung nach Satz 1 zu erfassen; § 92a Absatz 3 Satz 9 gilt entsprechend mit der Maßgabe, dass als noch nicht zurückgeführter Betrag im Wohnförderkonto der noch nicht erfasste Auflösungsbetrag gilt. [7]Bei erstmaligem Bezug von Leistungen, in den Fällen des § 93 Absatz 1 sowie bei Änderung der im Kalenderjahr auszuzahlenden Leistung hat der Anbieter (§ 80) nach Ablauf des Kalenderjahres dem Steuerpflichtigen nach amtlich vorgeschriebenem Muster den Betrag der im abgelaufenen Kalenderjahr zugeflossenen Leistungen im Sinne der Sätze 1 bis 6 je gesondert mitzuteilen. [8]Werden dem Steuerpflichtigen Abschluss- und Vertriebskosten eines Altersvorsorgevertrages erstattet, gilt der Erstattungsbetrag als Leistung im Sinne des Satzes 1. [9]In den Fällen des § 3 Nummer 55a richtet sich die Zuordnung zu Satz 1 oder Satz 2 bei der ausgleichsberechtigten Person danach, wie eine nur auf die Ehezeit bezogene Zuordnung der sich aus dem übertragenen Anrecht ergebenden Leistung zu Satz 1 oder Satz 2 bei der ausgleichspflichtigen Person im Zeitpunkt der Übertragung ohne die Teilung vorzunehmen gewesen wäre. [10]Dies gilt sinngemäß in den Fällen des § 3 Nummer 55 und 55e.

...

§ 52 Anwendungsvorschriften

...

(6) [1]§ 3 Nummer 63 ist bei Beiträgen für eine Direktversicherung nicht anzuwenden, wenn die entsprechende Versorgungszusage vor dem 1. Januar 2005 erteilt wurde und der Arbeitnehmer gegenüber dem Arbeitgeber für diese Beiträge auf die Anwendung des § 3 Nummer 63 verzichtet hat. [2]Der Verzicht gilt für die Dauer des Dienstverhältnisses; er ist bis zum 30. Juni 2005 oder bei einem späteren Arbeitgeberwechsel bis zur ersten Beitragsleistung zu erklären. [3]§ 3 Nummer 63 Satz 3 und 4 ist nicht anzuwenden, wenn § 40b Absatz 1 und 2 in der am 31. Dezember 2004 geltenden Fassung angewendet wird.

...

(36) [1]§ 20 Absatz 1 Nummer 1 bis 3 in der Fassung des Gesetzes vom 24. März 1999 (BGBl. I S. 402) ist letztmals anzuwenden für Ausschüttungen, für die

der Vierte Teil des Körperschaftsteuergesetzes nach § 34 Absatz 10a des Körperschaftsteuergesetzes in der Fassung des Artikels 3 des Gesetzes vom 23. Oktober 2000 (BGBl. I S. 1433) letztmals anzuwenden ist. [2]§ 20 Absatz 1 Nummer 1 in der Fassung des Gesetzes vom 23. Oktober 2000 (BGBl. I S. 1433) und § 20 Absatz 1 Nummer 2 in der Fassung des Artikels 1 des Gesetzes vom 20. Dezember 2001 (BGBl. I S. 3858) sind erstmals für Erträge anzuwenden, für die Satz 1 nicht gilt. [3]§ 20 Absatz 1 Nummer 6 in der Fassung des Gesetzes vom 7. September 1990 (BGBl. I S. 1898) ist erstmals auf nach dem 31. Dezember 1974 zugeflossene Zinsen aus Versicherungsverträgen anzuwenden, die nach dem 31. Dezember 1973 abgeschlossen worden sind. [4]§ 20 Absatz 1 Nummer 6 in der Fassung des Gesetzes vom 20. Dezember 1996 (BGBl. I S. 2049) ist erstmals auf Zinsen aus Versicherungsverträgen anzuwenden, bei denen die Ansprüche nach dem 31. Dezember 1996 entgeltlich erworben worden sind. [5]Für Kapitalerträge aus Versicherungsverträgen, die vor dem 1. Januar 2005 abgeschlossen werden, ist § 20 Absatz 1 Nummer 6 in der am 31. Dezember 2004 geltenden Fassung mit der Maßgabe weiterhin anzuwenden, dass in Satz 3 die Angabe »§ 10 Absatz 1 Nummer 2 Buchstabe b Satz 5« durch die Angabe »§ 10 Absatz 1 Nummer 2 Buchstabe b Satz 6« ersetzt wird. [6]§ 20 Absatz 1 Nummer 1 Satz 4, § 43 Absatz 3, § 44 Absatz 1, 2 und 5 und § 45a Absatz 1 und 3 in der Fassung des Artikels 1 des Gesetzes vom 13. Dezember 2006 (BGBl. I S. 2878) sind erstmals auf Verkäufe anzuwenden, die nach dem 31. Dezember 2006 getätigt werden. [7]§ 20 Absatz 1 Nummer 6 Satz 1 in der Fassung des Artikels 1 des Gesetzes vom 13. Dezember 2006 (BGBl. I S. 2878) ist auf Erträge aus Versicherungsverträgen, die nach dem 31. Dezember 2004 abgeschlossen werden, anzuwenden. [8]§ 20 Absatz 1 Nummer 6 Satz 3 in der Fassung des Artikels 1 des Gesetzes vom 13. Dezember 2006 (BGBl. I S. 2878) ist erstmals anzuwenden auf Versicherungsleistungen im Erlebensfall bei Versicherungsverträgen, die nach dem 31. Dezember 2006 abgeschlossen werden, und auf Versicherungsleistungen bei Rückkauf eines Vertrages nach dem 31. Dezember 2006. [9]§ 20 Absatz 1 Nummer 6 Satz 2 ist für Vertragsabschlüsse nach dem 31. Dezember 2011 mit der Maßgabe anzuwenden, dass die Versicherungsleistung nach Vollendung des 62. Lebensjahres des Steuerpflichtigen ausgezahlt wird. [10]§ 20 Absatz 1 Nummer 6 Satz 5 in der Fassung des Artikels 1 des Gesetzes vom 19. Dezember 2008 (BGBl. I S. 2794) ist für alle Kapitalerträge anzuwenden, die dem Versicherungsunternehmen nach dem 31. Dezember 2008 zufließen. [11]§ 20 Absatz 1 Nummer 6 Satz 6 in der Fassung des Artikels 1 des Gesetzes vom 19. Dezember 2008 (BGBl. I S. 2794) ist für alle Versicherungsverträge anzuwenden, die nach dem 31. März 2009 abgeschlossen werden oder bei denen die erstmalige Beitragsleistung nach dem 31. März 2009 erfolgt. [12]Wird auf Grund einer internen Teilung nach § 10 des Versorgungsausgleichsgesetzes oder einer externen Teilung nach § 14 des Versorgungsausgleichsgesetzes ein Anrecht in Form eines Versicherungsvertrags zugunsten der ausgleichsberechtigten Person begründet, gilt dieser Vertrag insoweit zu dem gleichen Zeitpunkt als abgeschlossen wie derjenige der ausgleichspflichtigen Person.

(36a) Für die Anwendung des § 20 Absatz 1 Nummer 4 Satz 2 in der Fassung des Artikels 1 des Gesetzes vom 22. Dezember 2005 (BGBl. I S. 3683) gilt Absatz 33a entsprechend.

...

(52b) [1]§ 40b Absatz 1 und 2 in der am 31. Dezember 2004 geltenden Fassung ist weiter anzuwenden auf Beiträge für eine Direktversicherung des Arbeitnehmers und Zuwendungen an eine Pensionskasse, die auf Grund einer Versorgungszusage geleistet werden, die vor dem 1. Januar 2005 erteilt wurde. [2]Sofern die Beiträge für eine Direktversicherung die Voraussetzungen des § 3 Nummer 63 erfüllen, gilt dies nur, wenn der Arbeitnehmer nach Absatz 6 gegenüber dem Arbeitgeber für diese Beiträge auf die Anwendung des § 3 Nummer 63 verzichtet hat. [3]§ 40b Absatz 4 in der Fassung des Artikels 1 des Gesetzes vom 13. Dezember 2006 (BGBl. I S. 2878) ist erstmals anzuwenden auf Sonderzahlungen, die nach dem 23. August 2006 gezahlt werden.

Anhang III Steuerliche Förderung der privaten Altersvorsorge und betrieblichen Altersversorgung

BMF-Schreiben vom 24.7.2013[1]

– Auszug –

...

---

1 Inklusive der Änderungen der Rz. 322, 406, 425 durch das BMF-Schreiben vom 13.1.2014 – IV C 3 - S 2015/11/10002:018 (BStBl. I S. 97); die Änderungen sind mit Wirkung ab 1.1.2014 anzuwenden, die Neufassung der Rz. 425 bereits ab 1.7.2013.

B. Betriebliche Altersversorgung

I. Allgemeines

284 Betriebliche Altersversorgung liegt vor, wenn dem Arbeitnehmer aus Anlass seines Arbeitsverhältnisses vom Arbeitgeber Leistungen zur Absicherung mindestens eines biometrischen Risikos (Alter, Tod, Invalidität) zugesagt werden und Ansprüche auf diese Leistungen erst mit dem Eintritt des biologischen Ereignisses fällig werden (§ 1 BetrAVG). Werden mehrere biometrische Risiken abgesichert, ist aus steuerrechtlicher Sicht die gesamte Vereinbarung/ Zusage nur dann als betriebliche Altersversorgung anzuerkennen, wenn für alle Risiken die Vorgaben der Rz. **284** bis **290** beachtet werden. Keine betriebliche Altersversorgung in diesem Sinne liegt vor, wenn vereinbart ist, dass ohne Eintritt eines biometrischen Risikos die Auszahlung an beliebige Dritte (z. B. die Erben) erfolgt. Dies gilt für alle Auszahlungsformen (z. B. lebenslange Rente, Auszahlungsplan mit Restkapitalverrentung, Einmalkapitalauszahlung und ratenweise Auszahlung). Als Durchführungswege der betrieblichen Altersversorgung kommen die Direktzusage (§ 1 Abs. 1 Satz 2 BetrAVG), die Unterstützungskasse (§ 1b Abs. 4 BetrAVG), die Direktversicherung (§ 1b Abs. 2 BetrAVG), die Pensionskasse (§ 1b Abs. 3 BetrAVG) oder der Pensionsfonds (§ 1b Abs. 3 BetrAVG, § 112 VAG) in Betracht.

Nicht um betriebliche Altersversorgung handelt es sich, wenn der Arbeitgeber 285
oder eine Versorgungseinrichtung dem nicht bei ihm beschäftigten Ehegatten
eines Arbeitnehmers eigene Versorgungsleistungen zur Absicherung seiner
biometrischen Risiken (Alter, Tod, Invalidität) verspricht, da hier keine Versorgungszusage aus Anlass eines Arbeitsverhältnisses zwischen dem Arbeitgeber und dem Ehegatten vorliegt (§ 1 BetrAVG).

Das biologische Ereignis ist bei der Altersversorgung das altersbedingte Aus- 286
scheiden aus dem Erwerbsleben, bei der Hinterbliebenenversorgung der Tod
des Arbeitnehmers und bei der Invaliditätsversorgung der Invaliditätseintritt.
Als Untergrenze für betriebliche Altersversorgungsleistungen bei altersbedingtem Ausscheiden aus dem Erwerbsleben gilt im Regelfall das 60. Lebensjahr.
In Ausnahmefällen können betriebliche Altersversorgungsleistungen auch
schon vor dem 60. Lebensjahr gewährt werden, so z.B. bei Berufsgruppen
wie Piloten, bei denen schon vor dem 60. Lebensjahr Versorgungsleistungen
üblich sind. Ob solche Ausnahmefälle (**berufsspezifische Besonderheiten**)
vorliegen, ergibt sich aus Gesetz, Tarifvertrag oder Betriebsvereinbarung.
Erreicht der Arbeitnehmer im Zeitpunkt der Auszahlung das 60. Lebensjahr,
hat aber seine berufliche Tätigkeit noch nicht beendet, so ist dies bei **den
Durchführungswegen** Direktversicherung, Pensionskasse und Pensionsfonds
unschädlich. Die bilanzielle Behandlung beim Arbeitgeber **bei den Durchführungswegen Direktzusage und Unterstützungskasse** bleibt davon unberührt.
Für Versorgungszusagen, die nach dem 31. Dezember 2011 erteilt werden,
tritt an die Stelle des 60. Lebensjahres regelmäßig das 62. Lebensjahr (siehe
auch BT-Drucksache 16/3794 vom 12. Dezember 2006, S. 31 unter »IV.
Zusätzliche Altersvorsorge« zum RV-Altersgrenzenanpassungsgesetz vom 20.
April 2007, BGBl. I 2007 S. 554). **Für die Frage, zu welchem Zeitpunkt eine
Versorgungszusage erteilt wurde, gelten die Rz. 349 ff. entsprechend.** Bei der
Invaliditätsversorgung kommt es auf den Invaliditätsgrad nicht an.

Eine Hinterbliebenenversorgung im steuerlichen Sinne darf nur Leistungen 287
an die Witwe des Arbeitnehmers oder den Witwer der Arbeitnehmerin, die
Kinder im Sinne des § 32 Abs. 3, 4 Satz 1 Nr. 1 bis 3 und Abs. 5 EStG, den
früheren Ehegatten oder die Lebensgefährtin/den Lebensgefährten vorsehen.
Der Arbeitgeber hat bei Erteilung oder Änderung der Versorgungszusage zu
prüfen, ob die Versorgungsvereinbarung insoweit generell diese Voraussetzungen erfüllt; ob im Einzelfall Hinterbliebene in diesem Sinne vorhanden
sind, ist letztlich vom Arbeitgeber/Versorgungsträger erst im Zeitpunkt der
Auszahlung der Hinterbliebenenleistung zu prüfen. Als Kind kann auch ein
im Haushalt des Arbeitnehmers auf Dauer aufgenommenes Kind begünstigt

werden, welches in einem Obhuts- und Pflegeverhältnis zu ihm steht und nicht die Voraussetzungen des § 32 EStG zu ihm erfüllt (Pflegekind/Stiefkind und faktisches Stiefkind). Dabei ist es – anders als bei der Gewährung von staatlichen Leistungen – unerheblich, ob noch ein Obhuts- und Pflegeverhältnis zu einem leiblichen Elternteil des Kindes besteht, der ggf. ebenfalls im Haushalt des Arbeitnehmers lebt. Es muss jedoch spätestens zu Beginn der Auszahlungsphase der Hinterbliebenenleistung eine schriftliche Versicherung des Arbeitnehmers vorliegen, in der, neben der geforderten namentlichen Benennung des Pflegekindes/Stiefkindes und faktischen Stiefkindes, bestätigt wird, dass ein entsprechendes Kindschaftsverhältnis besteht. Entsprechendes gilt, wenn ein Enkelkind auf Dauer im Haushalt der Großeltern aufgenommen und versorgt wird. Bei Versorgungszusagen, die vor dem 1. Januar 2007 erteilt wurden, sind für das Vorliegen einer begünstigten Hinterbliebenenversorgung die Altersgrenzen des § 32 EStG in der bis zum 31. Dezember 2006 geltenden Fassung (27. Lebensjahr) maßgebend. Der Begriff des/der Lebensgefährten/in ist als Oberbegriff zu verstehen, der auch die gleichgeschlechtliche Lebenspartnerschaft mit erfasst. Ob eine gleichgeschlechtliche Lebenspartnerschaft eingetragen wurde oder nicht, ist dabei zunächst unerheblich. Für Partner einer eingetragenen Lebenspartnerschaft besteht allerdings die Besonderheit, dass sie einander nach § 5 Lebenspartnerschaftsgesetz zum Unterhalt verpflichtet sind. Insoweit liegt eine mit der zivilrechtlichen Ehe vergleichbare Partnerschaft vor. Handelt es sich dagegen um eine andere Form der nicht ehelichen Lebensgemeinschaft, muss anhand der im BMF-Schreiben vom 25. Juli 2002, BStBl I S. 706 genannten Voraussetzungen geprüft werden, ob diese als Hinterbliebenenversorgung anerkannt werden kann. Ausreichend ist dabei regelmäßig, dass spätestens zu Beginn der Auszahlungsphase der Hinterbliebenenleistung eine schriftliche Versicherung des Arbeitnehmers vorliegt, in der neben der geforderten namentlichen Benennung des/ der Lebensgefährten/in bestätigt wird, dass eine gemeinsame Haushaltsführung besteht.

288 Die Möglichkeit, andere als die in Rz. 287 genannten Personen als Begünstigte für den Fall des Todes des Arbeitnehmers zu benennen, führt steuerrechtlich dazu, dass es sich nicht mehr um eine Hinterbliebenenversorgung handelt, sondern von einer Vererblichkeit der Anwart schaften auszugehen ist. Gleiches gilt, wenn z. B. bei einer vereinbarten Rentengarantiezeit die Auszahlung auch an andere als die in Rz. 287 genannten Personen möglich ist. Ist die Auszahlung der garantierten Leistungen nach dem Tod des Berechtigten hingegen ausschließlich an Hinterbliebene im engeren Sinne (Rz. 287) möglich, ist eine vereinbarte Rentengarantiezeit ausnahmsweise unschädlich. Ein

Wahlrecht des Arbeitnehmers zur Einmal- oder Teilkapitalauszahlung ist in diesem Fall nicht zulässig. Es handelt sich vielmehr nur dann um unschädliche Zahlungen nach dem Tod des Berechtigten, wenn die garantierte Rente in unveränderter Höhe (einschließlich Dynamisierungen) an die versorgungsberechtigten Hinterbliebenen im engeren Sinne weiter gezahlt wird. Dabei ist zu beachten, dass die Zahlungen einerseits durch die garantierte Zeit und andererseits durch das Vorhandensein von entsprechenden Hinterbliebenen begrenzt werden. Die Zusammenfassung von bis zu zwölf Monatsleistungen in einer Auszahlung sowie die gesonderte Auszahlung der zukünftig in der Auszahlungsphase anfallenden Zinsen und Erträge sind dabei unschädlich. Im Fall der(s) Witwe(rs) oder der Lebensgefährtin/des Lebensgefährten wird dabei nicht beanstandet, wenn anstelle der Zahlung der garantierten Rentenleistung in unveränderter Höhe das im Zeitpunkt des Todes des Berechtigten noch vorhandene »Restkapital« ausnahmsweise lebenslang verrentet wird. Die Möglichkeit, ein einmaliges angemessenes Sterbegeld an andere Personen als die in Rz. 287 genannten Hinterbliebenen auszuzahlen, führt nicht zur Versagung der Anerkennung als betriebliche Altersversorgung; bei Auszahlung ist das Sterbegeld gem. § 19 EStG oder § 22 Nr. 5 EStG zu besteuern (vgl. Rz. 369 ff.). Im Fall der Pauschalbesteuerung von Beiträgen für eine Direktversicherung nach § 40b EStG in der am 31. Dezember 2004 geltenden Fassung (§ 40b EStG a. F.) ist es ebenfalls unschädlich, wenn eine beliebige Person als Bezugsberechtigte für den Fall des Todes des Arbeitnehmers benannt wird.

Keine betriebliche Altersversorgung liegt vor, wenn zwischen Arbeitnehmer **289** und Arbeitgeber die Vererblichkeit von Anwartschaften vereinbart ist. Auch Vereinbarungen, nach denen Arbeitslohn gutgeschrieben und ohne Abdeckung eines biometrischen Risikos zu einem späteren Zeitpunkt (z. B. bei Ausscheiden aus dem Dienstverhältnis) ggf. mit Wertsteigerung ausgezahlt wird, sind nicht dem Bereich der betrieblichen Altersversorgung zuzuordnen. Gleiches gilt, wenn von vornherein eine Abfindung der Versorgungsanwartschaft, z. B. zu einem bestimmten Zeitpunkt oder bei Vorliegen bestimmter Voraussetzungen, vereinbart ist und dadurch nicht mehr von der Absicherung eines biometrischen Risikos ausgegangen werden kann. Demgegenüber führt allein die Möglichkeit einer Beitragserstattung einschließlich der gutgeschriebenen Erträge bzw. einer entsprechenden Abfindung für den Fall des Ausscheidens aus dem Dienstverhältnis vor Erreichen der gesetzlichen Unverfallbarkeit und/oder für den Fall des Todes vor Ablauf einer arbeitsrechtlich vereinbarten Wartezeit sowie der Abfindung einer Witwenrente/ Witwerrente für den Fall der Wiederheirat noch nicht zur Versagung der Anerkennung als betriebliche

Altersversorgung. Ebenfalls unschädlich für das Vorliegen von betrieblicher Altersversorgung ist die Abfindung vertraglich unverfallbarer Anwartschaften; dies gilt sowohl bei Beendigung als auch während des bestehenden Arbeitsverhältnisses. Zu den steuerlichen Folgen im Auszahlungsfall siehe Rz. 369 ff.

290 Bei Versorgungszusagen, die vor dem 1. Januar 2005 erteilt wurden (Altzusagen, vgl. Rz. 349 ff.), ist es nicht zu beanstanden, wenn in den Versorgungsordnungen in Abweichung von Rz. 284 ff. die Möglichkeit einer Elternrente oder der Beitragserstattung einschließlich der gutgeschriebenen Erträge an die in Rz. 287 genannten Personen im Fall des Versterbens vor Erreichen der Altersgrenze und in Abweichung von Rz. 312 lediglich für die zugesagte Altersversorgung, nicht aber für die Hinterbliebenen- oder Invaliditätsversorgung die Auszahlung in Form einer Rente oder eines Auszahlungsplans vorgesehen ist. Dagegen sind Versorgungszusagen, die nach dem 31. Dezember 2004 (Neuzusagen, vgl. Rz. 349 ff.) aufgrund von Versorgungsordnungen erteilt werden, die die Voraussetzungen dieses Schreibens nicht erfüllen, aus steuerlicher Sicht nicht mehr als betriebliche Altersversorgung anzuerkennen; eine steuerliche Förderung ist hierfür nicht mehr möglich. Im Fall der nach § 40b EStG a. F. pauschal besteuerten (Alt-) Direktversicherungen gilt nach Rz. 288 weiterhin keine Begrenzung bezüglich des Kreises der Bezugsberechtigten.

II. Lohnsteuerliche Behandlung von Zusagen auf Leistungen der betrieblichen Altersversorgung

1. Allgemeines

291 Der Zeitpunkt des Zuflusses von Arbeitslohn richtet sich bei einer **durch Beiträge des Arbeitgebers (einschließlich Entgeltumwandlung oder anderer Finanzierungsanteile des Arbeitnehmers, vgl. Rz. 304)** finanzierten betrieblichen Altersversorgung nach dem Durchführungsweg der betrieblichen Altersversorgung (vgl. auch R 40b.1 LStR zur Abgrenzung). Bei der Versorgung über eine Direktversicherung, eine Pensionskasse oder einen Pensionsfonds liegt Zufluss von Arbeitslohn im Zeitpunkt der Zahlung der Beiträge durch den Arbeitgeber an die entsprechende Versorgungseinrichtung vor. Erfolgt die Beitragszahlung durch den Arbeitgeber vor »Versicherungsbeginn«, liegt ein Zufluss von Arbeitslohn jedoch erst im Zeitpunkt des »Versicherungsbeginns« vor. Die Einbehaltung der Lohnsteuer richtet sich nach § 38a Abs. 1 und 3 EStG (vgl. auch R 39b.2, 39b.5 und 39b.6 LStR). Bei der Versorgung über eine Direktzusage oder Unterstützungskasse fließt der Arbeitslohn erst im

Zeitpunkt der Zahlung der Altersversorgungsleistungen an den Arbeitnehmer zu.

2. Entgeltumwandlung zugunsten betrieblicher Altersversorgung

Um durch Entgeltumwandlung finanzierte betriebliche Altersversorgung handelt es sich, wenn Arbeitgeber und Arbeitnehmer vereinbaren, künftige Arbeitslohnansprüche zugunsten einer betrieblichen Altersversorgung herabzusetzen (Umwandlung in eine wertgleiche Anwartschaft auf Versorgungsleistungen – Entgeltumwandlung – § 1 Abs. 2 Nr. 3 BetrAVG).   292

Davon zu unterscheiden sind die **eigenen Beiträge** des Arbeitnehmers, **zu deren Leistung er aufgrund einer eigenen vertraglichen Vereinbarung mit der Versorgungseinrichtung originär selbst verpflichtet ist. Diese eigenen Beiträge des Arbeitnehmers zur betrieblichen Altersversorgung werden** aus **dem** bereits zugeflossenen und versteuerten Arbeitsentgelt **geleistet (vgl. auch Rz. 304).**

Eine Herabsetzung von Arbeitslohnansprüchen zugunsten betrieblicher Altersversorgung ist steuerlich als Entgeltumwandlung auch dann anzuerkennen, wenn die in § 1 Abs. 2 Nr. 3 BetrAVG geforderte Wertgleichheit außerhalb versicherungsmathematischer Grundsätze berechnet wird. Entscheidend ist allein, dass die Versorgungsleistung zur Absicherung mindestens eines biometrischen Risikos (Alter, Tod, Invalidität) zugesagt und erst bei Eintritt des biologischen Ereignisses fällig wird.   293

Die Herabsetzung von Arbeitslohn (laufender Arbeitslohn, Einmal und Sonderzahlungen) zugunsten der betrieblichen Altersversorgung wird aus Vereinfachungsgründen grundsätzlich auch dann als Entgeltumwandlung steuerlich anerkannt, wenn die Gehaltsänderungsvereinbarung bereits erdiente, aber noch nicht fällig gewordene Anteile umfasst. Dies gilt auch, wenn eine Einmal- oder Sonderzahlung einen Zeitraum von mehr als einem Jahr betrifft.   294

Bei einer Herabsetzung laufenden Arbeitslohns zugunsten einer betrieblichen Altersversorgung hindert es die Annahme einer Entgeltumwandlung nicht, wenn der bisherige ungekürzte Arbeitslohn weiterhin Bemessungsgrundlage für künftige Erhöhungen des Arbeitslohns oder andere Arbeitgeberleistungen (wie z. B. Weihnachtsgeld, Tantieme, Jubiläumszuwendungen, betriebliche Altersversorgung) bleibt, die Gehaltsminderung zeitlich begrenzt oder vereinbart wird, dass der Arbeitnehmer oder der Arbeitgeber sie für künftigen Arbeitslohn einseitig ändern können.   295

3. Behandlung laufender Zuwendungen des Arbeitgebers und Sonderzahlungen an umlagefinanzierte Pensionskassen (§ 19 Abs. 1 Satz 1 Nr. 3 EStG)

296 Laufende Zuwendungen sind regelmäßig fortlaufend geleistete Zahlungen des Arbeitgebers für eine betriebliche Altersversorgung an eine Pensionskasse, die nicht im Kapitaldeckungsverfahren, sondern im Umlageverfahren finanziert wird. Hierzu gehören insbesondere Umlagen an die Versorgungsanstalt des Bundes und der Länder – VBL – bzw. an eine kommunale Zusatzversorgungskasse.

297 Sonderzahlungen des Arbeitgebers sind insbesondere Zahlungen, die an die Stelle der bei regulärem Verlauf zu entrichtenden laufenden Zuwendungen treten oder neben den laufenden Beiträgen oder Zuwendungen entrichtet werden und zur Finanzierung des nicht kapitalgedeckten Versorgungssystems dienen. Hierzu gehören beispielsweise Zahlungen, die der Arbeitgeber anlässlich seines Ausscheidens aus einem umlagefinanzierten Versorgungssystem, des Wechsels von einem umlagefinanzierten zu einem anderen umlagefinanzierten Versorgungssystem oder der Zusammenlegung zweier nicht kapitalgedeckter Versorgungssysteme zu leisten hat.

298 ▶ **Beispiel zum Wechsel der Zusatzversorgungskasse (ZVK):**

Die ZVK A wird auf die ZVK B überführt. Der Umlagesatz der ZVK A betrug bis zur Überführung 6 % vom zusatzversorgungspflichtigen Entgelt. Die ZVK B erhebt nur 4 % vom zusatzversorgungspflichtigen Entgelt. Der Arbeitgeber zahlt nach der Überführung auf die ZVK B für seine Arbeitnehmer zusätzlich zu den 4 % Umlage einen festgelegten Betrag, durch den die Differenz bei der Umlagenhöhe (6 % zu 4 % vom zusatzversorgungspflichtigen Entgelt) ausgeglichen wird.

Bei dem Differenzbetrag, den der Arbeitgeber nach der Überführung auf die ZVK B zusätzlich leisten muss, handelt es sich um eine steuerpflichtige Sonderzahlung gem. § 19 Abs. 1 Satz 1 Nr. 3 Satz 2 Buchstabe b EStG, die mit 15 % gem. § 40b Abs. 4 EStG pauschal zu besteuern ist.

299 Zu den nicht zu besteuernden Sanierungsgeldern gehören die Sonderzahlungen des Arbeitgebers, die er anlässlich der Umstellung der Finanzierung des Versorgungssystems von der Umlagefinanzierung auf die Kapitaldeckung für die bis zur Umstellung bereits entstandenen Versorgungsverpflichtungen oder -anwartschaften noch zu leisten hat. Gleiches gilt für die Zahlungen, die der Arbeitgeber im Fall der Umstellung auf der Leistungsseite für diese vor

Umstellung bereits entstandenen Versorgungsverpflichtungen und -anwartschaften in das Versorgungssystem leistet. Davon ist z. B. auszugehen wenn,

– eine deutliche Trennung zwischen bereits entstandenen und neu entstehenden Versorgungsverpflichtungen sowie -anwartschaften sichtbar wird,

– der finanzielle Fehlbedarf zum Zeitpunkt der Umstellung hinsichtlich der bereits entstandenen Versorgungsverpflichtungen sowie -anwartschaften ermittelt wird und

– dieser Betrag ausschließlich vom Arbeitgeber als Zuschuss geleistet wird.

▶ Beispiel zum Sanierungsgeld: 300

Die ZVK A stellt ihre betriebliche Altersversorgung auf der Finanzierungs- und Leistungsseite um. Bis zur Systemumstellung betrug die Umlage 6,2 % vom zusatz versorgungspflichtigen Entgelt. Nach der Systemumstellung beträgt die Zahlung insgesamt 7,7 % vom zusatzversorgungspflichtigen Entgelt. Davon werden 4 % zugunsten der nun im Kapitaldeckungsverfahren finanzierten Neuanwartschaften und 3,7 % für die weiterhin im Umlageverfahren finanzierten Anwartschaften einschließlich eines Sanierungsgeldes geleistet.

Die Ermittlung des nicht zu besteuernden Sanierungsgeldes erfolgt nach § 19 Abs. 1 Satz 1

Nr. 3 Satz 4 2. Halbsatz EStG. Ein solches nicht zu besteuerndes Sanierungsgeld liegt nur vor, soweit der bisherige Umlagesatz überstiegen wird.

Zahlungen nach der Systemumstellung insgesamt	7,7 %
Zahlungen vor der Systemumstellung	6,2 %
Nicht zu besteuerndes Sanierungsgeld	1,5 %

Ermittlung der weiterhin nach § 19 Abs. 1 Satz 1 Nr. 3 Satz 1 EStG grundsätzlich zu besteuernden Umlagezahlung:

Nach der Systemumstellung geleistete Zahlung für das Umlageverfahren einschließlich des Sanierungsgeldes	3,7 %
Nicht zu besteuerndes Sanierungsgeld	1,5 %
grundsätzlich zu besteuernde Umlagezahlung	2,2 %

Eine Differenzrechnung nach § 19 Abs. 1 Satz 1 Nr. 3 Satz 4 zweiter Halbsatz EStG entfällt, wenn es an laufenden und wiederkehrenden Zahlungen entsprechend dem periodischen Bedarf fehlt, also das zu erbringende Sanierungsgeld als Gesamtfehlbetrag feststeht und lediglich ratierlich getilgt wird.

4. Steuerfreiheit nach § 3 Nr. 63 EStG

a) Steuerfreiheit nach § 3 Nr. 63 Satz 1 und 3 EStG

aa) Begünstigter Personenkreis

301 Zu dem durch § 3 Nr. 63 EStG begünstigten Personenkreis gehören alle Arbeitnehmer (§ 1 LStDV), unabhängig davon, ob sie in der gesetzlichen Rentenversicherung pflichtversichert sind oder nicht (z. B. beherrschende Gesellschafter-Geschäftsführer, geringfügig Beschäftigte, in einem berufsständischen Versorgungswerk Versicherte).

302 Die Steuerfreiheit setzt lediglich ein bestehendes erstes Dienstverhältnis voraus. Diese Voraussetzung kann auch erfüllt sein, wenn es sich um ein geringfügiges Beschäftigungsverhältnis oder eine Aushilfstätigkeit handelt. Die Steuerfreiheit ist jedoch nicht bei Arbeitnehmern zulässig, **bei denen der** Arbeitgeber **den Lohnsteuerabzug nach** der Steuerklasse VI **vorgenommen hat.**

bb) Begünstigte Aufwendungen

303 Zu den nach § 3 Nr. 63 EStG begünstigten Aufwendungen gehören nur Beiträge an Pensionsfonds, Pensionskassen und Direktversicherungen, die zum Aufbau einer betrieblichen Altersversorgung im Kapitaldeckungsverfahren erhoben werden. Für Umlagen, die vom Arbeitgeber an eine Versorgungseinrichtung entrichtet werden, kommt die Steuerfreiheit nach § 3 Nr. 63 EStG dagegen nicht in Betracht (siehe aber § 3 Nr. 56 EStG, Rz. 340 ff.). Werden sowohl Umlagen als auch Beiträge im Kapitaldeckungsverfahren erhoben, gehören letztere nur dann zu den begünstigten Aufwendungen, wenn eine getrennte Verwaltung und Abrechnung beider Vermögensmassen erfolgt (Trennungsprinzip).

304 Steuerfrei sind **nur Beiträge des Arbeitgebers. Das sind diejenigen Beiträge, die vom Arbeitgeber als Versicherungsnehmer selbst geschuldet und an die Versorgungseinrichtung geleistet werden. Dazu gehören**
– die Beiträge des Arbeitgebers, die zusätzlich zum ohnehin geschuldeten Arbeitslohn erbracht werden (rein arbeitgeberfinanzierte Beiträge) sowie

– alle im Gesamtversicherungsbeitrag des Arbeitgebers enthaltenen Finanzierungsanteile des Arbeitnehmers (BFH-Urteil vom 9. Dezember 2010 – VI R 57/08 –, BStBl II 2011 S. 978 und BMF-Schreiben vom 25. November 2011, BStBl I S. 1250) wie z. B.

– eine Eigenbeteiligung des Arbeitnehmers oder

– die **mittels** Entgeltumwandlung **finanzierten Beiträge** (vgl. Rz. 292 ff.). Im Fall der Finanzierung der Beiträge durch eine Entgeltumwandlung ist die Beachtung des Mindestbetrags gem. § 1a BetrAVG für die Inanspruchnahme der Steuerfreiheit nicht erforderlich.

Beiträge des Arbeitnehmers, **zu deren Leistung er aufgrund einer eigenen vertraglichen Vereinbarung mit der Versorgungseinrichtung originär selbst verpflichtet ist (sog. eigene Beiträge des Arbeitnehmers)**, sind dagegen vom Anwendungsbereich des § 3 Nr. 63 EStG ausgeschlossen, auch wenn sie vom Arbeitgeber an die Versorgungseinrichtung abgeführt werden.

Zur Umsetzung des BFH-Urteils vom 9. Dezember 2010 – VI R 57/08 – (BStBl II 2011 S. 978) zur steuerlichen Behandlung von Finanzierungsanteilen der Arbeitnehmer zur betrieblichen Altersversorgung im öffentlichen Dienst siehe BMF-Schreiben vom 25. November 2011 (BStBl I S. 1250).   305

Die Steuerfreiheit nach § 3 Nr. 63 EStG kann nur dann in Anspruch genommen werden, wenn der vom Arbeitgeber zur Finanzierung der zugesagten Versorgungsleistung gezahlte Beitrag nach bestimmten individuellen Kriterien dem einzelnen Arbeitnehmer zugeordnet wird. Allein die Verteilung eines vom Arbeitgeber gezahlten Gesamtbeitrags nach der Anzahl der begünstigten Arbeitnehmer genügt hingegen für die Anwendung des § 3 Nr. 63 EStG nicht. Für die Anwendung des § 3 Nr. 63 EStG ist nicht Voraussetzung, dass sich die Höhe der zugesagten Versorgungsleistung an der Höhe des eingezahlten Beitrags des Arbeitgebers orientiert, da der Arbeitgeber nach § 1 BetrAVG nicht nur eine Beitragszusage mit Mindestleistung oder eine beitragsorientierte Leistungszusage, sondern auch eine Leistungszusage erteilen kann.   306

Maßgeblich für die betragsmäßige Begrenzung der Steuerfreiheit auf 4 % der Beitragsbemessungsgrenze in der allgemeinen Rentenversicherung ist auch bei einer Beschäftigung in den neuen Ländern oder Berlin (Ost) die in dem Kalenderjahr gültige Beitragsbemessungsgrenze (West). Zusätzlich zu diesem Höchstbetrag können Beiträge, die vom Arbeitgeber aufgrund einer nach dem 31. Dezember 2004 erteilten Versorgungszusage (Neuzusage, vgl. Rz. **349** ff.) geleistet werden, bis zur Höhe von 1.800 EUR steuerfrei bleiben. Dieser zusätzliche Höchstbetrag kann jedoch nicht in Anspruch genommen werden,   307 wenn für den Arbeitnehmer in dem Kalenderjahr Beiträge nach § 40b Abs. 1 und 2 EStG a. F. pauschal besteuert werden (vgl. Rz. 363). Bei den Höchstbeträgen des § 3 Nr. 63 EStG handelt es sich jeweils um Jahresbeträge. Eine zeitanteilige Kürzung der Höchstbeträge ist daher nicht vorzunehmen, wenn das Arbeitsverhältnis nicht während des ganzen Jahres besteht oder nicht für das ganze Jahr Beiträge gezahlt werden. Die Höchstbeträge können erneut in Anspruch genommen werden, wenn der Arbeitnehmer sie in einem vorangegangenen Dienstverhältnis bereits ausgeschöpft hat. Im Fall der Gesamtrechtsnachfolge und des Betriebsübergangs nach § 613a BGB kommt dies dagegen nicht in Betracht.

308 Soweit die Beiträge die Höchstbeträge übersteigen, sind sie individuell zu besteuern. Für die individuell besteuerten Beiträge kann eine Förderung durch Sonderausgabenabzug nach § 10a und Zulage nach Abschnitt XI EStG in Betracht kommen (vgl. Rz. 330 ff.). Zur Übergangsregelung des § 52 Abs. 52b EStG siehe Rz. 359 ff.

309 Bei monatlicher Zahlung der Beiträge bestehen keine Bedenken, wenn die Höchstbeträge in gleichmäßige monatliche Teilbeträge aufgeteilt werden. Stellt der Arbeitgeber vor Ablauf des Kalenderjahres, z. B. bei Beendigung des Dienstverhältnisses fest, dass die Steuerfreiheit im Rahmen der monatlichen Teilbeträge nicht in vollem Umfang ausgeschöpft worden ist oder werden kann, muss eine ggf. vorgenommene Besteuerung der Beiträge rückgängig gemacht (spätester Zeitpunkt hierfür ist die Übermittlung oder Erteilung der Lohnsteuerbescheinigung) oder der monatliche Teilbetrag künftig so geändert werden, dass die Höchstbeträge ausgeschöpft werden.

310 Rein arbeitgeberfinanzierte Beiträge sind steuerfrei, soweit sie die Höchstbeträge (4 % der Beitragsbemessungsgrenze in der allgemeinen Rentenversicherung sowie 1.800 EUR) nicht übersteigen. Die Höchstbeträge werden zunächst durch diese Beiträge ausgefüllt. Sofern die Höchstbeträge dadurch nicht ausgeschöpft worden sind, sind die **verbleibenden, auf den verschiedenen Finanzierungsanteilen des Arbeitnehmers** beruhenden Beiträge **des Arbeitgebers** (vgl. Rz. 304) zu berücksichtigen. **Besteht neben einer Altzusage auch eine Neuzusage (s. Rz. 349 ff. und 355), wird der Höchstbetrag des § 3 Nr. 63 Satz 1 EStG (4 % der Beitragsbemessungsgrenze in der allgemeinen Rentenversicherung) zunächst durch alle Beiträge auf Grund der Altzusage ausgeschöpft. Soweit die Steuerfreiheit dadurch nicht voll ausgeschöpft wurde, sind die Beiträge auf Grund der Neuzusage zu berücksich-**

tigen. Somit gilt in diesen Fällen für die Ermittlung des höchstmöglichen steuerfreien Volumens im Kalenderjahr folgendes Schema:

Altzusage: rein arbeitgeberfinanzierte Beiträge, sodann auf den verschiedenen Finanzierungsanteilen des Arbeitnehmers beruhende Beiträge

Neuzusage: rein arbeitgeberfinanzierte Beiträge, sodann auf den verschiedenen Finanzierungsanteilen des Arbeitnehmers beruhende Beiträge

▶ Beispiel: 311

Ein Arbeitgeber hat eine Altzusage und daneben eine Neuzusage erteilt. Es werden zur betrieblichen Altersversorgung folgende Beiträge geleistet:
– aufgrund einer *Altzusage* an eine Pensionskasse

– in arbeitgeberfinanzierte Beiträge		600 EUR
– Finanzierungsanteile des Arbeitnehmers		1.800 EUR
– Eigenbeteiligung des Arbeitnehmers	600 EUR	
– Entgeltumwandlung	1.200 EUR	

– aufgrund einer *Neuzusage* für eine Direktversicherung

– rein arbeitgeberfinanzierte Beiträge		1 200 EUR
– Entgeltumwandlung		1.200 EUR
Insgesamt (*Alt- und Neuzusage*)		4.800 EUR

Die Beitragsbemessungsgrenze in der allgemeinen Rentenversicherung 2013 beträgt 69.600 EUR und der Höchstbetrag nach § 3 Nr. 63 Satz 1 EStG somit 2.784 EUR. Von der Vereinfachungsregelung nach Rz. 309 wird Gebrauch gemacht.

Für die Anwendung von § 3 Nr. 63 EStG ergibt sich Folgendes:

– Beiträge aufgrund der *Altzusage* steuerfrei nach § 3 Nr. 63 Satz 1 EStG i. H. v. (600 EUR + 1.800 EUR)	2.400 EUR
– rein arbeitgeberfinanzierte Beiträge aufgrund der *Neuzusage* steuerfrei nach § 3 Nr. 63 Satz 1 EStG i. H. v. (2.784 EUR – 2.400 EUR)	384 EUR

– verbleibende, rein arbeitgeberfinanzierte Beiträge *Neuzusage* steuerfrei nach § 3 Nr. 63 Satz 3 EStG i. H. v. (1.200 EUR – 384 EUR, aber höchstens 1.800 EUR)	816 EUR
– Entgeltumwandlung Beiträge aufgrund der *Neuzusage* (1.200 EUR, höchstens noch 1.800 EUR – 816 EUR)	984 EUR
– danach verbleibende Beiträge aufgrund der *Neuzusage* steuerpflichtig i. H. v. (2.400 EUR – 384 EUR – 1.800 EUR)	216 EUR

cc) Begünstigte Auszahlungsformen

312 Voraussetzung für die Steuerfreiheit ist, dass die Auszahlung der zugesagten Alters-, Invaliditäts- oder Hinterbliebenenversorgungsleistungen in Form einer lebenslangen Rente oder eines Auszahlungsplans mit anschließender lebenslanger Teilkapitalverrentung (§ 1 Abs. 1 Satz 1 Nr. 4 Buchstabe a AltZertG) vorgesehen ist. Im Hinblick auf die entfallende Versorgungsbedürftigkeit z. B. für den Fall der Vollendung des 25. Lebensjahres der Kinder (siehe auch Rz. **287**; bei Versorgungszusagen, die vor dem 1. Januar 2007 erteilt wurden, ist grundsätzlich das 27. Lebensjahr maßgebend), der Wiederheirat der Witwe/des Witwers, dem Ende der Erwerbsminderung durch Wegfall der Voraussetzungen für den Bezug (insbesondere bei Verbesserung der Gesundheitssituation oder Erreichen der Altersgrenze) ist es nicht zu beanstanden, wenn eine Rente oder ein Auszahlungsplan zeitlich befristet ist. Von einer Rente oder einem Auszahlungsplan ist auch noch auszugehen, wenn bis zu 30 % des zu Beginn der Auszahlungsphase zur Verfügung stehenden Kapitals außerhalb der monatlichen Leistungen ausgezahlt werden. Die zu Beginn der Auszahlungsphase zu treffende Entscheidung und Entnahme des Teilkapitalbetrags aus diesem Vertrag (Rz. **203**) führt zur Besteuerung nach § 22 Nr. 5 EStG. Allein die Möglichkeit, anstelle dieser Auszahlungsformen eine Einmalkapitalauszahlung (100 % des zu Beginn der Auszahlungsphase zur Verfügung stehenden Kapitals) zu wählen, steht der Steuerfreiheit noch nicht entgegen. Die Möglichkeit, eine Einmalkapitalauszahlung anstelle einer Rente oder eines Auszahlungsplans zu wählen, gilt nicht nur für Altersversorgungsleistungen, sondern auch für Invaliditäts- oder Hinterbliebenenversorgungsleistungen. Entscheidet sich der Arbeitnehmer zugunsten einer Einmalkapitalauszahlung, so sind von diesem Zeitpunkt an die Voraussetzungen des § 3 Nr. 63 EStG nicht mehr erfüllt und die Beitragsleistungen zu besteuern. Erfolgt die Ausübung des Wahlrechts innerhalb des letzten Jahres vor dem altersbedingten

Ausscheiden aus dem Erwerbsleben, so ist es aus Vereinfachungsgründen nicht zu beanstanden, wenn die Beitragsleistungen weiterhin nach § 3 Nr. 63 EStG steuerfrei belassen werden. Für die Berechnung der Jahresfrist ist dabei auf das im Zeitpunkt der Ausübung des Wahlrechts vertraglich vorgesehene Ausscheiden aus dem Erwerbsleben (vertraglich vorgesehener Beginn der Altersversorgungsleistung) abzustellen. Da die Auszahlungsphase bei der Hinterbliebenenleistung erst mit dem Zeitpunkt des Todes des ursprünglich Berechtigten beginnt, ist es in diesem Fall aus steuerlicher Sicht nicht zu beanstanden, wenn das Wahlrecht im zeitlichen Zusammenhang mit dem Tod des ursprünglich Berechtigten ausgeübt wird. Bei Auszahlung oder anderweitiger wirtschaftlicher Verfügung ist der Einmalkapitalbetrag gem. § 22 Nr. 5 EStG zu besteuern (siehe dazu Rz. 372 ff.)

dd) Sonstiges

Eine Steuerfreiheit der Beiträge kommt nicht in Betracht, soweit es sich hierbei nicht um Arbeitslohn im Rahmen eines Dienstverhältnisses, sondern um eine verdeckte Gewinnausschüttung im Sinne des § 8 Abs. 3 Satz 2 KStG handelt. Die allgemeinen Grundsätze zur Abgrenzung zwischen verdeckter Gewinnausschüttung und Arbeitslohn sind hierbei zu beachten. **313**

Bei Beiträgen an ausländische betriebliche Altersversorgungssysteme ist zu entscheiden, ob das ausländische Altersversorgungssystem mit einem Durchführungsweg der betrieblichen Altersversorgung nach dem deutschen Betriebsrentengesetz vergleichbar ist bzw. einem der Durchführungswege als vergleichbar zugeordnet werden kann. Entsprechende Beiträge sind steuerfrei nach § 3 Nr. 63 EStG, wenn **314**

- das ausländische betriebliche Altersversorgungssystem vergleichbar mit dem Pensionsfonds, der Pensionskasse oder der Direktversicherung ist und
- auch die weiteren wesentlichen Kriterien für die steuerliche Anerkennung einer betrieblichen Altersversorgung im Inland erfüllt werden (u. a. Absicherung mindestens eines biometrischen Risikos – vgl. Rz. 284 –, enger Hinterbliebenenbegriff vgl. Rz. 287 –, keine Vererblichkeit – vgl. Rz. 289 –, begünstigte Auszahlungsformen – vgl. Rz. 312) und
- die ausländische Versorgungseinrichtung in vergleichbarer Weise den für inländische Versorgungseinrichtungen maßgeblichen Aufbewahrungs-, Mitteilungs- und Bescheinigungspflichten nach dem Einkommensteuergesetz und der Altersvorsorge-Durchführungsverordnung zur

Sicherstellung der Besteuerung der Versorgungsleistungen im Wesentlichen nachkommt.

315 Unter den Voraussetzungen **der Rz. 301 bis 313** sind auch die **vom Arbeitgeber zusätzlich zum ohnehin geschuldeten Arbeitslohn erbrachten** Beiträge an eine zur Versorgungsanstalt der deutschen Kulturorchester – VddKO – oder zum Zusatzversorgungswerk für Arbeitnehmer in der Land- und Forstwirtschaft – ZLF –), die er nach der jeweiligen Satzung der Versorgungseinrichtung als Pflichtbeiträge für die Altersversorgung seiner Arbeitnehmer zusätzlich zu den nach § 3 Nr. 62 EStG steuerfreien Beiträgen zur gesetzlichen Rentenversicherung zu erbringen hat, ebenfalls im Rahmen des § 3 Nr. 63 EStG steuerfrei. Die Steuerfreiheit nach § 3 Nr. 62 Satz 1 EStG kommt für diese Beiträge nicht in Betracht. Die Steuerbefreiung des § 3 Nr. 63 (und auch Nr. 56) EStG ist nicht nur der Höhe, sondern dem Grunde nach vorrangig anzuwenden; die Steuerbefreiung nach § 3 Nr. 62 EStG ist bei Vorliegen von Zukunftssicherungsleistungen i. S. d. § 3 Nr. 63 (und auch Nr. 56) EStG daher auch dann ausgeschlossen, wenn die Höchstbeträge des § 3 Nr. 63 (und Nr. 56) EStG bereits voll ausgeschöpft werden.

b) Ausschluss der Steuerfreiheit nach § 3 Nr. 63 Satz 2 EStG

aa) Personenkreis

316 Auf die Steuerfreiheit können grundsätzlich nur Arbeitnehmer verzichten, die in der gesetzlichen Rentenversicherung pflichtversichert sind (§§ 1a, 17 Abs. 1 Satz 3 BetrAVG). Alle anderen Arbeitnehmer können von dieser Möglichkeit nur dann Gebrauch machen, wenn der Arbeitgeber zustimmt.

bb) Höhe und Zeitpunkt der Ausübung des Wahlrechts

317 Soweit der Arbeitnehmer einen Anspruch auf Entgeltumwandlung nach § 1a BetrAVG hat **oder andere Finanzierungsanteile (vgl. Rz. 304) zur betrieblichen Altersversorgung erbringt**, ist eine individuelle Besteuerung dieser Beiträge auf Verlangen des Arbeitnehmers durchzuführen; **die Beiträge sind dabei gleichrangig zu behandeln.** In allen anderen Fällen der Entgeltumwandlung (z. B. Entgeltumwandlungsvereinbarung aus dem Jahr 2001 oder früher) ist die individuelle Besteuerung der Beiträge hingegen nur aufgrund einvernehmlicher Vereinbarung zwischen Arbeitgeber und Arbeitnehmer möglich. Bei rein arbeitgeberfinanzierten Beiträgen kann auf die Steuerfreiheit nicht verzichtet werden (vgl. Rz. 310).

Die Ausübung des Wahlrechts nach § 3 Nr. 63 Satz 2 EStG muss bis zu dem 318
Zeitpunkt erfolgen, zu dem die entsprechende Gehaltsänderungsvereinbarung
steuerlich noch anzuerkennen ist (vgl. Rz. **294**).

Eine nachträgliche Änderung der steuerlichen Behandlung der im Wege der 319
Entgeltumwandlung finanzierten Beiträge ist nicht zulässig.

c) Vervielfältigungsregelung nach § 3 Nr. 63 Satz 4 EStG

Beiträge an einen Pensionsfonds, eine Pensionskasse oder für eine Direktversi- 320
cherung, die der Arbeitgeber aus Anlass der Beendigung des Dienstverhältnisses leistet, können im Rahmen des § 3 Nr. 63 Satz 4 EStG steuerfrei belassen
werden. Die Höhe der Steuerfreiheit ist dabei begrenzt auf den Betrag, der
sich ergibt aus 1.800 EUR vervielfältigt mit der Anzahl der Kalenderjahre, in
denen das Dienstverhältnis des Arbeitnehmers zu dem Arbeitgeber bestanden
hat; der vervielfältigte Betrag vermindert sich um die nach § 3 Nr. 63 EStG
steuerfreien Beiträge, die der Arbeitgeber in dem Kalenderjahr, in dem das
Dienstverhältnis beendet wird, und in den sechs vorangegangenen Jahren
erbracht hat. Sowohl bei der Ermittlung der zu vervielfältigenden als auch der
zu kürzenden Jahre sind nur die Kalenderjahre ab 2005 zu berücksichtigen.
Dies gilt unabhängig davon, wie lange das Dienstverhältnis zu dem Arbeitgeber tatsächlich bestanden hat. Die Vervielfältigungsregelung steht jedem
Arbeitnehmer aus demselben Dienstverhältnis insgesamt nur einmal zu. Werden die Beiträge statt als Einmalbeitrag in Teilbeträgen geleistet, sind diese so
lange steuerfrei, bis der für den Arbeitnehmer maßgebende Höchstbetrag ausgeschöpft ist. Eine Anwendung der Vervielfältigungsregelung des § 3 Nr. 63
Satz 4 EStG ist nicht möglich, wenn gleichzeitig die Vervielfältigungsregelung
des § 40b Abs. 2 Satz 3 und 4 EStG a. F. auf die Beiträge, die der Arbeitgeber
aus Anlass der Beendigung des Dienstverhältnisses leistet, angewendet wird
(vgl. Rz. **365**). Eine Anwendung ist ferner nicht möglich, wenn der Arbeitnehmer bei Beiträgen für eine Direktversicherung auf die Steuerfreiheit der
Beiträge zu dieser Direktversicherung zugunsten der Weiteranwendung des
§ 40b EStG a. F. verzichtet hatte (vgl. Rz. **359** ff.).

5. Steuerfreiheit nach § 3 Nr. 65 und 66 EStG

Die sich aus § 3 Nr. 65 Satz 2 bis 4 EStG ergebenden Rechtsfolgen treten 321
auch dann ein, wenn die Auszahlungen unmittelbar vom Träger der Insol-
venzsicherung an den Versorgungsberechtigten oder seine Hinterbliebenen
vorgenommen werden. In diesem Fall ist der Träger der Insolvenzsicherung

Dritter i. S. d. § 3 Nr. 65 Satz 4 EStG und daher zum Lohnsteuereinbehalt verpflichtet.

322 Voraussetzung für die Steuerfreiheit **nach § 3 Nr. 66 EStG** ist, dass vom Arbeitgeber ein Antrag nach § 4d Abs. 3 EStG oder § 4e Abs. 3 EStG gestellt worden ist. Die Steuerfreiheit nach § 3 Nr. 66 EStG gilt auch dann, wenn beim übertragenden Unternehmen keine Zuwendungen i. S. v. § 4d Abs. 3 EStG oder Leistungen i. S. v. § 4e Abs. 3 EStG im Zusammenhang mit der Übernahme einer Versorgungsverpflichtung durch einen Pensionsfonds anfallen. Bei einer entgeltlichen Übertragung von Versorgungsanwartschaften aktiver Beschäftigter kommt die Anwendung von § 3 Nr. 66 EStG nur für Zahlungen an den Pensionsfonds in Betracht, die für die bis zum Zeitpunkt der Übertragung bereits erdienten Versorgungsanwartschaften geleistet werden (sog. »Past-Service«); Zahlungen an den Pensionsfonds für zukünftig noch zu erdienende Anwartschaften (sog. »Future-Service«) sind ausschließlich in dem begrenzten Rahmen des § 3 Nr. 63 EStG lohnsteuerfrei; zu weiteren Einzelheiten, insbesondere zur Abgrenzung von »Past-« und »Future-Service«, siehe BMF-Schreiben vom 26. Oktober 2006, BStBl I S. 709. **Erfolgt im Rahmen eines Gesamtplans zunächst eine nach § 3 Nr. 66 EStG begünstigte Übertragung der erdienten Anwartschaften auf einen Pensionsfonds und werden anschließend regelmäßig wiederkehrend (z. B. jährlich) die dann neu erdienten Anwartschaften auf den Pensionsfonds übertragen, sind die weiteren Übertragungen auf den Pensionsfonds nicht nach § 3 Nr. 66 EStG begünstigt, sondern nur im Rahmen des § 3 Nr. 63 EStG steuerfrei. Hinsichtlich des durch die Steuerbefreiungsvorschrift begünstigten Personenkreises vgl. Rz. 301.**

6. Steuerfreiheit nach § 3 Nr. 55 EStG

323 Gem. § 4 Abs. 2 Nr. 2 BetrAVG kann nach Beendigung des Arbeitsverhältnisses im Einvernehmen des ehemaligen mit dem neuen Arbeitgeber sowie dem Arbeitnehmer der Wert der vom Arbeitnehmer erworbenen Altersversorgung (Übertragungswert nach § 4 Abs. 5 BetrAVG) auf den neuen Arbeitgeber übertragen werden, wenn dieser eine wertgleiche Zusage erteilt. § 4 Abs. 3 BetrAVG gibt dem Arbeitnehmer für Versorgungszusagen, die nach dem 31. Dezember 2004 erteilt werden, das Recht, innerhalb eines Jahres nach Beendigung des Arbeitsverhältnisses von seinem ehemaligen Arbeitgeber zu verlangen, dass der Übertragungswert auf den neuen Arbeitgeber übertragen wird, wenn die betriebliche Altersversorgung beim ehemaligen Arbeitgeber über einen Pensionsfonds, eine Pensionskasse oder eine Direktversicherung

durchgeführt worden ist und der Übertragungswert die im Zeitpunkt der Übertragung maßgebliche Beitragsbemessungsgrenze in der allgemeinen Rentenversicherung nicht übersteigt.

Die Anwendung der Steuerbefreiungsvorschrift des § 3 Nr. 55 EStG setzt 324 aufgrund des Verweises auf die Vorschriften des Betriebsrentengesetzes die Beendigung des bisherigen Dienstverhältnisses und ein anderes Dienstverhältnis voraus. Die Übernahme der Versorgungszusage durch einen Arbeitgeber, bei dem der Arbeitnehmer bereits beschäftigt ist, ist betriebsrentenrechtlich unschädlich und steht daher der Anwendung der Steuerbefreiungsvorschrift nicht entgegen. § 3 Nr. 55 EStG und Rz. 323 gelten entsprechend für Arbeitnehmer, die nicht in der gesetzlichen Rentenversicherung pflichtversichert sind (z. B. beherrschende Gesellschafter-Geschäftsführer oder geringfügig Beschäftigte).

Der geleistete Übertragungswert ist nach § 3 Nr. 55 Satz 1 EStG steuerfrei, 325 wenn die betriebliche Altersversorgung sowohl beim ehemaligen Arbeitgeber als auch beim neuen Arbeitgeber über einen Pensionsfonds, eine Pensionskasse oder eine Direktversicherung durchgeführt wird. Es ist nicht Voraussetzung, dass beide Arbeitgeber auch den gleichen Durchführungsweg gewählt haben. Um eine Rückabwicklung der steuerlichen Behandlung der Beitragsleistungen an einen Pensionsfonds, eine Pensionskasse oder eine Direktversicherung vor der Übertragung (Steuerfreiheit nach § 3 Nr. 63, 66 EStG, individuelle Besteuerung, Besteuerung nach § 40b EStG) zu verhindern, bestimmt § 3 Nr. 55 Satz 3 EStG, dass die auf dem Übertragungsbetrag beruhenden Versorgungsleistungen weiterhin zu den Einkünften gehören, zu denen sie gehört hätten, wenn eine Übertragung nach § 4 BetrAVG nicht stattgefunden hätte.

Der Übertragungswert ist gem. § 3 Nr. 55 Satz 2 EStG auch steuerfrei, wenn 326 er vom ehemaligen Arbeitgeber oder von einer Unterstützungskasse an den neuen Arbeitgeber oder an eine andere Unterstützungskasse geleistet wird.

Die Steuerfreiheit des § 3 Nr. 55 EStG kommt jedoch nicht in Betracht, wenn 327 die betriebliche Altersversorgung beim ehemaligen Arbeitgeber als Direktzusage oder mittels einer Unterstützungskasse ausgestaltet war, während sie beim neuen Arbeitgeber über einen Pensionsfonds, eine Pensionskasse oder eine Direktversicherung abgewickelt wird. Dies gilt auch für den umgekehrten Fall. Ebenso kommt die Steuerfreiheit nach § 3 Nr. 55 EStG bei einem Betriebsübergang nach § 613a BGB nicht in Betracht, da in einem solchen Fall die Regelung des § 4 BetrAVG keine Anwendung findet.

328 Wird die betriebliche Altersversorgung sowohl beim alten als auch beim neuen Arbeitgeber über einen Pensionsfonds, eine Pensionskasse oder eine Direktversicherung abgewickelt, liegt im Fall der Übernahme der Versorgungszusage nach § 4 Abs. 2 Nr. 1 BetrAVG lediglich ein Schuldnerwechsel und damit für den Arbeitnehmer kein lohnsteuerlich relevanter Vorgang vor. Entsprechendes gilt im Fall der Übernahme der Versorgungszusage nach § 4 Abs. 2 Nr. 1 BetrAVG, wenn die betriebliche Altersversorgung sowohl beim alten als auch beim neuen Arbeitgeber über eine Direktzusage oder Unterstützungskasse durchgeführt wird. Zufluss von Arbeitslohn liegt hingegen vor im Fall der Ablösung einer gegenüber einem beherrschenden Gesellschafter-Geschäftsführer erteilten Pensionszusage, bei der nach der Ausübung eines zuvor eingeräumten Wahlrechtes auf Verlangen des Gesellschafter-Geschäftsführers der Ablösungsbetrag zur Übernahme der Pensionsverpflichtung an einen Dritten gezahlt wird (BFH-Urteil vom 12. April 2007 – VI R 6/02 –, BStBl II S. 581).

7. Übernahme von Pensionsverpflichtungen gegen Entgelt durch Beitritt eines Dritten in eine Pensionsverpflichtung (Schuldbeitritt) oder Ausgliederung von Pensionsverpflichtungen

329 Bei der Übernahme von Pensionsverpflichtungen gegen Entgelt durch Beitritt eines Dritten in eine Pensionsverpflichtung (Schuldbeitritt) oder durch Ausgliederung von Pensionsverpflichtungen – ohne inhaltliche Veränderung der Zusage – handelt es sich weiterhin um eine Direktzusage des Arbeitgebers. Aus lohnsteuerlicher Sicht bleibt es folglich bei den für eine Direktzusage geltenden steuerlichen Regelungen, d. h. es liegen erst bei Auszahlung der Versorgungsleistungen – durch den Dritten bzw. durch die Pensionsgesellschaft anstelle des Arbeitgebers – Einkünfte im Sinne des § 19 EStG vor. Der Lohnsteuerabzug kann in diesem Fall mit Zustimmung des Finanzamts anstelle vom Arbeitgeber auch von dem Dritten bzw. der Pensionsgesellschaft vorgenommen werden (§ 38 Abs. 3a Satz 2 EStG).

8. Förderung durch Sonderausgabenabzug nach § 10a EStG und Zulage nach Abschnitt XI EStG

330 Zahlungen im Rahmen der betrieblichen Altersversorgung an einen Pensionsfonds, eine Pensionskasse oder eine Direktversicherung können als Altersvorsorgebeiträge durch Sonderausgabenabzug nach § 10a EStG und Zulage nach Abschnitt XI EStG gefördert werden (§ 82 Abs. 2 EStG). Die zeitliche Zuordnung der Altersvorsorgebeiträge im Sinne des § 82 Abs. 2 EStG richtet

sich grundsätzlich nach den für die Zuordnung des Arbeitslohns geltenden Vorschriften (§ 38a Abs. 3 EStG; R 39b.2, 39b.5 und 39b.6 LStR).

Um Beiträge im Rahmen der betrieblichen Altersversorgung handelt es sich **331** nur, wenn die Beiträge für eine vom Arbeitgeber aus Anlass des Arbeitsverhältnisses zugesagte Versorgungsleistung erbracht werden (§ 1 BetrAVG). Dies gilt unabhängig davon, ob die Beiträge

– ausschließlich vom Arbeitgeber finanziert werden,
– auf einer Entgeltumwandlung beruhen,
– **andere im Gesamtversicherungsbeitrag des Arbeitgebers enthaltene Finanzierungsanteile des Arbeitnehmers sind (BFH-Urteil vom 9. Dezember 2010 – VI R 57/08 –, BStBl II 2011 S. 978, und BMF-Schreiben vom 25. November 2011, BStBl I S. 1250) oder**
– **eigene Beiträge** des Arbeitnehmers **sind, die er aus seinem bereits zugeflossenen und versteuerten Arbeitsentgelt zur Finanzierung der betrieblichen Altersversorgung leistet.**

Im Übrigen sind Rz. **285** ff. zu beachten.

Voraussetzung für die steuerliche Förderung ist neben der individuellen **332** Besteuerung der Beiträge, dass die Auszahlung der zugesagten Altersversorgungsleistung in Form einer lebenslangen Rente oder eines Auszahlungsplans mit anschließender lebenslanger Teilkapitalverrentung (§ 1 Abs. 1 Satz 1 Nr. 4 Buchstabe a AltZertG) vorgesehen ist. Die steuerliche Förderung von Beitragsteilen, die zur Absicherung einer Invaliditäts- oder Hinterbliebenenversorgung verwendet werden, kommt nur dann in Betracht, wenn die Auszahlung in Form einer Rente (§ 1 Abs. 1 Satz 1 Nr. 4 Buchstabe a AltZertG; vgl. Rz. **312**) vorgesehen ist. Rente oder Auszahlungsplan in diesem Sinne liegt auch dann vor, wenn bis zu 30 % des zu Beginn der Auszahlungsphase zur Verfügung stehenden Kapitals außerhalb der monatlichen Leistungen ausgezahlt werden. Die zu Beginn der Auszahlungsphase zu treffende Entscheidung und Entnahme des Teilkapitalbetrags aus diesem Vertrag (Rz. **203**) führt zur Besteuerung nach § 22 Nr. 5 EStG. Allein die Möglichkeit, anstelle dieser Auszahlungsformen eine Einmalkapitalauszahlung (100 % des zu Beginn der Auszahlungsphase zur Verfügung stehenden Kapitals) zu wählen, steht der Förderung noch nicht entgegen. Die Möglichkeit, eine Einmalkapitalauszahlung anstelle einer Rente oder eines Auszahlungsplans zu wählen, gilt nicht nur für Altersversorgungsleistungen, sondern auch für Invaliditäts- oder Hinterbliebenenversorgungsleistungen. Entscheidet sich der Arbeitnehmer zugunsten einer Einmalkapitalauszahlung, so sind von diesem Zeitpunkt an die Voraussetzungen des § 10a und Abschnitt XI EStG nicht mehr erfüllt und die Beitragsleistungen können nicht mehr gefördert werden. Erfolgt die Ausübung des Wahlrechtes innerhalb des letzten Jahres vor dem altersbedingten Ausscheiden aus dem Erwerbsleben, so ist es aus Vereinfachungsgründen nicht zu beanstanden, wenn die Beitragsleistungen weiterhin nach § 10a/Abschnitt XI EStG gefördert werden. Für die Berechnung der Jahresfrist ist dabei auf das im Zeitpunkt der Ausübung des Wahlrechts vertraglich vorgesehene Ausscheiden aus dem Erwerbsleben (vertraglich vorgesehener Beginn der Altersversorgungsleistung) abzustellen. Da die Auszahlungsphase bei der Hinterbliebenenleistung erst mit dem Zeitpunkt des Todes des ursprünglich Berechtigten beginnt, ist es in diesem Fall aus steuerlicher Sicht nicht zu beanstanden, wenn das Wahlrecht zu diesem Zeitpunkt ausgeübt wird. Bei Auszahlung des Einmalkapitalbetrags handelt es sich um eine schädliche Verwendung im Sinne des § 93 EStG (vgl. Rz. **391** f.), soweit sie auf steuerlich gefördertem Altersvorsorgevermögen beruht. Da es sich bei der Teil- bzw. Einmalkapitalauszahlung nicht um außerordentliche Einkünfte im Sinne des § 34 Abs. 2 EStG (weder eine Entschädigung noch eine Vergütung für eine mehrjährige Tätigkeit) handelt, kommt eine Anwendung der Fünftelungsregelung des § 34 EStG auf diese Zahlungen nicht in Betracht.

333 **Die aus bereits zugeflossenem Arbeitslohn des Arbeitnehmers geleisteten Beiträge an einen Pensionsfonds, eine Pensionskasse oder eine Direktversicherung zum Aufbau einer kapitalgedeckten betrieblichen Altersversorgung, bei der eine Auszahlung der zugesagten Altersversorgungsleistung in Form einer Rente oder eines Auszahlungsplans (§ 1 Abs. 1 Satz 1 Nr. 4 AltZertG) vorgesehen ist, zählen auch dann zu den Altersvorsorgebeiträgen im Sinne von § 82 Abs. 2 EStG, wenn der Arbeitslohn aufgrund eines Doppelbesteuerungsabkommens nicht in Deutschland, sondern in einem anderen Land der inländischen individuellen Besteuerung vergleichbar versteuert wird.**

334 **Beitragsleistungen, die aus nach § 40a EStG pauschal versteuertem Arbeitslohn erbracht werden, gehören nicht zu den Altersvorsorgebeiträgen nach § 82 Abs. 2 Satz 1 Buchstabe a EStG.**

335 Altersvorsorgebeiträge im Sinne des § 82 Abs. 2 EStG sind auch die Beiträge des ehemaligen Arbeitnehmers, die dieser im Fall einer zunächst ganz oder teilweise durch Entgeltumwandlung finanzierten und nach § 3 Nr. 63 oder § 10a/Abschnitt XI EStG geförderten betrieblichen Altersversorgung nach der Beendigung des Arbeitsverhältnisses nach Maßgabe des § 1b Abs. 5 Nr. 2

BetrAVG selbst erbringt. Dies gilt entsprechend in den Fällen der Finanzierung durch **eigene Beiträge** des Arbeitnehmers (**vgl. Rz. 304**).

Die vom Steuerpflichtigen nach Maßgabe des § 1b Abs. 5 Satz 1 Nr. 2 BetrAVG **336** selbst zu erbringenden Beiträge müssen nicht aus individuell versteuertem Arbeitslohn stammen (z. B. Finanzierung aus steuerfreiem Arbeitslosengeld). Gleiches gilt, soweit der Arbeitnehmer trotz eines weiter bestehenden Arbeitsverhältnisses keinen Anspruch auf Arbeitslohn mehr hat und die Beiträge **nun** selbst erbringt (z. B. während der Schutzfristen des § 3 Abs. 2 und § 6 Abs. 1 des Mutterschutzgesetzes, der Elternzeit, des Bezugs von Krankengeld oder auch § 1a Abs. 4 BetrAVG) oder aufgrund einer gesetzlichen Verpflichtung Beiträge zur betrieblichen Altersversorgung entrichtet werden (z. B. nach §§ 14a und 14b des Arbeitsplatzschutzgesetzes).

Voraussetzung für die Förderung durch Sonderausgabenabzug nach § 10a **337** EStG und Zulage nach Abschnitt XI EStG ist in den Fällen der Rz. **335** f., dass der Steuerpflichtige zum begünstigten Personenkreis gehört. Die zeitliche Zuordnung dieser Altersvorsorgebeiträge richtet sich grundsätzlich nach § 11 Abs. 2 EStG.

Zu den begünstigten Altersvorsorgebeiträgen gehören nur Beiträge, die zum **338** Aufbau einer betrieblichen Altersversorgung im Kapitaldeckungsverfahren erhoben werden. Für Umlagen, die an eine Versorgungseinrichtung gezahlt werden, kommt die Förderung dagegen nicht in Betracht. Werden sowohl Umlagen als auch Beiträge im Kapitaldeckungsverfahren erhoben, gehören letztere nur dann zu den begünstigten Aufwendungen, wenn eine getrennte Verwaltung und Abrechnung beider Vermögensmassen erfolgt (Trennungsprinzip).

Die Versorgungseinrichtung hat dem Zulageberechtigten jährlich eine **339** Bescheinigung zu erteilen (§ 92 EStG). Diese Bescheinigung muss u. a. den Stand des Altersvorsorgevermögens ausweisen (§ 92 Nr. 5 EStG). Bei einer Leistungszusage (§ 1 Abs. 1 Satz 2 Halbsatz 2 BetrAVG) und einer beitragsorientierten Leistungszusage (§ 1 Abs. 2 Nr. 1 BetrAVG) kann stattdessen der Barwert der erdienten Anwartschaft bescheinigt werden.

9. Steuerfreiheit nach § 3 Nr. 56 EStG

a) Begünstigter Personenkreis

Rz. **301** f. gelten entsprechend. **340**

b) Begünstigte Aufwendungen

341 Zu den nach § 3 Nr. 56 EStG begünstigten Aufwendungen gehören nur laufende Zuwendungen des Arbeitgebers für eine betriebliche Altersversorgung an eine Pensionskasse, die nicht im Kapitaldeckungsverfahren, sondern im Umlageverfahren finanziert wird (wie z. B. Umlagen an die Versorgungsanstalt des Bundes und der Länder – VBL – bzw. an eine kommunale oder kirchliche Zusatzversorgungskasse). Soweit diese Zuwendungen nicht nach § 3 Nr. 56 EStG steuerfrei bleiben, können sie individuell oder nach § 40b Abs. 1 und 2 EStG pauschal besteuert werden. Im Übrigen gelten Rz. **305, 306 und 307** Satz 1 und 4 ff., Rz. **309** bis **312** entsprechend. Danach **sind** z. B. der Arbeitnehmereigenanteil an einer Umlage und die **sog. eigenen Beiträge des Arbeitnehmers** nicht steuerfrei nach § 3 Nr. 56 EStG.

342 Werden von der Versorgungseinrichtung sowohl Zuwendungen/Umlagen als auch Beiträge im Kapitaldeckungsverfahren erhoben, ist § 3 Nr. 56 EStG auch auf die im Kapitaldeckungsverfahren erhobenen Beiträge anwendbar, wenn eine getrennte Verwaltung und Abrechnung beider Vermögensmassen (Trennungsprinzip, Rz. **303**) nicht erfolgt.

343 Erfolgt eine getrennte Verwaltung und Abrechnung beider Vermögensmassen, ist die Steuerfreiheit nach § 3 Nr. 63 EStG für die im Kapitaldeckungsverfahren erhobenen Beiträge vorrangig zu berücksichtigen. Dies gilt unabhängig davon, ob diese Beiträge rein arbeitgeberfinanziert sind, auf einer Entgeltumwandlung **oder anderen im Gesamtversicherungsbeitrag des Arbeitgebers enthaltenen Finanzierungsanteilen des Arbeitnehmers** beruhen. Die nach § 3 Nr. 63 EStG steuerfreien Beträge mindern den Höchstbetrag des § 3 Nr. 56 EStG (§ 3 Nr. 56 Satz 3 EStG). Zuwendungen nach § 3 Nr. 56 EStG sind daher nur steuerfrei, soweit die nach § 3 Nr. 63 EStG steuerfreien Beiträge den Höchstbetrag des § 3 Nr. 56 EStG unterschreiten. Eine Minderung nach § 3 Nr. 56 Satz 3 EStG ist immer nur in dem jeweiligen Dienstverhältnis vorzunehmen; die Steuerfreistellung nach § 3 Nr. 56 EStG bleibt somit unberührt, wenn z. B. erst in einem späteren ersten Dienstverhältnis Beiträge nach § 3 Nr. 63 EStG steuerfrei bleiben.

▶ **Beispiel:** 344

Arbeitgeber A zahlt in **2013** an seine Zusatzversicherungskasse einen Betrag i. H. v.:

– 240 EUR (12 × 20 EUR) zugunsten einer getrennt verwalteten und abgerechneten kapitalgedeckten betrieblichen Altersversorgung und

– 1.680 EUR (12 × 140 EUR) zugunsten einer umlagefinanzierten betrieblichen Altersversorgung.

Der Beitrag i. H. v. 240 EUR ist steuerfrei gem. § 3 Nr. 63 EStG, denn der entsprechende Höchstbetrag wird nicht überschritten.

Von der Umlage sind **456 EUR** steuerfrei gem. § 3 Nr. 56 Satz 1 und 3 EStG (grundsätzlich 1.680 EUR, aber maximal 1 % der Beitragsbemessungsgrenze **2013** in der allgemeinen Rentenversicherung i. H. v. **696 EUR** abzüglich 240 EUR). Die verbleibende Umlage i. H. v. **1.224 EUR** (1.680 EUR abzüglich **456 EUR**) ist individuell oder gem. § 40b Abs. 1 und 2 EStG pauschal zu besteuern.

Es bestehen keine Bedenken gegen eine **auf das** Kalenderjahr bezogene 345 Betrachtung hinsichtlich der gem. § 3 Nr. 56 Satz 3 EStG vorzunehmenden Verrechnung, wenn sowohl nach § 3 Nr. 63 EStG steuerfreie Beiträge als auch nach § 3 Nr. 56 EStG steuerfreie Zuwendungen erbracht werden sollen. Stellt der Arbeitgeber vor Übermittlung der elektronischen Lohnsteuerbescheinigung fest (z. B. wegen einer erst im Laufe des Kalenderjahres vereinbarten nach § 3 Nr. 63 EStG steuerfreien Entgeltumwandlung aus einer Sonderzuwendung), dass die ursprüngliche Betrachtung nicht mehr zutreffend ist, hat er eine Korrektur vorzunehmen.

▶ **Beispiel:** 346

Arbeitgeber A zahlt ab dem 1. Januar **2013** monatlich an eine Zusatzversorgungskasse 140 EUR zugunsten einer umlagefinanzierten betrieblichen Altersversorgung; nach § 3 Nr. 63 EStG steuerfreie Beiträge werden nicht entrichtet. Aus dem Dezembergehalt (Gehaltszahlung 15. Dezember **2013**) wandelt der Arbeitnehmer einen Betrag i. H. v. 240 EUR zugunsten einer kapitalgedeckten betrieblichen Altersversorgung um (wobei die Mitteilung an den Arbeitgeber am 5. Dezember **2013** erfolgt).

Der Beitrag i. H. v. 240 EUR ist vorrangig steuerfrei nach § 3 Nr. 63 EStG.

Von der Umlage wurde bisher ein Betrag i. H. v. **638 EUR** (= 11 × **58 EUR** [1 % der Beitragsbemessungsgrenze **2013** in der allgemeinen Rentenver-

sicherung i. H. v. **696 EUR**, verteilt auf 12 Monate]) nach § 3 Nr. 56 EStG
steuerfrei belassen.

Im Monat Dezember **2013** ist die steuerliche Behandlung der Umlagezahlung zu korrigieren, denn nur ein Betrag i. H. v. **456 EUR (696 EUR**
abzüglich 240 EUR) kann steuerfrei gezahlt werden. Ein Betrag i. H. v.
182 EUR (638 EUR abzüglich **456 EUR)** ist noch individuell oder pauschal zu besteuern. Der Arbeitgeber kann wahlweise den Lohnsteuerabzug
der Monate 01/**2013** bis 11/**2013** korrigieren oder im Dezember **2013** den
Betrag als sonstigen Bezug behandeln. Der Betrag für den Monat Dezember **2013** i. H. v. 140 EUR ist individuell oder pauschal zu besteuern.

10. Anwendung des § 40b EStG in der ab 1. Januar 2005 geltenden Fassung

347 § 40b EStG erfasst nur noch Zuwendungen des Arbeitgebers für eine betriebliche Altersversorgung an eine Pensionskasse, die nicht im Kapitaldeckungsverfahren, sondern im Umlageverfahren finanziert wird (wie z. B. Umlagen an
die Versorgungsanstalt des Bundes und der Länder – VBL – bzw. an eine kommunale oder kirchliche Zusatzversorgungskasse). Werden für den Arbeitnehmer solche Zuwendungen laufend geleistet, bleiben diese ab 1. Januar 2008
zunächst im Rahmen des § 3 Nr. 56 EStG steuerfrei. Die den Rahmen des § 3
Nr. 56 EStG übersteigenden Zuwendungen können dann nach § 40b Abs. 1
und 2 EStG pauschal besteuert werden. Dies gilt unabhängig davon, ob die
Zuwendungen aufgrund einer Alt- oder Neuzusage geleistet werden. Lediglich
für den Bereich der kapitalgedeckten betrieblichen Altersversorgung wurde
die Möglichkeit der Pauschalbesteuerung nach § 40b EStG grundsätzlich zum
1. Januar 2005 aufgehoben. Werden von einer Versorgungseinrichtung sowohl
Umlagen als auch Beiträge im Kapitaldeckungsverfahren erhoben, ist dann
§ 40b EStG auch auf die im Kapitaldeckungsverfahren erhobenen Beiträge
anwendbar, wenn eine getrennte Verwaltung und Abrechnung beider Vermögensmassen (Trennungsprinzip, Rz. 303) nicht erfolgt.

348 Zuwendungen des Arbeitgebers im Sinne des § 19 Abs. 1 Satz 1 Nr. 3 Satz 2
EStG an eine Pensionskasse sind in voller Höhe pauschal nach § 40b Abs. 4
EStG i. d. F. des Jahres steuergesetzes 2007 mit 15 % zu besteuern. Dazu gehören z. B. Gegenwertzahlungen nach § 23 Abs. 2 der Satzung der Versorgungsanstalt des Bundes und der Länder – VBL –. Für die Anwendung des § 40b
Abs. 4 EStG ist es unerheblich, wenn an die Versorgungseinrichtung keine
weiteren laufenden Beiträge oder Zuwendungen geleistet werden.

11. Übergangsregelungen § 52 Abs. 6 und 52b EStG zur Anwendung des § 3 Nr. 63 EStG und des § 40b EStG a. F.

a) Abgrenzung von Alt- und Neuzusage

Für die Anwendung von § 3 Nr. 63 Satz 3 EStG sowie § 40b Abs. 1 und 2 EStG a. F. kommt es darauf an, ob die entsprechenden Beiträge aufgrund einer Versorgungszusage geleistet werden, die vor dem 1. Januar 2005 (Altzusage) oder nach dem 31. Dezember 2004 (Neuzusage) erteilt wurde. **349**

Für die Frage, zu welchem Zeitpunkt eine Versorgungszusage erstmalig erteilt wurde, ist grundsätzlich die zu einem Rechtsanspruch führende arbeitsrechtliche bzw. betriebsrenten rechtliche Verpflichtungserklärung des Arbeitgebers maßgebend (z. B. Einzelvertrag, Betriebsvereinbarung oder Tarifvertrag). Entscheidend ist danach nicht, wann Mittel an die Versorgungseinrichtung fließen. Bei kollektiven, rein arbeitgeberfinanzierten Versorgungsregelungen ist die Zusage daher in der Regel mit Abschluss der Versorgungsregelung bzw. mit Beginn des Dienstverhältnisses des Arbeitnehmers erteilt. Ist die erste Dotierung durch den Arbeitgeber erst nach Ablauf einer von vornherein arbeitsrechtlich festgelegten Wartezeit vorgesehen, so wird der Zusagezeitpunkt dadurch nicht verändert. Im Fall der ganz oder teilweise durch Entgeltumwandlung finanzierten Zusage gilt diese regelmäßig mit Abschluss der erstmaligen Gehaltsänderungsvereinbarung (vgl. auch Rz. **292** ff.) als erteilt. Liegen zwischen der Gehaltsänderungsvereinbarung und der erstmaligen Herabsetzung des Arbeits lohns mehr als 12 Monate, gilt die Versorgungszusage erst im Zeitpunkt der erstmaligen Herabsetzung als erteilt. **350**

Die Änderung einer solchen Versorgungszusage stellt aus steuerrechtlicher Sicht unter dem Grundsatz der Einheit der Versorgung insbesondere dann keine Neuzusage dar, wenn bei ansonsten unveränderter Versorgungszusage: **351**
- die Beiträge und/oder die Leistungen erhöht oder vermindert werden,
- die Finanzierungsform ersetzt oder ergänzt wird (rein arbeitgeberfinanziert, Entgeltumwandlung, **andere im Gesamtversicherungsbeitrag des Arbeitgebers enthaltene Finanzierungsanteile des Arbeitnehmers oder eigene Beiträge des Arbeitnehmers, vgl. Rz. 304**),
- der Versorgungsträger/Durchführungsweg gewechselt wird,
- die zu Grunde liegende Rechtsgrundlage gewechselt wird (z. B. bisher tarifvertraglich jetzt einzelvertraglich),
- eine befristete Entgeltumwandlung erneut befristet oder unbefristet fortgesetzt wird **oder**

– in einer vor dem 1. Januar 2012 erteilten Zusage die Untergrenze für betriebliche Altersversorgungsleistungen bei altersbedingtem Ausscheiden aus dem Erwerbsleben um höchstens zwei Jahre bis maximal auf das 67. Lebensjahr erhöht wird. Dabei ist es unerheblich, ob dies zusammen mit einer Verlängerung der Beitragszahlungsdauer erfolgt (vgl. auch Rz. 376).

352 Eine **Einordnung als** Altzusage **bleibt** auch im Fall der Übernahme der Zusage (Schuldübernahme) nach § 4 Abs. 2 Nr. 1 BetrAVG durch den neuen Arbeitgeber und bei Betriebsübergang nach § 613a BGB **erhalten.**

353 Um eine Neuzusage handelt es sich neben den in Rz. 350 aufgeführten Fällen insbesondere,

– soweit die bereits erteilte Versorgungszusage um zusätzliche biometrische Risiken erweitert wird und dies mit einer Beitragserhöhung verbunden ist,

– im Fall der Übertragung der Zusage beim Arbeitgeberwechsel nach § 4 Abs. 2 Nr. 2 und Abs. 3 BetrAVG.

354 Werden einzelne Leistungskomponenten der Versorgungszusage im Rahmen einer von vornherein vereinbarten Wahloption verringert, erhöht oder erstmals aufgenommen (z. B. Einbeziehung der Hinterbliebenenabsicherung nach Heirat) und kommt es infolge dessen nicht zu einer Beitragsanpassung, liegt keine Neuzusage, **sondern** weiterhin eine Altzusage **vor.**

355 **Gleichwohl ist es** aus steuerlicher Sicht möglich, mehrere Versorgungszusagen nebeneinander, also neben einer Altzusage auch eine Neuzusage zu erteilen (z. B. »alte« Direktversicherung und »neuer« Pensionsfonds). **Dies gilt grundsätzlich unabhängig davon, ob derselbe Durchführungsweg gewählt wird. Wird neben einer für alle Arbeitnehmer tarifvertraglich vereinbarten** Pflichtversorgung z. B. erstmalig nach 2004 tarifvertraglich eine Entgeltumwandlung mit ganz eigenen Leistungskomponenten zugelassen, liegt im Falle der Nutzung der Entgeltumwandlung insoweit eine Neuzusage vor. Demgegenüber ist insgesamt von einer Altzusage auszugehen, wenn neben einem »alten« Direktversicherungsvertrag (Abschluss vor 2005) ein »neuer« Direktversicherungsvertrag (Abschluss nach 2004) abgeschlossen wird und die bisher erteilte Versorgungszusage nicht um zusätzliche biometrische Risiken erweitert wird (vgl. Rz. 351, 1. Spiegelstrich). Dies gilt auch, wenn der »neue« Direktversicherungsvertrag bei einer anderen Versicherungsgesellschaft abgeschlossen wird.

Wurde vom Arbeitgeber vor dem 1. Januar 2005 eine Versorgungszusage **356**
erteilt (Altzusage) und im Rahmen eines Pensionsfonds, einer Pensionskasse
oder Direktversicherung durchgeführt, bestehen aus steuerlicher Sicht keine
Bedenken, wenn auch nach einer Übertragung auf einen neuen Arbeitgeber
unter Anwendung des »**Abkommens zur Übertragung zwischen den Durchführungswegen Direktversicherungen, Pensionskassen oder Pensionsfonds
bei Arbeitgeberwechsel**« oder vergleichbaren Regelungen zur Übertragung
von Versicherungen in Pensionskassen oder Pensionsfonds weiterhin von
einer Altzusage ausgegangen wird. Dies gilt auch, wenn sich dabei die bisher
abgesicherten biometrischen Risiken ändern, ohne dass damit eine Beitrags-
änderung verbunden ist. Die Höhe des Rechnungszinses spielt dabei für die
lohnsteuerliche Beurteilung keine Rolle. Es wird in diesen Fällen nicht beanstandet, wenn die Beiträge für die Direktversicherung oder an eine Pensionskasse vom neuen Arbeitgeber weiter pauschal besteuert werden (§ 52 Abs. 6
und 52b EStG i. V. m. § 40b EStG a. F.). Zu der Frage der Novation und des
Zuflusses von Zinsen siehe Rz. 35 des BMF-Schreibens vom 22. August 2002
(BStBl I S. 827), Rz. 88 ff. des BMF-Schreibens vom 1. Oktober 2009 (BStBl I
S. 1172) **und des BMF-Schreibens vom 6. März 2012 (BStBl I S. 238)**.

Entsprechendes gilt, wenn der (Alt-)Vertrag unmittelbar vom neuen Arbeitge- **357**
ber fortgeführt wird. Auch insoweit bestehen keine Bedenken, wenn weiterhin
von einer Altzusage ausgegangen wird und die Beiträge nach § 40b EStG a. F.
pauschal besteuert werden.

Wird eine vor dem 1. Januar 2005 abgeschlossene Direktversicherung (Altzu- **358**
sage) oder Versicherung in einer Pensionskasse nach § 2 Abs. 2 oder 3 BetrAVG
infolge der Beendigung des Dienstverhältnisses auf den Arbeitnehmer übertragen (versicherungsvertragliche Lösung), dann von diesem zwischenzeitlich
privat (z. B. während der Zeit einer Arbeitslosigkeit) und später von einem
neuen Arbeitgeber wieder als Direktversicherung oder Pensionskasse fortgeführt, bestehen ebenfalls keine Bedenken, wenn unter Berücksichtigung
der übrigen Voraussetzungen bei dem neuen Arbeitgeber weiterhin von einer
Altzusage ausgegangen wird. Das bedeutet insbesondere, dass der Versicherungsvertrag trotz der privaten Fortführung und der Übernahme durch den
neuen Arbeitgeber – abgesehen von den in Rz. **351** f. genannten Fällen – keine
wesentlichen Änderungen erfahren darf. Der Zeitraum der privaten Fortführung sowie die Tatsache, ob in dieser Zeit Beiträge geleistet oder der Vertrag beitragsfrei gestellt wurde, ist insoweit unmaßgeblich. Es wird in diesen
Fällen nicht beanstandet, wenn die Beiträge für die Direktversicherung oder

Pensionskasse vom neuen Arbeitgeber weiter pauschal besteuert werden (§ 52 Abs. 6 und 52b EStG i. V. m. § 40b EStG a. F.).

b) Weiteranwendung des § 40b Abs. 1 und 2 EStG a. F.

359 Auf Beiträge zugunsten einer kapitalgedeckten betrieblichen Altersversorgung, die aufgrund von Altzusagen geleistet werden, kann § 40b Abs. 1 und 2 EStG a. F. unter folgenden Voraussetzungen weiter angewendet werden:

360 Beiträge für eine Direktversicherung, die die Voraussetzungen des § 3 Nr. 63 EStG nicht erfüllen, können weiterhin vom Arbeitgeber nach § 40b Abs. 1 und 2 EStG a. F. pauschal besteuert werden, ohne dass es hierfür einer Verzichtserklärung des Arbeitnehmers bedarf.

361 Beiträge für eine Direktversicherung, die die Voraussetzungen des § 3 Nr. 63 EStG erfüllen, können nur dann nach § 40b Abs. 1 und 2 EStG a. F. pauschal besteuert werden, wenn der Arbeitnehmer zuvor gegenüber dem Arbeitgeber für diese Beiträge auf die Anwendung des § 3 Nr. 63 EStG verzichtet hat; dies gilt auch dann, wenn der Höchstbetrag nach § 3 Nr. 63 Satz 1 EStG bereits durch anderweitige Beitragsleistungen vollständig ausgeschöpft wird. Handelt es sich um rein arbeitgeberfinanzierte Beiträge und wird die Pauschalsteuer nicht auf den Arbeitnehmer abgewälzt, kann von einer solchen Verzichtserklärung bereits dann ausgegangen werden, wenn der Arbeitnehmer der Weiteranwendung des § 40b EStG a. F. bis zum Zeitpunkt der ersten Beitragsleistung in 2005 nicht ausdrücklich widersprochen hat. In allen anderen Fällen ist eine Weiteranwendung des § 40b EStG a. F. möglich, wenn der Arbeitnehmer dem Angebot des Arbeitgebers, die Beiträge weiterhin nach § 40b EStG a. F. pauschal zu versteuern, spätestens bis zum 30. Juni 2005 zugestimmt hat. Erfolgte die Verzichtserklärung erst nach Beitragszahlung, kann § 40b EStG a. F. für diese Beitragszahlung/en nur dann weiter angewendet und die Steuerfreiheit nach § 3 Nr. 63 EStG rückgängig gemacht werden, wenn die Lohnsteuerbescheinigung im Zeitpunkt der Verzichtserklärung noch nicht übermittelt oder ausgeschrieben worden war. Im Fall eines späteren Arbeitgeberwechsels ist in den Fällen des § 4 Abs. 2 Nr. 1 BetrAVG die Weiteranwendung des § 40b EStG a. F. möglich, wenn der Arbeitnehmer dem Angebot des Arbeitgebers, die Beiträge weiterhin nach § 40b EStG a. F. pauschal zu versteuern, spätestens bis zur ersten Beitragsleistung zustimmt.

362 Beiträge an Pensionskassen können nach § 40b EStG a. F. insbesondere dann weiterhin pauschal besteuert werden, wenn die Summe der nach § 3 Nr. 63 EStG steuerfreien Beiträge und der Beiträge, die wegen der Ausübung des

Wahlrechts nach § 3 Nr. 63 Satz 2 EStG individuell versteuert werden, 4 % der
Beitragsbemessungsgrenze in der allgemeinen Rentenversicherung übersteigt.
Wurde im Fall einer Altzusage bisher lediglich § 3 Nr. 63 EStG angewendet
und wird der Höchstbetrag von 4 % der Beitragsbemessungsgrenze in der
allgemeinen Rentenversicherung erst nach dem 31. Dezember 2004 durch
eine Beitragserhöhung überschritten, ist eine Pauschalbesteuerung nach § 40b
EStG a. F. für die übersteigenden Beiträge möglich. Der zusätzliche Höchstbetrag von 1.800 EUR bleibt in diesen Fällen unberücksichtigt, da er nur dann
zur Anwendung gelangt, wenn es sich um eine Neuzusage handelt.

c) **Verhältnis von § 3 Nr. 63 Satz 3 EStG und § 40b Abs. 1 und 2 Satz 1 und
2 EStG a. F.**

Der zusätzliche Höchstbetrag von 1.800 EUR nach § 3 Nr. 63 Satz 3 EStG   363
für eine Neuzusage kann dann nicht in Anspruch genommen werden, wenn
die für den Arbeitnehmer aufgrund einer Altzusage geleisteten Beiträge bereits
nach § 40b Abs. 1 und 2 Satz 1 und 2 EStG a. F. pauschal besteuert werden.
Dies gilt unabhängig von der Höhe der pauschal besteuerten Beiträge und
somit auch unabhängig davon, ob der Dotierungsrahmen des § 40b Abs. 2
Satz 1 EStG a. F. (1.752 EUR) voll ausgeschöpft wird oder nicht. Eine Anwendung des zusätzlichen Höchstbetrags von 1.800 EUR kommt aber dann in
Betracht, wenn z. B. bei einem Beitrag zugunsten der Altzusage statt der Weiteranwendung des § 40b Abs. 1 und 2 Satz 1 und 2 EStG a. F. dieser Beitrag
individuell besteuert wird.

Werden für den Arbeitnehmer im Rahmen einer umlagefinanzierten betrieb-   364
lichen Altersversorgung Zuwendungen an eine Pensionskasse geleistet und
werden diese – soweit sie nicht nach § 3 Nr. 56 EStG steuerfrei bleiben (vgl.
Rz. 340 ff.) – pauschal besteuert, ist § 40b Abs. 1 und 2 EStG anzuwenden.
Dies gilt unabhängig davon, ob die umlagefinanzierten Zuwendungen aufgrund einer Alt- oder Neuzusage geleistet werden. Lediglich für den Bereich
der kapitalgedeckten betrieblichen Altersversorgung wurde die Möglichkeit
der Pauschalbesteuerung nach § 40b EStG grundsätzlich zum 1. Januar 2005
aufgehoben. Werden von einer Versorgungseinrichtung sowohl Umlagen als
auch Beiträge im Kapitaldeckungsverfahren erhoben, wird die Inanspruchnahme des zusätzlichen Höchstbetrags von 1.800 EUR nach § 3 Nr. 63 Satz 3
EStG für getrennt im Kapitaldeckungsverfahren erhobene Beiträge (Rz. **303**)
somit durch nach § 40b EStG pauschal besteuerte Zuwendungen zugunsten
der umlagefinanzierten betrieblichen Altersversorgung nicht ausgeschlossen.

d) Verhältnis von § 3 Nr. 63 Satz 4 EStG und § 40b Abs. 1 und 2 Satz 3 und 4 EStG a. F.

365 Begünstigte Aufwendungen (Rz. **303** ff.), die der Arbeitgeber aus Anlass der Beendigung des Dienstverhältnisses nach dem 31. Dezember 2004 leistet, können entweder nach § 3 Nr. 63 Satz 4 EStG steuerfrei belassen oder nach § 40b Abs. 2 Satz 3 und 4 EStG a. F. pauschal besteuert werden. Für die Anwendung der Vervielfältigungsregelung des § 3 Nr. 63 Satz 4 EStG kommt es nicht darauf an, ob die Zusage vor oder nach dem 1. Januar 2005 erteilt wurde; sie muss allerdings die Voraussetzungen des § 3 Nr. 63 EStG erfüllen (vgl. insbesondere Rz. **312**). Die Anwendung von § 3 Nr. 63 Satz 4 EStG ist allerdings ausgeschlossen, wenn gleichzeitig § 40b Abs. 2 Satz 3 und 4 EStG a. F. auf die Beiträge, die der Arbeitgeber aus Anlass der Beendigung des Dienstverhältnisses leistet, angewendet wird. Eine Anwendung ist ferner nicht möglich, wenn der Arbeitnehmer bei Beiträgen für eine Direktversicherung auf die Steuerfreiheit der Beiträge zu dieser Direktversicherung zugunsten der Weiteranwendung des § 40b EStG a. F. verzichtet hatte (vgl. Rz. **359** ff.). Bei einer Pensionskasse hindert die Pauschalbesteuerung nach § 40b Abs. 1 und 2 Satz 1 und 2 EStG a. F. die Inanspruchnahme des § 3 Nr. 63 Satz 4 EStG nicht. Für die Anwendung der Vervielfältigungsregelung nach § 40b Abs. 2 Satz 3 und 4 EStG a. F. ist allerdings Voraussetzung, dass die begünstigten Aufwendungen zugunsten einer Altzusage geleistet werden. Da allein die Erhöhung der Beiträge und/oder Leistungen bei einer ansonsten unveränderten Versorgungszusage nach Rz. **351** noch nicht zu einer Neuzusage führt, kann die Vervielfältigungsregelung des § 40b EStG a. F. auch dann genutzt werden, wenn der Arbeitnehmer erst nach dem 1. Januar 2005 aus dem Dienstverhältnis ausscheidet. Die Höhe der begünstigten Beiträge muss dabei nicht bereits bei Erteilung dieser Zusage bestimmt worden sein. Entsprechendes gilt in den Fällen, in denen bei einer Altzusage bisher lediglich § 3 Nr. 63 EStG angewendet wurde und der Höchstbetrag von 4 % der Beitragsbemessungsgrenze in der allgemeinen Rentenversicherung erst durch die Beiträge, die der Arbeitgeber aus Anlass der Beendigung des Dienstverhältnisses nach dem 31. Dezember 2004 leistet, überschritten wird.

e) Keine weitere Anwendung von § 40b Abs. 1 und 2 EStG a. F. auf Neuzusagen

366 Auf Beiträge, die aufgrund von Neuzusagen geleistet werden, kann § 40b Abs. 1 und 2 EStG a. F. nicht mehr angewendet werden. Die Beiträge bleiben bis zur Höhe von 4 % der Beitragsbemessungsgrenze in der allgemeinen Rentenversicherung zuzüglich 1.800 EUR grundsätzlich nach § 3 Nr. 63 EStG steuerfrei.

f) **Verhältnis von § 3 Nr. 63 EStG und § 40b EStG a. F., wenn die betriebliche Altersversorgung nebeneinander bei verschiedenen Versorgungseinrichtungen durchgeführt wird**

Leistet der Arbeitgeber nach § 3 Nr. 63 Satz 1 EStG begünstigte Beiträge an 367 verschiedene Versorgungseinrichtungen, kann er § 40b EStG a. F. auf Beiträge an Pensionskassen unabhängig von der zeitlichen Reihenfolge der Beitragszahlung anwenden, wenn die Voraussetzungen für die weitere Anwendung der Pauschalbesteuerung dem Grunde nach vorliegen. Allerdings muss zum Zeitpunkt der Anwendung des § 40b EStG a. F. bereits feststehen oder zumindest konkret beabsichtigt sein, die nach § 3 Nr. 63 Satz 1 EStG steuerfreien Beiträge in voller Höhe zu zahlen. Stellt der Arbeitgeber fest, dass die Steuerfreiheit noch nicht oder nicht in vollem Umfang ausgeschöpft worden ist oder werden kann, muss die Pauschalbesteuerung nach § 40b EStG a. F. – ggf. teilweise – rückgängig gemacht werden; spätester Zeitpunkt hierfür ist die Übermittlung oder Erteilung der Lohnsteuerbescheinigung.

Im Jahr der Errichtung kann der Arbeitgeber für einen neu eingerichteten 368 Durchführungsweg die Steuerfreiheit in Anspruch nehmen, wenn er die für den bestehenden Durchführungsweg bereits in Anspruch genommene Steuerfreiheit rückgängig gemacht und die Beiträge nachträglich bis zum Dotierungsrahmen des § 40b EStG a. F. (1.752 EUR) pauschal besteuert hat.

III. Steuerliche Behandlung der Versorgungsleistungen

1. Allgemeines

Die Leistungen aus einer Versorgungszusage des Arbeitgebers können Einkünfte aus nichtselbständiger Arbeit oder sonstige Einkünfte sein oder nicht 369 der Besteuerung unterliegen.

2. Direktzusage und Unterstützungskasse

Versorgungsleistungen des Arbeitgebers aufgrund einer Direktzusage und 370 Versorgungsleistungen einer Unterstützungskasse führen zu Einkünften aus nichtselbständiger Arbeit (§ 19 EStG).

Werden solche Versorgungsleistungen nicht fortlaufend, sondern in einer 371 Summe gezahlt, handelt es sich um Vergütungen (Arbeitslohn) für mehrjährige Tätigkeiten im Sinne des § 34 Abs. 2 Nr. 4 EStG (vgl. BFH-Urteil vom 12. April 2007, BStBl II S. 581), die bei Zusammenballung als außerordentliche Einkünfte nach § 34 Abs. 1 EStG zu besteuern sind. Die Gründe für eine

Kapitalisierung von Versorgungsbezügen sind dabei unerheblich. Im Fall von Teilkapitalauszahlungen ist dagegen der Tatbestand der Zusammenballung nicht erfüllt; eine Anwendung des § 34 EStG kommt daher für diese Zahlungen nicht in Betracht.

3. Direktversicherung, Pensionskasse und Pensionsfonds

372 Die steuerliche Behandlung der Leistungen aus einer Direktversicherung, Pensionskasse und Pensionsfonds in der Auszahlungsphase erfolgt nach § 22 Nr. 5 EStG (lex **specialis**, vgl. Rz. **121 ff.**). Der Umfang der Besteuerung hängt davon ab, inwieweit die Beiträge in der Ansparphase durch die Steuerfreiheit nach § 3 Nr. 63 EStG (vgl. Rz. **301 ff.**), nach § 3 Nr. 66 EStG (vgl. Rz. **322**) oder durch Sonderausgabenabzug nach § 10a EStG und Zulage nach Abschnitt XI EStG (vgl. Rz. **330 ff.**) gefördert wurden oder die Leistungen auf steuerfreien Zuwendungen nach § 3 Nr. 56 EStG basieren. Dies gilt auch für Leistungen aus einer ergänzenden Absicherung der Invalidität oder von Hinterbliebenen. Dabei ist grundsätzlich von einer einheitlichen Versorgungszusage und somit für den Aufteilungsmaßstab von einer einheitlichen Behandlung der Beitragskomponenten für Alter und Zusatzrisiken auszugehen. Ist nur die Absicherung von Zusatzrisiken Gegenstand einer Versorgungszusage, ist für den Aufteilungsmaßstab auf die gesamte Beitragsphase und nicht allein auf den letzten geleisteten Beitrag abzustellen. Zu den nicht geförderten Beiträgen gehören insbesondere die nach § 40b EStG a. F. pauschal besteuerten sowie die vor dem 1. Januar 2002 erbrachten Beiträge an eine Pensionskasse oder für eine Direktversicherung. Die Besteuerung erfolgt auch dann nach § 22 Nr. 5 EStG, wenn ein Direktversicherungsvertrag ganz oder teilweise privat fortgeführt wird.

373 Im Fall von Teil- bzw. Einmalkapitalauszahlungen handelt es sich nicht um außerordentliche Einkünfte im Sinne des § 34 Abs. 2 EStG. Es liegt weder eine Entschädigung noch eine Vergütung für eine mehrjährige Tätigkeit vor. Daher kommt eine Anwendung der Fünftelungsregelung des § 34 EStG auf diese Zahlungen nicht in Betracht.

a) Leistungen, die ausschließlich auf nicht geförderten Beiträgen beruhen

374 Leistungen aus Altzusagen (vgl. Rz. **349 ff.**), die ausschließlich auf nicht geförderten Beiträgen beruhen, sind, wenn es sich um eine lebenslange Rente, eine Berufsunfähigkeits-, Erwerbsminderungs- oder um eine Hinterbliebenenrente handelt, als sonstige Einkünfte gem. § 22 Nr. 5 Satz 2 Buchstabe a i. V. m. § 22

Nr. 1 Satz 3 Buchstabe a Doppelbuchstabe bb EStG mit dem Ertragsanteil zu besteuern.

Handelt es sich um Renten im Sinne der Rz. 374 aus Neuzusagen (vgl. Rz. 375 349 ff.), die die Voraussetzungen des § 10 Abs. 1 Nr. 2 Satz 1 Buchstabe b EStG erfüllen, sind diese als sonstige Einkünfte gem. § 22 Nr. 5 Satz 2 Buchstabe a i. V. m. § 22 Nr. 1 Satz 3 Buchstabe a Doppelbuchstabe aa EStG zu besteuern. Liegen die Voraussetzungen des § 10 Abs. 1 Nr. 2 Satz 1 Buchstabe b EStG nicht vor, erfolgt die Besteuerung gem. § 22 Nr. 5 Satz 2 Buchstabe a i. V. m. § 22 Nr. 1 Satz 3 Buchstabe a Doppelbuchstabe bb EStG mit dem Ertragsanteil.

Auf andere als die in Rz. 374 f. genannten Leistungen (z. B. Kapitalauszahlun- 376 gen, Teilraten aus Auszahlungsplänen, Abfindungen) sind die Regelungen in Rz. 140 entsprechend anzuwenden. **Wird bei einem vor dem 1. Januar 2012 abgeschlossenen Vertrag die Untergrenze für betriebliche Altersversorgungsleistungen bis auf das 62. Lebensjahr oder der Zeitpunkt des erstmaligen Bezugs von Altersversorgungsleistungen bei altersbedingtem Ausscheiden aus dem Erwerbsleben auf das 67. Lebensjahr erhöht (vgl. Rz. 286) und dadurch die Laufzeit des Vertrages verlängert, führt dies allein zu keiner nachträglichen Vertragsänderung, wenn die Verlängerung einen Zeitraum von höchstens zwei Jahren umfasst. Eine entsprechende Verlängerung der Beitragszahlungsdauer ist zulässig. Eine Verlängerung der Laufzeit bzw. der Beitragszahlungsdauer infolge der Anhebung der Altersgrenze kann nur einmalig vorgenommen werden.**

Zu Leistungen aus einer reinen Risikoversicherung vgl. insoweit Rz. 7 des 377 BMF-Schreibens vom 1. Oktober 2009 (BStBl I S. 1172).

b) Leistungen, die ausschließlich auf geförderten Beiträgen beruhen

Leistungen, die ausschließlich auf geförderten Beiträgen beruhen, unterliegen 378 als sonstige Einkünfte nach § 22 Nr. 5 Satz 1 EStG in vollem Umfang der Besteuerung (vgl. auch Rz. 132 f.).

c) Leistungen, die auf geförderten und nicht geförderten Beiträgen beruhen

Beruhen die Leistungen sowohl auf geförderten als auch auf nicht geförderten 379 Beiträgen, müssen die Leistungen in der Auszahlungsphase aufgeteilt werden (vgl. Rz. 134 ff.). Für die Frage des Aufteilungsmaßstabs ist das BMF-Schreiben vom 11. November 2004 (BStBl I S. 1061), **unter Berücksichtigung der Änderungen durch das BMF-Schreiben vom 14. März 2012 (BStBl I S. 311),** anzuwenden.

380 Soweit die Leistungen auf geförderten Beiträgen beruhen, unterliegen sie als sonstige Einkünfte nach § 22 Nr. 5 Satz 1 EStG in vollem Umfang der Besteuerung. Dies gilt unabhängig davon, ob sie in Form der Rente oder als Kapitalauszahlung geleistet werden.

381 Soweit die Leistungen auf nicht geförderten Beiträgen beruhen, gelten die Regelungen in Rz. 374 bis 377 entsprechend.

d) Sonderzahlungen des Arbeitgebers nach § 19 Abs. 1 Satz 1 Nr. 3 EStG

382 Sonderzahlungen des Arbeitgebers im Sinne des § 19 Abs. 1 Satz 1 Nr. 3 Satz 2 EStG einschließlich der Zahlungen des Arbeitgebers zur Erfüllung der Solvabilitätsvorschriften nach den §§ 53c und 114 des Versicherungsaufsichtsgesetzes (VAG), der Zahlungen des Arbeitgebers in der Rentenbezugszeit nach § 112 Abs. 1a VAG und der Sanierungsgelder sind bei der Ermittlung des Aufteilungsmaßstabs nicht zu berücksichtigen.

e) Bescheinigungspflicht

383 Nach § 22 Nr. 5 Satz 7 EStG hat der Anbieter beim erstmaligen Bezug von Leistungen sowie bei Änderung der im Kalenderjahr auszuzahlenden Leistungen dem Steuerpflichtigen nach amtlich vorgeschriebenem Vordruck den Betrag der im abgelaufenen Kalenderjahr zugeflossenen Leistungen zu bescheinigen. In dieser Bescheinigung sind die Leistungen entsprechend den Grundsätzen in Rz. 132 ff. gesondert auszuweisen.

f) Sonderregelungen

aa) Leistungen aus einem Pensionsfonds aufgrund der Übergangsregelung nach § 52 Abs. 34c EStG

384 Haben Arbeitnehmer schon von ihrem Arbeitgeber aufgrund einer Direktzusage oder von einer Unterstützungskasse laufende Versorgungsleistungen erhalten und ist diese Versorgungsverpflichtung nach § 3 Nr. 66 EStG auf einen Pensionsfonds übertragen worden, werden bei den Leistungsempfängern nach § 52 Abs. 34c EStG weiterhin der Arbeitnehmer-Pauschbetrag i. H. v. 1.000 EUR (§ 9a Satz 1 Nr. 1 Buchstabe a EStG) bzw. der Pauschbetrag für Werbungskosten i. H. v. 102 EUR nach § 9a Satz 1 Nr. 1 Buchstabe b

EStG und der Versorgungsfreibetrag sowie der Zuschlag zum Versorgungsfreibetrag (§ 19 Abs. 2 EStG) berücksichtigt. Dies gilt auch, wenn der Zeitpunkt des erstmaligen Leistungsbezugs und der Zeitpunkt der Übertragung der Versorgungsverpflichtung auf den Pensionsfonds in denselben Monat fallen. Die Leistungen unterliegen unabhängig davon als sonstige Einkünfte nach § 22 Nr. 5 Satz 1 EStG der Besteuerung. **Die vorstehenden Ausführungen zur Berücksichtigung des Versorgungsfreibetrags und des Zuschlags zum Versorgungsfreibetrag gelten entsprechend für einen Hinterbliebenenbezug, der auf den Versorgungsbezug folgt.**

Handelt es sich bereits beim erstmaligen Bezug der Versorgungsleistungen um Versorgungsbezüge im Sinne des § 19 Abs. 2 EStG, wird der Pauschbetrag nach § 9a Satz 1 Nr. 1 Buchstabe b EStG abgezogen; zusätzlich werden der Versorgungsfreibetrag und der Zuschlag zum Versorgungsfreibetrag mit dem für das Jahr des Versorgungsbeginns maßgebenden Vomhundertsatz und Beträgen berücksichtigt. Handelt es sich beim erstmaligen Bezug der Versorgungsleistungen nicht um Versorgungsbezüge im Sinne des § 19 Abs. 2 EStG, weil z. B. keine der Altersgrenzen in § 19 Abs. 2 EStG erreicht sind, ist lediglich der Arbeitnehmer-Pauschbetrag (§ 9a Satz 1 Nr. 1 Buchstabe a EStG) abzuziehen. Wird eine der Altersgrenzen in § 19 Abs. 2 EStG erst zu einem späteren Zeitpunkt erreicht, sind ab diesem Zeitpunkt der für dieses Jahr maßgebende Versorgungsfreibetrag und der Zuschlag zum Versorgungsfreibetrag abzuziehen sowie anstelle des Arbeitnehmer-Pauschbetrags der Pauschbetrag nach § 9a Satz 1 Nr. 1 Buchstabe b EStG. Ein Abzug des Versorgungsfreibetrags nach § 19 Abs. 2 EStG in der bis zum 31. Dezember 2004 geltenden Fassung kommt nach dem 31. Dezember 2004 nicht mehr in Betracht. Dies gilt unabhängig vom Zeitpunkt der Übertragung der Versorgungsverpflichtung auf den Pensionsfonds. **Folgt ein Hinterbliebenenbezug einem Versorgungsbezug, sind die Rz. 123 ff. des BMF-Schreibens vom 13. September 2010, BStBl I S. 681, entsprechend anzuwenden.** | 385

bb) Arbeitgeberzahlungen infolge der Anpassungsprüfungspflicht nach § 16 BetrAVG

Leistungen des Arbeitgebers aufgrund der Anpassungsprüfungspflicht nach § 16 Abs. 1 BetrAVG, mit der die Leistungen einer Versorgungseinrichtung ergänzt werden, gehören zu den Einkünften nach § 19 Abs. 1 Satz 1 Nr. 2 EStG. Rz. **385** gilt entsprechend. Als Versorgungsbeginn im Sinne des § 19 Abs. 2 EStG ist der Beginn der Zahlung durch den Arbeitgeber anzusehen. | 386

387 Erhöhen sich die Zahlungen des Arbeitgebers infolge der Anpassungsprüfungspflicht nach § 16 BetrAVG, liegt eine regelmäßige Anpassung vor, die nicht zu einer Neuberechnung des Versorgungsfreibetrags und des Zuschlags zum Versorgungsfreibetrag führen.

388 Ändert sich die Höhe der Arbeitgeberzahlung unabhängig von der Anpassungsprüfungspflicht, gilt Folgendes: Übernimmt die Versorgungseinrichtung die Arbeitgeberzahlung nur zum Teil, ist dies als Anrechnungs-/Ruhensregelung im Sinne des § 19 Abs. 2 Satz 10 EStG anzusehen und führt zu einer Neuberechnung. Gleiches gilt für den Fall, dass die Versorgungseinrichtung die Zahlungen nicht mehr erbringen kann und sich die Arbeitgeberzahlung wieder erhöht.

389 Kann die Versorgungseinrichtung die Arbeitgeberzahlungen zunächst vollständig übernehmen und stellt diese später (z. B. wegen Liquiditätsproblemen) wieder ein, so dass der Arbeitgeber die Zahlungsverpflichtung wieder vollständig erfüllen muss, lebt der Anspruch wieder auf. Dies führt nicht zu einem neuen Versorgungsbeginn, so dass für die (Neu-)Berechnung des Versorgungsfreibetrags und des Zuschlags zum Versorgungsfreibetrag die »alte« Kohorte maßgebend ist.

cc) **Beendigung einer betrieblichen Altersversorgung**

390 Bei Beendigung einer nach § 3 Nr. 63 EStG geförderten betrieblichen Altersversorgung gilt Folgendes: Liegt eine betriebliche Altersversorgung im Sinne des BetrAVG vor und wird diese lediglich mit Wirkung für die Zukunft beendet, z. B. durch eine Abfindung (ggf. auch in Form der Beitragsrückerstattung), dann handelt es sich bei der Zahlung der Versorgungseinrichtung an den Arbeitnehmer um sonstige Einkünfte im Sinne des § 22 Nr. 5 EStG und nicht um Einkünfte nach § 19 EStG. Im Fall einer kompletten Rückabwicklung des Vertragsverhältnisses mit Wirkung für die Vergangenheit handelt es sich bei der Zahlung der Versorgungseinrichtung an den Arbeitnehmer um eine Arbeitslohnzahlung im Sinne des § 19 Abs. 1 EStG, die im Zeitpunkt des Zuflusses nach den allgemeinen lohnsteuerlichen Grundsätzen behandelt wird.

Kündigt der Arbeitgeber vorzeitig einen nach § 40b EStG begünstigten Direktversicherungsvertrag und wird der Rückkaufswert im Hinblick auf ein unwiderrufliches bzw. unverfallbares Bezugsrecht an den Arbeitnehmer ausgezahlt, ergeben sich aus diesem Vorgang keine lohnsteuerlichen Konsequenzen.

Im Gegensatz zur rückwirkenden Aufhebung einer Vereinbarung mit der Rechtsfolge, dass der Anspruch auf betriebliche Altersversorgung gänzlich untergeht, bewirkt die Abfindung des Anspruchs lediglich einen Rechtsverlust ab dem Zeitpunkt des Wirksamwerdens der Vereinbarung. Der Pauschalierung nach § 40b EStG a. F. steht die vorzeitige Kündigung durch den Arbeitnehmer entgegen. Eine Kündigung durch den Arbeitgeber ist dagegen unschädlich. Von einer Kündigung durch den Arbeitgeber ist auszugehen, wenn betriebliche Gründe (z. B. Liquiditätsschwierigkeiten) maßgebend waren oder die Kündigung durch den Arbeitgeber auf Wunsch des Arbeitnehmers erfolgt ist. Die Kündigung hat keine Auswirkung auf eine bis zu diesem Zeitpunkt erfolgte Pauschalierung nach § 40b EStG a. F.

IV. Schädliche Auszahlung von gefördertem Altersvorsorgevermögen

1. Allgemeines

Wird das nach § 10a/Abschnitt XI EStG steuerlich geförderte Altersvorsorge- **391** vermögen an den Arbeitnehmer nicht als Rente oder im Rahmen eines Auszahlungsplans ausgezahlt, handelt es sich grundsätzlich um eine schädliche Verwendung (§ 93 Abs. 1 EStG; Rz. 190 ff.). Im Bereich der betrieblichen Altersversorgung kann eine solche schädliche Verwendung dann gegeben sein, wenn Versorgungsanwartschaften abgefunden oder übertragen werden. Entsprechendes gilt, wenn der Arbeitnehmer im Versorgungsfall ein bestehendes Wahlrecht auf Einmalkapitalauszahlung ausübt (vgl. Rz. 332).

Liegt eine schädliche Verwendung von gefördertem Altersvorsorgevermögen **392** vor, gelten Rz. 196 ff. sowie 208 bis 231.

2. Abfindungen von Anwartschaften, die auf nach § 10a/Abschnitt XI EStG geförderten Beiträgen beruhen

Im Fall der Abfindung von Anwartschaften der betrieblichen Altersversorgung **393** gem. § 3 BetrAVG handelt es sich gem. § 93 Abs. 2 Satz 3 EStG um keine schädliche Verwendung, soweit das nach § 10a/Abschnitt XI EStG geförderte Altersvorsorgevermögen zugunsten eines auf den Namen des Zulageberechtigten lautenden zertifizierten privaten Altersvorsorgevertrags geleistet wird. Der Begriff der Abfindung umfasst außerdem auch Abfindungen, die in arbeitsrechtlich zulässiger Weise außerhalb des Regelungsbereiches des § 3 BetrAVG erfolgen, wie z. B. den Fall der Abfindung ohne Ausscheiden aus dem Arbeitsverhältnis. Liegen die übrigen Voraussetzungen des § 93 Abs. 2 Satz 3 EStG vor, kann somit auch in anderen Abfindungsfällen als denen des

§ 3 BetrAVG gefördertes Altersvorsorgevermögen aus der betrieblichen Altersversorgung auf einen zertifizierten privaten Altersvorsorgevertrag übertragen
werden, ohne dass eine schädliche Verwendung vorliegt.

3. Abfindungen von Anwartschaften, die auf steuerfreien und nicht ge-förderten Beiträgen beruhen

394   Wird eine Anwartschaft der betrieblichen Altersversorgung abgefunden, die
ganz oder teilweise auf nach § 3 Nr. 63 EStG, § 3 Nr. 66 EStG steuerfreien
oder nicht geförderten Beiträgen beruht und zugunsten eines auf den Namen
des Steuerpflichtigen lautenden zertifizierten Altersvorsorgevertrags geleistet
wird, unterliegt der Abfindungsbetrag im Zeitpunkt der Abfindung nicht der
Besteuerung (**§ 3 Nr. 55c Satz 2 Buchstabe a EStG; Rz. 145**). **Die Rz. 146 ff.
gelten entsprechend.**

395   Wird der Abfindungsbetrag nicht entsprechend der Rz. 394 verwendet,
erfolgt eine Besteuerung des Abfindungsbetrags im Zeitpunkt der Abfindung
entsprechend den Grundsätzen der Rz. 374 bis 381.

4. Portabilität

396   Bei einem Wechsel des Arbeitgebers kann der Arbeitnehmer für Versorgungszusagen, die nach dem 31. Dezember 2004 erteilt werden, gem. § 4 Abs. 3
BetrAVG verlangen, dass der bisherige Arbeitgeber den Übertragungswert
(§ 4 Abs. 5 BetrAVG) auf eine Versorgungseinrichtung des neuen Arbeitgebers überträgt. Die Übertragung ist gem. § 93 Abs. 2 Satz 2 EStG dann keine
schädliche Verwendung, wenn auch nach der Übertragung eine lebenslange
Altersversorgung des Arbeitnehmers im Sinne des § 1 Abs. 1 Satz 1 Nr. 4
Buchstabe a AltZertG gewährleistet wird. Dies gilt auch, wenn der alte und
neue Arbeitgeber sowie der Arbeitnehmer sich gem. § 4 Abs. 2 Nr. 2 BetrAVG
freiwillig auf eine Übertragung der Versorgungsanwartschaften mittels Übertragungswert von einer Versorgungseinrichtung im Sinne des § 82 Abs. 2
EStG auf eine andere Versorgungseinrichtung im Sinne des § 82 Abs. 2 EStG
verständigen.

397   Erfüllt die Versorgungseinrichtung des neuen Arbeitgebers nicht die Voraussetzungen des § 1 Abs. 1 Satz 1 Nr. 4 Buchstabe a AltZertG, gelten Rz. 374 bis
381 entsprechend.

5. Entschädigungsloser Widerruf eines noch verfallbaren Bezugsrechts

Hat der Arbeitnehmer für arbeitgeberfinanzierte Beiträge an eine Direktversicherung, eine Pensionskasse oder einen Pensionsfonds die Förderung durch Sonderausgabenabzug nach § 10a EStG und Zulage nach Abschnitt XI EStG erhalten und verliert er vor Eintritt der Unverfallbarkeit sein Bezugsrecht durch einen entschädigungslosen Widerruf des Arbeitgebers, handelt es sich um eine schädliche Verwendung im Sinne des § 93 Abs. 1 EStG. Das Versicherungsunternehmen oder die Pensionskasse hat der ZfA die schädliche Verwendung nach § 94 Abs. 1 EStG anzuzeigen. Die gutgeschriebenen Zulagen sind vom Anbieter einzubehalten. Darüber hinaus hat die ZfA den steuerlichen Vorteil aus dem Sonderausgabenabzug nach § 10a EStG beim Arbeitnehmer nach § 94 Abs. 2 EStG zurückzufordern. Der maßgebliche Zeitpunkt für die Rückforderung der Zulagen und des steuerlichen Vorteils ist der Zeitpunkt, in dem die den Verlust des Bezugsrechts begründenden Willenserklärungen (z. B. Kündigung oder Widerruf) wirksam geworden sind. Im Übrigen gilt R 40b.1 Abs. 13 ff. LStR.

398

Zahlungen, die das Versicherungsunternehmen, die Pensionskasse oder der Pensionsfonds an den Arbeitgeber leistet, weil der Arbeitnehmer für eine arbeitgeberfinanzierte betriebliche Altersversorgung vor Eintritt der Unverfallbarkeit sein Bezugsrecht verloren hat (z. B. bei vorzeitigem Ausscheiden aus dem Dienstverhältnis), stellen Betriebseinnahmen dar. § 43 EStG ff. ist in diesem Fall zu beachten.

399

C. Besonderheiten beim Versorgungsausgleich

I. Allgemeines

1. Gesetzliche Neuregelung des Versorgungsausgleichs

Mit dem VersAusglG vom 3. April 2009 wurden die Vorschriften zum Versorgungsausgleich grundlegend geändert. Es gilt künftig für alle ausgleichsreifen Anrechte auf Altersversorgung der Grundsatz der internen Teilung, der bisher schon bei der gesetzlichen Rentenversicherung zur Anwendung kam. Bisher wurden alle von den Ehegatten während der Ehe erworbenen Anrechte auf eine Versorgung wegen Alter und Invalidität bewertet und im Wege eines Einmalausgleichs ausgeglichen, vorrangig über die gesetzliche Rentenversicherung.

400

Das neue VersAusglG sieht dagegen die interne Teilung als Grundsatz des Versorgungsausgleichs auch für alle Systeme der betrieblichen Altersversorgung

401

und privaten Altersvorsorge vor. Hierbei werden die von den Ehegatten in den unterschiedlichen Altersversorgungssystemen erworbenen Anrechte zum Zeitpunkt der Scheidung innerhalb des jeweiligen Systems geteilt und für den ausgleichsberechtigten Ehegatten eigenständige Versorgungsanrechte geschaffen, die unabhängig von den Versorgungsanrechten des ausgleichspflichtigen Ehegatten im jeweiligen System gesondert weitergeführt werden.

402 Zu einem Ausgleich über ein anderes Versorgungssystem (externe Teilung) kommt es nur noch in den in §§ 14 bis 17 VersAusglG geregelten Ausnahmefällen. Bei einer externen Teilung entscheidet die ausgleichsberechtigte Person über die Zielversorgung. Sie bestimmt also, in welches Versorgungssystem der Ausgleichswert zu transferieren ist (ggf. Aufstockung einer bestehenden Anwartschaft, ggf. Neubegründung einer Anwartschaft). Dabei darf die Zahlung des Kapitalbetrags an die gewählte Zielversorgung nicht zu nachteiligen steuerlichen Folgen bei der ausgleichspflichtigen Person führen, es sei denn, sie stimmt der Wahl der Zielversorgung zu.

403 Die gesetzliche Rentenversicherung ist Auffang-Zielversorgung, wenn die ausgleichsberechtigte Person ihr Wahlrecht nicht ausübt und es sich nicht um eine betriebliche Altersversorgung handelt. Bei einer betrieblichen Altersversorgung wird bei fehlender Ausübung des Wahlrechts ein Anspruch in der Versorgungsausgleichskasse begründet.

404 Verbunden ist die externe Teilung mit der Leistung eines Kapitalbetrags in Höhe des Ausgleichswerts, der vom Versorgungsträger der ausgleichspflichtigen Person an den Versorgungsträger der ausgleichsberechtigten Person gezahlt wird. (Ausnahme: Externe Teilung von Beamtenversorgungen nach § 16 VersAusglG; hier findet wie nach dem bisherigen Quasi-Splitting zwischen der gesetzlichen Rentenversicherung und dem Träger der Beamtenversorgung ein Erstattungsverfahren im Leistungsfall statt.)

405 Kommt in Einzelfällen weder die interne Teilung noch die externe Teilung in Betracht, etwa weil ein Anrecht zum Zeitpunkt des Versorgungsausgleichs nicht ausgleichsreif ist (§ 19 VersAusglG), z.B. ein Anrecht bei einem ausländischen, zwischenstaatlichen oder überstaatlichen Versorgungsträger oder ein Anrecht im Sinne des BetrAVG, das noch verfallbar ist, kommt es zu Ausgleichsansprüchen nach der Scheidung (§ 20 ff. VersAusglG). Zur steuerlichen Behandlung der Ausgleichsansprüche nach der Scheidung vgl. BMF-Schreiben vom 9. April 2010 (BStBl I S. 323).

Nach § 20 des Lebenspartnerschaftsgesetzes – LPartG – (BGBl. I 2001 S. 266) **406**
findet, wenn eine Lebenspartnerschaft aufgehoben wird, in entsprechender
Anwendung des VersAusglG mit Ausnahme der §§ 32 bis 38 VersAusglG
ein Ausgleich von im In- oder Ausland bestehenden Anrechten (§ 2 Abs. 1
VersAusglG) statt, soweit sie in der Lebenspartnerschaftszeit begründet oder
aufrechterhalten worden sind. Schließen die Lebenspartner in einem Lebens-
partnerschaftsvertrag (§ 7 LPartG) Vereinbarungen über den Versorgungsausgleich, so sind die §§ 6 bis 8 VersAusglG entsprechend anzuwenden. Die
Ausführungen zum VersAusglG gelten dementsprechend auch in diesen Fällen. **An die Stelle der Ehezeit nach § 3 Abs. 1 VersAusglG tritt insoweit die
Lebenspartnerschaftszeit (§ 20 Abs. 2 LPartG).**

Von den nachfolgenden Ausführungen unberührt bleiben steuerliche Auswir- **407**
kungen, die sich in Zusammenhang mit Pensionszusagen ergeben, die durch
Körperschaften an ihre Gesellschafter erteilt wurden und die ganz oder teilweise gesellschaftsrechtlich veranlasst sind.

2. Besteuerungszeitpunkte

Bei der steuerlichen Beurteilung des Versorgungsausgleichs ist zwischen dem **408**
Zeitpunkt der Teilung eines Anrechts im Versorgungsausgleich durch gerichtliche Entscheidung und dem späteren Zufluss der Leistungen aus den unterschiedlichen Versorgungssystemen zu unterscheiden.

Bei der internen Teilung wird die Übertragung der Anrechte auf die aus- **409**
gleichsberechtigte Person zum Zeitpunkt des Versorgungsausgleichs für beide
Ehegatten nach § 3 Nr. 55a EStG steuerfrei gestellt, weil auch bei den im
Rahmen eines Versorgungsausgleichs übertragenen Anrechten auf eine Alters-
und Invaliditätsversorgung das Prinzip der nachgelagerten Besteuerung eingehalten wird. Die Besteuerung erfolgt erst während der Auszahlungsphase.
Die später zufließenden Leistungen gehören dabei bei beiden Ehegatten zur
gleichen Einkunftsart, da die Versorgungsanrechte innerhalb des jeweiligen
Systems geteilt wurden. Ein Wechsel des Versorgungssystems und ein damit
möglicherweise verbundener Wechsel der Besteuerung weg von der nachgelagerten Besteuerung hat nicht stattgefunden. Lediglich die individuellen Merk-
male für die Besteuerung sind bei jedem Ehegatten gesondert zu ermitteln.

Bei einer externen Teilung kann dagegen die Übertragung der Anrechte zu **410**
einer Besteuerung führen, da sie mit einem Wechsel des Versorgungsträgers
und damit regelmäßig mit einem Wechsel des Versorgungssystems verbunden
ist. § 3 Nr. 55b Satz 1 EStG stellt deshalb die Leistung des Ausgleichswerts

in den Fällen der externen Teilung für beide Ehegatten steuerfrei, soweit das Prinzip der nachgelagerten Besteuerung insgesamt eingehalten wird. Soweit die späteren Leistungen bei der ausgleichsberechtigten Person jedoch nicht der nachgelagerten Besteuerung unterliegen werden (z. B. Besteuerung nach § 20 Abs. 1 Nr. 6 EStG oder nach § 22 Nr. 1 Satz 3 Buchstabe a Doppelbuchstabe bb EStG mit dem Ertragsanteil), greift die Steuerbefreiung gem. § 3 Nr. 55b Satz 2 EStG nicht, und die Leistung des Ausgleichswerts ist bereits im Zeitpunkt der Übertragung beim ausgleichspflichtigen Ehegatten zu besteuern. Die Besteuerung der später zufließenden Leistungen erfolgt bei jedem Ehegatten unabhängig davon, zu welchen Einkünften die Leistungen beim jeweils anderen Ehegatten führen, und richtet sich danach, aus welchem Versorgungssystem sie jeweils geleistet werden.

II. Interne Teilung (§ 10 VersAusglG)

1. Steuerfreiheit nach § 3 Nr. 55a EStG

411   § 3 Nr. 55a EStG stellt klar, dass die aufgrund einer internen Teilung durchgeführte Übertragung von Anrechten steuerfrei ist; dies gilt sowohl für die ausgleichspflichtige als auch für die ausgleichsberechtigte Person.

2. Besteuerung

412   Die Leistungen aus den übertragenen Anrechten gehören bei der ausgleichsberechtigten Person zu den Einkünften, zu denen die Leistungen bei der ausgleichspflichtigen Person gehören würden, wenn die interne Teilung nicht stattgefunden hätte. Die (späteren) Versorgungsleistungen sind daher (weiterhin) Einkünfte aus nichtselbständiger Arbeit (§ 19 EStG) oder aus Kapitalvermögen (§ 20 EStG) oder sonstige Einkünfte (§ 22 EStG). Ausgleichspflichtige Person und ausgleichsberechtigte Person versteuern beide die ihnen jeweils zufließenden Leistungen. Liegen Einkünfte aus nichtselbständiger Arbeit vor, gilt Rz. 371 auch für die ausgleichberechtigte Person.

413   Für die Ermittlung des Versorgungsfreibetrags und des Zuschlags zum Versorgungsfreibetrag nach § 19 Abs. 2 EStG, des Besteuerungsanteils nach § 22 Nr. 1 Satz 3 Buchstabe a Doppelbuchstabe aa EStG sowie des Ertragsanteils nach § 22 Nr. 1 Satz 3 Buchstabe a Doppelbuchstabe bb EStG bei der ausgleichsberechtigten Person ist auf deren Versorgungsbeginn, deren Rentenbeginn bzw. deren Lebensalter abzustellen. Die Art einer Versorgungszusage (Alt-/Neuzusage) bei der ausgleichsberechtigten Person entspricht grundsätzlich der Art der Versorgungszusage der ausgleichspflichtigen Person. Dies

gilt auch bei einer Änderung des Leistungsspektrums nach § 11 Abs. 1 Nr. 3 VersAusglG. Bei einer Hinterbliebenenversorgung zugunsten von Kindern ändert sich die bisher maßgebende Altersgrenze (Rz. 287) nicht. Die Aufstockung eines zugesagten Sterbegeldes (vgl. Rz. 288) ist möglich. Sofern die Leistungen bei der ausgleichsberechtigten Person nach § 22 Nr. 5 EStG zu besteuern sind, ist für die Besteuerung auf die der ausgleichspflichtigen Person gewährten Förderung abzustellen, soweit diese auf die übertragene Anwartschaft entfällt (vgl. Rz. 124).

Wird das Anrecht aus einem Altersvorsorgevertrag oder einem Direktversi- 414
cherungsvertrag intern geteilt und somit ein eigenes Anrecht der ausgleichsberechtigten Person begründet, gilt der Altersvorsorge- oder Direktversicherungsvertrag der ausgleichsberechtigten Person insoweit zu dem gleichen Zeitpunkt als abgeschlossen wie derjenige der ausgleichspflichtigen Person (§ 52 Abs. 36 Satz 12 EStG). Dies gilt entsprechend, wenn die Leistungen bei der ausgleichsberechtigten Person nach § 22 Nr. 5 Satz 2 Buchstabe c i. V. m. § 20 Abs. 1 Nr. 6 EStG zu besteuern sind.

III. Externe Teilung (§ 14 VersAusglG)

1. Steuerfreiheit nach § 3 Nr. 55b EStG

Nach § 3 Nr. 55b Satz 1 EStG ist der aufgrund einer externen Teilung an den 415
Träger der Zielversorgung geleistete Ausgleichswert grundsätzlich steuerfrei, soweit die späteren Leistungen aus den dort begründeten Anrechten zu steuerpflichtigen Einkünften bei der ausgleichsberechtigten Person führen würden. Soweit die Übertragung von Anrechten im Rahmen des Versorgungsausgleichs zu keinen Einkünften im Sinne des EStG führt, bedarf es keiner Steuerfreistellung nach § 3 Nr. 55b EStG. Die Steuerfreiheit nach § 3 Nr. 55b Satz 1 EStG greift gemäß § 3 Nr. 55b Satz 2 EStG nicht, soweit Leistungen, die auf dem begründeten Anrecht beruhen, bei der ausgleichsberechtigten Person zu Einkünften nach § 20 Abs. 1 Nr. 6 EStG oder § 22 Nr. 1 Satz 3 Buchstabe a Doppelbuchstabe bb EStG führen würden.

Wird bei der externen Teilung einer betrieblichen Altersversorgung für die 416
ausgleichsberechtigte Person ein Anrecht in einer betrieblichen Altersversorgung begründet, richtet sich die Art der Versorgungszusage (Alt-/Neuzusage) bei der ausgleichsberechtigten Person grundsätzlich nach der Art der Versorgungszusage der ausgleichspflichtigen Person. Dies gilt auch bei einer Änderung des Leistungsspektrums nach § 11 Abs. 1 Satz 2 Nr. 3 VersAusglG. Bei einer Hinterbliebenenversorgung zugunsten von Kindern ändert sich die

bisher maßgebende Altersgrenze (Rz. **287**) nicht. Die Aufstockung eines zugesagten Sterbegeldes (vgl. Rz. **288**) ist möglich. Wird im Rahmen der externen Teilung eine bestehende Versorgungszusage der ausgleichsberechtigten Person aufgestockt, richtet sich die Art der Versorgungszusage nach den Rz. **349** ff.

2. Besteuerung bei der ausgleichsberechtigten Person

417 Für die Besteuerung bei der ausgleichsberechtigten Person ist unerheblich, zu welchen Einkünften die Leistungen aus dem übertragenen Anrecht bei der ausgleichspflichtigen Person geführt hätten, da mit der externen Teilung ein neues Anrecht begründet wird. Bei der ausgleichsberechtigten Person unterliegen Leistungen aus Altersvorsorgeverträgen, Pensionsfonds, Pensionskassen oder Direktversicherungen, die auf dem nach § 3 Nr. 55b Satz 1 EStG steuerfrei geleisteten Ausgleichswert beruhen, insoweit in vollem Umfang der nachgelagerten Besteuerung nach § 22 Nr. 5 Satz 1 EStG.

3. Beispiele

418 ▶ **Beispiel 1:**

Im Rahmen einer externen Teilung zahlt das Versicherungsunternehmen X, bei dem der Arbeitnehmerehegatte A eine betriebliche Altersversorgung über eine Direktversicherung (Kapitalversicherung mit Sparanteil) aufgebaut hat, den vom Familiengericht festgesetzten Ausgleichswert an das Versicherungsunternehmen Y zugunsten von Ehegatte B in einen zertifizierten Altersvorsorgevertrag in Form einer Rentenversicherung. Die Beiträge an das Versicherungsunternehmen X wurden in der Vergangenheit ausschließlich pauschal besteuert (§ 40b Abs. 1 und 2 EStG in der am 31. Dezember 2004 geltenden Fassung i. V. m. § 52 Abs. 52b EStG).

Der Ausgleichswert führt nicht zu steuerbaren Einkünften, da kein Erlebensfall oder Rückkauf vorliegt (§ 22 Nr. 5 Satz 2 Buchstabe b i. V. m. § 20 Abs. 1 Nr. 6 EStG). Der Steuerbefreiung nach § 3 Nr. 55b EStG bedarf es daher nicht. Die spätere durch die externe Teilung gekürzte Kapitalleistung unterliegt bei A der Besteuerung nach § 22 Nr. 5 Satz 2 Buchstabe b i. V. m. § 20 Abs. 1 Nr. 6 EStG (ggf. steuerfrei, wenn die Direktversicherung vor dem 1. Januar 2005 abgeschlossen wurde, § 52 Abs. 36 Satz 5 EStG i. V. m. § 20 Abs. 1 Nr. 6 Satz 2 EStG a. F.). Die Leistungen aus dem zertifizierten Altervorsorgevertrag, die auf dem eingezahlten Ausgleichswert beruhen, unterliegen bei B der Besteuerung nach § 22 Nr. 5 Satz 2 EStG (vgl. Rz. **138** bis **143**).

▶ **Beispiel 2:** 419

Im Rahmen einer externen Teilung zahlt ein Versicherungsunternehmen X, bei der der Arbeitnehmerehegatte A eine betriebliche Altersversorgung über eine Direktversicherung (Rentenversicherung) aufgebaut hat, einen Ausgleichswert an das Versicherungsunternehmen Y zugunsten von Ehegatte B in einen zertifizierten Altersvorsorgevertrag. Die Beiträge an das Versicherungsunternehmen X waren steuerfrei (§ 3 Nr. 63 EStG).

Der Ausgleichswert ist steuerfrei nach § 3 Nr. 55b EStG. Die spätere geminderte Leistung unterliegt bei A der Besteuerung nach § 22 Nr. 5 Satz 1 EStG. Die Leistung bei B unterliegt – soweit diese auf dem eingezahlten Ausgleichswert beruht – ebenfalls der Besteuerung nach § 22 Nr. 5 Satz 1 EStG (vgl. Rz. **132** ff.).

▶ **Beispiel 3:** 420

Im Rahmen einer externen Teilung zahlt der Arbeitgeber des Arbeitnehmerehegatten A mit dessen Zustimmung (§§ 14 Abs. 4 i. V. m. 15 Abs. 3 VersAusglG) den hälftigen Kapitalwert aus einer Direktzusage in einen privaten Rentenversicherungsvertrag mit Kapitalwahlrecht des Ehegatten B ein.

Der Ausgleichswert ist steuerpflichtig, da die späteren Leistungen aus dem Rentenversicherungsvertrag zu lediglich mit dem Ertragsanteil steuerpflichtigen Einkünften beim Ehegatten B führen (§ 3 Nr. 55b Satz 2 EStG). Beim Ausgleichswert handelt es sich um steuerpflichtigen – ggf. nach der Fünftelregelung ermäßigt zu besteuernden – Arbeitslohn des Arbeitnehmerehegatten A.

4. Verfahren

Der Versorgungsträger der ausgleichspflichtigen Person hat grundsätzlich den 421 Versorgungsträger der ausgleichsberechtigten Person über die für die Besteuerung der Leistungen erforderlichen Grundlagen zu informieren. Andere Mitteilungs-, Informations- und Aufzeichnungspflichten bleiben hiervon unberührt.

IV. Steuerunschädliche Übertragung im Sinne des § 93 Abs. 1a EStG

Eine steuerunschädliche Übertragung im Sinne des § 93 Abs. 1a Satz 1 EStG 422 liegt vor, wenn aufgrund einer Entscheidung des Familiengerichts im Wege der internen Teilung nach § 10 VersAusglG oder externen Teilung nach § 14 VersAusglG während der Ehezeit (§ 3 Abs. 1 VersAusglG) gebildetes gefördertes Altersvorsorgevermögen auf einen zertifizierten Altersvorsorgevertrag oder in eine nach § 82 Abs. 2 EStG begünstigte betriebliche Altersversorgung (einschließlich der Versorgungsausgleichskasse) übertragen wird. Dies ist bei der internen Teilung immer der Fall. Es ist unerheblich, ob die ausgleichsberechtigte Person selbst zulageberechtigt ist. Werden die bei einer internen Teilung entstehenden Kosten mit dem Altersvorsorgevermögen verrechnet (§ 13 VersAusglG), liegt insoweit keine schädliche Verwendung vor. Im Fall der Verrechnung reduziert sich die Beitragszusage (§ 1 Abs. 1 Satz 1 Nr. 3 AltZertG) des Anbieters entsprechend dem Verhältnis von Verrechnungsbetrag zu dem unmittelbar vor der Verrechnung vorhandenen Altersvorsorgekapital.

423 Die Übertragung aufgrund einer internen Teilung nach § 10 VersAusglG oder einer externen Teilung nach § 14 VersAusglG auf einen Altersvorsorgevertrag oder eine nach § 82 Abs. 2 EStG begünstigte betriebliche Altersversorgung (einschließlich Versorgungsausgleichskasse) der ausgleichsberechtigten Person führt nicht zu steuerpflichtigen Einnahmen.

424 Beruht das auf die Ehezeit entfallende, aufzuteilende Altersvorsorgevermögen auf geförderten und ungeförderten Beiträgen, ist das zu übertragende Altersvorsorgevermögen entsprechend dem Verhältnis der hierin enthaltenen geförderten und ungeförderten Beiträge aufzuteilen und anteilig zu übertragen.

425 **Wird aufgrund einer internen Teilung nach § 10 VersAusglG oder einer externen Teilung nach § 14 VersAusglG** ausschließlich ungefördertes Altersvorsorgevermögen übertragen, **stellt dies eine mit einer** Übertragung im Sinne des § 93 Abs. 1a Satz 1 EStG **vergleichbare Übertragung dar. Insoweit gelten die Rz. 427 und 428 entsprechend. Die** in § 93 Abs. 1a EStG geregelten Rechtsfolgen und Mitteilungsgründe **treten aber** nicht ein.[2]

426 **Erfolgt jedoch in dem Fall nachträglich eine steuerliche Förderung von Altersvorsorgebeiträgen für ein in der Ehezeit liegendes Beitragsjahr, liegt rückwirkend betrachtet eine Übertragung im Sinne des § 93 Abs. 1a Satz 1 EStG vor, die auch die damit verbundenen weiteren Rechts- und Verfahrensfolgen auslöst. Hinsichtlich der Ermittlung und Auszahlung der nachträglich gewährten Zulage und der Zuordnung der Steuerverstrickung wird auf Rz. 434 verwiesen.**

---

2 Rn 425 ist in der Neufassung vom 13.01.2014 ab 01.07.2013 anzuwenden.

Im Fall der Übertragung im Sinne des § 93 Abs. 1a Satz 1 EStG erfolgt die 427
Mitteilung über die Durchführung der Kapitalübertragung nach dem Verfahren gemäß § 11 AltvDV. Bei der internen Teilung entfällt der Datenaus-
tausch zwischen den Anbietern nach § 11 Abs. 1 bis 3 AltvDV. Der Anbieter
der ausgleichspflichtigen Person teilt der ZfA in seiner Meldung zur Kapitalübertragung (§ 11 Abs. 4 AltvDV) neben dem Prozentsatz des geförderten
Altersvorsorgekapitals, das übertragen wird, auch die vom Familiengericht
angegebene Ehezeit im Sinne des § 3 Abs. 1 VersAusglG mit.

Zu den Daten, die im Rahmen des Verfahrens gemäß § 11 AltvDV der ZfA 428
mitzuteilen sind, zählen auch die Daten, die von der ZfA benötigt werden,
um die gemeldete ausgleichsberechtigte Person eindeutig zu identifizieren
und gegebenenfalls für diese eine Zulagenummer zu vergeben bzw. ein Zula-
gekonto anlegen zu können. Aus dem Tatbestand, dass die ausgleichsbe-
rechtigte Person die Übertragung in eine förderbare Zielversorgung gewählt
hat, für die die Verfahrensgrundsätze des Abschnitts XI EStG gelten, leitet
sich neben der Antragsfiktion für die Vergabe einer Zulagenummer auch die
Berechtigung des Anbieters zur Erhebung der hierfür notwendigen Daten
her.

Erfolgt die interne Teilung und damit verbunden die Übertragung eines 429
Anrechts im Bereich der betrieblichen Altersversorgung, erlangt die ausgleichsberechtigte Person die versorgungsrechtliche Stellung eines ausgeschiedenen
Arbeitnehmers im Sinne des BetrAVG (§ 12 VersAusglG). Damit erlangt sie
bei einem Pensionsfonds, einer Pensionskasse oder einer Direktversicherung
auch das Recht zur Fortsetzung der betrieblichen Versorgung mit eigenen Beiträgen, die nach § 82 Abs. 2 Buchstabe b EStG zu den Altersvorsorgebeiträgen
gehören können, wenn ein Fortsetzungsrecht bei der ausgleichspflichtigen
Person für die Versorgung bestanden hätte. Rz. 335 ff. gelten entsprechend.

Die ZfA teilt der ausgleichspflichtigen Person den Umfang der auf die Ehe- 430
zeit entfallenden steuerlichen Förderung nach § 10a/Abschnitt XI EStG mit.
Diese Mitteilung beinhaltet die beitragsjahrbezogene Auflistung der ermittel-
ten Zulagen sowie die nach § 10a Abs. 4 EStG gesondert festgestellten Beträge,
soweit der ZfA diese bekannt sind, für die innerhalb der Ehezeit liegenden
Beitragsjahre. Für die Beitragsjahre, in die der Beginn oder das Ende der
Ehezeit fällt, wird die Förderung monatsweise zugeordnet, indem jeweils ein
Zwölftel der für das betreffende Beitragsjahr gewährten Förderung den zu der
Ehezeit zählenden Monaten zugerechnet wird. Die monatsweise Zuordnung
erfolgt unabhängig davon, ob die für diese Beitragsjahre gezahlten Beiträge

vor, nach oder während der Ehezeit auf den Altersvorsorgevertrag eingezahlt wurden. Die Mitteilung der Höhe der für den Vertrag insgesamt gewährten Förderung ist kein Verwaltungsakt.

431 Soweit das während der Ehezeit gebildete geförderte Altersvorsorgevermögen im Rahmen des § 93 Abs. 1a Satz 1 EStG übertragen wird, geht die steuerliche Förderung mit allen Rechten und Pflichten auf die ausgleichsberechtigte Person über. Dies hat zur Folge, dass im Fall einer schädlichen Verwendung des geförderten Altersvorsorgevermögens derjenige Ehegatte die Förderung zurückzahlen muss, der über das ihm zugerechnete geförderte Altersvorsorgevermögen schädlich verfügt. Leistungen aus dem geförderten Altersvorsorgevermögen sind beim Leistungsempfänger nachgelagert zu besteuern. Die Feststellung der geänderten Zuordnung der steuerlichen Förderung erfolgt beitragsjahrbezogen durch die ZfA. Sie erteilt sowohl der ausgleichspflichtigen als auch der ausgleichsberechtigten Person einen Feststellungsbescheid über die Zuordnung der nach § 10a Abs. 4 EStG gesondert festgestellten Beträge sowie der ermittelten Zulagen. Einwände gegen diese Bescheide können nur erhoben werden, soweit sie sich gegen die geänderte Zuordnung der steuerlichen Förderung richten. Nach Eintritt der Unanfechtbarkeit dieser Feststellungsbescheide werden auch die Anbieter durch einen Datensatz nach § 90 Abs. 2 Satz 6 EStG von der ZfA über die geänderte Zuordnung informiert.

432 Die ZfA kann die Mitteilung über den Umfang der auf die Ehezeit entfallenden steuerlichen Förderung (§ 93 Abs. 1a Satz 2 EStG, vgl. Rz. **430**) und den Feststellungsbescheid über die geänderte Zuordnung der steuerlichen Förderung (§ 93 Abs. 1a Satz 5 EStG, vgl. Rz. **431**) an die ausgleichspflichtige Person in einem Schreiben zusammenfassen, sofern deutlich wird, dass ein Einspruch nur zulässig ist, soweit er sich gegen die Zuordnung der steuerlichen Förderung richtet.

433 **Bei der Übertragung im Sinne des § 93 Abs. 1a EStG ist das übertragene Altersvorsorgevermögen zunächst als Kapitalbetrag ohne steuerliche Zuordnung zu behandeln. Bei Eingang der Mitteilung der ZfA über die geänderte Zuordnung für die Ehezeit hat der Anbieter diese Zuordnung in die steuerliche Bestandsführung zu übernehmen. In der Zeit von der Übertragung des Altersvorsorgevermögens bis zur Mitteilung der ZfA über die steuerliche Neuzuordnung der Förderung sind Auszahlungen aus dem Vertrag nur insoweit zulässig, als für ggf. zurückzuzahlende Förderungen noch ausreichend Kapital zur Verfügung steht.**

Stellt die ausgleichspflichtige Person nach der Übertragung im Sinne des § 93   434
Abs. 1a Satz 1 EStG einen Antrag auf Altersvorsorgezulage für ein Beitragsjahr
in der Ehezeit, sind bei der Ermittlung des Zulageanspruchs die gesamten von
der ausgleichspflichtigen Person gezahlten Altersvorsorgebeiträge des Beitrags-
jahres – also auch der übertragene Teil der Altersvorsorgebeiträge – zugrunde
zu legen. Die Zulage wird vollständig dem Vertrag der ausgleichspflichtigen
Person gutgeschrieben. Die Zuordnung der Steuerverstrickung auf die ausgleichspflichtige und die ausgleichsberechtigte Person erfolgt, als wenn die
Zulage bereits vor der Übertragung dem Vertrag gutgeschrieben worden wäre.

Werden nach Erteilung der Mitteilung über den Umfang der auf die Ehezeit   435
entfallenden steuerlichen Förderung und der Feststellungsbescheide über die
geänderte Zuordnung der steuerlichen Förderung für die Ehezeit Ermittlungs-
ergebnisse getroffen, aufgehoben oder geändert, so hat die ZfA eine geänderte
Mitteilung über den Umfang der auf die Ehezeit entfallenden steuerlichen
Förderung zu erteilen und die Feststellungsbescheide über die geänderte
Zuordnung der steuerlichen Förderung nach § 175 **Abs. 1 Satz 1 Nr. 2** AO
zu ändern. **Dies gilt auch, wenn die ZfA nachträglich eine Mitteilung des
Finanzamts über gesondert festgestellte Beträge nach § 10a Abs. 4 EStG für
Veranlagungszeiträume in der Ehezeit erhält.** Nach Eintritt der Unanfecht-
barkeit dieser geänderten Feststellungsbescheide werden auch die Anbieter
durch einen Datensatz nach § 90 Abs. 2 Satz 6 EStG von der ZfA über die
geänderte Zuordnung informiert.

V. Leistungen an die ausgleichsberechtigte Person als Arbeitslohn

Nach § 19 Abs. 1 **Satz 1** Nr. 2 EStG sind Leistungen, die die ausgleichsbe-   436
rechtigte Person aufgrund der internen oder externen Teilung später aus einer
Direktzusage oder von einer Unterstützungskasse erhält, Einkünfte aus nichtselbständiger Arbeit; Rz. 371 gilt entsprechend. Sie unterliegen der Lohn-
steuererhebung nach den allgemeinen Regelungen. Bei der ausgleichspflichtigen Person liegen Einkünfte aus nichtselbständiger Arbeit nur hinsichtlich der
durch die Teilung gekürzten Leistungen vor.

Sowohl bei der ausgleichspflichtigen Person als auch bei der ausgleichsbe-   437
rechtigten Person werden der Arbeitnehmer-Pauschbetrag (§ 9a Satz 1 Nr. 1
Buchstabe a EStG) oder, soweit die Voraussetzungen dafür jeweils vorliegen,
der Pauschbetrag für Werbungskosten (§ 9a Satz 1 Nr. 1 Buchstabe b EStG),
der Versorgungsfreibetrag und der Zuschlag zum Versorgungsfreibetrag (§ 19

Abs. 2 EStG) berücksichtigt. Die steuerlichen Abzugsbeträge sind nicht auf die ausgleichspflichtige Person und die ausgleichsberechtigte Person aufzuteilen.

438   Zur Neuberechnung des Versorgungsfreibetrags und des Zuschlags zum Versorgungsfreibetrag vgl. Rz. 413.

D. Anwendungsregelung

439   Teil B dieses Schreibens (Rz. 284 – 399) ist mit Wirkung ab dem Zeitpunkt der Veröffentlichung dieses Schreibens im Bundessteuerblatt anzuwenden. Im Übrigen ist dieses Schreiben mit Wirkung ab 1. Januar 2012 anzuwenden.

440   Teil B (Rz. 247 – 355) und Rz. 392 des BMF-Schreibens vom 31. März 2010 – IV C 3 – S 2222/09/10041 / IV C 5 – S 2333/07/0003 –, (BStBl I S. 270) werden mit Wirkung ab dem Zeitpunkt der Veröffentlichung dieses Schreibens im Bundessteuerblatt aufgehoben. Im Übrigen wird das genannte BMF-Schreiben ab 1. Januar 2012 aufgehoben.

Anhang IV Allgemeines Gleichbehandlungsgesetz (AGG)

Vom 14. August 2006 (BGBl. I S. 1897); zuletzt geändert durch Artikel 8 des Gesetzes vom 3. April 2013 (BGBl. I S. 610)

– Auszug –

Abschnitt 1
Allgemeiner Teil

§ 1 Ziel des Gesetzes

Ziel des Gesetzes ist, Benachteiligungen aus Gründen der Rasse oder wegen der ethnischen Herkunft, des Geschlechts, der Religion oder Weltanschauung, einer Behinderung, des Alters oder der sexuellen Identität zu verhindern oder zu beseitigen.

§ 2 Anwendungsbereich

(1) Benachteiligungen aus einem in § 1 genannten Grund sind nach Maßgabe dieses Gesetzes unzulässig in Bezug auf:
1. die Bedingungen, einschließlich Auswahlkriterien und Einstellungsbedingungen, für den Zugang zu unselbstständiger und selbstständiger Erwerbstätigkeit, unabhängig von Tätigkeitsfeld und beruflicher Position, sowie für den beruflichen Aufstieg,
2. die Beschäftigungs- und Arbeitsbedingungen einschließlich Arbeitsentgelt und Entlassungsbedingungen, insbesondere in individual- und kollektivrechtlichen Vereinbarungen und Maßnahmen bei der Durchführung und Beendigung eines Beschäftigungsverhältnisses sowie beim beruflichen Aufstieg,
   ...
6. die sozialen Vergünstigungen,

...

(2) Für Leistungen nach dem Sozialgesetzbuch gelten § 33c des Ersten Buches Sozialgesetzbuch und § 19a des Vierten Buches Sozialgesetzbuch. Für die betriebliche Altersvorsorge gilt das Betriebsrentengesetz.

(3) Die Geltung sonstiger Benachteiligungsverbote oder Gebote der Gleichbehandlung wird durch dieses Gesetz nicht berührt. Dies gilt auch für öffent-

lich-rechtliche Vorschriften, die dem Schutz bestimmter Personengruppen dienen.

...

§ 10 Zulässige unterschiedliche Behandlung wegen des Alters

Ungeachtet des § 8 ist eine unterschiedliche Behandlung wegen des Alters auch zulässig, wenn sie objektiv und angemessen und durch ein legitimes Ziel gerechtfertigt ist. Die Mittel zur Erreichung dieses Ziels müssen angemessen und erforderlich sein. Derartige unterschiedliche Behandlungen können insbesondere Folgendes einschließen:

...

2. die Festlegung von Mindestanforderungen an das Alter, die Berufserfahrung oder das Dienstalter für den Zugang zur Beschäftigung oder für bestimmte mit der Beschäftigung verbundene Vorteile,

...

4. die Festsetzung von Altersgrenzen bei den betrieblichen Systemen der sozialen Sicherheit als Voraussetzung für die Mitgliedschaft oder den Bezug von Altersrente oder von Leistungen bei Invalidität einschließlich der Festsetzung unterschiedlicher Altersgrenzen im Rahmen dieser Systeme für bestimmte Beschäftigte oder Gruppen von Beschäftigten und die Verwendung von Alterskriterien im Rahmen dieser Systeme für versicherungsmathematische Berechnungen,

...

Unterabschnitt 2
Organisationspflichten des Arbeitgebers

§ 12 Maßnahmen und Pflichten des Arbeitgebers

(1) Der Arbeitgeber ist verpflichtet, die erforderlichen Maßnahmen zum Schutz vor Benachteiligungen wegen eines in § 1 genannten Grundes zu treffen. Dieser Schutz umfasst auch vorbeugende Maßnahmen.

...

Unterabschnitt 3
Rechte der Beschäftigten

§ 15 Entschädigung und Schadensersatz

(1) Bei einem Verstoß gegen das Benachteiligungsverbot ist der Arbeitgeber verpflichtet, den hierdurch entstandenen Schaden zu ersetzen. Dies gilt nicht, wenn der Arbeitgeber die Pflichtverletzung nicht zu vertreten hat.

(2) Wegen eines Schadens, der nicht Vermögensschaden ist, kann der oder die Beschäftigte eine angemessene Entschädigung in Geld verlangen. Die Entschädigung darf bei einer Nichteinstellung drei Monatsgehälter nicht übersteigen, wenn der oder die Beschäftigte auch bei benachteiligungsfreier Auswahl nicht eingestellt worden wäre.

(3) Der Arbeitgeber ist bei der Anwendung kollektivrechtlicher Vereinbarungen nur dann zur Entschädigung verpflichtet, wenn er vorsätzlich oder grob fahrlässig handelt.

(4) Ein Anspruch nach Absatz 1 oder 2 muss innerhalb einer Frist von zwei Monaten schriftlich geltend gemacht werden, es sei denn, die Tarifvertragsparteien haben etwas anderes vereinbart. Die Frist beginnt im Falle einer Bewerbung oder eines beruflichen Aufstiegs mit dem Zugang der Ablehnung und in den sonstigen Fällen einer Benachteiligung zu dem Zeitpunkt, in dem der oder die Beschäftigte von der Benachteiligung Kenntnis erlangt.

(5) Im Übrigen bleiben Ansprüche gegen den Arbeitgeber, die sich aus anderen Rechtsvorschriften ergeben, unberührt.

...

Unterabschnitt 4
Ergänzende Vorschriften

§ 17 Soziale Verantwortung der Beteiligten

(1) Tarifvertragsparteien, Arbeitgeber, Beschäftigte und deren Vertretungen sind aufgefordert, im Rahmen ihrer Aufgaben und Handlungsmöglichkeiten an der Verwirklichung des in § 1 genannten Ziels mitzuwirken.

...

Anhang V Rechengrößen

ALTE LÄNDER

Jahr	Bezugs-größe § 18 SGB IV mtl. in €	PSVaG-Rente ab 1999 mtl. Höchst-grenze	Abfin-dung 1 % Bezugs-größe	BBG gesRV mtl. in €	BBG gesRV jährlich in €	Entgelt-umw. BBG gesRV 4 % p.A.
2014	2.765	8.295	27,65	5.950	71.400	2.856
2013	2.695	8.085	26,95	5.800	69.600	2.784
2012	2.625	7.865	26,25	5.600	67.200	2.688
2011	2.555	7.665	25,55	5.500	66.000	2.640
2010	2.555	7.665,00	25,55	5.500,00	66.000,00	2.640

NEUE LÄNDER

Jahr	Bezugs-größe § 18 SGB IV mtl. in €	PSVaG-Rente ab 1999 mtl. Höchst-grenze	Abfin-dung 1 % Bezugs-größe	BBG gesRV mtl. in €	BBG gesRV jährlich in €	Entgelt-umw. BBG gesRV 4 % p.A.
2014	2.345	7.035	23,45	5.000	60.000	2.400
2013	2.275	6.825	22,75	4.900	58.800	2.352
2012	2.240	6.720	22,40	4.800	57.600	2.304
2011	2.240	6.720	22,40	4.800	57.600	2.304
2010	2.170	6.510	21,70	4.650,00	55.800,00	2.232

Stichwortverzeichnis

Halbfett gedruckte Ziffern verweisen auf den Paragraph und mager gedruckte Ziffern auf die Randnummer der Kommentierung.

Zu den Autoren

Dr. jur. Kurt Kemper, Geburtsjahrgang 1940. 1960 bis 1964 Studium der Rechtswissenschaften an den Universitäten Freiburg i. Br. und Bonn. 1967 zweites juristisches Staatsexamen. Promotion an der Universität zu Köln bei Professor Dr. Dres. hc. Peter Hanau zum Thema: »Die Unverfallbarkeit betrieblicher Versorgungsanwartschaften von Arbeitnehmern«. Von 1967 bis 1970 Richter im Landgerichtsbezirk Duisburg. Von 1970 bis 1998 Tätigkeit bei einem Fachinstitut für betriebliche Altersversorgung. Seit 1971 als Rechtsanwalt zugelassen und als solcher speziell auf dem Gebiet des Arbeitsrechts der betrieblichen Altersversorgung tätig. Von 1985 bis 2010 Mitglied der Prüfungskommission des Instituts der versicherungsmathematischen Sachverständigen für Altersversorgung (IVS). Von 1988 bis 2005 Leiter des Fachausschusses Arbeitsrecht der Arbeitsgemeinschaft für betriebliche Altersversorgung e. V. (aba). Von 1993 bis 2008 Vorstandsmitglied der aba. Berater bei Clifford Chance in Düsseldorf.

Margret Kisters-Kölkes ist Rechtsanwältin und Steuerberaterin in Mülheim an der Ruhr. Sie war von 1981 bis 2001 bei einem namhaften Fachinstitut für betriebliche Altersversorgung tätig, davon viele Jahre als Leiterin der Rechts- und Steuerabteilung. Frau Kisters-Kölkes ist seit 1982 als Rechtsanwältin zugelassen und als solche speziell auf dem Gebiet des Arbeits- und Steuerrechts der betrieblichen Altersversorgung tätig. Sie ist bekannt als Referentin und als Autorin von Fachveröffentlichungen.

Dr. jur. Claus Berenz studierte Rechtswissenschaften in Köln. Von 1991 bis Mitte 1995 Tätigkeit als wissenschaftlicher Mitarbeiter in der Abteilung Soziale Sicherung der Bundesvereinigung der Deutschen Arbeitgeberverbände. Seitdem Tätigkeit beim Pensions-Sicherungs-Verein VVaG, dem gesetzlich bestimmten Träger der Insolvenzsicherung der betrieblichen Altersversorgung. Seit mehr als 15 Jahren ist Dr. Berenz Prokurist des PSVaG und leitet dort die Abteilung Recht und Personal. Veröffentlichung von Fachpublikationen sowie Vorträgen zur betrieblichen Altersversorgung. Mitglied im Fachausschuss Arbeitsrecht der Arbeitsgemeinschaft für betriebliche Altersversorgung e. V.

Dr. jur. Brigitte Huber LL.M. ist Rechtsanwältin in München. Nachdem sie in einer internationalen Wirtschaftskanzlei als Anwältin im allgemeinen Arbeitsrecht tätig war, berät sie seit 1996 mittelständische Unternehmen und große Konzerne deutscher und internationaler Herkunft im Bereich der betrieblichen Altersversorgung. Der Schwerpunkt ihrer Spezialisierung liegt im Arbeitsrecht, wobei Dr. Huber unter anderem auch Steuer- und Sozialversicherungsrecht sowie das Aufsichtsrecht abdeckt. Ihre Tätigkeit umfasst sowohl die gestalterische und strategische Beratung von Arbeitgebern zu betrieblichen Versorgungssystemen im Rahmen des Betriebsrentengesetzes als auch die Prozessvertretung. Dr. Huber hat diverse Fachpublikationen veröffentlich und ist als Referentin tätig.